Libro Concorso **Simone**

CONCORSO 305 ACI

POSTI VARIE QUALIFICHE

Area B e Area C

MANUALE COMPLETO PER I 200 POSTI PROFILO AMMINISTRATIVO E MATERIE COMUNI AGLI ALTRI PROFILI

TEORIA E QUIZ

W0310402

Come accedere alle nostre risorse online

Se hai uno smartphone, per utilizzare il QR Code devi utilizzare un lettore di QR Code.
Se non hai un lettore di QR Code sul tuo smartphone, puoi scaricarlo da iTunes (se hai un iPhone) o da Play Store (se hai uno smartphone Android).
Scaricato il lettore, utilizzalo per **inquadrare il QR Code che trovi su questa pagina** con la fotocamera del tuo smartphone. Una volta inquadrato e riconosciuto il QR Code, avrai automaticamente il link per accedere alle nostre risorse online.
Se, invece, non hai uno smartphone puoi accedere alle nostre risorse online direttamente utilizzando questo indirizzo nel tuo browser:

www.simone.it/d/326

In entrambi i casi, registrati sulla pagina che ti abbiamo indicato (in alto a destra, nel box, **Area Riservata**, clicca sul link **Registrati**). Terminata la registrazione dovrai attendere una mail con la password che ti è stata assegnata.
Ricevuta la password **accedi all'Area Riservata** e potrai scaricare i contenuti online.
Per accedere ad alcuni contenuti è necessario digitare il **Codice identificativo** che hai ricevuto **via email** da **Amazon**.

Le espansioni online allegate al presente volume sono valide fino alla data di pubblicazione della successiva edizione.

Libro Concorso Simone

CONCORSO 305 ACI POSTI VARIE QUALIFICHE

Area B e Area C

MANUALE COMPLETO PER I 200 POSTI PROFILO AMMINISTRATIVO E MATERIE COMUNI AGLI ALTRI PROFILI

TEORIA E QUIZ

Come accedere alle nostre risorse online

Se hai uno smartphone, per utilizzare il QR Code devi utilizzare un lettore di QR Code.
Se non hai un lettore di QR Code sul tuo smartphone, puoi scaricarlo da iTunes (se hai un iPhone) o da Play Store (se hai uno smartphone Android).
Scaricato il lettore, utilizzalo per **inquadrare il QR Code che trovi su questa pagina** con la fotocamera del tuo smartphone. Una volta inquadrato e riconosciuto il QR Code, avrai automaticamente il link per accedere alle nostre risorse online.
Se, invece, non hai uno smartphone puoi accedere alle nostre risorse online direttamente utilizzando questo indirizzo nel tuo browser:

www.simone.it/d/326

In entrambi i casi, registrati sulla pagina che ti abbiamo indicato (in alto a destra, nel box, **Area Riservata**, clicca sul link **Registrati**). Terminata la registrazione dovrai attendere una mail con la password che ti è stata assegnata.
Ricevuta la password **accedi all'Area Riservata** e potrai scaricare i contenuti online.
Per accedere ad alcuni contenuti è necessario digitare il **Codice identificativo** che hai ricevuto **via email** da **Amazon**.

Le espansioni online allegate al presente volume sono valide fino alla data di pubblicazione della successiva edizione.

Via Francesco Caracciolo, 11
80123 Napoli
www.simone.it

Novembre 2019
326 • Concorso ACI - 305 posti varie qualifiche

Questo volume è stato stampato presso:
«PL PRINT s.r.l.» Via Don Minzoni, n. 302
Cercola (NA)

Per tutte le informazioni su questo e altri concorsi visita:

- il sito Simone Concorsi (*www.simoneconcorsi.it*)
- la nostra pagina Facebook (*www.facebook.com/SimoneConcorsi*)
- il gruppo ufficiale Simone Concorsi (*www.facebook.com/groups/SimoneConcorsi/*)

PREMESSA

L'ACI (Automobile Club Italia) ha bandito un concorso per la copertura di complessivi **305 posti** nell'area C e in quella B.

I posti messi a concorso **per l'area C** — laureati — sono così ripartiti:

— **200 unità** per risorse con competenze in materia amministrativa;
— **8 unità** per risorse con competenze in materia di contrattualistica pubblica;
— **8 unità** per risorse con competenze in materia di reporting e controllo di gestione;
— **4 unità** per risorse con competenze in materia di *Web communication* e *social media*;
— **4 unità** per risorse con competenze in materia di gestione di fondi europei;
— **5 unità** per risorse con competenze in materia di contabilità pubblica;
— **10 unità** per risorse con competenze in materia di analisi di organizzazione e processi amministrativi;
— **3 unità** per risorse con competenze in materia di politiche del turismo e di turismo nel settore automotive.

I posti messi a concorso **per l'area B** — diplomati — sono **63.**

Il testo rappresenta un valido supporto per lo studio delle **materie comuni** ai vari profili e che sono oggetto di tutte le prove d'esame: **preselettiva**, **scritta** e **orale**.

Pertanto, il Manuale è così strutturato:

— Parte I - **Diritto amministrativo**;
— Parte II - **Diritto civile**;
— Parte III - **Elementi di diritto penale e reati contro la P.A.**;
— Parte IV - **Inglese**;
— Parte V - **Informatica**;
— Parte VI - **Statuto e Regolamento di organizzazione dell'ACI**;
— Parte VI - **Questionari.**

Sono a disposizione degli utenti numerose **espansioni online** e un **software** per esercitarsi in vista della prova d'esame, accessibili grazie al QR Code inserito nel testo.
Nel software, oltre ai quesiti riguardanti le materie specialistiche, sono presenti anche quelli di **cultura generale** e di carattere **attitudinale**, utili per la simulazione della prova d'esame di coloro che concorrono per l'area B.

Libro Concorso **Simone**

Che cos'è un Manuale Concorso e come si usa

I Manuali Concorso Simone sono testi che racchiudono tutte le materie richieste per le prove di un concorso e sono costruiti appositamente in funzione del programma del bando e del profilo messo a concorso. Come è evidente, concentrare tante materie in un numero relativamente contenuto di pagine comporta inevitabilmente un'opera di **sintesi**, seppure esauriente e completa di tutti gli argomenti.
Ciò permette anche di avere un'opera che tende ad ottenere un costo particolarmente contenuto, la spesa per l'acquisto dei volumi delle singole materie sarebbe, infatti, necessariamente molto più alta.

Per le loro caratteristiche i Manuali Concorso Simone sono, quindi, utilissimi:

- per **coloro che per la prima volta** si avvicinano a certe discipline in quanto forniscono una panoramica **completa di tutti gli argomenti principali**;
- per chi, conoscendo le materie perché già studiate in passato, vuole avere un testo per il **ripasso rapido**.

Basta studiare il Manuale Concorso per affrontare le prove?

Molti lettori ci chiedono se i nostri Manuali Concorso sono sufficienti per raggiungere una buona preparazione in vista delle prove: in genere la risposta a questa domanda è "**Sì**", ma è ovvio che ogni materia può essere approfondita all'infinito, e una "buona preparazione" dipende anche dalle conoscenze di base che ciascuno ha.

Nel catalogo editoriale della Edizioni Simone per tutte le discipline esiste un ventaglio di libri che corrispondono ad altrettanti livelli di approfondimento:

- dagli *Elementi* agli *Ipercompendi*;
- dai *Compendi* ai *Manuali*;
- sino ai *Manuali Superiori* che offrono il massimo dell'approfondimento.

Così ciascuno potrà, se lo vorrà, scegliere il testo di approfondimento più vicino alle proprie esigenze di studio, di tempo e di spesa.
In genere però, ribadiamo, studiando bene un Manuale Concorso Simone si acquisisce una preparazione di base più che sufficiente per superare tutte le prove di un concorso.

Bisogna studiare anche codici e norme?

Per perfezionare lo studio delle materie giuridiche è sempre utile consultare il codice o i testi normativi di riferimento. Anche in questo caso nel catalogo Simone si può trovare il **codice** o la **raccolta normativa** più consona:

- *Codici Minor*;
- *Codici Tradizionali*;
- *Codici Esplicati* (Normali o Minor);
- *Codici Operativi*;
- *Codici Commentati*.

La consultazione dei testi normativi può essere consigliabile soprattutto in vista delle **prove preselettive** dove quasi sempre i quiz fanno riferimento al dato testuale del singolo comma o articolo.

Serve studiare il Manuale quando è prevista la pubblicazione della banca dati ufficiale?

A proposito delle **prove preselettive**, altra domanda frequente è se sia utile studiare un Manuale quando il bando prevede la pubblicazione della *banca dati con i quiz ufficiali*. Anche in questo caso la risposta a questa domanda dipende dalla preparazione di base del singolo candidato.
Se chi concorre ha già studiato le materie oggetto di concorso, e dunque ha una buona dimestichezza con istituti, termini e lessico specialistico oppure con i criteri di risoluzione (si pensi ai quiz di logica), affrontare la preselettiva studiando solo i quiz della banca dati può portare anche a buoni risultati.
Diverso invece è il caso in cui si studiano quelle materie per la prima volta o in ogni caso se ne conoscono solo alcune nozioni.
"Imparare a memoria" una banca dati con migliaia di quiz richiede uno sforzo titanico; se poi tale sforzo non è supportato da una conoscenza minima degli argomenti in oggetto, difficilmente si potrà superare questo primo fondamentale step del concorso.

In definitiva un Manuale Concorso Simone è utile perché:

- consente di **inquadrare in via generale le diverse discipline**, anche in vista della pubblicazione dell'eventuale banca dati;
- permette di **acquisire il lessico specifico** idoneo ai test da affrontare. Infatti, anche la spiegazione di una sigla o di un acronimo può fare la differenza;
- migliora la capacità di **ricordare i concetti** ripresi nelle domande ufficiali, tramite le parole chiave e la disposizione dei paragrafi;
- dà ordine alla rete tra istituti, facilitando e velocizzando l'apprendimento;
- rende discorsive la parti del programma più normative e favorisce la memorizzazione dei contenuti;
- laddove si passi la preselettiva, **agevola lo studio in vista della prova scritta** che in genere si svolge in tempi molto ravvicinati.

I Diritto amministrativo

Sommario Parte I

1
Il diritto amministrativo: nozione e fonti

1 Il diritto amministrativo e la pubblica amministrazione

Il **diritto amministrativo** è la **disciplina giuridica della Pubblica Amministrazione**: esso, in particolare, è quella branca del diritto pubblico che concerne l'**organizzazione**, i **mezzi** e le forme delle **attività** della pubblica amministrazione, nonché i **rapporti** tra la P.A. e gli altri soggetti dell'ordinamento, sia quando agisce con poteri autoritativi che quando usa strumenti e forme del diritto privato (BARILE, CASETTA).

Il diritto amministrativo presenta i seguenti **caratteri**:

a) è *diritto pubblico interno*, in quanto deriva dalla volontà dello Stato e regola rapporti in cui *uno dei soggetti è necessariamente lo Stato* stesso o un *ente pubblico* (cioè la P.A.) nell'esercizio di potestà amministrative;
b) *autonomo*, in quanto si giova di *propri principi e proprie regole*, diversi da quelli delle altre branche del diritto;
c) *comune*, in quanto si riferisce a *tutti* i soggetti che fanno parte dell'ordinamento e non soltanto a determinate categorie (ciò ha rilievo ai fini dell'interpretazione e dell'applicazione del diritto);
d) *ad oggetto variabile*, in quanto la P.A. in ogni epoca storica persegue *fini differenti*, inglobando o escludendo alcuni settori dalla propria gestione.

Oltre ai menzionati caratteri, bisogna ricordare che il diritto amministrativo è sempre più un diritto *ultrastatale*, nel senso che le norme giuridiche che vengono in rilievo rinvengono la loro fonte tanto nell'ordinamento nazionale quanto in atti di origine sovranazionale.

Per **pubblica amministrazione**, in particolare, si intende:

— in *senso oggettivo*, la **funzione amministrativa**, quale cura concreta degli interessi pubblici (cd. amministrazione - attività);
— in *senso soggettivo*, la sede dell'attività amministrativa, ovvero il **soggetto che quell'attività svolge** (cd. amministrazione apparato o amministrazione - organizzazione).

2 Funzione politica e funzione amministrativa

La **funzione amministrativa** (o *funzione esecutiva*) consiste nella **realizzazione dei fini determinati dagli organi e dal potere politico** e, dunque, deve essere svolta nel rispetto dei principi costituzionali, ma anche in armonia con le leggi ordinarie e con gli atti ad esse equiparati (decreti legge, decreti legislativi). Nell'esercizio di tale funzione i soggetti pubblici emanano gli **atti amministrativi**.

L'**individuazione** e la **scelta dei fini di interesse generale** che lo Stato vuole perseguire in un determinato momento storico costituiscono, invece, oggetto della **funzione politica**, che incontra come unico limite le previsioni della Costituzione: espressione concreta della funzione politica sono gli **atti politici**.

Alla distinzione concettuale fra funzione amministrativa e funzione politica **corrisponde** l'ulteriore differenza fra **atti politici** e **atti di alta amministrazione**.

Gli atti politici, come detto, sono quelli con cui si esercita in concreto il potere politico, ossia gli «*atti con cui viene esercitata l'attività di governare*», in quanto **atti di suprema direzione**

dello Stato nonché di *coordinamento e di controllo delle singole manifestazioni in cui la direzione stessa si estrinseca* (SANDULLI).

Tipici esempi di atti politici sono quelli con i quali il Presidente della Repubblica indice le elezioni e i referendum, gli atti di iniziativa legislativa, la scelta dei propri rappresentanti da parte del corpo elettorale, le sentenze della Corte costituzionale. Pecularità degli atti politici sono sia la **libertà nel fine**, sia la loro **insindacabilità da parte del giudice amministrativo**.

Gli **atti di alta amministrazione**, invece, sono quegli *atti amministrativi* che **raccordano la funzione politica e la funzione amministrativa**; costituiscono, quindi, una manifestazione di impulso all'adozione di atti amministrativi, funzionali all'attuazione dei fini della legge (si pensi, ad esempio, alle decisioni dei Comitati interministeriali, o alle deliberazioni di nomina e revoca dei più alti funzionari dello Stato).

Trattandosi di atti amministrativi, essi sono in tutto e per tutto soggetti al loro *regime giuridico* e *non possono ritenersi liberi nei fini*, come invece gli atti politici, ma **sono vincolati ai fini ed alla funzione loro assegnati dalla legge** (SANDULLI); inoltre sono sempre sottoposti al **vaglio del giudice amministrativo**, in quanto in grado di ledere direttamente gli interessi dei destinatari.

3 Classificazione delle fonti

Sono **fonti del diritto** tutti gli atti e/o i fatti produttivi di diritto, ovvero gli atti che contengono norme giuridiche e i mezzi attraverso i quali il diritto viene portato a conoscenza dei cittadini appartenenti ad uno stesso ordinamento.

Il nostro ordinamento accoglie una pluralità di fatti dovute al moltiplicarsi, nel tempo, dei centri di produzione dei relativi atti (cd. fonti *multilivello)*.

Sono fonti del diritto italiano:

- la Costituzione e le leggi costituzionali e di revisione costituzionale;
- le fonti dell'Unione europea — Trattati istitutivi, regolamenti, direttive e decisioni — che, immessi nel nostro ordinamento, occupano una posizione di preminenza rispetto alla legislazione ordinaria statale;
- le fonti primarie;
- le fonti secondarie;
- la consuetudine.

4 La Costituzione e le fonti di rango costituzionale

Nella **Costituzione**, posta al primo gradino della gerarchia delle fonti, sono contenuti i *principi* ai quali si ispira il nostro ordinamento ed è definita la *struttura organizzativa* dello Stato italiano; essa non può essere modificata da una legge ordinaria e tutte le norme di diritto devono conformarsi ai principi ivi contenuti.

La Costituzione italiana è una costituzione **votata**, cioè adottata volontariamente e liberamente dal popolo attraverso un apposito organo (assemblea costituente); **rigida**, ossia modificabile solo a mezzo di leggi emanate con procedimenti particolari; **lunga**, in quanto, oltre alle norme sull'organizzazione statale contempla anche i principi fondamentali dello Stato; **scritta**.

Rientrano nelle fonti di rango costituzionale:

- le *leggi di revisione costituzionale*, che incidono sul testo costituzionale modificando, sostituendo o abrogando le disposizioni in esso contenute, secondo lo speciale procedimento di cui all'art. 138 Cost.;
- le *altre leggi costituzionali*, ossia quelle espressamente definite tali dalla Costituzione, quelle che derogano ad una disposizione costituzionale senza abrogarla e, infine, ogni altra legge che il Parlamento voglia approvare con il procedimento aggravato di cui all'art. 138 Cost.

5 Le fonti dell'Unione europea

a) Gli atti giuridici dell'Unione

Con l'adesione dell'Italia all'Unione europea la categoria delle fonti primarie include anche gli atti adottati dalle istituzioni di tale organizzazione sovranazionale.

Infatti, l'art. 288 TFUE stabilisce che le istituzioni europee sono abilitate ad emanare regolamenti, direttive, decisioni, raccomandazioni e pareri, chiarendo altresì come solo le prime tre tipologie di atti abbiano carattere vincolante.

In particolare:

- il **regolamento** ha portata generale, è obbligatorio in tutti i suoi elementi e *direttamente applicabile* in ciascuno degli Stati membri;
- la **direttiva** vincola lo Stato membro cui è rivolta per quanto riguarda il *risultato* da raggiungere, salva restando la competenza degli organi nazionali in merito alla forma e ai mezzi utilizzabili per il suo *recepimento* nell'ordinamento nazionale. Nell'ambito di tale categoria s distinguono le cd. **direttive self executing**, ossia quelle direttive che, se e nelle parti in cui impongono *obblighi precisi e incondizionati* agli Stati membri, sono immediatamente efficaci, producendo *effetti diretti* negli ordinamenti interni;
- la **decisione** è obbligatoria in tutti i suoi elementi per i destinatari da essa designati. Le decisioni sono atti aventi portata concreta, che possono indirizzarsi ad uno Stato membro o ad altro soggetto (persona fisica o giuridica), vincolanti per il destinatario; acquistano efficacia con la semplice notifica ai destinatari;
- le **raccomandazioni** e i **pareri**, sforniti di efficacia precettiva e vincolante.

b) L'esecuzione degli obblighi dell'Unione europea

Per lungo tempo l'ordinamento italiano ha proceduto ad adeguarsi alle direttive europee con singoli provvedimenti emanati *ad hoc*.

Il primo tentativo per la razionalizzazione delle procedure di adeguamento è stato compiuto con la L. 14 aprile 1987, n. 183 (cd. *legge Fabbri*) che tentava di snellire le procedure fino ad allora adottate, favorendo il più possibile il recepimento di direttive in via regolamentare o amministrativa.

Proseguendo su questa linea, il legislatore ha poi approvato la L. 9 marzo 1989, n. 86, (cd. *legge la Pergola*) contenente **norme generali sulla partecipazione dell'Italia al processo normativo dell'Unione europea** e, in particolare, lo strumento per rendere più snello ed efficace il recepimento delle direttive comunitarie: la cd. **legge comunitaria**.

La legge La Pergola è stata abrogata dalla **legge 4 febbraio 2005, n. 11** (cd. *legge Buttiglione*), la quale ha conservato lo strumento della **legge comunitaria** per garantire l'adempimento degli obblighi derivanti dall'appartenenza dell'Italia all'Unione europea (**fase discendente**), e disciplinato il processo di formazione della posizione italiana nella fase di predisposizione degli atti dell'Unione europea (**fase ascendente**).

Con la **L. 24 dicembre 2012, n. 234** è stata abrogata la L. 11/2005 e la *legge comunitaria* da questa prevista e introdotti due distinti provvedimenti legislativi:

- la **legge di delegazione europea**, da presentare al Parlamento entro il 28 febbraio di ogni anno, riguardante solo deleghe legislative e autorizzazioni all'attuazione in via regolamentare;
- la **legge europea**, strumento solo eventuale, non essendo indicata un termine specifico per la sua presentazione al Parlamento, che riguarda le disposizioni modificative o abrogative di norme interne oggetto di *procedure di infrazione* o di *sentenze della Corte di giustizia*, quelle necessarie per dare attuazione agli atti dell'Unione europea e ai Trattati internazionali conclusi dall'Unione e quelle emanate nell'ambito del potere sostitutivo.

In tal modo si consente al Governo italiano di predisporre in tempi brevi e certi le deleghe legislative necessarie per assicurare il periodico adeguamento dell'ordinamento nazionale all'ordinamento dell'Unione europea.

6 Le fonti internazionali

Le fonti di produzione del nostro ordinamento derivano anche dall'appartenenza dell'Italia alla Comunità Internazionale, sebbene siano necessarie in questo caso *specifiche procedure* interne di **adattamento**.

Tradizionalmente le fonti dell'ordinamento giuridico internazionale sono distinte in:

1. **norme consuetudinarie**, ivi compresi i *principi generali di diritto riconosciuti dalle nazioni civili* che costituiscono una particolare categoria e che si indirizzano, generalmente, a tutti i membri della Comunità internazionale. Ad esse l'ordinamento nazionale si conforma attraverso il rinvio operato dall'art. 10 Cost.;
2. **norme convenzionali**, o norme poste in essere da **trattati internazionali**. Sono fonti vincolanti solo per i soggetti che hanno concorso alla loro formazione.
   Le norme convenzionali possono essere distinte in *formali* e *materiali*, a seconda che istituiscano ulteriori fonti di produzione di norme o regolino direttamente i rapporti fra gli Stati contraenti. Ad esse l'ordinamento italiano si conforma attraverso un *procedimento ordinario o un procedimento speciale*;
3. **atti vincolanti delle organizzazioni internazionali**, previsti da regole formali contenute in accordi istitutivi, che hanno efficacia solo per gli Stati che hanno aderito all'accordo. I più importanti di tali atti sono quelli emanati dalle istituzioni dell'Unione europea.

7 Le fonti primarie

a) Quali sono le fonti primarie?

Sono fonti soggette esclusivamente alla Costituzione e per questo definite **primarie**.

Esse sono:

a) le **leggi ordinarie del Parlamento**: esse disciplinano le materie espressamente riservate allo Stato (art. 117 Cost.) e, oltre alla Costituzione, sono soggette ai vincoli derivanti dall'ordinamento dell'UE e dagli obblighi internazionali;

b) i **decreti-legge del Governo**: *sono atti del potere esecutivo, i quali hanno «provvisoriamente» valore e forza di legge (60 giorni), a causa dell'urgenza* e della *necessità* che li ha determinati: tale valore e forza sono loro eventualmente conservati se il Parlamento li *converte in legge* (entro 60 giorni). Essi decadono del tutto e l'atto è posto nel nulla se non vengono convertiti in legge dal Parlamento entro il termine prescritto;

c) i **decreti legislativi del Governo**: sono gli atti legislativi emanati dal Governo (nella forma del decreto, che è l'atto tipico del potere esecutivo) su leggi di delega del Parlamento; in quanto derivano la loro efficacia da una fonte primaria di 1° grado, si considerano fonti primarie di 2° grado;

d) i **decreti legislativi di attuazione degli Statuti delle Regioni ad autonomia speciale**: si tratta di decreti del Governo, ad esso delegati dalle *leggi costituzionali* dello Stato, con cui sono adottati gli Statuti delle Regioni Speciali: per questo motivo sono inclusi tra le fonti primarie di 1° grado e non di 2° grado (come i decreti legislativi delegati da leggi ordinarie del Parlamento);

e) gli **Statuti delle Regioni ordinarie**: a seguito delle modifiche introdotte dalla L. cost. 22 novembre 1999, n. 1, si tratta di leggi regionali approvate con un procedimento rafforzato;
f) le **leggi regionali**: sono le leggi emanate dalle Regioni, nell'esercizio della potestà legislativa riconosciuta loro dalla Costituzione (art. 117 Cost.) e soggette, oltre alla Costituzione, anche ai vincoli derivanti dall'ordinamento dell'UE e dagli obblighi internazionali;
g) le **leggi delle Province di Trento e Bolzano**: sono anch'esse leggi ordinarie emanate dalle Province suddette, nell'esercizio dell'autonomia legislativa loro riconosciuta dalla legge costituzionale di adozione dello Statuto della Regione Trentino Alto-Adige.

b) Principio di legalità e riserva di legge

Il **principio di legalità** è uno dei cardini dell'ordinamento costituzionale italiano.

Esso va inteso in diverse accezioni:
- gli atti dei pubblici poteri non possono contenere disposizioni in *contrasto* con la legge (cd. **supremazia della legge**);
- gli **atti dei pubblici poteri** devono essere **autorizzati** dalla legge (**legalità in senso formale**);
- gli atti dei pubblici poteri devono essere **disciplinati compiutamente dalla legge** (cd. **legalità in senso sostanziale**).

Il principio di legalità *in senso sostanziale* è espressamente statuito solo in *materia penale* (art. 25 Cost.) e si rivolge al legislatore, imponendogli di disciplinare in modo compiuto una determinata materia in modo da delimitare la *discrezionalità* dei pubblici poteri o addirittura da annullarla (vincolando, così, il potere a quanto fissato nella legge).

Si ha **riserva di legge** quando una norma costituzionale riserva alla legge la disciplina di una determinata materia, escludendo il potere regolamentare del Governo.

Si possono distinguere **riserve**:
- **assolute**, che escludono la possibilità di regolare certe materie con fonti di grado secondario, riservando tale disciplina alla legge o ad atti aventi forza di legge;
- **relative**, in base alle quali l'intervento della legge è previsto solo per definire le caratteristiche fondamentali della disciplina, lasciando spazio alle fonti secondarie di intervenire per definirla compiutamente;
- **di legge costituzionale**, quando la materia è affidata a leggi costituzionali (ad es. articoli 71, 116, 132, 137 co. 1). In tal caso la riserva è sempre assoluta;
- **di legge formale**, quando si riferiscono solo alla legge formale, approvata dal Parlamento, e non anche agli atti equiparati o alla legge regionale (ad es. articoli 77 e 78);
- **rinforzate**, quando la Costituzione, nel riservare la materia alla legge, fissa ulteriori limiti che riguardano il *contenuto* (es. l'art. 16 Cost. permette al legislatore di porre dei limiti alla libertà di circolazione, ma solo con norme che dispongano «*in generale per motivi di sanità o di sicurezza*») o quando una materia può essere disciplinata solo con un procedimento specifico (ad es., i rapporti tra Stato e Chiesa);
- **implicite**, quando non sono espressamente previste dalla Costituzione (ad esempio l'articolo 72 Cost., nel riservare alcune leggi al procedimento *ordinario*, a maggior ragione vuole escludere dall'ambito delle materie da esse disciplinate interventi di fonti secondarie).

8 Le fonti specifiche del diritto amministrativo: le fonti secondarie

Infine, nel terzo gradino della scala gerarchica vi sono le cd. **fonti secondarie**. Rientrano in questa categoria i **regolamenti**, le **ordinanze**, gli **Statuti**.

Le fonti secondarie sono atti o fatti normativi *subordinati alle norme di grado primario* e, pertanto:
- *non* possono *derogare* né contrastare con le norme costituzionali;

- *non* possono *derogare* né contrastare con tutti gli atti legislativi ordinari (fonti primarie); perciò si dice che *non hanno forza né valore di legge, ma solo forza normativa:* cioè, non possono equipararsi alle leggi ma, nei limiti di esse, hanno una loro forza giuridica quali fonti di diritto;
- possono *modificare* le *leggi* (ordinarie) *solo se* una *legge ordinaria* abbia **delegificato** una materia, autorizzando atti del potere esecutivo (di solito regolamenti) a disporre norme (in quella materia) che hanno la stessa forza di quelle emanate con la legge.

Si tratta di atti (**soggettivamente amministrativi**) che, rappresentando lo strumento normativo tipico per orientare l'azione della P.A., costituiscono le **fonti specifiche del diritto amministrativo**.

9 I regolamenti

I *regolamenti* sono atti **formalmente amministrativi**, poiché emanati da organi del potere esecutivo (cioè Governo, enti locali territoriali, enti autarchici, ed in certi casi anche da organi della P.A.), ed aventi **forza normativa**, in quanto contenenti norme idonee ad *innovare* l'ordinamento giuridico, con i caratteri di *generalità* ed *astrattezza*, quindi classificabili come fonti di produzione del diritto; in questo risiede la differenza tra tali regolamenti e quelli adottabili dagli enti di diritto privato, assimilabili ai regolamenti cd. interni.

Il **fondamento della potestà regolamentare** è riposto nella **legge**: gli organi amministrativi possono emanare regolamenti solo quando una *legge* attribuisca loro tale potere.

Principale norma attributiva del potere regolamentare è data dall'**art. 17 L. 400/1988** che, per l'appunto, funge da clausola generale.

I regolamenti **non possono**:

- *derogare* o contrastare con la *Costituzione*, né con i principi in essa contenuti;
- *derogare* né contrastare con le *leggi ordinarie*, salvo che sia una legge ad attribuire loro il potere, in un determinato settore e per un determinato caso, di innovare anche nell'ordine legislativo (*delegificando* la materia);
- *regolamentare* le *materie riservate* dalla *Costituzione alla legge* ordinaria o costituzionale (*riserva assoluta di legge*);
- *derogare* al principio di *irretroattività* della legge (la legge, invece, può derogarvi, in quanto tale principio è sancito dall'art. 11 disp. prel. al codice civile e, dunque, da una fonte di pari efficacia). Sul punto, la giurisprudenza (Consiglio di Stato, ad. plen. 4-5-2012, n. 9) ha affermato che «un regolamento legittimamente può contenere una disciplina ad effetto retroattivo, purché tale disciplina venga qualificata come di interpretazione autentica»;
- contenere *sanzioni penali*, per il principio della riserva di legge in materia penale (art. 25 Cost.);
- i regolamenti emanati da *autorità inferiori* non possono mai *contrastare* con i regolamenti emanati da *autorità* gerarchicamente *superiori*;
- regolamentare istituti fondamentali dell'ordinamento.

a) Classificazione

1) A seconda dei **soggetti pubblici** che li emanano, i regolamenti si distinguono in:
   - **regolamenti statali**, se vengono emanati da organi dello Stato; i regolamenti statali, a loro volta si distinguono in:
     - *governativi*, se *deliberati* dal *Governo* ai sensi della L. 400/1988;
     - *ministeriali*, se emanati da singoli componenti del Governo o dal suo Presidente;
     - *non governativi*, se emanati da autorità amministrative inferiori (Prefetto, comandante di porto etc.). Tali regolamenti, a differenza di quelli governativi, hanno portata *settoriale* e la loro efficacia è limitata al *territorio* nella cui sfera ha *competenza* l'autorità che li ha emanati;

- **regolamenti non statali**, se vengono emanati dagli *enti territoriali*, quali Regioni, Province, Comuni e Città metropolitane. Possono anche essere emanati da **altri enti od organi**, quali Ordini e Collegi professionali, Camere di commercio, industria, artigianato e agricoltura. La potestà regolamentare è attribuita anche alle Autorità amministrative indipendenti, che sono enti od organi pubblici dotati di sostanziale indipendenza dal Governo e caratterizzati da autonomia organizzativa, finanziaria e contabile.

2) A seconda che siano destinati ad operare nell'**ordinamento generale** o in un **ambito ristretto**, i regolamenti si distinguono in:
   - **regolamenti esterni**: sono espressione del potere di supremazia di cui l'esecutivo dispone verso tutti i cittadini e chiunque altro si trovi nel territorio dello Stato. Sono **fonti del diritto** e la loro violazione costituisce *violazione di legge*;
   - **regolamenti interni**: regolano l'organizzazione *interna* di un organo o di un ente, obbligando solo coloro che fanno parte dell'ufficio, organo od ente. Sono espressioni del *potere di autorganizzazione* dell'ente o dell'organo stesso, perciò **non sono fonti del diritto** e la loro violazione non costituisce vizio dell'atto emanato dall'organo o ente, salvo casi eccezionali.

3) A seconda del **contenuto**, i regolamenti si distinguono in (art. 17 L. 400/1988):
   - **regolamenti di esecuzione** (art. 17, co. 1, lett. *a*), destinati a specificare una disciplina di rango legislativo con norme di dettaglio. Sono gli unici ammessi ad operare nell'ambito di una *riserva assoluta di legge*;
   - **regolamenti di attuazione e di integrazione** (art. 17, co. 1, lett. *b*), volti a completare la trama di principi fissati da leggi e decreti legislativi. Tali regolamenti non possono, tuttavia, regolare *materie riservate alla competenza regionale* (per le quali il compito di specificare la legislazione statale di principio spetta, *ex* art. 117 Cost., alle leggi regionali);
   - **regolamenti indipendenti**: la lett. *c*), co. 1, dell'art. 17 della L. 400/1988 autorizza il Governo a disciplinare materie in cui l'intervento di norme primarie non si sia ancora configurato, purché non si tratti di materie soggette a *riserva assoluta o relativa di legge*;
   - **regolamenti di organizzazione** (art. 17, co. 1, lett. *d*), che disciplinano l'organizzazione e il funzionamento delle pubbliche amministrazioni secondo disposizioni dettate da legge, cui l'art. 97 Cost. riserva la disciplina di queste materie. Tale tipologia di regolamenti *non gode di autonomia*, in quanto può avere natura esecutiva o attuativo-integrativa a seconda che la disciplina di rango legislativo abbia maggiore o minore estensione;
   - **regolamenti delegati o autorizzati**, detti anche **regolamenti di delegificazione** (art. 17, co. 2), che sono emanati in base ad apposite leggi che autorizzano i regolamenti ad introdurre una determinata disciplina di una specifica materia che andrà a sostituire quella di rango legislativo che, pertanto, si ha per abrogata dal momento dell'entrata in vigore di quella regolamentare.
     Tale procedimento di delegificazione **non è ammesso nelle materie coperte da riserva assoluta di legge**;
   - **regolamenti di riordino** (art. 17, co. 4ter, introdotto dall'art. 5 L. 69/2009), con i quali si provvede al periodico riordino delle disposizioni regolamentari vigenti, alla ricognizione di quelle che sono state oggetto di abrogazione implicita e all'espressa abrogazione di quelle che hanno esaurito la loro funzione o sono prive di effettivo contenuto normativo o sono comunque obsolete. Ciò ai fini di una migliore conoscenza delle fonti normative secondarie.

b) Impugnabilità dei regolamenti

I regolamenti sono **atti formalmente amministrativi** e come tali **possono essere impugnati innanzi al T.A.R.**

Ciò che, in concreto, ostacola la loro impugnabilità è il fatto che *non ledono in via immediata la sfera giuridica di un soggetto* e, quindi, non sussiste (di solito) un concreto interesse a ricorrere da parte del privato.

Pertanto, colui che ha interesse alla eliminazione di un regolamento o di una norma in esso contenuta, non può impugnare di per sé il regolamento, ma l'atto emanato dalla P.A. in esecuzione del regolamento, allorché tale atto venga a ledere direttamente la sua sfera giuridica. In occasione di tale impugnazione, potrà impugnare congiuntamente anche il regolamento di cui l'atto lesivo è applicazione (cd. **doppia impugnativa**).

In quei casi, invece, in cui il regolamento disponga anche in concreto e sia pertanto *immediatamente lesivo di una posizione soggettiva*, di un amministrato è ammissibile l'**impugnativa diretta ed immediata** del regolamento stesso.

10 Le ordinanze

Per **ordinanze** si intendono tutti quegli atti che creano *obblighi* o *divieti* ed in sostanza, quindi, impongono **ordini**.

Le ordinanze, per essere **fonti del diritto**, devono avere **carattere normativo**, e cioè creare delle statuizioni precettive *generali* ed *astratte*.

Esse *non* possono *contrastare* con la Costituzione e le leggi ordinarie e non possono mai contenere norme penali.

La classificazione generale è la seguente:

1) **ordinanze** previste dalla legge per casi ordinari;
2) **ordinanze** previste dalla legge per *casi eccezionali di particolare gravità*, in cui sarebbe impossibile l'utilizzazione e l'osservanza delle norme ordinarie (bandi militari, ordinanze del Prefetto, ordinanze eccezionali in caso di calamità pubbliche e catastrofi nazionali);
3) **ordinanze di necessità ed urgenza o libere** emanate per far fronte a situazioni di urgente necessità. La legge attribuisce *solo il potere*, ma *non* prevede i *casi concreti* in cui esercitarlo *né* pone *limiti precisi* (salvo quelli risultanti dalle leggi costituzionali e dai principi generali dell'ordinamento) al *contenuto* di tali ordinanze (in tal senso si definiscono *extra ordinem* perché non possono essere predeterminate nel contenuto e costituiscono un'eccezione al principio di tipicità del provvedimento amministrativo).

Le ordinanze di necessità presentano i seguenti **caratteri**:

- sono *atipiche*, nel senso che per la loro emanazione la legge, che ne attribuisce il potere, fissa solo i *presupposti (necessità* e *urgenza*), mentre lascia all'autorità amministrativa un'ampia sfera di discrezionalità circa il loro contenuto;
- presuppongono il **pericolo di un danno grave** e l'**indifferibilità dell'intervento urgente** che costituiscono presupposto di legittimità dell'ordinanza;
- sono *straordinarie*, nel senso che il ricorso ad esse è possibile solo ove la situazione di pericolo non possa essere fronteggiata con atti tipici;
- la loro *efficacia nel tempo è limitata*, in quanto esse possono avere efficacia solo fin quando perdura la necessità che ne ha legittimato l'emanazione;
- trovano *fondamento esclusivamente nella legge*;
- non *possono*, in nessun caso, derogare a norme costituzionali o ai principi generali dell'ordinamento e disciplinare *materie coperte da riserva assoluta di legge;*
- debbono essere adeguatamente **motivate** (Corte cost., 14-4-1995, n. 127) e vanno **pubblicizzate** con mezzi idonei laddove siano destinate ad avere efficacia nei confronti della generalità dei soggetti o di più soggetti determinati.

Proprio il contenuto atipico delle ordinanze di necessità ed urgenza ha indotto ad una riflessione sulla loro **natura giuridica** e sul relativo **regime di impugnazione**.

Quanto al primo aspetto, alla *tesi normativa*, che pone l'accento sui caratteri della generalità e della strattezza e alla *tesi amministrativa*, che attribuisce loro una *natura formalmente e sostanzialmente amministrativa* si è contrapposto un orientamento intermedio, oggi prevalente, secondo cui, evitando generalizzazioni di sorta, la natura giuridica dell'ordinanza di necessità ed urgenza deve essere desunta volta per volta dalle caratteristiche concrete dell'atto, verificandone in concreto il contenuto e la portata.

Quanto al regime impugnatorio, le ordinanze *extra ordinem*, rinvenendo la propria fonte nella legge, radicano la giurisdizione del giudice amministrativo quando sono illegittime, mentre sono oggetto di cognizione del giudice ordinario in caso di adozione in carenza di potere (in astratto o in concreto).

11 Gli Statuti degli enti pubblici

Per **Statuto** si intende **un atto normativo** avente come oggetto **l'organizzazione dell'ente e le linee fondamentali della sua attività**. Lo Statuto è, quindi, espressione di una potestà organizzatoria a carattere normativo, che può essere attribuita o allo stesso ente sulla cui organizzazione si statuisce (in questo caso si parla di **autonomia statutaria**), oppure ad un organo o ente diverso (cd. *etero-Statuti*).

Abbiamo, in particolare:

- gli **Statuti regionali (art. 114 Cost.)**: in seguito alla riforma dell'art. 123 Cost., introdotta dalla L. cost. 1/1999, gli Statuti delle Regioni ordinarie sono **leggi regionali rinforzate**, cioè approvate con un procedimento rafforzato (due deliberazioni successive adottate ad intervallo non minore di due mesi ed eventuale sottoposizione a *referendum* popolare), non soggette ad alcun visto. Gli Statuti delle Regioni speciali sono, invece, rivestiti della forma della **legge costituzionale**, adottata dal Parlamento con la maggioranza di cui all'art. 138 Cost.;
- gli **Statuti delle autonomie locali (art. 114 Cost.)**: l'art. 6 del D.Lgs. 267/2000 (Testo Unico degli enti locali) ha riconosciuto espressamente a Province e Comuni la potestà di **adottare un proprio Statuto**: ai sensi dell'art. 114 Cost., anche le autonomie locali sono enti autonomi «con propri statuti, poteri e funzioni secondo i principi fissati dalla Costituzione»;
- gli **Statuti degli altri enti pubblici**: hanno, infine, potestà statutaria molti enti pubblici. Di regola, gli Statuti di tali enti minori — che possono avere carattere di *norme interne* — sono *adottati dagli enti stessi ed approvati* da un ente superiore (Stato o Regione): tale approvazione ha la funzione di *atto di controllo* e *condiziona l'efficacia* dello Statuto stesso.

Per quel che riguarda l'**impugnazione degli Statuti**, si applica, trattandosi di fonti formalmente amministrative e sostanzialmente normative, il regime della *doppia impugnativa* (dello *Statuto* e dell'*atto esecutivo*), illustrato relativamente ai regolamenti.

Parimenti, come rilevato per i regolamenti, l'atto amministrativo violativo della previsione statutaria, attesa la forza normativa di quest'ultima, andrà considerato *viziato per violazione di legge*.

Sembrano, infine, porsi anche per gli Statuti le problematiche poste in tema di regolamenti per quanto afferisce alla disapplicabilità da parte del G.A.

Le fonti secondarie dubbie

Principali fonti secondarie sono, come visto, regolamenti, ordinanze e Statuti degli enti pubblici. Non mancano, tuttavia, provvedimenti la cui *rilevanza*, quali fonti secondarie, è *estremamente discussa*. Si tratta, in particolare:

- dei **bandi militari**, emanati dal Comandante Supremo delle Forze Armate o dai Comandanti di grandi unità terrestri, navali o aeree, che contrastino con le norme giuridiche vigenti in caso di guerra o di emergenza internazionale, dichiarata ai sensi dell'art. 76 Cost. Tali provvedimenti, provvisti di forza derogatoria, hanno indotto parte della dottrina a qualificarli come *atti di normazione primaria*; secondo altri autori, invece, essi possono essere ricondotti alle *ordinanze di necessità*, o, ancora, configurati come categoria autonoma;

- dei **provvedimenti prezzo** e dei **tariffari**, nei casi in cui sia la pubblica amministrazione a determinare unilateralmente il prezzo o la tariffa di beni e servizi offerti. Secondo un primo orientamento, ormai risalente, tali provvedimenti sono atti con cui vengono effettuate scelte di carattere politico sulla rilevanza sociale di beni e servizi. Per un'altra opzione, i provvedimenti prezzo e i tariffari sarebbero veri e propri atti normativi, contenenti statuizioni generali ed astratte, applicabili, cioè, ad un numero indeterminato di casi e di destinatari. Tuttavia, poiché non è sufficiente parlare di generalità e di astrattezza per qualificare un atto come normativo, soprattutto alla luce della considerazione che tali provvedimenti sono connotati dalla concretezza e dalla attualità dell'interesse pubblico sotteso ad una certa determinazione di prezzi e tariffe da parte del competente organo, la dottrina e la giurisprudenza maggioritarie considerano i provvedimenti in esame come atti amministrativi generali;
- dei **piani regolatori generali**, che sono gli strumenti di organizzazione e pianificazione del territorio dei Comuni. Secondo un primo orientamento, essi sarebbero *regolamenti*, sulla base della considerazione della generalità e della astrattezza delle previsioni in essi contenute, che si svilupperanno solo in seguito, attraverso i successivi piani attuativi. Per una seconda tesi, il piano avrebbe invece natura di atto *amministrativo generale* perché esso contiene norme concrete e subito efficaci e anche perché i destinatari sono individuabili solo *a posteriori*. Una tesi intermedia, infine, accolta anche dal Consiglio di Stato, ricostruisce tali provvedimenti come *figure miste*, contenenti sia prescrizioni generali che concrete;
- della **Carta dei Servizi Pubblici**, strumento preventivo che tutela gli utenti e che deve obbligatoriamente essere redatta dai gestori di servizi pubblici, contenente una serie di prescrizioni dirette a misurare la qualità della prestazione erogata agli utenti dai gestori attraverso l'individuazione degli *standard* minimi della stessa. Nei casi in cui tale Carta venga redatta da un ente pubblico, si tratta di un *provvedimento amministrativo* vero e proprio; viceversa, nel caso la Carta debba essere redatta da un gestore privato, allora si ritiene che essa assuma carattere negoziale.

12 Testi unici e codici

I testi unici sono gli atti che **raccolgono e coordinano disposizioni originariamente comprese in atti diversi, per semplificare il quadro normativo** (si pensi, ad esempio, al T.U. sul pubblico impiego, di cui al D.Lgs. 165/2001).

È possibile distinguere fra testi unici:

- **normativi** (innovativi, delegati o di coordinamento), se modificano o abrogano le disposizioni legislative esistenti;
- **compilativi** (non innovativi o di mera compilazione), se si limitano al raccoglimento in un unico atto delle norme già esistenti, lasciando immutata la legislazione vigente.

Esistono, poi, i **testi unici misti**, aventi cioè ad oggetto non solo il coordinamento di disposizioni di fonte primaria (*potestà legislativa delegata*) ma anche la raccolta di disposizioni di rango secondario (*potestà regolamentare delegificante*).

Inoltre, nell'intento di fornire un riassetto di interi settori legislativi sono stati previsti i cd. **codici di settore**, che in determinate materie raccolgono un complesso di norme stabili e organizzate (ad esempio, il Codice dei contratti pubblici, il Codice del processo amministrativo etc.).

13 Le norme interne della P.A.

Tutte le pubbliche amministrazioni emanano **norme relative al funzionamento dei loro uffici** o alle modalità di svolgimento della loro attività che danno luogo ad un «**ordinamento amministrativo interno**» distinto dall'ordinamento giuridico generale che rileva all'esterno. Queste norme hanno come destinatari soltanto coloro che fanno parte di una determinata amministrazione e sono qualificate dalla dottrina *norme interne* (ordini, istruzioni, regolamenti).

Esse trovano il loro fondamento:

- nel potere di *autorganizzazione* proprio di ogni P.A. (es.: i regolamenti interni);
- nel potere di *supremazia speciale* dell'organo o ufficio, nei confronti di altri organi o uffici inferiori (es.: gli ordini interni).

Le norme interne:

- **non sono fonti del diritto**;
- *non* possono essere in *contrasto* con *norme di legge*, né con regolamenti o ordinanze;
- la loro *violazione* da parte di un *organo* amministrativo può dar luogo al vizio di «*eccesso di potere*»: in tal caso le «norme interne» violate assumono indirettamente *rilevanza esterna (per i terzi)*;
- la loro *inosservanza* da parte di *funzionari* o *impiegati* della P.A. può dar luogo a seconda dei casi, a *responsabilità* civile, amministrativa (disciplinare), contabile, o anche penale, nonché a forme di controllo repressivo-sostitutivo.

Le norme interne delle P.A. possono essere emanate attraverso diversi atti amministrativi:

- **regolamenti interni**: essi disciplinano cioè il funzionamento interno dell'ufficio;
- **ordini**: si tratta di *atti amministrativi* emanati da una *autorità gerarchicamente superiore* nei confronti di una inferiore, e contenenti un comando ad agire in un dato modo;
- **istruzioni**: sono atti contenenti regole di comportamento di carattere tecnico, a chiarimento di altre norme (di legge) generali o (amministrative) particolari, ed inviati da uffici superiori ad uffici inferiori, o talvolta da uffici tecnici ad uffici amministrativi;
- **circolari**: sono **atti non aventi carattere normativo**, mediante i quali l'amministrazione fornisce indicazioni in via generale e astratta in ordine alle modalità con cui dovranno comportarsi in futuro i propri dipendenti ed i propri uffici (CASETTA). In quanto tali, le circolari non vincolano *erga omnes*, ovvero non costituiscono fonte del diritto ma mera fonte direttiva per gli uffici dipendenti dalla pubblica amministrazione emanante. È utile, comunque, ricordare che, stante il carattere «conoscitivo» delle circolari e della funzione che esse assolvono, non è consentita la loro impugnazione — salvo rari e documentati casi — in sede giurisdizionale; detta impugnazione può infatti essere proposta nei confronti del provvedimento cui esse si riferiscono.

La dottrina ha individuato i seguenti **tipi** di circolare:

1) **organizzativa,** contenente disposizioni sull'organizzazione degli uffici;
2) **interpretativa,** recante l'interpretazione di leggi e regolamenti al fine di assicurarne l'uniforme interpretazione nell'ambito dell'*apparato amministrativo*;
3) **regolamento** o **normativa,** recante precetti (norme di azione) vincolanti per le azioni successive dell'amministrazione. Si tratta di norme interne, come tali non vincolanti all'esterno e quindi prive di efficacia lesiva per i terzi. In ogni caso, si segnala che parte della dottrina e della giurisprudenza hanno riconosciuto la possibilità di attribuire a tale tipologia di circolari un «*valore normativo esterno*», dovuto al fatto che, sebbene in *ipotesi eccezionali*, le stesse contengono previsioni generali ed astratte che innovano l'ordinamento giuridico con riferimento all'attività della P.A.;
4) **di cortesia**, contenente voti augurali, saluti, attestati di stima;
5) **informativa**, tesa a informare su determinati atti o problemi, come la situazione normativa o l'orientamento della giurisprudenza, e, quindi, a fornire notizie utili per l'esercizio dell'attività amministrativa.

14 La consuetudine e la prassi amministrativa

La **consuetudine** è la *tipica fonte del diritto non scritta*: essa consiste nella **ripetizione di un comportamento da parte di una generalità di persone, con la convinzione della giuridica necessità di esso**.

Essa consta di due elementi essenziali:

- un *elemento oggettivo*: il ripetersi di un comportamento costante ed uniforme per un certo periodo di tempo (cd. *diuturnitas* o *usus*);
- un *elemento soggettivo*: la cd. *opinio iuris ac necessitatis*, cioè la convinzione della giuridica necessità del comportamento. Sulla necessità di questo secondo requisito non tutta la dottrina è concorde: molti autori, infatti, ritengono che il semplice *usus* sia condizione necessaria e sufficiente per il sorgere di una consuetudine.

La **prassi amministrativa** si concreta, invece, in un **comportamento costantemente tenuto** da un'**amministrazione** nell'esercizio di un potere, ma **in difetto della convinzione della sua obbligatorietà**. Essa, a differenza della consuetudine, **non costituisce fonte del diritto** e la sua inosservanza non configura una violazione di legge, ma può essere sintomo, se non sorretta da adeguata motivazione, di eccesso di potere (CASETTA).

2
Le situazioni giuridiche soggettive del diritto amministrativo

1 Che si intende per «situazione giuridica soggettiva»

Si definisce **situazione giuridica soggettiva** una **situazione sostanziale di interesse**, che fa capo ad un soggetto o a un ente, **tutelata dall'ordinamento giuridico**, anche nei confronti della pubblica amministrazione

Le situazioni soggettive vengono, infatti, *attribuite da norme giuridiche* e costituiscono il contenuto dei rapporti giuridici. In tali rapporti, i soggetti sono portatori di posizioni soggettive che possono essere:

- **attive**, o **di vantaggio** (diritto, interesse legittimo, potere, potestà, aspettativa), quando attribuiscono una posizione favorevole al titolare attribuendo all'interesse di quest'ultimo una prevalenza rispetto a quello di altri soggetti;
- **passive**, o **di svantaggio** (obbligo, dovere, onere, soggezione), quando attribuiscono una posizione sfavorevole al titolare, prevedendo la subordinazione dell'interesse di quest'ultimo a quello di altri soggetti.

Il concetto di situazione giuridica va tenuto distinto da quello di ***status***. La situazione giuridica attiene a specifici rapporti mentre lo *status* si riferisce ad una condizione da cui derivano un *complesso di situazioni giuridiche, attive e passive*. Per *status* si intende la posizione di un soggetto rispetto ad un determinato gruppo (così, ad esempio, l'appartenenza ad una famiglia conferisce al soggetto uno *status*, ossia un complesso di diritti ed obblighi riconducibili a tale condizione).

2 Il diritto soggettivo

Il diritto soggettivo è la **posizione giuridica di vantaggio** che l'ordinamento giuridico conferisce ad un soggetto, riconoscendogli *determinate utilità in ordine ad un bene*, nonché la *tutela degli interessi afferenti al bene stesso* **in modo pieno ed immediato**.

La figura del diritto soggettivo è oggetto di particolare attenzione, al fine di distinguerla da quella dell'interesse legittimo, in quanto la ripartizione della *giurisdizione* fra il **giudice ordinario** e il **giudice amministrativo**, nelle controversie coinvolgenti la *Pubblica Amministrazione*, è stabilita dalla legge (L. 2248/1865), in base alla natura della *posizione giuridica soggettiva* lesa; infatti:

- se chi agisce è titolare di un **diritto soggettivo** nei confronti della pubblica amministrazione, è tenuto ad adire il **giudice ordinario**, salvi i casi in cui il diritto soggettivo si è costituito in una materia devoluta dalla legge alla competenza giurisdizionale esclusiva del G.A.;
- se chi agisce, invece, è titolare di un **interesse legittimo** nei confronti della P.A., può ricorrere soltanto innanzi al **giudice amministrativo**.

Tipica del diritto amministrativo è la distinzione tra:

- **diritti soggettivi perfetti**: sono quelli attribuiti in maniera *diretta ed incondizionata* al soggetto; il loro *esercizio* è libero, *non condizionato* ad alcun *intervento autorizzatorio della P.A.* la quale *non può neppure* incidere *sfavorevolmente* su di essi, *comprimendoli* o *estinguendoli* con un proprio provvedimento (tipici esempi sono i *diritti di libertà*, come la libertà di manifestazione del pensiero, di stampa etc.);

— **diritti soggettivi condizionati**: sono quelli il cui *esercizio* è sottoposto ad una *condizione*, che può essere sospensiva o risolutiva.

Si hanno, pertanto, due diverse figure di diritti condizionati:

1) i cd. **diritti in attesa di espansione** (o *sospensivamente condizionati*), che sono quelli il cui *esercizio* non è libero ma incontra un *limite* di legge che deve essere *rimosso* da un apposito provvedimento amministrativo di *autorizzazione*; tale è, ad esempio, il *diritto di guidare*;
2) i cd. **diritti suscettibili di affievolimento** (o *risolutivamente condizionati*), ossia quelli sui quali la P.A. può incidere *sfavorevolmente*, *limitandoli* o addirittura *sopprimendoli*; tali sono i diritti, che normalmente possono essere *sospesi* o *revocati* ovvero, finanche, soppressi dalla P.A. con un proprio provvedimento. Tale è anche il *diritto di proprietà*, che può essere, nei casi previsti dalla legge, limitato o soppresso dalla P.A. con un proprio atto quale l'*occupazione*, la *requisizione*, l'*espropriazione*.

3 L'interesse legittimo

L'interesse legittimo è una posizione di vantaggio riservata ad un soggetto in relazione ad un **bene della vita oggetto di un provvedimento amministrativo** e consistente nell'attribuzione, a tale soggetto, di poteri idonei ad influire sul **corretto esercizio del potere**, in modo da rendere possibile la realizzazione dell'interesse al bene (**Cass., SS.UU., 22-7-1999, n. 500**).

I **parametri** che caratterizzano la figura dell'interesse legittimo sono:

— la **differenziazione**, cioè è titolare di un interesse legittimo colui che, rispetto all'esercizio di un potere pubblico, si trovi in una posizione differenziata rispetto a quella della generalità degli altri soggetti;
— la **qualificazione**, nel senso che la *norma* preordinata a disciplinare l'esercizio del potere della P.A. per il perseguimento dell'*interesse pubblico primario* ha *indirettamente* preso in considerazione, e quindi protetto, un *interesse sostanziale individuale* connesso o coincidente con l'interesse pubblico.

L'interesse legittimo ha trovato riconoscimento nel nostro ordinamento con la L. 5992/1889, istitutiva della IV sezione del Consiglio di Stato, quale giudice di quegli interessi sostanziali diversi dai diritti soggettivi che fino ad allora erano rimasti del tutto sforniti di tutela.

Di interesse legittimo si occupano espressamente anche tre norme della Costituzione, gli **artt. 24, 103 e 113**, tese appunto a riconoscere a tali interessi piena dignità e tutela, ma in realtà nessuna di esse, né altra norma positiva, si occupa di fornire una definizione di interesse legittimo.

Tale espressione si deve alla dottrina, la quale si è subito preoccupata di individuarne la portata, al fine di riconoscere agli interessi legittimi piena autonomia rispetto ai diritti soggettivi.

In particolare, l'interesse legittimo viene definito come la **posizione giuridica soggettiva riconosciuta ai privati grazie alla quale essi incidono sull'attività amministrativa condizionandola, anche attraverso la partecipazione al procedimento per tutelare un bene pertinente alla loro sfera di interessi** (NIGRO).

Mentre il diritto soggettivo è una posizione autonoma, perché compiutamente configurata dalla stessa previsione di legge, e dunque spettante ad una persona sulla base di un titolo che può avere la natura più varia, ma che non dipende da una pubblica amministrazione (sono proprietario di una casa perché l'ho comprata o ereditata), l'interesse legittimo si esprime in termini di *posizione inautonoma* in quanto l'utilità sperata cui tende l'interesse del privato dipende dalla intermediazione provvedimentale dell'amministrazione pubblica (PALMA). **L'interesse legittimo è necessariamente correlato all'esercizio del potere amministrativo**, come disciplinato dalla **norma** cd. **di azione: il provvedimento amministrativo subentra comunque, o come oggetto di un'aspirazione** (domanda di concessione di suolo pubblico per installarvi un'edicola) **o come oggetto di una ripulsa** (impugnazione del decreto di espropriazione).

Collegandosi alla citata definizione giurisprudenziale, anche il legislatore, con la riforma introdotta dalla L. 15/2005 e, in particolare, con l'inserimento dell'**art. 21octies** nella **L. 241/1990**, ha confermato la **natura sostanziale** dell'interesse legittimo, nel senso che esso si correla ad un interesse materiale del titolare ad un bene della vita. Dalla lettura del precitato articolo si evince, infatti, che la lesione dell'interesse legittimo intanto può dirsi esistente, in quanto la violazione delle regole, nella quale la P.A. è incorsa, abbia pregiudicato la possibilità di realizzazione dell'interesse materiale.

Tale concezione sostanzialistica dell'interesse legittimo, collegata alla conservazione o acquisizione di un bene della vita e che va oltre la mera pretesa alla legittimità dell'azione amministrativa, ha ricevuto definitiva consacrazione anche nella legislazione successiva, soprattutto in ordine alle sue modalità di tutela: oggi, il **Codice del processo amministrativo**, approvato con il **D.Lgs. 2-7-2010, n. 104**, sancisce il *principio dell'effettività della tutela giurisdizionale*.

a) Distinzione tra diritti soggettivi ed interessi legittimi

Ciò che **caratterizza** l'interesse legittimo, e che ne rappresenta il principale tratto distintivo rispetto al diritto soggettivo, è la sua attinenza all'*esercizio del potere amministrativo*: l'interesse legittimo, infatti, non è percepibile sul piano, per così dire, «statico», senza cioè che la P.A. abbia esercitato o negato di esercitare, nei confronti del soggetto, il suo potere (*C.d.S., sez. IV, 7-3-2013, n. 1403*).

Il criterio di differenziazione tra diritto soggettivo e interesse legittimo maggiormente accreditato si fonda, a sua volta, sulla distinzione tra **carenza assoluta** e **cattivo esercizio del potere**.

In particolare:

— nel caso di **cattivo uso**, da parte della P.A., **del proprio potere discrezionale**, sussistendo una norma di legge che le attribuisce il potere di emanare l'atto, si avrà solo la **lesione di un interesse legittimo**, rappresentato dall'interesse del privato a che l'amministrazione, le forme ed il procedimento stabiliti dalla norma attributiva del potere (interesse che può essere tutelato solo in sede di *giurisdizione amministrativa*);
— nell'ipotesi di **carenza assoluta di potere**, quando cioè *manchi in radice il potere discrezionale della P.A.* di interferire nella sfera giuridica del privato, ovvero non sussistano i presupposti di fatto che consentano l'esercizio di tale potere, l'atto amministrativo è considerato inidoneo ad incidere legittimamente sul diritto soggettivo del privato, che quindi sussiste nella sua integrità e può essere fatto valere davanti al *giudice ordinario*.

La distinzione tra diritti soggettivi e interessi legittimi è importante ai fini del riparto di giurisdizione tra giudice ordinario e giudice amministrativo: infatti, *tutte le volte che si lamenta il cattivo uso del potere dell'amministrazione*, si fa valere un **interesse legittimo** e la giurisdizione è del **G.A.**, mentre si ha questione di **diritto soggettivo** e la giurisdizione è del **G.O.** quando si contesta la *stessa esistenza del potere*. In tal modo si è posto il seguente collegamento: **carenza di potere-diritto soggettivo, cattivo uso del potere-interesse legittimo**.

b) Tipologia degli interessi legittimi

Nell'ambito della categoria degli interessi legittimi, in base al tipo di interesse materiale protetto (NIGRO), si distingue tra:

— **interessi legittimi pretensivi**: si sostanziano in una pretesa del privato a che l'amministrazione adotti un determinato provvedimento o ponga in essere un dato comportamento;
— **interessi legittimi oppositivi**: legittimano il privato ad opporsi all'adozione di atti e comportamenti da parte della pubblica amministrazione, che sarebbero pregiudizievoli per la propria sfera giuridica.

Una diversa dottrina (GIANNINI) seguita dalla giurisprudenza distingue tra:

— **interesse sostanziale**: considera il momento in cui l'interesse del privato ad ottenere o a conservare un bene della vita, viene a confronto con il potere della P.A. di soddisfare l'interesse o di sacrificarlo;
— **interesse procedimentale**: è l'interesse del privato che emerge nel corso di un procedimento amministrativo. Tali interessi possono essere fatti valere in giudizio al fine di eliminare quegli atti e quei comportamenti preclusivi della prosecuzione del procedimento.

Interesse procedimentale e sostanziale rappresentano due aspetti dell'interesse legittimo, in quanto il primo è strumentale alla tutela degli interessi sostanziali, rappresentandone la proiezione in giudizio.

Vanno, poi, menzionati gli *interessi discrezionalmente protetti*, ossia quegli interessi protetti non a livello di ordinamento generale, bensì al livello di ordinamento particolare dell'amministrazione. Questi interessi non sono tutelabili davanti al giudice, ma esclusivamente davanti all'amministrazione (ad esempio, tramite i ricorsi amministrativi). Tra essi è possibile inserire quelli relativi al merito dell'azione amministrativa, cioè al merito della scelta operata dall'amministrazione. Scelta che, di regola, non è direttamente sindacabile o sostituibile dal giudice, ma che può trovare riesame nell'ambito dell'amministrazione e con una revisione della scelta da parte della stessa autorità o di altra in genere gerarchicamente sopraordinata (così MALINCONICO).

Tutela dell'interesse legittimo alla luce del diritto dell'Unione europea

L'avvento del diritto dell'UE e la sua sempre più profonda incidenza nel tessuto normativo nazionale pongono delicati problemi sia in relazione ai confini che alla stessa sopravvivenza della nozione, tipicamente nazionale, di interesse legittimo.

Segnatamente, occorre, nell'indagine in esame, prendere le mosse da due presupposti:

1) il diritto dell'UE non conosce la categoria, prettamente nostrana, di interesse legittimo;
2) i principi di supremazia e di effettività del diritto europeo impongono che le situazioni soggettive di rilievo europeo, ossia le posizioni create e protette dalle fonti europee, non possano subire un vuoto o una minorazione di tutela sotto il profilo qualitativo una volta immesse nell'ordinamento giuridico nazionale.

Il punto 1) riporta ad una sentenza della Corte di Giustizia (*sentenza 5-3-1980, in causa n. 265/78*) che esclude per il diritto europeo la possibilità di spingersi fino al punto di sindacare la scelta nazionale in punto di qualificazione della posizione soggettiva e di designazione del giudice naturale.
La scelta del giudice naturale è pertanto rimessa all'ordinamento interno — ossia alla Costituzione attraverso le fonti primarie — che può insindacabilmente sancire la giurisdizione del giudice amministrativo.
Circa il punto 2), si è osservato che il giudice nazionale deve disapplicare tutte le norme processuali che possano recare pregiudizio all'obiettivo dell'effettività della tutela del diritto dell'UE.

c) La risarcibilità degli interessi legittimi

La **Cassazione, a Sezioni Unite**, con la storica **sentenza 22-7-1999, n. 500**, ha riconsiderato la tradizionale interpretazione dell'art. 2043 c.c., che identificava il danno ingiusto con la lesione di un diritto soggettivo e ha ammesso che **la tutela risarcitoria deve essere assicurata in relazione alla ingiustizia del danno che può verificarsi sia nei confronti di un diritto soggettivo, sia di un interesse legittimo**.

La lesione di un interesse legittimo, al pari di quella di un diritto soggettivo o di altro interesse giuridicamente rilevante, **rientra** nella fattispecie della responsabilità di cui all'**art. 2043 c.c.**, (responsabilità aquiliana) ai fini della qualificazione del danno come ingiusto.

La definitiva consacrazione del diritto al risarcimento del danno per la lesione di un interesse legittimo è avvenuta ad opera della **L. 205/2000 il cui art. 7**, riscrivendo il terzo comma dell'art. 7 L. 1034/1971, disponeva che: «*Il* **tribunale amministrativo regionale**, *nell'ambito della sua giurisdizione, conosce anche di tutte le questioni relative all'eventuale* **risarcimento del danno**, *anche attraverso la reintegrazione in forma specifica, e agli altri diritti patrimoniali consequenziali*».

Con tale previsione, il legislatore riconosceva una generale competenza del G.A. in materia di risarcimento del danno, sia nell'ambito della giurisdizione esclusiva che in quella generale di legittimità.

Successivamente, la Corte costituzionale, con la sentenza n. 204/2004 precisava il ruolo del risarcimento del danno nel giudizio amministrativo, specificando che «il potere riconosciuto al giudice amministrativo di disporre, anche attraverso la reintegrazione in forma specifica, il **risarcimento del danno ingiusto** non costituisce sotto alcun profilo una nuova «materia» attribuita alla sua giurisdizione, bensì uno strumento di tutela ulteriore, rispetto a quello classico demolitorio (e/o conformativo), da utilizzare per rendere giustizia al cittadino nei confronti della pubblica amministrazione».

La risarcibilità dell'interesse legittimo costituisce oggi oggetto di trattazione da parte dell'**art. 30 del Codice del processo amministrativo** (dal **D.Lgs. 104/2010**) che disciplina specificamente, nell'ambito dell'azione di condanna, l'azione esperibile contro la P.A. per danni da illegittimo esercizio dell'azione amministrativa (quindi a tutela di *interessi legittimi*), nonché nei casi di giurisdizione esclusiva, per danni da lesione di diritti soggettivi.

4 Gli interessi semplici e gli interessi di fatto

Gli **interessi semplici**, detti anche *amministrativamente protetti*, sono quelli vantati dal cittadino nei confronti della P.A. affinché questa, nell'esercizio del suo potere discrezionale, osservi le regole di **buona amministrazione**, di **opportunità** e **convenienza** (cd. **merito amministrativo**). Essi sono tutelabili solo amministrativamente attraverso lo strumento del *ricorso gerarchico*, salvo i casi tassativamente indicati dalla legge in cui il privato può adire il G.A. per vizi di merito.

Gli **interessi di fatto**, infine, possono essere definiti come quelle **situazioni giuridiche soggettive non protette**, cui, cioè, l'ordinamento non accorda alcuna tutela.

Tipici interessi di fatto sono quelli vantati da tutti all'osservanza da parte dell'amministrazione dei doveri pubblici posti a vantaggio della collettività indifferenziata (es.: illuminazione, manutenzione delle strade).

Sono interessi, dunque, che, essendo privi del carattere della differenziazione, tipico dell'interesse legittimo, **non ricevono alcun tipo di tutela**.

5 Gli interessi collettivi e gli interessi diffusi

a) Gli interessi superindividuali

Le situazioni giuridiche soggettive sono suscettibili di assumere anche una «**dimensione superindividuale**» (GAROFOLI - FERRARI). In questa prospettiva si parla di:

a) **interessi diffusi** (o adespoti), che sono quelli comuni a tutti gli individui di una formazione sociale non organizzata e non individuabile autonomamente;
b) **interessi collettivi** (o di categoria), che sono, invece, quelli che *hanno come portatore un ente esponenziale di un gruppo non occasionale,* della più varia natura giuridica (es. ordini professionali, associazioni private riconosciute, associazioni di fatto), ma autonomamente individuabile.

L'interesse collettivo, a sua volta, si presenta come:

- **differenziato**, in quanto fa capo ad un soggetto individuato e cioè ad una *organizzazione di tipo associativo* che si distingue tanto dalla collettività che dai singoli partecipanti; da ciò consegue che la lesione dell'interesse collettivo legittima al ricorso solo l'organizzazione e non i singoli che di essa fanno parte;
- **qualificato**: nel senso che è previsto e considerato sia pure indirettamente, dal diritto oggettivo.

b) La soggettivizzazione dell'interesse collettivo: l'ente esponenziale

La qualificazione di un interesse come «collettivo» passa, inevitabilmente, per l'esatta **configurabilità dell'ente esponenziale**.

Nella ricostruzione degli interessi di natura superindividuale, infatti, è l'**effettiva rappresentatività** l'elemento che consente di passare dall'interesse diffuso — di per sé indifferenziato e adespota, non riferibile ad un soggetto predeterminato, ma ad una collettività indifferenziata — ad un interesse collettivo che, invece, trova nell'ente esponenziale il soggetto rappresentativo di tutti gli appartenenti alla categoria unitariamente considerata.

In tal senso è stato chiarito che la qualifica di ente esponenziale di una collettività (cd. ente collettivo) è attribuita ad un soggetto in ragione della **possibilità di individuazione di tale collettività**, attraverso l'appartenenza di coloro che la compongono a un **medesimo territorio** ovvero ad una **medesima categoria produttiva** (C.d.S., sez. IV, 18-11-2013, n. 5451).

La soggettivizzazione dell'interesse collettivo è, poi, il perno che legittima **unicamente** l'ente rappresentativo ad attivarsi per la tutela degli interessi dell'intera collettività. È importante considerare, infatti, che è solo quest'ultimo (e non il singolo) che ha sia l'interesse ad agire che la legittimazione agire in giudizio, venendo in rilievo un ***interesse unitario***, ovvero non settoriale o idoneo a suscitare contrasti di interesse e divisioni all'interno della categoria rappresentata.

Discusso, infatti, è il problema della *tutelabilità* davanti al giudice degli interessi collettivi.

Dottrina e giurisprudenza, pur se con periodici tentennamenti, *sono pervenute al riconoscimento* della tutelabilità giurisdizionale degli interessi diffusi, purché *siano imputabili a gruppi sociali determinati*. A quest'ultima categoria soltanto viene dato il nome di «**interessi collettivi**».

Il più recente orientamento dottrinale e giurisprudenziale, in tema di tutela giurisdizionale degli interessi collettivi, ha elaborato il *criterio procedimentale*. Trattasi di un criterio in forza del quale la **legittimazione processuale** va ricollegata alla **partecipazione procedimentale**: quando, per legge, l'organizzazione è ammessa a partecipare alla fase della formazione del provvedimento amministrativo, si deve ritenere configurabile in capo alla medesima un interesse *differenziato e qualificato*, con conseguente sua legittimazione ad impugnare il provvedimento, ove questo si riveli lesivo di un suo interesse.

Il suddetto criterio assume un particolare rilievo pratico alla luce dell'intervento della L. 241/1990, la quale, all'art. 9, ha sancito la *legittimazione procedimentale* dei portatori di interessi diffusi costituiti in associazioni e comitati. Si può, quindi, ritenere che tale norma costituisca una fonte normativa generale della *legittimazione processuale* dei portatori di **interessi diffusi**, con la conseguenza che la legittimazione processuale stessa va ascritta a tutte quelle organizzazioni che siano abilitate a partecipare al procedimento amministrativo successivamente sfociato nell'atto da impugnare.

6 Le azioni collettive (*class action*)

Il Codice del consumo (D.Lgs. 206/2005) fornisce un nuovo modello di tutela degli interessi collettivi dinanzi al G.O. Si tratta della *class action*, ossia un'**azione collettiva promossa,** a tutela dei **diritti individuali omogenei dei consumatori e degli interessi collettivi**, da uno o più soggetti che richiedono il **risarcimento del danno** non solo a loro nome, ma per tutta la «classe», ossia per tutti coloro che hanno subito il medesimo illecito (art. 140bis).

Attraverso la *class action* sono tutelabili:

a) i diritti contrattuali di una pluralità di consumatori e utenti che versano nei confronti di una stessa impresa in situazione omogenea, inclusi i diritti relativi a contratti stipulati ai sensi degli articoli 1341 e 1342 del codice civile;
b) i diritti omogenei spettanti ai consumatori finali di un determinato prodotto o servizio nei confronti del relativo produttore, anche a prescindere da un diretto rapporto contrattuale;
c) i diritti omogenei al ristoro del pregiudizio derivante agli stessi consumatori e utenti da pratiche commerciali scorrette o da comportamenti anticoncorrenziali.

Si tenga presente che la **L. 12-4-2019, n. 31**, contenente disposizioni in tema di azione di classe, innova la disciplina della *class action* come regolamentata dal Codice del consumo, **spostandola nel Codice di procedura civile** (nel quale è previsto l'inserimento di un nuovo titolo VIIIbis, relativo a tutti i procedimenti collettivi). La decorrenza di tale provvedimento è fissata al **19 aprile 2020**.

In materia di azioni collettive, occorre ricordare che ve ne è una specificamente diretta ovvro la P.A., prevista dal **D.Lgs. 20 dicembre 2009, n. 198.**

Gli utenti dei servizi pubblici possono infatti **agire nei confronti della P.A. e dei concessionari**, per la violazione degli *standard* qualitativi ed economici degli obblighi contenuti nelle carte dei servizi, ovvero per l'omesso esercizio dei poteri di vigilanza, di controllo o sanzionatori, ovvero ancora per la mancata emanazione degli atti amministrativi nei termini previsti (art. 1).

Lo scopo di tale azione è quello di garantire il *corretto svolgimento della funzione amministrativa o la corretta erogazione dei servizi*, affidando la supervisione ed il controllo dei parametri di efficienza, efficacia ed economicità ai singoli utenti, ovvero alle associazioni rappresentative dei loro interessi.

La più importante **differenza** tra l'azione contro la P.A. e quella civilistica *ex* art. 140bis del Codice del consumo è data dalla **impossibilità**, con la prima, **di avanzare pretese risarcitorie**, essendo lo strumento volto esclusivamente ad ottenere il ripristino del «corretto svolgimento della funzione o la corretta erogazione di un servizio».

In caso di accoglimento della domanda, il **G.A. infatti ordina all'amministrazione di adempire** entro un congruo termine, nei limiti delle risorse strumentali, finanziarie ed umane già assegnate in via ordinaria e senza nuovi o maggiori oneri per la finanza pubblica (art. 4 D.Lgs. 198/2009).

Non è previsto, quindi, alcun risarcimento del danno eventualmente subìto dagli utenti, avendo l'azione mera funzione sollecitatoria e ripristinatoria del «*corretto svolgimento della funzione o la corretta erogazione di un servizio*». In ordine al risarcimento del danno, dunque, restano fermi i rimedi ordinari (art. 1, co. 6, D.Lgs. 198/2009).

7 Le situazioni giuridiche soggettive passive

Le situazioni giuridiche soggettive passive o di svantaggio sono quelle che attribuiscono al titolare una posizione sfavorevole, prevedendo la subordinazione dell'interesse di quest'ultimo a quello di altri soggetti.

Esse sono:

1) **obbligo**: è il dovere di un soggetto di tenere un comportamento funzionalmente rivolto alla realizzazione di un interesse particolare facente capo ad un altro e determinato soggetto. Tale dovere è correlato ad un diritto soggettivo altrui, nell'ambito di un rapporto giuridico. Il comportamento in cui si sostanzia può consistere in un dare (es.: pagare una somma di denaro), un fare (es.: eseguire un manufatto), un non fare (es.: astenersi dalla concorrenza) ;
2) **dovere**: è una posizione giuridica soggettiva passiva che si pone in correlazione ad un diritto soggettivo; esso assume un contenuto diverso a seconda che corrisponda ad un diritto assoluto o ad un diritto relativo dell'altro soggetto: nel primo caso, infatti, si concreta in un mero dovere di astensione da atti lesivi del diritto, mentre nel secondo caso, al titolare è imposto al soggetto un comportamento specifico, che si desume dal rapporto obbligatorio;
3) **onere**: è quella situazione giuridica soggettiva passiva che importa il sacrificio di un interesse al fine di ottenere o conservare un vantaggio giuridico. La legge condiziona, quindi, il soddisfacimento di un interesse del singolo ad un suo comportamento che, però, non costituisce un obbligo;
4) **soggezione**: è quella posizione giuridica soggettiva passiva correlata all'esercizio di un diritto potestativo di un altro soggetto. La soggezione si sostanzia in un comportamento di *mero pati* del soggetto, nei cui confronti è esercitato un diritto potestativo: essa, quindi, è caratterizzata da un ruolo meramente passivo del titolare, in quanto, a differenza del dovere, non richiede una attività di cooperazione o di adempimento.

3
L'amministrazione statale e le autonomie territoriali

1 Principi costituzionali

Per capire la *struttura organizzativa della pubblica amministrazione* occorre partire dalla Carta costituzionale e dai principi in essa sanciti.

a) Il principio democratico e la separazione fra indirizzo politico e gestione

L'art. 1 Cost. sancisce il **principio democratico**, in base al quale il **popolo** esercita la **sovranità**, fra l'altro, eleggendo i suoi *rappresentanti* ai vertici degli organi pubblici per esercitare il potere politico.

Ai **pubblici uffici**, che sono organizzati secondo disposizioni di legge in modo che siano assicurati il *buon andamento* e l'*imparzialità* dell'amministrazione, si accede invece mediante **concorso**, in omaggio al criterio meritocratico di selezione del personale amministrativo (art. 97 Cost.).

L'organizzazione dei pubblici uffici, a sua volta, è ispirata anche al principio della **distinzione tra funzioni di indirizzo politico-amministrativo** e **attività gestionale**, che costituisce uno dei cardini dell'ordinamento nonché della disciplina del lavoro pubblico. L'indirizzo politico spetta agli *organi politici* — o di vertice — mentre la sfera della gestione amministrativa è di competenza dei *dirigenti pubblici.*

b) Autonomia e decentramento

I principi di autonomia e di decentramento sono proclamati dall'**art. 5** della **Costituzione**, che traccia le coordinate del pluralismo autonomistico mediante il riconoscimento di centri di poteri diversi dallo Stato dotati di una più o meno ampia autonomia, pur entro i limiti del mantenimento dell'unità politica e della indivisibilità della Repubblica.

Il decentramento, a sua volta, può essere:

— **autarchico**, quando le funzioni vengono trasferite ad enti diversi dallo Stato e dotati di autarchia, vale a dire della capacità di porre in essere atti amministrativi che abbiano la stessa natura e la stessa efficacia degli atti statali (v. *infra*);

— **burocratico**, quando agli uffici periferici vengono trasferite potestà decisionali (con relative responsabilità) e non soltanto compiti preparatori o esecutivi;

— **funzionale**, quando determinate funzioni vengono attribuite a strutture compiute che, pur rimanendo assorbite nell'organizzazione complessiva dell'ente di riferimento, godono di una certa *autonomia operativa, finanziaria e contabile* (si pensi al fenomeno delle **aziende autonome**, peraltro in via di superamento sia a livello statale che locale). Tale figura, più che attuare un vero e proprio decentramento, consiste in una forma speciale di amministrazione centrale.

c) Sussidiarietà, differenziazione, adeguatezza e leale collaborazione

Il conferimento delle funzioni amministrative da parte della legge statale o regionale, secondo le rispettive competenze, è regolato dai *principi di sussidiarietà, differenziazione ed adeguatezza*.

L'allocazione delle attribuzioni fra livelli di governo differenti deve avvenire in modo tale che alle autorità territorialmente più vicine ai cittadini sia attribuita la generalità dei compiti che esigenze di carattere unitario non impongano di radicare a livello più alto (**sussidiarietà verticale**) o ai quali individui e formazioni sociali non siano in grado di assolvere (**sussidiarietà orizzontale**). Il conferimento deve, inoltre, tener conto delle diverse caratteristiche strutturali, organizzative, demografiche e associative dei diversi livelli di governo e adeguarsi alle effettive capacità organizzative dell'amministrazione cui le funzioni e i compiti sono attribuiti (**differenziazione ed adeguatezza**).

Il **principio di leale cooperazione** non riguarda direttamente i rapporti amministrazione pubblica-cittadini, bensì le *relazioni organizzative fra amministrazioni pubbliche*. Il referente è l'*art. 120, comma 2, Cost.* che definisce l'esercizio dei poteri sostitutivi da parte del Governo, azionabili nel caso in cui gli enti territoriali non adempiano correttamente o nel termine fissato a precisi obblighi loro imposti. Il Costituente prescrive in tali circostanze che la legge definisca le procedure atte a garantire che i poteri sostitutivi siano esercitati nel rispetto del principio di leale collaborazione.

d) I principi sull'organizzazione dei pubblici uffici

In merito non si può prescindere dal dettato degli **artt. 95, terzo comma, e 97, secondo comma**, i quali statuiscono, rispettivamente che «La legge provvede all'ordinamento della Presidenza del Consiglio e determina il numero, le attribuzioni e l'organizzazione dei ministeri», e che «I pubblici uffici sono organizzati secondo disposizioni di legge, in modo che siano assicurati il buon andamento e l'imparzialità dell'amministrazione».

Pur non mancando orientamenti di segno contrario, l'opinione generalmente invalsa è quella del *carattere relativo* di *entrambe le riserve di legge*, con il conseguente residuare, in materia, di ambiti di esplicazione del potere regolamentare da parte dell'esecutivo.

2 L'organizzazione amministrativa statale

L'organizzazione amministrativa dello Stato si struttura in:

a) **organizzazione diretta**, quando la struttura operativa appartiene direttamente allo Stato e può essere formata sia da *organi centrali* (ad esempio, un ministero) sia da *organi periferici* che operano in determinate parti del territorio nazionale realizzando così il decentramento burocratico (ad esempio, la Prefettura - Ufficio territoriale del Governo);

b) **organizzazione indiretta**, che si può articolare:
   - **attraverso enti pubblici istituzionali**, quando la struttura operativa è costituita da enti che, pur perseguendo scopi generali e propri dello Stato, sono distinti dalle strutture statali e godono di un certo grado di autonomia (ad es., le Camere di commercio);
   - **attraverso enti territoriali**, quando le attività di carattere amministrativo sono svolte da enti che esprimono gli interessi di una determinata collettività stanziata su una porzione del territorio nazionale (Regione, Provincia, Comune etc.), operando il *decentramento autarchico* (rispettivamente *istituzionale* e *locale*).

3 L'apparato amministrativo centrale. Il Governo e l'organizzazione per Ministeri

Il **Governo** è uno degli **organi costituzionali** del nostro ordinamento, che partecipa alla **funzione di direzione politica dello Stato** e che esprime la volontà delle **forze politiche di maggioranza** che lo sostengono con la **fiducia**.

L'art. 92 della Costituzione individua gli **organi necessari** di cui si compone il Governo della Repubblica: **Presidente del Consiglio, Ministri, Consiglio dei Ministri**. Essi, come tali, devono concorrere alla regolare costituzione di qualsiasi Governo e, pertanto, la loro assenza ne renderebbe illegittima la formazione.

Al di fuori di questi, gli artt. 6-11 della L. 400/1988 prevedono i seguenti **organi non necessari**: Consiglio di Gabinetto, Comitati di Ministri e Comitati interministeriali, vicepresidenti del Consiglio, Ministri senza portafoglio, Sottosegretari di Stato e Commissari straordinari del Governo.

Il Ministero, in particolare, è la **ripartizione fondamentale dell'amministrazione centrale italiana**. Ogni Ministero, infatti, è competente **per un ramo di attività amministrativa** e **per determinate materie ed affari** spettanti allo Stato. Il D.Lgs. 300/1999 costituisce la fonte di disciplina delle strutture ministeriali.

Queste, in breve, le linee di fondo dell'assetto organizzativo:

- nei Ministeri costituiscono **strutture di primo livello**, alternativamente, i **dipartimenti** o le **direzioni generali**;
- ad ogni **dipartimento** sono attribuiti compiti finali concernenti grandi aree di materie omogenee e i relativi compiti strumentali;
- ogni dipartimento è articolato in **uffici dirigenziali generali**;
- al di fuori dei dipartimenti possono esistere soltanto gli **uffici di staff** con funzioni di assistenza diretta all'attività di indirizzo politico e di controllo di competenza del Ministro (gli attuali **uffici di gabinetto**). A capo di tali uffici può essere posto anche un dirigente estraneo all'amministrazione;
- nei Ministeri non articolati in dipartimenti, le strutture di primo livello sono rappresentate dalle **direzioni generali**, le quali possono far capo ad un **Segretario generale**, organo di vertice burocratico, che opera alle dirette dipendenze del Ministro, che ha la funzione di collegamento fra il Ministro e la struttura amministrativa sottostante e di coordinamento dell'azione amministrativa.

Peculiare è, invece, la posizione dei **Ministri senza portafoglio**: con tale espressione si indicano quei Ministri che sono tali quanto ai compiti costituzionali loro affidati (politici), ma **non sono preposti ad un dicastero particolare**, e quindi non ne hanno i compiti amministrativi, né la responsabilità. Le funzioni dei Ministri senza portafoglio sono state ricondotte dall'art. 12, comma 3, D.Lgs. 303/1999 nell'originario alveo della Presidenza del Consiglio, anche se non sono esercitate direttamente dal Presidente, bensì da questi delegate ai Ministri senza portafoglio.

4 Le Agenzie e le Aziende autonome

Le **Agenzie pubbliche** sono il «**braccio operativo**» dei dicasteri **per le attività a carattere tecnico-operativo di interesse nazionale**.

L'esigenza della loro creazione è da ascriversi alla circostanza che l'individuazione di nuove aree di intervento da parte dello Stato determinava la necessità che le relative funzioni fossero svolte da soggetti dotati di particolari competenze e, dunque, ritenuti più idonei a svolgerle, consentendo, in tal modo, al Ministro e al suo dicastero di porre in essere attività prettamente politico-amministrativa e riservando all'Agenzia il compito di curarne gli aspetti tecnico-operativi (CARINGELLA).

Le Agenzie sono **vigilate** e **controllate** dai Ministeri competenti, ma godono di **piena autonomia operativa e di bilancio** nell'ambito degli indirizzi politici generali e degli obiettivi concreti, assegnati loro dai Ministri e formalizzati in apposite «convenzioni» stipulate con i rispettivi direttori generali. Alcune Agenzie hanno personalità giuridica ed agiscono, pertanto, *jure proprio*, altre agiscono come organi delle amministrazioni di riferimento. Tutte, in ogni caso, svolgono funzioni operative di tipo strumentale all'amministrazione statale.

La posizione di **separatezza** delle Agenzie è giustificata esclusivamente dalla **natura tecnica delle funzioni** svolte e non — come per le amministrazioni indipendenti — da funzioni tutorie e di garanzia che postulino una posizione *super partes*. La natura di organismi tecnici e separati dalla struttura ministeriale va posta, infine, in relazione con la possibilità, riconosciuta alle Agenzie, di fornire i propri servizi anche a privati, ad enti locali ed alle Regioni (previa convenzione e pagamento dei servizi resi, salvo eccezioni).

Tra le Agenzie presenti nel nostro ordinamento si menzionano, tra le altre: le **Agenzie fiscali** (delle *entrate*, delle *dogane* e dei *monopoli*, e del *demanio*, quest'ultima trasformata in ente pubblico economico *ex* D.Lgs. 173/2003); l'*Agenzia italiana del farmaco*; l'*Agenzia per la rappresentanza negoziale delle pubbliche amministrazioni*; l'*Agenzia nazionale per i giovani*, l'*Agenzia per l'Italia digitale*; l'*Agenzia per la coesione territoriale*.

Le Aziende autonome sono invece organismi atipici, privi, di solito, di personalità giuridica (e quindi non titolare di patrimonio proprio) ma dotati di una **propria e distinta organizzazione amministrativa**, pur se incardinata nell'amministrazione statale.

Esse godono di **autonomia amministrativa, contabile** (il loro bilancio è distinto da quello statale ma allegato allo stesso) e **finanziaria**, ma sono soggette a *controllo politico* da parte del Parlamento, *gerarchico* da parte del Ministro competente e *successivo* da parte della Corte dei conti. Il bilancio e il rendiconto dell'azienda sono allegati al bilancio dello Stato.

5 Gli organi consultivi

a) Il Consiglio di Stato

Il **Consiglio di Stato** è l'organo di consulenza giuridico-amministrativa e di tutela della giustizia nell'amministrazione (art. 100 Cost.).

La **funzione consultiva** del Consiglio di Stato, in particolare, è svolta dalle apposite Sezioni, secondo le disposizioni organizzative interne impartite dal suo Presidente (la L. 127/1997 ha, inoltre, introdotto una specifica sezione normativa, per l'esame degli schemi di atti normativi per i quali il parere del C.d.S. è prescritto per legge o è richiesto dalla P.A.).

Nell'esercizio di tale funzione, il Consiglio di Stato dà **pareri** in materia giuridico-amministrativa, cioè valuta l'attività amministrativa degli altri organi amministrativi, sia sotto il profilo della *legittimità* (corrispondenza a norme giuridiche), che del *merito* (opportunità e convenienza dell'azione amministrativa), e riferisce all'Amministrazione richiedente la sua opinione.

I pareri del Consiglio di Stato possono essere **facoltativi** o **obbligatori**, a seconda che la Pubblica Amministrazione sia tenuta per legge o meno a richiederli.

I pareri obbligatori possono, a loro volta, a seconda di come sia disposto dalla legge, *vincolare* la Pubblica Amministrazione ad agire nel modo ritenuto dal Consiglio, oppure *non obbligarla*; si parla perciò di pareri **vincolanti e non vincolanti**.

I pareri obbligatori riguardano (L. 127/1997):
- l'emanazione degli atti normativi del Governo e dei singoli Ministri, nonché dei testi unici;
- la decisione di ricorsi straordinari al Presidente della Repubblica;
- gli schemi generali di contratti-tipo, accordi e convenzioni predisposti da uno o più Ministri.

I pareri del Consiglio di Stato devono essere resi entro il termine perentorio di **45 giorni**, salvo che ne sia previsto uno inferiore da leggi speciali; decorso inutilmente il detto termine, l'Amministrazione può procedere indipendentemente dall'acquisizione del parere medesimo (cd. silenzio facoltativo). Il termine di cui sopra comunque può essere interrotto una sola volta ed esclusivamente per esigenze istruttorie; in tale evenienza il parere deve essere reso definitivamente entro venti giorni dal ricevimento degli elementi istruttori.

Per le attribuzioni del Consiglio di Stato in **materia giurisdizionale** si rinvia al Cap. 15.

b) L'Avvocatura dello Stato

L'*Avvocatura* dello Stato è *organo* a competenza generale cui sono affidate la *rappresentanza* e *difesa* in giudizio di tutte le Amministrazioni dello Stato (nonché di quegli enti pubblici per i quali sia espressamente prevista dalla legge) sia davanti alla *giurisdizione ordinaria*, che innanzi alle *giurisdizioni amministrative* generali e speciali, ai *collegi arbitrali*, ed alle giurisdizioni *co-*

stituzionali. Spetta ad essa la difesa dello Stato davanti alle giurisdizioni *internazionali* (Corte internazionale di Giustizia de L'Aja - Corte di giustizia dell'UE etc.).

L'Avvocatura si compone di un corpo di *Avvocati*, legati allo Stato da un rapporto di pubblico impiego ed assunti mediante *concorso*, e si articola in un ufficio centrale (*Avvocatura generale dello Stato*), con sede in *Roma*, e nelle *Avvocature distrettuali* (con sede in ciascun capoluogo di regione e, comunque, dove siano istituite sedi di Corti d'Appello), le quali, per quanto riguarda l'organizzazione del lavoro, dipendono *burocraticamente dall'Avvocatura Generale*.

L'Avvocatura di Stato svolge anche una funzione consultiva nei confronti della P.A., che si traduce nella collaborazione, fornita ad un'istituzione pubblica, finalizzata alla soluzione di questioni tecnico-giuridiche ed interpretative; con tale funzione, quindi, l'Avvocatura assiste l'Amministrazione richiedente, sul piano della legalità e correttezza operativa, nello svolgimento della propria azione amministrativa.

c) Il Consiglio nazionale dell'economia e del lavoro (C.N.E.L.)

Il C.N.E.L. costituisce un *organo collegiale di rilievo costituzionale* previsto dall'art. 99 Cost. con **funzioni ausiliarie** *(solo consultive) del Parlamento e del Governo*.

Esso è composto da esperti, da rappresentanti delle categorie produttive e da rappresentanti delle associazioni di promozione sociale e delle organizzazioni di volontariato in numero di 64, oltre al Presidente.

Il compito principale del C.N.E.L. è quello di dare **pareri e consulenze al Governo e al Parlamento, sui problemi dell'economia e del lavoro**. Il C.N.E.L. ha anche il **potere di iniziativa legislativa** *per le materie di sua competenza*.

La L. 4-3-2009, n. 15, cd. legge delega Brunetta, ha attribuito al C.N.E.L. ulteriori compiti, quali:

a) la predisposizione di una relazione annuale al Parlamento e al Governo sui livelli e la qualità dei servizi erogati dalle pubbliche amministrazioni centrali e locali alle imprese e ai cittadini;
b) la messa a punto di una relazione annuale sullo stato della contrattazione collettiva nelle pubbliche amministrazioni con riferimento alle esigenze della vita economica e sociale;
c) la promozione di una *conferenza annuale* sull'attività compiuta dalle amministrazioni pubbliche, con la partecipazione di rappresentanti delle categorie economiche e sociali, delle associazioni dei consumatori e degli utenti, di studiosi qualificati e di organi di informazione, per la discussione e il confronto sull'andamento dei servizi delle pubbliche amministrazioni e sulle relative criticità.

6 Organi di controllo. La Corte dei conti

Gli *organi di controllo* mirano ad assicurare, nell'interesse pubblico, che gli organi dell'amministrazione attiva agiscano in modo conforme alle leggi e secondo le effettive esigenze dell'Amministrazione e dello Stato.

La **Corte dei conti**, in particolare, costituisce organo della giustizia amministrativa con *giurisdizione sulle questioni inerenti alla contabilità pubblica* e su quelle espressamente indicate dalla legge; è, inoltre, *istituzione superiore di controllo*.

In base agli artt. 100 e 103 Cost., la Corte dei conti esercita, infatti, *funzioni di controllo* (v. Cap. 10) e *giurisdizionali* (v. Cap. 15). A tali attribuzioni si affiancano *funzioni di autorganizzazione* e *consultive* affidate alla Corte da leggi ordinarie.

La Corte si articola in:

- una *sezione centrale di controllo di legittimità su atti del Governo e delle amministrazioni dello Stato*;
- una *sezione centrale di controllo sulla gestione delle amministrazioni dello Stato*, suddivisa in due collegi;
- una *sezione autonomie*, che esercita i controlli finanziari e le analisi comparative sull'andamento della gestione degli enti locali;
- una *sezione di controllo per gli affari comunitari ed internazionali*;

— *sezioni regionali di controllo* in ogni Regione ad autonomia ordinaria. La *L. 15/2009* prevede che le sezioni regionali di controllo della Corte dei conti possono essere integrate da due componenti designati dal Consiglio Regionale e dal Consiglio delle Autonomie locali e scelti tra persone esperte nelle materie aziendalistiche, giuridiche e contabili. Il loro *status* è equiparato a quello dei consiglieri della Corte dei conti;
— una *sezione di controllo sugli enti*, che esercita il controllo (*ex lege* 259/1958) sulla gestione finanziaria degli enti cui lo Stato contribuisce in via ordinaria;
— *tre sezioni giurisdizionali centrali* d'Appello per le materie di contabilità pubblica;
— *sezioni giurisdizionali regionali* in tutte le Regioni e due *sezioni giurisdizionali* con sede in Trento e Bolzano.

In casi particolari la Corte dei conti procede a *sezioni riunite* distinguendosi tra *sezioni riunite in sede giurisdizionale* e *sezioni riunite in speciale composizione*.

In sede di controllo, inoltre, le sezioni riunite svolgono le funzioni di cui all'art. 6 della delib. 14/2000, come modificato dalla delib. 19/2008.

7 L'organizzazione periferica dello Stato

L'amministrazione dello Stato, oltre ad essere articolata in Ministeri ed Agenzie, si avvale anche dell'opera di enti strumentali e di diversi uffici amministrativi distribuiti sul territorio nazionale; questi ultimi hanno competenza territoriale limitata e costituiscono l'**amministrazione periferica dello Stato**. L'organo che più di ogni altro dà l'idea dell'amministrazione statale periferica è il **Prefetto**.

a) Il ruolo del Prefetto e delle Prefetture-Uffici territoriali del Governo

Il Prefetto è un **organo burocratico** posto alle dirette dipendenze del Ministro dell'Interno, con compiti di *rappresentanza generale* del Governo sul territorio e di *garanzia istituzionale* a tutela dell'ordinamento giuridico.

È nominato con decreto del Presidente della Repubblica, su proposta del Ministro dell'Interno, previa deliberazione del Consiglio dei Ministri.

Poiché rappresenta il Governo, il Prefetto è tenuto ad *uniformarsi alle direttive governative* e deve godere della *fiducia del Gabinetto* che può in ogni tempo rimuoverlo previa delibera del Consiglio dei Ministri.

Ai sensi dell'art. 11 del D.Lgs. 300/1999, i **Prefetti** sono a capo delle **Prefetture - Uffici territoriali del Governo (UTG)**, chiamate ad assicurare l'esercizio coordinato dell'attività amministrativa degli uffici periferici dello Stato e a garantire la leale collaborazione di detti uffici con gli enti locali.

Al citato art. 11 è stata data attuazione con il *D.P.R. 3 aprile 2006, n. 180* che, oltre a riconfermare le attribuzioni del Prefetto titolare della Prefettura – UTG, contempla in maniera innovativa la definizione delle modalità di svolgimento dell'*intervento sostitutivo del Prefetto* nel caso in cui venga a conoscenza di disfunzioni nell'attività amministrativa svolta a livello periferico tali da compromettere la qualità dei servizi resi alla cittadinanza.

All'articolo 2 del D.P.R. 180/2006 sono definiti i *compiti del Prefetto* in sede di **rappresentanza generale del Governo sul territorio**. Sono espressamente indicati, tra gli altri, quelli direttamente funzionali alla *potestà di impulso, di indirizzo* e *di coordinamento* del Presidente del Consiglio dei Ministri, alla *semplificazione delle procedure* in vista di una migliore efficacia ed efficienza dell'azione amministrativa in periferia, all'attuazione delle *misure di coordinamento* nei rapporti tra lo Stato e le autonomie locali definite dalla Conferenza Stato-città e autonomie locali, all'*implementazione nel sistema amministrativo delle leggi generali sul procedimento* e alla promozione della *cooperazione fra le pubbliche amministrazioni*.

Il Prefetto titolare dell'UTG promuove, inoltre, tutte le possibili forme di *collaborazione interistituzionale* fra lo Stato e le autonomie territoriali, nel rispetto dei principi delineati dalla L. cost. 3/2001.

Con l'art. 10 della L. 131/2003 è stata, poi, istituita la figura del **Rappresentante dello Stato per i rapporti con il sistema delle autonomie**, cui sono stati *attribuiti tutti i compiti di raccordo tra lo Stato e le Regioni*; la carica è ricoperta dal **Prefetto titolare della Prefettura - UTG avente sede nel capoluogo della Regione**.

b) Il Sindaco come ufficiale di Governo

Il Sindaco ricopre un **duplice ruolo**: da un lato è posto al *vertice dell'amministrazione comunale*, e in quanto tale esercita attribuzioni che gli sono proprie e non risponde in alcun modo del suo operato al Governo; dall'altro, svolge nell'ambito del territorio comunale anche delle attività come **ufficiale del Governo** e rappresenta, quindi, un organo periferico dell'amministrazione statale. In quest'ultimo caso il Sindaco dipende gerarchicamente dal Prefetto e, attraverso questi, dal Ministero dell'Interno.

Ai sensi dell'art. 54, T.U. degli enti locali, il Sindaco, quale ufficiale del Governo, sovrintende:

- all'emanazione degli atti che gli sono attribuiti dalla legge e dai regolamenti in materia di ordine e sicurezza pubblica;
- allo svolgimento delle funzioni affidategli dalla legge in materia di pubblica sicurezza e di polizia giudiziaria;
- alla vigilanza su tutto quanto possa interessare la sicurezza e l'ordine pubblico, informandone il Prefetto;
- alla tenuta dei registri di stato civile e di popolazione e agli adempimenti demandatigli dalle leggi in materia elettorale, di leva militare e statistica;
- all'adozione di provvedimenti contingibili ed urgenti al fine di prevenire ed eliminare gravi pericoli che minacciano l'incolumità pubblica e la sicurezza urbana.

8 La suddivisione territoriale della Repubblica

Gli **enti pubblici territoriali** sono quelli per i quali il «territorio» costituisce sia *elemento costitutivo* che l'*ambito* in cui esercitano le proprie funzioni.

Il nostro sistema costituzionale riconosce gli enti pubblici territoriali di cui si compone all'art. **114 della Costituzione**, laddove si legge che la Repubblica, pur nella sua unità e indivisibilità, è costituita, oltre che dallo Stato, «**dai Comuni, dalle Province, dalle Città metropolitane, dalle Regioni**».

Essi sono tutti enti autonomi dotati di propri statuti, poteri e funzioni.

Tale articolazione è espressione del riconoscimento, fatto in Costituzione, delle *autonomie territoriali*, vale a dire della capacità delle relative comunità di gestire, con proprie determinazioni, una parte di affari pubblici.

Il sistema degli enti territoriali è stato profondamente innovato dalla **L. cost. 3/2001**, di **riforma del Titolo V**, Parte II, della Costituzione.

Tra gli aspetti salienti della riforma ricordiamo:

- il riconoscimento della **pari dignità istituzionale** di tutti gli enti che contribuiscono ad edificare in via sussidiaria (dall'ente più piccolo, il Comune, a quello più grande, lo Stato) l'ordinamento repubblicano. L'art. 114 Cost., infatti, nella sua formulazione originaria, prevedeva la *ripartizione* della Repubblica in Regioni, Province e Comuni. L'**elencazione viene ribaltata** perché viene posta in evidenza la profonda radice territoriale del Comune, l'ente locale più vicino ai cittadini;
- la **costituzionalizzazione** dello ***status* di capitale** della città di **Roma**;
- l'introduzione della possibilità di un **ordinamento regionale differenziato** non solo per le Regioni a Statuto speciale, ma anche per quelle ordinarie che ne avvertissero la necessità;
- una **ripartizione delle competenze legislative** fra Stato e Regioni che inverte il criterio precedente della enumerazione delle materie di competenza legislativa regionale. Allo Stato, infatti, non spetta più una

generale potestà normativa, bensì un potere legislativo esercitabile in alcune materie tassativamente determinate. In tutti gli altri casi si apre lo spazio di intervento del legislatore regionale, in concorrenza con il legislatore nazionale o in esclusiva;
- il riconoscimento alle Regioni della possibilità di condurre una **politica estera**;
- la ripartizione delle funzioni amministrative fra i diversi livelli di governo secondo il principio di **sussidiarietà**, diversamente modulato per tener conto anche dei criteri della **differenziazione** e della **adeguatezza**;
- la costituzionalizzazione del **federalismo fiscale**, con la nuova formulazione dell'art. 119;
- la disciplina dell'**intervento sostitutivo dello Stato** nei confronti degli enti territoriali a fronte di gravi inadempienze al fine di garantire comunque l'unità dell'ordinamento repubblicano;
- l'abrogazione dei controlli «eteronomi» sugli enti territoriali.

L'**adeguamento** dell'ordinamento alla riforma del Titolo V della Costituzione del 2001 è avvenuto mediante la **L. 5-6-2003, n. 131**, cd. **legge La Loggia**.

9 Le Regioni: autonomia e poteri

a) Statuti speciali e Statuti ordinari

Il Costituente, nel circoscrivere il territorio della Repubblica, ha accolto la **concezione regionalista**, ossia una soluzione *intermedia* tra la forma di *Stato federale* (caratterizzato dall'unione di più Stati membri titolari di sovranità) e dello *Stato accentrato* (che non riconosce forme di autonomia).

La **Regione**, in particolare, può essere definita quale *ente territoriale esponenziale degli interessi della collettività sottostante* composto da:

- un **territorio**, che costituisce non solo l'*ambito spaziale* in cui essa esercita i suoi poteri e le sue funzioni, ma anche il *centro di riferimento* degli interessi dell'Unione europea che gli organi regionali sono chiamati a soddisfare nella loro azione.

  Per la **fusione di Regioni esistenti** o la **creazione di nuove Regioni** l'art. 132 Cost. prevede la seguente procedura :

  - una *legge costituzionale*;
  - un *minimo di popolazione* di un milione di abitanti;
  - la *richiesta* di un numero di Consigli comunali tali da rappresentare un terzo delle popolazioni interessate;
  - il *parere* dei Consigli regionali coinvolti;
  - l'*approvazione*, mediante *referendum*, delle popolazioni interessate;

- una **popolazione**, che si identifica con quella appartenente ai Comuni compresi nel territorio regionale. La comunità locale residente nel territorio non solo è destinataria dei *servizi* predisposti dalla Regione e dell'*attività autoritativa* posta in essere dai suoi organi, ma vanta anche numerosi *diritti di partecipazione* alla vita politica regionale (ad es. elezione dei Consigli regionali e del Presidente della Giunta regionale, diritto di richiedere *referendum* etc.).

  All'interno della popolazione può acquisire un certo rilievo le cd. **minoranze linguistiche**, gruppi, cioè, caratterizzati da tradizioni culturali e linguistiche diverse da quelle della maggioranza degli italiani. Proprio in funzione della *tutela* di questi gruppi (espressamente attribuita alla Repubblica dall'art. 6 Cost.), sono riconosciute ad alcune Regioni *condizioni particolari di autonomia* (come in Trentino-Alto Adige, Valle d'Aosta o Friuli-Venezia Giulia);

- un **apparato di governo**, costituito da **Consiglio, Giunta** e **Presidente**, che svolge la funzione legislativa e amministrativa.

L'art. 131 Cost. riconosce **20 Regioni**, così suddivise:

— **5 a Statuto speciale**: Friuli-Venezia Giulia, Sardegna, Sicilia, Trentino-Alto Adige e Valle d'Aosta;
— **15 a Statuto ordinario**: Piemonte, Lombardia, Veneto, Liguria, Emilia-Romagna, Toscana, Umbria, Marche, Lazio, Abruzzo, Molise, Campania, Puglia, Basilicata, Calabria.

La differenza fra i due tipi di Regioni è che mentre gli *Statuti speciali* sono approvati, ex art. 116 Cost., mediante *legge costituzionale*, gli *Statuti ordinari*, ex art. 123 Cost., seguono l'*iter* di una *legge regionale*.

In particolare, l'art. 123 Cost. (commi 1-3) prevede che lo Statuto ordinario, deve determinare la forma di governo e i principi fondamentali di organizzazione e funzionamento della Regione **in armonia con la Costituzione**.

Per quanto riguarda il *procedimento*, lo Statuto ordinario è approvato e modificato dal *Consiglio regionale* con legge approvata a maggioranza assoluta dei suoi componenti, con due deliberazioni successive adottate ad intervallo non minore di due mesi. Il Governo della Repubblica può promuovere la questione di legittimità costituzionale sugli Statuti regionali dinanzi alla Corte costituzionale entro trenta giorni.

Lo Statuto è sottoposto a *referendum popolare* qualora entro tre mesi dalla sua pubblicazione ne faccia richiesta un cinquantesimo degli elettori della Regione o un quinto dei componenti il Consiglio regionale. Lo Statuto sottoposto a referendum non è promulgato se non è approvato dalla maggioranza dei voti validi.

b) Il contenuto degli Statuti

Per quanto riguarda il **contenuto necessario**, gli Statuti devono regolare:

— la **forma di governo regionale**, ossia l'assetto dei rapporti fra gli organi di governo regionale, nei limiti di quanto disposto inderogabilmente da norme costituzionali.

La Costituzione stabilisce, infatti:

a) quanti e quali siano gli organi regionali e le loro funzioni fondamentali (art. 121);
b) alcune incompatibilità fra la carica di consigliere regionale e altre cariche pubbliche (art. 84, co. 2; art. 104, co. 7; art. 122, co. 2);
c) che i casi di ineleggibilità e incompatibilità del Presidente e degli altri componenti della Giunta nonché dei consiglieri regionali siano disciplinati da leggi regionali (art. 122);
d) che il sistema elettorale sia definito da leggi regionali (art. 122);
e) che il Consiglio regionale debba avere un Presidente e un Ufficio di presidenza (art. 122);
f) che il Consiglio regionale possa esprimere la sfiducia nei confronti del Presidente della Giunta (art. 126, co. 2);

— i **principi fondamentali** di organizzazione e funzionamento della Regione;
— l'esercizio del **diritto di iniziativa** e del **referendum** su leggi e provvedimenti amministrativi;
— la **pubblicazione delle leggi** e dei **regolamenti regionali**;
— il **Consiglio delle autonomie locali**, quale organo di consultazione fra la Regione e gli enti locali (si tratta di un *organo necessario*, che al pari di Consiglio, Giunta e Presidente deve essere contemplato dallo Statuto).

Per quanto concerne il **contenuto eventuale** degli Statuti, la Corte costituzionale ha riconosciuto la legittimità dell'esistenza di altri possibili contenuti oltre quelli necessari, sia che risultino ricognitivi delle funzioni e dei compiti della Regione, sia che indichino aree di prioritario intervento politico o legislativo (sent. n. 4/2004). La formulazione di tali proposizioni negli Statuti ha, secondo la Corte, la funzione di legittimare la Regione come ente esponenziale della collettività regionale e del complesso dei relativi interessi di cui è portatore.

Bisogna, infine, ricordare che la L. cost. 2/2001 ha introdotto nell'ordinamento delle **Regioni speciali** le cd. **leggi statutarie**, con le quali possono essere disciplinati determinati aspetti della forma di governo regionale. Si tratta di leggi regionali approvate con un *procedimento rinforzato*: sono sottoposte a *referendum* se entro tre mesi dalla loro pubblicazione ne facciano richiesta un cinquantesimo degli elettori o un quinto dei consiglieri regionali oppure, se approvate dalla maggioranza dei due terzi dei consiglieri, se ne fa richiesta una frazione qualificata del corpo elettorale, le quali prevalgono quindi sulle altre leggi regionali, integrando le disposizioni dello Statuto speciale per le materie e gli ambiti ad esse affidati.

10 L'autonomia delle Regioni

a) La potestà legislativa

Alla Regione è riconosciuta un'**autonomia legislativa** che la pone in una posizione «differenziata» rispetto agli enti locali (Comune, Città metropolitane etc.), titolari della sola *potestà statutaria e regolamentare*.

Per quanto riguarda le **Regioni ordinarie** è possibile distinguere, ex art. 117 Cost., tra **potestà legislativa**:

— **esclusiva dello Stato**: si tratta dei settori nei quali la potestà legislativa spetta esclusivamente allo Stato;
— **concorrente Stato-Regioni**: si tratta dei settori nei quali si assiste a una suddivisione dei compiti tra lo Stato e le Regioni: al primo spetta il compito di «determinare i principi fondamentali» (attraverso le leggi quadro o leggi cornice), mentre alle Regioni spetta il compito di emanare la legislazione specifica di settore;
— **residuale delle Regioni**: si tratta dei settori nei quali che vanno ricavati per esclusione. Pertanto, nelle materie diverse da quelle riservate alla potestà legislativa esclusiva dello Stato o a quella concorrente, alle Regioni spetta una *potestà legislativa di tipo primario*, ossia limitata soltanto al rispetto delle norme costituzionali, europee e internazionali.

Nel caso delle **Regioni speciali** si può, invece, distinguere fra una **potestà legislativa**:

— **esclusiva della Regione**, in riferimento a materie rimesse per intero alla disciplina regionale;
— **concorrente Stato-Regione**, che non differisce da quanto previsto per le Regioni ordinarie, se non per la diversità di materie su cui si esercita;
— **integrativo-attuativa**, che consente alle Regioni speciali di integrare e dare attuazione alle leggi statali nelle materie individuate dagli Statuti.

Le Regioni, nell'esercizio della potestà legislativa, devono rispettare:

— **la Costituzione** (art. 117, co. 1), sia per quanto riguarda la potestà legislativa concorrente (art. 117, co. 3) che la potestà legislativa esclusiva (art. 117, co. 4);
— **l'ordinamento dell'Unione europea e gli obblighi internazionali**, al fine di evitare che lo Stato italiano sia posto *in condizione di infrazione nei confronti della normativa dell'Unione europea ovvero degli obblighi internazionali* (NOBILI);
— **il limite territoriale**, dovendo soddisfare **interessi, esclusivamente o prevalentemente, localizzati sul territorio di loro pertinenza**;
— **i principi fondamentali**, i quali esprimono le direttive e gli orientamenti generali cui, nelle intenzioni del legislatore statale, dovrebbe ispirarsi la legislazione regionale nella disciplina delle singole materie. Tale limite è quindi riferibile alla *legislazione concorrente*;
— **il principio della riserva di legge**, per cui, come ricordato dalla Corte costituzionale (sent. n. 273/1995), quando la Costituzione rinvia alla legge per la disciplina di una determinata materia, fa riferimento alla sola legge dello Stato (ad es. in base all'art. 25 Cost., le Regioni non hanno competenza legislativa in materia penale e non possono quindi munire i precetti delle loro leggi di sanzioni penali);
— **il limite delle materie**, che vige sia per la *legislazione concorrente*, le cui materie sono elencate dall'art. 117 Cost., sia per la *legislazione residuale* che pure può esplicarsi in ogni ambito non riservato alla legislazione esclusiva statale e tassativamente individuato dalla Costituzione;
— **le norme fondamentali delle riforme economico-sociali e dei principi generali dell'ordinamento giuridico dello Stato**. Si tratta di limiti applicabili alla *legislazione piena* delle Regioni speciali. Il *primo*

fa riferimento a norme costituzionali o di leggi statali destinate a introdurre significative novità nel tessuto dei rapporti economico-sociali costituzionalmente rilevanti esprimendo esigenze di carattere unitario da attuare in modo uniforme; il *secondo* agli orientamenti e direttive di carattere generale e fondamentale che si possono desumere dalla connessione sistematica, dal coordinamento e dall'intima razionalità delle norme che concorrono a formare, in un dato momento storico, il tessuto dell'ordinamento vigente.

b) Il potere regolamentare

La potestà regolamentare spetta allo Stato nelle materie di *legislazione esclusiva*, salvo delega alle Regioni, mentre spetta alle **Regioni in ogni altra materia**.

Le Regioni, pertanto, sono titolari di **potestà regolamentare**:

— nelle materie di *legislazione concorrente* ad esse riservate (art. 117, co. 3, Cost.);
— nelle materie di *legislazione residuale* (art. 117, co. 4, Cost.);
— nelle materie di *legislazione esclusiva statale* per le quali lo Stato abbia delegato alle Regioni la normazione secondaria (art. 117, co. 2, Cost.).

È lo Statuto che attribuisce la potestà regolamentare al Consiglio, alla Giunta o al Presidente, oppure introduce un sistema misto incentrato su tipologie differenti di regolamenti la cui emanazione è affidata ad organi diversi. È sempre lo Statuto che disciplina il procedimento di formazione dei regolamenti regionali e la tipologia dei regolamenti.

c) L'esercizio delle funzioni amministrative

L'**art. 118, co. 1, Cost.** attribuisce la **titolarità generale delle funzioni amministrative** in capo ai **Comuni** e, qualora lo impongano esigenze di unitarietà, ne prevede il conferimento a *Province*, *Città metropolitane*, *Regioni* e *Stato*.

Si tratta del principio — di matrice europeistica — di **sussidiarietà verticale**, in base al quale i compiti *di gestione amministrativa della cosa pubblica devono essere affidati alla struttura più vicina alla cittadinanza*, lasciando alle strutture amministrative sovraordinate soltanto quelle funzioni che, per la loro natura, non possono essere svolte localmente.

L'attribuzione delle funzioni amministrative **al livello di governo superiore** a quello che ne sarebbe istituzionalmente e naturalmente titolare, può infatti aversi nei seguenti casi:

— in base al **principio di adeguatezza**, in relazione al quale l'amministrazione ricevente deve possedere una struttura *organizzativa idonea a garantire, anche in forma associata con altri enti, l'esercizio delle funzioni*;
— in virtù del **principio di differenziazione**, per cui l'allocazione delle funzioni deve necessariamente prendere in considerazione *le diverse caratteristiche, anche associative, demografiche, territoriali e strutturali degli enti riceventi*.

Quanto alle funzioni amministrative esercitabili dall'autorità territorialmente più vicina ai cittadini interessati, è disposto che Comuni, Province e Città metropolitane siano titolari di **funzioni proprie** nonché di **funzioni conferite con legge statale** o **regionale**, secondo le rispettive competenze (art. 118 Cost., co. 2).

L'*imputazione delle funzioni* in capo ai soggetti territoriali avviene con *legge statale o regionale a seconda della relativa legittimazione ratione materiae*, *ex* art. 117 Cost. Ciò vuol dire che l'allocazione delle funzioni avviene:

— con **legge statale**, se le funzioni riguardino uno degli ambiti di *legislazione esclusiva* dello Stato, *ex* art. 117, co. 2, Cost.;
— con **legge regionale**, se le funzioni da ripartire sono relative alle materie di *potestà legislativa concorrente* (art. 117, co. 3) o a quelle *residuali* (art. 117, co. 4).

Dal punto di vista costituzionale rileva anche la cd. **sussidiarietà orizzontale**, in funzione della quale sia lo Stato che gli altri enti territoriali sono tenuti a favorire «l'*autonoma iniziativa dei cittadini, singoli e associati, per lo svolgimento di attività di interesse generale*» (art. 118, co. 4, Cost.).

Ciò non significa che i pubblici poteri debbano necessariamente astenersi da interventi amministrativi tutte le volte in cui si estrinseca l'iniziativa privata, ma il legislatore non può trasformare in pubbliche istituzioni private o sostituire attività dei privati con attività amministrative. Al legislatore resta pur sempre la facoltà di individuare strumenti di vigilanza e controllo l'attuazione del principio di sussidiarietà orizzontale (C.d.S., parere n. 1794 del 2002).

Va infine ricordato come, in base a quanto previsto dalla **L. 127/1997** (cd. *Bassanini bis sulla semplificazione amministrativa*), gli atti soggetti a controllo amministrativo sono:

1. i *regolamenti regionali*, con esclusione di quelli attinenti all'autonomia organizzativa, funzionale e contabile dei Consigli regionali;
2. gli *atti costituenti adempimento degli obblighi derivanti dall'appartenenza all'Unione europea.*

d) L'autonomia finanziaria e il federalismo fiscale

L'autonomia garantita ai vari enti territoriali dalla Costituzione risulterebbe una mera affermazione di principio se non fosse completata dalla possibilità di avere a disposizione risorse finanziarie tali da poter concretamente portare a termine le azioni che si intende intraprendere nei settori di competenza.

In considerazione di ciò, l'**art. 119 Cost.** riconosce l'**autonomia finanziaria** delle Regioni, vale a dire la **potestà di stabilire e gestire in modo autonomo le risorse finanziarie di cui necessitano per la realizzazione delle funzioni loro affidate**.

I **principi della finanza regionale** sanciti dall'art. 119 Cost. sono :

- l'autonomia finanziaria esplicitamente attribuita non solo alle Regioni ma anche agli enti locali «chiamati a produrre integralmente le risorse gestibili per alimentare la propria attività e la realizzazione dei compiti fondamentali attribuiti» (BARBIERO);
- un'autonomia di entrata e di spesa che deve essere esercitata:
  a) in **armonia con la Costituzione**, con evidente riferimento ai principi costituzionali in materia tributaria (artt. 23 e 53) e del pareggio di bilancio (art. 81);
  b) nel **rispetto dei principi di coordinamento della finanza pubblica** e **del sistema tributario**;
- la legislazione statale può imporre, per ragioni di coordinamento finanziario connesse ad obiettivi nazionali, condizionati anche dagli obblighi europei, **vincoli alle politiche di bilancio** che si traducono, inevitabilmente, in limitazioni indirette all'autonomia di spesa;
- viene esplicitamente affermato il **principio della territorialità dell'imposta**, in base al quale, almeno in parte, il gettito prelevato da un territorio dovrà essere impiegato a favore della comunità che lo ha prodotto.

Chiaramente alle Regioni speciali è riconosciuta un'**autonomia finanziaria di più ampia portata** rispetto alle Regioni ordinarie.

Friuli-Venezia Giulia, Valle d'Aosta e *Trentino-Alto Adige* traggono i loro finanziamenti da quote di entrate prestabilite in relazione ai tributi riscossi nei rispettivi territori. Alla *Sardegna* sono assegnati introiti derivanti in parte da una quota percentuale fissa di alcuni tributi riscossi in loco. Nel caso della *Sicilia* lo Statuto prescrive che al fabbisogno della Regione si provvede con i redditi patrimoniali della Regione medesima e a mezzo di tributi deliberati dalla stessa: è quindi, eccezionalmente, la stessa Regione a determinare e imporre i propri tributi.

Inoltre, l'art. 119, co. 5, Cost. prevede anche la possibilità che lo Stato attribuisca a *Comuni, Province, Città metropolitane e Regioni* delle **risorse aggiuntive** per:

— *promuovere lo sviluppo economico, la coesione e la solidarietà sociale*;
— *rimuovere gli squilibri economici e sociali*;
— *favorire l'effettivo esercizio dei diritti della persona*;
— *provvedere a scopi diversi dal normale esercizio delle loro funzioni*.

Tali risorse, caratterizzate da *un vincolo di destinazione*, essendo erogate per il perseguimento di finalità esplicitamente enunciate, si differenziano dal **fondo perequativo**, istituito con legge dello Stato «*per i territori con minore capacità fiscale per abitante*», che non è sottoposto ad alcun vincolo (art. 119 Cost., co. 3).

Il *fondo perequativo* costituisce uno **strumento che dovrebbe compensare eventuali squilibri fra le entrate tributarie delle Regioni** e consentire a tali enti di erogare i servizi di loro competenza a livelli uniformi su tutto il territorio nazionale; lo scopo è quello di garantire che in tutte le Regioni, a prescindere quindi dalla capacità di ricavare risorse fiscali dal loro territorio, siano rispettati gli stessi *standard* nella prestazione di determinati servizi, in particolare quelli concernenti i diritti sociali, come opportunamente sottolineato dall'art. 120, co. 2, Cost.

Il federalismo fiscale

Per l'attuazione di quanto previsto dall'art. 119 della Costituzione è stata emanata la **L. 5 maggio 2009, n. 42**, cd. legge sl federalismo fiscale. Essa intende assicurare **autonomia di entrata e di spesa degli enti territoriali** e garantire i principi di solidarietà e di coesione sociale, in modo da assicurare, per tutti i livelli di governo, la loro massima responsabilizzazione nonché l'effettività e la trasparenza del controllo democratico nei confronti degli eletti.
Tale legge stabilisce **princìpi fondamentali del coordinamento della finanza pubblica e del sistema tributario**, a **disciplinare l'istituzione** ed il **funzionamento del fondo perequativo** per i territori con minore capacità fiscale per abitante nonché **l'utilizzazione delle risorse aggiuntive** e **l'effettuazione degli interventi speciali di cui all'articolo 119, comma 5**, della Costituzione perseguendo lo sviluppo delle aree sottoutilizzate nella prospettiva del superamento del dualismo economico del Paese. Vengono dettati, ancora, princìpi generali per **l'attribuzione di un proprio patrimonio agli enti territoriali** nonché norme transitorie sull'ordinamento, anche finanziario, di Roma capitale.
In attuazione della legge sul federalismo fiscale sono stati emanati: il D.Lgs. 22 maggio 2010, n. 85, sul cd. *federalismo demaniale*; il D.Lgs. 17 settembre 2010, n. 156 sull'*ordinamento di Roma capitale*; il D.Lgs. 26 novembre 2010, n. 216, sui *fabbisogni standard di Comuni, Città metropolitane e Province*; il D.Lgs. 14 marzo 2011, n. 23, sul *federalismo fiscale municipale*; il D.Lgs. 6 maggio 2011, n. 68, sulla *fiscalità regionale e provinciale*; il D.Lgs. 31 maggio 2011, n. 88, sulle *risorse aggiuntive ed interventi speciali per la rimozione di squilibri economici e sociali*; il D.Lgs. 23 giugno 2011, n. 118, sull'*armonizzazione dei sistemi contabili*; il D.Lgs. 6 settembre 2011, n. 149, che prevede *meccanismi sanzionatori e premiali relativi a Regioni, Province e Comuni*; il D.Lgs. 18 aprile 2012, n. 61 che individua nello specifico le *funzioni amministrative di Roma capitale*, a sua volta modificato e integrato dal D.Lgs. 26 aprile 2013, n. 51 cd. decreto sui poteri del Sindaco.

11 Il sistema di governo regionale

a) Il Consiglio regionale

L'art. 121 Cost. stabilisce che il *Consiglio regionale esercita le potestà legislative attribuite alla Regione e le altre funzioni conferitegli dalla Costituzione e dalle leggi*. Il **Consiglio** è, dunque, **titolare della potestà legislativa regionale** e, a norma dell'art. 123 Cost., **approva e modifica lo Statuto**.

Al Consiglio, inoltre, spetta la partecipazione ad alcuni momenti significativi della vita politica del Paese:

— formula proposte di legge al Parlamento (art. 121 Cost.);
— esprime i pareri nei casi previsti dagli artt. 132 e 133 Cost.;
— elegge i delegati a partecipare all'elezione del Presidente della Repubblica (art. 83 Cost.);
— può richiedere il *referendum* abrogativo e quello consultivo (artt. 75 e 138 Cost.).

Accanto alle funzioni attribuite dalla Costituzione vanno considerate quelle assegnate dallo Statuto.

In generale, al Consiglio vengono attribuite una *funzione di indirizzo politico-amministrativo* e una *funzione di controllo sull'operato della Giunta*. Il Consiglio approva il *bilancio preventivo*, il *rendiconto generale*, il *documento di programmazione economico-finanziaria*, gli *atti di programmazione* e *di pianificazione territoriale regionali*. In tutti gli Statuti, infine, è previsto che nella prima seduta utile il Presidente della Giunta presenti e illustri al Consiglio il suo *programma di governo*, mentre in alcuni casi tale programma è addirittura approvato dal Consiglio.

I Consigli regionali durano in carica **cinque anni** e cessano dalle loro funzioni 46 giorni prima della data delle elezioni indette per il loro rinnovo.

I poteri dei Consigli medesimi non sono prorogati nel tempo intercorrente fra l'indizione dei comizi elettorali e la prima riunione del nuovo Consiglio, sicché i Consigli non possono essere convocati se non per adempimenti previsti da una legge costituzionale od ordinaria (quale, ad esempio, la nomina dei rappresentanti regionali per l'elezione del Capo dello Stato).

b) La Giunta regionale

La Giunta è l'**organo esecutivo della Regione**, legato al Consiglio da un rapporto di tipo fiduciario.

La revisione costituzionale operata dalla L. cost. 1/1999 ha attribuito al Presidente della Giunta il potere di *nomina* e *revoca* dei componenti della Giunta stessa, anche se contestualmente salvaguarda la facoltà degli Statuti di *disporre diversamente* (art. 122, co. 5, Cost.).

La Giunta regionale svolge tutte quelle attività amministrative che non sono specificamente assegnate ad altri organi. Per espressa volontà costituzionale è l'«*organo esecutivo della Regione*» (art. 121, co. 3, Cost.): ciò significa che la Giunta partecipa direttamente all'**attività di indirizzo politico della Regione**.

La principale attribuzione della Giunta è, come evidenziato dalla dottrina (MARTINES e RUGGERI), l'*attività di iniziativa politica*, che si esprime attraverso la presentazione dei *disegni di legge* al Consiglio. Attività politiche della Giunta di notevole rilievo consistono anche nella predisposizione e la presentazione degli stati di previsione del *bilancio* e del *conto consuntivo*, l'allestimento dei piani e dei *programmi economici e territoriali, l'esecuzione delle delibere consiliari*.

Alla Giunta è attribuito, inoltre, il potere di diramare *circolari* e di disciplinare il suo stesso funzionamento attraverso l'emanazione di un apposito *regolamento interno*.

Importanti sono poi le funzioni che la Giunta esercita in materia di amministrazione del *patrimonio* regionale, di approvazione dei *contratti* stipulati dalla Regione, di direzione dell'esercizio delle *funzioni regionali delegate* ai Comuni, alle Province e agli altri enti locali. Ancora, la Giunta delibera sui ricorsi di legittimità costituzionale di una legge o di un atto avente forza di legge dello Stato o di una Regione quando si ritenga che sia stata invasa la sfera di competenza regionale (artt. 32 e 33 della L. 87/1953, così come novellati dall'art. 9 della L. 131/2003).

c) Il Presidente della Regione

Il **Presidente della Regione è anche Presidente della Giunta regionale** e questo spiega la doppia denominazione di «capo del governo» e «capo della Regione».

Il co. 5 dell'art. 122 Cost., come modificato dalla L. cost. 1/1999, prevede che venga **eletto a suffragio universale e diretto**, salvo che lo Statuto regionale disponga diversamente. L'elezione a suffragio universale e diretto è stata introdotta anche per i Presidenti delle Regioni a Statuto speciale dalla L. cost. 2/2001.

L'elezione del Presidente della Giunta è contestuale al rinnovo dei rispettivi Consigli regionali.
Nel caso in cui il Consiglio approvi a maggioranza assoluta una **mozione motivata di sfiducia** nei confronti del Presidente, entro tre mesi si procede all'indizione di nuove elezioni del Consiglio e del Presidente stesso.

Il Presidente cumula in sé le seguenti **funzioni**:

— come Presidente della Regione, svolge la **funzione di rappresentanza esterna** della Regione; promulga le leggi ed emana i regolamenti regionali; indice i *referendum* previsti dagli Statuti e dalle leggi regionali;
— come Presidente della Giunta, è **capo del governo regionale** e in tale veste **dirige la politica regionale** e **ne è responsabile**.

L'art. 126 Cost. individua alcune ipotesi di **cessazione dalla carica di Presidente** che determinano l'azzeramento degli organi di governo regionale e la necessità di procedere a nuove elezioni, secondo il principio **simul stabunt vel simul cadent**.

Tali ipotesi sono:

1. *approvazione* da parte del Consiglio regionale, a maggioranza assoluta, di una *mozione di sfiducia* nei confronti del Presidente della Giunta, presentata da almeno un quinto dei componenti del Consiglio;
2. *rimozione, dimissioni volontarie, impedimento permanente* o *morte* del Presidente;
3. *dimissioni contestuali della maggioranza dei componenti il Consiglio*.

Le previsioni di cui ai punti 1 e 2 trovano applicazione solo nel caso in cui lo Statuto ha confermato l'*elezione a suffragio universale e diretto del Presidente*, mentre l'ipotesi di cui al punto 3 è inderogabile dagli Statuti qualunque forma di governo sia stata scelta.

Nelle Regioni in cui il Presidente non sia eletto direttamente dai cittadini, il Consiglio regionale può esprimere la sfiducia nei suoi confronti, ma l'unico effetto sono le dimissioni dell'Esecutivo, non l'autoscioglimento del Consiglio regionale, a meno che tale effetto non sia previsto dallo Statuto.

Il principio *simul stabunt vel simul cadent*, introdotto dalla L. cost. 1/1999, sembra estendersi non solo ai casi in cui il rapporto fra gli organi politici regionali risulti incrinato (mozione di sfiducia), ma anche a tutti gli eventi che coinvolgono il Presidente, compresi eventi come l'impedimento permanente e la morte. Le ragioni di questa scelta del legislatore costituzionale possono essere ricondotte all'idea della *personalizzazione del potere regionale*, in base a cui tutto è destinato a cadere quando, per qualsiasi causa, il Presidente venga meno.

d) Il Difensore civico regionale

Il Difensore civico è un organo destinato a garantire il cittadino da possibili abusi del potere amministrativo, sul modello dell'«*ombudsman*» svedese. Generalmente è designato dal *Consiglio regionale*, con votazione a maggioranza qualificata, e dura in carica per un *quinquennio*, potendo essere anticipatamente revocato solo per «gravi motivi», di volta in volta indicati dalle singole leggi regionali di attuazione.

Le norme regionali configurano il Difensore civico come un **organo di controllo del buon andamento dell'amministrazione regionale**. Esso, dunque, ha un *potere di informazione* sull'andamento di pratiche amministrative, a richiesta di qualunque interessato, e sullo svolgimento dei relativi procedimenti.

e) Il controllo dello Stato sulla funzionalità degli organi

L'**art. 126 Cost.** (modificato dalla L. cost. 1/1999) distingue **cause di scioglimento del Consiglio regionale** (e di rimozione del Presidente della Giunta) che implicano un controllo statale e cause di scioglimento «interne», cioè relative al funzionamento e alle attività degli organi politici regionali.

Le prime sono ricondotte a due ipotesi:

— il compimento di atti contrari alla Costituzione o di gravi violazioni di legge;
— ragioni di sicurezza nazionale.

In tali ipotesi, lo scioglimento e la rimozione sono disposti con decreto motivato del Capo dello Stato, previa deliberazione del Consiglio dei Ministri.

12 Le autonomie locali

a) Nella Costituzione...

Nell'ordinamento della Repubblica italiana, oltre alle Regioni, sono presenti altri enti su base territoriale: l'art. 5 Cost., infatti, in subordine al principio di *unità e indivisibilità della Repubblica*, afferma il principio del **decentramento dei poteri** attraverso **la promozione ed il riconoscimento delle autonomie locali**.

Più specificamente, l'art. 114 Cost. afferma che le Repubblica è costituita, oltre che dallo Stato, anche dai Comuni, dalle Province, dalle Città metropolitane e dalle Regioni, tutti enti autonomi dotati di propri statuti, poteri e funzioni che si esplicano entro il limite del rispetto dei principi ricavabili dalla stessa Costituzione.

L'ordine nel quale le autonomie territoriali vengono elencate dall'art. 114 Cost., ovvero in primo luogo il Comune quale ente più vicino alla cittadinanza e poi in progressione tutti gli altri, è chiaramente improntato, come già visto, alla **sussidiarietà**, principio cardine di tutta la riforma approvata con la L. cost. 3/2001.

b) ... e nella legislazione ordinaria. Le riforme delle autonomie locali

La principale fonte normativa che disciplina le autonomie locali a livello di legislazione primaria è il **D.Lgs. 18-8-2000, n. 267** (**T.U. degli enti locali**) che ha raccolto e coordinato tutta l'opera di decentramento delle funzioni e conseguente potenziamento delle amministrazioni locali portata avanti dal legislatore nell'arco degli anni '90.

Nell'ottica della *razionalizzazione delle istituzioni locali* e del perseguimento di una maggiore *efficienza nell'esercizio decentrato delle funzioni* è stata emanata la **L. 7 aprile 2014, n. 56** (cd. *legge Delrio*), che ha avviato una parziale riforma del sistema degli enti locali incentrata sulla **riorganizzazione delle Province**, **l'istituzione delle Città metropolitane** e la **promozione delle forme associative**, **quali le Unioni di Comuni**.

c) La potestà statutaria e regolamentare degli enti locali

Dall'art. 114 Cost. si evince che gli enti locali possono dotarsi di un proprio **statuto** nel rispetto dei principi fissati dalla stessa Carta costituzionale.

Nell'ambito del D.Lgs. 267/2000 gli statuti comunali e provinciali sono disciplinati dall'art. 6, laddove ne viene enucleato un **contenuto obbligatorio** e ne vengono stabilite altresì le modalità di deliberazione.

Ma l'autonomia normativa di questi enti non si esaurisce qui. L'art. 117, comma 6, della Costituzione, infatti, riconosce a Comuni, Province e Città metropolitane la **potestà regolamentare** in ordine alla disciplina dell'organizzazione e dello svolgimento delle funzioni loro attribuite.

I regolamenti sono oggetto di disciplina nell'art. 7 del TUEL. Essi possono essere adottati dagli enti locali, nel rispetto dei principi dettati dalle leggi e dallo Statuto, *in tutte le materie di propria competenza*.

13 Il Comune

Il Comune è l'ente locale che *rappresenta la propria comunità, ne cura gli interessi e ne promuove lo sviluppo* (art. 3 D.Lgs. 267/2000, T.U. enti locali).

Gli elementi costitutivi del Comune sono:

a) il **territorio**, ovvero quella parte ben definita del territorio nazionale in cui il Comune esplica le sue potestà (cd. *elemento materiale*).
b) la **popolazione**, costituita da tutte le persone fisiche che hanno la dimora abituale (residenza) nel territorio comunale e che perciò possono denominarsi «*cittadini comunali*» (cd. *elemento personale*);
c) il **patrimonio**, rappresentato dal complesso delle attività economiche del Comune, e cioè dai beni e dai diritti che possiede allo stesso titolo dei privati.

Analogamente alla Provincia, gode di autonomia statutaria, normativa, organizzativa e amministrativa, nonché di autonomia impositiva e finanziaria nell'ambito dei propri statuti e regolamenti e delle leggi di coordinamento della finanza pubblica.

Spettano al Comune tutte le **funzioni amministrative** che regolano la popolazione e il territorio comunale, in particolare nei settori organici dei servizi alla persona e alla Comunità, dell'assetto ed utilizzazione del territorio e dello sviluppo economico (funzioni proprie), salvo quanto non sia espressamente attribuito ad altri soggetti dalla legge statale e regionale, secondo le rispettive competenze (**funzioni conferite**).

Sono organi del Comune: il *Consiglio*, la *Giunta* e il *Sindaco* (art. 36 D.Lgs. 267/2000):

- il **Consiglio comunale** è un organo collegiale, i cui membri sono eletti dal corpo elettorale, che svolge *funzioni di indirizzo e di controllo politico-amministrativo* e che detiene una competenza esclusiva per quanto concerne l'adozione di taluni atti fondamentali per l'ente. Esso è dotato di autonomia funzionale e organizzativa;
- la **Giunta**, i cui membri (*assessori*) sono nominati dal Sindaco, è l'*organo esecutivo* con competenza generale e autonoma, seppur residuale in quanto avente ad oggetto le materie non attribuite dalla legge alla competenza esclusiva del Consiglio o del Sindaco;
- il **Sindaco**, anch'esso eletto dal popolo, dura in carica 5 anni, è l'organo monocratico che *rappresenta l'ente* ed è legato alla Giunta da un rapporto di stretta fiducia. Nella figura del Sindaco si concentrano due diversi uffici. Egli ricopre contemporaneamente la duplice veste di **capo dell'amministrazione comunale** e di **Ufficiale del Governo**, ossia *organo periferico dell'amministrazione statale in sede locale*.
  Fra gli assessori il Sindaco nomina un **Vicesindaco** affinché lo sostituisca in caso di assenza.

Compete al Sindaco in quanto *Capo dell'amministrazione comunale*:

- rappresentare l'ente;
- convocare e presiedere la Giunta, nonché il Consiglio quando non è previsto un Presidente;
- sovrintendere al funzionamento dei servizi e degli uffici e all'esecuzione degli atti;
- sovrintendere all'espletamento di funzioni attribuite o delegate dallo Stato o dalle Regioni;
- nominare i responsabili degli uffici e dei servizi;
- esercitare ulteriori funzioni attribuitegli dalla legge, dai regolamenti o dallo Statuto.

Le attribuzioni del Sindaco in quanto *Ufficiale del Governo*, invece concernono i seguenti settori: sicurezza e ordine pubblico; stato civile; anagrafe; leva militare; servizi elettorali; statistica.

Chi è stato Sindaco per due mandati consecutivi non è immediatamente rieleggibile salvo l'ipotesi in cui uno dei due mandati precedenti ha avuto durata inferiore a *due anni, sei mesi* ed *un giorno*, per una causa diversa dalle dimissioni volontarie.

A prescindere dalla scadenza del mandato, il Sindaco (così come il Presidente della Provincia) e la rispettiva Giunta possono cessare dalla carica a seguito dell'approvazione di una **mozione di sfiducia** approvata dal Consiglio (art. 52 del T.U.).

Una volta approvata la mozione di sfiducia si procede allo *scioglimento del Consiglio e alla nomina di un commissario* ai sensi dell'art. 141 del T.U.

Altre ipotesi di cessazione dalla carica di Sindaco, prese in considerazione al comma 1 dell'articolo 53 del T.U., sono:

- **impedimento permanente**;
- **rimozione**;
- **decadenza**;
- **decesso**.

Una volta che il Sindaco non sia più in carica per una delle condizioni sopra indicate, come conseguenza immediata si ha la **decadenza della Giunta** e si procede allo **scioglimento del Consiglio**.

Quanto all'ipotesi di cessazione dalla carica per **dimissioni**, essa è disciplinata specificamente al comma 3 dell'articolo 53 del Testo Unico degli enti locali a norma del quale le dimissioni presentate dal Sindaco sono da considerarsi **efficaci** ed **irrevocabili** e producono gli effetti indicati una volta trascorso il termine di 20 giorni dalla loro presentazione al Consiglio, che avviene con l'iscrizione all'ordine del giorno. In tal caso si procede allo scioglimento del rispettivo Consiglio, con contestuale nomina di un **commissario**.

Le Unioni di Comuni

L'Unione di Comuni è un **ente locale costituito da due o più Comuni**, di norma contermini, **finalizzato all'esercizio associato di funzioni e servizi** (art. 32, co. 1, T.U.).
Ogni Comune può far parte di una sola Unione di Comuni.
L'Unione ha **potestà statutaria e regolamentare** e ad essa si applicano, in quanto compatibili e non derogati, i principi previsti per l'ordinamento dei Comuni.
La L. 56/2014 estende alle Unioni composte da Comuni con popolazione inferiore a 5.000 abitanti le disposizioni normative previste per il piccoli Comuni (art. 1, co. 115).

Il comma 3 dell'art. 32 T.U., novellato dalla legge Delrio, prevede quali **organi dell'Unione**:

- il **Presidente** scelto tra i Sindaci dei Comuni associati;
- la **Giunta** i cui membri sono scelti tra gli assessori dei Comuni associati;
- il **Consiglio** composto da un numero di consiglieri stabilito dallo statuto, eletti dai singoli Consigli dei Comuni associati tra i propri componenti garantendo la rappresentanza delle minoranze e assicurando la rappresentanza di ogni Comune.

Le modalità di funzionamento degli organi e i loro rapporti sono disciplinati dallo statuto dell'Unione. Ricordiamo che in fase di prima istituzione lo statuto è approvato dai Consigli dei Comuni partecipanti e le successive modifiche sono approvate dal Consiglio dell'Unione.

14 La Provincia

La Provincia è l'ente intermedio tra Comune e Regione che ha il compito di **rappresentare la propria comunità, curarne gli interessi, promuoverne e coordinarne lo sviluppo**.

Con la **L. 7-4-2014, n. 56**, cd. legge Delrio, è stata avviata la **riorganizzazione delle Province**. Esse, definite *enti di vasta area*, vengono infatti chiamate a svolgere determinate **funzioni fondamentali** attinenti specifici settori, tra cui la *pianificazione territoriale*, la *valorizzazione dell'ambiente*, la *pianificazione dei servizi di trasporto*, la *programmazione della rete scolastica* e la *gestione dell'edilizia scolastica*.

Altre particolari funzioni possono poi essere svolte a livello provinciale sulla base *d'intesa con i Comuni* interessati.

Sono espressamente escluse dalla disciplina della legge Delrio le Province autonome di Trento e Bolzano e la Regione Valle d'Aosta.

Sono inoltre riconosciute talune **specificità** per le Province il cui *territorio sia completamente montano*, oppure siano *confinanti con Paesi stranieri*.

La L. 56/2014 dispone altresì che le Regioni riconoscano alle Province **forme particolari di autonomia nelle materie oggetto di legislazione concorrente o residuale** (ai sensi dell'art. 117 Cost., co. 3 e 4).

La L. 56/2014 predispone un complessa procedura per il riordino delle funzioni che sono state fino ad oggi di competenza provinciale, ma che, in base alla riforma da essa stessa introdotta non rientrano tra le funzioni fondamentali del nuovo ente Provincia, né tanto meno tra quelle funzioni esercitabili d'intesa con i Comuni.

È previsto pertanto che lo Stato e le Regioni (secondo le rispettive competenze), in attuazione dell'art. 118 Cost., attribuiscano alle Province funzioni diverse rispetto a quelle fondamentali espressamente individuate.

Le funzioni che a seguito di tale processo di riordino risultino trasferite ad altri enti territoriali continuano ad essere esercitate dalle Province fino alla data dell'effettivo avvio di esercizio da parte dell'ente subentrante.

Il TUEL, all'art. 36, co. 2, prevede quali organi della Provincia: il **Consiglio**, *organo di indirizzo e di controllo politico amministrativo*, sostanzialmente analogo all'omonimo organo comunale i cui membri sono eletti direttamente dal popolo; la **Giunta**, *organo esecutivo* composto dal Presidente a dagli assessori dallo stesso nominati; il **Presidente**, *responsabile dell'intera amministrazione provinciale*, anch'esso eletto dal corpo elettorale.

La L. 56/2014, tuttavia, ha riformato anche la struttura e il funzionamento degli organi di governo provinciali. In base a quanto da essa stabilito sono organi della nuova Provincia:

- il **Presidente della Provincia** che *rappresenta l'ente, convoca e presiede il Consiglio e l'Assemblea*. Egli è eletto dai Sindaci e dai consiglieri dei Comuni della Provincia. Dura in carica 4 anni e in caso di cessazione della carica di Sindaco decade anch'esso dalla carica;
- il **Consiglio provinciale**, *organo di indirizzo e controllo*, dura in carica 2 anni, ne fa parte anche il Presidente della Provincia. I suoi membri sono eletti dai Sindaci e dai consiglieri comunali dei Comuni della Provincia. La cessazione dalla carica comunale comporta la decadenza da consigliere provinciale;
- l'**Assemblea dei Sindaci**, costituita dai Sindaci dei Comuni appartenenti alla Provincia, ha *poteri propositivi, consultivi e di controllo* secondo quanto disposto dallo Statuto. Essa adotta (o respinge) lo Statuto proposto dal Consiglio e le sue successive modificazioni con i voti che rappresentino almeno 1/3 dei Comuni compresi nella Provincia e la maggioranza della popolazione complessivamente residente.

Il Segretario comunale o provinciale

Il **Segretario comunale** (**o provinciale**) è un funzionario pubblico, dipendente dal Ministero dell'Interno, chiamato a svolgere **compiti di consulenza giuridico-amministrativa** nei confronti dell'ente locale per quanto concerne in particolare la *conformità dell'azione amministrativa alle leggi, allo Statuto ed ai regolamenti*.

Egli assiste e cura la verbalizzazione delle sedute di Giunte e Consigli, roga i contratti dell'amministrazione ed esercita le altre funzioni attribuitegli dallo Statuto dell'ente. Egli, inoltre, sovrintende alle funzioni dei dirigenti e ne coordina l'attività (salvo quando il Sindaco o il Presidente dalla Provincia abbiano nominato il Direttore generale).

Il Segretario è infatti legato all'ente locale da un rapporto di servizio, che sorge con la nomina da parte del vertice dell'amministrazione locale, ma allo stesso tempo egli è titolare di un rapporto organico con il Ministero dell'interno, che gestisce direttamente l'Albo Nazionale dei Segretari. Si tratta, pertanto, di una figura a metà strada tra la dimensione statale (per il tramite del Ministero) e quella locale (dal punto di vista organizzativo egli dipende funzionalmente dal Sindaco o dal Presidente della Provincia che lo nominano, scegliendolo tra gli iscritti all'Albo).

La normativa in materia di anticorruzione e trasparenza (L. 190/2012) attribuisce al Segretario il ruolo di Responsabile anticorruzione e trasparenza negli enti locali, salva diversa e motivata determinazione.

Compete al Responsabile segnalare all'Organismo indipendente di valutazione tutte le disfunzioni che attengono la trasparenza e la prevenzione della corruzione, indicando agli uffici competenti all'adozione delle misure disciplinari i nominativi dei dipendenti che non hanno attuato correttamente le misure.

Spetta altresì a detto Responsabile proporre all'organo di indirizzo dell'ente il **Piano triennale per la prevenzione della corruzione** che deve essere adottato entro il *31 gennaio* di ogni anno. Negli enti locali tale piano è approvato dalla Giunta. Sul sistema anticorruzione e trasparenza si rinvia *amplius* al Cap. 6.

15 La Città Metropolitana

La Città metropolitana è uno degli enti locali dotati di propri statuti, poteri e funzioni che ai sensi dell'art. 114 Cost., come riformulato a seguito della L. cost. 3/2001, concorre a formare la Repubblica.

Pur essendo state introdotte nel nostro ordinamento sin dalla prima legge generale sulle autonomie locali, ovvero la L. 42/1990, le Città metropolitane sono state di fatto istituite solo recentemente grazie alla **L. 56/2014**. Quest'ultima individua le seguenti Città metropolitane: *Torino, Milano, Venezia, Genova, Bologna, Firenze, Bari, Napoli e Reggio Calabria.* Esse sono costituite alla data di entrata in vigore della stessa legge Delrio nel territorio delle Province omonime.

Altre quattro Città metropolitane sono state identificate dalle Regioni a Statuto speciale Sardegna e Sicilia: si tratta, in particolare, di Cagliari, Catania, Messina e Palermo.

La L. 56/2014 definisce le Città metropolitane **enti di vasta area** chiamate a perseguire le seguenti *finalità istituzionali*:

— cura dello sviluppo strategico del territorio metropolitano;
— promozione e gestione integrata dei servizi, delle infrastrutture e delle reti di comunicazione di interesse della Città metropolitana;
— cura delle relazioni istituzionali afferenti al proprio livello, ivi comprese quelle con le Città e le Aree metropolitane europee.

Sono di competenza della Città metropolitana le **medesime funzioni fondamentali attribuite alle Province**, unitamente ad altre funzioni fondamentali individuate specificamente in riferimento ad esse.

Sono, inoltre, **funzioni fondamentali proprie** delle Città metropolitane:

a) adozione e aggiornamento annuale di un **piano strategico triennale del territorio metropolitano**;
b) **pianificazione territoriale generale** (ivi comprese le strutture di comunicazione, le reti di servizi e delle infrastrutture di competenza);
c) strutturazione di **sistemi coordinati di gestione dei servizi pubblici**, organizzazione dei servizi pubblici di interesse generale di ambito metropolitano.
d) **mobilità** e **viabilità**;
e) **promozione e coordinamento dello sviluppo economico e sociale**;
f) promozione e coordinamento dei **sistemi di informazione e di digitalizzazione** in ambito metropolitano.

Rientrano, infine, nella competenza delle Città metropolitane anche le ulteriori funzioni che ad esse assegnate a seguito del processo di riordino delle funzioni da parte dello Stato e delle Regioni. A prescindere da questo riordino, poi, ancora altre funzioni possono sempre essere attribuite alle Città metropolitane su delega di Stato e Regioni.

La **L. 56/2014** prevede quali organi della Città metropolitana:

— il **Sindaco metropolitano**, che è di diritto il Sindaco del Comune capoluogo, quale *organo responsabile dell'amministrazione dell'ente*;
— il **Consiglio metropolitano** che è l'*organo di indirizzo e controllo dell'ente*, composto dal Sindaco metropolitano e da un numero di consiglieri (eletti dai Sindaci e dai consiglieri comunali dei Comuni rientranti nella Città metropolitana) che varia in rapporto al numero di abitanti;
— la **Conferenza metropolitana**, composta dal Sindaco metropolitano e dai Sindaci dei Comuni rientranti nella Città metropolitana, ha *poteri propositivi e consultivi*. È competente ad adottare o respingere lo Statuto proposto dal Consiglio.

La L. 56/2014 offre all'ente la possibilità che lo Statuto preveda l'**elezione diretta del Sindaco e del Consiglio metropolitano** utilizzando un sistema elettorale determinato dalla legge statale.

16 Roma capitale

L'art. 114 Cost. sancisce il cd. status di «Roma capitale», affermando che Roma è la capitale della Repubblica e che la legge dello Stato disciplina il suo ordinamento.

In riferimento a tale ordinamento la **L. 42/2009** (legge sul *federalismo fiscale*), all'art. 24, detta delle norme transitorie. In particolare, la **Capitale** viene definita come ente territoriale, i cui confini sono attualmente quelli del Comune di Roma, dotato di una speciale autonomia statutaria, amministrativa e finanziaria, nei limiti stabiliti dalla Costituzione.

Il **D.Lgs. 17-9-2010, n. 156**, recante *Disposizioni fondamentali sull'ordinamento di Roma Capitale*, emanato in attuazione della delega contenuta nella L. 42/2009, contiene, tra le altre cose, la disciplina degli organi di governo di Roma Capitale.

Tale disciplina prevede, in particolare, un *organo consiliare*, denominato **Assemblea capitolina**, che svolge *funzioni di indirizzo e di controllo politico-amministrativo*, alla quale compete la disciplina, mediante propri regolamenti, dell'esercizio delle funzioni individuate dal medesimo art. 24 al comma 3, nonché l'emanazione dello Statuto. In data *7 marzo 2013*, invero, è stato approvato dall'Assemblea capitolina lo **Statuto di Roma Capitale**.

Per quanto concerne, invece, il **Sindaco**, esso *è responsabile dell'amministrazione di Roma Capitale* nel cui ambito territoriale esercita le funzioni attribuitegli dalle leggi, dallo Stato e dai regolamenti quale rappresentante dello Stato ed Ufficiale del Governo.

Il Sindaco può essere udito nelle riunioni del Consiglio dei Ministri qualora siano iscritte all'ordine del giorno argomenti inerenti alle funzioni conferite a Roma Capitale.

La **Giunta**, infine, *collabora con il Sindaco nel governo della Capitale e compie tutti gli atti rientranti nelle funzioni degli organi di governo* che non siano di competenza dell'Assemblea o del Sindaco stesso.

Essa è composta dal Sindaco che la presiede e da un numero massimo di assessori pari ad un quarto dei consiglieri assegnati.

Si noti, infine, che la **L. 56/2014** estende alla Città metropolitana di Roma Capitale le norme relative alle Città metropolitane e richiede che lo statuto della Città metropolitana di Roma Capitale disciplini i *rapporti tra la Città metropolitana, il Comune di Roma e gli altri Comuni*.

In particolare, tale statuto deve garantire il migliore assetto delle funzioni che Roma è chiamata a svolgere quale **sede degli organi costituzionali e delle rappresentanze diplomatiche degli Stati esteri**, ivi presenti, presso la Repubblica italiana, presso lo Stato della Città del Vaticano e presso le Istituzioni internazionali.

17 I controlli sugli organi degli enti locali

L'art. 141 del T.U.E.L. dispone che i Consigli comunali e provinciali vengano **sciolti** nei seguenti casi:

- **compimento di atti contrari alla Costituzione**;
- **gravi e persistenti violazioni di legge**;
- **gravi motivi di ordine pubblico**;
- **impossibilità di normale funzionamento degli organi e dei servizi** derivante da:
  a) impedimento permanente, rimozione, decadenza, decesso del Sindaco o del Presidente della Provincia;
  b) dimissioni del Sindaco o del Presidente della Provincia;

c) cessazione dalla carica per dimissioni contestuali, ovvero rese anche con atti separati purché contemporaneamente presentati al protocollo dell'ente, della metà più uno dei consiglieri assegnati, non computando a tal fine il Sindaco o il Presidente della Provincia;
d) riduzione dell'organo assembleare per impossibilità di surroga alla metà dei componenti del Consiglio;

— **mancata approvazione nei termini del bilancio**;
— **mancata adozione**, nel termine di 18 mesi dalla data dell'elezione degli organi, **degli strumenti urbanistici generali** nei Comuni con più di 1000 abitanti.

A queste ipotesi di scioglimento se ne aggiungono altre previste in ordine sparso dal T.U.E.L.:

— fenomeni di infiltrazione e di condizionamento mafioso (art. 143, T.U.);
— ipotesi connesse al dissesto finanziario (art. 243 quater e art. 247, T.U.);
— ipotesi connesse al controllo sugli equilibri finanziari (art. 147quinquies T.U., inserito dal D.L. 174/2012, conv. con modif. in L. 213/2012).

Lo scioglimento dei Consigli comunali e provinciali viene disposto con **decreto del Presidente della Repubblica, adottato su proposta del Ministro dell'Interno**; al decreto di scioglimento è allegata la relazione del Ministero contenente i motivi del provvedimento (art. 141, co. 6, T.U.E.L.).

Una volta attivata la procedura di scioglimento, nell'attesa che venga emanato il decreto, laddove sussistano motivi di *grave e urgente necessità*, il Prefetto può **sospendere** il Consiglio comunale e provinciale per **non più di 90 giorni**, nominando contestualmente, un *Commissario prefettizio* per la provvisoria amministrazione (art. 141, co. 7, T.U.E.L.).

Ricordiamo, inoltre, che il Sindaco, il Presidente della Provincia, i Presidenti dei Consorzi e delle Comunità montane, i componenti dei Consigli e delle Giunte e i Presidenti dei Consigli circoscrizionali, possono essere **rimossi** con decreto del Ministro dell'Interno *ex* art. 142 T.U.E.L.:

— quando compiano atti contrari alla Costituzione;
— per gravi e persistenti violazioni di legge;
— per gravi motivi di ordine pubblico.

In attesa del *decreto di rimozione* — con provvedimento cautelare provvisorio — il Prefetto può **sospendere gli amministratori da rimuovere, qualora sussistano motivi di grave e urgente necessità**.

18 Controlli sugli atti degli enti locali

a) Il controllo eventuale su richiesta del Prefetto

L'art. 135 del D.Lgs. 267/2000 attribuisce **al Prefetto** una duplice facoltà:

— di richiedere ai competenti organi statali e regionali l'attivazione degli interventi di controllo e sostitutivi previsti dalla legge nell'ipotesi in cui elementi fondati facciano supporre l'esistenza di tentativi di infiltrazioni di tipo mafioso nelle attività riguardanti appalti, concessioni, subappalti, cottimi, noli a caldo o contratti similari per la realizzazione di opere e lavori pubblici ovvero quando sia necessario assicurare il regolare svolgimento delle attività delle pubbliche amministrazioni (*comma 1*);
— di sottoporre al controllo preventivo di legittimità le deliberazioni adottate dagli enti locali (*comma 2*).

b) L'annullamento straordinario degli atti

L'art. 138 del D.Lgs. 267/2000 autorizza il **Governo** ad annullare, d'ufficio o su istanza di parte, in qualsiasi circostanza, per motivi di interesse pubblico, gli atti degli enti locali **viziati di illegittimità**.

Tale forma di *controllo a carattere repressivo* è attivata dalla proposta del Ministro dell'Interno e si conclude con **decreto del Presidente della Repubblica**, previa delibera del Consiglio dei Ministri, sentito il Consiglio di Stato che rende un parere obbligatorio ma non vincolante.

c) I controlli sugli atti degli enti locali introdotti dal D.L. 174/2012

Il D.L. 174/2012, conv. con modif. nella L. 213/2012, intervenendo direttamente sulla disciplina del TUEL, ha rivisitato **l'assetto dei controlli interni negli enti locali** introducendo una serie di disposizioni in materia di *controllo finanziario e contabile degli enti locali* e inserendo meccanismi di risanamento pluriennale per gli enti con gravi squilibri strutturali di bilancio.

In particolare, esso ha previsto come obbligatorie le **relazioni** (di cui al D.Lgs. 149/2011) **di inizio mandato**, quale punto di partenza per eventuali procedure di riequilibrio finanziario, e **fine mandato**, che contiene la descrizione dettagliata delle principali attività normative e amministrative svolte durante il mandato con riferimento anche al **sistema dei controlli interni**, **eventuali rilievi della Corte dei conti** etc.

19 Rapporti tra livelli di governo

a) Il coordinamento delle attività tra Regioni e Stato

Il primo soggetto con il quale le Regioni devono costantemente confrontarsi e coordinare la loro attività è indubbiamente lo Stato. L'art. 118, comma 3, della Costituzione prevede esplicitamente forme di coordinamento fra lo Stato e le Regioni in due settori particolari che sono di esclusiva competenza statale: l'immigrazione, l'ordine pubblico e la sicurezza.

Le sedi in cui si svolge la concertazione delle politiche in materia di autonomie a livello nazionale, in cui Stato e autonomie territoriali si incontrano per definire linee politico-amministrative e scelte comuni, contemperando interessi che possono essere contrastanti sono le cd. **Conferenze permanenti** (Conferenza Stato-Regioni, Conferenza Stato-Città ed autonomie locali, Conferenza Unificata), cui vanno ad aggiungersi la **Commissione bicamerale per le questioni regionali** e la **Cabina di regia**; si tratta di organismi che hanno il fondamentale compito di dare concreta attuazione al nuovo assetto della Repubblica delineato dalla riforma della L.cost. 3/2001 e di realizzare, nel rispetto del principio di leale collaborazione, un proficuo coordinamento tra i diversi livelli di governo (cd. *regionalismo cooperativo*).

b) Le Regioni e l'ordinamento internazionale

La L. cost. 18 ottobre 2001, n. 3 ha **esplicitamente riconosciuto il cd. potere estero delle Regioni**: il nuovo articolo 117 Cost., al comma 5, così recita: «Le Regioni e le Province autonome di Trento e di Bolzano, nelle materie di loro competenza, [...] provvedono *all'attuazione e all'esecuzione degli accordi internazionali* [...] nel rispetto delle norme di procedura stabilite da legge dello Stato, che disciplina le modalità di esercizio del potere sostitutivo in caso di inadempienza». A rafforzare tale previsione interviene anche l'ultimo comma del citato articolo che così dispone: «Nelle materie di sua competenza la Regione *può concludere accordi con Stati e intese con enti territoriali interni ad altro Stato*, nei casi e con le forme disciplinati da leggi dello Stato».

Le disposizioni costituzionali hanno ricevuto attuazione con l'approvazione della legge La Loggia (L. 131/2003) ed in particolare con le previsioni contenute nell'articolo 6 di tale provvedimento.

c) Le Regioni e l'Unione europea

La Costituzione attribuisce esplicitamente alle Regioni un ruolo attivo nel procedimento che porta all'adozione degli atti dell'Unione europea e nella successiva fase di recepimento di tali atti. Secondo il comma 5 dell'art. 117 Cost. «*le Regioni e le Province autonome di Trento e di Bolzano, nelle materie di loro competenza, partecipano alle decisioni dirette alla formazione degli atti normativi comunitari* (cd. **fase ascendente**) *e provvedono all'attuazione e all'esecuzione degli accordi internazionali e degli atti dell'Unione europea* (cd. **fase discendente**), *nel rispetto delle norme di procedura stabilite da legge dello Stato, che disciplina le modalità di esercizio del potere sostitutivo in caso di inadempienza*».

La norma costituzionalizza la **partecipazione delle Regioni nella formazione e nell'attuazione della normativa dell'Unione europea**, vale a dire:

- nella cd. *fase ascendente*, ossia *all'iter procedurale che porta all'adozione da parte delle istituzioni dell'Unione europea di determinati atti*. Tale partecipazione si realizza attraverso la presenza di rappresentanti delle autonomie territoriali in vari organismi (Comitato delle Regioni, Rappresentanza permanente dell'Italia presso l'Unione europea, Conferenza Stato-Regioni, Comitato interministeriale per gli affari comunitari europei);
- nella cd. *fase discendente*, cioè nel momento in cui diventa necessario dare attuazione nel nostro Stato agli atti normativi dell'Unione europea.

La previsione costituzionale si completa nelle disposizioni di cui alla **L. 24-12-2012, n. 234**, recante «*Norme generali sulla partecipazione dell'Italia alla formazione e all'attuazione della normativa e delle politiche dell'Unione europea*».

La *partecipazione* delle Regioni, delle Province autonome (e delle autonomie locali) alla fase cd. ascendente passa, in primo luogo, attraverso le sessioni europee della Conferenza permanente per i rapporti tra lo Stato, le Regioni e le Province autonome di Trento e di Bolzano e di quella Stato-città e autonomie locali (artt. 22 e 23 L. 234/2012). Tale coinvolgimento, in secondo luogo, prevede la trasmissione, da parte del Presidente del Consiglio dei Ministri o del Ministro per gli affari europei, dei progetti di atti dell'UE, degli atti preordinati alla formulazione di questi e le loro modificazioni, contestualmente alla loro ricezione, *alla Conferenza delle Regioni e delle Province autonome e alla Conferenza dei presidenti delle assemblee legislative delle Regioni e delle Province autonome*, ai fini dell'inoltro alle Giunte e ai Consigli (art. 24, co. 1, L. 234/2012).

Per quanto riguarda, invece, l'*attuazione del diritto europeo*, occorre, in primo luogo, premettere che lo Stato, le Regioni e le Province autonome di Trento e di Bolzano, nelle materie di propria competenza legislativa, devono dare tempestiva attuazione alle direttive e agli altri obblighi derivanti dal diritto dell'Unione europea (art. 29, co. 1, L. 234/2012). E infatti, Regioni e Province autonome, nelle materie di propria competenza, provvedono al recepimento delle direttive europee (art. 40 L. 234/2012).

Ai fini di cui all'art. 117, co. 5, della Costituzione, le disposizioni legislative adottate dallo Stato per l'adempimento degli obblighi derivanti dal diritto dell'Unione europea, nelle *materie di competenza legislativa regionale e provinciale*, si applicano, per le Regioni e per le Province autonome, alle condizioni e secondo la procedura di cui all'articolo 41 della L. 234/2012.

Va infine ricordato che l'art. 5, co. 2, della L. 131/2003 ha attribuito alle Regioni il potere di **chiedere al Governo di proporre ricorso alla Corte di Giustizia contro gli atti normativi dell'Unione europea ritenuti illegittimi**, secondo la procedura prevista dall'articolo 236 TFUE.

d) Il potere sostitutivo

L'*art. 120, co. 2, della Costituzione* prevede e disciplina un **potere sostitutivo in capo allo Stato, in particolare al Governo, nei confronti sia degli organi delle Regioni sia di quelli degli altri enti territoriali**, nel caso di mancato rispetto di norme e trattati internazionali e della normativa comunitaria, oppure di pericolo grave per l'incolumità e la sicurezza pubblica, ovvero quando lo richiedono la tutela dell'unità giuridica o dell'unità economica ed in particolare la tutela dei livelli essenziali delle prestazioni concernenti i diritti civili e sociali, prescindendo dai confini territoriali dei governi locali.

La procedura di esercizio di tale potere sostitutivo è stata disciplinata dalla L. 131/2003, il cui art. 8 prevede che:

- il Presidente del Consiglio dei ministri, su proposta del Ministro competente per materia, anche su iniziativa delle Regioni o degli enti locali, assegna all'ente interessato un congruo termine per adottare i provvedimenti dovuti o necessari;

- scaduto tale termine il Consiglio dei ministri, sentito l'organo interessato, su proposta del Ministro competente o del Presidente del Consiglio dei ministri, adotta i provvedimenti necessari. Alla riunione del Consiglio dei ministri partecipa anche il Presidente della Giunta regionale della Regione interessata al provvedimento;
- quest'ultimo può concretizzarsi nell'emanazione di un atto normativo o regolamentare oppure nella nomina di un Commissario *ad acta*.

Nei casi di assoluta urgenza, qualora cioè l'esercizio del potere sostitutivo non sia procrastinabile, la complessa procedura descritta non trova applicazione. In tali eventualità, infatti, il Consiglio dei ministri, su proposta del Ministro competente, anche su iniziativa delle Regioni o degli enti locali, adotta direttamente i provvedimenti necessari. Questi ultimi devono essere comunicati immediatamente alla Conferenza Stato-Regioni o alla Conferenza Stato-Città, integrata con i rappresentanti delle Comunità montane, che possono chiederne il riesame (art. 8, co. 4, L. 131/2003).

L'art. 120 Cost., tuttavia, non esaurisce la tipologia degli interventi sostitutivi.

La Corte costituzionale ha ritenuto, infatti, che tale articolo non preclude, in via di principio, la possibilità che la legge regionale (o anche la legge statale nell'ambito delle proprie competenze), intervenendo in materie di propria competenza e nel disciplinare l'esercizio di funzioni amministrative di competenza dei Comuni o di altri enti locali, preveda anche poteri sostitutivi in capo ad organi regionali (o ad organi statali), per il compimento di atti o di attività obbligatorie, nel caso di inerzia o di inadempimento da parte dell'ente competente, al fine di salvaguardare interessi unitari (di livello regionale o statale) che sarebbero compromessi dall'inerzia o dall'inadempimento medesimi.

Soltanto nei casi in cui le esigenze unitarie della Repubblica appaiono preminenti, lo Stato può attrarre a sé funzioni amministrative e normative, sulla base del principio di sussidiarietà sancito dall'art. 118 della Costituzione.

4
Gli enti pubblici

1 Il pluralismo della P.A.

Nel nostro ordinamento la funzione amministrativa è svolta da una **pluralità di soggetti**, ciascuno dei quali ha una competenza specifica, che, proprio in quanto affidatari di un interesse pubblico, sono riconducibili alla **nozione di Pubblica Amministrazione** (cd. pluralismo della P.A.).

La *pubblica amministrazione*, pertanto, è formata da **tutti gli organi dello Stato** e dagli **enti pubblici**, territoriali e non territoriali, ai quali sono affidate le funzioni di realizzazione degli interessi pubblici.

Tale attività di concretizzazione dei fini pubblici, individuati dal potere politico (e cristallizzati dal legislatore, che li affida alla cura di una specifica amministrazione), deve, a sua volta, svolgersi in modo tale da garantire che la soddisfazione degli interessi oggetto delle scelte politiche fatte si realizzi con il minor sacrificio possibile di altri interessi.

Come si è visto, i titolari della funzione amministrativa sono lo *Stato-amministrazione* che realizza la cd. **amministrazione diretta** agendo attraverso propri organi, e gli *enti pubblici autarchici* che realizzano in tal modo la cd. **amministrazione indiretta**.

2 Lo Stato quale ente pubblico

Il primo, e più importante, degli enti pubblici è lo **Stato**, in veste di **Stato-Amministrazione**, che agisce sullo stesso piano degli altri soggetti dell'ordinamento, anche se dotato di un particolare potere di supremazia, e, come questi, in ogni caso soggetto alla legge.

La *personalità giuridica dello Stato*, anche se non espressamente affermata, è tuttavia enucleabile dal nostro ordinamento giuridico, che afferma tra l'altro che lo Stato:

— è civilmente responsabile dell'operato dei suoi organi (art. 28 Cost.);
— è proprietario di beni (art. 42 Cost. ed artt. 822 e ss. c.c.);
— può stipulare contratti con altri soggetti (R.D. 18-11-1923, n. 2440; D.Lgs. 18-4-2016, n. 50);
— può agire ed essere citato in giudizio (T.U. 30-10-1933, n. 1611 sulla rappresentanza e difesa in giudizio dello Stato ed art. 25 c.p.c.).

3 Gli enti pubblici diversi dallo Stato: concetto e caratteri

Gli **enti pubblici**, o persone giuridiche pubbliche, sono quei *soggetti*, *diversi* dallo Stato, che esercitano *funzioni amministrative* e che costituiscono, nel loro complesso, la cd. **Pubblica Amministrazione indiretta**.

Tutti gli enti pubblici sono *persone giuridiche*: questa qualità è loro riconosciuta o dalla Costituzione o dalle leggi.

Gli enti pubblici sono dotati di pubblici poteri (anche se limitati ad un *minimum*, come ad esempio la sola *potestà certificativa*) e tutti si pongono accanto allo Stato per cooperare al raggiungimento dei molteplici fini pubblici che questo si propone.

Con la **L. 20-3-1975, n. 70** (cd. *legge sul parastato* recante disposizioni sul riordino degli enti pubblici) il problema è stato superato: l'art. 4, infatti, ha espressamente sancito che «*nessun nuovo ente pubblico può essere istituito o riconosciuto se non per legge*»: dunque, **sono oggi pubblici solo quegli enti a cui la legge istitutiva riconosce espressamente tale natura** (cd. «*criterio nominalistico*»).

4 Distinzioni tra enti pubblici

La dottrina opera alcune distinzioni tra i diversi enti pubblici.

a) ***Corporazioni e istituzioni***
Le *corporazioni* sono persone giuridiche in cui prevale l'*elemento personale* (cioè si basano sull'associazione di più persone), mentre le *istituzioni* sono persone giuridiche nelle quali *prevale l'elemento patrimoniale* (ad es. gli istituti previdenziali). Esse sono caratterizzate dal fatto che i beneficiari dei loro servizi sono di solito soggetti *diversi* da quelli che formano l'amministrazione dell'ente (si pensi agli assistiti di un ente previdenziale).

b) ***Enti territoriali ed enti istituzionali***
Sono *enti territoriali*, oltre allo Stato, anche le Regioni, le Province, i Comuni, le Aree metropolitane e le Comunità montane (cd. enti territoriali minori).
Gli enti territoriali sono quelli in cui il *territorio è uno degli elementi costitutivi strutturalmente indefettibile* per l'*esistenza dell'ente*, e non *si configura*, semplicemente, come *ambito spaziale* che *delimita la sua sfera d'azione*.
Enti non territoriali sono tutti gli altri denominati anche *enti istituzionali,* nell'ambito dei quali alcuni hanno carattere *nazionale*, altri *locale*.

c) ***Enti nazionali ed enti locali***
Si dicono **locali** (o anche *circoscrizionali*) quegli enti che operano nell'ambito di un territorio circoscritto, per perseguire fini istituzionali che rientrano in tale circoscrizione. La categoria degli enti locali non coincide con quella degli *enti territoriali*: gli enti territoriali sono enti locali, ma *non tutti gli enti locali sono anche enti territoriali*. Infatti, gli enti territoriali si distinguono in quanto il *territorio* ne costituisce un *elemento costitutivo* ed inoltre perché essi rappresentano gli *interessi generali* delle collettività stanziate nel loro territorio. Negli altri enti locali, invece, il territorio non è un elemento costitutivo, ma delimita solo l'ambito della loro sfera d'azione e d'interessi. Inoltre essi attendono alla cura di *interessi settoriali* (si pensi agli ordini professionali, ai consorzi di bonifica etc.). Gli *enti nazionali*, invece, esercitano la loro sfera d'azione su tutto il territorio nazionale ovvero su un *ambito territoriale limitato*, ma per perseguire un *interesse nazionale* e non solo locale (si pensi ad es. agli enti portuali).

d) ***Enti strumentali***
Essi perseguono fini *propri* ed *esclusivi* di altro ente (in genere fini dello Stato) da cui ricevono ordini, direttive, talché il loro margine di autonomia (amministrativa) è minimo. Tra essi, si ricordano l'ISTAT (Istituto Centrale di Statistica), l'INAIL (Istituto Nazione dell'Assistenza per gli Infortuni sul Lavoro), il CNR (Consiglio Nazionale delle Ricerche), la CRI (Croce Rossa Italiana).

e) ***Enti autarchici propriamente detti ed enti pubblici economici***
I primi operano in regime di diritto amministrativo, mentre i secondi agiscono in veste imprenditoriale, attraverso strumenti privatistici (vedi *infra*).

f) ***Enti ausiliari***
Completano, integrano, aiutano l'azione statale perseguendo fini che pur non essendo propri ed esclusivi dello Stato, vengono da quest'ultimo considerati con intenso *interesse*. Si ricordano il CONI (Comitato Olimpico Nazionale Italiano), la LUISS (Libera Università Internazionale Studi Sociali), l'Accademia dei Lincei.

g) ***Enti necessari***
Sono necessari quegli enti che, secondo il sistema organizzatorio predisposto dall'ordinamento, debbono esistere necessariamente. Ne sono esempi gli enti territoriali, le Camere di Commercio e gli Ordini e Collegi professionali.

h) ***Enti ad appartenenza necessaria o facoltativa***
Ai primi si deve appartenere necessariamente, ai secondi no. Sono ad appartenenza necessaria gli enti territoriali, in quanto se ne fa parte e ne derivano diritti e doveri (diritto di voto e obblighi fiscali) per il solo fatto di risiedere sul loro territorio.

In merito agli enti pubblici si tenga presente l'attuale tendenza al **riordino** e alla **razionalizzazione** degli stessi, attuata progressivamente dal legislatore o mediante la soppressione di enti divenuti superflui oppure attraverso l'accorpamento degli enti medesimi (ad es., in caso di funzioni coincidenti o similari).

5 Gli enti pubblici autarchici: caratteri e disciplina

Gli enti pubblici cd. funzionali, che agiscono in *regime di diritto amministrativo*, e che possono, pertanto, qualificarsi *Pubbliche Amministrazioni*, sono gli **enti autarchici**. Essi *godono di un particolare* **regime giuridico**, che si può riassumere descrivendone le seguenti caratteristiche: autarchia, autogoverno, autonomia, autotutela.

a) L'autarchia e l'autotutela

L'**autarchia** viene intesa dalla dottrina più moderna come la capacità degli enti pubblici di amministrare i propri interessi svolgendo un'attività avente gli stessi caratteri e la stessa efficacia dell'attività amministrativa dello Stato. Pertanto, può dirsi che si ha autarchia quando ad una persona giuridica, con compiti o funzioni di interesse pubblico, è riconosciuta la **titolarità di pubblici poteri** mediante **equiparazione degli atti da questa emanati agli atti amministrativi dello Stato**.

L'**autotutela**, invece, si sostanzia nella **capacità**, **per la pubblica amministrazione**, **di risolvere da sé i conflitti**, eventuali o attuali, che possono sorgere in relazione a propri provvedimenti o proprie pretese, salvo, comunque, il sindacato giurisdizionale. Generalmente, l'autotutela si suddivide in **decisoria** ed **esecutiva**. Quella decisoria si attua attraverso l'emanazione di una decisione amministrativa che incida su atti in precedenza emanati ovvero su rapporti posti in essere dalla stessa amministrazione: sarà **diretta o non contenziosa**, se l'autotutela viene spontaneamente esercitata dall'amministrazione, ovvero sarà **indiretta** o **contenziosa**, se la P.A. agisce previo ricorso dell'interessato. L'autotutela esecutiva, invece, consiste nell'attività diretta alla attuazione di decisioni già emanate dalla P.A. (GAROFOLI-FERRARI).

b) L'autonomia e l'autogoverno

L'**autonomia** indica la **libertà di determinazione di cui gode l'ente nonché l'indipendenza che caratterizza l'esercizio di alcune delle sue attività**. L'autonomia può essere: *politica*, con riferimento alla libertà nel porre in essere scelte di tipo politico; *giuridica*, relativamente alla possibilità di autodeterminazione dell'ente nel darsi un proprio indirizzo per i fini generali che è chiamato a perseguire. Quest'ultima può assumere varie configurazioni: potrà essere *normativa*, con riferimento alla capacità dell'ente di porre in essere norme vincolanti per l'ente, *organizzatoria* e *amministrativa*, definita come la capacità dell'ente di definire la propria struttura organizzatoria, e *finanziaria* e *di bilancio*, concernente, rispettivamente, la capacità dell'ente di imporre tributi propri e di avere un proprio bilancio, differente da quello statale.

L'**autogoverno**, infine, indica la **facoltà** riconosciuta ad alcuni enti pubblici **di amministrarsi per mezzo di governanti** che sono **scelti dagli stessi governati**.

6 La struttura degli enti pubblici: organi e uffici

a) Concetto di organo

Come tutte le persone giuridiche, anche lo *Stato* e gli *enti pubblici* hanno una *propria organizzazione interna*, composta di beni e di persone fisiche che agiscono per conto dell'*ente*.

Nell'organizzazione di ogni ente pubblico possiamo distinguere gli *organi* e gli *uffici*.

L'**organo** rappresenta il **principale strumento di imputazione attraverso il quale l'amministrazione agisce.** L'imputazione organica consiste nell'imputazione alla persona giuridica sia degli enti che degli effetti.

Elementi essenziali dell'organo sono dunque:

1) il **titolare dell'organo** stesso (cd. *funzionario*), il quale è, di regola, una persona fisica, legata di norma all'ente da un particolare rapporto giuridico, che è il cd. *rapporto di servizio*; titolare dell'organo può anche essere, eccezionalmente, una persona giuridica, nel qual caso ricorre la figura delle *organizzazioni-persone giuridiche*;
2) l'**esercizio di una pubblica potestà** da parte del titolare stesso: *organo in senso tecnico* è, dunque, *solo colui che esercita una pubblica funzione* (Prefetto, Direttore generale, Ministro), *non anche il dipendente il quale svolga attività meramente esecutiva o materiale* (GIANNINI). Il *quantum*, cioè la misura, dei poteri e delle funzioni che ciascun organo può esercitare si definisce *competenza*.

b) Concetto di ufficio

Secondo la dottrina dominante (SANDULLI), l'**ufficio** (es. Ministero-Prefettura) è il **complesso organizzato di sfere di competenze, persone fisiche, beni materiali e mezzi rivolto all'espletamento di un'attività strumentale** — conoscitiva, preparatoria, esecutiva — tale da consentire all'organo (Ministro-Prefetto) di porre in essere i provvedimenti per la realizzazione dei fini istituzionali dell'ente.

Gli uffici (che possono servire anche più di un organo) si caratterizzano per la presenza di *due elementi*:

- un **elemento funzionale**: ad essi sono attribuite funzioni proprie della persona giuridica di cui fanno parte;
- un **elemento strutturale**: essi sono incorporati stabilmente nella struttura dell'ente di cui fanno parte.

Si è, dunque, in presenza di un organo quando il soggetto ha la veste e la capacità di impegnare l'ente verso i terzi. Negli altri casi si tratterà di semplici uffici.

7 Rapporto organico e rapporto di servizio

Il **rapporto organico** (o d'ufficio) è un *rapporto non giuridico*, esprime solo la *relazione interna* (*organizzatoria*) tra organo (o ufficio) e soggetto preposto ad esso. La dottrina più moderna (SCOCA) ritiene che il *rapporto organico* sia un *rapporto di immedesimazione* tra preposto ed organo: il primo è, infatti, tutt'uno con il secondo non costituendo un soggetto a se stante.

La configurazione del rapporto organico, quale **rapporto non giuridico**, è rilevante ai fini della *diretta imputazione* dell'attività svolta dal titolare dell'organo all'ente di cui costituisce elemento strutturale. Infatti, l'atto compiuto dal titolare dell'organo risulta essere atto dell'ufficio o dell'organo e, in quest'ultimo caso, viene direttamente imputato all'ente.

Il cd. **rapporto di servizio** (coattivo o volontario) è, invece, la relazione esterna *tra la persona fisica e l'ente*, in virtù della quale sorgono le posizioni giuridiche favorevoli e sfavorevoli tra due distinti soggetti giuridici.

Il *rapporto di servizio* costituisce, quindi, il **rapporto giuridico** *intercorrente tra l'ente e la persona fisica* che, perciò, viene inserita con determinate funzioni nell'organizzazione dell'*ente*.

Il *rapporto di servizio* sorge con un atto amministrativo di *assunzione* del soggetto. In casi eccezionali, il rapporto può sorgere *di fatto*.

Il *rapporto organico* sorge anch'esso, in via generale, con un atto amministrativo, detto di *assegnazione* (o *incardinazione*) del soggetto all'ufficio o all'organo.

Tale *atto* presuppone logicamente l'esistenza del rapporto di servizio: tuttavia può verificarsi l'ipotesi che esso avvenga in presenza di viziata assunzione in servizio del soggetto e, quindi, in presenza di un *rapporto di servizio invalido*.

Il rapporto organico può essere anche di **fatto**, quando cioè non sussiste un atto di assegnazione ricorrendo però i presupposti per la configurazione del funzionario di fatto.

8 La *prorogatio* degli organi

La ***prorogatio*** degli organi è quel principio in forza del quale il titolare di un organo, quando non venga tempestivamente sostituito allo scadere del suo mandato o incarico, continua ad esercitare legittimamente le sue funzioni fino alla nomina del sostituto. La *ratio* dell'istituto consiste nella finalità di «evitare discontinuità nell'esercizio dell'azione amministrativa, a tutela della certezza delle relazioni giuridiche e dei privati» (GAROFOLI-FERRARI).

Il regime di *prorogatio,* ai sensi della L. 444/1994, è limitato a soli 45 gg. dalla scadenza. Gli organi scaduti possono adottare gli atti di ordinaria amministrazione nonché gli atti urgenti e indifferibili e gli atti straordinari e quelli emanati dopo la scadenza dei 45 gg. sono radicalmente nulli. Da tale disciplina sono esclusi gli organi rappresentativi delle Regioni, delle Province, dei Comuni, delle Comunità montane nonché gli organi che hanno comunque rilevanza costituzionale.

9 Rapporti interorganici

Anche se, in genere, gli organi non hanno autonoma personalità giuridica, le relazioni tra essi presentano normalmente carattere esterno, essendo giuridicamente rilevanti per l'ordinamento.

a) Gerarchia

Per *gerarchia* si intende il **rapporto esterno** intercorrente tra organi individuali di grado diverso all'interno, in genere, di uno stesso ramo di amministrazione.

La gerarchia esprime la relazione di sovraordinazione-subordinazione tra organi diversi, ma con competenze omogenee (CASETTA). Nella sua formulazione più rigorosa, la gerarchia è caratterizzata dal **dovere di obbedienza** gravante sull'organo subordinato e dal riconoscimento in capo all'organo sovraordinato di una serie di poteri stringenti. Tipico di tale rapporto è il potere di impartire *ordini*, consistente nel potere di vincolare l'organo subordinato ad un certo comportamento nello svolgimento della sua attività.

Tale modello gerarchico **(gerarchia in senso stretto)** è chiaramente in fase recessiva, permanendo solo nelle amministrazioni militari, paramilitari o deputate a compiti di sicurezza pubblica (v. la L. 121/1981, per la Polizia di Stato). Nell'attuale struttura amministrativa si registra invece lo sviluppo di un modello di **gerarchia in senso lato**, con la sostituzione del modello gerarchico con quello della **direzione**, in cui l'organo sovraordinato non impartisce ordini puntuali, ma *direttive,* ossia indica gli obiettivi da raggiungere lasciando *libertà di azione* all'organo sottostante circa le modalità di perseguimento degli stessi.

La crisi del modello gerarchico classico deriva, a ben vedere, dalla stessa disciplina costituzionale dell'organizzazione amministrativa, *ex* art. 97 Cost., laddove la distribuzione della competenza tra più uffici connessa con la responsabilità dei loro titolari pregiudica quel presupposto necessario per dar vita al rapporto di gerarchia in senso stretto quale appunto l'identità di competenza.

Sulla stessa scia si pongono la L. 241/1990 che, nel concentrare la responsabilità della gestione del procedimento amministrativo in capo al funzionario designato quale *responsabile del procedimento*, sembra attribuire allo stesso una posizione di sostanziale autonomia operativa rispetto ai superiori (RENNA); nonché il D.Lgs. 165/2001, *T.U. del pubblico impiego*, che ha sancito con chiarezza il principio di ripartizione delle competenze tra i funzionari e soprattutto la responsabilizzazione personale degli stessi in caso di mancato perseguimento degli obiettivi assegnati.

Si tratta, dunque, di un *divieto di ingerenza*, da parte dell'organo di governo nella *sfera di competenza dei dirigenti*, proprio allo scopo di attuare il principio di distinzione delle funzioni, inconciliabile con un rapporto gerarchico (per il principio di separazione fra organi di indirizzo politico e dirigenti nell'ordinamento degli enti locali).

b) Direzione

Trattasi di un **potere autonomo** ormai diffuso nelle pubbliche amministrazioni. Nel rapporto di direzione, gli organi sono posti in posizione di disuguaglianza, ma l'organo sovraordinato ha, in particolare, poteri di *propulsione*, *direttiva* e *controllo* nei confronti del destinatario sottoordinato, al quale è lasciata, però, la facoltà di scelta relativamente a modalità e tempi dell'azione da volgere per conseguire i risultati stabiliti.

In sostanza, nel rapporto di direzione, l'organo sovraordinato ha prevalentemente un potere di indirizzo nei confronti del sottoordinato, che si sostanzia nell'emanazione di direttive operative e nella successiva verifica dei risultati conseguiti.

c) Coordinamento

Meno intenso è il potere di coordinamento riconosciuto, talvolta, ad un ufficio rispetto ad altri uffici (anche gerarchicamente non inferiori), al fine di *coordinarne* ed armonizzarne l'attività, secondo un disegno coerente e organico in vista di risultati di interesse comune.

Esso si estrinseca nel *potere*, riconosciuto all'organo coordinatore, di impartire le ***disposizioni idonee*** per la realizzazione del disegno unitario vigilando sull'osservanza di esse (SANDULLI).

d) Controllo

Tale relazione consiste nella possibilità che un organo sindachi l'operato di un altro organo a fini di *prevenzione* o *riparazione* ed a salvaguardia degli interessi su cui è chiamato a vigilare (SANDULLI).

Non costituisce invece una **relazione interorganica** la **presidenza**. Tale figura si riscontra in genere negli *uffici collegiali*. Essa ricorre quando ad uno dei componenti un ufficio complesso viene riconosciuta una funzione di *predisposizione, propulsione, coordinazione, guida e disciplina* dei lavori dell'ufficio (SANDULLI). Non è dunque una relazione fra organi, *ma una relazione tra più soggetti di uno stesso organo.*

10 La competenza

a) Nozione e tipologie

La **competenza di un organo** designa il **complesso di poteri** e **di funzioni** che esso può, per **legge**, esercitare per perseguire fini di pubblico interesse.

Essa ha, pertanto, anche una funzione delimitativa in quanto individua il «*quantum*», ossia la *misura delle attribuzioni di spettanza* dell'organo.

Nel diritto amministrativo il *principio della competenza* trova consacrazione nell'art. 97 della Costituzione il quale, con l'affermare al primo comma che i pubblici uffici sono organizzati secondo disposizioni di legge, in modo che siano assicurati il buon andamento e l'imparzialità dell'amministrazione e col ribadire al secondo comma che nell'ordinamento degli uffici sono determinate le sfere di competenza, fa comprendere che:

— la *competenza* deve essere determinata sempre per legge;
— il principio di competenza trova il suo fondamento nel *principio di buona amministrazione*, in quanto mira a realizzare i criteri della efficienza e della specializzazione anche nel campo dell'attività amministrativa.

Tradizionalmente la competenza viene distinta in tre *categorie*:

— **competenza per materia**: comporta la ripartizione delle varie attribuzioni con riferimento ai *singoli compiti*, per cui vengono a formarsi vari *settori* all'interno della P.A., caratterizzato ciascuno da un *compito particolare*. La maggiore e più importante ripartizione della competenza per materia è fatta con l'attribuzione dei compiti ai vari *Ministeri*, ciascuno dei quali si trova a capo di un ramo particolare dell'amministrazione;

— **competenza per territorio**: tale ripartizione *presuppone identità di competenza per materia* e comporta, all'interno di uno *stesso ramo* dell'amministrazione, la ripartizione delle attribuzioni con riferimento *all'ambito territoriale* di un dato organo;

— **competenza per grado**: essa presuppone *identità di competenza per materia e per territorio* e si pone, quindi, nell'ambito di uno **stesso ramo dell'amministrazione**. In base alle attribuzioni per grado viene, in pratica, a formarsi una piramide che ha il suo vertice nel Ministro e giunge agli organi periferici che ne costituiscono la base.

A queste si aggiunge la **competenza per valore** (considerata una specie della competenza per materia) determinata con riguardo all'entità economica dell'oggetto, per cui, nell'ambito di una medesima struttura organizzativa e con riferimento alla stessa funzione, la competenza di un organo è determinata dal valore economico legato al provvedimento da adottare.

b) Trasferimento dell'esercizio della competenza

La *competenza amministrativa* è retta dal principio di **inderogabilità**, in quanto le sfere di attribuzione e le competenze sono rimesse alla volontà del legislatore (*ex* art. 97 Cost.). Tuttavia esistono determinati istituti mediante i quali, con *provvedimenti amministrativi*, nei casi previsti dalla *legge*, pur *non operandosi un trasferimento della titolarità della competenza*, si determina lo *spostamento dell'esercizio di essa* (diversamente, l'atto sarebbe viziato, ed inesistente o annullabile a seconda della gravità dell'incompetenza).

Tali istituti giuridici sono:

a) l'**avocazione**, da parte dell'*organo gerarchicamente superiore*, dell'affare per cui è competente l'organo inferiore. Il potere di *avocazione* esiste solo in presenza di un *rapporto di gerarchia* e non può mai essere esercitato quando l'atto è rimesso dalla *legge* alla competenza esclusiva dell'organo inferiore;

b) la **delega** del potere, da parte *dell'organo titolare di esso*, ad altro organo amministrativo. La *delega di poteri* (o *delegazione*) comporta, quindi, il trasferimento dell'*esercizio del potere* da un organo ad un altro o da un soggetto ad un altro soggetto.

   Pertanto:

   — è *ammissibile solo nel caso in cui sia espressamente prevista dalla legge*, importando una deroga alla competenza coperta da riserva di legge;

   — *deve essere sempre conferita per iscritto*, comportando appunto una deroga alla competenza.

   Quanto agli *effetti*, la delega trasferisce dal delegante al delegato non già la titolarità del potere bensì soltanto l'esercizio di esso, mentre titolare ne resta il delegante. Per effetto della delega, quindi il delegato viene a trovarsi, rispetto all'*esercizio del potere*, nella stessa posizione del delegante.
   Il potere viene esercitato dal delegato *in nome proprio*, che ne è, quindi, *direttamente responsabile*.
   Per quanto riguarda il *regime giuridico* degli atti compiuti dal delegato nell'esercizio del potere conferitogli dal delegante è, in linea di massima, quello proprio degli atti del delegato stesso.

   Quanto al **delegante**, per effetto della delega egli acquista, nei confronti del delegato:

   — *il potere di imporgli direttive* relativamente agli atti da compiere nell'esercizio della delega;

   — *il potere di sostituzione* in caso di *inerzia* del delegato nell'esercizio del potere delegato;

— *il potere di annullamento*, in sede di *autotutela*, degli atti illegittimi eventualmente posti in essere nell'*esercizio* della delega;
— *il potere di revoca* della delega.

Riguardo ai tipi di delega, si distingue tra:

— delega **interorganica**, che si ha quando lo spostamento di competenza avviene da un *organo* ad un *altro organo* della *stessa struttura amministrativa*;
— delega **intersoggettiva**, che si ha quando lo spostamento di competenza avviene tra *soggetti diversi*;

c) la **sostituzione**, quando in caso di *inerzia* di un organo gerarchicamente inferiore, l'organo superiore si *sostituisce* ad esso nel compiere un *atto vincolato*.

Affinché, dunque, possa farsi luogo a sostituzione occorre, come rileva VIRGA, che:

— vi sia una previsione di legge;
— esista un *rapporto di gerarchia* tra il sostituto (superiore) ed il sostituito (inferiore);
— l'organo inferiore abbia *ingiustificatamente omesso di provvedere* alla emanazione di un provvedimento;
— il provvedimento da emettere sia un *atto vincolato nell'emanazione*;
— l'inferiore sia rimasto *inerte* anche dopo la *formale diffida ad adempiere* fattagli dal superiore.

Verificatisi tali presupposti, il superiore si sostituisce, direttamente o tramite «commissari *ad acta*» all'inferiore nell'emanazione dell'atto.

c) Il funzionario di fatto

L'espressione *funzionario di fatto* viene utilizzata con riferimento a quelle **ipotesi in cui l'atto di investitura del titolare dell'organo sia viziato o manchi del tutto**.

La soddisfazione della fondamentale esigenza di continuità dell'esercizio della funzione pubblica, nonché di quella della tutela della buona fede e dell'affidamento dei terzi, e di quella all'economia dei mezzi giuridici (che comporta la conservazione degli atti amministrativi utili alla P.A.), sono alla base della disciplina del fenomeno del funzionario di fatto. Le medesime esigenze reggono le figure della *prorogatio* degli organi cessati, della reggenza di organi privi di titolare, e delle analoghe sostituzione e supplenza.

Relativamente alle figure riconducibili sotto tale denominazione, non c'è omogeneità di vedute in dottrina, che in particolare discute relativamente alle ipotesi della *usurpazione* di funzioni pubbliche (art. 347 c.p.), della *occupazione bellica*, della *prorogatio* e della *ingerenza autorizzata* per via dell'atto di investitura formale, risultato solo in seguito viziato.

Per quanto concerne il regime giuridico degli atti compiuti dal funzionario di fatto, la giurisprudenza, applicando la regola del cd. *fatto compiuto*, ritiene che, una volta decorsi i termini per l'impugnativa dell'atto di investitura (allorché vi sia), gli atti siano validi, fatta salva sempre la loro impugnabilità per un vizio diverso da quello dell'incompetenza. Peraltro, parte della dottrina (GALLI) ritiene che tale soluzione non sia applicabile nell'ipotesi di vera e propria *usurpazione*, in quanto, trattandosi di un'attività penalmente illecita (347 c.p.), gli atti adottati dovrebbero essere considerati atti *ab imis* nulli, perché provenienti da soggetto sprovvisto della qualità di organo amministrativo.

Per ciò che riguarda il problema della **tutela dei terzi** destinatari degli atti dallo stesso emanati, la giurisprudenza è incline a risolvere detto conflitto facendo ricorso al **principio di conservazione**, in forza del quale gli atti in questione, ancorché invalidi, devono comunque ritenersi produttivi di effetti nei confronti dei terzi, eccezion fatta per le ipotesi di usurpazione, relativamente alle quali si propende per l'inapplicabilità del principio di conservazione.

11 Gli enti pubblici economici (E.P.E.)

Sono denominati enti *pubblici economici* quegli enti che operano nel campo della *produzione* e dello *scambio* di *beni* e *servizi* svolgendo attività *prevalentemente* o *esclusivamente* economiche (SANDULLI).

Lo *scopo di lucro* non è un elemento essenziale dell'attività dell'*ente pubblico economico*; tuttavia è necessario che l'ente operi secondo il *criterio della obiettiva economicità*, cioè di correlazione di costi e ricavi, nel senso che l'*impresa* venga esercitata in modo tale che dall'attività si ricavi *almeno quanto occorra per coprire i costi dei fattori di produzione impiegati* (GALGANO). L'ente pubblico economico deve perciò tendenzialmente mirare alla copertura dei propri costi di produzione e gestione attraverso le tariffe delle prestazioni erogate.

Quanto al **regime giuridico degli E.P.E.**, occorre rilevare che:

— sono soggetti all'*iscrizione nel registro delle imprese*;
— *non* sono assoggettabili al *fallimento*;
— a seconda *dell'oggetto sociale dell'impresa* stipulano con l'utenza *contratti disciplinati dal codice civile*;
— operano in regime di *concorrenza* con gli altri *imprenditori privati*.

Il fatto che operino come soggetti privati non esclude che alcuni atti dell'E.P.E. siano disciplinati dal diritto amministrativo; basti pensare all'*autonomia statutaria e regolamentare* nonché al *potere di autorganizzazione* riconosciuto a tali enti (LANDI-POTENZA).

Nel quadro di un generale programma di **privatizzazione** di vasti settori della pubblica economia, si è disposto con L. 29-1-1992, n. 35 che gli enti pubblici economici *possono essere trasformati in società per azioni* (*S.p.A.*) conformemente agli indirizzi di politica economica ed industriale e nel rispetto dei criteri di economicità ed efficienza deliberati dal CIPE, su proposta del Ministro dell'economia e delle finanze, d'intesa con i Ministri di volta in volta competenti. Con la successiva L. 8-8-1992, n. 359 si è disposto, congiuntamente alla soppressione del Ministero delle partecipazioni statali, la trasformazione di IRI, ENI, ENEL ed INA in società per azioni.

Una decisiva accelerazione al processo di privatizzazione è stata impressa, inoltre, dalla **legge 14 novembre 1995, n. 481** — *Norme per la concorrenza e la regolazione dei servizi di pubblica utilità. Istituzione delle autorità per la regolazione dei servizi di pubblica utilità* — la quale ha istituito le ***authorities* per i servizi pubblici**, così ponendo le premesse per la privatizzazione e la concorrenza nei grandi monopoli pubblici come l'elettricità, il gas e le telecomunicazioni in genere. Sono state, così, istituite l'Autorità per l'energia elettrica e il gas e l'Autorità nelle garanzie per le comunicazioni (L. 249/1997). La costituzione di tali *authorities* rende possibile il collocamento delle azioni detenute dallo Stato nelle società derivanti dalla trasformazione degli enti pubblici economici.

Il processo di privatizzazione è stato anche influenzato dall'Unione europea, la quale impone il divieto di discriminazione tra gli operatori economici e tende a ridurre gli ambiti nei quali i soggetti pubblici agiscono in posizione di monopolio o comunque dispongono di particolari privilegi: ciò determina la limitazione dell'area del diritto derogatorio a vantaggio delle regole comuni applicabili ai soggetti che gestiscono attività di impresa (CASETTA).

12 Gli enti pubblici in forma societaria

Un fenomeno molto presente nel nostro ordinamento è rappresentato dalla partecipazione dei soggetti pubblici a strutture societarie per l'esercizio di attività pubblicistiche: si tratta della cd. **società per azioni a carattere pubblicistico**.

Tale modalità di azione è stata, però, di recente rivista dal legislatore per l'affermarsi a livello europeo della tendenza a ridurre i legami tra potere politico e potere economico e a regolamentare i casi in cui l'ente pubblico si avvale di strutture societarie a cui partecipa per porre in essere attività di carattere pubblicistico. In tale prospettiva è stato emanato il **D.Lgs. 175/2016**, cd.

Testo Unico sulle società partecipate, come mod. dal D.Lgs. 100/20017, dalla L. 145/2018, legge di bilancio 2019, e, da ultimo, dalla L. 119/2019.

Il D.Lgs. 175/2016 ha proprio ad oggetto la costituzione di società da parte di amministrazioni pubbliche, nonché l'acquisto, il mantenimento e la gestione di partecipazioni da parte di tali amministrazioni, in società a totale o parziale partecipazione pubblica, diretta o indiretta.

Preliminare all'esame del contenuto del D.Lgs. 175/2016 è la distinzione generale tra società controllate e società partecipate: mentre la **controllata** è una società nella quale l'ente pubblico detiene la maggioranza assoluta delle quote societarie, la **partecipata** è una società in cui una quota di capitale sociale è di proprietà di un ente pubblico.

Il Testo Unico, in particolare, opera in proposito la seguente distinzione:

- le «controllate» sono quelle società che si trovino in una delle situazioni di controllo, da parte di una o anche più pubbliche amministrazioni (in tali casi si parla di controllo congiunto), di cui all'art. 2359 del codice civile (art. 2 D.Lgs. 175/2016);
- le «partecipate», invece, sono quelle in cui la P.A. è titolare della qualità di socio, oppure dispone di strumenti finanziari che attribuiscono diritti amministrativi (ad esempio, l'attribuzione del diritto di voto o di nomina di un componente del consiglio di amministrazione). La partecipazione può anche essere «indiretta», laddove la partecipazione in una società sia detenuta da un'amministrazione per il tramite di società o altri organismi soggetti a controllo da parte della medesima amministrazione pubblica (art. 2 D.Lgs. 175/2016).

Regola generale è che, salvo eccezioni, sia le controllate che le partecipate sono assoggettate al regime proprio delle **società disciplinate dal codice civile e dalle norme generali del diritto privato** (art. 1, comma 3, D.Lgs. 175/2016).

Secondo la disciplina del Testo Unico, le **amministrazioni possono far parte esclusivamente di società,** anche consortili, **costituite in forma di società per azioni o di società a responsabilità limitata,** anche in forma cooperativa (art. 3).

Per quanto concerne le attività consentite, il legislatore pone il **divieto per le PP.AA. di costituire**, direttamente o indirettamente, **società aventi per oggetto attività di produzione di beni e servizi non strettamente necessarie per il perseguimento delle proprie finalità istituzionali**, **né acquisire o mantenere partecipazioni**, anche di minoranza, in tali società (art. 4, co. 1: cd. vincolo di scopo).

Ciò vuol dire, in sostanza, che le amministrazioni possono costituire o partecipare a società, ma solo se *correlate e finalizzate a scopi di interesse pubblico*: il legislatore, pertanto, pone uno stringente vincolo tra il raggiungimento di obiettivi istituzionali o di carattere generale e la costituzione o partecipazione in una società.

In questa ricostruzione normativa, il comma 2 dell'art. 4 del Testo Unico individua specificamente i casi in cui le amministrazioni *possono* costituire società o parteciparvi (cd. vincolo di attività, ad esempio, per la produzione di un servizio di interesse generale, ivi inclusa la realizzazione e la gestione delle reti e degli impianti funzionali ai servizi medesimi, oppure per la realizzazione e gestione di un'opera pubblica ovvero organizzazione e gestione di un servizio d'interesse generale attraverso un contratto di partenariato con un imprenditore selezionato), mentre, i successivi commi specificano le **attività che sono consentite alle amministrazioni** (ad esempio: costituire società partecipate aventi per oggetto sociale esclusivo la valorizzazione del patrimonio immobiliare delle amministrazioni stesse, tramite il conferimento di beni immobili; costituire gruppi di azione per elaborare strategie legate allo sviluppo locale o costituire spin off e start up universitarie).

Inoltre, sempre nell'ottica della razionalizzazione delle società in mano pubblica, si ricordi l'obbligo annuale, posto in capo alle amministrazioni, di analizzare l'assetto complessivo delle società in cui detengono partecipazioni, dirette o indirette, e di predisporre, ove ricorrano i presupposti (ad es.: fatturati bassi; società prive di dipendenti etc.) un piano di riassetto per la loro razionalizzazione, fusione o soppressione, anche mediante messa in liquidazione o cessione (art. 20 D.Lgs. 175/2016).

13 I soggetti pubblici di matrice europea

Rientrano nella definizione di **pubblica amministrazione indiretta** anche le persone giuridiche pubbliche che, seppur nate nell'ordinamento dell'Unione europea, sono entrate a far parte del nostro assetto giuridico come soggetti pubblici.

Preliminarmente si osserva che, nell'ordinamento europeo, la mancanza di una nozione organica ed unitaria di soggetto pubblico ha indotto a focalizzare l'attenzione sulle **connotazioni sostanziali** che li caratterizzano: specificamente, per l'individuazione dei soggetti pubblici si utilizzano parametri specifici come quello della sottoposizione dell'ente a dominanza pubblica di carattere funzionale o strutturale.

a) L'organismo di diritto pubblico

La figura dell'organismo di diritto pubblico ha trovato la sua prima collocazione nella direttiva 89/440/CEE, con riferimento a tutti i soggetti, indipendentemente dalla loro natura giuridica, che presentino caratteristiche tali che, «da un punto di vista sostanziale, giustificano l'applicazione della disciplina sull'evidenza pubblica» (SCOCA - GIANI).

Il **Codice dei contratti pubblici, D.Lgs. 18 aprile 2016, n. 50**, uniformandosi alla disciplina europea, da un lato inserisce l'organismo di diritto pubblico tra le *amministrazioni aggiudicatrici*, dall'altro definisce tale figura come qualsiasi organismo, anche in forma societaria, istituito per soddisfare specificatamente esigenze di carattere generale, aventi carattere non industriale o commerciale, la cui attività sia finanziata in modo maggioritario dallo Stato, dagli enti pubblici territoriali o dagli altri organismi di diritto pubblico, dotato di personalità giuridica (art. 3 D.Lgs. 50/2016).

Gli elementi strutturali dell'organismo di diritto pubblico, dunque, sono tre e devono ricorrere **cumulativamente**:
- il possesso della personalità giuridica;
- il fine perseguito, consistente nel soddisfacimento di bisogni di interesse generale non aventi carattere industriale o commerciale;
- la sottoposizione ad un'influenza pubblica.

b) L'impresa pubblica

Alla figura soggettiva dell'organismo di diritto pubblico si affianca quella dell'impresa pubblica, nei confronti della quale i poteri pubblici possono esercitare, direttamente o indirettamente, un'**influenza dominante**.

Il **D.Lgs. 50/2016**, Codice dei contratti pubblici, definisce come «pubbliche» quelle imprese sulle quali le amministrazioni aggiudicatrici possono esercitare tale influenza dominante, o perché ne sono proprietarie, o perché vi hanno una partecipazione finanziario oppure in virtù delle norme che disciplinano dette imprese.

L'**influenza dominante**, in particolare, si presume nel caso di:
- detenzione della maggioranza del capitale dell'impresa;
- controllo della maggioranza dei voti cui danno diritto le azioni emesse dall'impresa;
- diritto di nominare più della metà dei componenti degli organi di amministrazione o di vigilanza.

14 L'esercizio privato di pubbliche funzioni

Vi sono dei casi in cui un'attività amministrativa di diritto pubblico (e, quindi, una potestà pubblica) è esercitata *in nome proprio* da *soggetti privati estranei all'amministrazione*: ciò si definisce **esercizio privato di pubbliche funzioni** (CERULLI IRELLI parla di *munus*).

Con tale espressione si intende **qualunque forma di attività, dalla quale derivi l'attuazione di fini pubblici, esercitata da privati**, ossia da persone fisiche che non si configurino come *organi* di enti statali né facciano parte di enti pubblici, ma che siano titolari di una qualche potestà.

L'esercizio privato delle pubbliche funzioni *non* rappresenta una terza specie di amministrazione, dopo quella statale e quella degli enti autarchici: si tratta, invece, di un mezzo particolare e diverso da quelli fin qui considerati di cui si avvalgono, *per perseguire i fini pubblici*, tanto lo Stato che gli stessi enti.

Il soggetto privato che esercita la pubblica funzione deve essere *titolato* al detto esercizio. Ciò può avvenire, ad esempio, o a causa della titolarità di un particolare ufficio (es.: comandanti di navi) oppure in esecuzione di una specifica attività professionale (notai).

Gli atti compiuti da tali persone, non essendo soggettivamente atti amministrativi, sono sottratti alle regole proprie di questi ultimi compresa l'impugnativa in sede giurisdizionale.

Dei danni prodotti ai terzi nell'esercizio della funzione o del servizio, risponde sempre e soltanto il privato, mentre per i danni provocati dagli organi della P.A. questa è tenuta solidalmente con l'autore del danno verso i terzi.

Sul soggetto che svolge pubbliche funzioni vige il controllo da parte delle autorità statali.

I contratti stipulati dai concessionari di pubblici servizi sono soggetti alle procedure dell'evidenza pubblica.

5

Le Autorità amministrative indipendenti

1 Una nozione «empirica» del modello

Le autorità amministrative indipendenti sono enti od organi pubblici dotati di *sostanziale indipendenza dal Governo*, caratterizzati da *autonomia organizzatoria, finanziaria e contabile*, e dalla *mancanza di controlli e di soggezione al potere di direttiva dell'esecutivo*, forniti di garanzie di autonomia nella nomina, nei requisiti soggettivi e nella durata delle cariche dei vertici, ed aventi **funzioni di tutela di interessi costituzionali** in campi socialmente rilevanti.

Esse, essenzialmente, si occupano della **regolamentazione** e della **tutela** degli **interessi collettivi** in ambiti della vita sociale nei quali il bilanciamento degli interessi si presenti delicato.

Nel nostro ordinamento **manca** una nozione generale di autorità amministrativa indipendente, che consenta di inquadrare giuridicamente tale figura, adattandosi a tutte le tipologie presenti.

Al di là delle possibili qualificazioni soggettive con cui le stesse possono essere etichettate (come *organismi, enti, organizzazioni* etc.), è evidente che la locuzione «autorità amministrativa indipendente» cela un **modello di amministrazione pubblica anomalo** per la nostra tradizione giuridica (PERICU le definiva «organizzazioni sostanzialmente atipiche»), nato sulla scorta dell'esperienza sviluppatasi in altri Paesi ed in concomitanza con l'affermarsi, nel nostro ordinamento, dei principi dell'economia di mercato.

La **carenza di un disegno legislativo organico** è stata colmata dalla giurisprudenza amministrativa che ha cercato di definire il campo di indagine.

In particolare, con un importante parere, il Consiglio di Stato ha definito le autorità amministrative indipendenti come «organizzazioni titolari di poteri pubblici che si caratterizzano per un **grado notevole di indipendenza dal potere politico**, esercitando funzioni neutrali nell'ordinamento giuridico, specie in delicati settori economici, mediante l'utilizzazione di **elevate competenze tecniche**. In sostanza le autorità indipendenti hanno **funzioni di regolazione di determinati settori della vita economica mediante attribuzione di poteri normativi, amministrativi e giustiziali**. Esperienza tecnica e neutralità pongono i settori economici regolati al riparo da condizionamenti politici, tutte le volte che il legislatore decida di istituire un regolatore riconducibile al genus dell'amministrazione indipendente» (**C.d.S., sez. II, parere 25-2-2011, n. 872** cfr. **T.A.R. Lazio, Roma, sez. I, 13-9-2018, n. 9328**).

Tali peculiarità non intaccano comunque la natura di **pubblica amministrazione in senso stretto** delle Autorità indipendenti (C.d.S., sez. VI, 30-5-2014, n. 2818) e la caratteristica tipica della «*piena indipendenza di giudizio e di valutazione*», non solo non costituisce un esonero dall'applicazione della disciplina di carattere generale riguardante le pubbliche amministrazioni, ma, «comporta che, tranne i casi espressamente previsti dalla legge, il **Governo non può esercitare la tipica funzione di indirizzo e coordinamento**, nel senso che non può influire sull'esercizio dei poteri tecnico-discrezionali, spettanti alle Autorità» (C.d.S., sez. IV, 21-8-2013, n. 4231).

2 Profili storici

L'istituzione delle autorità amministrative indipendenti, nel nostro ordinamento, è stata concomitante con l'affermarsi di una **nuova funzione amministrativa**, la *funzione di regolazione*, di cui le dette autorità rappresentano il *mezzo di intervento privilegiato*.

Secondo la dottrina (GAROFOLI-FERRARI), le **cause** che hanno condotto all'affermazione dello **Stato regolatore** ed alla istituzione delle autorità in questione sono:

- la *crisi della legge*, nel senso che i settori di attività ai quali sono preposte le autorità, in quanto soggetti ad una rapida evoluzione tecnologica e di mercato, «sono difficilmente regolamentabili con leggi non esposte al rischio di una rapida obsolescenza»: ciò spiega il potere di regolazione attribuito alle autorità, ossia la capacità di emanare regolamenti o atti generali;
- l'*esigenza di neutralizzare il governo di settori sensibili*, sganciando la gestione degli stessi da ogni forma di condizionamento, sia esso politico o economico (in quanto appartenente ai titolari degli interessi in gioco): di qui le peculiari funzioni, regolatorie ma anche sanzionatorie, affidate alle autorità in questione, in grado di assicurare «un esercizio "terzo", oltre che tecnicamente adeguato»;
- l'*abdicazione dello Stato dall'intervento diretto in economia* mediante l'assunzione del diverso ruolo di «*arbitro e regolatore anziché di giocatore in economia*». La proprietà pubblica e il regime monopolistico cedono il passo ad un'**attività regolatoria** che si concretizza nel fatto che il soggetto pubblico preposto «sceglie e bilancia beni ed interessi per farne oggetto di tutela, individua e previene rischi, e a tali fini disegna, munisce di sanzioni, adotta, applica regole di condotta ai consociati» (MAJONE-LA SPINA);
- il *ruolo del diritto europeo*, in quanto è stato il legislatore europeo ad esigere l'istituzione delle autorità nazionali di regolazione e a frenare le possibili spinte stataliste volte alla «riappropriazione dei poteri già assegnati» alle autorità.

3 Caratteristiche

Le caratteristiche più o meno comuni alle diverse Autorità, alla luce di quanto detto, sono:

- l'**indipendenza** dall'esecutivo;
- l'**elevata competenza tecnica** dei componenti;
- la funzione tutoria di **settori «sensibili»**, coinvolgenti interessi di rilevanza costituzionale;
- la **posizione di neutralità e di imparzialità** rispetto agli interessi in gioco.

La connotazione principale delle *authorities* è, senza dubbio, l'**indipendenza dal potere politico**.

La regolazione del mercato e l'assunzione di decisioni che investano tutti i soggetti interessati allo stesso richiedono una libertà di azione che può essere garantita solo dalla **mancanza di subordinazione rispetto al potere politico**, *in primis* il Governo: le autorità, infatti, devono poter agire in una posizione di *equidistanza rispetto a tutti gli interessi in gioco*, siano essi pubblici che privati. A tal fine, la roccaforte dell'indipendenza è rappresentata dall'**elevata conoscenza del settore** e dall'assunzione di **decisioni «tecniche»**, uniche vere garanzie per un'azione regolatoria libera da condizionamenti.

In ogni caso, il legislatore, nelle varie leggi istitutive, ha posto alcune prerogative a tutela dell'indipendenza:

- **l'autonomia**: che può essere *organizzatoria* (come facoltà di darsi regole per il funzionamento degli organi) e *d'organico* (come facoltà di articolare e modificare le piante organiche dei dipendenti), ovvero *finanziaria* (come possibilità di disporre di entrate proprie) e *contabile* (come possibilità di dettare regole proprie per la gestione del bilancio);
- **la nomina dei titolari degli organi di vertice**: al fine di garantire autonomia decisionale, il legislatore o ha stabilito precisi criteri e rigide regole che limitano la discrezionalità del Governo, oppure ha sottratto tale potere all'esecutivo per attribuirlo ad altri organi costituzionali, come i Presidenti di Camera e Senato;
- **i requisiti soggettivi dei componenti, le ipotesi di incompatibilità e la durata della carica**: i componenti possono essere scelti solo tra persone che soddisfino determinati requisiti (come la riconosciuta professionalità e la competenza nel settore) oppure che appartengano a determinate categorie (come professori universitari o avvocati). Inoltre, sono previste numerose ipotesi di ineleggibilità ed incompatibilità per tutta la durata della carica, che è sempre soggetta a termine (per lo più, tra i 5 ed i 7 anni).

4 I poteri

Al fine di esercitare le funzioni di tutela loro assegnate, la legge attribuisce alle Autorità amministrative indipendenti:

- **poteri ispettivi e d'indagine**. Consistono nella possibilità di chiedere notizie ed informazioni, di convocare persone interessate alle attività controllate, di esaminare atti e documenti;
- **poteri sanzionatori e di sollecitazione**. Pressoché a tutte le amministrazioni indipendenti spettano poteri di sollecitazione, raccomandazione e proposta; ad alcune autorità spettano anche poteri sanzionatori veri e propri: ad esempio, l'*Autorità per le garanzie nelle comunicazioni* può diffidare le imprese editoriali e radiotelevisive dal perseverare in comportamenti che violino le norme sull'editoria e la radiodiffusione;
- **poteri decisori**. Essi consistono nella facoltà di decidere su controversie rientranti nella competenza dell'autorità indipendente (ad esempio, la Commissione di garanzia per l'attuazione della L. 146/1990, la quale decide sulle controversie interpretative o applicative degli accordi collettivi);
- **poteri regolamentari**. L'attribuzione della potestà regolamentare costituisce l'aspetto più significativo dell'indipendenza delle Autorità in esame, poiché esse dispongono della possibilità di decidere direttamente le modalità di espletamento dell'attività di regolazione e di controllo dei settori alla cui salvaguardia le stesse sono preposte; in pratica, esse regolano e decidono nei propri settori.

Il riconoscimento della legittimità del potere normativo non è però assoluto.

Il potere regolamentare delle autorità amministrative indipendenti, infatti, deve rinvenire il proprio necessario **fondamento in una previsione di legge**, a bilanciamento della mancanza di rappresentatività popolare delle stesse.

Ad esempio, lo stesso legislatore, con la L. 262/2005, attribuendo poteri regolamentari alla **Banca d'Italia**, alla CONSOB e all'IVASS, ha circondato il loro esercizio con una serie di **prerogative procedurali** che sopperiscono la lacunosa legittimazione democratica: i provvedimenti regolamentari o a contenuto generale necessitano di una *specifica motivazione* in ordine alle scelte di regolazione e di vigilanza, e devono essere accompagnati da una *relazione illustrativa* in ordine alle conseguenze sulla regolamentazione, sull'attività delle imprese e degli operatori e sugli interessi degli investitori e dei risparmiatori.

5 Le Autorità amministrative nel nostro ordinamento

Numerose sono le Autorità nel nostro ordinamento. Tra le tante, si segnalano:

- **Banca d'Italia**, che ha, fra gli altri, importanti compiti di regolazione e vigilanza sugli enti creditizi e sugli intermediari finanziari;
- **CONSOB**, istituita nel 1974 per la vigilanza sugli intermediari finanziari, sui mercati e sugli emittenti quotati;
- **IVASS** (Istituto per la vigilanza sulle assicurazioni), avente compiti di vigilanza sul mercato delle assicurazioni;
- **Autorità garante della concorrenza e del mercato** (*Antitrust*) che ha la funzione di garantire la libera concorrenza e il corretto funzionamento del mercato;
- **Garante per la protezione dei dati personali**, istituito nel 1996 con compiti di vigilanza sul trattamento dei dati personali, con la modifica del Codice della privacy (D.Lgs. 196/2003) ad opera del **D.Lgs. 101/2018**, il Garante è definito come autorità di controllo indipendente addetto a sorvegliare l'applicazione della normativa di riferimento ed agevolare la libera circolazione dei dati personali all'interno dell'UE (reg. UE 2016/679);
- **Autorità nazionale anticorruzione (A.N.AC.)**, inserita nella *governance* del sistema dei contratti pubblici con il compito di vigilare sugli stessi e di contrastare e prevenire la corruzione.

6
La moderna attività amministrativa fra trasparenza, anticorruzione e comunicazione

1 L'attività amministrativa

L'attività amministrativa è quella mediante la quale determinate figure soggettive, riconducibili alla nozione di Pubblica Amministrazione, provvedono alla **cura degli interessi pubblici ad esse affidati**. Essa, quindi, è il **mezzo con cui viene svolta la funzione amministrativa**, che è quella funzione dello Stato volta alla realizzazione concreta delle finalità pubbliche, individuate dal potere politico e assegnate dal potere legislativo alla cura della P.A.

In genere si distingue tra:

- **attività amministrativa attiva** (o pura): vi rientra tutta l'attività posta in essere *direttamente* da una pubblica amministrazione per realizzare concretamente le proprie finalità pubbliche.
  Rientrano in tale tipologia sia l'attività deliberativa, con la quale si estrinseca il potere decisionale della P.A., che quella puramente esecutiva, di attuazione di precedenti decisioni. Inoltre, sovente l'attività amministrativa attiva può essere preceduta o seguita da un atto di amministrazione consultiva ovvero di controllo che si pone in rapporto di stretta strumentalità rispetto all'esercizio della prima;
- **attività amministrativa consultiva**: vi rientrano quelle attività dirette a fornire, sotto forma di *pareri* (che possono essere facoltativi o obbligatori), consigli, direttive ed orientamenti alle autorità che devono concretamente agire;
- **attività amministrativa di controllo**: è quella diretta a sindacare, secondo diritto (controllo di *legittimità*) ovvero secondo le regole della buona amministrazione (controllo di *merito*), l'operato dei soggetti agenti cui sono affidati compiti di amministrazione attiva.

L'attività amministrativa può essere classificata anche utilizzando come criterio quello della *tipologia di norme* — pubbliche o private — che la regolano. Tale classificazione trova il proprio fondamento normativo nell'art. 1, co. 1bis, L. 241/1990.

2 La discrezionalità amministrativa

La distinzione tra **attività vincolata** e **attività discrezionale** attiene al rapporto che, di volta in volta, intercorre tra l'attività amministrativa e la *legge*.

Occorre, infatti, premettere che l'attività amministrativa non è mai *libera*, perché i **fini d'interesse generale**, cui essa mira, sono *sempre* predeterminati *dalla legge*. Peraltro, quest'ultima può talora limitarsi a stabilire quale fine di interesse pubblico occorre perseguire, lasciando alla P.A. competente un'ampia possibilità di *scelta* in ordine ai mezzi necessari per realizzare tale fine. Altre volte, invece, l'azione della P.A. è limitata da regole rigide e inderogabili, sicché, in presenza di una situazione concreta, essa *deve* svolgersi secondo le modalità strettamente determinate dalla *legge*.

Pertanto, se il legislatore, nel disciplinare un'attività amministrativa, non solo ha indicato i *fini* che l'attività stessa deve perseguire, ma ha anche disposto *quando, in che modo, con quale contenuto e con quali mezzi* l'attività stessa deve esplicarsi, tale **attività** si dice **vincolata** perché è un'attività nel cui esercizio *nulla* è lasciato alla *libera scelta* dell'organo che deve esercitarla.

Se, invece, il legislatore, dopo avere indicato i fini che l'attività deve perseguire, ha lasciato un *certo margine di scelta* (cd. *apprezzamento*) all'autorità che deve esercitarla, nel senso cioè di rimettere alla sua determinazione il *quando* esercitarla, il *modo* di esercizio, il *contenuto* da dare in concreto all'atto da compiere e/o il *mezzo* con cui esercitarla, l'**attività** si qualificherà **discrezionale**.

La discrezionalità può, pertanto, definirsi come la **facoltà di scelta fra più comportamenti leciti**, lasciata all'autorità amministrativa nell'esercizio di un potere, per conseguire il soddisfacimento di un interesse pubblico individuato dalla legge.

Costituiscono **limiti** all'attività discrezionale:

a) l'*interesse pubblico*: da intendere come *interesse della collettività*, che non è l'interesse proprio della P.A. né tantomeno la somma degli interessi individuali. Tale interesse deve essere *concreto*, *obiettivo* e *collettivo*;
b) la *causa del potere*: cioè il potere in base al quale l'atto è emanato e si identifica con il fine specifico per cui il potere è stato conferito. L'*attività discrezionale*, come detto, deve sempre perseguire un *fine rispondente alla causa del potere esercitato*;
c) i *principi di logica e di imparzialità*: che accanto al principio di legalità debbono sempre reggere l'attività amministrativa;
d) il *principio dell'esatta e completa informazione.*

La **violazione dei limiti** alla discrezionalità dà luogo a quel particolare vizio dell'atto amministrativo che va sotto il nome di **eccesso di potere**.

In ogni caso, però, anche quando alla P.A. sia attribuito il più ampio potere discrezionale, come nel caso degli *atti di alta amministrazione*, **limite fondamentale** *dell'attività amministrativa è quello determinato dalla necessità di perseguire la cura dell'interesse pubblico* **generico**, nonché quella particolare finalità d'interesse pubblico (cd. *interesse pubblico* **specifico**) che la legge pone come ragione giustificatrice (cioè *causa*) del potere attribuito alla P.A.

Ferma restando tale necessità, la P.A. dovrà compiere le proprie scelte discrezionali tenendo presenti anche quegli interessi (non solo pubblici, generici e specifici, ma altresì privati) coinvolti dall'azione amministrativa, in modo tale che il conseguimento del fine primario (l'*interesse pubblico specifico*) si realizzi col minore sacrificio possibile di essi.

a) Discrezionalità tecnica e mista: differenze

Diversa dalla *discrezionalità amministrativa* è la **discrezionalità tecnica**, che consiste in un *potere di valutazione* di *carattere tecnico, da effettuarsi in base alle regole, alle cognizioni ed ai mezzi forniti dalle varie scienze ed arti* (VIRGA).

Ad esempio, è espressione di discrezionalità tecnica il giudizio sulla pericolosità epidemica di una malattia, sui pregi artistici di un dipinto, sulla preparazione di un candidato ad un pubblico concorso etc.

La valutazione tecnica ha lo scopo di accertare la *sussistenza* delle *condizioni previste dalla legge* per l'adozione di un determinato provvedimento; pertanto, una volta che tali condizioni siano ritenute esistenti, la P.A. dovrà agire nel modo stabilito dalla legge.

Talvolta la P.A. dispone tanto di discrezionalità tecnica che di discrezionalità amministrativa (cd. **discrezionalità mista**), per cui essa è chiamata prima a valutare, alla stregua di una determinata tecnica o scienza, la sussistenza delle condizioni necessarie per la sua azione, per poi decidere, secondo criteri di opportunità e convenienza, il provvedimento da adottare (ad esempio, nel caso in cui, dopo aver accertato, in base alle norme veterinarie, la sussistenza della peste bovina, debba decidersi se ordinare la distruzione o l'isolamento del bestiame infetto).

b) Discrezionalità e merito amministrativo

Dalla discrezionalità occorre tenere distinto il cd. **merito amministrativo**.

Mentre, infatti, la *discrezionalità* implica, sì, una facoltà di scelta, ma tale facoltà non è, in definitiva, libera, dovendo esplicarsi entro i limiti delle *norme giuridiche di buona amministrazione*, e cioè nel rispetto dell'interesse pubblico e della causa del potere, nonché dei principi di logica, imparzialità ed esatta e completa informazione, il **merito**, invece, **consente all'amministrazione una maggiore libertà nella scelta**, non già nel senso che essa debba ritenersi assolutamente libera bensì nel senso che la scelta stessa deve avvenire nel rispetto delle *norme non giuridiche di buona amministrazione*, e cioè delle cd. *regole extragiuridiche di opportunità e convenienza amministrativa.*

Da ciò discende che mentre la violazione di una delle norme che regolano la discrezionalità, essendo violazione di una *norma giuridica*, è sempre sindacabile dal giudice amministrativo, la violazione di una *norma che regola il merito*, essendo violazione di una *norma non giuridica*, non è di regola sindacabile dal G.A., tranne i *casi eccezionali e tassativi di giurisdizione estesa al merito*.

Gli aspetti di merito dell'azione (si badi, non solo dei singoli atti) amministrativa, infatti, attengono ai risultati che essa deve perseguire. È così comprensibile il motivo della grande ampiezza dei poteri di indagine e di decisione conferiti alla autorità amministrativa di controllo e al G.A., quando la legge lo vuole competente.

3 I principi dell'azione amministrativa

a) I principi europei

L'azione amministrativa è governata, oltre che dai principi nazionali, frutto di scelte legislative interne al nostro ordinamento e di elaborazioni giurisprudenziali proprie della nostra cultura giuridica, da principi di **derivazione europeistica** che hanno avuto espresso riconoscimento, attraverso un richiamo diretto agli stessi, *ex* art. 1 L. 241/1990.

In particolare, si ricordano:

— il **principio di certezza del diritto**: è diretto a garantire la prevedibilità delle situazioni e dei rapporti giuridici rientranti nella sfera del diritto europeo (CHITI). In sostanza, tale principio, che ha per corollario quello della tutela del legittimo affidamento, implica che una normativa che comporti conseguenze svantaggiose per i privati sia chiara e precisa e che la sua applicazione sia prevedibile per gli amministrati (cfr. Corte giustizia UE, sez. I, 20-12-2017, in C-322/2016; Corte giustizia UE, sez. I, 23-1-2019 in C-419/17 P);

— il **principio del legittimo affidamento** viene in rilievo tutte le volte che un'autorità pubblica dopo aver ingenerato nell'interessato un'aspettativa ragionevolmente fondata sul perdurare di una determinata situazione che si è definita nella realtà giuridica, intervenga poi a modificarla in senso negativo per il destinatario. In sostanza, un soggetto che, a causa di un atto o di un comportamento protratto nel tempo della P.A. ovvero di una disciplina normativa, faccia in buona fede affidamento sulla situazione creata, deve essere tutelato in caso di successivi cambiamenti della stessa. Si pensi all'ipotesi in cui la P.A. adotti un provvedimento positivo e, a distanza di tempo, decida di revocarlo: tale possibilità è consentita ma solo per la realizzazione di un interesse pubblico superiore e salvo indennizzo della posizione acquisita dal privato. La giurisprudenza europea ha precisato che solo un «legittimo» affidamento può essere tutelato, con ciò intendendo che vi è tutela solo se l'interessato poteva ragionevolmente confidare nel mantenimento o nella stabilità della situazione creata (Tribunale UE, sez. IX, 15-11-2018, in T-207/10);

— il **principio di proporzionalità**: vieta alle pubbliche autorità di imporre obblighi e restrizioni alla libertà degli interessati in misura diversa da quella necessaria per raggiungere lo scopo cui è preposta l'autorità responsabile;

— il **principio del giusto procedimento**: si traduce nel diritto degli interessati ad essere ascoltati nel corso del procedimento amministrativo. Si tratta di principio generale del diritto europeo (CHITI);

— il **principio di buona amministrazione**: impone di garantire la tempestività dell'azione amministrativa e, nella connessa accezione di imparzialità, di evitare, in casi analoghi, trattamenti difformi senza adeguata motivazione o di rispettare criteri di massima fissati in precedenza (CHITI).

b) I principi costituzionali

a) *Legalità*

Il *principio di legalità* afferma la corrispondenza dell'*attività amministrativa* alle *prescrizioni di legge*. Esso costituisce un principio generale dell'ordinamento italiano, che attiene particolarmente ai rapporti fra *legge* ed *attività amministrativa* (FOIS).

In particolare, «il principio di legalità esprime l'esigenza che l'amministrazione sia assoggettata alla legge, anche se esso, nella sua accezione più lata, è applicabile non solo all'amministrazione, bensì a qualsivoglia potere pubblico» (CASETTA).

b) *Imparzialità*

Il *principio di imparzialità,* cui fa riferimento anche l'art. 3 della Cost., afferma l'*obbligo* per la P.A. di svolgere la propria attività nel **pieno rispetto della giustizia**; più precisamente, per imparzialità si intende l'esigenza che l'amministrazione si comporti nei confronti di tutti i soggetti destinatari dell'azione amministrativa senza discriminazioni arbitrarie.

c) *Buon andamento*

L'art. 97 Cost., al comma 2, sancisce che i pubblici uffici sono organizzati secondo disposizioni di legge in modo che siano assicurati il buon andamento e l'imparzialità dell'amministrazione. Tale articolo, in particolare:

- garantisce l'*indipendenza* e la *neutralità* della P.A. da influenze politiche sia sotto il *profilo attivo* (*buona amministrazione*: raggiungimento più sollecito, opportuno e congruo dei fini della P.A.) che *passivo* (*imparzialità* della P.A. verso cittadini, impiegati, funzionari etc.);
- si indirizza immediatamente e programmaticamente al legislatore, dettando i principi fondamentali che devono ispirare la legislazione, e, mediatamente e precettivamente, alla P.A. sulle quali grava il dovere di provvedere alla cura dei pubblici bisogni (FALZONE).

Il principio di buon andamento, dunque, mira a soddisfare i seguenti criteri generali: *economicità*; *rapidità*; *efficacia* (raffronto tra risultati conseguiti ed obiettivi programmati); *efficienza* (raffronto tra risorse impiegate e risultati conseguiti); *miglior contemperamento degli interessi*; *minor danno per i destinatari dell'azione amministrativa*.

d) *Ragionevolezza*

Costituisce un criterio in cui confluiscono i principi di *eguaglianza*, di *imparzialità* e di *buon andamento*: in forza di tale principio, l'azione amministrativa, al di là del rispetto delle prescrizioni normative, deve adeguarsi ad un *canone di razionalità operativa*, sì da evitare decisioni arbitrarie ed irrazionali (MORBIDELLI).

La violazione di detto principio comporta un **vizio di eccesso di potere**, in particolare in relazione alle figure sintomatiche del *difetto di motivazione* (es.: si disattende immotivatamente il tenore di un parere precedentemente acquisito), o di *ingiustificata disparità di trattamento* (ove ci si comporti in maniera diversa dinanzi a situazioni analoghe) o di *contraddittorietà* della motivazione stessa.

e) *Pareggio di bilancio*

La legge di riforma costituzionale 20-4-2012, n. 1 ha introdotto il *principio dell'equilibrio dei bilanci*, modificando l'art. 97 Cost. Il comma 1, infatti, dispone che le pubbliche amministrazioni assicurano l'equilibrio dei bilanci e la sostenibilità del debito pubblico, in coerenza con l'ordinamento dell'Unione europea.

c) I principi di cui alla legge sul procedimento

L'art. 1 della **L. 241/1990**, *legge sul procedimento amministrativo* (su cui v. *infra* Cap. 8) individua una serie di *principi e criteri direttivi* che, ricollegandosi alle previsioni costituzionali, devono improntare l'azione amministrativa:

1. il **principio di legalità**, per il quale, come già detto, l'attività amministrativa deve perseguire i fini dettati dalla legge. La dottrina ha sottolineato che il principio di legalità deve essere inteso in *senso sostanziale*, cioè non solo come «conformità estrinseca dell'atto amministrativo al dato normativo», ma, anche come «conformità di tutta l'azione amministrativa alle prescrizioni normative espresse, nonché ai valori di efficacia, efficienza ed adeguatezza che promanano dall'intero *corpus* normativo» (CARINGELLA-TORIELLO);
2. il **principio del giusto procedimento** che, garantendo il *diritto di partecipazione* degli interessati, consacra la *dialettica tra interessi pubblici e privati*, tendendo alla composizione di

eventuali contrasti (a titolo esemplificativo si pensi agli istituti della *comunicazione di avvio del procedimento* e del cd. *preavviso di rigetto*);

3. il **principio di semplificazione** si concretizza nell'eliminazione degli oneri informativi o delle fasi procedimentali che appaiono sovrabbondanti nell'economia di un procedimento amministrativo, con l'obiettivo di evitare che l'esercizio delle funzioni amministrative non risulti inutilmente «gravoso» per i sogetti amministrati (CARINGELLA).
In ragione di tale criterio, il legislatore ha introdotto taluni istituti diretti, in conformità all'art. 97 Cost., a *snellire e rendere più celere l'azione amministrativa* (silenzio assenso, segnalazione certificata di inizio attività, conferenze di servizi etc.).

Ai suddetti principi sono informati, in particolare, i criteri fondamentali e le regole dettate dal Capo I della L. 241/1990 a cui l'amministrazione deve attenersi, ossia:

- **economicità, efficacia, imparzialità, pubblicità e trasparenza** (art. 1, co. 1, L. 241/1990). In particolare:
  - l'*economicità* riguarda l'obbligo per la P.A. di realizzare il miglior risultato possibile, in termini di produzione di beni e servizi ovvero di raggiungimento dell'interesse pubblico fissato legislativamente, in rapporto alla quantità di risorse a disposizione ovvero al minor sacrificio possibile degli interessi secondari coinvolti nella fattispecie;
  - l'*efficacia* è un concetto che implica il raffronto tra i risultati programmati e quelli raggiunti;
  - l'*imparzialità* implica una posizione di equidistanza dell'amministrazione rispetto a tutti gli interessi coinvolti in una determinata fattispecie. Più specificamente, essa assume una valenza negativa, laddove si traduce nel divieto per la P.A. di realizzare qualsiasi forma di favoritismo nei confronti di alcuni soggetti, ed una valenza positiva, legata alla corretta ed obiettiva valutazione degli interessi, pubblici o privati, sui quali la pubblica amministrazione andrà ad incidere;
  - la *pubblicità* rappresenta uno strumento di attuazione del principio della trasparenza ed impone alla P.A. di rendere accessibili agli interessati notizie e documenti concernenti l'operato dei pubblici poteri;
  - la *trasparenza*, infine, è da intendersi come immediata e facile controllabilità di tutti i momenti e di tutti i passaggi in cui si esplica l'operato della pubblica amministrazione, onde garantirne e favorirne lo svolgimento imparziale. A tale principio sono strettamente connessi il diritto di accesso e l'istituzione degli uffici per le relazioni con il pubblico;
- il **principio di non aggravamento del procedimento amministrativo**, sancito all'art. 1, comma 2, della medesima legge. La previsione per cui «la pubblica amministrazione *non* può *aggravare* il procedimento se non per straordinarie e motivate esigenze imposte dallo svolgimento dell'istruttoria», è la più chiara espressione della finalità propria del procedimento amministrativo: se, infatti, l'adozione del provvedimento finale deve avvenire in tempi celeri, ossia quelli prestabiliti dal legislatore all'art. 2 della legge n. 241, esso deve comunque essere la risultante di un'istruttoria adeguata che consenta un'attenta valutazione degli interessi in gioco;
- **obbligo di conclusione esplicita del procedimento** (art. 2). La P.A. ha il dovere di concludere il procedimento con l'adozione di un *provvedimento finale espresso,* sia quando il procedimento consegua ad istanza, sia quando debba essere iniziato d'ufficio;
- **obbligo generale di motivazione del provvedimento amministrativo** (art. 3). Le pubbliche amministrazioni sono tenute ad esplicitare il percorso argomentativo che ha portato alla decisione, motivando i provvedimenti amministrativi;
- **l'uso della telematica nell'azione amministrativa**. Ai sensi dell'art. 3bis legge sul procedimento, le PP.AA. hanno il dovere di incentivare l'uso della telematica sia nei rapporti interni tra le diverse amministrazioni sia tra queste e i privati. Si tratta, come vedremo nel prosieguo della trattazione, di uno dei profili su cui si è maggiormente appuntata l'attività di riforma del legislatore degli ultimi anni.

4 Trasparenza e anticorruzione

L'azione delle pubbliche amministrazioni è sempre più connotata dall'affermarsi del principio di **trasparenza** e dalla **lotta alla corruzione**.

Già la legge sul procedimento, negli anni Novanta, ridisegnava il ruolo della P.A. nell'ottica del superamento dell'«amministrazione autorità» a favore dell'«amministrazione partecipata», con il coinvolgimento attivo del privato nelle varie scelte amministrative; ma anche gli step normativi successivi hanno «spinto» nel senso di assicurare una P.A. trasparente ai massimi livelli, un vera e propria «casa di vetro».

In tal senso, la trasparenza va intesa quale **accessibilità totale**, anche attraverso lo strumento della pubblicazione sui siti istituzionali delle amministrazioni pubbliche (cd. **trasparenza «digitale»**), delle informazioni concernenti *ogni aspetto dell'organizzazione e dell'azione* delle pubbliche amministrazioni, allo scopo di favorire forme diffuse di controllo del rispetto dei principi di buon andamento e imparzialità.

Le espressioni più significative di tale principio, che hanno trovato esplicito riconoscimento nella legge sul procedimento amministrativo, sono:

— l'*accesso ai documenti amministrativi*;
— l'*obbligo di motivazione dei provvedimenti*;
— gli *istituti della partecipazione al procedimento amministrativo*.

La L. 190/2012 (su cui ci soffermeremo nei paragrafi che seguono) ha elevato il principio di trasparenza a **livello essenziale delle prestazioni**, da garantire su tutto il territorio nazionale, ai sensi dell'art. 117, co. 2, lett. *m)*, Cost. e ha previsto che la stessa venga assicurata mediante la pubblicazione, nei **siti web istituzionali** delle pubbliche amministrazioni, delle informazioni relative ai procedimenti amministrativi, secondo criteri di facile accessibilità, completezza e semplicità di consultazione.

Il successivo **D.Lgs. 14-3-2013, n. 33** (**T.U. trasparenza**) ha, poi, raccolto in un unico *corpus* normativo le numerose fattispecie di informazioni che le pubbliche amministrazioni hanno l'obbligo di fornire ai cittadini, allo scopo di favorire forme diffuse di controllo sul perseguimento delle funzioni istituzionali e sull'utilizzo delle risorse pubbliche, consentendo ai cittadini di effettuare un **controllo democratico** sull'operato della P.A.

Il principio di trasparenza, a sua volta, è condizione e presupposto ineludibile della **lotta alla corruzione** ed ai fenomeni di malaffare tra gli uffici pubblici, probabilmente la piaga principale che continua a flagellare l'immagine ed il prestigio della pubblica amministrazione.

Dal punto di vista normativo, l'anticorruzione è una **«materia» trasversale** che abbraccia diversi settori dell'azione amministrativa.

Si pensi, ad esempio, non solo alle prescrizioni del nuovo Codice dei contratti, D.Lgs. 50/2016, che intendono predisporre procedure maggiormente trasparenti ed aderenti alla libera concorrenza, ma anche alle normative che, specie nel pubblico impiego, intendono tutelare la legalità e l'integrità della P.A. e degli stessi dipendenti: basti considerare il ***whistleblowing***, istituto che intende tutelare chi denuncia i fenomeni di corruzione di cui sia venuto a conoscenza.

5 Gli attori dell'anticorruzione e trasparenza

La L. 190/2012, a fronte della sempre più dilagante corruzione nelle strutture pubbliche, ha impresso una spinta decisiva verso un'azione amministrativa più rispondente alle istanze di chiarezza sollevate sia dalle parti sociali che dalla stessa classe politica, predisponendo un articolato sistema di prevenzione e repressione dell'illegalità nelle pubbliche amministrazioni.

Lo scopo della L. 190/2012 è stato di voler prevenire e reprimere i fenomeni di malaffare nel settore pubblico mediante un «**approccio multidisciplinare**», in cui la sanzione è solo uno degli strumenti per combattere la corruzione e a cui sono affiancati nuovi obblighi e adempimenti direttamente in capo alle pubbliche amministrazioni.

La *governance* in materia si articola su soggetti operanti a livello nazionale e su figure, invece, che agiscono nelle singole amministrazioni.

Tra i **soggetti** che operano a livello nazionale un **ruolo di primo piano** è svolto dall'**A.N.AC., Autorità nazionale anticorruzione**.

Essa ha, tra gli altri, il compito di **adottare il Piano nazionale anticorruzione** (v. *infra*) e di *prevenire i fenomeni corruttivi* tra le amministrazioni pubbliche, le società partecipate e controllate, anche *mediante l'attuazione della trasparenza in tutti gli aspetti gestionali*, nonché grazie all'attività di vigilanza nell'ambito dei contratti pubblici.

All'A.N.AC., spetta, tra l'altro, anche l'emanazione di *apposite Linee Guida* in determinati settori (**contrattualistica pubblica** e attuazione della trasparenza), cui è correlato apposito **potere sanzionatorio** in caso di inosservanza da parte delle PP.AA. inadempienti (commi 1-3 L. 190/2012).

Inoltre, l'Autorità **gestisce** la «**Banca dati nazionale dei contratti pubblici**», istituita dal Codice dell'amministrazione digitale che raccoglie tutte le informazioni sui contratti al fine di garantire un'accessibilità unificata e il **monitoraggio dell'intero sistema contrattualistico**.

Vi sono poi i soggetti operanti all'**interno delle singole amministrazioni** (L. 190/2012, co. 7 e ss.):

- l'**organo di indirizzo politico**, cui compete individuare, in genere tra i dirigenti di ruolo in servizio, il Responsabile della prevenzione della corruzione e della trasparenza, definire gli obiettivi strategici in materia di prevenzione della corruzione e trasparenza, nonché *adottare il Piano triennale per la prevenzione della corruzione* su proposta del Responsabile della prevenzione della corruzione e della trasparenza entro il 31 gennaio di ogni anno, curandone la trasmissione all'Autorità nazionale anticorruzione;
- il **Responsabile della prevenzione della corruzione e della trasparenza (RPCT)**, che segnala all'organo di indirizzo e all'organismo indipendente di valutazione le disfunzioni inerenti all'attuazione delle misure in materia di prevenzione della corruzione e di trasparenza e indica agli uffici competenti all'esercizio dell'azione disciplinare i nominativi dei dipendenti che non hanno attuato correttamente le misure in materia di prevenzione della corruzione e di trasparenza. Negli *enti locali*, tale figura in genere coincide con il *Segretario* o dirigente apicale. È importante ribadire che si tratta di una **figura unica, sia per la prevenzione della corruzione che per la trasparenza,** in base alle modifiche successivamente apportate con l'attuazione della riforma Madia, in particolare dal D.Lgs. 97/2016.
  Egli ha un ruolo *strategico*, e per la delicatezza dei suoi compiti è *responsabile anche personalmente* in caso di commissione, all'interno dell'amministrazione, di un reato di corruzione accertato con sentenza passata in giudicato.

  Allo stesso modo, tuttavia, è un soggetto particolarmente salvaguardato all'interno della P.A., se solo si pensi che **eventuali misure discriminatorie**, dirette o indirette, nei confronti del Responsabile della prevenzione della corruzione e della trasparenza per motivi collegati allo svolgimento delle sue funzioni, vanno sempre segnalate all'A.N.AC.;
- l'**Organismo indipendente di valutazione (OIV),** il quale deve verificare, anche ai fini della validazione della Relazione sulla *performance*, che i piani triennali per la prevenzione della corruzione siano coerenti con gli obiettivi stabiliti nei documenti di programmazione strategico-gestionale e che nella misurazione e valutazione delle *performance* si tenga conto degli obiettivi connessi all'anticorruzione e alla trasparenza.

6 Il sistema dei Piani anticorruzione

Il sistema dei **Piani anticorruzione** si colloca su due differenti livelli, uno nazionale e uno decentrato, ossia a livello della singola amministrazione:

- il **Piano Nazionale Anticorruzione** (PNA) che ha il compito di promuovere, presso le amministrazioni pubbliche (e presso i soggetti di diritto privato in controllo pubblico), l'adozione di misure di prevenzione della corruzione. Esso viene adottato dall'A.N.AC., ha durata **triennale** ed è *aggiornato annualmente*; si configura quale **atto di indirizzo** per le pubbliche amministrazioni ai fini dell'adozione dei propri piani triennali di prevenzione della corruzione, e, in relazione alla dimensione e ai diversi settori di attività degli enti, ha l'obiettivo di individuare i principali rischi di corruzione con i relativi rimedi e contiene l'indicazione di obiettivi, tempi e modalità di adozione e attuazione delle relative misure di contrasto (art. 1, co. 2bis, L. 190/2012);

— i **Piani triennali di prevenzione della corruzione** (PTPC) che sono predisposti *da ogni singola amministrazione* (decentrato) sulla scorta delle indicazioni contenute nel PNA. Dalla violazione delle misure di prevenzione previste dal Piano discende, inoltre, responsabilità disciplinare.
Nei Piani triennali di prevenzione della corruzione sono confluiti anche i contenuti del previgente **Programma per la trasparenza e l'integrità**, per cui oggi si parla anche di PTPCT, ossia Piano Triennale di prevenzione della corruzione e di trasparenza.

La L. 190/2012 individua le seguenti **aree di rischio** all'interno dell'organizzazione e azione della P.A., ossia i settori in cui è più elevato il pericolo di corruzione:

— procedimenti di autorizzazione o concessione;
— scelta del contraente per l'affidamento di lavori, forniture e servizi, anche con riferimento alla modalità di selezione prescelta ai sensi del Codice dei contratti (D.Lgs. 50/2016);
— concessione ed erogazione di sovvenzioni, contributi, sussidi, ausili finanziari, nonché attribuzione di vantaggi economici di qualunque genere a persone ed enti pubblici e privati;
— concorsi pubblici e prove selettive per l'assunzione del personale e progressioni di carriera.

7 Il sistema della vigilanza e le sanzioni

Mediante la normativa anticorruzione, il legislatore ha poi costruito un sistema di controllo e vigilanza (con relative sanzioni) fondato essenzialmente su due figure:

— l'**A.N.AC.**;
— il **Responsabile dell'anticorruzione**.

A completamento del sistema si pone anche la **Corte dei conti** per la verifica di eventuali casi di responsabilità amministrativa ed erariale in merito e di relativa condanna.

All'Autorità nazionale anticorruzione, in particolare, tra le altre attribuzioni compete esercitare la vigilanza e il controllo sull'effettiva applicazione e sull'efficacia delle misure adottate dalle pubbliche amministrazione in materia di anticorruzione e trasparenza.

L'A.N.AC., inoltre, vigila sul rispetto, da parte delle amministrazioni pubbliche, degli enti pubblici e degli enti di diritto privato in controllo pubblico, delle disposizioni in materia, anche con l'esercizio di poteri ispettivi e di accertamento di singole fattispecie di conferimento degli incarichi.

A livello di singola amministrazione, invece, il **fulcro del sistema della vigilanza** è costituito dal **Responsabile anticorruzione e trasparenza**, cui la legge attribuisce le funzioni di *vigilanza interna*.

Tale figura, infatti, si occupa, tra l'altro, di segnalare all'organo di indirizzo e all'organismo indipendente di valutazione le disfunzioni inerenti all'attuazione delle misure in materia di prevenzione della corruzione e di trasparenza, di indicare agli uffici competenti all'esercizio dell'azione disciplinare i nominativi dei dipendenti che non hanno attuato correttamente le misure in materia di prevenzione della corruzione e di trasparenza e di verificare l'efficace attuazione del piano proponendone eventuali modifiche in caso di significative violazioni delle prescrizioni ovvero di intervenuti mutamenti nell'organizzazione o nell'attività dell'amministrazione.

8 L'informazione e la comunicazione delle Pubbliche Amministrazioni

Il tema della **comunicazione pubblica** è sempre più sentito in una P.A. ad impronta manageriale.

L'attività di comunicazione è infatti importantissima nell'ambito dell'agire istituzionale. Si tratta di un'esigenza che scaturisce dal **nuovo ordine, non più gerarchico ma funzionale**, tracciato in prima battuta delle riforme Bassanini e consolidatosi alla luce delle manovre degli ultimi che, come detto, hanno contribuito a ridefinire il volto della P.A. in chiave moderna e paritaria.

Per comunicazione pubblica si intende ogni attività **rivolta** a **fornire messaggi** e **informazioni da amministrazioni pubbliche o altri enti erogatori di servizi pubblici agli utenti dei servizi**.

In proposito la dottrina ha operato la seguente distinzione: mentre «**comunicare**» vuol dire prevedere un flusso di informazioni nell'ambito del *profilo dinamico dei rapporti tra amministrazione e cittadini*, invece «**informare**» è quell'attività che si occupa di veicolare le informazioni necessarie al servizio pubblico (CARINGELLA-GIANNINI).

La comunicazione pubblica, a sua volta, si differenzia nelle seguenti **forme** (questa classificazione è di CARINGELLA-GIANNINI):

- **comunicazione sociale**. Essa origina da istituzioni sia pubbliche che private deputate allo svolgimento di problematiche sociali generali (servizi medico-sanitari, scolastici, educativi, religiosi). Si tratta di attività finalizzata a produrre servizi e non beni di consumo;
- **comunicazione politica**. Questa tipologia di comunicazione è posta in essere dagli organi politici nel momento in cui illustrano l'indirizzo politico o il programma di governo, nonché l'attività politico-istituzionale degli organi di vertice delle amministrazioni pubbliche. La comunicazione politica è disciplinata dalla L. 28/2000, che si preoccupa di garantire la *par condicio* nell'accesso ai mezzi di comunicazione da parte degli organi politici;
- **comunicazione istituzionale**. Si tratta della comunicazione posta in essere dalle amministrazioni pubbliche, finalizzata a garantire lo scambio di dati ed informazioni tra enti pubblici e privati cittadini, il tutto nel quadro di una P.A. trasparente e attenta al soddisfacimento degli interessi pubblici e degli utenti.

Quest'ultima, in particolare, si articola in:

- *comunicazione regolativa o di certezza*, diretta a facilitare la comprensione delle norme e delle procedure (notificazioni, verbalizzazioni, raccolte ufficiali etc.);
- *comunicazione di servizio*, finalizzata a fornire ai cittadini informazioni sull'attività della P.A., sul funzionamento degli uffici e dei servizi;
- *comunicazione di immagine o persuasiva*, diretta a fornire un'immagine di affidabilità all'amministrazione stessa;
- *comunicazione di innovazione*, con la quale prende concretezza lo scambio di dati tra amministrazione e cittadini, dal momento che destinatari delle informazioni possono essere, alternativamente, P.A. e privati, che collaborano modificando, volta per volta, i propri comportamenti;
- *comunicazione di cittadinanza o amministrativa*, suscettibile di coinvolgere in modo attivo i cittadini nella realizzazione di obiettivi di interesse generale grazie alla coesione tra questi ultimi e, pertanto, alla partecipazione all'attività amministrativa.

Gli **operatori del settore pubblico** poi, in considerazione della vasta gamma di richieste ed esigenze esterne, devono essere abili nel gestire e, quindi, nel **filtrare** i flussi di comunicazione in entrata. Ne deriva che, non avendo tutte le informazioni lo stesso peso e la stessa importanza, solo dopo un'adeguata selezione esse possono seguire il flusso interno all'organizzazione e raggiungere i settori e il personale interessato.

Per evitare, come spesso accade, che le informazioni in entrata perdano parte delle loro caratteristiche iniziali prima di raggiungere l'operatore pubblico interessato, devono essere predisposte, internamente all'organizzazione, reti di comunicazione idonee a:

— *limitare* dispersione di informazioni;
— *garantire* che i compiti istituzionali vengano attuati, in base al modello *decision making* di ciascuna organizzazione, nel modo migliore e relativamente al flusso di informazione proveniente dall'esterno.

9 La L. 150/2000 e la comunicazione come funzione e strategia

La comunicazione pubblica nel suo sviluppo presuppone **due condizioni** fondamentali:

— che le amministrazioni pubbliche produttrici ed erogatrici di servizi siano considerate **sistemi aperti** pronti a modificare le proprie caratteristiche organizzative e produttive in base all'interazione con l'ambiente;
— che il servizio venga considerato in un'**ottica bidirezionale** in cui all'aspetto economico (prestazione dietro corrispettivi) si aggiunge quello informativo.

La decisione amministrativa — si è osservato — postula una **modificazione del comportamento dei cittadini**. Si pensi, ad esempio, alla raccolta differenziata, od anche ad un piano del traffico e dei parcheggi: diventa fondamentale informare, coinvolgere e convincere i cittadini ad adottare comportamenti coerenti con gli obiettivi perseguiti. La comunicazione è «allora, parte della decisione amministrativa, non è un *add on*, ma è *parte del prodotto* e come tale va *inserita* il più presto possibile nel *processo decisionale*» (LEVI).

Nei processi di trasformazione che hanno investito l'intero settore pubblico, si è evidenziato il passaggio da una fase in cui lo Stato non comunicava, ma tutt'al più «informava» gli amministrati con messaggi unidirezionali, ad una fase in cui, in conseguenza di una crescente democratizzazione del paese, il problema della comunicazione fra poteri pubblici e cittadini si è affermato in maniera preponderante.

Attualmente, infatti, i pubblici poteri sono incaricati di:

— *informare* correntemente e correttamente i cittadini sulle decisioni adottate;
— garantire la *trasparenza* dei processi decisionali, consentendo l'esercizio del diritto di accesso agli atti delle amministrazioni pubbliche;
— individuare *standard* qualificativi dei servizi erogati e garantire la più ampia comunicazione ai cittadini.

La disciplina in tema di comunicazione pubblica è contenuta nella **L. 150/2000**.

Attraverso tale normativa, infatti, la comunicazione pubblica è diventata elemento portante dell'azione istituzionale, in un contesto caratterizzato dal dovere per la P.A. di comunicare con i cittadini in maniera trasparente, per garantire la partecipazione dei privati e, di conseguenza, porre le basi per un rapporto di fiducia tra questi e l'apparato pubblico.

A questa legge, come si vedrà, hanno poi fatto seguito ulteriori iniziative, tra cui l'istituzione degli URP (Uffici Relazioni con il Pubblico) e il sempre crescente ricorso all'*e-government* e agli strumenti dell'ITC.

Obiettivi delle attività di informazione e comunicazione delle PP.AA. sono:

— illustrare e favorire la conoscenza delle disposizioni normative, al fine di facilitarne l'applicazione;
— illustrare le attività delle istituzioni e il loro funzionamento;
— favorire l'accesso ai servizi pubblici, promuovendone la conoscenza;
— promuovere conoscenze allargate e approfondite su temi di rilevante interesse pubblico e sociale;

- favorire processi interni di semplificazione delle procedure e di modernizzazione degli apparati nonché la conoscenza dell'avvio e del percorso dei procedimenti amministrativi;
- promuovere l'immagine delle amministrazioni, nonché quella dell'Italia, in Europa e nel mondo, conferendo conoscenza e visibilità ad eventi d'importanza locale, regionale, nazionale ed internazionale.

Come si realizzano le attività di informazione e di comunicazione delle pubbliche amministrazioni? Innanzitutto attraverso **programmi** previsti per la **comunicazione istituzionale non pubblicitaria**, ma anche attraverso la **pubblicità**, le *distribuzioni o vendite promozionali*, le *affissioni*, l'*organizzazione di manifestazioni* e la *partecipazione a rassegne specialistiche, fiere e congressi*; dette attività sono, in ogni caso, attuate con ogni mezzo di trasmissione idoneo ad assicurare la necessaria diffusione di messaggi, anche attraverso la strumentazione grafico-editoriale, le strutture informatiche, le funzioni di sportello, le reti civiche, le iniziative di comunicazione integrata e i sistemi telematici multimediali.

In questo contesto, alle pubbliche amministrazioni è demandato anche il delicato compito di «formare» accuratamente i soggetti deputati alle dette attività, come pure quello di programmare in maniera adeguata la formazione stessa, avvalendosi del **supporto** della **Scuola Nazionale della Pubblica Amministrazione**, nonché delle Università, di FORMEZ P.A. e di ulteriori strutture pubbliche e private.

a) Le strutture e i mezzi della comunicazione

Le **attività di informazione** si realizzano attraverso il **portavoce** e l'**ufficio stampa** mentre quelle di **comunicazione** attraverso l'**ufficio per le relazioni con il pubblico** (URP), nonché attraverso analoghe strutture, quali gli **sportelli per il cittadino, gli sportelli unici della pubblica amministrazione, gli sportelli polifunzionali e gli sportelli per le imprese**.

Ciascuna amministrazione definisce, nell'ambito del proprio ordinamento degli uffici e del personale e nei limiti delle risorse disponibili, le **strutture** e i **servizi** finalizzati alle attività di informazione e comunicazione e al loro coordinamento, confermando, le funzioni di comunicazione e di informazione al personale che già le svolge.

È stato osservato che la **distinzione tra informazione e comunicazione ricalca quella tra politica ed amministrazione**. La prima si svolge prettamente attraverso **portavoce** o **ufficio stampa**, tipiche figure esistenti in ambito politico, mentre la seconda si estrinseca attraverso servizi, tipicamente amministrativi, come **uffici relazioni con il pubblico** ovvero **sportelli per i cittadini** e **per le imprese** (CARINGELLA-GIANNINI).

In particolare, il portavoce viene definito come quella figura, anche esterna all'amministrazione, avente la funzione di coadiuvare gli organi di vertice delle amministrazioni pubbliche e con compiti di diretta collaborazione ai fini dei rapporti di carattere politico-istituzionale con gli organi di informazione. Il portavoce, incaricato dal medesimo organo, non può, per tutta la durata del relativo incarico, esercitare attività nei settori radiotelevisivo, del giornalismo, della stampa e delle relazioni pubbliche. Invece, l'attività degli uffici stampa è, in via prioritaria, indirizzata ai mezzi di informazione di massa; detti uffici sono costituiti da personale iscritto albo nazionale dei giornalisti e diretti da un coordinatore, che assume la qualifica di capo ufficio stampa, il quale, sulla base delle direttive impartite dall'organo di vertice dell'amministrazione, cura i collegamenti con gli organi di informazione, assicurando il massimo grado di trasparenza, chiarezza e tempestività delle comunicazioni da fornire nelle materie di interesse dell'amministrazione.

b) Gli Uffici Relazioni con il pubblico (URP)

Gli **URP** (**Uffici Relazioni con il pubblico**), *ex* art. 11 D.Lgs. 165/2001, provvedono:

a) **ad un servizio di utenza per consentire** i diritti di partecipazione dei privati sulla base della legge sul procedimento amministrativo;
b) **ad informare l'utenza** relativamente agli atti ed allo stato dei procedimenti;

c) **ad una ricerca e ad un'analisi finalizzate alla formulazione di proposte** indirizzate alla propria amministrazione, ed inerenti gli aspetti organizzativi e logistici del rapporto con l'utenza.

Da quanto detto è facile intuire come l'URP sia una struttura di fondamentale importanza nell'ambito della comunicazione pubblica.

L'attività dell'URP rileva da un duplice punto di vista:

- *interno*, nel caso in cui è basilare il ruolo operativo dell'ufficio stesso; ad esempio, nei casi di ricerche, di analisi della domanda, nella costruzione di nuovi servizi pubblici, nel collegamento con le altre amministrazioni pubbliche etc.;
- *esterno*, nel caso in cui l'efficacia e l'efficienza dei servizi è indirizzata a enti pubblici di riferimento esterni ed è legata all'informazione, alla comunicazione e alla relazione fra cittadino e P.A.

Più di una volta l'attività degli URP è stata definita «quasi commerciale»; ciò è dovuto principalmente all'adozione da parte di questo organismo di vere e proprie **strategie di *marketing***, nonché di una **completa strategia di comunicazione**, di *front office* e di contatto con l'utenza.

7

Atti e provvedimenti amministrativi. Elementi e vizi

1 Gli atti amministrativi

L'atto amministrativo è qualsiasi **manifestazione di volontà**, di **conoscenza e di giudizio**, posta in essere da un'autorità amministrativa nell'esercizio di **una funzione amministrativa** per un caso concreto e per destinatari determinati o determinabili (VIRGA).

Attraverso gli atti amministrativi la P.A. agisce in vista del **perseguimento** e della **cura** degli **interessi pubblici concreti** stabiliti in sede di indirizzo politico.

Tra gli atti amministrativi, come categoria generale, una posizione di spicco è rivestita dai **provvedimenti amministrativi**, che, secondo la più recente e accreditata dottrina, si differenziano dagli atti in quanto la P.A., nel raggiungimento dei suoi fini, agisce di solito attraverso una serie di atti concatenati e collegati tra loro, finalizzati alla emanazione del provvedimento conclusivo del procedimento che, a sua volta, manifesta all'esterno la volontà dell'amministrazione pubblica ed è suscettibile di incidere unilateralmente sulla sfera giuridica soggettiva dei privati nonché di essere portato ad esecuzione contro la volontà di questi.

Gli atti, invece, si caratterizzano perché sono *strumentali* e *preparatori* al provvedimento finale.

a) Le teorie sull'atto amministrativo

Gli atti emanati dalla P.A. possono assumere *forme* e *contenuti diversi* (es.: atti di natura privatistica, normativa etc.): tra questi occupano una posizione di preminente rilevanza gli **atti amministrativi**, attraverso i quali **si concretizza e formalizza la volontà della pubblica amministrazione su una determinata situazione o realtà**. Nel nostro ordinamento giuridico, alla mancanza di una definizione legislativa di atto amministrativo si è sopperito con una nozione elaborata essenzialmente dalla dottrina e dalla giurisprudenza.

È opportuno evidenziare l'**evoluzione storica** degli studi sull'atto amministrativo, esponendo le principali **teorie** in materia.

a) **Teoria tradizionale** (risalente alla metà del secolo scorso).
Essa estendeva al massimo *la portata della nozione di atto amministrativo* in modo da farvi rientrare *tutti gli atti di natura pubblicistica emanati dal potere esecutivo*. In tale contesto storico, anche il concetto di *potere esecutivo* aveva una estensione *sicuramente maggiore* rispetto a quella odierna, al punto da ricomprendere anche organi quali il Consiglio di Stato e le Giunte provinciali amministrative.
Conseguentemente, persino i *decreti legislativi delegati*, i *decreti-legge* e gli *atti di natura giurisdizionale* emanati dai suddetti organi venivano considerati come *atti amministrativi*.

b) **Teoria formale e sostanziale**.
In considerazione dell'*inesistenza* di una *precisa* e *rigorosa corrispondenza* fra *potere dello Stato* (politico, legislativo, esecutivo, giudiziario) e rispettiva *funzione* (politica, legislativa, esecutiva, giudiziaria), si affermò in dottrina la cd. *teoria formale e sostanziale* dell'atto amministrativo. Fu evidenziato, infatti, che ciascun potere dello Stato, oltre ad esercitare la *propria funzione istituzionale*, ne esercita anche altre di rilevanza *secondaria* e *sussidiaria* emanando atti che, pur essendo *formalmente* riconducibili ad uno specifico potere, *sostanzialmente* assumono le caratteristiche tipiche degli atti di un *diverso potere* (es.: i regolamenti, che sono solo formalmente amministrativi, in quanto promanano da *organi* del *potere amministrativo*, ma sotto il profilo sostanziale si caratterizzano per il loro *contenuto normativo*). Pertanto, un *atto* può considerarsi *amministrativo* quando *promani* da *un'autorità amministrativa* (aspetto *formale* della *provenienza dell'atto*) *nell'esercizio di una funzione amministrativa* (aspetto *sostanziale-contenutistico*).

c) **Teoria negoziale.**

Tale teoria, fondandosi su di un'*improponibile analogia* fra *autonomia negoziale* (art. 1322 c.c.) e *discrezionalità amministrativa*, ricostruisce la struttura dell'atto amministrativo sulla falsariga del *negozio giuridico privato*, distinguendo tra:

— *atti amministrativi negoziali*, costituenti *dichiarazioni di volontà* volte alla realizzazione di finalità pubbliche (es.: requisizione);
— *meri atti amministrativi*, costituenti *dichiarazioni di scienza*, *conoscenza* etc. (es.: atti ricognitivi).

d) **Teoria della procedimentalizzazione e funzionalizzazione dell'attività amministrativa.**

La dottrina più recente ricostruisce la tematica dell'atto amministrativo in base alle due tendenze principali cui si ispira la **moderna attività amministrativa**:

— *funzionalizzazione*, che vede il provvedimento amministrativo quale *manifestazione di volizione* e di *imperatività*. Quest'ultima costituisce *l'idoneità* del provvedimento *efficace, anche se invalido*, a produrre *unilateralmente* effetti sulle situazioni giuridiche dei destinatari *indipendentemente dalla loro volontà*;
— *procedimentalizzazione*, ovvero uno degli schemi principali attraverso cui si esplica l'attività amministrativa. Infatti, solo raramente la P.A. persegue i suoi fini con l'emanazione di un singolo atto o di atti isolati, utilizzando invece, di regola, una serie di atti tra loro concatenati e coordinati, finalizzati all'emanazione di un *atto finale: il provvedimento*, che diviene *l'espressione concreta della funzione amministrativa*.
Sulla scia della procedimentalizzazione dell'azione amministrativa è, quindi, possibile operare una distinzione tra **meri atti amministrativi** (o atti strumentali del procedimento, es.: proposte, pareri, istanze etc., che hanno una rilevanza *unicamente interna* allo stesso) e **provvedimento** (*atto finale* della serie procedimentale, che *esprime la volizione definitiva della P.A. e che è il solo ad avere efficacia esterna* e a poter *influire sulle situazioni soggettive dei privati*).

b) Classificazione degli atti amministrativi

Degli atti amministrativi si operano in dottrina varie **classificazioni**:

a) in relazione alla **natura** dell'attività esercitata si distinguono:
— *atti di amministrazione attiva*: diretti a soddisfare immediatamente gli interessi propri della P.A. (tali sono i *provvedimenti*);
— *atti di amministrazione consultiva*: tendenti ad illuminare, mediante consigli tecnici, giuridici o economici, gli organi di amministrazione attiva (tali sono i *pareri*);
— *atti di amministrazione di controllo*: diretti a sindacare, sotto il profilo della legittimità o del merito, l'operato dell'amministrazione attiva (tali sono i *controlli*);

b) in relazione all'**elemento psichico** di cui sono manifestazione, abbiamo:
— atti consistenti in manifestazione di *volontà*;
— atti consistenti in manifestazione di *conoscenza*;
— atti consistenti in manifestazione di *giudizio*;
— atti di natura *mista*;

c) in relazione alla **discrezionalità**, si distinguono:
— *atti discrezionali* (suddivisi ulteriormente secondo l'oggetto della discrezionalità);
— *atti vincolati*;

d) in relazione all'**efficacia**, si distinguono:
— *atti costitutivi*, che creano, modificano o estinguono un rapporto giuridico preesistente. Tali atti possono incidere su: *status*, diritti, precedenti atti;
— *atti dichiarativi*, che si limitano ad accertare una determinata situazione, senza influire su di essa; tutti gli atti dichiarativi non sono provvedimenti (*contra* VIRGA);

e) in relazione al **risultato**, abbiamo:
— *atti ampliativi*, che attribuiscono al destinatario nuovi poteri e nuove facoltà, ampliando la sua sfera giuridica: gli atti costitutivi di *status*, di diritti e gli atti estintivi di obblighi;

— *atti restrittivi*, che, invece, restringono la sfera giuridica del destinatario con l'estinguere suoi diritti o *status*, o col creare nuovi obblighi (es.: gli ordini);

f) in relazione ai **destinatari**, abbiamo:

— *atti particolari*, se destinati ad un solo soggetto;

— *atti con pluralità di destinatari*, che possono essere:

1. *atti plurimi*: formalmente unici, ma scindibili in tanti provvedimenti quanti sono i destinatari (es.: l'unico decreto con cui si nominano i vari vincitori di un concorso). I singoli atti sono fra loro *indipendenti* e l'annullamento di uno di essi non travolge anche gli altri;
2. *atti collettivi*: con essi la P.A. manifesta la propria volontà, *unitariamente ed inscindibilmente*, verso un complesso di individui unitariamente considerati (VIRGA). Consegue dalla natura di atto unitario, che ogni vizio inficia l'atto nella sua totalità (a differenza dell'atto plurimo);

— *atti generali*: si rivolgono a destinatari non determinati al momento dell'emanazione dell'atto, ma determinabili in un momento successivo, e cioè al momento della loro esecuzione (es.: i bandi di concorso e di gare). Tali atti differiscono dalle fonti secondarie del diritto: essi, infatti, non presentano il requisito della *innovatività*, in quanto esauriscono la loro efficacia con l'emanazione del singolo atto applicativo, né quello della *astrattezza*, non applicandosi indefinitamente a fattispecie concrete. La riconducibilità di un atto alla categoria di fonte secondaria o di atto generale risulta di fondamentale rilevanza pratica giacché nel primo caso si parla di atto quale *fonte del diritto*, nel secondo caso di *semplice provvedimento amministrativo*.

g) in relazione alla **reciproca interdipendenza** abbiamo:

— *atti composti*: sono formati da *più manifestazioni* di volontà così strettamente unite che si considerano *un solo atto*, per cui il difetto di una di esse si risolve nel difetto di tutto l'atto. Nella teoria generale appartengono a tale categoria:

1. *il contratto*: risultante dalle manifestazioni di volontà di due o più parti e destinato alla composizione dei relativi *interessi contrapposti*;
2. *l'atto complesso*: anche qui si ha fusione di più manifestazioni di volontà; tuttavia i vari *interessi* non sono contrapposti (come nel contratto) ma *paralleli* (es.: il decreto del Presidente della Repubblica e i decreti ministeriali di concerto). Entrambe le figure sono caratterizzate dal fatto che vengono in vita nello *stesso momento* e riguardano *più agenti*;
3. *l'atto continuato*: in cui le singole determinazioni sono poste in essere successivamente dallo stesso agente (es.: in caso di riunione pubblica o assembramento in luogo pubblico le tre intimazioni prima della carica, previste dall'art. 23 T.U. di pubblica sicurezza);

— *atti contestuali*: risultano dalla riunione (si noti: riunione e non fusione) di *più atti autonomi* in un'unica *manifestazione* esteriore. Sono *più atti* che conservano la propria autonomia funzionale. Appartengono alla categoria sia gli *atti simultanei*, in quanto in un'*unica manifestazione* ricorrono atti dello stesso genere, ma *rivolti in più direzioni* (es.: un ordine dato da più Ministri, con un'unica dichiarazione, ai propri dipendenti), sia gli *atti plurimi*, che consistono nell'emanazione di *più manifestazioni di volontà rivolte in un'unica direzione*. In tal caso un vizio relativo ad un solo atto non inficia l'intera manifestazione finale;

h) in relazione al **procedimento amministrativo** abbiamo:

— *atti procedimentali*, che si inseriscono in un procedimento amministrativo e sono tra loro coordinati e preordinati all'adozione di un provvedimento amministrativo (atto finale del procedimento); tali sono gli *atti propulsivi* (come le istanze, le richieste, i ricorsi) e gli *atti preparatori* (come i pareri, gli accordi preliminari, le designazioni etc.). Caratteristica degli atti procedimentali è che, di regola, essi possono essere impugnati soltanto insieme all'atto finale, al quale soltanto può essere collegato l'effetto giuridico finale;

— *atti presupposti*, che, *pur rilevando ai fini della produzione dell'effetto giuridico finale, acquistano un rilievo autonomo in seno al procedimento amministrativo ovvero costituiscono atto finale di un procedimento autonomo*. Ne costituisce esempio l'*adozione del piano regolatore* da parte del Consiglio comunale, atto presupposto rispetto alla successiva approvazione di esso da parte della Regione.

Non manca, però, chi ritiene i due atti come facenti parte dello stesso procedimento (vedi C.d.S., sez. V, 18-3-1980, n. 270). Gli atti presupposti, essendo autonomi rispetto all'atto alla cui produzione degli effetti concorrono, saranno autonomamente impugnabili;

i) in relazione agli **agenti**, infine, abbiamo:
   - *atti di un solo organo* (cd. monostrutturati: CARINGELLA): posti in essere da un solo soggetto, sia esso *individuale* (atti semplici) che *collettivo* (atti collegiali, che rientrano in questa categoria, essendo il collegio un organo unitario, anche se composto da più persone);
   - *atti di più organi* (cd. pluristrutturati: CARINGELLA): che possono, a loro volta, essere:
     - *atti complessi*: risultano dal concorso di volontà di più organi diretti allo stesso fine e mossi dallo stesso interesse. Sono anche detti *codecisioni* e si caratterizzano per il fatto che l'assenza del contributo anche di uno solo degli organi coinvolti per la loro formazione non ne consente la perfezione. La complessità, a sua volta, può essere sia *uguale*, quando le varie *manifestazioni* di volontà che concorrono alla formazione dell'atto hanno tutte lo *stesso valore* (es.: decreti interministeriali), sia *ineguale*, quando ha *valore preminente la volontà* di *uno solo dei più organi* che concorrono alla formazione dell'atto (esempio: decreto del Presidente della Repubblica, formato dall'atto presidenziale e dalla controfirma del Ministro, che ha solo valore di requisito di efficacia);
     - *atti di concerto*: che sono adottati da un solo organo, ma previo *concerto*, e cioè d'intesa, con altri organi;
     - *contratti*.

2 I provvedimenti amministrativi

Come anticipato, i provvedimenti sono atti consistenti in *manifestazioni di volontà*, mediante i quali la P.A., nell'esercizio della propria *potestà d'imperio*, *unilateralmente* e *concretamente costituisce, modifica* od *estingue* una *situazione giuridica*, per *realizzare* un *particolare interesse pubblico* affidato *istituzionalmente* (quindi, con legge) alla *sua cura*.

Essi presentano caratteri ulteriori rispetto a quelli propri di tutti gli atti amministrativi, che sono:

1. Imperatività (o autoritarietà)

Tale carattere consiste nella capacità del provvedimento di **imporre unilateralmente modificazioni nella sfera giuridica dei destinatari**. Ciò vuol dire che l'amministrazione agente «può introdurre nella sfera giuridica altrui un regolamento di interessi senza, quindi, che sia necessario il consenso o la collaborazione del soggetto titolare della stessa» (CHIEPPA-GIOVAGNOLI). Tale forza va sotto il nome di *autoritarietà* o *imperatività* e si sostanzia (SANDULLI):

- per i provvedimenti positivi: nella costituzione, modificazione o estinzione dei poteri e delle facoltà del destinatario indipendentemente dal suo consenso e, quindi, anche contro la sua volontà (GUARINO). I provvedimenti positivi, dunque, *purché efficaci*, ed anche se illegittimi, sono sempre *imperativi* ed *esecutivi*. Per VIRGA, l'esecutività «designa la situazione dell'atto per il quale si sono verificati tutti i requisiti di efficacia previsti» sia dalla *legge* (controllo e comunicazioni) che dallo stesso *provvedimento* (condizione sospensiva, termine iniziale);
- per i provvedimenti negativi: nella cd. *non spettanza* e cioè nella definizione autoritativa che quel determinato provvedimento positivo non spetta al destinatario.

2. Esecutorietà

Le pubbliche amministrazioni, **nei casi e con le modalità stabiliti dalla legge**, possono imporre **coattivamente l'adempimento degli obblighi nei loro confronti** (**esecutorietà**). Il provvedimento costitutivo di obblighi deve indicare il termine e le modalità dell'esecuzione da parte del soggetto obbligato. Qualora l'interessato non ottemperi, le pubbliche amministrazioni **previa diffida**, possono provvedere all'esecuzione coattiva nelle ipotesi e secondo le modalità previste dalla legge (art. 21ter L. 241/1990). L'esecutorietà, pertanto, si concretizza nel potere dell'amministrazione di *attuare coattivamente* le statuizioni contenute nell'atto, anche contro la volontà del destinatario e senza la necessità di previo ricorso giurisdizionale (CARINGELLA-GIANNINI).

3. Esecutività

L'esecutività consiste nell'**idoneità** del provvedimento efficace **ad essere eseguito**.

I provvedimenti amministrativi efficaci sono *eseguiti immediatamente*, salvo che sia diversamente stabilito dalla legge o dal provvedimento medesimo (art. 21quater L. 241/1990). Questa previsione sancisce la doverosa esecuzione immediata di ogni provvedimento. Pertanto, «l'esecutività se da un lato esprime una particolare ed immancabile conseguenza dell'acquisita efficacia del provvedimento (che consiste nella produzione degli effetti), dall'altro evoca la doverosità, rivolta alla P.A., di portare a subitanea esecuzione il provvedimento adottato (affinché spieghi i propri effetti)» (CARINGELLA-GIANNINI). L'efficacia ovvero l'esecuzione del provvedimento amministrativo può essere *sospesa*, per gravi ragioni e per il tempo strettamente necessario, dallo stesso organo che lo ha emanato, o, comunque, da altro organo previsto dalla legge. Il termine della sospensione che deve essere esplicitamente indicato nell'atto che la dispone può essere prorogato o differito per una sola volta, nonché ridotto per *sopravvenute esigenze*.

4. Tipicità - Nominatività

Altri *caratteri* dei provvedimenti amministrativi sono:

— **tipicità**: i provvedimenti amministrativi sono solo quelli previsti dalla legge e ciò con riferimento sia al *contenuto* che alla *funzione* che lo stesso è destinato a realizzare;
— **nominatività**: implica che ad ogni interesse pubblico corrisponde un certo tipo di atto definito e disciplinato dalla legge (GAROFOLI).

In pratica, mentre la tipicità discende dal fatto che la legge fissa i fini e gli effetti del provvedimento, la nominatività si sostanzia nella circostanza che è la legge a individuare i provvedimenti da utilizzare in base alle singole finalità di interesse pubblico da perseguire per quei determinati effetti da raggiungere.

I provvedimenti, pertanto, costituiscono un *numerus clausus*. In particolare, la tipicità del provvedimento si contrappone all'atipicità dei negozi (art. 1322 c.c.) di diritto privato e costituisce un *corollario del principio di legalità*, implicito in numerose disposizioni costituzionali, in base al quale le pubbliche amministrazioni possono esercitare solo i poteri che vengono ad esse conferiti espressamente dalla legge.

Costituiscono un'**eccezione** o, quanto meno, un'attenuazione del principio di tipicità, le *ordinanze contingibili ed urgenti* che sono atti nominati, poiché possono essere emanate solo nei casi previsti dalla legge, ma non del tutto tipizzati, poiché la legge lascia all'organo competente uno spazio assai ampio nella determinazione del contenuto e degli effetti. Il principio di tipicità esclude che si possano attribuire all'amministrazione poteri impliciti.

Va, infine, ricordato che i provvedimenti amministrativi consistono sempre in manifestazioni di volontà (non sono, perciò, provvedimenti veri e propri le *manifestazioni di scienza o di giudizio*) e la loro *emanazione* può essere *discrezionale* o *dovuta*.

5. Inoppugnabilità

Tale carattere si riferisce all'idoneità del provvedimento a diventare **definitivo**, decorso un breve termine di decadenza per l'impugnazione.

3 Gli elementi dell'atto amministrativo

Gli **elementi** dell'atto amministrativo si distinguono (VIRGA) in:

— **essenziali**: se necessari giuridicamente per dar vita all'atto;
— **accidentali**: ovvero elementi eventuali, che non necessariamente devono essere contenuti in ciascun atto in quanto hanno semplicemente la funzione di incidere sull'efficacia dell'atto (come ad es.: un termine iniziale, da cui decorrono gli effetti dell'atto, o finale, cioè fino al quale l'atto produce i suoi effetti) senza, però, alterarne il tipo;
— **naturali**: sono quegli elementi che, in quanto previsti dalla legge per il tipo «astratto» di atto, si considerano sempre inseriti in esso, anche se non apposti espressamente (VIRGA).

a) Gli elementi essenziali

Gli elementi essenziali sono i seguenti:

- l'**agente** o **soggetto**. L'atto amministrativo deve essere, necessariamente, posto in essere da un organo della P.A. essendo quest'ultima il centro di imputazione giuridica degli atti posti in essere dai suoi organi.

  Può essere tale:

  - un funzionario dello Stato, o di altro ente pubblico;
  - un privato investito dell'esercizio di una pubblica potestà, generalmente in forza di un provvedimento di concessione e limitatamente a quegli atti che costituiscono estrinsecazioni dell'esercizio di pubbliche potestà, quale, ad esempio, l'ingiunzione dell'appaltatore delle imposte comunali (VIRGA);

- il **destinatario**. È l'organo pubblico o il soggetto privato nei cui confronti si producono gli effetti del provvedimento. Il destinatario deve essere determinato o determinabile. La mancanza di destinatario comporta l'inesistenza dell'atto; l'errata individuazione di esso comporta, invece, annullabilità;
- la **volontà**. Anch'essa deve esistere al momento della emanazione dell'atto, in quanto ogni atto amministrativo deve essere posto in essere volontariamente.
  La volontà è un elemento essenziale di tutti gli atti amministrativi, qualunque ne sia il contenuto: infatti, anche negli atti consistenti in manifestazioni di conoscenza o di giudizio, è pur sempre essenziale la volontà della P.A. di porre in essere l'atto;
- la **finalità**. Affinché un atto amministrativo possa esistere è necessario che l'atto sia preordinato ad un **compito della Pubblica Amministrazione**, cioè la sua **finalità concreta** deve essere collegata alla **funzione amministrativa**. La finalità è, pertanto, lo scopo che l'atto persegue;
- l'**oggetto**. È ciò su cui l'atto amministrativo incide e può consistere in un comportamento, un fatto o un bene. Esso, poi, deve essere determinato, possibile e lecito;
- la **forma**. Si tratta del modo di essere della manifestazione che l'atto assume per operare nell'ordinamento positivo.
  Ogni atto amministrativo, affinché venga ad esistenza, deve essere manifestato all'esterno.

  La forma dell'atto può, di volta in volta, essere:

  a) **espressa**: mediante atti formali (cioè sottoposti a particolari «formalità») oppure atti non formali. La volontà, inoltre, può essere manifestata con atti scritti, con segnalazioni (segnali stradali, semafori, segnali ferroviari etc.), oralmente etc.;
  b) **tacita**: sono «tacite» quelle manifestazioni che si possono desumere indirettamente da un altro provvedimento o da un comportamento dell'autorità.

In diritto amministrativo, secondo la più autorevole dottrina, vige il principio della libertà della forma per cui, al di fuori delle ipotesi in cui è la legge stessa che richiede una forma particolare, l'atto può manifestarsi in qualsiasi forma, anche implicita. Va però detto che la legge richiede di solito la forma scritta.

Si ricordi, inoltre, anche quanto detto retro sulla digitalizzazione della P.A. e sulla sempre maggiore diffusione dell'atto amministrativo informatico, ormai equiparato a quello cartaceo.

b) Gli elementi accidentali

Anche in diritto amministrativo sono contemplati i cd. «elementi accidentali» che possono essere apposti ad atti discrezionali regolati da norme non cogenti, purché questi non ne alterino il contenuto tipico.

Sono elementi accidentali:

a) la **condizione**, che è quell'avvenimento futuro ed incerto al cui verificarsi inizierà (cd. condizione sospensiva) o cesserà (cd. condizione risolutiva) l'efficacia dell'atto;

b) il **termine**, che è quel momento futuro e certo a partire dal quale (cd. termine iniziale) o fino al quale (cd. termine finale) l'atto avrà efficacia;
c) l'**onere**, che è un particolare obbligo posto a carico del destinatario di un atto per lui favorevole (ed è tale quello che comporta un ampliamento della sua sfera giuridica o d'azione). Mira a far sì che con l'ampliamento dei poteri del privato, si realizzi anche l'interesse pubblico (concessione, autorizzazione, sovvenzione etc.);
d) la **riserva**, che è una figura tipica del diritto amministrativo e consiste nella facoltà, che la P.A. si riserva, di adottare futuri provvedimenti in relazione ad un dato atto (es.: riserva di riscatto in caso di concessione di un servizio).

4 Struttura dell'atto amministrativo

Ogni atto amministrativo è, di regola, composto da *tre parti*.

Nella **parte iniziale** dell'atto sono indicati:

a) ***intestazione***: cioè l'indicazione dell'autorità da cui l'atto promana (Comune, Ministero etc.), nonché l'organo individuale (es. Sindaco, dirigente o responsabile di un servizio) o collegiale (si pensi ad es. al Consiglio comunale o alla Giunta) che adotta l'atto;
b) ***indicazione formale*** del tipo di atto (es. ordinanza, determina etc.);
c) ***oggetto*** dell'atto, cioè la funzione che lo stesso persegue nel caso concreto (es. ingiunzione di demolizione e remissione in pristino dello stato dei luoghi);
d) ***estremi*** dell'atto, ossia la *data* e il *numero di protocollo*, consistente in un numero progressivo assegnato dall'autorità, che serve ad individuare l'atto fra tutti quelli adottati o ricevuti.

La **parte centrale** dell'atto è, invece, composta da:

a) ***preambolo***: in cui sono indicati gli elementi di fatto e di diritto che rilevano ai fini dell'adozione dell'atto, le norme di legge o i regolamenti in base ai quali l'atto stesso è stato adottato, nonché le fasi significative del procedimento amministrativo svolto, comprese attestazioni relative agli atti preparatori;
b) ***motivazione***: rappresenta lo strumento attraverso il quale la P.A. esterna i presupposti fattuali e le ragioni giuridiche che hanno portato alla emanazione di un dato provvedimento (v. subito *infra*);
c) ***dispositivo***: è la parte *precettiva* dell'atto e costituisce la dichiarazione di volontà vera e propria. Trattandosi della decisione vera e propria, il contenuto del dispositivo varia a seconda dell'atto da adottare: può essere una *manifestazione di volontà* (quando si tratta di un provvedimento come una concessione o un decreto di esproprio), una *manifestazione di scienza* (come ad esempio, un verbale di accertamento), *manifestazione di valutazione o di giudizio* (come ad esempio un parere o una proposta).
In coda al dispositivo, infine, vengono inserite alcune formule di chiusura (ad esempio, le forme di tutela esperibili dagli interessati avverso l'atto e i relativi termini di impugnazione dello stesso; l'indicazione dei soggetti ai quali l'atto deve essere notificato).

La **parte finale** dell'atto contiene le seguenti indicazioni:

a) ***luogo***: l'indicazione del luogo in cui l'atto è stato adottato;
b) ***data***;
c) ***sottoscrizione***: cioè la firma dell'autorità che emana l'atto o di quella a tal fine delegata.

5 Segue: La motivazione del provvedimento amministrativo

La motivazione del provvedimento amministrativo è lo strumento attraverso il quale la P.A. **esterna i presupposti fattuali e le ragioni giuridiche** che hanno portato alla emanazione di un dato provvedimento: l'art. 3 L. 241/1990 è una norma di applicazione generale per tutti i provvedimenti amministrativi, **compresi** quelli **concernenti l'organizzazione amministrativa, lo svolgimento**

dei concorsi e il personale, ad eccezione degli atti normativi e a contenuto generale. Sottratte alla disciplina della motivazione sono anche le forme di silenzio assenso *ex* art. 20 L. 241/1990.

Per quanto riguarda la **struttura** della motivazione, si parla, come anticipato, di presupposti di fatto e ragioni di diritto. Per **presupposti di fatto** si intendono gli elementi e i dati fattuali acquisiti durante l'istruttoria e che sono stati oggetto di valutazione da parte della P.A.; invece, le **ragioni giuridiche** comprendono le argomentazioni condotte sul piano del diritto, cioè le norme che sono state considerate applicabili nella fattispecie concreta all'esame dell'amministrazione procedente.

La ***ratio*** della motivazione va individuata nella esigenza di garantire agli interessati la **ricostruzione dell'*iter* logico seguito dall'amministrazione**, anche allo scopo di verificarne la correttezza nonché eventuali profili di illegittimità.

L'art. 3, co. 3, della L. 241/1990 dispone, inoltre, che, se le ragioni della decisione risultano da un altro atto dell'amministrazione richiamato dalla decisione stessa, insieme alla comunicazione di quest'ultima deve essere indicato e reso disponibile anche l'atto cui essa si richiama. Si tratta della cd. **motivazione *per relationem***, ossia della motivazione risultante da altri atti posti in essere nel corso dell'*iter* procedimentale; in tale caso, è previsto, tuttavia, che anche l'atto a cui è fatto riferimento debba essere indicato e reso disponibile, pena la configurazione di un vizio di legittimità.

In ogni atto notificato al destinatario devono infine essere indicati il **termine** e l'**autorità** *a cui è possibile fare ricorso* (art. 3, ult. comma)

Per quanto riguarda i *profili giurisdizionali* attinenti l'obbligo di motivazione, bisogna considerare che, a seguito dell'entrata in vigore della L. 241/1990, la *mancanza di motivazione* può essere considerata quale **violazione di legge** (in specie, dell'art. 3 della L. 241/1990), mentre in precedenza si parlava di vizio di eccesso di potere. In caso di *motivazione perplessa e contraddittoria*, invece, può continuare a parlarsi di **eccesso di potere**, riguardando il vizio, in tale caso, non la motivazione in sé, ma il concreto svolgimento del potere amministrativo.

6 I requisiti del provvedimento amministrativo e la sua efficacia

a) I requisiti di legittimità e di efficacia

I requisiti del provvedimento amministrativo sono quelle condizioni che, soddisfatte, consentono allo stesso di raggiungere il fine per il quale è posto in essere.

Si distingue tra requisiti di legittimità e requisiti di efficacia. Mentre i **requisiti di legittimità** sono tutti quei requisiti richiesti dalla legge affinché l'atto, oltre che esistente, sia anche **valido** (quindi **perfetto** in tutti i suoi elementi), i **requisiti di efficacia** comprendono, invece, tutte le condizioni richieste affinché l'atto, già perfetto, divenga anche **efficace**, ossia in grado di produrre effetti.

Legittimità	➤ requisiti inerenti l'**agente**	• *compatibilità* (mancanza di cause che comportino astensione o ricusazione) • *legittimazione* (esistenza di un'investitura effettuata nei modi di legge) • *competenza* per territorio, grado e materia a procedere alla emanazione dell'atto
	➤ requisiti inerenti l'**oggetto**: esistenza di un potere relativo a quel dato oggetto ➤ requisiti inerenti la **forma**: rispondenza alla previsione di legge ➤ requisiti inerenti il **contenuto**: conformità dell'atto al precetto legislativo	
Efficacia	➤ **esecutività** (l'atto può essere portato ad esecuzione)	• controllo positivo • verificarsi dell'eventuale condizione sospensiva
	➤ **obbligatorietà** (l'atto, già perfetto ed esecutivo, diviene obbligatorio nei confronti dei destinatari)	• notifica • trasmissione • pubblicazione

b) L'efficacia dell'atto amministrativo

Per *efficacia* di un atto amministrativo si intende l'*attitudine* dell'*atto a produrre effetti*.

L'atto amministrativo diviene produttivo di effetti, a seguito del positivo completamento della *fase di integrazione dell'efficacia* (controllo e comunicazione all'interessato).

Gli *effetti* dell'atto possono essere:

a) **costitutivi**: se creano una *situazione giuridica ex novo*, o modificano una situazione preesistente ovvero la estinguono;
b) **dichiarativi**: se accertano o chiariscono una situazione già esistente;
c) **ampliativi**: se favorevoli per il destinatario;
d) **restrittivi**: se sfavorevoli per il destinatario. Ai sensi dell'*art. 21bis* L. 241/1990 il provvedimento limitativo della sfera giuridica dei privati acquista efficacia nei confronti di ciascun destinatario con la *comunicazione* allo stesso effettuata; qualora per il numero dei destinatari la comunicazione non sia possibile o risulti particolarmente gravosa, l'amministrazione può provvedere mediante altre forme di pubblicità idonee. I provvedimenti limitativi della sfera giuridica dei privati aventi *carattere cautelare ed urgente sono immediatamente efficaci*.

Quanto al momento in cui un atto inizia a produrre effetti bisogna distinguere tra **atti recettizi** — che sono quelli che producono effetti solo quando sono portati a conoscenza del destinatario — e **atti non recettizi**.

Per gli *atti non recettizi* gli effetti si producono dal momento stesso in cui l'atto sia posto in essere; per gli atti *recettizi*, invece, gli effetti decorrono solo dalla *comunicazione* dello stesso al suo destinatario.

Sotto un diverso aspetto, si rileva che, ai sensi dell'art. 21quater L. 241/1990 (come modif. dalla L. 124/2015), i provvedimenti amministrativi efficaci sono **eseguiti immediatamente**, salvo che sia diversamente stabilito dalla legge o dal provvedimento medesimo.

In particolare, vengono in rilievo due figure:

a) la **proroga**: è il provvedimento con cui la P.A. *differisce* ad un momento successivo, rispetto a quello previsto dall'atto, il *termine di scadenza dell'atto stesso*. Per essere produttiva di effetti essa deve intervenire *necessariamente prima* della *scadenza* e va adottata con le *stesse modalità* richieste per l'atto da prorogare. Essa è un vero e proprio *atto innovativo* rispetto a quello da prorogare, e come tale è soggetto a tutte le impugnative che si potevano intentare nei confronti dell'atto;
b) la **sospensione**: è un provvedimento di secondo grado con cui si sospende l'esecuzione di un precedente provvedimento. Essa può essere disposta **per gravi ragioni e per il tempo strettamente necessario**, dallo stesso organo che ha emanato l'atto ovvero da altro organo previsto dalla legge. Il termine della sospensione è *esplicitamente* indicato nell'atto che la dispone e può essere prorogato o differito per **una sola volta**, nonché ridotto per sopravvenute esigenze. La sospensione non può comunque essere disposta o perdurare oltre i limiti per l'esercizio del potere di annullamento di cui all'art. 21nonies L. 241/1990.

Cessazione dell'efficacia

Le cause di *cessazione dell'efficacia* possono essere:

a) *fatti naturali*.
Vi rientrano la *scadenza del termine* (al cui verificarsi si esaurisce l'atto), il *verificarsi della condizione risolutiva*, la *morte dell'interessato* (dalla quale sorge, però, talvolta il diritto per gli eredi a mantenere l'atto stesso). Per la morte del *titolare* di un'*autorizzazione*, se esiste un soggetto usufruttuario della stessa, questi è preferito agli eredi in considerazione del fatto che è lui a trarre utilità dalla autorizzazione, e infine, l'*impossibilità sopravvenuta dell'esecuzione dell'atto*;

b) *atti del destinatario.*
Vi rientra la *rinunzia* da parte del soggetto, la quale, tuttavia, per poter essere operativa, *deve essere accettata dalla P.A.*, perché da sola non è sufficiente a dismettere gli effetti dell'atto;
c) *atti della P.A.*, quali atti di controllo successivo con esito negativo, atti di ritiro (annullamento, revoca, abrogazione), pronuncia di decadenza.

7 Il silenzio amministrativo

L'art. 2 L. 241/1990 sancisce un vero e proprio **obbligo** generale per la P.A. di concludere il procedimento amministrativo mediante l'adozione di un **provvedimento espresso**; in tal modo è riconosciuto al privato un vero e proprio *diritto alla conclusione del procedimento.*

In tale contesto si inserisce la problematica del silenzio dell'amministrazione, che si verifica quando la P.A. ometta di provvedere in una determinata materia, benché sia stata *proposta un'istanza* o abbia un particolare *dovere di intervenire*.

In generale, il silenzio non assume di per sé alcun significato, né positivo né negativo. Vi sono però dei casi in cui la legge attribuisce al silenzio (o inerzia) della P.A. il *valore legale tipico* di un atto amministrativo, nel senso che ad esso viene riconosciuto uno *specifico significato giuridico* (cd. **silenzio significativo**).

In particolare, le figure di silenzio contemplate nell'ordinamento sono le seguenti:

- **silenzio assenso**: si configura nei casi in cui la legge attribuisce al silenzio il valore di *accoglimento di un'istanza* (art. 20 L. 241/1990). Tale disposizione prevede che, nei procedimenti ad istanza di parte, il silenzio della P.A. equivale ad accoglimento della domanda, senza necessità di ulteriori istanze o diffide, se l'amministrazione non comunica all'interessato, entro i termini stabiliti dalla legge n. 241/1990 per la conclusione del procedimento, il provvedimento di rigetto ovvero non indice una conferenza di servizi. Anche qualora il silenzio equivalga ad accoglimento della domanda, la P.A. conserva il potere di agire in via di autotutela, ai sensi degli artt. 21quinquies e 21nonies della L. 241/1990;
- **silenzio-diniego**: tale fattispecie si realizza quando la legge conferisce all'inerzia della P.A. il significato di un *diniego di accoglimento dell'istanza o ricorso*. L'ipotesi tipica è data dall'art. 25, comma 4, della L. 241/1990, per il quale decorsi inutilmente trenta giorni dalla richiesta di accesso ai documenti amministrativi, questa si intende *respinta*. Altra ipotesi specifica in cui si parla, però, tecnicamente di *silenzio-rigetto* è prevista dall'art. 6 della legge sui ricorsi amministrativi (D.P.R. 1199/1971) secondo il quale, trascorsi 90 giorni dalla presentazione di un ricorso gerarchico senza che la P.A. abbia deciso, il ricorso si intende respinto a tutti gli effetti;
- **silenzio devolutivo**: si ha quando il silenzio di una P.A. comporta l'attribuzione della competenza ad altra autorità. Anche detta forma è stata notevolmente potenziata dalla L. 241/1990 che, all'art. 17, ha previsto, in via generale e salve eccezioni specifiche, che in caso di mancata tempestiva pronuncia da parte dell'organo chiamato a partecipare al procedimento per esprimere valutazioni di carattere tecnico, l'autorità procedente è legittimata a rivolgersi ad altro organo di pari competenza;
- **silenzio-inadempimento**: riguarda le ipotesi in cui la P.A., di fronte alla richiesta di un provvedimento da parte del privato, abbia omesso di provvedere entro i termini previsti dalla legge (o da norma regolamentare) e questa non contenga alcuna indicazione sul valore da attribuire al silenzio. Per quanto attiene al procedimento di formazione del silenzio-inadempimento occorre fare riferimento all'art. 2 L. 241/1990, secondo cui, trascorso il termine fissato per la conclusione del procedimento, il silenzio può ritenersi formato. Alla scadenza di questo termine è possibile proporre ricorso giurisdizionale: ai sensi degli artt. 31 e 117 del Codice del processo amministrativo, il privato può, infatti, adire l'autorità giudiziaria per far accertare l'obbligo della P.A. di provvedere. L'azione si svolge secondo il rito speciale indicato dal legislatore *ex* art. 117 cit.

8 Le autorizzazioni

L'*autorizzazione* può essere definita come quel provvedimento mediante il quale la P.A., nell'*esercizio di un'attività discrezionale in funzione preventiva* (e normalmente ad istanza dell'interessato) provvede alla *rimozione di un limite legale* che si frappone all'*esercizio* di una attività inerente ad un *diritto soggettivo* o ad una *potestà pubblica*. Tali situazioni giuridiche — *diritto soggettivo o pubblica potestà* — devono, però, già precedentemente far capo al soggetto.

Elementi costitutivi della fattispecie autorizzativa sono:

— esistenza di un *limite legale* all'esercizio di una attività inerente ad un diritto soggettivo o ad un potere;
— *apprezzamento discrezionale* della P.A. in funzione preventiva;
— *rimozione del limite legale*.

Le autorizzazioni hanno carattere **personale** e come tali *non sono trasmissibili* senza il consenso della P.A.

Tuttavia, in alcuni casi particolari, la legge ammette la *rappresentanza*. Il rappresentante deve avere i requisiti necessari richiesti per ottenere l'autorizzazione (non aver riportato condanna penale, avere i titoli richiesti etc.).

Le autorizzazioni sono sempre concesse con la clausola «*salvi i diritti dei terzi*» per cui esse non possono essere invocate per eludere o diminuire la responsabilità civile o penale in cui il soggetto autorizzato incorra eventualmente nell'esercizio dell'attività.

a) Tipi di autorizzazioni

1. **Espresse e tacite** (o implicite o indirette):
   — *espressa* è l'autorizzazione rilasciata con un provvedimento «*ad hoc*». Tipico esempio è l'autorizzazione *ad aprire una farmacia*, rilasciata con provvedimento definitivo dell'autorità sanitaria competente;
   — l'*autorizzazione tacita* ricorre laddove la volontà autorizzatoria della P.A. sia ricavata dal suo silenzio a seguito dell'istanza (*silenzio assenso*).

2. **Modali e non modali**:
   — *modali*: sono quelle autorizzazioni per le quali, per ragioni di pubblico interesse, è consentito all'autorità amministrativa di inserire, nel provvedimento permissivo, prescrizioni limitative o modali;
   — *non modali*: sono quelle autorizzazioni il cui contenuto è predisposto dalla legge e non sono pertanto suscettibili di limitazioni. La P.A. ha solo la facoltà di emanarle o meno.

3. **Personali e reali**:

   È chiaro che il provvedimento autorizzativo ha come destinatario un soggetto di diritto. Si parla di:
   — *autorizzazioni personali*, quando l'apprezzamento discrezionale della P.A. concerne requisiti inerenti la persona del soggetto autorizzato;
   — *autorizzazioni reali*, dette anche «*ob rem*» quando l'accertamento verte su requisiti concernenti una «*res*». Tale è il caso della carta di circolazione di un autoveicolo, o della certificazione di abitabilità di un immobile.

b) Figure analoghe all'autorizzazione

1. **Abilitazione**

   Le abilitazioni sono atti il cui rilascio è subordinato all'accertamento dell'idoneità tecnica di soggetti a svolgere una certa attività (CASETTA).

   La differenza fra abilitazione ed autorizzazione attiene solo al *diverso tipo di discrezionalità* cui deve ricorrere la P.A. nell'emanarli: *discrezionalità amministrativa nel caso di autorizzazioni*, **discrezionalità tecnica** *nel caso di abilitazioni*. Sono esempi di abilitazioni: l'abilitazione all'esercizio di una professione e il rilascio della patente di guida.

2. **Approvazione**

   È un provvedimento permissivo in quanto consente l'esercizio di determinati diritti o facoltà con i quali la P.A. rende efficaci ed eseguibili atti giuridici già compiuti e perfetti. Differisce dall'autorizzazione in senso tecnico in quanto, mentre l'autorizzazione deve necessariamente intervenire prima del compimento dell'attività o dell'atto cui si riferisce, *gli atti di approvazione*, invece, *intervengono sempre dopo*;

quindi, *l'autorizzazione condiziona la legittimità dell'atto* (o dell'attività), *l'approvazione ne condiziona solo l'operatività*. L'approvazione costituisce generalmente un *atto di controllo* e trova larga applicazione nei rapporti fra Stato e persone giuridiche pubbliche.

3. Nulla-osta

Si tratta di un atto emanato da un'*amministrazione diversa* da quella procedente, con cui si dichiara che, in relazione ad un particolare interesse, *non sussistono ostacoli all'adozione del provvedimento finale*. Il nulla-osta attiene, dunque, ai rapporti tra diverse amministrazioni (solitamente viene emesso dalle autorità centrali per attività che debbano essere svolte in sede locale). Il *diniego* del nulla-osta costituisce *fatto impeditivo della conclusione del procedimento*. L'assenso dell'amministrazione che lo rilascia riguarda non già il provvedimento nel suo complesso, bensì la sua compatibilità con l'interesse da essa curato (CASETTA).

4. Licenze

La dottrina dominante (VIRGA) riconduce tutte le licenze alla figura dell'*autorizzazione*, considerandole dei *provvedimenti permissivi* in quanto, mirando alla rimozione di un limite legale che si frappone all'esercizio di una attività inerente ad un diritto soggettivo o ad una potestà pubblica, rendono possibile l'esercizio del diritto soggettivo.

5. Registrazione

La *registrazione* è un'**autorizzazione vincolata**, in quanto anch'essa è diretta a *rimuovere un limite legale che si frappone all'esercizio di un diritto*; ciò avviene, però, *non a seguito di una valutazione discrezionale*, bensì sulla base di un semplice accertamento della sussistenza delle condizioni di legge.

6. Dispensa

È quel provvedimento mediante il quale la P.A., sulla base di una valutazione discrezionale, consente ad un soggetto di esercitare una data attività o compiere un determinato atto *in deroga* ad un divieto di legge, ovvero esonera il soggetto dall'adempimento di un obbligo di legge.

9 Le concessioni

Tradizionalmente la concessione viene definita come quel provvedimento amministrativo con cui la P.A. conferisce *ex novo posizioni giuridiche attive al destinatario, ampliandone così la sfera giuridica.*

La dottrina tradizionale (SANDULLI) riporta la concessione alla categoria dei provvedimenti che operano su diritti e distingue tra:

- *concessione traslativa*, che è quel provvedimento con cui la P.A. conferisce a determinati soggetti poteri o facoltà inerenti a *diritti* di cui essa è titolare;
- *concessione costitutiva*, che è quel provvedimento con cui la P.A. conferisce al singolo *diritti creati ex novo*, ma la cui *disponibilità resta ad essa riservata*.

Da tale definizione si evince la natura giuridica della concessione, che è *provvedimento discrezionale ampliativo della sfera giuridica del destinatario*; dato caratteristico di esso, infatti, è la mancanza assoluta di una posizione giuridica, qualificabile come diritto soggettivo, antecedente alla sua emanazione. Il diritto soggettivo nasce solo se ed in quanto l'atto sia emanato.

Come viene disciplinato il **rapporto di concessione**? Con l'atto di concessione sorge un *rapporto di diritto pubblico* tra la P.A. concedente ed il concessionario; tale rapporto è disciplinato specificamente dalla legge, per ciascun caso di concessione.

I **principi generali** che regolano tale rapporto sono i seguenti:

a) nella **concessione di beni**, il concessionario acquista:
   1. il *diritto all'uso del bene demaniale*: si tratta di un vero e proprio *diritto reale nei confronti dei terzi*, tutelabile con le azioni civilistiche possessorie (art. 1145 c.c.);
   2. il cd. *diritto di insistenza*, e cioè *l'interesse legittimo al rinnovo* della concessione da parte della P.A., se non vi ostano ragioni di pubblico interesse, a preferenza di altri aspiranti;

3. l'*obbligo di pagare la cauzione* ed il *canone*;
4. il *dovere di utilizzare* il bene;
5. il *dovere di sottostare ai controlli* della P.A.;

b) nella **concessione di servizi**, il concessionario acquista:
1. il *diritto all'esercizio della concessione* (diritto pubblico di carattere funzionale);
2. il *diritto all'esclusiva* nella titolarità della concessione, e nella gestione del servizio. Si tratta di un vero e proprio *diritto soggettivo*, la cui violazione comporta responsabilità della P.A. ed è risarcibile;
3. il *diritto di conseguire i vantaggi economici* derivanti dalla gestione del servizio;
4. il *diritto* a particolari *sovvenzioni* da parte dello Stato, in taluni casi previsti dalla legge;
5. il cd. *diritto di insistenza*, sopra detto;
6. l'*obbligo di pagare la cauzione e il canone*;
7. il *dovere* di *organizzare* e far *funzionare* il servizio assunto;
8. il dovere di sottostare ai controlli della P.A.

La P.A. concedente, nella *concessione di beni*, è titolare di un **diritto di devoluzione**, cioè del diritto di acquistare gli impianti e le pertinenze esistenti sul bene, alla scadenza della concessione, salvo indennizzo al concessionario (purché non sia stata pattuita la gratuità dell'acquisto, o non sia prevista *ex lege*).

La P.A., nella *concessione di servizi*, invece, è titolare del **diritto di riscatto**, cioè di estinguere anticipatamente la concessione e di trasferire coattivamente gli impianti a se stessa, purché sia trascorso un certo lasso di tempo dal rilascio della concessione, e salvo preavviso al concessionario.

10 Il potere ablatorio (rinvio)

Il potere ablatorio è quello mediante il quale la P.A., per un vantaggio della collettività, sacrifica un interesse ad un bene della vita di un privato cittadino.

Si tratta di una categoria eterogenea sia sotto il profilo funzionale che strutturale. Sull'argomento v. *amplius infra* Cap. 13.

11 Gli atti amministrativi diversi dai provvedimenti

Oltre, ed accanto, ai provvedimenti esiste tutta una serie di atti amministrativi che per lo più assolvono a **funzioni strumentali**, accessorie o quanto meno secondarie; essi costituiscono categoria residuale e non sono di norma dotati dei caratteri tipici dei provvedimenti amministrativi.

Si tratta, quindi, di *atti di natura non autoritativa* (in quanto tali non immediatamente lesivi per il destinatario e, di regola, non direttamente impugnabili), a loro volta raggruppabili in **due grandi categorie**:

a) **atti consistenti in manifestazioni di volontà**, che si dividono in *atti paritetici* (non autoritativi), *taluni atti facenti parte del procedimento amministrativo e atti di controllo* (da alcuni inquadrabili tra le manifestazioni di giudizio);

b) **atti non consistenti in manifestazioni di volontà**, che si dividono in *atti ricognitivi*, aventi ad oggetto una manifestazione di conoscenza, nonché in *atti di valutazione*, aventi ad oggetto una manifestazione di giudizio e *intimazioni*.

a) Gli atti consistenti in manifestazioni di volontà

1. Sono **atti paritetici** quegli atti amministrativi con i quali la P.A., nell'ambito rapporto di diritto pubblico di natura patrimoniale, determina unilateralmente il contenuto di un obbligo al quale è tenuta per legge (es. determinazione di stipendi, assegni, emolumenti etc.) in base ad una mera attività accertativa.
2. Tra gli **atti facenti del procedimento amministrativo** rientrano: la **richiesta** (con cui un'autorità si rivolge ad un'altra per sollecitare l'emanazione di un atto amministrativo che in mancanza non potrebbe essere adottato), la **designazione** (consiste nell'indicazione di uno o più nominativi all'autorità competente a provvedere ad una nomina), le **deliberazioni preliminari** (hanno la forza di determinare il contenuto dell'atto che sul loro presupposto dovrà essere emanato, ma in ogni caso non sono esse stesse costitutive dell'effetto giuridico che all'atto di attuazione si collega), gli **accordi preliminari**

(sono conclusi dall'autorità che deve emanare un determinato atto quando con altre autorità tutte le volte in cui il provvedimento debba essere realizzato «di concerto» o «d'intesa» con esse).

3) **Atti di controllo**. Sono atti di controllo: **visto** (è un controllo preventivo di legittimità che sindaca l'atto sotto il profilo dell'incompetenza, della violazione di legge e dell'eccesso di potere e che incide sulla sua efficacia); **approvazione** (è un controllo preventivo di merito che non si limita al sindacato sulla legittimità, ma si estende alla valutazione dell'opportunità e convenienza dell'atto incidendo sulla sua efficacia; essa va comunicata all'autorità che ha emanato l'atto approvato ma è *immediatamente efficace*); **autorizzazione** (è un controllo preventivo di merito o legittimità che rimuove un ostacolo all'esercizio di un diritto o potere che già appartiene al soggetto e che incide sulla validità dell'atto); **omologazione** (è un controllo di legittimità e di merito in sostituzione o in aggiunta all'approvazione); **annullamento d'ufficio in sede di controllo** (è un atto di controllo successivo di legittimità che interviene dopo che l'atto ha acquistato efficacia).

b) Gli atti non consistenti in manifestazioni di volontà

1. **Atti consistenti in manifestazioni di conoscenza**: presentano il tratto unitario nella comune *funzione dichiarativa*, intesa come la funzione volta a dare **certezza di fatti giuridicamente rilevanti**. Tale attività presuppone l'acquisizione del fatto da accertare e la dichiarazione all'esterno di ciò che si è acquisito (sono esempi: gli accertamenti, le verbalizzazioni, le notificazioni, le comunicazioni).
2. Gli **atti consistenti in manifestazioni di giudizio** presuppongono un procedimento di apprendimento e si risolvono nell'enunciazione di un *giudizio valutativo*, per cui sono designati come ***atti di valutazione***. Appartengono a tale categoria i giudizi sulla idoneità dei candidati, le relazioni delle commissioni di inchiesta, i pareri e le proposte (che sono atti di valutazione con, in più, il carattere di atti di iniziativa).
3. Le **intimazioni**, infine, consistono nel *formale avvertimento* ad un soggetto, già tenuto in base ad un precedente titolo (legge o ordine) ad osservare un obbligo, di *ottemperare* all'obbligo stesso.

12 I pareri

a) Caratteri

Sono atti a carattere ausiliario consistenti in *manifestazioni di giudizio* con cui gli *organi dell'amministrazione consultiva* mirano ad illuminare, consigliare, gli *organi* di *amministrazione attiva*. Sono, di regola, di competenza di speciali *organi collegiali*.

Consistono in giudizi su un'attività che dovrà essere compiuta da parte di chi li chiede: sono, pertanto, atti privi di *autonomia funzionale*, in quanto emessi in vista del provvedimento conclusivo di un procedimento amministrativo; da ciò consegue che essi *non sono autonomamente ed immediatamente impugnabili ma vanno impugnati solo insieme all'atto finale del procedimento cui si riferiscono*.

I pareri possono essere:

- **facoltativi**: se è rimesso alla *discrezionalità* degli *organi* dell'*amministrazione attiva* di richiederli o meno;
- **obbligatori**: se la *legge* impone all'*organo di amministrazione attiva* di richiedere il *parere* all'organo consultivo. La mancata audizione del parere comporta l'invalidità dell'atto per *violazione di legge*.

  I pareri *obbligatori*, a loro volta, possono essere:

  a) **non vincolanti**: quando l'organo di amministrazione attiva è *obbligato a richiedere il parere, ma può anche non attenersi ad esso discostandosene* con il proprio operato e *motivando* le ragioni per le quali se ne discosta;
  b) **vincolanti**: se l'*organo* di amministrazione *attiva* è *obbligato* a richiedere il parere e ad *uniformarsi* ad esso.
     In questo caso il parere vincolante è assimilabile ad una deliberazione preparatoria in quanto appartiene alla fase di determinazione del contenuto dell'atto;

c) **parzialmente vincolanti**: se l'organo di amministrazione attiva può *adottare un provvedimento difforme*, ma solo in un dato senso o seguendo un dato procedimento;
d) **conformi**: quando la P.A., ha il *potere discrezionale di provvedere o non nel senso del parere* che è *obbligata* a richiedere ma, ove decida di emanare l'atto di amministrazione attiva, *deve uniformarsi* ad esso.

Quanto ai **termini di rilascio** è stabilito che, in caso di pareri obbligatori, questi devono essere resi entro 20 giorni dal ricevimento della richiesta, mentre per i pareri facoltativi, pur rimanendo ferma la «immediata» comunicazione all'amministrazione richiedente del termine entro il quale il parere sarà reso, in ogni caso, tale termine «non può superare i venti giorni dal ricevimento della richiesta».

Quanto alla disciplina per il rilascio, è previsto che nel caso in cui sia richiesto un parere obbligatorio, è **facoltà** dell'amministrazione richiedente di procedere indipendentemente dallo stesso; nel caso di parere facoltativo, invece, sussiste l'**obbligo** per la P.A. di procedere indipendentemente dall'espressione del parere.

b) Vizi dei pareri

Un parere viziato inficia tutto il procedimento amministrativo, per cui l'atto finale risulterà anch'esso viziato. Da ciò si deduce che *anche i pareri facoltativi*, potendo viziare l'atto terminale, hanno senza dubbio rilevanza giuridica, sempreché, ovviamente, pur se facoltativi, l'autorità di amministrazione attiva che li ha richiesti ne abbia tenuto conto nell'adottare il provvedimento.

Ammessa la possibilità dei vizi di incompetenza e violazione di legge, si discute se il parere possa essere viziato anche da *eccesso di potere*. La dottrina dominante è orientata in senso affermativo.

In quanto atto infraprocedimentale, dunque insuscettibile di ledere posizioni giuridiche dei privati, il parere **non** è di norma **autonomamente impugnabile**.

c) Pareri e proposte

Le proposte tendono a **sollecitare l'attività di un altro organo ed al tempo stesso ad esprimere un giudizio** circa il contenuto da dare al provvedimento. Nella proposta quindi vengono a convergere una manifestazione di volontà propulsiva ad una manifestazione di giudizio.

Le proposte, di regola, non sono vincolanti; nei casi in cui eccezionalmente la proposta è vincolante, l'autorità potrà anche rifiutarsi di emettere il provvedimento, ma dovrà motivare in ordine al rifiuto e richiedere una nuova proposta; se invece adotta il provvedimento, non potrà discostarsi dalla proposta vincolante.

Differenze fra pareri e proposte

Numerose le differenze fra pareri e proposte.
I **pareri** sono, solitamente, condizionati ad una richiesta, mentre le *proposte* sono spontanee.
I *pareri* derivano, di regola, da organi neutrali, mentre le **proposte** provengono da soggetti interessati.
I *pareri* sono atti infraprocedurali e non influiscono sui poteri di iniziativa dell'autorità decidente, mentre le *proposte* sono gli atti con cui inizia un procedimento.
Infine, l'*oggetto del parere* è circoscritto alle questioni poste all'organo consultivo dall'organo attivo. L'*oggetto della proposta* è, invece, definito dalla legge.

13 Patologia e vizi dell'atto amministrativo

Al pari degli altri atti giuridici, anche l'atto amministrativo può essere viziato.

Si considera **vizio dell'atto amministrativo** la divergenza tra la fattispecie in concreto posta in essere dalla P.A., nell'esplicazione del potere attribuitole, e la norma di riferimento. La considerazione del vizio, quindi, richiede la comparazione tra l'atto posto in essere ed il modello astratto a cui il primo dovrebbe riferirsi. In diritto amministrativo esiste una particolarità in base alla quale la fattispecie concreta deve rispondere ad un duplice criterio: essa deve essere conforme alle norme di legge, da un lato, ed alle regole di opportunità, dall'altro. Si tratta di due parametri costituzionalizzati nell'art. **97 Cost.**, che sancisce il principio di legalità, nonché quello di buona amministrazione.

Ne consegue che i vizi che possono inficiare l'atto amministrativo possono essere **vizi di legittimità** (qualora l'atto si discosti da quanto disposto da norme giuridiche) e **vizi di merito** (qualora l'atto, sebbene conforme alle norme, non sia rispondente alle regole di buona amministrazione). La rilevanza dei vizi di merito trova la propria *ratio* giustificativa nel fatto che l'attività della P.A. è un'attività funzionalizzata, nel senso che essa non solo deve essere conforme alle norme di legge, ma deve essere, comunque, protesa alla realizzazione dell'interesse pubblico (causa del potere).

Gli **stati patologici** di un atto, come si evince dallo schema che segue, possono assumere diverse gradazioni a seconda della maggiore o minore divergenza del provvedimento concreto dal parametro normativo.

Invalido	➤ Quando difetti o sia viziato uno degli elementi o requisiti prescritti, ovvero quando vi sia lesione dell'interesse concreto tutelato dalla norma violata. A seconda della gravità dei vizi l'atto può essere **nullo** o **annullabile**
Irregolare	➤ Quando l'atto presenta un vizio per il quale la legge non commina conseguenze negative per l'atto stesso, ma solo delle sanzioni amministrative a carico dell'agente

Oltre alle ipotesi di invalidità ed irregolarità dell'atto amministrativo vi sono degli stati patologici caratterizzati dal fatto che il provvedimento, pur conforme allo schema legale, non è comunque idoneo a produrre effetti.

Tali sono i casi di imperfezione, inefficacia o ineseguibilità dell'atto amministrativo.

Imperfetto	➤ Allorché non si sia ancora concluso il suo ciclo di formazione (D.P.R. non controfirmato dal Ministro)	
Inefficace	➤ Quando l'atto, benché perfetto, non è idoneo a produrre gli effetti giuridici in quanto sono inesistenti i requisiti d'efficacia previsti	• dalla legge (controlli) • dalla natura dell'atto ricettizio (comunicazione) • dallo stesso provvedimento (condizione sospensiva, termine iniziale)
Ineseguibile	➤ Quando diventa, di regola temporaneamente, inefficace per il sopravvenire di un atto ostativo (es.: ordinanza di sospensione) (VIRGA)	

14 L'invalidità dell'atto amministrativo

L'atto amministrativo è **invalido** quando è *difforme dalla norma* che lo disciplina.

In relazione alla *natura della norma* si possono individuare due grandi categorie di vizi:

a) se la norma è una **norma giuridica**, il vizio che consegue sarà un **vizio di legittimità** e l'atto sarà **illegittimo**;
b) se la *norma* rientra nella categoria delle cd. **norme di buona amministrazione** (che impongono alla P.A. di attenersi, nell'esercizio dei suoi poteri discrezionali, a criteri di opportunità e di convenienza), il **vizio sarà di merito** e l'atto sarà **inopportuno**.

L'atto illegittimo, in particolare, può essere viziato in modo più o meno grave: è **nullo** se manchevole di taluno degli elementi essenziali richiesti dalla legge, se è viziato da difetto assoluto di attribuzione, se è stato adottato in violazione o elusione del giudicato, nonché negli altri casi espressamente previsti dalla legge; è **annullabile** quando sia stato adottato in violazione di legge o sia viziato da eccesso di potere o da incompetenza.

L'invalidità può essere:

- *testuale* o *virtuale* a seconda che sia esplicitamente espressa nel testo oppure solo desumibile da esso;
- *totale* o *parziale* dal momento che può intaccare tutto l'atto o solo una parte di esso;
- *diretta* o *derivata* la quale ultima si verifica allorquando l'invalidità di un determinato atto inficia un atto successivo ad esso connesso che, di per sé, potrebbe essere legittimo.

15 La nullità

È nullo il provvedimento amministrativo che **manca degli elementi essenziali**, che è viziato da **difetto assoluto di attribuzione**, che è stato **adottato in violazione o elusione del giudicato**, nonché negli altri casi espressamente previsti dalla legge (art. 21septies L. 241/1990).

Le cause di nullità sono da ritenersi **tassative** nonché **a numero chiuso**: l'art. 21septies, infatti, ha provveduto a codificare le relative ipotesi, ribadendone il carattere tassativo.

Quanto alle ipotesi di vizi che ingenerano nullità dell'atto amministrativo, stante la indeterminatezza legislativa, si ritiene in giurisprudenza che vanno ricompresi nel concetto di **elemento essenziale** dell'atto amministrativo:

a) la qualità di pubblica amministrazione in capo al soggetto che emette il provvedimento;
b) l'individuazione del soggetto o dell'oggetto nei cui confronti il provvedimento ha effetti;
c) l'esistenza di una norma attributiva del potere alla pubblica amministrazione procedente;
d) la volontà della pubblica amministrazione di adottare l'atto;
e) la forma, laddove prescritta dalla legge.

Con l'espressione **difetto assoluto di attribuzione**, la norma richiama la nozione, tradizionale in giurisprudenza, di *carenza di potere (in astratto)*, volendo in questo modo fare riferimento ai casi più gravi in cui il potere di cui si tratta non sussiste o in via generale o comunque in capo ad una determinata autorità.

Infine, con riferimento alla violazione o elusione del giudicato, la giurisprudenza ha chiarito che: la **violazione del giudicato** ricorre quando la P.A. abbia riesercitato il *medesimo potere già illegittimamente esercitato*, in contrasto con il contenuto preciso di giudicato; l'**elusione del giudicato**, invece, sussiste nei casi in cui l'Amministrazione, pur formalmente provvedendo a dare esecuzione a quando disposto con un giudicato, in sostanza esercita *un potere diverso, in assenza dei presupposti che lo giustificano*, configurando in tal caso uno sviamento del potere al fine di evitare l'esecuzione del giudicato.

Si ricorda che si è in presenza di un **giudicato** o **«cosa giudicata»** quando un provvedimento giurisdizionale è definitivo e incontrovertibile in quanto non più impugnabile innanzi ad una autorità giurisdizionale, o per decorso dei termini o perché sono già stati esperiti tutti i mezzi di impugnazione previsti.

Dal punto di vista della disciplina processualistica della nullità, si ricorda che con l'art. 31 del Codice del processo amministrativo il legislatore ha disciplinato l'azione di accertamento, e relativa declaratoria, delle nullità previste dalla legge.

Inoltre, il legislatore del Codice ha attribuito alla **giurisdizione esclusiva della G.A.** la cognizione delle controversie in materia di nullità del provvedimento amministrativo adottato in violazione o elusione del giudicato (**art. 133 c.p.a.**).

La *nullità* comporta le seguenti conseguenze sull'atto amministrativo:

- **inesistenza giuridica** dell'*atto*, e, quindi, *inefficacia* dello stesso (*quod nullum est, nullum effectum producit*);
- **inesecutorietà**: l'atto nullo è inefficace e, come tale, anche inesecutorio. Qualora all'atto nullo, venga data esecuzione, al soggetto compete il cd. *diritto di resistenza*;
- **inannullabilità**: l'atto nullo è inesistente e, come tale, non può essere annullato;

— **insanabilità** e **inconvalidabilità**: l'atto nullo non può essere sanato né convalidato. È invece ammessa la *conversione* in altro atto valido dell'atto nullo che presenti i requisiti e gli elementi essenziali del nuovo atto e realizzi, se convertito nell'atto diverso, l'interesse pubblico.

16 L'illegittimità dell'atto amministrativo

L'*atto amministrativo esistente* che presenti dei *vizi di legittimità* che incidono su *elementi essenziali* di esso, è *illegittimo* e, come tale, *annullabile*. A differenza della figura della nullità, che è stata prevista testualmente solo a seguito dell'emanazione della L. 15/2005, la figura dell'annullabilità già aveva da tempo una sua specifica regolamentazione.

Originaria fonte positiva dei *vizi di legittimità* era l'art. 26 R.D. 1054/1924 (T.U. delle leggi sul Consiglio di Stato, oggi abrogato a seguito dell'approvazione del D.Lgs. 104/2010) che menzionava *tre categorie di vizi*: *incompetenza, eccesso di potere, violazione di legge*. Attualmente essa è rinvenibile nell'**art. 21octies** della **L. 241/1990** che, al comma 1, individua quegli stessi vizi come **causa di annullabilità del provvedimento amministrativo** e nell'art. 29 del Codice del processo amministrativo che, appunto, disciplina l'azione di annullamento, per violazione di legge, eccesso di potere e incompetenza.

L'atto annullabile è **immediatamente efficace**, ma è suscettibile di essere rimosso con una pronuncia costitutiva del giudice amministrativo ovvero attraverso un intervento da parte della stessa P.A. (ossia con un procedimento in autotutela).

Differenze

È importante distinguere l'illegittimità dall'illiceità:

— è **illegittimo** l'atto amministrativo esistente che presenta un *vizio* di uno dei suoi *elementi essenziali* e, pertanto, risulta *difforme* dalla normativa che disciplina i requisiti richiesti per la sua *validità*. L'atto amministrativo è un'*entità giuridica* (SANDULLI) preordinata alla realizzazione di determinati fini pubblici; ove sia *contra ius*, l'ordinamento lo *sanziona* qualificandolo *illegittimo* e, come tale, *caducabile* e suscettibile di *annullamento*. La *sanzione* predisposta dall'ordinamento *si risolve* nella possibilità di *eliminazione* dell'atto perché *illegittimo*;

— l'**illiceità** si concretizza, invece, nella violazione di norme giuridiche che non disciplinano atti, bensì sanzionano *comportamenti* lesivi di diritti soggettivi altrui. Illecito, pertanto, non può essere *mai un atto, ma è sempre e solo un comportamento contra ius* al quale la legge ricollega una responsabilità e *un'assoggettabilità* a *sanzione per l'autore dell'illecito*.

La legge sul procedimento amministrativo comprime l'area delle invalidità giuridiche degli atti amministrativi: sono da considerare invalidi solo i provvedimenti amministrativi viziati da **violazione di norme di carattere sostanziale**; le violazioni di carattere formale o procedimentale, invece, **non danno luogo ad annullabilità del provvedimento laddove il contenuto dello stesso non avrebbe potuto essere diverso da quello in concreto adottato, in quanto è assente ogni discrezionalità**. Analogamente non è annullabile il provvedimento per **mancata comunicazione dell'avvio del procedimento** se l'amministrazione dimostri in giudizio che il contenuto del provvedimento non avrebbe potuto essere diverso da quello in concreto adottato (art. 21octies, co. 2, L. 241/1990).

a) L'incompetenza relativa

La competenza indica la misura della **sfera di attribuzione** di un dato organo.

La violazione delle norme che la disciplinano dà luogo all'incompetenza che può manifestarsi in due forme:

— *incompetenza assoluta*;
— *incompetenza relativa*.

L'**incompetenza assoluta** si ha quando l'atto adottato dalla P.A. è inerente ad una materia riservata ad altro potere dello Stato, quando lo stesso, pur rientrando in una materia affidata all'amministrazione è adottato da un soggetto nell'esercizio di un potere del tutto estraneo alle sue attribuzioni (perché riservato ad un settore amministrativo completamente diverso), ovvero quando l'organo amministrativo emana un atto relativo ad un oggetto che si trova nella circoscrizione territoriale di un altro organo amministrativo.

Si ha **incompetenza relativa** quando un organo amministrativo invade la sfera di competenza di un altro organo appartenente allo *stesso settore amministrativo* o comunque allo *stesso ente*.

Solo l'incompetenza relativa è causa di annullabilità dell'atto amministrativo.

A queste ipotesi, la dottrina più moderna (GAROFOLI-FERRARI) affianca quella dell'**acompetenza**, che si verifica tutte le volte che un atto è posto in essere da un soggetto che non è neanche investito della pubblica funzione.

b) L'eccesso di potere

Per potersi configurare eccesso di potere, che efficacemente viene definito come *scorrettezza in una scelta discrezionale*, occorrono tre requisiti:

1) un **potere discrezionale** della P.A., poiché per gli atti vincolati, essendone predeterminato dalla legge il contenuto, non può riscontrarsi un vizio della funzione (o della volontà);
2) uno **sviamento di tale potere**, ossia un esercizio del potere per fini diversi da quelli stabiliti dal legislatore con la norma attributiva dello stesso;
3) la **prova** dello sviamento, necessaria per far venir meno la presunzione di legittimità dell'atto.

Le figure più rilevanti di eccesso di potere (cd. **figure sintomatiche**) sono:

a) **Travisamento ed erronea valutazione dei fatti**
Quando la P.A. abbia ritenuto esistente un fatto inesistente ovvero quando abbia dato ai fatti un significato erroneo, illogico o irrazionale.

b) **Illogicità o contraddittorietà della motivazione**
Quando la motivazione dell'atto sia illogica o contrastante in varie parti, o quando la motivazione sia in contrasto col dispositivo.

c) **Contraddittorietà tra più atti**
Quando più atti successivi, ma relativi ad un medesimo oggetto, siano contrastanti fra loro in modo da non far risultare quale sia la vera volontà della P.A. (cd. *contraddittorietà estrinseca*: così ad esempio, nel caso in cui, dopo aver collocato a riposo un impiegato, gli si affidi un nuovo incarico); a questa, la dottrina affianca la cd. *contraddittorietà intrinseca* che si verifica quando contraddittorie sono le *diverse parti* di un *medesimo atto*.

d) **Inosservanza di circolari**
La violazione di una circolare (atto interno) non può dar luogo di per sé a vizio di legittimità; tuttavia l'inosservanza di circolari importa eccesso di potere per la contraddizione esistente fra la volontà manifestata col provvedimento nel singolo caso concreto e quella manifestata in via generale dalla P.A. con l'emanazione della circolare.

e) **Disparità di trattamento**
Si verifica quando per identiche situazioni di fatto si adottino provvedimenti diversi: è il caso, ad esempio, in cui, dopo aver accertato la uguale responsabilità di due impiegati, l'uno è assolto e l'altro punito.

f) **Ingiustizia manifesta**
Questa figura è *rarissima*, poiché in genere l'ingiustizia attiene piuttosto all'opportunità o alla convenienza dell'atto, e quindi al *merito*, non alla legittimità. Il Consiglio di Stato, tuttavia, ha individuato alcune ipotesi di ingiustizia manifesta che si concretano in vero e proprio eccesso di potere, quale ad esempio il caso in cui si infligga una pena per scarso rendimento ad un impiegato menomato da un infortunio subito sul lavoro. Si tratta, comunque, di una figura sintomatica che si sostanzia in atti espressione di grave iniquità.

g) **Violazione e vizi del procedimento**
In linea di massima la violazione di una norma procedurale concreta una violazione di legge e non già un eccesso di potere. Vi sono tuttavia delle ipotesi di vere e proprie figure di eccesso di potere quali: l'atto emesso sul presupposto di un parere viziato da errore o travisamento di fatto; il difetto di istruttoria, che ricorre sia quando la P.A. abbia omesso del tutto di porre in essere una attività di tipo istruttorio, sia quando l'istruttoria ci sia stata ma presenti gravi vizi (ad es.: perché incompleta o poco approfondita).

h) **Vizi della volontà**
Questa figura è presa in considerazione dai fautori della teoria negoziale, che riconducono all'attività della P.A. i vizi tipici del negozio giuridico, individuando l'eccesso di potere nel procedimento non corretto di formazione della volontà.

i) **Mancanza di idonei parametri di riferimento**
Tale figura di *eccesso di potere* è stata elaborata in seguito alla considerazione giurisprudenziale secondo la quale la P.A. non può incidere sulle situazioni soggettive istituzionalmente libere dei cittadini, senza la guida di *idonei parametri generali di riferimento*. La loro mancanza, quindi, concreta un'ipotesi di eccesso di potere ogni qualvolta la pretesa tutelata del singolo sia in posizione di conflitto con quella analoga di altri soggetti.

c) La violazione di legge

È una **figura residuale** comprensiva di tutti gli altri vizi di legittimità che non configurino né incompetenza relativa né eccesso di potere.

I casi di violazione di legge possono così raggrupparsi:

a) *vizio di forma*: e cioè inosservanza delle regole prescritte per la manifestazione di volontà (la mancanza assoluta di forma è, invece, causa di nullità);
b) *difetto di motivazione* o *motivazione insufficiente*. Quando rispettivamente si omette di prendere in considerazione qualcuna delle circostanze rilevanti o di ponderare eventuali interessi rilevanti o si motiva esclusivamente riferendosi ad elementi irrilevanti o insufficienti (*ex* art. 3 L. 241/1990). Si ricorda che la violazione di legge si configura solo quando vi è una mancanza totale o parziale della motivazione, mentre continua a configurarsi eccesso di potere in caso di motivazione perplessa e contraddittoria;
c) *inosservanza delle disposizioni relative alla valida costituzione dei collegi*: quali le norme per la convocazione, le votazioni, i *quorum*, la verbalizzazione etc.;
d) *contenuto illegittimo*;
e) *difetto di presupposti legali*;
f) violazione dei criteri di *economicità, efficacia, imparzialità, pubblicità* e *trasparenza* dell'azione amministrativa *ex* art. 1 L. 241/1990.

L'espressione «*legge*» è da intendere in senso ampio, comprendendo tutti gli atti di *normazione* non solo *primaria* ma anche *secondaria. Non rientrano* in tale nozione le *circolari*, che sono *norme interne* e la cui *violazione*, come visto, concreta *eccesso di potere*.

d) Conseguenze dell'illegittimità

L'esistenza di un *vizio di legittimità* non impedisce che l'atto amministrativo produca egualmente i suoi effetti e possa perciò essere portato ad esecuzione, fino al suo eventuale annullamento.

A differenza dell'*atto inesistente*, l'**atto illegittimo**:

— *è giuridicamente esistente*;
— *è efficace*;
— *è esecutorio* (*finché non venga annullato*).

L'annullamento si verifica soltanto a seguito di un apposito *provvedimento* dell'autorità amministrativa o di una *sentenza* del giudice amministrativo; esso, inoltre, può essere richiesto solo dal soggetto nel cui interesse era posta la norma violata.

L'atto annullabile, infine, può essere *sanato, ratificato o convertito* in un atto valido.

17 L'inopportunità dell'atto amministrativo: i vizi di merito

A differenza dei vizi di legittimità, i *vizi di merito non sono suscettibili di una vera e propria classificazione*, data la mutevolezza dell'interesse pubblico e quindi di quei *criteri di opportunità e di convenienza* cui deve ispirarsi la P.A. nell'esercizio dei propri poteri.

Il **fondamento di tali vizi non risiede nella contrarietà dell'atto a norme giuridiche, ma nella violazione del principio di buona amministrazione** (art. 97 Cost.), secondo cui l'attività amministrativa, ispirandosi ai principi razionali di economia e tecnica amministrativa, deve svolgersi nel modo più *idoneo* riguardo all'*uso* dei *mezzi* e al *raggiungimento* dei *fini*.

I vizi di merito *possono invalidare solo gli atti discrezionali* (atti per i quali è concesso alla P.A. di vagliare l'opportunità, la convenienza etc. dell'atto stesso).

I vizi di merito, dunque, consistono nella **violazione**, da parte della P.A., di **norme non giuridiche** di **opportunità**, di **equità**, di **eticità**, di **economicità**.

Infatti, come è stato osservato, l'inopportunità del provvedimento «evoca la violazione di quelle regole tecnico amministrative di adeguatezza, proporzionalità, equità e giustizia sostanziale che appartengono al merito amministrativo e sono, quindi, insindacabili dagli organi giurisdizionali amministrativi. Dalla loro violazione deriva la lesione di quegli interessi semplici o discrezionalmente protetti che non sono giustiziabili in via giurisdizionale se non nei casi in cui il T.A.R. abbia eccezionalmente una competenza estesa al merito, che ricevono tutela solo attraverso l'attivazione dei ricorsi amministrativi, a meno che l'amministrazione non provveda in via di autotutela decisoria a ritirarli di ufficio» (GALLI, LIBERATI).

18 Il potere di riesame della P.A. e gli atti di ritiro

a) I rimedi contro gli atti illegittimi e/o inopportuni

Il nostro ordinamento prevede una serie di rimedi contro gli atti illegittimi e/o inopportuni. n particolare, l'atto viziato può essere oggetto di:

a) una *sentenza del giudice amministrativo* (Tribunale Amministrativo Regionale e Consiglio di Stato) che *annulli* l'atto su *ricorso giurisdizionale* dell'interessato;
b) una *decisione dell'autorità amministrativa* che annulli l'atto su *ricorso amministrativo* dell'interessato;
c) un *atto amministrativo* adottato spontaneamente *d'ufficio* dalla P.A., che *ritiri* l'atto viziato (cd. *atto di ritiro*).

b) Gli atti di ritiro

L'amministrazione pubblica, nel perseguimento del pubblico interesse, gode di una serie di poteri riconducibili, tutti, a quello, generale, di autotutela. Con il termine **autotutela amministrativa** si intende fare riferimento a quel potere dell'amministrazione di rimuovere unilateralmente ed autonomamente gli ostacoli che impediscono la realizzazione dell'interesse pubblico per il quale il legislatore ha conferito lo specifico potere.

Nell'ambito di tale ampia nozione, rileva la distinzione tra *autotutela decisoria cd. spontanea*, in cui l'amministrazione ritorna sui propri atti — per eliminarli, confermarli o emendarli — senza che ciò consegua ad un'iniziativa di un terzo, e *autotutela decisoria cd. necessaria*, collegata alla funzione di controllo dell'amministrazione, posta in essere da un'autorità diversa da quella che ha adottato l'atto sottoposto a controllo. Nella autotutela decisoria cd. spontanea rientra il **potere di riesame**, consistente «nella rivalutazione delle situazioni di fatto e di diritto poste alla base di un dato provvedimento amministrativo ad opera della stessa autorità che ha adottato l'atto originario, o di autorità diversa» (GAROFOLI-FERRARI). Quello del riesame è un *potere discrezionale*, che si esplica mediante l'adozione, da parte della P.A., di atti di ritiro o cc.dd. ***atti di secondo grado***.

Gli atti di ritiro, quindi, sono quei *provvedimenti amministrativi* a contenuto negativo, emanati in base ad un riesame dell'atto compiuto nell'esercizio del medesimo potere amministrativo esercitato con l'emanazione dell'atto al fine di eliminare l'atto viziato.

Gli atti di ritiro presentano i seguenti caratteri:

a) sono **discrezionali**, quanto alla emanazione: la P.A. valuta di volta in volta se sussista un *interesse pubblico concreto ed attuale* a ritirare il provvedimento;
b) sono *provvedimenti* **esecutori**: una volta intervenuti i requisiti di esecutività o di obbligatorietà per essi prescritti;
c) *sono provvedimenti* **formali**: il procedimento e le forme sono, di solito, le medesime prescritte per l'atto ritirato (principio del *contrarius actus*);
d) devono essere **motivati obbligatoriamente** (art. 3 L. 241/1990): si richiede per l'atto di ritiro la motivazione, anche quando non sia richiesta per l'atto ritirato;
e) sono **provvedimenti recettizi**: devono, cioè, essere necessariamente portati *a conoscenza* dei destinatari;
f) sono soggetti alle regole della L. 241/1990 in tema di **silenzio-rifiuto** e di obbligo di **comunicazione dell'avvio del procedimento**.

Gli atti di ritiro sono generalmente classificati in *cinque tipi* dalla dottrina (anche se non sempre vi è identità di terminologia):

a) *l'annullamento d'ufficio*;
b) *la revoca*;
c) *l'abrogazione*;
d) la *pronuncia di decadenza*;
e) il *mero ritiro*.

c) L'annullamento d'ufficio

L'**annullamento** è un provvedimento amministrativo di 2° grado, con il quale viene ritirato, con **efficacia retroattiva** (*ex tunc*), ossia dalla data della sua emanazione, un atto amministrativo illegittimo, per la presenza di *vizi di legittimità originari* dell'atto (*invalidità originaria*).

L'**art. 21nonies** L. 241/1990 (come mod. dalla L. 124/2015) dispone che il provvedimento amministrativo illegittimo (perché adottato in violazione di legge o viziato da eccesso di potere o da incompetenza esclusi i casi di cui al comma 2 dall'art. 21octies), sempreché non si tratti di atti a natura vincolata, può essere **annullato d'ufficio**, sussistendone le **ragioni di pubblico interesse**, entro un **termine ragionevole**, **comunque non superiore a 18 mesi** dall'adozione dei provvedimenti di autorizzazione o di attribuzione di vantaggi economici (inclusi i casi in cui si sia formato il silenzio ai sensi dell'art. 20 L. 241/1990) e **tenendo conto degli interessi dei destinatari e dei controinteressati**, dall'organo che lo ha emanato, ovvero da altro organo previsto dalla legge.

L'annullamento di cui si tratta in questa sede è l'*annullamento d'ufficio,* **su iniziativa della P.A.**, che va tenuto distinto dall'*annullamento su ricorso amministrativo* (autotutela contenziosa) e dall'annullamento in sede di controllo (autotutela decisoria cd. necessaria). Il potere d'annullamento d'ufficio è un *potere generale* della P.A. e *non* occorre una espressa previsione di legge per il suo esercizio.

L'atto di annullamento ha **efficacia retroattiva**: fa, cioè, venir meno l'atto annullato dal *momento in cui fu emanato* (*ex tunc*). Pertanto, cadono anche gli effetti dell'atto annullato.

Tuttavia vi sono dei limiti alla efficacia retroattiva dell'annullamento. È inammissibile che vengano pregiudicate le posizioni giuridiche dei terzi in buona fede e potrebbe inoltre essere impossibile eliminare taluni degli effetti prodotti dall'atto viziato (*factum infectum fieri nequit*).

L'atto di annullamento si differenzia dalla revoca, che non trova limiti nelle posizioni soggettive dei destinatari sorte dall'atto caducato, stante l'illegittimità *ab origine* delle stesse.

Il comma 2 dell'art. 21nonies fa salva la *possibilità di convalida* del provvedimento annullabile, sussistendone le ragioni di interesse pubblico ed entro un termine ragionevole, così come restano ferme le responsabilità connesse alla adozione e al mancato annullamento del provvedimento illegittimo.

d) La revoca

È un provvedimento di 2° grado, espressione del potere di *autotutela* (*motivato congruamente*) con cui la P.A. ritira, con **efficacia non retroattiva** (*ex nunc*), un atto inficiato da *vizi di merito* (inopportuno, non conveniente, inadeguato), in base ad una *nuova valutazione* delle ragioni di *convenienza ed opportunità* per le quali l'atto fu emanato.

L'art. **21quinquies** L. 241/1990 (come novellato dal D.L. 133/2014) prevede che il provvedimento amministrativo ad efficacia durevole (concessione, autorizzazione o altro atto che instauri rapporti a durata prolungata) può essere **revocato** da parte dell'organo che lo ha emanato ovvero da altro organo previsto dalla legge nel caso di sopravvenuti motivi di pubblico interesse, di mutamento della situazione di fatto, salvo che per i provvedimenti di autorizzazione o di attribuzione di vantaggi economici, di nuova valutazione dell'interesse pubblico originario.

La revoca determina l'inidoneità del provvedimento revocato a produrre ulteriori effetti e l'obbligo di provvedere all'**indennizzo** degli eventuali pregiudizi verificatisi in danno dei soggetti direttamente interessati (previsto dalla L. 241/1990 *ante* riforma solo per gli accordi).

Le controversie relative alla determinazione e corresponsione del suddetto indennizzo sono devolute alla **giurisdizione esclusiva del G.A.** (art. 133 del Codice del processo amministrativo).

Il comma 1bis dell'art. 21quinquies prevede, infatti, che ove la revoca di un atto amministrativo ad efficacia durevole o istantanea incida su rapporti negoziali, gli eventuali rimborsi ed indennizzi corrisposti dalle amministrazioni devono riguardare solo il cd. **danno emergente** e non anche il lucro cessante.

Esistono **due tipi di revoca**, l'*autorevoca* e *la revoca gerarchica*, distinte in base all'autorità amministrativa che la pone in essere: nel primo caso, da parte dell'autorità che ha emanato l'atto, e nel secondo, da parte dell'autorità gerarchicamente superiore.

L'esercizio del potere di revoca **presuppone**:

a) una mancanza attuale di rispondenza dell'atto alle esigenze pubbliche, dedotta *discrezionalmente* dalla P.A. in base a una nuova valutazione degli elementi che furono a base dell'atto da revocare, oppure la constatazione che non risultano sussistenti le ragioni di opportunità che legittimavano l'atto al momento della sua emanazione;
b) l'esistenza di un *interesse pubblico*, concreto ed attuale all'eliminazione dell'atto inopportuno.

Sono **irrevocabili**:

- gli atti *vincolati*, perché questi sono sottratti al potere della P.A. di valutare le ragioni concernenti il merito;
- gli atti la cui *efficacia* si è già *esaurita* (ad es.: per scadenza del termine, o per raggiungimento dello scopo);
- gli atti costitutivi di *status*;
- gli atti costitutivi di *diritti quesiti*;
- i provvedimenti *contenziosi* (ad es.: le decisioni su ricorsi amministrativi);
- gli atti di *mera esecuzione* e gli atti *imperfetti*.

La revoca ha efficacia *ex nunc*: gli effetti dell'atto revocato cessano solo dal momento dell'operatività della revoca, mentre restano in piedi gli effetti già prodotti in precedenza.

e) L'abrogazione

Secondo VIRGA, è un atto di ritiro che si attua per il *sopravvenire di nuove circostanze di fatto* che rendono l'*atto non più rispondente al pubblico interesse*; si differenzia dalla revoca in quanto quest'ultima si concreta nella rivalutazione delle stesse circostanze originarie.

SANDULLI osserva invece che anche in tale ipotesi ricorre la revoca.

Il regime giuridico dell'abrogazione è il seguente:

a) gli atti suscettibili di abrogazione sono gli stessi che possono essere revocati;
b) gli effetti della abrogazione si producono (come per la revoca) *ex nunc*;
c) la differenza tra *revoca* e *abrogazione* starebbe nel fatto che la prima comporta un *riesame nel merito dell'atto al momento della sua emanazione*; la seconda, invece, una *valutazione della opportunità di tenere in vita il rapporto creato dall'atto in relazione a mutate situazioni di fatto* (VIRGA); tale diversità, ammesso che esista, non influisce sul regime giuridico dell'atto.

f) La pronuncia di decadenza (VIRGA)

È un atto di ritiro, con efficacia *ex nunc* (cioè della sua adozione) che la P.A. utilizza nei confronti di *precedenti atti ampliativi* delle facoltà dei privati, in caso di:

— *inadempimento degli obblighi* o degli *oneri* incombenti sui destinatari;
— *mancato esercizio* da parte dei medesimi delle *facoltà* derivanti dall'atto amministrativo;
— *venir meno di requisiti* di idoneità *necessari* sia per la *costituzione* che per la *continuazione* del rapporto.

g) Il mero ritiro (VIRGA)

È un atto di *ritiro* che si esplica, anche per *fatti concludenti*, nei confronti di **atti non ancora efficaci** come, per esempio, per gli *atti del procedimento non ancora perfezionatosi*, gli atti privi di un requisito di esecutività o di obbligatorietà, ovvero gli atti per loro natura inefficaci (es.: atti nulli).

Perché possa farsi luogo al *ritiro* è condizione *sufficiente* l'*accertamento* della *illegittimità* o *inopportunità dell'atto*, non essendo richiesto l'apprezzamento di un interesse pubblico, concreto ed attuale al suo ritiro. Del resto, poiché esso attiene ad un atto inefficace, non vi è alcun affidamento nei destinatari meritevole di essere tutelato (VIRGA).

19 La sanatoria dell'atto amministrativo viziato: la convalescenza e la conservazione

L'atto amministrativo che non sia radicalmente nullo (e, quindi, improduttivo di effetti) ma solo **annullabile** può essere, anziché ritirato, **sanato** con una successiva manifestazione di volontà da parte della P.A.

Si distinguono al riguardo ipotesi di:

a) *convalescenza*, che tende direttamente a *eliminare il vizio* che inficia l'atto;
b) *conservazione*, che tende a rendere l'atto, nonostante la sua invalidità, *inattaccabile* da parte dei soggetti destinatari con i ricorsi amministrativi o giurisdizionali.

a) La convalescenza

Rientrano nella categoria della *convalescenza* le seguenti figure:

— **convalida**: è un provvedimento *nuovo, autonomo, costitutivo*, con cui vengono *eliminati i vizi di legittimità* di un *atto invalido precedentemente emanato dalla stessa autorità*.

  Il provvedimento di convalida deve contemplare:

  — *l'atto che si intende convalidare*;
  — *l'individuazione del vizio* da cui l'atto è affetto;
  — *la volontà di rimuovere il vizio invalidante* (cd. «*animus convalidandi*»).

  Naturalmente, come tutti i provvedimenti *discrezionali*, anche la convalida deve essere disposta solo quando vi sia un *interesse pubblico a sanare* l'atto viziato. La convalida opera *ex nunc*, ma poiché si collega ad un atto precedentemente emanato conservandone gli effetti anche nel tempo intermedio, di fatto opera *ex tunc*. L'art. 21nonies L. 241/1990, introdotto dalla L. 15/2005, dispone che la convalida è sempre possibile a fronte di un provvedimento annullabile, in presenza di un interesse pubblico ed entro un termine ragionevole;

— **ratifica**: è un provvedimento nuovo, autonomo, costitutivo, con cui *viene eliminato il vizio di incompetenza relativa* da parte dell'*autorità astrattamente competente* la quale si *appropria* di un atto emesso da *autorità incompetente dello stesso ramo*. Si differenzia dalla convalida solo per *l'autorità che pone in essere l'atto* (che non è la *stessa autorità emanante*), e per il *vizio sanabile* (che è *solo di incompetenza relativa*) (Cfr. T.A.R. Toscana, sez. III, 13-1-2015, n. 25);
— **sanatoria**: è una forma di convalescenza propria di quegli atti che sono invalidi o per *mancanza* di un *presupposto di legittimità o per il mancato compimento di un atto preparatorio* del procedimento. L'autorità provvede a sanare *ex post* l'atto, facendo verificare il presupposto o compiendo l'atto omesso, sempre che, in questo caso, ciò sia possibile.

b) La conservazione

A differenza della convalescenza, la *conservazione* mira solo *a rendere l'atto invalido inattaccabile* dai ricorsi amministrativi o giurisdizionali.

Vengono qui prese in esame le seguenti ipotesi:

— **consolidazione**: è una causa di *conservazione oggettiva* dell'atto amministrativo che dipende dal *decorso del termine perentorio* entro il quale l'*interessato avrebbe potuto proporre ricorso* contro *l'atto invalido*.
Trascorso tale termine, infatti, l'atto amministrativo diviene *inoppugnabile e, pur restando invalido*, non può essere più impugnato «*ab esterno*».
Trattasi di una *figura processualistica* che si avvicina a quella che si determina col passaggio in giudicato di una sentenza;
— **acquiescenza**: è una causa di *conservazione soggettiva* dell'atto amministrativo, che dipende da un *comportamento con cui il soggetto privato, dimostrando con manifestazioni espresse o per fatti concludenti, di essere d'accordo con l'operato* della P.A., *si preclude* la possibilità di *impugnare* l'atto amministrativo;
— **conversione**: consiste nel considerare un *atto invalido* (non solo *annullabile*, ma anche *nullo*) come appartenente ad un *altro tipo* (valido), di cui esso presenta i requisiti di *forma* e di *sostanza*. Essa costituisce applicazione del principio di conservazione dell'atto che si ispira al brocardo «*utile per inutile non vitiatur*».
Così, ad esempio, la nomina a impiegato di ruolo invalida per difetto di procedura può essere convertita in nomina ad avventizio;
— **conferma**: è una manifestazione di volontà *non innovativa* con cui l'autorità *ribadisce* una sua *precedente determinazione*, eventualmente *ripetendone* il contenuto.
L'atto di conferma assolve ad una funzione *meramente conservativa* degli effetti che si considerano, pertanto, sempre causalmente connessi al provvedimento confermato.

È opinione comune che in siffatta categoria confluiscano due specie di atti, la *conferma-provvedimento* (detta anche *conferma propria*) e l'*atto meramente confermativo* (*conferma impropria*).
La **conferma propria** si ha «solo qualora sia adottata sulla base di un nuovo *iter* procedimentale, con rinnovazione della fase istruttoria, e con una nuova ponderazione di interessi pubblici e, quindi, un nuovo provvedimento» (GIANNINI).
Vi è, invece, **conferma impropria** (atto meramente confermativo) quando provenga dalla *stessa autorità*, difetti una *nuova istruttoria* e si realizzi la *conferma della motivazione e del dispositivo* del provvedimento precedente.

8
Il procedimento amministrativo

1 Che cosa è il procedimento amministrativo?

La modalità tipica in cui si esplica il potere amministrativo è rappresentata dal *provvedimento amministrativo*, mediante il quale si concretizza e formalizza la volontà della P.A. su una determinata situazione o realtà. La procedura che precede l'adozione dello stesso provvedimento prende il nome di *procedimento amministrativo*.

Si può perciò definire il **procedimento amministrativo** come «la serie coordinata di atti e di operazioni volta a prefigurare un assetto di interessi tali da consentire di perseguire, per il tramite di un atto conclusivo, il fine pubblico, garantendo le previste forme di tutela in seno alla istruttoria ed arrecando il minor pregiudizio possibile agli interessi compresenti» (SALTARI).

Pertanto, il procedimento si configura quale **presupposto** per la **emanazione del provvedimento finale**, mediante l'accertamento e la valutazione degli interessi (pubblici e privati) in gioco e la garanzia della democraticità e della partecipazione dei soggetti privati.

Il procedimento risponde a molteplici esigenze quali:

- l'**accertamento**, la valutazione dei vari *dati di fatto* e dei *diversi interessi pubblici e privati coinvolti* dall'azione amministrativa che la P.A. *deve* tener presenti nell'emanazione dei provvedimenti;
- il **coordinamento** dell'operato e del *parere* dei vari organi che intervengono nell'emanazione dell'atto;
- l'esercizio dell'attività di **controllo**;
- la **garanzia** che anche l'*interessato* venga **sentito** prima dell'emanazione dell'atto e possa così far valere le proprie ragioni, riducendosi così i successivi ricorsi.

2 La L. 241/1990 sul procedimento amministrativo

a) Evoluzione normativa

Fino all'entrata in vigore della L. 241/1990, recante norme in materia di procedimento amministrativo e di diritto di accesso ai documenti amministrativi, mancava nel nostro ordinamento una disciplina generale del procedimento amministrativo.

Solo con la **L. 241/1990**, improntata a principi come quello della trasparenza e della partecipazione, è stato sancito il passaggio da un'attività amministrativa frutto di una imposizione autoritativa della pubblica amministrazione, ad un'attività che tende ad essere sempre più il risultato di una *concertazione con il destinatario* del provvedimento amministrativo.

Successivamente, con la **L. 15/2005** e la **L. 80/2005**, il legislatore ha ulteriormente proseguito nella strada dell'avvicinamento del cittadino alla pubblica amministrazione, prevedendo istituti giuridici volti a realizzare dialogo e collaborazione reciproca (si pensi, a titolo esemplificativo: all'istituto del preavviso di rigetto; alla generalizzazione dell'esercizio consensuale del potere amministrativo; alla incentivazione dell'uso della telematica nei rapporti tra amministrazione e tra queste e i privati).

Tale logica è alla base anche della novella alla L. 241/1990, operata dalla **L. 69/2009**, che, in un'ottica di semplificazione e razionalizzazione dell'azione amministrativa, punta a definire una pubblica amministrazione sempre più efficiente e sollecita nel rapportarsi con le esigenze del cittadino.

Altri interventi normativi negli ultimi anni hanno contribuito a ridisegnare il volto dell'*iter* procedimentale nell'ottica del perseguimento dell'efficienza e della trasparenza (si pensi al

D.Lgs. 104/2010, recante il Codice del processo amministrativo, il quale ha trasposto tutte le disposizioni prettamente processualistiche di cui alla L. 241/1990 nel Codice stesso) nonché nella direzione della repressione di fenomeni di illegalità e di corruzione nella P.A. (**L. 190/2012** e **D.Lgs. 33/2013**, cd. T.U. trasparenza).

Ulteriori interventi normativi sono da ascriversi al **D.L. 69/2013**, conv. in **L. 98/2013**, che ha previsto, tra l'altro, il diritto di ottenere un indennizzo per il mero ritardo da parte dell'istante, nel caso di inosservanza del termine di conclusione del procedimento e alla **L. 124/2015** (cd. *legge delega di riforma della P.A.*). I decreti emanati in attuazione di tale legge delega, insieme alle ulteriori innovazioni legislative degli ultimi anni, verranno esaminati in relazione agli specifici argomenti interessati.

b) Ambito di applicazione della L. 241/1990

Le disposizioni della L. 241/1990 si applicano (*ex* art. 29) alle *amministrazioni statali* e agli *enti pubblici nazionali* nonché alle *società con totale o prevalente capitale pubblico*, limitatamente all'esercizio delle funzioni amministrative. Le disposizioni di cui agli articoli 2bis (responsabilità per il ritardo nella conclusione del procedimento), 11 (accordi) 15 (accordi tra pubbliche amministrazioni) e 25, commi 5, 5bis e 6 (tutela giurisdizionale del diritto di accesso) nonché quelle del capo IVbis (efficacia ed invalidità del provvedimento amministrativo) si applicano a tutte le amministrazioni pubbliche.

Le Regioni e gli enti locali regolano le materie disciplinate dalla L. 241/1990 nel rispetto delle garanzie costituzionali e della tutela del cittadino.

Inoltre, è specificato che attengono ai **livelli essenziali delle prestazioni** di cui all'articolo 117, secondo comma, lettera *m)*, della Costituzione le disposizioni concernenti gli obblighi per la pubblica amministrazione di garantire **la partecipazione dell'interessato al procedimento**, di individuarne un responsabile, di **concluderlo entro il termine prefissato** e di assicurare l'accesso alla documentazione amministrativa, nonché quelle relative alla durata massima dei procedimenti (comma 2bis); a queste ipotesi deve aggiungersi la disciplina sulla presentazione di istanze, segnalazioni e comunicazioni e quella degli istituti della segnalazione certificata di inizio attività, del silenzio assenso e della conferenza di servizi, salva la possibilità di individuare, con intese in sede di Conferenza unificata, casi ulteriori in cui tali disposizioni non si applicano (comma 2ter).

Infine, si prevede che le Regioni e gli enti locali, nel disciplinare i procedimenti amministrativi di loro competenza, non possono stabilire garanzie inferiori a quelle assicurate ai privati dalle disposizioni attinenti ai livelli essenziali delle prestazioni di cui ai commi 2bis e 2ter, ma possono prevedere livelli ulteriori di tutela (comma 2quater); e, infine, che le Regioni a statuto speciale e le Province autonome di Trento e di Bolzano adeguano la propria legislazione alle disposizioni del presente articolo, secondo i rispettivi statuti e le relative norme di attuazione (comma 2quinquies).

3 Le fasi del procedimento

Il procedimento amministrativo si svolge in quattro fasi principali:

1ª **Fase d'iniziativa**: è quella in cui prende avvio il procedimento e attraverso la quale vengono introdotti sia l'interesse pubblico primario che gli interessi secondari di cui sono titolari i privati interessati all'oggetto del provvedimento da emanare.

Al riguardo, si possono avere procedimenti:

- ad **iniziativa privata**, i cui tipici atti sono le **istanze** (*domande* dei *privati* interessati, tendenti ad ottenere un *provvedimento a loro favore*), le **denunce** (*dichiarazioni* che vengono presentate dai *privati* ad un'autorità amministrativa, al fine di provocare l'esercizio dei suoi poteri con l'emanazione di un *provvedimento*) ed i **ricorsi** (*reclami* dell'interessato intesi a provocare un *riesame* di legittimità o di merito degli atti della P.A. ritenuti lesivi di diritti o interessi legittimi);

— ad **iniziativa di ufficio**. È **autonoma**, quando l'attività propulsiva promana dallo stesso organo *competente per l'emissione del provvedimento centrale o conclusivo*. È **eteronoma**, quando l'atto di iniziativa proviene da una P.A. diversa da quella procedente e a cui spetta emanare la decisione finale. Tale iniziativa si attua attraverso **richieste**, che sono atti amministrativi consistenti in manifestazioni di volontà con cui l'autorità amministrativa competente si rivolge ad altra autorità per *sollecitare l'emanazione di un atto* che altrimenti non potrebbe essere emanato oppure **proposte**, che sono manifestazioni di giudizio dell'organo propulsivo circa il *contenuto* da dare all'atto.

2ª **Fase istruttoria**: in tale fase **si acquisiscono e si valutano i singoli dati pertinenti e rilevanti ai fini dell'emanazione del provvedimento**. È normalmente di *competenza* della *stessa autorità* cui spetta l'adozione del provvedimento finale, ma il privato può collaborare indicando i *mezzi di prova* o rispondendo a quesiti e questioni o integrando con documentazioni.

Le attività della fase istruttoria, caratterizzate dalla incisiva partecipazione dei privati (*principio del giusto procedimento*), tendono alla:

a) *acquisizione dei fatti*, ossia *le condizioni di ammissibilità* (posizione legittimante, interesse a ricorrere), *i requisiti di legittimazione* (cittadinanza, titolo di studio) e *le circostanze di fatto* (rilevabili con accertamenti semplici quali ispezioni, inchieste etc.);
b) *acquisizione degli interessi*, ossia la raccolta degli interessi pubblici e privati coinvolti nel procedimento, con conseguente partecipazione dei portatori degli stessi;
c) *elaborazione di fatti ed interessi*, nella quale rientrano le *richieste di pareri*.

3ª **Fase costitutiva**: è la fase deliberativa del procedimento, in cui si determina il *contenuto* dell'atto. Al termine di questa seconda fase l'**atto è perfetto**, ma non ancora efficace.

Quando l'atto è di competenza di un organo collegiale la fase costitutiva costituisce, a sua volta, un procedimento (cd. *subprocedimento*), in quanto l'atto verrà posto in essere dopo che il collegio si è *riunito*, ha *discusso* ed ha *votato la delibera*.

4ª **Fase d'integrazione dell'efficacia**: l'atto già perfetto diviene *efficace*.

Vi rientrano:

— gli *atti di controllo* (il controllo deve essere eseguito dagli organi competenti);
— gli *atti di comunicazione*: gli atti possono essere *recettizi o non recettizi*, a seconda che la comunicazione agli interessati costituisca o meno *presupposto indispensabile* per la loro efficacia (es. notificazione; pubblicazione).

4 Tempistica procedimentale e profili di responsabilità

Si è detto in precedenza che il legislatore ha imposto alle pubbliche amministrazioni di concludere il procedimento amministrativo con l'azione di un **provvedimento espresso** (art. 2, co. 1, L. 241/1990). L'esercizio di tale **dovere** da parte della P.A. non può essere protratto a tempo indeterminato e, al fine di dare certezza all'azione amministrativa e di garantire i destinatari della stessa, il legislatore ha disposto una *precisa tempistica* per la conclusione del procedimento.

a) I termini per la conclusione del procedimento e il potere sostitutivo in caso di inerzia

Ai sensi dell'**art. 2** L. 241/1990, riguardante la tempistica dell'*iter* procedimentale:

— salvo diverso termine, stabilito per legge o con diverso provvedimento, il **termine generale** per la conclusione dei procedimenti amministrativi è di **30 giorni** (art. 2, co. 2);
— per le amministrazioni statali, possono essere individuati termini non superiori a **90 giorni** per la conclusione dei relativi procedimenti, mediante decreti del Presidente del Consiglio

dei Ministri, adottati ai sensi dell'articolo 17, comma 3, L. 400/1988, su proposta dei Ministri competenti e di concerto con il Ministro per la pubblica amministrazione e l'innovazione, e il Ministro per la semplificazione normativa. Lo stesso termine è applicato agli enti pubblici economici che «stabiliscono, secondo i propri ordinamenti, i termini non superiori a novanta giorni entro i quali devono concludersi i procedimenti di propria competenza» (art. 2, co. 3);
- in presenza di particolari presupposti — sostenibilità dei tempi sotto il profilo dell'organizzazione amministrativa, della natura degli interessi pubblici tutelati e della particolare complessità del procedimento — per la conclusione dei procedimenti di competenza delle amministrazioni statali e degli enti pubblici nazionali il termine di 90 giorni può essere ampliato, fino ad un massimo di **180 giorni**, mediante i D.P.C.M. di cui sopra, adottati su proposta anche del Ministro per la pubblica amministrazione e l'innovazione e del Ministro per la semplificazione normativa e previa deliberazione del Consiglio dei Ministri. Tale previsione non si applica ai procedimenti di acquisto della cittadinanza italiana e a quelli riguardanti l'immigrazione;
- salvo quanto stabilito da specifiche disposizioni normative, «le autorità di garanzia e di vigilanza disciplinano, in conformità ai propri ordinamenti, i termini di conclusione dei procedimenti di rispettiva competenza».

La disciplina dei tempi del procedimento, così come articolata dal legislatore, **non** si applica ai **procedimenti di verifica** o **autorizzativi** concernenti i beni storici, architettonici, culturali, archeologici, artistici e paesaggistici, per i quali restano fermi i termini di cui al D.Lgs. 42/2004; allo stesso modo restano ferme le disposizioni di legge e di regolamento vigenti in **materia ambientale** (art. 7, co. 4, L. 69/2009).

Completano la disciplina le previsioni che i termini di definizione dei procedimenti amministrativi **decorrono** dall'inizio del procedimento d'ufficio o dal ricevimento della domanda, se il procedimento è ad iniziativa di parte (nuovo art. 2, co. 6) e gli stessi possono essere **sospesi**, per una sola volta e per un periodo non superiore a 30 giorni, per l'acquisizione di informazioni o di certificazioni relative a fatti, stati o qualità non attestati in documenti già in possesso dell'amministrazione stessa o non direttamente acquisibili presso altre pubbliche amministrazioni (art. 2, co. 7).

In un'ottica di accelerazione nella definizione del procedimento amministrativo, al comma 1 dell'art. 2 L. 241/1990, è stabilito che le pubbliche amministrazioni, se ravvisano la **manifesta irricevibilità**, **inammissibilità**, **improcedibilità** o **infondatezza** della domanda, concludono il procedimento con un **provvedimento espresso redatto in forma semplificata**, la cui motivazione può consistere in un sintetico riferimento al punto di fatto o di diritto ritenuto risolutivo.

L'art. 2 della legge sul procedimento amministrativo, nell'intento di porre rimedio agli effetti lesivi del silenzio procedimentale, prosegue statuendo, da un lato, che la *tutela* in materia di silenzio dell'amministrazione è *disciplinata dal Codice del processo amministrativo* (D.Lgs. 104/2010) e che le **sentenze passate in giudicato** che accolgono il ricorso proposto avverso il silenzio inadempimento dell'amministrazione sono **trasmesse, in via telematica, alla Corte dei conti** (comma 8); dall'altro lato, precisa che la **mancata o tardiva emanazione del provvedimento costituisce elemento di valutazione della *performance* individuale**, nonché di **responsabilità disciplinare e amministrativo-contabile** del dirigente e del funzionario inadempiente (comma 9).

Per scongiurare ipotesi di inefficienza nell'attività amministrativa, il comma 9bis della disposizione prevede che l'organo di governo è tenuto ad individuare, nell'ambito delle figure apicali dell'amministrazione, **il soggetto cui attribuire il potere sostitutivo in caso di inerzia**.

Nell'ipotesi di omessa individuazione, il potere sostitutivo si considera attribuito al dirigente generale o, in mancanza, al dirigente preposto all'ufficio o in mancanza al funzionario di più elevato livello presente nell'amministrazione.

Per ciascun procedimento, sul sito internet dell'amministrazione è pubblicata, in forma tabellare e con collegamento ben visibile nella *homepage*, l'indicazione del soggetto cui è attribuito il potere sostitutivo e cui il cittadino può rivolgersi.

Tale soggetto, in caso di ritardo, deve comunicare senza indugio il nominativo del responsabile, ai fini della valutazione dell'avvio del procedimento disciplinare e, in caso di mancata ottemperanza, assume anche la responsabilità di tale soggetto oltre alla propria.

Decorso inutilmente il termine per la conclusione del procedimento, il privato può rivolgersi al responsabile del rispetto della tempistica affinché, entro un *termine pari alla metà di quello originariamente previsto*, concluda il procedimento attraverso le strutture competenti o con la nomina di un commissario (comma 9ter).

Il responsabile così individuato, entro il 30 gennaio di ogni anno, deve comunicare all'organo di governo i procedimenti — suddivisi per tipologia e strutture amministrative competenti — nei quali non è stato rispettato il termine di conclusione previsto dalla legge o dai regolamenti (comma 9quater).

Nei provvedimenti rilasciati in ritardo, su istanza di parte, devono trovare espressa indicazione il termine previsto dalla legge o dai regolamenti e quello effettivamente impiegato (comma 9quinquies).

b) Il mancato rispetto dei termini procedimentali

L'**art. 2bis** L. 241/1990 prevede in capo alla pubblica amministrazione una **responsabilità** per l'ipotesi di **inosservanza dolosa o colposa del termine di conclusione del procedimento** (co. 1).

Tale disposizione trova applicazione sia per le pubbliche amministrazioni che per i soggetti privati preposti all'esercizio di attività amministrativa, in egual modo tenuti a risarcire il «**danno ingiusto** cagionato in conseguenza dell'**inosservanza dolosa o colposa** del termine di conclusione del procedimento».

Al di fuori di quanto stabilito al cit. comma 1, e salvo il caso di silenzio qualificato o di concorsi pubblici, in caso di inosservanza dei tempi di conclusione del procedimento ad istanza di parte, il richiedente ha diritto ad un **indennizzo per il mero ritardo**.

Condizioni e modalità di tale indennizzo sono, a loro volta, stabilite con leggi o appositi regolamenti. Tale indennizzo è stato introdotto con il comma 1bis dell'art. 2bis, ad opera del D.L. 69/2013, conv. in L. 98/2013 (cd. decreto del fare).

Come si ottiene il citato indennizzo? L'interessato è tenuto ad azionare preventivamente il **potere sostitutivo** previsto dall'art. 2, co. 9bis, L. 241/1990 nel termine **perentorio** di **venti giorni** dalla scadenza del termine di conclusione del procedimento. Solo nel caso in cui anche il titolare del potere sostitutivo ometta di emanare il provvedimento nel termine stabilito — pari alla metà di quello originariamente previsto — ovvero di liquidare l'indennizzo maturato fino alla data della medesima liquidazione, l'istante può proporre ricorso giurisdizionale ai sensi dell'art. 117 c.p.a. (azione avverso il silenzio-inadempimento, disciplinata dal Codice del processo) oppure, ricorrendone i presupposti, ricorso per decreto ingiuntivo *ex* art. 118 c.p.a.

Nella prima ipotesi, congiuntamente al ricorso avverso il silenzio, l'istante può proporre domanda per ottenere l'indennizzo in questione e la relativa domanda è trattata con rito camerale e decisa con sentenza in forma semplificata.

In ogni caso resta ferma l'esperibilità dell'azione risarcitoria *ex* art. 2bis L. 241/1990 e, qualora vengano accordate somme sia a titolo di risarcimento che a titolo di indennizzo, queste ultime saranno detratte dal risarcimento.

5 Il responsabile del procedimento

Tra le più importanti novità introdotte dalla L. 241/1990 si segnala l'individuazione del **responsabile del procedimento** (*leading authority*) in seno all'*unità organizzativa competente*, la comunicazione agli interessati del *nominativo* del responsabile e la precisazione dei *compiti* a questi spettanti (artt. 4-6bis).

In particolare, le figure dell'unità organizzativa competente e del responsabile del procedimento si inseriscono in un disegno più ampio posto in essere dal legislatore, teso ad incentivare il **momento dialettico**

tra pubblica amministrazione e cittadino/utente, trasformando il provvedimento amministrativo da atto puramente autoritativo a risultante di un raffronto collaborativo tra le parti interessate.

In tale prospettiva, l'art. 4 della L. 241/1990 sancisce l'obbligo per le amministrazioni pubbliche di individuare, per ogni procedimento, l'*unità organizzativa responsabile* dell'istruttoria e di ogni altro adempimento procedimentale, nonché dell'adozione del provvedimento finale.

Tale decisione deve essere *resa pubblica* dalla P.A. secondo quanto previsto dai singoli ordinamenti.

Individuata tale unità, il dirigente della stessa provvede ad individuare, al suo interno, il soggetto responsabile del procedimento, che, ai sensi dell'art. 5 della detta legge, può essere sia il dirigente stesso che un altro dipendente. Fino a quando non sia effettuata l'assegnazione, è considerato responsabile del singolo procedimento il *funzionario preposto all'unità organizzativa*. Al responsabile, così individuato, il dirigente dell'unità assegna «la responsabilità della istruttoria e di ogni altro adempimento inerente il singolo procedimento nonché, eventualmente, dell'adozione del provvedimento finale».

Dell'individuazione dell'unità competente nonché del nominativo del responsabile vengono notiziati, mediante la comunicazione di avvio del procedimento, i soggetti nei cui confronti il provvedimento finale è destinato a produrre effetti diretti, quelli che per legge debbono intervenire nel procedimento, nonché, su richiesta, tutti coloro che vi abbiano interesse.

Quanto ai **compiti** affidati al responsabile del procedimento, l'art. 6 della L. 241/1990 espressamente gli conferisce tutta una serie di attribuzioni finalizzate, prevalentemente, alla *cura della fase istruttoria* del procedimento nonché, laddove ne abbia la competenza, all'**effettiva adozione del provvedimento finale**.

In particolare, il responsabile deve:

a) valutare, ai fini istruttori, le condizioni di ammissibilità, i requisiti di legittimazione ed i presupposti che siano rilevanti per l'emanazione di provvedimento;
b) accertare di ufficio i fatti, disponendo il compimento degli atti all'uopo necessari, e adottare ogni misura per l'adeguato e sollecito svolgimento dell'istruttoria. In particolare, può chiedere il rilascio di dichiarazioni e la rettifica di dichiarazioni o istanze erronee o incomplete e può esperire accertamenti tecnici ed ispezioni ed ordinare esibizioni documentali;
c) proporre l'indizione o, avendone la competenza, indire le conferenze di servizi di cui all'art. 14 della legge sul procedimento amministrativo;
d) curare le comunicazioni, le pubblicazioni e le notificazioni previste dalle leggi e dai regolamenti;
e) adottare, ove ne abbia la competenza, il provvedimento finale, ovvero trasmettere gli atti all'organo competente per l'adozione.

Inoltre, è previsto che l'organo competente per l'adozione del provvedimento finale, ove diverso dal responsabile del procedimento, *non possa discostarsi* dalle risultanze dell'istruttoria condotta dal responsabile del procedimento *se non indicandone la motivazione nel provvedimento finale*.

Infine, con la *L. 6-11-2012, n. 190*, cd. *legge anticorruzione,* è stato inserito l'**art. 6bis** alla L. 241/1990 che, al fine di garantire una sempre più incisiva trasparenza dell'operato della P.A. e prevenire fenomeni di illegalità nell'ambito della stessa, impone al responsabile del procedimento e al titolare dell'ufficio, competenti ad emanare pareri, valutazioni tecniche, atti endoprocedimentali nonché il provvedimento finale, di **astenersi in caso di conflitto di interessi** dalle dette operazioni, segnalando, altresì, ogni situazione, anche solo potenziale, di conflitto.

6 La partecipazione al procedimento

Il principio della partecipazione è di fondamentale importanza in quanto consente la soddisfazione dei criteri informatori dell'azione della P.A.: *trasparenza* (perché i destinatari dell'azione amministrativa ne hanno conoscenza e possono orientarla), *economicità* (in quanto si deflaziona il contenzioso, evitando i relativi sforzi e perdite di tempo), *efficacia* (perché ne deriva una più spiccata capacità di conseguire gli obiettivi pubblici, meglio chiariti grazie ai contributi del privato), *imparzialità* (in quanto l'apporto del privato consente alla P.A. di assumere la propria determinazione all'esito di una valutazione oggettiva dell'interesse rappresentato).

La partecipazione al procedimento si realizza attraverso una serie di «strumenti» individuati nel Capo III della legge sul procedimento (artt. da 7 a 13), tenendo, però, ben presente che le norme sulla partecipazione **non si applicano** ai procedimenti diretti all'emanazione di *atti normativi, amministrativi generali, di pianificazione, di programmazione e ai procedimenti tributari* (art. 13).

Per tutti gli altri, la L. 241/1990 sancisce:

1) **l'obbligo di comunicare l'avvio del procedimento** (artt. 7-8).

Così come stabilisce l'art. 7, ove non sussistano ragioni di impedimento derivanti da particolari esigenze di celerità del procedimento, la pubblica amministrazione ha l'*obbligo di comunicarne l'avvio*.

Destinatari della comunicazione sono:

- i destinatari diretti del provvedimento finale;
- i soggetti che per legge devono intervenire nel procedimento (in specie le pubbliche amministrazioni chiamate a partecipare in via consultiva, ossia ad emettere pareri in base agli artt. 16 e 17, o in sede di conferenza di servizi, *ex* art. 14);
- i terzi che possono ricevere un pregiudizio dal provvedimento finale. Questi ultimi vanno notiziati solo se individuati o facilmente individuabili.

La comunicazione di avvio riveste una posizione strategica all'interno del procedimento e le **eccezioni** sono esplicitamente stabilite dal legislatore: si tratta delle ipotesi in cui sussistano ragioni di impedimento derivanti da peculiari **esigenze di celerità** connesse al procedimento stesso.

Nella comunicazione debbono essere indicati (*ex* art. 8) l'amministrazione competente, l'oggetto del procedimento promosso; l'ufficio e la persona responsabile del procedimento; la data entro la quale deve concludersi il procedimento e i rimedi esperibili in caso di inerzia dell'amministrazione; nei procedimenti ad iniziativa di parte, la data di presentazione della relativa istanza; l'ufficio in cui si può prendere visione degli atti.

Inoltre, ai sensi dell'**art. 21octies L. 241/1990**, l'**omessa comunicazione di avvio** non dà luogo ad *annullabilità* del provvedimento, laddove, per la sua *natura vincolata*, sia palese che il contenuto dello stesso *non avrebbe potuto essere diverso* da quello in concreto adottato. È onere della P.A. dimostrare in giudizio che anche con la tempestiva comunicazione di avvio del procedimento nulla sarebbe cambiato rispetto al contenuto della decisione finale. Una volta riconosciuto che il provvedimento ha un contenuto conforme a quanto prescritto dalla legge, la detta violazione non rileva come causa di invalidità;

2) **il diritto di intervento nel procedimento** (art. 9).

Qualunque soggetto, portatore di interessi pubblici o privati, nonché i portatori di interessi diffusi, cui possa derivare un pregiudizio dal provvedimento, possono intervenire nel procedimento (si tratta di *intervento volontario* contrapposto a quello obbligatorio di cui all'art. 7).

Dall'art. 9 L. 241/1990 derivano il riconoscimento generale della *facoltà di intervento* degli interessati, indipendentemente dalla natura pubblica o privata dell'interesse fatto valere, la consacrazione della rilevanza giuridica degli *interessi diffusi* e la legittimazione anche processuale dei portatori degli stessi (in passato sovente negata dalla giurisprudenza);

3) **il diritto di prendere visione degli atti del procedimento e di presentare memorie scritte e documenti** (art. 10).

I destinatari della comunicazione *ex* art. 7 e i soggetti intervenuti ai sensi dell'art. 9 hanno diritto di *prendere visione degli atti del procedimento* (a meno che non si tratti di documenti esclusi dal diritto di accesso *ex* art. 24) e di *presentare memorie scritte e documenti*, che l'amministrazione ha l'obbligo di valutare ove siano pertinenti all'oggetto della domanda e siano presentate in tempo ragionevole (ossia non troppo a ridosso dello spirare del termine entro il quale, *ex* art. 2, va definito il procedimento);

4) **il preavviso di rigetto** (art. 10bis).

Nell'ottica di ridurre il contenzioso tra cittadini e P.A., e di rafforzare il profilo della trasparenza dell'azione amministrativa, l'art. **10bis** della L. 241/1990 prevede che nei procedimenti ad istanza di parte il responsabile del procedimento o l'autorità competente, prima della formale adozione di un provvedimento negativo, deve **comunicare tempestivamente agli interessati i motivi ostativi all'accoglimento della domanda. Gli interessati hanno il diritto di presentare per iscritto le loro osservazioni, eventualmente corredate da documenti**. La suddetta comunicazione interrompe i termini di conclusione del procedimento che iniziano nuovamente a decorrere dalla data di presentazione delle osservazioni. Laddove le osservazioni non vengano accolte ne va data ragione nel provvedimento finale.

Tra i motivi ostativi all'accoglimento dell'istanza non possono essere addotti **inadempienze o ritardi attribuibili all'amministrazione** (periodo così inserito *ex* art. 9 *L. 11-11-2011, n. 180*, cd. «Statuto delle imprese»).

L'applicazione del principio del giusto procedimento consente ai privati di tutelare i propri interessi già nel corso del procedimento, senza dovere necessariamente attendere la conclusione dell'*iter* procedimentale ed impugnare, in via amministrativa o giurisdizionale, il provvedimento finale. La L. 15/2005, che ha introdotto l'articolo in questione nel testo della legge, ha voluto in particolare sviluppare questo aspetto, estendendo la partecipazione anche alla fase predecisionale del procedimento, nel caso in cui l'amministrazione ritenga che vi siano i presupposti per l'adozione di un provvedimento negativo in un procedimento ad istanza di parte.

La disciplina del preavviso di rigetto non si applica nei confronti delle procedure concorsuali e dei procedimenti in materia previdenziale ed assistenziale sorti a seguito di istanza di parte e gestiti dagli enti previdenziali;

5) **la stipulazione di accordi integrativi e sostitutivi** (art. 11).

Nella ricerca di un'*azione amministrativa condivisa* tra P.A. e privato, il legislatore ha previsto due forme di accordi: gli **accordi integrativi** e gli **accordi sostitutivi**:

- gli **accordi integrativi**: si tratta di accordi conclusi dall'amministrazione procedente con gli interessati al fine di **determinare il contenuto** del provvedimento.
  La previsione di tali accordi conferma l'accoglimento legislativo della concezione che considera il procedimento alla stregua di *confronto dialettico* tra privati e P.A. ed il provvedimento come risultante di questo confronto;
- gli **accordi sostitutivi**: mentre gli *accordi integrativi* precedono il provvedimento e ne determinano il contenuto, gli *accordi sostitutivi* sono **stipulati in sostituzione** del provvedimento amministrativo.

Nello specifico, l'art. 11 cit., nel conferire dignità di *istituto generale* agli strumenti convenzionali dell'azione amministrativa, prevede che:

a) nell'ambito di un procedimento amministrativo, in accoglimento di osservazioni e proposte presentate a norma dell'art. 10, l'amministrazione procedente *può concludere*, senza pregiudizio dei diritti dei terzi, e in ogni caso nel perseguimento del pubblico interesse, **accordi** con gli interessati al fine di *determinare il contenuto discrezionale del provvedimento finale ovvero in sostituzione di questo*;
b) gli accordi in questione debbono essere stipulati, a pena di nullità, *per atto scritto*, salvo che la legge disponga altrimenti;
c) ad essi si applicano, ove non sia diversamente previsto, i *principi del codice civile* in quanto compatibili;

d) i detti accordi devono essere *motivati* ai sensi dell'art. 3 della stessa L. 241/1990;
e) gli accordi sostitutivi di provvedimenti sono soggetti ai medesimi **controlli** previsti per questi ultimi;
f) per sopravvenuti motivi di pubblico interesse l'amministrazione può *recedere unilateralmente dall'accordo*, salvo l'obbligo di provvedere alla liquidazione di un indennizzo in relazione agli eventuali pregiudizi verificatisi in danno del privato.

Inoltre, ai sensi dell'art. 133 del Codice del processo amministrativo, le controversie in materia di formazione, conclusione ed esecuzione di accordi integrativi e sostitutivi sono devolute alla **giurisdizione esclusiva del giudice amministrativo**.

6) **la predeterminazione dei criteri per l'attribuzione dei vantaggi economici** (art. 12).

La concessione di sovvenzioni, contributi, sussidi ed ausilii finanziari e l'attribuzione di vantaggi economici a persone ed enti pubblici e privati è subordinata, onde garantire la trasparenza e l'imparzialità dell'azione amministrativa, alla predeterminazione da parte della P.A. competente, dei criteri e delle modalità cui la stessa deve attenersi. La violazione di tali criteri determina l'illegittimità dell'atto per violazione di legge.

7 La semplificazione dell'azione amministrativa

Il **Capo IV (artt. 14-21)** della L. 241/1990 contiene una serie di disposizioni di notevole rilievo, dirette a **snellire l'azione amministrativa** e, di conseguenza, ad uniformare la stessa ai principi e ai criteri di economicità, efficienza, imparzialità e trasparenza.

Gli istituti della semplificazione, a loro volta, sono stati oggetto di importanti innovazioni legislative che, specie negli ultimi anni, hanno inteso rendere più celere e spedita l'azione amministrativa, nell'ottica della «sburocratizzazione» complessiva dell'apparato pubblico e delle procedure amministrative.

a) La conferenza di servizi

La **conferenza di servizi** (artt. 14 e ss. L. 241/1990, come novellati dal D.Lgs. 127/2016) costituisce **una forma di cooperazione** tra le pubbliche amministrazioni che ha lo scopo di realizzare, attraverso l'**esame contestuale dei vari interessi pubblici coinvolti**, la *semplificazione di taluni procedimenti amministrativi* particolarmente complessi.

Vi sono varie tipologie di conferenza di servizi, ai sensi dell'art. 14 L. 241/1990:

- la **conferenza di servizi istruttoria**, che **può** essere indetta dall'amministrazione procedente quando lo ritenga opportuno per effettuare un esame contestuale degli interessi pubblici coinvolti in un procedimento amministrativo, o in più procedimenti connessi; si svolge in modalità semplificata, se non sia stabilito diversamente dall'amministrazione procedente.

  L'esame contestuale dei diversi interessi pubblici coinvolti, a sua volta, potrà articolarsi in un unico procedimento amministrativo (cd. *conferenza uniprocedimentale*) oppure in più procedimenti collegati dagli stessi obiettivi o attività (cd. *conferenza pluriprocedimentale*);

- la **conferenza di servizi decisoria è sempre indetta** dall'amministrazione procedente nel caso la decisione da assumere sia subordinata all'acquisizione di più pareri, intese o atti di assenso di diverse amministrazioni, compresi i gestori di beni o servizi pubblici.

  A differenza di quella istruttoria, la conferenza decisoria **deve** essere sempre indetta quando la conclusione positiva del procedimento sia subordinata all'acquisizione di più atti di assenso, comunque denominati, provenienti da diversi soggetti, sia P.A. che gestori di pubblici servizi, sia soggetti privati interessati;

- la **conferenza di servizi preliminare** può essere indetta dall'amministrazione competente nel caso di *progetti particolarmente complessi* (ad es.: opere pubbliche o di interesse pubblico) e di *insediamenti produttivi di beni e servizi,* su motivata richiesta dell'interessato, corredata da uno studio di fattibilità, prima della presentazione di una istanza o di un progetto definitivo, al fine di verificare quali siano le condizioni per ottenere i necessari atti di assenso comunque denominati. In tal caso, la conferenza si conclude entro 30 giorni dalla richiesta ed i costi sono a carico del richiedente.

La conferenza semplificata (asincrona) è la regola quando è possibile assumere decisioni tra diverse amministrazioni attraverso un semplice **scambio di informazioni e documenti in via telematica tra i rappresentanti delle amministrazioni interessate**. La relativa disciplina è contenuta nell'art. 14bis L. 241/1990.

La conferenza viene indetta dall'amministrazione procedente entro 5 giorni dall'inizio del procedimento d'ufficio o dal ricevimento della domanda, in caso di iniziativa di parte.

A tal fine l'amministrazione comunica:

- l'oggetto della decisione da prendere e la relativa documentazione alle altre amministrazioni;
- il termine perentorio, non superiore a 15 giorni, per richiedere integrazioni;
- il termine perentorio, non superiore a 45 giorni, per rendere le proprie determinazioni. Se sono coinvolte amministrazioni preposte alla tutela dell'ambiente o del paesaggio, il termine è di 90 giorni;
- la data dell'eventuale conferenza in modalità sincrona.

Le amministrazioni dunque devono pronunciarsi entro 45 giorni *in via telematica* con un atto di assenso o dissenso e indicano, laddove possibile, le modifiche ritenute necessarie ai fini del rilascio dell'assenso.

Il silenzio delle amministrazioni o una decisione priva di requisiti valgono come un assenso incondizionato.

Scaduto il termine, l'amministrazione procedente, entro 5 giorni, adotta la determinazione motivata di conclusione della conferenza, che può essere positiva o negativa (in tal caso, con l'effetto di rigettare la domanda).

Se la determinazione da assumere si riveli *particolarmente complessa*, o lo richiedano le altre amministrazioni o il privato interessato, l'amministrazione procedente *può agire in sede di conferenza in forma simultanea e in modalità sincrona.*

La convocazione della conferenza di servizi simultanea (*sincrona*) avviene ai sensi dell'art. 14ter:

- in caso di eventuale conclusione infruttuosa della conferenza in modalità asincrona, ad esempio nel momento in cui siano stati raccolti dissensi che l'amministrazione ritiene possibile e opportuno superare;
- oppure, come anticipato, nei casi di particolare complessità della decisione da assumere, per i quali l'art. 14bis novellato prevede la possibilità, al comma 7, di indire la conferenza direttamente in forma simultanea.

Quando la conferenza è simultanea, la peculiarità sta nel fatto che ogni amministrazione partecipa mediante un **unico rappresentante legittimato** ad esprimere in maniera **definitiva, univoca** e **vincolante** la posizione della P.A. medesima su tutte le decisioni di competenza della conferenza. Si tratta, è evidente, di un profilo importante in quanto diretto alla concentrazione dei centri decisionali portatori degli interessi dedotti in conferenza.

Ai sensi dell'art. 14quater L. 241/1990, la determinazione motivata di conclusione della conferenza, adottata dall'amministrazione procedente all'esito della stessa, **sostituisce a ogni effetto tutti gli atti di assenso, comunque denominati**, di competenza delle amministrazioni e dei gestori di beni o servizi pubblici interessati.

Le amministrazioni i cui atti sono sostituiti dalla determinazione motivata di conclusione della conferenza *possono sollecitare con congrua motivazione* l'amministrazione procedente ad assumere, previa indizione di una nuova conferenza, determinazioni in via di autotutela; possono altresì sollecitarla, purché abbiano partecipato, anche per il tramite del rappresentante unico, alla conferenza di servizi o si siano espresse nei termini, ad assumere determinazioni in via di autotutela.

In caso di **approvazione unanime**, la determinazione conclusiva è **immediatamente efficace**. In caso di approvazione sulla base delle posizioni prevalenti, l'efficacia della determinazione è sospesa ove siano stati espressi dissensi qualificati ai sensi dell'art. 14quinquies (vedi *infra*) e per il periodo utile all'esperimento dei rimedi ivi previsti.

I termini di efficacia di tutti i pareri, autorizzazioni, concessioni, nulla osta o atti di assenso comunque denominati acquisiti nell'ambito della conferenza di servizi *decorrono dalla data della comunicazione della determinazione motivata di conclusione* della conferenza.

Il dissenso delle amministrazioni in conferenza di servizi

La semplificazione si realizza anche nel **meccanismo di attivazione dell'opposizione** alla decisione. La **disciplina del dissenso** è contenuta, in primo luogo, nel **comma 3 dell'art. 14bis**, laddove è testualmente specificato che «le determinazioni, congruamente motivate, sono formulate in termini di assenso o dissenso e indicano, ove possibile, le modifiche eventualmente necessarie ai fini dell'assenso. Le prescrizioni o condizioni eventualmente indicate ai fini dell'assenso o del superamento del dissenso sono espresse in modo chiaro e analitico e specificano se sono relative a un vincolo derivante da una disposizione normativa o da un atto amministrativo generale ovvero discrezionalmente apposte per la migliore tutela dell'interesse pubblico».

Da tale disposizione si deduce che:

- il dissenso debba essere motivato in maniera congrua e tempestiva, entro cioè il termine di chiusura della conferenza (dissenso motivato e tempestivo);
- il dissenso debba essere qualificato (ossia attinente alle questioni oggetto della conferenza) e specificare le eventuali e possibili modifiche al progetto, al fine di tramutare il dissenso in assenso.

In secondo luogo, con specifico riferimento agli interessi qualificati (ambiente, paesaggio, salute) la disciplina è quella di cui **all'art. 14quinquies** L. 241/1990.

Tale prescrizione, infatti, prevede che avverso la determinazione motivata di conclusione della conferenza, entro 10 giorni dalla sua comunicazione, le amministrazioni preposte alla tutela ambientale, paesaggistico-territoriale, dei beni culturali o alla tutela della salute e della pubblica incolumità dei cittadini possono proporre opposizione al Presidente del Consiglio dei ministri a condizione che abbiano espresso in modo inequivoco il proprio motivato dissenso prima della conclusione dei lavori della conferenza. Per le amministrazioni statali l'opposizione è proposta dal Ministro competente.

Se il termine decorre senza che sia proposta un'opposizione allora la decisione diviene efficace; altrimenti si attiva il procedimento di opposizione, che è unico e articolato in due fasi.

Nella disciplina previgente, spettava ai titolari degli interessi prevalenti attivare una procedura aggravata per superare i dissensi qualificati; con la riforma del 2016, invece, alle amministrazioni dissenzienti viene rimesso il compito di attivare il procedimento di opposizione che privi di efficacia la determinazione assunta sulla base delle posizioni prevalenti. È nell'inversione dell'onere di attivarsi tra posizioni prevalenti e posizioni dissenzienti qualificate che si realizza la semplificazione: dunque è chi dissente che ha l'onere di doversi attivare e non più i titolari di interessi.

La conferenza si può concludere, dopo le riunioni reiterate tra le amministrazioni nell'ambito del procedimento di opposizione, in uno dei modi seguenti:

- con una **nuova determinazione** motivata dell'amministrazione procedente, quando all'esito delle riunioni si sia raggiunta un'intesa tra le amministrazioni partecipanti;
- con la **rimessione** della questione al Consiglio dei ministri, se le trattative invece siano fallite: se il Consiglio non accoglie l'opposizione, la decisione assunta in conferenza diviene *efficace*.

b) Gli accordi

Gli accordi fra amministrazioni pubbliche (art. 15) sono finalizzati a disciplinare lo **svolgimento in collaborazione di attività di interesse**. Un esempio di tali accordi sono gli «accordi di programma», disciplinati dall'art. 34 D.Lgs. 267/2000. Si tratta, specificamente, di uno strumento utilizzazbile quando la realizzazione di opere ed interventi coinvolge più livelli di governo (statale, regionale, provinciale e comunale) tale da rendere necessaria una sinergia di azioni.

c) Il silenzio devolutivo

La **figura del silenzio devolutivo** (art. 17) comporta la possibilità di richiedere ad altri organi **valutazioni tecniche** di necessaria acquisizione ai fini dell'adozione del provvedimento finale, che *quelli precedentemente aditi non abbiano effettuato*.

In tali casi, il responsabile del procedimento deve richiedere le suddette valutazioni tecniche ad altri organi dell'amministrazione pubblica o ad enti pubblici che siano dotati di qualificazione e capacità tecnica equipollenti, ovvero ad istituti universitari. Tale principio non si applica nel caso le valutazioni debbano essere prodotte da amministrazioni preposte alla tutela dell'ambiente, del paesaggio e della salute dei cittadini.

d) Il sistema delle autocertificazioni

Il **ricorso all'autocertificazione** (art. 18) consente al privato di poter provare, nei suoi rapporti con la P.A., determinati fatti, stati e qualità a prescindere dalla esibizione dei relativi certificati, semplicemente presentando una **dichiarazione cd. sostitutiva**. La materia è disciplinata dal D.P.R. 445 del 28-12-2000 (*Testo Unico in materia di documentazione amministrativa*).

La citata normativa detta una disciplina della documentazione amministrativa capace di contemperare, da un lato, le esigenze della **certezza pubblica**, e dall'altro lato, quelle di **semplificazione dell'attività amministrativa**.

Tutti gli istituti giuridici inerenti la documentazione amministrativa e disciplinati dal Testo Unico hanno come scopo fondamentale quello di **dare certezza** di fatti, stati o qualità personali: certificati, autocertificazioni, documenti di identità e di riconoscimento etc. sono, infatti, tutti strumenti finalizzati a creare o a mettere in circolazione certezze di vario genere e grado.

Il certificato

Certificato è il documento rilasciato da una amministrazione pubblica che ha funzione di ricognizione, riproduzione o partecipazione a terzi di **stati**, **qualità personali e fatti** contenuti in albi, elenchi o registri pubblici o comunque accertati da soggetti titolari di funzioni pubbliche (art. 1, co. 1, lett. *f)*, D.P.R. 445/2000). Da tale definizione si evince che il certificato non è altro che uno *strumento di comunicazione*, grazie al quale è possibile la circolazione, all'interno dell'ordinamento, di informazioni diverse da tutte le altre in quanto dotate di quella particolare qualità che è la certezza (offre, infatti, indispensabili garanzie formali e sostanziali). Ed è proprio la **certezza** la peculiarità del certificato, ciò che lo contraddistingue e lo caratterizza rispetto a tutti gli altri documenti amministrativi: la sua specifica funzione di *comunicazione* rivolta a terzi (siano essi interni o esterni alla pubblica amministrazione) non ha ad oggetto informazioni qualsiasi, bensì solo quelle certe.

Ai certificati si applicano gli artt. 40 e ss. del D.P.R. 445/2000.

In particolare, l'art. 41 del D.P.R. 445/2000 detta la disciplina sulla validità dei certificati rilasciati dalle amministrazioni pubbliche.

In particolare, il legislatore ha distinto due ipotesi specifiche, in relazione all'oggetto della certificazione: mentre i certificati attestanti stati, qualità personali e fatti non soggetti a modificazioni hanno **validità illimitata**, le restanti certificazioni (attestanti situazioni suscettibili di cambiamento nel tempo) hanno **validità di sei mesi** dalla data di rilascio, salvo diversa disposizione di legge o regolamento che prevedono una validità superiore.

Tra tutti gli strumenti di semplificazione della documentazione amministrativa, di grande diffusione, utilizzo ed efficacia sono le **dichiarazioni sostitutive**, generalmente conosciute come *autocertificazioni*, che consentono al cittadino di **sostituire un atto amministrativo di certezza con una propria dichiarazione**.

In particolare, si distinguono:

— le **dichiarazioni sostitutive di certificazioni**, con cui l'interessato può sostituire a tutti gli effetti ed a titolo definitivo, attraverso una propria dichiarazione sottoscritta, certificazioni amministrative relative a fatti, stati e qualità risultanti da registri custoditi dalla pubblica amministrazione. La dichiarazione sostitutiva di certificazione deve necessariamente essere *sottoscritta dall'interessato*, ma non è richiesta, per la sua validità, l'autenticazione della firma. Quanto ai dati autocertificabili dal privato, un'elencazione degli stessi è contenuta nell'**art. 46 del D.P.R. 445/2000**;

— con le **dichiarazioni sostitutive di atto di notorietà**, invece, *ex* art. 47 del D.P.R. 445/2000, con cui l'interessato può comprovare tutti quei **fatti, stati e qualità personali, di cui ha diretta conoscenza**, che non risultano compresi tra quelli per cui è possibile il ricorso alla dichiarazione sostitutiva di certificazione, con la sola eccezione di quelli per cui questa possibilità sia esplicitamente esclusa da una legge.

La **differenza** tra le due dichiarazioni è evidente. Mentre *nel primo caso* vengono partecipate a terzi informazioni che corrispondono, totalmente o parzialmente, al contenuto di altri atti preesistenti, trascritti in pubblici registri, albi o elenchi, *nel secondo caso* vengono partecipate a terzi informazioni concernenti stati, qualità personali e fatti, che si reputano certi, purché siano a diretta conoscenza del soggetto che redige e sottoscrive la medesima dichiarazione.

Ai sensi dell'art. 74 D.P.R. 445/2000, la **mancata accettazione** delle dichiarazioni sostitutive di certificazione o di atto di notorietà costituisce **violazione dei doveri d'ufficio**.

Il comma 2 dell'art. 18 stabilisce, poi, nell'ottica della semplificazione dei rapporti con il cittadino, che i documenti attestanti atti, fatti, qualità e stati soggettivi, necessari per l'istruttoria del procedimento, sono **acquisiti d'ufficio** quando sono in possesso dell'amministrazione procedente, ovvero sono detenuti, istituzionalmente, da altre pubbliche amministrazioni. La P.A. procedente può solo richiedere agli interessati gli elementi necessari per la ricerca dei documenti. Inoltre è stabilito che spetta al responsabile del procedimento **accertare d'ufficio** i fatti, gli stati e le qualità che la stessa amministrazione procedente o altra pubblica amministrazione è tenuta a certificare.

e) Presentazione di istanze, segnalazioni o comunicazioni

L'**art. 18bis** L. 241/1990, introdotto dal D.Lgs. 126/2016, prevede che dell'avvenuta presentazione di istanze, segnalazioni o comunicazioni venga rilasciata immediatamente, *anche in via telematica*, una **ricevuta**, che attesta l'avvenuta presentazione dell'istanza, della segnalazione e della comunicazione e indica i termini entro i quali l'amministrazione è tenuta, ove previsto, a rispondere, ovvero entro i quali il silenzio dell'amministrazione equivale ad accoglimento dell'istanza.

f) Il silenzio-assenso

Ai sensi dell'**art. 20** della L. 241/1990 (anch'esso novellato dal D.Lgs. 126/2016), **nei procedimenti ad istanza di parte**, per il rilascio di provvedimenti amministrativi, il silenzio dell'amministrazione equivale a **provvedimento di accoglimento** della detta domanda, senza necessità di ulteriori istanze, se la P.A. non comunica all'interessato, nel previsto termine di conclusione del procedimento, il provvedimento di rigetto ovvero non indice una conferenza di servizi. Tali termini decorrono dalla data di ricevimento della domanda del privato.

L'art. 20, co. 4, prevede che *il meccanismo del silenzio assenso* **non si applica** per gli atti e nei procedimenti concernenti il patrimonio culturale e paesaggistico, l'ambiente e la difesa nazionale, la pubblica sicurezza, l'immigrazione, l'asilo e la cittadinanza, la salute e la pubblica incolumità; né si applica agli atti imposti dalla normativa comunitaria, o ai casi in cui la legge qualifica il silenzio come rigetto dell'istanza, e nemmeno agli atti e ai procedimenti che le stesse amministrazioni possono successivamente individuare. Ogni controversia relativa all'applicazione della disposizione in commento è devoluta alla **giurisdizione esclusiva del G.A.**

L'**art. 17bis** della L. 241/1990 disciplina l'istituto del *silenzio assenso tra amministrazioni pubbliche.*

Esso prevede che, se per l'adozione di **provvedimenti normativi e amministrativi** sia prevista l'acquisizione di assensi, concerti o nulla osta da parte di altre amministrazioni pubbliche o di gestioni di beni o servizi pubblici, gli stessi dovranno essere resi entro trenta giorni. Il termine potrà essere interrotto se l'amministrazione che deve pronunciarsi presenta richieste istruttorie. Nel caso in cui la P.A. non si pronunci entro questo termine, scatterà il silenzio assenso e, pertanto, l'assenso, il concerto o il nulla osta si intenderanno acquisiti.

Il silenzio assenso si applicherà anche ai casi in cui è prevista l'acquisizione di assensi, concerti o nulla osta di competenza delle amministrazioni preposte alla tutela ambientale, paesaggistico-territoriale, dei beni culturali e della salute dei cittadini, per l'adozione di provvedimenti normativi e amministrativi di competenza di amministrazioni statali o di altre amministrazioni pubbliche. In questi casi, a meno che la normativa non preveda termini diversi, i pareri dovranno arrivare entro novanta giorni, dopodiché, anche nel caso specifico, si determinerà il silenzio assenso.

8 La segnalazione certificata di inizio attività, SCIA (art. 19)

a) Disciplina

La **segnalazione certificata di inizio attività** (SCIA - ex dichiarazione di inizio attività) è un importante strumento di semplificazione nel contesto dei rapporti P.A. - cittadino. Essa, infatti, è stata adattata alle iniziative economiche attivabili dal privato nonché alle attività edilizie.

La SCIA è stata, inoltre, recepita anche dalla regolamentazione delle attività di impresa, ad es. con il D.P.R. 160/2010, in materia di sportello unico delle attività produttive (su cui *infra*).

L'art. 19 L. 241/1990 prevede che **ogni atto di autorizzazione, licenza, concessione non costitutiva, permesso o nulla osta comunque denominato**, comprese le domande per le iscrizioni in albi o ruoli richieste per l'esercizio di attività imprenditoriale, commerciale o artigianale il cui rilascio dipenda esclusivamente dall'accertamento di requisiti e presupposti richiesti dalla legge o da atti amministrativi a contenuto generale, e non sia previsto alcun limite o contingente complessivo o specifici strumenti di programmazione settoriale per il rilascio degli atti stessi, **è sostituito da una segnalazione dell'interessato**.

A titolo esemplificativo, tra le attività produttive che possono essere iniziate previa presentazione della SCIA, si segnalano: attività ricettive (come affittacamere, bed & breakfast); attività di agriturismo; attività di acconciatore o estetista; attività di commercio al dettaglio in sede fissa; la vendita e somministrazione temporanea in aree private, da svolgere in occasione di eventi; la modifica di locali etc.

Unica **eccezione** all'applicazione di tale disposizione riguarda i casi in cui sussistono *vincoli ambientali, paesaggistici o culturali* e degli atti rilasciati dalle amministrazioni preposte alla difesa nazionale, alla pubblica sicurezza, all'immigrazione, all'asilo, alla cittadinanza, all'amministrazione della giustizia, all'amministrazione delle finanze, ivi compresi gli atti concernenti le reti di acquisizione del gettito, anche derivante dal gioco, nonché di quelli previsti dalla normativa per le costruzioni in zone sismiche e di quelli imposti dalla normativa UE.

La segnalazione deve essere a sua volta **accompagnata** dalle dichiarazioni sostitutive di certificazioni e dell'atto di notorietà per quanto riguarda tutti gli stati, le qualità personali e i fatti previsti agli artt. 46 e 47 D.P.R. 445/2000, nonché, ove espressamente previsto dalla normativa vigente, dalle attestazioni e asseverazioni di tecnici abilitati, ovvero dalle dichiarazioni di conformità da parte dell'Agenzia delle imprese;

tali attestazioni e asseverazioni sono corredate dagli elaborati tecnici necessari *per consentire le verifiche di competenza dell'amministrazione*.

L'attività oggetto della segnalazione **può essere iniziata dalla data della presentazione** della segnalazione all'amministrazione competente.

Quest'ultima, tuttavia, conserva il potere di agire successivamente: infatti essa, in caso di *accertata carenza dei requisiti e dei presupposti*, nel termine di sessanta giorni dal ricevimento della segnalazione certificata, adotta motivati provvedimenti di **divieto di prosecuzione dell'attività e di rimozione degli eventuali effetti dannosi di essa**.

Qualora sia possibile **conformare** l'attività intrapresa e i suoi effetti alla normativa vigente, l'amministrazione competente, con atto motivato, invita il privato a provvedere prescrivendo le misure necessarie con la fissazione di un termine non inferiore a trenta giorni per l'adozione di queste ultime.

In difetto di adozione delle misure da parte del privato, decorso il suddetto termine, l'attività si intende **vietata**. Con lo stesso atto motivato, in presenza di attestazioni non veritiere o di pericolo per la tutela dell'interesse pubblico in materia di ambiente, paesaggio, beni culturali, salute, sicurezza pubblica o difesa nazionale, l'amministrazione dispone la sospensione dell'attività intrapresa.

Ai sensi dell'**art. 19bis L. 241/1990**, introdotto dal **D.Lgs. 126/2016**, in tema di *concentrazione dei regimi amministrativi*, si prevede che sul sito istituzionale di ciascuna amministrazione debba essere indicato lo **sportello unico**, di regola telematico, al quale presentare la SCIA, anche in caso di procedimenti connessi di competenza di altre amministrazioni ovvero di diverse articolazioni interne dell'amministrazione ricevente; possono essere anche istituite più sedi di tale sportello, al solo scopo di garantire la pluralità dei punti di accesso sul territorio.

Se per lo svolgimento di un'attività soggetta a SCIA sono necessarie altre SCIA, comunicazioni, attestazioni, asseverazioni e notifiche, l'interessato presenta un'**unica SCIA** allo sportello di cui sopra.

b) SCIA e Sportello unico attività produttive

Tra gli strumenti di semplificazione e snellimento dell'azione amministrativa si colloca anche lo *Sportello Unico per le attività produttive* (SUAP), che ha l'obiettivo di assicurare che un'**unica struttura sia responsabile dell'intero procedimento**, garantendo a tutti gli interessati l'accesso, anche in via telematica, al proprio archivio informatico contenente i dati concernenti le domande di autorizzazione e il relativo *iter* procedurale, gli adempimenti necessari per le procedure autorizzatorie, nonché tutte le informazioni disponibili presso le strutture di coordinamento regionale, comprese quelle relative alle attività promozionali.

Si tratta, è evidente, di una innovazione fondamentale che si colloca nel contesto della semplificazione delle **attività di tipo imprenditoriale**.

Con il **D.P.R. 160/2010**, il SUAP è diventato l'**unico soggetto pubblico** competente a livello territoriale per **tutti i procedimenti** che abbiano ad oggetto l'**esercizio di attività produttive** e di **prestazione di servizi** e quelli relativi alle azioni di localizzazione, realizzazione, trasformazione, ristrutturazione o riconversione, ampliamento o trasferimento, nonché cessazione o riattivazione delle suddette attività.

Esso deve assicurare al richiedente una *risposta telematica unica e tempestiva* in luogo degli altri uffici comunali e di tutte le amministrazioni pubbliche comunque coinvolte nel procedimento, costituendo, pertanto, un canale esclusivo tra imprenditore ed amministrazione, al fine di evitare ogni possibile duplicazione procedimentale.

9 La digitalizzazione dell'azione amministrativa

Ai sensi dell'art. 3bis L. 241/1990, per conseguire maggiore efficienza nella loro attività, le amministrazioni pubbliche devono incentivare l'**uso della telematica** sia nei rapporti interni, tra le diverse amministrazioni, che tra queste ultime e i privati.

La ***ratio*** della previsione in esame è da rinvenire, da un lato, nella sempre più pregnante esigenza di **semplificare l'attività** delle amministrazioni pubbliche attraverso le tecnologie informatiche e telematiche, dall'altro di potenziare i **principi di pubblicità e trasparenza**, dal momento che i documenti redatti su supporto informatico non solo semplificano i rapporti tra P.A., cittadini ed imprese, ma si pongono anche come strumento, veloce ed immediato, di pubblicizzazione dell'attività amministrativa.

In tale contesto, si è parlato anche di **e-government**, intendendosi con tale espressione fare riferimento a quella peculiare modalità di miglioramento della circolazione dei dati e dell'attività degli uffici pubblici.

Il ruolo di assoluta rilevanza assunto dal principio di trasparenza giustifica la sempre maggiore attenzione del legislatore per il **binomio digitalizzazione/trasparenza**, nell'ottica di un *rinnovato ruolo della P.A.*, quale *erogatrice di servizi* e *centro di riferimento per l'utenza*.

Il testo di riferimento principale in materia è il **Codice dell'amministrazione digitale, D.Lgs. 7-3-2005, n. 82**, modificato dal **D.Lgs. 26-8-2016, n. 179** e dal **D.Lgs. 13-12-2017, n. 217**.

a) Il Codice dell'amministrazione digitale

Il Codice dell'amministrazione digitale - CAD (D.Lgs. 82/2005) si configura come una specie di «*Costituzione del mondo digitale*», finalizzata alla semplificazione e al riassetto della normativa in materia di informatica nelle pubbliche amministrazioni.

Esso introduce **nuovi diritti per i cittadini e per le imprese** e definisce il quadro giuridico che ne garantisce l'effettivo godimento; predispone **nuovi strumenti digitali**; disegna le **basi** per la costruzione di un federalismo efficiente; **predispone gli strumenti opportuni** per una pubblica amministrazione che **funzioni meglio** e **costi meno** ai contribuenti.

Lo **Stato**, le **Regioni** e le **autonomie locali** sono tenute ad assicurare la disponibilità, la gestione, l'accesso, la trasmissione, la conservazione e la fruibilità dell'informazione in modalità digitale, utilizzando le tecnologie dell'informazione e della comunicazione.

Le disposizioni codicistiche si applicano: a) alle **pubbliche amministrazioni** ed alle **autorità amministrative indipendenti** di garanzia, vigilanza e regolazione; b) ai **gestori di servizi pubblici**, ivi comprese le società quotate, in relazione ai servizi di pubblico interesse; c) alle **società a controllo pubblico**, di cui al D.Lgs. 175/2016.

b) La Carta della cittadinanza digitale

Nella pubblica amministrazione digitale i **cittadini e le imprese hanno diritti** che il Codice dell'amministrazione digitale, nella nuova veste disegnata dalle più recenti innovazioni legislative, precisa e definisce e che rende, quindi, effettivamente esigibili:

- **diritto all'uso delle tecnologie** (art. 3). *Chiunque* ha il diritto di usare, in modo accessibile ed efficace, le soluzioni e gli strumenti previsti dal CAD nei rapporti con le *pubbliche amministrazioni* (e le autorità indipendenti), con i gestori di servizi pubblici e con le *società a controllo pubblico*, anche ai fini dell'esercizio dei diritti di accesso e della partecipazione al procedimento amministrativo, fermo restando i diritti delle minoranze linguistiche riconosciute;
- **diritto all'identità digitale e diritto al domicilio digitale** (art. 3bis). *Chiunque* ha il diritto di accedere ai *servizi on-line* offerti dai pubblici uffici, tramite la propria identità digitale.

Per ***identità digitale*** si intende la rappresentazione informatica della corrispondenza tra un utente e i suoi attributi identificativi, verificata attraverso l'insieme dei dati raccolti e registrati in forma digitale (art. 1, comma 1, lett. u-quater). Il ***domicilio digitale***, invece, è un indirizzo elettronico eletto presso un servizio di **posta elettronica certificata** (**PEC**: è quel servizio di posta elettronica che consente di inviare messaggi aventi il medesimo valore di una raccomandata con avviso di ricevimento, assicurando così la prova dell'invio e della consegna) o un servizio elettronico di recapito certificato qualificato (art. 1, comma 1, lett. n-ter). Il legislatore ha individuato due tipologie di domicili digitali distinguendo in base ai soggetti destinatari e alla posizione giuridica sottesa. Hanno l'**obbligo** di dotarsi di un domicilio digitale tutti i *soggetti pubblici*, i *professionisti tenuti all'iscrizione in albi ed elenchi* e i *soggetti tenuti all'iscrizione nel registro delle imprese* (art. 3bis, co. 1); *chiunque*, invece, ha **facoltà** di eleggere il proprio domicilio digitale (art. 3bis, co. 2). Entrambi i domicili sono iscritti in appositi elenchi (*Indice nazionale dei domicili digitali (INI-PEC)* delle imprese e dei professionisti; *Indice degli indirizzi della pubblica amministrazione e dei gestori di pubblici servizi*; *Indice degli indirizzi delle persone fisiche e degli altri enti di diritto privato*);

- **diritto di effettuare qualsiasi pagamento con modalità informatiche** (art. 5). Le P.A. sono obbligate ad accettare, tramite una piattaforma tecnologica, i pagamenti loro spettanti a qualsiasi titolo attraverso *sistemi di pagamento elettronico*, inclusi quelli basati sull'uso del credito telefonico in caso di micro-pagamenti;
- **comunicazione tra imprese e amministrazioni pubbliche** (art. 5bis). La presentazione di istanze, dichiarazioni, dati e lo scambio di informazioni e documenti, anche a fini statistici, tra imprese e amministrazioni, nonché l'adozione da parte di queste ultime di provvedimenti amministrativi, avviene esclusivamente utilizzando le *tecnologie dell'informazione e della comunicazione*;
- **diritto all'utilizzo del domicilio digitale** (art. 6). Le comunicazioni tramite i domicili digitali sono effettuate agli indirizzi inseriti negli elenchi ovvero o a quello eletto come domicilio speciale per determinati atti o affari. Le comunicazioni elettroniche trasmesse ad uno dei domicili digitali producono, quanto al momento della spedizione e del ricevimento, gli stessi *effetti giuridici delle comunicazioni a mezzo raccomandata con ricevuta di ritorno* ed equivalgono alla notificazione per mezzo della posta. Tali comunicazioni si intendono spedite dal mittente se inviate al proprio gestore e si intendono consegnate se rese disponibili al domicilio digitale del destinatario, salva la prova che la mancata consegna sia dovuta a fatto non imputabile al destinatario medesimo;
- **diritto a servizi on-line semplici e integrati** (art. 7). *Chiunque* ha diritto di fruire dei servizi erogati dai soggetti tenuti all'applicazione del CAD, in *forma digitale e in modo integrato*, anche attraverso dispositivi mobili;
- **alfabetizzazione informatica dei cittadini** (art. 8). È obbligo dello Stato e dei soggetti pubblici promuovere iniziative per favorire la **diffusione della cultura digitale** tra i cittadini, con particolare riguardo ai minori e alle categorie a rischio di esclusione;
- **partecipazione democratica elettronica** (art. 9). Le P.A. devono fornire ogni forma di uso delle nuove tecnologie per promuovere una **maggiore partecipazione** dei cittadini, anche residenti all'estero, al processo democratico e per facilitare l'esercizio dei diritti politici e civili e migliorare la qualità dei propri atti, anche attraverso l'utilizzo di forme di consultazione preventiva per via telematica sugli schemi di atto da adottare.

c) I documenti informatici

Il **documento informatico** è il documento elettronico che contiene la rappresentazione informatica di atti, fatti o dati giuridicamente rilevanti.

Formare in modalità digitale atti e documenti della P.A. è garanzia non solo di celerità nelle procedure ma anche fonte di risparmio per le amministrazioni stesse.

Il CAD prevede che gli atti formati dalla P.A. con strumenti informatici, nonché i dati e i documenti informatici detenuti dalle stesse, costituiscono informazione primaria ed originale da cui è possibile effettuare anche duplicazioni e copie (art. 23ter CAD).

Il **valore giuridico** e **probatorio** di un documento informatico è a sua volta connesso alla «**firma**» che lo contraddistingue. La firma, intesa come *sottoscrizione del documento*, quindi come collegamento tra autore e documento, può, ai sensi del CAD, essere resa in modalità digitale. Il documento informatico, infatti, soddisfa il requisito della forma scritta ed ha efficacia probatoria quando vi è apposta una *firma digitale, altro tipo di firma elettronica qualtificata o una firma elettronica avanzata.*

d) I siti internet delle pubbliche amministrazioni e la dematerializzazione dei documenti

I *siti internet* delle P.A. sono uno strumento indispensabile per la realizzazione degli obiettivi di trasparenza.

Se l'art. 53 del Codice dell'Amministrazione digitale prevede che le pubbliche amministrazioni realizzino siti istituzionali semplici, chiari e facilmente accessibili a tutti, il D.Lgs. 33/2013 (modif. dal D.Lgs. 97/2016) provvede a specificare in modo analitico i **contenuti degli obblighi di pubblicazione** cui corrisponde il **diritto di chiunque di accedere ai siti** direttamente ed immediatamente, senza autenticazione ed identificazione.

Sono, inoltre, ampliati gli obblighi di pubblicità *on line* in materia di opere pubbliche e contratti pubblici, attività di pianificazione e governo del territorio e servizio sanitario nazionale.

Inoltre, in parallelo con lo sviluppo del «digitale», è stabilito che le amministrazioni valutano in termini di rapporto costi/benefici il recupero su supporto informatico dei documenti e degli atti cartacei dei quali sia obbligatoria o opportuna la conservazione e provvedono alla predisposizione dei **piani di sostituzione degli archivi cartacei con archivi informatici.**

9

Le «discipline» sull'accesso e la tutela della privacy

1 La P.A. quale «casa di vetro»

Tra i criteri generali dell'azione amministrativa, l'art. 1, comma 1, L. 241/1990 include quello della **trasparenza**, destinato a regolare in chiave democratica il rapporto tra amministrazioni ed amministrati.

Esso, infatti, è da intendersi come **immediata e facile controllabilità di tutti i momenti e di tutti i passaggi in cui si esplica l'operato della P.A., onde garantirne e favorirne lo svolgimento imparziale**.

Non a caso si è parlato di P.A. quale «casa di vetro», il cui operato fosse conoscibile agli occhi dei cittadini.

Tra gli strumenti più importanti per realizzare la pretesa che il cittadino vanta nei confronti della P.A., affinché la sua azione sia «trasparente», va senza dubbio evidenziato il **diritto di accesso agli atti ed ai documenti della P.A.** (artt. 22 e ss. della L. 241/1990).

Il concetto di trasparenza si è poi progressivamente evoluto, arricchendosi di nuove implicazioni e ponendosi tra i pilastri portanti delle riforme che, negli ultimi anni, hanno inciso sulla fisionomia dell'apparato pubblico.

Essa, infatti, viene elevata a «**livello essenziale delle prestazioni**» e concorre alla realizzazione di una P.A. aperta e al servizio del cittadino.

Il referente normativo principale in tema di trasparenza è rappresentato dal **D.Lgs. 33/2013**, cd. T.U. Trasparenza, che raccoglie gli obblighi di trasparenza e pubblicità che riguardano l'organizzazione e l'azione delle PP.AA.

Queste ultime sono, difatti, tenute a **pubblicare sui propri siti internet istituzionali** tutti i documenti, i dati e le informazioni concernenti profili organizzativi e procedimentali (cd. sezione «Amministrazione trasparente»); a tale dovere posto in capo alla P.A. corrisponde, in maniera speculare, il diritto di «**chiunque**» di accedere ai dati e ai documenti detenuti dalle amministrazioni. Al D.Lgs. 33/2013 è inoltre riconducibile il nuovo istituto dell'**accesso civico**.

2 Il diritto di accesso (artt. 22 e seguenti L. 241/1990)

a) Titolari e oggetto

L'art. 22 L. 241/1990 definisce il «**diritto di accesso**», quale principio generale dell'ordinamento, come il *diritto degli interessati di prendere visione e di estrarre copia di documenti amministrativi*, ed individua come «**interessati**», *tutti i soggetti privati, compresi quelli portatori di interessi pubblici o diffusi, che abbiano un interesse diretto, concreto e attuale, corrispondente ad una situazione giuridicamente tutelata e collegata al documento al quale è chiesto l'accesso*.

In particolare, il **D.P.R. 184/2006** (Regolamento recante la disciplina in materia di accesso ai documenti amministrativi) definisce l'ambito di applicazione soggettivo di tale diritto, precisando che esso è esercitabile nei confronti di tutti i soggetti di diritto pubblico e i soggetti di diritto privato limitatamente alla loro attività di pubblico interesse disciplinata dal diritto nazionale o europeo, da chiunque abbia un **interesse diretto, concreto e attuale**, corrispondente a una **situazione giuridicamente tutelata e collegata al documento** al quale è richiesto l'accesso.

Il soggetto che chiede l'accesso deve **esplicitare le ragioni** sottese alla propria richiesta, dal momento che non è possibile che vi siano istanze di accesso preordinate ad un generico controllo sull'attività amministrativa, alla stregua di un'azione popolare.

Quanto all'*oggetto* del diritto in esame, il legislatore italiano non ha fornito un'elencazione tipologica dei documenti accessibili, ma ha preferito darne una definizione generale: *è considerato documento amministrativo ogni rappresentazione grafica, fotocinematografica, elettromagnetica, o di qualunque altra specie, del contenuto di atti, anche interni, o non relativi ad uno specifico procedimento, detenuti da una pubblica amministrazione e concernenti attività di pubblico interesse,* **indipendentemente dalla natura pubblicistica o privatistica** *della loro disciplina sostanziale* (art. 22, co. 1, lett. *d)*).

b) I soggetti passivi

Sono obbligati a consentire l'esercizio del diritto di accesso in base all'**art. 23** L. 241/1990:

- *le pubbliche amministrazioni*. Nell'ambito delle pubbliche amministrazioni vanno ricompresi, ai sensi dell'art. 22, co. 1, lett. *e)*, L. 241/1990, tutti i soggetti di diritto pubblico e i soggetti di diritto privato limitatamente alla loro attività di pubblico interesse disciplinata dal diritto nazionale o europeo;
- *gli enti pubblici*. Nel novero di tali enti vanno ricompresi anche gli *enti pubblici economici* relativamente allo svolgimento dell'attività di diritto pubblico;
- *aziende autonome e aziende speciali*. Le prime sono di organismi atipici, normalmente privi di personalità giuridica, ma dotati di una propria organizzazione amministrativa, incardinati nell'amministrazione statale, adibiti all'esercizio di attività ed alla gestione di servizi di carattere tecnico-economico; le seconde sono enti di gestione di pubblici servizi locali, dotati di personalità giuridica, di autonomia imprenditoriale e statutaria;
- *gestori di pubblici servizi*. In passato si parlava di concessionari di pubblici servizi, ossia quei soggetti privati legittimati, in virtù di un provvedimento concessorio, allo svolgimento di attività pubbliche;
- *autorità di garanzia e di vigilanza*. La conclusione a cui sono pervenute la dottrina e la giurisprudenza maggioritarie è nel senso dell'applicabilità generale dell'accesso alle autorità. Rispetto a tali organismi, il richiamo all'art. 24 L. 241/1990, contenuto nell'art. 23, vale ad individuare i casi nei quali l'accesso è escluso e gli atti ulteriori che vanno adottati perché il diritto di accesso possa diventare operativo.

  A questi soggetti, devono aggiungersi:

  - *amministrazione dell'Unione europea*. Il regolamento 1049/2001/CE stabilisce che qualsiasi cittadino dell'Unione e qualsiasi persona fisica o giuridica che risieda o abbia la sede sociale in uno Stato membro ha il diritto ad accedere ai documenti delle istituzioni; stessa possibilità può essere concessa dalle istituzioni anche alle persone fisiche giuridiche non appartenenti ad alcuno Stato membro;
  - *imprese di assicurazione*. Ai sensi dell'art. 146 D.Lgs. 209/2005 (Codice delle assicurazioni private), le imprese di assicurazione esercenti l'assicurazione obbligatoria della responsabilità civile derivante dalla circolazione dei veicoli a motore e dei natanti, sono tenute a consentire ai contraenti ed ai danneggiati il diritto di accesso agli atti a conclusione dei procedimenti di valutazione, constatazione e liquidazione dei danni che li riguardano. L'esercizio del diritto di accesso non è consentito quando abbia ad oggetto atti relativi ad accertamenti che evidenziano indizi o prove di comportamenti fraudolenti. È, invece, sospeso in pendenza di controversie giudiziarie tra l'impresa ed il richiedente.

3 Esclusione dal diritto di accesso

L'**art. 24** L. 241/1990 prevede i casi di esclusione dal diritto di accesso.

In primo luogo, vi sono i cd. **limiti tassativi**, ossia quelli *sanciti direttamente dal legislatore* senza che residui in capo alla P.A. alcun margine discrezionale di apprezzamento. Ove ricorra uno di tali limiti, finalizzati alla salvaguardia di interessi pubblici fondamentali e prioritari rispetto all'interesse alla conoscenza degli atti amministrativi, la P.A. è *obbligata a dare risposta negativa* alla richiesta di accesso (art. 24, co. 1).

Trattasi di limiti riguardanti:

- i documenti coperti da segreto di Stato;
- i documenti coperti da segreto o divieto di divulgazione espressamente previsti da legge e da norme regolamentari;
- i procedimenti tributari, per i quali restano ferme le particolari norme che li regolano;
- l'attività della pubblica amministrazione diretta all'emanazione di atti normativi, amministrativi generali, di pianificazione e di programmazione, per i quali restano ferme le particolari norme che ne regolano la formazione;
- i procedimenti selettivi, relativamente ai documenti amministrativi contenenti informazioni di carattere psico-attitudinale relative a terzi.

Le singole amministrazioni, poi, individuano le categorie di documenti da esse formati, o comunque rientranti nella loro disponibilità, sottratti all'accesso, ai sensi di quanto previsto dal cit. comma 1 (art. 24, co. 2).

Il comma 6 dell'art. 24 L. 241/1990 attribuisce infine al **Governo il potere di limitare ulteriormente** il diritto di accesso emanando un apposito **regolamento** di delegificazione, ai sensi dell'art. 17, co. 2, L. 400/1988, che disponga casi di sottrazione all'accesso di documenti amministrativi.

Le **ipotesi** nelle quali il Governo può esercitare questo rilevante potere sono oggi cinque, corrispondenti ad altrettanti **«beni giuridici tutelati»**: quando, al di fuori delle ipotesi disciplinate dall'articolo 12 della legge 24 ottobre 1977, n. 801 (ora sostituita dalla L. 3-8-2007, n. 124), dalla divulgazione dei documenti possa derivare una lesione, specifica e individuata, *alla sicurezza e alla difesa nazionale, all'esercizio della sovranità nazionale alla continuità e alla correttezza delle relazioni internazionali*, con particolare riferimento alle ipotesi previste dai trattati e dalle relative leggi di attuazione; quando l'accesso possa arrecare pregiudizio ai *processi di formazione, di determinazione e di attuazione della politica monetaria e valutaria*; quando i documenti riguardino le strutture, i mezzi, le dotazioni, il personale e le *azioni strettamente strumentali alla tutela dell'ordine pubblico*, alla prevenzione e alla repressione della criminalità con particolare riferimento alle tecniche investigative, alla identità delle fonti di informazione e alla sicurezza dei beni e delle persone coinvolte, all'attività di polizia giudiziaria e di conduzione delle indagini; quando i documenti riguardino *la vita privata o la riservatezza di persone fisiche, persone giuridiche, gruppi, imprese e associazioni*, con particolare riferimento agli interessi epistolare, sanitario, professionale, finanziario, industriale e commerciale di cui siano in concreto titolari, ancorché i relativi dati siano forniti all'amministrazione dagli stessi soggetti cui si riferiscono; quando i documenti riguardino l'*attività in corso di contrattazione collettiva nazionale di lavoro e gli atti interni connessi all'espletamento del relativo mandato*.

L'art. 24 si conclude con il comma 7, vera e propria **norma di chiusura** del sistema dell'accesso ai documenti amministrativi: «deve comunque essere garantito ai richiedenti l'accesso ai documenti amministrativi la cui conoscenza sia necessaria per curare o per difendere i propri interessi giuridici». In questa prescrizione vi è anche il riferimento alla tutela della riservatezza e al bilanciamento con l'accesso, cui si rinvia *infra*.

4 Modalità di esercizio

L'esercizio del diritto di accesso è disciplinato dall'art. 25 L. 241/1990 nonché dal D.P.R. 184/2006.

Il diritto di accesso si esercita **mediante esame ed estrazione di copia dei documenti amministrativi**, richiesti (nei modi e limiti indicati dalla legge) con istanza motivata rivolta all'amministrazione che ha formato il documento o che lo detiene stabilmente (art. 25, co. 1, L. 241/1990).

a) Accesso informale

Ai sensi dell'art. 5 D.P.R. 184/2006, qualora in base alla natura del documento richiesto *non risulti l'esistenza di controinteressati*, il diritto di accesso **può essere esercitato in via informale** mediante richiesta, anche verbale, all'ufficio dell'amministrazione competente a formare l'atto conclusivo del procedimento o a detenerlo stabilmente. In tal caso il richiedente deve **indicare** gli estremi del documento oggetto della richiesta, o gli elementi che ne consentano l'individuazione; **specificare** e, ove occorra, comprovare l'interesse connesso all'oggetto della richiesta; **dimostrare** la propria identità e, ove occorra, i propri poteri di rappresentanza del soggetto interessato.

La richiesta è accolta **mediante indicazione della pubblicazione contenente le notizie, esibizione del documento, estrazione di copie, o altra modalità idonea**. Ove provenga da una pubblica amministrazione, la richiesta è presentata dal titolare dell'ufficio interessato o dal responsabile del procedimento amministrativo.

b) Accesso formale

La pubblica amministrazione cui è indirizzata la richiesta di accesso, *qualora individui soggetti controinteressati*, invita l'interessato a presentare **richiesta formale di accesso** ed è tenuta a dare **comunicazione** agli stessi, inviando copia mediante raccomandata con avviso di ricevimento, oppure per via telematica per coloro che abbiano consentito tale forma di comunicazione. I soggetti controinteressati sono individuati tenuto anche conto del contenuto degli atti connessi. Entro dieci giorni dalla ricezione della comunicazione, i controinteressati possono presentare **motivata opposizione**, anche per via telematica, alla richiesta di accesso. Decorso tale termine, la pubblica amministrazione provvede sulla richiesta, una volta accertata l'avvenuta ricezione della comunicazione.

Tale *iter* deve concludersi entro 30 giorni, dalla richiesta, decorsi i quali quest'ultima si intende respinta (art. 6 D.P.R. 184/2006).

Analogamente si prevede la richiesta di **accesso formale** qualora:
- non sia possibile l'*accoglimento immediato* della richiesta in via informale;
- vi siano dubbi sulla *legittimazione del richiedente*, sulla sua identità e sui suoi poteri rappresentativi;
- vi siano dubbi sulla *sussistenza dell'interesse* alla stregua delle informazioni e delle documentazioni fornite;
- vi siano dubbi sulla *accessibilità del documento* o sull'*esistenza di controinteressati*.

c) La risposta della P.A. e il potere di differimento

Al termine del procedimento la P.A., nel caso in cui ritenga di **non accogliere** la richiesta, può:
- *respingerla*, se la richiesta riguarda documenti esclusi *ex* art. 24 dall'accesso;
- *limitarla* ad alcuno soltanto dei documenti richiesti ove gli altri non siano accessibili, ai sensi sempre dell'art. 24;
- *differirla*, ai sensi del comma 4 del cit. art. 24, nel caso in cui la P.A., anziché respingere la richiesta, reputi sufficiente spostare l'esercizio dell'accesso ad un momento successivo.

L'art. 24, co. 4, L. 241/1990 prevede, infatti, che l'accesso ai documenti amministrativi non possa essere negato ove sia sufficiente fare ricorso al **potere di differimento**.

In base al D.P.R. 184/2006 (art. 9), la possibilità di differire l'accesso ai documenti consente ai soggetti passivi dello stesso di evitarne l'ostensione sino a quando la conoscenza di essi possa impedire o gravemente ostacolare lo svolgimento dell'azione amministrativa ovvero esporre a rischio gli interessi che le disposizioni concernenti gli atti sottoposti a segreto mirano a salvaguardare. Il differimento è disposto soprattutto nella fase preparatoria dei provvedimenti in relazione ai documenti la cui conoscenza possa compromettere il buon andamento dell'azione amministrativa, ma è comunque da ritenere uno strumento *preferenziale* rispetto alla definitiva esclusione dall'accesso. L'atto che dispone il differimento dell'accesso ne indica anche la durata.

Si ricorda, infine, che il rifiuto, la limitazione o il differimento dell'accesso richiesto in via formale devono essere motivati.

5 La tutela del diritto di accesso

a) Il ricorso giurisdizionale avverso il diniego di accesso

La **tutela giurisdizionale** del diritto di accesso risulta dagli **articoli 25 L. 241/1990** e **116 del Codice del processo amministrativo**, recato dal D.Lgs. 104/2016. Il relativo giudizio, *ex* art. 133 del Codice citato, si svolge dinanzi al giudice amministrativo in sede di **giurisdizione esclusiva**.

In particolare, sul presupposto che, decorsi inutilmente 30 giorni dalla richiesta, questa si intende respinta e che, in tal caso, il richiedente può presentare ricorso al tribunale amministrativo regionale (art. 25, co. 4, L. 241/1990), il citato comma 1 dell'art. 116 del Codice, come modificato dal D.Lgs. 195/2011, dispone che «contro le determinazioni e contro il silenzio sulle istanze di accesso ai documenti amministrativi, nonché per la tutela del diritto di accesso civico il ricorso è proposto entro **trenta giorni** dalla conoscenza della determinazione impugnata o dalla formazione del silenzio, mediante notificazione all'amministrazione e ad almeno un controinteressato».

L'amministrazione, secondo quanto disposto dal successivo **comma 3** dell'articolo in esame, può essere rappresentata e difesa da un proprio dipendente.

Il giudizio incardinato *ex* art. 116, co. 1, che si svolge con rito camerale, si conclude con una **sentenza in forma semplificata** che può, pertanto, essere di *rigetto* del ricorso o di *accoglimento* dello stesso. In tale ultimo caso, sussistendone i presupposti, il giudice ordina l'esibizione dei documenti richiesti e, ove previsto, la pubblicazione dei documenti richiesti entro un termine non superiore, di norma, a 30 giorni, dettando, ove occorra, le relative modalità (comma 4).

Per espressa previsione del comma 5 della norma, infine, le disposizioni sin qui esaminate si applicano anche al giudizio di impugnazione.

La proposizione di un ricorso avverso determinazioni amministrative concernenti l'**accesso nel caso in cui sia già pendente un giudizio amministrativo** è disciplinata dal comma 2 dell'art. 116 del Codice.

In tal caso, il legislatore ha previsto che il ricorso può essere proposto con istanza depositata presso la segreteria della sezione cui è assegnato il ricorso principale, previa notifica all'amministrazione e agli eventuali controinteressati.

L'istanza può essere decisa con un'ordinanza separatamente dal giudizio principale, oppure con la sentenza che definisce quest'ultimo.

b) Il ricorso al difensore civico

L'art. 25, co. 4, L. 241/1990 prevede (in caso di rifiuto espresso o implicito o di differimento dell'accesso) la possibilità di **ricorrere** nello stesso termine stabilito per la proposizione del ricorso giurisdizionale (**in alternativa al ricorso al T.A.R.**), **al difensore civico competente per ottenere che venga riesaminata la determinazione**. Se quest'ultimo ritiene illegittimo il diniego o il differimento, lo comunica all'autorità disponente che dovrà provvedere nel termine di *30 giorni* dal ricevimento della richiesta. In mancanza **l'accesso è consentito**.

Nello stesso art. 25 si precisa che la competenza del difensore civico è ristretta agli atti delle amministrazioni comunali, provinciali e regionali, mentre nei confronti delle amministrazioni centrali e periferiche dello Stato il **ricorso** per riesame deve essere inoltrato presso la **Commissione per l'accesso ai documenti amministrativi**, di cui all'art. 27 L. 241/1990, nonché **presso l'amministrazione resistente**.

La Commissione per l'accesso ai documenti amministrativi

Ai sensi dell'art. 27 L. 241/1990 presso la Presidenza del Consiglio dei ministri è stata istituita la *Commissione per l'accesso ai documenti amministrativi.*

Tale organo, *nominato con decreto presidenziale*, è adibito:

— alla *vigilanza* sull'attuazione del principio di *piena conoscibilità* dell'attività della P.A.;

- alla *predisposizione* di una *relazione annuale sulla trasparenza dell'attività amministrativa*, da comunicarsi alle Camere ed al Presidente del Consiglio dei Ministri;
- all'invio al Governo di *proposte* in ordine a modifiche legislative funzionalizzate ad una più *ampia garanzia del diritto di accesso*.

Ancora, l'art. 11 D.P.R. 184/2006 prevede che la Commissione per l'accesso ai documenti amministrativi ha facoltà di:

- esprimere pareri per coordinare l'attività organizzativa delle amministrazioni in materia di accesso e per garantire l'uniforme applicazione dei principi, sugli atti che le singole amministrazioni adottano ai sensi dell'articolo 24 comma 2 della legge, nonché, ove ne sia richiesta, su quelli attinenti all'esercizio e all'organizzazione del diritto di accesso;
- decidere i ricorsi presentati dinanzi ad essa avverso il diniego espresso o tacito dell'accesso, ovvero avverso il provvedimento di differimento dell'accesso, nonché i ricorsi dei controinteressati avverso le determinazioni che consentono l'accesso.

Il Governo può acquisire il parere della Commissione ai fini dell'emanazione del regolamento di cui all'articolo 24, comma 6, L. 241/1990 (in cui si prevedono le ipotesi di *sottrazione all'accesso di documenti amministrativi*), delle sue modificazioni e della predisposizioni e di normative comunque attinenti al diritto di accesso.

6 L'accesso civico (artt. 5 e seguenti D.Lgs. 33/2013)

L'**accesso civico** è stato introdotto dal D.Lgs. 33/2013 quale espressione dei principi di pubblicità e trasparenza: si tratta di un istituto assolutamente innovativo per il nostro ordinamento, correlato **all'obbligo per le amministrazioni pubbliche** di pubblicare informazioni, documenti e dati sui propri siti istituzionali, circa ogni aspetto della propria organizzazione ed attività.

L'accesso civico, a sua volta, ha **due «volti»**, come si evince dall'art. 5 D.Lgs. 33/2013, novellato dal **D.Lgs. 97/2016**, di attuazione della riforma Madia della P.A.:

- da un lato, vi è quello cd. «**semplice**», disciplinato dal **comma 1 dell'art. 5 D.Lgs. 33/2013**, ai sensi del quale l'obbligo previsto dalla normativa vigente in capo alle pubbliche amministrazioni di pubblicare documenti, informazioni o dati comporta il **diritto di chiunque** di richiedere i medesimi, *nei casi in cui sia stata omessa la loro pubblicazione*. In sostanza, al dovere di pubblicazione si aggiunge il diritto del privato di accedere ai documenti, dati e informazioni interessati dall'inadempienza;
- dall'altro lato, vi è l'accesso civico «**generalizzato**», delineato nel **comma 2 dell'art. 5 cit.**, secondo cui, per favorire forme diffuse di controllo sul perseguimento delle funzioni istituzionali e sull'utilizzo delle risorse pubbliche e per promuovere la partecipazione al dibattito pubblico, chiunque ha diritto di accedere ai dati e ai documenti detenuti dalle pubbliche amministrazioni, *ulteriori rispetto a quelli oggetto di pubblicazione* ai sensi del D.Lgs. 33/2013 medesimo. È proprio in relazione a tale fattispecie che si è parlato, più specificamente, di «***Freedom of Information Act***» (**Foia**): ciò si traduce nella possibilità per i cittadini di accedere a dati e documenti della pubblica amministrazione anche se non resi pubblici, senza peraltro dover dimostrare un interesse diretto.

  Entro 30 giorni le amministrazioni dovranno rilasciare gratuitamente i dati e i documenti richiesti.

  L'accesso civico generalizzato conosce, tuttavia, alcune ipotesi di esclusione e/o limitazione (art. 5bis D.Lgs. 33/2013, inserito dal D.Lgs. 97/2016). In particolare, esso **è rifiutato** se il diniego è necessario per evitare un pregiudizio concreto alla tutela di uno degli interessi pubblici inerenti a:

  a) sicurezza pubblica e ordine pubblico;
  b) sicurezza nazionale;
  c) difesa e questioni militari;

d) relazioni internazionali;
e) politica e stabilità finanziaria ed economica dello Stato;
f) conduzione di indagini sui reati e loro perseguimento;
g) regolare svolgimento di attività ispettive.

Esso è altresì rifiutato se il diniego è necessario per evitare un pregiudizio concreto alla tutela di uno dei seguenti interessi privati: protezione dei dati personali; libertà e segretezza della corrispondenza; interessi economici e commerciali di una persona fisica o giuridica, ivi compresi la proprietà intellettuale, il diritto d'autore e i segreti commerciali.
L'**esclusione** dello stesso, invece, si ha nei casi di segreto di Stato e negli altri casi di divieti di accesso o divulgazione previsti dalla legge.

L'esercizio dell'accesso civico, in entrambe le versioni, **non è sottoposto ad alcuna limitazione quanto alla legittimazione soggettiva del richiedente** (questo profilo è una delle più rilevanti *differenze* tra tale istituto e l'accesso di cui alla legge sul procedimento amministrativo).

L'istanza di accesso civico, a sua volta, deve identificare i dati, le informazioni o i documenti richiesti e non richiede motivazione, può essere trasmessa anche *per via telematica* e va presentata alternativamente ad uno dei seguenti uffici:

a) all'ufficio che detiene i dati, le informazioni o i documenti;
b) all'Ufficio relazioni con il pubblico (URP: v. *retro*);
c) ad altro ufficio indicato dall'amministrazione nella sezione «Amministrazione trasparente» del sito istituzionale;
d) al responsabile della prevenzione della corruzione e della trasparenza, ove l'istanza abbia a oggetto dati, informazioni o documenti oggetto di pubblicazione obbligatoria.

Contro il rifiuto al rilascio di dati e documenti il cittadino **potrà ricorrere** al responsabile trasparenza, al difensore civico e/o al T.A.R.

Differenze

La sostanziale **differenza** tra l'accesso civico e il diritto di accesso ai documenti *ex* art. 22 L. 241/1990 — e punto nodale della disciplina del nuovo istituto — va ravvisata *nell'ampliamento dal punto di vista soggettivo* del diritto stesso: la richiesta di accesso, infatti, non è sottoposta ad alcuna limitazione quanto alla legittimazione soggettiva del richiedente.
Contrariamente a quanto affermato nella legge sul procedimento, infatti, dove il diritto di accesso è riconosciuto ai portatori di un interesse giuridico diretto, concreto ed attuale, il decreto in esame **riconosce a tutti e senza motivazione il diritto di accesso civico**, in perfetta adesione, dunque, alla conclamata finalità di estendere il potere di controllo dei cittadini sull'operato della P.A.
Inoltre, mentre la disciplina della legge sul procedimento esclude perentoriamente «l'utilizzo del diritto di accesso ivi disciplinato al fine di sottoporre l'amministrazione a un controllo generalizzato, il diritto di accesso generalizzato, oltre che quello «semplice», è riconosciuto proprio «allo scopo di favorire forme diffuse di controllo sul perseguimento delle funzioni istituzionali e sull'utilizzo delle risorse pubbliche e di promuovere la partecipazione al dibattito pubblico».
Dunque, l'accesso agli atti di cui alla legge n. 241/90 continua certamente a sussistere, ma **parallelamente all'accesso civico (generalizzato e non**), operando sulla base di norme e presupposti diversi» (cfr. *Delibera A.N.AC. 28-12-2016*).

7 Riservatezza e accesso

Tra i limiti che vengono posti all'esercizio del diritto di accesso, è estremamente delicata la problematica dei rapporti tra accesso e riservatezza. Si tratta di due importanti diritti, definiti spesso «separati in casa» in quanto aventi il medesimo ambito di applicazione, pur essendo, allo stesso tempo, l'uno il limite dell'altra.

Quando, infatti, ai sensi degli artt. 22 e seguenti della legge sul procedimento amministrativo, si chiede di accedere a documenti amministrativi che investono posizioni di soggetti terzi, si pone il problema di **conciliare il diritto di questi ultimi alla riservatezza dei propri dati personali con il diritto di accesso dell'istante**.

Il diritto alla riservatezza può in generale definirsi come il **diritto al riserbo** relativamente a notizie, dati o informazioni la cui diffusione non risponde ad alcun interesse pubblico prevalente. Esso è riferibile sia alle **persone fisiche**, come diritto al rispetto della sfera intima della personalità, sia alle **persone giuridiche**, **enti**, **associazioni** etc. (e in tal caso si è al cospetto della cd. riservatezza industriale o commerciale, ossia della tutela di quel complesso di conoscenze che va sotto il nome di *segreti di impresa*, *ex* art. 41 Cost.).

Il legislatore ha risolto codificando una serie di principi-guida, contenuti sia nella legge sul procedimento che nel Codice sulla *privacy* (D.Lgs. 196/2003, mod. dal D.Lgs. 101/2018, che ha armonizzato la disciplina del nostro Codice con quella europea: v. *infra*) che devono essere seguiti per trovare, nei casi concreti, un punto di equilibrio tra accesso e riservatezza.

Si tratta di un **sistema di bilanciamento degli opposti interessi** che può portare ad una **graduazione del diritto di accesso in relazione alla tipologia di dati personali** che, nello specifico, viene in rilievo.

Nella L. 241/1990, la disposizione di riferimento è data dall'**art. 24**, il cui comma 7 afferma, in primo luogo ed in via generale, la **prevalenza del diritto di accesso** in tutte le ipotesi in cui questo è preordinato all'esercizio del diritto di difesa di un interesse giuridicamente rilevante: «*deve comunque essere garantito ai richiedenti l'accesso ai documenti amministrativi la cui conoscenza sia necessaria per curare o per difendere i propri interessi giuridici*».

Tuttavia, nel caso di documenti contenenti dati sensibili e giudiziari (oggi, dopo l'entrata in vigore del regolamento europeo n. 679/2016, deve farsi riferimento agli artt. 9 e 10 dello stesso: v. *infra*) l'accesso è consentito nei limiti in cui sia strettamente indispensabile, mentre in presenza di **dati idonei a rivelare lo stato di salute e la vita sessuale** (usualmente definiti nel nostro ordinamento come *dati supersensibili* o *sensibilissimi*) l'accesso è consentito in base all'art. 60 D.Lgs. 196/2003, come sostituito dal D.Lgs. 101/2018 (che si riferisce al trattamento concernente dati genetici, relativi alla salute, alla vita sessuale o all'orientamento sessuale delle persone).

Il rimando all'art. 60 del Codice della privacy, contenuto nell'art. 24 L. 241/1990, comporta che il trattamento dei dati appena menzionati è consentito *se la situazione giuridicamente rilevante che si intende tutelare con la richiesta di accesso* ai documenti amministrativi sia di **rango almeno pari ai diritti dell'interessato**, ovvero **consista in un diritto della personalità o in un altro diritto o libertà fondamentale**.

Anche l'art. 59 del Codice della privacy (nella versione novellata) conferma questa impostazione, prevedendo che i presupposti, le *modalità*, i *limiti per l'esercizio del diritto di accesso* a documenti amministrativi contenenti dati personali, e la relativa tutela giurisdizionale restano disciplinati dalla L. 241/1990 *anche per ciò che concerne i tipi di dati di cui agli articoli 9 e 10 del regolamento e le operazioni di trattamento eseguibili in esecuzione di una richiesta di accesso*.

Invece, i *presupposti*, le *modalità* e i *limiti* per l'esercizio del diritto di accesso civico restano disciplinati dal D.Lgs. 33/2013 (art. 59, co. 1bis, Codice privacy, aggiunto dal D.Lgs. 101/2018).

8 Privacy e riservatezza

Abbiamo visto nel paragrafo precedente che la riservatezza, quale limite alla trasparenza, si configura, nell'attuale ordinamento giuridico, sia come *riservatezza delle persone fisiche*, ossia come **diritto del singolo di vedere rispettata la propria sfera personale** da ingerenze esterne, sia come *riservatezza di gruppi, persone giuridiche, enti ed associazioni*, come ad esempio quelle **conoscenze in ambito commerciale** che vanno sotto il nome di segreto industriale o di impresa.

La riservatezza può essere ricondotta all'**art. 2 Cost.**, pur non essendovi esplicitamente menzionata, ed in particolare ai **diritti di cd. quarta generazione**; infatti, partendo dalla considerazione dell'art. 2 della Costituzione quale *fattispecie aperta*, suscettibile, cioè, di dare tutela anche a nuovi diritti che progressivamente emergono nel contesto sociale e politico in relazione ai cambiamenti, è possibile affermare che essa riguarda una delle più acute richieste di tutela della società contemporanea. Basti pensare che ai nostri tempi la riservatezza appare sempre più compromessa dalle **nuove tecnologie**, soprattutto quelle informatiche, e da mezzi di comunicazione sempre più sofisticati, soprattutto per quanto concerne i dati sensibili degli individui (in tal senso, BARBERA-FUSARO).

Ed è proprio l'evoluzione tecnologica che ha portato il legislatore europeo ad innovare la normativa in tema di protezione dei dati personali, rivedendo il concetto stesso di **«sfera privata»** alla luce della inarrestabile rivoluzione digitale e dell'ormai imprescindibile invasione del **mondo virtuale** su quello reale.

La riservatezza indica, pertanto, la soglia a partire dalla quale la vita di ogni persona è libera dall'ingerenza altrui, consentendo di separare la vita privata dalla vita pubblica. Tale diritto è riconosciuto dalla **Carta dei diritti fondamentali UE**, secondo cui «ogni individuo ha diritto al rispetto della propria vita privata e familiare, del proprio domicilio e delle sue comunicazioni» (art. 7) e «ogni persona ha diritto alla protezione dei dati di carattere personale che lo riguardano» (art. 8).

La tutela dei dati personali è uno dei principali risvolti (ma non l'unico) della riservatezza.

Ecco perché il termine «riservatezza», nell'odierna era digitale, non può essere inteso (o meglio, non solo) come la più comune e semplice traduzione dall'inglese «privacy», sebbene si tenda, in generale, ad usare indifferentemente i due termini.

Si tratta di una problematica molto complessa e dagli innumerevoli risvolti; in tal sede, basti sottolineare che tra le due nozioni di riservatezza e privacy sussiste, in realtà, una **differenza** ben precisa:

— la **riservatezza** è, come detto, il **diritto alla intimità della propria sfera privata e dei propri dati personali**, che devono essere salvaguardati dalla curiosità altrui. Essa ha quindi un'accezione prevalentemente negativa (*ius excludendi alios,* ossia diritto di escludere gli altri dalla propria vita privata);

— la **privacy** diventa una «*estensione*» di tale diritto, suscettibile di individuare **tutti gli elementi** che definiscono **l'identità** dell'individuo, la sua storia, le sue abitudini e ogni suo status. Nome e cognome, codice fiscale, dati sanitari, dati fiscali, giudiziari, busta paga, preferenze religiose o sessuali sono solo alcune delle tipologie di dati considerati dalla legge e meritevoli di particolare attenzione.

  Per tale motivo, anche il diritto alla privacy può essere considerato diritto fondamentale della persona, meritevole cioè di particolare tutela, tanto che una *violazione* dei dati personali può provocare, letteralmente, *danni fisici, materiali o immateriali* (GAINI).

Ad esempio, un furto di identità, la divulgazione di dati intimi e personali, nel caso di persona fisica, oppure di dati strettamente riservati di una persona giuridica (pensiamo al *know how* di una azienda) sono eventi capaci di produrre dei veri e propri danni ai soggetti che ne sono vittime: non è un caso che il nostro codice civile, all'art. 2050, comprende tra le attività pericolose anche il trattamento dei dati personali.

In questa prospettiva è intuitivo, quindi, il delicato compito che spetta a chi gestisce e tratta i dati personali: la privacy, in tale ottica, è sì un diritto fondamentale ma ad esso, tuttavia, corrisponde in maniera speculare l'**obbligo**, a carico di chi tratta i dati stessi (imprese private e pubbliche amministrazioni), di tutelare e salvaguardare l'inviolabilità di tutti quei dati che compongo l'identità dell'individuo, impendendone un uso illecito.

Il diritto alla privacy, ove legato alla protezione dei dati personali e al controllo sulla loro circolazione, dunque, **estende** la tutela dell'individuo al di là della sfera della vita privata (ossia riservatezza) e la trasferisce nella **dimensione sociale**, attribuendo al soggetto che ne è titolare anche il diritto di impedire che vengano divulgate informazioni sulla sua persona nonché di controllare la raccolta e il trattamento delle informazioni stesse, fornendogli nel contempo gli strumenti per la tutela di tali informazioni (SAETTA).

In tal senso, la privacy rappresenta una sorta di versione «dinamica» della riservatezza, come strumento a disposizione del singolo per controllare la raccolta, la classificazione e l'uso di quelle informazioni da parte di chi gestisce le banche dati (soggetti pubblici o privati che siano), nelle quali i dati stessi sono inseriti e conservati.

Tale distinzione è fondamentale per capire l'evoluzione normativa in materia, culminata nel **GDPR** (*General Data Protection Regulation*), ossia il **Regolamento europeo per la protezione dei dati personali**, operativo in tutta l'Unione europea dal *25 maggio 2018*, con cui il legislatore europeo ha preso atto dei cambiamenti dell'attuale contesto sociale.

A differenza del passato infatti, la nuova disciplina europea si basa sul **binomio responsabilizzazione/consapevolezza**: responsabilizzazione (*accountability*) a carico di chi gestisce i dati personali e li tratta (quindi sia pubbliche amministrazioni che enti privati) da un lato, e, dall'altro, maggiore consapevolezza da parte dei «possessori» dei dati medesimi, ossia i cittadini, che vengono messi al centro della nuova cultura digitale.

Il Regolamento, pertanto, ha adeguato la disciplina sul trattamento dei dati personali alle moderne tecnologie che, ormai, sono divenute strumenti di controllo della vita di ciascuno: tale obiettivo è stato realizzato approntando una normativa più incisiva rispetto a quella del passato, a garanzia della *libertà degli individui di far conoscere di sè solamente ciò che si vuol far conoscere*.

9 La normativa sulla protezione dei dati personali: la privacy

a) Il Regolamento europeo n. 679/2016 e l'adeguamento nazionale

La disciplina in materia di trattamento dei dati personali, cd. *privacy*, è quindi stata «rivoluzionata» in seguito all'approvazione del regolamento (UE) 2016/679, cd. **Regolamento generale per la protezione dei dati personali** - *General Data Protection Regulation* o *GDPR* a decorrere dal 25 maggio 2018.

La prima novità che viene in rilievo riguarda lo strumento utilizzato dall'Unione per dettare la relativa disciplina: **non più una direttiva, ma un regolamento**.

Si tratta di un cambiamento di natura *sostanziale*: se, infatti, la **direttiva**, nell'ottica dell'armonizzazione delle legislazioni nazionali, lascia agli Stati membri un margine di operatività in relazione al recepimento negli ordinamenti nazionali (in Italia, la normativa sulla privacy è stata positivizzata, dapprima, nella L. 675/1996, e, successivamente, nel D.Lgs. 196/2003, cd. Codice della privacy), il **regolamento**, per sua natura, è un atto normativo **immediatamente applicabile negli ordinamenti nazionali**, che non lascia alcun margine di discrezionalità agli stessi in ordine alla sua applicazione. Le sue disposizioni sono vincolanti e precettive, applicabili anche in presenza di norme nazionali contrastanti, prevalendo su queste ultime.

Lo scopo del regolamento europeo è stato, senza dubbio, quello di adeguare la disciplina sul trattamento dei dati personali alle moderne tecnologie che, soprattutto nell'«era del digitale» che stiamo vivendo, sono divenute strumenti di controllo della vita di ciascuno: tale obiettivo è stato realizzato approntando una normativa, più incisiva rispetto a quella del passato, a garanzia della *libertà degli individui di far conoscere di sé solo ciò che si vuol far conoscere*.

L'utilizzo del «regolamento» ha, quindi, comportato che le normative nazionali (in precedenza) vigenti venissero «travolte» dalle disposizioni europee di diretta applicazione.

Così è stato, anche nel nostro ordinamento, per il **D.Lgs. 30-6-2003, n. 196**, cd. *Codice della privacy*, considerato il referente normativo principale per la disciplina della materia; tale provvedimento, infatti, è stato completamente e profondamente modificato con il **D.Lgs. 10-8-2018, n. 101**, con il quale si è armonizzata la normativa interna con quella sovranazionale.

All'esito di tale modifica legislativa, nel nostro ordinamento, il sistema normativo in materia di *privacy* si è fatto più complesso: il trattamento dei dati personali deve avvenire innanzitutto secondo le norme di cui al citato regolamento (UE) 2016/679 (le cui disposizioni «costituiranno per il futuro il «**regime primario interno**» in materia di protezione dei dati personali»: così il Garante, nel provvedimento n. 312/2018), e poi, secondo le disposizioni del D.Lgs. 196/2003, come modificato dal legislatore del 2018.

Tale impostazione è confermata dal Codice che, all'art. 1, stabilisce che il trattamento dei dati personali avviene secondo le norme del regolamento e del Codice stesso, «*nel rispetto della dignità umana, dei diritti e delle libertà fondamentali della persona*».

Il regolamento UE 2016/679 garantisce, pertanto, la protezione delle **persone fisiche** con riguardo al trattamento dei dati personali, nonché alla libera circolazione di tali dati e intende assicurare un livello coerente di protezione della *privacy* delle persone fisiche in tutta l'Unione, al fine di prevenire disparità che possano ostacolare la libera circolazione dei dati personali. La sua *ratio* è, infatti, di assicurare certezza del diritto e trasparenza agli operatori economici, comprese le micro, piccole e medie imprese, nonché di offrire alle persone fisiche, **in tutti gli Stati membri**, il **medesimo livello di diritti azionabili e di obblighi e responsabilità** dei titolari del trattamento e dei responsabili del trattamento.

La protezione prevista dal regolamento deve trovare applicazione, per tale motivo, alle persone fisiche, in relazione al trattamento dei loro dati personali, *a prescindere dalla nazionalità o dal luogo di residenza*.

Esso non si applica, invece, a questioni di tutela dei diritti e delle libertà fondamentali o di libera circolazione dei dati personali riferite ad attività che non rientrano nell'ambito di applicazione del diritto dell'Unione, quali, ad es., le attività riguardanti la sicurezza nazionale.

b) Il Garante per la protezione dei dati personali

L'art. 51 del regolamento disciplina l'**autorità di controllo** nazionale ed espressamente stabilisce che «in ogni Stato una o più autorità pubbliche indipendenti siano incaricate di controllare l'applicazione del regolamento al fine di **tutelare i diritti e le libertà fondamentali delle persone fisiche** con riguardo al trattamento e di agevolare la libera circolazione dei dati personali all'interno dell'Unione».

Conformemente alle previsioni regolamentari, il nuovo art. 2 del nostro Codice della *privacy* individua nel **Garante per la protezione dei dati personali** la detta **autorità**, avente anche il compito di contribuire alla coerente applicazione del regolamento in tutta l'Unione.

Si tratta di una autorità indipendente, istituita con la L. 675/1996 e poi confermata dal D.Lgs. 196/2003. Tra i numerosi **compiti** affidati al Garante dall'art. 154 del Codice, rilevano i seguenti:

- controllare se i *trattamenti sono effettuati nel rispetto della disciplina applicabile*, anche in caso di loro cessazione e con riferimento alla conservazione dei dati di traffico;
- trattare i *reclami* presentati ai sensi della normativa vigente;
- denunciare i *fatti configurabili come reati perseguibili d'ufficio*, dei quali viene a conoscenza nell'esercizio o a causa delle funzioni;
- assicurare la *tutela dei diritti e delle libertà fondamentali degli individui* dando idonea attuazione al regolamento europeo e allo stesso Codice.

Inoltre, il Garante deve provvedere all'espletamento dei compiti attribuiti dal diritto dell'Unione europea o dello Stato ed è deputato a svolgere la funzione di controllo o assistenza in materia di trattamento dei dati personali prevista da leggi di ratifica di accordi o convenzioni internazionali o da atti comunitari o dell'Unione europea.

Il Garante, inoltre, **collabora con altre autorità amministrative indipendenti nazionali** nello svolgimento dei rispettivi compiti ed elabora una relazione annuale sulla propria attività che trasmette al Parlamento e al Governo entro il 31 maggio dell'anno successivo a quello cui si riferisce.

10 Il concetto di «dato personale»

Che si intende con l'espressione «**dati personali**»?

Si tratta di quelle informazioni che identificano o rendono identificabile, **direttamente** (ad es.: i dati anagrafici) o **indirettamente** (ad es.: il codice fiscale o un numero di targa) una persona fisica.

Vi sono poi i dati personali rientranti in particolari categorie, come quelli *sensibili* (origine razziale ed etnica, opinioni politiche o religiose, appartenenza sindacale, stato di salute e vita sessuale – quest'ultimi due sono detti anche «*supersensibili*») e quelli relativi a condanne penali o reati (cd. *giudiziari*).

Il regolamento europeo, all'art. 4, definisce il dato personale come qualsiasi informazione riguardante una persona fisica, identificata o identificabile (**interessato**).

È identificabile la persona fisica che può essere individuata, direttamente o indirettamente, con particolare riferimento a un identificativo come il nome, un numero di identificazione, dati relativi all'ubicazione, un identificativo online o a uno o più elementi caratteristici della sua identità fisica, fisiologica, genetica, psichica, economica, culturale o sociale.

La normativa oggi in vigore si discosta notevolmente dalla precedente impostazione e le originarie definizioni di «**dati sensibili**» ed i «**dati giudiziari**», presenti nel Codice del 2003, lasciano il posto alle più generiche «**categorie particolari di dati personali**» (art. 9 reg.) e ai «**dati personali relativi a condanne penali e reati**» (art. 10 reg.), richiamati poi pedissequamente nella nuova formulazione del nostro Codice.

Il legislatore del 2018, nel modificare il Codice del 2003, ha espressamente stabilito che, a decorrere dal 25 maggio 2018 (data di entrata in vigore del regolamento) le espressioni «dati sensibili» e «dati giudiziari» utilizzate ai sensi dell'art. 4, co. 1, lett. *d)* ed *e)*, del Codice in materia di protezione dei dati personali, **ovunque ricorrano**, si intendono riferite, rispettivamente, alle **categorie particolari di dati personali** di cui all'art. 9 del regolamento (UE) 2016/679 e ai **dati personali relativi a condanne penali e reati**, di cui all'art. 10 del medesimo regolamento (v. anche Cap. precedente, in merito al rapporto accesso/riservatezza).

In particolare, secondo l'art. 9 del regolamento, è vietato trattare alcune «categorie particolari di dati personali», comprendenti i dati personali che rivelino «*l'origine razziale o etnica, le opinioni politiche, le convinzioni religiose o filosofiche, o l'appartenenza sindacale*», nonché i «*dati genetici, dati biometrici intesi a identificare in modo univoco una persona fisica, dati relativi alla salute o alla vita sessuale o all'orientamento sessuale della persona*».

Facendo un parallelo con la precedente nozione di dato sensibile è di tutta evidenza che, rispetto alla precedente, la disposizione europea ne amplia la portata e affianca all'originaria definizione (che, quindi, di fatto non scompare), i dati genetici, i dati biometrici e i dati relativi alla salute.

Secondo quanto stabilito nell'art. 4 del testo europeo: i **dati genetici** sono i dati personali relativi alle caratteristiche genetiche ereditarie o acquisite di una persona fisica che forniscono informazioni univoche sulla fisiologia o sulla salute di detta persona fisica, e che risultano in particolare dall'analisi di un campione biologico della persona fisica in questione (co. 1, n. 13); i **dati biometrici** sono i dati personali ottenuti da un trattamento tecnico specifico relativi alle caratteristiche fisiche, fisiologiche o comportamentali di una persona fisica che ne consentono o confermano l'identificazione univoca, quali l'immagine facciale o i dati dattiloscopici (co. 1, n. 14); i **dati relativi alla salute**, infine, sono i dati personali attinenti alla salute fisica o mentale di una persona fisica, compresa la prestazione di servizi di assistenza sanitaria, che rivelano informazioni relative al suo stato di salute (co. 1, n. 15).

Lo stesso discorso va fatto anche per il dato giudiziario che di fatto non scompare del tutto, ma viene presentato sotto la veste dei «**dati personali relativi alle condanne penali e ai reati o a connesse misure di sicurezza**», di cui all'art. 10 del regolamento.

11 Il trattamento dei dati personali

a) Principi

Il dato personale è «trattato» quando è sottoposto a **qualsiasi operazione o insieme di operazioni**, compiute con o senza l'ausilio di processi automatizzati ed applicate a dati personali o insiemi di dati personali: la raccolta, la registrazione, l'organizzazione, la strutturazione, la conservazione, l'adattamento o la modifica, l'estrazione, la consultazione, l'uso, la comunicazione mediante trasmissione, diffusione o qualsiasi altra forma di messa a disposizione, il raffronto o l'interconnessione, la limitazione, la cancellazione o la distruzione (art. 4, co. 1, n. 2, reg.).

I dati personali, ai sensi dell'art. 5 del regolamento n. 2016/679 devono essere:

a) trattati in modo lecito, corretto e trasparente nei confronti dell'interessato («**liceità, correttezza e trasparenza**»);
b) raccolti per finalità determinate, esplicite e legittime, e successivamente trattati in un modo che non sia incompatibile con tali finalità iniziali («**limitazione della finalità**»);
c) adeguati, pertinenti e limitati a quanto necessario rispetto alle finalità per le quali sono trattati («**minimizzazione dei dati**»);
d) esatti e, se necessario, aggiornati; devono essere adottate tutte le misure ragionevoli per cancellare o rettificare tempestivamente i dati inesatti rispetto alle finalità per le quali sono trattati («**esattezza**»);
e) conservati in una forma che consenta l'identificazione degli interessati per un arco di tempo non superiore al conseguimento delle finalità per le quali sono trattati («**limitazione della conservazione**»).

Non meno importante è la previsione che il trattamento deve garantire un'**adeguata sicurezza dei dati personali**, compresa la protezione, mediante misure tecniche e organizzative adeguate, da trattamenti non autorizzati o illeciti e dalla perdita, dalla distruzione o dal danno accidentali («**integrità e riservatezza**»).

Il trattamento del dato personale deve essere anche **lecito**.

A tal fine, il regolamento stabilisce le condizioni di liceità e dispone che un trattamento è lecito *solo se e nella misura in cui* ricorra *almeno una* delle condizioni indicate: a) che l'interessato abbia espresso il **consenso al trattamento** dei propri dati personali per una o più specifiche finalità; b) che il trattamento sia necessario all'**esecuzione di un contratto** di cui l'interessato è parte o all'esecuzione di misure precontrattuali adottate su richiesta dello stesso; c) che il trattamento sia necessario per **adempiere un obbligo legale** al quale è soggetto il titolare del trattamento; d) che il trattamento sia necessario per la **salvaguardia degli interessi vitali** dell'interessato o di un'altra persona fisica; e) che il trattamento sia necessario per l'esecuzione di un **compito di interesse pubblico o connesso all'esercizio di pubblici poteri** di cui è investito il titolare del trattamento; f) che il trattamento sia necessario per il perseguimento del **legittimo interesse** del titolare del trattamento o di terzi, a condizione che non prevalgano gli interessi o i diritti e le libertà fondamentali dell'interessato che richiedono la protezione dei dati personali, in particolare se l'interessato è un minore (art. 6).

Corrispondentemente a tale previsione, il nostro Codice della privacy, sempre come novellato dal D.Lgs. 101/2018, all'art. 2ter individua *unicamente* in **una norma di legge o, nei casi previsti dalla legge, di regolamento**, la base giuridica per il trattamento di dati personali effettuato per l'esecuzione di un **compito di interesse pubblico o connesso all'esercizio di pubblici poteri** (di cui all'art. 6, par. 3, lett. *b)*, reg.).

b) Il trattamento di categorie particolari di dati personali

L'art. 9 del GDPR stabilisce, come regola generale, il **divieto** di trattare dati personali che rivelino l'origine razziale o etnica, le opinioni politiche, le convinzioni religiose o filosofiche, o l'appartenenza sindacale, nonché trattare dati genetici, dati biometrici intesi a identificare in modo univoco una persona fisica, dati relativi alla salute o alla vita sessuale o all'orientamento sessuale della persona.

Il successivo paragrafo 2 dell'art. 9 del GDPR prevede delle **eccezioni**, prevedendo, ad es., che il trattamento di tali categorie di dati ia consentito qualora l'interessato ha prestato il proprio **consenso esplicito** al trattamento di tali dati personali per una o più finalità specifiche; il trattamento sia necessario per assolvere gli obblighi ed esercitare i diritti specifici del titolare del trattamento o dell'interessato in **materia di diritto del lavoro e della sicurezza sociale e protezione sociale** il trattamento sia necessario per **tutelare un interesse vitale dell'interessato** o di un'altra persona fisica qualora l'interessato si trovi nell'incapacità fisica o giuridica di prestare il proprio consenso.

Correlativamente alla previsione europea, l'art. 2sexies del Codice della privacy stabilisce che i trattamenti delle **categorie particolari di dati personali necessari per motivi di interesse pubblico rilevante** ai sensi dell'art. 9, par. 2, lett. *g)*, del regolamento, sono ammessi qualora siano previsti dal *diritto dell'Unione europea* ovvero, nell'ordinamento interno, da *disposizioni di legge* o, nei casi previsti dalla legge, *di regolamento* che specifichino i tipi di dati che possono essere trattati, le operazioni eseguibili e il motivo di interesse pubblico rilevante, nonché le misure appropriate e specifiche per tutelare i diritti fondamentali e gli interessi dell'interessato.

Il legislatore individua poi, le ipotesi in cui per legge è considerato **rilevante** l'interesse pubblico.

L'elenco delle fattispecie è corposo e tra le tante si ricordi, ad esempio, il riferimento ai trattamenti effettuati da soggetti che svolgono compiti di interesse pubblico o connessi all'esercizio di pubblici poteri nelle seguenti materie: accesso a documenti amministrativi e accesso civico; tenuta degli atti e dei registri dello stato civile, delle anagrafi della popolazione residente in Italia e dei cittadini italiani residenti all'estero, e delle liste elettorali, nonché rilascio di documenti di riconoscimento o di viaggio o cambiamento delle generalità; cittadinanza, immigrazione, asilo, condizione dello straniero e del profugo, stato di rifugiato; attività dei soggetti pubblici dirette all'applicazione, anche tramite i loro concessionari, delle disposizioni in materia tributaria e doganale; concessione, liquidazione, modifica e revoca di benefici economici, agevolazioni, elargizioni, altri emolumenti e abilitazioni; attività sanzionatorie e di tutela in sede amministrativa o giudiziaria; attività amministrative e certificatorie correlate a quelle di diagnosi, assistenza o terapia sanitaria o sociale, ivi incluse quelle correlate ai trapianti d'organo e di tessuti nonché alle trasfusioni di sangue umano; compiti del servizio sanitario nazionale e dei soggetti operanti in ambito sanitario, nonché compiti di igiene e sicurezza sui luoghi di lavoro e sicurezza e salute della popolazione, protezione civile, salvaguardia della vita e incolumità; istruzione e formazione in ambito scolastico, professionale, superiore o universitario.

Con riferimento ai dati **genetici, biometrici e relativi alla salute**, proprio per la loro peculiarità, lo stesso art. 9 del regolamento rimette agli Stati membri la possibilità di **mantenere o introdurre ulteriori condizioni**, comprese limitazioni, rispetto a quelle genericamente individuate dalla norma stessa.

Nel nostro ordinamento, il legislatore del **D.Lgs. 101/2018** ha inserito nel Codice della privacy un nuovo art. 2septies, dedicato alla previsione di *misure di garanzia* per il trattamento di questi dati, scondo cui tali dati possono essere trattati in presenza di una delle condizioni previste dallo stesso art. 9, par. 2 del regolamento ed in conformità alle misure di garanzia disposte dal Garante.

Il trattamento di dati personali relativi a condanne penali e reati

Il trattamento di questa peculiare categoria di dato personale — che coincide sostanzialmente con i precedenti dati giudiziari — secondo il legislatore europeo per essere lecito, e quindi consentito, deve avvenire soltanto sotto il **controllo dell'autorità pubblica** o se il **trattamento è autorizzato dal diritto dell'Unione o degli Stati membri** che preveda garanzie appropriate per i diritti e le libertà degli interessati (art. 10 reg.).

Di rimando, il nuovo art. 2octies del Codice della privacy prevede che il trattamento di dati personali relativi a condanne penali e a reati o a connesse misure di sicurezza che *non avviene sotto il controllo dell'autorità pubblica*, è consentito, ai sensi del citato art. 10 del regolamento, solo se **autorizzato da una norma di legge** o, nei casi previsti dalla legge, **di regolamento**, che prevedano garanzie appropriate per i diritti e le libertà degli interessati.

In mancanza delle predette disposizioni di legge o di regolamento, i trattamenti dei dati in questione nonché le dette garanzie sono individuati con decreto del Ministro della giustizia, sentito il Garante.

Il trattamento di dati personali relativi a condanne penali e a reati o a connesse misure di sicurezza è consentito se autorizzato da una norma di legge o, nei casi previsti dalla legge, di regolamento, riguardanti, in particolare, tra le altre ipotesi: l'adempimento di obblighi e l'esercizio di diritti da parte del titolare o dell'interessato in materia di diritto del lavoro o comunque nell'ambito dei rapporti di lavoro, nei limiti stabiliti da leggi, regolamenti e contratti collettivi; l'accertamento, l'esercizio o la difesa di un diritto in sede giudiziaria; l'esercizio del diritto di accesso ai dati e ai documenti amministrativi, nei limiti di quanto previsto dalle leggi o dai regolamenti in materia; l'accertamento del requisito di idoneità morale di coloro che intendono partecipare a gare d'appalto, in adempimento di quanto previsto dalle vigenti normative in materia di appalti.

Quando, invece, il trattamento *avviene sotto il controllo dell'autorità pubblica* trovano applicazioni le disposizioni previste dal precedente art. 2sexies, relative al trattamento di categorie particolari di dati personali.

I dati personali trattati in violazione della disciplina rilevante in materia di trattamento dei dati personali **non possono essere utilizzati** (art. 2decies Cod.).

12 Il titolare dei dati: l'interessato

L'interessato è la persona fisica identificata o identificabile che è **titolare dei dati**.

In quanto titolare dei dati da trattare, il primo e più importante diritto è quello del **consenso al trattamento**. Per consenso si intende qualsiasi manifestazione di volontà *libera, specifica, informata e inequivocabile*, con la quale l'interessato manifesta il proprio assenso, mediante dichiarazione o azione positiva inequivocabile, a che i propri dati personali siano trattati (art. 4, co. 1, n. 11, reg.). Qualora il trattamento si basi sul consenso, l'art. 7 del regolamento dispone che il titolare del trattamento deve essere in grado di *dimostrare* che l'interessato ha prestato il proprio consenso al trattamento dei propri dati personali. Il **diritto di revocare il consenso** prestato può essere esercitato in *qualsiasi momento*, ma la revoca non pregiudica la liceità del trattamento basata sul precedente consenso.

Per poter prestare il consenso in modo consapevole, l'interessato deve essere preventivamente notiziato di una serie di informazioni relative al trattamento: a tale scopo risponde l'**informativa rafforzata** che il titolare del trattamento ha l'obbligo di fornire all'interessato prima che questi presti il consenso.

Tra le numerose informazioni da fornire, ai sensi dell'art. 13 GDPR, rilevano: l'identità e i dati di contatto del titolare del trattamento; i dati di contatto del responsabile della protezione dei dati; le finalità del trattamento cui sono destinati i dati personali nonché la base giuridica del trattamento; gli eventuali destinatari o le eventuali categorie di destinatari dei dati personali; il periodo di conservazione dei dati personali ovvero il criterio per determinarlo; l'esistenza del diritto dell'interessato di chiedere al titolare del trattamento l'accesso ai dati personali e la rettifica o la cancellazione degli stessi o la limitazione del trattamento che lo riguardano o di opporsi al loro trattamento, oltre al diritto alla portabilità dei dati; il diritto di revocare il consenso in qualsiasi momento senza pregiudicare la liceità del trattamento basata sul consenso prestato anteriormente alla revoca; il diritto di proporre reclamo al Garante della privacy.

Qualora i dati personali non siano raccolti direttamente presso l'interessato, nell'informativa devono essere obbligatoriamente indicate le categorie dei dati personali in questione (*ex* art. 14 GDPR).

Gli ulteriori diritti riconosciuti all'interessato sono:

a) **il diritto di accesso**: si tratta del diritto di chiedere al titolare la conferma che sia o meno in corso un trattamento di dati personali che lo riguardano e in tal caso, di ottenere l'accesso ai dati personali e alle informazioni indicate (tra queste, ad esempio: le finalità del trattamento; le categorie di dati personali in questione; i destinatari o le categorie di destinatari a cui i dati personali sono stati o saranno comunicati; qualora i dati non siano raccolti presso l'interessato, tutte le informazioni disponibili sulla loro origine; l'esistenza di un processo decisionale automatizzato). Il titolare del trattamento fornisce una copia dei dati personali oggetto di trattamento, ma in ogni caso il diritto di ottenere una copia incontra il limite di non dover ledere i diritti e le libertà altrui (art. 15);

b) **il diritto alla cancellazione, cd. diritto all'oblio**: esso consiste nel diritto dell'interessato di ottenere dal titolare del trattamento la *cancellazione dei dati personali* che lo riguardano senza ingiustificato ritardo e nell'obbligo del titolare del trattamento di cancellare senza ingiustificato ritardo i dati personali, in presenza di uno dei seguenti motivi giustificativi (art. 16): i dati personali non sono più necessari rispetto alle finalità per le quali sono stati raccolti o altrimenti trattati; l'interessato revoca il consenso su cui si basa il trattamento e non sussiste altro fondamento giuridico per il trattamento; l'interessato si oppone al trattamento e non sussiste alcun motivo legittimo prevalente per procedere al trattamento; i dati personali sono stati trattati illecitamente; i dati personali devono essere cancellati per adempiere un obbligo legale previsto dal diritto dell'Unione o dello Stato membro cui è soggetto il titolare del trattamento;

c) **il diritto alla portabilità dei dati**: l'art. 20 del regolamento disciplina il diritto dell'interessato di ricevere in un formato strutturato, di uso comune e leggibile da dispositivo automatico, i dati personali che lo riguardano forniti a un titolare del trattamento e ha il diritto di *trasmettere tali dati a un altro titolare del trattamento* senza impedimenti da parte del titolare del trattamento cui li ha forniti. Tale diritto può essere esercitato in presenza di due precise condizioni: che il trattamento si basi sul consenso o su un contratto e sia effettuato con mezzi automatizzati;

d) **il diritto di opposizione**: consiste nel diritto dell'interessato di opporsi *in qualsiasi momento*, per motivi connessi alla sua situazione particolare, al trattamento dei dati personali che lo riguardano (art. 21 GDPR). In caso di opposizione, il titolare del trattamento si astiene dal trattare ulteriormente i dati personali, salvo che egli dimostri l'esistenza di motivi legittimi cogenti per procedere al trattamento che prevalgono sugli interessi, sui diritti e sulle libertà dell'interessato oppure per l'accertamento, l'esercizio o la difesa di un diritto in sede giudiziaria;

e) **il diritto a non essere sottoposto a decisioni automatizzate**: l'art. 22 GDPR dispone che l'interessato ha il diritto di non essere sottoposto a una decisione basata unicamente sul trattamento automatizzato, compresa la profilazione, che produca effetti giuridici che lo riguardano o che incida in modo analogo significativamente sulla sua persona. Tale previsione, però, non si applica nel caso in cui la decisione: a) sia necessaria per la conclusione o l'esecuzione di un contratto tra l'interessato e un titolare del trattamento; b) sia autorizzata dal diritto dell'Unione o dello Stato membro cui è soggetto il titolare del trattamento, che precisa altresì misure adeguate a tutela dei diritti, delle libertà e dei legittimi interessi dell'interessato; c) si basi sul consenso esplicito dell'interessato.

13 Il titolare del trattamento

Il titolare del trattamento è identificato in chi determina **le finalità** e i **mezzi** del trattamento di dati personali: specificamente, può trattarsi di una persona fisica o giuridica, un'autorità pubblica, un servizio o altro organismo che operino singolarmente o insieme ad altri (art. 4, co. 1, n. 7, GDPR).

Il titolare del trattamento può ricorrere ad un soggetto diverso che agisca per suo conto. Si tratta del **responsabile del trattamento**, individuato nel GDPR, *nella persona fisica o giuridica, nell'autorità pubblica, nel servizio o altro organismo* che tratta i dati personali per conto del titolare (art. 4, comma 1, n. 8, GDPR).

L'art. 28 stabilisce che i trattamenti da parte di un responsabile del trattamento sono disciplinati da un **contratto** o da **altro atto giuridico**, che vincoli il responsabile del trattamento al titolare del trattamento e che stipuli la materia disciplinata e la durata del trattamento, la natura e la finalità del trattamento, il tipo di dati personali e le categorie di interessati, gli obblighi e i diritti del titolare del trattamento.

Il responsabile, a sua volta, può ricorrere ad un altro responsabile solo in presenza di un'autorizzazione scritta, specifica o generale, del titolare del trattamento.

Conformemente a tele previsione, il nostro Codice della privacy stabilisce che il titolare o il responsabile del trattamento possono prevedere, sotto la propria responsabilità e nell'ambito del proprio assetto organizzativo, che specifici compiti e funzioni connessi al trattamento di dati personali siano attribuiti a persone fisiche, espressamente designate, che operano sotto la loro autorità. A tal fine, sono tenuti ad individuare le modalità più opportune per autorizzare al trattamento i soggetti designati (art. 2quaterdecies Cod.).

Il regolamento disciplina la figura del titolare del trattamento, analizzando specificamente due aspetti essenziali propri di questa figura e delle sue competenze: la responsabilizzazione e la valutazione del rischio.

In particolare:

a) ***accountability* o responsabilizzazione**. Il concetto di *accountability* viene sostanzialmente esplicitato nell'obbligo del titolare di **mettere in atto misure tecniche e organizzative adeguate per garantire, ed essere in grado di dimostrare, che il trattamento è effettuato conformemente alla normativa europea** (art. 24 GDPR). Ciò significa, concretamente, che nei fatti il titolare dovrà sempre *dimostrare di aver fatto tutto quanto sia possibile per realizzare un sistema privacy sicuro* a tutela dell'interessato. Presupposto di tale dimostrazione è un'autovalutazione che il titolare deve compiere sulla «validità» del proprio sistema;

b) ***risk based approach to data privacy*** o *valutazione del rischio*. Il regolamento adotta un approccio di definizione del sistema della privacy basato sulla valutazione del rischio, che diviene la misura della responsabilità del titolare. Il **rischio** legato al trattamento consiste nell'impatto negativo che il trattamento potrebbe avere sulle libertà e i diritti degli interessati. In particolare, i considerando 75 e 76 del regolamento ci aiutano a comprendere cosa si intende per rischio: i rischi per i diritti e le libertà delle persone fisiche possono derivare da trattamenti di dati personali suscettibili di cagionare un *danno fisico, materiale o immateriale* (ad esempio, qualora il trattamento comporti discriminazioni, furto o usurpazione d'identità, perdite finanziarie, pregiudizio alla reputazione, perdita di riservatezza dei dati personali protetti da segreto professionale etc.).
In particolare, la **valutazione di impatto del trattamento** (**D.P.I.A.**, cioè *Data Protection Impact Assessment*) è un **onere posto direttamente a carico del titolare del trattamento**, che quindi deve effettuare una valutazione preventiva delle conseguenze del trattamento dei dati sulle libertà e i diritti degli interessati (art. 35 GDPR). La valutazione del rischio deve essere effettuata per ogni singolo trattamento, e in presenza di possibili rischi elevati, il titolare dovrà individuare le misure specifiche richieste per attenuare o eliminare il rischio.

14 Il modello organizzativo *data protection*

Altra importante novità del regolamento è data dalla previsione di specifiche misure che incidono sull'organizzazione dei soggetti che devono procedere al trattamento di dati personali, al fine di definire un valido sistema di *data protection*.

a) Il *Data Protection Officer* (DPO)

Il regolamento introduce, all'art. 37, una figura assolutamente nuova e sconosciuta negli ordinamenti nazionali: il **Responsabile della protezione dei dati** (*Data protection Officer* – DPO), un vero e proprio «*guardiano del dato*».

La designazione di un DPO non è obbligatoria e generalizzata ma viene circoscritta alle sole ipotesi in cui:

a) il trattamento è **effettuato da un'autorità pubblica o da un organismo pubblico**, eccettuate le autorità giurisdizionali quando esercitano le loro funzioni giurisdizionali;
b) le attività principali del titolare del trattamento o del responsabile del trattamento consistono in trattamenti che, per loro natura, ambito di applicazione e/o finalità, richiedono il **monitoraggio regolare e sistematico degli interessati su larga scala**;
c) le attività principali del titolare del trattamento o del responsabile del trattamento consistono nel **trattamento, su larga scala, di categorie particolari di dati personali** di cui all'art. 9 o **di dati relativi a condanne penali e a reati**, di cui all'art. 10.

La designazione del DPO viene effettuata dal titolare del trattamento e dal responsabile del trattamento in funzione delle qualità professionali, in particolare della conoscenza specialistica della normativa e delle prassi in materia di protezione dei dati, e della capacità di assolvere i compiti, indicati all'art. 39.

Il responsabile della protezione dei dati può essere un **dipendente** del titolare del trattamento o del responsabile del trattamento oppure un **collaboratore esterno** che assolve i suoi compiti in base a un contratto di servizi.

Dal punto di vista giuridico si tratta di una **figura del tutto autonoma** che agisce in assoluta libertà e senza alcun vincolo rispetto al titolare del trattamento o al responsabile del trattamento.

Tanto scaturisce chiaramente dall'art. 38 del regolamento.

Il DPO, infatti, deve essere *tempestivamente e adeguatamente coinvolto* in tutte le questioni riguardanti la protezione dei dati personali; deve essergli assicurato un *potere di spesa* per assolvere i compiti affidati, e al tal fine gli devono essere fornite le risorse necessarie; ha *libertà di azione*, nel senso che non riceve alcuna istruzione per quanto riguarda l'esecuzione di tali compiti e non può essere rimosso o penalizzato dal titolare del trattamento o dal responsabile del trattamento per l'adempimento dei propri compiti.

L'ampia autonomia di cui gode il DPO è poi confermata dalle ulteriori circostanze che lo stesso riferisce *direttamente al vertice gerarchico* del titolare del trattamento o del responsabile del trattamento e che è tenuto al segreto o alla riservatezza in merito all'adempimento dei propri compiti.

b) I registri delle attività di trattamento

L'art. 30 del GDPR impone ad ogni *titolare del trattamento* e al *responsabile del trattamento*, secondo le rispettive responsabilità e competenze — per le **imprese o organizzazioni con più di 250 dipendenti** — l'obbligo di tenere un **registro delle attività di trattamento** svolte sotto la propria responsabilità.

Il registro deve contenere una serie di informazioni che variano a seconda del soggetto tenuto alla sua redazione.

Nel registro del titolare del trattamento, ad esempio, devono essere indicati, tra gli altri: il nome e i dati di contatto del titolare del trattamento e, ove applicabile, del contitolare del trattamento, del rappresentante del titolare del trattamento e del responsabile della protezione dei dati; le finalità del trattamento; una descrizione delle categorie di interessati e delle categorie di dati personali; ove possibile, i termini ultimi previsti per la cancellazione delle diverse categorie di dati e una descrizione generale delle misure di sicurezza tecniche e organizzative adottate.

L'obbligo di tenuta dei registri non è direttamente applicabile alle **imprese o organizzazioni con meno di 250 dipendenti**. Si applica solo nelle ipotesi in cui il trattamento che esse effettuano possa presentare un *rischio per i diritti e le libertà dell'interessato*, ovvero il trattamento **non sia occasionale** o **includa il trattamento di categorie particolari di dati** di cui all'art. 9 GDPR, paragrafo 1, **o i dati personali relativi a condanne penali e a reati** di cui all'art. 10 GDPR.

10
Il sistema dei controlli

1 I controlli

Il termine *«controllo»*, in generale, indica il raffronto tra due elementi: un *oggetto* (essenzialmente l'atto o l'attività) e un *parametro di valutazione*, al fine di verificare la conformità del primo al secondo e di (eventualmente) adottare misure in relazione all'esito del riscontro effettuato.

Il sistema dei controlli — come vedremo più approfonditamente anche nelle Parti II e VI — si articola in generale in diverse tipologie, sia a seconda dell'oggetto che dei rapporti tra soggetto controllante e soggetto controllato:

a) **controlli di legittimità e di merito**: i *controlli di legittimità* sono diretti a valutare e garantire la *corrispondenza formale* dell'atto o dell'attività del soggetto alle *norme di legge*. La loro funzione è qualificata *vigilanza* (VIRGA).
   I *controlli di merito* sono diretti a valutare l'atto o l'attività dell'organo sotto il profilo della *utilità* ed *opportunità,* cioè della *convenienza* per l'amministrazione. Tali controlli entrano, appunto, nel *merito* dell'atto, valutandone il contenuto e la regolarità formale. La funzione da loro esercitata si denomina di *tutela* (VIRGA);
b) **controlli interni ed esterni**. I *controlli interni* sono quelli che l'amministrazione esercita nel proprio ambito in forza del potere di supremazia gerarchica che le consente di vigilare sui propri atti e di disporne, eventualmente, l'annullamento o la revoca (cd. *controlli interorganici*).
   I *controlli esterni* sono, invece, quelli provenienti da soggetti diversi dall'amministrazione interessata, o perché di altri rami dell'ordinamento o perché collegati all'amministrazione ma in posizione di indipendenza (cd. *controlli intersoggettivi*);
c) **controlli ordinari e straordinari**. I primi sono previsti dalla legge come necessari ed abituali, in ordine a particolari atti o attività. I secondi sono previsti dalla legge come *eventuali* e disposti, a *discrezione dell'autorità amministrativa*, allorché se ne presenti la necessità o l'opportunità.

2 I controlli amministrativi

I controlli amministrativi, in particolare, sono diretti ad **esaminare l'operato di organi amministrativi con funzioni di amministrazione attiva**. Essi si distinguono in:

a) **controlli sugli atti**, se diretti a valutare la sola *legittimità* o anche l'*opportunità di un singolo atto amministrativo* al fine di verificarne la sola *legittimità* oppure anche l'*opportunità*;
b) **controlli sui soggetti o organi**, se diretti a riesaminare e valutare il organo o di un ente pubblico. Si tratta di un controllo che attiene alla gestione ed è qualificato, pertanto, *controllo funzionale*;
c) **controlli sull'attività** finalizzati a valutare non il singolo atto, bensì l'attività amministrativa nel suo complesso. Essi a loro volta si distinguono in **controlli di gestione** (se posti in essere da un organo *interno* all'ente; si realizza in tal modo un autocontrollo) e **controlli sulla gestione** (se realizzati da un organo *esterno*) che, nel nostro ordinamento è rappresentato dalla Corte dei conti).

3 I controlli sugli atti

I *controlli sugli atti* si distinguono in:

- **preventivi**: intervengono di norma su di un atto *già formato* (perfetto) ma prima che produca i suoi effetti; incidendo esclusivamente su questi ultimi, si configurano, pertanto, come condizione sospensiva dell'efficacia del provvedimento stesso (sono *preventivi*, fra i controlli di *legittimità*, il *visto*; fra quelli di *merito, l'approvazione*); li si suole anche distinguere fra *antecedenti* e *susseguenti* a seconda che intervengano su di un atto non ancora perfezionato o su di un atto perfetto ma non ancora efficace; hanno efficacia retroattiva (*ex tunc*);
- **successivi**, se intervengono *dopo* che l'*atto sia divenuto efficace*: tale è l'*annullamento* in *sede di controllo*; hanno anch'essi efficacia retroattiva;
- **sostitutivi**, quando l'autorità *gerarchicamente* superiore, dotata del relativo potere (cd. *potere di sostituzione*), accertata l'*inerzia* dell'autorità *inferiore*, *si sostituisce* ad essa nell'*emanazione del relativo provvedimento*. In tali casi, l'autorità controllante emana il provvedimento in *luogo* dell'autorità controllata, direttamente o a mezzo di commissari *ad acta* (vedi, ad esempio, l'art. 5 D.Lgs. 112/1998 in materia di funzioni conferite a Regioni ed enti locali).

Inoltre, i controlli sugli atti si possono classificare, a loro volta:

1. in base alla **funzione** esercitata:
   - di **legittimità**: diretti a garantire che l'azione della P.A. si svolga entro i *limiti*, secondo il *procedimento* e con l'osservanza delle *forme* stabilite dalla *legge* (cd. *funzione di vigilanza*);
   - di **merito**: diretti a garantire che l'azione della P.A. si svolga anche secondo i criteri di *opportunità e convenienza* sanciti dalle norme di buona amministrazione (cd. *funzione di tutela*);
2. in base al **rapporto** tra organo controllante e controllato:
   - **interorganico**: quando organo controllante e organo controllato appartengono allo stesso ente;
   - **intersoggettivo**: quando l'autorità controllante e quella controllata appartengono invece ad enti diversi.

Sui singoli atti di controllo v. *retro* Cap. 7.

4 I controlli sugli organi e sugli enti

I *controlli sugli organi e sugli enti* mirano, mediante un esame dell'operato, dei comportamenti ed eventualmente delle omissioni, a **garantire il buon andamento** e il **buon funzionamento** di un organo o di un ente, in ossequio al principio sancito dall'art. 97 Cost.

I controlli sugli organi **si distinguono** in: *ispettivo, sostitutivo-semplice, sostitutivo-repressivo* e *repressivo*.

In dettaglio:

a) il **controllo ispettivo** è il *potere* dell'autorità dello Stato (o della Regione) di disporre *ispezioni* ed *accertamenti* sull'attività delle amministrazioni controllate. L'*ispezione* è, dunque, il presupposto logico per l'espletamento della funzione di controllo;
b) il **controllo sostitutivo-semplice** consiste nella sostituzione di un organo superiore ad uno inferiore in *caso di inerzia o ritardo* nel compimento di certi atti da parte di quest'ultimo;
c) il **controllo sostitutivo-repressivo** consiste nella contemporanea *sostituzione* dell'organo «controllato» e nella *applicazione* al titolare di esso di *sanzioni* (sospensione, revoca, sanzione disciplinare etc.);
d) il **controllo repressivo** consiste nell'applicazione di particolari sanzioni amministrative o disciplinari al titolare dell'organo controllato.

5 I controlli sull'attività: nozione

Il sistema di controllo sugli atti si è dimostrato, nel corso degli anni, alquanto sterile. Ciò ha indotto il legislatore ad assecondare progressivamente «il passaggio da questi ultimi, retaggio di moduli organizzativi ormai recessivi, al controllo di gestione, finalizzato a raffrontare obiettivi programmati e risultati effettivamente raggiunti, in un'ottica collaborativa più che sanzionatoria» (GAROFOLI-FERRARI).

Seguendo l'esempio anglosassone, dunque, si è pervenuti all'elaborazione di una **forma di controllo avente ad oggetto l'attività amministrativa nel suo complesso** posta in essere da un organo o ente entro un certo arco temporale.

Il controllo in esame si esplica sulla **gestione amministrativa** ed è finalizzato alla **verifica dell'efficacia e dell'efficienza dei risultati ottenuti**. Ciò determina il passaggio da una *amministrazione per atti* ad una *amministrazione per risultati*, con il fine di migliorare l'efficienza, l'efficacia e l'economicità dell'azione amministrativa.

I controlli sull'attività si differenziano, come anticipato, in **controlli interni** o **di gestione**, e **controlli esterni** o **sulla gestione**, a seconda della rilevanza dell'organo, interna o esterna all'ente, che li pone in essere.

6 I controlli interni e sulla *performance*

a) Il D.Lgs. 286/1999

La disciplina dei controlli interni è contenuta nel D.Lgs. 286/1999, che ne individua **quattro diversi tipi**:

1. il **controllo di regolarità amministrativa e contabile**, volto a *garantire la legittimità, regolarità e correttezza dell'azione amministrativa*. Esso è svolto dagli organi già previsti dalle disposizioni vigenti nei diversi comparti delle pubbliche amministrazioni, e in particolare dagli «organi di revisione, ovvero gli uffici di ragioneria, nonché dai servizi ispettivi» (art. 2, comma 1), ivi compresi i servizi ispettivi di finanza della Ragioneria generale dello Stato e quelli con competenze di carattere generale;
2. il **controllo di gestione**, volto a *verificare l'efficacia, l'efficienza ed economicità dell'azione amministrativa* al fine di ottimizzare, anche mediante tempestivi interventi di correzione, il rapporto tra costi e risultati;
3. la **valutazione dei dirigenti**, diretta a *valutare le prestazioni del personale con qualifica dirigenziale*;
4. il **controllo strategico**, volto a *valutare* l'*adeguatezza delle scelte compiute in sede di attuazione dei piani, programmi ed altri strumenti di determinazione dell'indirizzo politico*, in termini di congruenza tra risultati conseguiti e obiettivi predefiniti. Quest'ultima tipologia di controlli deve supportare l'attività di programmazione strategica e di indirizzo politico ed è svolta da strutture che rispondono direttamente agli organi di indirizzo politico-amministrativo.

b) I controlli interni e gli OIV, Organismi Indipendenti di Valutazione

Il **D.Lgs. 150/2009**, di attuazione della riforma Brunetta, è intervenuto massicciamente sul sistema dei controlli interni così come delineato dal D.Lgs. 286/1999.

Infatti, dal 30 aprile 2010 è abrogata la disciplina sulla valutazione della dirigenza (art. 5 D.Lgs. 286/1999), sostituita da quella relativa alla misurazione e valutazione della *performance*, svolta dagli **Organismi indipendenti di valutazione della *performance***; questi ultimi, conseguentemente, sostituiscono i servizi di controllo interno, comunque denominati, di cui al D.Lgs. 286/1999.

L'Organismo indipendente, infatti, monitora il funzionamento complessivo del sistema della valutazione, della trasparenza e integrità dei controlli interni ed elabora una relazione annuale sullo stato dello stesso; garantisce, altresì, la correttezza dei processi di misurazione e valutazione, nel rispetto del principio di valorizzazione del merito e della professionalità.

Agli OIV spetta, inoltre, la funzione di valutazione e controllo strategico (art. 6 D.Lgs. 150/2009, come mod. dal **D.Lgs. 74/2017**, di attuazione della riforma Madia).

In particolare, viene trasferito agli Organismi in questione il compito — prima della riforma Madia spettante agli organi di indirizzo plitico e amministrativo supportate dai dirigenti — **di verificare l'andamento della *performance*** rispetto agli obiettivi programmati nel periodo di riferimento, anche avvalendosi dei risultati dei controlli strategici e di gestione presenti nella P.A.

Agli OIV compete anche segnalare (ogni volta che lo ritengano opportuno) **interventi correttivi** all'organo di indirizzo politico, in caso, ad esempio, di eventi imprevedibili che incidano sull'organizzazione delle P.A. e sulle sue risorse.

Sull'argomento si rinvia *amplius* anche al capitolo specificamente dedicato al pubblico impiego.

7 I controlli esterni e il ruolo della Corte dei conti

Mentre i controlli in precedenza esaminati hanno carattere interno alle pubbliche amministrazioni, la L. 20/1994 ha introdotto un **controllo esterno della Corte dei conti sulla gestione delle singole amministrazioni**, ivi compresi enti locali e Regioni, al fine di valutare la rispondenza delle risultanze dell'attività amministrativa agli obiettivi stabiliti per legge.

Si tratta di un controllo esercitato da un soggetto terzo ed imparziale, in cui è evidente il rapporto di alterità fra organo di controllo e amministrazione che gestisce: appunto, *controllo sulla gestione*.

In particolare, la citata legge:

- ha previsto il *controllo preventivo di legittimità* limitato ai soli atti fondamentali del Governo;
- ha generalizzato a tutte le amministrazioni, compresi gli enti locali, il *controllo successivo sulla gestione*, da svolgere in base ad appositi programmi elaborati dalla Corte dei conti;
- ha attribuito alla Corte dei conti il compito di *verificare la funzionalità dei controlli interni* all'amministrazione.

La funzione di controllo della Corte dei conti si esplica attraverso le seguenti tipologie di controlli:

a) *Il controllo preventivo di legittimità e gli atti assoggettabili*

La Corte verifica che gli atti sottoposti al suo controllo rispettino le norme del diritto oggettivo e siano, quindi, esenti dai vizi di legittimità: *incompetenza, eccesso di potere* e *violazione di legge*. Il controllo incide sull'*efficacia* degli atti, paralizzandola qualora la Corte ricusi il visto (*controllo preventivo di legittimità*).

La L. 20/1994 (art. 3) prevede che gli atti assoggettabili al controllo preventivo di legittimità sono:

- provvedimenti emanati a seguito di deliberazione del Consiglio dei Ministri;
- atti del Presidente del Consiglio dei Ministri e atti dei Ministri aventi ad oggetto la definizione delle piante organiche, il conferimento di incarichi di funzioni dirigenziali e le direttive generali per l'indirizzo e per lo svolgimento dell'azione amministrativa;
- atti normativi a rilevanza esterna, atti di programmazione comportanti spese ed atti generali attuativi di norme comunitarie;
- provvedimenti dei comitati interministeriali di riparto o assegnazione di fondi;
- provvedimenti di disposizione del demanio e del patrimonio immobiliare;
- atti e contratti per le collaborazioni esterne con la P.A.;

- atti e contratti concernenti studi e consulenze;
- decreti che approvano contratti delle amministrazioni dello Stato, escluse le aziende autonome;
- decreti di variazione del bilancio dello Stato, di accertamento dei residui e di assenso preventivo del Ministero del tesoro all'impegno di spese correnti a carico di esercizi successivi;
- atti per il cui corso sia stato impartito l'ordine scritto del Ministro;
- atti che il Presidente del Consiglio dei Ministri richieda di sottoporre temporaneamente a controllo preventivo o che la Corte dei conti deliberi di assoggettare, per un periodo determinato, a controllo preventivo in relazione a situazioni di diffusa e ripetuta irregolarità rilevate in sede di controllo successivo.

b) *Il controllo successivo di legittimità su singoli atti*

Tale tipo di controllo, analogo al controllo preventivo, si conclude con l'apposizione del **visto** o con la sua **ricusazione**: in tale caso, essendosi gli effetti dell'atto già prodottisi e non potendo più gli stessi essere paralizzati, sorge l'obbligo per l'amministrazione di ripristinare la situazione giuridica e finanziaria precedente, ove possibile.

c) *Il controllo sul bilancio dello Stato. Il giudizio di parificazione*

L'art. 100 Cost. prevede che la Corte dei conti esercita il controllo successivo sulla gestione del bilancio dello Stato.

A tal fine, entro il 31 maggio di ogni anno, il Ministero dell'economia e delle finanze trasmette alla Corte il *rendiconto generale dello Stato*, vale a dire il documento contabile nel quale sono riassunti i risultati delle operazioni compiute nel corso di un esercizio finanziario. Sulla regolarità del rendiconto la Corte delibera a sezioni riunite con le formalità della giurisdizione contenziosa (*giudizio di parificazione*), confrontando il rendiconto con le proprie scritture e con le leggi di bilancio ed allegando una relazione tecnica. Il rendiconto e i relativi allegati vengono poi trasmessi dalla Corte al Ministro dell'economia che ne cura la presentazione in Parlamento.

d) *Il controllo sugli enti sovvenzionati*

La Corte dei conti svolge il controllo successivo sulla **gestione del bilancio** e del **patrimonio** delle amministrazioni pubbliche, nonché sulle gestioni fuori bilancio e sui fondi provenienti dall'Unione europea, verificando la legittimità e la regolarità delle gestioni, nonché il funzionamento dei controlli interni a ciascuna amministrazione.

Accerta, anche in base all'esito di altri controlli, la rispondenza dei risultati dell'attività amministrativa agli obiettivi stabiliti dalla legge, valutando comparativamente costi, modi e tempi dello svolgimento dell'azione amministrativa.

e) *Il controllo sulle gestioni statali pubbliche in corso di svolgimento*

In base a quanto previsto dalla L. 15/2009, se la Corte dei conti accerta gravi irregolarità gestionali ovvero gravi deviazioni da obiettivi, procedure o tempi di attuazione stabiliti da norme o da direttive del Governo, ne individua, in contradditorio con la P.A., le cause e ne dà comunicazione, con decreto motivato del Presidente, al Ministro competente.

f) *Il controllo sugli equilibri di bilancio*

La Corte verifica il **rispetto degli equilibri di bilancio** di **Comuni**, **Province**, **Città metropolitane**, Regioni, con riferimento al patto di stabilità interno ed ai vincoli derivanti dall'appartenenza dell'Italia all'Unione europea (art. 7, L. 131/2003).

11
I contratti pubblici

1 L'azione amministrativa «privatizzata»

L'*azione* amministrativa della *P.A.* si esplica, tradizionalmente, attraverso il **provvedimento amministrativo**, con il quale il soggetto pubblico agisce nei confronti del privato, in modo unilaterale, quale organo titolare di poteri autoritativi. Accanto a tale modalità di esercizio del potere pubblico, l'azione amministrativa può esplicarsi anche nelle forme proprie del *diritto privato*, e, in particolare, ricorrendo allo strumento contrattuale.

L'attività *contrattuale* dello Stato e degli altri enti pubblici, pur se costituisce manifestazione della capacità di diritto privato della P.A., è tuttavia, di massima regolata, oltreché dal *diritto privato*, da norme dell'*ordinamento giuspubblicistico*.

La differenza tra l'agire per provvedimento e l'agire per contratto si percepisce soprattutto nel diverso modo in cui il soggetto pubblico si rapporta con il privato. Ed invero, qualora la P.A. decida di utilizzare il provvedimento amministrativo, agisce unilateralmente, in virtù dei suoi poteri autoritativi, ponendosi in una **posizione di supremazia** rispetto al privato; laddove invece la P.A., nell'ambito della sua capacità di diritto privato, utilizzi il contratto si spoglia di ogni prerogativa pubblicistica e si pone su un **piano di parità con il privato** cittadino, divenendo «parte» del relativo rapporto giuridico. Tale sostanziale parità trova un unico limite nella ***natura vincolata dell'attività contrattuale pubblica***: il ricorso a schemi contrattuali privatistici non implica una rinuncia al necessario **perseguimento di quei fini pubblici** alla cui tutela la P.A. è preposta.

In tale prospettiva si colloca la previsione generale contenuta nell'**art. 1, co. 1bis, L. 241/1990**, ai sensi del quale «*la pubblica amministrazione, nell'adozione di atti di natura non autoritativa, agisce secondo le norme di diritto privato salvo che la legge disponga diversamente*»: dalla lettera della disposizione non sorgono dubbi sul fatto che il legislatore ha inteso formalizzare una **piena e generale capacità di diritto privato dell'amministrazione**, che trova quale unico limite quello per cui può essere esercitata «soltanto nei casi in cui vi sia **attinenza con le finalità pubbliche**» (CASETTA).

2 Classificazione dei contratti della P.A.

I contratti stipulabili da una P.A. possono così distinguersi:

a) **contratti ordinari**. Sono i cosiddetti contratti di diritto comune caratteristici dell'autonomia privata (si pensi ad esempio alla *vendita*, alla *locazione*, al *contratto di appalto*). Essi non presentano alcuna particolarità rispetto agli schemi contrattuali utilizzati dai soggetti privati;
b) **contratti speciali di diritto privato**. Si definiscono, così, quei contratti regolati da norme di diritto privato speciale (tali sono ad esempio i *contratti di trasporto ferroviario*). La loro peculiarità risiede, perciò, nel fatto di essere regolati da norme civilistiche di specie rispetto a quelle generali del codice civile;
c) **contratti ad oggetto pubblico**. Sono quelli che si caratterizzano per l'incontro e la commistione tra provvedimento amministrativo e contratto. Si pensi, ad esempio, alle *convenzioni* che si accompagnano alla *concessione di un bene pubblico*.

Inoltre, quando si parla di attività contrattuale della pubblica amministrazione, un'altra importante distinzione è quella basata sulla dicotomia contratti passivi - contratti attivi. I **contratti passivi** sono quei contratti con i quali la **P.A. si procura beni e servizi necessari al proprio**

funzionamento dietro erogazione di somme di denaro (es.: gli appalti, la compravendita, la locazione, il contratto d'opera etc.); i **contratti attivi**, invece, sono quei contratti mediante i quali **l'amministrazione si procura delle entrate finanziarie** (es.: la compravendita, nel caso in cui la P.A. riveste il ruolo di venditore, la locazione quando il soggetto pubblico è locatore etc.).

3 Il Codice dei contratti pubblici

Nel nostro ordinamento, il quadro normativo in materia di contratti pubblici è sempre stato frastagliato e complesso, in quanto caratterizzato da una molteplicità di disposizioni, non sempre coordinate tra loro.

Il testo normativo di riferimento è stato per lungo tempo rappresentato dal **D.Lgs. 12-4-2006, n. 163**, recante il **Codice dei contratti pubblici**, al quale ha fatto seguito il **D.P.R. 5-10-2010, n. 207**, cd. Regolamento di attuazione del Codice.

Un totale «stravolgimento» del quadro normativo di riferimento è stato realizzato con la **L. 28-1-2016, n. 11**, con la quale il legislatore ha delegato il Governo sia a recepire le nuove direttive europee in materia — la n. **2014/24/UE**, sugli appalti pubblici; la n. **2014/25/UE**, sulle procedure d'appalto degli enti erogatori nei settori dell'acqua, dell'energia, dei trasporti e servizi postali; la n. **2014/23/UE**, sull'aggiudicazione dei contratti di concessione — che a procedere ad un riordino complessivo della disciplina vigente.

In attuazione della delega è stato approvato il **D.Lgs. 18-4-2016, n. 50**, recante il (nuovo) **Codice dei contratti pubblici**, entrato in vigore il 19 aprile 2016, che, oltre a recepire la normativa europea, effettua un generale riordino della materia contrattualistica.

Quanto alla **struttura del testo**, questo si compone di 220 articoli e si snoda nel seguente modo:

- *Parte I (artt. 1-34)*: **ambito di applicazione, principi, disposizioni comuni ed esclusioni**. Si tratta di disposizioni che abbracciano la fase preliminare di una procedura, da quando cioè l'amministrazione deve valutare se ed in che termini la disciplina del Codice si applica o meno (l'oggetto e l'ambito di applicazione, le definizioni e il riparto di competenze, gli ambiti esclusi in tutto o in parte dall'applicazione del Codice e la relativa disciplina), la fase di programmazione, pianificazione e progettazione di un appalto, le modalità di affidamento, con specifico riferimento ai principi comuni applicabili a qualunque tipologia di affidamento, al RUP, alle fasi della procedura e ai controlli sugli atti fino alla previsione di criteri di sostenibilità energetica ed ambientale;
- *Parte II (artt. 35-163)*: **contratti di appalto per lavori, servizi e forniture**. Tale Parte contiene tutta la disciplina applicabile alle diverse tipologie contrattuali, partendo dal momento iniziale della verifica della soglia comunitaria e della qualificazione della stazione appaltante fino alle modalità di affidamento e di scelta del contraente e alla fase dell'esecuzione, della verifica e del collaudo. In particolare, poi, mentre il Titolo II e ss. è dedicato agli appalti nei *settori ordinari*, il Titolo VI è dedicato agli *specifici regimi di appalto* a partire dagli appalti nei settori speciali e in taluni settori specifici (servizi sociali, beni culturali, difesa e sicurezza);
- *Parte III (artt. 164-178)*: **contratti di concessione**;
- *Parte IV (artt. 179-199)*: **partenariato pubblico privato e contraente generale** (inclusa la disciplina dell'*in house*);
- *Parte V (artt. 200-203)*: **infrastrutture e insediamenti prioritari**. Tali disposizioni dettano le regole per la loro «gestione», dalla pianificazione e programmazione — attraverso il Piano generale dei trasporti e della logistica e i documenti pluriennali di pianificazione — agli strumenti di finanziamento delle risorse e alle procedure di monitoraggio delle infrastrutture e degli insediamenti prioritari per lo sviluppo del Paese al fine di prevenire e reprimere i tentativi di infiltrazione mafiosa;
- *Parte VI (artt. 204-220)*: **disposizioni finali e transitorie**. I primi due Titoli inseriti in tale Parte sono dedicati, rispettivamente: al **contenzioso**, con specifico riferimento ai *ricorsi giurisdizionali* — viene ribadita la giurisdizione del giudice amministrativo e disposto un rinvio alla disciplina processualistica del Codice del processo amministrativo (art. 120 c.p.a.) — e alla disciplina dei *rimedi alternativi alla*

tutela giurisdizionale — accordo bonario, per lavori, servizi e forniture, transazione, arbitrato e pareri di precontenzioso dell'A.N.AC.-; alla ***Governance***, con disposizioni disciplinanti l'Autorità nazionale anticorruzione, il Ministero delle infrastrutture e dei trasporti e il Consiglio superiore dei lavori pubblici. Seguono le norme di chiusura e gli Allegati.

Ma il lavoro delle Istituzioni europee nel definire un quadro normativo omogeneo non si è di certo arrestato con l'adozione delle direttive citate.

Dopo l'entrata in vigore del Codice, un nuovo e più complesso momento di transizione sta investendo la materia dei contratti pubblici, generato dall'avvio — mediante lettera di messa in mora del gennaio 2019 — da parte della Commissione Europea di una procedura di infrazione contro l'Italia per la ***«mancata conformità del quadro giuridico italiano alle direttive del 2014 in materia di contratti pubblici»***.

Tale atto ha originato un generale ripensamento del Codice, sfociato in decisioni e direttive prima approvate e poi ripensate, in attesa di un futuro restyling della materia, messa in preventivo dal nostro Governo.

Ad oggi, può dirsi che la fase di transizione che stiamo attraversando è legata all'approvazione del **D.L. 18-4-2019, n. 32** (cd. decreto *sblocca cantieri*) conv. in **L. 14-6-2019, n. 55**, che ha profondamente inciso sul testo del Codice.

Per comprendere qual è la portata degli interventi del D.L. 32/2019, però, è necessario conoscere la struttura e i principi portanti del Codice dei contratti pubblici, ai quali i prossimi paragrafi saranno dedicati.

a) Le principali novità

Le novità introdotte dal D.Lgs. 50/2016 sono numerose e sicuramente il testo si pone come obiettivi quello di soddisfare esigenze di **semplificazione, snellimento** e **riduzione delle norme**, in uno a quello di fornire una risposta concreta alle sempre più pressanti necessità di **dematerializzazione, trasparenza** e **lotta alla corruzione**.

Di certo la novità più evidente è quella di aver optato per un *sistema flessibile di regolazione della materia* (cosiddetta *soft regulation*).

Rispetto al passato, il nuovo sistema normativo poggia anch'esso su due pilastri, ma la fase attuativa non è più disciplinata da norme predeterminate *a priori* e raccolte e cristallizzate in un unico testo. E, infatti, abbiamo: il **Codice dei contratti pubblici**, di cui al detto D.Lgs. 50/2016, e gli **atti esecutivi**, ovvero gli *atti attuativi di indirizzo* (da adottarsi con decreto del Ministro delle infrastrutture e dei trasporti, su proposta dell'Autorità nazionale anticorruzione — A.N.AC. — e previo parere delle competenti commissioni parlamentari) e le *Linee guida dell'A.N.AC.*, che, in quanto a carattere generale, hanno la finalità di offrire indicazioni interpretative ed esecutive agli operatori di settore (in luogo del precedente Regolamento di esecuzione e di attuazione, D.P.R. 207/2010).

Altro profilo innovativo è rappresentato dalla previsione di una **disciplina organica della concessione**, di lavori, servizi e forniture, ponendo l'accento sulla caratteristica propria dell'istituto, rappresentata dal *rischio operativo* gravante sul concessionario in caso di mancato ritorno economico dell'investimento effettuato.

b) L'entrata in vigore e il regime transitorio

Quanto all'entrata in vigore del Codice, il D.Lgs. 50/2016 è stato pubblicato nella *Gazzetta Ufficiale* - Serie Generale - n. 91 del ***19 aprile 2016***, ed è da questa data, ai sensi di quanto disposto dall'art. 220 del testo, che il Codice è entrato in vigore.

Il precedente art. 216 dispone, poi, che il Codice si applica *«alle procedure e ai contratti per i quali i bandi o avvisi con cui si indice la procedura di scelta del contraente siano pubblicati* ***succes-***

sivamente alla data della sua entrata in vigore *nonché, in caso di contratti senza pubblicazione di bandi o di avvisi, alle procedure e ai contratti in relazione ai quali, alla data di entrata in vigore del presente codice, non siano ancora stati inviati gli inviti a presentare le offerte».*

Con successivo comunicato dell'A.N.AC. del 3-5-2016, è stato, però, precisato che: «con riferimento ai soli bandi o avvisi pubblicati nella giornata del 19 aprile 2016 continua ad operare il pregresso regime giuridico, mentre le disposizioni del D.Lgs. 50/2016 riguarderanno i bandi e gli avvisi pubblicati a decorrere dal 20 aprile 2016».

Quanto al secondo profilo, la circostanza che il legislatore abbia optato per un sistema «aperto» che rimanda a numerosi decreti attuativi giustifica la previsione di un particolare **regime transitorio**, nel quale è previsto che fino alla data di entrata in vigore degli stessi **continuano ad applicarsi numerose disposizioni del precedente Regolamento**.

Come vedremo, il **D.L. 32/2019** ha capovolto questa disposizione, stabilendo l'emanazione di un **«nuovo» Regolamento «unico»** e prevedendo contestualmente l'abrogazione di numerosi decreti attuativi nel frattempo emanati.

In particolare, l'art. 217 del Codice stabilisce l'**abrogazione** del D.P.R. 207/2010 **con effetto**:

1) *dalla data di entrata in vigore degli atti attuativi del Codice*, i quali operano la ricognizione delle disposizioni del Regolamento da esse sostituite;
2) *dalla data di entrata in vigore del Codice*: la Parte I; la Parte II, Titolo I, capo II; la Parte II, Titolo II, capo II; la Parte II, Titoli IV e V, VI, VII, VIII; la Parte II, Titolo IX, Capo III; la Parte II, Titolo XI, Capo III, ad esclusione dell'articolo 251; la Parte III, ad esclusione degli articoli 254, 255 e 256; le Parti IV, V e VII, nonché gli allegati e le parti di allegati ivi richiamati *(articoli abrogati da 1 a 8, da 11 a 13, da 44 a 59, da 97 a 177, da 211 a 214, 249, 250, 252, 253, da 257 a 270, da 271 a 342, da 357 a 359).*

Le **disposizioni del D.P.R. 207/2010** ancora in vigore sono individuate dall'art. 216 del D.Lgs. 50/2016.

c) Il sistema di governance sui contratti pubblici

Il Codice dedica una serie di disposizioni (artt. da 212 a 215) a tutti i soggetti che, a vario titolo, concorrono a garantire una gestione efficiente dei contratti stipulati con la pubblica amministrazione.

In particolare, la *governance* sui contratti pubblici è affidata: alla *Cabina di regia* presso la Presidenza del Consiglio, all'**Autorità nazionale anticorruzione** (A.N.AC.), al *Ministero delle infrastrutture e dei trasporti* e al *Consiglio superiore dei lavori pubblici*.

La **Cabina di regia** svolge rilevanti **competenze di monitoraggio e di coordinamento**, ad esempio, quella di effettuare una *ricognizione sullo stato di attuazione* del Codice e sulle *difficoltà riscontrate dalle stazioni appaltanti* nella fase di applicazione anche al fine di proporre eventuali soluzioni correttive e di miglioramento, ed è la **struttura nazionale di riferimento per la cooperazione con la Commissione europea**, per assicurare lo scambio di informazioni sull'applicazione delle norme codicistiche e sulla gestione delle relative procedure.

Il **D.P.C.M. 10 agosto 2016** disciplina la composizione e le modalità di funzionamento della Cabina di regia.

L'**Autorità nazionale anticorruzione** (A.N.AC.), ai sensi dell'art. l'art. 213 del Codice, svolge **compiti di vigilanza, controllo e regolazione** della materia (comma 1), agendo anche al fine di **prevenire e contrastare i fenomeni di illegalità e corruzione**.

L'A.N.A.C. agisce sia come autorità di vigilanza sui contratti che come soggetto regolatore, deputato ad adottare atti di indirizzo — come le linee guida, bandi tipo, contratti tipo — e altri strumenti di regolazione flessibile, necessari per l'interpretazione e l'applicazione del Codice.

Sono attribuiti all'Autorità alcuni importanti poteri, ossia quello di disporre **ispezioni** e quello di **irrogare sanzioni amministrative pecuniarie**.

Ed ancora, l'A.N.AC.: gestisce il sistema di qualificazione delle stazioni appaltanti e delle centrali di committenza; collabora con l'Antitrust per la rilevazione di comportamenti aziendali meritevoli di valutazione al fine dell'attribuzione del «rating di legalità» delle imprese; gestisce la **Banca Dati Nazionale dei Contratti Pubblici**, avvalendosi dell'**Osservatorio dei contratti publici**, nella quale confluiscono, oltre alle informazioni acquisite per competenza tramite i propri sistemi informatizzati, *tutte* le informazioni contenute nelle banche dati esistenti, anche a livello territoriale, onde garantire accessibilità unificata, trasparenza, pubblicità e tracciabilità delle procedure di gara e delle fasi a essa prodromiche e successive; gestisce il **Casellario Informatico dei contratti pubblici** di lavori, servizi e forniture, contenente tutte le notizie, le informazioni e i dati relativi agli operatori economici; gestisce e aggiorna l'*Albo Nazionale obbligatorio dei componenti delle commissioni giudicatrici* nonché l'*elenco delle stazioni appaltanti che operano mediante affidamenti diretti* nei confronti di proprie società in house. Infine, presso l'Autorità è istituito, nell'ambito dell'Anagrafe unica delle stazioni appaltanti, l'elenco dei soggetti aggregatori ed opera la **Camera arbitrale per i contratti pubblici** relativi a lavori, servizi, forniture.

Non meno importanti sono i «poteri» che l'A.N.AC. può esercitare, relativamente ad una specifica procedura, sia in fase di pre-contenzioso che di avvio di un'azione giudiziaria in presenza di violazioni delle norme in materia di contratti pubblici.

Il **Ministero delle infrastrutture e dei trasporti** (MIT) svolge compiti finalizzati a **promuovere le attività tecniche e amministrative** occorrenti ai fini dell'adeguata e sollecita progettazione e approvazione delle infrastrutture e degli altri interventi e a effettuare, in collaborazione con le Regioni o le Province autonome interessate, le **attività di supporto necessarie per la vigilanza sulla realizzazione delle infrastrutture** (art. 214 del Codice).

Inoltre, il MIT assicura *il supporto e l'assistenza necessari alle stazioni appaltanti* per l'applicazione della disciplina di settore, in collaborazione con le Regioni e le Province autonome di Trento e di Bolzano nell'ambito delle attività che queste esercitano ai sensi del Codice.

Infine, si rileva che il Ministro delle infrastrutture e dei trasporti ha il potere di adottare linee-guida interpretative e di indirizzo, su proposta dell'A.N.AC., sentite le Commissioni parlamentari, per assicurare l'uniforme applicazione e interpretazione delle norme codicistiche.

Il **Consiglio superiore dei lavori pubblici**, quale ***massimo organo tecnico consultivo dello Stato***, esercita ***obbligatoriamente*** il proprio **potere consultivo** sui progetti definitivi di lavori pubblici di competenza statale, o comunque finanziati per almeno il 50% dallo Stato, di importo *superiore ai 50 milioni di euro*, prima dell'avvio delle procedure di *Valutazione ambientale strategica* (VAS), di cui al D.Lgs. 152/2006, delle procedure di cui agli artt. 14, 14bis e 14ter, L. 241/1990 (ovvero nel caso *di conferenza di servizi, simultanea e semplificata*), delle procedure di *localizzazione delle opere d'interesse statale difformi dagli strumenti urbanistici* e *mancato perfezionamento d'intesa* (di cui all'art. 3, D.P.R. 383/1994) e, se prevista, prima della *comunicazione del procedimento di esproprio* (di cui all'art. 11, D.P.R. 327/2001), nonché, infine, sui progetti di altre stazioni appaltanti che siano pubbliche amministrazioni, se esse lo richiedono. Per i lavori pubblici di importo *inferiore a 50 milioni di euro*, invece, le competenze del Consiglio sono esercitate dai **comitati tecnici amministrativi presso i Provveditorati interregionali per le opere pubbliche**.

Si tenga presente che il D.L. 32/2019, conv. in L. 55/2019, ha modificato, fino al **31 dicembre 2020**, la disciplina del rilascio dei pareri obbligatori del CSLP sia dal punto di vista degli importi che della tempistica, intervenendo sull'art. 215, commi 3 e 5, del Codice.

In particolare, per il rilascio dei pareri obbligatori l'attuale limite di importo di 50 milioni di euro è elevato a **75 milioni** di euro ed è stabilito che per lavori di **importo inferiore a 75 milioni** di euro il parere sia espresso dai **comitati tecnici amministrativi** presso i provveditorati interregionali per le opere pubbliche.

Inoltre, quanto alla tempistica, il parere del CSLP deve essere reso entro **45 giorni** (a fronte degli attuali 90) dalla trasmissione del progetto. Rimane fermo che decorso tale termine, il parere si intende reso in senso favorevole.

4 Il Codice dei contratti dopo il D.L. 18-4-2019, n. 32 (cd. sblocca cantieri)

Dopo un lungo e travagliato iter con la L. 14-6-2019, n. 55 il cosiddetto decreto *sblocca cantieri* (D.L. 32/2019) è stato convertito. Le ragioni dell'emanazione del provvedimento di modifica del Codice dei contratti si rinvengono nella volontà del legislatore di «rilanciare gli investimenti pubblici e facilitare l'apertura dei cantieri per la realizzazione delle opere pubbliche», in attesa di una revisione completa del settore, e nella necessità di adeguare, in qualche modo, la legislazione nazionale a quella dell'UE.

Gli aspetti di maggiore rilevanza del decreto *sblocca cantieri* possono sintetizzarsi nei seguenti:

- la **previsione di adozione di un «nuovo» Regolamento «unico» di esecuzione, attuazione e integrazione del Codice, entro 180 giorni** dall'entrata in vigore della disposizione, finalizzato a sostituire numerose delle attuali disposizioni o prescrizioni di decreti o linee guida e integrare anche le norme attuative mancanti in materia di progettazione, direzione dei lavori e collaudo. Più precisamente nelle more dell'emanazione del «nuovo» Regolamento unico rimangono in vigore o restano efficaci le linee guida e i decreti disciplinanti determinate materie;
- l'affidamento dei lavori di manutenzione ordinaria e straordinaria (eccetto **di quelli che prevedono il rinnovo o la sostituzione di parti strutturali** delle opere o degli impianti) potranno essere affidati sulla base del progetto definitivo (art. 23, co. 3bis);
- sono modificate le norme relative al progetto di fattibilità tecnica ed economica. In particolare, viene stabilito, nel caso di **lavori pubblici di importo pari o superiore alla soglia** di cui all'art. 35 del Codice e per i concorsi di progettazione e di idee, che il progetto di fattibilità tecnica ed economica **sia preceduto dal documento di fattibilità delle alternative progettuali**;
- viene estesa agli affidamenti di forniture e servizi, compresi quelli di progettazione, **la corresponsione dell'anticipazione del 20%**, prima prevista solo per i lavori (art. 35, co. 18);
- sono modificate le disposizioni relative all'affidamento di lavori di importo inferiore alle soglie di rilevanza europea;
- riguardo il sistema di qualificazione degli esecutori di lavori pubblici, modificando il comma 4, lett. *b)* dell'art. 84 del Codice (che tratta del possesso dei requisiti di capacità economica, finanziaria, tecnica e professionale degli esecutori ai fini della SOA), il **periodo di attività** documentabile **passa dai 10 ai 15 anni antecedenti**;
- il **subappalto** deve essere indicato dalle stazioni appaltanti nel bando di gara e, fino al **31 dicembre 2020**, non può superare la quota del **40% dell'importo complessivo** del contratto di lavori, servizi o forniture (co. 5, art. 105), mentre in precedenza il subappalto non poteva superare la quota del 30% dell'importo del contratto.

Una rilevante particolarità del D.L. 32/2019 consiste nella **sospensione dell'applicazione di alcune norme del Codice**. Per alcune disposizioni è prevista una **sospensione in via sperimentale** dell'efficacia **fino al 31-12-2020**, rimettendo poi, alla data stabilita, al Parlamento la valutazione dell'«**opportunità del mantenimento o meno della sospensione stessa**»; per altre norme, invece, è stabilita una **sospensione temporanea** dell'efficacia fino ad una data prestabilita, senza formale opzione di rinnovo della stessa.

Le norme oggetto di sospensione sperimentale (con opzione di rinnovo della sospensione) sono tre:

- **art. 37, comma 4**, che disciplina le *modalità con cui i comuni non capoluogo di provincia devono provvedere agli acquisti* di lavori, servizi e forniture;
- **art. 59, comma 1, quarto periodo**, ove viene stabilito il *divieto di «appalto integrato»*, per cui fino alla data stabilita è ammesso l'affidamento congiunto della progettazione e dell'esecuzione dei lavori;
- **art. 77, comma 3, quarto periodo**, quanto all'*obbligo di scegliere i commissari tra gli esperti iscritti all'albo istituito presso l'A.N.AC*. Pertanto, i commissari di gara saranno scelti dalle stazioni appaltanti,

fermo restando l'obbligo di individuarli «secondo le **regole di competenza e trasparenza**, preventivamente individuate da ciascuna stazione appaltante».

Oltre alle norme sospese, in relazione alle quali viene dettata una disciplina transitoria, il D.L. 32/2019 come convertito, apporta **modifiche a singole disposizioni del Codice** – contenute nel comma 20 dell'art. 1 – che trovano applicazione con riferimento alle gare da «avviare», ossia considerando la data di entrata in vigore della legge di conversione, **18-6-2019**:

a) alle procedure i cui bandi o avvisi, con i quali si indice una gara, sono pubblicati successivamente a tale data;
b) in caso di contratti senza pubblicazione di bandi o avvisi, alle procedure in cui, sempre a detta data, non sono ancora stati inviati gli inviti a presentare le offerte o i preventivi.

5 L'ambito di applicazione del Codice

Affinché le norme del Codice possano essere applicate è necessario individuare sia i *soggetti* che sono *tenuti alla loro applicazione* nello svolgimento della propria attività contrattuale (ambito soggettivo) sia le *tipologie contrattuali* alle quali le norme si applicano (ambito oggettivo).

A tal fine rilevano gli artt. 1 e 3 del testo.

Il Codice si apre con l'affermazione che **esso disciplina i contratti di appalto e di concessione delle amministrazioni aggiudicatrici e degli enti aggiudicatori aventi ad oggetto l'acquisizione di servizi, forniture, lavori e opere**, nonché **i concorsi pubblici di progettazione** (art. 1).

a) Ambito soggettivo

I soggetti tenuti all'applicazione della disciplina codicistica sono, in base all'art. 1, D.Lgs. 50/2016, le ***amministrazioni aggiudicatrici*** e gli ***enti aggiudicatori***.

Le **amministrazioni aggiudicatrici** sono «le amministrazioni dello Stato; gli enti pubblici territoriali; gli altri enti pubblici non economici; gli organismi di diritto pubblico; le associazioni, unioni, consorzi, comunque denominati, costituiti da detti soggetti» (art. 3 co. 1, lett. *a)*).

Gli **enti aggiudicatori**, invece, sono così individuati (art. 3, lett. *e)* del Codice):

- in relazione ai ***contratti di appalto per lavori, servizi e forniture*** (**Parte II**): le *amministrazioni aggiudicatrici* o le *imprese pubbliche* che svolgono una delle attività di cui alle materie dei settori speciali, nonché quegli *enti* che, pur non essendo amministrazioni aggiudicatrici né imprese pubbliche, esercitano una o più delle citate attività e operano in virtù di diritti speciali o esclusivi concessi loro dall'autorità competente;
- in relazione ai ***contratti di concessione*** (**Parte III**): gli *enti* che svolgono una delle attività attinenti alle materie dei settori speciali ed aggiudicano una concessione per lo svolgimento di una di tali attività (quali: le amministrazioni dello Stato, gli enti pubblici territoriali, gli organismi di diritto pubblico o le associazioni, Unioni, consorzi, comunque denominati, costituiti da uno o più di tali soggetti; le imprese pubbliche; gli enti diversi dai precedenti, ma operanti sulla base di diritti speciali o esclusivi ai fini dell'esercizio di una o più delle dette attività).

Ed ancora rilevano le nozioni di **soggetti aggiudicatori**, **altri soggetti aggiudicatori** e **stazione appaltante**.

Per **soggetti aggiudicatori**, al solo fine dell'applicabilità delle Parti IV e V del Codice (relative rispettivamente a partenariato pubblico privato e contraente generale, e a infrastrutture strategiche e insediamenti produttivi), si intendono, ai sensi dell'art. 3, co. 1, lett. *f)*, le *amministrazioni aggiudicatrici*, di cui alla precedente lett. *a)*, gli *enti aggiudicatori*, di cui alla lett. *e)*, nonché i *diversi soggetti pubblici o privati assegnatari dei fondi*. Gli **altri soggetti aggiudicatori**, invece, sono individuati in tutti *i soggetti privati* tenuti all'osservanza delle disposizioni codicistiche (art. 3, co. 1, lett *.g)*). La nozione di **stazione appaltante** è, a chiusura del sistema, quella che include ***tutti i soggetti già individuati in precedenza***. Ed invero, la lett. *o)*, sempre dell'art. 3, individua come stazioni appaltanti: le *amministrazioni aggiudicatrici*, di cui alla lett. *a)*; gli *enti aggiudicatori*, di cui alla lett. *e)*, i *soggetti aggiudicatori*, di cui alla lett. *f)*, e gli *altri soggetti aggiudicatori*, di cui alla lett. *g)*.

I soggetti aggiudicatari

Le norme del Codice definiscono e disciplinano anche tutti quei **soggetti che possono partecipare ad una gara** e, a seguito dell'aggiudicazione, stipulare il contratto con l'amministrazione.
Innanzitutto è necessario fare riferimento alla nozione di **operatore economico** per individuare, in generale, i soggetti che presentano un'offerta o che partecipano ad una procedura di gara. Questi infatti è definito come «una persona fisica o giuridica, un ente pubblico, un raggruppamento di tali persone o enti, compresa qualsiasi associazione temporanea di imprese, un ente senza personalità giuridica, ivi compreso il gruppo europeo di interesse economico (GEIE), costituito ai sensi del decreto legislativo 23 luglio 1991, n. 240, che offre sul mercato la realizzazione di lavori o opere, la fornitura di prodotti o la prestazione di servizi» (art. 3, lett. *p)*, del Codice).
A questa definizione generale seguono altre specifiche, in relazione al tipo di contratto ovvero alla modalità di scelta del contraente utilizzata per lo svolgimento della gara.
In particolare, a titolo di esempio, si richiamano le definizioni di concessionario, che è l'operatore economico cui è stata affidata o aggiudicata una concessione (art. 3, lett. *q)*), e di promotore, che è l'operatore economico che partecipa ad un partenariato pubblico privato (art. 3, lett. *r)*).
Invece, è definito «**offerente**» l'operatore che ha presentato un'offerta (lett. *cc)*), e «**candidato**» colui che ha sollecitato un invito o è stato invitato ad una procedura ristretta, a una procedura competitiva con negoziazione, a una procedura negoziata senza previa pubblicazione di un bando di gara, a un dialogo competitivo o ad un partenariato per l'innovazione o ad una procedura per l'aggiudicazione di una concessione (lett. *bb)*).
L'art. 45 D.Lgs. 50/2016 individua, analiticamente, i soggetti che sono ammessi a partecipare alle procedure di affidamento dei contratti pubblici e ad essere potenzialmente affidatari degli stessi.

b) Ambito oggettivo

Le norme del Codice si applicano ai **contratti pubblici**. Questi sono i contratti di *appalto* o di *concessione* aventi per oggetto l'acquisizione di servizi, o di forniture, ovvero l'esecuzione di opere o lavori, posti in essere dalle stazioni appaltanti (art. 3, lett. *dd)*).

L'**appalto**, poi, è definito un **contratto a titolo oneroso** stipulato per iscritto tra una o più stazioni appaltanti e uno o più operatori economici, avente per oggetto l'**esecuzione di lavori**, la **fornitura di prodotti**, la **prestazione di servizi** (art. 3, co. 1, lett. *ii)*).

Specificamente, il contratto di appalto può avere ad **oggetto**:

1. **lavori**: quando l'appalto ha per oggetto:
   a) l'esecuzione di lavori relativi ad una delle attività di cui all'Allegato 1 (costruzione, demolizione, trivellazioni e perforazioni, installazione di impianti, intonacatura etc.);
   b) l'esecuzione, oppure la progettazione esecutiva e l'esecuzione di un'opera;
   c) la realizzazione con qualsiasi mezzo di un'opera corrispondente alle esigenze specificate dall'amministrazione aggiudicatrice o dall'ente aggiudicatore che esercita un'influenza determinante sul tipo o sulla progettazione dell'opera (art. 3, lett. *ll)*);
2. **servizi**: quando l'oggetto dell'appalto consiste nella prestazione di servizi diversi da quelli di cui alla precedente lett. *ll)* della disposizione (art. 3, lett. *ss)*);
3. **forniture**: quando il contratto consiste nell'acquisto, nella locazione finanziaria, nella locazione o nell'acquisto a riscatto, con o senza opzione per l'acquisto, di prodotti. Un appalto di forniture può includere, a titolo accessorio, lavori di posa in opera e di installazione (art. 3, lett. *tt)*).

L'art. 1 del Codice menziona, poi, la **concessione**, alla quale è specificamente dedicata la Parte III del Codice, e i **concorsi di progettazione**.

Per quanto concerne la **concessione**, si distingue tra quella di **lavori** e quella di **servizi**.

In particolare, quella di **lavori** è un contratto a titolo oneroso stipulato per iscritto in virtù del quale una o più stazioni appaltanti affidano l'esecuzione di lavori ovvero la progettazione esecutiva e l'esecuzione, ovvero la progettazione definitiva, la progettazione esecutiva e l'esecuzione di lavori ad uno o più operatori economici (art. 3, lett. *uu)*); la **concessione di servizi**, invece, è il contratto (sempre a titolo oneroso e stipulato per iscritto) con cui, invece, viene affidata la fornitura e la gestione di servizi diversi dall'esecuzione dei lavori, che possono essere oggetto di appalto, ai sensi della precedente lett. *ll)* (art. 3, lett. *vv)*).

In entrambe le ipotesi viene riconosciuto a titolo di corrispettivo *unicamente* il diritto di gestire le opere o i servizi oggetto del contratto o tale diritto accompagnato da un prezzo, con assunzione in capo al concessionario del **rischio operativo** legato alla gestione delle opere o dei servizi.

Il cd. **rischio operativo** si assume assunto dall'operatore economico nel caso in cui, in condizioni operative normali (cioè di insussistenza di eventi non prevedibili), *non sia garantito il recupero degli investimenti effettuati o dei costi sostenuti per la gestione* dei lavori o dei servizi oggetto della concessione (art. 3, co. 1, lett. *zz)*).

I **concorsi di progettazione** sono quelle procedure intese a fornire alle stazioni appaltanti, soprattutto in settori come quello della pianificazione territoriale, forestale, paesaggistica, naturalistica, del verde urbano, dell'urbanistica, dell'architettura, dell'ingegneria, del paesaggio forestale agronomico, del verde urbano o dell'elaborazione di dati, ***un piano o un progetto***, selezionato da una commissione giudicatrice in base a una gara, con o senza assegnazione di premi (art. 3, co. 1, lett. *ddd)*).

Da altro punto di vista, le disposizioni del Codice si applicano sia ai contratti rientranti nei cd. «**settori speciali**», ossia *gas, energia termica, elettricità, acqua, trasporti, servizi postali, sfruttamento di area geografica* (art. 3, co. 1, lett. *hh)* del Codice), che agli appalti ed alle concessioni di lavori, servizi e forniture nei «**settori ordinari**», vale a dire tutti, tranne quelli cd. speciali (art. 3, co. 1, lett. *gg)* del Codice).

La normativa del Codice, oltre ad applicarsi agli appalti di lavori, di servizi o di forniture, disciplina anche i contratti, nei settori ordinari o nei settori speciali, o le concessioni caratterizzati dalla **contemporanea commissione di lavori e/o servizi e/o forniture** (cd. contratti misti). La disciplina è contenuta nell'art. 28 del Codice.

Il legislatore dedica il Titolo II della Parte I del Codice (artt. da 4 a 20) alle tipologie contrattuali alle quali **non si applicano o si applicano solo in parte** le disposizioni dello stesso D.Lgs. 50/2016.

In particolare, l'**art. 4** del Codice detta dei principi generali applicabili *all'affidamento* dei contratti pubblici di lavori, servizi e forniture, dei contratti attivi, esclusi (in tutto o in parte dall'ambito di applicazione oggettiva del Codice), stabilendo che lo stesso deve avvenire nel rispetto dei **principi di economicità, efficacia, imparzialità, parità di trattamento, trasparenza, proporzionalità, pubblicità, tutela dell'ambiente ed efficienza energetica**.

Tra le ipotesi di contratti esclusi dall'applicazione del Codice rileva quella disciplinata dall'art. 5, relativo ai ccdd. **affidamenti *in house***. La norma prevede che una concessione o un appalto pubblico, nei settori ordinari o speciali, aggiudicati da un'amministrazione aggiudicatrice o da un ente aggiudicatore a una persona giuridica di diritto pubblico o di diritto privato **non rientra nell'ambito di applicazione** del Codice quando sono soddisfatte **tutte le seguenti condizioni**:

a) un'amministrazione aggiudicatrice o un ente aggiudicatore esercita sulla persona giuridica di cui trattasi un controllo analogo a quello esercitato sui propri servizi;
b) oltre l'80 per cento delle attività della persona giuridica controllata è effettuata nello svolgimento dei compiti ad essa affidati dall'amministrazione aggiudicatrice controllante o da altre persone giuridiche controllate dall'amministrazione aggiudicatrice o da un ente aggiudicatore di cui trattasi;

c) nella persona giuridica controllata non vi è alcuna partecipazione diretta di capitali privati, ad eccezione di forme di partecipazione di capitali privati, le quali non comportano controllo o potere di veto, che non esercitano un'influenza determinante sulla persona giuridica controllata.

6 Segue: I contratti sopra soglia e sotto soglia

a) La determinazione delle soglie

Le disposizioni del Codice disciplinano sia i **contratti di rilevanza europea**, o sopra soglia, che i **contratti cd. sotto soglia**, il cui *discrimen* è determinato dall'«importo stimato del contratto al netto dell'imposta sul valore aggiunto» (CARINGELLA): i primi sono quei contratti il cui valore stimato al netto dell'IVA è ***pari o superiore*** a determinate soglie economiche (art. 3, comma 1, lett. *ee)*); i secondi sono quei contratti il cui valore stimato al netto dell'IVA è **inferiore** alle dette soglie economiche (art. 3, co. 1, lett. *ff)*).

La determinazione economica delle dette soglie è contenuta nell'**art. 35** del Codice.

Fermo restando una *rideterminazione periodica* mediante provvedimento della Commissione europea, in particolare le soglie fissate dal legislatore, a far data dal **1° gennaio 2018**, sono le seguenti:

a) per i **settori ordinari**:
 - euro **5.548.000** per gli appalti pubblici di lavori e per le concessioni;
 - euro **144.000** per gli appalti pubblici di forniture, di servizi e per i concorsi pubblici di progettazione aggiudicati dalle autorità governative centrali; per gli appalti pubblici di forniture aggiudicati da amministrazioni aggiudicatrici operanti nel settore della difesa, questa soglia si applica solo agli appalti concernenti alcuni prodotti menzionati nell'allegato VIII al Codice (ad es.: sale; zolfo; terre e pietre; prodotti farmaceutici; concimi; vetro e lavori di vetro; carta e cartoni; orologeria; utensileria e oggetti di coltelleria e posateria da tavola etc.);
 - euro **221.000** per gli appalti pubblici di forniture, di servizi e per i concorsi pubblici di progettazione qualora questi siano aggiudicati: da amministrazioni aggiudicatrici sub-centrali; da autorità governative centrali che operano nel settore della difesa, allorché tali appalti concernono prodotti non menzionati nel citato allegato VIII;
 - euro **750.000** per gli appalti di servizi sociali e di altri servizi specifici elencati all'allegato IX del Codice (ad es.: servizi sanitari; servizi religiosi; servizi alberghieri e di ristorazione; servizi postali etc.);

b) per gli appalti nei **settori speciali:**
 - euro **5.548.000** per gli appalti di lavori;
 - euro **443.000** per gli appalti di forniture, di servizi e per i concorsi pubblici di progettazione;
 - euro **1.000.000** per i contratti di servizi, per i servizi sociali e altri servizi specifici elencati all'allegato IX.

Le nuove soglie economiche per il biennio 2020 e 2021

A far data dal **1° gennaio 2020** si applicano le nuove soglie economiche determinate con regolamenti delegati pubblicati sulla Gazzetta Ufficiale UE n. L279 del 31 ottobre 2019: si tratta, specificamente, dei regolamenti nn. 2019/1827 (concessioni), 2019/1828 (settori ordinari), 2019/1829 (settori speciali), 2019/1830 (difesa e sicurezza).

Le nuove soglie economiche sono leggermente più ribassate rispetto alle precedenti e sono le seguenti:

a) per i **settori ordinari**:
 - euro **5.350.000** per gli appalti pubblici di lavori e per le concessioni;
 - euro **139.000** per gli appalti pubblici di forniture, di servizi e per i concorsi pubblici di progettazione aggiudicati dalle amministrazioni aggiudicatrici che sono autorità governative centrali; se gli appalti pubblici di forniture sono aggiudicati da amministrazioni aggiudicatrici operanti nel settore della difesa, questa soglia si applica solo agli appalti concernenti i prodotti menzionati nell'allegato VIII del Codice;

- euro **214.000** per gli appalti pubblici di forniture, di servizi e per i concorsi pubblici di progettazione aggiudicati da amministrazioni aggiudicatrici sub-centrali; tale soglia si applica anche agli appalti pubblici di forniture aggiudicati dalle autorità governative centrali che operano nel settore della difesa, allorché tali appalti con-cernono prodotti non menzionati nell'allegato VIII;
- euro **750.000** per gli appalti di servizi sociali e di altri servizi specifici elencati all'allegato IX del Codice.

b) per i **settori speciali**:
- euro **5.350.000** per gli appalti di lavori;
- euro **428. 000** per gli appalti di forniture, di servizi e per i concorsi pubblici di progettazione;
- euro **1.000.000** per i contratti di servizi, per i servizi sociali e altri servizi specifici elencati all'allegato IX del Codice.

La determinazione del valore di un appalto o di una concessione rispetto alle soglie economiche fissate è fondamentale in quanto dalla qualificazione come «*di rilevanza europea*» o «*sotto soglia*» derivano conseguenze diverse in ordine al regime normativo da applicare al contratto.

b) La disciplina dei contratti sotto soglia

Con riferimento ai contratti sotto soglia, il legislatore ha dettato alcune regole che lasciano una maggiore libertà di azione alle amministrazioni aggiudicatrici.

L'**art. 36 del Codice** individua i principi generali che governano l'affidamento e l'esecuzione di tali contratti nonché le peculiari modalità di affidamento, che variano a seconda dell'importo del contratto.

L'**affidamento e** l'**esecuzione** di lavori, servizi e forniture di importo inferiore alle soglie di rilevanza europea devono avvenire nel rispetto dei **principi di economicità, efficacia, tempestività e correttezza**, ma anche **i principi di libera concorrenza, non discriminazione, trasparenza, proporzionalità, nonché di pubblicità** (di cui all'art. 30, comma 1), del **principio di rotazione** (sia degli inviti che degli affidamenti) e in modo da assicurare l'effettiva possibilità di partecipazione delle microimprese, piccole e medie imprese. In queste fasi inoltre le stazioni appaltanti devono tenere conto **dei criteri di sostenibilità energetica e ambientale** (art. 34); prevedere misure adeguate per **contrastare le frodi** e la **corruzione** nonché individuare, prevenire e risolvere in modo efficace ogni ipotesi di **conflitto di interesse** (art. 42). Hanno, infine, la facoltà di inserire nei bandi di gara e negli avvisi le **clausole sociali**.

Quanto alle **modalità di affidamento**, individuate con il D.L. 32/2019 convertito, queste sono:

a) per affidamenti di **importo inferiore a 40.000 euro**, mediante affidamento diretto anche senza previa consultazione di due o più operatori economici o per i lavori in amministrazione diretta;

b) per affidamenti di importo **pari o superiore a 40.000 euro e inferiore a 150.000 euro per i lavori**, o alle soglie di cui all'art. 35 per le forniture e i servizi, mediante affidamento diretto previa valutazione di **tre preventivi**, ove esistenti, per i lavori, e, per i servizi e le forniture, di almeno **cinque operatori** economici individuati sulla base di indagini di mercato o tramite elenchi di operatori economici, nel rispetto di un criterio di rotazione degli inviti. I lavori possono essere eseguiti anche in amministrazione diretta, fatto salvo l'acquisto e il noleggio di mezzi, per i quali si applica comunque la procedura di cui al periodo precedente. L'avviso sui risultati della procedura di affidamento contiene l'indicazione anche dei soggetti invitati;

c) per affidamenti di **lavori** di **importo pari o superiore a 150.000 euro e inferiore a 350.000 euro**, mediante la procedura negoziata di cui all'art. 63 previa consultazione, ove esistenti, di almeno **dieci** operatori economici, nel rispetto di un criterio di rotazione degli inviti, individuati sulla base di indagini di mercato o tramite elenchi di operatori economici. L'avviso sui risultati della procedura di affidamento contiene l'indicazione anche dei soggetti invitati;

c-bis) per affidamenti di **lavori** di **importo pari o superiore a 350.000 euro e inferiore a 1.000.000 di euro**, mediante la procedura negoziata di cui all'art. 63 previa consultazione, ove esistenti, di almeno

quindici operatori economici, nel rispetto di un criterio di rotazione degli inviti, individuati sulla base di indagini di mercato o tramite elenchi di operatori economici. L'avviso sui risultati della procedura di affidamento contiene l'indicazione anche dei soggetti invitati;

d) per affidamenti di **lavori di importo pari o superiore a 1.000.000 di euro e fino alle soglie di cui all'art. 35**, mediante ricorso alle procedure di cui all'art. 60 (procedura aperta), fatto salvo quanto previsto dall'art. 97, co. 8.

7 I principi generali per l'affidamento e l'esecuzione di appalti e concessioni

L'art. 30 del Codice detta una serie di **principi generali** che devono governare sia la fase pubblicistica di scelta del contraente, quindi l'affidamento, che quella, prettamente privatistica, relativa all'esecuzione di un contratto.

Il legislatore ha insistito, in modo particolare, sia sulla *garanzia della concorrenza* che sul *rispetto delle esigenze sociali*, come la tutela dell'ambiente, che assumono un rilievo nuovo e determinante tanto nella fase dell'affidamento quanto in quella dell'esecuzione.

Il comma 1 della norma prevede, da una parte, che *l'affidamento e l'esecuzione di appalti di opere, lavori, servizi, forniture e concessioni*, devono uniformarsi al principio della **garanzia della qualità delle prestazioni** che il futuro contraente dovrà fornire e devono svolgersi nel **rispetto dei principi di economicità, efficacia, tempestività e correttezza**; dall'altra parte, la norma impone alle stazioni appaltanti, nell'*affidamento degli appalti e delle concessioni*, di rispettare anche **i principi di libera concorrenza, non discriminazione, trasparenza, proporzionalità, nonché di pubblicità**, da attuare secondo le modalità indicate nello stesso Codice.

Il *principio di economicità*, poi, può essere subordinato ai criteri, previsti nel bando, ispirati a *esigenze sociali*, nonché alla *tutela della salute, dell'ambiente, del patrimonio culturale* e alla *promozione dello sviluppo sostenibile*, anche dal punto di vista energetico.

Il principio concorrenziale è ripreso anche nel comma 2 della disposizione: viene fatto obbligo alle stazioni appaltanti di **non limitare in alcun modo artificiosamente la concorrenza** allo scopo di favorire o svantaggiare indebitamente taluni operatori economici o, nelle procedure di aggiudicazione delle concessioni, compresa la stima del valore, taluni lavori, forniture o servizi.

Anche la fase dell'*esecuzione degli appalti e delle concessioni* deve essere improntata al rispetto di determinate esigenze sociali. Ed infatti è espressamente imposto agli operatori economici di rispettare gli **obblighi in materia ambientale, sociale e del lavoro** stabiliti dalla normativa europea e nazionale, dai contratti collettivi o dalle disposizioni internazionali individuate dal legislatore del Codice nell'Allegato X allo stesso.

I successivi commi da 4 a 6 dell'art. 30 sono dedicati all'individuazione della disciplina del lavoro applicabile al personale impiegato nella realizzazione di appalti pubblici e concessioni nonché alla tutela dei lavoratori in caso di inadempienze dell'appaltatore e del sub-appaltatore.

Quanto al primo profilo, il legislatore ha stabilito che al personale impiegato nei lavori, servizi e forniture oggetto di appalti pubblici e concessioni si applica il **contratto collettivo nazionale e territoriale, in vigore per il settore e per la zona nella quale si eseguono le prestazioni di lavoro**, stipulato dalle associazioni dei datori e dei prestatori di lavoro comparativamente più rappresentative sul piano nazionale e **quelli il cui ambito di applicazione sia strettamente connesso con l'attività oggetto dell'appalto o della concessione** svolta dall'impresa anche in maniera prevalente (comma 4).

In relazione al secondo profilo, invece, i commi 5 e 6 disciplinano i casi di *intervento sostitutivo della stazione appaltante* per inadempienza contributiva risultante dal DURC (*documento unico di regolarità contributiva*) per il personale dipendente impiegato nell'esecuzione del contratto, nonché per ritardo nel pagamento delle retribuzioni dovute a tale personale.

La disposizione, poi, fissa la regola di principio per cui si deve favorire l'accesso alle gare di appalto e per l'affidamento delle concessioni alle **microimprese** e alle **piccole e medie imprese**, stabilendo che i *criteri di partecipazione alle gare devono essere tali da non escludere* tali soggetti dalle procedure concorsuali (comma 7). L'ultimo comma contiene due importanti e generici rinvii che completano la disciplina in materia di contratti pubblici. *Per quanto non espressamente previsto nel Codice e nei provvedimenti attuativi*, si applicano le disposizioni di cui alla L. 241/1990, **legge sul procedimento amministrativo**, per ciò che attiene le procedure di affidamento e le altre attività amministrative in tema di contratti pubblici; i principi fissati nel **codice civile** si applicano relativamente alla stipula del contratto e alla fase di esecuzione dello stesso.

8 Il principio di trasparenza e la tracciabilità dei flussi finanziari

Il principio di trasparenza è molto importante nella materia dei contratti pubblici, in quanto strumentale alla realizzazione di una concorrenza reale e alla scelta dell'offerta (effettivamente) migliore per la P.A.

Uno strumento privilegiato per assicurare la trasparenza è rappresentato dai **siti web istituzionali** delle amministrazioni interessate, che devono riportare delle informazioni relative alle specifiche procedure di gara (art. 1, co. 32, L. 190/2012 e art. 37 D.Lgs. 33/2013).

Attualmente, l'**art. 29 D.Lgs. 50/2016**, modificato dal D.L. 32/2019 come convertito, fissa un principio, di carattere generale, per cui **tutti gli atti** delle amministrazioni aggiudicatrici e degli enti aggiudicatori relativi alla **programmazione di lavori, opere, servizi e forniture**, nonché alle **procedure per l'affidamento di appalti pubblici di servizi, forniture, lavori e opere**, di **concorsi pubblici di progettazione**, di **concorsi di idee e di concessioni**, compresi quelli tra enti nell'ambito del settore pubblico, alla composizione della commissione giudicatrice e ai *curricula* dei suoi componenti, devono essere pubblicati e aggiornati sul *profilo del committente* (ossia il sito informatico di una stazione appaltante), nella sezione «*Amministrazione trasparente*», con l'applicazione delle disposizioni di cui al decreto n. 33/2013.

Inoltre, nella stessa sezione devono essere pubblicati i **resoconti della gestione finanziaria** dei contratti al termine della loro esecuzione.

Tutti i suddetti atti sono pubblicati anche sul sito del Ministero delle infrastrutture e dei trasporti (MIT) e sulla piattaforma digitale istituita presso l'A.N.A.C.

Sempre in un'ottica di trasparenza deve essere letto l'art. 76 che, al comma 2bis (introdotto dal D.L. 32/2019 conv.), stabilisce che la stazione appaltante deve dare **avviso** ai concorrenti — d'ufficio immediatamente e comunque entro un termine non superiore a cinque giorni attraverso le tecnologie dell'informazione e della comunicazione — del **provvedimento che determina le esclusioni dalla procedura di affidamento e le ammissioni ad essa** all'esito della verifica della documentazione attestante l'assenza dei motivi di esclusione di cui all'art. 80, nonché la sussistenza dei requisiti economico-finanziari e tecnico-professionali.

Strettamente connesso al principio di trasparenza è quello della **tracciabilità dei flussi finanziari** nelle procedure relative a **lavori, servizi e forniture pubbliche**. La **L. 13-8-2010, n. 136** al fine di *prevenire le infiltrazioni mafiose* negli appalti pubblici e di *contrastare le imprese che, per la loro contiguità con la criminalità organizzata, operano in modo irregolare ed anticoncorrenziale* impone degli obblighi di tracciabilità che si articolano essenzialmente in tre adempimenti:

a) utilizzo di **conti correnti bancari o postali dedicati** alle commesse pubbliche, anche in via non esclusiva. Ciò significa che lo stesso può essere utilizzato *promiscuamente per più commesse*;
b) effettuazione dei movimenti finanziari relativi alle medesime commesse pubbliche **esclusivamente con lo strumento del bonifico bancario o postale** ovvero con altri strumenti di pagamento idonei a consentire la piena tracciabilità delle operazioni (es. le cd. **Ri.Ba.** - **Ricevute**

Bancarie Elettroniche), che costituiscono un servizio di pagamento, prevalentemente usato tra imprese per la riscossione di crediti commerciali, che consente al creditore di sostituire le tradizionali ricevute bancarie cartacee con un flusso elettronico di informazioni);

c) indicazione, negli strumenti di pagamento relativi ad *ogni transazione*, del **codice identificativo di gara** - ***CIG*** - e, ove obbligatorio ai sensi dell'art. 11 L. 3/2003, del **codice unico di progetto** - ***CUP***.

9 Il Responsabile unico del procedimento negli appalti e nelle concessioni

Le stazioni appaltanti hanno l'obbligo di individuare, per **ogni singola procedura** di un appalto o di una concessione, nell'atto di adozione o di aggiornamento dei programmi biennali degli acquisti di beni e servizi e triennali dei lavori pubblici, oppure nell'atto di avvio relativo ad ogni singolo intervento per esigenze insorte successivamente alla programmazione (la sostituzione del RUP, individuato nella programmazione della stazione appaltante non comporta modifiche della stessa), un responsabile del procedimento, unico **per le fasi della programmazione, della progettazione, dell'affidamento, dell'esecuzione** (art. 31 D.Lgs. 50/2016).

La nomina del RUP deve avvenire con un **atto formale** del dirigente, soggetto responsabile dell'unità organizzativa di riferimento, ma il legislatore ne limita la discrezionalità stabilendo che il responsabile deve essere scelto tra i **dipendenti di ruolo** addetti all'unità medesima, deve essere dotato del **necessario livello di inquadramento giuridico** in relazione alla struttura della pubblica amministrazione e di **competenze professionali adeguate** in relazione ai compiti per i quali è nominato.

Il RUP svolge, ai sensi della L. 241/1990, legge generale sul procedimento amministrativo, **tutti i compiti** relativi alle procedure che non siano *specificatamente* attribuiti ad altri organi o soggetti.

In particolare:

- formula **proposte** e fornisce dati e informazioni al fine della predisposizione del **programma triennale dei lavori pubblici** e dei relativi aggiornamenti annuali, nonché al fine della predisposizione di *ogni altro atto di programmazione* di contratti pubblici di servizi e di forniture e della predisposizione dell'avviso di preinformazione;
- cura, in ciascuna fase di attuazione degli interventi, il **controllo sui livelli di prestazione, di qualità e di prezzo** determinati in coerenza alla copertura finanziaria e ai tempi di realizzazione dei programmi;
- cura il **corretto e razionale svolgimento delle procedure**;
- segnala **eventuali disfunzioni, impedimenti, ritardi** nell'attuazione degli interventi;
- accerta la **libera disponibilità di aree e immobili** necessari;
- fornisce all'amministrazione aggiudicatrice **i dati e le informazioni relativi alle principali fasi di svolgimento dell'attuazione dell'intervento**, necessari per l'attività di coordinamento, indirizzo e controllo di sua competenza e sorveglia l'**efficiente gestione economica dell'intervento**;
- propone all'amministrazione aggiudicatrice la **conclusione di un accordo di programma** quando si rende necessaria l'azione integrata e coordinata di diverse amministrazioni;
- propone l'indizione o, laddove competente, indice la **conferenza di servizi**, ai sensi della L. 241/1990, quando sia necessaria o utile per acquisire intese, pareri, concessioni, autorizzazioni, permessi, licenze, nulla osta, assensi, comunque denominati;
- verifica e vigila sul **rispetto delle prescrizioni contrattuali nelle concessioni**.

Si noti che il D.L. 32/2019 come convertito, nel modificare l'art. 31, ha previsto che il (futuro) Regolamento unico dovrà definire più specificamente il ruolo e i compiti del RUP e che fino alla sua emanazione restano in vigore le linee guida A.N.AC. n. 3.

Il legislatore ha previsto delle ipotesi in cui il RUP possa essere *coadiuvato* nell'esercizio della sua attività.

La prima ipotesi è relativa a casi di **appalti di particolare complessità in relazione all'opera** da realizzare ovvero **alla specificità della fornitura o del servizio**, che richiedano necessariamente ***valutazioni e competenze altamente specialistiche***.

In presenza di tali presupposti, il responsabile unico del procedimento propone alla stazione appaltante di **conferire appositi incarichi** a supporto dell'intera procedura o di parte di essa, da individuare sin dai primi atti di gara.

Gli incarichi di progettazione, coordinamento della sicurezza in fase di progettazione, direzione dei lavori, direzione dell'esecuzione, coordinamento della sicurezza in fase di esecuzione, di collaudo, nonché gli incarichi che la stazione appaltante ritenga indispensabili a supporto dell'attività del responsabile unico del procedimento, vengono conferiti secondo le **procedure disciplinate dal Codice** e, *in caso di importo inferiore alla soglia di 40.000 euro*, possono essere affidati **in via diretta**.

La seconda ipotesi disciplinata dal legislatore del Codice riguarda la possibilità riconosciuta alla stazione appaltante, allo scopo di ***migliorare la qualità della progettazione e della programmazione complessiva***, di istituire, nell'ambito della propria autonomia organizzativa e nel rispetto dei limiti stabiliti dalla normativa vigente, una **struttura stabile a supporto dei RUP**, anche alle dirette dipendenze del vertice della P.A. di riferimento.

Il comma 12 dell'art. 31 introduce una disciplina nuova volta ad assicurare l'effettivo controllo sull'esecuzione dei contratti e attribuisce al RUP, *previa programmazione specifica del dirigente dell'unità organizzativa interessata*, alcuni poteri da esercitarsi sui **luoghi dell'esecuzione**.

In particolare la disposizione prevede che il responsabile dell'unità organizzativa competente in relazione all'intervento individui preventivamente le **modalità organizzative e gestionali** attraverso le quali **garantire il controllo effettivo** da parte della stazione appaltante sull'esecuzione delle prestazioni: tra queste è prevista la programmazione di **accessi diretti del RUP o del direttore dei lavori o del direttore dell'esecuzione** sul luogo dell'esecuzione stessa, nonché **verifiche**, anche a sorpresa, sull'effettiva ottemperanza a tutte le misure mitigative e compensative, alle prescrizioni in materia ambientale, paesaggistica, storico-architettonica, archeologica e di tutela della salute umana impartite dagli enti e dagli organismi competenti.

10 La fase propedeutica alla gara: pianificazione, programmazione e progettazione

a) Pianificazione e programmazione

L'**art. 32** del Codice stabilisce che l'affidamento dei contratti pubblici avvenga nel rispetto degli atti di programmazione previsti dallo stesso Codice o da norme vigenti. È l'**art. 21** a contenere le norme di dettaglio per l'applicazione di tale disposizione, prevedendo l'obbligo per le amministrazioni aggiudicatrici e gli enti aggiudicatori di adottare:

— il ***programma biennale degli acquisti di beni e servizi*** (cioè il documento che le amministrazioni adottano allo scopo di individuare gli acquisti di forniture e servizi da disporre nel biennio, necessari a soddisfare i fabbisogni rilevati e valutati dalla P.A. preposta);
— il ***programma triennale dei lavori pubblici*** (ossia il documento che le amministrazioni adottano allo scopo di individuare i lavori da avviare nel triennio, necessari al soddisfacimento dei fabbisogni rilevati e valutati dalla P.A. preposta).

Il **Programma biennale degli acquisti di beni e servizi** (annualmente aggiornato) indica gli acquisti di beni e servizi di **importo unitario stimato pari o superiore a 40.000 euro** e individua i bisogni che possono essere soddisfatti con capitali privati. Inoltre, allo scopo di *consentire forme di aggregazione della domanda e favorire le economie di scala*, le amministrazioni pubbliche devono comunicare, entro il mese di ottobre, l'**elenco degli acquisti di beni e servizi d'importo superiore a 1 milione di euro** che prevedono di inserire nel Programma in questione al *Tavolo tecnico dei soggetti aggregatori* di cui al comma 2 del D.L. 66/2014.

Si tenga conto poi che la legge di stabilità 2016 (art. 1, co. 505), dettando **la disciplina in materia di acquisti di beni e servizi informatici delle pubbliche amministrazioni**, aveva già previsto la predisposizione, da parte dell'Agenzia per l'Italia digitale, del **Piano triennale per l'informatica nella P.A.**, che, per ciascuna amministrazione o categoria di amministrazione, contiene l'elenco dei beni e servizi informatici di connettività e dei relativi costi, individuando anche i beni e servizi la cui acquisizione riveste particolare rilevanza strategica (art. 1, co. 513).

Nel Programma triennale (aggiornato annualmente) vanno: inseriti **i lavori** il cui importo stimato è **pari o superiore a 100.000**; indicati **i lavori da avviare nell'annualità**; inserite **le opere pubbliche incompiute**, ai fini di un loro completamento o per l'individuazione di soluzioni diverse (riutilizzo, cessione a titolo di corrispettivo per la realizzazione di un'altra opera, vendita o demolizione); individuati i **lavori complessi** e **gli interventi** che hanno le caratteristiche per essere realizzati attraverso contratti di concessione o di partenariato pubblico-privato.

Per i lavori di importo **pari o superiore a 1.000.000 di euro**, ai fini del loro inserimento nell'elenco annuale *deve essere redatto il progetto di fattibilità tecnica ed economica.*

b) Progettazione

L'art. 23 del Codice stabilisce che la **progettazione in materia di lavori pubblici** si articola secondo **tre livelli successivi** e più precisamente in:

— un ***progetto di fattibilità tecnica ed economica***, che individua, tra più soluzioni, quella che presenta il miglior rapporto tra costi e benefici per la collettività, in relazione alle specifiche esigenze da soddisfare e prestazioni da fornire. Per i lavori di importo pari o superiore alla soglia europea, per la procedura di dibattito pubblico o per i concorsi di progettazione e di idee, il progetto di fattibilità è preceduto da un **documento di fattibilità delle alternative progettuali**, fermo restando che la P.A. può chiedere la redazione del documento anche per lavori di importo inferiore alla soglia ex art. 35. Nel progetto di fattibilità, il progettista sviluppa, tutte le indagini e gli studi necessari, gli elaborati grafici per l'individuazione delle caratteristiche dimensionali, volumetriche, tipologiche, funzionali e tecnologiche dei lavori da realizzare e le relative stime economiche, compresa la scelta in merito alla possibile suddivisione in lotti funzionali. Tale progetto, deve consentire, laddove necessario, l'avvio della procedura espropriativa. Infine, esso è redatto sulla base dell'avvenuto svolgimento di indagini geologiche, idrogeologiche, idrologiche, idrauliche, geotecniche, sismiche, storiche, paesaggistiche ed urbanistiche, di verifiche relative alla possibilità del riuso del patrimonio immobiliare esistente e della rigenerazione delle aree dismesse, di verifiche preventive dell'interesse archeologico, di studi di fattibilità ambientale e paesaggistica e deve indicare, in particolare, i limiti di spesa dell'opera da realizzare;

— un ***progetto definitivo***: permette di individuare compiutamente i lavori da realizzare, nel rispetto delle esigenze, dei criteri, dei vincoli, degli indirizzi e delle indicazioni stabiliti dalla stazione appaltante e, ove presente, dal progetto di fattibilità;

— un ***progetto esecutivo***: redatto in conformità al progetto definitivo, determina in ogni dettaglio i lavori da realizzare, il relativo costo previsto, il cronoprogramma coerente con quello del progetto definitivo, e deve essere sviluppato a un livello di definizione tale che ogni elemento sia identificato in forma, tipologia, qualità, dimensione e prezzo. Esso deve essere, altresì, corredato da un apposito *piano di manutenzione dell'opera* e delle sue parti in relazione al ciclo di vita.

È il progetto esecutivo che di regola **deve essere posto a base di gara** (art. 59), e il suo contenuto deve garantire la rispondenza dell'opera ai requisiti di qualità prestabiliti, il rispetto dei tempi e dei costi previsti. L'obbligo di mettere in gara i progetti esecutivi ha, infatti, l'effetto di ridurre in maniera rilevante il ricorso alle varianti e la formazione delle riserve che hanno contraddistinto il panorama dei lavori pubblici dell'ultimo decennio.

In merito alla definizione dei contenuti della progettazione nei tre livelli progettuali su visti, l'art. 23, co. 3, in seguito alle modifiche del D.L. 32/2019, rinvia al «futuro» *Regolamento unico* e sino ad allora stabilisce che si applicano gli artt. da 14 a 43 del D.P.R. 207/2010. Con il medesimo Regolamento dovrà essere anche stabilito il contenuto minimo del quadro esigenziale predisposto dalle stazioni appaltanti.

La progettazione **deve assicurare**: il soddisfacimento dei fabbisogni della collettività; la qualità architettonica e tecnico funzionale dell'opera; la conformità alle norne ambientali, urbanistiche e di tutela dei beni culturali e paesaggistici, nonché il rispetto di quanto previsto dalle norme in materia di tutela della salute e della sicurezza; un limitato consumo del suolo; il rispetto dei vincoli idro-geologici, sismici e forestali nonché degli altri vincoli esistenti; il risparmio e l'efficientamento e il recupero energetico nella realizzazione e nella successiva vita dell'opera nonché la valutazione del ciclo di vita e della manutenibilità delle opere; la compatibilità con le preesistenze archeologiche; la razionalizzazione delle attività di progettazione e delle connesse verifiche attraverso il progressivo uso di metodi e strumenti elettronici specifici quali quelli di modellazione per l'edilizia e le infrastrutture; la compatibilità geologica, geomorfologica, idrogeologica dell'opera; l'accessibilità e adattabilità secondo quanto previsto dalle disposizioni vigenti in materia di barriere architettoniche.

È il **RUP** a stabilire criteri, contenuti e momenti di verifica tecnica dei vari livelli di progettazione, tenendo conto delle caratteristiche e all'importanza dell'opera.

Per quanto riguarda la **progettazione di servizi e forniture**, essa **è articolata**, di regola, **in un unico livello** ed è predisposta dalle amministrazioni aggiudicatrici mediante propri dipendenti in servizio.

In caso di **concorso di progettazione**, la stazione appaltante può prevedere che la progettazione **sia suddivisa in uno o più livelli di approfondimento** di cui la stessa stazione appaltante individua requisiti e caratteristiche.

Riguardo specificamente agli **appalti di servizi**, il progetto deve contenere:

- la *relazione tecnico-illustrativa* del contesto in cui è inserito il servizio;
- le *indicazioni e le disposizioni per la stesura dei documenti inerenti alla sicurezza* (di cui all'art. 26, co. 3, del D.Lgs. 81/2008);
- il *calcolo degli importi per l'acquisizione dei servizi*, con indicazione degli oneri della sicurezza non soggetti a ribasso;
- il *prospetto economico* degli oneri complessivi necessari per l'acquisizione dei servizi;
- il *capitolato speciale descrittivo e prestazionale*, comprendente le specifiche tecniche, l'indicazione dei requisiti minimi che le offerte devono comunque garantire e degli aspetti che possono essere oggetto di variante migliorativa e conseguentemente, i criteri premiali da applicare alla valutazione delle offerte in sede di gara, l'indicazione di altre circostanze che potrebbero determinare la modifica delle condizioni negoziali durante il periodo di validità, fermo restando il divieto di modifica sostanziale.

Nei contratti relativi ai lavori, la stazione appaltante deve verificare, prima dell'inizio delle procedure di affidamento, che gli elaborati progettuali siano rispondenti ai documenti della progettazione nonché la loro conformità alla normativa vigente (**art. 26 del Codice**).

Ad esempio, la verifica deve accertare, tra le altre, la completezza della progettazione; la coerenza e completezza del quadro economico in tutti i suoi aspetti; l'appaltabilità della soluzione progettuale prescelta; i presupposti per la durabilità dell'opera nel tempo; la minimizzazione dei rischi di introduzione di varianti e di contenzioso nonché la possibilità di ultimazione dell'opera entro i termini previsti.

11 La qualificazione e l'aggregazione delle stazioni appaltanti

a) La qualificazione

Prima di esaminare la procedura di gara che deve portare ad individuare il soggetto con cui l'amministrazione stipula un contratto pubblico, è necessario precisare che non tutte le stazioni appaltanti possono indire una gara così come non tutti gli operatori economici possono partecipare ad una procedura di aggiudicazione.

Mentre gli operatori economici per partecipare devono essere in possesso dei requisiti richiesti nell'atto di indizione della gara, le stazioni appaltanti **per poter indire una gara devono possedere una determinata qualificazione**.

L'art. 38 del D.Lgs. 50/2016 prevede l'istituzione presso l'A.N.AC., che ne assicura la pubblicità, di un **apposito elenco** delle stazioni appaltanti qualificate, di cui fanno parte anche le centrali di committenza. La **qualificazione è conseguita in rapporto**: agli ambiti di attività; ai bacini territoriali; alla tipologia e alla complessità del contratto e per fasce d'importo.

La qualificazione riguarda il **complesso delle attività che caratterizzano il processo di acquisizione di un bene, servizio o lavoro in relazione alla:**

— *capacità di programmazione e progettazione*;
— *capacità di affidamento*;
— *capacità di esecuzione e controllo dell'intera procedura*, compresi il collaudo e la messa in opera.

Una volta conseguita, la qualificazione è valida per **cinque anni** e può essere rivista a seguito di verifica anche a campione da parte dell'A.N.AC. ovvero su richiesta della stazione appaltante (art. 38, comma 5).

È l'A.N.AC. a **stabilire le modalità attuative del sistema di qualificazione**.

Laddove la **stazione appaltante non sia in possesso della necessaria qualificazione**, l'art. 37, co. 3, del Codice prevede che la stessa proceda all'acquisizione di forniture, servizi e lavori ricorrendo a una centrale di committenza ovvero mediante aggregazione con una o più stazioni appaltanti aventi la necessaria qualifica.

La centrale di committenza

Nel sistema dei contratti pubblici, è sempre più avvertita la necessità di ricorrere a procedure di *centralizzazione degli acquisti* che, determinando un'**aggregazione della domanda di più amministrazioni**, consentono ai soggetti pubblici, soprattutto per grandi volumi di acquisti, di risparmiare sia in termini di prezzi che di costi di gestione della procedura: il maggior risparmio è legato al fatto che anziché procedere ad indire tante singole gare di appalto, le amministrazioni interessate si rivolgono ad un unico soggetto, centrale di committenza, che provvede ad individuare l'operatore economico con il quale si stipula il contratto.

La **centrale di committenza** è *un'amministrazione aggiudicatrice o un ente aggiudicatore che svolge attività di centralizzazione delle committenze* (art. 3, co. 1, lett. *i)* del Codice), ossia realizza in modo permanente:

a) l'acquisizione di forniture o servizi destinati a stazioni appaltanti;
b) l'aggiudicazione di appalti o la conclusione di accordi quadro per lavori, forniture o servizi destinati a stazioni appaltanti (art. 3, co. 1, lett. *l)* del Codice).

Essa inoltre, se del caso, può svolgere *attività di committenza ausiliarie*, cioè tutte quelle attività collaterali che sono di supporto alle attività di committenza individuate.

b) L'aggregazione

Allo scopo di ridurre il numero di stazioni appaltanti e nel contempo migliorarne il funzionamento in termini di efficienza e professionalizzazione, l'art. 37 del Codice prevede una generale riorganizzazione delle funzioni delle stazioni appaltanti.

Quanto ai **livelli di aggregazione**, essi sono stabiliti in relazione agli importi degli affidamenti.

Più specificamente, la stazione appaltante:

1. *può procedere direttamente e autonomamente* all'acquisizione di forniture e servizi di importo inferiore a 40.000 euro e di lavori di importo inferiore a 150.000 euro, nonché attraverso l'effettuazione di ordini a valere su strumenti di acquisto (cioè strumenti di acquisizione che

non richiedono l'apertura di un confronto competitivo tra i concorrenti) messi a disposizione dalle centrali di committenza e dai soggetti aggregatori;
2. *deve essere in possesso della necessaria qualificazione* (di cui all'art. 38) per effettuare procedure di importo superiore alle dette soglie;
3. *se qualificata*, per gli acquisti di forniture e servizi di importo superiore a 40.000 euro e inferiore alla soglia europea (v. art. 35), nonché per gli acquisti di lavori di manutenzione ordinaria d'importo superiore a 150.000 euro e inferiore a 1 milione di euro, *può ricorrere all'uso autonomo* degli strumenti telematici di negoziazione (cioè strumenti di acquisizione che richiedono l'apertura di un confronto competitivo tra i concorrenti) messi a disposizione delle centrali di committenza qualificate. In mancanza di tali strumenti, la stazione appaltante ricorre a una centrale di committenza o si aggrega con una o più stazioni appaltanti qualificate.

Inoltre il comma 4 dell'art. 37 prevede che **se la stazione appaltante è un Comune non capoluogo di Provincia**, fermo restando quanto detto ai punti precedenti, la stessa *procede nei modi seguenti*:
a) ricorre a una centrale di committenza o a soggetti aggregatori qualificati;
b) mediante unioni di Comuni costituite o qualificate come centri di committenza, oppure associandosi o consorziandosi in centrali di committenza nelle forme previste dall'ordinamento;
c) ricorre alla stazione unica appaltante costituita presso le Province, le Città metropolitane ovvero gli enti di area vasta ai sensi della L. 56/2014.

Si tenga presente, però, che il D.L. 32/2019 come conv. in L. 55/2019 dispone una **sospensione sperimentale**, fino al **31 dicembre 2020**, di alcune disposizioni del Codice, fra cui, come visto, anche il comma 4 dell'art. 37, quanto all'obbligo, per i Comuni non capoluogo di Provincia, «di avvalersi delle modalità indicate» dalla norma.

La sospensione dell'efficacia è sperimentale nel senso che, alla data prevista, è il Parlamento a «**valutare l'opportunità del mantenimento o meno della sospensione stessa**» sulla base della relazione che il Governo presenterà alle Camere entro il 30 novembre 2020 sugli effetti della sospensione per gli anni 2019 e 2020.

Infine, le stazioni appaltanti **che non sono in possesso della necessaria qualificazione** (di cui all'art. 38) procedono all'acquisizione di forniture, servizi e lavori o ricorrendo a una centrale di committenza oppure mediante aggregazione con una o più stazioni appaltanti aventi la necessaria qualifica.

12 La procedura di evidenza pubblica

In questo paragrafo si illustra la procedura di gara che deve essere seguita dalla stazione appaltante per scegliere il contraente con il quale stipulare il contratto, per gli **appalti nei settori ordinari**.

Tale procedura si applica anche alle **concessioni**.

È necessario però fare alcune precisazioni.

Per gli **appalti nei settori speciali**, il legislatore individua tra le disposizioni codicistiche quelle applicabili laddove siano compatibili con le norme specifiche ad essi dedicati (e ad esclusione delle disposizioni sulle concessioni), in virtù del rinvio contenuto nell'art. 114 del nuovo Codice. Invero, è disposto che a tali appalti **si applicano gli *artt. da 1 a 58 del Codice*** e, quindi:
- le disposizioni generali sul Codice (ambito di applicazione e competenza legislativa e definizioni);
- le disposizioni sui contratti esclusi;
- le disposizioni del Titolo IV (sulle modalità di affidamento, compreso la procedura);
- le disposizioni di carattere generale contenute nella successiva Parte II, specificamente dedicata agli appalti per lavori, servizi e forniture (le norme su: soglie e appalti sotto soglia, qualificazione delle stazioni appaltanti, principi comuni alle procedure di affidamento e sugli appalti elettronici e aggregati).

Per quanto riguarda le **concessioni,** invece, oltre alle norme specifiche di cui alla Parte III del Codice, l'art. 164 del testo rinvia alle disposizioni contenute **nella Parte I e nella Parte II** (artt. da 1 a 163), che si applicano laddove compatibili con le prime.

Le comunicazioni digitali nelle gare pubbliche

Il **18 ottobre 2018** si è formalmente completato il procedimento di digitalizzazione delle comunicazioni tra stazioni appaltanti ed operatori economici nelle procedure di gara, secondo il disegno del legislatore europeo recepito dal Codice dei contratti.

La direttiva 2014/24/EU, infatti, era basata sul principio per cui nelle gare pubbliche tutte le comunicazioni e gli scambi di informazioni dovessero essere ***eseguiti utilizzando mezzi di comunicazione elettronici***, garantendo, in tal modo, l'integrità dei dati e la riservatezza delle offerte e delle domande di partecipazione (art. 22).

Nel nostro ordinamento, la disposizione di riferimento è l'**art. 40 del Codice dei contratti pubblici**, che ha recepito le previsioni europee, prevedendo, quanto alla tempistica, un doppio regime: viene sancito l'obbligo di ***utilizzo immediato*** dei mezzi di comunicazioni elettronici per le centrali di committenza (comma 1), e viene differita al ***18 ottobre 2018*** l'entrata in vigore per le altre stazioni appaltanti (comma 2).

L'abbandono del cartaceo comporta che tutte le gare indette a partire dal 18 ottobre dovranno prevedere la **comunicazione «integralmente elettronica»**, a partire dalla fase della presentazione delle domande di partecipazione e delle offerte, da realizzare nelle modalità individuate all'art. 52 dello stesso D.Lgs. 50/2016 e dal Codice dell'Amministrazione Digitale (D.Lgs. 82/2005).

La disposizione in commento deve essere, infatti, letta alla luce proprio dell'**art. 52 del Codice**, contenente previsioni tese a *mitigare* l'obbligo delle gare telematiche.

Ed infatti, le stazioni appaltanti **non sono obbligate a richiedere mezzi di comunicazione elettronici** nella procedura di **presentazione dell'offerta** esclusivamente nelle seguenti ipotesi: a) a causa della **natura specialistica dell'appalto**, l'uso di mezzi di comunicazione elettronici richiederebbe specifici strumenti, dispositivi o formati di file che non sono in genere disponibili o non sono gestiti dai programmi comunemente disponibili; b) i **programmi in grado di gestire i formati di file**, adatti a descrivere l'offerta, utilizzano formati che **non possono essere gestiti mediante altri programmi** aperti o generalmente disponibili ovvero sono protetti da licenza di proprietà esclusiva e non possono essere messi a disposizione per essere scaricati o per farne un uso remoto da parte della stazione appaltante; c) l'utilizzo di mezzi di comunicazione elettronici richiede **attrezzature specializzate per ufficio non comunemente disponibili** alle stazioni appaltanti; d) i documenti di gara richiedono la **presentazione di un modello fisico o in scala ridotta** che non può essere trasmesso per mezzo di strumenti elettronici; e) l'uso di mezzi di comunicazione diversi dai mezzi elettronici è necessario a causa di una **violazione della sicurezza dei mezzi di comunicazione elettronici** ovvero per la **protezione di informazioni di natura particolarmente sensibile** che richiedono un livello talmente elevato di protezione da non poter essere adeguatamente garantito mediante l'uso degli strumenti e dispositivi elettronici che sono generalmente a disposizione degli operatori economici o che possono essere messi loro a disposizione mediante modalità alternative di accesso.

Qualora non siano utilizzati mezzi di comunicazione elettronici, la comunicazione avviene per posta o altro idoneo supporto ovvero mediante una loro combinazione e comunque le stazioni appaltanti sono tenute a indicare i motivi per cui, nella specifica procedura, l'uso di mezzi di comunicazione diversi dai mezzi elettronici è stato ritenuto necessario.

Per poter addivenire alla stipula di un contratto è necessario che la pubblica amministrazione segua una *determinata* e *specifica procedura*, che deve garantire che l'affidamento del contratto avvenga in favore dell'*offerta* (effettivamente) *più meritevole* all'esito di un **confronto concorrenziale** tra tutte quelle presentate e *che renda evidenti le ragioni che inducono a stipulare proprio con un determinato soggetto*: la cd. **evidenza pubblica** (art. 32).

Nel rispetto degli atti di programmazione delle stazioni appaltanti, la procedura di gara si snoda attraverso alcune fasi, che si possono così individuare:

1. la cd. **deliberazione a contrarre**;

2. la fase di **scelta del contraente**, che termina con l'**aggiudicazione** del contratto;
3. la **conclusione del contratto**;
4. l'**approvazione del contratto**.

1. La deliberazione (o determinazione) a contrarre

Più che una fase vera e propria della procedura di gara, si tratta di un *atto preparatorio* che deve precedere lo svolgimento della stessa.

Sulla base degli atti di programmazione e prima dell'avvio della procedura, le stazioni appaltanti adottano un **atto amministrativo** o **analoga manifestazione di volontà** (cd. **deliberazione a contrarre**) che costituisce il **presupposto del futuro negozio**, stante il rapporto di strumentalità che li unisce.

Ed invero, l'art. 32, co. 2, D.Lgs. 50/2016 espressamente stabilisce che le amministrazioni, prima dell'avvio delle procedure di affidamento, *decretano o determinano di contrarre*, individuando con tale atto gli *elementi essenziali* del futuro contratto e i *criteri* di *selezione degli operatori economici e delle offerte*.

Per gli **appalti sotto soglia** (specificamente nelle procedure di cui alle lett. *a)* e *b)* del comma 2 dell'art. 36) la stazione appaltante può procedere ad **affidamento diretto tramite determina a contrarre, o atto equivalente**, **redatto in modo semplificato** e che contenga i seguenti elementi: *oggetto dell'affidamento, importo, fornitore, ragioni di scelta del fornitore, possesso da parte di questi di tutti i requisiti di carattere generale e, se richiesti, quelli tecnico-professionali.*

2. La scelta del contraente: dalla presentazione dell'offerta all'aggiudicazione della gara

Sulla base della determina a contrarre, l'amministrazione predispone quei **documenti di gara** (cd. ***lex specialis***) che regolano nello specifico la singola procedura concorsuale, rendendo nota ai terzi la volontà di affidare un contratto pubblico.

È bene precisare che il Codice disciplina una *fase prodromica* a quella di avvio della procedura di gara, prevedendo, all'art. 66, che le amministrazioni aggiudicatrici possono avviare **consultazioni di mercato** per la preparazione dell'appalto e per lo svolgimento della relativa procedura nonché per informare gli operatori economici degli appalti da essi programmati e dei requisiti relativi a questi ultimi, anche ricorrendo a *consulenze, relazioni o altra documentazione tecnica* da parte di esperti, di partecipanti al mercato o da parte di autorità indipendenti.

Inoltre, nella preparazione dei documenti di gara le stazioni appaltanti hanno l'obbligo di inserire negli stessi **specifiche tecniche**, di cui al punto 1 dell'allegato XIII, che *definiscono le caratteristiche previste per lavori, servizi o forniture*. Tali caratteristiche possono riferirsi *allo specifico processo o metodo di produzione o prestazione dei lavori, delle forniture o dei servizi richiesti, o a uno specifico processo per un'altra fase del loro ciclo di vita* anche se questi fattori non sono parte del loro contenuto sostanziale, purché siano collegati all'oggetto dell'appalto e proporzionati al suo valore e ai suoi obiettivi.

Tra i documenti di gara rileva il **capitolato d'oneri**, ossia quell'atto amministrativo che contiene le condizioni e le modalità relative all'esecuzione di un contratto stipulato fra la P.A. e un privato o all'esercizio di una concessione.

Rientra nelle competenze dell'A.N.AC. predisporre dei capitolati-tipo (art. 213, comma 2 del Codice) e, quanto alla natura giuridica di tali atti, è stabilito che i capitolati, richiamati nel bando di gara o nell'invito, *fanno parte integrante del contratto* (art. 32, comma 14bis, del Codice).

L'**indizione** della procedura avviene, di regola, mediante il *bando di gara* (art. 71) ovvero, nelle ipotesi specificamente indicate, mediante *avviso di preinformazione*, ovvero mediante *inviti* ai candidati, sempre nelle ipotesi specificate dal legislatore.

Gli atti di indizione della gara

Salvo le ipotesi specificamente previste, tutte le procedure di scelta del contraente sono indette mediante **bandi di gara** (art. 71).
Le stazioni appaltanti redigono i bandi di gara in conformità dei bandi-tipo, che saranno adottati dall'A.N.AC., e eventuali deroghe dovranno essere *motivate* espressamente nella delibera a contrarre.
I bandi, in quanto contenente tutti gli elementi identificativi e regolativi della singola procedura concorsuale, hanno *carattere generale* e devono contenere tutte le informazioni di cui all'Allegato *XIV, Parte I, lettera C*, nonché i criteri ambientali minimi di cui all'art. 34 del Codice.
L'avviso di preinformazione, invece, ha una doppia valenza. In linea generale è ***un atto di pianificazione***, essendo quell'atto che le stazioni appaltanti devono pubblicare annualmente, entro il **31 dicembre**, sul proprio *profilo di committente*, per rendere nota la volontà di bandire appalti per l'anno successivo. Tale avviso riporta le informazioni di cui all'*Allegato XIV, parte I, lettera B, sezione B.1* del Codice.
Inoltre, tale avviso può essere utilizzato come ***atto di indizione di una procedura di gara***. Nel caso di *procedure ristrette* e *competitive con negoziazione*, le ***amministrazioni aggiudicatrici non centrali*** possono utilizzare un avviso di preinformazione come indizione di gara a norma dell'art. 59, co. 5, purché l'avviso soddisfi tutte le specifiche condizioni previste dai commi 2 e 3 dell'art. 70.
Considerata la finalità di questi atti, sia l'avviso di preinformazione che il bando di gara seguono specifiche procedure di pubblicazione, sia a livello europeo (sono redatti e trasmessi all'Ufficio delle pubblicazioni dell'Unione europea **per via elettronica** e pubblicati conformemente all'*Allegato V*) che a livello nazionale. In ogni caso gli avvisi e i bandi **non possono essere pubblicati in ambito nazionale prima della pubblicazione a livello europeo**.
Accanto a queste modalità, per altre ipotesi di gara il legislatore ha previsto che il primo atto della procedura sia un **invito a partecipare** che le stazioni appaltanti rivolgo ai potenziali concorrenti. Si tratta delle: *procedure ristrette, dialogo competitivo, partenariati per l'innovazione, procedure competitive con negoziazione, procedure negoziate senza previa pubblicazione di un bando di gara*.

L'art. 83, comma 8, del Codice contiene il **principio di tassatività delle cause di esclusione**. La norma circoscrive la discrezionalità della stazione appaltante nella determinazione dell'atto di indizione della procedura, che pure serve a caratterizzare la gara per renderla funzionale al soddisfacimento delle proprie peculiari esigenze: è stabilito, infatti, che i bandi e le lettere di invito *non possono contenere prescrizioni a pena di esclusione, che siano ulteriori rispetto a quelle previste dal Codice stesso e da altre disposizioni di legge vigenti*.

Laddove inserite, dette prescrizioni sono comunque *nulle*.

La selezione dei partecipanti e delle offerte avviene mediante uno dei **sistemi** e secondo i **criteri** individuati dal Codice.

Le **procedure di scelta del contraente** sono individuate nell'art. 59 del Codice e sono:

— **procedura aperta**: è quella procedura in cui *qualsiasi operatore economico interessato* può presentare un'offerta in risposta a un avviso di indizione di gara (art. 60 del Codice). Le offerte presentate devono essere complete delle informazioni richieste dall'amministrazione aggiudicatrice per la selezione qualitativa. Nelle procedure aperte, dunque, non vi è una preventiva selezione delle imprese da invitare, ma la fase della prequalificazione è contestuale a quella della valutazione delle offerte presentate.

Il **D.L. 32/2019** (art. 1, co. 3) ha stabilito che **fino al 31 dicembre 2020** *si applica la norma prevista per i settori speciali, di cui all'art. 133, comma 8*, secondo cui nelle procedure aperte, **gli enti aggiudicatori possono decidere che le offerte saranno esaminate prima della verifica dell'idoneità degli offerenti**. Tale facoltà **può essere esercitata se specificamente prevista nel bando di gara o nell'avviso con cui si indice la gara**.

Dopo l'aggiudicazione deve comunque provvedersi alla verifica sul possesso dei requisiti richiesti ai fini della stipula del contratto;

— **procedura ristretta**: è quella procedura in cui *qualsiasi operatore economico* può chiedere di partecipare (presentando una domanda di partecipazione) in risposta a un avviso di indizione di gara, e in cui possono presentare un'offerta solo gli *operatori invitati* dalle stazioni appaltanti (art. 61 del Codice). Nella procedura ristretta, a differenza di quella aperta, tutti gli operatori economici interessati possono presentare una domanda di partecipazione, fornendo le informazioni richieste dall'amministrazione aggiudicatrice ai fini della selezione qualitativa, ma l'offerta può essere presentata soltanto dagli operatori economici invitati dalle amministrazioni aggiudicatrici in seguito alla valutazione delle informazioni fornite. In pratica, nella procedura ristretta l'accertamento dei requisiti previsti nell'atto d'indizione della gara è effettuato al momento della preselezione, con la valutazione delle domande di partecipazione, cui segue l'invito a presentare l'offerta;

— **procedura competitiva con negoziazione**: è quella procedura in cui *qualsiasi operatore economico* può presentare una domanda di partecipazione in risposta a un avviso di indizione di gara fornendo le informazioni richieste dall'amministrazione aggiudicatrice per la selezione qualitativa, ma solo gli operatori economici invitati possono presentare un'*offerta iniziale*. Questa costituisce la base per la successiva negoziazione tra le parti al fine di migliorarne il contenuto (art. 62 del Codice). Proprio il fatto che le offerte iniziali formano oggetto di trattative tra coloro che le hanno presentate e l'ente appaltante differenzia questo tipo di procedura con quelle aperte o ristrette, in cui non vi è negoziazione ma le offerte vengono giudicate in base ai criteri fissati nel bando di gara. Le amministrazioni aggiudicatrici possono aggiudicare appalti sulla base delle offerte iniziali senza negoziazione se previsto nel bando di gara o nell'invito a confermare interesse;

— **procedura negoziata senza la previa pubblicazione di un bando di gara**: è quella procedura in cui le stazioni appaltanti *individuano gli operatori economici da consultare* sulla base di informazioni riguardanti le caratteristiche di qualificazione economica e finanziaria e tecniche e professionali *desunte dal mercato*, e selezionano almeno cinque operatori. L'amministrazione sceglie l'operatore economico che ha offerto le condizioni più vantaggiose. I casi in cui le amministrazioni aggiudicatrici possono ricorrere a questo tipo di procedura sono eccezionali, e tassativamente indicati dall'art. 63 del Codice; inoltre, qualora un ente appaltante scelga la procedura di cui si discute deve dare conto con adeguata motivazione, nel primo atto della procedura, della sussistenza dei relativi presupposti;

— **dialogo competitivo**: è quella procedura in cui *qualsiasi operatore economico* può chiedere di partecipare in risposta a un bando di gara o a un avviso di indizione di gara, ma le stazioni appaltanti avviano un dialogo solo con gli operatori che, sulla base delle informazioni fornite, *vengono invitati*. Il dialogo è finalizzato *all'individuazione e alla definizione dei mezzi più idonei a soddisfare le necessità dell'amministrazione*. Concluso il dialogo i partecipanti sono invitati a presentare le offerte finali (art. 64 del Codice);

— **partenariato per l'innovazione**: si ricorre a tale procedura quando l'esigenza di sviluppare prodotti, servizi o lavori innovativi e di acquistare successivamente le forniture, i servizi o i lavori che ne risultano *non può essere soddisfatta ricorrendo a soluzioni già disponibili sul mercato*, e a condizione che essi corrispondano ai livelli di prestazioni e ai costi massimi concordati tra le stazioni appaltanti e i partecipanti (art. 65 del Codice).

Il citato art. 59 contiene, poi, previsioni di taglio più operativo. È stabilito, infatti, come principio generale, che gli **appalti relativi ai lavori** sono affidati ponendo a base di gara il **progetto esecutivo**, garantendo, in tal modo, la rispondenza dell'opera ai requisiti di qualità predeterminati e il rispetto dei tempi e dei costi previsti.

Il D.L. 32/2019 **ha sospeso in via sperimentale fino al 31 dicembre 2020 l'applicazione** della norma contenuta nell'art. 59, comma 1, quarto periodo, la quale **vieta** il ricorso all'affidamento congiunto della progettazione e dell'esecuzione dei lavori (cosiddetto **appalto integrato**).

L'effetto della previsione del 2019 è quello di consentire il ricorso all'appalto integrato, fino alla data stabilita, in modo *generalizzato*, senza alcuna limitazione *ampliando la portata applicativa* della norma. Ed infatti già nella sua versione originaria, la disposizione stabiliva che sono esclusi dal divieto dall'art. 59: affidamento a contraente generale; finanza di progetto; affidamento in concessione; partenariato pubblico privato; contratto di disponibilità; locazione finanziaria; opere di urbanizzazione a scomputo (di cui all'articolo 1, co. 2, lett. *e)*, del Codice).

Ancora, a seconda della natura dell'opera, **i contratti per l'esecuzione dei lavori pubblici sono stipulati** ***a corpo*** **o** ***a misura***, **o** ***in parte a corpo*** **e** ***in parte a misura***.

Per ciò che concerne le **procedure di affidamento delle concessioni**, l'**art. 166** lascia ampia libertà alle amministrazioni aggiudicatrici e agli enti aggiudicatori nell'organizzare la procedura di scelta del concessionario, con l'obbligo di rispettare le norme della Parte III del Codice e ferma restando l'applicazione delle norme generali contenute nelle Parti I e II in quanto compatibili, e, quindi, del rispetto del *vincolo di garantire in particolare un elevato livello di qualità, sicurezza e accessibilità, parità di trattamento e promozione dell'accesso universale e dei diritti dell'utenza nei servizi pubblici*.

Ai **criteri di aggiudicazione** è dedicato l'art. 95 del D.Lgs. 50/2016, che prevede che le stazioni appaltanti *procedono all'aggiudicazione degli appalti e all'affidamento dei concorsi di progettazione e di concorsi di idee sulla base dell'***offerta economicamente più vantaggiosa** individuata **sulla base del miglior rapporto qualità/prezzo o sulla base del prezzo o del costo, seguendo un criterio costo/efficacia quale costo del ciclo di vita**, conformemente all'art. 96 del Codice.

Sono aggiudicati esclusivamente sulla base del criterio dell'offerta economicamente più vantaggiosa, *individuata sulla base del miglior rapporto qualità/prezzo*, **i contratti relativi** (art. 95, co. 3):

a) ai servizi sociali e di ristorazione ospedaliera, assistenziale e scolastica, nonché ai servizi ad alta intensità di manodopera, fatti salvi gli affidamenti di cui all'art. 36, comma 2, lett. *a)*;
b) all'affidamento dei servizi di ingegneria e architettura e degli altri servizi di natura tecnica e intellettuale di importo pari o superiore a 40.000 euro;
c) i contratti di servizi e le forniture di importo pari o superiore a 40.000 euro, caratterizzati da notevole contenuto tecnologico o che hanno carattere innovativo.

Il **criterio del minor prezzo**, invece, **può**, e non deve, **essere utilizzato** (comma 4) per i servizi e le forniture con caratteristiche standardizzate o le cui condizioni sono definite dal mercato, fatta eccezione per i servizi ad alta intensità di manodopera di cui al comma 3, lettera *a)*.

Mentre il ricorso al criterio dell'offerta economicamente più vantaggiosa diviene la regola generale, qualora l'aggiudicazione avvenga in base al criterio del minor prezzo le stazioni appaltanti devono darne adeguata motivazione e indicare nel bando il criterio applicato per selezionare la migliore offerta.

Gli appalti elettronici e aggregati

Gli artt. da 54 a 58 del Codice individuano delle procedure particolari per l'affidamento degli appalti da parte della P.A.

1. **Accordo quadro**: è un accordo concluso tra una o più stazioni appaltanti ed uno o più operatori economici, il cui scopo è quello di stabilire le **clausole relative agli appalti da aggiudicare durante un dato periodo**, in particolare per quanto riguarda i *prezzi* e, se del caso, le *quantità* previste;
2. **Sistemi dinamici di acquisizione**: è un processo di acquisizione **interamente elettronico**, per **acquisti di uso corrente**, le cui caratteristiche generalmente disponibili sul mercato soddisfano le esigenze di una stazione appaltante, **aperto per tutta la sua durata a qualsivoglia operatore economico che soddisfi i criteri di selezione**;
3. **Aste elettroniche**: è un *processo elettronico per fasi successive* che interviene *dopo una prima valutazione completa delle offerte* e consente di classificarle sulla base di un trattamento automatico, presentando nuovi prezzi, modificati al ribasso, o nuovi valori riguardanti taluni elementi delle stesse. Non si applica per l'affidamento di appalti di servizi e di lavori aventi ad oggetto prestazioni intellettuali;

4. **Cataloghi elettronici**: nel caso in cui sia ***richiesto l'uso di mezzi di comunicazione elettronici*** (v. art. 52), le stazioni appaltanti hanno la possibilità di chiedere, ai candidati o agli offerenti, che le offerte siano presentate **sotto forma di catalogo elettronico o che includano un catalogo elettronico**;
5. **Procedure svolte attraverso piattaforme telematiche di negoziazione**: **procedure di gara interamente gestite con sistemi telematici**. Tale modalità di azione non deve, però, alterare la parità di accesso agli operatori ovvero impedire, limitare o distorcere la concorrenza o modificare l'oggetto dell'appalto, come definito dai documenti di gara.

Conformemente a quanto stabilito nel *documento di indizione della gara*, i **soggetti interessati** (ossia, **gli operatori economici** individuati dall'art. 45 del Codice), che possono partecipare alla gara per essere **in possesso dei requisiti richiesti** (che sono: di *carattere generale*, legati alla «moralità» dei partecipanti; di *idoneità professionale* ed *economici e finanziari e tecnico professionali*), presentano la propria offerta.

Relativamente all'**offerta**, l'art. 32, co. 4, del Codice espressamente stabilisce che **ciascun concorrente non può presentare più di un'offerta**; questa è **vincolante** per il periodo di tempo indicato nel bando o nell'invito, ovvero in mancanza di indicazione, per **180 giorni** dalla scadenza del termine per la sua presentazione (viene fatta salva, però, la possibilità che la stazione appaltante chieda agli offerenti il differimento del detto termine).

Esperita la gara, la fase di scelta del contraente termina con l'**aggiudicazione**.

Dapprima si procede alla **proposta di aggiudicazione** della gara al miglior offerente e, solo a seguito dei controlli opportuni e dell'approvazione dell'organo competente dell'amministrazione pubblica, si formalizza l'aggiudicazione.

In particolare, la proposta di aggiudicazione deve essere approvata dall'organo competente, secondo l'ordinamento della stazione appaltante e nel rispetto dei termini dallo stesso previsti, decorrenti dal ricevimento della proposta da parte dello stesso. In mancanza, il termine è pari a **trenta giorni**. Tale può essere interrotto dalla richiesta di chiarimenti o documenti e inizia nuovamente a decorrere da quando i chiarimenti o documenti pervengono all'organo richiedente. Decorsi tali termini, la **proposta di aggiudicazione si intende approvata** (art. 33).

Il provvedimento di aggiudicazione *non equivale ad accettazione dell'offerta* dell'aggiudicatario, che è irrevocabile fino al momento cui scade il termine per procedere alla stipulazione del contratto; inoltre essa diviene *efficace* solo dopo la verifica del possesso dei requisiti.

3. La stipulazione del contratto e la sospensione del termine di stipulazione

Divenuta efficace l'aggiudicazione e fatti salvi (laddove esercitabili) i poteri di autotutela dell'amministrazione, il **contratto di appalto o di concessione deve essere stipulato entro 60 gg. da quando è divenuta efficace l'aggiudicazione** (art. 32, comma 8, del Codice), se non è previsto un diverso termine nel bando o nell'invito ad offrire e salva l'ipotesi di differimento concordata tra stazione appaltante e aggiudicatario.

La **stipulazione** consiste nella **redazione per iscritto del contratto**.

Quanto alle modalità, il contratto è stipulato, a pena di nullità, con *atto pubblico notarile informatico*, ovvero in **modalità elettronica** secondo le norme vigenti per ciascuna stazione appaltante, in *forma pubblica amministrativa* a cura dell'Ufficiale rogante della stazione appaltante o mediante *scrittura privata* in caso di procedura negoziata, ovvero, per gli affidamenti di *importo non superiore a 40.000 euro* mediante *corrispondenza secondo l'uso del commercio* consistente in un apposito scambio di lettere, anche tramite posta elettronica certificata o strumenti analoghi negli altri Stati membri.

Allo scopo di garantire che ogni contestazione in ordine alla procedura di gara sia risolta prima che la P.A. addivenga alla stipula del contratto, sono previste due diverse ipotesi che, nella sostanza, realizzano una **sospensione del termine di stipulazione** del contratto (art. 32, co. 9 e 11, del Codice).

In particolare si tratta:

- del cd. **stand still period**, ossia della previsione di un termine dilatorio che blocca, temporaneamente, la stipulazione del contratto («il contratto non può comunque essere stipulato») per un periodo di 35 giorni decorrente dall'invio «dell'ultima delle comunicazioni del provvedimento di aggiudicazione». La previsione di un simile termine dilatorio non è, però, perentoria. Il successivo comma 10 della disposizione individua, infatti, le ipotesi in cui il detto termine non trova applicazione;
- del **caso in cui venga proposto ricorso giurisdizionale avverso l'aggiudicazione con contestuale domanda cautelare**. In tale ipotesi, il legislatore ha stabilito che il contratto non può essere stipulato, con effetto sospensivo obbligatorio decorrente dal momento della notificazione dell'istanza cautelare alla stazione appaltante e per i successivi venti giorni, a condizione che entro tale termine intervenga una pronuncia del giudice che dia certezza alla situazione sostanziale sottostante (provvedimento cautelare di primo grado, pubblicazione del dispositivo della sentenza di primo grado in caso di decisione nel merito all'udienza cautelare, ovvero fino alla pronuncia di detti provvedimenti se successiva a tale udienza).

4. L'approvazione del contratto

Il contratto stipulato è sottoposto alla **condizione sospensiva** dell'esito positivo dell'eventuale **approvazione dello stesso** e degli altri controlli stabiliti dalle stazioni appaltanti (art. 32, co. 12).

L'approvazione è una *condicio iuris* di efficacia del contratto: **l'esecuzione del contratto può avere inizio solo dopo che lo stesso è divenuto efficace**, salvo i casi di urgenza in cui la stazione appaltante chieda l'esecuzione anticipata prima della stipulazione.

Il successivo art. 33, al co. 2, stabilisce, poi, la *procedura per il rilascio dell'eventuale approvazione* e rimanda a quella stabilita per la proposta di aggiudicazione: pertanto, l'eventuale approvazione del contratto avviene da parte dell'organo competente, nel termine stabilito nei singoli ordinamenti delle specifiche stazioni appaltanti ovvero in quello di 30 giorni stabilito *ex lege*, decorrenti dal ricevimento dello stesso: tale termine può essere interrotto qualora l'amministrazione chieda chiarimenti e/o documenti e riprende a decorrere da quando questi vengono resi all'organo richiedente. Decorsi i detti termini il contratto si intende approvato.

L'ultimo periodo del co. 2 dell'art. 33 del Codice stabilisce i *controlli che possono essere effettuati sull'atto di approvazione del contratto*: questa è sottoposta ai controlli previsti dall'ordinamento della stazione appaltante o dalle norme vigenti.

13 L'esecuzione del contratto

Ultimati tutti i controlli sulla sua regolarità, il contratto viene eseguito dalle parti, nel rispetto delle previsioni del *codice civile* (in particolare si vedano l'art. 1175 c.c. e l'art. 1375 c.c.).

L'esecuzione dei contratti aventi ad oggetto lavori, servizi, forniture, è diretta dal **responsabile unico del procedimento**, che controlla i livelli di qualità delle prestazioni, avvalendosi del *direttore dell'esecuzione del contratto* o del *direttore dei lavori*, del *coordinatore in materia di salute e di sicurezza*, nonché del *collaudatore* ovvero della *commissione di collaudo*, del *verificatore della conformità*, e accerta il corretto ed effettivo svolgimento delle funzioni ad ognuno affidate.

I contratti pubblici di lavori sono soggetti a **collaudo** mentre i contratti pubblici di servizi e forniture sono soggetti alla **verifica di conformità** (art. 102 del Codice): all'esito del controllo vengono rilasciati rispettivamente il **certificato di collaudo** e il **certificato di verifica di conformità** (si tenga presente che fino all'emanazione degli atti attuativi del D.Lgs. 50/2016 per il collaudo dei beni culturali continua ad applicarsi l'art. 251 del D.P.R. 207/2010). Per i *contratti pubblici di importo inferiore alla soglia europea* tali certificati possono essere sostituiti dal **certificato di regolare esecuzione** rilasciato per i lavori dal direttore dei lavori e dal RUP per i servizi e le forniture su richiesta del direttore dell'esecuzione, se nominato.

Lo scopo di tali controlli è quello di certificare che l'oggetto del contratto in termini di prestazioni, obiettivi e caratteristiche tecniche, economiche e qualitative sia stato realizzato ed eseguito nel rispetto delle previsioni contrattuali e delle pattuizioni concordate in sede di aggiudicazione o affidamento.

14 La tutela stragiudiziale in materia di contratti pubblici

Il D.Lgs. 50/2016 individua e disciplina le **misure precontenziose deflative** che, quali rimedi alternativi alla tutela giurisdizionale, si pongono come *strumenti stragiudiziali* di definizione delle liti. Specificamente si tratta delle seguenti misure:

a) **accordo bonario**: disciplinato dall'art. 205 del Codice per i **lavori** affidati da amministrazioni aggiudicatrici ed enti aggiudicatori, ovvero dai concessionari. Secondo la disposizione si ricorre all'accordo bonario quando, in seguito all'iscrizione di riserve sui documenti contabili, l'importo economico dell'opera possa variare tra il 5% ed il 15% dell'importo contrattuale. Le disposizioni in materia di lavori si applicano, in quanto compatibili, anche ai contratti di **fornitura di beni di natura continuativa o periodica** e di **servizi**, quando insorgano controversie in fase esecutiva degli stessi, circa l'esatta esecuzione delle prestazioni dovute (art. 206 del Codice);
b) **transazione**: l'art. 208 del Codice definisce la transazione come quel rimedio esperibile per risolvere le controversie relative a **diritti soggettivi** derivanti dall'esecuzione dei contratti pubblici di lavori, servizi, forniture, nel rispetto del **codice civile**. Essa è esperibile «*solo ed esclusivamente*» nell'ipotesi in cui non risulti possibile esperire altri rimedi alternativi. Deve avere la *forma scritta* a pena di nullità;
c) **arbitrato**: trova applicazione per le **controversie su diritti soggettivi, derivanti dall'esecuzione dei contratti pubblici relativi a lavori, servizi, forniture, concorsi di progettazione e di idee** (comprese quelle conseguenti al mancato raggiungimento dell'accordo bonario: art. 209). Inoltre, si applica anche alle *controversie relative a concessioni e appalti pubblici* di opere, servizi e forniture *in cui sia parte una società a partecipazione pubblica* ovvero una *società controllata o collegata a una società a partecipazione pubblica*, ai sensi dell'art. 2359 c.c., o che *comunque abbiano ad oggetto opere o forniture finanziate con risorse a carico dei bilanci pubblici*.

   In particolare, il cit. art. 209 del Codice subordina il deferimento agli arbitri delle dette controversie alla «*previa autorizzazione motivata da parte dell'organo di governo dell'amministrazione*»: l'inclusione della clausola compromissoria senza la preventiva autorizzazione, nel bando o nell'avviso con cui è indetta la gara, ovvero, per le procedure senza bando, nell'invito, comporta la **nullità** della stessa.
   Il **comma 2 dell'art. 209** prevede che, nell'atto con cui viene indetta la gara (bando, avviso o invito), deve essere indicato se il contratto conterrà o meno la clausola compromissoria. L'aggiudicatario può **ricusare la clausola compromissoria**, che in tal caso non è inserita nel contratto, comunicando tale volontà alla stazione appaltante **entro venti giorni** dalla conoscenza dell'aggiudicazione. **Resta sempre vietato il compromesso**;

d) **pareri di precontenzioso dell'A.N.AC.**: ai sensi dell'art. 211 del Codice, l'Autorità anticorruzione ha il potere di esprimere **pareri vincolanti**, su iniziativa della stazione appaltante o di una o più delle altre parti, relativamente a *questioni insorte durante lo svolgimento delle procedure di gara*. Il parere obbliga le parti, che preventivamente abbiano acconsentito, ad attenersi a quanto in esso stabilito.
   Il parere vincolante è **impugnabile** innanzi ai competenti organi della giustizia amministrativa, ai sensi dell'art. 120 del codice del processo amministrativo: in caso di rigetto del ricorso, il giudice valuta il comportamento del ricorrente al fine dell'irrogazione della sanzione pecuniaria a titolo di lite temeraria, *ex* art. 26 c.p.a.

   L'art. 211 del Codice attribuisce, poi all'A.N.AC. dei «*poteri di intervento*», che le consentono di «incidere massicciamente» sulle procedure concorsuali indette dalle stazioni appaltanti divenendo, al contempo, arbitro e garante delle stesse.
   Innanzitutto è attribuita all'A.N.AC. una specifica ***legittimazione ad agire in giudizio*** per l'impugnazione «dei bandi, degli altri atti generali e dei provvedimenti relativi a contratti di rilevante impatto», emessi

da qualsiasi stazione appaltante, laddove l'Autorità ritenga che gli stessi violino le norme in materia di contratti pubblici relativi a lavori, servizi e forniture (comma 1bis).
La seconda modalità di intervento riconosciuta all'A.N.AC. è data dal potere di emettere un ***parere motivato*** qualora ritenga che una stazione appaltante abbia adottato un provvedimento viziato da gravi violazioni della normativa del Codice dei contratti. Detto parere, da emettere entro 60 giorni dalla notizia della violazione, deve contenere l'*indicazione dei vizi di legittimità riscontrati* ed essere *trasmesso alla stazione appaltante*. In caso di mancato adeguamento al parere, nel termine assegnato dall'Autorità (comunque non superiore a 60 giorni dalla trasmissione), l'***A.N.AC. può presentare ricorso***, entro i successivi 30 giorni, ***innanzi al giudice amministrativo***, secondo le previsioni di cui all'art. 120 del Codice del processo amministrativo (comma 1ter).
A chiusura di questo sistema di interventi è rimesso alla stessa A.N.AC. il potere di individuare, con proprio regolamento, *i casi o le tipologie di provvedimenti* in relazione ai quali esercitare i citati poteri (comma 1quater);

Agli strumenti previsiti nel Codice deve affiancarsi il **collegio consultivo tecnico**, che è uno strumento di deflazione del contenzioso a *carattere temporaneo*, introdotto e disciplinato dal D.L. 32/2019 conv. in L. 55/20019, con la finalità di prevenire controversie relative all'esecuzione del contratto.

L'art. 1, co. 11, D.L. 32/2019 conv. in L. 55/2019 stabilisce, infatti, che **fino alla data di entrata in vigore del Regolamento unico** di esecuzione, attuazione e integrazione del Codice (art. 216, comma 27octies), le parti hanno la **facoltà** — *possono* — di convenire che prima dell'avvio dell'esecuzione o comunque non oltre 90 giorni da tale data (quindi avendo come riferimento l'apertura del cantiere), sia costituito un collegio consultivo tecnico con **funzioni di assistenza per la rapida risoluzione delle controversie** di ogni natura suscettibili di insorgere nel corso dell'esecuzione del contratto.
Si tratta di un organo collegiale, formato da 3 membri, che, in caso di insorgenza di una controversia, può: procedere all'ascolto informale delle parti oppure convocare le parti per consentire l'esposizione in contradditorio delle rispettive ragioni.
Il collegio consultivo indica una ***proposta di soluzione*** alle parti che, qualora accolta, dà origine ad un ***accordo*** che non ha natura transattiva, salvo diversa volontà delle parti stesse.
Il collegio è sciolto al termine dell'esecuzione del contratto o in data anteriore stabilita su accordo delle parti.

15 Il riparto di giurisdizione in materia di contratti pubblici

In materia di contratti della P.A. si distinguono **due fasi** in cui si svolge il rapporto contrattuale: la prima, **anteriore**, la seconda, **successiva alla stipulazione**. La prima regolata dal *diritto pubblico*, la seconda dal *diritto civile*.

Tale distinzione è importante ai fini dell'**individuazione del giudice competente** a dirimere eventuali controversie: per quelle relative alla *fase anteriore alla stipula del contratto* è competente il **Giudice Amministrativo**, mentre per *quelle successive a tale momento* è competente il **Giudice Ordinario.**

Per quanto riguarda l'ambito della giurisdizione amministrativa, questa è definita dall'art. 133, comma 1, lett. *e)*, del Codice del processo amministrativo (D.Lgs. 104/2010), mentre il rito processuale applicabile alle relative controversie è dettato dagli artt. 119 ss. dello stesso testo.

16 Le convenzioni quadro e gli acquisti centralizzati

a) Strumenti di acquisto di beni e servizi

Il Codice prevede alcuni strumenti di acquisto che consentono all'amministrazione di procurarsi beni e servizi senza dover espletare una procedura di gara. In particolare, gli **strumenti di**

acquisto sono definiti come strumenti di acquisizione che non richiedono apertura del confronto competitivo tra i partecipanti. Rientrano tra gli strumenti di acquisto:

1) le **convenzioni quadro** di cui all'art. 26 L. 488/1999, stipulate da CONSIP S.p.A. e dai soggetti aggregatori;
2) gli **accordi quadro** stipulati da centrali di committenza quando gli appalti specifici vengono aggiudicati senza riapertura del confronto competitivo;
3) il **mercato elettronico** realizzato da centrale di committenza nel caso di acquisti effettuati a catalogo.

b) La normativa sugli acquisti centralizzati

Le pubbliche amministrazioni possono procurarsi beni e servizi facendo ricorso alle **procedure centralizzate**, che, rispetto alle procedure ordinarie di gara, comportano una semplificazione del processo di acquisto, con riduzione dei costi unitari e dei tempi di approvvigionamento, ed aumento della trasparenza e della concorrenza.

Il sistema normativo delineato in materia di acquisti di beni e servizi dagli interventi di *spending review* e dalle successive leggi di stabilità — dai decreti del 2012, alle più recenti L. 89/2014 (di conversione del D.L. 66/2014), L. 208/2015, legge di stabilità 2016 e, infine, il D.Lgs. 50/2016 — è particolarmente complesso, articolato e stratificato: si tratta di norme non organizzate in modo organico, ma di fatto «variabilmente applicabili» in funzione della tipologia di P.A. e dell'oggetto della fornitura.

In particolare, i due decreti sulla revisione della spesa pubblica — il D.L. 52/2012, conv. in L. 94/2012 e il D.L. 95/2012, conv. in L. 135/2012 — hanno dato nuova linfa alle convenzioni stipulate dalla Consip S.p.A. e agli acquisti mediante il Mercato Elettronico della pubblica amministrazione (MEPA).

c) Le convenzioni quadro

Le **convenzioni quadro** sono state introdotte dall'**art. 26 della L. 488/1999** che ha delineato un sistema in cui, tramite le procedure ordinarie di scelta del contraente (viste in precedenza), vengono individuate imprese per la fornitura di beni e servizi alle amministrazioni. Tale disposizione attribuisce, infatti, al Ministero dell'Economia e delle Finanze (MEF) la funzione di stipulare, anche avvalendosi di società specializzate, apposite **convenzioni** in base alle quali le imprese fornitrici prescelte in relazione a singole categorie merceologiche s'impegnano ad accettare ordinativi di fornitura, alle condizioni e ai prezzi prestabiliti, fino al un limite massimo di quantità previsto dalla convenzione (il cosiddetto massimale). Le P.A., quindi, possono direttamente **ricorrere a tali convenzioni** oppure **utilizzarne i parametri di prezzo-qualità**, come limiti massimi, per l'acquisto di beni e servizi comparabili con quelli oggetto di convenzionamento.

Il MEF agisce tramite la **Consip S.p.A. (Concessionaria servizi informatici pubblici)** — società pubblica con unico azionista il Ministero — che, tra gli altri compiti, ha la gestione delle procedure per la conclusione delle convenzioni e vigila sulla realizzazione e gestione delle convenzioni stesse.

Consip S.p.A. è una centrale di committenza.

Quanto ai soggetti tenuti ad approvvigionarsi utilizzando tali convenzioni, l'**art. 1, comma 449, L. 296/2006** li individua in: *tutte le amministrazioni statali centrali e periferiche, ivi compresi gli istituti e le scuole di ogni ordine e grado, le istituzioni educative e le istituzioni universitarie, nonché gli enti nazionali di previdenza e assistenza sociale pubblici e le agenzie fiscali.*

d) Il portale internet *acquistinretepa.it*

Nel sistema di acquisti di beni e servizi voluto dal legislatore, Consip agisce attraverso il sito internet *www.acquistinretepa.it*, nel quale la società mette a disposizione delle pubbliche amministrazioni degli strumenti di acquisto che attuano un processo di **centralizzazione degli acquisti pubblici**, volto a ridurre e razionalizzare la spesa delle pubbliche amministrazioni. In sostanza, il sito *online* diviene una sorta di «vetrina» di beni e servizi utilizzabile dalle amministrazioni per acquistare ciò di cui abbisognano.

Il sito internet *www.acquistinretepa.it* è una sorta di «supermercato pubblico» attraverso il quale le P.A. comprano ciò che serve per la loro attività. Per cercare un prodotto o un servizio da comprare, nel sito in questione ci sono varie modalità di ricerca: le più facili sono per «prodotto» da acquistare e per «strumento» di acquisto. Nella *homepage*, mediante un apposito link, la P.A. accede ad un «**catalogo**», di carattere generale, suddiviso per aree merceologiche (ad esempio, il settore «Sanità, Ricerca e Welfare» oppure «Servizi per il funzionamento della P.A.») dove sono elencati *tutti* i beni ed i servizi disponibili e in relazione a ciascuno è indicata la specifica modalità di acquisto (ad esempio: accordo quadro, sistema dinamico di acquisizione o MEPA).

Ricercando in base alla modalità di acquisto che si vuole utilizzare, tramite il link «**iniziative**» si trovano tutti i beni e servizi acquistabili elencati con riferimento al relativo strumento di acquisto (accordo quadro, sistema dinamico di acquisizione, convenzioni e MEPA): anche in questo caso, per facilitare la ricerca agli utenti, i beni e servizi possono ulteriormente essere suddivisi utilizzando le aree merceologiche.

Gli **strumenti di acquisto** messi a disposizione delle P.A., tramite il portale anzidetto, sono:

— le **convenzioni quadro**, di cui si è detto, che sono contratti stipulati da Consip, per conto del MEF, che consentono alla P.A. di fare acquisti direttamente dai fornitori aggiudicatari delle gare e sono utilizzabili prevalentemente per approvvigionamenti di beni e servizi, sia al di sotto che al di sopra della soglia comunitaria, con *caratteristiche standard*;

— il **MEPA (Mercato elettronico della pubblica amministrazione)**, che è un mercato digitale in cui le amministrazioni possono approvvigionarsi di beni, servizi e lavori di manutenzione offerti dai fornitori abilitati, per importi inferiori alla soglia comunitaria. Di norma, il MEPA viene utilizzato per acquisti di beni o servizi che presentano caratteristiche specifiche ovvero sono destinati a soddisfare peculiari fabbisogni.

  Quanto ai **soggetti** che ricorrono al MEPA, l'**art. 1, comma 450, L. 296/2006** stabilisce che le *amministrazioni centrali e periferiche dello Stato*, ad esclusione degli istituti e delle scuole di ogni ordine e grado, delle istituzioni educative e delle istituzioni universitarie, nonché gli *enti nazionali di previdenza e assistenza sociale pubblici* e le *agenzie fiscali* di cui al D.Lgs. 300/1999, **devono ricorrere** al MEPA per gli acquisti di beni e servizi di *importo pari o superiore a 5.000 euro* (soglia così fissata dalla legge di bilancio 2019, in precedenza di 1.000 euro) e al di sotto della soglia di rilievo comunitario;

— gli **accordi quadro**, che sono contratti aggiudicati da Consip a uno o più fornitori, a seguito della pubblicazione di specifici bandi, in base ai quali le amministrazioni possono espletare le proprie gare (**appalti specifici**): essi, quindi, definiscono le clausole generali che, in un determinato periodo di tempo, regolano i contratti da stipulare;

— il **sistema dinamico di acquisizione**, che è un mercato digitale in cui è possibile effettuare un processo di acquisizione interamente elettronico per *importi sopra la soglia comunitaria*.

e) La centralizzazione degli acquisti come strumento di razionalizzazione della spesa pubblica

Il **D.L. 66/2014**, conv. in **L. 89/2014** ha incentivato un sistema centralizzato di acquisti caratterizzato dalla presenza di un *numero circoscritto di soggetti effettivamente operanti sul mercato* e dal *ruolo di rilievo attribuito all'A.N.AC.* quale autorità per la vigilanza sui contratti pubblici.

Quanto al primo profilo, una limitazione della spesa pubblica deriva dall'aggregazione dei soggetti operanti sul mercato. A tal fine, l'art. 9 della legge istituisce un **elenco dei soggetti aggregatori** (di cui fanno parte, di diritto, Consip S.p.A. e una centrale di committenza per ciascuna Regione), che possono stipulare, per gli ambiti territoriali di competenza, le convenzioni di cui all'art. 26, co. 1, L. 488/1999, per l'acquisto di beni e servizi.

In ogni caso, **il numero complessivo dei soggetti aggregatori presenti sul territorio nazionale non può essere superiore a 35** (art. 9, co. 5).

Quanto al secondo profilo evidenziato, l'A.N.AC. fornisce alle amministrazioni un'**elaborazione dei prezzi di riferimento**, alle condizioni di maggiore efficienza, tra quei beni e servizi di maggiore impatto in termini di costo a carico della P.A., e **pubblica sul proprio sito web i prezzi unitari corrisposti dalle amministrazioni** per gli acquisti di tali beni e servizi. La determinazione dei prezzi di riferimento è particolarmente rilevante in quanto gli stessi costituiscono *il prezzo massimo di aggiudicazione* dei contratti in tutti i casi in cui non è presente una convenzione Consip stipulata in ambito nazionale ovvero nell'ambito territoriale di riferimento. Essa, quindi, è lo strumento per procedere alla **programmazione dell'attività contrattuale della pubblica amministrazione** e i contratti stipulati in violazione di tale prezzo massimo sono nulli (art. 9, co. 7).

I beni della Pubblica Amministrazione

1 I beni pubblici

Sono *beni pubblici i beni che appartengono allo Stato o ad un altro ente pubblico* (cd. criterio soggettivo o dell'appartenenza), *destinati a soddisfare in modo diretto un pubblico interesse* (cd. criterio oggettivo o della destinazione). In effetti, la P.A., come qualsiasi soggetto privato, necessita per perseguire i suoi fini istituzionali, di *mezzi,* e cioè di *beni,* sia *mobili* (es.: danaro) che *immobili.* Il complesso di tali beni, definiti *beni pubblici*, costituisce il **patrimonio dello Stato**.

Tali beni, proprio per la loro funzione d'interesse pubblico, sono assoggettati ad un *regime particolare*, diverso da quello che regola i beni privati.

I beni pubblici si distinguono in **demaniali** e **patrimoniali indisponibili**.

Tale distinzione si basa su un *criterio puramente formale*, e cioè sul fatto che la *legge* definisca il bene come *demaniale* o meno; infatti:

— l'art. 822 c.c. elenca i beni che fanno parte del *demanio pubblico*;
— l'art. 826 c.c. enumera le *singole* categorie di *beni pubblici patrimoniali indisponibili*.

2 I beni demaniali

I beni demaniali presentano due caratteristiche fondamentali:

a) sono sempre **beni immobili o universalità di beni mobili**;
b) devono *appartenere* ad **enti pubblici territoriali** e cioè allo Stato, alle Regioni, alle Province, o ai Comuni.

a) Demanio necessario

I *beni immobili costituenti il demanio necessario* sono di esclusiva proprietà dello Stato e non possono che appartenere ad esso, per cui *demanialità e appartenenza allo Stato* (salvo l'attribuzione operata a favore delle *Regioni*, limitatamente a *determinati* beni del demanio necessario *già* di spettanza statale) sono due caratteristiche inscindibilmente connesse.

Vi rientrano:

1) il **demanio marittimo** e cioè (artt. 822 c.c. e 28 ss. c.nav.): *il lido del mare; la spiaggia; i porti; le rade; le lagune; le foci dei fiumi che sboccano in mare; i bacini di acqua salsa o salmastra; i canali utilizzabili per uso pubblico marittimo; le pertinenze del demanio marittimo.*
   Non fa parte del demanio marittimo il *mare territoriale*, il quale comprende la fascia di mare fino a dodici miglia dalla costa, ed in più i *golfi*, i *seni* e le *baie della costa* (art. 2 c.nav.);
2) **il demanio idrico** e cioè:
   — i *fiumi, laghi e torrenti*, escluse le fonti che sboccano in mare;
   — le *acque definite pubbliche dalle normative in materia*. Ai sensi del D.P.R. 18 febbraio 1999, n. 238, recante norme per l'attuazione di alcune disposizioni della L. 36/1994 in materia di risorse idriche, appartengono allo Stato e fanno parte del demanio pubblico «tutte le acque sotterranee e le acque superficiali, anche raccolte in invasi e cisterne», escluse le acque piovane non convogliate, in un corso d'acqua o non raccolte in invasi e cisterne;
   — i *ghiacciai*;
   — i *porti* e gli *approdi* destinati alla navigazione interna;

3) il **demanio militare**: consistente in opere permanenti destinate alla difesa nazionale, e cioè le fortezze, le piazzeforti, le istallazioni missilistiche, le linee fortificate e trincerate, i porti e gli aeroporti militari, le ferrovie e funivie militari, i ricoveri antiaerei.

b) Demanio accidentale (o eventuale)

A differenza del demanio necessario, il demanio accidentale comprende beni che *possono anche non essere di proprietà* di enti pubblici territoriali. Qualora però lo siano, rientrano nel demanio, e *non* nei beni patrimoniali indisponibili.

I beni del demanio accidentale sono:

1) *il demanio stradale*;
2) *il demanio ferroviario*;
3) *il demanio aeronautico*;
4) *gli acquedotti* di proprietà degli enti pubblici terrritoriali;
5) *i beni di interesse storico, artistico ed archeologico* (*cd. demanio culturale*).

c) Demanio naturale e artificiale

I beni del *demanio naturale* sono demaniali per se stessi, per natura: tali sono i beni del demanio necessario (tranne quello militare). I beni del *demanio artificiale* sono demaniali per la specifica destinazione loro data: tale è il demanio militare e quello accidentale.

d) Demanio regionale, provinciale e comunale

Originariamente i beni demaniali erano di proprietà dello Stato, delle Province o dei Comuni (v. artt. 822 e 824 c.c.).

Con l'introduzione delle Regioni come enti territoriali, è sorto anche il demanio regionale, previsto dall'art. 119 Cost. per le Regioni ordinarie, mentre per quelle a statuto speciale una elencazione dei beni demaniali è contenuta nelle rispettive leggi costituzionali di approvazione degli Statuti.

Fanno parte, invece, del *demanio comunale* i cimiteri ed i mercati di proprietà del Comune: trattasi, più che di una categoria di demanio accidentale, di una *figura atipica*, forse più vicina al demanio necessario, qualificata, appunto, col termine di *demanio comunale specifico*.

Va notato, comunque, che dal tenore letterale dell'art. 119 Cost. non si parla più di demanio con riferimento agli enti territoriali, ma solo di **patrimonio**, riconosciuto alle autonomie territoriali. Tuttavia, ciò non significa che sia stato cancellato il demanio di tali enti, ma solo che resta alla disciplina ordinaria la regolamentazione nel dettaglio del settore.

e) Regime giuridico

I beni che fanno parte del demanio pubblico:

a) sono **inalienabili**: ogni atto di trasferimento del bene demaniale (compravendita, donazione etc.) è *nullo* (art. 823 c.c.);
b) **non** sono acquistabili per **usucapione** da parte di nessuno, in quanto *non possono formare oggetto di diritti di terzi*, se non nei *modi* e *limiti* stabiliti dalle *leggi* che li *riguardano* (artt. 823 e 1145 c.c.);
c) il diritto di proprietà pubblica su di essi, da parte dell'ente è naturalmente **imprescrittibile**;
d) sono **inespropriabili**, sia a titolo di *esecuzione forzata* che per *pubblica utilità*. Tale limite è stato recepito dall'art. 4 T.U. in materia di espropriazione (D.P.R. 327/2001), il cui primo comma dispone che i beni appartenenti al demanio pubblico non possano essere espropriati fino a quando non ne viene pronunciata la sdemanializzazione.

La *demanialità* del bene si estende anche alle sue *pertinenze* (es. case cantoniere lungo le strade statali) ed alle *servitù* costituite a favore del bene demaniale (servitù di stillicidio etc.).

f) Utilizzazione e tutela dei beni pubblici

In base ai **soggetti** che utilizzano i beni pubblici, possiamo distinguere i seguenti tipi di uso:

— **uso diretto** (o *esclusivo*): si ha quando i beni demaniali sono strumenti che la P.A. utilizza *esclusivamente* e *direttamente* per il *perseguimento* dei propri compiti istituzionali (es. attraverso i beni del demanio militare lo Stato provvede alla difesa nazionale);

— **uso generale**: quando l'interesse pubblico è conseguito con il *godimento* dei beni demaniali *da parte della collettività* (è la destinazione tipica dei beni del demanio marittimo, idrico e stradale);

— **uso particolare**: quando il bene serve l'interesse pubblico mediante l'uso non *permesso* a tutti ma riservato solo a *determinati soggetti*, pubblici o privati individuati dalla P.A. e destinatari di un provvedimento ampliativo delle loro facoltà (*licenza* per la navigazione nelle acque fluviali);

— **uso eccezionale**: ricorre nel caso di concessione, provvedimento con cui la P.A. attribuisce «*ex novo*» al destinatario (concessionario) diritti su beni demaniali, *tutelabili* verso i **terzi** con le stesse azioni privatistiche riconosciute ai titolari di diritti su beni altrui contro le molestie e le turbative (concessione relativa all'occupazione di suolo pubblico).

Per quanto concerne la tutela, per l'art. 823 c.c. spetta all'*autorità amministrativa* la *tutela* dei beni che fanno parte del *demanio pubblico*. Essa ha facoltà sia di procedere in via *amministrativa*, sia di valersi dei *mezzi ordinari* a difesa della proprietà (*azioni petitorie:* artt. 948 e ss. c.c.) e del possesso (*azioni possessorie*: artt. 1170 e ss. c.c.).

La tutela amministrativa (cd. **autotutela**) consiste nell'esercizio di quei poteri (detti di **polizia demaniale**) previsti da leggi speciali mediante i quali la P.A., per garantire i beni in oggetto contro qualsiasi illecita occupazione o abusiva utilizzazione da parte dei terzi, può:

— irrogare sanzioni;

— ordinare il ripristino dello «*status quo ante*» (es.: l'ordine rivolto all'occupatore abusivo di un bene demaniale di liberarlo, sgomberandolo da tutti gli impianti e le opere installatevi);

— utilizzare speciale personale di vigilanza;

— emanare provvedimenti che revocano o modificano precedenti atti incompatibili con la destinazione demaniale del bene (cd. autotutela *decisoria*).

I mezzi di tutela giurisdizionale ordinaria (e cioè le azioni possessorie e petitorie) spettano all'ente pubblico che sia proprietario e/o possessore di beni.

g) Il federalismo demaniale (D.Lgs. 85/2010)

Negli ultimi decenni, mediante svariati interventi normativi, è stato portato avanti un *percorso di progressiva dismissione del patrimonio immobiliare pubblico*, sia per gestirlo più facilmente che per renderlo produttivo sotto il profilo economico.

Tali azioni, sviluppatesi in direttrici diverse, sono poi culminate nella emanazione del **D.Lgs. 85/2010**, cd. *decreto sul federalismo demaniale*, in attuazione della delega contenuta nella L. 42/2009, sul federalismo fiscale.

Tale normativa individua i *beni statali* che possono essere attribuiti *a titolo non oneroso* a Comuni, Province, Città metropolitane e Regioni.

I *beni* che possono essere trasferiti sono (art. 5):

a) quelli appartenenti al *demanio marittimo e relative pertinenze*, con esclusione di quelli direttamente utilizzati dalle amministrazioni statali;

b) quelli appartenenti al *demanio idrico e relative pertinenze*, nonché le opere idrauliche e di bonifica di competenza statale, ad esclusione dei fiumi e dei laghi di ambito sovraregionale (per i quali sarebbe necessaria una specifica intesa tra le regioni interessate);
c) gli aeroporti di interesse regionale o locale appartenenti al *demanio aeronautico civile statale e le relative pertinenze*;
d) *le miniere e le relative pertinenze* ubicate su terraferma;
e) gli *altri beni immobili dello Stato*, ad eccezione di quelli esclusi dal trasferimento.

Sono invece categoricamente **esclusi dal trasferimento**: gli immobili in uso per comprovate ed effettive finalità istituzionali alle amministrazioni dello Stato, anche a ordinamento autonomo, agli enti pubblici destinatari di beni immobili dello Stato in uso governativo e alle Agenzie; i porti e gli aeroporti di rilevanza economica nazionale e internazionale, secondo la normativa di settore; i beni appartenenti al patrimonio culturale; le reti di interesse statale, ivi comprese quelle stradali ed energetiche; le strade ferrate in uso di proprietà dello Stato; i parchi nazionali e le riserve naturali statali.

L'ente territoriale, a seguito del trasferimento, dispone del bene nell'interesse della collettività rappresentata ed è tenuto a favorirne la **massima valorizzazione funzionale**, a vantaggio della collettività medesima.

Qualora, poi, l'ente territoriale non utilizzi il bene come dovuto, il Governo esercita il **potere sostitutivo** di cui all'art. 8 L. 131/2003 (cd. Legge La Loggia), al fine di assicurare la migliore utilizzazione del bene.

3 I beni patrimoniali

I *beni patrimoniali* dello Stato e degli enti pubblici sono tutti beni che non hanno i caratteri della demanialità.

Essi si distinguono in beni **indisponibili** e beni **disponibili**:

— i primi sono destinati ad un *pubblico servizio* e, in generale, al conseguimento di fini pubblici e sono perciò *beni pubblici*;
— i secondi hanno carattere strumentale in quanto destinati prevalentemente alla produzione di redditi. Non sono beni pubblici ma solo beni *di proprietà* di enti pubblici.

a) I beni patrimoniali indisponibili

I beni patrimoniali indisponibili sono **beni pubblici** al pari dei beni demaniali ma, a differenza di questi, possono essere tanto *mobili* che *immobili*, ed inoltre possono appartenere (salvo eccezioni) a qualsiasi *ente pubblico*, e *non soltanto ad enti pubblici territoriali*.

I beni patrimoniali indisponibili sono: a) le *foreste*; b) le *miniere*; c) le *acque minerali e termali*; d) le *cave* e le *torbiere*; e) la *fauna selvatica*; f) *beni di interesse storico, archeologico, artistico*; g) *beni militari* non rientranti nel demanio militare etc.; h) gli *edifici destinati a sede degli uffici pubblici*; i) *beni costituenti la dotazione del Presidente della Repubblica*.

Il principio di **inalienabilità** dei beni patrimoniali indisponibili è sancito dall'art. 828 del codice civile del 1942, il quale ha stabilito che tali beni «*non possono essere sottratti alla loro destinazione se non nei modi stabiliti dalle leggi che li riguardano*».

Da ciò la dottrina ha affermato il principio dell'*alienabilità* di tali beni (tranne rare eccezioni indicate dalla legge), purché tale alienazione *non* comporti la *sottrazione* dei beni stessi alla loro *destinazione pubblica*.

Sono, in ogni modo, **inalienabili**:

— le *miniere* e le *foreste*;
— gli *atti e documenti di enti pubblici*;
— i *beni di interesse storico e artistico*.

I beni patrimoniali indisponibili sono altresì:

— soggetti ad **usucapione** da parte di terzi soltanto nel caso in cui siano stati *sottratti* alla loro *destinazione a non domino* e poi *trasferiti a terzo in buona fede*, il quale quindi potrà acquistarli per usucapione nei termini di legge (SANDULLI);
— **insuscettibili di espropriazione forzata**.

b) I beni patrimoniali disponibili

Fanno parte del *patrimonio disponibile* dello Stato e degli altri enti pubblici tutti i beni ad essi appartenenti, *diversi* da quelli demaniali e da quelli patrimoniali indisponibili.

Il patrimonio disponibile comprende:

— il *patrimonio mobiliare*, nel quale rientra il denaro privo di specifica destinazione, gli utensili, nonché i beni che derivano dalla partecipazione dello Stato al capitale azionario di società pubbliche ed imprese private;
— il *patrimonio fondiario ed edilizio*.

I beni patrimoniali disponibili sono **beni privati** a tutti gli effetti, con la conseguenza che sono soggetti *esclusivamente* alle regole del codice civile (salvo regole particolari contenute in alcune norme). Essi, dunque, sono: alienabili; usucapibili; assoggettabili a diritti reali a favore di terzi.

Differenze

I *beni patrimoniali disponibili non sono beni pubblici*, ma solo beni di proprietà di un ente pubblico. Si distinguono da quelli indisponibili per i seguenti caratteri:

a) *carattere prevalentemente redditizio*: i beni patrimoniali indisponibili sono impiegati dalla P.A. per l'esercizio di pubblici servizi, assolvendo in tal modo una funzione d'interesse pubblico (*beni d'uso*); i beni *patrimoniali disponibili* hanno un valore economico e sono usati dalla P.A. perché producano un reddito (*beni economici*);
b) *mancanza di una destinazione attuale ad un pubblico servizio*.

4 I diritti reali della P.A. su beni altrui

La P.A., oltre che proprietaria di beni, può anche essere **titolare**, come qualsiasi altro soggetto, pubblico o privato, di **diritti reali su beni altrui**.

Si distingue tra:

— *diritti demaniali su beni altrui*, costituiti per l'*utilità* di un bene pubblico o per il *conseguimento di fini di pubblico interesse*;
— *diritti patrimoniali su beni altrui*, costituiti per l'*utilità* di un *bene patrimoniale disponibile* o per un *fine privato*.

a) Diritti demaniali su beni altrui

I diritti demaniali su beni altrui sono assoggettati dall'**art. 825 c.c.** allo stesso *regime giuridico dei beni demaniali*.

Le principali categorie di *diritti demaniali su beni altrui* sono: le **servitù prediali pubbliche** ed i **diritti (o servitù) di uso pubblico**:

1) le **servitù prediali pubbliche** possono essere:
   — *servitù di via alzaia*: per cui i proprietari di fondi laterali ai corsi d'acqua debbono permettere, su adeguate strisce di terra, in riva al fiume, il passaggio di uomini, animali etc. (sono dette anche «servitù di marciapiede»: SANDULLI);

— *servitù di scarico* per i fondi prossimi ai laghi;
— *servitù di scolo* delle acque stradali sui terreni sottostanti;
— *servitù di soprapassaggio* a favore di ponti cavalcavia, viadotti sui fiumi e corsi d'acqua, terreni e strade private.
Le *servitù prediali pubbliche* possono sorgere: per legge, per atto amministrativo (di imperio), per convenzione con il privato, per atto di liberalità del privato e per usucapione da parte dell'ente;

2) i **diritti di uso pubblico** (*servitù di uso pubblico*): tali servitù sono caratterizzate dall'utilizzazione da parte di una collettività indeterminata di persone del bene privato idoneo al soddisfacimento di un interesse delle stesse (cfr. C.d.S., sez. V, 19-4-2013, n. 2218). In tali servitù *manca un fondo dominante*, perché non sono costituite a vantaggio di un fondo demaniale, bensì della collettività.

Rientrano nei diritti di uso pubblico:
— le *strade vicinali*, cioè quelle *non* di proprietà del Comune, ma soggette a pubblico transito da parte della collettività; sono, cioè, strade costruite da privati che eventualmente il Comune, ove le ritenga utili alla collettività, assoggetta all'uso pubblico con propria *delibera espressa*, dicharandole *strade vicinali* ed includendole nell'apposito elenco. Spettano ai Comuni i poteri in materia di strade vicinali (in precedenza erano attribuite al Prefetto);
— le *aree private aperte al pubblico transito*: per esse il Comune è *obbligato a concorrere alle spese di manutenzione*;
— i *musei*, le *pinacoteche* e gli *archivi* di proprietà privata;
— gli *usi civici*. La dottrina (GAROFOLI) li definisce come «*diritti collettivi di godimento e d'uso spettanti ad una popolazione su terreni di proprietà privata*». Sostanzialmente, tali diritti spettano ad una collettività ed ai singoli che la compongono e consistono nel trarre utilità semplici dai territori (ad esempio: il legnatico, ossia il diritto di raccogliere legna, ovvero il fungatico, ossia il diritto di raccogliere funghi). Con la **L. 20-11-2017, n. 168,** è stata dettata una disciplina organica dei **domini collettivi**, quali veri e propri soggetti istituzionali cui compete l'amministrazione del patrimonio civico di uso comune.

b) Diritti patrimoniali su beni altrui

Le servitù possono essere costituite anche a **favore di beni patrimoniali della P.A.**

Tali diritti **seguono la natura dei beni cui si riferiscono** e sono, quindi, *disponibili* o *indisponibili* a seconda che attengano a *beni disponibili o indisponibili*.

La P.A. può acquistare **diritti reali** in base: *alla legge* (es.: beni immobili privi di proprietario); *a fatti o atti di diritto comune* (es.: l'occupazione o gli atti di acquisto a titolo oneroso); *a fatti o atti di diritto pubblico* (es.: la confisca bellica o gli atti ablativi).

13

La proprietà privata e gli atti ablatori. L'espropriazione per pubblica utilità

1 Il regime amministrativo della proprietà privata

Il **diritto di proprietà**, riconosciuto dall'art. 42 Cost., è un **diritto assoluto** che consiste nel **potere di usare, fruire e disporre di una cosa nei limiti fissati dalla legge**.

La proprietà può essere pubblica o privata e la legge ordinaria ne specifica i *modi di acquisto*, di *godimento* ed i *limiti*, al fine di assicurarne la funzione sociale.

In concreto, le norme che regolano la proprietà nel senso indicato dalla Costituzione si possono distinguere in tre gruppi a seconda che impongano:

— *limiti negativi* (cioè obblighi di *non facere*);
— *obblighi positivi* (di *facere*);
— *la privazione del diritto per il titolare* (con l'espropriazione del bene).

Alla proprietà privata possono essere imposti **limiti negativi** per diversi fini. Ad esempio:

1. *limiti nell'interesse della proprietà pubblica*. Consistono in obblighi di *non facere* imposti ai proprietari di fondi limitrofi a beni demaniali o patrimoniali;
2. *limiti nell'interesse della difesa militare*. Consistono in vincoli comportati dalle servitù militari nelle zone di frontiera (terrestri o marittime), nonché nelle zone adiacenti alle installazioni militari (aeroporti, stazioni di osservazione, impianti antiaerei e missilistici, caserme, fabbriche e depositi di materiale bellico etc.);
3. *limiti di interesse urbanistico*. Sono i vincoli finalizzati alla tutela del territorio ed hanno lo scopo di garantire l'ordinato assetto territoriale ed assumono un notevole rilievo giuridico-sociale;
4. *altri limiti*. Esistono poi numerosi altri limiti, previsti da leggi particolari e dettati da esigenze di igiene, sanità pubblica, tutela dei beni di valore artistico, ordine pubblico, sicurezza pubblica etc.

La legge e gli atti amministrativi, oltre a porre dei limiti, possono anche imporre **obblighi positivi** (cioè *di facere*). Ciò può avvenire:

1. *nell'interesse del demanio*, come, ad esempio, l'obbligo dei proprietari frontisti di costruire e mantenere in buono stato i muri di sponda e gli argini dei corsi d'acqua e canali demaniali (artt. 76, 77 e 78 cod. nav.);
2. *nell'interesse dell'agricoltura*. Si pensi, a titolo esemplificativo, agli obblighi di *bonifica* posti a carico dei proprietari agricoli.

La legge — in casi determinati — attribuisce alla P.A. anche il **potere di privare i proprietari del proprio diritto**.

2 Gli atti ablatori

Gli atti ablatori sono definiti, in generale, come «*quegli atti con cui il pubblico potere, per un vantaggio della collettività, sacrifica un interesse ad un bene della vita di un privato cittadino*» (GIANNINI).

Le *forme* e l'*intensità* del sacrificio imposto variano in relazione ai diversi provvedimenti.

Dal punto di vista *funzionale* i provvedimenti in esame hanno sempre un effetto **privativo** *di una facoltà o diritto facente capo al destinatario del provvedimento* e possono anche avere effetto **acquisitivo** *di una facoltà o diritto a favore dell'amministrazione procedente*.

Dal punto di vista *strutturale*, fra le varie classificazioni possibili, la dottrina prevalente utilizza quella basata sulla **natura** della situazione soggettiva sacrificata.

Vi sono pertanto:

— provvedimenti ablatori **personali** *che sacrificano un diritto di natura personale* (es. ordini di polizia o dell'autorità sanitaria);
— provvedimenti ablatori **obbligatori** *che incidono su rapporti di obbligazione* (es. imposizione tributaria);
— provvedimenti ablatori **reali** *che sacrificano diritti reali* (es. espropriazione, servitù coattiva, occupazione d'urgenza).

Principi generali di tutti gli atti ablativi sono: il *principio della riserva di legge; l'obbligo di indennizzo* (eccetto per i casi di provvedimenti sanzionatori); *la necessità di motivi di interesse generale a fondamento dell'atto ablativo stesso.*

Ai sensi dell'art. 21bis, L. 241/1990, il provvedimento limitativo della sfera giuridica dei privati acquista efficacia nei confronti di ciascun destinatario con la comunicazione allo stesso effettuata anche nelle forme stabilite per la notifica agli irreperibili nei casi previsti dal codice di procedura civile.

3 I provvedimenti ablatori reali: l'espropriazione per pubblica utilità

L'art. 42, co. 3, Cost. afferma che «la proprietà privata può essere, nei casi preveduti dalla legge, e salvo indennizzo, espropriata per motivi di interesse generale». Tale disposizione è stata interpretata dalla dottrina come relativa all'intera categoria dei provvedimenti ablatori reali, dalla quale si ricavano i principi generali della *riserva di legge*, dell'*obbligo di indennizzo* e della *necessità di motivi di interesse generale* alla base dell'atto ablativo.

Tra gli atti ablativi il più importante è l'**espropriazione**.

L'art. 834 c.c. la definisce come quell'istituto di diritto pubblico in base al quale un *soggetto, previo pagamento di una giusta indennità, può essere privato*, in tutto o in parte, di uno o più *beni immobili* di sua *proprietà* per una *causa di pubblico interesse legalmente dichiarata* (*ex* art. 42 Cost.).

L'espropriazione crea un vero e proprio rapporto di diritto pubblico i cui elementi sono:

a) **Le parti**

Il testo unico in materia di espropriazione (D.P.R. 327/2001) definisce all'art. 3 i soggetti del procedimento espropriativo:

a) per **espropriato** si intende il soggetto, pubblico o privato, titolare del diritto espropriato;
b) per **autorità espropriante** si intende l'autorità amministrativa titolare del potere di espropriare e che cura il relativo procedimento, ovvero il soggetto privato, al quale sia stato attribuito tale potere, in base ad una norma;
c) per **beneficiario dell'espropriazione** (cd. espropriante) si intende il soggetto, pubblico o privato, in cui favore è emesso il decreto di esproprio;
d) per **promotore dell'espropriazione** si intende il soggetto, pubblico o privato, che chiede l'espropriazione.

b) **L'oggetto**

Oggetto dell'espropriazione può essere un **diritto di proprietà** o **altro diritto reale**.

Non possono essere espropriati:

a) gli edifici aperti al culto, se non per gravi ragioni e previo accordo con la competente autorità ecclesiastica;
b) i beni demaniali e i beni patrimoniali indisponibili;
c) le sedi di rappresentanze diplomatiche di Stati esteri.

c) **L'indennizzo**

Questo elemento dell'espropriazione è tutelato direttamente dalla Costituzione e si pone, come nota la dottrina dominante, in relazione al provvedimento espropriativo come **presupposto di legittimità**.

Esso, dunque, consiste in un **intervento riparatore economico** a parziale compensazione del sacrificio imposto al privato, non necessariamente commisurato all'effettiva entità del danno sopportato dall'avente diritto, ma agganciato a parametri prestabiliti per legge o per contratto.

L'indennizzo deve essere:

— **unico**: cioè pagato solo *al proprietario o all'enfiteuta* se il fondo è gravato da enfiteusi. I titolari di diritti reali limitati (usufrutto, servitù etc.) sul bene *oggetto di espropriazione* possono far valere i loro diritti solo sull'indennità liquidata al proprietario o all'enfiteuta in base al principio «*pretium succedit in locum rei*». Nel caso in cui si espropri, invece, *solamente* un diritto reale altrui, l'indennizzo va pagato al titolare di tale diritto;

— **giusto**, secondo il dettato dell'art. 834 c.c. (termine non riportato nell'art. 42 della Costituzione), in conformità ad una esigenza di giustizia sostanziale. Qualunque sia la natura dell'indennizzo, non vi è dubbio che attraverso la sua previsione si sia voluta attuare una sorta di *ripristino* (almeno parziale) *dell'equilibrio patrimoniale* alterato a danno del privato sia pure per motivi legittimi rappresentati dal raggiungimento di una finalità pubblicistica. Pertanto, l'indennizzo deve essere *serio*, *congruo* (cioè non simbolico, né aleatorio) ed *adeguato*. La *congruità* del ristoro si ottiene facendo riferimento, per la determinazione dell'indennizzo, al valore del bene in relazione alle sue caratteristiche essenziali, fatte palesi dalla potenziale utilizzazione economica di esso, secondo legge (Corte cost., 10-6-2011, n. 181).

Relativamente al **criterio di computo** dell'indennizzo:

— per le **aree edificabili**, l'art. 37 D.P.R. 327/2001 stabilisce che l'indennità di espropriazione di un'area edificabile è determinata nella misura pari al valore venale del bene (cfr. le sentenze della **Corte costituzionale** del **24-10-2007, nn. 348** e **349**, che hanno dichiarato l'*illegittimità costituzionale* del precedente criterio di computo dell'indennizzo per le aree edificabili, ossia quello della semisomma del valore venale del bene);

— per le **aree legittimamente edificate**, l'indennità è determinata nella misura pari al valore venale. Si calcola il solo valore dell'area di sedime ovvero della parte di costruzione legittimamente realizzata, se la costruzione è abusiva (art. 38 T.U.);

— per le **aree non edificabili**, il Testo Unico prevede che l'indennità definitiva sia determinata in base al criterio del valore agricolo, tenendo conto delle colture effettivamente praticate sul fondo e del valore dei manufatti edilizi legittimamente realizzati. Se l'area non è effettivamente coltivata, l'indennità è commisurata al valore agricolo medio corrispondente al tipo di coltura prevalente nella zona ed al valore dei manufatti edilizi legittimamente realizzati.

Con riferimento a tale ultimo profilo, tuttavia, si tenga presente che la Corte costituzionale, con la *sentenza del 10 giugno 2011, n. 181*, ha dichiarato l'illegittimità costituzionale del criterio del valore agricolo medio, per commisurare l'indennità dei suoli agricoli o non edificabili. Anche per questi ultimi, difatti, come avvenuto con riferimento alle aree edificabili e il conseguente utilizzo del criterio del valore venale, è necessario che l'indennizzo si ponga in rapporto ragionevole con il valore del bene;

— per le **aree destinate ad opere private di pubblica utilità**, si utilizza il criterio del valore venale del bene, tranne nelle ipotesi di opere che rientrino nell'ambito dell'edilizia residenziale pubblica, convenzionata e agevolata (art. 36 T.U.).

4 Il principio di simmetria

La competenza in materia di espropriazione era, nella disciplina anteriore al T.U., *diversa* a seconda delle opere da realizzare (se di interesse statale o ultraregionale, competente era il Prefetto, se di interesse regionale le autorità regionali, se di interesse comunale autorità comunale).

L'art. 6 del T.U. sull'espropriazione ha sancito il principio, ispirato a chiare esigenze di efficienza e di razionalità dell'azione amministrativa, secondo cui la competenza all'emanazione di tutti gli atti del procedimento espropriativo spetta all'autorità competente alla realizzazione dell'opera pubblica o di pubblica utilità (è il cd. **principio di simmetria**).

5 La procedura di espropriazione e i profili giurisdizionali

In base all'art. 8 del D.P.R. 327/2001 il procedimento di esproprio si divide in **quattro fasi**:

1) l'**apposizione al bene** del **vincolo preordinato all'esproprio** (di durata quinquennale e reiterabile previa motivazione);
2) la **dichiarazione di pubblica utilità** dell'opera, che fissa il termine entro cui il decreto di esproprio va eseguito (in mancanza, il termine è di cinque anni dalla data in cui la dichiarazione di pubblica utilità diventa efficace, prorogabili fino a dieci);
3) la **determinazione dell'indennità di esproprio**;
4) l'**adozione** del **decreto di esproprio**, la cui esecuzione si attua attraverso la immissione nel possesso del bene.

Procedimento	➤ **Apposizione del vincolo** (approvazione del piano urbanistico generale, o variante, che prevede l'esecuzione dell'opera pubblica)	• il vincolo preordinato all'esproprio individua precisamente il luogo interessato alla realizzazione di un'opera pubblica o di pubblica utilità. Ha la durata di cinque anni: entro tale termine può essere emanato il provvedimento che comporta la dichiarazione di pubbli ca utilità dell'opera; se non è tempestivamente dichiarata la pubblica utilità dell'opera, il vincolo preordinato all'esproprio decade (art. 9, co. 2 e 3). Il vincolo preordinato all'esproprio, dopo la sua decadenza, può essere motivatamente reiterato, attraverso l'approvazione di una variante di piano o di un nuovo strumento urbanistico
	➤ **Dichiarazione di pubblica utilità** (esclusivamente tacita) per opere conformi (art. 12) o meno (artt. 18-19) alle previsioni dello strumento urbanistico	• il provvedimento che dispone la pubblica utilità dell'opera può essere emanato fino a quando non è decaduto il vincolo preordinato all'esproprio
	➤ **Dichiarazione di pubblica utilità** (esclusivamente tacita) per opere conformi (art. 12) o meno (artt. 18-19) alle previsioni dello strumento urbanistico	• il provvedimento che dispone la pubblica utilità dell'opera può essere emanato fino a quando non è decaduto il vincolo preordinato all'esproprio • nel provvedimento che comporta la dichiarazione di pubblica utilità dell'opera può essere stabilito il termine entro il quale il **decreto di esproprio** va emanato. In mancanza, il decreto di esproprio può essere emanato entro il termine di **cinque anni**, decorrente dalla data in cui diventa efficace l'atto che dichiara la pubblica utilità dell'opera

Procedimento	➤ **Determinazione dell'indennità di esproprio** (provvisoria e definitiva): art. 37 D.P.R. 327/2001	• il subprocedimento di determinazione dell'indennità si concretizza nella proposta fatta dal promotore dell'espropriazione ai proprietari interessati che, a loro volta, possono presentare osservazioni scritte e depositare documenti. Tale fase, **in contraddittorio tra le parti**, può anche condurre alla conclusione dell'accordo di **cessione volontaria**
	➤ **Decreto di esproprio** (passaggio della proprietà) ed esecuzione a mezzo di immissione verbalizzata nel possesso dei beni	• il decreto di esproprio è emanato entro il termine di scadenza dell'efficacia della dichiarazione di pubblica utilità. Esso svolge una funzione di riepilogo dell'intera vicenda espropriativa ed il suo principale effetto è quello di produrre il **trasferimento del diritto** dell'espropriando nella sfera giuridica del beneficiario. L'esecuzione del decreto si attua attraverso la **immissione nel possesso** del bene documentata con redazione di apposito verbale entro il termine perentorio di **due anni** dall'emanazione

Sono devolute alla **giurisdizione esclusiva** del **giudice amministrativo** le controversie aventi ad oggetto gli atti, i provvedimenti, gli accordi e i comportamenti delle PP.AA. riconducibili, anche mediatamente, all'esercizio di un pubblico potere; resta ferma, invece, la giurisdizione del **giudice ordinario** per le controversie riguardanti la determinazione e la corresponsione delle indennità in conseguenza di atti di natura espropriativa o ablativa (art. 53 T.U. espropriazioni).

6 L'acquisizione provvedimentale e l'art. 42bis T.U. espropriazioni

Il problema della **occupazione illegittima di un'area** da parte della P.A. con **irreversibile trasformazione** della stessa è stato affrontato in più occasioni sia dalla giurisprudenza che dal legislatore: attualmente tale questione rinviene una disciplina positiva nell'**art. 42bis D.P.R. 327/2001**, introdotto dal D.L. 6-7-2011, n. 98, conv. in L. 15-7-2011, n. 111.

Le ipotesi in cui l'amministrazione realizzava un'opera pubblica su un suolo illegittimamente occupato erano, in genere, ricondotte alle due figure, di origine pretoria, dell'**occupazione appropriativa** e dell'**occupazione usurpativa**. Tali figure erano rispettivamente caratterizzate dalla *irreversibile trasformazione del fondo in assenza di decreto di esproprio* e dalla *trasformazione in assenza, originaria o sopravvenuta, di dichiarazione di pubblica utilità*.

Con l'approvazione del Testo Unico delle espropriazioni, il legislatore ha disciplinato l'ipotesi dell'**utilizzazione di un immobile *sine titulo*** per scopi di interesse pubblico, e precisamente di un bene «*modificato in assenza del valido ed efficace provvedimento di esproprio o dichiarativo della pubblica utilità*» (**art. 43 D.P.R. 327/2001**). In particolare, l'art. 43 in questione attribuisce alla pubblica amministrazione «il potere discrezionale di acquisire in sanatoria, con atto ablativo formale, la proprietà delle aree occupate nell'interesse pubblico in carenza di titolo» (GAROFOLI).

Con l'**atto di acquisizione del bene**, che viene trascritto nei registri immobiliari, al patrimonio indisponibile della P.A. viene, nella sostanza, «*legalizzata l'espropriazione sostanziale* effettuata in mancanza di un titolo ablativo» (GAROFOLI), fermo restando il diritto del proprietario al *risarcimento del danno*.

Elementi indispensabili per l'applicazione dell'art. 43 D.P.R., pertanto, sono (GAROFOLI):

— l'assenza, *ab origine* o a seguito di annullamento, di un valido ed efficace titolo (provvedimento di esproprio o dichiarazione di pubblica utilità);
— l'utilizzazione di un bene immobile per finalità di pubblico interesse;
— la modifica del bene, non essendo più necessaria la sua irreversibile trasformazione.

Con **sentenza n. 293 dell'8 ottobre 2010**, la **Corte costituzionale** ha, tuttavia, **dichiarato l'illegittimità costituzionale dell'art. 43 citato**. Secondo i giudici della Consulta, infatti, tale articolo appare connotato da un eccesso di delega, ponendosi, pertanto, in contrasto con l'art. 76 della Costituzione.

La lacuna venutasi a creare per effetto della pronuncia della Consulta è stata colmata proprio mediante l'introduzione, da parte del legislatore di un nuovo articolo, il **42bis**, nel T.U. del 2001.

Questo prevede, infatti, che il bene, *modificato in assenza di un valido ed efficace provvedimento di esproprio o dichiarativo della pubblica utilità*, può essere acquisito, non retroattivamente, al *patrimonio indisponibile* dell'autorità che lo utilizza, previa *valutazione degli interessi in conflitto* e dietro *corresponsione al proprietario di un indennizzo* per il pregiudizio patrimoniale e non patrimoniale subìto. Quest'ultimo viene forfettariamente determinato dal legislatore nella misura del dieci per cento del valore del bene.

L'istituto si applica quando *sia stato annullato* il precedente atto da cui era sorto il vincolo preordinato all'esproprio ovvero l'atto che aveva dichiarato la pubblica utilità di un'opera o il decreto di esproprio, nonché durante la *pendenza di un giudizio* per l'annullamento dei menzionati atti, ma a condizione che l'amministrazione, che ha adottato il precedente atto impugnato, lo ritiri.

Considerato che il *provvedimento di acquisizione* comporta il **passaggio del diritto di proprietà del bene** (sotto condizione sospensiva del pagamento delle somme dovute ovvero del loro deposito presso la Cassa Depositi e Prestiti S.p.A.), il legislatore ha espressamente richiesto che lo stesso:

— rechi l'indicazione delle circostanze che hanno condotto alla *indebita utilizzazione dell'area* e se possibile la data dalla quale essa ha avuto inizio;
— sia specificamente motivato in riferimento alle *attuali ed eccezionali ragioni* di interesse pubblico che ne giustificano l'emanazione, valutate comparativamente con i contrapposti interessi privati;
— evidenzi *l'assenza di ragionevoli alternative* alla sua adozione.

Tale provvedimento, inoltre, deve essere notificato al proprietario del bene e deve essere trascritto presso la Conservatoria dei registri immobiliari a cura dell'amministrazione procedente e trasmesso in copia all'ufficio competente all'aggiornamento degli elenchi degli atti da cui deriva la dichiarazione di pubblica utilità ovvero con cui è disposta l'espropriazione. La stessa autorità procedente, poi, deve trasmettere una copia integrale del provvedimento di acquisizione, entro 30 giorni, alla Corte dei conti.

7 Gli atti di attribuzione coattiva di diritti d'uso

Rientrano in questa categoria quegli atti che trasferiscono coattivamente *solo* il diritto di *uso* e di *godimento* su un determinato bene, lasciandone la proprietà ai titolari.

Essi sono:

— *requisizione in uso* (la P.A. utilizza i beni immobili e le aziende per il tempo necessario pagando il prezzo d'uso e restituendoli quando viene meno la necessità);
— *occupazione temporanea* (artt. 49-50 D.P.R. 327/2001);
— *occupazione per ricerche archeologiche*.

8 I provvedimenti che privano parzialmente del godimento dei beni

Tali provvedimenti espropriano, anziché la proprietà, le servitù esistenti a favore di un fondo ovvero costituiscono su di un fondo delle servitù, delle limitazioni o dei diritti di uso pubblico.

Si ricordano le *servitù di elettrodotto*; le *servitù di passaggio e di appoggio di fili telegrafici* e di *cassette postali*.

9 Gli atti necessitati che sacrificano diritti su beni

Si tratta di atti «ablativi» che la lege disciplina sommariamente, fissando solo i *presupposti di urgenza indispensabili*. Tali atti, quindi, rispondono ad una regola di *tipicità* e possono ritenersi legittimi solo nei *casi tassativi previsti dalla legge*.

Tali atti sono consentiti solo in particolari situazioni di *necessità* o di *urgenza* e sono disposti con ordinanza. Le ordinanze *necessitate*, tuttavia, si differenziano da quelle di necessità ed urgenza perché hanno contenuto predeterminato e breve efficacia, se non successivamente seguite dai provvedimenti corrispondenti, e dei quali costituiscono ipotesi di veloce applicazione.

Gli istituti sono:

- l'**occupazione di urgenza.** Consiste nella occupazione anticipata dei beni immobili da espropriare. L'espropriante potrà, quindi, occupare l'area e iniziare l'esecuzione dell'opera prima che sia adottato il decreto di esproprio, che viene per tale motivo preceduto dall'emissione ed esecuzione del decreto di occupazione d'urgenza.
  Ai sensi dell'art. 22bis D.P.R. 327/2001, qualora l'avvio dei lavori per la costruzione dell'opera di pubblica utilità rivesta particolare urgenza, tale da non consentire il ricorso alla procedura espropriativa ordinaria, può essere emanato, senza particolari indugi o formalità, un decreto motivato che non solo determini l'indennità di espropriazione provvisoria, ma che disponga anche l'*occupazione anticipata* dei beni necessari. Tale occupazione è consentita solo nei casi indicati dal citato art. 22bis e cioè:
  1) quando l'avvio dei lavori rivesta carattere di particolare urgenza;
  2) per le cd. opere strategiche (L. 443/2001);
  3) nei casi in cui il numero dei destinatari della procedura espropriativa sia superiore a 50.

  Il decreto che dispone l'occupazione deve essere eseguito entro tre mesi dall'emanazione. Esso perde efficacia nel caso in cui non venga emanato il decreto di esproprio nel termine stabilito dalla dichiarazione di pubblica utilità, ovvero nel termine di cinque anni decorrenti dal giorno in cui diviene efficace l'atto che contiene tale dichiarazione;
- la **requisizione di urgenza.** Può essere attuata solo in caso di *grave necessità pubblica*. È prevista dall'art. 7 della legge sul contenzioso amministrativo ed è di competenza di tutte quelle autorità (Prefetto, Sindaco) che, in base ad altre norme, possono disporre di urgenza della proprietà privata.
  Può essere adottata per qualsiasi ragione urgente di interesse pubblico, sia a riguardo di *mobili* che di *immobili* (nell'ultimo caso si parla di «*requisizione in uso*»). Il Consiglio di Stato l'ha ritenuta ammissibile per procurare alloggi a persone sfrattate in pieno inverno per motivi di sicurezza (C.d.S., 29-10-1987, n. 368);
- gli **ordini di distruzione di beni, provvedimenti similari.** Sono provvedimenti che comportano la perdita della proprietà, adottati a *fini preventivi e cautelari*. Si ricordi che l'indennizzo che talora è concesso non rappresenta una controprestazione, bensì un ristoro per il sacrificio imposto nell'interesse generale. Si pensi, ad esempio, all'ordine di abbattimento di animali infetti, alla distruzione di sostanze alimentari nocive etc.

10 La requisizione in proprietà

Si tratta di un **provvedimento ablativo eccezionale e necessitato che ha luogo, di regola, solo in tempo di guerra oppure, in tempo di pace, per esigenze di carattere militare**.

Possono essere oggetto solo *beni mobili* e, fra questi ultimi, *solo quelli indicati dalla legge*. Casi più comuni di requisizione riguardano *mezzi di trasporto* (veicoli, natanti etc.).

L'*indennità* è dovuta dal *trasferimento* del bene, per cui dal momento della consegna fino al pagamento saranno dovuti al soggetto *anche gli interessi corrispettivi*.

14
La responsabilità della P.A. e verso la P.A.

1 La responsabilità: concetto e tipi

La *responsabilità* si configura, in generale, come una **situazione giuridica soggettiva sfavorevole**, in cui viene a trovarsi il soggetto che, avendo posto in essere un *comportamento antigiuridico* (ossia illecito), sia assoggettabile ad una sanzione.

La responsabilità giuridica può *essere civile, penale o amministrativa* a seconda della *natura* delle *norme* violate e delle *conseguenze* di tale violazione. In particolare:

- la responsabilità **civile** si concretizza nell'obbligo del *risarcimento del danno* provocato ad un soggetto in conseguenza di un *comportamento* qualificato *illecito civile*. Essa è sempre convertibile in una prestazione di danaro;
- la responsabilità **penale** concerne il comportamento di *persone fisiche* le quali ledono particolari interessi, tutelati dall'ordinamento come «*pubblici*»: essa consiste nell'assoggettamento personale del colpevole alla *potestà punitiva* dello Stato, mediante l'inflizione di una *pena* (detentiva e/o pecuniaria);
- la responsabilità **amministrativa** deriva dalla violazione di doveri amministrativi, ove sia prevista una sanzione amministrativa.

La responsabilità della P.A. può essere solo *civile* ed *amministrativa*, in quanto quella *penale* è personale, dunque può ricadere solo sulle persone fisiche preposte ad uffici o organi della P.A.

2 La responsabilità civile della P.A.

La responsabilità civile si può definire come il **dovere giuridico, imposto ad un soggetto, di risarcire il danno prodotto ad un altro soggetto, in conseguenza della violazione della sfera giuridica di quest'ultimo**.

La responsabilità civile si distingue, a sua volta, in:

- **responsabilità «contrattuale»** quando l'obbligo di risarcimento del danno deriva dalla violazione di un *preesistente rapporto obbligatorio* (dunque non solo da contratto);
- **responsabilità «extracontrattuale»** quando la responsabilità deriva dal fatto d'aver provocato a terzi un *danno ingiusto* (art. 2043 c.c.).

La dottrina individua anche un terzo tipo di responsabilità: quella **precontrattuale** (artt. 1337 e 1338 c.c.), che nasce dalla violazione delle norme che regolano, appunto, la *fase delle trattative negoziali*.

a) La responsabilità extracontrattuale

Qualunque fatto doloso o colposo, che cagiona ad altri un danno ingiusto, obbliga colui che ha commesso il fatto a risarcire il danno (art. 2043 c.c.). Anche la P.A. soggiace a questa regola.

Il **fondamento** della responsabilità extracontrattuale della P.A. si rinviene nell'**art. 28 della Costituzione**, ai sensi del quale i funzionari e i dipendenti dello Stato e degli enti pubblici *sono direttamente responsabili*, secondo le leggi penali, civili e amministrative, degli atti compiuti in violazione di diritti; in tali casi, la responsabilità civile si estende allo Stato e agli enti pubblici.

Gli **elementi** della responsabilità civile della P.A. sono quelli comuni ad ogni responsabilità civile (CARINGELLA): il giudice, infatti, investito di un'azione di responsabilità, dovrà accertare l'esistenza di una *condotta attiva o omissiva*, l'*antigiuridicità* di tale condotta, la *colpevolezza* dell'agente, l'*evento dannoso*, il *nesso di causalità* tra condotta ed evento.

In particolare:

— la **condotta** può consistere tanto in una *azione* quanto in una **omissione** della P.A. dalla quale *sia derivato un danno*.
  In ogni caso, la condotta deve *essere riferibile alla P.A.*: occorre, cioè, che essa *sia stata compiuta da una autorità amministrativa nell'esercizio delle sue funzioni amministrative*;
— la condotta, a sua volta, deve essere **antigiuridica**, ossia ledere la sfera giridica di un soggetto e sorgere per la *violazione di norme giuridiche cd. di relazione* (e non quando siano violate norme concernenti regole di *buona amministrazione*), sempre che non ricorra una causa di giustificazione;
— è necessaria, inoltre, la **riferibilità del fatto all'amministrazione**. L'attività del dipendente può essere riferita all'amministrazione solo in quanto si possa considerare come *esplicazione dell'attività dell'ente* e sia rivolta al *conseguimento dei fini istituzionali di quest'ultimo*, nell'ambito delle attribuzioni dell'ufficio o del servizio al quale il dipendente è addetto (VIRGA);
— **elemento psicologico (o imputabilità)**. L'art. 2043 c.c. richiede che il fatto dannoso sia riferibile a titolo di *dolo o colpa* alla volontà del soggetto che agisce;
— l'**evento dannoso**. Il danno deve consistere sempre nel *pregiudizio patrimoniale* derivante dalla *lesione di un diritto soggettivo perfetto* e dalla *lesione dell'interesse legittimo*;
— **nesso di causalità tra fatto antigiuridico ed evento dannoso**. Tale requisito non si sottrae alle generali regole civilistiche. In particolare, secondo l'opinione prevalente in dottrina e giurisprudenza, una condotta può dirsi causa di un evento quando ne costituisce *conditio sine qua non,* in quanto senza di essa l'evento non si sarebbe verificato, e quando l'evento, al momento della condotta, era prevedibile come verosimile conseguenza di essa (cd. **causalità adeguata**).

b) La responsabilità contrattuale

La responsabilità contrattuale è quella basata sulla **violazione di un rapporto obbligatorio** già vincolante per le parti, sorto in virtù di un contratto, *ex lege*, di atto unilaterale o, ancora, in base ad un precedente fatto illecito (obbligazione di risarcimento) (CASETTA). In materia di responsabilità contrattuale della P.A., trovano applicazione i principi generali previsti dal **codice civile**.

c) La responsabilità precontrattuale

La responsabilità precontrattuale tutela l'interesse all'adempimento, cioè **l'interesse del soggetto a non essere coinvolto in inutili trattative, a non stipulare contratti invalidi o inefficaci e a non subire alcun inganno in ordine ad atti negoziali**. Dunque nelle trattative le parti devono comportarsi secondo buona fede, ma anche con diligenza. In tal senso, l'interesse protetto in tema di responsabilità precontrattuale è quello della *libertà negoziale*.

Ipotesi di responsabilità precontrattuale sono, ad es., riscontrabili: *nella violazione dei doveri di buona fede nelle trattative e nella formazione del contratto*; *nel recesso ingiustificato dalle trattative*; *nella stipulazione di un contratto invalido o inefficace*; nella *violenza* e nel *dolo*, ovvero nella *colposa induzione in errore*. In particolare, la giurisprudenza riconosce che nelle gare pubbliche, tale tipo di responsabilità sussiste quando vi è un «comportamento contrario a buona fede della parte pubblica e un correlato «affidamento diligente» sul buon esito della trattativa di quella privata» (**T.A.R. Lazio, Roma, sez. IIbis, 21-4-2017, n. 4885**; in ordine ai presupposti necessari perché sorga tale responsabilità si veda **T.A.R. Sicilia, Catania, sez. I, 19-8-2019, n. 2019**).

La dottrina prevalente e la giurisprudenza ritengono che si tratti di responsabilità *extra-contrattuale,* non essendovi (ancora) un rapporto obbligatorio fra le parti che contraggono, ma soltanto delle *regole generali* di comportamento dalla cui violazione discende la responsabilità.

3 La responsabilità nei confronti della P.A.

La responsabilità verso la pubblica amministrazione trova il suo fondamento nel **cd. potere di supremazia della P.A.** nei confronti della collettività, che può essere:

— **generale**, se si esprime sulla collettività indifferenziata, prescindendo da qualità particolari del cittadino e da rapporti specifici con i singoli;
— **speciale**, se si esprime **esclusivamente nei confronti di alcuni soggetti** (es. militari, funzionari statali etc.).

In particolare, dalla subordinazione al potere di supremazia speciale verso la P.A. nascono doveri specifici a carico di determinati soggetti — i **pubblici impiegati** appunto — la cui infrazione comporta per il trasgressore delle peculiari responsabilità correlate all'esistenza del rapporto di servizio che lega il dipendente e la P.A.

La responsabilità disciplinare sarà trattata nel Capitolo relativo al rapporto di impiego pubblico, mentre in questa sede ci si sofferma sulla responsabilità amministrativa ed erariale.

a) La responsabilità amministrativa e contabile

I dipendenti pubblici, qualora arrechino un danno patrimoniale alla propria amministrazione o ad un altro ente pubblico, possono incorrere in quelle particolari tipologie di responsabilità definite *amministrativa* e *contabile*.

La responsabilità amministrativa è quel tipo di responsabilità che sorge a causa dei danni cagionati all'ente nell'ambito o in occasione del rapporto d'ufficio: in particolare, per risponderne è necessario che il «soggetto» interessato, con una condotta dolosa o gravemente colposa collegata o inerente al rapporto esistente con l'amministrazione, abbia causato un danno pubblico risarcibile che si ponga come conseguenza diretta e immediata di detta condotta. La locuzione *erariale* che viene accostata a tale responsabilità sta proprio a sottolineare il fatto che il **danno prodotto inerisce alle finanze dello Stato**.

I relativi **presupposti** si possono così individuare: l'ente danneggiato deve essere un'amministrazione pubblica; tra l'ente ed il danneggiante deve sussistere un rapporto di servizio, che ricorre non solo quando si effettua una prestazione professionale di lavoro subordinato ma «in qualunque caso un soggetto venga investito di una determinata attività funzionale agli scopi della P.A. attraverso l'inserimento nella sua organizzazione ed il conseguente assoggettamento a particolari obblighi e vincoli istituzionali» (CARINGELLA); il danno provocato deve essere **conseguenza diretta e immediata** di una condotta **dolosa** o **gravemente colposa** posta in essere dal danneggiante; il danno provocato all'amministrazione deve essere *ingiusto*, e pertanto non è sufficiente la mera «violazione del dovere d'ufficio (o l'adozione di un atto illegittimo)» (CORSO). Inoltre, la nozione di danno è da intendersi in senso ampio, dovendosi ricomprendere in essa tanto i *danni patrimoniali* quanto i *danni non patrimoniali*.

Tale responsabilità, poi, può presentarsi come **contabile** quando riguarda gli **agenti contabili**, ossia gli incaricati (a qualsiasi titolo, *anche senza legale autorizzazione*) al versamento e riscossione delle entrate dello Stato, coloro che maneggiano pubblico denaro o gli agenti che hanno in consegna oggetti e beni di proprietà dello Stato. La responsabilità contabile di costoro risulta dall'annuale *rendiconto* oppure come *responsabilità formale*, che riguarda, più genericamente, gli amministratori per spese non autorizzate in bilancio, non deliberate nelle forme legali etc.

Benchè la responsabilità amministrativa e la responsabilità contabile sono due diversi aspetti in cui si articola la **responsabilità amministrativo-contabile** o **responsabilità per danno erariale**, il tratto distintivo tra le due va ravvisato proprio nel soggetto agente, che in caso di responsabilità contabile è esclusivamente il pubblico dipendente titolare di specifiche funzioni in ordine al maneggio del denaro pubblico o di altri valori, ovvero all'utilizzo di beni pubblici. Su tali responsabilità giudica la **Corte dei conti**.

b) Segue: Le regole sulla responsabilità per danno erariale

In ordine alle due tipologie di responsabilità, l'**art. 1 L. 20/1994** detta delle regole sia di carattere sostanziale che processuale e prevede che:

- la responsabilità è personale, e limitata ai soli casi di **dolo** e **colpa grave**, ferma restando l'insindacabilità nel merito delle *scelte discrezionali*. In ogni caso è esclusa la gravità della colpa quando il fatto dannoso tragga origine dalla emanazione di un atto vistato e registrato in sede di controllo preventivo di legittimità, limitatamente ai profili presi in considerazione nell'esercizio del controllo;
- fermo restando il potere di riduzione, deve tenersi conto dei vantaggi comunque conseguiti dall'amministrazione di appartenenza, o da altra amministrazione, o dalla comunità amministrata in relazione al comportamento degli amministratori o dei dipendenti pubblici soggetti al giudizio di responsabilità;
- nel caso di deliberazioni di organi collegiali, la responsabilità si imputa esclusivamente a coloro che hanno espresso voto favorevole. Nel caso di atti che rientrano nella competenza propria degli uffici tecnici o amministrativi la responsabilità non si estende ai titolari degli organi politici che in buona fede li abbiano approvati ovvero ne abbiano autorizzato o consentito l'esecuzione;
- il diritto al *risarcimento del danno* si prescrive in cinque anni decorrenti dalla verificazione del fatto dannoso o, in caso di suo accertamento, dalla scoperta dello stesso;
- la Corte giudica sulla responsabilità degli amministratori e dipendenti pubblici anche quando il danno sia cagionato ad *amministrazioni* o enti *diversi da quelli di appartenenza*;
- se il fatto dannoso è causato da più persone, la Corte dei conti, valutate le singole responsabilità, *condanna ciascuno per la parte che vi ha preso*. I soli concorrenti che abbiano conseguito un illecito arricchimento e abbiano agito con dolo sono responsabili solidalmente (commi 1ter e 1quater).

Il danno all'immagine della P.A.

Al danno erariale è possibile ricondurre il cd. **danno all'immagine** della pubblica amministrazione, che si traduce in una «perdita di prestigio» della P.A. agli «occhi» degli amministrati.
Il danno all'immagine, infatti, *incide sul rapporto di fiducia e di affidamento che lega amministrazione e amministrati* e, a sua volta, presuppone l'esplicazione di una condotta che abbia causato la reiterata violazione di doveri di servizio e un discredito per l'amministrazione.

Dal punto di vista della *quantificazione* del danno all'immagine, vengono in genere utilizzati dal giudice contabile:

- criteri oggettivi, aventi riguardo alla oggettiva gravità dell'illecito;
- criteri soggettivi, attinenti cioè alla peculiare posizione del soggetto che ha presuntivamente posto in essere il comportamento che ha cagionato il danno;
- criteri di tipo sociale, in base alla risonanza sociale e dell'opinione pubblica.

Si segnala che la normativa anticorruzione, L. 190/2012, ha inserito nell'impianto della L. 20/1994, in tema di giurisdizione e controllo della Corte dei conti, all'art. 1, il comma 1sexies, relativo all'entità del danno all'immagine. Tale comma dispone, infatti, che nel giudizio di responsabilità, l'entità del danno all'immagine della pubblica amministrazione derivante dalla commissione di un reato contro la stessa pubblica amministrazione accertato con sentenza passata in giudicato si presume, salva prova contraria, **pari al doppio della somma di denaro o del valore patrimoniale di altra utilità illecitamente percepita dal dipendente**.

4 La responsabilità da atto lecito

Mentre, in linea generale, la **responsabilità civile della P.A.** consegue ad un suo comportamento antigiuridico, in taluni casi essa può scaturire da **atti leciti**. Si tratta, in linea di massima, di casi in cui il **soggetto pubblico, svolgendo un'attività perfettamente lecita e finalizzata al soddisfacimento di interessi pubblici, provochi il sacrificio** (o pregiudizio) **di un diritto soggettivo del privato**.

Orbene, in tali evenienze, l'ordinamento prevede l'obbligo di corresponsione, da parte della P.A., di un *indennizzo* finalizzato, in via equitativa, a ristorare, sia pure in forma parziale, il sacrificio patrimoniale subito dal privato.

Tale *indennizzo* va distinto dal *risarcimento*, in quanto, mentre quest'ultimo si atteggia a *strumento di reintegrazione completa della sfera giuridica violata*, il primo costituisce un *mezzo diretto ad un riequilibrio parziale, anche se non meramente simbolico, del pregiudizio subito*.

5 L'illecito amministrativo

La disciplina generale dell'illecito amministrativamente sanzionato è contenuta nella L. 24-11-1981, n. 689 (cd. legge di «depenalizzazione»).

In particolare, l'illecito amministrativamente sanzionato (o «illecito amministrativo») può definirsi come **quella violazione di un dovere generale cui l'ordinamento ricollega, come conseguenza giuridica, il pagamento di una somma di danaro a titolo di sanzione amministrativa**.

La «*sanzione amministrativa pecuniaria*», ai sensi dell'art. 10 L. 689/1981, consiste nel *pagamento di una somma di danaro non inferiore a 10 euro e non superiore a 15.000 euro*.

Nel determinare il *quantum* dovuto, l'autorità che irroga la sanzione deve tener conto:

— della *gravità della violazione*, desunta da ogni circostanza del caso concreto (dolo o colpa, entità del danno, reiterazione dell'infrazione etc.);
— dell'*opera svolta dall'agente per l'eliminazione o attenuazione delle conseguenze dannose della violazione*, e cioè del ravvedimento dimostrato dall'autore dopo il fatto;
— della *personalità del trasgressore*, che si desume da eventuali precedenti generici o specifici e da tutta la sua condotta di vita, le sue qualità morali e sociali, il grado di istruzione etc.;
— delle *condizioni economiche del trasgressore*.

15
La giustizia amministrativa

1 La giustizia amministrativa

L'espressione *giustizia amministrativa* indica quel *complesso di mezzi concessi dall'ordinamento giuridico ai singoli per tutelare le* **posizioni giuridiche soggettive** *di cui risultino titolari nei confronti della P.A.*

Il sistema di giustizia amministrativa permette la coesistenza di tre *principi fondamentali* del nostro ordinamento:

1) il principio della **azionabilità** in giudizio di tutte le *lesioni di diritti soggettivi ed interessi legittimi* (art. 24, comma 1, Cost.) anche se derivanti da atti e comportamenti della P.A. (art. 113, comma 1, Cost.);
2) il principio dell'**autonomia del potere giudiziario** (art. 101 Cost.: «*I giudici sono soggetti soltanto alla legge*»);
3) il principio di **legalità dell'azione amministrativa** la cui conformità alla legge viene accertata dall'autorità giudiziaria.

2 Il sistema della tutela giurisdizionale in Italia

Attualmente la giustizia amministrativa in Italia è organizzata secondo il sistema della **doppia giurisdizione**, nel seguente modo:

- l'**Autorità Giudiziaria Ordinaria è competente a decidere delle violazioni di diritti soggettivi**, con il potere di *disapplicare* l'atto amministrativo che risulti illegittimo, e di *dichiararne* la illegittimità;
- l'**Autorità Giudiziaria Amministrativa è competente a giudicare delle violazioni degli interessi legittimi** (salvo alcuni casi eccezionali in cui giudica anche per violazioni di diritti: cd. casi di *giurisdizione esclusiva*) e ad *annullare* gli atti amministrativi illegittimi (cd. *giurisdizione di legittimità*), nonché, in alcuni *casi tassativi*, anche a *sostituirli* con altri atti o a *riformarli* in parte (sostituendo in tal caso la P.A.: cd. *giurisdizione di merito*);
- i **conflitti di giurisdizione** tra A.G.O. e A.G.A. sono attribuiti alle *Sezioni Unite della Corte di Cassazione*.

Oltre alla tutela giurisdizionale (ordinaria e amministrativa), i portatori di interessi hanno anche a disposizione dei mezzi di tutela amministrativa: i **ricorsi amministrativi**.

3 I mezzi di tutela del privato e la normativa di riferimento

Si è detto che il privato che si reputi leso dall'attività posta in essere dall'amministrazione, per poter difendere i propri interessi, può ricorrere sia alla tutela amministrativa, che non necessita dell'intervento di alcun giudice per essere realizzata, che alla tutela giurisdizionale (innanzi al giudice ordinario – G.O. — ovvero al giudice amministrativo – G.A.).

Dal punto di vista della **tutela amministrativa**, la normativa di riferimento è, ancora oggi, il **D.P.R. 24-11-1971, n. 1199**, con il quale il legislatore ha dettato una disciplina organica dei **ricorsi amministrativi** (*ricorso gerarchico, ricorso in opposizione* e *ricorso al Presidente della Repubblica*).

Sul versante della tutela giurisdizionale esperibile innanzi al G.A., invece, l'evoluzione normativa è stata più articolata e, attualmente, il testo normativo di riferimento per la disciplina del processo innanzi al giudice amministrativo è dato dal **Codice del processo amministrativo**, approvato con il **D.Lgs. 2-7-2010, n. 104**.

Il Codice ha riorganizzato il sistema giurisdizionale amministrativo nel senso di razionalizzare ed omogeneizzare la disciplina precedente, contenuta in numerosi testi normativi, aggiornandola secondo i principi giurisprudenziali affermatisi nel tempo, nell'ottica di avvicinare il processo amministrativo a quello civile.

Le criticità di alcune disposizioni codicistiche e la presenza di alcune incongruenze all'interno del testo sono state all'origine di una recente revisione legislativa del Codice, operata in un primo momento, con il **D.Lgs. 15-11-2011, n. 195**, che ha compiuto un **coordinamento testuale** e un miglioramento della *precisazione lessicale*, chiarito i **rapporti** tra il *Codice del processo amministrativo* e il *codice di procedura civile*, **coordinato** il testo vigente **con sopravvenienze normative** e *chiarito* le singole *questioni processuali*. A questo ha fatto poi seguito il **D.Lgs. 14-9-2012, n. 160**, che ha dettato ulteriori disposizioni integrative al Codice finalizzate a rendere più funzionali taluni istituti processuali.

In un'ottica di riforma della giustizia amministrativa, si ricorda, tra i successivi interventi, che il D.L. 90/2014, conv. in L. 114/2014, ha incentivato l'uso della *telematica* nel processo amministrativo, benchè le regole tecniche per l'effettiva operatività del **processo amministrativo telematico** (p.a.t.) sono state approvate con il **D.P.C.M. 16-2-2016, n. 40** entrato in vigore il 1° gennaio 2017.

4 La tutela in sede amministrativa

La tutela in sede amministrativa è attuata dalla **stessa amministrazione**, attraverso un *procedimento amministrativo*, che viene instaurato a seguito di un *ricorso* dell'interessato.

Pertanto, *non* vi è alcun intervento giurisdizionale, *né* del giudice ordinario, *né* del giudice amministrativo.

La **funzione** della *tutela in sede amministrativa* è quella di ricercare, se possibile, una **soluzione** alle controversie insorte nell'ambito dell'ordine amministrativo stesso e che coinvolgono interessi dell'amministrazione *evitando il ricorso a mezzi giurisdizionali*.

Lo strumento per attuare la tutela in sede amministrativa è il **ricorso amministrativo**; questo può definirsi come *l'istanza* (o *reclamo*) diretta ad ottenere *l'annullamento, la riforma* o *la revoca di un atto amministrativo*, rivolta, dal soggetto che vi abbia interesse, ad una autorità amministrativa nelle forme e con l'osservanza dei termini fissati dalla legge, affinché questa risolva *ex autoritate sua* la *controversia che tale atto ha generato, nell'ambito* dello *stesso ordinamento amministrativo*.

I ricorsi amministrativi previsti nel nostro ordinamento sono:

a) il **ricorso gerarchico**;
b) il **ricorso in opposizione**;
c) il **ricorso straordinario al Presidente della Repubblica**.

Principi comuni alle dette figure sono:

a) *l'obbligo* di indicare nel provvedimento amministrativo **l'autorità a cui si può ricorrere ed il termine entro il quale il ricorso deve essere proposto**;
b) *l'obbligo* dell'autorità cui è presentato il ricorso di **esaminarlo e deciderlo**.

Gli elementi essenziali dei ricorsi amministrativi sono:

1) i **soggetti**: possono presentare ricorso le persone fisiche, le persone giuridiche (pubbliche o private) e le associazioni non riconosciute;
2) l'**interesse**: il ricorso amministrativo non può essere proposto se non da chi, ritenendosi danneggiato dall'atto della P.A., abbia *interesse* all'annullamento (revoca o riforma) di esso.
Quanto ai requisiti, l'interesse deve essere: **diretto, personale**, **attuale**;

3) l'**oggetto** può essere un *atto amministrativo in senso soggettivo ed oggettivo* (*ricorsi impugnatori*), oppure un *comportamento della P.A. o un rapporto* insorto tra la P.A. e un terzo o tra soggetti estranei all'amministrazione (*ricorsi non impugnatori*). Nel primo caso deve trattarsi di un atto emanato da un'*autorità amministrativa nell'esercizio di una funzione amministrativa*;
4) i **termini per il ricorso**. Il ricorso deve essere presentato all'autorità competente nel *termine perentorio* fissato dalla legge (artt. 2 e 9 D.P.R. 1199/1971). Tale termine è di **30 giorni** per il ricorso gerarchico o in opposizione e di **120 giorni** per il ricorso al Presidente della Repubblica;
5) la **forma del ricorso**. Il ricorso *deve essere* redatto per iscritto su carta da bollo *uso amministrativo*, salvo i casi in cui la legge esplicitamente lo escluda (es. in materia di rapporti di lavoro);
6) gli **elementi del ricorso**. Il ricorso deve contenere:
   a) l'indicazione dell'autorità cui è diretto;
   b) gli estremi del provvedimento impugnato;
   c) i motivi del ricorso;
   d) la sottoscrizione del ricorrente.

5 Il ricorso gerarchico

Può definirsi come *quel rimedio di carattere* **generale** consistente nella impugnativa di un **atto non definitivo** proposta dal soggetto interessato davanti all'*organo gerarchicamente sovraordinato* a quello che ha emanato il provvedimento impugnato.

Differenze

Con riferimento al **rapporto di gerarchia**, che intercorre fra l'organo che ha emanato il provvedimento e quello al quale si ricorre, si **distingue**:
— il **ricorso gerarchico proprio**. La gerarchia che viene in considerazione come presupposto di tale ricorso è la *gerarchia esterna*, che deve essere intesa come «*il rapporto intercorrente fra organi individuali di grado diverso appartenenti allo stesso ramo dell'amministrazione per effetto del quale l'organo inferiore è subordinato al superiore*»;
— il **ricorso gerarchico improprio**. È un rimedio di carattere **eccezionale** previsto in alcuni casi in cui *non esiste alcun rapporto di gerarchia*.

In particolare, il ricorso gerarchico improprio è un *ricorso ordinario* proposto ad:
— organi individuali avverso deliberazioni di organi collegiali e viceversa;
— organi collegiali avverso deliberazioni di altri organi collegiali;
— organi statali avverso provvedimenti di altro ente pubblico;
— organi statali avverso provvedimenti di organi di vertice.

La P.A. ha l'*obbligo giuridico* di decidere sul ricorso gerarchico che le viene presentato.

Tuttavia il legislatore ha prospettato anche l'eventualità che la P.A. non sia in grado di adempiere a tale obbligo per mancanza di personale, di tempo o per altri motivi.

L'art. 6 del D.P.R. 1199/1971 ha stabilito che *decorsi* **novanta giorni** *dalla presentazione del ricorso senza che la P.A. abbia comunicato all'interessato la decisione dello stesso, il ricorso si intende* **respinto** *a tutti gli effetti e l'interessato può proporre ricorso giurisdizionale davanti al giudice amministrativo competente o ricorso straordinario al Presidente della Repubblica, direttamente avverso l'atto impugnato in sede gerarchica.*

6 Il ricorso in opposizione

È un **ricorso amministrativo atipico**, rivolto alla *stessa autorità* che ha *emanato l'atto*, anziché a quella superiore gerarchicamente.

Non è un rimedio di *carattere generale* ma è **eccezionale**, utilizzabile solo nei **casi tassativi** in cui la legge lo ammette, e per i *motivi* da essa previsti.

Può essere proposto sia per motivi di *legittimità che di merito*, e sia a tutela di **interessi legittimi** che di **diritti soggettivi**.

Il termine per la sua proposizione è quello generale di 30 giorni dalla notifica o emanazione dell'atto impugnato, ma la legge può prevedere, *nei singoli casi*, termini diversi.

Il ricorso straordinario al Presidente della Repubblica

Disciplina

Il *ricorso straordinario al Presidente della Repubblica* costituisce un rimedio di *carattere generale* contro i provvedimenti **definitivi**. Esso è denominato straordinario non già nel senso di ricorso eccezionale, ma nel senso che può proporsi solo quando non è esperibile il ricorso gerarchico.

Come il ricorso gerarchico, il ricorso straordinario può essere proposto per la tutela sia di **interessi legittimi** che di **diritti soggettivi**; infatti, ai sensi dell'art. 7, comma 8, del Codice del processo amministrativo, tale ricorso è ammesso **unicamente** per le controversie devolute alla giurisdizione amministrativa.

Il ricorso straordinario:

a) può avere ad oggetto soltanto **atti definitivi**; da ciò consegue che prima di proporre il ricorso straordinario deve essere esperito il ricorso gerarchico se l'atto non è, per natura o per legge, definitivo;
b) deve essere proposto entro **120 giorni** dalla conoscenza del provvedimento amministrativo;
c) è proponibile **solo per motivi di legittimità** (incompetenza, eccesso di potere, violazione di legge);
d) è **alternativo al ricorso giurisdizionale amministrativo**, nel senso che chi ha proposto ricorso al T.A.R. non può più proporre il ricorso straordinario e viceversa chi ha scelto la via del ricorso straordinario non può più impugnare davanti al *giudice amministrativo* né l'atto né la decisione sul ricorso. La regola dell'alternatività ha la funzione di evitare che sullo stesso atto amministrativo intervengano due pronunce, una giustiziale e amministrativa ed una giurisdizionale, diverse e che il Consiglio di Stato si pronunci, pertanto, due volte sullo stesso atto attraverso il *parere obbligatorio* in sede di ricorso straordinario e come giudice di appello in sede di ricorso giurisdizionale. Il criterio dell'alternatività comporta che deve essere consentita la scelta fra le due forme di tutela non solo al *ricorrente*, ma anche al *controinteressato*, che non può subire passivamente una scelta altrui (VIRGA): a tale finalità risponde la **trasposizione del ricorso straordinario in sede giurisdizionale**, che è un istituto previsto a *tutela* dei *controinteressati intimati*, ai quali sia stato, cioè, notificato il ricorso. Costoro, pur dopo l'impugnazione dell'atto con ricorso straordinario, *possono ancora scegliere*, e, quindi, o aderire alla via scelta dal primo ricorrente, oppure chiedere, con *opposizione* (notificata al ricorrente e all'autorità che ha emanato l'atto impugnato), proposta entro 60 gg. dalla notifica del ricorso straordinario, che il ricorso sia deciso in sede giurisdizionale (art. 10 D.P.R. 1199/1971);
e) deve essere notificato, a pena d'inammissibilità, ai controinteressati a cura del **ricorrente** e su quest'ultimo incombe l'onere della loro identificazione;
f) l'art. 3 della L. 205/2000 ha esteso anche al ricorso straordinario il rimedio cautelare della sospensione del provvedimento impugnato laddove esso provochi danni gravi ed irreparabili.

Procedimento

Il ricorso deve essere presentato entro 120 gg. dalla data di notifica o comunicazione dell'atto o dalla piena conoscenza di esso.

Il contraddittorio deve essere instaurato dallo stesso *ricorrente*.

L'istruttoria del ricorso è compiuta dal Ministero competente, e cioè dal Ministero che sovraintende alla materia alla quale è da ricondurre l'atto impugnato.

Istruito il ricorso, il Ministero lo trasmette al Consiglio di Stato per il relativo parere, che è *obbligatorio*.

Ai sensi dell'art. 14 D.P.R. 1199/1971, come modificato dall'art. 69 L. 69/2009, il ricorso straordinario è deciso con **decreto del Presidente della Repubblica**, su proposta del Ministro competente, **conforme al parere (obbligatorio e vincolante) del Consiglio di Stato**.

Al decreto decisorio del Presidente della Repubblica — posto su di un piano alternativo rispetto alla tutela giurisdizionale — è stata in genere sempre riconosciuta **natura amministrativa**. Tale tesi appare, tuttavia, superata dalla corrente giurisprudenziale che riconosce **natura sostanzialmente giurisdizionale al decreto decisorio**: il nuovo assetto normativo, infatti, depone nel senso dell'assegnazione al decreto presidenziale, proprio in quanto emesso su conforme parere del Consiglio di Stato, della natura sostanziale di decisione di giustizia e, quindi, di un *carattere sostanzialmente giurisdizionale*. Tale assunto ha come conseguenza che il giudicato presidenziale è assimilabile a quello amministrativo, ed è, pertanto, suscettibile di ottemperanza sulla scorta degli artt. 112 e seguenti del Codice del processo amministrativo (così **C.d.S., Ad. Plen., 6-5-2013, n. 9**; cfr. sul punto anche **Cass. civ., SS.UU., 14-5-2014, n. 10414**; **C.G.A.S., in sede giurisd., 9-1-2017, n. 10**), che ha riconosciuto natura giurisdizionale al ricorso straordinario e all'atto terminale della relativa procedura.

Dal punto di vista normativo, l'art. 112, comma 2, lett. *d)*, c.p.a. riconosce che il **rimedio dell'ottemperanza** è proponibile per ottenere l'esecuzione delle «sentenze passate in giudicato e degli **altri provvedimenti ad esse equiparate** per i quali non sia previsto il rimedio dell'ottemperanza, al fine di ottenere l'adempimento della pubblica amministrazione di conformarsi alla decisione». Attraverso tale previsione è ammessa l'ottemperanza del decreto decisorio del ricorso straordinario. Il giudice competente a decidere sull'ottemperanza del decreto è il **Consiglio di Stato** (e non il TAR), trattandosi di eseguire una pronuncia del massimo organo di giustizia amministrativa (LEONE).

Avverso il *decreto presidenziale* che decide il ricorso, ove la decisione riguardi una questione di competenza del G.A., sono ammessi, infine, due mezzi di impugnazione:

a) *revocazione*: contro il decreto è ammesso ricorso per revocazione allo stesso Presidente della Repubblica nei casi previsti dall'art. 395 del c.p.c.;
b) *impugnazione innanzi al giudice amministrativo*: l'impugnabilità della decisione del ricorso straordinario è, però, circoscritta ai *soli vizi di forma* e *del procedimento*, essendo impedita la valutazione di contestazioni che comportino un qualsivoglia riesame del giudizio formulato dal Consiglio di Stato in sede consultiva.

8 La tutela giurisdizionale ordinaria

a) Il G.O. e l'ambito della giurisdizione ordinaria

Il sistema della **giurisdizione ordinaria** è costituito dal complesso delle Corti e dei Tribunali ordinari, che hanno il compito di amministrare la giustizia **civile** (sui **diritti soggettivi**) e **penale** e sono circondati da particolari garanzie d'indipendenza.

La disciplina fondamentale in materia di giurisdizione del G.O. nei confronti della P.A. resta ancora oggi quella contenuta nell'art. 2 della L. 20-3-1865, n. 2248 — allegato E (cd. legge di abolizione del contenzioso amministrativo – L.A.C.), per il quale «*sono devolute alla giurisdizione ordinaria tutte le cause per contravvenzioni e tutte le materie nelle quali si faccia questione di un diritto civile o politico, comunque vi possa essere interessata la Pubblica Amministrazione, e ancorché siano emanati provvedimenti del potere esecutivo o dell'autorità amministrativa*».

Rientrano, quindi, nella **competenza** del G.O.:

a) «*le cause per contravvenzioni*»: sono, cioè, di competenza del G.O. *tutte le violazioni della legge penale*. Questo principio è stato, successivamente, confermato e rafforzato dalla Costituzione Repubblicana;
b) «*tutte le materie nelle quali si faccia questione di un diritto civile o politico*» (*causa petendi*). Sono di competenza del G.O., infatti, tutte le controversie relative all'esistenza ed alla lesione di un diritto soggettivo. Fanno eccezione le materie attribuite alla competenza esclusiva del T.A.R.;
c) «*comunque vi possa essere interessata la P.A.*». E cioè sia essa parte *attrice* nel senso che promuove il giudizio, che *convenuta* in quanto è chiamata in giudizio;

d) «*ancorché siano stati emanati provvedimenti del potere esecutivo o dell'autorità amministrativa*». Pertanto, la giurisdizione del G.O. non è preclusa dal fatto che la P.A. abbia emanato un *atto d'autorità*: ciò trova conferma negli artt. 4 e 5 della legge abolitrice del contenzioso, che disciplinano i poteri del G.O. in presenza di un atto amministrativo, e nell'art. 113 Cost., che espressamente prevede la cognizione del G.O. per gli atti amministrativi lesivi di diritti.

b) I limiti della potestà del giudice ordinario nei confronti della P.A.

Se il legislatore ha voluto attribuire al G.O. la giurisdizione in materia di diritti soggettivi anche nei confronti della P.A., ha, però, previsto dei **limiti** ai suoi normali poteri, in ossequio al fondamentale principio della separazione dei poteri.

Quando parte in causa sia una P.A., i poteri del G.O. incontrano i seguenti limiti, espressamente previsti dagli artt. 4 e 5 della L.A.C.:

a) il G.O. *deve limitarsi a conoscere gli effetti dell'atto in relazione all'oggetto dedotto in giudizio*; non può, cioè, conoscere dell'atto amministrativo — in sé e per sé — con effetti *erga omnes*, ma solo in funzione della pronunzia sul rapporto dedotto in giudizio;
b) può estendere il suo *sindacato soltanto alla legittimità dell'atto amministrativo*; non potrà, perciò, indagare sulla opportunità e sulla convenienza dell'atto né potrà sindacare l'esercizio del potere discrezionale da parte della P.A.;
c) *non può incidere sull'atto amministrativo*: non può né annullarlo o revocarlo né modificarlo;
d) quando ha accertato che effettivamente il diritto del privato è stato leso dall'atto illegittimo, *dichiara tale illegittimità* senza, però, che sul punto si formi il giudicato (in termini tecnici si parla di *accertamento incidentale*) e **disapplica** l'atto; giudica cioè prescindendo dall'atto (come se l'atto non fosse mai stato emanato);
e) non può in nessun caso imporre alla P.A. comportamenti positivi, ma può solo *condannarla al risarcimento dei danni* cagionati al privato.

c) Le azioni ammissibili nei confronti della P.A.

Tenuto conto dei limiti suddetti, si deduce che **non tutte le azioni** esperibili nelle controversie tra privati possono esser proposte contro la P.A.

Esaminando le diverse categorie di azioni elaborate nel diritto processuale abbiamo le:

a) **azioni dichiarative**. Sono quelle dirette al mero accertamento di uno stato di fatto o di una situazione di diritto ed hanno lo scopo di eliminare incertezze e dissensi fra le parti, procurando una prova pubblica ed inconfutabile dello stato di fatto giuridicamente rilevante. Tali azioni **sono sempre ammesse** nei confronti della P.A.;
b) **azioni costitutive**. Tendono ad ottenere dal giudice una sentenza (*costitutiva*, appunto) che, accertati determinati elementi, costituisca, modifichi o estingua un determinato rapporto giuridico. La dottrina e la giurisprudenza *ritengono ammissibili le azioni costitutive quando non incidono sui poteri pubblici della P.A.*;
c) **azioni di condanna**. Sono quelle a seguito delle quali il giudice, accertato l'obbligo di una delle parti o un suo comportamento antigiuridico produttivo di responsabilità, *ordina* alla medesima una *prestazione* diretta a ristabilire l'equilibrio giuridico violato. La *prestazione ordinata* alla *parte soccombente* può consistere nel *pagamento di una somma di danaro a titolo di risarcimento* ovvero in un *determinato comportamento* (*facere, non facere, dare*) che costituisca concreta soddisfazione del diritto violato;
d) **azioni possessorie**. Si tratta di azioni **inammissibili** allorquando la P.A. sia entrata in possesso di un bene in base ad un provvedimento imperativo (es. decreto d'espropriazione). In questo caso, infatti, si inciderebbe sull'atto amministrativo contro il disposto dell'art. 4 L.A.C. L'orientamento prevalente in giurisprudenza ritiene, tuttavia, che le azioni possessorie possano essere esperite quando, pur essendo ravvisabile in capo all'amministrazione procedente il potere di provvedere, ne risultino in

concreto travalicati i limiti per il mancato rispetto di quei requisiti formali, presupposti e condizioni richiesti dalla legge per l'adozione dell'atto: ad esempio nel caso di mancanza di forma richiesta *ad substantiam*, superamento dei termini di decadenza o invasione della sfera territoriale di competenza altrui. Si delinea così la figura della **carenza di potere in concreto**.

Le azioni possessorie sono **ammissibili** se la P.A. agisca come *privato*, oppure se l'impossessamento sia avvenuto senza che sia stato emanato un provvedimento al quale il comportamento materiale della P.A. si ricolleghi.

d) Esecuzione delle sentenze dell'A.G.O.

• Sentenze dichiarative

L'interessato può rivolgersi alla stessa P.A. *soccombente* perché questa si *uniformi* al giudicato; se questa non si uniforma alla sentenza l'interessato può adire il G.A. col *giudizio di ottemperanza*.

• Sentenze di condanna

Riguardo la possibilità di portare ad esecuzione giudizialmente le sentenze di condanna ottenute nei confronti della P.A., occorre ricordare che l'**esecuzione forzata**, ove ammissibile, può esercitarsi sia nella forma dell'*espropriazione* (art. 2910 c.c.) sia nelle *forme specifiche* regolate dagli artt. 2930-2931-2932-2933 c.c.

9 La tutela giurisdizionale amministrativa

a) Il G.A. e la giurisdizione amministrativa

La giurisdizione amministrativa è esercitata dai **Tribunali Amministrativi Regionali** e dal **Consiglio di Stato** secondo le norme del Codice del processo amministrativo (art. 4 del Codice del processo amministrativo). A questi organi bisogna aggiungere il *Consiglio di giustizia amministrativa per la Regione siciliana*, al quale, ai sensi dell'art. 6 del Codice del processo amministrativo, si propone appello avverso le pronunce del Tribunale Amministrativo Regionale della Sicilia.

Tutti i suddetti organi vengono definiti come *giudici amministrativi generali*. Bisogna però considerare che la giurisdizione amministrativa è attribuita anche ai *giudici amministrativi speciali*, i quali hanno una competenza speciale, stabilita tassativamente dalla legge: la *Corte dei conti*, i *Tribunali delle acque pubbliche*, le *Commissioni tributarie* e i *Commissari per gli usi civici*.

Differenze

La giurisdizione amministrativa si differenzia dalla giurisdizione ordinaria, per i seguenti caratteri:
- la **P.A. è parte necessaria nei giudizi davanti ad essa**: infatti, i giudici che si svolgono davanti al giudice amministrativo sono giudizi fra P.A. e privato o giudizi fra due PP.AA.;
- la «**causa petendi**» è costituita, *generalmente*, *dalla lesione di un* **interesse legittimo**: vi sono però delle ipotesi (tassativamente fissate dalla legge e perciò *eccezionali*) in cui la *causa petendi* è data dalla *violazione* di *un diritto soggettivo*: casi di cd. *giurisdizione esclusiva*.

In particolare, i Tribunali Amministrativi Regionali sono stati istituiti con la L. 1034/1971, in attuazione dell'art. 125 Cost., come organi locali di giustizia amministrativa su base regionale; i TAR sono **venti**, uno per ogni Regione, con sede nel capoluogo regionale, oltre le sezioni staccate istituite presso alcune Regioni.

I giudici amministrativi esercitano:

a) una **giurisdizione generale di legittimità**: ai sensi dell'art. 7, comma 4, del Codice del processo amministrativo, il G.A. in sede di giurisdizione di legittimità conosce delle controversie relative ad **atti, provvedimenti o omissioni delle pubbliche amministrazioni, comprese quelle relative al risarcimento del danno** per lesione di *interessi legittimi* e agli altri diritti patrimoniali consequenziali, pure se *introdotte in via autonoma*.

Anche se in sede di giurisdizione di legittimità il G.A. conosce di interessi legittimi, non mancano dei casi in cui può conoscere anche di *diritti soggettivi*. Specificamente, l'art. 8 del Codice del processo, prevede che il G.A., oltre ai casi di giurisdizione esclusiva, può conoscere — incidentalmente e senza **efficacia di giudicato** — di **questioni pregiudiziali o incidentali relative a diritti soggettivi** quando la soluzione delle stesse è presupposto necessario per la decisione della questione principale, relativa ad un interesse. Restano in ogni caso affidate alla cognizione del G.O., ai sensi dell'art. 8, comma 2, del Codice, le **questioni concernenti lo *stato* e la *capacità* delle persone fisiche**, esclusa la capacità di stare in giudizio, e le **questioni relative alla *falsità di atti e documenti*** (cd. ***incidente di falso***);

b) una **giurisdizione di merito** nelle materie tassativamente determinate dal legislatore: l'art. 7, comma 6, del Codice definisce la **giurisdizione di merito** del G.A., affermando che quando il giudice amministrativo esercita la giurisdizione con cognizione estesa al merito **può sostituirsi all'amministrazione**. Ciò in quanto è tenuto ad esaminare l'atto impugnato, oltre che dal punto di vista della sua legittimità, anche sotto il profilo dell'*opportunità* e della **convenienza**. Nei casi di giurisdizione di merito, ai sensi dell'art. 34 del Codice, il G.A. «adotta un nuovo atto, ovvero modifica o riforma quello impugnato».

Quanto alle ipotesi in cui il giudice esercita la giurisdizione di merito, queste sono indicate dalla legge e dall'articolo 134. Ai sensi della disposizione codicistica, rientrano in tale giurisdizione le controversie aventi ad oggetto:

a) l'attuazione delle pronunce giurisdizionali esecutive o del giudicato (giudizio di ottemperanza);
b) gli atti e le operazioni in materia elettorale, attribuiti alla giurisdizione amministrativa;
c) le sanzioni pecuniarie la cui contestazione è devoluta alla giurisdizione del giudice amministrativo, comprese quelle applicate dalle autorità amministrative indipendenti (sul punto si ricorda che la Corte costituzionale, con sent. 162/2012 e poi con sent. 94/2014, ha dichiarato l'illegittimità costituzionale dell'art. 134, comma 1, lett. *c)* nella parte in cui attribuisce alla giurisdizione esclusiva del G.A., con cognizione estesa al merito e alla competenza funzionale del TAR Lazio, Roma, le controversie in materia di sanzioni irrogate rispettivamente dalla CONSOB e dalla Banca d'Italia) e quelle previste dall'art. 123 del Codice (il riferimento è a quella sanzione che il giudice può applicare quando, nonostante le violazioni connesse, il contratto sia considerato efficace o l'inefficacia sia temporaneamente limitata);
d) le contestazioni sui confini degli enti territoriali;
e) il diniego di rilascio di nulla osta cinematografico, di cui all'art. 8 della L. 161/1962;

c) una **giurisdizione esclusiva**, anch'essa nelle materie tassativamente determinate dal legislatore: è caratterizzata, ai sensi dell'art. 7, comma 5, del Codice del processo dalla circostanza per cui al giudice amministrativo è attribuita, pure ai fini risarcitori, la cognizione, *in via principale*, sia dei **diritti soggettivi** che degli **interessi legittimi**. Data l'ampiezza della cognizione del giudice, si suole affermare che la giurisdizione esclusiva configuri un'ipotesi non di sola *giurisdizione su atti*, ma anche di *giurisdizione su rapporti*.

Quanto alle **materie** nelle quali il G.A. esercita la **giurisdizione esclusiva**, queste sono elencate nell'art. 133 del Codice del processo amministrativo (a titolo di esempio, si ricordano: l'*azione di risarcimento del danno ingiusto cagionato in conseguenza dell'inosservanza dolosa o colposa del termine di conclusione del procedimento*; in materia di *accesso ai documenti amministrativi* e violazione di obblighi di trasparenza amministrativa in materia di *urbanistica ed edilizia*, concernente tutti gli aspetti dell'uso del territorio, e di *espropriazione per pubblica utilità*, nonché di *servizi pubblici*). A tali ipotesi devono aggiungersi le ulteriori previsioni di **legge**, così come stabilito dallo stesso legislatore, al comma 1 della disposizione *de qua*: a titolo di esempio, si ricordano *le controversie in materia di ricorso per l'efficienza delle amministrazioni e dei concessionari dei servizi pubblici*, ai sensi del D.Lgs. 198/2009.

Il Consiglio di Stato, invece, è **organo di ultimo grado della giurisdizione amministrativa**, ai sensi dell'art. 6 del Codice del processo amministrativo. Esso è un **organo complesso** con *funzioni consultive generali* in materia giuridico-amministrativa e *funzioni giurisdizionali amministrative* di secondo grado (rispetto ai T.A.R.) e, per determinate materie, esclusive.

Quanto alla struttura del Consiglio di Stato, questo si articola in sei sezioni, con funzioni consultive o giurisdizionali, oltre ad una sezione consultiva, istituita con la L. 127/1997, per l'esame degli schemi di atti normativi per i quali il Consiglio di Stato è tenuto a dare o è richiesto del parere.

b) L'oggetto della tutela giurisdizionale amministrativa

Il Codice del processo amministrativo, all'art. 7, individua specificamente le **tipologie di controversie** che possono essere conosciute dal G.A.

In via generale, si tratta di controversie nelle quali si faccia questione di interessi legittimi e, nelle particolari materie indicate dalla legge, di diritti soggettivi, concernenti **l'esercizio o il mancato esercizio del potere amministrativo** ed aventi ad oggetto **provvedimenti, atti, accordi o comportamenti riconducibili anche mediatamente all'esercizio di tale potere**.

Ulteriore requisito richiesto dal legislatore perché si possa chiedere tutela al giudice amministrativo è che **i provvedimenti**, **gli atti**, **gli accordi** o **i comportamenti** in relazione ai quali è sorta una contestazione, siano stati **posti in essere da una pubblica amministrazione** ovvero da soggetti ad essa equiparati o comunque tenuti al rispetto dei principi del procedimento amministrativo.

Pertanto, sono **impugnabili** in sede giurisdizionale amministrativa soltanto quegli atti che, in senso oggettivo, siano **esplicazione di pubblica potestà**, ed, in senso soggettivo, **promanino da una autorità amministrativa** e siano **lesivi di interessi legittimi del privato**.

In quest'ottica il legislatore ha, poi, espressamente precisato, riprendendo quanto già in precedenza sancito nel Testo Unico delle leggi sul Consiglio di Stato (art. 31 R.D. 1054/1924), che *non sono impugnabili* gli atti o i provvedimenti emanati dal Governo *nell'esercizio del potere politico*, esplicitando, così, la principale differenza fra atti amministrativi ed atti politici.

Tipologie di giudizio innanzi al G.A.

Espansione Web
Il processo amministrativo

Con riferimento al contenuto e all'oggetto delle pronunce del G.A., si distinguono varie tipologie di giudizio che possono aver luogo innanzi all'autorità giurisdizionale amministrativa. In particolare, si riconoscono:

— **un giudizio di cognizione**: è volto a stabilire la **fondatezza della pretesa** vantata dal soggetto leso dalla P.A., per stabilire quale sia la volontà dell'ordinamento riguardo l'attività dell'amministrazione. Il processo amministrativo di cognizione si presenta prevalentemente, nella giurisdizione di legittimità, come *giudizio d'impugnazione* di un atto amministrativo finalizzato alla sua eliminazione dal mondo giuridico. Con il Codice del processo, il legislatore ha individuato le azioni esperibili innanzi al giudice amministrativo;

— **un giudizio cautelare**: ha una **funzione accessoria e strumentale** rispetto al processo di cognizione, in quanto è teso all'adozione di *misure preventive* volte a preservare le utilità che saranno fornite da una eventuale sentenza favorevole di cognizione da eventi che possono manifestarsi durante il corso del processo. In tale ipotesi processuale, il G.A. conosce dell'atto impugnato limitatamente agli effetti dannosi che dallo stesso possono scaturire per il ricorrente;

— **un giudizio di esecuzione**: ha la funzione di assicurare, anche coattivamente, l'**attuazione concreta della pronuncia di cognizione**. Al pari di quello cautelare, tale tipologia di giudizio, definito *giudizio di ottemperanza*, è fortemente tipizzato dal legislatore agli artt. 112 e ss. del Codice del processo amministrativo.

10 Le azioni di cognizione esperibili innanzi all'autorità giurisdizionale amministrativa

Quanto alle azioni esperibili innanzi al G.A., si evidenzia che con l'approvazione del Codice del processo amministrativo è stata introdotta nell'ordinamento una **disciplina organica** delle stesse che, in modo più o meno completo, ricalca il **sistema delle tradizionali azioni di cognizione** (*costitutive, di accertamento e di condanna*).

Prima della riforma, il quadro delle azioni amministrative che il privato poteva attivare innanzi al giudice amministrativo era, infatti, alquanto articolato ed il processo amministrativo *era, per lo più, incentrato sulla richiesta di annullamento* del provvedimento amministrativo *ritenuto illegittimo*.

In particolare, le azioni esperibili innanzi al giudice amministrativo sono:

- l'**azione di annullamento**, disciplinata dall'art. 29 del Codice;
- l'**azione di condanna**, disciplinata dall'art. 30 del Codice;
- l'**azione avverso il silenzio della P.A.** e declaratoria di nullità, disciplinata dall'art. 31 del Codice, ed altre azioni di accertamento.

a) L'azione di annullamento

Questa costituisce, da sempre, l'espressione più tipica del processo amministrativo, in quanto è tesa a realizzare la cd. tutela di tipo demolitorio, ossia la *demolizione* dell'atto impugnato. L'art. 29 del Codice, quindi, non fa che riproporre quanto già noto: **l'azione di annullamento per violazione di legge, incompetenza ed eccesso di potere** si propone nel termine di decadenza di **60 giorni**.

b) L'azione di condanna

L'azione di condanna, disciplinata dall'art. 30 del Codice del processo amministrativo, ha una portata generale applicabile quando risulti necessaria, dopo l'annullamento, una tutela in forma specifica del ricorrente mediante la modificazione della realtà materiale (condanna ad un *facere*) ovvero sia rimasta inadempiuta un'obbligazione di pagamento o debba comunque provvedersi mediante l'adozione di ogni altra misura idonea a tutelare la posizione giuridica soggettiva del ricorrente.

Ed infatti, ai sensi dell'art. 34, comma 1, del Codice (novellato dal D.Lgs. 160/2012) il giudice amministrativo, con la sentenza con cui definisce nel merito il giudizio, può:

- ordinare all'amministrazione, rimasta inerte, di provvedere entro un termine;
- condannare al pagamento di una somma di denaro, anche a titolo di risarcimento del danno;
- condannare all'adozione di misure idonee a tutelare la posizione giuridica dedotta in giudizio: ipotesi di cd. **condanna atipica**.

L'azione di condanna può essere proposta sia contestualmente ad un'altra azione che in via autonoma, *nei soli casi*, però, *di giurisdizione esclusiva e nei casi individuati dallo stesso art. 30 del Codice*.

Il medesimo art. 30 del Codice disciplina specificamente, nell'ambito dell'azione di condanna, anche **l'azione risarcitoria esperibile contro la P.A.** per **danni da illegittimo esercizio dell'azione amministrativa** (quindi, a tutela di interessi legittimi) nonché, *nei casi di giurisdizione esclusiva, per danni da lesione di diritti soggettivi*.

Quest'ultima è esperibile nel **termine di decadenza di 120 giorni** da quando il fatto si è verificato ovvero dalla conoscenza del provvedimento qualora il danno sia derivato direttamente da questo, al fine, quindi, di riparare un danno ingiusto derivante dall'illegittimo esercizio dell'attività amministrativa o dal mancato esercizio di quella obbligatoria.

Nell'ipotesi in cui sia stata proposta azione di annullamento di un provvedimento amministrativo, la domanda di risarcimento può essere presentata *nel corso del giudizio* o, comunque, sino a *120 giorni dal passaggio in giudicato della relativa sentenza* (comma 5).

Nel caso di giurisdizione esclusiva, il G.A. risarcisce anche il danno da lesione di diritti soggettivi. Con l'ulteriore precisazione che *ogni* domanda di risarcimento dei danni per lesione di interessi legittimi o, nelle materie di giurisdizione esclusiva, di diritti soggettivi l'azione è dal legislatore affidata *in via esclusiva al giudice amministrativo*.

Completa la disciplina dell'azione risarcitoria la previsione per cui è possibile chiedere al giudice amministrativo il **risarcimento del danno in forma specifica**, qualora ricorrano i presupposti di cui all'**art. 2058 c.c.**, ossia quando tale forma di reintegrazione risulti in tutto o in parte possibile e non sia eccessivamente onerosa per il debitore.

Peculiare ipotesi di risarcimento del danno è quella contemplata nel **comma 4 dell'art. 30** cit. Si tratta della responsabilità della P.A. collegata **alla inosservanza, dolosa o colposa, dei termini di conclusione del procedimento amministrativo**, di cui all'art. 2 della L. 241/1990: in tale ipotesi sussiste comunque la possibilità di esperire l'azione risarcitoria di cui all'art. 2bis della L. 241/1990, ma il termine decadenziale di 120 giorni per la sua proposizione *non inizia a decorrere fino a quando perdura l'inadempimento* (*a contrario*, cioè decorre dal momento in cui l'amministrazione pone in essere l'attività amministrativa); in ogni caso, il detto termine decorre comunque dopo un anno dalla scadenza del termine per provvedere.

c) L'azione avverso il silenzio e la declaratoria di nullità

Viene disciplinata dall'**art. 31** del Codice del processo (come modif. dal **D.Lgs. 195/2011**), ai sensi del quale, decorsi i termini di conclusione del procedimento, chi vi ha interesse può chiedere **l'accertamento dell'obbligo dell'amministrazione di provvedere**. Tale azione può essere proposta fino a che dura l'inadempimento e, comunque, **non oltre un anno dalla scadenza del termine di conclusione**.

Altra interessante ipotesi contemplata dall'art. 31 è quella di **accertamento** e relativa **declaratoria di nullità previste dalla legge**. Questa azione va proposta nel termine di decadenza di **180 giorni** e la nullità dell'atto può sempre essere opposta dalla parte resistente o essere rilevata d'ufficio dal giudice.

d) L'azione di esatto adempimento

Il D.Lgs. 160/2012 ha introdotto nel Codice del processo amministrativo l'azione di esatto adempimento, consistente nella *possibilità di chiedere al giudice amministrativo la condanna della pubblica amministrazione al rilascio di uno determinato provvedimento*, e quindi ad un *facere* specifico.

Con la positivizzazione di tale tipologia di azione di condanna, il legislatore ha definitivamente superato le difficoltà che venivano poste al suo formale riconoscimento: l'ostacolo di maggior rilievo in tal senso era, infatti, rappresentato dalla *interferenza del giudice nell'azione amministrativa*, con palese violazione del fondamentale principio della separazione dei poteri. Per superare eventuali obiezioni giuridiche, il legislatore ha circoscritto le ipotesi di esercizio dell'azione di esatto adempimento ed ha specificato i limiti per la sua esperibilità.

In particolare, tale innovazione è avvenuta attraverso una modifica dell'*art. 34, comma 1, lett. c), del Codice*, ove è stata inserita la previsione che l'azione di condanna al rilascio del provvedimento richiesto può essere esercitata **contestualmente all'azione di annullamento del provvedimento di diniego o all'azione avverso il silenzio** ed **entro** i **limiti di cui all'art. 31, comma 3, c.p.a.**

Da tanto deriva che la domanda può essere proposta soltanto unitamente alle tipologie di azione individuate, e *non in via autonoma*, e che è ammissibile solo quando si tratta di *attività vincolata* o quando *risulta che non residuano ulteriori margini di esercizio della discrezionalità* e *non sono necessari adempimenti istruttori* che debbano essere compiuti dall'amministrazione. Solo a tali condizioni, infatti, il giudice può valutare la fondatezza della pretesa sostanziale e condannare l'amministrazione al rilascio di un dato provvedimento.

11 La Corte dei conti quale giudice contabile

a) La giurisdizione contabile

La Corte dei conti è titolare della cd. **giurisdizione contabile**, nella quale vengono tradizionalmente ricompresi i giudizi di conto, di responsabilità amministrativa per danni all'erario e gli altri giudizi di contabilità pubblica, nonché i giudizi in materia pensionistica, quelli aventi ad oggetto l'irrogazione di sanzioni pecuniarie e gli altri giudizi nelle materie specificate dalla legge (**art. 1 D.Lgs. 174/2016, Codice di giustizia contabile**).

Il **D.Lgs. 26-8-2016, n. 174**, recante il **Codice di giustizia contabile** modificato con il D.Lgs. 114/2019, contiene le disposizioni processuali di **tutte** le tipologie di giudizi che si svolgono davanti alla Corte dei conti e si compone di tre Allegati: il primo è il *Codice della giustizia contabile*, il secondo contiene le relative *Norme di attuazione* e il terzo riporta le *Norme transitorie e le abrogazioni*.

Quanto alla struttura del Codice, questo è così articolato:

- la **Parte I** è dedicata alle **disposizioni generali**, riguardanti principi e organi della giurisdizione contabile;
- la **Parte II** contiene le norme che regolano lo svolgimento dei **giudizi di responsabilità**. Tale Parte è così articolata: la fase preprocessuale, le azioni a tutela del credito erariale (quelle azioni che il P.M. può esperire a tutela delle ragioni del creditore, come azione surrogatoria, azione revocatoria e sequestro conservativo), il rito ordinario, i riti speciali (rito abbreviato, rito monitorio e il giudizio relativo a relativo a fattispecie di responsabilità sanzionatoria pecuniaria);
- la **Parte III** disciplina il **giudizio sui conti** e regola sia il *giudizio per la resa del conto* che il *giudizio sul conto*;
- la **Parte IV** regola i **giudizi pensionistici**: i ricorsi pensionistici civili, militari e di guerra;
- la **Parte V** è relativa agli **altri giudizi su istanza di parte**;
- la **Parte VI** contiene norme sui **giudizi di impugnazione**: appello, opposizione di terzo, revocazione e ricorso per Cassazione;
- la **Parte VII** si occupa dell'**interpretazione del titolo giudiziale**, dell'**esecuzione** e del **giudizio di ottemperanza**.

Il Codice di giustizia contabile è entrato in vigore il 7-10-2016.

Tale giurisdizione viene qualificata come:

- **piena**, poiché la Corte conosce delle controversie sia sotto l'aspetto dell'accertamento dei fatti che di quello dell'applicazione del diritto. Inoltre essa può accertare l'illegittimità degli atti amministrativi, negandone l'applicazione, ma non può annullare o sostituire tali atti;
- **esclusiva**, in quanto la Corte conosce sia di diritti soggettivi che di interessi legittimi.

La giurisdizione contabile è esercitata dalle *sezioni giurisdizionali regionali, dalle sezioni di appello, dalle sezioni riunite in sede giurisdizionale e dalle sezioni riunite in speciale composizione* della Corte dei conti.

Sono **organi di giurisdizione contabile di primo grado** le sezioni giurisdizionali regionali, con sede nel capoluogo di regione, con competenza estesa al territorio regionale. Nella regione Trentino-Alto Adige sono organi di giurisdizione contabile di primo grado la sezione giurisdizionale con sede in Trento e la sezione giurisdizionale con sede in Bolzano, con competenza estesa al rispettivo territorio provinciale (art. 9 D.Lgs. 174/2016).

Sono **organi di giurisdizione contabile di secondo grado** le sezioni giurisdizionali centrali di appello, con sede in Roma, con competenza estesa al territorio nazionale e la sezione giurisdizionale di appello per la Regione siciliana, con sede a Palermo, con competenza estesa al territorio regionale (art. 10 D.Lgs. 174/2016).

Poi vi sono le **sezioni riunite in sede giurisdizionale** della Corte dei conti, ossia l'articolazione interna della medesima Corte in sede d'appello, quale l'organo che assicura l'uniforme interpretazione e la corretta applicazione delle norme di contabilità pubblica e nelle altre materie sottoposte alla giurisdizione contabile (art. 11 D.Lgs. 174/2016). Le sezioni riunite in sede giurisdizionale decidono sui conflitti di competenza (art. 118 c.g.c.) e sulle questioni di massima deferiti dalle sezioni giurisdizionali d'appello, dal Presidente della Corte dei conti, ovvero a richiesta del procuratore generale (artt. da 114 a 117 c.g.c.), nonché sui regolamenti di competenza avverso le ordinanze che, pronunciando sulla competenza, non decidono il merito del giudizio e avverso i provvedimenti che dichiarino la sospensione del processo (artt. da 119 a 122 c.g.c.).

Le **sezioni riunite in speciale composizione**, ai sensi dell'art. 11 del Codice, esercitano la propria **giurisdizione esclusiva** in tema di contabilità pubblica, decidendo in **unico grado** sui giudizi (artt. da 123 a 129 c.g.c.):

a) in materia di piani di riequilibrio degli enti territoriali e ammissione al Fondo di rotazione per assicurare la stabilità finanziaria degli enti locali;
b) in materia di ricognizione delle amministrazioni pubbliche operata dall'ISTAT;
c) in materia di certificazione dei costi dell'accordo di lavoro presso le fondazioni lirico-sinfoniche;
d) in materia di rendiconti dei gruppi consiliari dei consigli regionali;
e) nelle materie di contabilità pubblica, nel caso di impugnazioni conseguenti alle deliberazioni delle sezioni regionali di controllo;
f) nelle materie ulteriori, ad esse attribuite dalla legge.

b) Tipologia dei giudizi

La Corte dei conti **giudica** nei seguenti ambiti:

a) **giudizi di conto**: nella responsabilità contabile possono incorrere tutti coloro (**agenti contabili**) che hanno avuto (a vario titolo: *di fatto*, ossia senza autorizzazione, ovvero *di diritto*, perché investiti di tali compiti) la *disponibilità materiale* ovvero *in consegna denaro, beni o altri valori pubblici*, e *non abbiano adempiuto all'obbligo di restituzione che su di loro incombe*.

   Tale responsabilità si verifica per **qualunque irregolarità connessa alla riscossione o nei pagamenti o nella conservazione del denaro o dei valori della P.A.**

   Quanto al **giudizio di conto** l'art. 137 del Codice precisa che la Corte dei conti giudica «sui conti degli agenti contabili dello Stato e delle altre pubbliche amministrazioni»: essa cioè verifica la regolarità del **conto giudiziale** cui sono tenuti i titolari di gestioni di tesoreria e gli agenti contabili, che, proprio per la loro funzione, hanno il cd. **obbligo di rendiconto**.

   Il Codice della giustizia contabile disciplina sia il *giudizio per la resa del conto* che il *giudizio sul conto*.

   Il primo è un giudizio promosso dal P.M. contabile in tutte le ipotesi in cui viene rilevata una **mancanza in relazione al conto** (mancata presentazione prima della cessazione dall'incarico, omesso deposito o ritardo nella presentazione dei conti oppure quando vi è una deficienza accertata dall'amministrazione prima della scadenza del termine di presentazione). Se il giudice accoglie il ricorso assegna: all'*agente contabile* un termine perentorio (non inferiore a 30 giorni) per la presentazione del conto all'amministrazione dandone notizia alla sezione giurisdizionale; all'*amministrazione* un termine per il rispetto di tutti gli altri adempimenti e per il deposito del conto presso la segreteria della sezione (art. 141 co. 4, D.Lgs. 174/2016). In caso di omesso deposito, ordina la compilazione d'ufficio; se invece risulta che l'agente contabile ha presentato il conto e che è l'amministrazione a non aver provveduto al deposito presso la sezione giurisdizionale della Corte dei conti, il giudice lo acquisisce d'ufficio.

   Il secondo è un giudizio che si apre in una fase successiva, **dopo che il conto sia stato depositato presso la sezione giurisdizionale della Corte dei conti** e qualora lo stesso **non sia in pareggio o non risulti regolare**. In particolare, qualora non si arrivi ad una pronuncia di discarico dell'agente può accadere che, all'esito dell'udienza, venga accertata un'ipotesi di ammanco o di perdita: in tal caso la Corte condanna alla restituzione delle somme mancanti e all'alienazione della cauzione versata dal contabile o comunque prestata anche da terzi;

b) **giudizi di responsabilità amministrativa**. L'azione di responsabilità è esercitata dal Pubblico ministero contabile.

Il P.M. contabile, a fronte di una **specifica e concreta notizia di danno**, se non procede alla sua immediata archiviazione (per difetto dei requisiti di specificità e concretezza o per manifesta infondatezza), avvia un procedimento istruttorio in cui può compiere «ogni attività utile per l'acquisizione degli elementi necessari all'esercizio dell'azione erariale e svolge, altresì, accertamenti su fatti e circostanze a favore della persona individuata quale presunto responsabile» (art. 55 del Codice).

Conclusa la fase istruttoria e prima di emettere l'atto di citazione in giudizio, il pubblico ministero notifica al presunto responsabile un **atto di invito a dedurre**, nel quale sono indicati, tra gli altri, gli elementi essenziali del fatto e la condotta contestata e viene fissato un termine, non inferiore a 45 giorni, entro il quale il presunto responsabile può *esaminare tutte le fonti di prova* indicate poste a base della contestazione e *depositare le proprie deduzioni ed eventuali documenti*. Questi, inoltre, può *chiedere di essere sentito personalmente*.

Successivamente all'invito a dedurre, il P.M. non può svolgere altre attività istruttorie salva la necessità di nuovi accertamenti sui nuovi elementi di fatto emersi in seguito alle controdeduzioni e in caso di situazioni obiettivamente nuove rispetto alla fase istruttoria precedente (per le quali non è richiesta l'emissione di un nuovo invito a dedurre e salva la comunicazione dei nuovi elementi istruttori ai soggetti invitati).

Conclusa l'istruttoria, il Procuratore può adottare due tipologie di provvedimenti: o dispone l'archiviazione oppure emana l'atto di citazione in giudizio dei presunti responsabili.

L'adozione del **decreto di archiviazione** avviene «quando, anche a seguito di invito a dedurre, la notizia di danno risulta infondata o non vi sono elementi sufficienti a sostenere in giudizio la contestazione di responsabilità, il pubblico ministero dispone l'archiviazione del fascicolo istruttorio» (art. 69 del Codice).

Se il Procuratore non procede all'archiviazione, deve emettere l'**atto di citazione** entro 120 giorni dalla scadenza del termine per la presentazione delle deduzioni da parte del presunto responsabile del danno. La citazione è l'atto con il quale si introduce nel giudizio la domanda, e, cioè, quello con il quale il P.M. *prova e quantifica il danno pubblico risarcibile* da attribuire al convenuto. Il contenuto della citazione è specificamente indicato dal legislatore all'art. 86 del Codice. Le udienze di trattazione dinanzi alla Corte dei conti sono pubbliche a pena di nullità, per cui chiunque può assistere.

La **sentenza** è deliberata in camera di consiglio, quindi in segreto, ed è assunta subito dopo l'udienza di discussione; essa viene depositata presso la segreteria del giudice che l'ha pronunciata entro 60 giorni dalla conclusione della citata camera di consiglio e, in tal modo è resa pubblica. Dell'avvenuta pubblicazione è data comunicazione entro i successivi 5 giorni, alle parti costituite.

c) **giudizi ad istanza di privati**;

d) **giudizi in materia di pensioni**. La competenza della Corte sussiste qualora si impugni *un provvedimento amministrativo definitivo, avente ad oggetto il diritto alla pensione degli impiegati, il cui trattamento di quiescenza sia a carico totale o parziale dello Stato* (ai giudizi pensionistici sono dedicati gli artt. 151 e seguenti D.Lgs. 174/2016).

12 I giudizi davanti alle altre giurisdizioni speciali amministrative

a) Il contenzioso tributario

Rientrano nel contenzioso tributario quelle **controversie tra contribuente ed amministrazione** aventi ad oggetto i *tributi di ogni genere e specie comunque denominati*, nonché le sovrimposte e le addizionali, le sanzioni amministrative, comunque irrogate da uffici finanziari, gli interessi e ogni altro accessorio.

La disciplina di tale tipologia di contenzioso è rinvenibile nei **D.Lgs. nn. 545 e 546 del 31-12-1992**, concernenti, rispettivamente, l'ordinamento degli organi di giurisdizione tributaria e il processo tributario. Si consideri, però, che il sistema della giustizia tributaria è stato oggetto negli anni di numerosi interventi legislativi, culminati a loro volta nell'emanazione del **D.Lgs. 24-9-2015, n. 156**, di attuazione della delega fiscale in tema di disciplina degli interpelli e di quella del contenzioso tributario (L. 123/2014).

La giurisdizione tributaria è esercitata in primo grado dalle **Commissioni tributarie provinciali**, con sede nel capoluogo di ogni Provincia, ed in secondo grado dalle **Commissioni tributarie regionali**, con sede in ogni capoluogo di Regione.

Al processo tributario, *ex* art. 2 D.Lgs. 546/1992, si applicano le disposizioni del *codice di procedura civile*, salve specifiche previsioni contenute nel decreto stesso o eventuali incompatibilità delle norme codicistiche con la medesima disciplina di settore.

b) Tribunali delle acque pubbliche

Ai *Tribunali delle acque pubbliche* sono attribuite tutte le *controversie concernenti il demanio idrico*.

Per il procedimento innanzi ai Tribunali regionali delle acque si applicano le norme del codice di procedura civile. Contro le loro decisioni è ammesso ricorso al *Tribunale Superiore delle acque pubbliche* come giudice di appello entro trenta giorni dalla sentenza.

Anche per l'appello si applicano le norme del codice di procedura civile.

Si noti che il D.L. 90/2014, conv. in L. 114/2014 ha previsto la soppressione del magistrato delle acque per le province venete e di Mantova.

c) I Commissari per gli usi civici

Il Commissario per gli usi civici è un giudice ordinario con competenza specializzata in materia di accertamento e tutela dei demani civici e dei diritti d'uso civico delle comunità locali.

Sono competenti a decidere le controversie circa l'esistenza, la natura e l'estensione dei diritti di godimento spettanti alla collettività su beni demaniali e privati, che possono sorgere nel corso delle procedure di accertamento e valutazione degli usi civici.

16
Il lavoro alle dipendenze delle pubbliche amministrazioni: fonti, accesso e organizzazione

1 Il lavoro pubblico

a) Nozione e tratti distintivi

Le pubbliche amministrazioni, al pari di tutte le altre organizzazioni, per funzionare e svolgere le proprie attività devono poter contare su un complesso di **risorse umane** che prendono il nome di «pubblici dipendenti».

Il rapporto di lavoro alle dipendenze delle pubbliche amministrazioni — in genere denominato **pubblico impiego** — è, in particolare, quello per *cui una persona fisica pone, volontariamente e dietro corrispettivo, la propria attività lavorativa, in modo continuativo, alle dipendenze di una amministrazione pubblica*, assumendo, perciò, uno *specifico status* con particolari diritti e doveri.

Per effetto della instaurazione di tale rapporto, il dipendente risulta stabilmente inserito nell'organizzazione della P.A. datrice di lavoro, rispetto alla quale, pertanto, è gerarchicamente subordinato; inoltre, la sua prestazione concorre alla realizzazione dei fini istituzionali dell'ente.

Tale rapporto di lavoro si configura come:

- **volontario**, perché sia per la costituzione che per la continuazione del rapporto è richiesta la volontà della P.A. e quella del dipendente;
- **strettamente personale**, poiché la specifica capacità intellettiva e tecnica richiesta e la fiducia che l'ente deve avere nella persona cui affida la cura dei propri interessi comportano che il rapporto sia costituito *intuitu personae*;
- **bilaterale** (o *sinallagmatico*), in quanto si tratta di un rapporto caratterizzato dalla coesistenza di diritti ed obblighi specifici in capo sia al lavoratore che al datore di lavoro;
- **di subordinazione**, essendo la prestazione lavorativa svolta alle dipendenze di una pubblica amministrazione da parte di un soggetto istituzionalmente subordinato alla stessa.

In questo Capitolo esamineremo i profili generali della disciplina del pubblico impiego (fonti e contrattazione, accesso, organizzazione degli uffici e svolgimento del rapporto di lavoro), mentre nel successivo sarà specificamente trattato il sistema dei diritti, dei doveri e delle responsabilità dei pubblici dipendenti, con particolare riferimento alla responsabilità disciplinare.

b) Natura giuridica

Il *D.Lgs. 3-2-1993, n. 29* (ora trasfuso nel *D.Lgs. 165/2001*: v. *infra*) ha **riformato il pubblico impiego** realizzando una vera operazione di «trapianto»: ha trasferito infatti la disciplina del rapporto di lavoro alle dipendenze delle pubbliche amministrazioni **dall'area pubblicistica** (dove era prima collocato) a **quella privatistica**, grazie alla affermazione per cui anche i rapporti di lavoro dei dipendenti delle amministrazioni pubbliche sono disciplinati dalle disposizioni del codice civile e dalle legge sui rapporti di lavoro subordinato nell'impresa, fatte salve le diverse disposizioni contenute nel decreto medesimo (cd. **privatizzazione**).

Si tratta, tuttavia, di un **modello misto**: alle norme di diritto comune si affiancano, infatti, speciali disposizioni di legge, regolamento o statuto che introducono discipline limitate ai dipendenti delle amministrazioni pubbliche.

La dottrina ha in proposito individuato i seguenti aspetti, che connotano tutte le amministrazioni pubbliche:

- il principio della **predeterminazione del personale**: le PP.AA. non possono disporre liberamente del proprio personale, che viene predeterminato dalla legge e/o atti amministrativi a contenuto generale;
- il principio del **concorso pubblico** come modalità di accesso al lavoro con le PP.AA.;
- il criterio della **stabilità del rapporto nell'ambito dell'organico**: i pubblici impiegati sono «incasellati» in precise posizioni e qualifiche, cui corrispondono le relative mansioni. Essi possono accedere ad altra posizione ma solo previo svolgimento di un'apposita procedura concorsuale (progressione).

Fermo restando quanto appena esposto e nonostante la progressiva assimilazione tra lavoro pubblico e lavoro privato, è da osservare che sussistono ancora **differenze sostanziali** che rendono le due situazioni non omogenee. Per tale motivo è da ritenere *ammissibile una disciplina differenziata* del rapporto di lavoro pubblico rispetto a quello privato, in quanto il processo di omogeneizzazione incontra il limite della specialità del rapporto e delle esigenze del perseguimento degli interessi generali.

La **pubblica amministrazione**, infatti, conserva sempre — anche in presenza di un rapporto di lavoro ormai contrattualizzato — una **connotazione peculiare**, essendo tenuta al perseguimento dell'interesse pubblico nonché al rispetto dei **principi costituzionali di legalità, imparzialità e buon andamento**, cui è estranea ogni logica speculativa (Corte cost., 16-5-2008, n. 146).

c) Principi costituzionali

La Costituzione considera il lavoro come il più importante fenomeno della vita sociale: l'**art. 1** afferma che «*l'Italia è una Repubblica democratica fondata sul lavoro*».

Su questa premessa generale, nonché sul presupposto che la Repubblica riconosce a tutti i cittadini il **diritto al lavoro**, promuovendo le condizioni che rendono effettivo tale diritto, e che ogni cittadino ha il **dovere di svolgere un'attività** che concorra al *progresso materiale* o *spirituale della società* (**art. 4**), bisogna sottolineare che la materia del pubblico impiego non trova una disciplina specifica tra le norme costituzionali, sebbene ve ne siano alcune che assumono particolare rilevanza.

La prima è sicuramente rappresentata dall'**art. 97 Cost.**, ai sensi del quale la pubblica amministrazione deve agire in armonia con l'*ordinamento europeo*, garantendo l'equilibrio dei bilanci e la sostenibilità del debito pubblico (comma 1). Ai commi successivi sono invece riferibili i *principi di imparzialità e buon andamento*, attinenti sia all'organizzazione che all'azione della P.A., nonché il *criterio del pubblico concorso* per accedere ai pubblici uffici (commi 2 e 3).

Inoltre, occorre ricordare:

- il criterio della parità tra i sessi per accedere alle cariche pubbliche (**art. 51**);
- il dovere per i pubblici impiegati di adempiere con onore alle proprie funzioni e di porsi al servizio esclusivo della Nazione (**artt. 54 e 98**);
- la responsabilità diretta dei dipendenti pubblici (**art. 28**).

2 La privatizzazione

In una fase originaria, il rapporto di pubblico impiego era sottoposto ad una disciplina rigorosamente unilaterale, scandita da fonti di natura legislativa o regolamentare, nonché da atti amministrativi, in cui non veniva riconosciuto rilievo alcuno alla fonte contrattuale.

La normativa relativa all'impiego pubblico, pertanto, era profondamente diversa rispetto a quella del lavoro privato e ciò apparve evidente soprattutto a seguito della emanazione dello *Statuto dei Lavoratori* (L. 300/1970).

È in tale prospettiva che si colloca il citato **D.Lgs. n. 29 del 3 febbraio 1993**, con cui viene suggellato il percorso di riavvicinamento tra lavoro pubblico e privato e sancita la **privatizzazione del rapporto di lavoro alle dipendenze della P.A.**: la disciplina dei pubblici impiegati viene assoggettata, salvo determinate eccezioni, a quella del lavoro privato, e, di conseguenza, alla *contrattazione collettiva*, e la relativa tutela in giudizio viene spostata dinanzi al *giudice ordinario*.

Il processo di riforma ha poi subìto una importante accelerazione sia attraverso l'emanazione dei **primi contratti collettivi quadriennali**, destinati a rappresentare il momento del definitivo passaggio dalla vecchia alla nuova disciplina del lavoro pubblico, negli anni 1994 e 1995, sia grazie al **D.Lgs. 80/1998** e agli altri interventi legati alle riforme Bassanini (cd. *seconda privatizzazione*).

Il D.Lgs. 29/1993 è, poi, confluito nel **D.Lgs. 30-3-2001, n. 165**, cd. **Testo Unico sul pubblico impiego**, che domina l'attuale panorama normativo e reca le norme generali sull'ordinamento del lavoro alle dipendenze delle pubbliche amministrazioni.

Le disposizioni del T.U. si applicano in tutti i casi in cui il datore di lavoro è un'amministrazione pubblica.

Per «**amministrazioni pubbliche**», destinatarie della normativa di privatizzazione, si intendono, infatti, tutte le amministrazioni dello Stato, ivi compresi gli *istituti e scuole di ogni ordine e grado e le istituzioni educative*, le aziende ed amministrazioni dello Stato ad ordinamento autonomo, le Regioni, le Province, i Comuni, le Comunità montane e loro consorzi ed associazioni, le istituzioni universitarie, gli istituti autonomi case popolari, le Camere di commercio, industria, artigianato, ed agricoltura e loro associazioni, tutti gli enti pubblici non economici nazionali, regionali e locali, le amministrazioni, le aziende e gli enti del servizio sanitario nazionale, l'Agenzia per la rappresentanza negoziale delle pubbliche amministrazioni (ARAN) e le Agenzie di cui al D.Lgs. 300/1999 (art. 1, comma 2, D.Lgs. 165/2001). Agli enti locali sono equiparati *in toto*, a seguito della L. cost. 3/2001, le Città metropolitane.

L'**art. 3** D.Lgs. 165/2001 **esclude alcune categorie di pubblici dipendenti** (tassativamente indicate) dalla cd. privatizzazione, per le quali non opera neppure il trasferimento della giurisdizione del G.O. La *ratio* di tale esclusione risiede nella *peculiarità delle funzioni pubbliche* svolte da tali soggetti.

Si tratta dei rapporti concernenti:

- magistrati ordinari, amministrativi e contabili;
- avvocati e procuratori dello Stato;
- personale militare e delle Forze di Polizia;
- personale delle carriere diplomatica e prefettizia, quest'ultima a partire dalla qualifica di vice consigliere di prefettura;
- dipendenti che svolgono la loro attività nelle materie contemplate dal D.Lgs.C.p.S. 691/1947 (risparmio, funzioni creditizia e valutaria), e dalle leggi 281/1985 (tutela del risparmio, valori mobiliari) e 287/1990 (tutela della concorrenza e del mercato);
- professori e ricercatori universitari (a tempo determinato e indeterminato), la cui mancata contrattualizzazione è seguita al congelamento della previgente situazione in attesa di riforma, avutasi solo con la L. 30-12-2010, n. 240 (cd. *riforma Gelmini dell'Università*);
- dirigenti e personale del Corpo Nazionale dei Vigili del Fuoco, (esclusi dalla privatizzazione dalla L. 252/2004);
- personale della carriera dirigenziale penitenziaria (L. 154/2005).

Le disposizioni del D.Lgs. 165/2001, inoltre, costituiscono **principi fondamentali** ai sensi dell'**art. 117 della Costituzione**, cui le Regioni a Statuto ordinario devono attenersi tenendo conto delle peculiarità dei rispettivi ordinamenti (art. 1, comma 3, D.Lgs. 165/2001, in tema di rapporto tra fonti statali e regionali nel pubblico impiego).

3 Le riforme nel pubblico impiego

a) Dal decreto Brunetta...

Il lavoro pubblico rappresenta un settore in cui le riforme normative si sono susseguite in maniera vorticosa. Questo profilo si intreccia con il complessivo progetto di *restyling* dell'apparato pubblico.

La fisionomia del lavoro pubblico è stata infatti ridisegnata, in un momento successivo, dalla cd. **riforma Brunetta**: la **L. 4 marzo 2009, n. 15** e il relativo decreto attuativo, **D.Lgs. 27-10-2009, n. 150**, hanno dato vita ad una riforma destinata a **rivoluzionare il funzionamento dell'amministrazione italiana**, soprattutto nell'ottica dell'aumento di produttività del lavoro pubblico e di una migliore organizzazione dello stesso sulla base dei principi di *efficienza* e *trasparenza*.

Gli aspetti fondamentali di tale riforma sono:

- il **principio di trasparenza** e la **valutazione della *performance* lavorativa**. La *trasparenza* è proprio una parole-chiave della riforma: infatti, essa è intesa quale *accessibilità totale delle informazioni sull'organizzazione* e *l'attività delle pubbliche amministrazioni*. L'altro profilo portante della riforma riguarda l'attribuzione selettiva degli incentivi economici e di carriera, al fine di premiare i dipendenti capaci e meritevoli;
- la **valorizzazione del merito** e gli **strumenti di premialità**. Sono stati introdotti strumenti di valutazione del merito e metodi di incentivazione della produttività e della qualità della prestazione lavorativa, sulla base dei principi di selettività e di concorsualità nelle progressioni di carriera nonché nel riconoscimento degli incentivi;
- le **innovazioni in materia di dirigenza e di contrattazione collettiva**; in particolare, il dirigente viene designato quale datore di lavoro nelle PP.AA. e vengono ridefinite le materie attribuite alla contrattazione collettiva;
- le **sanzioni disciplinari e le responsabilità dei pubblici dipendenti**. Viene completamente rinnovata la disciplina delle sanzioni disciplinari e del sistema di responsabilità dei dipendenti pubblici, soprattutto in vista della lotta all'assenteismo e alla scarsa produttività.

b) ... alla riforma Madia (e decreti attuativi)

Sull'assetto del lavoro pubblico, in seguito, hanno profondamente inciso, da un lato, le **manovre economiche** che hanno interessato l'apparato pubblico nel suo complesso con il fine comune di *ridurre i costi del settore pubblico*.

Tra queste, si ricorda, in particolare, il D.L. 95/2012, conv. in L. 135/2012, cd. *spending review*, che ha introdotto una serie di tagli strutturali rivolti a migliorare la produttività delle diverse articolazioni della pubblica amministrazione nonché il D.L. 101/2013, conv. in L. 125/2013, cd. *decreto salva precari*, in quanto emanato con il fine precipuo di ridurre il precariato nella P.A. e di stabilizzare il relativo personale); dall'altro lato, le **normative** dirette a **recuperare la legalità** e l'integrità nell'azione e nell'organizzazione degli apparati pubblici: in tale contesto si cita, tra le altre, la L. 190/2012, cd. *legge anticorruzione*, e il D.P.R. 62/2013, nuovo *Codice di comportamento dei pubblici dipendenti*, emanato sulla scia della citata legge.

La nuova stagione delle riforme nel pubblico impiego, infine, si apre nel 2015 e prosegue fino ai giorni nostri.

Con la **legge delega n. 124 del 2015**, infatti, è stato approntato un imponente programma di ristrutturazione dell'apparato pubblico italiano, sul versante dell'organizzazione e dell'azione della P.A. Uno dei pilastri di tale riforma — detta Madia dal nome del Ministro proponente — è costituito dalla **profonda opera di *restyling* della disciplina del lavoro pubblico**, che per sua natura coinvolge sia i profili organizzativi che le attività poste in essere dai pubblici uffici nelle relazioni con il cittadino-utente.

In attuazione della citata legge delega, sono stati approvati due provvedimenti che hanno imposto importanti cambiamenti nel settore pubblico: i **decreti legislativi nn. 74 e 75** del **2017**.

La *ratio* alla base della riforma Madia è da rinvenire non solo nella esigenza di novellare la relativa disciplina in ossequio alle crescenti istanze di trasparenza, efficienza degli uffici e lotta all'assenteismo, in linea con le parallele riforme legislative che hanno inciso su azione ed informatizzazione della P.A., ma anche nella **necessità di creare le condizioni per la riapertura delle trattative sui CCNL del pubblico impiego** che dal 2010 non sono stati più rinnovati.

La stagione contrattuale è infatti ripartita nei primi mesi del 2018, come vedremo *infra*, con la stipula dei nuovi CCNL per i comparti del pubblico impiego.

Le singole innovazioni della riforma Madia saranno approfondite *infra* in relazione all'argomento di cui trattasi.

c) La legge «concretezza» (L. 56/2019)

Con la **L. 19-6-2019, n. 56**, è stata approvata la cd. riforma «**concretezza**», contenente interventi per la concretezza delle azioni delle pubbliche amministrazioni e la prevenzione dell'assenteismo (**riforma Bongiorno**).

Tale riforma introduce innovazioni importanti in materia di pubblico impiego, in particolare:

- istituisce il cd. **Nucleo della concretezza**, mediante l'introduzione dei nuovi articoli 60bis-60quinquies nel D.Lgs. 165/2001: si tratta di un team di professionisti con il compito di garantire l'efficienza negli uffici pubblici e di vigilare sul corretto funzionamento delle amministrazioni;
- introduce nuove misure di contrasto all'assenteismo (**controlli biometrici**);
- predispone nuove procedure per accelerare le assunzioni mirate e il **ricambio generazionale** nelle amministrazioni.

4 Il sistema delle fonti del pubblico impiego e la contrattazione collettiva

a) La contrattazione collettiva

La **contrattazione collettiva** è il momento in cui i rappresentanti dei lavoratori e dei datori di lavoro definiscono, di concerto, la *disciplina* e la *regolamentazione dei rapporti di lavoro*. Essa rappresenta, infatti, la maggiore espressione dell'autonomia e della libertà sindacale e costituisce nello stesso tempo il *compito fondamentale dei sindacati*.

L'*iter* di contrattazione è finalizzato alla definizione di un **contratto collettivo di lavoro**, cioè di un *accordo tra un datore di lavoro (o un gruppo di datori di lavoro) ed un'organizzazione o più di lavoratori (un sindacato quasi sempre), allo scopo di stabilire il trattamento minimo garantito e le condizioni di lavoro alle quali dovranno conformarsi i singoli contratti individuali di lavoro di quella categoria*.

L'**oggetto** della disciplina del contratto collettivo è costituito, in linea di massima, dai *rapporti individuali di lavoro subordinato*. Bisogna, in ogni caso, distinguere un contenuto *normativo* ed un contenuto *obbligatorio* del contratto collettivo:

- il **contenuto normativo** attiene il complesso di clausole che sono destinate ad avere efficacia nei *singoli* rapporti di lavoro (es. livelli retributivi, orario di lavoro, ferie ecc.);
- il **contenuto obbligatorio** è quello che vincola a determinati comportamenti le *associazioni* (dei lavoratori e datori) tra loro: ad es. le clausole di tregua sindacale.

b) L'equilibrio tra legge e contratto dopo la riforma Madia

La disciplina delle fonti regolatrici del pubblico impiego — **legge e contratto** (*individuale* e *collettivo*) — ha attraversato diversi momenti.

Con la **privatizzazione** avviata dagli anni Novanta, in primo luogo, si è assistito al tramonto dell'esclusiva operatività delle fonti aventi natura pubblicistica a **favore del contratto**, sia individuale che collettivo, che diventa la fonte principale della materia: ecco perché si parla anche di «contrattualizzazione» del pubblico impiego, nel senso che quest'ultimo viene ricondotto alle norme di diritto privato (ossia al codice civile e alle leggi sul lavoro subordinato nelle imprese) e alla contrattazione collettiva (art. 2, comma 2, D.Lgs. 165/2001).

Il successivo comma 3 del cit. art. 2 prevede, a sua volta, che anche i *rapporti individuali di lavoro* siano regolati contrattualmente.

La **riforma Brunetta del 2009**, invece, ha ribaltato l'assetto configuratosi con la privatizzazione: **l'equilibrio tra legge e contratto viene nuovamente spostato a favore della legge.**

Resta, difatti, ferma la previsione per cui ai rapporti di lavoro dei dipendenti pubblici si estendono le norme privatistiche, ma fatte salve le diverse disposizioni contenute nel D.Lgs. 165/2001, alle quali viene conferito **carattere imperativo**.

La garanzia di tale imperatività, a sua volta, si sostanzia nei meccanismi di cui agli artt. 1339 e 1419 comma 2 c.c. (sostituzione automatica delle clausole difformi e conservazione del contratto affetto da nullità parziale).

Inoltre, viene ribadito che eventuali disposizioni di legge, regolamento o statuto, che introducano discipline dei rapporti di lavoro la cui applicabilità sia limitata ai dipendenti delle amministrazioni pubbliche, o a categorie di essi, possono essere derogate da successivi contratti o accordi collettivi *e, per la parte derogata, non sono ulteriormente applicabili*, **solo qualora ciò sia espressamente previsto dalla legge** (art. 2, comma 2, D.Lgs. 165/2001, come riformulato nel 2009).

Questa precisazione vuol intendere che:

a) la legge prevale sul contratto anche se quest'ultimo è successivo;
b) gli atti normativi, a loro volta, possono essere derogati da una contrattazione successiva, ma solo se la legge stessa espressamente lo preveda. In sostanza, la contrattazione può avere forza derogatoria, ma solo se la legge glielo permetta.

La situazione di complessità e le problematiche di coordinamento tra le fonti, venutesi a determinare dopo la riforma Brunetta, anche a causa della lunga sospensione delle attività negoziali a livello nazionale, è nuovamente mutata con l'attuazione della riforma Madia e il **D.Lgs. 75/2017**.

Quest'ultimo ha, infatti, spostato nuovamente l'equilibrio **a favore del contratto**.

Mediante la novella dell'art. 2, comma 2, D.Lgs. 165/2001, la riforma, da un lato, ha fatto salva la possibilità per i contratti collettivi di derogare a legge, regolamenti e statuto che *abbiano già disciplinato il rapporto di lavoro*; dall'altro lato, ha abrogato la previsione per cui la derogabilità era ammessa solo se prevista dalla legge.

Infine, ha disposto che i contratti abilitati a derogare siano *solo quelli nazionali* e pur sempre nel rispetto dei *principi del T.U. pubblico impiego* (v. *infra*).

La nuova versione dell'art. 2, comma 2, T.U. pubblico impiego, infatti oggi testualmente prevede che «Eventuali disposizioni di legge, regolamento o statuto, che introducano **o che abbiano introdotto** discipline dei rapporti di lavoro la cui applicabilità sia limitata ai dipendenti delle amministrazioni pubbliche, o a categorie di essi, **possono essere derogate nelle materie affidate alla contrattazione collettiva** ai sensi dell'articolo 40, comma 1, e nel rispetto dei principi stabiliti dal presente decreto, da successivi contratti o accordi collettivi **nazionali** *e, per la parte derogata, non sono ulteriormente applicabili*».

c) Atti di micro e di macro organizzazione

Accanto al concetto di contrattazione, per comprendere il sistema delle fonti regolatrici del pubblico impiego, occorre, inoltre, partire da una distinzione concettuale molto importante: quella tra *atti di macro e atti di micro organizzazione*.

Dalla privatizzazione del lavoro pubblico è infatti discesa una importante conseguenza: non più tutti gli atti della P.A. datrice di lavoro sono atti amministrativi propriamente detti, *aventi quindi carattere pubblicistico*, ma solo quelli con cui le amministrazioni pubbliche definiscono — secondo principi generali fissati da disposizioni di legge e, sulla base dei medesimi, mediante atti organizzativi in base ai rispettivi ordinamenti — le linee fondamentali di organizzazione degli uffici; individuano gli uffici di maggiore rilevanza e i modi di conferimento della titolarità dei medesimi; determinano le dotazioni organiche complessive.

Si tratta degli **atti di macro organizzazione**, ossia l'organizzazione «alta» della P.A. medesima, che mantengono la propria connotazione pubblicistica (art. 2, comma 1, D.Lgs.165/2001).

Nell'ambito di queste leggi ed atti organizzativi, le *determinazioni per l'organizzazione degli uffici e le misure inerenti alla gestione dei rapporti di lavoro*, nel rispetto del principio di pari opportunità, e in particolare la **direzione e l'organizzazione del lavoro nell'ambito degli uffici**, sono assunte in via esclusiva dagli organi preposti alla gestione con la **capacità e i poteri del privato datore di lavoro**, fatte salve la sola informazione ai sindacati ovvero le ulteriori forme di partecipazione.

Si tratta degli **atti di micro organizzazione**, che, al contrario di quelli di macro, sono soggetti *a regime privatistico*, in quanto emanati dalla *P.A. datrice di lavoro* nell'organizzazione e nella gestione del rapporto stesso (cfr. l'art. 5, comma 2, D.Lgs. 165/2001, come novellato).

Pertanto:

— alla *legge e ai regolamenti* spetta delineare la struttura degli apparati pubblici;
— ad *atti di diritto privato*, viceversa, compete disciplinare il funzionamento degli uffici e gestire i rapporti di lavoro.

d) La contrattazione collettiva nazionale ed integrativa

La relativa disciplina nel pubblico impiego è contenuta nell'**art. 40** D.Lgs. 165/2001, come mod. dall'art. 11 del **D.Lgs. 75/2017** che, in maniera esattamente speculare a quanto esposto in precedenza sulle novità in ordine al sistema delle fonti e del rapporto legge-contratto, incide anche sulla contrattazione e sul relativo ambito di applicazione.

In primo luogo, occorre premettere che la contrattazione collettiva si articola generalmente su due livelli:

— i **contratti collettivi nazionali di lavoro** (**CCNL**);
— i **contratti integrativi**.

I primi riguardano i singoli comparti; i secondi sono posti a livello di singola amministrazione poiché, nel quadro tracciato dai contratti nazionali, rispondono a specifiche realtà contingenti di ogni P.A.

Pertanto, la **differenza** tra i due contratti è la seguente: la contrattazione collettiva nazionale rappresenta il «perno» del sistema contrattuale complessivamente inteso, mentre la contrattazione integrativa intende, appunto, integrare o completare la disciplina dettata con il CCNL.

Esaminiamo l'ambito di applicazione di entrambe.

La contrattazione collettiva nazionale, in particolare:

— **disciplina il rapporto di lavoro e le relazioni sindacali** e si svolge con le modalità previste dal D.Lgs. 165/2001;
— è consentita nei **limiti previsti dalle norme di legge** nelle materie relative alle *sanzioni disciplinari, alla valutazione delle prestazioni* ai fini della corresponsione del trattamento accessorio, alla *mobilità*;

— è **esclusa** nelle materie attinenti all'organizzazione degli uffici, quelle oggetto di partecipazione sindacale ai sensi dell'articolo 9, quelle afferenti alle prerogative dirigenziali ai sensi degli articoli 5, comma 2, 16 e 17, la materia del conferimento e della revoca degli incarichi dirigenziali, nonché quelle di cui all'articolo 2, comma 1, lettera c), della legge 23 ottobre 1992, n. 421 (categorie di personale non soggette alla privatizzazione).

La contrattazione collettiva disciplina, in coerenza con il settore privato, la *struttura contrattuale*, i *rapporti tra i diversi livelli* e la *durata* dei contratti collettivi nazionali e integrativi. La durata viene stabilita in modo che vi sia coincidenza fra la vigenza della disciplina giuridica e di quella economica (art. 40, comma 3, D.Lgs. 165/2001).

Le pubbliche amministrazioni attivano, poi, **autonomi livelli di contrattazione collettiva integrativa** (art. 40, comma 3bis, D.Lgs. 165/2001, come novellato dal *D.Lgs. 75/2017*).

Quest'ultima ha la funzione di *assicurare adeguati livelli di efficienza e produttività dei servizi pubblici*, incentivando l'impegno e la qualità della *performance* lavorativa e destinandovi, per l'ottimale perseguimento degli obiettivi organizzativi e individuali, una quota prevalente delle risorse finalizzate ai trattamenti economici accessori (comunque denominati).

La predetta quota, a sua volta, è collegata alle risorse variabili determinate per l'anno di riferimento.

La contrattazione integrativa si svolge sulle materie, con i vincoli e nei limiti stabiliti dai contratti collettivi nazionali, tra i soggetti e con le procedure negoziali che questi ultimi prevedono; può inoltre avere ambito territoriale e riguardare più amministrazioni.

I contratti collettivi nazionali definiscono il termine delle sessioni negoziali in sede decentrata e alla scadenza del termine le parti riassumono le rispettive prerogative e libertà di iniziativa e decisione.

Nell'ipotesi in cui non si raggiunga l'accordo per la stipulazione di un contratto collettivo integrativo, qualora il protrarsi delle trattative determini un pregiudizio alla funzionalità dell'azione amministrativa, nel rispetto dei principi di correttezza e buona fede fra le parti, il comma 3ter dell'art. 40 D.Lgs. 165/2001 dà la possibilità, all'amministrazione interessata, di provvedere, in via provvisoria, sulle materie oggetto del mancato accordo fino alla successiva sottoscrizione e prosegue le trattative al fine di pervenire in tempi celeri alla conclusione dell'accordo.

I contratti collettivi nazionali possono individuare un termine minimo di durata delle sessioni negoziali in sede decentrata, decorso il quale l'amministrazione interessata può in ogni caso provvedere, in via provvisoria, sulle materie oggetto del mancato accordo.

Si ricordi, infine, che a questi due livelli di contrattazione appena esaminati se ne affianca un terzo, cd. «intercompartimentale»: si tratta dei **contratti** o **accordi quadro**, che investono **argomenti** o **aspetti comuni** a tutti i lavoratori pubblici.

Ad es., vi sono stati, negli anni, accordi quadro su specifiche tematiche, come il TFR o la previdenza, le prerogative sindacali, lo sciopero, il telelavoro etc.

e) I comparti e le aree dirigenziali

I **comparti** rappresentano l'**unità fondamentale della contrattazione collettiva** nel pubblico impiego.

Questi sono stati i diversi comparti, definiti nel corso del tempo: Ministeri; Enti pubblici non economici; Regioni e Autonomie locali; Servizio sanitario nazionale; Scuola; Università; Presidenza del Consiglio; Agenzie fiscali; Istituti di alta formazione e specializzazione artistica e musicale; Istituzioni ed enti di ricerca e sperimentazione.

La riforma Brunetta aveva previsto la riduzione dei comparti a **quattro** (mediante la riformulazione del comma 2 dell'art. 40 D.Lgs. 165/2001).

L'accordo in tal senso è stato raggiunto, tra ARAN e sindacati con il C.C.N.Q. del *13 luglio 2016*, con cui sono stati ridefiniti i comparti e le aree di contrattazione (sono 4 sia per i **dirigenti** che per il **personale non dirigenziale**), dando attuazione alla legge Brunetta.

Le nuove tornate contrattuali per il triennio 2016/2018 sono ripartite, con riguardo al personale non dirigenziale, con riferimento alle seguenti aree: **Funzioni centrali**, **Funzioni locali**, **Istruzione e ricerca**, **Sanità**.

Vediamo sinteticamente come sono stati ripartiti i pubblici dipendenti nei citati 4 comparti di contrattazione:

— **Comparto delle Funzioni centrali** (CCNL sottoscritto il 12 febbraio 2018): raggruppa i dipendenti di Ministeri, Agenzie, Avvocatura Generale dello Stato, Consiglio di Stato, Corte dei Conti, CNEL, Accademia nazionale dei Lincei, Enti parco nazionali, **Automobile Club d'Italia** - **ACI**, Club Alpino Italiano, Inail, Inps, Lega navale italiana, Lega italiana lotta i tumori, Ordini e collegi professionali e relative federazioni, consigli e collegi nazionali nonché ulteriori enti pubblici non economici comunque sottoposti alla vigilanza dello Stato;

— **Comparto delle Funzioni locali** (CCNL sottoscritto il 22 maggio 2018): comprende i dipendenti di Regioni a statuto ordinario ed Enti pubblici non economici dalle stesse dipendenti, Province, Città metropolitane, Enti di area vasta, Liberi consorzi comunali, Comuni, Comunità montane etc.;

— **Comparto Istruzione e Ricerca** (CCNL sottoscritto il 19 aprile 2018): comprende i dipendenti di scuole statali dell'infanzia, primarie, secondarie ed artistiche, istituzioni educative e scuole speciali, nonché ogni altro tipo di scuola statale, di Accademie di belle arti, Accademia nazionale di danza, Accademia nazionale di arte drammatica, Istituti superiori per le industrie artistiche, Conservatori di musica e Istituti musicali pareggiati, Università, Istituzioni Universitarie e Aziende ospedaliero-universitarie etc.;

— **Comparto della Sanità** (CCNL sottoscritto il 22 maggio 2018): include i dipendenti dalle Aziende sanitarie ed ospedaliere del Servizio sanitario nazionale, dagli Istituti zooprofilattici sperimentali, dagli Istituti di ricovero e cura a carattere scientifico etc.

Per quanto concerne le **figure dirigenziali**, il citato contratto quadro del 2016 ha proceduto alla ripartizione nelle seguenti autonome aree di contrattazione collettiva:

— Area delle Funzioni centrali;
— Area delle Funzioni locali;
— Area dell'Istruzione e della ricerca;
— Area della Sanità.

f) I soggetti della contrattazione e la formazione del contratto collettivo

L'*Agenzia per la rappresentanza negoziale delle pubbliche amministrazioni* (**ARAN**) è un organismo dotato di personalità giuridica di diritto pubblico, al quale è attribuita la **rappresentanza legale delle pubbliche amministrazioni**.

Essa esercita a livello nazionale ogni attività relativa alle *relazioni sindacali*, alla negoziazione dei contratti collettivi e all'assistenza delle pubbliche amministrazioni ai fini dell'uniforme applicazione dei contratti collettivi. Assicura anche la *raccolta dei dati sui voti e sulle deleghe* dei sindacati da ammettere alla contrattazione. Su richiesta delle amministrazioni, infine, può *fornire assistenza ai fini della contrattazione integrativa* (art. 46 D.Lgs. 165/2001).

I rappresentanti dei lavoratori, invece, relativamente alla stipula dei contratti collettivi nazionali, sono le **organizzazioni sindacali** che abbiano nel comparto una **rappresentatività non inferiore al 5%** (a tal fine viene considerata la media tra il dato associativo ed il dato elettorale).

Alla contrattazione collettiva nazionale partecipano, inoltre, le confederazioni alle quali siano affiliate le organizzazioni sindacali come sopra individuate (art. 43 D.Lgs. 165/2001).

Come si articola il provvedimento di formazione del contratto collettivo?

La procedura si apre con l'emanazione degli **indirizzi per la contrattazione collettiva nazionale** da parte dei **comitati di settore** prima di ogni rinnovo contrattuale (art. 47 D.Lgs. 165/2001, come novellato dal D.Lgs. 150/2009).

Detti atti di indirizzo sono sottoposti al *Governo* che, nei successivi venti giorni, può esprimere le sue valutazioni per quanto attiene agli aspetti riguardanti la compatibilità con le linee di politica economica e finanziaria nazionale. Trascorso inutilmente tale termine l'atto di indirizzo può essere inviato all'ARAN, che formula un'ipotesi di accordo che deve passare il vaglio del Governo e della Corte dei conti. Quest'ultima deve rilasciare una *certificazione di compatibilità* con gli strumenti di programmazione e bilancio. Ottenuta la certificazione l'ARAN e le organizzazioni sindacali possono passare alla firma dell'accordo.

I contratti e accordi collettivi nazionali nonché le eventuali interpretazioni autentiche sono **pubblicati nella Gazzetta Ufficiale** della Repubblica italiana oltre che sul sito dell'ARAN e delle amministrazioni interessate.

Il contratto collettivo, una volta sottoscritto, acquista **efficacia *erga omnes***, cioè sia per le amministrazioni coinvolte, che per tutti i lavoratori interessati.

5 L'accesso ai pubblici uffici

L'**art. 97 Cost., comma 4**, dispone che agli impieghi nelle pubbliche amministrazioni si accede mediante **concorso**, salvo i casi stabiliti dalla legge.

Il **concorso pubblico** è, infatti, la forma ordinaria di accesso ai pubblici uffici, quale procedura conforme al canone di efficienza della P.A. (così Corte cost., 17-3-2015, n. 37).

Sulla base della previsione costituzionale, l'**art. 35 D.Lgs. 165/2001** dispone che l'**assunzione nelle amministrazioni pubbliche** avviene:

— tramite *procedure selettive* volte all'accertamento della professionalità richiesta;
— mediante *avviamento degli iscritti nelle liste di collocamento* (per i profili e le qualifiche per i quali è richiesto il solo requisito della **scuola dell'obbligo**).

Sono poi fatte salve le *assunzioni obbligatorie* dei soggetti appartenenti a categorie protette, ai sensi della L. 68/1999, recante *norme per il diritto al lavoro dei disabili*.

Il **D.Lgs. 75/2017**, di attuazione della riforma Madia, ha modificato, tra l'altro, anche la disciplina dell'accesso agli uffici e del reclutamento del personale, introducendo alcune significative **novità**:

1. la previsione dell'accertamento *non più solo della lingua inglese ma anche di altre lingue straniere*, come requisito di partecipazione al concorso nonché quale titolo di merito valutabile dalla commissione giudicatrice;
2. la *valorizzazione del titolo di dottore di ricerca* nei concorsi pubblici;
3. una maggiore sensibilità verso l'integrazione delle *persone con disabilità* nel mondo del lavoro.

a) Accesso mediante procedure selettive: il concorso pubblico

I procedimenti di selezione per l'accesso (e per la progressione) del personale nei pubblici uffici sono definiti nel rispetto di alcuni **criteri** fondamentali, tra cui l'adeguata pubblicità della selezione, modalità di svolgimento imparziali e trasparenti nonché decentramento delle procedure di reclutamento (art. 35, comma 3, D.Lgs. 165/2001, come mod. dal D.Lgs. 75/2017 e dalla *L. 145/2018, legge di bilancio 2019*):

I concorsi pubblici si manifestano in vario modo a seconda delle esigenze che la P.A. vuole soddisfare. Pertanto, si potranno avere concorsi:

a) **per esami**, nei quali la scelta dei candidati è affidata ad organi tecnici esperti nel giudicare in base alle discipline ritenute importanti per i posti che si vogliono coprire (in questa categoria nessun altro elemento può interferire nel giudizio);
b) **per titoli**, in cui la scelta è affidata a un organo idoneo a stabilire le capacità professionali dei candidati attraverso l'esame di «titoli» (master, pubblicazioni etc.) che rendano palese il valore della persona sia sotto il profilo culturale che sotto il profilo della pregressa attività;
c) **per esami e per titoli**, in cui gli elementi dei due tipi precedenti si fondono;
d) **riservati**, che costituiscono la selezione fra più concorrenti che si trovano già in servizio, ma con un incarico fuori ruolo, per cui il concorso ha lo scopo di esaminare i candidati, valutarli ed immetterli in ruolo mediante prove normalmente analoghe a quelle del concorso per l'accesso alle stesse qualifiche che si vogliono attribuire;

e) **con riserva di posti**, quando vi partecipano elementi già in servizio presso la P.A. o appartenenti alle categorie protette cui è riservato un certo numero di posti, con la conseguenza che fra i candidati «esterni» e quelli «interni» o «speciali» si forma una graduatoria tale da consentire agli uni ed agli altri il superamento del concorso, ma entro il limite dei posti da attribuire ad ogni singola categoria.

L'iniziativa di dare il via ad un concorso pubblico spetta alla pubblica amministrazione.

Le determinazioni relative all'avvio di procedure di reclutamento, infatti, sono adottate da ciascuna amministrazione o ente **sulla base del piano triennale dei fabbisogni** approvato *ex* art. 6, comma 4, D.Lgs. 165/2001 (su cui *infra*). Lo dispone l'art. 35, comma 4, D.Lgs. 165/2001, come novellato dal D.Lgs. 75/2017.

Si tratta, infatti, di **un'innovazione della riforma Madia**, in quanto la previgente versione della disposizione in commento richiedeva che i concorsi fossero organizzati sulla base della *programmazione triennale del fabbisogno di personale*, ossia di quell'atto amministrativo che ogni P.A. era tenuta a redigere per gestire le risorse umane nell'arco del triennio.

Attualmente, l'organizzazione e la disciplina degli uffici nonché dei rapporti di lavoro sono correlati **non più alla dotazione organica bensì ad uno specifico Piano triennale dei fabbisogni di personale**.

L'atto con il quale l'amministrazione *manifesta all'esterno* la propria volontà di procedere a una selezione di personale, invitando gli interessati a far conoscere la loro eventuale intenzione di partecipare, è il **bando di concorso**.

Questo viene pubblicato, di regola, nella Gazzetta Ufficiale della Repubblica Italiana (IV serie speciale concorsi ed esami) o nel Bollettino Ufficiale della Regione di appartenenza dell'ente cui si riferiscono i posti di lavoro messi a concorso. In genere, viene pubblicato anche sul *sito internet* dell'ente che bandisce il concorso.

I bandi di concorso devono prevedere, come detto, anche l'accertamento della conoscenza dell'uso delle *apparecchiature e applicazioni informatiche più diffuse* e della *lingua inglese*, nonché, ove opportuno in relazione al profilo professionale richiesto, di **altre lingue straniere** (art. 37 D.Lgs. 165/2001, come mod. dall'art. 7 **D.Lgs. 75/2017**).

Le fasi successive dell'*iter* concorsuale sono:

— la **domanda di partecipazione**. Questa deve essere redatta dai partecipanti in maniera chiara e completa, così da consentire all'amministrazione il controllo preliminare dei requisiti generali (le amministrazioni, in genere, allegano ai bandi di concorso anche un fac-simile della domanda).

  I **requisiti generali**, *ex* art. 2 *D.P.R. 487/1994* — che devono essere posseduti alla data di scadenza del termine per la domanda di ammissione al concorso — sono:
  a) *cittadinanza italiana ed europea*;
  b) *età non inferiore a 18 anni*;
  c) *godimento dei diritti politici*: non possono accedere agli impieghi coloro che sono esclusi dall'elettorato politico attivo o coloro che siano stati destituiti dall'impiego presso una pubblica amministrazione;
  d) *titolo di studio*: varia a seconda del contenuto della prestazione lavorativa richiesta alla professionalità che si va a rivestire;

— **l'ammissione (e l'eventuale esclusione dei candidati)**. Una volta che l'amministrazione ha ricevuto le domande di partecipazione, può procedere al loro esame per individuare coloro che possono essere ammessi a sostenere il concorso. Tale decisione spetta normalmente all'amministrazione che ha bandito il concorso, ma in genere viene attribuita alla **Commissione giudicatrice**, che costituisce *l'organo tecnico* di cui si avvale l'amministrazione *per individuare i candidati più capaci*.

Le attribuzioni della Commissione giudicatrice, a loro volta, si differenziano a seconda del tipo di concorso posto in essere e quindi dei *diversi criteri di valutazione dei candidati* (ad esempio, in caso di concorso per titoli, essa dovrà procedere solo alla valutazione di questi, mentre nei concorsi per esami dovrà valutare le capacità tecniche e scientifiche dei candidati).

In genere, comunque, la prova di concorso si articola normalmente in una *prova scritta* e *una orale*, con eventuale *fase preselettiva* in caso di *consistente numero di domande*, e si svolge sulle materie attinenti alla qualifica da ricoprire ed enunciate nel bando.

L'ultima fase dell'attività delle Commissioni giudicatrici è la **formulazione della graduatoria** dei candidati, in cui si riassumono i risultati delle fasi precedenti. È una sorta di *sintesi* dell'attività precedentemente svolta che, sulla scorta degli atti già adottati, reca l'elenco dei candidati, con indicazione del punteggio ottenuto nelle varie prove (prove scritte; prove pratiche; prove orali; titoli etc.) e il punteggio finale (che può risultare da un calcolo matematico di vario genere, a seconda delle disposizioni che regolano il concorso).

La graduatoria, a sua volta, prima di essere resa pubblica, deve essere *approvata* dall'amministrazione che ha indetto il concorso (si tratterebbe di un controllo di legittimità e di regolarità, non di merito, che resta di esclusiva competenza della Commissione).

Essa rimane in vigore per **tre anni** dalla data di pubblicazione, anche se sono fatti salvi i periodi di vigenza inferiori previsti da leggi regionali (art. 35, comma 5ter, D.Lgs. 165/2001).

b) Accesso extraconcorsuale

La regola dell'accesso ai pubblici uffici mediante il meccanismo concorsuale subisce, come anticipato, delle **deroghe**, previste dalla legge stessa:

— **chiamata numerica dalle liste di collocamento**;
— **assunzioni dei disabili**.

Il D.Lgs. 165/2001, infatti, ha previsto la forma di assunzione mediante *reclutamento* degli iscritti nelle apposite liste di collocamento per le qualifiche ed i profili per i quali è richiesto il *solo requisito della scuola dell'obbligo* (art. 35, comma 1, D.Lgs. 165/2001).

Le assunzioni obbligatorie riguardano, invece, i soggetti di cui alla **L. 12-3-1999, n. 68**, sul diritto al lavoro dei disabili (legge richiamata dall'art. 35, comma 2, nonché dall'art. 39 T.U. pubblico impiego).

Tale normativa poggia sul principio fondamentale del cd. *inserimento mirato*: il soggetto deve essere collocato sulla base di un esame preventivo delle sue effettive minorazioni e capacità, teso ad individuare il posto più adatto alle sue condizioni. In argomento, **l'art. 38, comma 3, della Costituzione** prevede che «gli inabili e i minorati hanno diritto all'educazione e all'avviamento professionale».

L'art. 39 D.Lgs. 165/2001 (come sostituito dall'art. 3 **L. 56/2019**, sulla concretezza della P.A.), sulla base della prescrizione costituzionale, prevede che le pubbliche amministrazioni promuovano o propongano programmi di assunzioni *ad hoc* destinati ai soggetti disabili di cui alla cit. L. 68/1999.

c) La stipulazione del contratto individuale di lavoro

L'instaurazione del rapporto di lavoro nelle pubbliche amministrazioni avviene con **contratto individuale di lavoro** (art. 35 D.Lgs. 165/2001).

Costituisce principio generale quello per cui la pubblica amministrazione **non** può assumere impegni o concludere contratti **se non nelle forme stabilite** dalla legge e dai regolamenti, vale a dire nella **forma scritta** (Cass., sez. III, 28-9-2010, n. 20340).

La **contrattazione collettiva nazionale** per i *comparti* della *P.A.* prevede che il contratto di lavoro individuale richieda la **forma scritta** e che, prima della stipula del contratto, l'amministrazione inviti il destinatario (che ha superato il concorso) non solo a **presentare la documentazione** prescritta dalle disposizioni regolanti l'accesso al rapporto di lavoro, ma anche a **dichiarare**, sotto la sua responsabilità, **di non avere un altro rapporto a tempo indeterminato o determinato** con altra amministrazione e di non trovarsi nelle situazioni di incompatibilità indicate dalla legge (cfr. in proposito l'art. 53 D.Lgs. 165/2001).

In caso contrario, insieme ai documenti, deve essere espressamente presentata la *dichiarazione di opzione* per la nuova amministrazione. Se tale presentazione o dichiarazione non avviene nel termine prescritto, l'amministrazione comunica di non dar luogo alla stipulazione del contratto.

All'atto della sottoscrizione del contratto, al neoassunto viene consegnata una *copia del codice di comportamento* dei dipendenti delle PP.AA.

Per ogni successiva *modifica della prestazione lavorativa* (es. trasformazione del rapporto di lavoro da tempo pieno a tempo parziale) o della posizione economica (es.: passaggio ad una p.e. superiore a seguito di riqualificazione interna) va stipulato un nuovo e apposito contratto individuale di lavoro.

Tutte le assunzioni alle dipendenze delle amministrazioni pubbliche **sono poi assoggettate all'esito positivo di un periodo di prova**, ai sensi dell'**art. 2096 c.c.**

La *durata* del periodo di prova, a sua volta, è differenziata in ragione della complessità delle prestazioni professionali richieste ed è oggetto di definizione in sede di contrattazione collettiva.

Se tale periodo termina senza che nessuna delle parti receda (esso si caratterizza proprio in quanto, decorso metà di detto periodo, ciascuna delle parti può recedere dal rapporto in qualsiasi momento e senza obbligo di preavviso né di indennità sostitutiva del preavviso), il dipendente si intende *confermato in servizio*, con il riconoscimento dell'anzianità di servizio a tutti gli effetti.

6 Le forme flessibili di impiego nella P.A. e gli incarichi esterni

La regola è che le pubbliche amministrazioni assumano *esclusivamente* con *contratti di lavoro subordinato a tempo indeterminato*, seguendo le *ordinarie procedure di reclutamento*.

Tuttavia, per rispondere a **comprovate esigenze di carattere esclusivamente temporaneo o eccezionale**, le stesse possono stipulare *contratti di lavoro a tempo determinato*, contratti di *formazione* e *lavoro* e contratti di *somministrazione* di lavoro a tempo determinato, nonché avvalersi delle forme contrattuali flessibili previste dal codice civile e dalle altre leggi sui rapporti di lavoro nell'impresa, esclusivamente nei limiti e con le modalità in cui se ne prevede l'applicazione alle PP.AA. (art. 36 D.Lgs. 165/2001, come mod. dal **D.Lgs. 75/2017**).

È importante ricordare, in ogni caso, che la violazione di disposizioni imperative riguardanti l'assunzione o l'impiego di lavoratori, da parte delle pubbliche amministrazioni, **non** può comportare la costituzione di **rapporti di lavoro a tempo indeterminato** con le medesime pubbliche amministrazioni, ferma restando ogni responsabilità e sanzione. Il lavoratore interessato ha diritto al risarcimento del danno derivante dalla prestazione di lavoro in violazione di disposizioni imperative.

Nel pubblico impiego, poi, possono aversi anche impieghi **part-time** e in **regime di telelavoro**, nonché l'**apprendistato**, entrato a far parte dei contratti estensibili al lavoro pubblico dapprima con il D.Lgs. 167/2011 (nelle forme dell'apprendistato professionalizzante nonché di alta formazione e ricerca) e poi con il **D.Lgs. 81/2015**, di attuazione del *Jobs Act*.

La P.A. può, infine, ricorrere ad **incarichi individuali esterni**, affidati a soggetti non facenti parte del personale in servizio, per fare fronte a *specifiche esigenze non fronteggiabili con il personale in servizio*, mediante l'utilizzo di soggetti *esperti aventi particolare e comprovata specializzazione, anche universitaria* (art. 7, comma 6, D.Lgs. 165/2001, mod. dal **D.Lgs. 75/2017**).

Le **condizioni legittimanti** il ricorso a tali incarichi sono le seguenti:

a) l'oggetto della prestazione deve corrispondere alle competenze attribuite dall'ordinamento all'amministrazione conferente, ad obiettivi e progetti specifici e determinati e risultare coerente con le esigenze di funzionalità dell'amministrazione stessa;

b) l'amministrazione deve avere preliminarmente accertato l'impossibilità oggettiva di utilizzare le risorse umane disponibili al suo interno;
c) la prestazione deve avere natura temporanea ed essere altamente qualificata; non è ammesso il rinnovo e l'eventuale proroga dell'incarico è consentita in via eccezionale, solo per completare il progetto e per ritardi non imputabili al collaboratore, e senza variazioni del compenso già pattuito;
d) devono essere preventivamente determinati durata, oggetto e compenso della collaborazione (la riforma Madia elimina il riferimento al «luogo»).

In analogia con il **settore privato**, è fatto divieto alle PP.AA. di stipulare contratti di collaborazione che si concretino in prestazioni di lavoro esclusivamente personali, continuative e le cui modalità di esecuzione siano organizzate dal committente anche con riferimento ai tempi e al luogo di lavoro (art. 7, comma 5bis, introdotto dal **D.Lgs. 75/2017**).

7 L'organizzazione del personale

a) I criteri guida

Le amministrazioni pubbliche devono organizzarsi nel rispetto dei seguenti **principi** (art. 2, comma 1, D.Lgs. 165/2001):

— **funzionalità** rispetto ai compiti e ai programmi di attività, nel perseguimento degli obiettivi di efficienza, efficacia ed economicità. A tal fine, periodicamente e comunque all'atto della definizione dei programmi operativi e dell'assegnazione delle risorse, si procede a specifica verifica e ad eventuale revisione;
— **ampia flessibilità**, garantendo adeguati margini alle determinazioni operative e gestionali da parte dei dirigenti;
— **collegamento delle attività degli uffici**, adeguandosi al dovere di comunicazione interna ed esterna, ed interconnessione mediante sistemi informatici e statistici pubblici;
— garanzia dell'**imparzialità** e della **trasparenza** dell'azione amministrativa, anche attraverso l'istituzione di apposite *strutture per l'informazione ai cittadini* e attribuzione ad un unico ufficio, per ciascun procedimento, della responsabilità complessiva dello stesso (cd. responsabile del procedimento);
— **armonizzazione degli orari** di servizio e di apertura degli uffici con le esigenze dell'utenza e con gli orari delle amministrazioni pubbliche dei Paesi dell'Unione europea.

b) Aree e profili professionali. Il Piano triennale dei fabbisogni

I pubblici dipendenti, in genere, possono essere «suddivisi» in due modi: **in senso orizzontale**, prendendo a riferimento i *comparti* (v. *retro*) ed **in senso verticale**, in base all'*area*, che si riferisce alla mansione e al conseguente livello di responsabilità di ciascuno.

Queste ultime, in genere, sono individuate mediante la descrizione dell'insieme dei requisiti indispensabili per l'inquadramento nell'area medesima; esse corrispondono a livelli omogenei di competenze, conoscenze e capacità necessarie per l'espletamento di una vasta e diversificata gamma di attività lavorative.

All'interno di ogni singola area, sono, poi, collocati i **profili professionali** che, in quanto riconducibili ad un medesimo settore di attività o ad una medesima tipologia lavorativa o professionale, possono essere tra loro omogenei o affini. I profili professionali, secondo i settori di attività, definiscono i *contenuti tecnici della prestazione lavorativa* e le *attribuzioni proprie del dipendente*, attraverso una *descrizione sintetica* ed *esaustiva delle mansioni svolte*, dei *requisiti* e del *livello di professionalità* richiesto.

Il personale pubblico è sempre stato tradizionalmente classificato in base a **tre concetti chiave**:

1. il **ruolo organico**: ogni P.A. dispone di un proprio ruolo organico con il numero di posti suddiviso in posizioni funzionali (mansioni) e posizioni retributive (stipendio). I ruoli sono permanenti, ossia stabili nel tempo;
2. la **dotazione organica**: è l'insieme dei posti assegnati a ciascun ruolo. Le dotazioni vengono ridefinite in base all'effettivo fabbisogno delle PP.AA. e sono a loro volta subentrate al previgente criterio dei «carichi di lavoro»;
3. la **pianta organica**: essa individuava, nell'assetto antecedente alla privatizzazione, il complesso delle posizioni lavorative previste dal disegno organizzativo dell'ente; è stata superata dal concetto di dotazione organica.

L'organizzazione del personale è invece oggi disciplinata, nello specifico, dal combinato disposto degli **artt. 2, comma 1, 5** e **6 D.Lgs. 165/2001**, come novellati.

Si tratta di un profilo importante nel lavoro pubblico, anche alla luce della considerazione per cui tale aspetto è inscindibilmente correlato alla *capacità*, posta in capo alle amministrazioni, *di procedere con le assunzioni*.

In particolare, l'art. 2, comma 1, D.Lgs. 165/2001 dispone testualmente che le amministrazioni pubbliche definiscono, secondo principi generali fissati da disposizioni di legge e, sulla base dei medesimi, mediante *atti organizzativi* secondo i rispettivi ordinamenti, le **linee fondamentali di organizzazione degli uffici; individuano gli uffici di maggiore rilevanza e i modi di conferimento della titolarità dei medesimi; determinano le dotazioni organiche complessive** (cd. *atti di macro organizzazione*, su cui v. *retro*).

L'art. 5 D.Lgs. 165/2001, come novellato dal **D.Lgs. 75/2017**, dopo avere previsto che le PP.AA. assumono le proprie determinazioni organizzative sempre in ossequio ai principi della privatizzazione nonché alla rispondenza dell'azione amministrativa al pubblico interesse, dispone che la direzione e l'organizzazione del lavoro sono assunte *in via esclusiva dagli organi gestionali* quali veri e propri datori di lavoro (commi 1 e 2).

Come ha inciso il decreto attuativo della riforma Madia sulla disciplina dell'organizzazione del personale? In estrema sintesi, **passando dal concetto di dotazione organica a quello del fabbisogno di personale** come *criterio guida* nell'organizzazione degli uffici pubblici.

Infatti, le amministrazioni pubbliche devono definire l'organizzazione degli uffici **in conformità al Piano triennale dei fabbisogni (e non più in riferimento alla dotazione organica)**, adottando gli atti previsti dai rispettivi ordinamenti previa informazione sindacale, ove prevista nei CCNL (art. 6, comma 1, D.Lgs. 165/2001).

Allo scopo di ottimizzare l'impiego delle risorse pubbliche disponibili e di perseguire obiettivi di *performance* organizzativa, efficienza, economicità e qualità dei servizi ai cittadini, le amministrazioni devono adottare il Piano triennale dei fabbisogni di personale in coerenza con la pianificazione pluriennale delle attività e della *performance*, nonché con le *linee di indirizzo per la pianificazione* delle medesime adottate con appositi D.P.C.M. (emanate ai sensi dell'art. 6ter D.Lgs. 165/2001, inserito dal *D.Lgs. 75/2017*). Nell'ambito di tale Piano, le amministrazioni sono tenute a procedere all'ottimale distribuzione delle risorse umane attraverso la coordinata attuazione dei processi di mobilità e di reclutamento del personale (nuovo comma 2 dell'art. 6).

c) Mansioni e progressioni

La **mansione** è l'insieme dei compiti e delle concrete operazioni che il lavoratore è chiamato ad eseguire.

Nel pubblico impiego, ai sensi dell'art. **52 D.Lgs. 165/2001** (come novellato dalla riforma Brunetta), il prestatore di lavoro può essere adibito:

- alle **mansioni** per le quali è **stato assunto**;
- alle **mansioni equivalenti** nell'ambito dell'area di inquadramento ovvero a quelle corrispondenti alla **qualifica superiore** che abbia successivamente acquisito per effetto di procedure

selettive: si tratta del cd. *diritto alla funzione*, uno dei princìpi più rilevati nella disciplina del lavoro pubblico.

Per obiettive esigenze di servizio, il prestatore di lavoro può poi essere adibito a **mansioni** proprie della **qualifica immediatamente superiore** (con attribuzione in modo prevalente, sotto il profilo qualitativo, quantitativo e temporale, dei compiti propri di dette mansioni):

a) nel caso di *vacanza di posto in organico*, per non più di sei mesi, prorogabili fino a dodici qualora siano state avviate le procedure per la copertura dei posti vacanti;
b) nel caso di *sostituzione di altro dipendente assente* con diritto alla conservazione del posto, con esclusione dell'assenza per ferie, per la durata dell'assenza.

In queste ipotesi, per il periodo di effettiva prestazione, il lavoratore *ha diritto al trattamento previsto per la qualifica superiore*. Al di fuori di esse, è **nulla** l'assegnazione del lavoratore a mansioni proprie di una qualifica superiore, ma al lavoratore è corrisposta la differenza di trattamento economico con la qualifica superiore. Il dirigente che ha disposto l'assegnazione risponde personalmente del maggior onere conseguente, se ha agito con dolo o colpa grave.

Non trova applicazione nel **pubblico impiego** il disposto dell'**art. 2103 c.c.** (sostituito dal D.Lgs. 81/2015), secondo il quale l'assegnazione del dipendente a mansioni superiori *diviene definitiva* dopo un periodo fissato dai contratti collettivi e comunque non superiore a tre mesi.

Le progressioni, invece, sono «mutamenti» della prestazione lavorativa e si distinguono in **economiche**, laddove si sostanzino in scatti da una posizione economica all'altra nell'ambito della medesima area funzionale, e **di carriera**, nel caso riguardino avanzamenti di posizione da un'area contrattuale a quella superiore.

Le **progressioni all'interno della stessa area** (cd. **progressioni orizzontali**) avvengono secondo *princìpi di selettività*, in funzione delle qualità culturali e professionali, dell'attività svolta e dei risultati conseguiti, attraverso l'attribuzione di fasce di merito.

Le **progressioni fra le aree**, invece, avvengono tramite *concorso pubblico*, ferma restando la possibilità per l'amministrazione di destinare al personale interno, in possesso dei titoli di studio richiesti per l'accesso dall'esterno, una riserva di posti comunque non superiore al 50% di quelli messi a concorso. La valutazione positiva conseguita dal dipendente per almeno tre anni costituisce titolo rilevante ai fini della progressione economica e dell'attribuzione dei posti riservati nei concorsi per l'accesso all'area superiore.

8 La dirigenza pubblica

Nelle amministrazioni pubbliche, la dirigenza assume connotati peculiari rispetto a quella privata: infatti, il graduale mutamento della cultura organizzativa, la differente gestione delle risorse umane e produttive e, soprattutto, la diffusione di esigenze di managerialità in conseguenza di processi di decentramento e di autonomia funzionale ed operativa, hanno contribuito alla identificazione di una «nuova» dirigenza pubblica, sempre più manageriale.

In effetti, dalla privatizzazione del pubblico impiego è discesa l'individuazione della dirigenza quale organo deputato alla **gestione del personale**, profilo notevolmente dilatato a seguito della **riforma Brunetta**, D.Lgs. 150/2009, che, è opportuno anticiparlo, delinea il dirigente quale **vero e proprio datore di lavoro pubblico**, responsabile della gestione delle risorse umane e strumentali nonché della qualità e quantità delle prestazioni poste in essere dai dipendenti.

Un'analisi sulla dirigenza pubblica presuppone la configurazione dei rapporti tra politica e burocrazia. In particolare, l'**indirizzo politico** è il *principio unificatore dell'azione dei pubblici poteri* e si sostanzia nella individuazione, da parte degli organi di governo, delle scelte e dei programmi che verranno poi «concretizzati» mediante l'esplicazione dell'**attività di gestione**, di spettanza della *burocrazia* e, quindi, della dirigenza.

a) Il dirigente quale datore di lavoro nella P.A.

Il D.Lgs. 165/2001, in particolare, ha **sancito e valorizzato quei criteri privatistici di managerialità ed efficienza** in conseguenza dei quali la dirigenza assume il monopolio delle decisioni gestionali.

L'art. 4 D.Lgs. 165/2001 ha un *ruolo strategico* in tale contesto, in quanto il dirigente viene dotato di una propria *autonomia decisionale* e, di conseguenza, assume la *responsabilità* in relazione all'adozione degli atti e provvedimenti amministrativi, compresi tutti gli atti che impegnano l'amministrazione verso l'esterno, nonché alla gestione finanziaria, tecnica e amministrativa (mediante autonomi poteri di spesa di organizzazione delle risorse umane, strumentali e di controllo).

Il D.Lgs. 150/2009, sulla scia della L. 15/2009, ha notevolmente accentuato il **ruolo** e la **posizione** dei dirigenti. La riforma, in primo luogo, delinea il dirigente quale **vero e proprio datore di lavoro pubblico**, **responsabile della gestione delle risorse umane** e **della qualità e quantità delle prestazioni** poste in essere dai dipendenti.

Ai dirigenti compete, infatti, individuare le risorse e i profili professionali necessari allo svolgimento dei compiti dell'ufficio cui sono preposte (ciò anche al fine della compilazione del *documento di programmazione triennale del fabbisogno di personale*).

I dirigenti generali, ancora, hanno il compito di **combattere i fenomeni di corruzione** e di definire e far rispettare le misure idonee al contrasto di quest'ultima.

I dirigenti effettuano anche la **valutazione del personale** assegnato ai loro uffici, ai fini non solo della *progressione economica* tra le aree, ma pure della corresponsione di *indennità* e *premi incentivanti*.

A tali maggiori poteri corrisponde anche una **responsabilità più accentuata**: infatti, i dirigenti rispondono del mancato esercizio dei poteri datoriali, se le loro omissioni cagionino lo scarso rendimento dei propri dipendenti (**art. 21** D.Lgs. 165/2001).

Infatti, il **mancato raggiungimento degli obiettivi**, accertato attraverso le risultanze del ciclo di gestione della *performance*, ovvero l'**inosservanza delle direttive** imputabili al dirigente comportano l'**impossibilità di rinnovo dello stesso incarico dirigenziale**. In relazione alla *gravità dei casi*, l'amministrazione può inoltre, previa contestazione e nel rispetto del principio del contraddittorio, **revocare l'incarico**, collocando il dirigente a disposizione dei ruoli unici dei dirigenti, ovvero recedere dal rapporto di lavoro secondo le disposizioni del contratto collettivo.

Al dirigente nei confronti del quale sia stata accertata la colpevole violazione del dovere di vigilanza sul rispetto, da parte del personale assegnato ai propri uffici, degli standard quantitativi e qualitativi fissati dall'amministrazione, la **retribuzione di risultato è decurtata**, sentito il **Comitato dei garanti**, in relazione alla gravità della violazione di una quota fino all'80%.

Il Comitato dei garanti

L'art. 22 D.Lgs. 165/2001 ha istituito un **organo di garanzia**, il **Comitato dei garanti**, in relazione all'assoggettamento dei dirigenti ai provvedimenti previsti dalle disposizioni in tema di responsabilità dirigenziale.
La riforma Brunetta è intervenuta sulle caratteristiche del Comitato, ridimensionandone parzialmente il ruolo. Viene, infatti, eliminato il precedente riferimento alla necessità di un «parere conforme» del Comitato riguardo i provvedimenti conseguenti all'accertamento di responsabilità dirigenziale, prevedendo che esso debba solo essere «sentito» nel corso dei relativi procedimenti. Quindi, l'intervento del Comitato viene degradato a semplice **parere obbligatorio**, come tale soggetto ad essere eventualmente disatteso (previa motivazione).
Allo stesso tempo, viene fissato un *termine di 45 giorni*, e non più di 30, oltre il quale l'amministrazione può prescindere dal parere del Comitato; altra novità è l'estensione dei compiti del Comitato alla neo istituita responsabilità per «mancata vigilanza», di cui al comma 1bis dell'art. 21 D.Lgs. 165/2001.
Inoltre, il D.Lgs. 150/2009 ha stabilito il passaggio del *numero dei membri* del Comitato da *tre* a *cinque*.

b) Le attribuzioni dei dirigenti generali (art. 16) e dei dirigentei (art. 17)

Il D.Lgs. 165/2001 individua le funzioni dei dirigenti agli **artt. 16 e 17**, distinguendo quelle attribuite ai *dirigenti di uffici dirigenziali generali* da quelle dei *dirigenti*.

L'**art. 16** individua i seguenti compiti e poteri dei **dirigenti generali**. In particolare, essi:

- formulano *proposte* ed esprimono *pareri al Ministro*, nelle materie di propria competenza;
- propongono le risorse e i profili professionali necessari allo svolgimento dei compiti dell'ufficio cui sono preposti;
- curano l'*attuazione di piani, programmi e direttive generali definiti dal Ministro* e attribuiscono ai dirigenti gli incarichi e la responsabilità di specifici progetti e gestioni; definiscono gli obiettivi che i dirigenti devono perseguire e attribuiscono le conseguenti risorse umane, finanziarie e materiali;
- adottano gli atti relativi all'*organizzazione degli uffici di livello dirigenziale non generale*;
- adottano gli atti e i provvedimenti amministrativi ed esercitano i *poteri di spesa* e quelli di acquisizione delle entrate rientranti nella competenza dei propri uffici, salvo quelli delegati ai dirigenti;
- adottano i provvedimenti previsti dal Codice dei contratti pubblici dal in tema di contratti segretati e quelli che esigono particolari misure di sicurezza;
- dirigono, coordinano e controllano l'attività dei dirigenti e dei responsabili dei procedimenti amministrativi, anche con potere sostitutivo in caso di inerzia, e propongono l'adozione, nei confronti dei dirigenti, delle misure previste dall'art. 21;
- promuovono e resistono alle liti ed hanno il potere di conciliare e di transigere;
- richiedono direttamente pareri agli organi consultivi dell'amministrazione e rispondono ai rilievi degli organi di controllo sugli atti di competenza;
- svolgono le attività di **organizzazione e gestione del personale** e di gestione dei rapporti sindacali e di lavoro;
- decidono sui ricorsi gerarchici contro gli atti e i provvedimenti amministrativi non definitivi dei dirigenti;
- curano i rapporti con gli uffici dell'Unione europea e degli organismi internazionali nelle materie di competenza secondo le specifiche direttive dell'organo di direzione politica, sempreché tali rapporti non siano espressamente affidati ad apposito ufficio o organo;
- concorrono alla definizione di misure idonee a *prevenire e contrastare i fenomeni di corruzione* e a controllarne il rispetto da parte dei dipendenti dell'ufficio cui sono preposti;
- forniscono le informazioni richieste dal soggetto competente per l'individuazione delle attività nelle quali è più elevato il **rischio corruzione** e formulano specifiche proposte volte alla prevenzione di detto rischio;
- provvedono al **monitoraggio** delle attività in cui è alto il rischio corruzione svolte nell'ufficio cui sono proposti, disponendo con provvedimento motivato la *rotazione del personale* nei casi di avvio di procedimenti penali o disciplinari per condotte di natura corruttiva.

Quanto al **rapporto** tra dirigenti di uffici dirigenziali generali e dirigenti sottoposti, è opportuno precisare che le attività di gestione sono ripartite secondo un quadro generale che attribuisce ai primi *compiti di direzione, di coordinamento e di controllo*, mentre ai secondi è *ordinariamente* delegata la *gestione*.

L'ultimo comma dell'art. 16 demanda agli ordinamenti delle singole amministrazioni pubbliche la definizione di compiti e di poteri dei dirigenti preposti al vertice: segretario generale, capo dipartimento o altro dirigente comunque denominato.

Per quanto riguarda, invece, le funzioni dei **dirigenti**, l'**art. 17** D.Lgs. 165/2001 fissa i singoli compiti e poteri con elencazione analoga a quella già indicata nell'art. 16:

- *formulare proposte ed esprimere pareri ai dirigenti degli uffici dirigenziali generali*;
- curare l'*attuazione dei progetti e delle gestioni* ad essi assegnati dai dirigenti degli uffici dirigenziali generali, adottando i relativi atti e provvedimenti amministrativi ed esercitando i poteri di spesa e di acquisizione delle entrate;
- svolgere tutti gli altri compiti ad essi delegati dai dirigenti degli uffici dirigenziali generali;
- *dirigere, coordinare e controllare l'attività degli uffici che da essi dipendono* e dei responsabili dei procedimenti amministrativi, anche con poteri sostitutivi in caso di inerzia;

— concorrere alla individuazione delle risorse e dei profili professionali necessari allo svolgimento dei compiti dell'ufficio cui sono preposti;
— provvedere alla *gestione del personale* e delle risorse finanziarie e strumentali assegnate ai propri uffici;
— effettuare la *valutazione del personale assegnato ai propri uffici*, nel rispetto del principio del merito, ai fini della progressione economica e tra le aree, nonché della corresponsione di indennità e premi incentivanti.

c) Accesso alla dirigenza

In ogni amministrazione è istituito un *ruolo dei dirigenti* (articolato nella *prima* e *seconda fascia dirigenziale*).

L'accesso alla dirigenza è disciplinato negli **artt. 28** e **28bis D.Lgs. 165/2001**:
— l'accesso alla qualifica di dirigente di seconda fascia nelle amministrazioni statali, anche ad ordinamento autonomo, e negli enti pubblici non economici avviene per concorso indetto dalle singole amministrazioni ovvero per corso-concorso selettivo di formazione bandito dalla Scuola superiore della pubblica amministrazione (oggi Scuola Nazionale dell'amministrazione) (art. 28, comma 1, D.Lgs. 165/2001, come novellato dal D.P.R. 70/2013);
— l'*accesso alla prima fascia dirigenziale*, invece, avviene, per il *cinquanta per cento dei posti*, calcolati con riferimento a quelli che si rendono disponibili ogni anno per la cessazione dal servizio dei soggetti incaricati, *per titoli ed esami* indetto dalle singole amministrazioni, sulla base di criteri generali stabiliti con decreto del Presidente del Consiglio dei Ministri, previo parere della Scuola superiore della pubblica amministrazione (oggi Scuola Nazionale dell'amministrazione - SNA) (art. 28bis, D.Lgs. 165 cit.).

d) Segue: Gli incarichi dirigenziali (art. 19 D.Lgs. 165/2001)

A seguito del superamento del concorso e della stipula del contratto individuale di lavoro si instaura, tra P.A. e dirigente, un rapporto che diviene effettivo solo con il *conferimento di un apposito incarico*, secondo quanto stabilito in proposito dall'**art. 19** D.Lgs. 165/2001, che costituisce norma non derogabile da contratti e accordi collettivi.

Il conferimento avviene tenendo conto, in relazione alla natura e alle caratteristiche degli obiettivi prefissati ed alla complessità della struttura interessata, delle **attitudini** e delle **capacità professionali** del singolo dirigente, dei **risultati** conseguiti in precedenza nell'amministrazione di appartenenza e della relativa valutazione, delle **specifiche competenze organizzative** possedute, nonché delle **esperienze di direzione** eventualmente maturate all'estero, presso il settore privato o presso altre amministrazioni pubbliche, purché attinenti al conferimento dell'incarico.

Con il provvedimento di conferimento sono individuati l'*oggetto* dell'incarico e gli *obiettivi* da conseguire, con riferimento alle priorità, ai piani e ai programmi definiti dall'organo di vertice nei propri atti di indirizzo e alle eventuali modifiche degli stessi che intervengano nel corso del rapporto, nonché la durata dell'incarico, che deve essere correlata agli obiettivi prefissati e che, comunque, non può essere inferiore a tre anni né eccedere il termine di cinque anni.

La durata dell'incarico può essere inferiore a tre anni se coincide con il conseguimento del limite di età per il collocamento a riposo dell'interessato. Gli incarichi sono rinnovabili. Al provvedimento che conferisce l'incarico, poi, accede un contratto individuale con cui è definito il corrispondente trattamento economico.

Gli incarichi vengono conferiti nel modo che segue:
— quelli di *Segretario generale di ministeri, gli incarichi di direzione di strutture articolate al loro interno in uffici dirigenziali generali e quelli di livello equivalente* sono conferiti con **D.P.R.**, previa deliberazione del Consiglio dei Ministri, su proposta del Ministro competente, a dirigenti della prima fascia o, con contratto a tempo determinato, a persone in possesso delle specifiche qualità professionali e nelle percentuali previste;

— quelli di *funzione dirigenziale di livello generale* sono conferiti con **D.P.C.M.**, su proposta del Ministro competente, a dirigenti della prima fascia o, in misura non superiore al 70% della relativa dotazione, agli altri dirigenti appartenenti ai medesimi ruoli ovvero, con contratto a tempo determinato, a persone in possesso delle specifiche qualità professionali richieste dalla legge;
— quelli di *direzione degli uffici di livello dirigenziale* sono conferiti, **dal dirigente dell'ufficio di livello dirigenziale generale**, ai dirigenti assegnati al suo ufficio.

I dirigenti ai quali non sia affidata la titolarità di uffici dirigenziali svolgono, su richiesta degli organi di vertice delle amministrazioni che ne abbiano interesse, *funzioni ispettive, di consulenza, studio e ricerca o altri incarichi specifici previsti dall'ordinamento*, ivi compresi quelli presso i collegi di revisione degli enti pubblici in rappresentanza di amministrazioni ministeriali.

Lo spoil system

In genere la locuzione «*spoil system*» indica la facoltà riconosciuta alla parte politica vincitrice nella competizione elettorale di collocare persone di fiducia nei posti chiave dell'apparato burocratico.
Tale istituto — di derivazione statunitense — caratterizza pertanto una parte del personale burocratico come di stretta estrazione fiduciaria, **legandone ingresso e uscita dall'amministrazione all'avvicendamento dei diversi esecutivi**. Quanti conseguono un ufficio in virtù dell'esercizio della prerogativa governativa di assunzione/nomina discrezionale restano, infatti, legati all'amministrazione da un rapporto di lavoro segnato, geneticamente, dalla previsione della sua cessazione al mutare dell'esecutivo.
Di una forma di *spoils system* «all'italiana» si è parlato in relazione al **comma 8 dell'art. 19 D.Lgs. 165/2001**, con specifico riguardo *agli incarichi dirigenziali apicali* delle amministrazioni statali (Segretario generale; Capo di dipartimento, preposto a strutture complesse articolate al loro interno in uffici dirigenziali generali; altri incarichi di livello equivalente), le cui funzioni risultano strettamente contigue con gli indirizzi politico-amministrativi espressi dagli organi politici (i ministri). Tali incarichi apicali *cessano automaticamente*, **decorsi 90 giorni dal voto sulla fiducia ottenuto dal Governo subentrante**. Non risulta affatto inciso, però, il sottostante rapporto di lavoro del dirigente di ruolo, scaturente dal contratto a tempo indeterminato stipulato al momento dell'immissione in ruolo.
In sostanza, diversamente da quanto succede negli Stati Uniti, il meccanismo coinvolge, di regola, *dirigenti professionali di ruolo* e non comporta la perdita del rapporto di lavoro ma solo quella del temporaneo incarico in corso (per essere destinati ad altro incarico, laddove non confermati). A tale previsione deve aggiungersi il disposto dell'**art. 14, comma 2**, del D.Lgs. 165/2001, secondo cui, all'atto del giuramento del Ministro, tutte le assegnazioni di personale, ivi compresi gli incarichi anche di livello dirigenziale e le consulenze e i contratti, anche a termine, conferiti nell'ambito degli uffici di diretta collaborazione «decadono automaticamente ove non confermati entro trenta giorni dal giuramento del nuovo Ministro».
Il legislatore ha, peraltro, mostrato una accentuata tendenza ad ampliare le ipotesi di decadenza automatica dagli incarichi ben al di fuori delle ristretta fascia di dirigenti apicali previsti dallo *spoils system* «ordinario». L'esperienza italiana ha registrato varie vicende definite di *spoils system una tantum* (risoluzione *ante tempus* di incarichi dirigenziali dovuta a decisione unilaterale — *una tantum* — del legislatore), ben oltre la cerchia degli incarichi apicali e in momenti temporali non coincidenti con quello dell'insediamento di un nuovo governo.
La dilatazione dell'area di dirigenti sottoposti a *spoils system* (a regime o *una tantum*) ha finito per provocare la reazione della Corte costituzionale (sent. n. 103/2007).
Per la Consulta, salvi gli incarichi dirigenziali realmente apicali, la revoca dei dirigenti è possibile solo a seguito di una *procedura di valutazione dei risultati*, ispirata al principio del giusto procedimento, culminante in una decisione motivata e suscettibile di rimedi giurisdizionali; altrimenti l'interruzione automatica, per volontà del legislatore, del rapporto di ufficio ancora in corso prima dello spirare del termine stabilito viola il **principio di continuità dell'azione amministrativa** e quello della distinzione funzionale tra i compiti di indirizzo politico-amministrativo e quelli di gestione (orientamento ribadito dalla successiva **pronuncia n. 104/2007**) (cfr. anche le successive pronunce nn. *161/2008 e 124/2011*).

9 Il ciclo di gestione della *performance*

La «**valutazione del personale**» è una procedura organica e sistematica diretta ad assicurare che **su ogni dipendente** si svolga periodicamente **un giudizio** che serve a **valutare** e **individuarne,** secondo criteri omogenei, il rendimento e le caratteristiche che si estrinsecano nell'esecuzione del lavoro.

L'importanza della valutazione è stata ribadita dai **recenti interventi** del legislatore: **riforma Brunetta del 2009**, da un lato, **e riforma Madia 2017**, dall'altro.

La *ratio* alla base delle citate riforme (*D.Lgs. 150/2009*, come novellato dal *D.Lgs. 74/2017*) è quella di disegnare una amministrazione pubblica più efficiente, snella, sburocratizzata e soprattutto "integra": l'obiettivo generale è, infatti, quello di ottimizzare la produttività del lavoro pubblico garantendo, al contempo, l'efficienza e la trasparenza degli uffici pubblici, in un'azione sinergica che non si esaurisce all'interno delle amministrazioni stesse, ma che contempla anche **l'intervento, attivo e fattivo, dei cittadini**, chiamati a dare la propria valutazione in relazione all'operato dei pubblici uffici e alla qualità dei servizi resi.

Ogni amministrazione pubblica è, infatti, tenuta a misurare e a valutare la *performance* con riferimento all'amministrazione nel suo complesso, alle unità organizzative o aree di responsabilità in cui si articola e ai singoli dipendenti, *secondo le modalità indicate dal D.Lgs. 150/2009* medesimo nonché gli *indirizzi impartiti dal Dipartimento della Funzione pubblica*.

Lo prevede l'art. 3 D.Lgs. 150/2009, mod. dal D.Lgs. 74/2017: si tratta della norma che contiene i *principi generali* della materia.

Il rispetto delle disposizioni in materia costituisce, a sua volta, *condizione necessaria* per l'erogazione di premi e componenti del trattamento retributivo legati alla *performance* e rileva ai fini del riconoscimento delle *progressioni economiche*, *dell'attribuzione di incarichi di responsabilità* al personale, nonché del conferimento degli *incarichi dirigenziali*.

La misurazione della *performance* avviene, in particolare, mediante un apposito **ciclo di gestione**, che partendo dalla definizione degli obiettivi da raggiungere e attraverso una costante attività di monitoraggio, **misura** e **valuta** la *performance*, sia individuale che di tutto l'ufficio, rendicontandone i risultati a fine processo (art. 4 D.Lgs. 150/2009, mod. dal D.Lgs. 74/2017).

La *performance*, sia organizzativa (ossia di tutto l'ufficio o la struttura) che individuale (singolo dipendente) è valutata annualmente mediante l'apposito **Sistema di misurazione e valutazione** (art. 7 ss. D.Lgs. 150/2009, mod. dal **D.Lgs. 74/2017**).

Inoltre, il monitoraggio della *performance* (che, nel sistema originario delineato da Brunetta, spettava agli organi di indirizzo politico ed amministrativo con il supporto dei dirigenti) attualmente è di competenza degli **OIV, Organismi Indipendenti di Valutazione**. A tali soggetti (di cui tutte le P.A. devono dotarsi) spetta, tra l'altro, il compito di verificare l'andamento della *performance* rispetto agli obiettivi programmati nel periodo di riferimento, di segnalare eventuali scostamenti nonché di proporre interventi correttivi (art. 6 D.Lgs. 150/2009, mod. dal D.Lgs. 74/2017).

Al fine di assicurare la qualità, comprensibilità ed attendibilità dei documenti di rappresentazione della *performance*, le amministrazioni devono **annualmente** redigere (e *pubblicare* sul proprio sito istituzionale) (art. 10 D.Lgs. 150/2009, come novellato):

a) entro il *31 gennaio*, un documento programmatico triennale, denominato **Piano della *performance*** — definito dall'organo di indirizzo politico-amministrativo, in collaborazione con i vertici della P.A. e secondo gli indirizzi impartiti dal Dipartimento della Funzione pubblica — che individua gli indirizzi e gli obiettivi strategici ed operativi e definisce gli indicatori per la misurazione e la valutazione della *performance* dell'amministrazione nonché gli obiettivi assegnati al personale dirigenziale ed i relativi indicatori;
b) un documento, da adottare entro il *30 giugno*, denominato **Relazione sulla *performance*** — approvata dall'organo di indirizzo politico-amministrativo e validata dagli OIV, Organismi Indipendenti di Valutazione — che evidenzia, *a consuntivo*, con riferimento all'anno precedente, i risultati organizzativi

e individuali raggiunti rispetto ai singoli obiettivi programmati ed alle risorse, con rilevazione degli eventuali scostamenti, e il bilancio di genere realizzato.

Nel processo di misurazione e valutazione della *performance* organizzativa e individuale delle amministrazioni pubbliche intervengono alcuni soggetti (artt. 12 e seguenti D.Lgs. 150/2009, come mod. dal D.Lgs. 74/2017):

- il **Dipartimento della Funzione pubblica**, che coordina e promuove la valutazione a livello nazionale;
- gli **Organismi indipendenti di valutazione della *performance* (OIV)**, a cui spetta il monitoraggio sul funzionamento complessivo del sistema della valutazione;
- l'**organo di indirizzo politico-amministrativo** di ciascuna amministrazione, che promuove la cultura della responsabilità per il miglioramento della *performance*;
- i **dirigenti** di ciascuna amministrazione, tenuti ad occuparsi, tra l'altro, della valutazione dei dipendenti.

In ogni caso, al centro di questo complesso sistema si colloca il **cittadino quale utente finale dei servizi erogati** dagli uffici pubblici: si tratta di una delle principali innovazioni della riforma Madia.

Ai sensi del nuovo art. 19bis D.Lgs. 150/2009, introdotto dal D.Lgs. 74/2017, infatti, i cittadini, anche in forma associata, partecipano al processo di misurazione delle *performance* organizzative, anche comunicando direttamente all'OIV il proprio grado di soddisfazione per le attività e per i servizi erogati. Ciascuna amministrazione, in base a tale innovazione, deve poi adottare *sistemi di rilevazione del grado di soddisfazione degli utenti e dei cittadini* in relazione alle attività e ai servizi erogati, favorendo ogni più ampia forma di partecipazione e collaborazione dei destinatari dei servizi; i risultati della rilevazione saranno inoltre pubblicati, con cadenza annuale, sul sito dell'amministrazione.

10 Lo svolgimento del rapporto di impiego. In particolare, la mobilità

a) Le vicende del rapporto di lavoro

Il rapporto di lavoro alle dipendenze delle pubbliche amministrazioni è un **rapporto di lunga durata** ed è, quindi, destinato a subire nel corso del tempo modificazioni che possono investire sia la P.A. datrice di lavoro (**modificazioni soggettive**) che i contenuti della prestazione lavorativa (**modificazioni oggettive**).

Sicuramente *esclusa* è, invece, una *modificazione del rapporto che interessi il dipendente*, stante il carattere *strettamente personale* del rapporto di lavoro.

Esaminiamo alcune di tali modificazioni:

- **aspettativa**: l'aspettativa comporta la sospensione dell'obbligo della prestazione lavorativa e, di regola, anche la sospensione dell'obbligo retributivo gravante sul datore di lavoro.
  Essa può essere concessa per varie cause: *per servizio militare*; *per comprovati motivi personali o di famiglia*; *per mandato parlamentare, amministrativo o sindacale*; *per svolgere attività presso soggetti o organismi pubblici o privati*, anche operanti nel settore internazionale;
- **comando**: si configura nell'ipotesi in cui il dipendente viene chiamato a prestare temporaneamente servizio presso una amministrazione statale diversa da quella d'appartenenza o presso enti pubblici, esclusi quelli sottoposti alla vigilanza dell'amministrazione cui l'impiegato appartiene;
- **distacco**: è un istituto introdotto dalla prassi amministrativa e riguarda gli enti diversi dallo Stato: consiste in un *trasferimento della sede di servizio* presso un ente diverso dalle pubbliche amministrazioni;
- **collocamento fuori ruolo**: può essere disposto per *disimpegno di funzioni dello Stato* o di altri enti pubblici attinenti agli interessi dell'amministrazione che lo dispone e che non rientrino nei suoi compiti istituzionali. Anche in questo caso il provvedimento non comporta la modificazione dello stato giuridico del dipendente;

- **temporaneo servizio all'estero** (la lettera della legge parla, tuttavia, oggi di collegamento con le istituzioni internazionali, dell'Unione europea e di altri Stati). Ai sensi dell'art. 32 D.Lgs. 165/2001, le pubbliche amministrazioni favoriscono e incentivano le *esperienze del proprio personale presso le istituzioni europee, le organizzazioni internazionali* nonché gli *Stati membri dell'Unione europea e quelli candidati all'adesione*. Il personale che presta temporaneo servizio all'estero resta, comunque, a tutti gli effetti dipendente dell'amministrazione di appartenenza (naturalmente l'esperienza maturata all'estero costituisce *titolo preferenziale* per le progressioni economiche e di carriera);
- **assenze per malattia**: la disciplina dei CCNL prevede che il dipendente assente per malattia ha diritto alla conservazione del posto purché la malattia non superi i 18 mesi cumulando le assenze degli ultimi 3 anni; in casi particolarmente gravi, tale periodo si raddoppia (ma senza retribuzione) previo accertamento da parte dell'Azienda USL competente al fine di stabilire la sussistenza di eventuali cause di assoluta e permanente inidoneità fisica a svolgere qualsiasi proficuo lavoro.
  All'esito di tale periodo (***periodo di comporto***), o dell'accertamento della inidoneità assoluta, l'amministrazione può *risolvere il rapporto di lavoro* con il dipendente.
  Ai sensi dell'**art. 55septies D.Lgs. 165/2001** (introdotto dal *D.Lgs. 150/2009* e novellato dal D.Lgs. 75/2017), nei casi in cui la singola assenza per malattia si protragga per più di dieci giorni e, comunque, dopo il secondo evento di malattia nell'anno solare (quindi in occasione **della terza assenza**), quest'ultima potrà ritenersi **giustificata** da parte del datore di lavoro esclusivamente mediante certificazione medica rilasciata da una *struttura sanitaria pubblica o da un medico convenzionato con il Servizio sanitario nazionale*. In tutti i casi di assenza per malattia la certificazione medica è **inviata per via telematica**, direttamente dal medico o dalla struttura sanitaria che la rilascia, *all'INPS*, che, a sua volta, lo rende disponibile immediatamente, con le medesime modalità (quindi sempre tramite strumenti telematici), *all'amministrazione datrice di lavoro interessata*. La **riforma Madia** ha istituito, in capo all'INPS, un **polo unico** per le visite fiscali, operativo da settembre 2017 e valido sia per il lavoro pubblico che privato.

b) La mobilità

La mobilità è una vicenda modificativa del rapporto di impiego che si distingue, a sua volta, in: **individuale**, se riguarda il passaggio di un **singolo** dipendente da una P.A. ad un'altra; **collettiva**, in caso di eccedenza di personale rispetto alla situazione finanziaria o alle esigenze funzionali.

Per quanto concerne la **mobilità individuale**, ai sensi dell'**art. 30** T.U. pubblico impiego le amministrazioni possono ricoprire posti vacanti in organico mediante **passaggio diretto di dipendenti**, appartenenti a una qualifica corrispondente e in servizio presso altre amministrazioni, **che facciano domanda di trasferimento**, previo assenso dell'amministrazione di appartenenza: si tratta della mobilità individuale «volontaria» (comma 1).

Il comma 2 dell'art. 30 cit. dispone, invece, che i dipendenti possono essere trasferiti all'interno della stessa amministrazione o, previo accordo tra le amministrazioni interessate, in altra amministrazione, in sedi collocate nel territorio dello stesso Comune ovvero a distanza non superiore a cinquanta chilometri dalla sede cui sono adibiti. Si tratta della cd. *mobilità obbligatoria* (quella, cioè, non legata ad una richiesta del dipendente ma ad esigenze della P.A.).

In materia è poi importante ricordare la previsione per cui le amministrazioni, **prima di procedere all'espletamento di nuove procedure concorsuali**, finalizzate alla copertura di posti vacanti in organico, **devono attivare le procedure di mobilità**, provvedendo in via prioritaria all'immissione in ruolo dei dipendenti, provenienti da altre amministrazioni, anche in posizione di comando e fuori ruolo, appartenenti alla stessa area funzionale, che facciano domanda di trasferimento (art. 30, comma 2bis, D.Lgs. 165/2001).

La mobilità collettiva, invece, riguarda i casi di *eccedenza di personale* (**art. 33** D.Lgs. 165/2001). Le amministrazioni, difatti, **ogni anno** devono verificare l'esistenza di *eventuali situazioni di soprannumero* o, comunque, *di eccedenze di personale*, in relazione alle esigenze funzionali o alla situazione finanziaria.

Se vi è esubero, il dirigente responsabile deve dare un'*informativa preventiva* alle rappresentanze unitarie del personale e alle organizzazioni sindacali firmatarie del contratto collettivo nazionale del comparto o area, decorsi dieci giorni dalla quale l'amministrazione o **risolve unilateralmente** i contratti del personale dipendente che ha raggiunto i requisiti pensionistici, oppure, in subordine, **verifica la ricollocazione totale o parziale** del personale in eccedenza nell'ambito della medesima amministrazione, anche mediante il ricorso a forme flessibili di gestione del tempo di lavoro o a contratti di solidarietà, ovvero presso altre amministrazioni, previo accordo con le stesse, comprese nell'ambito della Regione.

Ai sensi dell'**art. 34** D.Lgs. 165/2001, inoltre, è stabilito che il personale in disponibilità venga **iscritto** in **appositi elenchi** (che dovranno essere pubblicati sul sito istituzionale dell'ente) secondo *l'ordine cronologico di sospensione del relativo rapporto di lavoro* ed abbia diritto ad un'**indennità** pari all'80% della retribuzione per la *durata* massima di 24 mesi. Il rapporto di lavoro si intende **definitivamente risolto a tale data**.

11 Estinzione del rapporto di impiego

Le vicende **estintive del rapporto di lavoro alle dipendenze delle pubbliche amministrazioni** sono soggette ad una disciplina particolarmente complessa, che è la risultante di norme dall'origine assai varia: **pubblicistica, privatistica e pattizia (CCNL)**.

a) La disciplina dei CCNL

La **cessazione del rapporto di lavoro a tempo indeterminato**, secondo la disciplina dei contratti collettivi nazionali, ha luogo:

— per *superamento del periodo di comporto* in caso di assenza per malattia (anche per causa di servizio);
— in seguito a *licenziamento disciplinare*, con o senza preavviso;
— al *compimento del limite di età*, ai sensi delle norme di legge in vigore;
— per *dimissioni del dipendente*;
— per *decesso del dipendente*.

b) La disciplina pubblicistica

Residuano, dalle vecchie previsioni contenute nel Testo Unico sugli impiegati civili dello Stato, le ipotesi di **decadenza dall'impiego**:

— per *perdita della cittadinanza italiana* (art. 127, comma 1, lett. *a)*, D.P.R. 3/1957);
— per *avvenuta accettazione di una missione o altro incarico da un'autorità straniera senza autorizzazione del Ministro competente* (art. 127, comma 1, lett. *b)*, D.P.R. 3/1957);
— per *mancata cessazione della situazione di incompatibilità tra obblighi di servizio e attività svolte dal dipendente*, nonostante la diffida ricevuta (art. 63 D.P.R. 3/1957, espressamente richiamato dall'art. 53 D.Lgs. 165/2001).

Nell'ipotesi di **accertata permanente inidoneità psicofisica** al servizio del pubblico dipendente, la P.A. può **risolvere** il rapporto di lavoro (**art. 55octies** D.Lgs. 165/2001). Il relativo regolamento di attuazione è recato dal D.P.R. 27-7-2011, n. 171.

c) La disciplina privatistica

Il diritto del lavoro privato conosce il **licenziamento**:

— *per giusta causa* (art. 2119 c.c.), che si configura qualora si verifichi una causa che non consenta la prosecuzione, anche provvisoria, del rapporto;
— per *giustificato motivo soggettivo* (art. 3 L. 604/1966), determinato da un notevole inadempimento degli obblighi contrattuali del prestatore di lavoro, che facciano venir meno la fiducia da parte del datore di lavoro;

— per *giustificato motivo oggettivo* (art. 3 L. 604/1966), determinato da ragioni inerenti all'attività produttiva, all'organizzazione del lavoro e al regolare funzionamento di essa.

In base all'espresso richiamo dell'art. 2, comma 2, D.Lgs. 165/2001, sono estensibili al pubblico impiego le norme del codice civile e delle leggi speciali sul lavoro nell'impresa; di conseguenza dette ipotesi sono ammissibili anche nei rapporti di lavoro con le pubbliche amministrazioni.

L'inadempimento degli obblighi contrattuali può, invece, causare il **licenziamento disciplinare** del dipendente (su cui v. *infra*).

12 Controversie di lavoro nel pubblico impiego

Il processo di privatizzazione avviato dagli anni Novanta ha significativamente modificato la materia del lavoro pubblico, andando ben oltre i profili più strettamente sostanziali della disciplina. Da ciò, difatti, è discesa:

— la riconduzione delle regole del rapporto di lavoro nell'*alveo del diritto del lavoro nell'impresa* e della contrattazione collettiva, con conseguente attribuzione all'amministrazione pubblica degli stessi poteri e capacità gestionali del datore di lavoro privato;
— la devoluzione delle *controversie* in materia di rapporto di lavoro al **giudice ordinario**, in funzione di giudice del lavoro; queste, in precedenza, erano riservate alla *giurisdizione esclusiva del giudice amministrativo.*

L'**art. 63** D.Lgs. 165/2001 regolamenta i criteri di attribuzione delle controversie al giudice ordinario o al giudice amministrativo.

In particolare, la **competenza del giudice ordinario** concerne «*tutte le controversie relative ai rapporti di lavoro alle dipendenze delle pubbliche amministrazioni*» ad eccezione di quelle relative ai rapporti di lavoro non privatizzati. Sono incluse le controversie riguardanti l'*assunzione al lavoro* (ad eccezione delle fasi relative alle procedure concorsuali), il *conferimento* e la *revoca di incarichi dirigenziali* e la *responsabilità dirigenziale*, nonché quelle concernenti le *indennità di fine rapporto*, comunque denominate e corrisposte.

Al giudice ordinario spettano anche:

— tutte le controversie aventi ad oggetto *comportamenti antisindacali delle pubbliche amministrazione* ai sensi dell'art. 28 dello Statuto dei lavoratori (con relativa applicazione del procedimento in esso disposto);
— le *controversie cd. collettive*, promosse con riferimento alle procedure di contrattazione collettiva dall'ARAN, dalle stesse amministrazioni pubbliche ovvero dalle organizzazioni sindacali.

Alla **giurisdizione del giudice amministrativo**, invece, restano le controversie relative ai *rapporti di lavoro delle categorie non contrattualizzate* di cui all'art. 3 D.Lgs. 165/2001, e quelle in *materia di procedure concorsuali per l'assunzione dei dipendenti delle pubbliche amministrazioni.*

Circa il riparto giurisdizionale nelle delicata materia dei concorsi pubblici, la giurisprudenza individua la seguente suddivisione:

— giurisdizione del **giudice amministrativo** nelle controversie relative ai concorsi per soli candidati esterni, a concorsi misti (ossia aperti sia a soggetti esterni alla P.A. che a pubblici dipendenti, a concorsi per soli interni che portino al passaggio da un'area funzionale ad un'altra;
— giurisdizione del **giudice ordinario** nelle controversie attinenti a concorsi per soli interni, che comportino passaggio da una qualifica ad un'altra, ma nell'ambito della medesima area funzionale o della medesima categoria.

Si ricordi che alla cognizione del giudice amministrativo, comunque, attengono unicamente le controversie relative alla **fase antecedente alla costituzione del rapporto di lavoro** e, dunque, tutto ciò che concerne i criteri di selezione degli aspiranti all'impiego: *dal bando di concorso fino alla formazione della graduatoria.*

17
Doveri, diritti e responsabilità dei pubblici dipendenti. In particolare: la responsabilità disciplinare

1 I doveri del pubblico dipendente

Con il contratto di lavoro subordinato le parti si impegnano **a reciproche obbligazioni**. Prestazione lavorativa e retribuzione costituiscono, rispettivamente, i **principali obblighi derivanti dal contratto di lavoro** e rappresentano, al tempo stesso, l'oggetto del contratto.

Anche il rapporto di pubblico impiego è un rapporto di tipo bilaterale, da cui deriva una serie di doveri e diritti sia per il lavoratore che per il datore di lavoro.

I **doveri del dipendente**, in particolare, possono essere raggruppati in due ampie tipologie: l'una di stampo prettamente pubblicistico, riconducibile al **dovere di fedeltà alla Repubblica**, sancito dall'art. 51 Cost., ai **principi di imparzialità e buon andamento**, *ex* art. 97 Cost., e al **carattere democratico della Repubblica** (art. 1 Cost.), che impone di favorire rapporti di fiducia fra amministrazione e cittadino.

L'altra tipologia si richiama, invece, ai **doveri di diligenza, obbedienza e fedeltà** sanciti, come per il **rapporto di lavoro privato**, dagli artt. 2104 e 2105 c.c.

La definizione dei doveri del dipendente compete in genere ad un *codice di comportamento «uniforme»* valevole per tutte le amministrazioni pubbliche, nonché ai *codici di comportamento adottati dalle singole amministrazioni*, contenenti eventuali integrazioni e specificazioni al codice generale.

Il *Codice di comportamento generale*, a sua volta, viene recepito in allegato ai contratti collettivi e coordinato con le previsioni contrattuali in materia di responsabilità disciplinare.

2 Il codice di comportamento (D.P.R. 62/2013)

Nel pubblico impiego si sono susseguiti *tre codici di comportamento «generali»*: il *D.M. 31-3-1994*, approvato all'indomani della privatizzazione; il *D.M. 28-11-2000*, che per primo definiva con puntualità gli obblighi di diligenza, lealtà e imparzialità della condotta del pubblico dipendente; infine, il **D.P.R. 16-4-2013, n. 62**, adottato in base alla *L. 190/2012*, cd. *legge anticorruzione* e che ha sostituito il previgente del 2000.

Questo nuovo codice costituisce oggi un importante punto di riferimento per delineare il sistema dei doveri (e delle responsabilità) dei pubblici dipendenti, **dirigenti e non**, e si inserisce in un contesto di riforma della P.A. nella direzione del **recupero della legalità**, della **trasparenza** e della **democraticità** dell'azione amministrativa.

I doveri degli impiegati trovano precisa enunciazione anche nella *contrattazione collettiva*, le cui disposizioni vanno sempre coordinate con la legislazione ordinaria e deve essere, a sua volta, coordinato con il **codice disciplinare** previsto dai CCNL. La differenza tra i due codici è la seguente: il codice di comportamento delinea gli obblighi di condotta del pubblico dipendente ed è definito con legge, il codice disciplinare, invece, stabilisce le infrazioni e le relative sanzioni nelle procedure disciplinari dei dipendenti.

Il D.P.R. 62/2013 definisce i **doveri minimi di diligenza, lealtà, imparzialità e buona condotta** che i pubblici dipendenti sono tenuti ad osservare. Le previsioni di questo Codice sono poi integrate e specificate dai codici di comportamento adottati dalle singole amministrazioni.

Esso trova applicazione per **tutti i dipendenti pubblici**, dirigenti e non, ma viene anche specificato che le relative prescrizioni costituiscono *principi di comportamento* per le restanti categorie di personale *sottratte alla privatizzazione*, *ex* art. 3 del D.Lgs. 165/2001, in quanto compatibili con le disposizioni dei rispettivi ordinamenti.

Non solo: le pubbliche amministrazioni sono tenute ad estendere, per quanto compatibili, gli obblighi di condotta previsti dal codice a tutti i *collaboratori o consulenti*, con qualsiasi tipologia di contratto o incarico e a qualsiasi titolo, ai *titolari di organi e di incarichi negli uffici di diretta collaborazione delle autorità politiche*, nonché nei confronti dei *collaboratori a qualsiasi titolo di imprese fornitrici di beni o servizi* e che realizzano opere in favore dell'amministrazione.

Il nuovo codice reca dei profili innovativi rispetto al passato.

Interessante è, in primo luogo, la disciplina in tema di **regali, compensi e altre utilità**. Il dipendente, infatti, non deve chiedere, nè sollecitare, per sè o per altri, regali o altre utilità. Allo stesso modo non deve accettare, per sè o per altri, regali o altre utilità, salvo quelli *d'uso di modico* valore effettuati occasionalmente nell'ambito delle normali relazioni di cortesia e nell'ambito delle consuetudini internazionali (ossia quelli di valore non superiore, in via orientativa, a 150 euro, anche sotto forma di sconto).

Infine sull'applicazione del codice (e dei codici di comportamento adottati dalle singole amministrazioni), vigilano i **dirigenti responsabili di ciascuna struttura**, le **strutture di controllo interno** e gli **uffici etici e di disciplina**.

3 La tutela del dipendente pubblico che segnala illeciti: il *whistleblowing*

L'espressione «***whistleblowing***» indica generalmente la condotta di chi denuncia attività illecite o fraudolente all'interno di un'organizzazione pubblica o privata.

Si tratta di un istituto di origine anglosassone, introdotto nell'ordinamento e in un primo momento solo per il pubblico impiego dalla legge anticorruzione, *L. 190/2012* (che aveva inserito il nuovo **art. 54bis** nel D.Lgs. 165/2001) e poi estesa anche al *settore privato* mediante la **L. 30-11-2017, n. 179**, contenente disposizioni per la **tutela degli autori di segnalazioni di reati o irregolarità** di cui siano venuti a conoscenza nell'ambito di un *rapporto di lavoro pubblico o privato*.

Ai sensi dell'art. 54bis T.U. pubblico impiego, come riformulato dalla cit. L. 179, è previsto che il pubblico dipendente che, nell'interesse dell'integrità della pubblica amministrazione, *segnala* al Responsabile della prevenzione della corruzione e della trasparenza ovvero all'Autorità nazionale anticorruzione (A.N.AC.), o *denuncia* all'autorità giudiziaria ordinaria o a quella contabile, condotte illecite di cui è venuto a conoscenza in ragione del proprio rapporto di lavoro **non può essere sanzionato, demansionato, licenziato, trasferito, o sottoposto ad altra misura organizzativa avente effetti negativi**, diretti o indiretti, sulle condizioni di lavoro determinata dalla segnalazione.

L'adozione di misure ritenute ritorsive nei confronti del segnalante va comunicata all'A.N.AC. o dall'interessato o dalle organizzazioni sindacali maggiormente rappresentative nell'amministrazione nella quale le stesse sono state poste in essere. L'A.N.AC., a sua volta, deve informare il Dipartimento della Funzione pubblica o gli altri organismi di garanzia o di disciplina per le attività e gli eventuali provvedimenti di competenza.

L'identità del segnalante non può essere rivelata: questo vale sia per il procedimento disciplinare, che per quello penale e contabile; allo stesso modo, la segnalazione è sottratta all'accesso ai documenti amministrativi di cui alla legge sul procedimento amministrativo, L. 241/1990.

L'A.N.AC., sentito il Garante per la protezione dei dati personali, deve adottare apposite linee guida relative alle procedure per la presentazione e la gestione delle segnalazioni, che prevedano l'utilizzo di modalità anche informatiche e promuovano il ricorso a strumenti di crittografia per garantire la riservatezza dell'identità del segnalante e per il contenuto delle segnalazioni e della relativa documentazione.

4 Il dovere di esclusività (art. 53 D.Lgs. 165/2001)

Il rapporto di pubblico impiego è connotato da un sistema di incompatibilità che rinviene la sua *ratio* nel dovere di esclusività dei pubblici dipendenti *ex* art. 98 Cost., in virtù del quale il pubblico dipendente è tenuto a riservare tutta la sua attività lavorativa all'amministrazione.

La disciplina base in tema di *incompatibilità, cumulo di impieghi e incarichi* nel pubblico impiego è contenuta nell'art. 53 D.Lgs. 165/2001, applicabile sia *ai dipendenti privatizzati* che *a quelli in regime di diritto pubblico.*

Secondo tale disposizione, il pubblico impiegato **non** può svolgere **attività commerciali, imprenditoriali, industriali, artigiane e professionali** in costanza di rapporto di lavoro. Tale dovere viene meno solo in caso di *impiego part time* non superiore al 50% dell'orario ordinario. Il dipendente, inoltre, *può svolgere solo gli incarichi previamente conferiti o approvati dall'amministrazione di appartenenza* o che siano comunque *previsti o disciplinati dalla legge o da altre fonti normative; senza autorizzazione* non possono essere conferiti incarichi, né da parte delle PP.AA. né da parte di enti pubblici economici e soggetti privati.

L'*autorizzazione* va chiesta dai soggetti pubblici o privati che intendano conferire l'incarico all'amministrazione di appartenenza del dipendente, la quale deve pronunciarsi in merito nei successivi 30 giorni (decorso il termine per provvedere l'autorizzazione si intende accordata se richiesta per incarichi da conferirsi da pubbliche amministrazioni; negli altri casi, si intende definitivamente negata). Gli incarichi retribuiti di cui si parla nell'art. 53 sono tutti gli incarichi, anche occasionali, non compresi nei compiti e doveri di ufficio, per i quali è previsto, sotto qualsiasi forma, un compenso. Sono **esclusi** da tale ambito i **compensi derivanti**:

- dalla collaborazione a giornali, riviste, enciclopedie e simili;
- dalla utilizzazione economica da parte dell'autore o inventore di opere dell'ingegno e di invenzioni industriali;
- dalla partecipazione a convegni e seminari;
- da incarichi per i quali è corrisposto solo il rimborso delle spese documentate;
- da incarichi per lo svolgimento dei quali il dipendente è posto in posizione di aspettativa, di comando o di fuori ruolo;
- da incarichi conferiti dalle organizzazioni sindacali a dipendenti presso le stesse distaccati o in aspettativa non retribuita;
- da attività di formazione diretta ai dipendenti della Pubblica Amministrazione, nonché di docenza e ricerca scientifica.

Secondo la migliore dottrina, sono esclusi dagli incarichi retribuiti quelli svolti gratuitamente anche in assenza di un'espressa previsione normativa.

5 I diritti dell'impiegato

a) I diritti patrimoniali e le innovazioni della riforma Madia

Fra i diritti patrimoniali, il più importante è quello alla **retribuzione**. Si tratta una *prestazione periodica in denaro* cui il datore di lavoro è tenuto verso i propri dipendenti, come corrispettivo del servizio prestato e che, quindi, va commisurata alla quantità e alla qualità del lavoro svolto dall'impiegato.

Nel pubblico impiego la retribuzione si articola, in genere, in un **trattamento fondamentale**, comprensivo delle voci a carattere fisso e continuativo, e in un **trattamento accessorio**, costituito da emolumenti eventuali ed occasionali.

I CCNL per i comparti del pubblico impiego prevedono infatti che la retribuzione, per il **personale non dirigenziale**, previa definizione da parte dei contratti collettivi (lo prevede l'art. 45 D.Lgs. 165/2001), si articoli nel modo che segue:

1. **trattamento fondamentale**:
   — stipendio tabellare;
   — retribuzione individuale di anzianità, comprensiva della maggiorazione per esperienza professionale;
   — indennità integrativa speciale;
2. **trattamento accessorio**:
   — indennità di amministrazione;
   — compensi eventualmente spettanti dall'utilizzo del fondo unico di amministrazione;
   — compensi per lavoro straordinario;
   — altre indennità previste da specifiche disposizioni di legge.

Al personale, ove spettante, è corrisposto poi l'assegno per il nucleo familiare ai sensi della legge 13 maggio 1988 n. 153 e successive modificazioni.

Per il **personale dirigente**, poi, l'art. 24 D.Lgs. 165/2001 prevede che la retribuzione sia determinata dai *contratti collettivi per le aree dirigenziali* e che il trattamento economico accessorio sia correlato alle **funzioni attribuite**, **alle connesse responsabilità e ai risultati conseguiti**.

In generale, la struttura della retribuzione dei dirigenti di prima e di seconda fascia si compone, a mente della disciplina pattizia, delle seguenti voci:

a) stipendio tabellare;
b) retribuzione individuale di anzianità, maturato economico annuo, assegni *ad personam*, ove acquisiti e spettanti in relazione a previgenti contratti collettivi nazionali;
c) retribuzione di posizione parte fissa;
d) retribuzione di posizione parte variabile;
e) retribuzione di risultato.

Il trattamento economico così definito remunera *tutte le funzioni, i compiti e gli incarichi attribuiti ai dirigenti*.

Il trattamento economico, ai sensi del citato art. 45 D.Lgs. 165/2001, remunera pertanto **tutte le prestazioni lavorative** inerenti ai doveri d'ufficio, con esclusione delle prestazioni svolte al di fuori del rapporto di lavoro (cd. *principio dell'onnicomprensività della retribuzione*).

Il **D.Lgs. 74/2017**, attuativo della riforma Madia, incidendo sull'assetto delineato dal D.Lgs. 150/2009 (art. 19), ha introdotto un **nuovo sistema di distribuzione delle risorse economiche** destinate a remunerare la *performance* dei lavoratori pubblici, che, in origine, lo ricordiamo, era uno degli strumenti per garantire il merito e la premialità di chi lavorava bene.

La previgente versione del cit. art. 19, infatti, prevedeva la **suddivisione dei dipendenti di ciascuna amministrazione in tre fasce** (25%-fascia di merito alta; 50%-fascia di merito media; 25%-fascia di merito bassa), a ciascuna delle quali corrispondeva poi un determinato trattamento economico accessorio (o nel caso della fascia bassa, nessun trattamento).

Questa previsione, oltretutto, stante il blocco dei contratti collettivi nazionali, *non è mai stata attuata*.

Attraverso la modifica dell'articolo 19 D.Lgs. 150/2009, per tale motivo, si prevede attualmente che **spetta al contratto collettivo nazionale**, nell'ambito delle risorse destinate al trattamento economico accessorio collegato alla *performance* ai sensi dell'art. 40, comma 3bis, D.Lgs. 165/2001 (v. *retro*) stabilire la quota delle risorse destinate a remunerare la *performance (organizzativa e individuale)* e fissare i criteri idonei a garantire che **alla significativa diversificazione dei giudizi corrisponda una effettiva diversificazione dei trattamenti economici correlati**.

Per i *dirigenti* il criterio di attribuzione dei premi è (e resta) applicato, invece, con riferimento alla retribuzione di risultato.

b) I diritti non patrimoniali

Tra i diritti non patrimoniali del dipendente pubblico occorre citare:

— il **diritto all'ufficio**, inteso come diritto alla *permanenza nel rapporto di lavoro*;
— il **diritto allo svolgimento delle mansioni** (cd. diritto alla funzione) (sul sistema delle mansioni v. *retro*);
— il cd. **diritto alla progressione** (su cui v. *retro*);
— il **diritto al riposo**, in base al quale il lavoratore ha diritto a *godere delle ferie* e ad assentarsi per *motivi particolari* (mediante permessi o in caso di *malattia*);
— il **diritto alla riservatezza**, per cui alle pubbliche amministrazioni è imposto il rispetto di particolari condizioni per il *trattamento* dei *dati sensibili* dei pubblici dipendenti, tra cui un posto di preminenza spetta a quelli idonei a rivelare lo *stato di salute*;
— il **diritto alle pari opportunità**, quale diretta esplicazione del principio di eguaglianza *ex* art. 3 Cost., che prevede che le amministrazioni pubbliche svolgano un ruolo propositivo e propulsivo ai fini della promozione ed attuazione concreta del principio delle pari opportunità, attraverso la rimozione di forme esplicite ed implicite di discriminazione tra uomini e donne sui luoghi di lavoro (art. 57 D.Lgs. 165/2001);
— il **diritto di accesso, da parte dei lavoratori, agli atti e ai documenti che riguardano la propria posizione lavorativa**;
— i **diritti sindacali**. L'art. 51 D.Lgs. 165/2001 estende a tutte le pubbliche amministrazioni, a prescindere dal numero dei dipendenti, lo **Statuto dei lavoratori** (L. 20 maggio 1970, n. 300).

L'art. 42, comma 1, D.Lgs. 165/2001 conferma l'applicazione delle norme dello Statuto che assicurano il rispetto della *libertà* (artt. 14-18) e dell'*attività sindacale* (artt. 19-27). Inoltre, in ciascuna amministrazione, ente o struttura amministrativa, le organizzazioni sindacali rappresentative possono costituire *rappresentanze sindacali aziendali* (**RSA**: si tratta dell'organismo attraverso il quale è garantita la presenza del sindacato in azienda) (art. 42, comma 2, D.Lgs. 165/2001). Presso ogni P.A., inoltre, deve essere costituito un *organismo di rappresentanza unitaria del personale* mediante elezioni a cui è garantita la partecipazione di tutti i lavoratori (**RSU**) (art. 42, comma 3, D.Lgs. 165/2001).
Il successivo art. 43 disciplina la *rappresentatività sindacale ai fini della contrattazione collettiva*; a quest'ultima sono ammesse le organizzazioni sindacali che abbiano, nel comparto o nell'area, una rappresentatività non inferiore al 5% (considerando la media tra il dato associativo e quello elettorale). Per garantire l'esercizio delle libertà sindacali e delle attività collegate nel pubblico impiego, la contrattazione collettiva, inoltre, disciplina ulteriori prerogative, fra cui il diritto al distacco sindacale, a permessi retribuiti, ad aspettative non retribuite e a permessi non retribuiti.

6 Le responsabilità dei pubblici dipendenti

Tutti noi siamo responsabili della nostra condotta, ma il rapporto di impiego e, in specie, quello con una Pubblica Amministrazione, può essere fonte di ulteriori e peculiari forme di responsabilità, che assumono particolare rilievo qualora risultino collegate all'espletamento delle mansioni che contrattualmente sono state assegnate al dipendente.

Il **pubblico dipendente**, infatti, nello svolgimento del rapporto lavorativo, può astrattamente incorrere in **quattro tipologie di responsabilità**:

— **civile**: se arreca un danno a terzi, interni o esterni all'amministrazione, ovvero a quest'ultima;
— **penale**: se tiene una condotta delittuosa con effetti pregiudizievoli per l'amministrazione di appartenenza;
— **amministrativo-contabile**: se arreca ad una P.A. un danno di tipo erariale;
— **disciplinare**: se viola gli obblighi di condotta sanciti direttamente dalla legge o dal codice di comportamento o dal contratto collettivo nazionale di lavoro.

La norma fondamentale in relazione alla quale si configura il principio di responsabilità del dipendente pubblico è l'**art. 28 della Costituzione**, secondo cui «*i funzionari e i dipendenti dello Stato e degli enti pubblici sono direttamente responsabili, secondo le leggi penali, civili e amministrative, degli atti compiuti in violazione di diritti. In tali casi la responsabilità civile si estende allo Stato e agli enti pubblici*».

Data la diversa causa, queste forme di responsabilità *possono agire congiuntamente* nei riguardi della stessa persona, ancorché sia unica la trasgressione da questa commessa.

7 La responsabilità disciplinare nel pubblico impiego

a) I principi in materia disciplinare

Il procedimento disciplinare è una **procedura regolamentata** da norme di legge e di natura negoziale, che viene posta in essere dal datore di lavoro, al quale l'ordinamento riconosce la possibilità di esercitare la correlata **potestà disciplinare** ai sensi dell'art. 2106 c.c.

La procedura disciplinare è volta ad accertare la sussistenza di una o più determinate condotte tenute da un **lavoratore subordinato**, a valutarne la rilevanza giuridica e fattuale ed eventualmente a sanzionarle, in quanto considerate non conformi ad una determinata **regola** o ad un insieme di regole prestabilite, che il dipendente si è obbligato ad osservare in virtù del rapporto di lavoro.

La potestà disciplinare, lo ricordiamo, è del tutto estranea ai rapporti di lavoro autonomo e viene quindi esercitata dal datore di lavoro **unicamente nei confronti del lavoratore subordinato**.

Ponendosi alle dipendenze dell'imprenditore, infatti, il lavoratore subordinato — quale ne sia la qualifica o la categoria di inquadramento — non solo si impegna a fornire una determinata prestazione lavorativa, ma **si assoggetta anche al potere organizzativo e direttivo del datore di lavoro**, cioè si obbliga ad osservare le prescrizioni impartite da colui che organizza l'attività produttiva e detiene il potere direzionale, vuoi il medesimo imprenditore, vuoi i suoi collaboratori, secondo il classico schema della subordinazione funzionale e gerarchica.

Il potere disciplinare, quale tipica potestà del datore di lavoro, nel corso degli anni è stato puntualmente regolamentato, onde evitare eccessi di discrezionalità e, in tal modo, garantire la tutela dei diritti e della dignità del prestatore di lavoro.

Le principali **previsioni procedurali** che regolamentano la materia sono indicate nell'art. 7 dello Statuto del lavoratori — la legge n. 300/1970 —, ove sono fissati i basilari **principi**:

1. della **predeterminazione e della pubblicità** della regola di condotta e della sanzione prevista per la sua violazione;
2. del **contraddittorio** col dipendente, sin dalla fase della contestazione della comportamento ritenuto pregiudizievole;
3. della **difesa** del dipendente, diretta o a mezzo procuratore;
4. della **tempestività** della contestazione della condotta disciplinarmente rilevante;
5. della **decadenza** del potere disciplinare e dell'esercizio della correlata potestà;
6. della **impugnabilità** degli atti della procedura e di quello conclusivo con cui viene irrogata la sanzione.

b) Quadro generale delle fonti

La materia disciplinare nel pubblico impiego è regolamentata sia da **fonti di rango legislativo**, in particolare dal D.Lgs. 165/2001, sia dalla **contrattazione collettiva** per i vari comparti.

La stratificazione e, spesso, sovrapposizione, delle fonti aventi differente natura ha reso il quadro giuridico in materia articolato e complesso.

In particolare, tale difficoltà deriva, oltre che dai costanti interventi del legislatore che ha più e più volte *rimaneggiato* le relative norme, anche dalla *peculiare natura del rapporto di pubblico impiego,* discendente:

da un lato, dall'avvenuta privatizzazione, con la conseguente "spoliazione" per la pubblica amministrazione del potere di supremazia speciale esercitabile sui dipendenti e l'assunzione di parte contrattuale; dall'altro lato, dalla circostanza che gli atti relativi al procedimento disciplinare *acquistano natura negoziale* e perdono quella procedimentale.

Su tale assetto, lo ricordiamo, si è tuttavia sovrapposta la *riforma Brunetta* del 2009, che ha operato una *parziale ri-legificazione della materia*, mediante la novella delle relative norme del D.Lgs. 165/2001, tra cui la materia disciplinare.

Dalla riforma del 2009, infatti, è emersa una *notevole ingerenza della fonte legislativa su quella negoziale*: il mutato assetto delle fonti, connotato dalla prevalenza della legge sulle disposizioni dei contratti collettivi, è testimoniato da molteplici prescrizioni del T.U. pubblico impiego.

Su tale quadro si è infine innestata la *riforma Madia*, con la quale, viceversa, il baricentro si sposta, in generale, nuovamente a favore della contrattazione, anche se, proprio sul tema della responsabilità disciplinare, pare permanere comunque una sorta di "primazia" della legge rispetto al contratto collettivo.

Premesso, infatti, che, alla luce dell'attuale art. 40 D.Lgs. 165/2001, «*nelle materie relative alle* **sanzioni disciplinari**, *alla valutazione delle prestazioni ai fini della corresponsione del trattamento accessorio, della mobilità,* **la contrattazione collettiva è consentita nei limiti previsti dalle norme di legge**» (con la riforma Brunetta di parlava di "esclusivi" limiti previsti dalle norme di legge), i rapporti tra le fonti in materia si articolano, *ex* art. 55 D.Lgs. 165/2001 come novellato, nel modo che segue:

— in primo luogo, le norme del **D.Lgs. 165/2001** in materia hanno **carattere imperativo**: vuol dire che esse trovano applicazione per tutti i pubblici dipendenti privatizzati, e la loro violazione costituisce illecito disciplinare. Ai rapporti di lavoro privatizzati, come detto, si applica **l'art. 2106 c.c.**;
— il D.Lgs. 165/2001, a sua volta, **richiama la disciplina del CCNL, ma facendo salvo quanto previsto dal T.U. medesimo**;
— la **tipologia delle infrazioni e delle relative sanzioni** è regolamentata, pertanto, dalla disciplina pattizia, pur nella cornice delineata dal D.Lgs. 165/2001.

In argomento, la **contrattazione collettiva** per i vari comparti esordisce, in genere, con il richiamo ai doveri generali del pubblico dipendente, il quale deve conformare la sua condotta al dovere costituzionale di servire la Repubblica con impegno e responsabilità, rispettare i principi di buon andamento e imparzialità dell'attività amministrativa, anteponendo il rispetto della legge e l'interesse pubblico agli interessi privati propri e altrui, nonché adeguare il proprio comportamento ai principi riguardanti il rapporto di lavoro, *contenuti nel codice di condotta generale*.

Le violazioni, da parte dei lavoratori, degli obblighi previsti danno luogo, **secondo la gravità dell'infrazione**, all'applicazione, previo procedimento disciplinare, di diverse sanzioni, che, pur con qualche specificità attinente ad alcuni comparti, sono in genere le medesime per tutti i pubblici dipendenti:

a) rimprovero verbale;
b) rimprovero scritto (censura);
c) multa di importo variabile;
d) sospensione dal servizio con privazione della retribuzione per il periodo indicato dalla contrattazione medesima;
f) licenziamento con preavviso;
g) licenziamento senza preavviso.

La contrattazione, pertanto:

— contempla **diverse tipologie sanzionatorie, di carattere sia conservativo** (es.: rimprovero, multa) **sia espulsivo** (licenziamento);
— come accade anche in altri rami del diritto "punitivo" (come quello penale, ad esempio), in materia disciplinare vige **principio della tassatività delle misure sanzionatorie** irrogabili al lavoratore. Esse, infatti, per esigenze di certezza, rappresentano un *numerus clausus*;

— dall'elencazione delle sanzioni si evince, infine, un **principio di gradualità**, ossia la progressiva *crescita dell'afflittività* delle sanzioni comminabili a fronte di comportamenti progressivamente più gravi (BUSICO).

c) Le innovazioni della riforma Madia

La materia della **responsabilità e delle sanzioni disciplinari** è stata, a sua volta, come detto, uno dei punti principali di intervento sia della **riforma Brunetta** (L. 15/2009 e D.Lgs. 150/2009) che della **riforma Madia** (D.Lgs. 116/2016, D.Lgs. 118/2017 e D.Lgs. 75/2017).

L'attuale sistema si connota per i seguenti aspetti generali (cit. art. 55 D.Lgs. 165/2001):

— la materia disciplinare è regolata dagli artt. 55-55octies, disposizioni che costituiscono **norme imperative**, ai sensi e per gli effetti degli artt. 1339 e 1419, comma 2, c.c.;
— la **violazione dolosa o colposa delle suddette disposizioni**, a sua volta, costituisce *illecito disciplinare* in capo ai dipendenti preposti alla loro applicazione (si tratta di un'aggiunta operata dalla riforma Madia);
— ferma restando la disciplina in materia di responsabilità civile, amministrativa, penale e contabile, ai rapporti di lavoro privatizzati si applica l'articolo 2106 del codice civile e, come detto, salvo quanto previsto dalle citate disposizioni del D.Lgs. 165/2001, **la tipologia delle infrazioni e delle relative sanzioni viene definita dai contratti collettivi**;
— la *pubblicazione sul sito istituzionale* dell'amministrazione del codice disciplinare, recante l'indicazione delle predette infrazioni e relative sanzioni, **equivale a tutti gli effetti** alla sua affissione all'ingresso della sede di lavoro.

La contrattazione collettiva **non può istituire** procedure di impugnazione dei provvedimenti disciplinari, **ma può disciplinare procedure di conciliazione non obbligatoria**, fuori dei casi per i quali è prevista la sanzione disciplinare del licenziamento, da instaurarsi e concludersi entro un termine non superiore a trenta giorni dalla contestazione dell'addebito e comunque prima dell'irrogazione della sanzione.

La sanzione concordemente determinata all'esito di tali procedure non può essere di specie diversa da quella prevista, dalla legge o dal contratto collettivo, per l'infrazione per la quale si procede e non è soggetta ad impugnazione.

I termini del procedimento disciplinare restano sospesi dalla data di apertura della procedura conciliativa e riprendono a decorrere nel caso di conclusione con esito negativo. Il contratto collettivo definisce gli atti della procedura conciliativa che ne determinano l'inizio e la conclusione.

8 La disciplina del D.Lgs. 165/2001 e s.m.i.

a) Le ipotesi di licenziamento disciplinare alla luce della riforma Madia

L'art. 55quater D.Lgs. 165/2001 (come risultante sia a seguito della riforma Brunetta che della riforma Madia, attraverso i **decreti legislativi nn. 116/2016** e **118/2017** sui furbetti del cartellino, e **n. 75/2017,** di riforma del pubblico impiego) regolamenta una serie di infrazioni per le quali, ferma restando la disciplina generale dei licenziamenti per giusta causa, giustificato motivo e di cui alla contrattazione collettiva, è prevista la *sanzione del licenziamento disciplinare*:

a) **falsa attestazione della presenza in servizio**, mediante l'alterazione dei sistemi di rilevamento della presenza o con altre modalità fraudolente, ovvero giustificazione dell'assenza dal servizio mediante una certificazione medica falsa o che attesta falsamente uno stato di malattia.

Costituisce "falsa attestazione della presenza in servizio" qualunque modalità fraudolenta posta in essere, anche avvalendosi di terzi, per far risultare il dipendente in servizio o trarre in inganno l'amministrazione presso la quale il dipendente presta attività lavorativa circa il rispetto dell'orario di lavoro dello stesso. Della violazione risponde anche chi abbia agevolato con la propria condotta attiva o omissiva la condotta fraudolenta (precisazione aggiunta dal *D.Lgs. 116/2016*, decreto anti furbetti del cartellino);

b) **assenza priva di valida giustificazione** per un numero di giorni, anche non continuativi, superiore a tre nell'arco di un biennio o comunque per più di sette giorni nel corso degli ultimi dieci anni ovvero mancata ripresa del servizio, in caso di assenza ingiustificata, entro il termine fissato dalla P.A.;
c) **ingiustificato rifiuto del trasferimento** disposto dall'amministrazione per motivate esigenze di servizio;
d) **falsità documentali o dichiarative** commesse ai fini o in occasione dell'instaurazione del rapporto di lavoro ovvero di progressioni di carriera;
e) reiterazione nell'ambiente di lavoro di **gravi condotte aggressive o moleste** o minacciose o ingiuriose o comunque lesive dell'onore e della dignità personale altrui;
f) **condanna penale definitiva**, in relazione alla quale è prevista l'interdizione perpetua dai pubblici uffici ovvero l'estinzione, comunque denominata, del rapporto di lavoro;
f-*bis*) **gravi o reiterate violazioni dei codici di comportamento**;
f-*ter*) commissione dolosa, o gravemente colposa, dell'infrazione di cui all'articolo 55sexies, comma 3 D.Lgs. 165/2001, ossia il **mancato esercizio** o la **decadenza dall'azione disciplinare** dovuti ad omissione e ritardo;
f-*quater*) **reiterata violazione di obblighi concernenti la prestazione lavorativa**, che abbia determinato l'applicazione, in sede disciplinare, della sospensione dal servizio per un periodo complessivo superiore a un anno nell'arco di un biennio;
f-*quinquies*) **insufficiente rendimento**, dovuto alla reiterata violazione degli obblighi concernenti la prestazione lavorativa, stabiliti da norme legislative o regolamentari, dal contratto collettivo o individuale, da atti e provvedimenti dell'amministrazione di appartenenza, e rilevato dalla reiterata valutazione negativa della *performance* del dipendente nell'*arco dell'ultimo triennio*, ai sensi del D.Lgs. 150/2009.

Nei casi di cui alle lettere a), d), e) ed f), il licenziamento è senza preavviso; nei casi in cui le condotte punibili con il licenziamento sono accertate *in flagranza*, si applicano le previsioni dei commi da 3bis a 3quinquies (v. *infra* sui cd. furbetti).

b) La lotta ai "furbetti" del cartellino e del weekend

Con i decreti attuativi della riforma Madia il legislatore, intervenendo massicciamente sull'*art. 55quater* e sull'*art. 55quinquies* del D.Lgs. 165/2001, ha impostato una disciplina più rigorosa in tema di responsabilità disciplinare e relative tempistiche procedimentali, nell'ottica del *contrasto/prevenzione delle condotte assenteistiche*.

Viene infatti predisposto un *iter* disciplinare più celere in caso di falsa attestazione della presenza in servizio (art. 55quater, commi 3bis-3quinquies, introdotti dal D.Lgs. 116/2016): questa, **se accertata in flagranza ovvero mediante strumenti di sorveglianza o di registrazione**, determina l'immediata sospensione cautelare senza stipendio del dipendente, senza obbligo di ascoltarlo preventivamente. La sospensione del "furbetto" è disposta dal responsabile della struttura in cui il dipendente lavora o, ove ne venga a conoscenza per primo, dall'ufficio per i procedimenti disciplinari (UPD), con provvedimento motivato, **in via immediata e comunque entro 48 ore** dal momento in cui i suddetti soggetti ne sono venuti a conoscenza.

Con il medesimo provvedimento di sospensione cautelare si procede anche alla contestuale contestazione per iscritto dell'addebito e alla convocazione del dipendente dinanzi all'UPD, tenuto a concludere il procedimento entro 30 giorni dalla ricezione, da parte del dipendente, della contestazione dell'addebito.

La violazione dei suddetti termini, fatta salva l'eventuale responsabilità del dipendente cui essa sia imputabile, non determina la decadenza dall'azione disciplinare né l'invalidità della sanzione irrogata, purché non risulti irrimediabilmente compromesso il diritto di difesa del dipendente e non sia superato il termine per la conclusione del procedimento disciplinare.

Quando ne ricorrono i presupposti, inoltre, al dipendente potrà essere addebitato anche la **responsabilità per il danno all'immagine** subìto dall'amministrazione: in tali casi, l'ammontare del danno risarcibile è rimesso alla valutazione equitativa del giudice, anche in relazione alla rilevanza del fatto per i mezzi di informazione.

Per i **dirigenti** che abbiano acquisito conoscenza del fatto, ovvero, negli enti privi di qualifica dirigenziale, per i *responsabili di servizio competenti*, l'omessa attivazione del procedimento disciplinare e l'omessa adozione del provvedimento di sospensione cautelare, senza giustificato motivo, costituiscono **illecito disciplinare** punibile con il *licenziamento* e di esse è data notizia, da parte dell'UPD, all'Autorità giudiziaria ai fini dell'accertamento della sussistenza di eventuali reati. Le amministrazioni, a loro volta, dovranno comunicare all'**Ispettorato per la funzione pubblica** tutte le notizie su avvii, esiti e licenziamenti disciplinari irrogati.

Il nuovo comma 3bis dell'art. 55quinquies D.Lgs. 165/2001, introdotto dal **D.Lgs. 75/2017**, intende invece colpire, in maniera speculare, i cd. "furbetti del weekend". Viene demandato, infatti, alla contrattazione collettiva il compito di fissare le condotte e le relative sanzioni in caso di ripetute e ingiustificate assenze dal servizio **in continuità con le giornate festive e di riposo settimanale**, nonché con riferimento ai casi di ingiustificate assenze collettive in determinati periodi nei quali è necessario assicurare *continuità nell'erogazione dei servizi all'utenza*.

La responsabilità disciplinare derivante da condotte pregiudizievoli per l'amministrazione (art. 55sexies D.Lgs. 165/2001)

Per quanto concerne, invece, la **responsabilità disciplinare per condotte pregiudizievoli per l'amministrazione**, dall'art. 55sexies D.Lgs. 165/2001, anch'esso inciso dalla **riforma Madia**, si evince:

- in primo luogo, che la violazione di obblighi concernenti la prestazione lavorativa, che abbia determinato la condanna dell'amministrazione al risarcimento del danno, comporta comunque, nei confronti del dipendente responsabile, l'applicazione della *sospensione dal servizio con privazione della retribuzione da un minimo di tre giorni fino ad un massimo di tre mesi*, in proporzione all'entità del risarcimento, salvo che ricorrano i presupposti per l'applicazione di una più grave sanzione disciplinare (comma 1);
- in secondo luogo, che il lavoratore, quando cagiona *grave danno al normale funzionamento dell'ufficio di appartenenza*, per *inefficienza o incompetenza* professionale accertate dall'amministrazione ai sensi delle disposizioni legislative e contrattuali concernenti la valutazione del personale delle amministrazioni, *viene collocato in disponibilità*, all'esito del procedimento disciplinare che accerta tale responsabilità (comma 2);
- che il *mancato esercizio* o la *decadenza dell'azione disciplinare*, dovuti ad omissione o a ritardo senza giustificato motivo, degli atti del procedimento disciplinare, inclusa la segnalazione all'UPD di fatti avuti rilevanza disciplinare, oppure dovuti a *valutazioni manifestamente irragionevoli di insussistenza dell'illecito*, comporta, per i soggetti responsabili, la sospensione dal servizio fino a un massimo di 3 mesi. Tale condotta, per i *dirigenti*, viene valutata anche ai fini della responsabilità dirigenziale di cui all'art. 21 D.Lgs. 165/2001 (comma 3).

La responsabilità civile eventualmente configurabile a carico del *dirigente*, in relazione a profili di illiceità nelle determinazioni concernenti lo svolgimento del procedimento disciplinare, *è limitata, in conformità ai principi generali, ai casi di dolo o colpa grave* (comma 4).

9 Il procedimento disciplinare

Il procedimento disciplinare, *ex* art. 55bis D.Lgs. 165/2001 e s.m.i., segue in generale **due strade**, a seconda della *gravità dell'infrazione* posta in essere dal dipendente:

- per le **infrazioni di minore gravità**, ossia quelle per cui è prevista l'irrogazione della sanzione del rimprovero verbale, il procedimento disciplinare è di competenza del *responsabile della struttura* presso cui presta servizio il dipendente. Per le richiamate infrazioni trova applicazione la **disciplina del CCNL** di riferimento (comma 1 dell'art. 55bis come novellato);
- per le infrazioni punibili con **sanzione superiore al rimprovero verbale**, viceversa, ciascuna amministrazione, secondo il proprio ordinamento e nell'ambito della propria organizzazione, deve individuare **l'ufficio per i procedimenti disciplinari (UPD)** competente (comma 2), ferma restando la possibilità, *previa convenzione*, di provvedere ad una gestione unificata delle funzioni dell'UPD da parte di più amministrazioni (comma 3).

Pertanto, gli scenari possibili, in genere, sono i seguenti:

- alle *infrazioni meno gravi* (sanzione del rimprovero verbale) corrisponde un ***iter*** **disciplinare gestito dallo stesso responsabile** della struttura in cui il dipendente lavora, secondo le procedure stabilite dalla *contrattazione collettiva*;
- alle *infrazioni più gravi*, invece, consegue un **procedimento disciplinare gestito dall'UPD**, a sua volta individuato da ciascuna amministrazione secondo il proprio ordinamento e la propria organizzazione. È quest'ultimo, infatti, *ad essere disciplinato nei commi 4 e seguenti dell'art. 55bis* D.Lgs. 165/2001, come novellato.

Il procedimento disciplinare nelle pubbliche amministrazioni si svolge secondo le modalità indicate nell'art. 55bis D.Lgs. 165/2001.

Quello di **competenza dell'UPD**, al di fuori dei casi di licenziamento senza preavviso, viene avviato con la *segnalazione* all'UPD medesimo, operata dal responsabile della struttura in cui il dipendente lavora, immediatamente e comunque entro 10 giorni dalla conoscenza dei fatti aventi rilievo disciplinare.

Con *immediatezza* e comunque *non oltre 30 giorni* decorrenti dal ricevimento della predetta segnalazione — ovvero dal momento in cui abbia altrimenti avuto piena conoscenza dei fatti ritenuti di rilevanza disciplinare — l'UPD deve provvedere alla **contestazione scritta dell'addebito** e convocare l'interessato, con un preavviso di almeno 20 giorni, per l'audizione in contraddittorio a sua difesa.

Nel corso dell'**istruttoria**, ossia la fase in cui vengono accertate i fatti, instaurata in contraddittorio con il dipendente, l'UPD può acquisire da altre P.A. informazioni o documenti rilevanti per definire il procedimento.

La contestazione dell'addebito è quell'atto che definisce in maniera specifica sia l'oggetto dell'*iter* disciplinare sia la tipologia delle contestazioni mosse al lavoratore, rendendone così immutabili i contenuti in relazione alle possibili conseguenze sanzionatorie. Per tale motivo essa va sempre effettuata per iscritto (in virtù del *principio della immutabilità della contestazione*) in quanto gli addebiti non potranno essere poi modificati nel corso del procedimento.

Il dipendente **può farsi assistere** da un procuratore ovvero da un rappresentante dell'associazione sindacale cui aderisce o conferisce mandato.

Il procedimento disciplinare si conclude o con l'atto di **archiviazione oppure con l'irrogazione della sanzione**, **entro 120 giorni** dalla contestazione dell'addebito (entrambi vanno motivati).

I rapporti tra procedimento penale e procedimento disciplinare

Una violazione, posta in essere dal medesimo dipendente pubblico, può assumere una **doppia valenza**: potrà rilevare quale **violazione dei doveri d'ufficio**, quindi dal punto di vista *disciplinare*, e, allo stesso tempo, integrare **ipotesi di reato**, diventando quindi perseguibile dal punto di vista *penale*.

La contrattazione collettiva del pubblico impiego e la legge (L. 97/2001) sono sempre state orientate nel senso della *sospensione del procedimento disciplinare in attesa della definizione di quello penale*.

Il rapporto fra procedimento disciplinare e procedimento penale, tuttavia, è stato innovato mediante l'introduzione, da parte del D.Lgs. 150/2009, riforma Brunetta, dell'art. 55ter nel corpo del T.U. pubblico impiego (come a sua volta novellato dal *D.Lgs 75/2017*).

In sostanza, il legislatore **limita ai soli procedimenti disciplinari più complessi la possibilità di sospensione in attesa del giudicato penale**.

Infatti, è stabilito che il procedimento disciplinare, che abbia ad oggetto, in tutto o in parte, fatti in relazione ai quali procede l'autorità giudiziaria, *è proseguito e concluso anche in pendenza del procedimento penale.*

Invece, per le infrazioni per le quali è applicabile una sanzione superiore alla sospensione dal servizio con privazione della retribuzione fino a dieci giorni, l'ufficio competente per i procedimenti disciplinari, nei casi di particolare complessità dell'accertamento del fatto addebitato al dipendente e quando all'esito dell'istruttoria non dispone di elementi sufficienti a motivare l'irrogazione della sanzione, **può sospendere il procedimento disciplinare fino al termine di quello penale**.

In relazione alle ipotesi previste dalla norma in esame si distinguono diverse eventualità:

— se il procedimento disciplinare, non sospeso, si conclude con l'irrogazione di una sanzione e, successivamente, il procedimento penale viene definito con una sentenza irrevocabile di assoluzione che riconosce che il fatto addebitato al dipendente non sussiste o non costituisce illecito penale o che il dipendente medesimo non lo ha commesso, l'UPD, ad istanza di parte da proporsi entro il termine di decadenza di sei mesi dall'irrevocabilità della pronuncia penale, *riapre il procedimento disciplinare* per modificarne o confermarne l'atto conclusivo in relazione all'esito del giudizio penale;

— se il procedimento disciplinare si conclude con l'archiviazione ed il processo penale con una sentenza irrevocabile di condanna, l'autorità competente *riapre il procedimento disciplinare* per adeguare le determinazioni conclusive all'esito del giudizio penale. Il procedimento disciplinare è riaperto, altresì, se dalla sentenza irrevocabile di condanna risulta che il fatto addebitabile al dipendente in sede disciplinare comporta la sanzione del licenziamento, mentre ne è stata applicata una diversa.

II Diritto civile

Sommario Parte II

1
Il rapporto obbligatorio in generale

1 Definizione

L'obbligazione è *lo specifico dovere giuridico in forza del quale un soggetto, il debitore, è tenuto a una prestazione patrimoniale per soddisfare l'interesse di un altro soggetto, il creditore* (BIANCA).

Fondamento dell'obbligazione è l'esigenza di assicurare il soddisfacimento di un interesse giuridicamente rilevante, che non può essere realizzato autonomamente (attraverso, ad es., un rapporto immediato con una *res* come accade per il diritto di proprietà), ma necessita della *collaborazione* di un altro soggetto (BIGLIAZZI-GERI, TRABUCCHI).

2 Distinzione tra diritti di obbligazione e diritti reali

Una distinzione tra diritti reali e di obbligazione è possibile sotto diversi profili:

- i diritti reali, in quanto diritti **assoluti**, valgono *erga omnes* e impongono a un numero *indeterminato* di *persone* un generico *dovere di astensione* dal compimento di atti che possono turbare l'esercizio del diritto da parte del suo titolare; al contrario, i diritti di credito, in quanto diritti **relativi**, impongono uno *specifico dovere di collaborazione* in capo a un soggetto *determinato*.
  Nei diritti reali si ha un *rapporto immediato* tra il titolare del diritto e la *res*, mentre nelle obbligazioni è preminente il *rapporto tra i due soggetti*, creditore e debitore: si afferma, così, che nel diritto reale prevale «la signoria sulla cosa che ne è oggetto, mentre nel diritto di obbligazione prevale la pretesa verso una o più persone» (TRABUCCHI);
- a tutela del proprio diritto il titolare del diritto reale ha un'*actio in rem*, esperibile contro chiunque, mentre il creditore ha, normalmente, soltanto un'azione personale, esercitabile cioè esclusivamente nei confronti del *soggetto passivo* del rapporto obbligatorio, salvo il caso della *tutela risarcitoria del credito ex* art. 2043 (v. *infra*);
- solo i diritti reali sono suscettibili di possesso, e, pertanto, di acquisto a titolo originario: i diritti di credito si possono acquistare solo a titolo derivativo.

La validità di tale distinzione è stata posta in dubbio da una parte della dottrina, la quale sottolinea come vi siano nel nostro ordinamento delle *situazioni miste* che, pur nascendo nell'ambito dei diritti personali, assumono caratteri di realità (PERLINGIERI); è il caso dei *diritti personali di godimento*, quale, ad es., il diritto al godimento della cosa altrui che la locazione attribuisce al conduttore (art. 1571). Ma si osserva (BIGLIAZZI-GERI, GALGANO) che manca, in ogni caso, il diritto del soggetto sulla cosa (l'*immediatezza*), mentre sussiste solo un diritto alla prestazione personale di un altro soggetto.

Una conferma dell'avvicinamento delle due figure è stata riscontrata nella *tutela aquiliana dei diritti di credito*, caratterizzata dall'applicazione delle norme in materia di responsabilità per illecito extracontrattuale (artt. 2043 ss.) ogni qualvolta si ha la lesione del credito per fatto proveniente dal terzo.

È stata a lungo discussa l'ammissibilità di tale figura, dal momento che la responsabilità per inadempimento dell'obbligazione è regolata dai principi dell'illecito contrattuale.

Dopo molte incertezze, la giurisprudenza si è orientata per il riconoscimento di un diritto al risarcimento quando, previo accertamento dell'esistenza di un *nesso di causalità*, il fatto del terzo (ad es., uccisione del debitore) abbia determinato l'estinzione del credito in modo *definitivo e irreparabile* per il creditore.

3 Elementi dell'obbligazione: il debito e il credito

a) Il debito

Il debito è la *posizione giuridica passiva* del rapporto obbligatorio ed ha come contenuto il *dovere di adempiere* una determinata prestazione.

L'essenza dell'obbligazione è nel *vincolo giuridico* che lega le parti del rapporto; nel lato passivo tale vincolo impone al debitore la «necessità di agire» in funzione della pretesa del creditore di ottenere la prestazione.

Se questa viene a mancare interviene l'art. 2740, in base al quale *il debitore risponde dell'adempimento delle obbligazioni con tutti i suoi beni presenti e futuri.*

Ciò significa che se Tizio deve a Caio una somma di denaro e non adempie spontaneamente, Caio può conseguire tale somma chiedendo all'autorità giudiziaria la vendita forzata dei beni del suo debitore per soddisfarsi sul ricavato.

Si afferma, perciò, che l'obbligazione si articola in:

a) **debito**, ossia il dovere di adempiere la prestazione;
b) **responsabilità**, consistente nell'assoggettamento del patrimonio del debitore al potere coattivo del creditore.

Invero, la responsabilità, più che un elemento costitutivo dell'obbligazione, è una conseguenza dell'inadempimento del debito e, dunque, si manifesta come fase patologica del rapporto obbligatorio. Infatti, solo a seguito dell'inadempimento il diritto del creditore — che ha per oggetto il risarcimento dei danni — si fa valere sul patrimonio del debitore.

La possibilità, per il creditore, di far valere giudizialmente il proprio diritto vale a distinguere l'obbligazione dagli obblighi che nascono dal costume, dalla morale e dalla religione.

Si individuano, comunque, ipotesi di:

- *responsabilità senza debito*, come ad es., nel caso della soggezione esecutiva cui è esposto il terzo proprietario di un immobile che abbia prestato garanzia per un debito altrui;
- *debito senza responsabilità*, nelle obbligazioni naturali, sulla cui rilevanza giuridica, però, si discute.

b) Il credito

Il credito è il *diritto all'adempimento*, ossia la pretesa del creditore, giuridicamente tutelata, di ottenere la prestazione.

Il diritto di credito è un *diritto soggettivo*. Suoi caratteri essenziali sono la *relatività* (può essere fatto valere soltanto nei confronti di un soggetto determinato, cioè il debitore) e la *patrimonialità* del contenuto (nel senso che la prestazione che costituisce oggetto del credito deve essere suscettibile di valutazione economica, art. 1174). È un carattere eventuale la *personalità*, che sussiste quando l'interesse giuridicamente tutelato è un bisogno della persona: come si vedrà più avanti, ne consegue l'incedibilità e l'impignorabilità del credito (BIANCA).

4 Elementi dell'obbligazione: la prestazione

Oggetto dell'obbligazione è la **prestazione** (art. 1174), ossia il comportamento cui è tenuto il debitore. Può trattarsi di un comportamento **positivo** (dare o fare) o **negativo** (non fare).

a) La patrimonialità della prestazione

L'art. 1174 dispone che la prestazione deve essere suscettibile di *valutazione economica,* ossia deve essere traducibile in una somma di denaro che ne rappresenti il *valore economico*.

La patrimonialità della prestazione distingue l'obbligazione in senso tecnico da obblighi di altra natura, i quali, pur essendo giuridicamente vincolanti, non rientrano nello schema normativo di obbligazione diretto a regolare le vicende proprie dei rapporti patrimoniali.

Secondo la dottrina tradizionale (TRABUCCHI, BIANCA) e la giurisprudenza, alla possibilità di valutazione economica si perviene considerando il rapporto nel suo complesso, per cui sussiste anche quando il *valore patrimoniale* deriva di riflesso dalla *natura della controprestazione* o da una valutazione fatta dalle parti, come nel caso in cui sia pattuita *una clausola penale*.

b) Possibilità

I requisiti della **possibilità, liceità e determinabilità** della prestazione si deducono dall'art. 1346, che si riferisce all'oggetto del contratto ma vale anche per l'obbligazione, che proprio nel contratto trova la sua fonte primaria.

La prestazione deve essere *possibile* (*ad impossibilia nemo tenetur*).

L'impossibilità, in particolare, può essere d'ordine *materiale* (obbligo di consegnare un bene inesistente) o *giuridico* (obbligo a vendere un bene demaniale che è, per sua natura, inalienabile).

Se una prestazione originariamente impossibile diventa possibile prima dell'avverarsi della condizione sospensiva o del termine iniziale previsti, l'obbligazione è riconosciuta come valida, in deroga al principio della retroattività della condizione.

L'impossibilità temporanea, pertanto, non impedisce l'esistenza dell'obbligazione: è valida, quindi, anche l'obbligazione di *prestare cose future* (art. 1348). Si ricordi, infine, che, perché l'obbligazione non abbia valore, l'impossibilità deve essere *assoluta*: se essa è parziale, anche la nullità dell'obbligazione è parziale, qualora la residua parte possibile sia economicamente utile per il creditore.

c) Liceità

La prestazione non deve essere contraria a norme imperative, all'ordine pubblico e al buon costume.

Illecite perché contrarie a norme imperative sono, ad es., le *obbligazioni relative al commercio di stupefacenti*; contro l'ordine pubblico può essere un'obbligazione di partecipare ad un'*azione violenta contro persone*, mentre un esempio di obbligazione contraria al buon costume può aversi nel campo delle prestazioni sessuali.

d) Determinatezza o determinabilità

La prestazione, se non è determinata fin dall'inizio, deve essere *determinabile* alla stregua di criteri esclusivamente oggettivi.

Pertanto, è necessario e sufficiente che, fin dal momento in cui l'obbligazione sorge, esistano gli elementi indispensabili per determinare la prestazione quando dovrà essere eseguita (TRABUCCHI).

In tale ipotesi le parti possono deferire a un terzo, cd. «arbitratore», la determinazione della prestazione (ad es., il prezzo di una cosa), il quale dovrà decidere con equo apprezzamento. Se, invece, le parti si rimettono al *mero arbitrio* del terzo (*arbitrium boni viri*), nessuna di esse può, in seguito, recriminare contro l'operato discrezionale di questo, a meno che si provi che abbia agito con male fede. Mentre nel primo caso (arbitratore) se manca la determinazione del terzo, questa è fatta dal giudice, nel secondo la conseguenza è la nullità del contratto, in quanto il legislatore ha equiparato tale ipotesi alla mancanza assoluta dell'oggetto (art. 1349).

5 Elementi dell'obbligazione: l'interesse

L'art. 1174 dispone che la prestazione deve corrispondere a un *interesse*, anche non patrimoniale, del creditore. Tale interesse può essere anche soltanto scientifico, culturale, affettivo o ideale (si pensi, ad es., all'interesse ad assistere a uno spettacolo teatrale o sportivo), purché «socialmente apprezzabile» e, come tale, degno di tutela giuridica.

L'interesse è *elemento costitutivo* del rapporto obbligatorio per cui l'idoneità del dovere del debitore a soddisfare un interesse del creditore deve essere valutata non solo in occasione della *nascita*, ma in ogni momento della vita dell'obbligazione; la realizzazione di tale interesse, il suo esaurirsi o l'impossibilità che venga soddisfatto incidono sul rapporto modificandolo o estinguendolo (RESCIGNO, BIANCA).

È oggetto di considerazione l'interesse che il debitore può avere all'adempimento. La tutela di tale interesse si sviluppa negli istituti della mora del creditore (artt. 1206 ss.), dell'opposizione alla remissione del debito (art. 1236) o all'adempimento del terzo (art. 1180, co. 3) e, più in generale, attraverso l'applicazione del principio di correttezza.

Tuttavia, non esiste un vero e proprio *diritto all'adempimento*, cui corrisponde un dovere del creditore di ricevere la prestazione (GAZZONI, BIANCA); a meno che tale obbligo sia previsto nel titolo, nel qual caso il debitore è anche creditore.

6 Le fonti dell'obbligazione (art. 1173)

È fonte dell'obbligazione il *fatto giuridico* dal quale trae origine il rapporto obbligatorio. Dall'art. 1173 risulta che le obbligazioni derivano da:
- **contratto**;
- **fatto illecito**;
- ogni altro **fatto o atto idoneo a produrle** in conformità dell'ordinamento giuridico.

Dalla lettura della norma si evince che al *contratto* e all'*illecito* è riconosciuto senz'altro il ruolo di titolo di rapporti obbligatori; per *altri fatti o atti*, invece, si fa rinvio ad altre norme dalle quali risulti, di volta in volta, l'idoneità a fungere da fonti di obbligazione (IUDICA-ZATTI).

Alcune di tali fonti hanno natura *negoziale*, per cui la volontà del soggetto che diventa debitore è essenziale per la nascita del rapporto, altre, invece, hanno natura *non negoziale* e danno vita al rapporto obbligatorio anche senza o contro la volontà di chi diviene obbligato.

Fonti **negoziali** sono:
- il *contratto*: rapporti obbligatori di qualsiasi genere e del più vario contenuto possono derivare sia dai contratti tipicamente previsti dalla legge, sia da contratti atipici, purché diretti a realizzare interessi meritevoli di tutela secondo l'ordinamento giuridico (art. 1322);
- la *volontà unilaterale* (in particolare, le promesse unilaterali e i titoli di credito): diversamente dal contratto, la promessa unilaterale può essere fonte di obbligazione solamente nei casi ammessi dalla legge (art. 1987).

Fonti **non negoziali** sono:
- il *fatto illecito*: tale è ogni fatto doloso o colposo che cagiona ad altri un danno ingiusto (art. 2043), che è fonte dell'obbligazione di risarcire il danno;
- *circostanze di fatto* (ad es., la relazione familiare in una situazione di bisogno, quale fonte dell'obbligazione alimentare *ex* art. 433) o *particolari atti o fatti leciti* quali, ad es., la *gestione di affari altrui* (art. 2028), il *pagamento dell'indebito* (artt. 2033 e 2035) e l'*arricchimento senza causa* (art. 2041);
- il *contatto sociale*, collocato nell'ultimo ordine di fonti previsto dall'art. 1173, ossia «*ogni altro atto o fatto idoneo a produrle in conformità dell'ordinamento giuridico*». Il contatto so-

ciale assume rilevanza, sul piano giuridico, quando due o più soggetti entrino in contatto tra loro — senza che tale contatto riproduca una fattispecie negoziale tipica — e da tale contatto nascano obblighi di varia natura, diretti a garantire che siano tutelati gli interessi che sono emersi o sono esposti a pericolo in occasione del contatto stesso.

La giurisprudenza ha più volte ribadito che la responsabilità contrattuale può discendere dalla violazione di obblighi nascenti da un semplice contatto sociale, qualora l'ordinamento imponga a un soggetto, in certe situazioni, determinati obblighi di comportamento diretti a garantire che siano tutelati gli interessi in gioco, esposti a pericolo in occasione del contatto stesso.

Il contatto sociale dà origine a un *reciproco affidamento* dei contraenti, tale da giustificare l'insorgere dell'obbligo di buona fede e dei correlativi obblighi di informazione e di protezione, positivamente sanciti dagli artt. 1175, 1375, 1337 e 1338.

Viene, per tale via, ad esistenza la figura di un rapporto obbligatorio connotato non da obblighi di prestazione, come accade nelle obbligazioni che trovano la loro causa in un contratto, bensì da **obblighi di protezione**, riconducibili, sebbene manchi un atto negoziale, a una responsabilità prossima a quella contrattuale, poiché ancorabili a quei fatti ed atti idonei a produrli, costituente la **terza fonte delle obbligazioni contrattuali menzionata dall'art. 1173**, quale «*fatto idoneo a produrre obbligazioni in conformità dell'ordinamento giuridico*» (Cass. 12-7-2016, n. 14188).

Anche la **responsabilità precontrattuale** integra un'ipotesi di responsabilità da inadempimento di un'obbligazione di protezione (di lealtà e correttezza) che nasce dal contatto sociale che si instaura tra le parti nel corso della trattativa precontrattuale. Trattandosi di responsabilità contrattuale, l'onere della prova trova la sua disciplina nell'art. 1218. Non è, quindi, il danneggiato a dovere fornire la prova della colpa del danneggiante, ma è quest'ultimo, debitore di un'obbligazione *ex lege*, a dover fornire la prova liberatoria indicata dall'art. 1218 (Cons. Stato 2-5-2017, n. 1979).

7 Il dovere di correttezza

L'art. 1175 dispone che il *debitore e il creditore devono comportarsi secondo le regole della correttezza*.

Tale norma costituisce espressione, nel campo dei rapporti obbligatori, del generale principio etico-giuridico di **buona fede** nell'esercizio dei propri diritti e nell'adempimento dei propri doveri.

L'articolo rappresenta una clausola generale del sistema perché fissa un criterio *oggettivo* di valutazione per il giudice chiamato a verificare nel caso concreto il comportamento delle parti. Il principio di buona fede trova significative applicazioni in materia di *trattative* (art. 1337), *interpretazione* (art. 1366) ed *esecuzione* del contratto (art. 1375).

Nell'accezione ora considerata, la buona fede serve a definire un *dovere di comportamento* e si definisce *oggettiva* per distinguerla dalla buona fede in senso *soggettivo*, che indica lo stato psicologico di chi ignora di ledere l'altrui diritto (ad essa si ricollegano importanti conseguenze giuridiche in materia di possesso, acquisto *a non domino*, usucapione abbreviata etc.).

L'obbligo di correttezza trova il suo *fondamento* nei principi di *solidarietà* umana e sociale sanciti dall'art. 2 Cost. (BIANCA, GAZZONI, TRABUCCHI): esso va, comunque, interpretato alla luce dei principi generali dell'ordinamento accolti dalla Costituzione.

La regola dell'art. 1175 consente di individuare con maggiore esattezza il contenuto del rapporto obbligatorio. In particolare si osserva (TRIMARCHI, BIANCA):

— il debitore deve eseguire tutte quelle prestazioni strumentali o accessorie che siano dovute secondo un criterio di correttezza, al fine di realizzare compiutamente l'interesse del creditore alla prestazione; ad es., il venditore deve informare il compratore degli eventuali pericoli non riconoscibili che possono derivare dall'utilizzazione della cosa;

— il creditore è tenuto a quella cooperazione che è d'uso tra le persone corrette, per facilitare al debitore l'adempimento o, almeno, per evitargli inutili aggravi.

8 Le obbligazioni naturali

All'**obbligazione civile**, che nasce cioè all'interno di un rapporto giuridico, si contrappone l'**obbligazione naturale** (art. 2034), che ricorre quando *una prestazione è dovuta in esecuzione di un dovere morale e sociale* e non in forza di una delle fonti indicate dall'art. 1173 (negozio giuridico, un fatto illecito e altri atti o fatti idonei a produrre obbligazioni).

Il *dovere morale o sociale* è il dovere la cui violazione comporta un giudizio di riprovazione sociale, alla luce dell'etica dominante in un determinato momento storico.

Mentre nell'obbligazione civile il debitore è giuridicamente obbligato ad eseguire la prestazione, nell'obbligazione naturale il debitore non è giuridicamente obbligato ad eseguirla, ma se la esegue, non può chiederne la restituzione (*soluti retentio*). L'obbligazione naturale non produce effetti ulteriori rispetto alla *soluti retentio*. Pertanto, non è ammissibile una promessa di pagamento o una ricognizione di debito naturale, una novazione dell'obbligazione naturale in obbligazione civile, né una compensazione tra obbligazione naturale e obbligazione civile.

L'effetto della *soluti retentio* si produce se sussistono i seguenti presupposti:

— la *spontaneità dell'adempimento*, cioè la prestazione deve essere eseguita senza coazione (art. 2034, co. 1). Secondo la dottrina dominante (BIANCA, GAZZONI, TRABUCCHI), la spontaneità non implica la coscienza di non essere legati da alcun vincolo giuridico.

  La maggior parte della dottrina (BIANCA, OPPO) ritiene che sia necessaria la *forma scritta*, ex art. 1350, quando l'adempimento ha ad oggetto l'attribuzione di un *diritto reale immobiliare*. In senso contrario si sostiene (GAZZONI) che è sufficiente la consegna, poiché l'art. 1350 è una norma dettata in materia di dichiarazioni di volontà mentre l'obbligazione naturale integra un *comportamento esecutivo* avente la natura di atto giuridico in senso stretto;

— la *capacità di agire* del soggetto che esegue la prestazione (art. 2034, co. 1). Peraltro, chi ritiene (come GAZZONI) che l'adempimento sia un *atto giuridico in senso stretto,* fondato sul principio di autoresponsabilità, ritiene sufficiente la *capacità naturale*;

— la *proporzionalità* tra la prestazione eseguita, da un lato, e i mezzi di cui il soggetto dispone e l'interesse da soddisfare dall'altro, «poiché non può considerarsi doveroso ciò che va oltre quanto l'adempiente può ragionevolmente fare o quanto il beneficiario può ragionevolmente attendersi» (TORRENTE-SCHLESINGER).

Alcune obbligazioni naturali sono espressamente previste dalla legge, quali il *debito di gioco* (art. 1933), l'*obbligo di eseguire la disposizione fiduciaria* (art. 627) e il *debito prescritto* (art. 2940).

Altre obbligazioni, invece, sono considerate naturali alla luce delle ricostruzioni dottrinali e giurisprudenziali dominanti. È il caso, ad es., delle prestazioni gratuite (diverse dalla donazione) effettuate a favore del convivente more uxorio, dell'adempimento spontaneo di una disposizione testamentaria orale, del pagamento effettuato a favore di un professionista non iscritto nell'apposito albo, del pagamento spontaneo di interessi superiori al tasso legale (purché non usurari) etc.

9 La buona fede

Il concetto di buona fede assume due significati:

— la **buona fede soggettiva**, come condizione psicologica del soggetto, che indica l'ignoranza di tenere un comportamento che contrasta con il diritto altrui (è in questo senso che si parla, per es., di possesso di buona fede, acquisto in buona fede, terzo di buona fede etc.);

— la **buona fede oggettiva**, come regola di condotta imposta ai soggetti, che indica l'obbligo di comportarsi con correttezza e lealtà (secondo standard non generici e astratti ma riferiti allo specifico tipo di situazione e operazione concretamente in gioco).

La regola della buona fede oggettiva assume particolare importanza nella disciplina dei rapporti obbligatori. Il legislatore la richiama in numerose situazioni:

— nel rapporto obbligatorio, debitore e creditore devono comportarsi secondo le regole della **correttezza** (art. 1175), da intendersi come **sinonimo di buona fede oggettiva**;
— le parti devono **comportarsi secondo buona fede nelle trattative** e nella formazione del contratto (art. 1337);
— il contratto deve essere **interpretato secondo buona fede**, che qui, più che come regola di condotta, funziona come criterio di giudizio (art. 1366);
— il contratto deve essere **eseguito secondo buona fede** (art. 1375), principio generale che riceve alcune applicazioni specifiche, come quelle per cui le parti devono comportarsi secondo buona fede durante la pendenza della condizione (artt. 1358-1359) e la parte non può avvalersi dell'eccezione d'inadempimento quando il rifiuto della propria prestazione è contrario a buona fede (art. 1460, co. 2).

La regola della buona fede nella fase esecutiva del contratto è utile nei casi in cui, ad es., Tizio pretenda da Caio una prestazione e quest'ultimo dica di non esservi tenuto senza, però, che il suo rifiuto sia giustificato dalle clausole del contratto, che non dicono nulla al riguardo, né da una norma giuridica. In questo caso, il giudice darà ragione a Tizio se ritiene che la posizione di Caio sia contraria a buona fede (perché, nelle circostanze del caso concreto, il suo rifiuto di accogliere la pretesa di Caio sarebbe scorretto), oppure darà ragione a Caio qualora valuti che sia contrario a buona fede il comportamento di Tizio (perché avanzare quella pretesa verso Caio sarebbe una scorrettezza). In questo modo, attraverso la buona fede il giudice integra il regolamento contrattuale: è come se in questo fosse presente la regola per cui Tizio può (o non può) pretendere quella certa cosa da Caio (ROPPO).

Ne ricaviamo due importanti caratteristiche del principio di buona fede:

— esso opera come **fonte di integrazione del contratto**, perché nel regolamento contrattuale possono essere comprese previsioni o conseguenze che non discendono né dalla volontà delle parti né da precise norme di legge, ma dal criterio della buona fede;
— esso ha natura di **clausola generale**, è una valvola che, attraverso il filtro delle valutazioni giudiziali, consente alla disciplina del contratto di adeguarsi all'evoluzione del costume, delle prassi, delle esigenze che maturano fra i protagonisti delle relazioni contrattuali.

Tuttavia, la buona fede è sempre funzionale, e mai antagonista, all'autonomia privata, per cui **il giudice non può sovvertire il programma concordato dalle parti e il relativo assetto di interessi** ma deve essere coerente al programma e all'assetto di interessi fissati dalle parti.

10 L'equità

Quando non c'è nessuna norma che copra la lacuna lasciata dal difetto di previsione delle parti, l'art. 1374 dice che il regolamento è integrato in base all'equità.

L'equità è la «giustizia del caso singolo», applicata dal giudice competente a decidere su quel caso: e l'equità contrattuale è il criterio in base al quale il giudice — di fronte a un singolo, particolare contratto — può determinare qualche aspetto del regolamento, applicando la soluzione che appare la più equilibrata alla luce delle caratteristiche concrete del rapporto contrattuale. Oltre che essere richiamata in termini generali dall'art. 1374, l'equità è richiamata da numerose norme specifiche che riguardano particolari situazioni contrattuali (ad es., artt. 1371, 1384, 1447; 1467, co. 3).

Però, **non si deve pensare che nel nostro sistema valga il principio per cui i contratti devono essere in generale equi**, cioè avere contenuti oggettivamente equilibrati e conformi a giustizia. In un sistema che riconosce la libertà contrattuale, l'equilibrio e la giustizia del contratto sono decisi dalle parti, le quali, in linea di principio, sono libere di vendere per 10.000 euro ciò che vale 30.000 o di comprare per 100.000 euro ciò che vale 40.000.

I contratti si fanno per regolare interessi delle parti e ciascuno è arbitro dei propri interessi.

Alla valutazione delle parti possono sovrapporsi, modificando il regolamento contrattuale concordato, solo le norme imperative, e solo nei casi e nei modi da queste previsti, mentre **il giudice non ha il potere di modificare d'autorità il regolamento contrattuale contro l'accordo delle parti**, neanche quando esso gli sembri profondamente ingiusto e la sua modificazione opportuna nell'interesse generale: infatti, le norme che attribuiscono al giudice poteri equitativi per la determinazione del regolamento contrattuale riguardano (a differenza delle norme imperative) solo casi nei quali questo presenta una lacuna.

I giudici non possono riscrivere i contratti perché un intervento così profondamente lesivo dell'autonomia privata richiede, a tutela dei cittadini esposti a subirlo, garanzie che possono essere date solo da previsioni di legge generali, certe e conoscibili in anticipo e non dalle **determinazioni discrezionali, mutevoli e imprevedibili formulate dai giudici caso per caso**.

Questo principio conosce qualche **isolata eccezione**, per cui il giudice può modificare un punto del regolamento contrattuale, sostituendo la sua valutazione equitativa a quella espressa dai contraenti in materia di riduzione della penale eccessiva e di riduzione dell'indennità eventualmente dovuta al venditore nella vendita con riserva della proprietà, ma sono eccezioni che confermano la regola.

2
Principali tipi di obbligazione

Sezione Prima
Le obbligazioni con pluralità di soggetti

1 I soggetti dell'obbligazione

Titolari del rapporto obbligatorio sono i *titolari delle correlative posizioni di debito e di credito*, ossia il **debitore** e il **creditore**. L'obbligazione, infatti, determina la nascita di un vincolo giuridico in virtù del quale un soggetto (il debitore, cd. *soggetto passivo*) è tenuto ad un certo comportamento al fine di soddisfare l'interesse di un'altra persona (il creditore, cd. *soggetto attivo*) (GAZZONI).

L'aspetto soggettivo dell'obbligazione è caratterizzato da due principi fondamentali (BIANCA, GAZZONI):

— il principio della **dualità dei soggetti**, per il quale il rapporto intercorre tra due distinti titolari, portatori di interessi contrapposti.

  Infatti, *causa di estinzione* dell'obbligazione è la *confusione* che si verifica quando le qualità di debitore e creditore si riuniscono nella stessa persona.
  Tuttavia, vi sono dei casi in cui la legge non collega alla confusione l'effetto dell'estinzione (ad es., accettazione dell'eredità con beneficio di inventario): ciò ha fatto ritenere ammissibile, sia pure in via d'eccezione, un *rapporto obbligatorio unisoggettivo*, ma si osserva anche che, in simili casi, si verifica «una situazione transitoria di *vacanza della titolarità* del rapporto» che viene conservato in attesa della definizione della titolarità (BIANCA);

— il principio di **determinatezza** dei soggetti: al momento in cui sorge l'obbligazione i soggetti devono essere *determinati* o almeno *determinabili*; in altri termini, deve essere *ab origine* certo chi è il creditore e chi è il debitore, o, quanto meno, dev'essere stabilito un criterio che consenta la loro identificazione.
  L'assoluta indeterminatezza circa i titolari delle posizioni di debito e credito non consente, pertanto, di identificare un vincolo obbligatorio volto alla attuazione di un'altrui pretesa (BIANCA).

  In particolare possono ricorrere le seguenti ipotesi:

  — *soggetto attivo indeterminato ma determinabile*: è il caso delle obbligazioni nascenti da *promesse al pubblico* (ad es., si promette una ricompensa a chi troverà un oggetto smarrito) e di quelle nascenti da *titoli di credito*. Mentre nella prima ipotesi il creditore, già determinabile in astratto, è concretamente individuato dal fatto di trovarsi in una determinata situazione o dal compimento di un'azione determinata (nell'esempio suddetto, dal ritrovamento dell'oggetto smarrito), nei titoli di credito il creditore è individuato dal possesso del titolo legittimato nelle forme previste dalla legge;
  — *soggetto passivo indeterminato ma determinabile*: è il caso delle obbligazioni *propter rem* (obbligazioni ambulatorie) in cui il debitore sarà colui che verrà a trovarsi in un dato rapporto di natura reale con una determinata cosa.

I soggetti possono essere anche più di due, nei casi in cui una delle parti del rapporto, o entrambe, sia *soggettivamente complessa*, in quanto formata di più soggetti; in particolare possono aversi:

- più *creditori* (ad es., i comproprietari di un bene vendono tale bene comune diventando creditori verso il compratore per il pagamento del prezzo);
- più *debitori* (ad es., più persone comprano insieme un bene diventando debitori verso il venditore per il pagamento del prezzo).

2 L'obbligazione parziaria

L'obbligazione parziaria (art. 1314) è un'obbligazione con più soggetti, ciascuno dei quali è portatore di un diritto o obbligo parziale, *proporzionale alla sua partecipazione* al vincolo obbligatorio. Ciò comporta che:

- se vi sono *più creditori*, ognuno di essi ha il diritto di esigere dal debitore soltanto la sua parte;
- se vi sono *più debitori*, ognuno è obbligato solo per la sua parte (ad es., se Tizio e Caio debbono 100 a Sempronio a titolo di obbligazione parziaria, Sempronio potrà chiedere a ciascuno *soltanto* 50).

Affinché l'obbligazione sia parziaria sono necessari, oltre alla pluralità dei debitori e/o dei creditori:

- la *divisibilità* della prestazione;
- la *mancanza di solidarietà*;
- l'*unicità della causa* dalla quale deriva il rapporto.

Le obbligazioni parziarie formano così un complesso unitario di rapporti obbligatori con la conseguenza che, se uno dei debitori adempie oltre la sua quota, lo stesso potrà invocare l'art. 1203, n. 3 e surrogarsi nei diritti del creditore soddisfatto nei confronti degli altri debitori (BIANCA).

Se un debitore paga l'intero nell'erronea convinzione di esservi obbligato potrà anche chiedere la restituzione di quanto pagato in eccedenza rispetto alla sua quota *ex* art. 2036 (indebito soggettivo).

Secondo alcuni autori (BUSNELLI) l'obbligazione parziaria è caratterizzata da una prestazione unica e indivisa ma suscettibile di esecuzione per parti, per cui sono applicabili alcune norme espressamente previste per le obbligazioni solidali (ad es., l'art. 1310, co. 1 in tema di estensione agli altri creditori o agli altri debitori degli effetti degli atti interruttivi della prescrizione; l'art. 1307 in tema di effetti dell'impossibilità sopravvenuta per causa imputabile a uno o più condebitori).

3 L'obbligazione solidale (artt. 1292-1313)

a) Nozione e presupposti

È un'obbligazione con pluralità di soggetti in forza della quale ogni creditore ha diritto di pretendere la prestazione per l'intero (**solidarietà attiva**; ad es., in caso di più intestatari di un conto corrente: art. 1854) ovvero ogni debitore ha l'obbligo di eseguire la prestazione per l'intero (cd. **solidarietà passiva**; ad es., se Tizio e Caio devono solidalmente 100 a Sempronio questi potrà pretendere da ciascuno indifferentemente l'intera prestazione).

Parte della dottrina (GAZZONI) ritiene che non rientra nella solidarietà propriamente intesa l'*obbligazione sussidiaria* che sussiste quando, in presenza di una pluralità di soggetti passivi, è stato pattuito a carico del creditore un onere di preventiva richiesta (*beneficium ordinis*) od escussione (*beneficium excussionis*) di uno dei debitori: tale schema sarebbe incompatibile con la possibilità riconosciuta nelle obbligazioni solidali al creditore di rivolgersi indifferentemente all'uno o all'altro debitore.

In senso contrario, si osserva (BIANCA) che, comunque, non viene meno l'essenza della solidarietà, ossia il fatto che tutti sono obbligati per l'intero e che l'adempimento di uno libera tutti gli altri.

I **presupposti** delle obbligazioni solidali sono:

a) la *pluralità di soggetti* della medesima parte, cioè di debitori (solidarietà passiva) o di creditori (solidarietà attiva);
b) l'*eadem res debita*, cioè un'unica *prestazione*.

Se, quindi, con unico atto Tizio e Caio si obbligano verso Sempronio, ma ciascuno ad una prestazione completamente diversa dall'altro, non si ha obbligazione solidale;

c) l'*eadem causa obligandi*: l'obbligazione solidale è costituita da una *pluralità di vincoli obbligatori* (quanti sono i soggetti attivi o passivi) i quali, però, derivano dal *medesimo fatto giuridico* e hanno, quindi, uguale causa e uguale contenuto.

Secondo un'autorevole dottrina (BIANCA), l'identità della fonte o l'unicità della prestazione sono un presupposto indispensabile per l'applicazione della *presunzione legale di solidarietà passiva* ma non sono condizione necessaria della solidarietà: perciò, anche in difetto delle stesse, si può avere solidarietà, se prevista dalla legge o dalle parti.

Ciò si verifica, ad es., nella responsabilità solidale che lega l'assicurato e l'assicuratore. Infatti, l'obbligo dell'assicuratore nei confronti del danneggiato nasce dal suo contratto d'assicurazione stipulato con il danneggiante, mentre l'obbligo del danneggiante verso il danneggiato nasce dall'illecito.

b) Funzione della solidarietà

La *solidarietà attiva* ha la *funzione di agevolare l'esercizio* del *diritto di credito*, in quanto ciascun creditore solidale può ottenere l'intera prestazione dal debitore, ma facilita anche il debitore che può liberarsi eseguendo l'intera prestazione ad uno dei creditori, senza preoccuparsi di dover conoscere l'entità delle singole quote. Nel caso della *solidarietà passiva* (che è il più comune) il creditore vede notevolmente *rafforzato il vincolo obbligatorio* in quanto può ottenere da ciascuno dei debitori l'intera prestazione, senza escutere gli altri, cosicché il vincolo solidale rappresenta un'efficace forma di *garanzia personale*.

Tuttavia, la *funzione di garanzia del vincolo solidale*, non deve essere intesa nel senso che ciascuna obbligazione solidale sia costituita a causa di garanzia; il vincolo solidale ha la causa che di volta in volta sta a fondamento del suo titolo costitutivo (vendita, donazione etc.), ed assolve anche una funzione di garanzia nella misura in cui il debitore è tenuto per la parte degli altri condebitori (BIANCA).

c) Fonti della solidarietà

Fonti della *solidarietà attiva* sono la **volontà delle parti** o la **legge** (ad es., l'art. 1854 stabilisce la solidarietà fra più cointestatari di un conto corrente); la solidarietà attiva deve essere *espressamente stabilita* e non si presume.

Il debitore ha la scelta di pagare all'uno o all'altro dei creditori in solido, ma tale possibilità di scelta dura fino al momento in cui uno dei creditori prevenga gli altri proponendo una domanda giudiziale (art. 1296).

Fonte della solidarietà passiva è innanzitutto *la legge*. In particolare, a norma dell'art. 1294, i condebitori *si presumono sempre solidalmente obbligati* rispetto al creditore, se dalla legge o dal titolo non risulti diversamente.

La legge prevede all'art. 754 un'eccezione al principio della presunzione di solidarietà in forza del quale, se al debitore defunto succedono più persone, ciascuna di esse è obbligata in proporzione alla propria quota ereditaria, salvo che il testatore abbia altrimenti disposto.

d) Disciplina della solidarietà

Il codice disciplina la solidarietà prevedendo una serie di regole che si riferiscono:

a) al *pagamento*, che compiuto da qualsiasi condebitore (nella solidarietà passiva) o a favore di qualsiasi concreditore (nella solidarietà attiva) estingue tutto il complesso delle obbligazioni;
b) all'*azione di regresso*: il debitore solidale che ha pagato l'intero ammontare al creditore può rivolgersi, con l'*azione di regresso*, agli altri condebitori per ottenere da ciascuno il rimborso delle rispettive quote di debito; egli può agire in regresso anche se ha eseguito un *pagamento parziale*, avendo diritto al rimborso dell'eccedenza rispetto alla sua parte; se l'obbligazione è stata contratta nell'interesse esclusivo di uno degli obbligati, questi dovrà rimborsare per l'intero chi ha pagato (ad es., il fideiussore che ha pagato ha diritto al rimborso integrale dal debitore principale: artt. 1298 e 1299).
   Analogamente, il creditore che ha riscosso il credito per l'intero ammontare dovrà corrispondere le rispettive quote agli altri creditori.

   Per la giurisprudenza il *regresso* realizza un'ipotesi di *surrogazione legale ex* art. 1203, n. 3, poiché l'adempimento dell'obbligazione solidale rientra nell'ipotesi del pagamento fatto da colui che, essendovi tenuto con altri, aveva interesse a soddisfare il debito.
   In tal caso, i condebitori non adempienti potrebbero opporre, a colui che agisce in regresso, tutte le eccezioni relative al rapporto interno ed esterno con il creditore in relazione all'esistenza e all'ammontare del debito estinto;

c) alla *non estensione dei fattori pregiudizievoli*: se si verifica *un fatto o un atto sfavorevole a uno dei debitori solidali, gli effetti non si comunicano agli altri*; così, la costituzione in mora di uno dei debitori in solido non ha effetto riguardo agli altri (art. 1308) e la rinuncia alla prescrizione fatta da uno non ha effetto verso gli altri. Eccezionalmente, tuttavia, l'interruzione della prescrizione nei confronti di uno (art. 1310) ha effetto verso tutti i debitori;
d) l'*estensione dei fatti favorevoli*: se si verifica *un fatto* o *un atto favorevole nei confronti di un debitore solidale, gli effetti si comunicano agli altri*; così, a es., la remissione, ossia la rinuncia gratuita al credito, fatta dal creditore a uno dei debitori, libera anche gli altri condebitori.

4 Obbligazioni divisibili ed indivisibili

La distinzione delle obbligazioni in *divisibili e indivisibili attiene alla natura dell'oggetto* dedotto nel rapporto obbligatorio o al modo in cui esso è stato considerato dalle parti contraenti (art. 1316). Ne trattiamo in questa sede perché solo in presenza di una pluralità di soggetti la divisibilità o indivisibilità acquista rilevanza pratica.

a) Obbligazioni divisibili (art. 1314)

Se più sono i debitori o i creditori di una prestazione divisibile e l'obbligazione non è solidale, ciascuno dei creditori può chiedere il soddisfacimento del credito soltanto per la sua parte, e ciascuno dei debitori è tenuto a pagare il debito soltanto per la sua parte (art. 1314).

La nozione di divisibilità va ricostruita argomentando *a contrario* dall'art. 1316 che definisce le obbligazioni indivisibili: pertanto, l'*obbligazione è divisibile* quando la prestazione ha per oggetto un bene suscettibile di divisione per natura, o perché non è stata considerata dalle parti contraenti indivisibile.

La divisibilità o l'indivisibilità dell'obbligazione devono essere considerate sotto il profilo della *divisibilità o dell'indivisibilità della prestazione*, che non sempre coincide con la divisibilità o l'indivisibilità del suo oggetto.

È divisibile, ad es., la prestazione nell'obbligazione di prestare una somma di danaro, nell'obbligazione di piantare un certo numero di alberi etc.

b) Obbligazioni indivisibili

L'obbligazione è **indivisibile** quando la prestazione *ha ad oggetto una cosa o un fatto non suscettibile di divisione per sua natura o per il modo in cui è stato considerato dalle parti contraenti.*

L'indivisibilità può essere oggettiva o soggettiva:

— è **oggettiva** quando l'oggetto della prestazione non può essere diviso senza fargli perdere il suo valore o senza diminuirlo (un quadro, un animale venduto vivo etc.); è una qualità dell'obbligazione che deve essere accertata in base al contenuto della prestazione. Può derivare dalla materiale indivisibilità della cosa o del fatto oggetto dell'obbligazione, oppure da una valutazione economico-funzionale (nel senso che la divisione, se effettuata, comporterebbe una grave perdita di valore delle singole porzioni separate rispetto all'intero) o, ancora, da una valutazione di natura giuridica, nel senso che le singole porzioni non hanno i requisiti di legge per la loro autonoma utilizzazione (BIANCA);

— è **soggettiva** quando le parti hanno considerato indivisibile una prestazione, per sua natura divisibile, per la funzione che essa è destinata a realizzare. L'indivisibilità soggettiva deriva quindi dall'*interesse delle parti*, quale emerge dalla relativa volontà negoziale.

Quanto alla loro **disciplina**, l'art. 1317 prescrive che le obbligazioni indivisibili sono regolate dalle *stesse norme delle obbligazioni solidali*, con la conseguenza che ogni debitore è obbligato ad eseguire per intero la prestazione al creditore e ogni creditore può esigere l'intera prestazione dal debitore.

Sono, tuttavia, previste alcune eccezioni:

— l'indivisibilità opera anche nei confronti degli eredi del debitore o del creditore, in deroga al principio per cui ogni successore del debitore risponde solo per la sua quota (art. 752).

La *ragione della deroga si individua agevolmente: nelle obbligazioni indivisibili*, derivando l'indivisibilità dalla natura della prestazione o dal modo in cui essa è stata considerata dalle parti, *è indifferente il mutamento* dei soggetti dell'obbligazione (la prestazione indivisibile rimane tale e non muta se gli eredi si sostituiscono al debitore originario); nelle *obbligazioni solidali*, invece, i *debitori sono legati da un vincolo reciproco che rende unica la prestazione*, vincolo che si trasferisce sull'eredità, ma non agli eredi, i quali succedono al defunto per quota e questa segna il limite della loro responsabilità;

— se interviene un *fatto estintivo dell'obbligazione* nei confronti di *uno* dei creditori (ad es., remissione del debito fatta da uno dei concreditori), il *debitore non è liberato* verso gli altri creditori, i quali hanno diritto alla prestazione per l'intero, pur dovendo poi restituire al debitore il valore della parte di colui nei cui confronti si è verificato il fatto estintivo (art. 1320).

Ciascuno dei creditori può esigere l'esecuzione dell'intera prestazione indivisibile. Tuttavia, l'erede del creditore, che agisce per il soddisfacimento dell'intero credito, deve dare cauzione a garanzia dei coeredi (art. 1319).

Le obbligazioni indivisibili si distinguono dalle obbligazioni solidali:

— quanto alla **funzione**: la solidarietà ha lo scopo di agevolare la riscossione del credito; l'indivisibilità ha lo scopo di proteggere, anche in fase di esecuzione, l'unità della prestazione, assicurando che l'adempimento avvenga con unico atto. Quindi la solidarietà ha sempre una *funzione di tutela del creditore* (o dei creditori), è, cioè, sempre un mezzo di rafforzamento del credito; invece l'indivisibilità non ha questa funzione specifica, ma il vantaggio per il creditore, rappresenta una conseguenza riflessa dell'istituto;

— quanto alla **struttura**: mentre nella solidarietà è da ravvisare una *pluralità di obbligazioni*, nell'indivisibilità si ha *un'obbligazione unica*.

Sezione Seconda
Le obbligazioni con pluralità di oggetti (obbligazioni oggettivamente complesse)

5 Obbligazione cumulativa (o congiunta)

Si parla di obbligazione cumulativa tutte le volte in cui *il debitore è tenuto a eseguire «insieme» due o più prestazioni*, sicché l'obbligazione ha contenuto «multiplo» e la liberazione del debitore ha luogo solo se vengono eseguite tutte le prestazioni, pur con la possibilità di eseguirle separatamente (MESSINEO).

È chiaro che le due o più prestazioni possono avere *uguale natura* (ad es., vendita di due libri) oppure *natura diversa* (in tal caso si parla di *obbligazioni miste*, ad es., l'una di consegnare, l'altra di fare in senso stretto).

6 Le obbligazioni alternative (artt. 1285-1291)

a) Nozione

Obbligazione alternativa è quella in cui sono previste *due o più prestazioni*, ma *il debitore si libera eseguendo una soltanto* delle due (*duae res, vel plures, sunt in obligatione, una autem in solutione*).

La fonte dell'obbligazione alternativa può essere la *legge* (ad es., art. 1179) *la volontà* delle *parti*.

Ad es., Tizio è obbligato a consegnare un'automobile Fiat o un'automobile Lancia; è obbligato a trasportare una merce fino a Milano oppure a fornire un mezzo di trasporto per il viaggio corrispondente. In tali casi Tizio è liberato dal debito quando abbia consegnato una delle due automobili, quando abbia eseguito una delle prestazioni.

L'art. 1285 precisa anche che il debitore non può costringere il creditore a ricevere parte di una e parte dell'altra prestazione: infatti, due o più adempimenti parziali non costituiscono un adempimento integrale.

Non rientrano tra le obbligazioni alternative quelle in cui sussiste una facoltà di scelta circa le *modalità esecutive* della prestazione (in tal caso si rientra nel normale margine di discrezionalità spettante al debitore nell'adempimento).

Sotto il profilo della **natura giuridica**, la dottrina dominante ritiene che l'obbligazione alternativa configuri un'*obbligazione unica e perfetta, ma a contenuto parzialmente indeterminato*: in essa, cioè, la prestazione è determinabile in base alla scelta fra le prestazioni dedotte.

b) Disciplina

Stabilisce l'art. 1286 che *il diritto di scelta tra le varie prestazioni che sono in obbligazione spetta al debitore*, a meno che le parti l'abbiano attribuito al creditore o a un terzo.

La scelta (cd. **concentrazione**) può essere fatta dal debitore direttamente con l'*esecuzione* di una delle prestazioni o con una *dichiarazione* comunicata al creditore.

La dottrina dominante (BIANCA) tende a riconoscere *natura negoziale* all'atto di scelta, poiché si verifica una modificazione del rapporto e, quindi, della posizione giuridica del soggetto: in particolare, si tratta di un *negozio unilaterale recettizio* se la scelta è espressa, non recettizio se è tacita.

Il diritto di scelta, essendo collegato alla prestazione, si trasmette agli eredi e può essere anche trasmesso, con l'obbligazione cui inerisce, per atto fra vivi. Se, invece, la scelta è stata affidata a un terzo, concretandosi questa in un incarico affidato *intuitu personae*, non si ha trasmissione ereditaria.

Se, tuttavia, il debitore non esegue alcuna delle due prestazioni alternative, nel termine previsto (o in quello fissato dal giudice), la scelta passa al creditore.

La facoltà spettante al creditore, invece, passa al debitore se il creditore non l'esercita nel termine stabilito o in quello fissatogli dal debitore medesimo. Se la scelta è rimessa ad un terzo e questi non la fa nel termine assegnatogli, essa è di competenza del giudice.

Una volta fatta la scelta, l'obbligazione si concentra e cessa lo *ius variandi*, con la conseguenza che l'*obbligazione diventa semplice*.

Nell'ipotesi di **impossibilità di adempimento** per una delle due prestazioni il legislatore ha distinto le seguenti ipotesi:

- se *l'impossibilità preesiste* al rapporto obbligatorio, l'obbligazione si considera semplice sin dal suo sorgere;
- se *l'impossibilità è sopravvenuta per causa non imputabile* ad alcuna delle parti, l'*obbligazione multipla si trasforma* in semplice ed è preclusa, quindi, la facoltà di scelta (1288) (per l'ipotesi di *colpa* di una delle parti vedi la disciplina dettata nell'art. 1289);
- se *l'impossibilità si verifica dopo la concentrazione* e riguarda proprio la prestazione scelta: l'obbligazione si estingue in conformità delle regole generali, poiché in seguito alla concentrazione l'obbligazione era divenuta come semplice.

c) Distinzione da figure affini

L'obbligazione alternativa si distingue:

- dall'*obbligazione generica*: entrambe le figure presentano una indeterminatezza iniziale ma mentre oggetto della obbligazione generica «non è la prestazione di tutti i componenti del *genus*, ma il *genus* come tale, in *uno solo* dei suoi elementi» (TRABUCCHI), nelle obbligazioni alternative *ciascuna prestazione* entra a costituire l'oggetto del rapporto. Inoltre, si osserva (BIANCA) che l'obbligazione generica richiede una mera attività esecutiva, mentre l'obbligazione alternativa richiede «un ulteriore atto determinativo, la scelta della prestazione»;
- dall'*obbligazione condizionale*, in quanto mentre in questa è certo l'oggetto ma incerto il vincolo, nell'obbligazione alternativa è certo il vincolo ma incerto l'oggetto;
- dall'*obbligazione cumulativa*, in quanto mentre in questa le due o più prestazioni, devono essere tutte eseguite, l'obbligazione alternativa diventa semplice in seguito alla scelta, di guisa che, in fase di esecuzione, essa si concentra in un'unica prestazione.

7 Obbligazione facoltativa

L'obbligazione alternativa va distinta dalla cd. **obbligazione facoltativa o con facoltà alternativa**, che si configura quando è prevista una sola prestazione ma il debitore ha la possibilità di liberarsi effettuandone, a sua scelta, una diversa, determinata o determinabile già nel momento in cui nasce l'obbligazione.

L'obbligazione alternativa, invece, presuppone l'originario concorso di due o più prestazioni in posizione di reciproca parità e dedotte in modo disgiuntivo, nessuna delle quali può essere adempiuta prima dell'indispensabile scelta di una di esse, rimessa alla volontà di una delle parti e che diventa irrevocabile con la dichiarazione comunicata alla controparte.

Le due tipologie di obbligazioni si distinguono perché l'obbligazione facoltativa è semplice, avente ad oggetto un'unica prestazione, con la conseguenza che:

- quando l'adempimento della prestazione principale diventa impossibile per causa non imputabile al debitore, l'obbligazione si estingue;
- il creditore può agire coattivamente solo per ottenere l'oggetto dell'obbligazione principale e non anche per quella facoltativa;

— l'eventuale dichiarazione di scelta del debitore non lo priva della facoltà alternativa, che può essere in ogni caso esercitata al momento dell'adempimento.

Casi di obbligazione facoltativa sono, ad es., l'art. 651 (legato di cosa di un terzo, per cui l'onerato deve procurarsi il bene, ma può preferire il pagamento al legatario del giusto prezzo), l'art. 1278 (secondo cui se la somma dovuta è determinata con moneta non avente corso legale, il debitore può pagare comunque con quest'ultima) e l'art. 2858 (che consente al terzo acquirente di beni ipotecati la facoltà, anziché pagare i creditori iscritti, di rilasciare i beni stessi).

È un'obbligazione facoltativa anche quella di cui all'art. 1556 che, in tema di contratto estimatorio, prevede che l'*accipiens*, tenuto a pagare il prezzo delle cose consegnate, può liberarsi dal vincolo restituendo, entro un dato termine, le medesime cose. La dottrina maggioritaria propende per la soluzione affermativa (MESSINEO). Secondo GAZZONI, invece, si tratta di un'obbligazione alternativa, in quanto nessuna delle due prestazioni — pagare il prezzo e restituire la merce — si configurerebbe come principale rispetto all'altra.

Sezione Terza
Classificazione delle obbligazioni rispetto alla prestazione

8 Obbligazioni positive o affermative

Le **obbligazioni positive**, cioè quelle che hanno per oggetto un comportamento *attivo* da parte del debitore, possono essere:

a) *obbligazioni di dare*: tali obbligazioni comportano la effettiva consegna di una cosa con l'obbligo di *custodirla* (obbligazione accessoria) fino alla consegna stessa. Particolare obbligazione di dare è quella di *restituire*;
b) *obbligazioni di fare*: hanno per oggetto un'*attività* in senso proprio del debitore (es., *un servizio*). Possono essere *infungibili* quando l'adempimento deve essere fatto dal debitore e soltanto da lui (l'esecuzione di un quadro, di un vestito); sono, invece, *fungibili* quando la prestazione può essere anche eseguita da un terzo (vedi *ante*);
c) *obbligazioni miste di dare e fare*: si realizzano in alcune figure complesse, come nei contratti di somministrazione, di appalto e nei contratti atipici misti.

9 Le obbligazioni negative

Le *obbligazioni negative* sono quelle in cui la prestazione consiste in un *comportamento negativo*, ossia in un *non facere* o in un *pati* (cioè in un «sopportare» da parte del debitore). Pertanto, nelle obbligazioni negative oggetto della prestazione è il *non verificarsi di un determinato atto o fatto* (ad es., prestazione di non fare concorrenza, di non edificare, di non alienare).

Proprio per questa caratteristica, fino a quando il debitore resti inerte, cioè si astenga dal fare ciò che è vietato, l'obbligazione non si manifesta all'esterno. Essa acquista, invece, rilievo quando *il debitore venga meno al vincolo* e si renda inadempiente, costringendo il creditore a richiedere l'intervento del giudice.

Incompatibile con l'obbligazione negativa è l'istituto della *mora*, cioè il ritardo nell'adempimento, poiché, come stabilisce l'art. 1222, ogni fatto compiuto in violazione dell'obbligo di non fare o non dare costituisce di per sé *inadempimento*.

Quale provvisoria inesecuzione della prestazione, la mora può riguardare anche le obbligazioni negative: nelle obbligazioni negative di durata — ad es., l'obbligo di non vendere prodotti di una certa impresa — è possibile che l'attività compiuta in violazione del divieto venga a cessare e venga instaurato il comportamento omissivo idoneo a soddisfare l'interesse del creditore. L'art. 1222, allora, non va inteso nel senso che nelle obbligazioni negative la mora sia inconcepibile, ma nel senso che non occorre la formale costituzione in mora perché ogni atto compiuto in violazione di tale tipo di obbligazioni costituisce, di per sé, inadempimento (BIANCA).

Discussa invece è la compatibilità tra l'*impossibilità sopravvenuta* per causa non imputabile al debitore e l'obbligazione negativa. Mentre la giurisprudenza ritiene inammissibile l'istituto in esame, parte della dottrina (PERLINGIERI, COTTINO, PELLEGRINI) considera configurabile l'impossibilità sopravvenuta di adempiere una prestazione negativa quando sussista una «positiva necessità» sia pure temporanea di fare o dare.

10 Obbligazioni «di mezzi» e obbligazioni «di risultato»

Si ha **obbligazione di risultato** quando l'oggetto dell'obbligazione non è costituito dall'attività, ma dal risultato della stessa, con la conseguenza che l'adempimento coincide con la piena realizzazione dello scopo perseguito dal creditore.

Lo sforzo di diligenza, pertanto, non rileva di per sé, ma in via strumentale al perseguimento dello scopo stesso (GAZZONI).

Esempi di obbligazioni di risultato sono l'obbligazione del prestatore d'opera (art. 2222), l'obbligazione dell'appaltatore, quella del vettore e del somministrante.

Si ha **obbligazione di mezzi**, invece, quando l'oggetto dell'obbligazione è un *comportamento diligente*, cioè l'impiego diligente di mezzi idonei a realizzare un risultato e non il conseguimento del risultato stesso: per cui che il debitore è adempiente (e ha il diritto al compenso) se ha agito con la dovuta diligenza.

Esempi di obbligazioni di mezzi sono l'obbligazione del professionista (art. 2230) e quella del gestore di affari (art. 2028).

Secondo MESSINEO l'importanza della distinzione risiede nella *differenza* di *valutazione* che deve darsi all'eventuale *negligenza* del debitore, la quale, se è irrilevante nelle obbligazioni di risultato, è, invece, decisiva nelle obbligazioni di mezzi, dove spetta al creditore la prova della negligenza del debitore.

Secondo altri (TRABUCCHI), invece, qualunque sia l'oggetto immediato dell'obbligazione (un'attività o un risultato), regola generale resta che, se il debitore dimostra di aver fatto quanto poteva richiedersi alla diligenza del buon padre di famiglia (artt. 1176, 1218), egli rimane esente da responsabilità per inadempimento.

Tale principio non trova applicazione in alcuni casi eccezionali di obbligazioni di risultato in cui il debitore si assume la responsabilità anche in mancanza di sua colpa; ad es., nella *promessa del fatto di un terzo* o *nella vendita di cosa altrui*.

11 Obbligazioni generiche e specifiche

a) Nozione

Nell'ambito delle obbligazioni di dare si distinguono quelle **specifiche** (ad es., il cavallo Ribot), in cui il bene oggetto della prestazione è determinato nella sua individualità, da quelle **generiche**, nelle quali l'oggetto *in obligatione* è una cosa indicata per la sua appartenenza a un genere (BIANCA) e quantitativamente determinata in ragione di una particolare unità di misura (numero, quantità o peso) (ad es., dieci quintali di grano).

Per le obbligazioni generiche l'art. 1178 prescrive che il debitore deve consegnare una cosa appartenente al genere dedotto ma di qualità non inferiore alla media (*res mediae aestimationis*), ossia alla *qualità generica normale*, sintesi delle singole qualità attraverso cui si manifestano le caratteristiche dei beni. Questa regola mira a salvaguardare l'interesse del creditore nei confronti della discrezionalità di cui altrimenti godrebbe il debitore nella scelta di adempiere con un bene qualsiasi fra tutti quelli riconducibili al *genus* concordato.

Nel caso in cui la qualità del bene risulti inferiore alla media, il creditore potrà chiedere l'esatto adempimento o agire per la risoluzione del contratto.

Tuttavia, le parti possono stabilire un diverso criterio di determinazione dell'oggetto oppure questo può risultare implicitamente da altri elementi della contrattazione (es., dal valore della controprestazione).

b) Rilevanza giuridica

Particolare rilevanza hanno alcuni istituti giuridici nei confronti delle obbligazioni *generiche*:

— *estinzione dell'obbligazione per impossibilità sopravvenuta*: l'impossibilità non può mai verificarsi rispetto alle cose generiche, perché il *genus* non perisce mai (*genus numquam perit*) e il debitore può sempre procurare cose dello stesso genere anche se sono perdute quelle in suo possesso;

— *contratti con effetti reali*: mentre la proprietà delle cose specifiche si acquista semplicemente in seguito allo scambio dei consensi fra le parti, la proprietà delle cose generiche si acquista solo con la *specificazione*, cioè con l'individuazione dell'oggetto della prestazione nell'ambito del genere (art. 1378).

In seguito alla individuazione della cosa con la specificazione diventa configurabile anche l'*impossibilità sopravvenuta* di adempiere l'obbligazione.

Così, nella compravendita, dal momento della specificazione non solo si trasferisce la proprietà, ma sorge anche a carico del compratore il rischio del perimento della cosa.

Diverse dalle obbligazioni generiche sono quelle di *genus limitatum, o quasi genus* (vendita di cosa appartenente a genere limitato), le quali hanno per oggetto una cosa generica che però deve essere presa tra un gruppo *determinato* di cose, come sarebbe, per es., nell'obbligazione di dare un cavallo di una determinata discendenza (TRABUCCHI). In tali tipi di obbligazioni, a differenza di quelle generiche, se va distrutta per caso fortuito l'intera scuderia, si intende perduto per forza maggiore anche il cavallo che doveva essere procurato.

Ad es., la *vendita di un'autovettura designata solo per marca, tipo e accessori* non è una vendita di cosa altrui o cosa futura, ma una vendita di cosa appartenente a genere limitato, che fa sorgere a carico del venditore il duplice obbligo di individuare la *res* e di consegnarla nel luogo pattuito; l'individuazione necessaria all'effetto reale deve essere fatta col concorso di entrambe le parti, sicché la mancata importazione del veicolo dal luogo di produzione a quello di consegna rende il venditore inadempiente ad entrambe le dette obbligazioni (Cass. 14025/2014).

12 Le obbligazioni pecuniarie

a) Nozione

Sono pecuniarie le ***obbligazioni di valuta*** *che hanno, fin dall'origine, come oggetto della prestazione una somma di denaro determinata o facilmente determinabile attraverso una mera operazione matematico-contabile* (ad es., il credito dell'avvocato per onorari professionali; il credito del professionista per il compenso delle sue prestazioni; l'obbligazione del venditore di restituire una parte del prezzo ricevuto in pagamento — azione di riduzione del prezzo: art. 1492 —; l'obbligo del committente di pagare all'appaltatore il prezzo dell'appalto; il credito del mandatario verso il mandante per il rimborso delle spese sostenute per l'esecuzione del mandato).

Tradizionalmente si afferma che, essendo il denaro una cosa generica, l'obbligazione pecuniaria si configura come una *obbligazione di dare, avente ad oggetto una cosa generica*.

In realtà non c'è dubbio che la definizione dell'oggetto di tale tipo di obbligazione si sta evolvendo, parallelamente al diffondersi di nuove forme di pagamento, di nuove modalità di trasferimento del denaro, che diventa così sempre più «moneta contabile», «moneta bancaria», «moneta elettronica» (IUDICA-ZATTI).

Dalle obbligazioni di valuta si distinguono le **obbligazioni di valore**, nelle quali l'oggetto diretto e originario della prestazione consiste in una cosa *diversa dal denaro*, rappresentando la moneta soltanto il bene sostitutivo di una prestazione con diverso oggetto.

b) Il principio nominalistico

L'art. 1277 dispone che nelle obbligazioni pecuniarie, in mancanza di specifiche pattuizioni circa le modalità di pagamento, il debitore deve adempiere con *moneta avente corso legale* nello Stato al momento del pagamento, e al *suo valore nominale*. Il legislatore ha così accolto il cd. **principio nominalistico**, in virtù del quale l'obbligazione si esegue in conformità del suo importo nominale e non del valore effettivo. Pertanto, il debitore deve dare la quantità di moneta stabilita, anche se il suo valore di scambio o il suo potere di acquisto si sia frattanto modificato.

Le **valute virtuali** (es. **Bitcoin**) *non hanno corso legale* e, pertanto, non devono essere obbligatoriamente accettate per l'estinzione delle obbligazioni pecuniarie, *ma possono essere utilizzate per acquistare beni o servizi se il venditore è disponibile ad accettarle*. La Banca d'Italia in una sua Avvertenza (30-1-2015) si è espressa sui rischi delle valute virtuali (elevata volatilità del valore; rischi di perdite; rischio di utilizzo per finalità criminali e illecite), anche se l'acquisto, l'utilizzo e l'accettazione in pagamento delle valute virtuali debbono ritenersi attività lecite (salva la violazione di disposizioni normative che riservano l'esercizio di talune attività ai soli soggetti legittimati come, ad es., raccolta del risparmio). La Corte di Giustizia europea (sent. 22-10-2015) ha assimilato le valute virtuali alle banconote e monete con valore liberatorio (e disposto, pertanto, che le operazioni di cambio siano esenti da IVA).

La ragione per la quale nel codice è stato accolto il principio nominalistico consiste «nell'esigenza di raffigurare i debiti pecuniari come entità costanti e di evitare incertezze sull'entità economica del debito pecuniario» (TORRENTE): infatti, se si dovesse tener conto delle oscillazioni di valore subite dalla moneta, non si saprebbe mai prima della scadenza quanto il debitore deve prestare.

Il principio nominalistico si applica anche quando la somma dovuta è determinata in una moneta non avente corso legale nello Stato, perché il debitore ha facoltà di pagare in moneta legale al corso del cambio nel giorno di scadenza e nel luogo stabilito per il pagamento (art. 1278).

Sotto il profilo dell'applicazione del principio nominalistico si distingue tra:

— il **debito di valuta**: ha per oggetto una somma di denaro sin dal momento della sua costituzione (trova applicazione il principio nominalistico);
— il **debito di valore**: ha per oggetto una prestazione «considerata per il suo concreto significato economico che deve essere stimato secondo le condizioni di mercato» (TRABUCCHI) (il principio nominalistico non trova applicazione e il debito è rivalutabile, di modo che la somma pagata dal debitore alla scadenza abbia lo *stesso potere di acquisto* che aveva al momento in cui l'obbligazione è sorta).

c) I rimedi all'applicazione rigorosa del principio nominalistico

L'assoggettamento dei debiti di valuta al principio nominalistico comporta notevoli svantaggi per il creditore, poiché il fenomeno della svalutazione della moneta costituisce regola economica costante. Per ovviare a tale inconveniente alcuni rimedi sono stati elaborati dalla giurisprudenza e dalla prassi. Tra questi ricordiamo:

— le *clausole di garanzia monetaria*, quali la clausola di *pagamento effettivo* in moneta estera o la *clausola oro*, nella quale la quantità di moneta viene determinata in riferimento all'oro;
— le *obbligazioni indicizzate*, nelle quali la quantità di moneta è determinata dal rapporto di valore con un determinato parametro, quale il prezzo di mercato di particolari beni o l'indice del costo della vita (clausola ISTAT). La clausola di indicizzazione può avere *fonte legale*: ad es., nei canoni di locazione delle case ad uso abitativo (art. 24, L. 392/1978).

Altri rimedi sono previsti dal codice civile. In particolare, l'art. 1224, co. 1 stabilisce che, in caso di mora, il debitore deve al creditore gli *interessi al tasso legale*, indipendentemente dalla prova del danno: tali interessi, se pattuiti in misura superiore al tasso legale, dovranno essere corrisposti nella stessa misura.

Al co. 2 (e questa è la previsione più importante) l'art. 1224 riconosce un ulteriore risarcimento al creditore che dimostri di aver subito un *danno maggiore*.

13 Segue: L'obbligazione degli interessi (artt. 1282-1284)

La moneta, oltre che mezzo di scambio, costituisce una *merce*, nel senso che può essere ceduta ad altri dietro corrispettivo.

Da un punto di vista economico tale corrispettivo, ossia il *costo* del denaro, è rappresentato dagli **interessi** ossia da quella *somma accessoria che il debitore deve*, oltre quella principale, *a chi gli ha prestato il cd. capitale*. Così, il mutuatario dovrà corrispondere, oltre la somma avuta in prestito, la somma aggiuntiva degli interessi.

a) Caratteri

Caratteri dell'obbligazione degli interessi sono:

— l'**accessorietà**: l'obbligazione degli interessi è accessoria a quella principale del capitale. Se questa è nulla o risolta, viene meno anche quella accessoria degli interessi;

— la **pecuniarietà** (fungibilità): oggetto dell'obbligazione di interessi può essere solo una *cosa fungibile* (danaro) dello stesso *genere* del capitale. L'obbligazione degli interessi è, quindi, anch'essa un'obbligazione pecuniaria;

— la **percentualità**: gli interessi sono dovuti in *misura percentuale* al capitale dell'obbligazione principale;

— la **periodicità**: gli interessi sorgono (*maturano*) e quindi diventano esigibili con il decorso del tempo, in ragione della durata del diritto. Possono essere pagati man mano che scadono (ogni sei mesi, ogni anno etc.), anticipatamente oppure contestualmente al rimborso rateale del capitale.

b) Distinzione degli interessi in relazione alla fonte

Si distinguono:

1) **interessi legali**, i quali trovano la loro fonte nella legge che, all'art. 1282, stabilisce il principio generale per cui ogni *credito* di somme *liquide* (determinate nel loro ammontare) ed *esigibili* (non sottoposte a termine né a condizione) produce *interessi di pieno diritto*.

   Questo principio si spiega tenendo presente il fatto che il debitore, trattenendo presso di sé le somme dovute (liquide ed esigibili), lucra quel corrispettivo che spetterebbe al creditore se potesse impiegare le stesse somme; in altri termini la legge tende a ristabilire l'equilibrio fra due patrimoni, attuando quel criterio di giustizia che vieta l'ingiusto arricchimento.

   Lo stesso articolo ha carattere dispositivo e fa salvi i casi in cui sia diversamente stabilito da altre norme di legge o dalla volontà delle parti. Eccezione importante prevista dalla legge è quella delle obbligazioni cambiarie in cui non sono previsti interessi in via generale: gli interessi devono essere espressamente previsti mediante apposita clausola inserita nel contesto cambiario e sono dovuti nei soli casi di scadenza *a vista* o a *certo tempo vista*.

   Il saggio di interesse legale è determinato con decreto ministeriale da pubblicare in *Gazzetta Ufficiale* non oltre il 15 dicembre dell'anno precedente a quello cui il nuovo saggio intende riferirsi (art. 1284).

2) **interessi convenzionali**, previsti dalla volontà delle parti, le quali possono fissare una misura diversa da quella legale; qualora il saggio sia *superiore* a quello legale esso deve essere pattuito per *iscritto*: in mancanza gli interessi, anche se convenzionali, sono dovuti nella misura legale.

Gli interessi convenzionali si calcolano allo stesso tasso degli interessi legali, a meno che le parti abbiano fissato un tasso diverso (art. 1284, co. 2), nel rispetto del divieto di anatocismo, della necessità della forma scritta per gli interessi superiori al tasso legale e del divieto di interessi usurari.

Ai fini del calcolo degli interessi si deve distinguere la maturazione (acquisto) dalla scadenza (esigibilità) degli interessi: a norma dell'art. 821, co. 3, gli interessi maturano giorno per giorno, ma possono essere richiesti solo alla scadenza del termine prestabilito, che avviene, in mancanza di usi o accordi diversi, annualmente.

Gli interessi superiori alla misura legale devono essere determinati per iscritto, altrimenti sono dovuti nella misura legale (art. 1284, co. 3).

c) Distinzione degli interessi in relazione alla loro funzione

Rispetto alla funzione possiamo avere:

1) **interessi moratori**, dovuti per il *ritardo* nell'adempimento. Si tratta di una forma di risarcimento del danno provocato al creditore per il mancato godimento di quanto dovutogli per un certo periodo di tempo (art. 1224);
2) **interessi corrispettivi**, che dipendono dalla semplice scadenza di un debito (pecuniario). Sono regolati dall'art. 1282 nonché, per il contratto di mutuo, dall'art. 1815. Sono collegati alla sola liquidità ed esigibilità delle somme e costituiscono il corrispettivo del godimento (da parte di altri) del capitale oggetto della obbligazione. Gli interessi corrispettivi (dovuti come corrispettivo della liquidità ed esigibilità del credito) si tramutano in interessi moratori nel momento in cui intervenga la mora (art. 1224, co. 1);
3) alcuni autori, infine, parlano anche di **interessi compensativi**, categoria utilizzata dalla giurisprudenza per qualificare la natura giuridica delle somme attribuite per «compensare» il ritardo nell'adempimento di obbligazioni di valore che, di per sé, configura un decremento patrimoniale per il creditore insoddisfatto. Non sono, pertanto, veri interessi, ma costituiscono una forma di liquidazione del danno. Vanno determinati (per il risarcimento del danno da illecito extracontrattuale) in base ai criteri indicati dall'art. 2056. Non coincidono con gli interessi moratori, perché questi ultimi (art. 1224) costituiscono una sanzione per il ritardo nel pagamento di un'obbligazione originariamente pecuniaria (Cass. 6662/1997). Alcune pronunce, però, qualificano anche gli interessi compensativi come interessi moratori, in quanto collegati all'inadempimento.

d) L'anatocismo

La legge (art. 1283) vieta l'anatocismo, ossia il fenomeno giuridico-contabile rappresentato dal computo sugli interessi scaduti di ulteriori interessi (interessi composti). Gli interessi maturati si trasformano in capitale (cd. capitalizzazione degli interessi) e sono quindi sommati all'importo dovuto, producendo a loro volta interessi.

Il problema è collegato al fatto che, in presenza di un determinato tasso nominale di interesse annuo, la capitalizzazione comporta un innalzamento effettivo del tasso nominale, tanto più elevato quanto più ravvicinati tra loro siano i periodi di capitalizzazione presi in considerazione (trimestrali, semestrali o annui).

Gli interessi scaduti producono a loro volta interessi soltanto in due casi:

- dal giorno della *domanda giudiziale* specificamente diretta ad ottenere il pagamento degli interessi sugli interessi scaduti o per effetto di *convenzione* posteriore alla scadenza degli interessi (sempre che siano dovuti almeno per sei mesi);
- se esistono *usi normativi* che espressamente li prevedono.

La possibilità di anatocismo, prevista dall'art. 1283 con riferimento alla disciplina delle obbligazioni pecuniarie, non deve ritenersi un principio di carattere generale valido per ogni specie di obbligazione, ma ha carattere eccezionale, e pertanto non è estensibile ai cd. debiti di valore, quale è quello derivante dalla responsabilità per danni.

3
Le modificazioni dei soggetti dell'obbligazione

Sezione Prima
Le modificazioni nel lato attivo

1 La successione nel credito in generale

Il rapporto obbligatorio non sempre si svolge e si conclude tra i soggetti che lo pongono in essere.

La tradizionale impostazione dell'obbligazione come *vincolo personale*, tipica del diritto romano, e come tale *intrasferibile* da un soggetto all'altro, ha subito nel tempo una profonda evoluzione, che ha visto l'affermarsi del credito come «posta attiva» del patrimonio del creditore e non più come intrasferibile relazione interpersonale.

Si è così giunti ad affermare il principio della **libera trasferibilità** *della posizione creditoria* e, successivamente, della *spersonalizzazione* del rapporto obbligatorio anche attraverso la creazione dei *titoli di credito*, cioè di documenti nei quali il credito è «incorporato».

Il credito, oggi, al pari di ogni altro diritto patrimoniale può essere oggetto di atti di disposizione i quali determinano la *successione nel lato attivo dell'obbligazione*.

La **successione nel credito** si distingue dalla **novazione soggettiva attiva** per il fatto che nel primo caso il lato attivo del rapporto obbligatorio passa da un soggetto ad un altro con tutti gli accessori, le garanzie, le azioni e le eccezioni che gravavano sul primo titolare; nella novazione soggettiva attiva, invece, il credito passa nella titolarità di un altro soggetto ma il rapporto giuridico che ne risulta è diverso da quello che faceva capo al precedente titolare: *si estinguono*, così, tutte *le garanzie, gli accessori, le eccezioni* inerenti al rapporto trasferito.

La **successione** nel credito può avvenire:

— **a titolo universale** (ad es. attraverso il testamento o in caso di fusione di due società);
— **a titolo particolare**. Quest'ultima può derivare da un *atto di disposizione*, e allora si parlerà di *cessione del credito* (artt. 1260-1267); da altro *fatto* (di solito un *pagamento*), e allora si tratterà di una *surrogazione del terzo nei diritti del creditore* (artt. 1201-1205).

2 La cessione del credito (artt. 1260-1267)

a) Nozione

La cessione del credito è un contratto mediante il quale *il creditore* (*cedente*) *trasferisce ad altro soggetto* (*cessionario*) *il proprio diritto di credito*.

Per effetto della cessione si sostituisce un nuovo creditore a quello originario e, pertanto, si verifica un *caso di successione a titolo particolare nel credito*.

Se normalmente, per le modifiche che avvengono nel lato attivo del rapporto obbligatorio il consenso del debitore è irrilevante, *in alcune ipotesi il consenso del debitore ceduto è essenziale per la validità e l'efficacia della cessione del credito*: ciò si verifica quando il debitore ha un *interesse giuridicamente rilevante* a non essere costretto a effettuare la prestazione a favore di un soggetto diverso dal creditore originario.

b) Casi di incedibilità del credito

La cedibilità del credito è esclusa per:

— i *crediti strettamente* personali, fra i quali vanno ricordati i *crediti alimentari*: i creditori di tali prestazioni sono soggetti che versano in stato di bisogno e l'ammontare del credito è commisurato specificamente in relazione all'entità del bisogno ed alle possibilità del debitore;
— i *crediti il cui trasferimento è vietato dalla legge*; ad es., il credito per gli stipendi degli impiegati dello Stato e di altri enti (artt. 1-51 ss. 180/1950) e il credito dei partiti al contributo dello Stato (art. 6 L. 195/1974);
— i *crediti la cui cessione è vietata dall'art. 1261* a causa della particolare situazione in cui si vengono a trovare determinati soggetti e che non consente loro di rendersi, neppure per interposta persona, cessionari del credito. Così, ad es., i magistrati non possono rendersi cessionari dei diritti sui quali è sorta contestazione davanti all'autorità giudiziaria;
— i *crediti la cui cessione è esclusa dalle stesse parti* (incedibilità convenzionale), ma in tal caso il patto di incedibilità non può essere opposto al cessionario, se non si prova che egli lo conosceva al tempo della cessione (art. 1260, co. 2).

c) Efficacia della cessione

Per la **validità** della cessione, normalmente, non è necessaria l'accettazione o il consenso del debitore ceduto (art. 1260, co. 1), per il quale è solitamente indifferente adempiere all'uno o all'altro creditore. Ai fini del perfezionamento della cessione del credito è, quindi, normalmente sufficiente l'accordo tra il cedente e il cessionario.

Diversamente, l'**efficacia** della cessione nei confronti del debitore ceduto e nei confronti dei terzi è subordinata all'espletamento di taluni oneri.

Così, la cessione è efficace:

a) nei confronti del debitore ceduto (art. 1264), quando è stata *accettata* dal debitore oppure gli è stata *notificata*.

Ciò si spiega considerando che, pur essendo la cessione un negozio che si perfeziona anche senza il consenso del debitore, affinché questi possa eseguire la prestazione in favore del cessionario è necessario che sia a conoscenza dell'avvenuta sostituzione. In caso contrario il debitore può pagare al vecchio creditore. Tuttavia, il codice — rifuggendo da una concezione formalistica — equipara la notificazione alla «*conoscenza effettiva* che comunque il debitore abbia avuto della cessione». Se cioè il debitore, in mancanza di notifica, paghi al vecchio creditore, non è liberato qualora il cessionario provi che egli era comunque a conoscenza dell'avvenuta cessione. Dunque, accettazione, notificazione o conoscenza effettiva della cessione sono rilevanti al fine di *escludere l'efficacia liberatoria del pagamento fatto al cedente*, rimuovendo in tal modo il limite della tutela del *debitore di buona fede*.

Come osservato in dottrina, **l'accettazione della cessione non ha natura costitutiva ma ricognitiva**, non comportando (diversamente dalla delegazione) un'assunzione del debito nei confronti del cessionario, né rimanendo, al debitore ceduto, preclusa la possibilità di far valere l'eccezione di invalidità e di estinzione del rapporto obbligatorio;

b) nei confronti dei terzi (art. 1265), se uno stesso credito è stato ceduto a più soggetti, a favore di chi, per primo, lo ha notificato al debitore o per primo ha ricevuto l'accettazione di questi, con atto di data certa.

Il *fondamento* della disciplina generale della cessione del credito risiede nell'esigenza di *circolazione* dei beni e, in particolare, di un'*anticipata utilizzazione* del diritto alla prestazione (BIANCA). L'Autore osserva, però, che le regole ora analizzate, nonché l'opponibilità delle eccezioni personali, sono inadatte ai moderni rapporti commerciali dominati dall'esigenza di certezza e celerità dei trasferimenti: esigenze maggiormente soddisfatte dalla disciplina della circolazione dei titoli di credito.

d) Accessori del credito e garanzia del cedente

Attraverso la cessione del credito si realizza, dunque, la successione nel lato attivo di un **rapporto che rimane sempre lo stesso**. Di conseguenza:

— insieme con il credito si trasferisce ogni accessorio (art. 1263);
— il debitore ceduto può opporre al cessionario le *eccezioni personali* (es., pagamento) e *reali* (ad es., invalidità del negozio di assunzione del debito) che avrebbe potuto far valere di fronte al cedente.

Il debitore che ha accettato puramente e semplicemente la cessione, non potrà opporre al cessionario la *compensazione* che avrebbe potuto opporre al cedente, e ciò in quanto la sua accettazione ha il significato di una rinunzia ad avvalersi della compensazione (GAZZONI). Se non vi è stata accettazione, la compensazione opera solo per i crediti anteriori alla notificazione;

— se la *cessione è a titolo oneroso*, il cedente è tenuto a garantire l'esistenza del credito, ma non la solvibilità del debitore, a meno che intervenga un apposito patto (art. 1267).
Nel primo caso si ha una cessione *pro soluto*, perché con il trasferimento del credito si ha la liberazione del cedente nei confronti del cessionario, il quale si intende soddisfatto.
Nel secondo si ha una cessione *pro solvendo* (in quanto la soddisfazione del cessionario avverrà in futuro) e la liberazione si ha solo quando il cessionario abbia effettivamente riscosso il credito; pertanto, se il debitore ceduto non paga, pagherà per lui il cedente ma solo nei limiti del corrispettivo ricevuto per la cessione, oltre a dovere pagare gli interessi e rimborsare le spese.

Una tipica ipotesi di cessione *pro solvendo* si riscontra nella previsione dell'art. 1198 che disciplina il caso in cui in luogo dell'adempimento si trasferisce un credito (vedi *amplius* Cap. V, par. 4).
Le parti possono escludere pattiziamente anche la garanzia dell'esistenza del credito, ma il cedente resta comunque obbligato per il *fatto proprio* che abbia determinato la perdita del diritto per il cessionario;

— se la *cessione è a titolo gratuito*, l'art. 1266 stabilisce che «la garanzia dell'esistenza del credito è *dovuta solo nei casi e nei limiti in cui la legge pone a carico del donante la garanzia per evizione*», cioè nei casi di cui all'art. 797.

3 La surrogazione del terzo nei diritti del creditore

a) Nozione e tipi

Normalmente il pagamento del terzo, quando è consentito (ai sensi dell'art. 1180), estingue l'obbligazione.

Diversamente, in alcune ipotesi previste dalla legge (artt. 1201, 1202, 1203) il pagamento del terzo realizza solo la modificazione soggettiva attiva del rapporto obbligatorio.

Tale vicenda, che si definisce **surrogazione**, può aversi nei seguenti casi:

a) **per volontà del creditore** che, ricevendo il pagamento da un terzo, dichiari espressamente di volerlo far subentrare nei propri diritti verso il debitore (art. 1201) (*surroga per quietanza*);
b) **per volontà del debitore** che, prendendo a mutuo una somma per pagare il creditore, può surrogare il mutuante nella posizione del creditore pagato sempre che ricorrano le condizioni previste dalla legge (art. 1202) (*surroga per imprestito*);
c) **per volontà della legge** (*surrogazione legale*), che ricorre in tutti quei casi previsti dall'art. 1203 in cui la legge autorizza il terzo (che paga un debito altrui) a surrogarsi nei diritti del creditore, indipendentemente dalla volontà del creditore e del debitore, in deroga al principio secondo cui il pagamento fatto dal terzo ha sempre effetto estintivo dell'obbligazione. Casi di

surrogazione legale sono, per es., quello del fideiussore che paga il debito (art. 1949), quello dell'avallante, che abbia pagato in luogo dell'avallato (art. 37 l. camb.), quello dell'assicuratore che abbia risarcito il danno all'assicurato (art. 1916, co. 1).

b) Posizione del surrogato

Si ritiene, generalmente, che al surrogato, che subentra nella stessa identica posizione del creditore originario, si trasferiscano tutti gli accessori (garanzie, privilegi), le eccezioni e le azioni relative a tutela del credito, ma anche le limitazioni (prescrizioni, decadenze).

c) Differenza con figure affini

La surrogazione per pagamento differisce dalla:

a) **cessione del credito**, in quanto mentre questa presuppone che l'adempimento non si sia ancora verificato, la surrogazione, al contrario, presuppone che l'obbligazione sia stata adempiuta e che, quindi, il creditore sia stato soddisfatto. Inoltre nella surrogazione non occorre quella notifica al debitore (o accettazione di lui) che è richiesta nella cessione;
b) **surrogazione reale**, in quanto in questa vi è sostituzione dell'oggetto, mentre nella surrogazione vi è sostituzione del creditore.

4 Delegazione attiva

Rappresenta un altro caso di modificazione soggettiva, nel lato attivo del rapporto; di essa si tratterà insieme alla delegazione passiva più avanti.

Sezione Seconda
Le modificazioni nel lato passivo del rapporto

5 La successione nel debito

La possibilità di operare una successione nel debito, a differenza di quella nel credito, si affermò molto tardi in dottrina, essendo il rapporto obbligatorio strettamente connesso alla persona del debitore e, in particolare, alla sua *correttezza* e al suo *patrimonio personale* (TRABUCCHI).

Di conseguenza, mentre il trasferimento del credito non richiede il consenso del debitore, al quale è indifferente pagare all'uno o all'altro creditore, la *successione nel debito si realizza solo con l'assenso del creditore*, il quale deve godere della stessa fiducia anche nei confronti di un eventuale nuovo debitore e, quindi, di un eventuale nuovo patrimonio.

Unico caso in cui si prescinde da tale consenso è quello della **successione universale mortis causa**: in tale ipotesi, infatti, il debito del *de cuius* si trasferisce automaticamente al successore con l'accettazione dell'eredità. Diversamente, negli altri casi di successione universale, è sempre necessario l'assenso del creditore (ad es., cessione dell'azienda, art. 2560) o, almeno, è possibile per questi presentare opposizione (ad es., fusione di società, art. 2503).

Le tre figure che realizzano il mutamento nel lato passivo sono la **delegazione** (artt. 1268-1271), l'**espromissione** (art. 1272) e l'**accollo** (art. 1273).

Per ciascuno di tali istituti si possono verificare due ipotesi:

— il nuovo debitore *si aggiunge* al precedente e si ha un cumulo di debitori. In tal caso si parla di delegazione cumulativa, di espromissione cumulativa e di accollo cumulativo.

In caso di accollo ed espromissione cumulativi il nuovo debitore è obbligato solidalmente con quello originario. Diversamente un'apposita disciplina è dettata dall'art. 1268 nel caso di delegazione cumulativa (vedi *infra*);

— il nuovo debitore, con il consenso del creditore, si sostituisce al precedente liberandolo dall'obbligazione. Per tali ipotesi, definite delegazione, espromissione e accollo **liberatori**, il codice prevede l'*estinzione delle garanzie del credito*, salvo il consenso a mantenerle di colui che le ha prestate (art. 1275) e la *reviviscenza dell'obbligo* nei confronti del debitore liberato in caso di invalidità della nuova obbligazione (art. 1276).

6 La delegazione (artt. 1268-1271)

a) Nozione e struttura

Si ha delegazione quando *un soggetto, delegante, ordina a un altro* (*delegato*), *di assumersi un debito o di effettuare un pagamento verso un suo creditore* (*delegatario*).

In dottrina e giurisprudenza si discute se la delegazione sia un negozio trilaterale (teoria *unitaria*) (MESSINEO) oppure una fattispecie complessa nella quale sono presenti due negozi, uno di *mandato* (tra delegante e delegato) ed uno *concluso sulla base* del mandato (teoria *atomistica*): secondo alcuni (BIGIAVI, RESCIGNO) l'assunzione del debito si avrebbe con un negozio *tra delegato e delegatario*; secondo altri (GAZZONI) si tratterebbe di un *negozio rifiutabile* che si perfeziona secondo lo schema dell'art. 1333. Altra parte della dottrina (BIANCA) individua una pluralità di negozi distinti, bilaterali e unilaterali, in cui si articola la delegazione: l'*incarico delegatorio* (delega), l'*atto di assegnazione* e la *promessa del delegato*.

Tali negozi, pur essendo distinti tra loro, concorrono a realizzare un'operazione unitaria costituita dall'incarico delegatorio, in posizione centrale, e dagli altri negozi ad esso collegati.

Circa l'*incarico delegatorio* o *iussum* (ordine) (termine con il quale la dottrina lo ha tradizionalmente definito) va precisato che si tratta di un *mandato* (o comunque di altre figure contrattuali in cui rileva il momento dell'assunzione dell'obbligo di una parte di compiere atti giuridici nell'interesse dell'altra) che ha ad oggetto il pagamento o l'assunzione dell'obbligazione nei confronti del delegatario.

Il delegante può *revocare* la delegazione fino a quando il delegato non abbia assunto l'obbligazione in confronto del delegatario (nella delegazione di debito) o non abbia eseguito il pagamento a favore di questo (nella delegazione di pagamento, art. 1270).

b) Tipi di delegazione

Lo schema tipico di delegazione è comunemente definito **delegazione di debito** o *delegatio promittendi*, in quanto il delegato assume un debito su ordine del delegante.

Da questa si distingue la **delegazione di pagamento** o *delegatio solvendi*, che ricorre quando il delegante incarica il delegato non di assumersi un debito ma direttamente *di eseguire il pagamento* al delegatario. Tipico esempio è l'*assegno bancario* che contiene un ordine incondizionato (rivolto alla banca-delegata) di pagare una somma determinata a favore del beneficiario dell'assegno (delegatario).

BIGLIAZZI-GERI sottolinea come, nella *delegatio promittendi*, si persegue il duplice scopo di rafforzare il vincolo obbligatorio e di predisporre un futuro adempimento; mentre, la *delegatio solvendi* assolve ad una funzione solutoria, giacché con essa ci si propone di realizzare l'adempimento di un'obbligazione scaduta per opera di un terzo.

Secondo l'opinione unanime della dottrina, alla delegazione di pagamento è applicabile, ove manchi un'espressa indicazione normativa, la stessa disciplina prevista per la delegazione di debito: va, comunque, sottolineato che in tale figura non c'è un cumulo di debitori, di modo che il pagamento estingue l'obbligazione del delegante ed, eventualmente, quella del delegato verso il delegante.

La distinzione più importante in materia di delegazione è quella, comune anche all'espromissione e all'accollo, tra:

— delegazione **cumulativa**, che si ha quando il nuovo debitore si aggiunge a quello originario.

  Nel caso in cui Tizio, debitore di Caio, assegna a quest'ultimo un nuovo debitore, Sempronio, il quale si obbliga verso Caio, Tizio non è liberato salvo che Caio effettui una espressa dichiarazione in tal senso. In relazione a tale ipotesi l'art. 1268, co. 2 stabilisce che il creditore che ha accettato l'obbligazione del terzo non può rivolgersi al delegante, se prima non ha richiesto al delegato l'adempimento. L'obbligazione del delegante ha, dunque, carattere di «sussidiarietà»;

— delegazione **liberatoria** (*o privativa*), che ricorre quando il debitore originario è espressamente liberato dal creditore delegatario e dunque il nuovo debitore si sostituisce a quello originario. Tale forma di delegazione può realizzarsi, come abbiamo già visto, o tramite novazione del rapporto o attraverso una successione particolare nel debito.

Nella delegazione sono distinguibili *due rapporti*:

— il *rapporto tra delegante e delegato* in base al quale il secondo assume il debito o paga (**rapporto di provvista**).

  Tradizionalmente se il rapporto è incentrato su un debito del delegato verso il delegante si parla di *delegazione coperta* o su credito, altrimenti si parla di *delegazione allo scoperto*;

— il *rapporto tra delegante e delegatario*, in base al quale il primo deve adempiere un obbligo nei confronti del secondo, **rapporto di valuta**.

Qualora il delegato, in esecuzione di un ordine del delegante, promette o adempie la prestazione senza richiamare alcuno dei rapporti su menzionati, siamo in presenza di una **delegazione astratta** o pura. Diversamente, quando il debitore fa espresso riferimento a questi rapporti sottostanti, si ha la **delegazione titolata** o causale.

La titolazione può essere *doppia* o *singola* (quest'ultima anche *delegazione parziale*) a seconda che il riferimento sia fatto ad *entrambi* o a *uno solo* dei rapporti di base.

La **causa** della delegazione è rappresentata dalla *concentrazione delle prestazioni con la correlativa estinzione dei rapporti di base* (BIANCA). Poiché la delegazione è, comunque, uno schema applicabile a rapporti di contenuto causale variabile, la sua causa si integra con la causa dei rapporti sottostanti: quest'ultima, però, si riflette sulla validità della delegazione e sull'adempimento solo nella delegazione *titolata*.

c) Disciplina delle eccezioni

Le *conseguenze pratiche* della distinzione tra *delegazione pura e delegazione titolata* riguardano il *regime delle eccezioni*. Infatti, in base all'art. 1271:

a) in ogni caso (sia nella delegazione pura, sia in quella titolata) *il debitore delegato può opporre al creditore delegatario le eccezioni relative ai suoi rapporti con questo* (art. 1271, co. 1), sia quelle relative al rapporto contrattuale di assunzione del debito, sia quelle derivanti da eventuali rapporti personali preesistenti (es., compensazione);

b) *solo in caso di delegazione titolata il debitore delegato può opporre al creditore delegatario le eccezioni relative al rapporto di provvista* (cioè quelle che avrebbe potuto opporre al delegante: art. 1271, co. 2) e le *eccezioni concernenti il rapporto di valuta* (cioè quelle che avrebbe potuto opporre il delegante al delegatario: art. 1271, co. 3);

c) in caso *di delegazione pura*, poiché il *debitore* delegato promette semplicemente una certa prestazione al delegatario senza richiamare alcuno dei rapporti di base, *non potrà eccepire nessuna eccezione* che riguarda tali rapporti, anche se il delegatario ne fosse a conoscenza.

Dottrina e giurisprudenza, tuttavia, ritengono che, in deroga a tale principio, il debitore delegato possa sempre eccepire la nullità o l'inesistenza di entrambi i rapporti (**nullità della doppia causa**).
Infatti, in tal caso si ritiene che venga meno sia il *fondamento economico*, che giustifica l'obbligazione del delegato, sia il *fondamento giuridico* che legittima il creditore delegatario a ricevere la prestazione.

Nell'ipotesi in cui, nonostante la possibilità di eccepire la nullità dei rapporti sottostanti, il pagamento sia stato egualmente effettuato, è riconosciuto sia al delegante sia al delegato il diritto di ripetere la prestazione eseguita. L'eventuale conflitto tra delegante e delegato circa il diritto di ripetizione va risolto in favore di chi è stato concretamente pregiudicato dal pagamento dell'indebito (BIANCA).

d) Insolvenza del nuovo debitore

Nella *delegazione liberatoria*, la liberazione del debitore originario da parte del creditore ha, come effetto, che costui potrà rivolgersi per il pagamento solo al delegato.

Tale regola non si applica, e quindi il creditore potrà ugualmente rivolgersi al debitore originario, in due casi (art. 1274):

a) se il delegatario ha fatto espressa riserva di agire contro il delegante qualora questo diventi insolvente;
b) se il delegato era insolvente al tempo in cui assunse il debito.

Le medesime disposizioni si osservano quando il creditore ha aderito all'accollo stipulato a suo favore e la liberazione del debitore originario era condizione espressa della stipulazione.

e) Estinzione delle garanzie

L'art. 1275 prevede che con la liberazione del debitore originario *si estinguono le garanzie connesse al credito*, a meno che colui che le ha prestate non consenta a mantenerle.

Secondo parte della dottrina la norma si riferisce solo alle *garanzie prestate da terzi*: queste, infatti, sono caratterizzate dall'*intuitu personae*. Quelle prestate dal debitore, invece, non si estinguono.

Per altri autori, la norma si riferisce sia alle garanzie prestate da terzi sia a quelle prestate dal debitore.

Vale la pena ricordare, infine, l'art. 1276, a norma del quale se l'obbligazione assunta dal nuovo debitore è *dichiarata nulla o annullata*, e il creditore aveva liberato il debitore originario, l'*obbligazione* di questi *rivive*, ma il creditore non potrà avvalersi delle garanzie prestate da terzi.

La norma si ritiene applicabile anche al caso in cui la nuova obbligazione venga *risolta, rescissa o sia inefficace*.

f) La delegazione attiva

L'istituto fin qui descritto realizza una modificazione nel lato passivo del rapporto e può essere quindi definito delegazione passiva.

Si ha la **delegazione attiva** quando il creditore delegante assegna al debitore un nuovo creditore, verso il quale il debitore si obbliga: si realizza così una *successione nel lato attivo* del rapporto.

Si ha *delegazione attiva di pagamento* nell'autorizzazione, che il creditore delegante fa ad un terzo, di ricevere il pagamento di una obbligazione scaduta, con la conseguenza che il debitore, pur potendo pagare al creditore, è tenuto prima ad offrire la prestazione al delegatario (BIGLIAZZI-GERI, RESCIGNO, MESSINEO).

La delegazione attiva presuppone l'esistenza del *rapporto di provvista*, rispetto al quale si determina il mutamento nel lato attivo.

Solitamente, la delegazione è attiva e passiva contemporaneamente, cosicché l'adempimento del delegato estingue i rapporti di provvista e di valuta.

Si avverte, però (TRABUCCHI, BIANCA), che la delegazione attiva, si sostanzia in una *novazione soggettiva attiva*: la successione a titolo particolare nel credito si attua solo con la cessione del credito.

7 L'espromissione (art. 1272)

a) Nozione e tipi

Si ha espromissione quando *un terzo* (*espromittente*), *estraneo al rapporto obbligatorio e senza delegazione del debitore, assume il debito nei confronti del creditore* (*espromissario*).

Ad es., il patto con cui un soggetto si impegna a estinguere un debito altrui è qualificabile non già come fideiussione, ma come espressione, avendo ad oggetto un'obbligazione preesistente e perferzionandosi nei confronti del creditore al momento in cui quest'ultimo viene a conoscenza di tale impegno, senza necessità di un atto di accettazione (Cass. 24891/2009).

Anche in tema di espromissione occorre distinguere due ipotesi:

- espromissione **cumulativa** (ipotesi normale), in cui l'espromittente è obbligato in solido col debitore originario;
- espromissione **liberatoria**, se il creditore espressamente dichiara di liberare il debitore originario: art. 1272, co. 1.

L'espromissione si realizza tramite un contratto tra l'espromittente e il creditore.

Si discute in dottrina circa la *natura giuridica* dell'espromissione.

Secondo un orientamento (MIRABELLI), l'espromissione sarebbe un *negozio giuridico unilaterale* del nuovo debitore (espromittente).

Secondo altri (NICCOLÓ) si tratterebbe (almeno nell'espromissione liberatoria) di *due autonomi negozi giuridici*: uno del debitore (assunzione del debito altrui) e un altro del creditore (remissione del debito). Prevale in dottrina (BIGIAVI, GRECO, RESCIGNO, RODOTÀ) la tesi per la quale l'espromissione è un vero e proprio *contratto a prestazioni corrispettive* tra espromittente e creditore espromissario.

b) Regime delle eccezioni (art. 1272, co. 3)

L'espromittente non può opporre al creditore le eccezioni relative ai suoi rapporti col debitore originario (salvo diversa convenzione); egli può opporre le eccezioni che al creditore avrebbe potuto opporre il debitore espromesso tranne:

- le *eccezioni personali* (ad es., incapacità del debitore);
- le *eccezioni derivanti da fatti successivi all'espromissione*;
- le *eccezioni di compensazione*.

Tale regime delle eccezioni riguarda sia l'espromissione cumulativa che quella liberatoria.

c) Rapporti tra espromittente ed espromesso

L'espromittente che paga al creditore può avere un *diritto di rivalsa* nei confronti del debitore originario, sulla base di un precedente rapporto contrattuale (ad es., l'espromittente è mandatario del debitore originario). Ove manchi tale rapporto la dottrina (BIANCA) ritiene che l'espromittente possa far valere nei confronti dell'espromesso un *diritto di rimborso*, ove ricorrano gli estremi della gestione di affari altrui, o che possa avvalersi dell'*azione di arricchimento*.

d) Differenza tra espromissione e delegazione

Comunemente l'*elemento distintivo* tra l'espromissione e la delegazione è ravvisato nella circostanza che mentre l'espromittente assume il debito spontaneamente e senza iniziativa del debitore, invece il delegato si obbliga su ordine del delegante.

La spontaneità dell'intervento del terzo, in particolare, viene intesa (MESSINEO) come mancanza di un obbligo di questi nei confronti del debitore.

È stato osservato (CICALA, RODOTÀ) che ciò che conta non è la preesistenza o meno di un obbligo o di una delega ma il riferimento o meno nel negozio di assunzione alla delega.

Di conseguenza quando la delega è richiamata siamo sempre in presenza di una delegazione; quando invece non è richiamata si tratta di un'espromissione.

e) Differenza tra espromissione e fideiussione

L'*espromissione cumulativa* si avvicina alla *fideiussione* (art. 1936): in entrambe le figure, infatti, al debitore originario si aggiunge un nuovo debitore, in virtù di un accordo che intercorre tra quest'ultimo e il creditore.

La dottrina dominante (RESCIGNO, RODOTÀ) individua la distinzione tra questi due istituti nella circostanza che mentre la causa dell'espromissione è costituita unicamente dall'assunzione del debito altrui e la finalità di garantirlo costituisce solo un risultato indiretto, diversamente l'unico scopo della fideiussione è quello di garantire l'altrui adempimento.

Invero, si osserva (TRABUCCHI) che mentre l'obbligazione dell'espromittente ha natura autonoma, quella del fideiussore ha, invece, natura accessoria.

Nei casi dubbi si dovrà comunque propendere per la fideiussione (arg. *ex* art. 1371) essendo riservato al fideiussore un trattamento più favorevole rispetto a quello relativo all'espromittente.

8 L'accollo (artt. 1273-1276)

a) Nozione e tipi

L'accollo è un *contratto fra debitore (accollato) e terzo (accollante), con il quale il terzo assume il debito dell'altro: a tale accordo non partecipa il creditore (accollatario)* (art. 1273). Ad es., nella divisione ereditaria un coerede, in compenso di una quota maggiore di beni assegnatagli, si *accolla* i debiti che gravano sul patrimonio del *de cuius*.

Possono distinguersi vari tipi di accollo:

— accollo semplice o **interno**, quando il creditore rimane esterno al rapporto. In tal caso l'efficacia del contratto di accollo rimane circoscritta *inter partes*. Ciò può accadere o perché il creditore non aderisce alla convenzione, o perché non ne ha proprio conoscenza, o perché le parti hanno escluso la possibilità per lui di aderirvi;

— accollo **esterno**, quando, il creditore aderisce alla convenzione. Con l'accettazione egli rende irrevocabile la stipulazione a suo favore (art. 1273, co. 1).
  La dottrina comunemente ritiene l'accollo esterno una figura di *contratto a favore di terzo* e di conseguenza l'adesione del creditore come «dichiarazione di voler profittare» della stipulazione (art. 1411, co. 2).

  L'accollo esterno, al pari della delegazione e della espromissione, può essere:

— **cumulativo**, quando il creditore all'atto di aderire alla convenzione non dichiara espressamente di liberare il debitore. In tal caso il debitore originario rimane obbligato in solido con il terzo che si è accollato il debito.

Secondo la dottrina dominante, il creditore ha comunque l'onere di chiedere la prestazione prima all'accollante e poi, se questo non adempie, al debitore;

— **liberatorio**, quando il creditore dichiara espressamente di liberare il debitore oppure aderisce alla stipulazione espressamente condizionata alla liberazione del debitore (art. 1273, co. 2).

  L'accollo liberatorio può realizzarsi tramite:

  — successione particolare nel debito (**accollo privativo**);
  — novazione (**accollo novativo**).

  Generalmente (RESCIGNO, TRABUCCHI) si distingue tra:

— *accollo volontario*, derivante dalla libera determinazione dei privati;
— *accollo ex lege* fondato su una norma di legge. Frequentemente, infatti, il legislatore disciplina ipotesi di accollo semplice (ad es., art. 2031, in materia di gestione di affari), accollo liberatorio (ad es., art. 1408, in materia di cessione del contratto), accollo cumulativo (ad es., art. 2112, co. 2, in tema di trasferimento dell'azienda).

b) Regime delle eccezioni

Il terzo accollante può, ai sensi dell'art. 1273, co. 4, opporre al creditore:

— le eccezioni fondate sul contratto in base al quale la assunzione è avvenuta ossia quelle concernenti l'invalidità o la risoluzione del contratto di assunzione ma non quelle relative ad altri rapporti intercorsi con il debitore originario;
— le eccezioni relative al rapporto tra il debitore originario ed il creditore (CICALA, FALZEA, DISTASO).
  Diversamente, RESCIGNO ritiene che l'opponibilità di tali eccezioni deve essere stabilita tramite patto.

c) Differenza tra delegazione, espromissione e accollo

Per concorde opinione di dottrina e giurisprudenza:

— il creditore è parte nel contratto di espromissione e in quello di delegazione, mentre è terzo rispetto all'accollo;
— l'accollo è un accordo tra debitore e terzo con il quale questi assume l'obbligazione dell'altro; nell'espromissione, invece, il terzo si obbliga verso il creditore senza delega del debitore;
— nella delegazione il momento centrale dell'operazione è l'incarico del delegante al delegato di pagare o di obbligarsi nei confronti del delegatario.

9 Cessione del contratto

a) Nozione

Accanto alla possibilità di trasferire il credito o il debito, il nostro ordinamento consente anche l'alienazione di una intera posizione contrattuale comprensiva di situazioni creditorie e debitorie.

Lo strumento per realizzare tale trasferimento è la cessione del contratto, che può essere definita come il negozio con cui si realizza la *successione a titolo particolare di un terzo nella posizione contrattuale di uno dei contraenti originari* (DE NOVA).

Il negozio di cessione non ha una causa propria, ma si caratterizza per il suo oggetto, assumendo di volta in volta la causa che giustifica l'operazione (BIANCA).

È da notare che qualche volta la cessione del contratto è *disposta* direttamente *dalla legge* (ad es., art. 2112, in materia di trasferimento dell'azienda; art. 1599, in materia di trasferimento della cosa locata); in tali ipotesi secondo MIRABELLI la disciplina della cessione può essere applicata solo per analogia, essendo i singoli casi di cessione *ex lege* retti da regole particolari.

b) Campo d'applicazione

La legge stabilisce espressamente che la cessione del contratto è possibile:

— nei *contratti con prestazioni corrispettive*, in cui, cioè, ciascun contraente è ad un tempo creditore e debitore (ad es., il venditore è creditore del prezzo e debitore della consegna della cosa);
— *fino a quando le relative prestazioni non siano state ancora eseguite* (art. 1406). Poiché, ai sensi dell'art. 1406, oggetto della cessione del contratto è la *trasmissione del complesso unitario delle situazioni giuridiche attive e passive* che derivano per ciascuna delle parti dalla conclusione del contratto, ai fini della sua configurazione occorre che *le relative prestazioni non siano state interamente eseguite*, poiché, in tal caso, non è possibile la successione di un soggetto a un altro nel medesimo rapporto che caratterizza la cessione del contratto. Ne consegue che, nell'ipotesi in cui sia stata già eseguita una delle prestazioni incombenti alle parti, potrebbe semmai verificarsi la cessione del credito o del diritto alla controprestazione ovvero l'accollo del debito maturato in ordine alla prestazione già eseguita dall'altra parte e non invece la cessione del contratto (Cass. 1204/2010).

Sulla base di tali limiti, la dottrina dominante (CARRESI, MESSINEO, ANDREOLI, SCOGNAMIGLIO) ritiene che non può essere ceduto neppure il contratto le cui *prestazioni siano state eseguite anche da una sola parte* e, di conseguenza, esclude la cedibilità dei *contratti con effetti traslativi* in quanto il diritto sul bene si trasferisce nel momento stesso in cui si perfeziona il contratto: in senso contrario si osserva (MIRABELLI, GAZZONI) che il trasferimento non esaurisce l'intero rapporto contrattuale e permangono diritti e obblighi in capo ad entrambe le parti.

c) Forma

Secondo la concezione della cessione del contratto come *negozio trilaterale*, momento di perfezionamento della fattispecie è quello in cui concordano le dichiarazioni di volontà di tutti e tre i soggetti.

Qualunque sia il valore giuridico che si assegna al *consenso del contraente ceduto*, esso è indispensabile in applicazione dei principi generali in materia di successione nel credito e nel debito: infatti, il cessionario assume nei confronti del ceduto il duplice ruolo di nuovo creditore (e sotto questo profilo il consenso del contraente-debitore ceduto non è necessario) e di nuovo debitore (e qui la cessione della situazione debitoria non è realizzabile senza il consenso del contraente-creditore).

Ai sensi dell'art. 1407, l'*assenso del contraente ceduto può essere anche preventivo*; in tal caso, la sostituzione dell'altro contraente è efficace nei confronti del ceduto solo dal momento in cui gli è stata *notificata* o in cui egli l'ha accettata.

L'assenso risulta implicito se il contratto è redatto in un documento con clausola «all'ordine»: in tal caso la liberazione del cedente avviene per effetto della sola girata.

Il legislatore non disciplina la *forma* del negozio di cessione del contratto ma la dottrina (MIRABELLI, CARRESI) ritiene che la cessione del contratto, come ogni negozio accessorio o modificativo di altro negozio, deve osservare la forma di questo.

d) Effetti della cessione del contratto

Il contraente cedente è liberato dalle sue obbligazioni verso il contraente ceduto, a meno che questi dichiari di non volerlo liberare. In questo caso il cedente diviene responsabile dell'eventuale inadempimento del cessionario (art. 1408).

Ad es., in caso di cessione del contratto di locazione, qualora il locatore non abbia liberato il cedente, tra quest'ultimo e il cessionario, divenuto successivo conduttore dell'immobile, viene ad instaurarsi un vincolo di responsabilità sussidiaria che consente al locatore di agire nei confronti del cedente per il soddisfacimento delle obbligazioni inerenti al suddetto contratto (comprese quelle riguardanti la perdita o il deterioramento del bene locato), dopo che si sia venuto a configurare l'inadempimento del nuovo conduttore, nei cui confronti è necessaria la preventiva richiesta di adempimento mediante la semplice modalità della messa in mora (Cass. 12896/2009).

Il cessionario è sostituito nella posizione del cedente, perciò il contraente ceduto può opporre al cessionario *tutte le eccezioni derivanti dal contratto*, non però quelle fondate sui rapporti personali col cedente e non dipendenti dal contratto (art. 1409).

Come nella cessione dei crediti, anche in questo caso il cedente è tenuto a garantire il *nomen verum*, ossia *l'esistenza di un contratto valido*. Il cedente, pertanto, è responsabile in tutte le ipotesi in cui il contratto viene a cadere (perché nullo, annullabile) o è inefficace, sia o meno la causa di invalidità o inefficacia conosciuta dal cedente o a lui imputabile. Se ha assunto anche la garanzia dell'adempimento del contratto (*nomen bonum*), egli risponde come un fideiussore per le obbligazioni del contraente ceduto (art. 1410).

4

L'adempimento e i modi di estinzione del rapporto obbligatorio

1 Adempimento

L'adempimento è *la forma di* **estinzione tipica** *dell'obbligazione* (TRABUCCHI). Generalmente, in base all'art. 1218 esso si definisce (GIORGIANNI) come l'**esatta esecuzione della prestazione dovuta**, che estingue, in via diretta e contemporanea, sia l'obbligo del debitore, sia il diritto del creditore.

L'esattezza dell'adempimento, cioè l'idoneità a conseguire l'estinzione del credito e la liberazione del debitore va valutata sotto diversi aspetti (GALGANO):

— *modalità dell'esecuzione*;
— *persona destinataria dell'adempimento*;
— *persona autrice dell'adempimento*;
— *luogo di adempimento*;
— *tempo di adempimento*.

2 Modalità dell'adempimento

a) Oggetto dell'adempimento

In base all'art. 1218 l'**adempimento deve essere esatto**, cioè il suo oggetto deve essere corrispondente al contenuto della prestazione obbligatoria.

Di conseguenza, come stabilisce l'art. 1181, *il creditore può rifiutare un adempimento parziale* anche se la prestazione è divisibile, salvo che la legge o gli usi dispongano diversamente (ad es., il portatore di una cambiale o di un assegno non può rifiutare un pagamento parziale). Il creditore non potrà, tuttavia, rifiutare la parziale esecuzione della prestazione in caso di *impossibilità parziale sopravvenuta* (art. 1258).

b) Diligenza nell'adempimento

L'art. 1176 impone al debitore di usare, nell'adempimento dell'obbligazione, la **diligenza del buon padre di famiglia** per evitare la responsabilità contrattuale.

Si tratta, dunque, di una diligenza improntata a un criterio di *normalità*, nel senso di diligenza normalmente adeguata al fine (BIANCA).

Singoli aspetti della diligenza, che concorrono ad integrare lo sforzo diligente del debitore nell'adempimento, sono la cura, la cautela, la perizia e la legalità.

L'obbligo di diligenza individua *le modalità dell'esecuzione della prestazione* e rappresenta *il criterio di imputazione della responsabilità* del debitore per l'ipotesi di inadempimento. In quest'ultimo caso la diligenza indica lo sforzo che il debitore deve impiegare per evitare l'inadempimento o l'inesattezza dell'adempimento.

Mentre il co. 1 dell'art. 1176 stabilisce la misura della colpa comune a ogni obbligazione, il co. 2 precisa che, nell'adempimento di *prestazioni tecniche* la diligenza deve valutarsi con riguardo alla *natura dell'attività esercitata*; se, tuttavia, la prestazione implica la soluzione di problemi tecnici di speciale difficoltà, il prestatore d'opera risponde solo in caso di *dolo o colpa grave* (art. 2236).

Un regime di responsabilità diverso da quello stabilito dall'art. 1176 può essere previsto dal *legislatore* o dalle *parti*. Alcune norme giuridiche impongono, infatti, una valutazione meno rigorosa della responsabilità: così, ad es., il mandatario ed il depositario, quando le loro obbligazioni provengono da un contratto a titolo gratuito, rispondono, in caso di inadempimento, solo per dolo o colpa grave. A loro volta i privati nel derogare al regime stabilito dall'art. 1176 non potranno escludere la responsabilità del debitore per dolo o per colpa grave (art. 1229).

3 Disciplina dell'adempimento

a) Legittimazione a ricevere il pagamento

Il pagamento dell'obbligazione può essere fatto (art. 1188):

— *al creditore*.

Se il creditore non ha la *capacità di ricevere*, il pagamento deve essere fatto al legale rappresentante. Parte della dottrina ritiene rilevante solo l'*incapacità legale*, data la palese iniquità che si avrebbe imponendo al debitore l'onere di verificare la capacità naturale del creditore (BIANCA): secondo altri (GAZZONI), la *capacità naturale* è necessaria quando per l'adempimento è necessaria la collaborazione del creditore. Il pagamento fatto al creditore incapace libera ugualmente il debitore se questi prova che la prestazione è stata rivolta a vantaggio dell'incapace (art. 1190). Si osserva (BIANCA) che il «vantaggio non si identifica con l'arricchimento patrimoniale, ma consiste nella ragionevole utilizzazione della prestazione tenuto conto dell'interesse e dell'autonomia dell'incapace».

Il debitore è liberato se esegue il pagamento in buona fede a chi appare legittimato a riceverlo (**creditore apparente**) (art. 1189, co. 1). L'effetto liberatorio del pagamento fatto al non legittimato si realizza sempre che sussistano il presupposto soggettivo della *buona fede* del debitore, e quello oggettivo dell'*apparenza di legittimazione* in capo al ricevente.

L'apparenza può riguardare l'identità del legittimato o il titolo della legittimazione, ad es., perché il creditore originario ha ceduto il credito ed il debitore non ne ha avuto conoscenza.
Effetto del pagamento al creditore apparente è la liberazione del debitore, che conserva l'eventuale diritto alla controprestazione;

— *al rappresentante del creditore*.

Controversa è l'efficacia liberatoria dell'adempimento fatto al *falsus procurator*; mentre secondo alcuni ciò è da escludere in quanto la formulazione dell'art. 1188 è tassativa, secondo altri, invece, l'effetto liberatorio per il debitore si realizza solo in caso di apparenza colpevole, cioè quando il vero creditore con il suo comportamento abbia contribuito ad ingenerare l'affidamento del debitore nel falso rappresentante;

— *alla persona indicata dal creditore* (*adiectus solutionis causa* o indicatario).

Secondo GAZZONI, l'*indicatario*, il cui nome è oggetto di *mera comunicazione* al debitore va distinto dall'*adiectus*, che ha la sua fonte in un accordo contemporaneo o successivo alla nascita dell'obbligazione, ma comunque di natura contrattuale;

— *alla persona autorizzata dalla legge o dal giudice*.

Il pagamento effettuato a persona non rientrante in una delle precedenti categorie non ha efficacia liberatoria per il *solvens*; però il secondo comma dell'art. 1188, sulla base del principio secondo cui l'adempimento è valido se da esso il creditore ne ha tratto *effettivo vantaggio*, stabilisce che tale pagamento diviene liberatorio se il creditore lo ratifica o se ne ha approfittato.

b) Adempimento del terzo (art. 1180)

Si ha quando *la prestazione è effettuata da un terzo anziché dal debitore*. Nel nostro ordinamento vige il principio generale che chiunque può adempiere l'obbligazione altrui (ed è, quindi legalmente legittimato ad adempiere). Naturalmente, ciò può accadere solo per le obbligazioni aventi ad oggetto prestazioni di cose *fungibili*, per le quali, cioè, è indifferente per il creditore che il pagamento sia fatto dal debitore o da un terzo.

Il creditore normalmente può *opporsi* all'adempimento del terzo soltanto in due casi:

- se egli ha *interesse che il debitore esegua personalmente la prestazione* (come avviene se la prestazione è *infungibile*; ad es., mi sono rivolto a un noto architetto per un progetto edilizio);
- se il debitore gli ha manifestato la sua *opposizione*, che, comunque, non è vincolante per lui.

Non è corretto qualificare come *adempimento* la prestazione del terzo, anche se in questo modo il legislatore ha voluto sottolineare l'*equivalenza di tale prestazione* a quella che avrebbe dovuto compiere il debitore (BIGLIAZZI-GERI): infatti il terzo non è obbligato verso il creditore ed il suo comportamento non determina attuazione dell'obbligo del debitore, anche se, realizzando il diritto del creditore, comporta l'*estinzione* dell'obbligazione *per il conseguimento dello scopo*.

L'adempimento del terzo è caratterizzato dall'*animus solvendi debiti alieni*: non si dubita in dottrina e in giurisprudenza della sua natura negoziale, ma si discute se si tratti di un vero e proprio contratto o di un negozio unilaterale. In ogni caso, la natura negoziale richiede *piena consapevolezza*, nel terzo, dell'atto che compie; non è applicabile, allora, l'art. 1191, secondo cui è irrilevante la capacità del soggetto che adempie.

L'adempimento del terzo non va confuso con:

- l'**adempimento**, in quanto, a parte la diversità dei soggetti che compiono l'atto (*debitore* nell'adempimento, *terzo* nella ipotesi dell'art. 1180), l'adempimento del terzo è un negozio giuridico, mentre l'adempimento del debitore è, almeno secondo la teoria prevalente, un atto giuridico in senso stretto;
- l'**espromissione**: quest'ultima, infatti, è un contratto, mentre l'istituto regolato dall'art. 1180 è un negozio giuridico unilaterale, il cui effetto tipico è quello di estinguere l'obbligazione (cosa che invece non avviene nell'espromissione in cui il terzo si impegna solo ad adempiere in futuro).
  Le due figure hanno in comune il fatto che l'adempimento è compiuto da un *terzo estraneo* al rapporto obbligatorio (originario);
- la **delegazione di pagamento**, dove il terzo (delegato) deve rendere noto al creditore di adempiere su *ordine* del debitore. Nell'adempimento del terzo, invece, quest'ultimo deve agire *motu proprio*.

c) Il luogo dell'adempimento (art. 1182)

Esso è determinato, nell'ordine:

- dalla *volontà delle parti*;
- dagli *usi* (dottrina e giurisprudenza intendono gli *usi normativi*);
- dalla *natura della prestazione* e da *altre circostanze obiettive* (ad es., la costruzione di un edificio, la riparazione di una strada non possono eseguirsi che in un luogo determinato);
- dalle *norme suppletive* dettate dall'art. 1182.

In particolare:

- l'obbligazione di *consegnare una cosa certa e determinata* deve essere adempiuta nel luogo in cui si trovava la cosa quando l'obbligazione è sorta (co. 2);
- l'obbligazione avente ad oggetto una *somma di denaro* deve essere adempiuta al domicilio del creditore al tempo della scadenza (obbligazione *portable*) (co. 3). La disposizione si applica, ad es., nel caso in cui oggetto dell'obbligazione è il pagamento di provvigioni riconducibili a un contratto di mediazione, poiché i relativi crediti devono considerarsi liquidi ed esigibili, essendo sempre quantitativamente determinabili con un mero calcolo aritmetico in base a quanto stabiliscono i contratti, gli accordi e gli usi (Cass. 26790/2009). L'adempimento dell'obbligazione pecuniaria si perfeziona *nel luogo e nel tempo in cui il creditore entra in concreto nella disponibilità della somma di denaro* (Cass. 18877/2008);
- negli altri casi l'obbligazione deve essere adempiuta al domicilio del debitore al momento della scadenza (obbligazione *querable*) (co. 4).

d) Tempo dell'adempimento (artt. 1183-1187)

È il *termine di scadenza* (*dies solutionis*) dell'obbligazione.

Si noti che:

- in *mancanza della fissazione di un termine*, la prestazione può esigersi immediatamente (*quod sine die debetur, statim debetur*).

  Tuttavia la necessità di un termine può risultare dalla natura della prestazione, dagli usi o dal modo o luogo dell'esecuzione: in questo caso il termine è stabilito dal giudice;
- se è indicato un *termine*, questo si presume *a favore del debitore*, con la conseguenza che il creditore non può pretendere prima la prestazione, ma il debitore può adempiere prima della scadenza;
- può essere convenuto un *termine a favore del creditore*. In questo caso il debitore non può adempiere prima, ma il creditore può esigere prima (ad es., il depositario non può restituire la cosa depositata prima del termine stabilito o prima che il creditore la richieda).

e) Imputazione dei pagamenti (artt. 1193-1195)

Quando su un debitore gravano più debiti, a diverso titolo, nei confronti di uno stesso creditore e il debitore effettua un pagamento che non li comprende tutti, è, necessario stabilire quale fra i diversi debiti deve essere estinto per primo. Di norma, il debitore può dichiarare al creditore quale debito intende estinguere per primo; in mancanza di tale dichiarazione, la legge detta le seguenti regole (art. 1193):

- il pagamento deve essere imputato prima *ai debiti scaduti*;
- fra più *debiti scaduti* hanno la priorità i debiti *meno garantiti*;
- fra debiti ugualmente garantiti è preferito il *più oneroso* per il debitore;
- tra debiti ugualmente onerosi, *il più antico*.

Se questi criteri non possono applicarsi, il pagamento viene imputato *proporzionalmente* ai diversi debiti.

4 La prestazione in luogo dell'adempimento (art. 1197)

Quando il creditore lo consenta, il debitore può liberarsi eseguendo una *prestazione diversa da quella dovuta* (ad es., ti devo un cavallo e mi libero pagandoti una somma di denaro).

In tal caso, secondo quanto previsto dalla legge, l'obbligazione si estingue con l'effettiva esecuzione della prestazione in luogo dell'adempimento.

La *datio in solutum* si presenta, quindi, come un **contratto reale** (si perfeziona al momento della consegna) e **oneroso**, al quale si applicano i principi della vendita (TRABUCCHI). Così, ad es., quando Tizio, debitore di Caio di una somma di denaro, esegue, con il consenso di questi, in luogo della prestazione dovuta, il trasferimento di un bene mobile, estingue l'obbligazione solo nel momento in cui la prestazione diversa è effettivamente eseguita.

La natura giuridica viene rinvenuta nella *finalità solutoria*, dal momento che l'oggetto è l'estinzione satisfattiva dell'obbligazione.

L'istituto viene, infatti, inquadrato tra i modi di estinzione satisfattori dell'obbligazione diversi dall'adempimento.

La prestazione in luogo dell'adempimento deve distinguersi da alcune figure *affini*:

- **adempimento**: la *datio in solutum* è negozio giuridico, mentre l'adempimento è un atto giuridico in senso stretto;

- **compravendita**: a differenza di essa, la prestazione in luogo dell'adempimento è un contratto reale e non consensuale e ha causa solutoria e non di scambio di cosa contro prezzo;
- **novazione oggettiva**: mentre la dazione in pagamento estingue soltanto il rapporto, la novazione comporta contestualmente all'estinzione anche la costituzione di una nuova obbligazione;
- **obbligazione alternativa o con facoltà alternativa**: la prestazione di ciò che è soltanto in facoltà del debitore costituisce pur sempre adempimento e, comunque, la concessione di una «*facultas solutionis*» attiene sempre al momento formativo del rapporto obbligatorio, mentre la dazione concerne sempre ed unicamente la fase esecutiva.

Oggetto della prestazione in luogo dell'adempimento può essere anche la *cessione di un credito*. In tal caso, in base all'art. 1198, l'obbligazione si estingue con la riscossione del credito, se non risulta una diversa volontà delle parti. Si realizza, dunque, in questa ipotesi una «*cessio pro solvendo*» del credito, nel senso che l'obbligazione si estinguerà solo nel momento in cui il creditore cessionario avrà riscosso il credito ceduto.

5 I modi di estinzione diversi dall'adempimento

Modo di estinzione *tipico* dell'obbligazione è l'*adempimento del debitore*. Tuttavia, l'obbligazione può estinguersi anche in altri modi:

- alcuni riguardano direttamente il negozio da cui è nata l'obbligazione (ad es., avveramento di una condizione risolutiva);
- altri hanno una incidenza generale su tutti i diritti (ad es., prescrizione);
- altri realizzano l'adempimento con forme o modalità diverse da quelle programmate (ad es., adempimento del terzo);
- altri, infine, si ricollegano ad interessi e vicende del tutto particolari e sono disciplinati nel capo IV del libro IV del codice (novazione, remissione, compensazione, confusione, impossibilità sopravvenuta).

Tra questi ultimi la dottrina è solita distinguere tra modi di estinzione:

- *satisfattori*, quando soddisfano l'interesse del creditore (compensazione, confusione);
- *non satisfattori*, quando, invece, estinguono l'obbligazione senza soddisfare l'interesse creditorio (novazione, remissione, impossibilità sopravvenuta).

6 La novazione (artt. 1230-1235)

a) Nozione

La novazione è il contratto con il quale *le parti sostituiscono all'obbligazione originaria che si estingue, una nuova obbligazione con oggetto o titolo diverso*.

Il codice prospetta due tipi di novazione:

- novazione **oggettiva** (artt. 1230-1234), quando la nuova obbligazione si caratterizza per un *oggetto o titolo diverso*;
- novazione **soggettiva** (art. 1235), quando la nuova obbligazione presenta una *diversità di soggetti*.

Il codice disciplina diffusamente la *novazione oggettiva*, e riserva per quella soggettiva solo un rinvio alle norme contenute nel capo dedicato alla delegazione, espromissione e accollo.

Ciò sembrerebbe confermare la tesi di chi (BARBERO, MAGAZZÙ, CARNELUTTI, PERLINGIERI) nega l'esistenza nel nostro ordinamento di una novazione soggettiva. Nel lato attivo (*novazione soggettiva attiva*) essa, infatti, non può identificarsi che con la *cessione del credito*; nel lato passivo (*novazione soggettiva passiva*) si inquadra, invece, nello schema della successione nel debito.

Solo nel caso di sostituzione del debitore in un rapporto obbligatorio fondato sull'*intuitus personae* si potrà parlare di novazione, ma si tratterà di una vera e propria *novazione oggettiva*, modificandosi l'oggetto della prestazione.

Non mancano però autori (DI PRISCO, GIORGIANNI, MESSINEO, GAZZONI) che affermano l'esistenza di una novazione soggettiva passiva e la distinzione con le ipotesi di successione nel debito non è di scarsa rilevanza: si pensi, ad es., alla prescrizione, che decorrerebbe *ex novo* nel primo caso, mentre nel secondo continuerebbe a decorrere il termine già iniziato.

b) Disciplina della novazione

In base all'art. 1230 per aversi novazione sono necessari:

— l'***obligatio novanda***, ossia l'*obbligazione originaria* da sostituire.

L'inesistenza della precedente obbligazione rende la novazione nulla (l'art. 1234 parla di *inefficacia* impropriamente): pertanto, in caso di *nullità* dell'obbligazione originaria sarà *nulla* anche la novazione in quanto priva di causa.

In caso, invece, di *annullabilità dell'obbligazione originaria* la novazione è valida se il debitore ha assunto validamente il nuovo debito conoscendo il vizio del titolo originario. Secondo la dottrina dominante, tale ipotesi rientra nella *convalida tacita* del contratto annullabile;

— l'***aliquid novi***, ossia l'esistenza di un *mutamento dell'oggetto o del titolo* dell'obbligazione. Non produce novazione il mutamento di un *elemento accessorio* dell'obbligazione: infatti la legge espressamente stabilisce che non comportano novazione il rilascio o la rinnovazione di un documento, l'eliminazione di un termine etc. (art. 1231);

— l'***animus novandi***, ossia la volontà di estinguere l'obbligazione precedente creandone una nuova: tale volontà non si presume, ma (come dice l'art. 1230) deve risultare in modo non equivoco, altrimenti si avrà soltanto l'assunzione di un nuovo rapporto obbligatorio accanto a quello già esistente.

La novazione determina l'estinzione dell'obbligazione originaria delle *garanzie* e dei *diritti accessori*, come i privilegi, il pegno e le ipoteche del credito originario, salvo espressa volontà contraria dei soggetti interessati (art. 1232).

La novazione non va confusa con la ***datio in solutum*** che riguarda l'adempimento di un'obbligazione e comporta la sua estinzione in modo satisfattorio con una prestazione diversa da quella originariamente stabilita. La novazione, invece, non riguarda l'esecuzione, ma interviene prima di essa con la sostituzione di un'obbligazione ad un'altra: in altri termini con la «novazione» *si promette* qualcosa invece di un'altra, mentre con la «*datio*» *si dà* una cosa invece di un'altra (TRABUCCHI).

7 La remissione del debito (artt. 1236-1240)

a) Nozione

La **remissione** è *la rinuncia del creditore, in tutto o in parte, al suo diritto*, con la conseguenza che l'obbligazione si estingue ed il debitore viene liberato, pur non avendo ancora adempiuto la prestazione.

In ogni caso, il debitore può opporsi, dichiarando in un «congruo termine» di non volerne approfittare (*nolenti non fit donatio*).

Secondo parte della dottrina (PERLINGIERI), la remissione del debito non si identifica con la rinuncia, in quanto la *rinuncia* è diretta alla semplice dismissione del diritto di credito e non sempre comporta l'estinzione dell'obbligazione (ad es., in caso di rinunzia da parte del creditore solidale), mentre la *remissione* è diretta all'estinzione dell'intero rapporto obbligatorio.

b) Forma

La remissione può essere:

- **espressa**, quando il creditore dichiara di rimettere il debito con comunicazione al debitore;
- **tacita**, quando il comportamento del creditore è incompatibile con la volontà di far valere il suo diritto.

La legge (art. 1237) prevede un caso particolare: la restituzione volontaria del *titolo originale del credito* al debitore, dalla quale si presume (*iuris et de iure*) la remissione del debito con conseguente liberazione dei condebitori solidali. Se si tratta, invece, di titolo in forma pubblica e viene restituita la copia spedita in forma esecutiva, la presunzione è *iuris tantum*, ossia è ammessa la prova contraria.
La dottrina ammette altri casi di rinuncia tacita, oltre quello espressamente delineato dal codice: ogni altro fatto, tuttavia, dovrà essere valutato dal giudice, con gli ordinari mezzi, per desumere l'esistenza nel creditore della volontà di liberare il debitore.

La remissione del debito comporta l'**estinzione delle relative garanzie reali e personali**, mentre, al contrario, la rinunzia alle garanzie non fa presumere la remissione. Se Tizio, creditore di Caio di una somma di denaro per l'adempimento della quale è stata prestata fideiussione da Sempronio, accorda la remissione del debito nei confronti di Caio, libera anche il fideiussore Sempronio; ciò in conseguenza del principio in base al quale l'estinzione dell'obbligazione principale comporta l'automatica estinzione delle obbligazioni accessorie.

La remissione va tenuta distinta dal ***pactum de non petendo***, il quale obbliga il creditore a non chiedere l'adempimento prima di un certo termine.

Di conseguenza, mentre la remissione determina l'estinzione delle garanzie e, in caso di obbligazioni solidali, libera tutti gli altri debitori, diversamente, nel *pactum de non petendo* tali conseguenze non si verificano (TORRENTE).

8 La compensazione (artt. 1241-1252)

a) Nozione

La compensazione si verifica quando *due soggetti sono contestualmente creditore e debitore l'uno dell'altro* (Tizio deve a Caio 1000, Caio deve a Tizio 800); la legge in tal caso dispone che, senza dar luogo a due adempimenti, le obbligazioni reciproche si estinguono fino a concorrenza dell'ammontare comune, rimanendo in vita, per il residuo, quella eventualmente di ammontare maggiore (Tizio dovrà 200 a Caio).

La giurisprudenza e la dottrina prevalente ritengono necessaria l'*autonomia dei rapporti obbligatori* (BIANCA), che, quindi, devono avere fonte diversa: ad es., in un contratto sinallagmatico la reciprocità delle prestazioni inerisce alla causa del contratto e non può essere eliminata attraverso il meccanismo della compensazione.

Il fondamento dell'istituto si rinviene nell'esigenza di evitare due adempimenti separati (*economicità degli atti giuridici*) e di evitare, per i singoli soggetti, il rischio di adempiere o dover adempiere senza ricevere la controprestazione.

b) Tipi di compensazione

Il nostro codice elenca tre tipi di compensazione:

1) compensazione **legale**, che si verifica tra debiti:
   - *omogenei* (che abbiano per oggetto somme di denaro o altre quantità di cose fungibili dello stesso genere);
   - *liquidi* (certi e determinati nel loro ammontare);
   - *esigibili* (non sottoposti a termine iniziale o a condizione sospensiva).

L'*estinzione* dei due debiti opera *fin dal giorno della loro coesistenza*. Tuttavia, il giudice non può rilevare d'ufficio la compensazione e, pertanto, la parte che vuole avvalersene, ha l'onere di sollevare la relativa eccezione. Questa disciplina fa discutere se l'effetto estintivo si produca *automaticamente* dal giorno della coesistenza dei debiti (BIANCA, BARBERO) o se sia reso operante dall'opposizione di colui che deve adempiere. In particolare, si osserva (GAZZONI) che il legislatore, attraverso l'onere di sollevare la relativa eccezione, ha lasciato alla parte la possibilità di valutare il proprio interesse all'adempimento e si è riconosciuto (BIGLIAZZI-GERI) nel potere di opporre la compensazione un *diritto potestativo non processuale* al cui esercizio consegue, con effetto retroattivo, l'estinzione delle obbligazioni;

2) compensazione **giudiziale**: si verifica quando il debito opposto, anche se non liquido, è di «facile e pronta liquidazione»; in questo caso, la compensazione opera della sentenza, che ha pertanto *carattere costitutivo*.

   In tale ipotesi, il giudice può — con efficacia *ex nunc* — pronunciare la compensazione per la parte del debito che riconosce esistente o, addirittura, sospendere la condanna per il credito liquido fino all'accertamento di quello opposto in compensazione;

3) compensazione **volontaria** (art. 1252): si ha in seguito a un accordo tra le parti che intendano compensare le rispettive ragioni, anche se non ricorrono alcune delle condizioni richieste dalla legge (ad es., debiti di cose non omogenee).

c) Crediti che non ammettono compensazione

Alcuni crediti, per la loro causa, esigono che la prestazione sia comunque eseguita, sicché non possono essere oggetto di compensazione ai sensi dell'art. 1246:

— i *crediti per la restituzione di cose di cui il proprietario sia stato ingiustamente spogliato*;
— i *crediti per la restituzione di cose depositate o date in comodato.*
  In questo caso il divieto è posto a tutela dell'interesse del depositante e del comodante a riottenere la cosa propria, per cui la compensazione non si verifica, ad es., nell'ipotesi in cui Tizio e Caio siano titolari di crediti reciproci e scaduti aventi ad oggetto rispettivamente il deposito gratuito di un frigorifero del valore di 500 euro ed il comodato di una bicicletta di analogo valore;
— i *crediti dichiarati impignorabili*;
— i *crediti circa i quali vi è stata rinunzia preventiva del debitore*;
— i *crediti per i quali è stabilito un divieto dalla legge* (ad es., credito alimentare: art. 447).

9 La confusione (artt. 1253-1255)

a) Nozione

Si ha confusione quando *le qualità di creditore e debitore si riuniscono in capo alla stessa persona*. In questo caso, se non si producesse l'estinzione dell'obbligazione, si avrebbe l'assurdo del debitore che paga a se stesso.

Questa situazione può verificarsi:

— per *atto fra vivi* (ad es., cessione dell'azienda verso la quale il cessionario aveva delle *partite* di debito art. 2559);
— per *atto mortis causa*, quando il creditore diventa erede del debitore o viceversa.

b) Effetti della confusione

La confusione produce l'*estinzione dell'obbligazione* e l'*estinzione delle garanzie* eventualmente prestate da terzi.

Il fondamento dell'effetto estintivo della confusione si rinviene nel venir meno della struttura del rapporto obbligatorio quale relazione tra un debitore e un creditore (BIANCA).

Tuttavia, non sempre la confusione determina la estinzione dell'obbligazione. Infatti, questo effetto non si verifica:

— in caso di accettazione dell'eredità con beneficio di inventario (art. 490);
— in caso di separazione del patrimonio del defunto dal patrimonio dell'erede (art. 512);
— in caso di titolo di credito girato all'emittente (art. 15 l. camb.; art. 17 l. assegno);
— in caso di società unipersonale (art. 2272).

Quando la confusione si verifica in relazione a *diritti reali limitati* prende il nome di *consolidazione* (ad es., usufruttuario, che diventa proprietario del bene che aveva in usufrutto).

La confusione, *non pregiudica i diritti dei terzi*. L'art. 1254 dispone che la confusione non opera in pregiudizio dei titolari di diritti di usufrutto e di pegno sul credito.

10 Impossibilità sopravvenuta della prestazione

Si tratta di un altro modo di estinzione dell'obbligazione, non satisfattorio (di essa si dirà nel nel capitolo seguente).

5
L'inadempimento e la mora

1 L'inadempimento in generale

L'inadempimento consiste nella *mancata* o *inesatta esecuzione della prestazione dovuta*. Nel primo caso si parla di inadempimento *totale*, mancando del tutto la prestazione; nel secondo, invece, si parla di inadempimento *parziale*, in quanto la prestazione viene eseguita ma è qualitativamente o quantitativamente inesatta.

Inoltre, si distingue tra:

- inadempimento *definitivo*, qualora la prestazione non possa più essere adempiuta;
- inadempimento *temporaneo* (o «ritardo»), qualora la prestazione sia soltanto provvisoriamente eseguita.

L'inadempimento può essere, inoltre:

- *imputabile*, se è dovuto a dolo o colpa del debitore, e comporta l'obbligo, in capo a quest'ultimo, del risarcimento del danno, oltre all'applicazione di altri rimedi sanzionatori (ad es., la risoluzione del contratto);
- *non imputabile*, se consiste in un comportamento obiettivamente antigiuridico non dovuto, però, a dolo o colpa del debitore (ad es., inadempimento dovuto a impossibilità sopravvenuta della prestazione, quale può essere la distruzione, per fatti naturali, della cosa dovuta). Anche in questo caso scatteranno rimedi a tutela del creditore non inadempiente (ad es., la risoluzione del contratto).

La regola generale in tema di responsabilità del debitore per inadempimento è contenuta nell'art. 1218, secondo cui «*il debitore che non esegue esattamente la prestazione dovuta è tenuto al risarcimento del danno, se non prova che l'inadempimento o il ritardo è stato determinato da impossibilità della prestazione derivante da causa a lui non imputabile*». Tale norma comporta che, in caso di inadempimento:

- se il debitore riesce a provare che la prestazione è divenuta impossibile per causa a lui non imputabile, è liberato dall'obbligazione e non è tenuto al risarcimento del danno;
- se la prestazione è diventata impossibile per causa imputabile al debitore, o se il debitore non riesce a provare la non imputabilità della causa che ha determinato il sopraggiungere dell'impossibilità, egli non è liberato dall'obbligazione principale e, pur non essendo più tenuto ad effettuare la prestazione, ormai divenuta impossibile, è tenuto al risarcimento del danno;
- il debitore deve provare la causa non imputabile. In altre norme, peraltro, è richiesta una prova più rigorosa da parte del debitore, consistente nell'aver adottato tutte le misure idonee ad evitare il danno (es., l'art. 1681 sul trasporto di persone).

La responsabilità di cui all'art. 1218 è detta **contrattuale** e si distingue dalla responsabilità **extracontrattuale** o da fatto illecito (artt. 2043-2059) per quanto riguarda:

- la *fonte*: la prima è conseguenza di una violazione di un diritto relativo, la seconda di un diritto assoluto;
- l'*onere della prova*: mentre in caso di inadempimento è il debitore che deve dimostrare la sua mancanza di colpa (art. 1218), in caso di illecito extracontrattuale incombe sul danneggiato la prova della colpa dell'autore dell'illecito;
- la *prescrizione*: mentre il diritto al risarcimento dei danni che derivano dall'inadempimento di un'obbligazione si prescrive in dieci anni, quello per i danni da fatto illecito si prescrive in cinque anni (artt. 2947);

— i *danni da risarcire*: mentre la responsabilità contrattuale è limitata ai danni che potevano prevedersi al momento in cui è sorta l'obbligazione (art. 1225), la responsabilità extracontrattuale comprende anche i danni non prevedibili al momento del fatto.

Controverso è il fondamento e la portata dell'istituto. Il codice, al fine di assicurare una maggiore sicurezza ai traffici economici, ha accolto nell'art. 1218 una concezione rigidamente oggettiva dell'inadempimento. Secondo questa teoria (OSTI) l'inadempimento sussiste per il solo fatto che la prestazione dovuta è rimasta ineseguita e il comportamento diligente del debitore non assumerebbe rilevanza se egli non dimostra l'oggettiva impossibilità della prestazione.

Il rigore di tale impostazione, posto a tutela della posizione creditoria, deve essere però mitigato dall'art. 1176, in base al quale *se il debitore è stato diligente, e ciò nonostante non è stato possibile adempiere, non è tenuto al risarcimento del danno*.

2 L'imputabilità

Principio fondamentale in tema di responsabilità è l'imputabilità del soggetto inadempiente, ossia la **capacità di intendere e di volere del soggetto al momento in cui ha commesso il fatto dannoso** (cd. capacità naturale di agire, art. 2046).

La capacità di intendere e di volere indica quel **minimo di attitudine psichica ad agire e valutare le conseguenze della propria condotta**, necessario affinché possa ritenersi che il fatto dannoso è conseguenza di una libera scelta dell'autore (SALVI). Tale capacità deve essere accertata caso per caso dal giudice, anche se il danno è stato cagionato da un soggetto legalmente incapace di agire (ad es., l'interdetto). Occorre accertare, cioè, se il fatto è stato causato in un momento di lucidità mentale, momento in cui anche l'incapace legale può rendersi conto delle proprie azioni e, quindi, essere tenuto a risarcire il danno. La capacità di intendere e di volere si presume fino a prova contraria, per cui la prova della non imputabilità deve essere fornita dal soggetto convenuto nel giudizio di risarcimento del danno.

La responsabilità per il fatto dannoso non può essere esclusa se l'incapacità deriva da colpa del soggetto agente. Si tratta delle cd. ***actiones liberae in causa***, disciplinate dall'art. 87 c.p., secondo cui non è necessario che sussista lo stato di capacità al momento della commissione del reato perché al soggetto sia imputabile l'atto illecito, quando la condizione di incapacità di intendere e di volere è stata volontariamente causata al fine di commettere il reato o di prepararsi una scusa. Pertanto, dall'azione non libera che ha provocato l'evento dannoso si deve risalire all'azione libera che l'ha preceduta e che costituisce la vera, anche se indiretta, causa dell'evento (BUSNELLI).

3 Impossibilità sopravvenuta per causa non imputabile al debitore

L'impossibilità sopravvenuta della prestazione per una causa non imputabile al debitore determina l'*estinzione dell'obbligazione* (art. 1256).

Tale effetto, tuttavia, non si verifica nel caso in cui l'impossibilità sopravvenga durante il periodo di mora del debitore, salvo che questi non dimostri che l'oggetto della prestazione sarebbe ugualmente perito presso il creditore (art. 1221).

Perché si abbia estinzione dell'obbligazione e conseguente liberazione del debitore deve trattarsi di:

— **impossibilità oggettiva**: l'impedimento che determina l'impossibilità deve essere oggettivo, ossia deve *riguardare la prestazione in sé e per sé* e non le vicende soggettive del debitore (così, colui che è obbligato a versare una certa somma non potrà eccepire come impedimento la sua cattiva situazione finanziaria).

In considerazione del fatto che l'*impossibilità* deve riguardare la prestazione in sé, essa non può configurarsi in alcuni tipi di obbligazioni:

- nelle *obbligazioni pecuniarie*, in quanto è inammissibile una causa liberatoria dalla obbligazione di pagare una somma di denaro, essendo tale prestazione sempre possibile;
- nelle *obbligazioni generiche*, in quanto il debitore avrà sempre la possibilità di procurarsi cose dello stesso genere (*genera et quantitates numquam pereunt*) anche in caso di distruzione o altro impedimento a pagare con quelle nella sua disponibilità;
- nelle *obbligazioni negative*, in quanto la prestazione consiste in un «non fare» che, per sua natura, non è suscettibile di impossibilità sopravvenuta (art. 1222);
- nelle *obbligazioni di fare*, poiché l'impossibilità sopravvenuta consente in ogni caso un'esecuzione della prestazione «equivalente» a quella dovuta (ad es., se l'impresa che fabbrica cucine si è impegnata a costruire cappe con acciaio di un determinato tipo e questo materiale non è più reperibile sul mercato, l'adempimento dovrà essere effettuato utilizzando un materiale dalle caratteristiche corrispondenti e sempre che il creditore abbia ancora interesse alla realizzazione del prodotto in questione).
  Invece, per le *obbligazioni di dare cose di specie* (ad es., la cassapanca restaurata che si trova in vetrina dall'antiquario) *o di genere limitato* (es., le due scatole di aspirina che si trovano fra quelle depositate nel magazzino di una farmacia), l'impossibilità derivante da causa non imputabile ha effetto liberatorio per il debitore.

Secondo parte della dottrina (PERLINGIERI) l'impossibilità sopravvenuta è configurabile anche per questa specie di obbligazioni nel caso in cui intervenga una «positiva necessità», sia pure temporanea, di fare o dare qualcosa. Si pensi, ad es., ad una legge che imponga ad un venditore, obbligato da un patto di non alienare, di alienare un determinato prodotto;

- **impossibilità sopravvenuta** cioè successiva alla conclusione del negozio o al verificarsi del fatto o atto che ha dato origine all'obbligazione. Invece, l'*impossibilità originaria* determina, ai sensi dell'art. 1346, la *nullità* del negozio.

Così, ad es., in caso di obbligo a consegnare un'automobile, se essa risulta distrutta già prima dell'assunzione dell'obbligo, saremo in presenza di un contratto nullo; se invece essa è perita successivamente per causa non imputabile al debitore, l'obbligazione si estingue per impossibilità sopravvenuta;

- **impossibilità assoluta** (o inevitabile): l'impossibilità deve essere tale da non consentire in alcun modo di adempiere.
  La dottrina tradizionalmente riscontra tale invincibilità o inevitabilità nel *caso fortuito* e nella *forza maggiore*, ossia in un *fatto accidentale e non prevedibile* o in un fatto, anche umano, che impedisca al debitore di adempiere (*vis cui resisti non potest*).

BIANCA avverte come i caratteri dell'assolutezza e dell'oggettività vadano interpretati alla luce del principio di *responsabilità* per l'inadempimento e, poiché quest'ultima va valutata in riferimento allo *sforzo diligente* richiesto al debitore, l'Autore afferma che sussiste impossibilità sopravvenuta non imputabile al debitore quando sorge un impedimento né prevedibile né superabile da parte del debitore con lo sforzo diligente cui è tenuto;

- **impossibilità totale**: l'impossibilità deve riguardare tutta la prestazione. Diversamente, se la prestazione è divenuta *impossibile solo in parte*, il debitore si libera dall'obbligazione eseguendo la prestazione per la parte che è rimasta possibile (art. 1258).
  In caso di *contratto con obbligazioni corrispettive*, quando la prestazione di una parte è divenuta solo parzialmente impossibile, l'altra parte ha diritto ad una *corrispondente riduzione* della prestazione da essa dovuta, e può anche recedere dal contratto qualora non abbia un interesse apprezzabile all'adempimento parziale (art. 1464);

— **impossibilità definitiva**: solo l'impossibilità definitiva determina l'estinzione, ovvero l'impossibilità temporanea che perduri, però, fino al momento in cui il creditore non ha più interesse a conseguire la prestazione (art. 1256). L'obbligazione si estingue, inoltre, qualora sia decorso il *termine essenziale*, ossia quel termine che deve considerarsi indispensabile nell'interesse della parte che deve ricevere la prestazione (art. 1457).
La semplice *impossibilità temporanea*, quando rivesta i caratteri descritti sopra, esclude la responsabilità del debitore per il ritardo nell'adempimento, cioè esclude la mora del debitore.

L'art. 1256 dispone, per il caso di impossibilità sopravvenuta non imputabile al debitore, l'estinzione dell'obbligazione e la liberazione del debitore. Di conseguenza, in questa prima semplice ipotesi, il *rischio è sopportato interamente dal creditore*, il quale perde il diritto a ricevere la prestazione (*casus sentit creditor*). Questa regola, tuttavia, non è sufficiente a disciplinare i riflessi dell'impossibilità sopravvenuta di una prestazione in un **contratto a prestazioni corrispettive**.

In tal caso infatti il debitore, liberato dall'obbligazione a causa della sopravvenuta impossibilità di adempiere, non può chiedere la controprestazione, e deve restituire quella che abbia già ricevuto (art. 1463) e quindi il *rischio ricade nella sfera giuridica del debitore* (*casus sentit debitor*).

In caso di impossibilità sopravvenuta di prestare una **cosa determinata**, il creditore *subentra* nei diritti spettanti al debitore in dipendenza del fatto che ha causato l'impossibilità, e può *esigere* dal debitore la prestazione di quanto questi abbia conseguito a titolo di risarcimento (cd. *commodum repraesentationis vel subrogationis*: art. 1259). Così, ad es., il creditore potrà agire contro colui che distruggendo la cosa ha causato l'impossibilità.

4 L'inesigibilità della prestazione

L'art. 1218, come evidenziato, esclude la responsabilità del debitore in caso di impossibilità sopravvenuta della prestazione non imputabile al debitore.

Occorre chiedersi, a questo punto, se sia possibile configurare una causa di esclusione della responsabilità del debitore fondata sulla cd. «**inesigibilità**» **della prestazione**, ossia se la responsabilità del debitore possa essere esclusa (o limitata) anche quando il debitore non adempia perché l'esecuzione della prestazione avrebbe comportato, da parte sua, un *impiego di mezzi e di energie esageratamente sproporzionato rispetto alla natura della prestazione stessa*.

Al quesito deve darsi risposta positiva, poiché in base al principio di buona fede, che rappresenta, tra l'altro, una fonte degli obblighi reciproci a carico del debitore e del creditore (*ex* artt. 1175 e 1375), è possibile equiparare all'impossibilità della prestazione (*ex* art. 1218) l'inesigibilità della stessa, non potendo il creditore, alla stregua del principio di buona fede, esigere una prestazione che richieda al debitore uno sforzo eccessivo.

In altri termini, deve escludersi la responsabilità per inadempimento del debitore qualora il creditore agisca in contrasto con l'obbligo di buona fede, esigendo una prestazione che richieda, da parte del debitore, l'utilizzo di mezzi eccezionali che non sono connaturati alla prestazione stessa.

Ad es., è contrario a buona fede esigere, da parte del datore di lavoro, la prestazione lavorativa da parte di un lavoratore qualora l'effettuazione delle mansioni, per le modalità di svolgimento o per le condizioni insalubri del luogo di lavoro, espongano a pericolo la sua salute.

5 La mora del debitore

a) Il ritardo

L'inadempimento dell'obbligazione può essere definitivo temporaneo; in altre parole, a volte tra il momento in cui scade il tempo per l'esecuzione della prestazione e il momento in cui l'inadempimento diviene definitivo, può intercorrere un lasso di tempo in cui il debitore potrebbe ancora adempiere, sebbene in ritardo.

La distinzione tra ritardo e inadempimento è talvolta ardua, in quanto è difficile dedurre *sic et simpliciter* dal mero comportamento di chi non adempie l'intenzione di non adempiere definitivamente.

In linea generale, il ritardo equivale a inadempimento quando la prestazione da eseguire, scaduto il termine, *non è più utile per il creditore* (ad es., mancata fornitura, da parte del sarto, dell'abito da sposa per il giorno delle nozze), ovvero *non è più possibile*, anche per causa non imputabile al debitore.

Non si configura mai ritardo nelle *obbligazioni negative* (in cui il debitore deve limitarsi a un *pati* o ad un *non facere*); infatti, quando il debitore compie quanto si era obbligato a non fare è senz'altro inadempiente.

b) La mora (o ritardo qualificato)

Il ritardo nell'adempimento dell'obbligazione, conseguente all'inosservanza del termine per l'adempimento, dà luogo a una provvisoria inesecuzione della prestazione che può sfociare in un adempimento tardivo o in un inadempimento definitivo (ad es., la prestazione è divenuta impossibile, è scaduto il termine essenziale o il ritardo è diventato obiettivamente intollerabile).

In mancanza di una causa che renda l'inadempimento definitivo, l'infruttuosa scadenza del termine di adempimento non impedisce, normalmente, l'adempimento dell'obbligazione e non legittima, pertanto, il rifiuto della prestazione eseguita con ritardo (salvo il diritto del creditore al risarcimento del danno).

Il ritardo indica l'inosservanza del termine, che può non essere imputabile al debitore (ad es., il creditore non accetta la prestazione legittimamente offerta dal debitore) oppure può essere imputabile al debitore, ossia dovuto a un suo comportamento doloso o colposo. La mora indica, appunto, il **ritardo imputabile al debitore**.

La distinzione tra ritardo, quale semplice inosservanza del termine di adempimento, e mora, quale ritardo imputabile a dolo o colpa del debitore, non è accolta da una parte della dottrina, secondo la quale anche il semplice ritardo produce effetti giuridici rilevanti: in particolare, il creditore può chiedere il risarcimento del danno e la risoluzione del contratto per inadempimento a seguito della sola scadenza del termine, poiché il ritardo è già una forma di inadempimento. La mora comporta soltanto un aggravamento delle conseguenze nei confronti del debitore, quali il passaggio del rischio (dal creditore al debitore) per l'impossibilità sopravvenuta della prestazione e il pagamento degli interessi moratori (NATOLI).

c) Presupposti

Perché si abbia la *mora* devono verificarsi i seguenti presupposti:

— l'*esigibilità del credito*, ossia l'avvenuta scadenza dell'obbligazione;
— il *ritardo nell'adempimento imputabile al debitore*.

La mora può essere:

— ***mora ex re*** (o mora di diritto), nei casi in cui il debitore è in mora senza che sia necessaria alcuna attività del creditore. Questo avviene:
    — quando si tratti di obbligazioni da eseguirsi al domicilio del creditore (obbligazioni *portables*) ed il termine sia scaduto;

- quando il debito derivi da *atto illecito*: si incorre nella mora fin dal momento in cui l'atto fu compiuto;
- quando *il debitore dichiari per iscritto di non voler adempiere*: sarebbe del tutto superflua, infatti, in tal caso, una richiesta del creditore (art. 1219);

— **mora *ex persona***, nei casi in cui è necessaria un'*intimazione formale ad adempiere* (cd. *atto di costituzione in mora*, per mezzo dell'ufficiale giudiziario o più semplicemente per iscritto senza bisogno di formule sacramentali); ad essa deve farsi ricorso:
- se il debito è pagabile presso il debitore (cd. *querable*);
- quando manchi il termine per l'adempimento ed il creditore non l'abbia fatto fissare dal giudice.

d) Effetti

Gli effetti della mora sono:

- la ***perpetuatio obligationis***: il rischio dell'impossibilità sopravvenuta, che prima della mora gravava sul creditore, passa in capo al debitore che dovrà indennizzare il primo anche delle conseguenze della forza maggiore verificatasi dopo la mora. Così, se la prestazione diviene impossibile per causa non imputabile al debitore, lo stesso viene ugualmente ritenuto responsabile. Tuttavia, il debitore può superare tale responsabilità dimostrando che, se pure egli avesse adempiuto per tempo, l'oggetto della prestazione sarebbe ugualmente perito presso il creditore (ad es., a causa di una calamità naturale);
- il **risarcimento del danno**: in base ai principi generali, il debitore è responsabile del ritardo ed è tenuto a risarcire il danno che il creditore per esso abbia subìto.

  Per le obbligazioni pecuniarie sono previsti gli *interessi moratori*, che valgono come risarcimento del danno senza che il creditore dimostri di aver subìto pregiudizio. Se, invece, questi dimostra di aver subito un *danno maggiore di quello risarcito con gli interessi moratori*, dovrà essere tenuto indenne anche da tale maggiore danno. In particolare, il creditore, per ottenere il risarcimento del danno da *svalutazione monetaria*, deve provare (anche solo per presunzioni) che, ricevuto puntualmente il danaro dovuto, lo avrebbe investito in beni sottratti a tale fenomeno oppure che, a causa del ritardo, è stato costretto ad alienare beni di siffatta specie.

  È questo il più recente orientamento della Cassazione che ha sovvertito quello precedente, per il quale, verificatasi la svalutazione monetaria durante la mora del debitore, era dovuto al creditore un *risarcimento automatico* mediante la rivalutazione della somma alla stregua degli indici ISTAT;
- l'**interruzione della prescrizione del diritto del creditore** (art. 2943).

e) La «purgazione della mora»

La purgazione consiste nella *rimozione dello stato di illegittimo ritardo e dei relativi effetti.*

Essa si effettua con la rinuncia al credito o alla mora (ad es., il creditore concede al debitore una dilazione di pagamento, rimettendolo così nei termini).

La rinunzia deve essere *esplicita*, cioè non si presume.

Anche l'adempimento tardivo incide sulla mora, in quanto il suo *effetto* è quello di *evitare* la *responsabilità per i danni futuri*.

Per effetto della purgazione:

- cessa il decorso degli interessi moratori;
- il rischio dell'impossibilità della prestazione torna a gravare sul creditore.

Si può avere, inoltre:

- *interruzione della mora*, se il creditore rifiuta senza giusto motivo la prestazione;
- *cancellazione della mora*, in caso di rinnovazione del termine di adempiere;
- *sospensione della mora*, per mera tolleranza del creditore.

6 La mora del creditore (artt. 1206-1217)

a) Nozione

Si ha mora del creditore (*mora accipiendi* o *credendi*) quando *il creditore rifiuta senza un motivo legittimo di ricevere il pagamento offerto dal debitore* (ai sensi degli artt. 1208 e 1209), ovvero *ometta di compiere gli atti (preparatori) necessari per ricevere la prestazione* (ad es., mettere a disposizione un locale per ricevere la merce) (art. 1206).

b) Differenze rispetto alla «*mora debendi*»

Presupposto comune della *mora solvendi* e della *mora credendi* è l'esigenza di evitare i danni che possono derivare dal ritardo, rispettivamente nell'adempiere o nel ricevere la prestazione.

Ma, mentre la *mora del debitore* determina un *illecito civile* in quanto consiste nella violazione di un obbligo che produce una responsabilità in capo al debitore, nella *mora del creditore* non interviene una valutazione di colpevolezza e di responsabilità. Ciò deriva dal fatto che non è previsto un obbligo giuridico del creditore di accettare la prestazione (si tratta, piuttosto, di un *onere*).

Tuttavia, il legislatore ha considerato rilevante l'interesse del debitore a evitare le conseguenze dannose provocate da un ingiustificato prolungamento del vincolo: gli riconosce, così, un *diritto potestativo* a liberarsi, senza compromettere il soddisfacimento del creditore. Può sembrare anomalo che il creditore pur avendo diritto all'adempimento non voglia riceverlo, ma varie possono essere le cause di un simile comportamento. Si pensi, ad es., al creditore che intenda continuare a percepire gli interessi convenuti al sorgere del credito; o che preferisca, per considerazioni personali, continuare a mantenere una persona nella posizione di debitore.

c) Presupposti e modalità della mora del creditore

Affinché sorga la mora del creditore occorre accertare che il ritardo nell'adempimento non dipenda dal debitore ma (effettivamente) dal fatto del creditore.

Pertanto, è necessario che il debitore faccia un'**offerta** di adempimento della prestazione al creditore.

L'offerta deve essere *solenne*, cioè fatta da un pubblico ufficiale (ufficiale giudiziario o notaio) ed *eseguita* con il rispetto delle formalità di cui all'art. 1208.

L'offerta solenne si distingue in:

a) *offerta reale*, se l'obbligazione ha per oggetto denaro, titoli di credito o cose mobili da consegnare al domicilio del creditore (l'offerta è *reale* in quanto la *res debita* è effettivamente esibita e messa a disposizione del creditore da parte del pubblico ufficiale);
b) *offerta per intimazione*:
   - a ricevere *la res debita*, se si tratta di cosa mobile da consegnare in un luogo diverso dal domicilio del creditore (art. 1209);
   - a prendere possesso della *res debita*, se si tratta di beni immobili;
   - a ricevere la prestazione o a compiere gli atti necessari per renderla possibile, se si tratta di prestazione di fare (art. 1217, d. att. 80).

Qualora l'offerta sia eseguita dal debitore nel modo dovuto, *il creditore è in mora se rifiuta di ricevere la prestazione senza giustificato motivo*.

È importante precisare che *se il debitore non effettua un'offerta solenne, ma una semplice offerta, non scatta la mora del creditore*; però, essendo stata comunque fatta un'*offerta tempestiva*, il debitore non sarà considerato inadempiente e quindi non subirà le conseguenze collegate alla *mora solvendi*, né dovrà pagare l'eventuale pena convenzionale pattuita per il ritardo (art. 1220).

La giurisprudenza ha affermato che, nonostante la *mora accipiendi*, il vincolo obbligatorio persiste; inoltre essa non elimina la responsabilità del debitore per sue inadempienze (successive alla mora).

d) Effetti della mora del creditore

La costituzione in mora del creditore produce i seguenti effetti:

— il *rischio dell'impossibilità sopravvenuta della prestazione* (verificatasi successivamente alla mora) *resta a carico del creditore* (il quale, pertanto, dovrà adempiere la sua controprestazione se l'obbligazione nasce da contratto con prestazioni corrispettive). Naturalmente affinché tale rischio ricada sul creditore è necessario che l'impossibilità sopravvenuta non sia imputabile al debitore;

— il *debitore deve essere risarcito dei danni* derivanti dalla mora e ha diritto a essere rimborsato delle spese sostenute per la conservazione e la custodia della cosa fino al momento della consegna;

— *non sono dovuti più gli interessi né i frutti della cosa* (tranne quelli già percepiti dal debitore).

e) Il deposito liberatorio

La *mora credendi* rappresenta la prima fase per la liberazione del debitore dall'obbligazione, liberazione che la legge gli consente anche senza la collaborazione del creditore.

Pertanto, se questi rifiuta l'offerta reale, o non si presenta per ricevere le cose offertegli con l'intimazione, il debitore, per liberarsi, deve anzitutto depositare *la res debita*, nella forma di cui all'art. 1212.

Qualora poi il deposito sia *accettato* dal creditore o sia *dichiarato valido* con la sentenza (passata in giudicato) che conclude il cd. giudizio di convalida, il debitore è *liberato e non potrà più ritirare* quanto depositato.

Naturalmente a questo punto l'obbligazione si è estinta.

Nell'ipotesi che la prestazione da eseguire consista nella *consegna di un immobile*, il debitore è liberato nel momento in cui consegna la cosa dovuta al sequestratario nominato dal giudice (art. 1216, co. 2, disp. att. 79).

7 Il risarcimento del danno

a) Danno risarcibile

Il diritto al risarcimento del danno si articola in maniera differente a seconda che il diritto sia assoluto o relativo e, quindi, sia configurabile un illecito in senso stretto *ex* art. 2043 o un inadempimento *ex* art. 1218.

Nel primo caso il problema che si pone è quello di una *restitutio in pristinum*, che si risolve nell'evitare che le conseguenze già prodotte possano protrarsi per il futuro. Nel secondo caso, invece, la prima esigenza è quella di realizzare coattivamente l'interesse del creditore (GAZZONI).

Ai sensi dell'art. 1223 il risarcimento del danno comprende:

— il *danno emergente*, ossia la perdita effettivamente subita per la mancata prestazione (ad es., il prezzo versato per una merce comprata e mai ricevuta);

— il *lucro cessante*, o mancato guadagno, ossia il lucro che il creditore avrebbe realizzato se avesse utilizzato la prestazione ottenuta (nell'esempio precedente: il guadagno che il compratore avrebbe conseguito rivendendo la merce).

Il risarcimento del danno avviene sempre *per equivalente*, attraverso cioè il pagamento di una somma di denaro corrispondente al valore della prestazione perduta, dal momento che la prestazione è divenuta impossibile o non più utile per il creditore: di conseguenza, non è ipotizzabile un risarcimento in *forma specifica*, in quanto, se la prestazione è ancora possibile, seguirà l'adempimento tardivo o un'esecuzione forzata in forma specifica che faranno conseguire al creditore esattamente il bene dovuto (GAZZONI).

b) Segue: nesso di causalità

Le voci di danno di cui si è detto (danno emergente e lucro cessante) sono risarcibili se sono *conseguenza immediata e diretta dell'inadempimento o del ritardo*, vale a dire se sussiste un *nesso di causalità tra inadempimento e danno risarcibile*.

Si ritiene comunemente che l'espressione (*conseguenza immediata e diretta*) dell'art. 1223 non deve essere intesa letteralmente: al fine di determinare il danno risarcibile, al concetto di nesso causale giuridicamente rilevante si affianca quello di **causalità adeguata**, in forza del quale si considerano conseguenze collegate da un nesso di causalità quelle «che in base alla comune esperienza era oggettivamente presumibile derivassero dall'azione» (TRABUCCHI): vi rientrano quei danni che, pur non essendo rigorosamente immediati, appaiano sulla base di una valutazione complessiva effetto normale dell'inadempimento.

c) Prevedibilità del danno

Se l'inadempimento (o il ritardo) è **colposo**, i danni risarcibili sono limitati a quelli prevedibili nel tempo in cui è sorta l'obbligazione (art. 1225).

Il danno è *prevedibile* quando, nel momento in cui è sorta l'obbligazione, era possibile prevedere che l'inadempimento o il ritardo avrebbero comportato (sotto il profilo *quantitativo* e *qualitativo*) quel pregiudizio lamentato poi dal creditore.
Se questa valutazione non era possibile il danno sarà considerato *imprevedibile* (si pensi al caso in cui, nel momento della stipulazione di un contratto di trasporto, il mittente non informi il vettore che l'oggetto trasportato doveva giungere a destinazione entro una data precisa).

Se l'inadempimento (o il ritardo) è stato **doloso**, il debitore è tenuto a risarcire anche i danni *imprevisti e imprevedibili*.

d) Limiti alla risarcibilità del danno

In caso di *concorso del fatto colposo del creditore nella causazione del danno*, il risarcimento è *diminuito* in proporzione alla gravità della colpa e all'entità delle conseguenze che ne sono derivate (art. 1227).
Nel caso in cui il danno sia stato comunque causato dal debitore ma il *creditore avrebbe potuto evitarlo usando* l'*ordinaria diligenza*, il risarcimento non sarà dovuto (art. 1227, co. 2).

Le due ipotesi si distinguono in quanto nella **prima** il fatto del creditore concorre a provocare il danno ed entra a far parte della causa, nella **seconda** il fatto del debitore è causa sufficiente dei danni, il cui ammontare, però, sarebbe stato minore se il fatto del creditore non avesse contribuito ad aumentarne l'entità (BIGLIAZZI-GERI).

e) La prova del danno e del suo ammontare

Il creditore, in base ai principi generali, non deve provare la colpa nell'inadempimento (incombe, infatti, sul debitore l'onere di provare la mancanza della sua colpa), ma deve dimostrare *l'esistenza e l'ammontare del danno* subìto. Tuttavia (art. 1226), se l'entità del danno non può essere provata nel suo preciso ammontare, verrà liquidata dal giudice con valutazione *equitativa* (attingendo ad elementi presuntivi).

f) I danni nelle obbligazioni pecuniarie

L'art. 1224 stabilisce che *nelle obbligazioni pecuniarie* sono *dovuti dal giorno della mora, gli interessi legali*, anche se non erano stati pattuiti in precedenza *indipendentemente dalla dimostrazione del danno subìto* a causa del ritardo nell'adempimento.

Questi interessi si dicono **moratori** per differenziarli da quelli *compensativi* o *corrispettivi*.

Ai sensi dell'art. 1282 se il debito ha ad oggetto una somma di denaro liquida ed esigibile, gli interessi legali sono dovuti indipendentemente dalla mora.

Inoltre, al creditore che dimostra di aver subito un *danno maggiore* spetta l'*ulteriore risarcimento*, salvo il caso in cui sia stata precedentemente pattuita la misura degli interessi moratori (art. 1224, co. 2).

g) Liquidazione del danno

Il risarcimento del danno presuppone che se ne stabilisca l'ammontare, mediante la cd. **liquidazione del danno**.

La liquidazione può essere:

- **legale** (come nel caso d'inadempimento delle obbligazioni pecuniarie, dove il danno è liquidato nella misura degli interessi al tasso legale);
- **convenzionale** (attraverso l'inserimento nel contratto di una **clausola penale**);
- **giudiziale**: in mancanza di elementi per provare il danno nel suo preciso ammontare, il giudice procede con valutazione equitativa (art. 1226), e tale valutazione è possibile anche per una sola parte del danno (se solo per essa si rende necessaria).

  Con tale valutazione si determinano, di solito, i *danni futuri* ossia quelli non ancora prodotti al momento della liquidazione ma che si fondano su una causa efficiente già in atto il cui esito sia obiettivamente prevedibile.

h) Clausole di esonero da responsabilità

Ai sensi dell'art. 1229, co. 1 è *nullo il patto che esclude o limita preventivamente la responsabilità del debitore per dolo o colpa grave* (art. 1229).

È interessante ricordare che, ai sensi dell'art. 1382, si può inserire nel contratto una *clausola penale* al fine di liquidare e limitare preventivamente il risarcimento dovuto per l'inadempimento o per il ritardo (e, quindi, si limita preventivamente la responsabilità che sorgerà in capo al debitore per inadempimento o ritardo).

Anche se è pattuita una clausola simile, il debitore è sempre responsabile integralmente se è in dolo o colpa grave, in applicazione dell'art. 1229, co. 1.

6
La responsabilità patrimoniale e le garanzie dell'obbligazione

Sezione Prima
La responsabilità patrimoniale, garanzie dell'obbligazione e privilegi

1 La responsabilità patrimoniale

La responsabilità patrimoniale si può definire come *l'assoggettamento del patrimonio del debitore inadempiente al soddisfacimento forzoso delle ragioni del creditore*.

La responsabilità si manifesta come conseguenza dell'inadempimento del debitore e concorre a realizzare la tutela giuridica del diritto di credito.

L'azione personale che il creditore può esercitare contro il debitore è diretta:

— all'*esecuzione forzata in forma specifica*, così da ottenere il soddisfacimento diretto del proprio interesse attraverso il conseguimento del bene dovuto;

— quando ciò non è possibile, o non è più utile per il creditore, l'azione è diretta al risarcimento del danno. In questo caso si verifica una sorta di *perpetuatio obligationis*, poiché il contenuto dell'obbligazione si trasforma nell'obbligazione di pagare una somma di denaro.

La conversione della pretesa creditoria e del danno in una somma di denaro (cd. *liquidazione*) è oggetto di un procedimento di cognizione davanti al giudice.

Esso, però, non è da solo sufficiente ad assicurare la soddisfazione materiale del creditore.

Intervengono, a questo punto, due norme fondamentali contenute nel codice civile:

— l'art. 2740, il quale stabilisce che *il debitore risponde dell'adempimento con tutti i suoi beni presenti e futuri*, cioè sia quelli che aveva al momento dell'assunzione dell'obbligo, sia quelli successivamente pervenutigli (cd. *garanzia patrimoniale generica*). Esistono, *eccezionalmente*, casi di *responsabilità limitata*; es. per l'art. 490, n. 2, l'erede è tenuto al pagamento dei debiti ereditari solo nei limiti di valore dei beni a lui pervenuti, se ha accettato col beneficio d'inventario.

  Il patrimonio del debitore si trova in una posizione di *soggezione* di fronte al *diritto potestativo* (BIGLIAZZI-GERI) del creditore, avente *natura processuale* (GAZZONI), che si esprime nell'*azione esecutiva*.
  Come si vedrà più avanti, il patrimonio è oggetto di una liquidazione, attraverso l'espropriazione dei beni, la cui vendita consente di ricavare le somme necessarie al soddisfacimento del creditore;

— l'art. 2741, in forza del quale i creditori hanno tutti *un eguale diritto di essere soddisfatti sui beni del debitore* (*par condicio creditorum*).
  Se tutti i crediti non possono essere soddisfatti si procede a una ripartizione *proporzionale* fra tutti coloro che hanno intrapreso o che sono intervenuti nella procedura esecutiva.

2 Il rafforzamento della garanzia del credito

La sola garanzia derivante dalla responsabilità patrimoniale del debitore può essere *insufficiente* a rassicurare il creditore circa il buon esito dell'obbligazione, soprattutto se il debitore contrae numerosi debiti o sottrae al proprio patrimonio quei beni sui quali si fondava la fiducia del creditore.

La legge, pertanto, predispone un sistema di **garanzie**, offrendo al creditore, per rafforzare il proprio credito, la scelta fra tre possibilità:

- l'*aumento dei soggetti passivi*, e quindi dei patrimoni *sui quali il creditore può soddisfarsi*, attraverso *garanzie personali* offerte da terze persone che si impegnano personalmente accanto al debitore originario (ad es., fideiussione);
- la costituzione di una *garanzia reale* (pegno o ipoteca) su alcuni beni del debitore, che vengono così sottratti al soddisfacimento degli altri creditori;
- il conseguimento di un anticipo di esecuzione della prestazione attraverso la *caparra*.

Non dipendono, invece, dalla volontà del creditore *i privilegi*, che costitui-scono ugualmente un'eccezione al principio della *par condicio creditorum*, in quanto accordano una prelazione al credito.

3 Cause legittime di prelazione

a) Nozione

La regola della *par condicio creditorum* è derogata se sussiste, a favore di un creditore, una *causa legittima di prelazione*, cioè un titolo in base al quale il creditore «privilegiato» è preferito nel riparto del prezzo ricavato dalla vendita forzata dei beni del debitore, rispetto agli altri creditori, detti *chirografari* in quanto il titolo del loro diritto è un documento (chirografo) non assistito da alcuna garanzia, all'infuori di quella della correttezza del debitore e dell'esecuzione forzata in caso di inadempimento.

Quando esiste una causa di prelazione, il creditore non entra in concorso con i chirografari, ma ha diritto di far valere per intero il suo credito sul bene oggetto di prelazione: gli altri creditori concorreranno proporzionalmente su ciò che rimane (cd. *relictum*).

b) Tipologie

Le cause legittime di prelazione costituiscono uno *ius singulare*, per il quale non è ammessa estensione ad ipotesi similari.

L'art. 2741, co. 2 prevede le tipiche cause di prelazione, che sono il **privilegio,** il **pegno** e l'**ipoteca**.

Esse sono sottoposte ad alcune regole comuni, relative ai seguenti aspetti:

- **diritto di seguito** (*ius sequelae*), ossia il diritto del creditore ipotecario o pignoratizio di «seguire» il bene nell'eventualità che questo passi in proprietà altrui; in tal caso, infatti, il creditore ha il diritto di espropriare il bene nei confronti del terzo acquirente;
- **surrogazione reale**, che spetta al creditore sull'indennità dovuta dall'assicuratore per il perimento o deterioramento della cosa soggetta a privilegio, pegno o ipoteca (art. 2742);
- **principio di conservazione della garanzia**: quando la cosa data in garanzia perisca o si deteriori in modo da essere insufficiente a garantire il creditore, questi ha la facoltà di chiedere un'idonea garanzia su altri beni o, in subordine, l'immediato pagamento del suo credito (art. 2743);

— in tema di **pignoramento**, l'art. 2911 stabilisce che il creditore garantito da pegno, ipoteca o privilegio speciale non può procedere su altri beni del debitore, se prima non sottopone ad esecuzione il bene oggetto della garanzia;
— **divieto del patto commissorio**: è nullo il patto con cui si stabilisce che, ove il debitore sia inadempiente, *la proprietà* della cosa oggetto di pegno o ipoteca passi al creditore (art. 2744). La *ratio* del divieto è di tutelare i creditori estranei al patto contro un soddisfacimento preferenziale al di fuori delle cause di prelazione previste dalla legge, e di tutelare il debitore contro un'abusiva pressione del creditore.

La giurisprudenza ha dato vita a un'interpretazione estensiva dell'art. 2744, affermando che il divieto del patto commissorio «è operante anche al di fuori dei casi di ipoteca e di pegno, e si estende a qualunque negozio mediante il quale le parti intendano realizzare il fine concreto vietato dalla legge».

4 I privilegi

a) Nozione

Il privilegio è un *titolo di prelazione che la legge accorda al creditore in considerazione della particolare natura o causa del credito* (art. 2745).

Determinati crediti, o per motivi di particolare considerazione sociale (*crediti per alimenti*), o perché derivanti da spese fatte nell'interesse comune (*spese di esecuzione iniziata da uno dei creditori*), oppure perché concernono l'interesse dello Stato (*tributi*) sono ritenuti meritevoli di maggiore tutela rispetto agli altri e, così, il loro titolare viene soddisfatto a preferenza degli altri.

Fonte dei privilegi è soltanto la **legge**. Da ciò discende che:
— i privilegi costituiscono un *numerus clausus*, per cui le parti non possono creare altri crediti privilegiati oltre quelli previsti dal legislatore.

La L. 28 febbraio 1997, n. 30 ha previsto una nuova categoria di crediti privilegiati introducendo l'art. 2775bis che disciplina i crediti per mancata esecuzione dei contratti preliminari;

— le norme che disciplinano i privilegi sono di *diritto eccezionale*, e non sono perciò suscettibili di applicazione analogica.

Talvolta la legge subordina la costituzione del privilegio ad un accordo tra le parti (*privilegio convenzionale*) il quale però non rappresenta la fonte diretta del privilegio, ma la *condicio iuris* della sua nascita (BIGLIAZZI-GERI).

Dai privilegi veri e propri vanno tenuti distinti i cd. *privilegi fiscali*, previsti in numerose leggi speciali, e consistenti non in cause di prelazione ma in una serie di agevolazioni a favore dello Stato e di altri enti pubblici nella realizzazione dei crediti connessi alle loro funzioni istituzionali.

b) Tipi

I privilegi si distinguono in due categorie:

1) **privilegio generale**, che consiste in un «particolare riconoscimento fatto alla causa del credito, indipendentemente da ogni rapporto con i beni mobili che sono sottoposti ad esecuzione» (TRABUCCHI).
Esso è solo *mobiliare* e si fa valere sul ricavato della vendita coattiva eseguita su *tutti* i beni mobili del debitore.

Sono garantite da privilegio generale, ad es., le retribuzioni dei professionisti e di ogni altro prestatore di opera intellettuale, i crediti di alimenti, le spese funebri e le spese d'infermità; i crediti derivanti dal mancato versamento dei contributi assicurativi per i lavoratori.

In forza dell'art. 2747 il privilegio generale esplica la sua funzione solo se al momento del pignoramento esistono beni mobili nel patrimonio del debitore: prima di allora, la posizione del creditore, il cui credito sia assistito da un privilegio generale, non è diversa da quella dei creditori chirografari;

2) **privilegio speciale**, giustificato dal particolare rapporto di connessione esistente tra il credito e la cosa su cui si esercita. Esso può essere mobiliare o immobiliare e grava soltanto su determinati beni del debitore.

Ad es., il locatore ha un privilegio speciale sulla vendita dei mobili che arredano la casa del locatario; le spese di giustizia incontrate per espropriare un immobile sono privilegiate nella distribuzione della somma ricavata dalla vendita dell'immobile stesso.

Se la legge non dispone diversamente, i privilegi speciali, a differenza di quelli generali, sono accompagnati dal *diritto di seguito*: possono, perciò esercitarsi anche in pregiudizio dei diritti acquistati dai terzi posteriormente al loro sorgere (art. 2747), per cui si presentano come una *garanzia reale*.

c) Graduazione fra cause di prelazione

Nel caso di *coesistenza di più crediti privilegiati* non si fa riferimento alla priorità nel tempo (come per le garanzie reali) ma alla *causa del credito* per stabilire quale di esso costituisca la prima causa di prelazione.

Tale valutazione è effettuata in via preventiva dalla legge agli artt. 2777-2783; preferenza assoluta, comunque, è sempre riconosciuta alle spese di giustizia.

Si ricordi, inoltre, che il privilegio speciale sui beni mobili non può essere esercitato, di regola, (vedi, però, l'art. 2781) in pregiudizio del credito garantito da pegno (art. 2748). Invece, il credito munito di privilegio speciale immobiliare è preferito al credito garantito da ipoteca.

d) Differenze tra privilegio e diritti reali di garanzia

Riguardano:

a) la **fonte**. Mentre il privilegio si fonda sulla volontà del legislatore e, mediatamente, sulla causa del credito, i diritti reali di garanzia (pegno e ipoteca) traggono immediatamente origine dalla volontà delle parti, che prescinde sempre dalla causa del credito;
b) il **possesso del pegno**. Il pegno richiede come condizione essenziale il possesso della cosa presso il creditore; il privilegio, invece, prescinde da tale elemento non avendo così modo di manifestarsi ai terzi; solo in alcuni casi la legge accorda al creditore privilegiato un diritto di ritenzione;
c) l'**iscrizione dell'ipoteca**. Per la costituzione dell'ipoteca è necessaria l'*iscrizione*, che non è invece richiesta per il privilegio.
   Inoltre mentre il diritto di prelazione inerente all'ipoteca prende grado dalla data di iscrizione, il grado di preferenza nei privilegi è stabilito in base al maggiore o minore favore che viene attribuito dalla legge.

Sezione Seconda
I diritti reali di garanzia

5 I diritti reali di garanzia

a) Nozioni generali

I diritti reali di garanzia assicurano al creditore la possibilità di sottoporre a esecuzione forzata un bene del debitore o del terzo, vincolato a tale scopo, con preferenza rispetto ad altri eventuali creditori.

Problema fondamentale in tema di garanzie reali del credito è quello di contemperare l'esigenza di *tutelare il credito* con quella di *assicurare* la *libera circolazione dei beni del debitore*, senza vincolarli in modo troppo rigido a garanzia del credito.

L'ordinamento giuridico ha adottato tre diverse soluzioni:

- la *materiale sottrazione* della cosa oggetto della garanzia alla disponibilità del debitore (ad es., pegno);
- la *costituzione*, sulla cosa oggetto della garanzia, *di un vincolo di inalienabilità e di inespropriabilità* (ad es., ipoteca);
- l'*attribuzione del diritto di seguito e di prelazione* senza la determinazione di alcun limite alla libera trasferibilità dell'oggetto della garanzia.

Anche il pegno e l'ipoteca sono *cause legittime di prelazione*; in quanto *diritti reali*, però, presentano altresì i seguenti requisiti:

- l'**immediatezza**: per il loro esercizio non occorre la cooperazione di alcun soggetto, poiché la relazione tra creditore e cosa sottoposta al vincolo è immediata;
- l'**assolutezza**: sono opponibili *erga omnes*;
- il diritto di **sequela** (di *inseguire*, cioè, il bene) nel senso che il creditore ha il potere di procedere a esecuzione forzata sul bene anche nei confronti del terzo acquirente.

In tal caso non si impedisce al debitore di alienare il bene su cui insiste la garanzia ma si evita che dall'eventuale alienazione possa derivare un danno al creditore. Così, ad es., nell'ipotesi in cui Tizio, debitore di Caio, vende a Sempronio il terreno sul quale aveva precedentemente concesso ipoteca a favore dello stesso Caio, l'ipoteca attribuisce a quest'ultimo il diritto di espropriare anche nei confronti di Sempronio il bene vincolato a garanzia del suo credito e di essere soddisfatto a preferenza sul prezzo.

b) Caratteristiche comuni ai due diritti

Il pegno e l'ipoteca presentano le seguenti caratteristiche comuni:

- **accessorietà**: se manca o si estingue l'obbligazione garantita viene meno o si estingue anche la garanzia;
- **specialità**: il pegno e l'ipoteca si costituiscono soltanto su *beni determinati* (al contrario, il privilegio può essere *generale*, cioè applicabile a tutti i beni mobili del debitore);
- **indivisibilità**: il diritto di pegno o di ipoteca *si estende sull'intero bene che ne è oggetto e sulle sue parti, a garanzia dell'intero credito e di ogni parte di esso* (TRABUCCHI). Così, ad es., nell'ipotesi in cui Tizio che, successivamente alla concessione di ipoteca sul terreno di sua proprietà a favore di una banca a garanzia di un finanziamento da questa accordatagli, costruisce su detto terreno una villetta, l'ipoteca originaria si estende alla costruzione medesima;
- **determinatezza**: la garanzia viene costituita e svolge la sua funzione soltanto per *determinati crediti*.

c) Differenze tra pegno e ipoteca

Pegno ed ipoteca si differenziano in quanto:

- il pegno ha per oggetto *beni mobili*, l'ipoteca *beni immobili*, diritti reali *immobiliari* o beni mobili registrati e rendite dello Stato;
- *con il pegno si trasferisce materialmente il bene* al creditore, sottraendone il godimento al proprietario; invece, il *bene oggetto di ipoteca rimane in godimento del proprietario*, poiché il diritto di garanzia si costituisce mediante iscrizione in pubblici registri.

6 Il pegno

a) Nozione e oggetto

Il pegno è un diritto reale di garanzia, ossia un *diritto concesso dal debitore (o da un terzo) su cosa mobile a garanzia di un credito*. Esso si perfeziona solo con la consegna materiale della cosa o del documento che determina, nel creditore, l'esclusiva disponibilità del bene; è, pertanto, indispensabile che vi sia l'*effettivo spossessamento* del debitore e la *concreta appropriazione* da parte del creditore o di un terzo designato dalle parti (GAZZONI).

Oggetto del pegno possono essere i *beni mobili* (eccetto quelli registrati), le *universalità di mobili*, i *crediti e altri diritti aventi per oggetto beni mobili infungibili*.

Si discute in dottrina circa la possibilità di costituire un *pegno su cosa futura*. La perplessità nasce dalla considerazione che la cosa non potrebbe essere consegnata fino alla sua venuta in essere. Vari sono stati i tentativi di superare questo ostacolo: la teoria più accreditata vede nella vicenda una fattispecie a formazione progressiva che si perfeziona solo con la consegna della cosa, sulla base dell'accordo già raggiunto con la conclusione del contratto, il quale, prima della consegna, produce solo effetti obbligatori con conseguente impossibilità di avvalersi della tutela reale (GAZZONI).

b) Costituzione e forma del pegno (artt. 2786, 2787)

Il pegno si costituisce mediante un contratto, stipulato fra il creditore e il debitore o il terzo datore del bene. Si tratta di un contratto *reale* perché si perfeziona con la *consegna della cosa*.

Il contratto è sottoposto a due condizioni (BIGLIAZZI-GERI):

— l'una di natura sostanziale, data dall'effettivo *spossessamento* del debitore costituente, che comporti l'impossibilità materiale di disporre della cosa.

  La consegna della cosa e il contestuale spossessamento del debitore assolvono una generica *funzione di pubblicità*, in quanto:

  1) rendono impossibile per il debitore l'alienazione del bene a terzi senza dichiarare l'esistenza della garanzia;
  2) rendono riconoscibile ad eventuali terzi creditori il vincolo che grava sul bene;

— l'altra, di natura formale, poiché la legge richiede che quando il credito garantito supera i 2,58 euro, il contratto di pegno deve essere stipulato in forma scritta *ad substantiam* con data certa.

c) Gli effetti del pegno

La costituzione del pegno produce i seguenti effetti:

— il creditore acquista il *possesso* della cosa.

  In particolare la legge gli attribuisce una *limitata facoltà di godimento* in quanto:

  — il creditore può esercitare le azioni possessorie e l'azione di rivendicazione (solo nei limiti in cui spetta al proprietario e, quindi, in via di surrogazione);
  — può ritenere i frutti, imputandoli prima alle spese, poi, agli interessi e, quindi al capitale;
  — tuttavia, non può usare la cosa a meno che non vi sia il consenso del debitore. Non può compiere atti di disposizione della cosa. Egli, comunque, ha un *diritto di ritenzione* della cosa fino all'integrale pagamento delle somme dovute, ma, di converso, ha l'obbligo di custodire la cosa nello stato in cui si trovava al momento della costituzione del pegno;

— l'effetto più saliente e caratteristico è l'attribuzione al creditore del *diritto di prelazione*: se il debitore non adempie, infatti, il creditore può far vendere la cosa, secondo le modalità dei

pubblici incanti, ed ha diritto di conseguire il pagamento, con preferenza rispetto agli altri creditori, sul prezzo ricavato dalla vendita;
— il creditore può anche domandare al giudice l'*assegnazione in pagamento* del bene pignorato, fino alla concorrenza del credito. In tal caso la cosa viene stimata dal giudice, a meno che non abbia un prezzo di mercato.

L'assegnazione in pagamento non è in contrasto col divieto del *patto commissorio*: infatti, la cosa viene ceduta al creditore solo *nei limiti* del credito garantito, con la conseguenza che se il bene ha un valore superiore, la differenza tra tale valore e l'entità del credito deve essere corrisposta al debitore (o al terzo datore).

d) Il pegno irregolare

Si ha pegno irregolare quando il diritto di garanzia ha per oggetto una **cosa fungibile**.

In questo caso, il creditore non è tenuto a conservare e restituire l'*eadem res*, ma soltanto il *tantundem eiusdem generis*, mentre, in caso di inadempimento, può trattenere la cosa definitivamente: perciò, di fatto, si determina un *trasferimento di proprietà* dal debitore al creditore.

Tali peculiarità (che comportano l'inapplicabilità della maggior parte delle norme in tema di custodia, uso e conservazione) hanno provocato un dibattito sulla *natura* del pegno irregolare: la maggior parte della dottrina e la giurisprudenza ritengono che esso sia riconducibile alla *figura tipica del pegno* poiché ne realizza la funzione di garanzia.

Si ritiene che costituisca un esempio di pegno irregolare il cd. *deposito cauzionale*, avente lo scopo di garantire un'obbligazione attraverso la consegna di una somma di danaro da restituirsi se l'obbligazione sarà adempiuta: in particolare, si ammette (TRABUCCHI) che possa essere costituito anche per un debito eventuale, nascente da future responsabilità in cui si dovesse incorrere.

e) Il pegno su credito

Tale forma di pegno ha per effetto il *trasferimento del diritto di prelazione* sul *ricavato* del credito pignorato senza che sia trasferita anche la titolarità del credito stesso. Come la cessione dei crediti, anche il pegno su un credito si costituisce per mezzo di un contratto avente forma scritta, il quale deve essere notificato al debitore del credito dato in pegno o da questi accettato (art. 2800). Finché il pegno non si estingue il debitore del credito dato in pegno non può pagare il creditore salvo che, nel frattempo, il credito stesso venga a scadere (art. 2803).

7 L'ipoteca

L'ipoteca è un *diritto reale di garanzia, concesso dal debitore (o da un terzo) su un bene, a garanzia di un credito, che attribuisce al creditore il potere di espropriare il bene e di essere soddisfatto con preferenza sul prezzo ricavato* (TORRENTE).

Possono essere oggetto di ipoteca (art. 2810):
— i beni *immobili* con le loro pertinenze;
— i beni *mobili registrati*;
— il *diritto di superficie*, il *diritto dell'enfiteuta*, quello del *concedente sul fondo enfiteutico* e *l'usufrutto*.

In quest'ultima ipotesi l'ipoteca si estingue alla cessazione dell'usufrutto dato (art. 2814) in virtù del principio generale che la durata dell'usufrutto non può eccedere la vita dell'usufruttuario (art. 979);

— le *rendite dello Stato*.

Anche la *quota di un bene indiviso* può essere oggetto di ipoteca (art. 2825).

Inoltre, gli artt. 2822 e 2823 prevedono la possibilità di accendere ipoteca anche su *beni futuri*, beni cioè che si prevede entreranno nel patrimonio del debitore o che devono ancora venire in essere. In simili ipotesi l'ipoteca avrà valore solo quando la cosa entrerà nel patrimonio del debitore o verrà a esistenza. Prima di allora non vi è ipoteca, ma un mero obbligo per il debitore di concederne la costituzione sotto la condizione sospensiva che il bene entri a far parte del suo patrimonio o venga a esistenza.

La L. 30/1997 ha disciplinato la trascrizione obbligatoria per i contratti preliminari e ha introdotto l'art. 2825bis in tema di ipoteca sul bene oggetto del contratto preliminare.

Il diritto di ipoteca si costituisce mediante **iscrizione** nell'apposito registro presso l'ufficio dei registri immobiliari del luogo ove si trova il bene. Tale iscrizione ha carattere **costitutivo**: la volontà delle parti, la legge o la sentenza attribuiscono al creditore il *diritto di ottenere l'iscrizione*, ma *solo con l'iscrizione il diritto viene ad esistenza*.

L'iscrizione ha molte analogie estrinseche con la **trascrizione** relativa ai beni immobili, ma la sua funzione è essenzialmente diversa.

È analoga perché si attua nello stesso ufficio, richiede le stesse forme, ha lo stesso carattere personale (per una visura ipotecaria si deve ricercare il nome del proprietario del bene immobile o mobile registrato contro cui l'ipoteca potrebbe essere iscritta).

È però diversa poiché l'iscrizione ha natura *costitutiva* mentre la trascrizione ha natura *dichiarativa*.

Il diritto di ipoteca *è imprescrittibile*, ma l'effetto dell'iscrizione è limitato a venti anni: prima del compimento del ventennio, pertanto, il creditore deve *rinnovare* l'iscrizione, affinché l'ipoteca conservi i suoi effetti ed il suo grado per altri venti anni. Se, invece, la *rinnovazione* viene chiesta dopo la scadenza dei venti anni, l'ipoteca si considera di nuova iscrizione e perde il grado che aveva precedentemente.

Si ha diritto alla **riduzione dell'ipoteca legale o giudiziale** se la somma determinata dal creditore nell'iscrizione eccede di 1/5 quella che l'autorità giudiziaria dichiara dovuta, o se i beni compresi nell'iscrizione hanno un valore che eccede la cautela da somministrarsi; il valore dei beni eccede la cautela se, tanto alla data di iscrizione dell'ipoteca quando posteriormente, superi di un terzo l'importo dei crediti iscritti, comprensivo di accessori (art. 2874).

8 Le fonti dell'ipoteca

In relazione alla fonte, la legge distingue tra ipoteca **legale**, **giudiziale** e **volontaria**.

a) L'ipoteca legale (art. 2817)

Si ha quando è la **legge** che attribuisce ad alcuni creditori, in considerazione della causa del credito o della qualità o posizione assunta dal creditore stesso, il *diritto di ottenere* l'iscrizione ipotecaria senza il concorso della volontà del debitore.

L'art. 2817 elenca tassativamente i casi di ipoteca legale.

Essa spetta, in particolare:

1) all'*alienante*, sull'immobile alienato, a garanzia dell'adempimento degli obblighi derivanti dal contratto;
2) al *coerede*, al socio e ad ogni altro *condividente*, a garanzia del pagamento dei conguagli, sugli immobili assegnati agli altri condividenti;
3) allo *Stato*, sui beni del condannato, a garanzia del pagamento delle spese di giustizia.

b) L'ipoteca giudiziale (artt. 2818-2820)

Chi ha ottenuto una sentenza di condanna al pagamento di una somma o all'adempimento di un'altra obbligazione o al risarcimento dei danni (da liquidarsi successivamente), ha titolo per iscrivere ipoteca, anche se la sentenza non ha forza esecutiva o è sottoposta a gravame.

Come rileva TRABUCCHI, non si deve pensare che il giudice dia nella sentenza un ordine per l'iscrizione dell'ipoteca: la sentenza contiene soltanto la condanna all'adempimento o al pagamento, e costituisce un *titolo* in forza del quale il creditore può accendere l'ipoteca. Alla sentenza è equiparato ogni altro provvedimento al quale la legge riconosce analogo effetto (es., decreto ingiuntivo esecutivo).

L'ipoteca giudiziale si può iscrivere su **qualunque bene immobile** appartenente al debitore e su quelli che gli pervengono successivamente alla condanna (art. 2828).

Ciò non significa che il creditore possa iscrivere ipoteca indiscriminatamente su tutti i beni del debitore. Infatti, il creditore che senza adoperare la normale diligenza iscriva ipoteca **su beni il cui valore superi i parametri previsti dall'art. 2875** (1/3 dell'importo dei crediti iscritti accresciuto degli interessi) rispetto al credito garantito, incorre nella responsabilità prevista dall'art. 96, co. 2, c.p.c., configurandosi un **abuso del diritto** della garanzia patrimoniale in danno del debitore.

Questo principio è stato affermato da Cass. 6533/2016, poiché:

— la funzione di generale garanzia per il creditore assolta dall'intero patrimonio del debitore (art. 2740) incontra il limite dell'abuso del diritto;
— l'art. 2828, che abilita il creditore a iscrivere ipoteca su qualunque immobile, presente e sopravvenuto del debitore, e quindi a scegliere su quanti e quali immobili iscrivere ipoteca, non gli consente — come accennato — di iscrivere ipoteca su tutti gli immobili;
— nello stesso sistema di norme che disciplinano la materia, il profilo della sproporzione è regolato, nell'ambito della riduzione giudiziale, con l'individuazione della misura eccedente. Così, le ipoteche giudiziali devono ridursi se i beni compresi nell'iscrizione hanno un valore che eccede la cautela superiore a 1/3 dei crediti iscritti, accresciuto dagli accessori; se la somma determinata dal creditore nell'iscrizione ecceda di 1/5 quella che l'autorità giudiziaria dichiara dovuta.

c) L'ipoteca volontaria (artt. 2821-2826)

Nasce da contratto o da dichiarazione unilaterale di volontà da parte del concedente. Nell'uno e nell'altro caso, la concessione deve assumere, sotto pena di nullità, la forma dell'*atto pubblico* o della *scrittura privata*.

Non rientra tra le fonti dell'ipoteca il *testamento*, e ciò per evitare che il debitore alteri la situazione dei suoi creditori per il tempo successivo alla sua morte (la legge tende a garantire la *par condicio* dei creditori del defunto dopo l'apertura della successione).

9 L'ordine tra le ipoteche

L'ordine di preferenza fra varie ipoteche iscritte sullo stesso bene è determinato *non* dalla data del titolo, ma dalla data dell'iscrizione. Ogni iscrizione, infatti, riceve un numero d'ordine, che è il **grado dell'ipoteca**.

Se più persone si presentano contemporaneamente per ottenere iscrizione di ipoteca contro lo stesso soggetto e sui medesimi immobili, le iscrizioni avranno tutte lo stesso numero e le ipoteche uguale grado (pertanto, i creditori concorreranno tra loro in proporzione dell'importo dei rispettivi crediti).

È ammessa la **cessione di grado** tra creditori ipotecari, purché essa non leda gli altri eventuali creditori ipotecari: la cessione deve essere annotata nel registro e l'*annotazione* ha efficacia costitutiva, in quanto la trasmissione non ha effetto fino a quando la stessa non è eseguita. Sono, inoltre, previste delle forme di **surroga ipotecaria** e cioè:

— la *surroga per pagamento*, che si ha quando un creditore di grado posteriore estingue, col pagamento, il credito di chi ha un'ipoteca anteriore, surrogandosi *ope legis* nei suoi diritti (art. 1203, n. 1);
— la *surroga ipotecaria del creditore perdente*, che si attua per evitare le conseguenze del comportamento di un creditore che, avendo più ipoteche sui beni del debitore, si soddisfa sui beni su cui altri creditori

hanno ipoteche, ma di grado successivo; in questo caso i creditori «perdenti» (perché non rimangono soddisfatti) si surrogano nell'ipoteca su beni non escussi, iscritta a favore del creditore che già sia stato soddisfatto (art. 2856).

Esattamente osserva TRABUCCHI che in questo caso non ricorre una tipica forma di surrogazione perché non c'è sostituzione nel credito ma un *trasporto* di ipoteca.

10 L'ipoteca e i terzi

a) Il terzo acquirente del bene ipotecato

L'ipoteca, per la sua natura di **diritto reale**, ha efficacia anche nei confronti di chi acquisti l'immobile dopo l'iscrizione: infatti i creditori ipotecari possono far espropriare i beni anche dopo l'alienazione.

Il terzo, che voglia evitare ciò, può esercitare una delle seguenti facoltà:

- pagare i debiti iscritti;
- rilasciare i beni ipotecati, in modo che l'espropriazione avverrà nei confronti dell'amministratore dei beni, nominato dal tribunale;
- ricorrere alla cd. *purgazione delle ipoteche*, offrendo ai creditori il prezzo stipulato per l'acquisto o il valore da lui stesso dichiarato per i beni di cui non sia stato determinato il prezzo.

b) Il terzo datore di ipoteca

Il terzo datore di ipoteca è colui che concede ipoteca sui propri beni, a garanzia del debito di un altro (si tratta di un'ipotesi di *responsabilità senza debito*).

Il terzo, sia che subisca l'espropriazione, sia che preferisca pagare il debito, ha il *diritto di regresso* verso il debitore e contro i fideiussori del debitore.

Così, ad es., Sempronio, terzo datore di ipoteca a favore di Tizio che è debitore di Caio per un prestito garantito già da fideiussione dell'amico Primo, escusso da Caio per il pagamento del debito scaduto può sempre esercitare azione di regresso contro Primo.

11 Estinzione dell'ipoteca

Occorre innanzitutto distinguere fra *estinzione degli effetti* dell'iscrizione (dopo 20 anni, se non si procede alla rinnovazione) ed *estinzione dell'ipoteca*, Nel primo caso, come si è visto, l'ipoteca si può nuovamente iscrivere.

L'ipoteca, invece, si estingue o per l'estinzione del credito garantito o per cause proprie elencate dall'art. 2878 (perimento del bene ipotecato, rinunzia del creditore etc.). Essa, inoltre, non può essere fatta valere contro il terzo acquirente del bene dopo venti anni dalla trascrizione del suo titolo di acquisto.

Estinta l'ipoteca, il proprietario del bene gravato ha interesse a chiedere la cancellazione della iscrizione, perché soltanto dopo la cancellazione (o passati venti anni dall'iscrizione) l'immobile risulterà essere effettivamente libero.

Bisogna sottolineare, inoltre, che ai sensi dell'art. 40bis, D.Lgs. 385/1993, se il creditore è **soggetto esercente attività bancaria o finanziaria**, l'ipoteca iscritta a garanzia di obbligazioni derivanti da contratto di mutuo si estingue automaticamente alla data di avvenuta estinzione dell'obbligazione garantita. Il creditore è tenuto a rilasciare al debitore quietanza attestante la data di estinzione dell'obbligazione e a trasmettere al conservatore la relativa comunicazione entro trenta giorni dalla stessa data, senza alcun onere per il debitore.

Sezione Terza
Garanzie semplici

12 Garanzie semplici o personali

Sono quelle garanzie che non si costituiscono mediante la creazione di un rapporto con una cosa determinata, con conseguente diritto di prelazione sulla stessa, ma consistono nella **creazione di un nuovo rapporto obbligatorio** (*accessorio* all'obbligazione principale) fra lo stesso creditore e un altro debitore che si *aggiunge*, *col suo patrimonio*, *a rafforzare* la garanzia del creditore.

Quanto alla loro natura giuridica generalmente si tratta di *contratti*: la *fideiussione* e il *mandato di credito* sono, infatti, regolati nel codice civile fra i contratti; l'avallo trova la sua collocazione nella *legge cambiaria*.

13 La fideiussione

a) Nozione e fonte

Tipica garanzia personale è la fideiussione. L'art. 1936 definisce fideiussore *colui che, obbligandosi personalmente verso il creditore, garantisce l'adempimento di un'obbligazione altrui*.

Fonte dell'obbligo del fideiussore può essere sia la *legge* che la *volontà privata*.

Solitamente esso si costituisce in forza di contratto fra il creditore e il terzo che si rende garante del debito altrui.

Generalmente il contratto di fideiussione è *gratuito*, ma è possibile che le parti dispongano che il *creditore* debba un compenso al fideiussore per il fatto che questi si è assunto la garanzia dell'obbligazione. Il contratto di fideiussione rimane gratuito anche se è previsto che il *debitore* paghi un compenso al fideiussore: in questo caso si tratta di *rapporto interno* tra fideiussore e debitore che rimane però *terzo* rispetto al contratto di fideiussione.

Non è richiesta una forma determinata, ma è necessario che la *volontà* del fideiussore sia *espressa*: data la gravità dell'impegno, la legge non ritiene sufficiente un comportamento concludente.

Trattandosi di un contratto naturalmente *gratuito*, esso rientra nello schema del negozio con obbligazioni a carico del solo proponente e, pertanto, è disciplinato dall'art. 1333.

Si ritiene che la fideiussione possa essere validamente costituita anche tramite *promessa unilaterale*, *testamento* e *contratto* (fra debitore e fideiussore) a favore del terzo creditore.

b) Oggetto

Oggetto della fideiussione è l'**obbligo del debitore principale**, al quale la garanzia è legata da un rapporto di *accessorietà*.

La fideiussione può aver ad oggetto anche l'*obbligazione di un altro fideiussore*: in tal caso si determina una *garanzia di secondo grado* in quanto l'obbligazione del subfideiussore è non solo accessoria ma anche sussidiaria essendo egli obbligato verso il creditore solo se il debitore principale e tutti i fideiussori di questo siano insolventi o liberati perché incapaci (art. 1948).

Dalla *natura accessoria* della garanzia fideiussoria discende che:

- la fideiussione *non è valida se è invalida* l'*obbligazione principale*, salvo che sia prestata per un'obbligazione assunta da un incapace (art. 1939);
- la fideiussione *non può eccedere ciò che è dovuto dal debitore*, né può essere prestata a *condizioni più onerose* (art. 1941);

- il fideiussore può opporre al creditore *tutte le eccezioni che spettano al debitore principale*, salva quella derivante da incapacità (art. 1945);
- la fideiussione si estende a tutti gli *accessori del debito principale*, nonché alle *spese* per la denuncia al fideiussore della causa promossa contro il debitore principale e alle spese successive eventualmente sostenute dal creditore (art. 1942).

c) Rapporti tra fideiussore e creditore

Il fideiussore è *obbligato in solido con il debitore principale* al pagamento del debito; le parti possono tuttavia convenire che il fideiussore non sia tenuto a pagare prima della escussione del debitore principale (*beneficium excussionis*: art. 1944).

Si distingue perciò tra:

- *fideiussione semplice*, che ricorre nei casi in cui le parti abbiano pattuito il beneficio d'escussione;
- *fideiussione solidale*, che è l'ipotesi normale, nella quale, poiché manca la pattuizione di cui sopra, il creditore può rivolgersi, per il pagamento, indifferentemente al debitore principale o al fideiussore.

d) Rapporti tra fideiussore e debitore principale

Il fideiussore che ha pagato il debito è **surrogato** nei diritti che il creditore vantava verso il debitore (art. 1949).

Inoltre, egli può esperire contro il debitore **azione di regresso**, cioè può farsi rimborsare tutto ciò che ha pagato al creditore (art. 1950).

Discussa è la *differenza tra azione di regresso e surrogazione* nel diritto del creditore.

Prevale l'opinione (RAVAZZONI) che i due istituti siano distinti ed *alternativamente* concorrenti a scelta del fideiussore in base alla considerazione che essi hanno diversa ampiezza e determinano differenti effetti. Secondo alcuni autori (BIANCA), invece, i due rimedi, pur essendo diversi, possono essere esercitati *in via complementare*, nel senso che si può esercitare la surrogazione e al tempo stesso il diritto di regresso relativamente a quanto spetti in eccedenza rispetto al credito surrogato.

In alcuni casi previsti tassativamente dall'art. 1953, ispirati a diverse ragioni, il *fideiussore, anche prima di aver pagato, può agire contro il debitore* perché questi gli procuri la liberazione (*azione di rilievo per liberazione*), o in mancanza, presti le garanzie necessarie per assicurargli il soddisfacimento delle eventuali ragioni di regresso (*azione* di *rilievo per cauzione*).

Il fideiussore quando paga ha l'*onere di avvisare* il debitore principale. Infatti *in caso* di *mancato avviso*:

- se il debitore successivamente ha pagato anch'egli, il fideiussore non ha azione di regresso nei suoi confronti (art. 1952, co. 1);
- il debitore può opporre al fideiussore le eccezioni che avrebbe potuto opporre al creditore principale all'atto del pagamento (art. 1952, co. 2).

In entrambi i casi è fatta salva al fideiussore l'azione per la ripetizione contro il creditore.

e) Rapporti tra più fideiussori

Può accadere che *più persone abbiano prestato fideiussione per un medesimo debitore e a garanzia di un medesimo debito*; in tal caso:

- ciascuna di esse è obbligata per l'intero debito, salvo che sia stato pattuito il *beneficio della divisione* (*beneficium divisionis*: artt. 1946-1947);
- il fideiussore che ha pagato ha *regresso* contro gli altri fideiussori per la loro rispettiva porzione (art. 1954).

f) Estinzione della fideiussione

L'obbligazione del fideiussore si estingue:

— a causa dell'*estinzione dell'obbligazione del debitore originario*;
— attraverso i *normali modi di estinzione* delle obbligazioni;
— in altre *particolari ipotesi* previste dagli artt. 1955-1957.

Tali ultime ipotesi costituiscono casi speciali di estinzione della fideiussione giustificati dall'intento di rendere temporaneo o meno gravoso il vincolo del fideiussore; esse si verificano:

— quando, per fatto imputabile al creditore non è più realizzabile la surrogazione del fideiussore nei diritti del creditore (art. 1955);
— quando, in caso di fideiussione per un'obbligazione futura, il creditore senza autorizzazione del fideiussore ha fatto credito al terzo, pur conoscendo che le condizioni patrimoniali di questo erano divenute tali da rendere notevolmente più difficile il soddisfacimento del credito (art. 1956);
— quando il creditore, entro sei mesi dalla scadenza dell'obbligazione principale, non ha proposto le sue istanze contro il debitore o non le ha coltivate con diligenza (art. 1957). In tal caso si verifica per il creditore una decadenza dal diritto verso il fideiussore.

g) Fideiussione per obbligazioni future e fideiussione omnibus

Ai sensi dell'art. 1938 la fideiussione può essere prestata anche per un'*obbligazione futura o condizionale*: si ritiene che sia condizione di validità l'esistenza di un rapporto di fatto tra le parti dal quale risulti probabile il sorgere di un credito.

Particolare tipo di fideiussione per obbligazioni future è la **fideiussione omnibus**, che si ha quando un soggetto si obbliga a garantire (per lo più nei confronti di una banca) l'adempimento di ogni obbligazione già sorta o che sorgerà a carico di un altro soggetto senza la previsione né di limiti di durata, né di limiti quantitativi.

Spesso viene sancita la sopravvivenza dell'obbligazione di garanzia anche in caso di invalidità dell'obbligazione principale, nonché la deroga delle norme poste a tutela del fideiussore, quali la decadenza *ex* art. 1957 e la possibilità di liberazione del fideiussore *ex* art. 1956.

Mentre la giurisprudenza è orientata a riconoscere validità a tale particolare tipo di fideiussione, la dottrina è ancora incerta. A fronte di chi nega totalmente valore a tale figura (STOLFI G., GALGANO, DI SABATO) altri ammettono la fideiussione *omnibus* a condizione che l'oggetto sia *determinabile* in base a precisi criteri prestabiliti (RESCIGNO, FRAGALI, MOLLE, PIAZZA, RAVAZZONI, RASCIO), cosicché il garante possa controllare il comportamento del debitore principale (Cass. 4738/1984).

Ed, infatti, le banche operano sulla base di regole precostituite che limitano la possibilità di arbitrio e che sono conoscibili dal fideiussore.

L'art. 1938 è stato modificato dall'art. 10 L. 154/1992 in materia di *trasparenza delle operazioni e dei servizi bancari e finanziari*, il quale ha imposto la previsione dell'*importo massimo garantito*. Residua il dubbio se la fissazione di un massimale sproporzionato rispetto alle future obbligazioni del garantito eluda il divieto della norma essendo, di fatto, una garanzia illimitata.

Tale legge, inoltre, integrando l'art. 1956, ha statuito che *non è valida* la preventiva rinuncia del fideiussore ad avvalersi della liberazione prevista nel co. 1 dello stesso articolo. La banca, quindi, non potrà più avvalersi di quella clausola che la esonerava dal richiedere al fideiussore la preventiva autorizzazione prevista dall'art. 1956.

14 Il mandato di credito

In base all'art. 1958, si ha mandato di credito quando *un soggetto si obbliga verso un'altro che gli ha conferito l'incarico, a far credito ad un terzo in nome e per conto proprio*; in tal caso, colui che ha dato l'incarico risponde come *fideiussore di un debito futuro.*

Elementi essenziali del contratto sono:

1) il *conferimento dell'incarico*;
2) l'*accettazione dell'incarico* che rende impossibile la rinunzia allo stesso;
3) la *posizione di fideiussore* di colui che ha dato l'incarico.

15 Il contratto autonomo di garanzia

Il contratto autonomo di garanzia è un contratto atipico di derivazione tedesca (*Garantievertrag*), nato dalle esigenze del commercio internazionale: con esso *una banca (o una compagnia di assicurazioni) si impegna a pagare una somma determinata al creditore su semplice richiesta (a prima richiesta) allo scopo di garantire l'esecuzione di un'obbligazione che un terzo (debitore principale) è tenuto ad adempiere verso lo stesso creditore*.

La caratteristica di tale forma di garanzia è l'assoluta *autonomia* dell'obbligazione di garanzia rispetto a quella principale (ed in ciò si distingue dalla fideiussione dove, invece, l'obbligazione del fideiussore è *accessoria*), tanto che la semplice richiesta del garantito impone alla banca di eseguire la prestazione *senza poter opporre alcuna eccezione* relativa alla validità del rapporto di garanzia.

16 Lettera di gradimento (o di «*patronage*»)

Forma impropria di garanzia è la *lettera di «patronage»*. Attraverso tale dichiarazione una società capogruppo rende noto alla banca, dalla quale una delle società del gruppo desidera ricevere un finanziamento, di possedere una partecipazione di controllo sulla società da finanziare e si impegna a non cedere tale partecipazione fino all'estinzione del debito o in caso di cessione a prestare una idonea garanzia. Da tale dichiarazione, di carattere essenzialmente *ricognitivo*, deriva soltanto, secondo la dottrina prevalente, una *responsabilità extracontrattuale* (art. 2043) della società capogruppo, qualora la stessa tenga un comportamento contrario al contenuto della dichiarazione.

La dichiarazione di *patronage* si distingue:

- dalla **fideiussione**, poiché nella lettera di gradimento manca la manifestazione di volontà richiesta per la fideiussione dall'art. 1937;
- dal **mandato di credito**, poiché la banca non si obbliga contrattualmente verso la società-madre a fare credito alla società controllata;
- dalla **promessa del fatto di un terzo** (art. 1381), perché niente della lettera può essere inteso come promessa, nemmeno implicita, dell'adempimento altrui.

17 L'avallo

L'avallo è una dichiarazione cambiaria con la quale *un soggetto garantisce il pagamento della cambiale per uno degli obbligati cambiari* (il traente, l'emittente o un girante). Essa quindi rappresenta un'obbligazione cambiaria *autonoma* di garanzia.

L'avallante è tenuto in solido con l'avallato, perciò il portatore della cambiale può anche chiedere direttamente a lui il pagamento; però, l'avallante che paga la cambiale acquista i diritti ad essa inerenti contro l'avallato e contro coloro che sono obbligati cambiariamente verso quest'ultimo.

L'obbligazione di avallare la cambiale deve essere scritta sulla cambiale: di solito si usa la dizione *per avallo* seguita dalla firma dell'avallante, ma basta anche la sola firma apposta sulla faccia anteriore della cambiale.

L'avallo si distingue dalla **fideiussione**, in quanto mentre quest'ultima ha natura accessoria, l'avallo è indipendente dall'obbligazione cambiaria per cui è dato; a differenza del fideiussore, l'avallante non può opporre le eccezioni personali opponibili dall'avallato al creditore.

18 Il diritto di ritenzione

In alcuni casi la legge concede al creditore di trattenere una cosa che egli avrebbe l'obbligo di restituire al proprietario, al fine di indurre quest'ultimo a soddisfare un suo debito.

Trattasi di un mezzo di pressione sulla volontà del debitore, cui non si accompagnano garanzie reali o privilegi (TRABUCCHI).

Ha, per legge, diritto di ritenzione:

- il possessore di buona fede, nei confronti del proprietario del bene da restituire, per spese e miglioramenti attinenti allo stesso bene (art. 1152);
- il coerede che conferisce un immobile in natura, fino al rimborso delle spese e dei miglioramenti (art. 748);
- il compratore che ha visto risolto il suo acquisto per effetto del riscatto esercitato dalla controparte (art. 1502);
- l'usufruttuario, per il rimborso delle spese da lui sostenute, che sarebbero state di spettanza del proprietario (artt. 1006, 1011).

Oltre che per espressa volontà della legge, il diritto di ritenzione può essere stabilito anche per volontà dei *contraenti*: in tal caso, però, la ritenzione non potrà essere fatta valere nei confronti dei terzi che non erano in grado di conoscerne tempestivamente l'esistenza.

19 La clausola penale (art. 1382)

È la clausola con cui si conviene che in caso di *inadempimento o ritardo*, uno dei contraenti è tenuto ad una *determinata prestazione* (solitamente il pagamento di una somma di denaro) (art. 1382).

Molto discussa è la sua *natura giuridica*: secondo alcuni (TRIMARCHI) si tratta di un negozio autonomo con *funzione sanzionatoria*, mentre da altri è considerata un patto accessorio con la duplice *funzione di liquidare preventivamente i danni* ed incentivare il debitore all'adempimento (in tal caso, essa è soggetta ai requisiti di forma dei negozi connessi).

In caso di inadempimento è previsto:

- che la penale sia dovuta nella *misura stabilita* e il creditore non potrà esigere un ulteriore risarcimento.

  Tuttavia le parti possono convenire la risarcibilità del *danno ulteriore*, ma il creditore dovrà *provare l'intero danno* e, di converso, il *giudice può ridurre la penale* se l'obbligazione principale è stata eseguita in parte o se l'ammontare della penale risulta eccessivo, avuto riguardo all'interesse del creditore. Tale potere del giudice può essere esercitato anche d'ufficio, sia nel caso in cui la penale risulti manifestamente eccessiva, sia nel caso in cui l'obbligazione principale è stata in parte eseguita (Cass. **S.U.** 18128/2005);

- il *divieto di cumulo* (art. 1383): il creditore può scegliere tra il pagamento della penale e l'esecuzione coattiva della prestazione principale, ma non può domandare entrambe le prestazioni a meno che la penale sia stata stipulata per il semplice ritardo.

20 La caparra

a) Nozione e funzione

Per i soli contratti a prestazioni corrispettive, per rafforzare il diritto del creditore all'adempimento e al *risarcimento del danno* in caso di *inadempimento,* le parti possono convenire che una consegni all'altra una caparra, ossia *una somma di denaro o una quantità di cose fungibili.*

b) Tipi

La caparra si distingue in:

- **caparra confirmatoria** (art. 1385): è una somma di danaro o una quantità di cose fungibili che, al momento della costituzione del rapporto obbligatorio, una parte dà all'altra, quale conferma dell'adempimento, di cui segna quasi un'anticipata e parziale esecuzione (D'AVANZO).
Se il contratto viene adempiuto, la caparra deve essere restituita o imputata alla prestazione dovuta. In caso di inadempimento, invece, se inadempiente è la parte che ha dato la caparra, l'altra può recedere dal contratto e ritenere la caparra; se inadempiente è la parte che l'ha ricevuta, l'altra può recedere dal contratto ed esigere il doppio della caparra; in entrambi i casi, se la parte che non è inadempiente preferisce domandare l'esecuzione o la risoluzione del contratto, il risarcimento del danno è regolato dalle norme generali e la caparra sarà trattenuta in conto dei danni che saranno liquidati;

  Le Sezioni Unite della Cassazione (sent. 5523/2009), con riferimento al rapporto tra i due rimedi previsti dall'art. 1385, hanno ritenuto, anche alla luce del principio di ragionevole durata del processo (art. 111, co. 2, Cost.), che, proposta domanda di risoluzione e risarcimento integrale del danno, non è consentita la trasformazione in domanda di recesso con ritenzione di caparra, poiché il rapporto tra i due rimedi si pone in termini di incompatibilità strutturale e funzionale.

- **caparra penitenziale** (art. 1386): la somma che una parte dà all'altra non rappresenta una cautela contro l'inadempimento, ma è il *corrispettivo per l'attribuzione della facoltà di recesso* (vedi *infra*) dal rapporto contrattuale.
Una volta versata la caparra, i contraenti si riservano la scelta tra l'adempimento ed il **recesso**. Il recesso si attua per volontà unilaterale: rinunziando alla caparra nelle mani della controparte, se recede il soggetto che l'ha consegnata, o provvedendo alla restituzione di una doppia caparra nell'ipotesi inversa.

L'esercizio del potere di recesso può essere conferito anche disponendo a carico del recedente una *multa penitenziale* (art. 1373, co. 3). In quest'ultima però a differenza della caparra penitenziale, il corrispettivo non è versato al momento della stipulazione, ma solo promesso. In questo caso il recesso sarà efficace solo dopo il versamento del corrispettivo (BIGLIAZZI-GERI).

c) Differenza tra caparra e clausola penale

La caparra si differenzia dalla clausola penale per i seguenti motivi:

- è ammessa per i soli contratti a prestazioni corrispettive (e non in aggiunta a qualsiasi obbligazione);
- è dovuta solo in caso di inadempimento (e non anche per il ritardo nell'adempimento);
- non ha la funzione di liquidare preventivamente il danno: perciò la parte adempiente può incamerarla come anticipo per il pagamento dei danni che saranno liquidati dal giudice qualora, invece di ritenerla e recedere dal contratto, intenda chiedere l'esecuzione del contratto stesso oppure la risoluzione dell'obbligazione, oltre al risarcimento del danno secondo le regole generali.

Sezione Quarta
Mezzi di conservazione della garanzia patrimoniale

Si intende per **solvibilità** del debitore la sufficienza dei suoi beni a fungere effettivamente da *garanzia generica* delle sue obbligazioni (MESSINEO). Il creditore, pertanto, ha interesse a impedire che il patrimonio del debitore possa subìre, per negligenza o per dolo del debitore stesso, diminuzioni che incidano sulla solvibilità.

A tale scopo la legge appresta dei mezzi in favore del creditore diretti a *conservare* la garanzia patrimoniale del debitore, che esamineremo nei paragrafi che seguono.

21 L'azione surrogatoria (art. 2900)

a) Nozione e natura giuridica

L'azione surrogatoria consente al creditore di *sostituirsi al debitore nell'esercizio di singoli diritti* o *azioni, nel proprio interesse*.

Infatti può verificarsi che il debitore trascuri di realizzare i propri crediti (verso terzi) con danno non solo per il suo patrimonio ma anche per il suo creditore che vede diminuire (o venir meno) la possibilità di soddisfare il proprio credito. La legge offre allora al creditore il mezzo (azione surrogatoria) per evitare o riparare i danni che possono derivare dall'inerzia del debitore.

Il **fondamento giuridico** dell'azione surrogatoria viene rinvenuto nell'interesse del creditore alla *conservazione della garanzia del patrimonio del debitore*.

Non può, invece, essere considerata come *sanzione* per il comportamento del debitore, in quanto non esiste un obbligo per quest'ultimo di conservare l'oggetto della garanzia patrimoniale.

Pertanto, secondo la dottrina prevalente, l'azione surrogatoria ha natura *conservativo-cautelare*, ed infatti essa giova a tutti i creditori e non solo a quello che ha agito in surroga.

La giurisprudenza ammette che l'azione surrogatoria possa avere anche natura direttamente *satisfattiva*, in quanto, se il credito del debitore è *liquido* ed *esigibile*, consente al creditore di ottenere (per la parte che gli è dovuta) il pagamento della somma direttamente in proprio favore.

b) Presupposti

Presupposti dell'azione surrogatoria sono:

1) la **qualità di creditore** di chi agisce in surrogatoria;
2) l'**inerzia** del debitore nell'esercitare e realizzare i propri *diritti* e le proprie *azioni* verso terzi;
3) la **natura patrimoniale** di tali *diritti*.

   La norma richiede che il diritto esercitato abbia *contenuto patrimoniale* e *non sia inerente alla persona del debitore*: sotto il primo profilo, l'azione surrogatoria è inammissibile per i rapporti familiari e i diritti della personalità (mentre è surrogabile il diritto al risarcimento dei danni derivante dalla lesione di tali diritti); sotto il secondo profilo, si escludono quei diritti (per lo più potestativi, GAZZONI) il cui esercizio implichi una valutazione discrezionale che deve essere riservata al titolare del diritto (ad es., il potere di annullamento del contratto, il diritto di scelta nelle obbligazioni alternative).

   La dottrina ritiene, peraltro, che l'azione surrogatoria sia possibile solo per i diritti di credito e i diritti potestativi, in quanto essa presuppone un'«attività avente come punto di riferimento la controparte di un preciso rapporto giuridico intercorrente tra il debitore titolare ed un terzo» (BIGLIAZZI-GERI, GAZZONI);

4) il **danno** (o il pericolo di esso) che può derivare al creditore.

   Il danno consiste nell'*impossibilità* o *maggiore difficoltà* di realizzare il credito coattivamente: esso deve essere collegato all'inerzia del debitore da un nesso di causalità.

c) Effetti

La surrogatoria consente al creditore di *sostituirsi* non nella gestione patrimoniale della posizione debitoria, ma solo nel compimento di singoli atti giuridici, il cui primo effetto sarà un diretto vantaggio per il debitore: si recuperano, infatti, al patrimonio del debitore gli aumenti che altrimenti avrebbe perduto per inerzia. Come effetto conseguente ci sarà un vantaggio anche per il creditore che avrà la possibilità di soddisfarsi sul patrimonio del debitore.

Dei risultati della surrogatoria potranno giovarsi (a differenza di quanto avviene in tema di revocatoria) anche altri eventuali creditori del debitore inerte (pur non avendo esercitato l'azione surrogatoria), grazie all'attivo recuperato al patrimonio del debitore.

22 L'azione revocatoria (o pauliana) (artt. 2901-2904)

a) Nozione e presupposti

L'azione revocatoria è concessa al creditore a salvaguardia dell'integrità del patrimonio del debitore qualora quest'ultimo consapevolmente compia atti con i quali si spogli dei propri beni, sottraendoli così al soddisfacimento del creditore.

I presupposti dell'*azione revocatoria sono*:

1) la **qualità di creditore** del soggetto agente. È sufficiente l'esistenza di un credito, anche se litigioso (cioè, sottoposto ad accertamento giudiziale) e non esigibile (ad es., sottoposto a termine o a condizione sospensiva) (Cass. 2066/2010);
2) un **atto di disposizione** *inter vivos* posto in essere dal debitore (atto di disposizione è quel negozio giuridico con il quale si dispone di propri beni determinando una diminuzione del proprio patrimonio).

   Non può agirsi in revocatoria in ordine:

   — agli atti di *ordinaria amministrazione* (diretti alla conservazione e al godimento diretto del patrimonio);
   — agli *atti dovuti*: in tali atti manca il carattere dell'«arbitrarietà» e quindi quello della «negozialità» necessario per la revocabilità di un atto.
   Quanto detto, vale ad es., per il *pagamento dei debiti scaduti*, che non può essere dichiarato inefficace (art. 2901), poiché esso (come gli altri atti dovuti) viene posto in essere in adempimento di un obbligo del debitore.
   La giurisprudenza ha, inoltre, ritenuto *non esperibile* l'azione revocatoria anche rispetto agli atti aventi ad oggetto *beni impignorabili*, in quanto non idonei ad intaccare la consistenza del patrimonio del debitore;

3) l'*eventus damni*, ossia la diminuzione del patrimonio del debitore, che si risolve in una sottrazione (dannosa) di taluni beni all'espropriazione del creditore.
4) il *consilium fraudis*, ossia la consapevolezza del debitore di arrecare, col proprio atto, un pregiudizio al creditore.

   A questo proposito, tuttavia, occorre distinguere:

   — se l'atto dispositivo è *a titolo gratuito*, per l'esercizio dell'azione pauliana è sufficiente la semplice consapevolezza da parte del debitore, pur in presenza della buona fede del terzo. L'azione revocatoria di atti a titolo gratuito *non presuppone che il pregiudizio arrecato alle ragioni del creditore sia conosciuto, oltre che dal debitore, anche dal terzo* beneficiario, il quale ha comunque acquisito un vantaggio senza un corrispondente sacrificio e, quindi, può vedere il proprio interesse subordinato a quello del creditore (Cass. 12045/2010);
   — se l'atto dispositivo è *a titolo oneroso*, occorre, per l'esperibilità dell'azione, la *partecipatio fraudis* del terzo, ossia la consapevolezza anche da parte del terzo del pregiudizio arrecato al creditore (art. 2901).

   Si ricordi che l'art. 2901 richiede una diversa misura dell'intenzione fraudolenta a seconda che si tratti di atti di disposizione compiuti dal debitore anteriormente o successivamente alla nascita del credito.

Nel primo caso è necessario l'*animus nocendi*, cioè la dolosa preordinazione al fine di pregiudicare il soddisfacimento del creditore (*dolo specifico*), mentre nel secondo caso è sufficiente la semplice conoscenza del pregiudizio.

L'*onere di provare* la consapevolezza dell'acquirente spetta a chi agisce in revocatoria.

b) Effetti e prescrizione

L'azione revocatoria, se è accolta, non invalida l'atto compiuto dal debitore ma lo rende **inefficace** soltanto nei confronti del creditore che ha promosso l'azione.

Poiché la dichiarazione di inefficacia (dell'atto di alienazione) ha valore solo nei confronti del creditore istante, gli altri eventuali creditori (dello stesso debitore) non potranno giovarsi degli effetti dell'azione revocatoria (a differenza di quanto si verifica in tema di azione surrogatoria).

Si parla al riguardo di *inefficacia relativa*, nel senso che ottenuta la dichiarazione di inefficacia il bene non rientra a far parte del patrimonio del debitore, ma l'alienazione è solo considerata *priva di effetto nei confronti del creditore che ha agito in revocatoria.*

Ne consegue che (una volta ottenuta la sentenza che accoglie la domanda in revocatoria dichiarando l'inefficacia dell'atto di disposizione) il creditore potrà promuovere nei confronti dei terzi acquirenti le azioni conservative ed esecutive (senza le quali non conseguirebbe il soddisfacimento del suo credito) sui beni che formano oggetto dell'atto impugnato (art. 2902).

Nei confronti dei sub-acquirenti, ossia di coloro che hanno, a loro volta, acquistato il bene dall'avente causa del debitore, distinguiamo:

— se il *sub-acquirente ha acquistato* a *titolo gratuito* la dichiarazione di inefficacia dell'atto estende gli effetti anche nei suoi confronti;
— se il *sub-acquirente ha acquistato* a *titolo oneroso* il suo diritto non è pregiudicato se questi era in buona fede al momento dell'acquisto salvi gli effetti della trascrizione della domanda di revocazione (art. 2901, co. 4).

La *prescrizione* dell'azione revocatoria *è più breve* di quella ordinaria ed è di cinque anni dalla data dell'atto, per far sì che la sorte degli atti suscettibili di revoca non rimanga a lungo sospesa (art. 2903).

23 Il sequestro conservativo (artt. 2905-2906)

È un istituto disciplinato dal codice di procedura civile (art. 671) che ha lo scopo di *impedire al debitore* la disposizione dei beni per i quali sia stato chiesto (al giudice) e ottenuto il sequestro.

A differenza dell'azione revocatoria che agisce *ex post*, consiste in una *misura cautelare preventiva* (in quanto chiesta prima della conclusione della controversia) che il creditore può chiedere quando ha *fondato* timore di perdere le garanzie del proprio credito. È uno strumento particolarmente efficace in relazione a quei beni, come i *mobili*, che difficilmente potrebbero essere raggiunti con l'azione pauliana (TRABUCCHI).

Il sequestro conservativo si attua nelle stesse forme del pignoramento anche se è diverso lo *scopo* (generica misura cautelare) e il *titolo* (il sequestrante non acquista ragioni preferenziali sul bene *sequestrato*).

Si noti che la figura in oggetto si differenzia dal «sequestro giudiziario» (art. 670 c.p.c.) che sottrae, ai soggetti in lite, la disponibilità di un determinato bene oggetto di controversia o mezzo di prova.

Sezione Quinta
L'esecuzione coattiva individuale e collettiva

24 L'esecuzione forzata

Il creditore, dopo aver fatto accertare dal giudice l'inadempimento, per conseguire ciò che gli è dovuto, può far espropriare i beni del debitore o anche i beni di un terzo che siano vincolati a garanzia del credito.

Tuttavia il creditore non può da solo soddisfare il suo diritto, ma dovrà rivolgersi ad un'autorità superiore.

Organo dell'esecuzione è, dunque, lo Stato, che interviene sia nella fase di *cognizione*, cioè nel momento di riconoscimento del diritto; sia nella fase di esecuzione, cioè nel momento di realizzazione dell'interesse creditorio.

L'esecuzione, normalmente, avviene in forma generica ossia è diretta a procurare al creditore insoddisfatto l'equivalente in denaro del valore della prestazione che avrebbe dovuto ricevere (tale forma di esecuzione prende il nome di **espropriazione**); talvolta però il creditore può chiedere l'esecuzione coattiva del suo credito in forma specifica: ad es., in caso di inadempimento dell'obbligo di consegnare una cosa determinata (art. 2930).

Oggetto dell'espropriazione è **tutto il patrimonio del debitore**: beni immobili, mobili, crediti e diritti di ogni genere.

Tuttavia sono esclusi dalla generale pignorabilità dei beni del debitore: i beni mobili strettamente necessari per la vita del debitore e della sua famiglia e i diritti che si considerano personalissimi.

L'espropriazione si realizza attraverso tre fasi:

- il pignoramento;
- la vendita forzata (o l'assegnazione forzata);
- l'attribuzione del ricavato al creditore, o la distribuzione di esso fra i più creditori concorrenti.

Tali procedure differiscono in relazione all'oggetto dell'esecuzione e sono regolate dal Codice processuale civile.

25 L'esecuzione collettiva (o concorsuale)

Un aspetto più grave assume la **crisi economica dell'imprenditore commerciale**, in quanto essa coinvolge una categoria abbastanza vasta di crediti e, di riflesso, si ripercuote sull'economia generale, colpendo tutte quelle altre aziende titolari di crediti nei confronti dell'azienda insolvente.

La legge pertanto — tenuto conto che tutti i creditori, che hanno fatto affidamento sulla prosperità dell'impresa, devono subire in egual misura le conseguenze della crisi economica della stessa — non consente azioni esecutive individuali, ma interviene autoritativamente mediante una particolare *procedura giudiziale*, sottoponendo all'esecuzione l'intero patrimonio dell'impresa. Si ha, così, l'applicazione del principio della *par condicio creditorum*, e cioè un *eguale regolamento di tutti i rapporti* che *all'imprenditore fanno capo*. Tale particolare forma di **esecuzione collettiva**, che ha lo scopo di liquidare l'attivo dell'imprenditore per soddisfare i suoi creditori, è detta **procedura** esecutiva **concorsuale** (R.D. 267/1942 e D.Lgs. 14/2019) e si contrappone a quella singolare, che mira alla soddisfazione di singoli crediti.

Sezione Sesta
La soggezione volontaria alle conseguenze della responsabilità patrimoniale

26 La cessione dei beni ai creditori

a) Nozione e funzione

È un contratto con cui il *debitore incarica i creditori di* liquidare *tutte o parte delle sue attività e di* **ripartirne** *tra loro il ricavato, a soddisfacimento dei rispettivi crediti* (art. 1977).

Esso quindi consiste in un accordo preordinato al soddisfacimento dei diritti dei creditori, vantaggioso anche per lo stesso debitore.

Con tale cessione, infatti, i *creditori* ottengono più di quanto avrebbero avuto se vi fosse stata una procedura esecutiva (individuale o concorsuale) e in tempo minore, mentre il debitore riesce a evitare gli effetti di un'esecuzione forzata.

Malgrado dal comma 1 dell'art. 1977 si ricavi che i cessionari hanno un potere esclusivo di disporre dei beni ceduti, la prevalente dottrina nega che la loro posizione (a seguito della cessione) sia qualificabile come un diritto reale sui beni ceduti. Si ritiene invece che a seguito della cessione i beni del debitore siano soltanto *affidati* ai creditori, affinché questi possano compiere le necessarie operazioni di liquidazione; diviene, pertanto, **inefficace** il potere dispositivo del debitore.

b) Disciplina giuridica

Il contratto di cessione va fatto per iscritto, a pena di nullità (art. 1978), e *trascritto* se ha per oggetto immobili o mobili registrati (art. 2649).

Esso produce *effetti limitati ai soggetti che vi partecipano* ed è, quindi, diverso dal fallimento quanto a funzione e struttura.

Quando la cessione non è stata fatta a vantaggio di tutti i creditori, coloro che non vi partecipano possono agire esecutivamente anche sui singoli beni ceduti, purché il loro credito sia anteriore alla cessione.

Il debitore cedente conserva il diritto di vigilare sulla gestione e di avere un rendiconto finale (art. 1983).

I creditori si dividono le somme ricavate (dalla liquidazione delle attività del debitore) in proporzione dei rispettivi crediti; sono però salve le cause di prelazione. Ovviamente il residuo spetta al debitore (art. 1982).

Il debitore è *liberato* (salvo patto contrario) *dal giorno* in cui i creditori ricevono la parte loro spettante, e nei *limiti di quanto hanno ricevuto* (art. 1984).

Il *debitore può recedere* dal contratto ai sensi dell'art. 1985.

È possibile l'*annullamento* e la *risoluzione* del contratto (art. 1986).

27 L'anticresi

L'anticresi è il contratto con il quale *il debitore, o un terzo per lui, si obbliga a consegnare un immobile al creditore, affinché questi ne percepisca i frutti, imputandoli agli interessi, se dovuti, e al capitale* (art. 1960).

a) Funzione

È prevalente la tesi che affianca alla funzione di *garanzia* dell'anticresi, una funzione eventuale, di carattere *satisfattorio*, poiché al creditore è riconosciuto un diritto di godimento sull'immobile, che può essere *diretto* (uso del bene e percezione dei suoi frutti naturali) o *indiretto* (percezione dei frutti civili quali corrispettivo della concessione fatta ad altri del godimento dell'immobile, ad es. locazione).

Per TRABUCCHI la funzione del rapporto di anticresi è sostanzialmente satisfattoria; tale rapporto si qualifica come **mezzo di soggezione volontaria alla responsabilità patrimoniale**, più che come forma di garanzia. Infatti il creditore anticretico non ha una prelazione sul ricavato della vendita (nell'ipotesi in cui altri creditori promuovano l'espropriazione del bene oggetto del contratto di anticresi).

b) Disciplina giuridica

L'anticresi dura finché il creditore sia stato interamente soddisfatto, salvo che sia stata stabilita una diversa durata. *In ogni caso l'anticresi non può avere una durata superiore a dieci anni*, e a detto termine si riduce quello superiore eventualmente convenuto.

Questo limite è posto per evitare che il proprietario resti troppo a lungo spossessato del bene. Il creditore ha l'*obbligo* di conservare e amministrare il fondo con la diligenza del buon padre di famiglia, ma se vuole liberarsi da tale obbligo può restituire, in ogni tempo, l'immobile al debitore, salvo che abbia rinunciato a tale facoltà (art. 1961).

È valido il patto con il quale si conviene che i frutti si compensino con gli interessi in tutto o in parte (art. 1964). È, invece, **nullo** il **patto commissorio**, cioè il patto con cui si conviene che la proprietà dell'immobile passi al creditore nel caso di mancato pagamento del debito (art. 1963).

7
Fatti e atti giuridici, il negozio giuridico

1 Generalità

Sono qualificati **giuridici** quei **fatti**, cioè quei comportamenti o accadimenti (umani, naturali etc.), *al cui verificarsi l'ordinamento ricollega il prodursi di effetti giuridici* quali la costituzione, la modificazione o l'estinzione di rapporti giuridici.

Distinguiamo, pertanto:

1) **fatti giuridici in senso stretto**: sono quei fatti in cui manca del tutto la volontà umana (es.: fulmine) o tale volontà, secondo la considerazione fatta dall'ordinamento giuridico, gioca un ruolo indifferente (es.: seminagione);
2) **atti giuridici (o atti umani)**: sono, invece, quei fatti caratterizzati da un'attività umana consapevole e voluta, posta in essere da un soggetto capace d'intendere e di volere, cui l'ordinamento attribuisce il potere di modificare la realtà esterna.

In relazione al rapporto intercorrente tra la **volontà** dei soggetti agenti e le *conseguenze giuridiche* che l'atto produce, gli *atti giuridici leciti* possono ancora suddividersi in:

- **atti giuridici in senso stretto** (o *meri atti giuridici*): sono quei comportamenti consapevoli e volontari i cui effetti sono *determinati dalla legge* anche se il loro autore non li abbia voluti (es.: *intimazione ad adempiere*, che produce la costituzione in mora del debitore anche se il creditore lo ignorava);
- **negozi giuridici**: sono, invece, quegli atti (consapevoli e volontari) le cui conseguenze giuridiche sono *determinate*, nei limiti del rispetto delle norme imperative, dai *soggetti agenti* (es.: compravendita). In tali atti, cioè, la volontà del soggetto è volta non solo al compimento dell'atto, ma anche alla **determinazione degli effetti**.

2 Il negozio giuridico

a) Nozione e caratteri

Il **negozio giuridico** è *la manifestazione di volontà diretta ad uno scopo pratico che consiste nella costituzione, modificazione o estinzione di una situazione giuridicamente rilevante*.

Da tale definizione emergono i *caratteri* del negozio giuridico: esso è, infatti, un *atto giuridico, lecito, consistente in una dichiarazione di volontà* diretta a produrre determinati effetti giuridici.

Il negozio giuridico costituisce la manifestazione più importante dell'*autonomia privata*, cioè del potere riconosciuto ai soggetti privati di regolare da sé i propri interessi.

b) Elementi del negozio

Gli elementi del negozio si distinguono in:

- **elementi essenziali**, senza i quali il negozio non può formarsi validamente. Essi sono: uno o più soggetti *(parti)*, l'*oggetto* (richiesto solo nei negozi patrimoniali), la *volontà*, la *causa*, la *forma*;

— **elementi naturali**: sono quelli previsti dalla norma per completarne la disciplina; più che elementi sono da considerarsi effetti impliciti di un particolare negozio o del negozio in generale. Tali effetti si producono indipendentemente da un esplicito richiamo, sebbene le parti possano derogarvi con apposite clausole;
— **elementi accidentali**: *modalità* del negozio la cui presenza è solo *eventuale*, nel senso che le parti sono libere di inserirli o meno nel negozio. Tuttavia una volta previsti divengono vincolanti al pari degli elementi essenziali. Essi sono la *condizione,* il *termine* e il *modo*.

c) Classificazione dei negozi giuridici

Rispetto ai soggetti, i negozi giuridici si distinguono in:

— **negozi unilaterali**: ossia quelli posti in essere da una sola *parte* da intendere come *centro d'interessi*;
— **negozi bilaterali**: sono quelli che risultano da dichiarazioni di volontà provenienti da *due parti distinte* e producono effetti per entrambe (es.: compravendita);
— **negozi plurilaterali**: sono quelli che risultano da manifestazioni di volontà provenienti da *più parti* e producono effetti per tutte (es.: contratto di società).

In relazione alla natura dei rapporti, si distinguono:

— **negozi non patrimoniali** che generalmente attengono alla sfera dei *rapporti familiari* (es.: matrimonio);
— **negozi patrimoniali** che riguardano rapporti economicamente valutabili (es.: contratto).

Quanto all'incidenza sul negozio dell'evento «morte» distinguiamo:

— **negozi *mortis causa***: quelli in cui la *morte* costituisce il *presupposto* per la loro efficacia; il solo negozio *mortis causa* previsto dal nostro ordinamento è il testamento;
— **negozi *inter vivos***: tutti gli altri negozi.

Si definisce, infine, **negozio di accertamento** quello con il quale le parti *accertano* una *situazione giuridica preesistente* al fine di eliminare lo stato di incertezza sulla sua effettiva esistenza, fissandone definitivamente l'ambito e gli effetti.

d) Gli elementi essenziali del negozio: la volontà

Primo e fondamentale *elemento* del negozio è la **volontà** che, per poter assumere rilevanza giuridica, deve essere *dichiarata*. Tuttavia, può verificarsi una *divergenza* tra la volontà *dichiarata* e la volontà *interna*, o possono intervenire fattori di disturbo che cagionano *il formarsi di una volontà viziata*.

In particolare distinguiamo le seguenti situazioni:

— *mancanza della volontà*: la dichiarazione è emessa senza che vi sia alcuna volontà effettiva del soggetto (es.: dichiarazione «*ioci causa*» o violenza fisica); tale situazione comporta, di regola, la *nullità* del negozio.
— *vizi della volontà*: la dichiarazione corrisponde alla volontà, ma questa si è formata in maniera anormale per effetto di elementi perturbatori; ciò comporta, di regola, l'annullabilità del negozio;
— *divergenza tra volontà e dichiarazione*: vi è una volontà oggettiva, ma *non corrispondente* a quella dichiarata, e si ha, allora, la simulazione.

• La simulazione (artt. 1414-1417)

Si ha **simulazione** quando *le parti*, d'accordo tra loro, pongono in essere *dichiarazioni difformi* dall'interno volere. Elemento caratteristico è l'*accordo simulatorio* e cioè la reciproca intesa delle parti sulla divergenza tra il contratto stipulato e il loro effettivo rapporto (BIANCA). In genere le parti provvedono a far risultare il proprio accordo attraverso una apposita controscrittura (cd. *controdichiarazione*).

La simulazione può trovare applicazione sia nei *negozi bilaterali* (contratti) sia nei negozi *unilaterali recettizi*.

La *simulazione* può essere **relativa** se le parti vogliono un negozio diverso da quello che appare all'esterno, **assoluta** se le parti non vogliono alcun negozio.

Diversa è l'**efficacia** del negozio simulato *fra le parti*, *rispetto ai terzi* e nei *rapporti con i creditori*:

Fra le parti (art. 1414)	➤ **Simulazione relativa:** vale il negozio dissimulato (art. 1414 comma 2) purché ne sussistano i requisiti di sostanza e di forma ➤ **Simulazione assoluta:** il negozio simulato non produce alcun effetto (art. 1414 comma 1)		
Rispetto ai terzi (art. 1415)	➤ La simulazione non può essere opposta ai **terzi di buona fede** che abbiano acquistato diritti dal titolare apparente ➤ **Creditori del simulato alienante**: possono far valere la simulazione che pregiudica i loro diritti (art. 1416 comma 2)		
Rapporti con i creditori (art. 1416)	➤ **Creditori del simulato acquirente**	• *Con garanzia reale*: la simulazione è ad essi inopponibile • *Creditori chirografari*: è loro opponibile la simulazione, a meno che, in buona fede, non abbiano già compiuto atti di esecuzione sui beni	
	➤ **Conflitto di creditori**	• Ricorre se i creditori del simulato alienante e del simulato acquirente vogliono soddisfarsi sui beni oggetto del contratto simulato. La legge tutela:	— *I creditori del simulato alienante* quando il loro credito è anteriore all'atto simulato — *I creditori chirografari del simulato acquirente* quando il credito dei creditori del simulato alienante è successivo all'atto simulato

• I vizi della volontà

Sono elementi perturbatori che si innestano nel processo formativo della volontà fuorviandola. Essi costituiscono **cause di annullabilità** e legittimano i soggetti interessati all'impugnativa del negozio nel termine prescritto dalla legge (*cinque anni*).

a) L'errore (artt. 1428-1433)

L'*errore* è la falsa rappresentazione della realtà, cui è equiparata l'ignoranza di un dato fatto o di determinate circostanze.

L'*errore* può cadere sulla *dichiarazione* o sulla sua *trasmissione*, determinando un'inconsapevole divergenza tra volontà e dichiarazione (errore **ostativo**) o influire sul *procedimento di formazione* della volontà, in quanto l'ignoranza o la falsa rappresentazione di un dato della realtà riduce un soggetto a stipulare un negozio (errore **vizio**); può riguardare *circostanze di fatto* (errore **di fatto**) o cadere sull'*esistenza di una norma* (errore **di diritto**).

L'errore, inoltre, deve essere **essenziale** (relativo ad una qualità o ad un elemento necessario del negozio e tale da determinare la parte a concludere il negozio) e **riconoscibile** (è tale quando una persona di normale diligenza avrebbe potuto rilevarlo).

In particolare, ai sensi dell'art. 1429, l'**errore** è **essenziale** quando cade sulla *natura* o sull'oggetto del negozio, o sull'*identità dell'oggetto della prestazione* o su una *qualità di esso* che, secondo il comune apprezzamento o in relazione alle circostanze, deve ritenersi determinante del consenso, o sull'*identità* o sulle *qualità* della persona dell'altro contraente, sempre che l'una o le altre siano state determinanti del consenso.
Inoltre quando, trattandosi di *errore di diritto*, è stata la *ragione unica* o *principale del negozio*.
In ogni caso non sono annullabili: il *matrimonio*, l'*accettazione dell'eredità*, la *transazione* e la *confessione*.
Non è considerato essenziale e quindi non rileva ai fini dell'annullabilità, l'errore *sui motivi* che hanno indotto il soggetto a porre in essere il negozio. L'errore sui motivi, infatti, ha rilevanza solo nel *testamento* e nella *donazione*, purché risulti dall'atto e sia stato determinante del consenso.
*L'***errore di calcolo** *non dà luogo* ad un annullamento del negozio, ma *solo a rettifica,* tranne che, concretandosi in errore sulla quantità, sia stato determinante del consenso (art. 1430 c.c.).

b) La violenza morale (artt. 1434-1438)

La *violenza morale* consiste nella minaccia di un male ingiusto e notevole posta in essere, anche da un terzo, per determinare un soggetto a compiere un negozio. Il male minacciato deve essere **notevole** (ossia di una certa entità) ed **ingiusto** (ossia antigiuridico).
La *violenza morale*, causa di *annullabilità*, va tenuta distinta dalla *violenza fisica* che, in quanto costrizione materiale, è indice di mancanza assoluta di volontà e causa di *nullità*. Inoltre, va tenuta distinta dal cd. *timore reverenziale* cioè il timore che il soggetto nutre, a prescindere da specifiche minacce esterne, nei confronti di una persona che si presenta ai suoi occhi, per le più svariate ragioni, gravemente severa ed autorevole. In tal caso il negozio *non è annullabile* (art. 1437).

La *violenza morale*, causa di *annullabilità*, va tenuta distinta dalla *violenza fisica* che, in quanto costrizione materiale, è indice di mancanza assoluta di volontà e causa di *nullità*. Inoltre, va tenuta distinta dal cd. *timore reverenziale* cioè il timore che il soggetto nutre, a prescindere da specifiche minacce esterne, nei confronti di una persona che si presenta ai suoi occhi, per le più svariate ragioni, gravemente severa ed autorevole. In tal caso il negozio *non è annullabile* (art. 1437).

c) Il dolo (artt. 1439-1440)

Il *dolo* consiste negli artifizi e raggiri posti in essere per ingannare un soggetto allo scopo di determinarlo a compiere un negozio che non avrebbe compiuto (*dolo determinante*) o avrebbe compiuto in modo diverso (*dolo incidente*).
Nella prima ipotesi il negozio è *annullabile*, mentre nel secondo caso il negozio è *valido*, ma il contraente in mala fede è tenuto a *risarcire il danno*.
Il dolo, per poter essere rilevante, deve essere *determinante* e deve *provenire da uno dei contraenti, ovvero, qualora provenga da un terzo, deve essere noto alla parte che ne ha tratto vantaggio*.

e) La causa

La *causa* è la *funzione* economico-sociale del negozio, da intendersi come sintesi degli interessi reali che il negozio è diretto a realizzare. È un elemento *essenziale* la cui **mancanza** o **illiceità** produce la **nullità** del negozio. La causa è illecita quando è contraria a norme imperative, all'ordine pubblico o al buon costume.

Si distingue dai **motivi**, che sono gli scopi individuali che inducono un soggetto a concludere un negozio, e pertanto, normalmente, non hanno rilevanza giuridica.

In relazione alla *causa* distinguiamo i negozi **tipici** (espressamente previsti e disciplinati dal legislatore) e i negozi **atipici** (che non corrispondono a tipi previsti e disciplinati, ma sono tutelati dall'ordinamento se diretti a realizzare *interessi meritevoli* di tutela: art. 1322). Vi sono inoltre negozi **misti** che risultano dalla *fusione delle cause di due o più negozi tipici*.

Si distinguono infine i negozi **causali** — che sono quelli in cui la causa è *elemento essenziale e costitutivo* — ed i negozi **astratti**, i cui effetti si producono *prescindendosi* dalla causa (che viene in un primo momento accantonata, potendo venire in rilievo solo eventualmente o successivamente).

f) Segue: L'oggetto

È un elemento richiesto nei negozi «patrimoniali» e deve essere *possibile, lecito, determinato o determinabile*.

g) Segue: La forma

È il mezzo con cui si manifesta la volontà negoziale.

La *manifestazione* può essere:

— *espressa*: se si attua con *parole, scritti, cenni* etc., cioè con qualunque mezzo che renda palese agli altri il nostro pensiero;

— *tacita* se consiste in un *comportamento* che sarebbe *incompatibile*, secondo il comune modo di pensare e di agire, *con una volontà contraria.*

Nel nostro ordinamento vige il principio della libertà della forma che è un corollario del principio della *autonomia contrattuale*.

In alcuni casi, però, l'ordinamento subordina la *validità* del *negozio all'uso di una forma determinata* (**atto pubblico** o **scrittura privata**).

Questa forma («*ad substantiam*»), richiesta per alcuni negozi (cd. **negozi solenni o formali**), rappresenta un *onere* per il dichiarante perché, *senza la osservanza di essa, non può realizzare l'intento negoziale* che intende perseguire. Infatti, il negozio privo della forma cd. *solenne* è *nullo*.

Talora, invece, la *forma scritta* è richiesta dalla legge solo per la *prova* del negozio (cd. forma «*ad probationem*»).

h) Gli elementi accidentali del negozio giuridico. La condizione

Si dicono **accidentali** quegli elementi che possono essere *apposti liberamente* dalla volontà delle parti, influenzando, in tal modo, l'**efficacia** del negozio. Essi sono: la condizione, il termine e il *modus*.

La **condizione** consiste in un *avvenimento* **futuro** *ed* **incerto** *al cui verificarsi le parti subordinano l'inizio* (cd. **condizione sospensiva**) o la *cessazione* (cd. **condizione risolutiva**) dell'*efficacia del negozio*. Finché c'è questa condizione di incertezza si ha *pendenza*; in tal caso, se la condizione è sospensiva gli effetti del negozio non si producono, se è risolutiva si producono, in attesa poi di estinguersi con l'avverarsi di essa.

Non tutti i negozi giuridici sopportano l'*apposizione* di condizioni: esistono, infatti, determinati negozi (che vengono definiti *atti legittimi*) che, per loro natura, non tollerano la condizione (il matrimonio, l'accettazione e la rinunzia all'eredità etc.).

Si distinguono **vari tipi di condizione**.

Rispetto alla causa produttrice dell'evento distinguiamo tra:

— **condizione casuale**, il cui verificarsi dipende dal caso o dalla volontà di terzi;

— **condizione potestativa**, il cui verificarsi dipende dalla volontà di una delle parti, ma si riferisce ad un fatto che riveste un apprezzabile interesse per la stessa;

— **condizione meramente potestativa** (art. 1355), il cui verificarsi dipende dalla *mera* volontà di una delle parti. Tale condizione: se è sospensiva rende nullo il negozio; se è risolutiva è, secondo parte della dottrina, ammissibile in quanto la legge non vieta la revoca ed il recesso;

— **condizione mista**: è quella il cui verificarsi dipende in parte dalla volontà di un terzo o dal caso, in parte dalla volontà di una delle parti.

La condizione è **illecita** (es.: se ucciderai Tizio) *se contraria* a *norme imperative*, all'*ordine pubblico* o al *buon costume* (art. 1354).

La condizione illecita:

— *negli atti tra vivi*, rende **nullo** il negozio (sia essa sospensiva o risolutiva);
— *negli atti di ultima volontà*, si ha per **non apposta**, tranne che risulti come *motivo unico* della disposizione, per cui l'atto rimane perfettamente efficace (art. 634).

La condizione, inoltre, può essere **impossibile**. L'impossibilità può essere *fisica* (es.: se tocchi il cielo con un dito) o *giuridica* (es.: se mi vendi un bene demaniale).

La condizione *impossibile*:

— *negli atti tra vivi* se è sospensiva rende *nullo* il negozio, se è risolutiva si considera *non apposta*;
— *negli atti di ultima volontà* si ha per *non apposta*, sia essa sospensiva o risolutiva.

Quando la condizione si verifica la situazione giuridica diventa definitiva con *efficacia retroattiva* (art. 1360) per cui:

— se la *condizione è sospensiva*, gli effetti si **considerano prodotti** «*ex tunc*», cioè dal momento della formazione del negozio;
— se la *condizione è risolutiva*, gli effetti del negozio **cadono** «*ex tunc*».

i) Il termine: concetto, tipi, effetti

Il termine può definirsi un *avvenimento* **futuro** e **certo** *dal quale le parti fanno dipendere l'inizio o la cessazione degli effetti del negozio giuridico*.

Il termine, dunque, può essere:

— **iniziale** (*dies a quo*) se indica il momento *dal quale debbono prodursi gli effetti del negozio*;
— **finale** (*dies ad quem*) se indica il momento *fino al quale debbono prodursi gli effetti del negozio*.

l) Il *modus*

Il *modus* è una *clausola* che si appone solo ai negozi a titolo gratuito (*istituzione di erede, legato, donazione*) allo scopo di *limitarne gli effetti* (es.: ti dono un immobile, ma nel contempo ti obbligo ad accudire il mio gatto).

Il modo *impossibile* o *illecito* si ha *per non apposto*, sia negli *atti di liberalità tra vivi*, sia in quelli *mortis causa*, tranne che risulti essere stato il *solo motivo determinante* della liberalità (artt. 647 comma 3, 794).

L'*impossibilità sopravvenuta* del modo libera l'obbligato, in conformità dell'art. 1256; questi, inoltre, *non* è tenuto (se legatario o donatario) all'esecuzione del modo *oltre il valore* di ciò che ha ricevuto.

Il *modus* (il cui adempimento può essere richiesto da *chiunque vi abbia interesse*) *non risolve ma costringe*: tuttavia, il legislatore ha stabilito che, talvolta, l'inadempimento dell'onere importa la risoluzione della stessa liberalità.

Infatti, a seguito di inadempimento, può essere richiesta la risoluzione del negozio:

a) *in caso di disposizioni testamentarie*, quando:
   — la risoluzione è prevista nel testamento;
   — la contemplazione del *modus* ha costituito il solo motivo determinante;

b) *in caso di donazione*, quando la risoluzione è prevista nell'atto di donazione.

3 La rappresentanza

a) Nozione e tipi

L'istituto della **rappresentanza** rientra nell'ambito del più vasto fenomeno della *sostituzione* di un soggetto ad un altro nello svolgimento di un'attività giuridica. Con la rappresentanza un soggetto (*rappresentante*), in virtù di un potere attribuitogli dalla legge (*rappresentanza legale*) o dall'interessato (*rappresentanza volontaria*), *agisce in sostituzione* di un altro soggetto (*rappresentato*) nel compimento di un atto giuridico.

La rappresentanza volontaria non è ammessa in tutti i negozi cd. *personalissimi* (*testamento, matrimonio, donazione, negozi familiari).*

La rappresentanza può essere:

— **diretta**, che si ha quando il rappresentante agisce non solo per conto (e cioè nell'interesse) del *rappresentato*, ma anche nel nome di questo.

  Caratteristica della rappresentanza diretta è dunque:

  a) la *spendita del nome altrui* (cd. *contemplatio domini*);
  b) *il verificarsi degli effetti del negozio direttamente* ed unicamente *nella sfera giuridica del rappresentato.*

  Il *rappresentante* che stipula in nome del rappresentato è solo *parte in senso formale* del negozio; mentre *parte in senso sostanziale è il rappresentato*, nella cui sfera giuridica si producono — direttamente — gli effetti (diritti ed obblighi) del negozio posto in essere dal rappresentante;

— **indiretta**, che si ha quando il rappresentante agisce per conto, *ma non nel nome del rappresentato.*

  Caratteristiche della rappresentanza indiretta sono:

  a) la *mancata spendita del nome altrui;*
  b) il *realizzarsi degli effetti del negozio nella sfera giuridica del rappresentante*, per cui sarà necessario il compimento di un'*ulteriore attività* affinché tali effetti possano riversarsi definitivamente in capo al rappresentato. A questa *ulteriore attività il «rappresentante»* è tenuto in base al rapporto interno che lo lega col rappresentato.

b) La procura

La **procura** è un negozio unilaterale con il quale il rappresentato attribuisce al rappresentante il cd. *potere di rappresentanza,* in forza del quale quest'ultimo può contrarre con i terzi, impegnando *direttamente* il rappresentato. Tale atto deve essere redatto nella **stessa forma** prescritta dalla legge per il negozio che il rappresentante ha il potere di concludere.

La procura, espressa o tacita, può essere:

— **speciale**: se il potere è conferito per porre in essere un *singolo* e *determinato atto*;
— **generale**: se il potere è conferito per una *serie* determinata di atti o per *tutti* gli atti del rappresentato;
— **revocabile**: lo è generalmente, essendo per lo più conferita nell'interesse del rappresentato che può farla venir meno;
— **irrevocabile**: tale è la cd. *procura in rem propriam*, cioè quella conferita *anche* nell'interesse del rappresentante.

c) Abuso, eccesso e difetto del potere di rappresentanza (artt. 1394-1395)

Il rappresentante deve agire nell'interesse del rappresentato (art. 1388). Si ha, quindi, **abuso di potere**, quando il rappresentante, pur fornito di potere di rappresentanza, abbia fatto cattivo uso di esso agendo per un *fine diverso* da quello per cui il potere era stato conferito, o perseguendo un interesse *proprio o di terzi in contrasto* con gli interessi del rappresentato.

Vi è abuso di rappresentanza nel caso di:

- **contratto concluso dal rappresentante in conflitto di interessi col rappresentato**, e cioè per perseguire un *interesse proprio* o *diverso* da quello del rappresentato.
  In tal caso il contratto è *annullabile* su domanda del rappresentato (anche senza una prova specifica del danno sofferto), se il conflitto era *riconoscibile* o *riconosciuto da terzi*: anche qui, quindi, *vige il principio della tutela della buona fede* (art. 1394);
- **contratto concluso dal rappresentante con se stesso**, nella duplice veste di contraente in proprio e di rappresentante di un altro soggetto: anche qui, a meno che non vi sia stata *esplicita autorizzazione* del rappresentato, oppure il contenuto del contratto sia determinato in modo da escludere la *possibilità di un conflitto di interessi*, il contratto è *annullabile* su istanza del *rappresentato* (art. 1395). Anche in questo caso l'invalidità consegue alla violazione del divieto legale di agire in contrasto con l'interesse del rappresentato.

Si ha, invece, **eccesso di potere** quando il rappresentante abbia *oltrepassato i limiti* conferitigli con la procura, mentre si parla di **difetto di potere** nel caso del «*falsus procurator*», del soggetto, cioè, che si sia *finto* rappresentante *senza averne i poteri*. In questi due casi l'atto compiuto risulta *inefficace*, salvo che intervenga la *ratifica* del rappresentato.

La **ratifica** è il negozio *unilaterale* e *recettizio* con cui il rappresentato conferisce efficacia al negozio compiuto in suo nome dal *falsus procurator* o dal *rappresentante che abbia ecceduto dai limiti della procura*, accettandone gli effetti nella propria sfera giuridica.

La ratifica costituisce una sorta di **procura successiva**; non a caso, come la procura, essa deve rivestire la stessa forma richiesta dalla legge per la conclusione del negozio.

4 La patologia del negozio giuridico

a) Generalità

La legge richiede che i negozi giuridici presentino determinati elementi o requisiti; qualora uno di essi manchi o sia viziato, il negozio o non produce alcun effetto (**nullità**), oppure, nonostante il vizio, produce comunque i suoi effetti che però possono essere successivamente eliminati (**annullabilità**, **rescindibilità** etc.).

b) La nullità

La nullità è la forma più grave dell'invalidità del negozio. Per il codice il negozio è nullo quando ricorre una delle cause previste dall'art. 1418.

In generale si può dire che causa di nullità è la **contrarietà del negozio a norme di legge**.

In particolare il negozio è nullo quando:

- è contrario a norme imperative (art. 1418 comma 1);
- manca uno degli elementi essenziali richiesti dall'art. 1325 cioè accordo, causa, oggetto, forma prescritta dalla legge a pena di nullità (art. 1418 comma 2);
- la causa è illecita oppure è illecito il motivo unico determinante (art. 1418 comma 2);
- l'oggetto è illecito, impossibile o indeterminabile (art. 1418 comma 2);
- in tutti i casi in cui la nullità è prevista espressamente dalla legge (art. 1418 comma 3).

Si tenga presente che le ipotesi di nullità non sono tutte testuali, ma possono desumersi dal sistema normativo nel suo complesso per via di interpretazione (*nullità virtuale*).

Si parla di **nullità di protezione** in riferimento a quei casi, diffusi soprattutto nella legislazione speciale, in cui un contratto viene qualificato come nullo non per interesse generale o contrarietà all'ordine pubblico economico, ma *a tutela di una delle parti* che è l'unica a potersi avvalere della nullità stessa (v., ad es., art. 36 Codice del consumo).

La nullità possiede i seguenti **caratteri**:

- *improduttività di effetti*: il negozio nullo non produce alcun effetto (di conseguenza, se il negozio è stato eseguito, chi ha effettuato la prestazione ha diritto alla *ripetizione*);
- *efficacia retroattiva*: l'accertamento della nullità di un negozio ha effetto retroattivo (*ex tunc*) nei confronti delle parti e dei terzi;
- *assolutezza*: la nullità può essere fatta valere da chiunque vi abbia interesse;
- *rilevabilità di ufficio*: la nullità può essere rilevata di ufficio dal giudice, senza domanda di parte (art. 1421);
- *insanabilità*: il negozio nullo non può sanarsi e non è neppure suscettibile di convalida (art. 1423);
- *imprescrittibilità*: l'azione di nullità non è soggetta prescrizione (art. 1422);
- *efficacia retroattiva della dichiarazione di nullità*;
- *natura dichiarativa* e non costitutiva dell'azione di nullità.

La nullità, oltre ad essere *totale* (quando colpisce l'*intero negozio*), può anche essere *parziale* (art. 1419), cioè colpire solo singole clausole senza invalidare tutto il negozio, in attuazione del cd. *principio di conservazione del negozio giuridico.*

Allo stesso principio si ispira la **conversione del negozio nullo**, vale a dire il fenomeno per cui un *negozio nullo può produrre gli effetti di un negozio diverso, del quale contenga i requisiti di sostanza e di forma.*

I *requisiti* della conversione sono:

- un **elemento soggettivo**: deve *potersi presumere* che *le parti avrebbero voluto* il negozio cui dà luogo la conversione, se fossero state a *conoscenza della nullità del negozio* che invece hanno posto in essere;
- un **elemento oggettivo**: il negozio deve contenere i *requisiti di sostanza e di forma* del negozio in cui dovrà essere convertito.

c) L'annullabilità

L'annullabilità è l'altro aspetto che può assumere *l'invalidità* del negozio; si configura quando il negozio, pur essendo invalido, non è affetto da un vizio così grave da determinarne la nullità.

Il negozio *annullabile*, a differenza del negozio nullo, *produce i suoi effetti*, ma questi possono *venir meno in conseguenza della sentenza di accoglimento della domanda di annullamento.*

Il *negozio è annullabile* in caso di *vizi del consenso* (artt. 1427-1440), *incapacità legale o naturale della parte* (art. 1425) ed *in tutti gli altri casi previsti dalla legge.*

L'annullabilità presenta i seguenti **caratteri**:

- *tassatività*: a differenza che per la nullità, i *casi di annullabilità sono previsti espressamente dalla legge* (cd. *invalidità testuale*);
- *efficacia temporanea*: il negozio, *finché non viene annullato, produce tutti i suoi effetti*;
- *irrilevabilità d'ufficio*: il giudice non può rilevarla d'ufficio, in mancanza di azione (o eccezione) della parte legittimata a chiedere l'annullamento;
- *sanabilità*: il negozio annullabile può sanarsi per effetto della *prescrizione dell'azione di annullamento* ovvero per effetto di *convalida*;
- *prescrittibilità* (art. 1442): l'azione di annullamento è soggetta a *prescrizione quinquennale*;
- *natura costitutiva della sentenza di annullamento*, in quanto questa mira a *modificare* una situazione giuridica che, nonostante fosse affetta da vizi, comunque produceva effetti;
- l'*eccezione di annullamento è imprescrittibile* (art. 1442 ultimo comma);

— *carattere relativo dell'annullabilità*: l'annullamento può essere domandato solo dalla parte nel cui interesse è stabilito (art. 1441 comma 1).

La sentenza di annullamento elimina gli effetti del negozio con *efficacia retroattiva*, sia tra *le parti*, sia nei confronti dei *terzi*. Tuttavia occorre distinguere:

— se l'annullamento dipende da *incapacità legale*, gli effetti *retroattivi* dell'annullamento si applicano anche nei confronti dei terzi;
— se l'annullamento deriva *da altre cause*, la sentenza di annullamento *non pregiudica* i diritti acquistati a titolo oneroso dai terzi in buona fede (art. 1445).

d) La convalida (art. 1444)

È il negozio col quale il soggetto legittimato a proporre l'azione di annullamento dichiara di voler sanare il vizio del negozio annullabile.

La convalida può essere:

— **espressa**, quando la parte manifesta la volontà di confermare il negozio con un'apposita dichiarazione la quale deve contenere *l'indicazione del negozio annullabile, l'indicazione del vizio di annullabilità* e *la dichiarazione che si intende sanare il negozio* (art. 1444 comma 1);
— **tacita**, se consiste nell'*esecuzione volontaria* del negozio annullabile, fatta nella *consapevolezza* della sua annullabilità (art. 1444 comma 2);
— per **fatti concludenti**, quando il soggetto cui spetta l'azione di annullamento pone in essere un comportamento incompatibile con la volontà di annullare il negozio.

Talvolta, però, il negozio affetto da annullabilità non è convalidabile: è l'ipotesi della **annullabilità assoluta** (che può essere fatta valere da qualsiasi interessato). Il negozio affetto da annullabilità assoluta **non è convalidabile** giacché, da un lato, la convalida dovrebbe provenire da tutti i soggetti legittimati a far valere l'annullabilità e, dall'altro, la sanzione è finalizzata alla tutela di interessi di natura diversa e trascendenti da quelli meramente individuali dei contraenti (Cass. 15268/2017). Ciò si verifica, ad esempio, nel contratto stipulato dall'interdetto legale (art. 1441, co. 2, c.c.): in tal caso, l'annullabilità è assoluta perché l'interdizione legale costituisce una sanzione e non un istituto di protezione dell'incapace come l'interdizione giudiziale.

8
Il contratto in generale

1 Il contratto in generale

a) Il negozio giuridico e il contratto

La categoria del **negozio giuridico** non è accolta nell'attuale ordinamento giuridico italiano il quale, confermando la tradizione del codice napoleonico e del codice civile del 1865, si limita a definire la **categoria generale del contratto**.

Questa scelta si pone al termine di una lunga evoluzione concettuale e sancisce l'orientamento più pratico che dottrinale adottato dal legislatore del 1942. La mancata adozione di una disciplina generale del negozio giuridico viene spiegata in ragione sia dell'eccessiva ampiezza della categoria dell'atto negoziale, sia della centralità del contratto come principale *forma di manifestazione dell'autonomia privata* (BIANCA).

Mentre la dottrina tradizionale considera il contratto come la *principale, ma non unica* figura di negozio giuridico, del quale costituisce una fattispecie[1], altri invece (in particolare SANTORO-PASSARELLI) ritengono che il legislatore abbia considerato il contratto come *strumento esclusivo* e generale di esplicazione dell'autonomia privata.

L'**art. 1321 definisce il contratto** come «l'accordo di due o più parti per costituire, regolare o estinguere tra loro un rapporto giuridico patrimoniale». Da tale definizione si deduce che:

a) il contratto è un *negozio necessariamente bi o plurilaterale* col quale si compongono interessi inizialmente opposti o quantomeno non coincidenti;
b) il contratto ha la *funzione di costituire, regolare o estinguere* un rapporto giuridico. In particolare:
   — *costituire* un rapporto giuridico significa incidere sulla situazione e sugli interessi delle parti, introducendo per essi un nuovo rapporto;
   — *regolare* significa introdurre una qualsiasi modificazione di un rapporto già esistente;
   — *estinguere* significa porre fine ad un rapporto preesistente;
c) il contratto ha sempre *natura patrimoniale*.

Il requisito della patrimonialità vale innanzitutto a distinguere il contratto da altri tipi di negozi come quelli relativi *a rapporti di famiglia* che, per il loro carattere *personale*, assumono la qualifica di *convenzioni*. Tale requisito costituisce inoltre un *limite* all'autonomia privata in quanto esclude dall'area del contratto quegli atti che la comune coscienza vuole sottratti alla logica del denaro.

b) Fonti ed elementi

Il regime giuridico del contratto è dettato:

a) dalla *legge*;
b) dalla *volontà delle parti*, che può essere *integrativa*, quando la legge nulla dice al riguardo, ovvero *derogatrice*, quando le norme di legge sono derogabili. Nel caso di *norme cogenti o imperative*, l'eventuale deroga delle parti comporta la nullità del contratto (art. 1418).

---

[1] Si ricordi come la manualistica moderna (GAZZONI, BIANCA, BIGLIAZZI-GERI), di fronte ad un sostanziale ridimensionamento della teoria del negozio giuridico, ha ritenuto opportuno procedere ad una esposizione unitaria, affrontando in sede di trattazione del contratto le problematiche tradizionalmente collegate al negozio giuridico.

Il contratto è un *negozio giuridico* e come tale presenta gli elementi (essenziali e accidentali) propri di ogni negozio giuridico.

Gli elementi essenziali del contratto sono enunciati dall'art. 1325 e sono:

a) l'*accordo o consenso delle parti*;
b) la *causa*;
c) l'*oggetto*;
d) la *forma* quando risulta prescritta dalla legge sotto pena di nullità.

Circa la *causa* e la *forma* si veda quanto detto nel Capitolo precedente. Per quanto riguarda l'*accordo* e l'*oggetto* si veda *infra*.

2 La classificazione dei contratti: contratti consensuali e reali

Riguardo al modo e al momento di perfezione del vincolo contrattuale si distinguono:

a) **contratti consensuali**: si *perfezionano con il semplice consenso* (se voglio vendere la mia automobile, il contratto si perfeziona quando si forma l'accordo con il compratore, indipendentemente dalla consegna dell'auto). Il principio consensualistico intende **favorire i traffici economici**, poiché, consentendo la circolazione dei beni (e quindi della ricchezza) con il semplice accordo delle parti, a prescindere dal pagamento del prezzo, agevola il compimento di una serie di operazioni imprenditoriali che, altrimenti, non sarebbero realizzabili, se il compratore dovesse, per diventare proprietario del bene, pagare il corrispettivo all'alienante (si pensi a chi acquista a credito e si propone di pagare il prezzo con la rivendita del bene comprato). Peraltro, il consensualismo presenta vantaggi non soltanto per l'acquirente ma anche per l'alienante, il quale, in forza del principio ***res perit domino***, dopo il passaggio della proprietà avrà il diritto di ottenere il pagamento del prezzo anche se il bene non dovesse essere consegnato all'alienante, perché perito prima della consegna (purché il perimento sia dovuto a un fatto non imputabile all'alienante stesso).

Il principio consensualistico è stato fortemente ridimensionato dalla dottrina più recente, stante la marginalizzazione del ruolo della volontà contrattuale (e, quindi, dell'idea del contratto come scambio di consensi) a causa:

— della **crescente regolamentazione imperativa del contratto**, attraverso l'innesto, nel documento contrattuale, di disposizioni integrative inderogabili;
— della **diffusione della contrattazione di massa**, nella quale si assiste alla predisposizione unilaterale del contenuto negoziale da parte di un solo soggetto (predisponente). Questo fenomeno, in particolare, «si riduce all'acquisizione di prestazioni alle condizioni predisposte unilateralmente dall'imprenditore (condizioni generali di contratto)», e «*il più delle volte, poi, l'aderente non è neppure consapevole del significato delle clausole accettate*» (BIANCA);

b) **contratti reali**, nei quali il consenso, pur necessario, non basta, nel senso che il contratto è perfetto soltanto con la consegna (*traditio*) alla controparte dell'oggetto del contratto: ciò accade, ad es., nel comodato (art. 1803), nel mutuo (art. 1813) e nel deposito (art. 1766). Nei contratti reali il legislatore, in deroga al principio generale *ex* art. 1376 — secondo cui il contratto si perfeziona con l'accordo delle parti —, richiede, per la conclusione dell'accordo, un ulteriore elemento, ovvero la consegna della cosa. Il consenso è un elemento essenziale ma non sufficiente per il perfezionarsi del contratto, occorrendo altresì la *traditio*. Prima della consegna non c'è contratto, ma c'è soltanto uno degli elementi (il consenso) della fattispecie complessa di cui è formato il contratto reale. Pertanto, la consegna non è un effetto obbligatorio del contratto ma un *elemento costitutivo* dello stesso.

La necessità della consegna del bene distingue i contratti reali dai contratti consensuali anche sotto il profilo del *momento dell'adempimento*: mentre nei contratti reali il momento della conclusione e dell'adempimento (da parte del soggetto tenuto alla consegna) si sovrappongono, essendo per entrambi necessaria la consegna, nei contratti consensuali il momento conclusivo è distinto da quello esecutivo, realizzandosi prima la conclusione del contratto e successivamente la sua attuazione.

3 Contratti con efficacia reale e contratti obbligatori

Con riguardo agli *effetti del contratto* si distinguono:

a) **contratti ad effetti reali o traslativi**: sono quelli che producono, come effetto, il *trasferimento della proprietà di un bene determinato* o la costituzione o il trasferimento di un diritto reale su un bene determinato ovvero il trasferimento di *un altro diritto* (art. 1376): si ricordi a questo proposito che anche un *diritto di credito* può essere oggetto di un contratto ad effetti reali (si pensi alla *cessione del credito*).

L'efficacia reale può essere *differita* o *eventuale*, quando il trasferimento della proprietà avviene in un momento successivo rispetto alla conclusione del contratto. Ciò si verifica nella vendita di cosa generica, nella vendita di cosa futura o di cose altrui, nella vendita alternativa, nella vendita sottoposta a condizione sospensiva etc.;

b) **contratti ad effetti obbligatori**: sono quelli che danno luogo alla nascita di un rapporto obbligatorio: pertanto non fanno sorgere diritti reali, ma solo diritti personali di obbligazione (locazione, deposito etc.).

4 Contratti ad esecuzione istantanea e di durata

Tale classificazione riguarda il momento di produzione degli effetti contrattuali ed il loro perdurare nel tempo.

a) I **contratti ad esecuzione istantanea** sono quelli che esauriscono i loro effetti in un solo momento. Possono essere:
   - *ad esecuzione immediata*: quando l'esecuzione è contestuale alla costituzione (es.: contratti reali);
   - *ad esecuzione differita*: quando l'esecuzione è successiva al momento della costituzione (es.: vendita a termine).

b) I **contratti di durata** sono quelli la cui esecuzione si protrae nel tempo per soddisfare un bisogno del creditore che si estende anch'esso nel tempo. Si distinguono in:
   - *contratti ad esecuzione continuata,* in cui la prestazione è unica ed ininterrotta nel tempo (*locazione, affitto, somministrazione di energie, comodato* etc.);
   - *contratti ad esecuzione periodica*, in cui si hanno più prestazioni, che vengono effettuate in date prestabilite (*rendita, contratto vitalizio* etc.) o saltuariamente su richiesta di una delle parti (*conto corrente, apertura di credito di conto corrente* etc.).

Nei contratti di durata (ad esecuzione continuata o periodica) la risoluzione o il recesso *non* hanno *efficacia retroattiva*, e, quindi, non incidono sulle prestazioni già eseguite (artt. 1458, co. 1, 1373, co. 2): ciò perché tali prestazioni non sono rese inutili dalla cessazione del rapporto, avendo già soddisfatto l'interesse del creditore per il tempo nel quale sono state eseguite. Si ricordi inoltre che solo nei contratti di durata nonché in quelli ad esecuzione differita può aversi *risoluzione per eccessiva onerosità sopravvenuta* (art. 1467). Una specie particolarmente complessa di contratti di durata sono i *contratti di organizzazione*, per l'attuazione dei quali viene predisposta, come nelle associazioni, nelle società e nei consorzi, una stabile organizzazione.

5 Contratti a prestazioni corrispettive (sinallagmatici), contratti unilaterali, contratti a struttura associativa

a) I **contratti a prestazioni corrispettive** sono caratterizzati dal fatto che:
   — il *contratto genera due attribuzioni patrimoniali contrapposte* e ciascuna delle parti è tenuta ad una prestazione (vi è, quindi, prestazione e controprestazione);
   — *tra le due prestazioni si stabilisce* uno speciale nesso di corrispettività (**sinallagma**) che consiste nella *interdipendenza fra esse*, per cui ciascuna parte non è tenuta alla propria prestazione se non è effettuata anche la prestazione dell'altra parte.

   Il sinallagma si distingue in:
   — *genetico*: è il reciproco nesso di interdipendenza che sussiste al momento della conclusione del contratto. La mancanza del sinallagma genetico per impossibilità originaria della prestazione dà luogo alla *nullità* dell'intero contratto;
   — *funzionale*: indica la corrispettività sussistente durante la vita del contratto: la prestazione di una parte è legata al perdurare dell'obbligazione della controparte e, quindi, al suo adempimento (TRABUCCHI), di guisa che l'inadempimento, l'impossibilità sopravvenuta della prestazione, ovvero la sopravvenuta eccessiva onerosità di questa danno luogo alla *risoluzione* del contratto.

b) I **contratti unilaterali** o *con obbligazioni a carico di una sola parte* sono quei contratti che, pur implicando l'esistenza di due parti e di due distinte dichiarazioni di volontà, generano l'obbligo della *prestazione per una sola parte*, che si trova nella posizione esclusiva di debitore (donazione, mutuo senza interesse etc.).

   In tali contratti, l'unilateralità delle attribuzioni patrimoniali fa sì che la legge non richieda l'accettazione espressa del beneficiato, consentendo a quest'ultimo il rifiuto nel termine richiesto dalla natura dell'affare o dagli usi (art. 1333).
   Dalla necessità del consenso del beneficiato (sia pure espresso in forma di rifiuto mancato) si evince che tali contratti, pur essendo unilaterali negli effetti, restano pur sempre bilaterali nella struttura.

c) Sono poi detti **bilaterali imperfetti** quei contratti nei quali, anche se ciascuna parte può pretendere una prestazione dall'altra, le prestazioni reciproche non sono legate dal nesso di corrispettività.

   Un esempio è rappresentato dal mandato in forza del quale il mandatario si obbliga ad agire per il mandante, e quest'ultimo assume l'obbligo di rimborsare al mandatario le spese sostenute o di anticipargli i mezzi necessari per l'esecuzione del mandato (artt. 1719 e 1720): osserva TRABUCCHI che, però, l'attività del mandatario non trova la sua *causa* nel compenso, giacché l'elemento caratterizzante il rapporto è piuttosto la *fiducia*: tanto è vero che il venir meno della fiducia per giusta causa può determinare la risoluzione del contratto da parte del mandante, mentre il mancato pagamento del compenso non è sufficiente per la risoluzione del contratto da parte del mandatario.

d) I **contratti a struttura associativa** sono quelli in cui due o più parti conferiscono beni o servizi per il conseguimento di uno *scopo comune* (es.: contratto di associazione o di società).

Tali *contratti* sono detti anche *con comunione di scopo* e si contrappongono ai *contratti di scambio*:
— nei *contratti a struttura associativa* ciascun contraente si ripromette il conseguimento di un *vantaggio* che deriva non già dalla controprestazione dell'altra parte, bensì dalla partecipazione ad un'*utilità* con profitto comune;
— nei *contratti di scambio*, invece, le parti perseguono scopi contrapposti e la prestazione di ciascuna parte realizza l'interesse della controparte (es.: lo scopo del compratore è l'acquisto della cosa, quello del venditore è il conseguimento del prezzo).

6 Contratti commutativi e aleatori

Nell'ambito dei contratti a prestazioni corrispettive, in relazione al *rapporto* tra la prestazione e la controprestazione, si distinguono:

a) **contratti commutativi**: sono quelli in cui non solo v'è un nesso di corrispettività tra le prestazioni, ma anche fra il valore economico di esse. Tali contratti hanno pertanto la *funzione di attuare uno scambio* tra prestazioni considerate economicamente equivalenti, per cui ciascuna parte conosce l'entità del vantaggio e del sacrificio che riceverà dal contratto.

   Anche in questi contratti può esservi qualche fattore di incertezza economica, ma si tratta di quell'*alea che costituisce la misura normale di rischio* ragionevolmente prevedibile da parte di una persona di media diligenza;

b) **contratti aleatori**: sono quelli nei quali alla prestazione *certa* di una parte corrisponde una prestazione *incerta* dell'altra (es.: assicurazione, art. 1882), o nei quali v'è incertezza per entrambe le parti (es.: scommessa, art. 1933) (RESCIGNO). Pertanto, all'atto della stipulazione, non è nota l'entità del sacrificio o del vantaggio cui ciascuna parte si espone. L'incertezza può riguardare: *una delle prestazioni* (es.: il contratto di assicurazione); l'*indicazione della parte* che deve eseguire la prestazione (es.: scommessa); la *misura della prestazione* (es.: rendita vitalizia, art. 1872).

   Secondo l'art. 1469, i contratti aleatori si distinguono in:

   — *contratti aleatori per natura*: ove l'alea e l'assunzione del rischio fanno parte dello schema economico del contratto (*contratto vitalizio, gioco, scommessa, assicurazione* etc.);
   — *contratti aleatori per volontà delle parti*: si hanno quando le parti si servono di un contratto commutativo, ma lo modificano, mediante l'aggiunta di un rischio che è estraneo al suo schema tipico. Es.: la *vendita di cose future ex art. 1472*, cioè la vendita che ha per oggetto cose non ancora venute ad esistenza, come gli alberi o i frutti di un fondo, ha natura aleatoria nella sola ipotesi in cui le parti si assumono *specificamente* il *rischio* che la cosa non venga ad esistenza (cd. *emptio spei*); in tal caso, anche se la cosa non viene ad esistenza, la vendita è valida e il compratore deve comunque pagare il prezzo. Se, invece, l'alea è circoscritta alla qualità o alla quantità, la vendita è nulla se la cosa non viene ad esistenza (TRABUCCHI).

     Ai contratti aleatori, poiché non v'è un'iniziale corrispondenza economica da tutelare, *non* si applicano gli istituti della:

     — *rescissione per lesione* (art. 1448);
     — *risoluzione per eccessiva onerosità* (art. 1469).

9
Formazione del contratto e contratto preliminare

1 La formazione del contratto (art. 1325)

L'art. 1325 inserisce tra i requisiti del contratto l'**accordo delle parti**. Per accordo si intende il cd. *in idem placitum* cioè l'*incontro delle manifestazioni di volontà* dei contraenti (cd. *consensualismo*: occorre il consenso di tutte le parti).

Per verificare se l'accordo delle parti si è realizzato, occorre considerare il significato oggettivo delle dichiarazioni: la volontà rilevante è quella in cui si fondono la *proposta* e l'*accettazione* (TRABUCCHI).

Quanto alla *formazione* il contratto può essere:

- *a formazione istantanea*: quando le parti siano presenti nello stesso luogo, o il prezzo della cosa o del servizio è fisso o fissato, o le clausole sono predisposte unilateralmente e il predisponente non consente che la controparte le discuta o ne ottenga la modificazione (*contratto per adesione*);
- *a formazione progressiva*: quando alla stipulazione si arriva attraverso una serie, spesso complessa, di negoziati.

2 La capacità di contrattare

La «capacità di contrarre» è, in sostanza, un aspetto della capacità di agire: la idoneità a compiere atti produttivi di effetti giuridici, *che deve esistere al momento della dichiarazione*.

La *capacità contrattuale è la regola*, ma, in alcuni casi, la legge richiede una capacità più intensa, ossia la *capacità di disporre*, come per la donazione (art. 774) e la *transazione* (art. 1966).

Si ricordi che la *capacità di disporre* implica l'attitudine a porre in essere, *da sé, atti di alienazione*, ossia *di diminuzione del proprio patrimonio*, contro corrispettivo o a titolo gratuito. L'inabilitato, ad es., non ha autonoma capacità di disporre, in considerazione del suo stato di infermità mentale.

3 Le trattative e la responsabilità precontrattuale (artt. 1337-1338)

Le *trattative* sono costituite da tutti i negoziati che si inseriscono in una fase antecedente ed eventuale rispetto alla stipulazione del contratto. Esse hanno carattere *preparatorio* e *strumentale*, in quanto hanno valore *soltanto* nel caso che si arrivi ad un accordo: pertanto, *non sono vincolanti*.

L'art. 1337 assoggetta il comportamento delle parti durante questa fase ad un *obbligo di buona fede*, intesa *oggettivamente* come *condotta corretta e leale*.

Riguardo agli obblighi tipici di buona fede nella fase precontrattuale, si ricordi che:

- incombe sui contraenti un generale *obbligo di informazione* sugli aspetti di rilievo della contrattazione, specificato nell'art. 1338 che, in particolare, impone, alla parte che conosca dell'esistenza di una causa di invalidità del contratto, di darne notizia all'altro contraente;
- un'importante ipotesi di violazione dell'art. 1337 si verifica quando (ferma restando la libertà delle parti di interrompere i negoziati) una parte *recede ingiustificatamente dalle trattative* ledendo il ragionevole affidamento ingenerato nella controparte sulla conclusione del contratto;

— l'elencazione dei doveri imposti dall'art. 1337 non può mai essere esaustiva (BIANCA). Comunque, le altre ipotesi più frequenti riguardano: il dovere di chiarezza, di non divulgare notizie riservate, di compiere gli atti necessari per la validità e l'efficacia del contratto.

La violazione del dovere di correttezza comporta una responsabilità che prende il nome di *responsabilità precontrattuale* o *culpa in contrahendo*.

Controversa è la **natura giuridica** di tale forma di responsabilità. La dottrina prevalente (BIANCA, TRABUCCHI, MIRABELLI) e la giurisprudenza tradizionale ritengono si tratti di responsabilità *extracontrattuale*, in quanto prima della conclusione del contratto non sorge, fra coloro che trattano, altro obbligo salvo quello di comportarsi con correttezza, e ciò non è che un'applicazione dell'obbligo generico del *neminem laedere* di cui all'art. 2043.

La giurisprudenza più recente, invece, afferma che la responsabilità precontrattuale è inquadrabile nella responsabilità di tipo **contrattuale da contatto sociale qualificato** (Cass. 14188/2016), che rientrano in «ogni altro atto o fatto idoneo a produrle in conformità dell'ordinamento giuridico» (art. 1173).

Tale responsabilità, pertanto, non è qualificabile né come aquiliana, né come contrattuale in senso proprio, sebbene a questa si avvicini poiché consegue al «contatto qualificato» tra le parti nella fase procedimentale anteriore alla stipula del contratto e ha origine nella violazione del **dovere di buona fede e correttezza** per avere provocato la lesione dell'affidamento incolpevole sul comportamento della controparte (Cass. 24438/2011).

Tale principio di correttezza, espressione del dovere di solidarietà fondato sull'art. 2 Cost., impone a ciascuna delle parti del rapporto obbligatorio di agire in modo da preservare gli interessi dell'altra e costituisce un dovere giuridico autonomo a carico di entrambe, a prescindere dall'esistenza di specifici obblighi contrattuali o di quanto espressamente stabilito da norme di legge.

Ne discende che la violazione di tale principio costituisce di per sé un inadempimento e può comportare l'obbligo di risarcire il danno che ne sia derivato a titolo di responsabilità contrattuale (Cass. 21250/2008).

Vertendosi in ipotesi di responsabilità contrattuale, deve applicarsi alla fattispecie concreta il *termine decennale di prescrizione* ai sensi dell'art. 2946.

Sempre con riferimento alla responsabilità precontrattuale si è osservato che la parte che agisca in giudizio per il risarcimento del danno subìto nella fase che precede la stipula del contratto *non è tenuta a provare l'elemento soggettivo dell'autore dell'illecito* (dolo o colpa) (Cass. 22567/2015).

La *misura dei danni riparabili* è, comunque, diversa da quella dovuta nell'ipotesi di inadempimento di un contratto. Il *risarcimento* è, infatti, limitato all'**interesse negativo**.

L'*interesse contrattuale positivo*, invece, è costituito dai vantaggi che si sarebbero conseguiti e dai danni che si sarebbero evitati ottenendo l'*esecuzione* del contratto.

Il danno risarcibile, quindi, comprende:

— le spese e le perdite connesse strettamente con le trattative (es.: spese di viaggio e di corrispondenza): cd. *danno emergente*;
— il vantaggio che la parte avrebbe potuto procurarsi con altre contrattazioni: cd. *lucro cessante*.

4 La proposta (art. 1326)

L'art. 1326 stabilisce che «il contratto è *concluso* nel momento in cui chi ha fatto la *proposta* ha conoscenza dell'*accettazione* dell'altra parte».

Il contratto può formarsi anche attraverso altri schemi, quali l'incontro tra due proposte equivalenti, l'elaborazione comune della dichiarazione, l'adesione al contratto aperto predisposto da un terzo, l'esercizio del diritto di opzione od anche attraverso comportamenti concludenti (BIANCA).

Proposta è «la dichiarazione che contiene tutti gli elementi del contratto, emessa manifestando l'intenzione di obbligarsi» (TRABUCCHI).

Si discute sulla **natura giuridica** della proposta e dell'accettazione:

- secondo alcuni autori (come BIANCA), la proposta e l'accettazione sono *dichiarazioni contrattuali*: in particolare, la prima è un negozio unilaterale, mentre la seconda è espressione del diritto potestativo di formare una fattispecie contrattuale;
- secondo altri (GAZZONI, BIGLIAZZI-GERI), si tratta di *atti prenegoziali*, che non hanno rilevanza autonoma, ma precedono e preparano il negozio.

Sono *caratteri essenziali* della proposta:

- sul piano soggettivo, l'*intenzione di volersi impegnare* (che deve essere oggettivamente desumibile dall'atto);
- sul piano oggettivo, la *completezza*, in quanto la proposta deve contenere gli estremi essenziali del negozio che si vuole concludere;
- sul piano formale, la proposta dovrà rivestire la *forma* che la legge richiede per il *contratto da stipulare*. La proposta ha *natura recettizia*, diventando, così, impegnativa soltanto dal momento in cui il destinatario ne ha avuto conoscenza. Da tale carattere, il legislatore fa discendere:
  1) un **termine di efficacia** della proposta che viene stabilito dal proponente o è quello richiesto dalla natura dell'affare o dagli usi;
  2) una perdita di efficacia della proposta (**caducazione**) in caso di *morte* o di sopravvenuta incapacità di contrattare del proponente, anteriore alla conoscenza dell'intervenuta accettazione.

Questa regola incontra però due *eccezioni*:

- quando la proposta è stata fatta *irrevocabilmente* (art. 1329);
- quando la proposta è stata fatta da un *imprenditore* nell'esercizio della sua impresa (art. 1330): in tal caso, infatti, si ritiene che il rapporto contrattuale sia connesso con l'*organizzazione oggettiva dell'impresa* piuttosto che con la persona del suo titolare. Così, se Tizio, imprenditore commerciale, nell'esercizio dell'impresa ha proposto a Caio la conclusione di un contratto, e poi, prima della conclusione dello stesso, muore, la proposta non perde efficacia, salvo che si tratti di piccolo imprenditore o che diversamente risulti dalla natura dell'affare o da altre circostanze. Se si tratta di piccoli imprenditori, infatti (si pensi agli artigiani), la conclusione del contratto è influenzata dalle qualità personali di questi ultimi: la morte o la sopravvenuta incapacità dell'imprenditore fa venire meno, in questo caso, l'interesse alla conclusione dell'affare.

Ai sensi dell'art. 1328 «*la proposta può essere* ***revocata*** *finché il contratto non sia concluso*».

La questione relativa alla tempestività della revoca della proposta contrattuale al fine di impedire la conclusione del contratto consiste essenzialmente nell'accertare se l'effetto impeditivo della conclusione del contratto:

- si produca quando la revoca della proposta è stata emessa e trasmessa prima che il proponente abbia avuto conoscenza dell'accettazione;
- ovvero, se sia necessario che essa giunga a conoscenza della controparte prima di tale momento.

Questo problema è stato risolto dall'orientamento prevalente nel senso che la proposta può essere revocata finche il proponente non abbia conoscenza dell'accettazione dell'altra parte e, quindi, prima che l'accettazione pervenga al suo recapito o al suo indirizzo: di conseguenza, il proponente può impedire la conclusione del contratto con la sola spedizione della revoca a prescindere dal momento in cui questa sia ricevuta dall'altra parte.

In ogni caso, se l'accettante ha intrapreso *in buona fede l'esecuzione* del contratto prima di avere notizia della revoca, il proponente è tenuto ad *indennizzarlo* delle spese e delle perdite subìte per l'iniziata esecuzione (art. 1328, co. 1). Si tratta di un'ipotesi di responsabilità da atto lecito, che realizza un contemperamento tra l'interesse alla revoca della proposta e l'interesse dell'oblato a dare inizio all'esecuzione del contratto dopo l'accettazione.

Eccezioni alla revocabilità della proposta si hanno:

- nella cd. **proposta** ferma, che sussiste quando il proponente si impegna a *non ritirare* la proposta per un certo tempo. Si ha, in questo caso, una *preventiva rinuncia al diritto di revoca*, per tutta la durata del termine;
- nell'**opzione**, che consiste in una convenzione in virtù della quale una delle parti resta vincolata alla propria proposta (irrevocabile) e l'altra ha facoltà di accettarla o meno (es.: una S.p.A. è vincolata ad offrire le azioni di nuova emissione agli azionisti e costoro sono liberi di accettare o meno l'offerta). Si noti che, nella proposta ferma, che è un atto unilaterale, l'irrevocabilità dipende dalla volontà esclusiva del proponente, nell'opzione, che è un contratto, invece, l'irrevocabilità dipende dall'accordo delle parti (*patto di opzione*);
- nei **contratti con obbligazioni a carico del solo proponente** (art. 1333), dove, infatti, la proposta è irrevocabile non appena giunge a conoscenza del destinatario: ciò si spiega considerando che, essendo le obbligazioni a carico del solo proponente, si presume l'accettazione della controparte.

5 Segue: L'offerta al pubblico (art. 1336)

È un particolare tipo di «proposta» consistente in un'offerta diretta *al pubblico*, cioè *in incertam personam*, e fatta col sistema dei *pubblici proclami* affinché sia eventualmente accettata da persona cui essa convenga (MESSINEO).

Da un punto di vista pratico il requisito della pubblicità si intende soddisfatto da ogni forma che renda l'offerta *facilmente conoscibile* al pubblico: come la pubblicità sui giornali, l'affissione di manifesti murali etc. Anche l'offerta di dolciumi o sigarette attraverso un apparecchio automatico rientra nella figura dell'offerta al pubblico.

L'*offerta al pubblico* costituisce proposta *revocabile*: non è necessario che la revoca giunga a conoscenza di tutti coloro che hanno preso cognizione della proposta, ma è sufficiente che sia fatta *nella stessa forma della proposta* (art. 1336).

L'offerta deve essere completa, cioè contenere gli elementi essenziali del contratto alla cui conclusione è diretta; in caso contrario, non è suscettibile di accettazione e vale come invito a trattare.

La differenza tra l'*offerta* e la *promessa al pubblico* può essere così sintetizzata:

- l'*offerta* è un *atto prenegoziale* e costituisce il nucleo di un *eventuale e futuro contratto* che si perfezionerà soltanto con l'accettazione;
- la *promessa* è, invece, secondo l'opinione dominante, un vero e proprio *negozio giuridico*, fonte di obbligazione, e vincola il promittente indipendentemente dall'accettazione, *appena resa pubblica*.

6 L'accettazione (art. 1326)

a) Nozione

È la dichiarazione diretta al proponente che contiene l'*accoglimento della proposta*.

b) Requisiti dell'accettazione

L'accettazione deve essere:

— *tempestiva*, in quanto deve pervenire entro un congruo termine, quale quello fissato dal proponente o reso necessario dalla natura dell'affare o dagli usi;
— *pienamente conforme* a tutte le clausole contenute *nella proposta*: se è anche parzialmente difforme, o se giunge a conoscenza del proponente oltre il termine pattuito o ordinariamente necessario, *vale solo come controproposta* (art. 1326);
— deve avere la *forma richiesta dal contratto* che si vuole concludere e deve essere fatta alla persona del proponente o ad un suo rappresentante (perché è dichiarazione recettizia);
— anche l'accettazione può essere *revocata* (o ritirata) purché la revoca giunga al proponente prima dell'accettazione stessa (art. 1328, co. 2).

Così, Tizio, che ha inviato una lettera a Caio contenente l'accettazione di una proposta contrattuale, può revocare l'accettazione, ma la revoca deve giungere a conoscenza del proponente prima dell'accettazione, prima, cioè, della conclusione del contratto. Da questo momento in poi il contratto, ormai perfezionatosi, vincola le parti.

c) Accettazione tacita

Si ha qualora l'esecuzione immediata del contratto sia *richiesta dal proponente o dalla natura dell'affare o dagli usi* (a meno che anche in questi ultimi casi non sia espressamente esclusa dal proponente).

Ad es.: scrivo ad un libraio di spedirmi un certo libro, senza necessità di preventiva risposta. In questi casi il contratto si conclude nel tempo e nel luogo in cui ha inizio l'esecuzione (art. 1327) ed il proponente non potrà revocare la proposta dopo che l'altra parte abbia iniziato ad eseguire la prestazione richiesta. L'accettazione tacita, comunque, deve risultare da un *comportamento manifesto ed inequivocabile* e non da una mera dichiarazione.

d) Il contratto tra persone lontane

Mentre nessun problema pratico sorge quando i contraenti sono vicini, ossia in grado di percepire direttamente proposta e accettazione, occorre esaminare il caso in cui *essi sono lontani* e debbono comunicare *per corrispondenza* o attraverso un *nuncius*.

Poiché, ovviamente, trascorre del tempo fra l'emissione dell'accettazione, il suo invio e l'arrivo di essa al proponente, occorre accertare il *momento* del perfezionamento del contratto. Il nostro legislatore ha adottato un sistema intermedio fra quello dell'*arrivo dell'accettazione* (teoria della ricezione: art. 1335) e quello dell'*effettiva conoscenza* (teoria della cognizione: art. 1326, co. 1): il *principio della cognizione*, infatti, è stato temperato con la *presunzione* che l'accettazione diretta ad una persona *si ritiene conosciuta* da questa se è giunta all'indirizzo del destinatario (teoria della ricezione); si tratta, tuttavia, di una presunzione *iuris tantum*: cioè il destinatario può provare di non averla conosciuta, senza sua colpa. Si ricordi che *non occorre la trasmissione dell'accettazione*:

— se il proponente non richiede una preventiva risposta o la risposta è esclusa dalla natura dell'affare o degli usi: l'accettazione, in tal caso, può essere manifestata con l'esecuzione della prestazione;
— nel caso di contratto con obbligazione del solo proponente (art. 1333).

7 Il contratto preliminare (artt. 1351 e 2932)

a) Nozione e funzione

Contratto preliminare è l'accordo con cui le parti *si obbligano a stipulare un successivo contratto*, detto *definitivo*. Il suo *oggetto* consiste, dunque, nell'obbligazione di prestare un *futuro consenso* mentre gli *effetti concreti* nella sfera giuridica delle parti derivano dal contratto *definitivo*. La *causa* del contratto preliminare si identifica, pertanto, nella stessa causa del contratto definitivo, in quanto il preliminare «è strumentale rispetto al complessivo interesse finale perseguito» (BIANCA).

b) Forma

Per l'art. 1351 il contratto preliminare è *nullo* se non è stipulato nella *stessa forma* che la legge prescrive per il contratto definitivo (*forma ad substantiam*).

Peraltro, nei contratti per i quali è prevista la forma scritta *ad substantiam* la volontà delle parti deve rivestire tale forma soltanto per quanto riguarda gli *elementi essenziali* dell'accordo (consenso, *res* e prezzo), che devono risultare dall'atto stesso e non possono ricavarsi *aliunde*, non potendo applicarsi l'art. 1362 laddove stabilisce che l'intenzione dei contraenti può essere ricavata anche dal loro comportamento complessivo successivo alla stipulazione del contratto.

Ne consegue, ad es., che nel preliminare di vendita immobiliare la rinuncia delle parti di modificare uno degli elementi accidentali del negozio, come il termine oppure una condizione, non richiede la forma scritta, perché l'accordo delle parti in ordine alla rinuncia o alla modifica non incide su alcuno degli elementi essenziali del contratto (Cass. 27-2-2008, n. 5197).

c) Rimedi all'inadempimento del contratto preliminare

Se il soggetto obbligato a contrarre non adempie, l'*altra parte* può:

— chiedere, mediante domanda giudiziale, l'*emanazione di una sentenza costitutiva* (qualora sia possibile e non sia escluso dal titolo), *sentenza che sostituisce il consenso e produce gli stessi effetti del contratto definitivo non concluso* (art. 2932).

  Il titolo di proprietà, dunque, sarà la sentenza la quale va pertanto trascritta, così come la domanda (art. 2652, n. 2), in caso di vicende immobiliari;

— chiedere la *risoluzione* del contratto preliminare per *inadempimento*, con la condanna dell'inadempiente al risarcimento del danno (caso raro nella pratica).

d) Trascrizione del preliminare

La L. 28 febbraio 1997, n. 30 di conversione del decreto di completamento della manovra finanziaria del 1997 ha reso obbligatoria la trascrizione del preliminare ai sensi dell'art. 2645bis di nuova introduzione.

La legge garantisce nuova e più incisiva tutela al promissario acquirente, fornendogli uno strumento di opponibilità ai terzi degli accordi assunti con il promittente venditore. «La trascrizione del contratto definitivo ... prevale sulle trascrizioni e iscrizioni eseguite contro il promittente alienante dopo la trascrizione nel contratto preliminare» (art. 2645bis, co. 2).

e) Contratto preliminare proprio e improprio

Dal preliminare proprio, appena analizzato, va tenuto distinto il *preliminare improprio*, detto anche **compromesso**: quest'ultimo è un contratto *definitivo*, *immediatamente efficace*, ma che contiene l'*impegno di riprodurre il consenso in una forma determinata*.

Si osserva (TRABUCCHI) come il compromesso sia particolarmente diffuso nelle *vendite immobiliari*, allo scopo di non manifestare nell'atto pubblico, per ragioni fiscali, il reale contenuto dell'atto. Ed, infatti, la distinzione tra preliminare proprio e improprio ha rilevanza soprattutto in materia *fiscale*, in quanto la giurisprudenza ritiene che al compromesso si applica l'intera imposta proporzionale al registro sui trasferimenti di proprietà mentre al preliminare proprio la più modesta tassa fissa.

A differenza del preliminare proprio, non trova ragion d'essere l'esecuzione in forma specifica di un obbligo di contrarre, in quanto si tratta di una *vendita effettiva*.

f) Il preliminare ad effetti anticipati

Nel contratto preliminare ad effetti anticipati, di frequente utilizzazione nelle contrattazioni immobiliari, *le parti, nell'assumere l'obbligo della prestazione del consenso al contratto definitivo, convengono l'anticipata esecuzione di alcune delle obbligazioni nascenti da questo, quale, ad es., la consegna immediata della cosa al promissario acquirente, con o senza corrispettivo.*

La disponibilità del bene conseguita dal promissario acquirente ha luogo con la piena consapevolezza dei contraenti che l'effetto traslativo non si è ancora verificato, risultando piuttosto dal titolo l'altruità della cosa.

Ne consegue che deve ritenersi **inesistente nel promissario acquirente l'*animus possidendi***, sicché la sua relazione con la cosa va qualificata come semplice detenzione e **non costituisce possesso utile ai fini dell'usucapione**, come è stato confermato dalle Sezioni Unite (sent. 27-3-2008, n. 7930), le quali hanno escluso che l'immissione nella disponibilità del bene del promissario acquirente valga come possesso ai fini dell'acquisto della proprietà per usucapione, affermando che si tratta di mera detenzione.

In particolare, dopo aver esaminato la prassi contrattuale affermatasi nel settore immobiliare per rispondere alle esigenze di entrambe le parti del contratto preliminare ed averla ricondotta alla categoria dei **contratti collegati**, le Sezioni Unite hanno identificato nella fattispecie in parola un collegamento negoziale tra il contratto preliminare, il comodato (quanto alla concessione dell'utilizzazione del bene da parte del promittente venditore al promissario acquirente) e il mutuo gratuito (quanto alla corresponsione di somme da parte del promissario acquirente al promittente venditore).

10
Il contenuto del contratto

1 Il contenuto del contratto

a) Contenuto ed oggetto

Il contenuto del contratto è dato da *tutto ciò che viene stabilito dalle parti per regolare i loro privati interessi*.

Dal concetto di contenuto va stralciato ciò che, pur entrando nel contratto perché oggetto di dichiarazione delle parti (il cd. *contenuto in senso formale*), non è espressione diretta del potere delle stesse di disciplinare i propri interessi, come le dichiarazioni di carattere esortativo o enunciativo (BIANCA, CATAUDELLA).

Parte della dottrina (BIANCA, CATAUDELLA) ritiene che dalla nozione di contenuto debbano essere *esclusi* anche i vincoli di fonte eteronoma quali, ad es., le *determinazioni legali*, che concorrono ad integrare il rapporto contrattuale.

Altri, invece, (GAZZONI) considerano il *regolamento contrattuale* comprensivo di tutte le fonti che concorrono alla formazione della regola concretamente vincolante.

La nozione di *contenuto* è rilevante, in quanto ad essa si fa riferimento per determinare:
— l'*oggetto dell'attività interpretativa*;
— la *qualificazione giuridica* della fattispecie, ossia l'identificazione del *tipo* di contratto posto in essere dalle parti.

b) Integrazione del contenuto del contratto

Il contenuto del contratto può essere **integrato** dalle cd. **clausole d'uso**, dette anche *usi negoziali* (BIANCA) o *suppletivi* (TRABUCCHI), che si intendono inserite per consuetudine, salvo che risulti che non sono state volute dalle parti (art. 1340); tali clausole completano la fattispecie negoziale, in virtù della loro *applicazione costante e generalizzata* in un dato luogo o settore di affari.

La dottrina prevalente (BIANCA, GAZZONI, TRABUCCHI) ritiene che l'art. 1340 faccia riferimento agli *usi contrattuali*, elementi di fatto che hanno lo stesso significato e rilevanza della volontà delle parti (TRABUCCHI).

Essi, quindi, non vanno confusi con gli *usi normativi*, che sono posti sullo stesso piano delle norme di diritto dall'art. 8 disp. prel. Alcuni autori ritengono che le clausole di uso appartengano a tale ultima categoria: la scelta tra l'una e l'altra soluzione non è priva di rilevanza, in quanto solo se l'uso è negoziale, può derogare alle norme dispositive di legge e prevalere sulle norme suppletive; inoltre, trattandosi di un elemento di fatto, la sua violazione non può essere motivo di ricorso per Cassazione.

2 L'oggetto del contratto (artt. 1325 e 1346)

L'oggetto del contratto (artt. 1325 e 1346) è rappresentato dalla *cosa o dal comportamento che è materia dello scambio, della promessa o del conferimento*. I requisiti dell'oggetto sono richiesti al *momento dell'efficacia del negozio* (mentre i requisiti soggettivi sono richiesti al momento della conclusione).

Infine, l'art. 1347 dispone che «il contratto sottoposto a condizione sospensiva o a termine iniziale è *valido* se la prestazione inizialmente impossibile diviene possibile prima dell'avverarsi della condizione o della scadenza del termine».

L'oggetto deve essere (art. 1346):

— *possibile*: se oggetto del contratto è una *cosa fisica*, questa deve esistere o poter esistere; se, invece, è un *comportamento umano*, questo deve essere compatibile con le capacità fisiche ed intellettuali dell'individuo; la possibilità deve essere sia naturale sia giuridica (ad es.: è impossibile oggetto di compravendita, dal punto di vista giuridico, un bene demaniale);
— *lecito*: cioè non contrario alla legge, all'ordine pubblico o al buon costume;
— *determinato o determinabile*: certo e individuato o, quanto meno, individuabile nel momento dell'esecuzione.

3 I contratti normativi

Il *contratto normativo* è quell'atto con il quale le parti non dispongono direttamente dei loro interessi, ma **fissano la disciplina** vincolante per **futuri contratti** che saranno eventualmente stipulati o tra i soggetti stessi che hanno dato vita al contratto normativo, ovvero tra altri soggetti componenti di categorie, classi o gruppi, dei quali i partecipanti alla conclusione del contratto normativo abbiano avuto la rappresentanza.

Da quanto detto si deduce che gli **effetti essenziali** del contratto normativo sono:

— la *preventiva determinazione* della materia negoziale;
— la *libertà assoluta* delle parti di stipulare i futuri contratti, libertà che differenzia il contratto normativo da quello preliminare (così Cass. 9 giugno 1968, n. 2096).

Per quanto concerne in particolare la **natura giuridica** dei contratti (o meglio accordi) normativi, la dottrina è divisa:

— alcuni (MIRABELLI e GAZZONI) li considerano *atti contrattuali* in quanto modificano una situazione preesistente vincolando le parti a tenere una determinata condotta nell'ipotesi che esse successivamente pongano in essere altri atti;
— MESSINEO invece *esclude* che si tratti di contratto in senso proprio, ritenendo che non possa essere contenuto di contratto il porre norme per rapporti futuri, giacché, ai sensi dell'art. 1321, il contratto incide direttamente su rapporti attuali.

4 I contratti per adesione (artt. 1341 e 1342)

a) I nuovi modelli contrattuali: i contratti standard

La produzione in serie di beni e di servizi, destinati ad una massa di consumatori, utenti e clienti, ha imposto alle grandi imprese, anche per *esigenze di economicità nella gestione*, di accelerare la stipulazione dei contratti (cd. *contratti di serie*).

Caratteristica dei contratti standard è la **predisposizione**, in tutto o in parte, del *contenuto del contratto* da parte di uno solo dei contraenti: si parla perciò anche di *contratti per adesione* avendo riguardo alla condizione del contraente economicamente più debole che si limita a prestarvi adesione.

È utile precisare che in tali ipotesi normalmente *manca* la fase delle *trattative*, anche se non può escludersi che qualche clausola possa essere contrattata.

b) Le condizioni generali di contratto

Le condizioni generali di contratto sono le «clausole che un soggetto, il *predisponente*, utilizza per *regolare uniformemente* i suoi rapporti contrattuali» (BIANCA); si tratta, quindi, di condizioni destinate a regolare una serie *indefinita* di rapporti.

Il predisponente è solitamente un imprenditore che ha interesse a mantenere uniforme la contrattazione con la sua clientela: di fatto il *contenuto* di tali contratti *viene imposto* ai consumatori, i quali aderiscono ad un regolamento che non possono negoziare.

La disciplina legislativa mira a proteggere il contraente più debole sotto un duplice profilo:

a) le **condizioni generali di contratto** sono *valide* nei confronti dell'altro contraente *soltanto se* al momento della conclusione del contratto *questi le ha conosciute o avrebbe dovuto conoscerle usando l'ordinaria diligenza* (art. 1341, co. 1).

   In realtà, secondo la dottrina (MIRABELLI) l'art. 1341, co. 1 impone ad entrambe le parti un *onere* affinché le clausole siano efficaci:

   — al *predisponente* un *onere di conoscibilità*, nel senso che egli è tenuto a rendere le clausole conoscibili alla controparte attraverso mezzi idonei di comunicazione;
   — alla *controparte* un *onere di diligenza*, nel senso che questa è tenuta ad accertare la sussistenza ed il contenuto delle clausole uniformi.

   Anzi, secondo alcuni autori (IUDICA-ZATTI) la norma finisce per favorire colui che ha predisposto il contratto, in quanto su di lui non grava l'onere di procurare all'altra parte l'*effettiva conoscenza* delle condizioni generali, ma solo l'onere di assicurare una loro *possibile conoscenza*;

b) le **clausole vessatorie**, ossia quelle particolarmente gravose per la controparte, devono essere approvate separatamente *per iscritto*, affinché su di esse sia richiamata l'attenzione di chi vi aderisce.
   La *ratio* di tale disposizione (art. 1341, co. 2) va ravvisata nell'*esigenza* di *evitare* che le imprese approfittino della disattenzione dei clienti per imporre loro, senza che se ne rendano ben conto, condizioni particolarmente gravose.
   Le clausole vessatorie sono tassative, ossia sono solo quelle indicate dalla norma (es.: limitazione di responsabilità, clausole compromissorie, deroga alla competenza dell'autorità giudiziaria); tuttavia, la giurisprudenza tende ad ampliare la portata di tali clausole.

   Secondo la dottrina prevalente, il difetto della specifica approvazione per iscritto comporta la *nullità*; per BIANCA, invece, è preferibile parlare di *inefficacia*, cosicché la sanzione non colpisce l'intero contratto, come potrebbe accadere in applicazione dei principi in tema di nullità parziale.

c) I contratti conclusi mediante moduli o formulari

L'art. 1342 stabilisce che nei contratti conclusi mediante la *sottoscrizione di moduli o formulari*, le **clausole aggiunte** prevalgono su quelle del modulo o del formulario, qualora siano *incompatibili* con esse ed anche se queste ultime non siano cancellate. È il caso del cd. *contratto-tipo*, il quale racchiude l'intero schema contrattuale, ed è utilizzabile mediante il riempimento dei punti in bianco e la sottoscrizione.

La fattispecie è assimilabile alle *condizioni generali di contratto*: ma, in ques'ultima ipotesi le clausole sono disposte *unilateralmente* e restano «*interne* alla parte che le predispone e non vengono a far parte di un testo contrattuale da accettare espressamente», sì da determinare in capo alla controparte un onere di conoscenza. Invece, nell'art. 1342 «si prevede un *modulo* contenente *tutta* la serie di clausole predisposta per la sottoscrizione di entrambe le parti, quindi, per una formale accettazione espressa» (TRABUCCHI).

5 I contratti del consumatore (art. 1469bis; D.Lgs. 206/2005)

La L. 6 febbraio 1996, n. 52 aveva previsto l'introduzione, nel Titolo II del libro quarto del codice civile, del nuovo capo XIVbis intitolato «Dei contratti del consumatore». Essa si inseriva nell'ambito della complessa normativa speciale a **tutela del consumatore** che negli ultimi anni, in recepimento di alcune importanti direttive dell'UE, si è imposta nel nostro ordinamento al fine di garantire una maggiore protezione di quei soggetti che, nella pratica quotidiana, ricoprono una posizione contrattualmente più debole rispetto ai fornitori di beni o servizi.

Con l'entrata in vigore del D.Lgs. 6-9-2005, n. 206 (*Codice del consumo*), il legislatore ha provveduto — beneficiando dei contributi *medio tempore* apportati dall'evoluzione dottrinale e giurisprudenziale — al riordino ed alla semplificazione della normativa afferente ai diritti del consumatore, avendo cura di assicurare, nel contempo, il necessario coordinamento con la normativa comunitaria e l'armonizzazione delle diverse definizioni di consumatore, professionista, produttore e venditore. Il risultato di tale operazione, insito nella natura di qualsivoglia codificazione, è di evidenza immediata: la possibilità per il consumatore di consultare, in un unico testo, tutte le disposizioni dettate a tutela della sua posizione di *contraente debole*.

Espansione Web
I contratti del consumatore

Gli articoli 1469bis e ss. sono stati quindi ripresi negli articoli da 33 a 37 del Codice del consumo, invece, l'attuale formulazione dell'art. 1469bis, norma di raccordo tra il *corpus* civilistico e la disciplina di settore, mira a sottolineare la soggezione dei contratti del consumatore ai principi generali dell'ordinamento e alla normativa del codice civile, per quanto non diversamente disposto. Nell'opera di riorganizzazione della legislazione esistente si è puntualmente riprodotta la normativa vigente, nella maggior parte dei casi rispettandone la formulazione originaria. Le (rare) interpolazioni rispondono alle sopravvenute esigenze di coordinamento o aggiornamento.

6 L'interpretazione del contratto

L'interpretazione del contratto consiste nell'attività «ermeneutica» rivolta ad indagare e ricostruire il significato da attribuire alle dichiarazioni delle parti, ossia al contenuto sostanziale del contratto. Essa è regolata da alcune *norme giuridiche* che vengono distinte in due gruppi:

— gli artt. 1362-1365 attengono all'**interpretazione soggettiva** o **storica**, diretta a ricostruire la *reale comune intenzione delle parti*;
— gli artt. 1366-1370 regolano l'**interpretazione oggettiva**, diretta a determinare un congruo significato della clausola o dell'intero contratto, quando è *incerta o dubbia* la volontà comune. Le regole di interpretazione oggettiva hanno *carattere sussidiario*, si applicano cioè quando l'applicazione delle norme sull'interpretazione soggettiva non è valsa a rendere chiara la volontà delle parti contraenti.

Le norme sull'interpretazione dei contratti si applicano anche ai *negozi unilaterali* (nei limiti della loro compatibilità con la struttura unilaterale), in quanto anche per essi è necessario accertare il *contenuto sostanziale* dell'atto.

L'interpretazione del contratto avviene con criteri e scopi diversi rispetto all'*interpretazione della legge*: quest'ultima è, infatti, diretta a chiarire *una volontà impersonale*, il significato di un testo collegato alle altre norme dell'ordinamento: per cui sono ammesse forme di interpretazione *evolutiva*, quali l'interpretazione estensiva ed analogica.

Al contrario, oggetto dell'*interpretazione contrattuale* è la ricerca di una *volontà effettiva* (ma sempre *comune* alle parti) riconducibile a soggetti determinati ed espressa in un determinato testo: pertanto, le sue eventuali lacune possono essere integrate esclusivamente dalla legge (TRABUCCHI).

a) Criteri di interpretazione soggettiva (artt. 1362-1365)

Le più importanti regole di interpretazione soggettiva sono fissate:

— dall'*art. 1362*, secondo il quale l'interpretazione deve accertare la **comune intenzione** delle parti e *non limitarsi al senso letterale* che emerge dalla parole adoperate. A tal fine, si deve tener conto del *comportamento complessivo* delle parti, anche posteriore alla conclusione del contratto.

Il principio dell'art. 1362 vale non soltanto quando la dichiarazione negoziale sia *obiettivamente* equivoca, ma anche quando essa abbia un significato *univoco* ma sia stata concordemente intesa dalle parti in un significato diverso (TRIMARCHI).
Così come è importante ricordare che, nell'intento pratico perseguito dalle parti, non è decisiva la qualificazione del contratto (*nomen iuris*) da esse operata (ad es.: si dice locazione, ma si intende concludere un contratto di comodato);

— dall'*art. 1363* secondo il quale le clausole del contratto devono essere interpretate le **une per mezzo delle altre** attribuendo a ciascuna il senso che risulta dal **complesso** dell'atto (*interpretazione sistematica*).

Altre regole sono contenute:

— nell'*art. 1364*: le **espressioni generali** usate nel contratto si intendono circoscritte all'oggetto materialmente contrattato;
— nell'*art. 1365*: quando si è utilizzato un **caso esemplificativo** al fine di spiegare un patto, non si presumono esclusi i casi non espressi ai quali può estendersi lo stesso patto.

b) Criteri di interpretazione oggettiva (artt. 1366-1370)

Sono contenuti nei seguenti articoli:

— *art. 1366*: il *contratto deve essere interpretato secondo* **buona fede**; quest'ultima non va intesa in senso soggettivo, ma in senso oggettivo quale regola di condotta (BIANCA);

La dottrina e la giurisprudenza prevalente ritengono che, a fondamento dell'art. 1366, vi sia l'esigenza di tutelare l'affidamento della controparte. Di conseguenza, il contratto e le singole clausole devono essere interpretate nel senso in cui l'altro contraente e i terzi interessati avrebbero potuto intenderle (RESCIGNO), conformemente a quell'interpretazione che svolgerebbero dei contraenti corretti e leali (GALGANO). In applicazione di questo criterio, si tende ad escludere rilevanza ad interpretazioni cavillose e formalistiche che ciascuna parte tende ad effettuare nel proprio interesse ma contrarie allo spirito dell'intesa.
Il criterio della buona fede nell'interpretazione dei contratti *non consente di assegnare all'atto una portata diversa da quella che emerge dal suo contenuto obiettivo, corrispondente alla convinzione soggettiva di una singola persona*.
Esso rappresenta, difatti, il punto di sutura tra la ricerca della reale volontà delle parti (costituente il primo momento del processo interpretativo, in base alla comune intenzione ed al senso letterale delle parole) ed il persistere di un dubbio sul preciso contenuto della volontà contrattuale (in base ad un criterio obbiettivo, fondato su di un canone di reciproca lealtà nella condotta tra le parti, ed inteso alla tutela dell'affidamento che ciascuna parte deve porre nel significato della dichiarazione dell'altra), e rappresenta, pertanto, un *mezzo sussidiario* dell'interpretazione, non invocabile quando il giudice, attraverso l'esame degli elementi di prova raccolti, abbia già accertato l'effettiva volontà delle parti (Cass. 15-3-2004, n. 5239);

— *art. 1367*: nel *dubbio*, il contratto e le singole clausole si devono interpretare *nel senso in cui possono avere qualche effetto* anziché in quello secondo cui non ne avrebbero alcuno (**principio di conservazione del contratto**);
— *art. 1368*: le **clausole ambigue** si interpretano secondo ciò che *si pratica generalmente nel luogo di conclusione del contratto* (cd. *usi interpretativi*);

— *art. 1369*: nel *dubbio le* **espressioni con più sensi** devono esser intese nel significato più *conveniente alla natura ed all'oggetto del contratto* (*interpretazione funzionale*);
— *art. 1370*: le clausole inserite nelle condizioni generali di contratto e nei *moduli* e *formulari* vanno, *nel dubbio*, interpretate *contro l'autore* delle clausole stesse (interpretazione contro il predisponente).

c) Regole finali (art. 1371)

L'art. 1371 detta una norma di chiusura, cui si fa ricorso nel caso in cui il contratto, nonostante l'applicazione delle norme interpretative soggettive ed oggettive, rimanga *oscuro*. Il legislatore ha distinto due ipotesi:

— se il contratto è a *titolo gratuito*, esso deve essere inteso nel senso meno gravoso per l'obbligato;
— se il contratto è, invece, a *titolo oneroso*, va interpretato in modo da realizzare un *equo contemperamento* degli interessi delle parti.

Le parti possono stipulare un ulteriore negozio che abbia il solo scopo di chiarire il significato di un precedente contratto (cd. *interpretazione autentica*).

Tale secondo negozio, ha, per una parte della dottrina, la natura di *negozio di accertamento*.

11
Gli effetti del contratto

1 Effetti verso le parti: creazione del vincolo (art. 1372)

L'art. 1372 dispone che il *contratto*, una volta concluso, *ha forza di legge tra le parti*: tale formula sottolinea la serietà dell'impegno assunto sul piano giuridico ed esprime il principio della *non risolubilità* del contratto per *volontà unilaterale* (RESCIGNO). Ed infatti, il contratto non può sciogliersi che a seguito di un nuovo contratto (ossia col **mutuo consenso**) oppure per le *cause ammesse dalla legge*.

L'efficacia dei contratti si estende anche:

— nei confronti del *successore a titolo universale* di ciascun contraente;
— nei confronti degli *aventi causa* o *successori a titolo particolare*.

Si ricordi, poi, che l'art. 1374 prevede l'**integrazione degli effetti del contratto**, in caso di lacune nel regolamento negoziale. Tale integrazione avviene attraverso l'applicazione, secondo un ordine gerarchico, della *legge*, degli *usi* o dell'*equità*.

A differenza degli usi richiamati dall'art. 1340 per l'integrazione del contenuto del contratto, l'art. 1374 si riferisce agli *usi normativi*, che sono inseriti nella gerarchia delle fonti e che la legge richiama per integrare le *conseguenze giuridiche* del contratto, *prescindendo dalla volontà dei contraenti* (vedi *ante*).

2 Contratti ad effetti obbligatori e contratti ad effetti reali

La distinzione tra contratti ad efficacia obbligatoria e contratti ad efficacia reale si fonda sulla diversità degli effetti. Infatti:

a) nei **contratti ad effetti obbligatori**, *affinché si verifichi l'effetto traslativo*:
   — nel caso in cui oggetto della prestazione sia una *cosa generica*, occorre la *specificazione*, per determinare — mediante pesatura, conteggio o misurazione — la cosa dovuta;
   — nel caso di *cosa futura*, il venire *ad esistenza* della cosa promessa;
   — nel caso di *cosa altrui*, l'*acquisto della proprietà* della cosa da parte dell'alienante.

   In tutti questi casi l'effetto traslativo resta *sospeso* sino a che non si realizzino detti eventi;
b) il **contratto con effetti reali**, invece, produce *immediato* effetto traslativo o costitutivo. Infatti, come stabilisce l'art. 1376, nei contratti aventi ad oggetto il trasferimento di una *cosa determinata*, la proprietà si acquista per effetto del *consenso legittimamente* manifestato.

Il nostro ordinamento accoglie, dunque, il **principio consensualistico**, per cui la volontà contrattuale è sufficiente per far sorgere obbligazioni e trasferire o costituire diritti in capo ad altri, non essendo necessario provvedere anche a consegnare materialmente all'avente causa la *res* oggetto del contratto.

I contratti con effetti reali si distinguono dai **contratti reali**. Per questi ultimi, infatti, non opera il principio consensualistico: essi si perfezionano mediante una fattispecie complessa nella quale al consenso si aggiunge, come *elemento costitutivo*, la *datio rei*, cioè la materiale consegna della cosa.

Nei contratti ad effetti reali (*consensuali*), invece, la *traditio* non è altro che *una delle principali obbligazioni dell'alienante* (art. 1476, n. 1).

La rilevanza della distinzione tra contratti ad effetti reali e contratti ad effetti obbligatori si coglie nella *compravendita*, in quanto tale contratto può avere:

— *effetti reali*. In tal caso il trasferimento della proprietà della cosa (o, in genere, del diritto oggetto della vendita) si produce in virtù del *consenso* delle parti; di conseguenza, è l'acquirente a subire il rischio del perimento della cosa oggetto del trasferimento, e rimane a suo carico l'obbligo di pagare il prezzo anche se la cosa non gli è stata consegnata (*res perit domino*);
— *effetti obbligatori* (cd. vendita obbligatoria). Ciò accade quando la proprietà non si trasferisce con il semplice consenso, ma dal contratto sorge, a carico del venditore, l'obbligo di procurare l'acquisto della proprietà al compratore (art. 1476). In questa ipotesi, dunque, l'effetto reale si realizza in un momento successivo al consenso: ciò, ai fini della legge, determina che *solo col passaggio* del diritto si ha il passaggio anche del rischio di un eventuale perimento della cosa per caso fortuito secondo la regola del *casus sentit debitor*.

3 Effetti del contratto nei confronti dei terzi (artt. 1379 e 1381)

a) Nozione di terzo

Il concetto di terzo, anche in materia contrattuale, non può determinarsi che in maniera negativa (MESSINEO, GAZZONI). Può dirsi, in via generale, che «terzo» è *chi non è parte del contratto e non è parificato alla parte* (come l'erede e l'avente causa o subacquirente), nonché chi è *estraneo* al rapporto costituito, regolato o estinto dal contratto.

b) Il terzo e il contratto

In applicazione del principio di **relatività** del contratto, gli effetti sono limitati alle *sole parti*, per cui il *contratto non produce effetti rispetto al terzo* per il principio *pacta tertiis neque nocent neque iuvant*. Si tratta di un principio che poggia sul concetto di libertà che, in materia di autonomia patrimoniale, impedisce all'autonomia dei singoli di imporre limiti alla libertà di comportamento di un terzo rimasto assolutamente estraneo alla contrattazione, e che poggia altresì sul divieto di ingerenza nell'altrui sfera giuridica, in considerazione della reciproca indipendenza tra le situazioni patrimoniali dei singoli.

Costituiscono applicazioni del principio di relatività degli effetti:

— la **promessa del fatto del terzo** (art. 1381): nel caso in cui si promette, mediante un contratto, l'obbligazione o il fatto di un terzo, quest'ultimo *non* assume alcun *obbligo*, perché la sua sfera giuridica resta estranea all'attività negoziale nella quale sono stati dedotti fatti relativi alla sua persona; è, invece, il promittente a restare obbligato per la promessa e a dovere *indennizzare* l'altro contraente se il terzo non si obbliga o non compie il fatto;
— il **divieto contrattuale di alienazione** (art. 1379): il patto con il quale una parte si obbliga verso l'altra a *non alienare* una data cosa per un certo tempo (ammesso dalla legge solo se risponde ad un rilevante interesse di una delle parti ed è contenuto entro convenienti limiti di tempo) non ha effetto nei confronti dei terzi, eventuali acquirenti ed estranei; colui che si è obbligato a non vendere e vende dovrà *risarcire il danno alla controparte* ma la *vendita*, come tale, è *valida* ed *efficace*.

Gli effetti che il contratto *non* può, di regola, produrre nei confronti dei terzi sono, però, gli **effetti diretti**, cioè quelli essenziali o accessori, immediati o differiti, che trovano la loro *causa produttiva direttamente nel contratto*. In una compravendita, ad es., gli effetti diretti sono il trasferimento della proprietà del bene (o di altro diritto) e le obbligazioni che nascono dal contratto (quindi anche le obbligazioni accessorie di cui all'art. 1476, quali quelle di garantire il compratore dall'evizione o dai vizi della cosa). In tal senso, dal contratto *non* possono sorgere *obblighi* a carico dei *terzi*.

Vi sono, invece, effetti ricollegabili al contratto soltanto indirettamente (**effetti riflessi**), i quali possono ripercuotersi pure sui terzi; ad es., il trasferimento della proprietà di una cosa locata ha conseguenze riflesse sul soggetto estraneo al contratto di compravendita (terzo) che, come conduttore dell'immobile, avrà di fronte un nuovo locatore.

4 Il contratto a favore del terzo (artt. 1411-1413)

a) Nozione

Effetti diretti nei confronti del terzo possono, pertanto, prodursi se i contraenti stipulano un contratto a favore del terzo *ex* art. 1411.

Si ha contratto a favore di terzo quando «una parte (*stipulante*) designa un terzo quale avente diritto alle prestazioni dovute dalla controparte (*promittente*)» (BIANCA).

Es.: un genitore decide di stipulare un'assicurazione sulla vita a favore di suo figlio. A tale scopo egli si rivolge ad una società assicuratrice, la quale si assume di versare l'importo dell'assicurazione al figlio nel caso di morte del genitore. In questo esempio, il genitore è lo stipulante, la società assicuratrice è il promittente e il figlio è il beneficiario del diritto di credito derivante dal contratto di assicurazione stipulato a suo vantaggio.

In particolare bisogna evidenziare che:

— lo *stipulante* deve avere un **interesse** che giustifichi l'atto dispositivo. Esso può essere anche *morale* (RESCIGNO), ma comunque meritevole di tutela *ex* art. 1322 (MAJELLO). Se l'interesse *manca* o è *illecito*, la disposizione è *nulla*, ma rimane fermo il contratto, per cui la prestazione è dovuta allo stipulante (BIANCA);
— il beneficio del terzo *non* può risolversi in un vantaggio di fatto, meramente *economico* (es.: un trasporto o cure mediche), bensì deve consistere nell'*attribuzione* della *titolarità di un diritto ad esigere* dall'obbligato l'*esecuzione della prestazione promessa*;
— la modificazione della sfera giuridica del terzo determinata dall'attribuzione del diritto può avere la *natura* più varia (acquisto di un credito, di un diritto reale, liberazione da un debito).

Partendo dalla considerazione che il contratto a favore del terzo non tollera obblighi a carico del terzo, BIANCA ritiene preferibile escludere dal suo ambito di applicazione l'attribuzione della proprietà e dell'usufrutto, che comportano degli oneri per il loro titolare e quindi un potenziale pregiudizio. Si obietta (GAZZONI) che il terzo è comunque libero di decidere se adempiere o meno l'onere, subendo in quest'ultimo caso solo la perdita del diritto attribuito; così, solo l'imposizione di obblighi è certamente da escludere.

b) Disciplina

Per quanto concerne la disciplina le principali regole sono:

1) il terzo acquista automaticamente il diritto *verso il promittente* sin dal momento della stipulazione del contratto, ma non ne diviene parte;
2) il terzo ha l'*onere* di *dichiarare* se vuole *profittare* del beneficio. Fino al momento in cui non abbia emesso tale dichiarazione, egli rischia di perdere o di vedere modificato il suo diritto giacché la legge espressamente prevede la possibilità che nel frattempo lo stipulante revochi o modifichi la stipulazione;
3) la dichiarazione del terzo di voler profittare della stipulazione non esclude tuttavia la possibilità che lo *stipulante revochi* il *beneficio* «se la prestazione deve essere fatta al terzo dopo la morte dello stipulante» (art. 1412, co. 1). In tal caso la revoca può essere fatta anche con una *dichiarazione testamentaria* ed è esclusa solo quando lo stipulante vi abbia rinunciato per iscritto;

4) in caso di «rifiuto» del terzo o di «revoca» dello stipulante, la prestazione rimane a beneficio dello stipulante, «salvo che diversamente risulti dalla *natura* del contratto o dalla *volontà* delle parti» (art. 1411, co. 3);
5) premessa la distinzione tra rapporto di *valuta*, intercorrente tra stipulante e terzo, e rapporto di *provvista*, che si stabilisce tra stipulante e promittente, quest'ultimo ai sensi dell'art. 1413, può opporre al terzo solo le *eccezioni fondate sul contratto dal quale il terzo deriva il suo diritto* (ossia le eccezioni fondate sul rapporto di provvista) e *non* invece quelle fondate su *altri* eventuali *rapporti* tra lui e lo stipulante. Ad es., il promittente può rifiutare di eseguire la prestazione al terzo beneficiario se il contratto, in virtù del quale egli ha assunto l'impegno, è nullo, annullabile, risolubile o rescindibile.

5 Il contratto per persona da nominare (artt. 1401-1405)

a) Nozione

Si ha *contratto per persona da nominare* quando, al momento della conclusione di un contratto, *una parte si riserva la facoltà di nominare la persona nella cui sfera giuridica il negozio deve produrre effetti* (art. 1401). Con l'atto di nomina (cd. *electio amici*) il terzo subentra, quale *parte sostanziale* del contratto, in sostituzione o in aggiunta allo stipulante acquistando con effetto retroattivo diritti ed obblighi derivanti dal contratto (art. 1404) (BIANCA).

In particolare, il contratto per persona da nominare è sorto per soddisfare una *duplice esigenza*: consentire a certe persone, dotate di ingenti mezzi economici, di *partecipare* alle *aste pubbliche* senza esporre il proprio nome e di pagare un unico tributo per il trasferimento del diritto nonché *permettere* a taluno di *concludere tempestivamente un affare* riservandosi la possibilità di mantenere una posizione di intermediazione, evitando in tal modo un duplice pagamento di tributi (MIRABELLI, GAZZONI).

b) La dichiarazione di nomina

La *dichiarazione* di *nomina*, per avere effetto, deve essere:

a) *comunicata* all'altra parte *nel termine di tre giorni* dalla stipulazione del contratto, salvo che le parti stesse non abbiano stabilito un termine diverso (art. 1402);
b) *preceduta* da una *procura* anteriore alla stipulazione del contratto ovvero accompagnata dall'accettazione della persona nominata;
c) *espressa* nella *stessa forma* che le parti hanno usato per il contratto anche se si tratta di una forma non prescritta dalla legge.

A tal proposito bisogna poi distinguere:

— se la *dichiarazione* di nomina è *conforme* ai requisiti suddetti, la persona nominata acquista *retroattivamente*, ossia dal momento della stipulazione, i *diritti* e assume gli *obblighi* derivanti dal contratto;
— se invece la dichiarazione di nomina *non* è fatta validamente nel termine stabilito, il contratto produce i suoi effetti tra i *contraenti originari* (art. 1405).

6 Conflitti fra aventi diritto sullo stesso oggetto

Si parla di **conflitto** quando il dante causa cede un suo diritto a due soggetti: prima a Tizio e poi, con successivo contratto, a Caio; in tale ipotesi occorre accertare quale dei due debba essere considerato dalla legge il nuovo titolare del diritto.

Si parla di **opponibilità** del contratto per indicare la *prevalenza* del *titolo contrattuale di acquisto* sul *titolo vantato dal terzo* (BIANCA).

Secondo BIANCA, l'opponibilità è una manifestazione dell'*efficacia riflessa* del contratto rispetto ai terzi; per GAZZONI, invece, è necessario distinguere tra efficacia e opponibilità, in quanto quest'ultima è sempre *diretta* nei confronti dei terzi, mentre l'efficacia riguarda in modo diretto *soltanto* la posizione dei contraenti.

In via generale, si applica la regola della **priorità nella conclusione del contratto** (*prior tempore potior iure*), per cui viene preferito colui al quale il *diritto* è stato *attribuito per primo*: infatti chi si è già spogliato di un diritto non può disporre dello stesso a favore di altri.

Tuttavia le esigenze di protezione della *buona fede* e dell'*affidamento*, nonché quelle di *favorire la circolazione dei beni*, introducono notevoli eccezioni a quel principio per cui:

— nel caso di acquisto di beni *mobili* (non registrati) è preferito chi per primo ne ha acquistato il *possesso in buona fede*;
— nel caso di *diritti immobiliari* (o mobili registrati) è preferito chi per primo ha curato la *trascrizione del titolo* (vedi *infra*);
— nel caso di diritti *personali di godimento* (es.: *locazione*) è preferito chi, per primo, ha conseguito il godimento della cosa (art. 1380).

Tizio concede in locazione a Caio con scrittura privata, non autenticata ma regolarmente registrata il giorno successivo, un immobile da destinare ad abitazione. Dopo una settimana, con un contratto verbale registrato lo stesso giorno, Tizio concede in locazione a Sempronio il medesimo immobile consegnandoglielo contestualmente. In tal caso il godimento dell'immobile spetterà a Sempronio, che lo ha conseguito per primo, mentre è irrilevante la forma del contratto e la priorità nella registrazione.

Il contraente sacrificato ha diritto al *risarcimento dei danni* nei confronti della parte che ha disposto dello stesso diritto a favore di più soggetti.

12
L'estinzione del contratto

1 Premessa

Si ha *estinzione del contratto* in tutti i casi in cui questo perde definitivamente la propria efficacia, cancellandosi così dal mondo del diritto. Le due fondamentali figure di estinzione sono l'*annullamento* (che si verifica quando esiste una causa di invalidità del contratto) e la *risoluzione* (che si ha quando il contratto si estingue per un evento impeditivo del rapporto) (BIANCA).

Il vincolo contrattuale può poi sciogliersi per *rescissione*: questa, pur dipendendo da una causa di invalidità del contratto, ha in comune con la risoluzione il fatto di dipendere da un *difetto del sinallagma* e pertanto anch'essa ricorre solo nei *contratti a prestazioni corrispettive*.

2 La rescissione (artt. 1447-1448)

La rescissione (*rectius*, rescindibilità) è una forma di invalidità del contratto posta principalmente a tutela di chi contrae a *condizioni inique* per il suo *stato di bisogno o di pericolo* (BIANCA).

La rescissione nasce come rimedio contro l'iniquità contrattuale secondo la concezione della morale cristiana nell'epoca postclassica. Le esigenze della pratica commerciale portarono però il codice Napoleonico a restringerne la portata alle vendite immobiliari e alla divisione. Il codice vigente ha invece allargato il rimedio a *tutti i contratti a prestazioni corrispettive*. La necessità però di non turbare la certezza dei rapporti indusse a convertirlo in rimedio contro l'abusivo approfittamento dello stato di bisogno o di pericolo.

Il codice disciplina due figure di rescissione (artt. 1447-1448):

- rescissione del contratto concluso in stato di pericolo;
- rescissione per lesione.

La rescissione è, dunque, diretta alla rimozione giudiziale del contratto, che è solo «provvisoriamente efficace, a causa della sua irregolarità che risulta dall'iniquità derivante dall'approfittamento di una situazione di anomala alterazione della libertà negoziale» (BIANCA).

a) Rescissione del contratto concluso in stato di pericolo

L'art. 1447 prevede l'ipotesi in cui una delle parti ha *assunto obbligazioni a condizioni inique* perché si trovava nella «*necessità, nota alla controparte*, di *salvare* sé od altri dal *pericolo attuale di un danno grave* alla *persona*».

I presupposti necessari per rescindere il contratto sono:

- lo **stato di pericolo** in cui si trovava uno dei contraenti al momento della conclusione del contratto. Per stato di pericolo ai sensi dell'art. 1447 si intende qualunque situazione di fatto, derivante da un evento naturale o da una condotta umana, da cui possa scaturire una lesione grave alla persona o ad un terzo, non rilevando che la parte si sia immessa volontariamente nella situazione di pericolo, né che il pericolo sia altrimenti evitabile. Secondo alcuni autori (BIANCA), ai fini della rescissione non è indispensabile che il pericolo sia reale, essendo sufficiente a menomare la libertà di contrattare del soggetto anche il solo *pericolo putativo*.

Il contratto *non* è rescindibile se il pericolo di un danno attuale e grave non riguardi le persone ma le *cose*; lo stesso invece può essere rescisso anche qualora il soggetto stesso si sia posto *volontariamente* e per *colpa* nella situazione pericolosa.

La gravità del pericolo è *relativa* perché valutata in relazione alla persona che la subisce. Lo stato di pericolo o necessità è previsto anche dall'art. 2045 in tema di responsabilità extracontrattuale e dall'art. 54 c.p. Pur essendo diverse, tali fattispecie hanno in comune la strumentalità dell'atto con il quale ci si sottrae al pericolo;

- l'**iniquità delle condizioni** a cui il contraente in pericolo ha dovuto soggiacere per salvarsi dallo stato di pericolo; l'iniquità delle condizioni è un presupposto fondamentale della fattispecie dell'art. 1447 poiché la legge non tutela un'indifferenziata libertà del contraente ma la specifica libertà di evitare contratti dannosi (Cass. 5482/1979). L'iniquità delle condizioni contrattuali sussiste in presenza di una *sproporzione oggettiva tra i valori delle prestazioni assunte dalle parti*, da valutare in base alle circostanze oggettive (entità del rischio cui è esposto il soccorritore) e soggettive (condizioni economiche delle parti), senza che occorra una lesione aritmeticamente predeterminata, come nel caso dell'art. 1448;
- la **conoscenza dello stato di pericolo** da parte di colui che ne ha tratto vantaggio (e al quale può essere attribuito dal giudice un giusto compenso per l'opera svolta).

I primi due presupposti hanno carattere oggettivo, il terzo soggettivo.

b) L'azione generale di rescissione per lesione

Ai sensi dell'art. 1448, il contratto è rescindibile quando è stato stipulato a condizioni di *grave sproporzione* (cd. lesione *ultra dimidium*) in dipendenza dello *stato di bisogno* di una parte, conosciuto dall'altro contraente che ne ha *approfittato* per trarne vantaggio.

I presupposti dell'azione in esame sono:

- la **lesione *ultra dimidium***, ossia la *sproporzione* fra le due prestazioni *superiore alla metà* (il valore della prestazione cui è tenuta la parte danneggiata deve essere di oltre il doppio del valore della controprestazione); la lesione deve essere accertata con riferimento al momento della conclusione del contratto (art. 1448): tuttavia il contratto non è più rescindibile se, a causa di *circostanze sopravvenute*, la sproporzione è venuta a mancare al momento della presentazione della domanda di rescissione;
- lo **stato di bisogno** della parte danneggiata, che va interpretato non come assoluta indigenza o incapacità patrimoniale, ma come situazione di *difficoltà economica*, anche transitoria, che incida sulla libera determinazione del contraente. In ogni caso, gli interessi minacciati devono essere strettamente *patrimoniali*, se sono personali si rientra nella rescissione per stato di pericolo;
- l'**approfittamento** dello stato di bisogno si risolve in una condizione psicologica di mera *conoscenza* (male fede soggettiva) delle circostanze cui si ricollega la rescindibilità del contratto; non si richiede necessariamente un comportamento attivo, ovvero un'iniziativa fraudolenta della parte, in quanto può essere sufficiente anche un *contegno* semplicemente *passivo*.

Si ricordi che, ai sensi dell'art. 1448, co. 4, l'azione di rescissione non è esperibile nei confronti dei contratti aleatori, perché è ad essi connaturata la possibilità — legata alla sorte — che nasca un vantaggio sproporzionato a favore di una parte.

Inoltre, si sottolinea che l'azione generale di rescissione per lesione prevista dall'art. 1448 richiede la *simultanea ricorrenza* dei tre requisiti sopra evidenziati (eccedenza di oltre la metà della prestazione rispetto alla controprestazione, esistenza di uno stato di bisogno e approfittamento). Fra i tre elementi predetti non sussiste alcun ordine di priorità o precedenza, per cui, in caso di mancanza o di mancata dimostrazione dell'esistenza di uno dei tre elementi, diventa superfluo indagare sulla sussistenza degli altri due, e l'azione di rescissione deve essere senz'altro respinta.

c) Disciplina

Per quanto riguarda la disciplina, si precisa che:

— *legittimata* all'esercizio dell'azione di rescissione è la *parte danneggiata* (e l'erede ma non l'avente causa a titolo particolare). La *sentenza* che accoglie la domanda ha natura costitutiva, poiché priva il contratto della sua efficacia;
— l'azione *si prescrive* nel breve termine di *un anno*, che decorre dalla conclusione del contratto (art. 1449, co. 1). Se ricorrono gli estremi di un reato il termine di prescrizione coinciderà con quello del reato. La rescindibilità *non* può essere opposta in via di *eccezione* quando, trascorso un anno dalla conclusione del contratto, l'azione sia prescritta (art. 1449, co. 2): ciò significa che al di là di tale termine, il negozio rescindibile è *valido*;
— il *contratto rescindibile non ammette convalida* (art. 1451) per cui la parte danneggiata, anche se dichiara espressamente di rinunciare all'azione di rescissione ovvero esegue spontaneamente la prestazione, avrà pur sempre la possibilità di agire in giudizio ed ottenere la *restituzione della prestazione eseguita*;
— la rescissione comporta come conseguenza la *liberazione dall'obbligo di adempiere* alle prestazioni dedotte e la *restituzione* delle prestazioni eseguite. Tale azione produce *effetti retroattivi tra le parti*: *non* pregiudica invece i *diritti* acquistati dai *terzi* purché — ove si tratti di immobili — gli atti relativi siano stati trascritti prima della domanda giudiziale di rescissione.

Non v'è ragione di ricorrere alla rescissione del contratto quando la *grave sproporzione* tra le prestazioni sia *eliminata* dalla parte contro cui è esercitata l'azione. Ai sensi dell'art. 1450, infatti, il contraente contro cui è domandata la rescissione può evitarla offrendo una modificazione del contratto.

Si pensi al caso in cui Tizio, approfittando dello stato di bisogno di Caio, ha acquistato da quest'ultimo un appartamento del valore di 150.000 euro al prezzo di 50.000 euro. Se successivamente Caio e Tizio si accordano e quest'ultimo paga l'integrazione del prezzo fino al valore dell'immobile, Caio non potrà più domandare la rescissione del contratto per lesione.

La possibilità di riportare il contratto ad equità trova il suo fondamento nel principio di conservazione del contratto, perché mira ad evitare l'inutilizzabilità dell'atto.

3 La risoluzione del contratto

La legge prevede il rimedio della risoluzione del contratto nell'ipotesi in cui si riscontrino *anomalie nel funzionamento del sinallagma dopo la conclusione del contratto*. In tal caso, quindi, il fondamento economico dell'attribuzione non è viziato sin dall'origine, ma viene ad alterarsi in seguito.

La risoluzione mira, pertanto, a riequilibrare la posizione economico-patrimoniale dei contraenti eliminando non il contratto, ma i suoi *effetti*: essa, così, *incide non sull'atto, ma sul rapporto*. Ne consegue la possibilità di chiedere oltre la risoluzione anche il *risarcimento dei danni*: infatti, l'atto era valido e le obbligazioni dovevano essere eseguite (TRABUCCHI). La risoluzione comporta l'estinzione del contratto. Questo effetto può essere raggiunto anche con l'*annullamento* solo che quest'ultimo opera in presenza di un'irregolarità; la risoluzione, invece, in presenza di un evento impeditivo dell'attuazione del rapporto.

La risoluzione può operare con efficacia retroattiva o non retroattiva. Quest'ultima si ha sempre nei contratti ad esecuzione continuata ed in quelli attributivi di poteri (BIANCA).

4 La risoluzione per inadempimento (artt. 1453-1462)

Se in un contratto a prestazioni corrispettive una parte non adempie la prestazione cui era tenuta, la *parte adempiente* può chiedere giudizialmente l'adempimento o esercitare il *diritto alla risoluzione*: *una volta chiesta la risoluzione, non può più chiedere l'adempimento*.

Presupposto fondamentale della risoluzione è l'**inadempimento colpevole** della controparte, giacché si ritiene che la mancata esecuzione dell'obbligo contrattuale deve essere imputabile al contraente.

Parte della dottrina (SACCO) sostiene, invece, che sia sufficiente il fatto obiettivo dell'inadempimento a prescindere dalla sua imputabilità: l'inadempimento, infatti, sia colpevole o meno, determina una frattura del sinallagma funzionale; dunque, il creditore ha diritto comunque a liberarsi di tale contratto.

Dispone l'art. 1455 che «il contratto non si può risolvere se l'inadempimento di una delle parti ha **scarsa importanza**, avuto riguardo all'*interesse* dell'altra». Il criterio di valutazione dell'importanza o gravità dell'inadempimento è, secondo la dottrina e la giurisprudenza prevalente, *oggettivo* e deve tener conto dell'*interesse dell'altra parte* al pronto e tempestivo adempimento. Si osserva (GAZZONI) che, in concreto, i criteri di giudizio sono piuttosto vaghi e si risolvono in una valutazione discrezionale.

La risoluzione per inadempimento può essere:

— giudiziale;
— di diritto.

a) Risoluzione giudiziale

Il codice stabilisce all'art. 1453 co. 1 che quando uno dei contraenti non adempie le sue obbligazioni l'altro può a sua scelta **agire in giudizio** *per ottenere l'adempimento* o la *risoluzione del contratto*.

In ordine al *rapporto tra l'azione di adempimento e l'azione di risoluzione*, è utile precisare che:

— la domanda di risoluzione può essere proposta *anche* quando il giudizio è stato promosso per ottenere l'adempimento.

  Cass. S.U. 8510/2014 ha affermato il principio secondo cui la parte che, ai sensi dell'art. 1453, co. 2, chieda la risoluzione del contratto per inadempimento nel corso del giudizio promosso per ottenere l'adempimento, può domandare, oltre alla restituzione della prestazione eseguita, anche il risarcimento dei danni derivanti dalla cessazione degli effetti del contratto;

— la richiesta di adempimento non è più ammessa quando è stata domandata la risoluzione (art. 1453, co. 2).

  La *ragione* di tale inammissibilità va ravvisata nel fatto che la parte, con la domanda di risoluzione, ha dimostrato di non avere più interesse alla prestazione e deve pertanto assumersi la responsabilità della sua scelta senza pentimenti.

Il giudice, accertata l'esistenza dei presupposti, dichiara risolto il contratto con **sentenza costitutiva**.

b) Risoluzione di diritto

La risoluzione per inadempimento è detta *ope legis* (o di diritto) allorquando si produce *senza necessità* di ricorrere ad una pronuncia costitutiva del giudice. Ciò non toglie tuttavia che le parti, in caso di contestazione, adiscano l'autorità giudiziaria: in tale ipotesi, però, la pronuncia si limiterà ad *accertare* se la risoluzione si è verificata o meno: sarà cioè una **sentenza dichiarativa** volta a prendere atto di certi effetti che si sono già prodotti nella realtà giuridica.

I casi di risoluzione di diritto espressamente regolati dal codice sono tre:

a) la **diffida ad adempiere**: dichiarazione scritta attraverso la quale la parte adempiente *intima* alla parte inadempiente di eseguire la prestazione *entro un congruo termine* (non inferiore a 15 gg.) e contemporaneamente avverte la controparte che «*decorso inutilmente detto termine, il contratto s'intenderà senz'altro risolto*» (art. 1454, co. 1).

   Per la risoluzione di diritto del contratto in conseguenza di diffida ad adempiere, l'unico onere richiesto all'intimante è quello di fissare un termine entro il quale l'altra parte dovrà eseguire la prestazione, pena la risoluzione *ope legis* del contratto, poiché la *ratio* della norma è quella di fissare con chiarezza la posizione delle parti rispetto all'esecuzione del negozio, attraverso un avvertimento formale della volontà dell'intimante di non tollerare un ulteriore ritardo nell'inadempimento;

b) la **clausola risolutiva espressa**, patto accessorio al contratto principale, stipulato tra le medesime parti, con il quale si attribuisce al creditore il potere di far valere la risoluzione del contratto al verificarsi dell'inadempimento convenzionalmente elevato a condizione risolutiva, dichiarando all'altro contraente che intende avvalersi della clausola risolutiva (art. 1456).

   La clausola risolutiva espressa non fa che *accelerare la risoluzione*, avendo le parti anticipatamente valutato l'importanza di un determinato inadempimento e, quindi, eliminato la necessità di un'indagine *ad hoc* avuto riguardo all'interesse dell'altra parte. Infatti, la clausola risolutiva espressa attribuisce al contraente il *diritto potestativo* di ottenere la risoluzione del contratto per l'inadempimento di controparte *senza doverne provare l'importanza.* La dichiarazione di avvalersi della clausola negoziale di cui all'art. 1456 (può essere resa in ogni modo idoneo, anche implicito, purché inequivocabile e può essere contenuta anche in un atto giudiziale;

c) il **termine essenziale**, che fissa il momento al di là del quale il creditore *non* ha più interesse ad ottenere l'esecuzione della prestazione (si pensi all'artista che deve presentarsi a teatro all'ora fissata per la rappresentazione). L'essenzialità del termine può essere espressamente pattuita o può desumersi dalla *natura* o *dall'oggetto* del contratto.

   Decorso inutilmente il termine il contratto si risolve *ipso iure senza* che sia necessaria una *dichiarazione* della parte adempiente (come invece nel caso di clausola risolutiva espressa) (art. 1457).
   L'inosservanza di un *termine non essenziale* previsto dalle parti per l'esecuzione di un'obbligazione, pur impedendo, in mancanza di una diffida ad adempiere, la risoluzione di diritto ai sensi dell'art. 1457, non esclude la risolubilità del contratto, a norma dell'art. 1453, se si traduce in un inadempimento di non scarsa importanza, ossia se il ritardo superi ogni ragionevole limite di tolleranza, occorrendo avere riguardo all'oggetto ed alla natura del contratto, al comportamento complessivo delle parti, anche posteriore alla conclusione del contratto, ed al persistente interesse dell'altro contraente alla prestazione dopo un certo tempo (Cass. 5-6-2018, n. 14409).
   Il codice ha previsto la possibilità che, nonostante la scadenza del termine, il creditore abbia ancora *interesse* all'esecuzione della prestazione: in tal caso egli deve manifestare espressamente la volontà di esigere l'esecuzione *entro tre giorni*.

c) Effetti della risoluzione

In materia di effetti, l'art. 1458 prevede due regole fondamentali:

— la prima si riferisce all'**efficacia retroattiva** della risoluzione: se la parte inadempiente ha già ricevuto la prestazione, dovrà di conseguenza restituirla. Tale regola non opera però nei confronti di *contratti ad esecuzione continuata* o *periodica* riguardo ai quali il codice stabilisce che «l'effetto della risoluzione *non* si estende alle prestazioni *già eseguite*»: l'efficacia retroattiva non opera solo per i contratti che determinano *obbligazioni di durata per entrambe le parti*; l'esecuzione di queste prestazioni ristabilisce progressivamente l'equilibrio contrattuale senza che si renda necessaria alcuna restituzione.

La *parte inadempiente* è tenuta a restituire le *prestazioni pecuniarie* ricevute in esecuzione del contratto, secondo il loro valore nominale. Gli interessi sono dovuti dal momento del pagamento. È dovuto anche l'eventuale risarcimento del danno determinato dalla svalutazione monetaria. Analoga obbligazione restitutoria grava sulla parte inadempiente con riguardo alla *cosa specifica* ricevuta in esecuzione del contratto, che deve essere restituita nelle condizioni in cui si trovava al momento della prestazione. Qualora la cosa sia andata distrutta o risulti deteriorata, la parte non inadempiente ha diritto a ottenere una somma pari al più alto valore della cosa all'epoca della prestazione (Cass. 9579/1992). Insieme alla cosa devono essere restituiti i frutti percepiti dal momento della prestazione. Alla parte inadempiente tenuta alla restituzione compete il **diritto al rimborso** delle spese fatte per le riparazioni straordinarie (art. 1150, co. 3).

La *parte non inadempiente* ha l'obbligo di restituire le prestazioni pecuniarie ricevute secondo il loro valore nominale maggiorate degli interessi. La cosa specifica deve essere restituita nelle condizioni in cui si trovava al momento della proposizione della domanda di risoluzione. L'impossibilità materiale di restituzione comporta solamente l'obbligo di corrispondere l'equivalente pecuniario della prestazione;

— la seconda riguarda all'**esclusione degli effetti** della risoluzione nei **confronti dei terzi** che abbiano acquistato anteriormente alla risoluzione (ma sono fatti salvi gli effetti della trascrizione).

Per i beni mobili, si afferma che l'acquisto effettuato prima del passaggio in giudicato della sentenza di risoluzione *ex* art. 1453 o della risoluzione stragiudiziale *ex* artt. 1454, 1456 e 1457, essendo un acquisto *a domino*, non è pregiudicato dall'efficacia retroattiva della risoluzione. È necessario, tuttavia, che l'acquisto abbia data certa anteriore all'evento risolutivo. Nella risoluzione giudiziale l'effetto retroattivo si estende anche ai terzi che hanno acquistato diritti su beni mobili dopo la proposizione della domanda di risoluzione.

Per i beni mobili registrati e per gli immobili l'efficacia retroattiva della risoluzione è impedita dalla trascrizione o iscrizione dell'atto del terzo anteriore alla trascrizione della domanda giudiziale. Nonostante il tenore letterale della disposizione, la trascrizione della sentenza di risoluzione, non preceduta dalla pubblicità della domanda, rende opponibile l'effetto risolutivo ai terzi che hanno acquistato diritti sulla base di un atto trascritto successivamente alla trascrizione della sentenza risolutiva (LUMINOSO).

d) Eccezione di inadempimento (art. 1460)

Ciascuno dei contraenti può *rifiutarsi di adempiere la propria obbligazione, se l'altro non adempie o non offre di adempiere contemporaneamente la propria, salvo che termini diversi per l'adempimento siano stati stabiliti dalle parti o risultino dalla natura del contratto* (art. 1460, co. 1).

L'eccezione può essere sollevata non soltanto in casi di prestazioni da eseguire contemporaneamente, ma anche in caso di evidente pericolo di perdere la controprestazione che debba essere eseguita successivamente a quella della parte che formula l'eccezione.

L'inadempimento che giustifica la proposizione dell'eccezione di cui all'art. 1460 non deve necessariamente essere imputabile, potendo derivare anche da un errore scusabile o da un'omissione involontaria del debitore (BIANCA).

Il comma 2 aggiunge che il contraente non può rifiutare l'esecuzione della prestazione se, avuto riguardo alle circostanze, *il rifiuto è contrario alla buona fede.*

Il requisito della buona fede previsto dall'art. 1460, co. 2, per la proposizione dell'eccezione d'inadempimento sussiste quando tale rifiuto sia stato determinato non solo da un inadempimento grave ma anche da motivi corrispondenti agli obblighi di correttezza che l'art. 1175 impone alle parti in relazione alla natura del contratto e alle finalità da questo perseguite (Cass. 836/2016).

L'*ambito di applicazione* della norma riguarda i contratti a prestazioni corrispettive.

Il giudice ove venga proposta dalla parte l'eccezione *inadimplenti non est adimplendum*, deve procedere a una *valutazione comparativa degli opposti inadempimenti*, avuto riguardo anche alla loro proporzionalità rispetto alla funzione del contratto e alla loro rispettiva incidenza sull'equilibrio sinallagmatico, sulle posizioni delle parti e sugli interessi delle stesse; qualora rilevi ché l'inadempimento della parte nei cui confronti è opposta l'eccezione non è grave o ha scarsa importanza in relazione all'interesse dell'altra parte a norma dell'art. 1455, deve ritenersi che il rifiuto di quest'ultima di adempiere la propria obbligazione non sia di buona fede e quindi non sia giustificato ai sensi dell'art. 1460, co. 2 (Cass. 22626/2016).

È un caso di *autotutela privata* che deriva da un istituto (*exceptio inadimpleti contractus*) già creato dai postglossatori (giuristi della metà del sec. XIII) e trova il suo fondamento nella *mancata simultaneità* fra prestazione e controprestazione.

La disciplina dettata dall'art. 1460 si applica anche nel caso in cui il primo contraente non adempia esattamente (*exceptio non rite adimpleti contractus*). *Non è operativa* l'eccezione, nonostante l'inadempienza dell'altra parte, quando il rifiuto della propria prestazione sia contrario alla *buona fede* (oggettiva): ciò si verifica soprattutto nel caso che la prestazione non eseguita sia di scarsa importanza.

e) Sospensione della prestazione per le mutate condizioni patrimoniali dei contraenti (art. 1461)

L'art. 1461, basandosi sul principio *inadimplenti non est adimplendum*:

— consente a un contraente di sospendere l'esecuzione della propria prestazione se ha il timore, dimostrato dalle peggiorate condizioni economiche dell'altra parte — ipotesi cui si può assimilare anche quella della conoscenza di una mutata situazione patrimoniale acquisita dopo la conclusione del contratto — di non poter ottenere l'adempimento della controprestazione;
— si applica nelle ipotesi in cui sussistano due obbligazioni corrispettive una delle quali debba essere adempiuta anteriormente all'altra;
— è applicabile anche al *contratto preliminare*, che legittima pertanto il rifiuto della stipulazione del definitivo anche se le prestazioni da adempiere contemporaneamente non siano ancora eseguibili, mentre la persistenza del pericolo di ottenere la prestazione dopo la scadenza del termine di adempimento legittima la richiesta di risoluzione del preliminare (Cass. 2217/2013).

L'eccezione di insolvenza può essere formulata sia nel processo che stragiudizialmente.

Lo strumento previsto dall'art. 1461 è una seconda forma di autotutela privata, che si affianca a quella prevista dall'art. 1460, fondata sulla esigenza di mantenere l'equilibrio tra le prestazioni di uguale importanza, che l'interessato può utilizzare senza bisogno di provvedimento giudiziale. Questa ipotesi e quella precedente (eccezione d'inadempimento), dal momento che costituiscono esercizio di un potere di autotutela, sono anche dette *risoluzioni per giusta causa o inadempimento* (BIANCA).

f) La clausola del «*solve et repete*» (art. 1462)

È una clausola con cui le parti — in deroga ai principi esaminati — stabiliscono che una di esse *non* può opporre eccezioni per evitare o ritardare la prestazione. Essa, per avere valore, *deve* essere specificatamente *approvata per iscritto*.

Il legislatore, all'art. 1462, ha previsto però i seguenti limiti:

— la clausola *non* ha effetto per le *eccezioni* di *nullità*, di *annullabilità* e di *rescissione* del contratto, nonché le *eccezioni estintive*, con le quali il debitore può fornire la prova dell'estinzione dell'obbligazione fatta valere dal creditore. Si tratta dell'eccezione di pagamento, novazione, compensazione, remissione, confusione, impossibilità sopravvenuta del debitore, prescrizione, giudicato e transazione;
— il giudice, se accerta l'esistenza di *gravi motivi*, può *sospendere* la *condanna all'adempimento* della prestazione.

Il patto *solve et repete* ha *natura vessatoria* *ex* art. 1341 ed *ex* art. 33, D.Lgs. 206/2005.

5 La risoluzione per impossibilità sopravvenuta (artt. 1463-1466)

Nei contratti con prestazioni corrispettive, se la prestazione diviene definitivamente impossibile per una causa non imputabile ad una delle parti, l'obbligazione *si estingue* (risoluzione di diritto) e il debitore è *liberato* (art. 1256); la parte liberata non può chiedere la controprestazione e deve restituire quella che abbia già ricevuto, secondo le norme relative alla ripetizione dell'indebito (art. 1463) poiché la controprestazione resta *priva* di *giustificazione causale* e perciò dà luogo alla risoluzione del contratto. È necessario che l'impossibilità sia **sopravvenuta** alla conclusione del contratto (altrimenti sarebbe nullo: artt. 1346 e 1418), *anteriore* all'inadempimento e alla mora (art. 1221), *non imputabile al debitore*, *assoluta e definitiva* (l'impossibilità è definitiva se è irreversibile o si ignora se possa venir meno), riferita a una *prestazione infungibile* e riguardante proprio la prestazione e non la concreta condizione del contraente (SCALFI).

A tal proposito si distingue tra:

a) il caso in cui l'impossibilità sopravvenuta si riferisca ad una delle prestazioni di un *contratto* ad **efficacia obbligatoria**: in tale ipotesi, la controparte ha *diritto* ad *ottenere* la *restituzione della prestazione* (qualora questa sia stata già eseguita) ovvero è *liberata dall'obbligo di eseguirla* (se non sia stata ancora eseguita) (art. 1463). Es.: se il bene locato è stato distrutto per un evento fortuito, per cui il locatore non è in grado di consegnarlo, questi dovrà restituire la somma percepita ovvero, se questa non gli è stata ancora corrisposta, non potrà pretenderne il versamento;
b) il caso in cui invece essa riguardi una delle prestazioni di un contratto a **efficacia reale**: in tale seconda ipotesi, invece, ai sensi dell'art. 1465, co. 1, il compratore è ugualmente *tenuto* ad *eseguire* la *controprestazione* né può pretendere la restituzione qualora l'abbia già eseguita. La ragione di questa disciplina va ravvisata nel principio dell'*immediata efficacia traslativa* del consenso per cui accade che l'acquirente può essere proprietario ancora prima che la cosa sia stata consegnata: se la cosa perisce per causa non imputabile al venditore, il compratore è comunque obbligato a versare il prezzo.

Se, invece, l'impossibilità della prestazione è soltanto **parziale**, l'art. 1464 attribuisce alla controparte la scelta tra:

— il diritto ad una corrispondente riduzione della prestazione da essa dovuta;
— il diritto a recedere dal contratto, nel caso in cui la prestazione residua non sia più idonea a soddisfare il suo interesse.

L'impossibilità parziale incide sull'oggetto dell'obbligazione, determinando una *modificazione quantitativa* della prestazione, tale per cui il debitore resta obbligato a eseguire la prestazione rimasta possibile (BIANCA).

L'impossibilità parziale presuppone che sia possibile e attuale la prestazione residua; che l'impossibilità non sia imputabile a colpa del debitore; che la prestazione non sia indivisibile (GALGANO).

Anche l'impossibilità parziale deve riguardare la prestazione e deve essere sopravvenuta alla conclusione del contratto, anteriore all'inadempimento e alla mora, non imputabile, definitiva e riferita a una prestazione infungibile.

6 La risoluzione per eccessiva onerosità (art. 1467)

a) Nozione

Nei *contratti di durata*, che comportano un'esecuzione differita o protratta nel tempo, e a prestazioni corrispettive la risoluzione del contratto può essere chiesta dalla parte la cui prestazione sia divenuta *eccessivamente onerosa* a causa di *avvenimenti straordinari ed imprevedibili* (art. 1467).

Secondo una parte della dottrina il fondamento dell'istituto risiede in una reazione all'alterazione dei presupposti di realizzazione della funzione di scambio e, dunque, nell'esigenza di evitare un notevole mutamento dell'originario equilibrio sinallagmatico delle prestazioni, per cui l'eccessiva onerosità è percepibile non in relazione alla prestazione stessa bensì dal raffronto tra le posizioni contrattuali originarie e quelle determinate all'esito della sopravvenienza.

b) Presupposti e disciplina

In particolare, nei contratti con prestazioni corrispettive è ammessa la risoluzione alle seguenti condizioni:

- che si tratti di *contratti ad* **esecuzione continuata o periodica**, ovvero ad **esecuzione differita**;
- che una delle prestazioni sia divenuta **eccessivamente onerosa** *prima* che il contratto abbia avuto *esecuzione* e purché il *debitore non sia in mora* (si ricordi che se è a carico del contraente moroso l'impossibilità sopravvenuta della prestazione dovuta, a maggior ragione è a suo carico l'onerosità sopravvenuta durante la mora). Deve poi trattarsi di una onerosità *eccessiva*, tale cioè da creare un grave squilibrio tra prestazione e controprestazione, ovvero un aumento del costo originario della prestazione di entità superiore alla normale alea contrattuale. L'onerosità infine deve riguardare una *prestazione non ancora adempiuta*;
- che la sopravvenuta onerosità *non* rientri nell'*alea normale del contratto* ossia nel rischio, cui le parti si sottopongono stipulando un determinato contratto, di variazioni di costi e valori che rimane entro i limiti della normalità. Non sembra opportuno infatti che si rimetta in discussione un vincolo, quando le parti abbiano preventivamente accettato un rischio particolare (es.: assicurazione) che entra a far parte del contenuto del contratto;
- che la sopravvenuta onerosità sia dovuta al *verificarsi di* **avvenimenti straordinari** e **imprevedibili** (es.: guerra). Il debitore, quindi, non può addurre gli aggravi economici che rientrino nella normale alea del contratto e dipendano da ordinarie e prevedibili fluttuazioni del mercato.

  Si ritiene oramai unanimemente che anche la *svalutazione monetaria* sia evento idoneo a giustificare la risoluzione quando sia *imprevedibile*, superi cioè il normale andamento del fenomeno inflattivo. Si ricordi che *imprevedibilità* e *straordinarietà* devono essere valutate *oggettivamente*, in rapporto all'uomo medio e in relazione alla natura del negozio e alle condizioni del mercato;

- che, infine, la parte contro cui è domandata la risoluzione non riesca ad evitarla «*offrendo di modificare equamente le condizioni del contratto*».

  La cd. *reductio ad aequitatem* è un rimedio alternativo alla risoluzione concesso dal legislatore al creditore della prestazione divenuta eccessivamente onerosa, il quale può evitare la risoluzione offrendo di modificare equamente le condizioni del contratto in modo da rimuovere l'eccessiva onerosità sopravvenuta (BIANCA). Qualora l'offerta non raggiunga il suo scopo (per la mancata accettazione) il giudice, previa incidentale valutazione dell'eccessiva onerosità sopravvenuta, dovrà accertare se la stessa sia o meno adeguata a ricondurre il contratto ad equità.

La Cassazione ammette la legittimità di un intervento del giudice nella revisione del corrispettivo stabilito dalle parti, o nella determinazione del contenuto delle modifiche da apportare al contratto per ricondurlo ad equità, purché tale iniziativa sia stata sollecitata e comunque avvenga sulla base degli elementi acquisiti al processo (Cass. 5922/1991).

L'offerta deve **ricostituire l'equilibrio iniziale delle posizioni**, così che le prestazioni siano ricondotte ad una piena equivalenza obiettiva (DI MAJO), e può essere proposta finché sia ancora pendente il giudizio di merito sulla risoluzione del contratto.

La necessità di accertare l'esistenza di tali condizioni vale di per sé ad escludere l'ammissibilità di una risoluzione automatica: occorre infatti un *intervento del giudice*, il quale, riscontrata l'esistenza dei presupposti suddetti, potrà emanare una **sentenza costitutiva** di risoluzione del contratto per eccessiva onerosità sopravvenuta della prestazione.

Quanto alle *differenze tra risoluzione per impossibilità sopravvenuta ed eccessiva onerosità*, nella *prima* sussiste vera e propria **impossibilità** di adempimento; nella *seconda* vi è solo **difficoltà** ad adempiere. Solo per la *seconda* occorre invece il verificarsi di un *evento straordinario e imprevedibile* per aversi la risoluzione del contratto.

La *prima*, infine, si *attua di diritto*; per la seconda, invece, occorre una *sentenza del giudice*.

7 Il recesso (art. 1373)

a) Nozione e disciplina

Fra le cause di risoluzione ammesse dalla legge è espressamente disciplinato il *diritto di recesso*, ossia il *diritto potestativo di sciogliere il contratto, mediante una dichiarazione unilaterale comunicata all'altra parte* (risoluzione negoziale o volontaria). Il recesso può essere esercitato fino a quando sia stata data esecuzione al contratto. Quest'ultima viene considerata dalla giurisprudenza un *fatto abdicativo* del recesso (BIANCA).

Il recesso deve presentare la stessa forma del contratto originario.

Il diritto di recesso può avere fonte:

- **legale**, se è previsto dalla legge; ciò si verifica nella disciplina di alcuni contratti nominati (società, locazione, mandato, mutuo, appalto, deposito, contratto di lavoro) la cui esecuzione si protragga nel tempo, quando non è stabilito in anticipo il momento della cessazione del rapporto;
- **convenzionale**, quando è previsto contrattualmente con apposita clausola. Spesso in questi casi è anche previsto un *corrispettivo* per la parte che è destinata a subìre l'esercizio del diritto di recesso, consistente nel pagamento di una somma di danaro nelle due forme della *multa* e della *caparra penitenziale* (*ius poenitendi*, artt. 1373 e 1386).

La clausola di recesso può rivestire carattere bilaterale — ed essere, quindi, attribuita a entrambi i contraenti — ed essere sottoposta a condizione.

Occorre poi distinguere:

- *nei contratti* ad *esecuzione istantanea* (immediata o differita) il recesso può essere esercitato, salvo patto contrario, solo prima che cominci l'esecuzione del contratto (art. 1373, co. 1);
- *nei contratti* di *durata* (ad esecuzione continuata o periodica) il recesso è ammissibile anche dopo che l'esecuzione del contratto sia cominciata, ma esso, salvo patto contrario, non ha effetto per le prestazioni già eseguite o in corso di esecuzione (art. 1373, co. 2). Di conseguenza, le parti non possono pretendere la restituzione delle prestazioni già eseguite.

Il recesso produce la risoluzione *ex nunc* del rapporto e non travolge le prestazioni già eseguite, i diritti e gli obblighi già maturati. Le parti, tuttavia, possono convenire l'efficacia retroattiva del recesso.

Nell'ipotesi di contratti collegati non è consentito il recesso parziale, riguardo a uno solo di essi, poiché esso determinerebbe uno squilibrio dell'intero regolamento negoziale.

Giunta a conoscenza del destinatario il recesso diventa irrevocabile.

b) Differenza tra revoca e recesso

In generale si intende per *revoca* l'atto estintivo di *negozi unilaterali* (es. procura) ovvero di contratti stipulati nell'interesse esclusivo o preminente della parte revocante (es. mandato). Il recesso sarebbe, invece, causa di risoluzione dei contratti in generale. La dottrina, in realtà, fa una distinzione più sottile in quanto, si dice, la revoca cancella dal mondo del diritto il negozio stesso, mentre il recesso elimina solo i suoi effetti (il rapporto giuridico).

Ne deriva che mentre il secondo non può che operare per il futuro, lasciando inalterati gli effetti giuridici già prodottisi (*efficacia ex nunc del recesso*), la revoca ha, invece, sempre *efficacia retroattiva*.

Si noti comunque che spesso il legislatore confonde le due figure, chiamando recesso casi evidenti di revoca (artt. 1537 co. 2 e 1538 co. 2) ed, all'opposto, chiamando revoca casi di recesso (artt. 1396 e 1722 n. 2).

8 Il mutuo dissenso (art. 1372)

Nel dare la definizione di contratto, l'art. 1321 sancisce che questo è l'accordo di due o più parti per costituire, regolare o *estinguere* un rapporto giuridico; l'art. 1372 ribadisce inoltre che il contratto può essere sciolto per *mutuo consenso* (mutuo dissenso, come lo definisce BIANCA).

Mutuo consenso è quindi l'accordo contrattuale con il quale le parti sciolgono un precedente contratto estinguendolo con *efficacia retroattiva*.

La risoluzione consensuale produce una «controvicenda» opposta e incompatibile con quella del contratto precedente.

Come tutti i negozi risolutori il mutuo dissenso deve rivestire la stessa forma prevista dalla legge per il contratto da risolvere. Il silenzio non è rilevante, cioè suscettibile di lasciar discendere un accordo risolutorio, salvo che le circostanze siano tali da attribuirgli questo significato.

In dottrina si discute sull'ammissibilità di una risoluzione convenzionale di un **contratto ad effetti reali traslativi o costitutivi**. Per alcuni autori (SCOGNAMIGLIO, GAZZONI) il mutuo dissenso non potrebbe mai avere effetti reali, ma sarebbe sempre necessario un autonomo negozio ad effetti reali con effetti uguali e contrari al precedente (cd. *contrarius actus* con effetti *ex nunc*): per esempio, per togliere effetto ad una vendita si dovrebbe procedere ad una retrovendita. La dottrina prevalente (BIANCA, MIRABELLI) ritiene, invece, ammissibile il mutuo dissenso di un contratto traslativo, con effetti retroattivi.

Il mutuo dissenso non deve essere confuso con i *contratti restitutori* che sono quelli disponenti una vicenda contrattuale inversa da quella realizzata con il contratto originario (si pensi, ad esempio, al patto di retrovendita).

La risoluzione consensuale ha **effetto liberatorio e retroattivo**, salva diversa volontà delle parti. Determina l'obbligo di restituzione delle prestazioni eventualmente ricevute dal tempo dell'accordo risolutorio.

13
I singoli contratti

Sezione Prima
I contratti per la circolazione dei beni

1 La compravendita

a) Nozione e natura giuridica (art. 1470)

I *contratti di alienazione* sono in genere quelli che hanno ad oggetto una vicenda derivativa, cioè il trasferimento di un diritto o la costituzione di un diritto reale limitato.

In questo ampio *genus* rientra la compravendita.

La compravendita è il *contratto avente per oggetto il trasferimento della proprietà di una cosa o il trasferimento di un altro diritto verso il corrispettivo di un prezzo* (art. 1470).

La compravendita è un contratto:

- *non formale*: il consenso può essere espresso con qualsiasi forma a meno che la natura dell'oggetto non richieda una forma particolare (es.: un bene immobile, per il cui trasferimento è necessaria la forma scritta, art. 1350);
- *consensuale*: per il suo *perfezionamento* è sufficiente il semplice *consenso* delle parti: non occorre anche la effettiva consegna della cosa;
- *traslativo*: attua il passaggio della proprietà della cosa o della titolarità del diritto da un soggetto all'altro; alla base dell'*efficacia traslativa* della compravendita c'è il principio consensualistico (v. Cap. 4, par. 2). Quest'ultimo fu affermato per la prima volta nel codice Napoleonico. I romani infatti condizionavano l'efficacia della vendita al requisito formale della consegna. Il codice germanico ha invece sempre preferito la vendita obbligatoria (BIANCA);
- *a titolo oneroso*: entrambe le parti ricevono un *vantaggio* economico in cambio della loro prestazione;
- *a prestazioni corrispettive*;
- *commutativo*: è possibile, infatti, valutare i vantaggi e gli svantaggi derivanti dall'atto fin dal *momento* della *stipulazione*;
- *normalmente ad effetti reali*, in quanto produce il trasferimento della proprietà della cosa, ovvero l'acquisto di altro diritto. Vi sono, tuttavia, alcune ipotesi in cui la compravendita ha *efficacia meramente obbligatoria*: non trasferisce, cioè, immediatamente la proprietà della cosa, ma *obbliga il venditore a trasferirla successivamente*, conferendo al compratore soltanto un *diritto di credito* (vedi *infra*).

b) Obbligazioni del venditore (art. 1476)

Il venditore ha l'obbligo di:

- *consegnare la cosa*: attuare, cioè, il materiale trasferimento del bene al compratore (questa obbligazione riguarda un momento diverso dal trasferimento della proprietà, che, al di fuori dei casi di vendita obbligatoria, si è già realizzato alla conclusione del contratto);
- *fare acquistare al compratore la proprietà della cosa*, nel caso di vendita obbligatoria;
- *garantire il compratore dall'evizione e da eventuali vizi della cosa*.

a) **La garanzia per l'evizione**

Si ha *evizione quando il compratore è spogliato dell'acquisto, in conseguenza di una pronunzia giudiziaria che accerta un difetto nel diritto del venditore, a vantaggio di un terzo* che può vantare sulla cosa venduta un diritto di proprietà o altro diritto reale (art. 1483).

L'evizione può essere:

- *totale*, se si riferisce a tutta quanta la cosa venduta;
- *parziale*, se riguarda solo una parte di essa.

Effetti della garanzia sono:

- in caso di *evizione totale*: il venditore deve *restituire* al compratore il prezzo pagato e rimborsargli le spese di contratto e le spese successive e utili fatte per la cosa (artt. 1479-1482);
- in caso di *evizione parziale*: il compratore può ottenere una *riduzione* del prezzo, oltre al risarcimento del danno. Si applicano però le norme sull'evizione totale, qualora risulti, secondo le circostanze, che egli non avrebbe acquistato la cosa senza la parte di cui non è divenuto proprietario (art. 1480).

Secondo quanto disposto dall'art. 1487 «i contraenti possono aumentare o diminuire gli effetti della garanzia e possono altresì pattuire che il venditore non sia soggetto ad alcuna garanzia». Non è in nessun caso ammessa l'esclusione della garanzia quando l'evizione derivi dal fatto proprio del venditore, pertanto è *nullo* ogni patto contrario.

b) **La garanzia per vizi occulti della cosa**

Il venditore è tenuto a garantire che la cosa venduta sia *immune da difetti che la rendano inidonea all'uso o ne diminuiscano in modo apprezzabile il valore*. A differenza della garanzia per evizione, che attiene alla *condizione giuridica* dell'oggetto del trasferimento, in questo caso la garanzia è relativa alla *condizione materiale* della cosa.

Si parla tradizionalmente di *garanzia per vizi occulti* in quanto essa è dovuta solo quando i vizi erano *ignoti al compratore* e non *facilmente riconoscibili* al momento dell'acquisto (salvo, in quest'ultimo caso, che il venditore abbia dichiarato che la cosa era esente da vizi). Il compratore ha diritto alla scelta tra (art. 1492):

- la *risoluzione* del contratto (cd. *actio redhibitoria*);
- la *riduzione* del prezzo (cd. *actio aestimatoria*).

In ogni caso, il venditore è tenuto al risarcimento del danno (art. 1494).

Vizi e *mancanza di qualità* debbono essere denunziati dal compratore *entro otto giorni* dalla scoperta, a pena di decadenza dall'azione la quale si prescrive, in ogni caso, in un anno dalla consegna della cosa viziata.

c) Obbligazioni del compratore (art. 1498)

L'obbligazione principale del compratore consiste nel *pagamento del prezzo* nel modo e nel luogo stabiliti dal contratto. Il prezzo, di regola, è determinato dalle parti; ma la determinazione può anche essere rimessa ad un terzo (cd. *arbitratore*).

Sono a carico del compratore le *spese del contratto di vendita* (art. 1475).

2 Figure principali di vendita

a) Vendita di beni immobili

I beni immobili sono soggetti a *particolare* disciplina riguardante:

- la *forma degli atti*: in quanto gli atti relativi ad immobili vanno sempre redatti con *forma scritta*;
- la *pubblicità*: che per gli immobili si attua con la *trascrizione* in particolari registri[1];
- la *garanzia* e la *tutela*: i beni immobili, infatti, offrono una maggiore garanzia ai creditori in quanto sono ipotecabili.

La vendita di detti beni può avvenire:

- *a misura*: nel caso in cui l'immobile sia alienato con l'indicazione della sua misura, e per un prezzo stabilito in ragione di un tanto per ogni unità di misura;
- *a corpo*: quando tale riferimento alla misura del bene manchi del tutto.

---

[1] A disciplina analoga a quella immobiliare sono sottoposte alcune particolari categorie di beni mobili (navi, auto etc.) detti *beni* **mobili registrati**.

b) Vendita di beni mobili (art. 1510)

La vendita di cose mobili non richiede l'adozione di una *forma particolare* ma è circondata da una serie di garanzie. Infatti, il rapporto deve avere una pronta esecuzione, le irregolarità devono essere rapidamente accertate, le conseguenze di una eventuale inadempienza liquidate senza indugio. Per la tutela di queste esigenze è prevista una peculiare normativa, articolata intorno ai seguenti mezzi di garanzia:

- potestà di chiedere l'*accertamento dei difetti della cosa* (art. 1513);
- *esecuzione coattiva* per inadempimento del compratore (art. 1515) o del venditore (art. 1516);
- *risoluzione di diritto* quando — prima della scadenza del termine stabilito per l'esecuzione della vendita — una delle parti abbia fatto l'offerta della propria prestazione e l'altra parte abbia lasciato scadere il termine di esecuzione senza adempiere (art. 1517);
- *rivendicazione del venditore* diretta a riottenere il possesso delle cose vendute, se il prezzo non viene pagato (art. 1519).

c) Clausole particolari (artt. 1520-1522)

- *Vendita con riserva di gradimento* (art. 1520): tale vendita non si perfeziona finché il *gradimento* del compratore non sia comunicato al venditore. Essa presenta una certa affinità con l'«*opzione*»: infatti, vincolato è soltanto il venditore, non, invece, il compratore, che può negare il gradimento senza dover dare alcuna motivazione.
- *Vendita a prova* (art. 1521): è una vendita che non presuppone l'esame della merce da parte dell'acquirente ed è sottoposta alla *condizione sospensiva* che la cosa abbia le qualità pattuite o sia idonea all'uso cui è destinata. Essa viene anche denominata «*salvo assaggio*» o «*salvo visita*».
  La «*prova*» si esegue nel termine e con le modalità stabilite dalle parti.
  Si ricordi che — a differenza dalla vendita con riserva di gradimento, nella quale il contratto è in via di formazione — qui il contratto è già concluso ed impegna entrambe le parti (non soltanto il venditore).
  L'efficacia della vendita, inoltre, non è rimessa al mero arbitrio del compratore, ma dipende dall'esito obiettivo della prova.
- *Vendita su campione* (art. 1522): a tale sistema di vendita si ricorre, per lo più, quando le merci sono lontane: trattasi di una vendita perfetta, non sottoposta a condizione, in cui il compratore può chiedere la *risoluzione* del contratto per qualsiasi difformità che la merce consegnatagli presenti rispetto al *campione*, che precedentemente ha avuto in visione. Il campione costituisce l'*unico* elemento indicativo della *qualità* della merce.
- *Vendita su tipo di campione* (art. 1522): differisce dalla «*vendita su campione*» perché in questo tipo di vendita, per ottenere la risoluzione, deve ricorrere una *difformità notevole* dal campione, che ha solo valore di orientamento, e cioè serve solo ad individuare, *in modo approssimativo*, la qualità della merce.

3 Segue: Vendite sottoposte a «condizione»

a) Vendita con patto di riscatto (art. 1500)

Ricorre quando il venditore si riserva il diritto di *riavere la proprietà* della cosa alienata mediante la *restituzione del prezzo* (art. 1500).

Si tratta, secondo parte della dottrina (GRECO, COTTINO), di una vendita sottoposta *a condizione risolutiva potestativa*, la quale, risolvendo retroattivamente il contratto, produrrebbe l'immediato ritorno del bene nel patrimonio del venditore. Secondo altra tesi (BIANCA), invece, il riscatto andrebbe configurato come diritto potestativo di recesso. L'istituto risponde all'esigenza di consentire al venditore di procurarsi danaro contante, con la possibilità di riavere il bene.

Il patto di restituire un prezzo superiore a quello stipulato per la vendita è nullo per l'eccedenza (art. 1500). La legge, inoltre, stabilisce un termine massimo per il riscatto e a tale *termine* si riducono quelli eventualmente più lunghi apposti dalle parti (art. 1501): due anni, *per i beni mobili*; cinque anni, *per i beni immobili*. Il venditore può esercitare il diritto di riscatto anche nei confronti dei successivi acquirenti (purché il patto sia trascritto).

b) Vendita rateale con riserva di proprietà (art. 1523)

È una forma particolare di vendita in cui le parti stabiliscono che il prezzo venga pagato *frazionatamente* entro un certo tempo: la cosa viene consegnata subito, ma la proprietà passa al compratore solo dopo il *pagamento* dell'ultima rata del prezzo medesimo (art. 1523).

In sostanza, l'*effetto reale* della vendita è sottoposto alla *condizione sospensiva del pagamento integrale*, mentre gli altri effetti (consegna, godimento della cosa etc.) si verificano *immediatamente*, in conseguenza della conclusione del contratto. La legge ha voluto tutelare il compratore contro patti vessatori in passato assai diffusi in questo tipo di vendita. Ha così dichiarato *inefficace* la *clausola* secondo cui il *mancato pagamento di una sola rata* dà luogo alla *risoluzione*, se questa rata non superi l'*ottava* parte del prezzo (art. 1525).

Inoltre, se il contratto è risolto per inadempimento del compratore, questi ha diritto alla restituzione delle rate pagate, salvo un equo compenso al venditore per l'uso della cosa, oltre al risarcimento del danno (art. 1526).

Colui che acquista a rate non può alienare il bene fino a quando non ne ha acquistato la proprietà: l'alienazione integra, anzi, gli estremi del delitto di appropriazione indebita (art. 646 c.p.).

4 La vendita dei beni di consumo

Il D.Lgs. 2-2-2002, n. 24 — di attuazione della direttiva 1999/44/CE su taluni aspetti della **vendita** e delle **garanzie** dei **beni di consumo** — aveva introdotto nel Libro IV del codice civile gli articoli da 1519bis a 1519nonies al fine di disciplinare taluni aspetti dei contratti di vendita (al contratto di vendita sono equiparate permuta e somministrazione) e delle garanzie concernenti i beni di consumo. Gli articoli citati sono stati abrogati e recepiti nel D.Lgs. 6-9-2005, n. 206 (*Codice del Consumo*) che disciplina attualmente la materia.

Possono definirsi **beni di consumo** tutti i beni mobili, anche da assemblare, ad esclusione di:

1) beni oggetto di vendita forzata o venduti da autorità giudiziarie;
2) acqua e gas (a meno che non siano confezionati per la vendita in quantità o volume determinati);
3) energia elettrica.

In particolare, in caso di vendita di beni di consumo, il venditore ha l'*obbligo di consegnare al consumatore beni conformi al contratto di vendita* ed è *responsabile* nei confronti del consumatore stesso *per qualsiasi difetto di conformità* esistente al momento della consegna del bene.

In caso di difetto di conformità, il consumatore ha diritto al *ripristino, senza spese, della conformità* del bene ovvero ad una *riduzione adeguata del prezzo* o alla *risoluzione del contratto* secondo le regole di cui all'art. 130, D.Lgs. 206/2005.

Il consumatore **decade** dai diritti previsti dalle norme in esame se non *denuncia al venditore il difetto di conformità entro due mesi dalla scoperta* (ma la denuncia non è necessaria se il venditore ha riconosciuto l'esistenza del difetto o l'ha occultato). Il venditore finale (responsabile verso il consumatore) ha **diritto di regresso** nei confronti del produttore o di un precedente venditore o intermediario cui sia imputabile il difetto di conformità.

Qualsiasi patto, anteriore alla comunicazione al venditore del difetto di conformità, finalizzato a limitare o escludere, i diritti riconosciuti dalla normativa in esame, è **nullo**. La nullità può essere fatta valere solo dal consumatore e può essere rilevata d'ufficio dal giudice.

5 Le singole ipotesi di vendita obbligatoria

— **Vendita alternativa**: tale tipo di vendita ricorre quando due o più *cose* sono dedotte nel contratto, ma *una sola* di esse dovrà essere *trasferita* al compratore.
Il trasferimento del diritto si verifica quando viene esercitata la *facoltà di scelta* con conseguente individuazione del bene. Una volta effettuata la *scelta e comunicata* all'altra parte, *l'effetto traslativo si realizza* senz'altro, senza necessità della materiale consegna.

— **Vendita di cose generiche**: la vendita di cose generiche ha ad oggetto il trasferimento di cose *determinate solo nel genere*.
Per potersi verificare l'effetto traslativo occorre la *individuazione*, e cioè la determinazione in concreto (mediante pesatura, misurazione etc.) dell'oggetto della vendita. L'individuazione è un autonomo atto giuridico che non va confuso con l'identificazione, attinente all'oggetto. La dottrina è divisa sulla natura giuridica dell'individuazione come: fatto, atto materiale, negozio giuridico. In realtà è preferibile la tesi dell'*atto dovuto*, che generalmente richiede l'accettazione dell'altra parte (BIANCA).
Una volta compiuta ed accettata l'individuazione, i beni escono dal patrimonio giuridico dell'alienante e questi non può più operare sugli stessi, nemmeno con la revoca. Tuttavia può sostituirli nell'interesse dell'altra parte se viziati.
— **Vendita di cosa futura**: nella vendita di cosa futura, l'effetto traslativo si realizza, per gli *alberi* e i *frutti* del fondo, quando essi siano, rispettivamente, *tagliati* o *separati*; per gli altri beni, invece, non appena siano venuti ad *esistenza* (art. 1472).
In questo tipo di vendita l'alienante è obbligato a realizzare l'attività strumentale eventualmente necessaria a far venire ad esistenza la cosa. Ovviamente è ipotesi diversa quella in cui le parti si siano assunte il rischio dell'evento futuro, nel senso che la cosa potrebbe non venire ad esistenza, o presentare mancanze qualitative: in tal caso la vendita, quale contratto aleatorio (*emptio spei*), è comunque efficace.
— **Vendita di cosa altrui**: è vendita di cosa altrui quella avente ad oggetto una cosa che, al momento della stipulazione del contratto, non appartiene al venditore, ma fa parte del patrimonio di un terzo. A norma dell'art. 1478 essa ha effetti solo tra gli stipulanti, nel senso che fa sorgere a carico del venditore l'obbligo di procurarsi la cosa e di consegnarla, quindi, al compratore.

Il *compratore* diventa *proprietario* nel momento stesso in cui il suo *venditore acquista* la proprietà del bene dal titolare di essa, e da tale momento non potrà più essere rifiutato il pagamento del prezzo. Importanti sono le conseguenze del mancato acquisto del bene da parte del venditore; al riguardo prevede l'art. 1479 che:

— se il *compratore* era consapevole dell'altruità della cosa, egli *non* avrà diritto alla *risoluzione* del contratto, ma solo al *risarcimento dei danni* conseguenti all'inadempimento;
— se invece il *compratore* era in *buona fede* (ignorava, cioè, che la cosa fosse di altri), avrà diritto alla *risoluzione del contratto*.

6 Contratti negoziati fuori dalle sedi commerciali e vendite a distanza

Gli obblighi derivanti dall'appartenenza dell'Italia alla Comunità Europea hanno indotto il legislatore ad intervenire a tutela del consumatore, introducendo una normativa specifica in tema di *vendite stipulate fuori dai locali commerciali,* di *vendite a distanza* e, più in generale, di *contratti conclusi dal consumatore*.

Il D.Lgs. 15 gennaio 1992, n. 50 aveva dato attuazione, nel nostro ordinamento, alla Direttiva CEE 85/577 in materia di **contratti negoziati fuori dei locali commerciali**, apprestando al consumatore un'efficace tutela con il riconoscimento della possibilità di disdire il contratto attraverso l'esercizio di uno «*jus poenitendi*». Anche questa normativa è stata abrogata e recepita nel D.Lgs. 6-9-2005, n. 206 recante il *Codice del consumo*.

Le nuove norme si applicano ai *contratti tra un professionista ed un consumatore*, per la fornitura di beni o la prestazione di servizi, stipulati:

— durante la visita del professionista al domicilio del consumatore o di un altro consumatore ovvero sul posto di lavoro del consumatore o nei locali nei quali il consumatore si trovi, anche temporaneamente;
— durante un'escursione organizzata dal professionista al di fuori dei propri locali commerciali;
— in area pubblica o aperta al pubblico, mediante la sottoscrizione di una nota d'ordine, comunque denominata;

— per corrispondenza o, comunque, in base ad un catalogo che il consumatore ha avuto modo di consultare senza la presenza del professionista.

I contratti di **vendita a distanza** sono, invece, contratti aventi per oggetto beni o servizi stipulati tra un professionista e un consumatore nell'ambito di un sistema di vendita o di prestazione di servizi a distanza organizzato dal professionista che, per tale contratto, impiega esclusivamente una o più tecniche di comunicazione a distanza fino alla conclusione del contratto compresa.

Gli strumenti di tutela predisposti dal legislatore consistono: nella prescrizione di una adeguata informazione del consumatore che deve essere confermata per iscritto nell'introduzione di limitazioni all'utilizzo delle tecniche di comunicazione a distanza maggiormente invasive; in una intensa tutela giurisdizionale.

Sia in caso di contratti negoziati fuori dai locali commerciali che a distanza il consumatore ha **diritto di recesso** senza alcuna penalità e senza obbligo di specificare i motivi, entro il termine di *dieci giorni lavorativi*.

7 La permuta (art. 1552)

a) Nozione

Il contratto di *permuta* ha per oggetto il *reciproco trasferimento della proprietà di cose o di altri diritti da un contraente all'altro* (art. 1552). È un contratto *consensuale* che produce, normalmente, *effetti reali* e si distingue dalla vendita poiché, invece di realizzare lo scambio di cosa contro prezzo, *realizza lo scambio di cosa contro cosa*, mobile o immobile.

È legittima la *permuta di cosa presente* (con conseguente effetto traslativo immediato della proprietà) *con una cosa futura ovvero soltanto generica* (che richiede, pertanto, l'individuazione nell'ambito del relativo *genus*), la cui proprietà venga trasferita in momento successivo (all'atto della venuta ad esistenza o della specificazione), realizzandosi, in tal caso, l'effetto traslativo immediato con riguardo alla cosa presente e la nascita dell'obbligazione, per il ricevente, di tenere il comportamento necessario affinché la *res*, futura o generica, sia a sua volta trasferita in proprietà alla controparte, per effetto della sua venuta ad esistenza o specificazione (Cass. 16-5-2016, n. 9994).

b) Disciplina giuridica

La permuta trova nel codice vigente una scarna disciplina specifica, stante il generico rinvio alle norme stabilite per la vendita, in quanto compatibili (art. 1555).

Può *aversi permuta anche fra cose di valore diseguale*, ed in tal caso colui che riceve la cosa di valore maggiore dovrà corrispondere un conguaglio in danaro all'altro contraente. Si avrà, invece, *vendita* nell'ipotesi in cui la somma versata a *conguaglio* superi il valore della cosa conferita in scambio (così MESSINEO).

A differenza della vendita, inoltre, le *spese del contratto gravano su entrambe le parti*, in misura eguale, e non sul solo compratore (art. 1554).

Al fine di stabilire se un contratto traslativo della proprietà di un bene, per il quale la controprestazione sia costituita, in parte, da una cosa in natura e, in parte, da una somma di denaro, costituisca una compravendita o una permuta, una volta che si escluda la duplicità di negozi ovvero l'ipotesi del contratto con causa mista, occorre avere riguardo non alla prevalenza del valore economico del bene in natura o della somma di denaro, bensì alla comune volontà delle parti, verificando se esse hanno voluto cedere un bene contro una somma di denaro, commutando una parte di essa, per ragioni di opportunità, con un altro bene, ovvero hanno concordato lo scambio di beni in natura, ricorrendo all'integrazione in denaro soltanto per colmare la differenza di valore tra i beni stessi (Cass. 11-3-2014, n. 5605).

8 Il riporto (art. 1548)

Altro contratto traslativo è il riporto, con il quale una parte (*riportato*) trasferisce *in proprietà* ad un'altra (*riportatore*) *titoli di credito* di una data specie per un determinato *prezzo*; al tempo stesso, il riportatore si obbliga a trasferire al riportato altrettanti titoli della stessa specie (*ob-*

bligazione di genere) dietro rimborso del prezzo (che può essere anche aumentato o diminuito nella misura convenuta), alla scadenza di un termine ulteriore (art. 1548).

Il «*di più*» rispetto al prezzo — che il riportatore riceve, di regola, all'atto di riconsegnare i titoli — si chiama «*riporto*»; se, invece, il rimborso è inferiore al prezzo ricevuto, la differenza si chiama «*deporto*».

Si ha riporto «*alla pari*» quando la somma restituita ammonta a quella ricevuta.

Il riporto, che è un contratto reale (si perfeziona, infatti, con la consegna dei titoli), serve a procurare temporaneamente denaro a chi possiede titoli, e a procurare temporaneamente titoli a chi ne ha bisogno per utilizzarli a breve scadenza, e costituisce la principale operazione di borsa, anche se può praticarsi al di fuori di questa.

9 Il contratto estimatorio (art. 1556)

a) Nozione

Si ha *contratto estimatorio* quando «una parte (*tradens*, affidante) consegna determinate cose mobili — stimate per un certo prezzo — all'altra (*accipiens*, affidatario) e questa si obbliga a pagarne il prezzo di stima, ma ha la facoltà di liberarsi da tale obbligo, restituendo integra la cosa entro un termine stabilito» (art. 1556).

È un *contratto reale*, poiché, ai sensi dell'art. 1556, per il suo perfezionamento è richiesta la consegna della cosa all'*accipiens*.

Possono formare *oggetto* del contratto estimatorio soltanto *beni mobili*, anche quelli iscritti in pubblici registri.

Poiché l'art. 1558 impone la restituzione della cosa *incorrupta*, vanno *esclusi i beni deteriorabili*. Vi rientrano, invece, le *cose generiche*, qualora non siano confondibili con i beni di proprietà dell'*accipiens* e, quindi, siano già individuate prima della conclusione del contratto (CAPOZZI).

Questo contratto trova larga applicazione per merci di prezzo assai elevato o soggette a variabili umori della clientela, o ancora, di ampia diffusione e di rapida obsolescenza (giornali, riviste).

In particolare, con il ricorso a tale forma contrattuale:

- l'*alea* del dettagliante (*accipiens*) è *ridotta*, perché egli non rischia giacenze di magazzino o invenduto;
- il *lucro* di questi (costituito dalla differenza tra il *prezzo di aestimatio* e quello incassato) è *minore* rispetto all'ipotesi di acquisto puro e semplice degli stessi beni.

b) Disciplina

Si ricordi in particolare che:

a) i rischi per la *perdita o il deterioramento* delle cose cadono sull'*accipiens*, il quale non è liberato dall'obbligo di pagare il prezzo, anche se la perdita o il deterioramento hanno reso impossibile la restituzione della cosa per causa a lui non imputabile (art. 1557);
b) durante il termine contrattuale la *disponibilità* delle cose spetta all'*accipiens*; il *tradens*, tuttavia, ne conserva la *proprietà* fino al pagamento (art. 1558);
c) fino al momento del pagamento del prezzo le cose, non essendo ancora uscite dal patrimonio del *tradens*, restano a *garanzia* dei suoi creditori mentre nessuna pretesa sulle stesse possono avanzare i creditori dell'*accipiens* (art. 1558);
d) finché il prezzo non viene pagato, il *tradens* ha facoltà di riottenere il possesso delle cose con la rivendica, fondata sul diritto di proprietà che egli continuerà ad esercitare su di esse, ovvero di chiedere il pagamento del prezzo con l'azione basata sul contratto;
e) è a *forma libera*. Tuttavia, qualora abbia ad oggetto beni iscritti nei pubblici registri, la forma scritta è richiesta ai fini dell'opponibilità dell'atto ai terzi.

10 Il contratto di somministrazione (art. 1559)

a) Nozione e tipologie

La *somministrazione* è «il contratto con il quale una parte si obbliga, dietro corrispettivo di un prezzo, ad eseguire, a favore dell'altra, prestazioni periodiche o continuative di **cose**» (art. 1559).

In particolare:

— *prestazioni periodiche*: sono quelle che si ripetono a distanza di tempo, a scadenze determinate (es.: somministrazione settimanale di foraggio per una scuderia);
— *prestazioni continuative*: sono quelle che si prolungano ininterrottamente per tutta la durata del contratto (es.: erogazione di gas o di energia elettrica).

Nel settore dell'**energia elettrica**, a seguito della liberalizzazione del mercato dell'energia, l'attività di somministrazione e di distribuzione dell'energia devono essere svolte da soggetti distinti: il concessionario del servizio di distribuzione dell'energia ha il compito di dispacciare l'energia dalla rete elettrica nazionale al punto di fornitura del singolo utente ed è responsabile delle attività di misura (installazione, manutenzione e lettura del contatore).

b) Disciplina

Si ricordi che:

a) raramente nel contratto viene stabilita con esattezza l'*entità della fornitura* da somministrare (si usa indicare solitamente i quantitativi minimi e massimi). Se nulla è previsto, comunque, s'intende pattuita la quantità corrispondente al *normale fabbisogno del somministrato* al tempo della conclusione del contratto;
b) quanto al *prezzo*, è corrisposto:
   — nel caso di prestazione *periodica*, all'atto delle singole prestazioni;
   — nel caso di prestazioni *continuative*, alle scadenze d'uso (ogni mese, ogni tre mesi etc.) in proporzione a ciascuna di esse (1562);
c) l'*inadempimento* di una delle parti non comporta di per sé la risoluzione del contratto, a meno che esso non sia tale da menomare la fiducia nell'esattezza dei successivi adempimenti (art. 1564);
d) il *contratto di somministrazione non può avere durata perpetua*: esso può essere a «*termine*» o a «*tempo indeterminato*» (in quest'ultimo caso è concessa a ciascuna delle parti la facoltà di *recesso*, previo congruo preavviso) (art. 1569);
e) l'articolo 1570 ritiene applicabili alla *somministrazione, in quanto compatibili, anche le norme che disciplinano il contratto a cui corrispondono le singole prestazioni.*

Spesso nei contratti di somministrazione è inserita la cd. **clausola di esclusiva** sia *a favore del somministrante*, nel senso che il somministrato non può ricevere da altri prestazioni della stessa natura, né procurarsele con mezzi propri, sia *a favore del somministrato*, per cui il somministrante non può eseguire ad altri, nella zona contemplata e per la durata del contratto, forniture della stessa natura.

È consentito dalla legge (art. 1566) ed è frequente nella pratica il cd. **patto di preferenza** con cui il *somministrato* si obbliga a *dare la preferenza al somministrante* (a parità di condizione) qualora gli occorra stipulare un successivo contratto di somministrazione per lo stesso oggetto.

Esso può avere una durata massima di cinque anni.

11 Il *franchising*

Con l'emanazione della L. 6-5-2004, n. 129 il contratto di *franchising*, denominato **affiliazione commerciale**, ha assunto autonoma configurazione e disciplina, uscendo dal novero dei contratti atipici. Alla base della nuova normativa, come vedremo, vi è l'esigenza di approntare una maggiore tutela per l'affiliato (*franchisee*) che è la parte più debole del rapporto.

Si definisce *affiliazione commerciale* il «contratto tra due soggetti giuridici, economicamente e giuridicamente indipendenti, in base al quale, una parte concede all'altra la disponibilità, verso corrispettivo, di un insieme di diritti di proprietà industriale o intellettuale relativi a marchi, denominazioni commerciali, insegne, modelli di utilità, disegni, diritti d'autore, know-how, brevetti, assistenza o consulenza tecnica o commerciale, inserendo l'affiliato in un sistema costituito da una pluralità di affiliati distribuiti sul territorio, allo scopo di commercializzare determinati beni o servizi».

Trattasi, dunque, di un contratto **sinallagmatico**, cioè *a prestazioni corrispettive*, tra imprenditori commerciali; più in particolare esso si caratterizza per una collaborazione tra un ***franchisor*** (che produce o rivende beni o offre servizi) ed un ***franchisee*** (che detti beni o servizi vende o distribuisce).

La **causa** del contratto di affiliazione commerciale può individuarsi nello scambio di un insieme di diritti, facoltà o conoscenza verso il corrispettivo di una somma di denaro (*royalty*).

Il contratto di affiliazione deve essere **redatto per iscritto**, a pena di *nullità* e deve indicare (art. 3):

- ammontare degli investimenti e delle eventuali spese di ingresso (cioè una cifra fissa calcolata in base al valore e alle possibilità di sviluppo della rete) che l'affiliato deve sostenere prima dell'inizio dell'attività;
- modalità di calcolo e di pagamento delle *royalties*, cioè delle somme percentuali che l'affiliato dovrà versare all'affiliante;
- ambito dell'eventuale *esclusiva territoriale*;
- caratteristiche dei servizi offerti dall'affiliante;
- specifica del *know-how* fornito (da intendersi come insime delle conoscenze indispensabili all'affiliato per la gestione e l'uso dei servizi o dei beni dedotti in contratto);
- condizioni di rinnovo, risoluzione o eventuale cessione del contratto.

A **tutela dell'affiliato** è previsto che:

- l'affiliante, il quale intenda costituire una rete di franchising, deve avere preventivamente sperimentato la propria formula commerciale sul mercato;
- qualora il contratto sia a tempo determinato, questo non può avere una durata inferiore a tre anni, in modo da agevolare l'ammortamento dell'investimento.

La medesima *ratio* di protezione dell'affiliato è sottesa alle **obbligazioni dell'affiliante** (*franchisor*), il quale deve consegnare, oltre alla copia del contratto di affiliazione, un'ulteriore documentazione comprendente, tra l'altro, una copia del bilancio relativo agli ultimi tre esercizi, la lista degli affiliati operanti nel sistema, nonché la descrizione sintetica degli eventuali procedimenti giudiziari promossi nei suoi confronti e conclusisi negli ultimi tre anni.

Quanto alle **obbligazioni a carico dell'affiliato** (*franchisee*), è previsto, innanzitutto, il divieto di trasferire la propria sede di attività, se indicata nel contratto, salvo che ricorra una causa di forza maggiore al fine di non concentrare più punti vendita nella stessa zona; in secondo luogo è sancito l'obbligo per l'affiliato (esteso anche ai suoi collaboratori e dipendenti) di osservare, anche dopo lo scioglimento del contratto, la massima riservatezza in ordine al contenuto dell'attività oggetto dell'affiliazione commerciale.

L'art. 6 della legge prevede poi un generale obbligo, a carico della parti, di **comportamento leale, corretto e secondo buona fede**; in particolare è sancito l'obbligo, a carico di entrambe le parti, di fornire le informazioni e i dati che la controparte richiede (salva per l'affiliante la facoltà di rifiutare informazioni oggettivamente riservate o la cui divulgazione possa danneggiare i terzi).

La correttezza è un punto centrale della disciplina del franchising e, infatti, l'inadempimento a tale obbligo viene punito con la sanzione dell'*annullabilità del contratto* e con il *risarcimento dell'eventuale danno*. Si applica in questo caso l'art. 1439 in tema di annullamento per dolo.

In caso di eventuali controversie tra affiliante ed affiliato è prevista (anzi consigliata) la possibilità di inserire nel contratto una clausola per cui prima di adire l'autorità giudiziaria o di ricorrere all'arbitrato, le parti debbano attivare una procedura di conciliazione presso la Camera di commercio dove ha sede l'affiliato.

12 Il *factoring*

Il *factoring* è un contratto atipico complesso, il cui nucleo fondamentale prevede un accordo in forza del quale un'impresa specializzata (il *factor*) si obbliga ad acquistare, per un periodo di tempo determinato e rinnovabile salvo preavviso, **la totalità** o una **parte dei crediti** di cui un imprenditore (cedente) è o diventerà titolare; il *factor* paga all'imprenditore i crediti ceduti secondo il loro importo nominale, decurtato di una commissione che costituisce il corrispettivo dell'attività da esso prestata, oppure gli concede delle anticipazioni sui crediti ceduti, nel qual caso spettano al *factor*, oltre alla commissione, anche gli interessi sulle somme anticipate (Cass. 7-7-2017, n. 16850).

La **cessione** avviene talvolta *pro soluto*, quando il *factor* si assume il rischio dell'insolvenza del debitore, ma più spesso senza rivalsa, in caso di mancato pagamento. Dal valore nominale del credito viene detratta una «*commissione*» proporzionata all'attività e al rischio del *factor*.

L'imprenditore cedente — mediante il ricorso al *factoring* — può ottenere *molteplici vantaggi*, come la semplificazione della gestione commerciale e l'alleggerimento dei servizi contabili; la possibilità di ottenere informazioni commerciali; un miglioramento della situazione finanziaria, mediante la mobilizzazione del portafoglio clienti; generali economie di gestione, per la riduzione di tutte le spese collegate con il contenzioso d'incasso.

Il debitore ceduto può opporre al *factor* cessionario le eccezioni concernenti l'esistenza e la validità del negozio da cui deriva il credito trasferito e anche le eccezioni riguardanti l'esatto adempimento del negozio, mentre quelle che investono fatti estintivi o modificativi del credito ceduto sono opponibili al *factor* cessionario solo se anteriori alla notizia della cessione comunicata al debitore ceduto e non successivi, in quanto, una volta acquisita la notizia della cessione, il debitore ceduto non può modificare la propria posizione nei confronti del cessionario mediante negozi giuridici posti in essere con il creditore originario (Cass. 2-12-2016, n. 24657).

La L. 52/1992 ha inteso dare una regolamentazione specifica alla *cessione dei crediti di impresa*, facendo salva — per le altre cessioni di credito — l'applicazione delle norme del codice civile (artt. da 1260 a 1267).

La principale peculiarità di questa disciplina riguarda il trasferimento del credito, valido ed efficace nei confronti del ceduto a prescindere da ogni comunicazione allo stesso ed il *factor*, alla scadenza, può pretendere il pagamento dal debitore purché dimostri di essere titolare del credito.

Sezione Seconda
I contratti per il godimento dei beni

13 La locazione

a) Nozione e caratteri (art. 1571)

La locazione è il contratto col quale *una parte si obbliga a far godere all'altra una cosa mobile o immobile, per un dato tempo, verso un determinato corrispettivo* (art. 1571).

La locazione si distingue per i seguenti caratteri:

— *è un contratto consensuale* (la consegna del bene non costituisce elemento per il perfezionamento dell'atto ma, ai sensi dell'art. 1575, n. 1, è oggetto di una specifica obbligazione contrattuale) che produce *effetti obbligatori* tra le parti: difatti, colui che prende in locazione un bene non diventa titolare di un diritto reale sul medesimo ma solo del diritto di godere del bene nei confronti del locatore per un *dato tempo* e per un uso *determinato*;

— ha per *oggetto* una cosa mobile o un immobile;

— una particolare *forma* (atto pubblico o privato) è richiesta, a pena di nullità, solo per le locazioni immobiliari di durata superiore ai nove anni (art. 1350, n. 8) (cfr. però *infra* D);

— la locazione non può eccedere i trent'anni: si riduce a tale tempo quello, eventualmente superiore, convenuto tra le parti;
— se il proprietario *aliena il bene locato*, l'acquirente è tenuto a rispettare i diritti del locatore, purché la locazione abbia data certa anteriore all'alienazione (*emptio non tollit locatum*, letteralmente «l'acquisto non elimina la locazione»).

b) I soggetti della locazione

Soggetti del rapporto di locazione sono il **locatore** e il **conduttore**.

Sono legittimati a locare, in quanto titolari di poteri di amministrazione sulla cosa, il proprietario, l'usufruttuario, l'enfiteuta, il superficiario, il creditore antitetico, il sequestratario e lo stesso conduttore.

L'art. 1024, invece, vieta la stipulazione di contratti di locazione al titolare di un diritto d'uso o di abitazione.

La dottrina prevalente afferma la validità della *locazione di cosa altrui*, ovvero del contratto posto in essere da un soggetto privo del diritto di disporre della cosa.

Il locatore (art. 1575) è obbligato:

— alla consegna della cosa in *buono stato di manutenzione*, nel senso che la cosa deve essere priva di vizi che possano diminuirne l'idoneità all'uso convenuto;
— al mantenimento in buon uso, con il correlativo obbligo delle necessarie riparazioni;
— a garantire il pacifico godimento del conduttore, per l'ipotesi che un terzo pretenda di avere *diritti* sulla cosa (ad. es.: una servitù di passaggio).

Obblighi del conduttore sono (art. 1587):

— prendere in consegna la cosa;
— servirsene per l'uso stabilito, osservando la *diligenza del buon padre di famiglia*;
— corrispondere il canone stabilito, commisurato alla durata del godimento del bene;
— restituire la cosa nello stato in cui l'aveva ricevuta, alla scadenza del contratto.

c) La durata della locazione

Come accennato, l'art. 1573 stabilisce che, salvo diverse norme di legge, la locazione non può stipularsi per un tempo eccedente i *trenta anni*. Se è stipulata per un periodo più lungo o in perpetuo, è ridotta al termine suddetto.

La riduzione al termine di trent'anni costituisce un'ipotesi di sostituzione automatica di una norma imperativa alla clausola viziata, ai sensi dell'art. 1419, co. 2.

La L. 431/1998 prevede una durata minima per i contratti di **locazione aventi ad oggetto immobili adibiti ad uso abitativo**, fissata in *quattro anni*, decorsi i quali il contratto si rinnova per altri quattro anni, salvo disdetta da parte del locatore.

La durata minima dei contratti-tipo, stipulati sulla base di appositi accordi definiti in sede locale fra le organizzazioni della proprietà edilizia e le organizzazioni dei conduttori maggiormente rappresentative, è stabilita, invece, in *tre anni*, decorsi i quali opera la proroga di diritto per ulteriori due anni, salvo disdetta del locatore (art. 2, co. 5).

Per le **locazioni di immobili urbani adibiti ad uso diverso da quello di abitazione** la L. 392/1978 prevede una durata minima di *sei anni*, elevata a *nove anni* se l'immobile è adibito ad attività alberghiera nonché all'esercizio di attività teatrali (art. 27, L. cit.).

In base all'art. 28, L. cit., per le locazioni di immobili nei quali siano esercitate le attività indicate nell'art. 27, co. 1 e 2, il contratto si rinnova tacitamente di sei anni in sei anni, e per quelle di immobili adibiti ad attività alberghiere o all'esercizio di attività teatrali, di nove anni in nove anni, salvo disdetta da comunicarsi all'altra parte, a mezzo di lettera raccomandata, rispettivamente almeno 12 o 18 mesi prima della scadenza.

La previsione di una durata inferiore a quella legale determina la nullità del contratto.

Quando le parti non hanno determinato la durata della locazione, questa s'intende convenuta (art. 1574):

1) se si tratta di case senza arredamento di mobili o di locali per l'esercizio di una professione, di un'industria o di un commercio, per la durata di un anno, salvi gli usi locali;
2) se si tratta di camere o di appartamenti mobiliati, per la durata corrispondente all'unità di tempo a cui è commisurata la pigione;
3) se si tratta di cose mobili, per la durata corrispondente all'unità di tempo a cui è commisurato il corrispettivo;
4) se si tratta di mobili forniti dal locatore per l'arredamento di un fondo urbano, per la durata della locazione del fondo stesso.

d) La forma della locazione

La L. 431/1998 prevede due possibili modalità di contrattazione: una prima, libera, e una seconda strutturata secondo modelli-tipo, frutto di accordi definiti in sede locale fra le organizzazioni della proprietà edilizia e le organizzazioni dei conduttori maggiormente rappresentative (art. 2, co. 3).

Inoltre, il legislatore richiede la **forma scritta** e disciplina la durata del contratto, che varia a seconda si sia scelto il modello a forma libera oppure quello concordato fra associazioni. Nel primo caso è prevista una durata minima di quattro anni rinnovabili per ulteriori quattro, mentre nel secondo caso la durata minima è di tre anni rinnovabili per altri due.

Con specifico riguardo al problema della forma negoziale dei contratti di locazione nel nostro sistema codicistico vige, secondo l'opinione dominante, un *principio generale di libertà della forma*, in applicazione del quale, in linea generale, la manifestazione di volontà contrattuale non richiederebbe forme particolari, potendo realizzarsi attraverso qualsiasi modalità idonea a manifestarla, compresi i comportamenti cd. concludenti. Il (presunto) principio della libertà di forma non è privo di eccezioni. È noto che, per alcuni atti, la legge richiede che la volontà sia manifestata attraverso particolari modalità espressamente stabilite, attraverso la stipula di contratti a forma vincolata.

La forma vincolata risponde a una molteplicità di esigenze: garantire certezza sull'esistenza e sul contenuto del contratto, rendere possibili i controlli sul contenuto contratto previsti nell'interesse pubblico (come per la contrattazione con la pubblica amministrazione), rendere trascrivibile il contratto a fini di pubblicità, per rendere opponibili a terzi i diritti che ne scaturiscono e tutela del contraente che, con l'adozione della forma scritta, viene reso edotto e consapevole delle obbligazioni assunte.

L'art. 1, co. 4, L. 431/1998, al fine di far emergere l'enorme numero di contratti in nero, prevede che «***per la stipula di validi contratti di locazione è richiesta la forma scritta***». Il contratto di locazione ad uso abitativo stipulato senza la forma scritta richiesta dalla legge è affetto da **nullità assoluta**, rilevabile d'ufficio dal giudice, stante la finalità pubblicistica di contrasto all'evasione fiscale, *eccettuata l'ipotesi in cui la forma verbale sia stata imposta dal locatore*, nel qual caso l'invalidità è una nullità di protezione del conduttore, solo da lui denunciabile (Cass. **S.U.** 18214/2015).

14 L'affitto

Quando il contratto di locazione ha come *oggetto* una *cosa produttiva*, mobile o immobile (art. 1615: ad es., affitto di un'azienda, di un fondo rustico), esso prende il nome di *affitto*, e l'affittuario ha l'obbligo di *curare la gestione della cosa in conformità della sua destinazione economica* e dell'interesse della produzione, facendo propri i frutti e le altre utilità della cosa (artt. 1615 e 1618).

La normativa è quasi interamente dettata da leggi speciali (in particolare dalla L. 203/1982 e successive modificazioni) che limitano la autonomia privata in tale materia.

L'affittante è tenuto a consegnare la cosa, con i suoi accessori e le sue pertinenze, in stato da servire all'uso e alla produzione a cui è destinata (art. 1617).

Molto stringenti sono i **poteri di controllo** attribuiti all'affittante (art. 1619), il quale può accertare in ogni tempo, anche con accesso in luogo, se l'affittuario rispetta gli obblighi che gli incombono.

L'affittante può chiedere la **risoluzione del contratto** se l'affittuario non destina al servizio della cosa i mezzi necessari per la gestione di essa, se non osserva le regole della buona tecnica o se muta stabilmente la destinazione economica della cosa (art. 1618).

L'art. 1620 attribuisce all'affittuario la facoltà di prendere ogni iniziativa idonea a **incrementare il reddito della cosa medesima**; l'esercizio di tale facoltà non può, però, tradursi in obblighi a carico dell'affittuario e non può, pertanto, costituire titolo per pretendere da quest'ultimo indennità per i miglioramenti effettuati in attuazione di dette iniziative; ne consegue che in nessun caso l'affittuario ha il diritto di trattenere l'azienda affittata fino a quando gli venga corrisposta l'indennità.

La rilevanza dell'elemento fiduciario che connota l'affitto si traduce nel **divieto di subaffitto** (art. 1624) e nello scioglimento del contratto in caso di interdizione, inabilitazione e o insolvenza dell'affittuario (art. 1626).

15 Il *leasing*

a) Definizioni

Con la denominazione «*leasing*» (letteralmente, «affitto») sono definiti due istituti:

— il **leasing cd. operativo**, nel quale il locatore è, di regola, anche il produttore e concede, dietro corrispettivo, il godimento di un bene (di solito standardizzato) all'utilizzatore, oltre alla prestazione di servizi accessori di assistenza e manutenzione; non è prevista un'opzione di acquisto al termine del rapporto. L'utilizzatore ottiene la temporanea disponibilità di beni strumentali per un periodo di tempo inferiore alla loro vita economica, senza sopportare i rischi connessi alla loro obsolescenza;

— il **leasing cd. finanziario**, nel quale la banca o uno degli intermediari finanziari iscritti nell'apposito albo acquista dal fornitore un bene e lo mette a disposizione dell'utilizzatore (che ne assume tutti i rischi) verso un determinato corrispettivo (commisurato al valore d'uso del bene e non alla sua durata economica) e per un determinato periodo, alla fine del quale l'utilizzatore ha diritto ad acquistare la proprietà del bene a un prezzo prestabilito oppure l'obbligo di restituirlo (art. 1, co. 136, L. 124/2017). Possono formare oggetto del contratto sia beni mobili (come macchinari e impianti) sia beni immobili, nonché beni immateriali (si pensi ai marchi).

Altra possibile variante è il ***sale and lease back***, ovvero la *locazione finanziaria di ritorno*. In tal caso l'imprenditore cede un proprio bene a un'impresa di *leasing* che lo concede in locazione allo stesso alienante, a favore del quale è previsto un diritto di riscatto dopo un certo periodo di tempo. Tale contratto ha la funzione di far ottenere liquidità all'impresa alienante, la quale mantiene la disponibilità del bene e può riacquistare la proprietà dello stesso. I soggetti coinvolti sono l'imprenditore (che vende a una società di *leasing* un proprio bene strumentale e paga un canone periodico) e la società di *leasing* (che paga il prezzo e concede il bene in uso all'alienante a fronte di detto canone). Questa tipologia contrattuale è una modalità operativa della locazione finanziaria, integralmente soggetta alla nuova disciplina *ex* art. 1, co. 136 ss., L. 124/2017.

Il contratto di *sale and lease back* **è nullo, per illiceità della causa in concreto, ove violi il divieto di patto commissorio** (ossia, il divieto del patto con il quale si stabilisca che, in mancanza del pagamento del credito nel termine fissato, la proprietà della cosa ipotecata o data in pegno passi al creditore: art. 2744), salvo che le parti, con apposita clausola (cd. *patto marciano*), abbiano preventivamente convenuto che al termine del rapporto — effettuata la stima del bene con tempi certi e modalità definite, tali da assicurare una valutazione imparziale ancorata a parametri oggettivi ed autonomi ad opera di un terzo — *il creditore, per acquisire il bene, debba pagare l'importo eccedente l'entità del suo credito*, sì da ristabilire l'equilibrio tra le prestazioni e da *evitare che il debitore subisca una lesione dal trasferimento del bene in garanzia* (Cass. 1625/2015).

Sezione Terza
I contratti per la produzione di beni o l'esecuzione di servizi

16 L'appalto (artt. 1655-1702)

a) Nozione

L'appalto è *il contratto con il quale una parte assume, con organizzazione dei mezzi necessari e con gestione a proprio rischio, il compimento di un'opera o di un servizio, dietro corrispettivo in danaro* (art. 1655).

Si tratta di un contratto in cui la prestazione di un bene o di un servizio si intende sempre come risultato il cui *rischio è a carico dell'appaltatore* (TRABUCCHI).

È un contratto:

— *non aleatorio* (la presenza di un rischio economico particolarmente ampio rientra pur sempre nell'alea normale del negozio);
— *ad esecuzione prolungata*;
— a *titolo oneroso*, essendo previsto espressamente un corrispettivo in denaro il quale, in mancanza di determinazione (o di determinabilità) ad opera delle parti, è fissato dal giudice (art. 1657). Se manca il corrispettivo si rientra nell'ambito della donazione;
— a *forma libera* (può essere concluso per iscritto, oralmente o con manifestazione tacita di volontà), ad eccezione dell'appalto di costruzione di un immobile in cui l'appaltatore fornisca il suolo (il committente acquista il suolo e la costruzione a titolo derivativo dall'appaltatore e si rientra, pertanto, nell'ipotesi prevista dall'art. 1350, n. 1) e del contratto di costruzione di navi e aeromobili (va redatto per iscritto, a pena di nullità, *ex* artt. 237 e 852 cod. nav.).

Di regola l'appaltatore è l'unico responsabile dei danni causati a terzi dall'esecuzione dell'opera, poiché egli svolge l'attività in *piena autonomia*, con propria organizzazione e a proprio rischio, predisponendo i mezzi adatti e curando le modalità esecutive per il raggiungimento del risultato. Una *corresponsabilità del committente* può configurarsi soltanto in caso di riferibilità dell'evento al committente stesso per aver affidato l'opera a un'impresa assolutamente inidonea oppure perché l'appaltatore, in base a un accordo con il committente o per il concreto svolgimento del contratto, sia stato un semplice esecutore degli ordini del committente e privato della sua autonomia, avendo agito come *nudus minister* di questo, o infine quando il committente si sia ingerito con singole e specifiche direttive nell'esecuzione del contratto o abbia concordato con l'appaltatore singole fasi o modalità esecutive dell'appalto (Cass. 6296/2013).

b) Obbligazioni dell'appaltatore

L'appaltatore, di norma un imprenditore:

— deve *compiere l'opera* direttamente, e con la propria organizzazione, senza affidarla in subappalto a terzi (a meno che il committente sia d'accordo);
— *fornisce la materia* necessaria per compiere l'opera, se non è diversamente stabilito dalla convenzione o dagli usi (art. 1658).
— assume i *rischi* che incidono sull'opera, durante il corso dell'esecuzione;

— deve compiere l'opera secondo le modalità convenute, a regola d'arte, nel termine e al prezzo pattuito;
— deve *garantire l'opera* da eventuali difformità e vizi (art. 1667). Nel caso in cui questi siano presenti, il committente può chiedere:
  — che le difformità ed i vizi siano eliminati;
  — una diminuzione del prezzo in proporzione dei vizi accertati;
  — la risoluzione del contratto (se i vizi sono tali da rendere l'opera del tutto inadatta alla sua destinazione);
— il diritto dell'appaltatore al corrispettivo è subordinato all'*accettazione dell'opera* da parte del committente: l'appaltatore, pertanto — compiuta l'opera — deve invitare quest'ultimo a verificare la stessa, per constatare se essa sia stata eseguita a regola d'arte: tale verifica si chiama *collaudo.* Avvenuta l'accettazione, se i vizi e le difformità erano conosciuti o riconoscibili dal committente, la garanzia ad essi relativa vien meno.

c) Obbligazioni del committente

Sono:
— il *pagamento del prezzo*: il prezzo può essere stabilito o globalmente (rispetto all'opera nel suo complesso, e cioè a «*forfait*») oppure a «*misura*» (es.: *tot* lire a metro quadrato); se le parti non hanno determinato la misura del corrispettivo né hanno stabilito il modo di determinarla, essa è calcolata con riferimento ai parametri esistenti o agli usi integrativi (art. 1374); in mancanza, è determinata dal giudice (art. 1657); questa regola costituisce una deroga ai principi generali posti dall'art. 1346, nel senso che il contratto d'appalto non è nullo qualora il prezzo, non determinato, non sia determinabile per l'assenza di idonei criteri inseriti nel contratto. Il diritto al corrispettivo non sorge al momento della stipulazione del contratto ma solo dopo l''esecuzione dei lavori;
— l'esecuzione del *collaudo* dell'opera, appena ricevuto l'invito di verifica da parte dell'appaltatore: nel caso di ingiustificato ritardo (mora) l'opera si *intende accettata.*

d) Il diritto alla revisione del prezzo

L'appaltatore o il committente possono chiedere la *revisione del prezzo* qualora, per effetto di circostanze *imprevedibili*, si siano verificate, successivamente alla conclusione del contratto, variazioni (aumenti o diminuzioni) nel costo dei materiali o della mano d'opera, tali da determinare una variazione superiore al decimo del prezzo complessivo convenuto. La revisione, comunque, può essere accordata solo per quella differenza che eccede il decimo (art. 1664, co. 1). Si pensi, ad es., all'*inflazione*, che determina una lievitazione dei costi: l'aumento dei costi rileva per la sola porzione in esubero rispetto al tasso di inflazione prevedibile, purché tale porzione superi il decimo del prezzo convenuto, e nei limiti in cui lo superi.

L'appaltatore, inoltre, ha diritto ad un *equo compenso*, quando, nel corso dell'opera, si manifestino difficoltà impreviste di esecuzione, derivanti da cause geologiche, idriche e simili tali da rendere notevolmente più onerosa la sua prestazione (art. 1664, co. 2, cd. *sorpresa geologica*). L'equo compenso dovuto in dipendenza della «sorpresa geologica» *ex* art. 1664, co. 2 costituisce un *supplemento di natura indennitaria*, proporzionale al prezzo (pattuito dalle parti o determinato dal giudice *ex* art. 1657), che assolve la funzione di reintegrare l'appaltatore dei maggiori oneri rispetto al compenso contrattuale, subiti per effetto delle difficoltà impreviste e imprevedibili incontrate nell'esecuzione della prestazione, per ostacoli di natura geologica e simili (Cass. 380/2010).

Secondo una tesi estensiva, le cause «simili» a quelle geologiche e idriche comprendono tutte le cause estranee e non imputabili alle parti (purché non previste), anche *di tipo diverso da quelle naturali*: il *fac-*

tum principis, inteso anche come semplice lungaggine burocratica, l'assenteismo, gli scioperi, i tumulti, il vandalismo (CAGNASSO).

Secondo altri, invece, solo le *cause naturali* possono essere ricondotte alle cause «simili».

L'art. 1664 è un'eccezione al principio dell'invariabilità del prezzo, nonché norma speciale rispetto all'art. 1467, a differenza del quale non prevede il rimedio della risoluzione del contratto ma la sola revisione del prezzo. Pertanto, stante il rapporto di specialità tra le due norme, al di fuori delle fattispecie *ex* art. 1664 può invocarsi il rimedio *ex* art. 1467.

e) Responsabilità dell'appaltatore

L'appaltatore è responsabile per *le difformità e i vizi dell'opera*, a meno che il committente abbia accettato l'opera e le difformità o i vizi fossero da lui conosciuti o riconoscibili (purché non siano stati in mala fede taciuti dall'appaltatore).

Il committente deve denunciare all'appaltatore le difformità o i vizi entro sessanta giorni dalla scoperta. La denuncia non è necessaria se l'appaltatore ha riconosciuto le difformità o i vizi o se li ha occultati. L'azione contro l'appaltatore si prescrive in due anni dal giorno della consegna dell'opera (art. 1667).

Il committente può chiedere che *le difformità o i vizi siano eliminati a spese dell'appaltatore, oppure che il prezzo sia proporzionalmente diminuito, salvo il risarcimento del danno nel caso di colpa dell'appaltatore*. Se le difformità o i vizi dell'opera sono tali da renderla del tutto inadatta alla sua destinazione, il committente può chiedere la *risoluzione del contratto* (art. 1668).

Quando si tratta di *edifici o di altre cose immobili destinate, per loro natura, a lunga durata*, se nel corso di dieci anni dal compimento l'opera, per vizio del suolo o per difetto della costruzione, rovina in tutto o in parte, o presenta evidente pericolo di rovina o gravi difetti, l'appaltatore è responsabile nei confronti del committente e dei suoi aventi causa, purché sia fatta la denuncia entro un anno dalla scoperta. Il diritto del committente si prescrive in un anno dalla denuncia (art. 1669).

L'art. 1669 è applicabile, ricorrendone tutte le altre condizioni, anche alle opere di ristrutturazione edilizia e, in genere, agli interventi manutentivi o modificativi di lunga durata su immobili preesistenti, che rovinino o presentino evidente pericolo di rovina o gravi difetti incidenti sul godimento e sulla normale utilizzazione del bene, secondo la destinazione propria di quest'ultimo (Cass. **S.U.** 7756/2017).

A differenza dell'art. 1667, che ha natura contrattuale, l'art. 1669 configura un'ipotesi di *responsabilità extracontrattuale*, sancita per finalità di interesse generale, come quelle della stabilità, sicurezza e funzionalità degli edifici e dell'incolumità personale dei cittadini.

Il termine per la denuncia decorre da quando il committente abbia *conoscenza sicura dei difetti*, ossia quando si è manifestata la gravità dei difetti ed è stata acquisita, a seguito di accertamenti tecnici, la piena comprensione del fenomeno e la chiara individuazione e imputazione delle sue cause, non potendosi addossare al danneggiato l'onere di proporre azioni generiche a carattere esplorativo (Cass. 1463/2008).

Tuttavia, il decorso del termine non è rinviato all'esito degli approfondimenti tecnici quando si tratti di un *problema di immediata percezione nella sua reale entità e nelle sue possibili cause*, fin dal suo primo manifestarsi (Cass. 9966/2014): ad es., fin dall'insediamento nell'immobile l'acquirente percepisce problemi termici che ne rendono disagevole l'utilizzo, consistenti in un eccessivo freddo in inverno e in un surriscaldamento d'estate.

f) Danni a terzi

L'appaltatore risponde dei danni causati a terzi nell'esecuzione dei lavori, attesa l'autonomia con cui egli svolge la sua attività nell'esecuzione dell'opera o del servizio appaltato, organizzandone i mezzi necessari, curandone le modalità e obbligandosi verso il committente a prestargli il risultato della sua opera, con la conseguenza dell'inapplicabilità dell'art. 2049.

Un'eventuale **corresponsabilità del committente** nei riguardi dei terzi risulta configurabile solo in caso di specifiche violazioni di regole di cautela nascenti dall'art. 2043 ovvero in caso di riferibilità dell'evento al committente stesso, per essere stata l'opera affidata a chi palesemente difettava delle necessarie capacità e dei mezzi tecnici indispensabili per eseguire la prestazione senza il pericolo di arrecare danni a terzi (Cass. 951/1999).

Ne consegue che il committente non è né obbligato a sorvegliare l'esecuzione del contratto di appalto né a cooperare nella realizzazione di esso; pertanto, la corresponsabilità del committente non può fondarsi sull'omessa vigilanza sull'appaltatore nel caso di danni derivati a terzi (Cass. 1284/1997).

g) Estinzione dell'appalto

Causa peculiare di estinzione, oltre quelle tipiche previste per ciascun contratto, è il *recesso* da *parte del committente*: questi, infatti, può, in qualsiasi momento, recedere dal contratto, e tale sua facoltà non è subordinata alla esistenza o alla ragionevolezza di un motivo. Egli, però, deve tenere indenne l'appaltatore delle spese sostenute, dei lavori eseguiti e del mancato guadagno (art. 1671).

La *morte dell'appaltatore non è causa di scioglimento* del contratto in corso di esecuzione, salvo che la considerazione della persona dell'appaltatore abbia costituito motivo determinante del contratto e gli eredi non diano affidamento per la buona esecuzione dell'opera.

17 La subfornitura

Con il contratto di **subfornitura** un imprenditore si impegna a compiere per conto di un'impresa committente *lavorazioni su prodotti semilavorati o su materie prime* forniti dallo stesso committente, ovvero si impegna a *fornire all'impresa prodotti o servizi destinati ad essere incorporati o comunque ad essere utilizzati nell'ambito dell'attività economica del committente o nella produzione di un bene complesso*, in conformità a progetti esecutivi, conoscenze tecniche e tecnologiche, modelli o prototipi forniti dall'impresa committente (art. 1, L. 192/1998).

Il contratto deve essere stipulato in forma scritta a pena di nullità. Costituiscono forma scritta le comunicazioni degli atti di consenso alla conclusione o alla modificazione dei contratti effettuate per telefax o altra via telematica. In caso di nullità il subfornitore ha comunque diritto al pagamento delle prestazioni già effettuate e al risarcimento delle spese sostenute in buona fede ai fini dell'esecuzione del contratto.

Nel caso di proposta inviata dal committente non seguita da accettazione scritta del subfornitore, il quale però abbia iniziato le lavorazioni o le forniture, il contratto si considera concluso.

Il prezzo dei beni o servizi oggetto del contratto deve essere determinato o determinabile in modo chiaro e preciso, tale da non ingenerare incertezze nell'interpretazione dell'entità delle reciproche prestazioni e nell'esecuzione del contratto.

Nel contratto di subfornitura **devono essere specificati** (art. 2, co. 5, L. 192/1998):

- i requisiti specifici del bene o del servizio richiesti dal committente, mediante precise indicazioni che consentano l'individuazione delle caratteristiche costruttive e funzionali, o anche attraverso il richiamo a norme tecniche che, quando non siano di uso comune per il subfornitore o non siano oggetto di norme di legge o regolamentari, debbono essere allegate in copia;
- il prezzo pattuito;
- i termini e le modalità di consegna, di collaudo e di pagamento.

Il prezzo pattuito deve essere corrisposto in un termine che, normalmente, non può eccedere i 60 giorni dal momento della consegna del bene o della comunicazione dell'avvenuta esecuzione della prestazione. Ove vengano apportate, nel corso dell'esecuzione del rapporto, su richiesta del committente, significative modifiche e varianti che comportino comunque incrementi dei costi, il subfornitore avrà diritto ad un adeguamento del prezzo anche se non esplicitamente previsto dal contratto (art. 3).

La fornitura non può, a sua volta, essere ulteriormente affidata in subfornitura senza l'autorizzazione del committente per una quota superiore al 50% del valore, salvo che le parti nel contratto non abbiano indicato una misura maggiore (art. 4, co. 1).

È vietato l'abuso, da parte di un'impresa, dello stato di *dipendenza economica* nel quale si trova, nei suoi riguardi, un'impresa cliente o fornitrice. Si considera dipendenza economica la situazione in cui un'impresa sia in grado di determinare, nei rapporti commerciali con un'altra impresa, un eccessivo squilibrio di diritti e di obblighi. L'abuso può anche consistere nel rifiuto di vendere o nel rifiuto di comprare, nella imposizione di condizioni contrattuali ingiustificatamente gravose o discriminatorie, nella interruzione arbitraria delle relazioni commerciali in atto.

Il patto attraverso il quale si realizza l'abuso di dipendenza economica è nullo, e il giudice ordinario può inibire tale condotta e condannare l'impresa al risarcimento del danno (art. 9).

18 Il contratto di *engineering*

Con il *contratto di engineering* (o di ingegneria) l'imprenditore, il quale intenda realizzare un insediamento industriale in una certa zona, affida a un'altra impresa (*impresa di engineering*) il compito di progettarne l'installazione, di eseguirne per intero i lavori, di avviarne il processo di lavorazione, di seguirne la manutenzione e così via.

I contenuti di queste operazioni economiche possono variare da zona a zona, da attività ad attività, da progetto a progetto; non si può individuare, pertanto, un preciso tipo contrattuale, ma piuttosto vari *contratti di engineering*, con contenuti diversi e complessi:

— l'***engineering* di consulenza**, caratterizzato dalla realizzazione del progetto, dall'attività di direzione dei lavori, intermediazione e consulenza, senza alcun obbligo di fornire materiali per la realizzazione del progetto o di procurare la concessione di licenze per lo svolgimento dell'attività;
— l'***engineering* commerciale**, che prevede la prestazione a carico della società appaltatrice di tutte le attività che vanno dalla realizzazione del progetto alla messa in opera dei lavori, ricomprendendo anche le attività prettamente amministrative come rilascio di licenze, organizzazione dei lavori etc. L'elemento caratterizzante è dato dal fatto che non necessariamente la società mette in opera un suo progetto, poiché in genere si occupa della messa in opera di un progetto, o di parti di esso, redatto da altre società. Ciascuna società, pertanto, realizza la parte di progetto di propria competenza tecnica;
— l'***engineering* chiavi in mano**, con il quale la società di *engineering* si occupa di tutto, dalla redazione del progetto alla messa in opera, interessandosi altresì degli aspetti amministrativi e senza ausilio di altre società: al committente viene consegnata l'opera pronta per l'uso.

Si tratta, pertanto, di un **contratto atipico e complesso**, caratterizzato da una pluralità di obblighi di fare, di dare, di mezzi, di risultato etc., ciascuno dei quali trova la sua disciplina nelle clausole pattizie o nelle norme dettate per la specifica prestazione oggetto dell'accordo.

19 Il contratto d'opera

Il contratto d'opera è quel contratto in forza del quale *una persona si obbliga a compiere, verso un corrispettivo, un'opera o un servizio, con lavoro prevalentemente proprio e senza vincolo di subordinazione nei confronti del committente* (art. 2222).

L'opera indica il risultato di un'obbligazione di fare, inteso come modificazione dello stato preesistente di una cosa al fine di creare una *res nova* (creazione, distruzione, assemblaggio, riparazione etc., con parziale deviazione rispetto al contratto d'opera intellettuale che non sempre si concretizza in un risultato), mentre il servizio implica un'attività che non modifica la materia ma è finalizzata comunque ad arrecare utilità economica e a soddisfare interessi durevoli.

A differenza dell'appalto, che presuppone l'esistenza di un'impresa, con una vasta organizzazione di mezzi, la quale relega in secondo piano la diretta prestazione lavorativa dell'imprenditore, nel contratto d'opera ciò che viene in rilievo è proprio il *lavoro diretto* del soggetto che stipula il contratto e dei suoi dipendenti.

Il contratto d'opera è caratterizzato dall'***intuitus personae***, poiché ha ad oggetto una prestazione infungibile nella quale il lavoratore può farsi sostituire da altri soltanto con il consenso del committente.

La materia della quale si comporrà l'opera, distinta dagli strumenti e dai mezzi di lavoro, di norma viene fornita dal committente, ma può anche essere fornita dal prestatore d'opera. Se viene fornita dal prestatore, il contratto non produce solo un'obbligazione di *facere* ma implica altresì l'obbligo di far acquistare la proprietà della cosa alla controparte, con un effetto del tutto simile alla compravendita. In tal caso si pone, pertanto, il problema di distinguere il contratto d'opera, ad effetti obbligatori, dal contratto di vendita, ad effetti essenzialmente reali. La giurisprudenza evidenzia che mentre la vendita tende allo scambio dell'oggetto futuro in quanto tale, a prescindere delle eventuali prestazioni (di fare) che valgono a rendere disponibile una cosa attualmente inesistente, nel contratto d'opera viene in evidenza la produzione stessa dell'oggetto commissionato, ovvero il momento dell'esecuzione personale.

Ai sensi dell'art. 2227, qualora il prestatore abbia intrapreso la realizzazione materiale dell'opera o del servizio il committente può **recedere** dal contratto, tenendo indenne il prestatore d'opera delle spese, del lavoro eseguito e del mancato guadagno.

Inoltre, se l'esecuzione dell'opera diventa **impossibile per causa non imputabile ad alcuna delle parti**, il prestatore d'opera ha diritto a un *compenso per il lavoro prestato* in relazione all'utilità della parte dell'opera compiuta (art. 2228).

Può trattarsi di *impossibilità oggettiva in senso stretto*, riguardante direttamente la prestazione in sé, oppure di *inidoneità soggettiva del prestatore* (malattia, infortunio grave etc.) che lo privi temporaneamente o definitivamente delle energie fisiche o intellettuali necessarie per lo svolgimento dell'attività (Perulli).

a) Esecuzione dell'opera

Se il prestatore d'opera non esegue l'opera secondo le condizioni stabilite dal contratto e a regola d'arte, il committente può fissare un congruo termine entro il quale il prestatore d'opera deve conformarsi a tali condizioni. Trascorso inutilmente tale termine, il committente può recedere dal contratto, salvo il diritto al risarcimento del danno (art. 2224).

L'assegnazione del termine è un rimedio eccezionale espressamente previsto dal legislatore (di norma infatti la gravità e la definitività dell'inadempimento non potrebbero essere invocate quando la prestazione è ancora in corso), che si concretizza in un vero e proprio **diritto del committente di rilevare i difetti essenziali e non essenziali dell'opera** in corso di esecuzione e prima della definitiva consegna, con lo speculare dovere dell'artefice di provvedere all'eliminazione dei lamentati difetti; a tale obbligo corrisponde del resto anche un suo interesse immediato, visto che ai sensi dell'art. 2226 egli resta responsabile per difformità e vizi dell'opera.

b) Corrispettivo

Il contratto d'opera è un *negozio essenzialmente oneroso*. Il silenzio dei contraenti sul compenso non esclude che questo sia dovuto, ma comporta soltanto che, in assenza di tariffe professionali o di usi, la determinazione è rimessa al giudice (art. 2225).

A differenza del contratto d'appalto (art. 1655), nel contratto d'opera il corrispettivo *non deve essere necessariamente concordato in denaro ma può consistere anche in prestazioni di dare.*

Se il corrispettivo non è convenuto dalle parti e non può essere determinato secondo le tariffe professionali o gli usi, la determinazione dello stesso è di competenza del giudice in relazione al risultato ottenuto e al lavoro necessario per ottenerlo. A fronte di risultanze processuali carenti sul *quantum* e in difetto di tariffe professionali e di usi, il giudice non può rigettare la domanda di pagamento del compenso ma deve determinarlo, ai sensi degli artt. 1709 e 2225, con criterio equitativo ispirato alla proporzionalità del corrispettivo con la natura, quantità e qualità delle prestazioni eseguite e con il risultato utile conseguito dal committente (Cass. 24-4-2018, n. 10057).

Le tariffe di riferimento sono quelle vigenti al momento della conclusione del contratto, nel luogo di stipula dello stesso. In caso di difformità, le tariffe locali prevalgono su quelle regionali o nazionali.

La determinazione pattizia del compenso contrastante con una tariffa dichiarata per legge inderogabile è affetta da nullità.

Il compenso, salvo patto contrario, va *corrisposto dopo l'esecuzione della prestazione* e dopo che vi sia stata accettazione e verifica del risultato pattuito.

In caso di *mancato pagamento* del corrispettivo il prestatore non può vantare alcun diritto di ritenzione sull'opera.

c) Difformità e vizi dell'opera

L'accettazione dell'opera comprende tre fasi distinte:

- la verifica, ossia l'accertamento della corrispondenza dell'opera a quanto previsto dal contratto; presupponente costituisce un onere del committente, in assenza della quale egli rinuncia alla garanzia per i vizi e le difformità palesi;
- il giudizio, che rappresenta una dichiarazione di scienza;
- la presa in consegna dell'opera, in caso di esito positivo del giudizio.

Ai sensi dell'art. 2226, l'accettazione espressa o tacita dell'opera:

- libera il prestatore da responsabilità per i vizi facilmente riconoscibili, salvo che li abbia occultati dolosamente;
- fa sorgere il diritto alla consegna e, se i materiali sono stati forniti dal prestatore determina l'acquisto della proprietà sull'opera da parte del committente;
- fa decorrere il diritto al corrispettivo;
- determina il trasferimento del rischio dall'artefice al committente.

Il committente deve, a pena di decadenza, denunciare le difformità e i vizi occulti al prestatore d'opera entro *otto giorni* dalla scoperta. L'azione si prescrive entro un anno dalla consegna.

I diritti del committente nel caso di difformità o di vizi dell'opera sono regolati dall'art. 1668. Pertanto, il committente può scegliere tra:

- l'**esatto adempimento** di quanto concordato;
- la **risoluzione del contratto**, nell'ipotesi in cui i difetti o vizi dell'opera siano di entità tale da renderlo inadeguata alla sua destinazione e non si tratti di difformità agevolmente riparabile.

d) Prestazione d'opera intellettuale

Un particolare tipo di contratto d'opera è il contratto d'opera professionale, caratterizzato dal compimento di un'opera intellettuale. Gli elementi caratteristici del contratto d'opera professionale risiedono nella natura professionale della prestazione e nel carattere intellettuale della medesima.

20 Il contratto di trasporto

a) Nozione e tipi

Il *contratto di trasporto* è quello mediante il quale *una parte* (*vettore*) *si obbliga, verso corrispettivo, a trasferire persone o cose da un luogo all'altro* (art. 1678).

Oggetto del contratto è, dunque, lo *spostamento, a rischio del vettore, di un bene materiale o di una persona* da un luogo all'altro. Il trasferimento, che il vettore si obbliga a compiere, può riguardare sia *cose* sia *persone*; tale diversità di oggetto comporta:

- una diversa *struttura del rapporto*;
- un diverso *regime di responsabilità del vettore*.

La nozione di spostamento da un luogo a una altro implica un apprezzabile spostamento nello spazio ma non necessariamente quello di diversità fra luogo di partenza e luogo di arrivo; implica, altresì, l'impiego di un mezzo meccanico o a trazione animale, guidato dall'uomo.

Elemento naturale, ma non essenziale, del contratto è l'**onerosità**: è, infatti, possibile porre in essere trasporti gratuiti.

Creditori della prestazione di trasporto sono, a seconda dei casi, il passeggero o il mittente e il destinatario: infatti, nel trasporto di cose accanto al mittente può porsi il **destinatario**, destinato a ricevere la *res* trasportata.

Poche sono le *disposizioni comuni* ad entrambe le fattispecie e la disciplina è altresì differente a seconda che il trasporto debba attuarsi per via di *terra* (trasporto ferroviario o automobilistico), oppure per via di *acqua* o di *aria* (artt. 419-468, 950-964 cod. nav.).

b) Pubblici servizi di linea

I servizi pubblici di linea sono quei servizi di trasporto che si svolgono su determinati itinerari prestabiliti e per concessione amministrativa. Essi sono *esercitati in regime di monopolio*.

Il legislatore, però, ha sancito due obblighi fondamentali in materia (art. 1679) a carico di chi esercita tale attività:

- l'*obbligo legale a contrarre* a carico degli imprenditori che esercitino servizi di interesse generale in regime di monopolio giuridico; tale obbligo comporta che l'imprenditore debba stipulare il contratto con chiunque faccia richiesta del servizio, usando parità di trattamento nei confronti di tutti i contraenti in ciascuno gruppo di contratti omogenei, secondo le condizioni generali previste dalla legge o dall'atto di concessione ovvero, come accade, ad es., per l'Enel, dalla predisposizione, da parte del monopolista, di schemi contrattuali standardizzati rispondenti al meccanismo di cui agli artt. 1341 e 1342; è necessario che la richiesta dell'utente si adegui alle condizioni suddette, imposte da esigenze di programmazione ed economicità che caratterizzano la posizione del monopolista stesso e possono legittimare dati criteri di priorità o limitazioni quantitative e qualitative nella stipulazione dei contratti, ancorché in osservanza del principio della parità di trattamento (Cass. 28-12-1990, n. 12196);
- la *parità di trattamento*: il concessionario deve stipulare il contratto secondo le condizioni generali stabilite e rese note al pubblico, senza arbitrarie preferenze o precedenze.

In tema di *trasporto ferroviario*, le condizioni generali predisposte dalle Ferrovie dello Stato per il trasporto di persone e cose, richiamate dall'art. 1679, co. 1, sono espressione di potere regolamentare e, quindi, fonti di diritto, trattandosi di norme regolamentari generali, le quali sono *efficaci nei confronti di tutti gli utenti del servizio ferroviario* e *non sono disposizioni contrattuali ai sensi dell'art. 1341, co. 1* (Trib. Firenze 23-3-2017).

c) Trasporto di persone

Caratteristica del contratto di trasporto di persone è l'*onerosità*. Non rientrano in esso le ipotesi di *trasporto gratuito* e di *trasporto amichevole o di cortesia*. La stipulazione del contratto è accompagnata dal rilascio al viaggiatore di un *biglietto di viaggio*, nel quale il contratto stesso è documentato: il biglietto non è titolo di credito, ma costituisce *documento di legittimazione*, la cui esibizione è necessaria per esigere la prestazione del trasporto.

Il *vettore risponde*:

- per l'*inadempimento ed il ritardo*, secondo le norme generali in materia di obbligazioni;
- per i *sinistri che colpiscono* la persona del *viaggiatore*, e per *perdita* o avaria delle *cose* che il viaggiatore porta con sé, se non prova di aver adottato tutte le misure idonee ad evitare il danno (art. 1681). La responsabilità a carico del vettore prevista dall'art. 1681 opera nell'ipotesi in cui risulti provato il nesso causale tra il sinistro occorso al viaggiatore e l'attività del vettore nell'esecuzione del trasporto.

Oltre alla responsabilità contrattuale è, poi, configurabile una concorrente responsabilità per fatto illecito *ex* art. 2043 o art. 2054.

Il legislatore estende la disciplina in esame anche al *trasporto gratuito*, al trasporto, cioè, effettuato senza compenso economico.

Nel caso, invece, di *trasporto amichevole*, effettuato cioè a titolo di cortesia, può venire in rilievo, per i danni subiti dal trasportato, esclusivamente una responsabilità extracontrattuale, interamente regolata dall'art. 2043. Ne consegue che, nell'azione risarcitoria, devono essere accertati in concreto sia il dolo che la colpa, quali elementi costitutivi dell'illecito, ricorrendo la seconda ogni qualvolta il vettore abbia tenuto un comportamento non improntato ai canoni oggettivi della perizia e della diligenza.

Sono *nulle* le *clausole* che *escludono* la *responsabilità* del vettore per *dolo o colpa grave* (art. 1229), né può essere limitata la responsabilità per sinistri che colpiscono il viaggiatore (art. 1681): tali norme infatti, sono di *ordine pubblico* e, pertanto, *inderogabili.*

d) Trasporto di cose

Si tratta di un *contratto consensuale* (che si perfeziona, cioè, col semplice consenso senza che occorra l'ulteriore elemento della consegna della cosa da trasportare al vettore) che ha per oggetto il trasferimento di cose da un luogo all'altro e non richiede la redazione di particolari documenti a fini probatori.

La consegna del carico è il primo atto di *collaborazione del mittente*, indispensabile perché la prestazione del trasporto possa verificarsi. Essa consiste nel trasferimento della detenzione del carico al vettore.

Inoltre, il mittente ha l'onere di indicare gli estremi necessari per l'esecuzione del trasporto e di fornire i documenti per l'esecuzione del trasporto.

Il vettore, invece, è tenuto a:

- *ricevere* in *consegna* le cose da trasportare;
- *eseguire* il *trasporto* secondo le modalità e nei termini previsti dal contratto, o, in mancanza, dalla legge e dagli usi;
- *riconsegnare le cose* nel luogo di destinazione, dandone avviso al destinatario;
- *custodire* le cose da trasportare.

Secondo l'art. 1693 il vettore è *responsabile per la custodia*, e quindi per la *perdita* e l'*avaria* delle cose consegnategli per il trasporto, fino al momento in cui le riconsegna al destinatario.

Mentre il comune debitore è tenuto a fornire solo la prova negativa che il danno non è derivato dal fatto proprio o dei propri dipendenti, il *vettore*, affinché venga esclusa la sua responsabilità, ha l'*onere* di fornire la *prova positiva* che il *danno* (perdita, avaria della cosa) è dipeso da un fatto, nettamente individuato, estraneo alla sua sfera d'azione e non imputabile a sua mancata diligenza professionale (caso fortuito, vizi delle cose o dell'imballaggio, fatto del mittente, fatto del destinatario etc.).

Tale sistema *fa ricadere sul vettore il rischio per le cause ignote* che, secondo le norme comuni, non inciderebbero sulla sua responsabilità. Questo rigido regime viene, però, in parte attenuato:

- con la presunzione di *irresponsabilità* per calo *naturale* (art. 1695): il vettore risponde solo delle diminuzioni di peso e misura che oltrepassino il calo naturale;
- mediante la dichiarata validità delle clausole che stabiliscono *presunzioni* di caso *fortuito* (art. 1694).

21 Il deposito (artt. 1766-1782)

a) Definizione

Il deposito è *il contratto con il quale una parte (depositario) riceve dall'altra (depositante) una cosa mobile, con l'obbligo di custodirla e di restituirla in natura* (art. 1766).

La *funzione* del deposito consiste, pertanto, nell'*assicurare la custodia della cosa*; al depositario non passa la proprietà né il possesso di essa: egli la *detiene soltanto*, nell'interesse del depositante, e non può disporne né servirsene senza il consenso del depositante (art. 1770).

Il deposito *si presume gratuito* (art. 1767), ma tale presunzione è relativa, suscettibile quindi di prova contraria, in caso di diversa volontà delle parti.

Diverso dal contratto gratuito di deposito è il **deposito di cortesia**, che rientra nella categoria dei rapporti di fatto ed è svincolato da qualsiasi obbligo giuridico, rientrando nella sfera delle semplici relazioni sociali: il depositario, cioè, riceve la detenzione della cosa e la custodisce per semplice cortesia. In tal caso non vi è una fattispecie contrattuale, con la conseguenza che l'eventuale responsabilità sarà di tipo aquiliano. Un'altra tesi, però, afferma che *non vi è spazio per distinguere deposito gratuito e deposito di cortesia*, per cui anche chi assuma la custodia di una cosa altrui per mero spirito di cortesia incorre nella responsabilità prevista dall'art. 1768 (MASTROPAOLO).

Il deposito è un contratto:
- *reale*, perché si perfeziona con la consegna della cosa al depositario;
- *di durata*, perché da esso derivano prestazioni continuative;
- *non formale*, perché la forma scritta non è richiesta *ad substantiam* ma può avere rilevanza solo ai fini della prova.

b) Obblighi delle parti

Il deposito può essere effettuato da *chiunque* abbia il possesso o la detenzione della cosa, non importa se sia o meno proprietario. Le principali **obbligazioni del depositario** sono le seguenti:
- usare, nella custodia, la *diligenza del buon padre di famiglia*; ma, se il deposito è gratuito, un'eventuale responsabilità per colpa è valutata con minor rigore (art. 1768);
- *non servirsi della cosa depositata* (art. 1770) (salvo che si tratti di deposito irregolare);
- *restituire la cosa in ogni momento* in cui il depositante la richieda; d'altro canto, però, il depositario può domandare in qualunque tempo di essere liberato dall'obbligo della custodia salvo che sia stato convenuto un termine nell'interesse del depositante (art. 1771);
- *restituire al depositante i frutti della cosa*, da lui eventualmente *percetti* (art. 1775).

Il depositario, *responsabile in caso di avaria, deterioramento o distruzione della cosa depositata*, si libera da responsabilità unicamente provando, *ex* art. 1218, che l'inadempimento è derivato da causa a lui non imputabile, da intendersi anche come eventi naturali suscettibili di incidere negativamente sull'esecuzione della prestazione, quali il caso fortuito, corrispondente al concetto di fatalità, e la forza maggiore. È necessario, peraltro, il contestuale ricorso di due ulteriori condizioni, ovvero che l'evento presenti le caratteristiche dell'imprevedibilità e inevitabilità, tale da poter essere considerato come causa sopravvenuta da sola sufficiente a determinare l'evento, e che il debitore abbia predisposto le misure di prevenzione adeguate e le cautele necessarie a fronteggiare l'evento (Trib. Catania 28-4-2017).

Le principali **obbligazioni del depositante** sono, invece:
- rimborsare il depositario delle spese fatte per conservare la cosa;
- pagare le spese eventualmente necessarie per la restituzione della cosa;
- ritirare la cosa depositata, a richiesta del depositario (art. 1771);
- pagare l'eventuale compenso pattuito (art. 1781).

c) Deposito alberghiero e deposito nei magazzini generali

Nell'ambito del *deposito alberghiero* si distinguono due ipotesi:

- quella in cui i clienti consegnano le cose con finalità di custodia, con la conseguenza che l'albergatore è responsabile secondo le regole generali del deposito volontario;
- quella in cui il cliente non consegni le cose in custodia. In questo caso la responsabilità dell'albergatore è fissata entro un limite massimo, a meno che la perdita o il deterioramento della cosa dipenda da colpa, sua o di un dipendente, o l'albergatore abbia rifiutato di prendere in custodia cose che aveva l'obbligo di accettare. L'albergatore è però esonerato dalle conseguenze della responsabilità se prova che la perdita o il deterioramento della cosa sono dovuti a colpa grave del cliente o di chi lo accompagna.

Il *deposito nei magazzini generali*, che avviene in pubblici magazzini appositamente organizzati è un comune contratto di deposito caratterizzato dalla speciale qualità professionale del depositario e da alcune particolarità di disciplina (che comunque non modificano la natura del contratto); esso può talvolta avvenire alla *rinfusa*, cioè unendo merci dello stesso genere appartenenti a proprietari diversi (deposito irregolare).

A richiesta del depositante possono essere rilasciati due titoli rappresentativi delle merci depositate: la *fede di deposito* e la *nota di pegno*. Tali titoli, insieme, danno il diritto alla riconsegna delle merci, attribuendo il possesso e la disponibilità delle stesse. La nota di pegno serve per costituire in pegno le cose depositate.

d) Deposito irregolare

Figura sostanzialmente diversa è il deposito irregolare, avente per oggetto una *quantità di danaro o di altre cose fungibili* delle quali il depositario ha la *facoltà di servirsi*.

In questo caso il **depositario acquista la proprietà delle cose** e, quindi, può liberamente disporne e non è più tenuto a conservarle per restituirle nella loro identità, dovendo, invece, restituire solo altrettante cose della stessa specie e qualità (*tantundem eiusdem generis et qualitatis*).

Tale istituto è disciplinato dalle norme relative al *mutuo* in quanto compatibili (art. 1782).

e) Il contratto di parcheggio

Il contratto atipico di parcheggio è assimilabile, quanto alla disciplina giuridica, al contratto di deposito. Ai fini dell'obbligo di custodia del veicolo da parte del depositario (art. 1766), non è necessario l'affidamento del veicolo ad una persona fisica, poiché la consegna può realizzarsi anche attraverso la sua immissione nell'area di parcheggio, previo perfezionamento del contratto mediante l'introduzione di monete nell'apposito meccanismo, ben potendo l'obbligo di custodia prescindere dalla presenza di persone addette a ricevere quella consegna e ad effettuare la connessa sorveglianza e/o pagamento e bastando, a tal fine, la predisposizione di sistemi automatizzati per la procedura di ingresso e di uscita dei veicoli.

Pertanto, si è affermata (Cass. 1957/2009) la responsabilità del gestore del parcheggio nel caso di furto del veicolo, senza che tale responsabilità possa essere esclusa dall'esposizione di un cartello affisso all'ingresso del parcheggio, con cui la ditta rappresenta di non rispondere del furto totale o parziale delle auto. Trattasi, infatti, in tale caso di una clausola di esclusione della responsabilità di carattere vessatorio, perciò inefficace se non sia approvata specificamente per iscritto.

Sezione Quarta
I contratti per il compimento o per la promozione di affari

22 Il mandato (1703-1730)

a) Nozione e tipi

Il mandato è il *contratto con il quale una parte (mandatario) si obbliga a compiere uno o più atti giuridici per conto dell'altra parte (mandante)* (art. 1703).

È un *contratto a forma libera*, per la cui validità non è richiesta la forma scritta.

Il mandato può essere:

— **con rappresentanza**: in questa ipotesi il *mandatario agisce non solo per conto, ma anche in nome del mandante* (cd. «*spendita del nome*»). Il mandato è in tal caso collegato ad una *procura* (atto unilaterale che conferisce il relativo potere al mandatario), per cui gli effetti si verificano direttamente nella sfera giuridica del mandante (art. 1704). L'amministratore di condominio configura un ufficio di diritto privato assimilabile al mandato con rappresentanza, con la conseguente applicabilità, nei rapporti tra l'amministratore e ciascuno dei condomini, delle disposizioni sul mandato;
— **senza rappresentanza**: in questo caso, invece, il *mandatario agisce in nome proprio e acquista i diritti e assume gli obblighi derivanti dal negozio*, mentre i terzi non entrano in alcun rapporto col mandante (art. 1705).

  In particolare:

  — per gli **immobili o mobili iscritti in pubblici registri**, il *mandatario* che li ha acquistati *in nome proprio* ne diventa *proprietario*, ma ha l'*obbligo di ritrasferirli al mandante* con un *successivo negozio* (art. 1706) (altrimenti il mandante stesso può chiedere che il giudice attui il trasferimento mediante *sentenza costitutiva*, art. 2932);
  — per i beni **mobili**, invece, deve ritenersi che — pur acquistandoli il mandatario in nome proprio — si hanno, in effetti, *due trasferimenti logicamente successivi, ma cronologicamente contemporanei*: un primo, dal terzo al mandatario, ed un secondo, dal mandatario al mandante.
  Di conseguenza il mandante può *rivendicare* direttamente dal mandatario le cose da quest'ultimo acquistate in nome proprio (del mandatario) ma per suo conto (del mandante); sono comunque fatti salvi i diritti acquistati dai terzi, su quelle cose mobili, per effetto del possesso di buona fede (art. 1706).

Oggetto del contratto è sempre il *compimento di atti giuridici* e di tutti gli *atti strumentali* necessari al compimento di quelli per i quali il mandato è stato conferito (art. 1708, co. 1). Il mandato si presume *oneroso*; l'onerosità, però, è carattere normale del contratto, ma non essenziale, e pertanto può essere stipulato anche a titolo gratuito (art. 1709).

Per la conclusione del contratto non è richiesta alcuna forma *ad substantiam*.

b) Specie di mandato

Rispetto ai **poteri** che attribuisce alle parti, il mandato può essere:

— *generale*, se riveste globalmente la cura di tutti gli interessi del mandante (comprende, però, solo gli atti di ordinaria amministrazione);
— *generico*, se riguarda alcuni specifici poteri;
— *specifico*, se riguarda specifici poteri relativamente a determinati beni.

Rispetto agli **interessi** che persegue, il mandato può essere conferito:

— nell'*interesse esclusivo del mandante*: è sempre revocabile (artt. 1723-1724);
— nell'*interesse del mandante e del mandatario*: è irrevocabile;
— nell'*interesse del mandante e di terzi*: è irrevocabile. Si ricordi, comunque, che il mandato può divenire irrevocabile anche per espressa volontà delle parti.

Rispetto ai **soggetti** il mandato può essere:

— *collettivo*, conferito da più persone ad un solo mandatario, con unico atto e nell'interesse comune;
— *congiuntivo*, conferito a più persone destinate ad agire congiuntamente (*ne alter sine altero gerat*);
— *disgiuntivo*, conferito a più mandatari i quali, tuttavia, possono operare separatamente.

c) Obblighi del mandatario e del mandante (artt. 1710-1718)

Il mandatario:

— è tenuto a *eseguire* quanto il mandato gli prescrive con la *diligenza del buon padre di famiglia*. La sua *responsabilità* per colpa è valutata con minor rigore se il mandato fu conferito a titolo gratuito (art. 1710);
— *non risponde* verso il mandante delle *obbligazioni* assunte dai terzi con i quali ha contratto;
— non può, nell'esecuzione del mandato, *eccedere i limiti fissati nel contratto*;
— è tenuto a *rendere note* al mandante le *circostanze sopravvenute*, che possano determinare la revoca o la modificazione del mandato;
— a mandato eseguito, il mandatario deve darne notizia al mandante, e presentare il rendiconto.

Il mandante, invece, è tenuto (artt. 1719-1720) a:

— *somministrare* al mandatario i *mezzi* necessari per la esecuzione del mandato;
— *rimborsargli* le anticipazioni e le *spese*;
— *pagargli* l'eventuale *compenso*, la presunzione di onerosità del mandato è stabilita *iuris tantum* dall'art. 1709 e può essere superata dalla prova della sua gratuità, desumibile anche dalle circostanze del rapporto, come la qualità del mandatario, le relazioni che intercedono fra questi e il mandante, il contegno delle parti, anteriore e successivo allo svolgimento delle prestazioni (Trib. Livorno 22-6-2017);
— *risarcirgli i danni* eventualmente subiti a causa dell'incarico.

d) Estinzione del mandato

Il mandato si estingue per:

— *scadenza del termine*;
— *compimento dell'affare* da parte del mandatario;
— *morte, interdizione o inabilitazione* del mandante o del mandatario (il contratto, infatti, si basa sull'*intuitus personae*);
— *rinunzia del mandatario*; la *giusta causa* di rinuncia al mandato da parte del mandatario esonera quest'ultimo dal risarcimento dei danni in favore del mandante e può consistere in fattori soggettivi e cioè in comportamenti propri del mandate, o in avvenimenti oggettivi che ostacolino il normale svolgimento dell'attività gestoria. In entrambi i casi deve trattarsi di avvenimenti oggettivamente rilevanti (Trib. Napoli 26-1-2018);
— *revoca del mandante* a meno che sia stabilita una clausola di irrevocabilità o il mandato sia stato conferito anche nell'interesse del mandatario o di terzi.

23 La spedizione (artt. 1737-1741)

a) Nozione

La spedizione è un *mandato senza rappresentanza*, con cui *una parte (spedizioniere) assume l'obbligo di concludere, in nome proprio o per conto del mandante, un contratto di trasporto, e di compiere le operazioni accessorie* (imballaggio, assicurazione, sdoganamento etc.) (art. 1737).

Pertanto, lo spedizioniere è, normalmente, una *figura diversa dal vettore*, con il quale conclude — in nome proprio — il *contratto di trasporto*; egli, peraltro, può anche assumere di persona l'esecuzione del trasporto: in tal caso acquista altresì, verso il mandante, la veste di vettore, con gli obblighi e i diritti relativi (art. 1741).

b) Disciplina

Lo spedizioniere deve osservare le *istruzioni del committente*: in mancanza delle stesse, deve operare *secondo il miglior interesse* di quegli (art. 1739).

Egli ha, inoltre, la *temporanea custodia* delle merci affidategli, in attesa della conclusione del contratto di trasporto.

Ha diritto alla *retribuzione*, oltre che ai compensi per le prestazioni accessorie eseguite, ed al rimborso delle spese anticipate.

L'*ordine di spedizione è revocabile* da parte del mittente, fino a quando lo spedizioniere non abbia ancora concluso il contratto di trasporto col vettore; in caso di revoca il mittente dovrà comunque corrispondere allo spedizioniere un equo compenso per l'attività prestata e rimborsargli le spese già sostenute (art. 1738).

c) Responsabilità dello spedizioniere

Lo spedizioniere non risponde dell'avaria e della perdita della merce che si verifichino durante l'esecuzione del contratto di trasporto da lui stipulato in adempimento del mandato ricevuto.

Lo spedizioniere, infatti, esaurisce il suo compito con la conclusione del contratto di trasporto, mentre il vettore, sul quale ricade l'organizzazione dei mezzi necessari per l'adempimento dell'obbligazione e il rischio della gestione, assume su di sé il rischio dell'esecuzione del trasporto.

Tuttavia, se lo spedizioniere conclude, senza alcuna autorizzazione del mandante e senza che sia necessario per la natura dell'incarico ricevuto, un altro contratto di spedizione con un terzo, sostituendolo a sé nell'esecuzione del mandato, risponde dei danni causati al committente dalla condotta del sostituto, a meno che dimostri che il danno si sarebbe verificato comunque, anche se gli avesse adempiuto personalmente l'obbligazione (Cass. 3354/2009).

24 La commissione (artt. 1731-1736)

La commissione è un *mandato* che *ha per oggetto l'acquisto o la vendita di beni per conto del committente da parte del commissionario che agisce in nome proprio* (art. 1731).

Per tale contratto il legislatore detta alcune particolari disposizioni, in aggiunta o in deroga alle norme generali sul mandato senza rappresentanza:

- la commissione è *sempre onerosa*: il compenso che spetta al commissionario prende il nome di *provvigione* (art. 1733);
- è espressamente prevista la possibilità dell'*entrata del commissionario come parte nel contratto* (art. 1735). Qualora, cioè, la commissione abbia per oggetto l'acquisto o la vendita di titoli o merci aventi un prezzo corrente, il commissionario può fornire al prezzo suddetto le cose che deve comprare, o può acquistare per sé cose che deve vendere (sempre che il committente non abbia diversamente disposto), salvo in ogni caso il suo diritto alla provvigione (art. 1735). Si tratta di una norma di carattere del tutto eccezionale, *distinta dall'ipotesi del contratto con sé stesso*;
- il commissionario può essere assoggettato — in virtù di patto o di uso — alla *clausola dello «star del credere»* (art. 1736): in tal caso egli *garantisce* al committente il regolare adempimento dell'obbligazione del terzo ed il buon esito dell'affare, ossia *risponde con il proprio patrimonio*;
- il *commissionario*, quando assume un *rischio* in proprio, lo *ritrasferisce* integralmente sul *committente*.

25 Il contratto di agenzia (artt. 1742-1753)

a) Nozione

Col contratto di agenzia *una parte (agente) assume stabilmente l'incarico di promuovere per conto dell'altra (preponente), verso retribuzione, la conclusione di contratti in una zona determinata* (art. 1742).

Il contratto di agenzia *deve essere provato per iscritto*, per cui è inammissibile qualsiasi altro mezzo di prova che non sia la produzione del documento contrattuale (Trib. Frosinone 30-4-2018).

Caratteristiche essenziali del contratto sono:

— la *stabilità dell'incarico*;
— la *sua estensione ad una zona determinata*;
— l'*assenza del vincolo di subordinazione* dall'azienda preponente, di cui il rapporto di agenzia costituisce una particolare forma di «*organizzazione indiretta*».

Il contratto di agenzia è, di regola, un *contratto a tempo indeterminato*, da cui derivano corrispettivi periodici che maturano al termine dei singoli periodi (mensili, trimestrali etc.) di riferimento delle prestazioni dell'agente. L'onere delle provvigioni da corrispondere all'agente deve, pertanto, ritenersi maturato nella data in cui gli agenti hanno ultimato quella tranche di prestazione lavorativa, separatamente fatturata, cui si riferisce quel determinato pagamento, ed imputato temporalmente all'esercizio in corso in quella stessa data (Cass. 11-4-2018, n. 8893).

b) Obblighi dell'agente e del preponente

L'agente esercita un'attività promozionale rivolta alla realizzazione dell'interesse del preponente e, quindi, alla conclusione di affari alle migliori condizioni.

L'attività di promozione della conclusione di contratti per conto del preponente, che costituisce l'obbligazione tipica dell'agente, non può consistere in una mera attività di propaganda, da cui possa solo indirettamente derivare un incremento delle vendite, ma deve consistere nell'*attività di convincimento del potenziale cliente* a effettuare delle ordinazioni dei prodotti del preponente, poiché è proprio con riguardo a questo risultato che viene attribuito all'agente il compenso, consistente nella provvigione sui contratti conclusi per suo tramite e andati a buon fine (Trib. Vicenza 22-3-2018).

Egli deve:

— *tutelare gli interessi del preponente* e agire con *lealtà* e *buona fede* (art. 1746, co. 1);
— adempiere l'incarico affidatogli *in conformità delle istruzioni ricevute* e fornire al preponente *le informazioni* riguardanti le condizioni di mercato nella zona assegnatagli e ogni altra informazione utile per valutare la convenienza dei singoli affari. Ogni patto contrario è nullo (art. 1746, co. 1);
— *osservare gli obblighi che incombono al commissionario*, ad eccezione di quelli di cui all'art. 1736, in quanto non siano esclusi dalla natura del contratto di agenzia (art. 1746, co. 2);
— comunicare al preponente la sopravvenienza di eventuali *impedimenti* che rendono impossibile o comunque difficoltosa la prosecuzione del rapporto di agenzia (art. 1747).

La legge, inoltre, impone al preponente (artt. 1748 e 1749) di:

— *agire con lealtà e buona fede* nei rapporti con l'agente; la violazione di detti obblighi contrattuali può configurare, in base alla gravità delle circostanze, una giusta causa di scioglimento del rapporto di agenzia;
— corrispondere all'agente un *compenso* (cd. *provvigione*) sugli affari conclusi per effetto del suo intervento;
— fornire all'agente un estratto dei libri contabili e tutte le informazioni necessarie per verificare l'importo delle provvigioni liquidate;
— porre a disposizione dell'agente la documentazione necessaria relativa ai beni o ai servizi trattati, nonché di fornire ad esso tutte le informazioni necessarie all'esecuzione del contratto;
— informare l'agente, entro un termine ragionevole, dell'accettazione, ovvero del rifiuto o della mancata esecuzione di un affare procuratogli;

— avvertire l'agente, entro un termine ragionevole, non appena preveda che il volume delle operazioni commerciali sarà notevolmente inferiore a quello che l'agente medesimo avrebbe potuto normalmente attendersi;
— corrispondere all'agente, all'atto della cessazione del rapporto, l'indennità prevista dall'art. 1751, alle condizioni e secondo le modalità previste dallo stesso articolo.

c) La provvigione

La **provvigione** è il compenso spettante all'agente per l'attività svolta nell'interesse del preponente.

L'agente ha diritto alla provvigione *quando l'operazione è stata conclusa per effetto del suo intervento* (art. 1748, co. 1).

L'agente ha diritto alla provvigione *anche sugli affari conclusi dopo lo scioglimento del contratto di agenzia*, se sussistono le condizioni di cui all'art. 1748.

Se *il preponente e il terzo si accordano per non dare esecuzione al contratto*, ciò non incide sul diritto alla provvigione dell'agente, in quanto, altrimenti, essi potrebbero giungere a tale patto proprio per frodare l'agente; la regola, però, perde la sua giustificazione se la mancata esecuzione della stipula non è imputabile al preponente (Trib. Messina 27-2-2018).

L'agente che agisce in giudizio per il pagamento delle provvigioni ha l'onere di provare i fatti costitutivi del suo diritto, per cui deve provare l'avvenuta conclusione dell'affare e che lo stesso abbia avuto regolare esecuzione (Trib. Milano 8-3-2018).

d) Differenze

È importante distinguere il contratto di agenzia:

— dal **contratto di mandato**: l'agente assume l'obbligo di promuovere la conclusione di contratti (attività materiale) mentre il mandatario quello di compiere uno o più atti giuridici;
— dal **contratto di mediazione**: a differenza del mediatore (*infra*), l'agente agisce nell'esclusivo interesse del preponente e sulla base di uno stabile rapporto con quest'ultimo;
— dal **contratto di lavoro subordinato**: l'agenzia si caratterizza per l'assenza del vincolo di subordinazione.

26 La mediazione (artt. 1754-1765)

a) Nozione

È *mediatore* colui che mette in relazione due o più parti per la conclusione di un affare senza essere legato ad alcuna di esse da rapporti di collaborazione, di dipendenza o di rappresentanza (art. 1754).

Il contratto si perfeziona nel momento in cui è accettato l'incarico ed è sottoposto alla *condicio iuris* dell'esito positivo dell'affare. Gli *elementi* del rapporto sono i seguenti:

— *indipendenza* ed *autonomia* del mediatore, il quale svolge un'*attività*, affinché venga *stipulato* un determinato *contratto*;
— la possibilità del *mediatore di desistere* in qualsiasi momento dall'occuparsi dell'affare;
— l'*estraneità del mediatore* a tutto quanto attiene all'esecuzione del contratto stipulato mediante la sua opera.

La locuzione «*affare*» — impiegata dall'art. 1754 per definire l'opera del mediatore — non è limitata ai trasferimenti di beni, ma include ogni *operazione di contenuto economico* che si risolve in utilità di *natura patrimoniale*.

Essa, pertanto, è riferibile non soltanto ai contratti propriamente detti, ma ad ogni operazione generatrice di obbligazioni.

b) La provvigione

Il diritto del mediatore alla provvigione è collegato alla *conclusione del contratto*. Se il contratto è nullo, la provvigione non è dovuta.

A corrispondere la provvigione è tenuta *ciascuna delle parti* che sia entrata in rapporto con il mediatore, anche se l'incarico gli è stato conferito da una sola di esse. In caso di *pluralità* di mediatori, ciascuno ha diritto a una «quota di provvigione» (art. 1758).

Sul mediatore incombe:

- l'obbligo di *imparzialità*: egli non può favorire nessuna delle parti né dipendere da alcuna di esse, ed è tenuto a comunicare ad entrambe le circostanze a lui note relative alla valutazione ed alla sicurezza dell'affare (art. 1759);
- l'obbligo del *segreto professionale*.

c) Il mediatore non iscritto perde la provvigione (D.Lgs. 59/2010)

Il D.Lgs. 59/2010 ha soppresso il ruolo dei mediatori previsto dall'art. 2, L. 39/1989, ma non ha abrogato tale legge. È stato, anzi, disposto che le attività disciplinate dalla L. 39/1989 sono soggette a dichiarazione di inizio di attività, da presentare alla Camera di commercio, competente per territorio con le autocertificazioni e le certificazioni attestanti il possesso dei requisiti prescritti.

La Camera di commercio verifica il possesso dei requisiti e iscrive i relativi dati nel *registro delle imprese*, se l'attività è svolta in forma di impresa, oppure nel *repertorio delle notizie economiche e amministrative* (REA) previsto dalla L. 580/1993 e dal D.P.R. 581/1995, assegnando ad essi la qualifica di intermediario per le diverse tipologie di attività distintamente previste dalla L. 39/1989.

Infatti, l'art. 73, co. 6, D.Lgs. 59/2010 statuisce che «ad ogni effetto di legge, i richiami al ruolo contenuti nella L. 3 febbraio 1989, n. 39, si intendono riferiti alle iscrizioni previste dal presente articolo nel registro delle imprese o nel repertorio delle notizie economiche e amministrative (REA)». Ciò comporta che, in assenza di abrogazione dell'art. 6, L. 39/1989, ma in presenza della sola soppressione del ruolo, la norma di cui all'art. 6 va letta nel senso che, anche per i rapporti di mediazione sottoposti alla normativa di cui al D.Lgs. 59/2010, *hanno diritto alla provvigione solo i mediatori che sono iscritti nei registri o nei repertori tenuti dalla Camera di commercio* secondo l'art. 73 cit. (Cass. 16147/2010).

d) Il procacciamento d'affari

Il procacciamento d'affari è un contratto di mediazione atipico con il quale un soggetto (procacciatore) si obbliga a *raccogliere proposte di contratto da un soggetto (preponente) e a trasmetterle a un altro soggetto.*

Il suo compito è limitato a mettere in contatto le parti su incarico di una di queste senza intervenire nelle trattative per la conclusione dell'accordo.

Costituisce elemento comune alla figura del mediatore e a quella del procacciatore d'affari la prestazione di un'*attività di intermediazione diretta a favorire la conclusione di un affare*, mentre l'elemento distintivo consiste nel fatto che il mediatore è un soggetto *imparziale* e il procacciatore d'affari svolge l'attività dell'intermediario esclusivamente nell'interesse di una delle parti.

Il mediatore e il procacciatore d'affari individuano, quindi, due distinte figure negoziali, la prima tipica e la seconda atipica, che si differenziano per la posizione di imparzialità del mediatore rispetto al procacciatore, il quale, invece, agisce su incarico di una delle parti interessate, dalla quale soltanto può pretendere la provvigione.

E proprio perché il procacciatore d'affari agisce in base all'incarico di una parte, può ritenersi che la sua attività debba essere attratta nell'ambito della mediazione tipica.

Il procacciamento d'affari presenta analogie anche con il *contratto di agenzia*.

I tratti distintivi del contratto di agenzia sono la continuità e la stabilità dell'attività dell'agente, consistente nel promuovere, nell'ambito di un determinato contesto territoriale, la conclusione di contratti per conto del preponente, realizzando con quest'ultimo una collaborazione professionale autonoma e stabile (non episodica), con l'obbligo di osservare, oltre alle norme di correttezza e di lealtà, le istruzioni ricevute dal preponente medesimo; invece, il rapporto di procacciamento d'affari consiste nella più limitata attività di chi, senza vincolo di stabilità e in via del tutto sporadica, raccoglie le ordinazioni dei clienti, trasmettendole all'imprenditore da cui ha ricevuto l'incarico di procurare tali commissioni (Cass. 12-2-2016, n. 2828).

Pertanto, mentre *la prestazione dell'agente è stabile*, avendo egli l'obbligo di svolgere con continuità l'attività di promozione dei contratti, *la prestazione del procacciatore è occasionale*, poiché dipende esclusivamente dalla sua iniziativa. Conseguentemente, al procacciamento d'affari possono applicarsi, in via analogica, solo le disposizioni relative al contratto di agenzia che non presuppongano un carattere stabile e predeterminato del rapporto (ad es., le norme sulla provvigione), ma non quelle che lo presuppongano (come l'indennità di mancato preavviso, l'indennità suppletiva di clientela e l'indennità di cessazione del rapporto) (Cass. 24-6-2005, n. 13629).

Sul *diritto al compenso* del procacciatore d'affari, questione ampiamente dibattuta in passato, si sono pronunciate recentemente le *Sezioni Unite* (Cass. *S.U.* 2-8-2017, n. 19161), affermando che se l'esercizio dell'attività di procacciatore d'affari ha ad oggetto *beni immobili o aziende* o, se riguardante *altre tipologie di beni*, è svolta in *modo professionale e continuativo*, resta *soggetta all'obbligo di iscrizione nei registri delle imprese o nei repertori tenuti dalla Camera di commercio.*

Le *Sezioni Unite* (19161/2017) hanno aderito a questo secondo orientamento.

Sezione Quinta
I contratti di prestito

27 Il comodato (o prestito d'uso)

a) Concetto e natura giuridica

Il comodato è il *contratto con il quale una parte (comodante) consegna all'altra (comodatario) una cosa mobile o immobile, affinché se ne serva per un tempo o per un uso determinato, con l'obbligo di restituire la stessa cosa ricevuta* (art. 1803).

Chiunque abbia la disponibilità di fatto di una cosa, in base a un titolo non contrario a norme di ordine pubblico, può concederla in comodato ed è legittimato a chiederne la restituzione alla cessazione del rapporto. Pertanto, *il comodante che agisce per la restituzione della cosa nei confronti del comodatario non deve provare il diritto di proprietà* (Cass. 20371/2013), ma ha soltanto l'onere di dimostrarne la consegna e il rifiuto di restituzione, mentre spetta al convenuto dimostrare di possedere un titolo diverso per il suo godimento.

Il comodato è un contratto:

— *reale*: in quanto si perfeziona con la consegna della cosa;
— *obbligatorio*: in quanto il comodatario acquista solo un *diritto personale*, e non vi è traslazione di proprietà della cosa data in uso;

— *gratuito*: se, infatti, fosse stabilito un corrispettivo si configurerebbero altri contratti (ad es., una locazione).
  La gratuità del comodato, però, non viene meno qualora sia imposto un onere a carico del comodatario (cd. comodato morale), in quanto l'onere non ha carattere di corrispettività;
— *unilaterale*: in quanto implica prestazione da una sola parte (restituzione della cosa da parte del comodatario).

La distinzione tra comodato e locazione poggia fondamentalmente sul carattere di essenziale gratuità del comodato, mentre si realizzano gli estremi costitutivi del contratto di locazione quando per il godimento di un bene sia pattuita una controprestazione, in qualsiasi misura e sotto qualsiasi forma (Cass. 18660/2013).

b) Disciplina

I *diritti del comodatario* sono:

— l'*uso della cosa*, secondo il titolo di concessione;
— ottenere il rimborso delle *spese straordinarie*, necessarie ed urgenti, eventualmente sostenute per la *conservazione* della cosa;
— ottenere il risarcimento dei *danni* eventualmente derivatigli da *vizi* della cosa comodata, di cui il comodante era a conoscenza e che non gli aveva comunicato (art. 1812).

Il comodatario che, al fine di utilizzare la cosa, debba affrontare le spese di manutenzione, può liberamente scegliere se provvedervi o meno, ma se decide di affrontarle lo fa nel suo esclusivo interesse e non può pretendere il rimborso dal comodante, anche se comportino miglioramenti (Cass. 17941/2013): ad es., se un genitore concede un immobile in comodato al figlio per l'abitazione della famiglia di quest'ultimo, non è obbligato a rimborsare le spese non necessarie né urgenti sostenute dal coniuge del figlio durante la convivenza familiare per la migliore sistemazione dell'abitazione coniugale.

Gli *obblighi del comodatario* sono:

— la *custodia* e la *conservazione* della cosa con la diligenza del buon padre di famiglia;
— l'uso della cosa determinato dal contratto o dalla natura della cosa;
— il divieto di *sub-comodato*;
— la *restituzione* del bene ricevuto (se il comodatario ha ricevuto in prestito un quadro, dovrà restituire lo stesso quadro, non un altro), alla *scadenza* del termine stabilito.

Il termine finale può essere stabilito dalle parti o risultare implicitamente dall'uso cui la cosa è destinata, se tale uso ha una durata predeterminata nel tempo. In mancanza di particolari prescrizioni di durata o di elementi certi e oggettivi che consentano *ab origine* di prestabilirla, l'uso corrispondente alla generica destinazione dell'immobile configura un comodato a tempo indeterminato e, perciò, a titolo **precario**, e, dunque, revocabile *ad nutum* da parte del comodante, a norma dell'art. 1810 (Cass. 15877/2013).

Se il comodatario viola gli obblighi suddetti, il comodante potrà chiedere la *restituzione immediata* della cosa data in prestito, oltre al *risarcimento del danno* (art. 1804).

Inoltre, se durante il termine convenuto o prima che il comodatario abbia cessato di servirsi della cosa, sopravviene un *bisogno urgente e imprevisto del comodante*, questi può esigerne la restituzione immediata (art. 1809, co. 2). L'«urgente e impreveduto bisogno» di cui al co. 2 dell'art. 1809 fa riferimento alla necessità del comodante di appagare impellenti esigenze personali, e non a quella di procurarsi un utile, tramite una diversa opportunità di impiego del bene (Cass. 20183/2013).

28 Il mutuo

a) Nozione

Il mutuo è il contratto con il quale una parte (mutuante) consegna all'altra (mutuatario) una determinata quantità di danaro o di altre cose fungibili e l'altra si obbliga a restituire altrettante cose della stessa specie e qualità (art. 1813).

Effetto essenziale del mutuo è, quindi, il trasferimento *della proprietà della cosa al mutuatario* (*contratto traslativo*). La liberazione di quest'ultimo ha luogo se, alla scadenza stabilita, egli trasferisce al mutuante le stesse cose ricevute o una stessa quantità della medesima specie (**tantundem eiusdem generis et qualitatis**).

b) Natura giuridica

Il mutuo è un contratto:

— *traslativo*, perché trasferisce la proprietà della cosa;
— *reale*, perché, secondo l'opinione tradizionale e tuttora prevalente, la consegna della cosa al mutuatario rappresenta, accanto all'accordo, un elemento costitutivo della formazione del negozio.
Alcuni autori, però, ritengono che il mutuo sia un contratto consensuale, perché la consegna della cosa non perfezionerebbe il contratto ma piuttosto costituirebbe atto di adempimento del contratto;
— *oneroso*, perché, almeno di regola, comporta per il mutuatario l'obbligo di corrispondere gli interessi sulla somma ricevuta;
— *a prestazioni corrispettive*: la prevalente dottrina considera gli interessi come controprestazione del diritto reale sul capitale acquistato dal mutuatario. L'art. 1820 prevede la risoluzione del contratto nell'ipotesi in cui il mutuatario non corrisponde gli interessi.

TRABUCCHI, al contrario, classifica il mutuo come *contratto bilaterale imperfetto*, rilevando che in esso:

— **dal punto di vista economico**: c'è bilateralità, poiché il mutuante dà il bene da consumare, e il mutuatario paga gli interessi per il tempo che corre fino alla restituzione;
— **dal punto di vista giuridico**: non può, invece, ravvisarsi una controprestazione, poiché entrambe le prestazioni, quella principale di restituzione e quella secondaria degli interessi, sono a carico della stessa parte (mutuatario).

La prestazione del mutuante non costituirebbe, infatti, oggetto di un'obbligazione a carico dello stesso, atteggiandosi piuttosto come elemento necessario affinché il contratto venga ad esistenza.

c) Disciplina

Incombe al mutuatario:

— l'*obbligo di restituire* la cosa o l'equivalente dello stesso genere alla scadenza stabilita (art. 1813);
— l'*obbligo di corrispondere gli interessi*, salvo patto contrario (art. 1815).

Il *mutuo pecuniario dà luogo a «debito di valuta»*, per cui vige il *principio nominalistico*.

È valida la pattuizione per la quale gli interessi siano dovuti in *misura superiore* a quella legale, purché non in misura usuraria.

Il divieto di anatocismo si applica anche ai contratti di mutuo, a nulla rilevando che, in base al piano di ammortamento, le singole rate di rimborso del prestito comprendano capitale e interessi (Cass. 603/2013).

d) Disposizioni contro l'usura

Giurisprudenza ormai consolidata (da ultimo, Cass. 25182/2010) precisa che, con riferimento ai *contratti stipulati prima della L. 108/1996* (disciplina anti-usura), la pattuizione di interessi ultralegali non è viziata da nullità, essendo consentito, alle parti, determinare un tasso di interesse superiore a quello legale purché ciò avvenga in forma scritta: l'illiceità si ravvisa soltanto laddove sussistano gli estremi del reato di usura *ex* art. 644 c.p. (vantaggio usurario, stato di bisogno del soggetto passivo e approfittamento di tale stato da parte dell'autore del reato). Pertanto, tali clausole contrattuali sono valide ed è esclusa l'automatica sostituzione del tasso originariamente determinato con quello legale.

Al contrario, per i rapporti non esauriti al momento dell'entrata in vigore della L. 108/1996, l'art. 1 della legge prevede la fissazione di tassi-soglia da parte di successivi decreti ministeriali e gli interessi che superano tali limiti vanno considerati usurari (Cass. 5324/2003) e, dunque, automaticamente sostituiti dai tassi soglia, ai sensi degli artt. 1419, co. 2 e 1319 (inserzione automatica di clausole). Una recente pronuncia delle Sezioni Unite (24675/2017) ha, però, negato rilevanza alla cd. *usura sopravvenuta*.

e) La promessa di mutuo

Nel caso che si prometta di dare a mutuo, il promittente mutuante può rifiutare l'adempimento della sua obbligazione se l'aggravarsi delle condizioni patrimoniali dell'altro contraente renda notevolmente difficile la restituzione e non gli siano offerte idonee garanzie (art. 1822).

L'articolo in esame è oggetto di un attento dibattito in dottrina e in giurisprudenza.

L'opinione maggioritaria sostiene che esso disciplina il *contratto preliminare di mutuo* che, comunque, non consentirebbe l'esecuzione *ex* art. 2932, in quanto la sentenza del giudice non potrebbe sostituire efficacemente la mancata consegna del bene.

Altri autori, invece, ravvisano nella suddetta norma una conferma alla tesi che nega natura reale al contratto di mutuo. L'art. 1822, in altri termini, non disciplinerebbe il preliminare di mutuo ma il *mutuo consensuale*.

f) Il mutuo di scopo

Il codice non fa alcun cenno al cd. *mutuo di scopo*, con cui il mutuante mette a disposizione del mutuatario una somma di denaro, a condizione che questi faccia del denaro un uso determinato.

Tipico il caso del mutuo concesso da un ente pubblico per costruire un ospedale o un'opera di interesse pubblico.

Il mutuo di scopo si differenzia dal mutuo tipico:

- per le *modalità di perfezionamento*: è un contratto consensuale e non reale;
- per la *causa*: non solo di finanziamento ma anche di destinazione della somma di denaro all'obiettivo stabilito dalla legge o dalla volontà delle parti.

Sezione Sesta
Principali contratti bancari

29 Le operazioni bancarie

Le banche svolgono un'attività di intermediazione nella circolazione del denaro: sono enti che professionalmente, nella veste di imprenditori, esercitano la funzione di:

- raccogliere fondi dai risparmiatori (cd. **operazioni passive**);
- concedere crediti a privati, imprese, enti pubblici (**operazioni attive**);
- prestare particolari servizi accessori (**operazioni accessorie**).

30 I contratti bancari

Sono quei contratti con i quali le banche provvedono a procurarsi danaro, o ad impiegarlo, ovvero a fornire servizi accessori.

Questi contratti presentano, strutturalmente, notevoli affinità con i contratti di diritto comune, ma se ne differenziano per la *particolare natura* di una delle parti, che è un soggetto esercente l'*attività bancaria*.

Sono assoggettati ad una particolare disciplina, dettata dal codice civile (artt. 1834 ss.), la quale si giustifica con le esigenze di tutela del risparmio espresse dalla Costituzione.

31 Il deposito bancario

Con tale contratto un soggetto deposita una somma di danaro presso una banca, che ne acquista la proprietà restando obbligata a restituirla alla scadenza del termine (*deposito vincolato*) o a richiesta del depositante (*deposito libero*), salva l'osservanza del periodo di preavviso, se pattuito (art. 1834).

Il deposito bancario è la più importante delle operazioni bancarie passive, costituendo lo strumento principale attraverso il quale si raccoglie il risparmio tra il pubblico; esso, sotto il profilo strutturale, costituisce una forma particolare di *deposito irregolare,* avendo per oggetto il danaro, che è un bene fungibile.

Se non è stato convenuto un *termine per la restituzione delle somme depositate, la* banca è obbligata alla restituzione solo quando vi sia stata la richiesta del depositante, sicché è da tale momento che sorge il diritto del depositante alla restituzione e che decorre il *termine decennale di prescrizione* del diritto stesso.

32 L'apertura di credito bancario

L'apertura di credito bancario è quel contratto col quale la banca (*accreditante*) si obbliga a tenere a disposizione dell'*accreditato* una somma di danaro per un dato periodo di tempo o a tempo indeterminato (art. 1842).

Con la stipulazione del contratto, che avviene al momento dell'accordo delle parti, la somma, pur rimanendo nelle casse della banca, diviene immediatamente disponibile per il cliente, che può utilizzarla come crede, prelevandola cioè tutta o in varie riprese, con l'obbligo di restituirla alla scadenza del contratto o negli altri casi di cessazione del rapporto.

La semplice annotazione in conto corrente della somma messa a disposizione del cliente non è idonea e sufficiente a realizzare l'estremo della consegna, e il vero rapporto obbligatorio, in ragione del quale l'accreditante può dirsi creditore dell'accreditato, sorge soltanto a seguito del prelievo della somma messa a disposizione.

33 L'anticipazione bancaria

L'anticipazione bancaria (art. 1846) si configura come sottospecie del contratto di apertura di credito, caratterizzata dalla circostanza di essere necessariamente accompagnata da una *garanzia reale*, normalmente prestata in proporzione della somma posta a disposizione dell'istituto di credito.

L'operazione di credito si basa su un *rapporto tra somma anticipata e valore del pegno,* che deve rimanere *costante* per tutta la durata del contratto: può variare, nel corso del contratto, il complesso dei beni costituiti in garanzia e, corrispondentemente, l'ammontare dell'anticipazione, purché, però, il rapporto tra l'ammontare dell'anticipazione e il valore della garanzia rimanga quello originariamente fissato, per tutta la durata del contratto.

34 Lo sconto bancario

È la *principale operazione attiva compiuta* dalle banche.

Il commerciante ha spesso bisogno di realizzare crediti non ancora scaduti, per far fronte ai propri obblighi o incrementare la propria attività. A questa esigenza provvede lo sconto, che è il contratto col quale *la banca anticipa al cliente l'importo di un credito verso terzi non ancora scaduto, detraendo gli interessi per l'anticipazione fatta* (art. 1858).

La banca, cioè, si fa cedere il credito: la cessione, tuttavia, avviene «*salvo buon fine*», per cui se il debitore non paga alla scadenza, la banca, oltre a poter far valere i diritti derivanti dal titolo, ha anche diritto alla restituzione della somma anticipata.

Nel caso di «anticipazione su fatture» o «**sconto improprio**», in caso di mancato pagamento delle fatture da parte del terzo, la banca può richiedere al proprio cliente la restituzione delle somme anticipate dimostrando non solo l'esistenza del contratto di finanziamento e l'avvenuta erogazione delle somme: a tal fine, non è sufficiente la produzione, da parte della banca, dell'originale delle ricevute bancarie, di per sé inidonee a dimostrare l'effettiva anticipazione delle somme oggetto di finanziamento.

35 Il conto corrente bancario

Il conto corrente bancario è il contratto col quale la banca assume l'incarico di compiere, nei limiti della sua organizzazione, *pagamenti o riscossioni di somme per conto del cliente e dietro suo ordine*, diretto o indiretto.

Caratteristica dell'operazione è l'esistenza o la creazione di una disponibilità del cliente presso la banca, la quale svolge un *servizio di cassa*, provvedendo a pagamenti e riscossioni per conto del cliente e dietro suo ordine: tali movimenti sono annotati sul conto in addebito ed in accredito, ed il *saldo è in ogni momento a disposizione del correntista*.

Compete alla banca l'onere di fornire la **prova** dell'esistenza del rapporto di conto corrente bancario dal quale è sorto il suo credito. Tale prova non può essere data mediante la semplice *produzione degli estratti conto*, che sono semplici documenti contabili di parte che riassumono sinteticamente ed unilateralmente l'andamento del rapporto senza provarne l'esistenza. Questa considerazione è ancor più valida nel caso in cui gli estratti conto riportino solo i dati riassuntivi degli ultimi mesi rendendo in tal modo impossibile determinare se e come si siano formate le poste conclusive a debito del correntista.

Dal conto corrente bancario va distinto il **conto corrente ordinario**, disciplinato dagli artt. 1823 ss., che è il contratto con il quale due soggetti, legati da continui rapporti d'affari, si obbligano ad annotare in un conto i crediti derivanti da *reciproche* rimesse, considerandoli *inesigibili* ed *indisponibili* fino alla chiusura del conto.

Il contratto di conto corrente bancario, inoltre, va distinto dalla **clausola di conto corrente**, apponibile ad alcuni contratti bancari (deposito, apertura di credito, anticipazione), in virtù della quale il correntista acquista la facoltà di aumentare o ridurre, mediante versamenti e prelievi successivi, l'importo del suo credito.

Sezione Settima
I contratti aleatori

36 Il contratto di assicurazione

a) Nozione (art. 1882)

L'assicurazione è il contratto con il quale una parte (assicuratore), dietro pagamento di una somma detta premio, si obbliga a rivalere l'assicurato, entro i limiti convenuti, del danno ad esso prodotto da un sinistro (assicurazione contro danni) o a pagare un capitale o una rendita al verificarsi di un evento attinente alla vita umana (assicurazione sulla vita). L'*assicuratore*, in sostanza, si assume un *rischio* di altri, ossia dell'assicurato.

I due *rami* di assicurazione, però, restano pur sempre *differenziati* in quanto:

- quello **contro i danni** è caratterizzato dalla *natura strettamente indennitaria,* ispirata cioè al rigido principio per cui le somme pagate dall'assicuratore non debbono in alcun modo superare il danno cagionato dal sinistro;
- quello **sulla vita** si svolge *indipendentemente* dal principio *indennitario.*

L'art. 1883, poi, prescrive che l'impresa di assicurazione non può essere esercitata che da un *istituto di diritto pubblico* o da una *società per azioni*.

L'assicurazione è un **contratto consensuale**, che si perfeziona nel momento in cui il proponente viene a conoscenza dell'accettazione della controparte (art. 1326) e non al momento della consegna della polizza o dal pagamento del premio.

La proposta scritta diretta all'assicuratore rimane ferma per quindici giorni (trenta giorni quando occorre una visita medica) dalla consegna o dalla spedizione della proposta (art. 1887). Il termine ha lo scopo di consentire all'assicuratore di valutare il rischio da assumere e non si estende, pertanto, all'ipotesi in cui la proposta venga formulata dall'assicuratore stesso.

Per evitare che l'assicurato, tra la proposta e la conclusione del contratto, rimanga esposto al rischio di verificazione dell'evento che intende assicurare, si è andata affermando nella prassi la consuetudine di ricorrere alla cd. **copertura provvisoria**; con tale espressione si suole indicare un autonomo contratto destinato a coprire il rischio fino al momento della conclusione del contratto di assicurazione, al quale si applicano le norme di cui agli artt. 1882 ss. e il cui documento probatorio prende il nome di nota di copertura.

Le parti possono stabilire:

- che il contratto produca i suoi effetti nel momento in cui la polizza venga emessa e sottoscritta o nel momento in cui sia redatto mediante la polizza, elevando così la forma scritta a requisito di validità;
- che il pagamento del premio rappresenti un elemento necessario per il perfezionamento del contratto, che in tal caso acquisterà carattere reale.

b) Elementi del contratto di assicurazione

a) **Soggetti**

Sono soggetti del contratto di assicurazione:

- l'*assicuratore,* cioè colui che si obbliga al pagamento di una certa quota di denaro se e quando l'evento incerto dedotto in contratto si verificherà;
- l'*altro contraente,* cioè colui che si obbliga a versare il corrispettivo pattuito, detto «premio»;
- l'*assicurato,* cioè il titolare dell'interesse esposto al rischio, o, nell'assicurazione sulla vita, il *beneficiario,* cioè colui a favore del quale l'assicurazione è stipulata, che può essere un soggetto diverso da quello che ha stipulato il contratto.

b) **Il rischio**

Causa del contratto di assicurazione è il *trasferimento di un rischio* dalla sfera dell'assicurato all'assicuratore. Il *rischio,* dunque, costituisce un elemento essenziale del contratto, per cui:

- la sua *inesistenza* è causa di *nullità* dello stesso (art. 1895);
- la sua *cessazione* è causa di *scioglimento* dello stesso (art. 1896);
- la sua *diminuzione* e il suo *aggravamento* comportano rispettivamente la diminuzione e l'elevazione del premio e in qualche caso consentono il recesso del contratto (artt. 1897 e 1898);
- la sua *inesatta conoscenza* da parte dell'assicuratore è causa di *annullamento* o di *recesso* del contratto, a seconda che dipenda o meno da dolo o colpa grave del contraente (artt. 1892 e 1893).

c) **La durata**

Ai sensi del nuovo art. 1899, come modificato dal D.L. 7/2007 (*Misure urgenti per la tutela dei consumatori, la promozione della concorrenza, lo sviluppo di attività economiche e la nascita di nuove imprese*):

- l'assicurazione ha effetto dalle ore ventiquattro del giorno della conclusione del contratto alle ore ventiquattro dell'ultimo giorno della durata stabilita nel contratto stesso;
- in caso di durata poliennale, l'assicurato ha facoltà di recedere annualmente dal contratto senza oneri e con preavviso di sessanta giorni;
- il contratto può essere tacitamente prorogato una o più volte, ma ciascuna proroga tacita non può avere una durata superiore a due anni.

Tali disposizioni non si applicano alle assicurazioni sulla vita.

d) **Il premio**

Il premio è il *corrispettivo dovuto all'assicuratore*; consiste in una *somma di denaro*, che si determina in funzione di due elementi:

- *il premio netto*: che corrisponde all'equivalente matematico del rischio;
- *il caricamento*: costituito dalle spese e dall'utile dell'assicuratore.

Il premio, di regola, è pagato anticipatamente: in unica soluzione o in rate periodiche. Se non viene pagato alle scadenze convenute, l'assicurazione resta sospesa; se l'inadempienza si protrae per oltre sei mesi dalla scadenza, senza che l'assicuratore agisca per la riscossione, il contratto si risolve di diritto (art. 1901).

e) **La polizza**

Il contratto di assicurazione deve essere provato per *iscritto* (art. 1888). Il documento in cui il contratto è consacrato si chiama *polizza,* è redatto a stampa e predisposto dall'assicuratore.

37 L'assicurazione contro i danni

a) Nozione

L'assicurazione contro i danni copre i rischi cui sono esposti i beni o, più in generale, i diritti patrimoniali dell'assicurato (ad es., assicurazione contro l'incendio della casa o contro il furto dell'auto).

La sua funzione è quella di rimediare un danno sofferto dall'assicurato e non di portargli un arricchimento: serve a collocare l'assicurato in situazione economica equivalente a quella che aveva prima dell'evento sfavorevole, e non in una situazione più vantaggiosa. Ne derivano due principi:

— il cd. ***principio indennitario,*** per effetto del quale l'*indennizzo* dovuto dall'assicuratore non può mai superare l'entità del danno sofferto dall'assicurato.
Ai fini della determinazione dell'indennizzo è necessario stimare il valore della cosa assicurata. La stima può essere predeterminata fin dalla stipulazione del contratto (art. 1908).
L'assicuratore è tenuto a risarcire il danno *nei modi e nei limiti stabiliti dal contratto* (art. 1905). Le clausole limitative del rischio assicurato sono quelle che escludono la copertura assicurativa al verificarsi di certi eventi (es., la perdita del bene per furto o rapina) o nel caso in cui la condotta del danneggiato non sia immune da rimproveri (es., per colpa grave o colpa specifica).
L'assicurazione è regolata dal legislatore come un *atto di previdenza*, cioè come mezzo di conservazione del patrimonio, e *non* può, quindi, diventare *fonte di arricchimento* o di speculazione.

Pertanto:

— il *danno risarcibile* è soltanto il *danno emergente*: l'eventuale assicurazione del «profitto sperato» è ammessa, ma deve formare oggetto di un'espressa pattuizione (art. 1905);
— l'assicurazione non deve stipularsi per una somma eccedente il *valore reale* della cosa assicurata;
— l'indennità non può superare il valore della cosa danneggiata. Per evitare contestazioni sul punto, al momento del contratto le parti normalmente determinano concordemente tale valore: si ha allora la c.d. *polizza stimata* (art. 1908);
— se la c.d. *sovrassicurazione* — che si ha quando la cosa è stata assicurata per una somma superiore al suo reale valore (art. 1909) — dipende dal dolo del contraente, l'assicurazione è invalida ma l'assicuratore ha diritto ai premi del periodo in corso; se non c'è dolo, l'assicurazione vale entro il valore reale della cosa, e il contraente ha diritto alla riduzione proporzionale dei premi futuri.

In conseguenza del carattere strettamente indennitario dell'assicurazione contro i danni, quando l'assicuratore ha pagato l'indennità viene *surrogato,* fino alla concorrenza dell'ammontare di essa, *nei diritti dell'assicurato verso i terzi responsabili*;

— il ***principio dell'interesse*** alla stipulazione di un contratto di assicurazione contro i danni, ravvisabile non soltanto in capo al proprietario o al titolare di altro diritto reale sulla cosa assicurata, essendo sufficiente l'esistenza di un *qualsiasi rapporto economico-giuridico* per il quale un soggetto sia tenuto a sopportare il danno patrimoniale derivante da un evento dannoso; in mancanza, il contratto è nullo (art. 1904): non sarebbe possibile, ad es., assicurarsi contro l'incendio di un immobile su cui non si ha nessun diritto (proprietà, godimento o garanzia). L'interesse dev'essere *specifico* (la natura dello specifico rapporto tra il soggetto e il bene che s'intende assicurare deve risultare da una relazione qualificata), *lecito* (l'eventuale illiceità dell'interesse che muove l'assicurato a stipulare l'assicurazione si rifletterebbe inevitabilmente sulla causa del contratto rendendola illecita, ai sensi dell'art. 1343 e con gli effetti dell'art. 1418), *attuale* (deve sussistere nel momento in cui ha inizio l'efficacia dell'assicurazione) ed *economico* (deve trattarsi di un interesse suscettibile di valutazione in denaro). L'interesse ravvisabile, ad es., in capo al detentore temporaneo della cosa, al depositario, al vettore, al comodatario, al possessore e al mutuante.

A seguito del sinistro scattano due obblighi dell'assicurato:

— l'obbligo di avviso, per cui l'assicurato deve, entro tre giorni, avvisare l'assicuratore del sinistro (art. 1913);
— l'obbligo di salvataggio, per cui l'assicurato deve fare il possibile per evitare o diminuire il danno (art. 1914), anche se le spese del salvataggio sono a carico dell'assicuratore.

Se viola questi obblighi per dolo, l'assicurato perde il diritto all'indennità; se li viola per colpa, l'indennità è ridotta in ragione del pregiudizio sofferto dall'assicuratore (art. 1915).

Ci sono altri casi in cui, pur verificatosi un sinistro rientrante nel rischio assicurato, l'indennità non è dovuta, salvo patto contrario. L'assicuratore non risponde dei sinistri cagionati da dolo o colpa grave dell'assicurato, del contraente o del beneficiario (il patto contrario è ammesso solo per la colpa grave: art. 1900); dei danni prodotti da vizio della cosa assicurata, non denunciato (art. 1906); dei danni determinati da fatti eccezionali come terremoto, guerra, insurrezione o tumulti popolari (art. 1912).

b) L'assicurazione della responsabilità civile

L'assicurazione di responsabilità civile (art. 1917) è *species* dell'assicurazione contro i danni, contratta *al fine di tenere indenne l'assicurato di quanto è tenuto a pagare a un terzo in conseguenza di un fatto dannoso accaduto, durante il tempo dell'assicurazione, nello svolgimento dell'attività prevista dal contratto* (ad es., circolazione degli autoveicoli).

Il codice esclude dall'*assicurazione i danni* derivanti *da fatti dolosi*: si verrebbe altrimenti ad assicurare l'impunità (almeno economica) a chi intenzionalmente provocò il fatto dannoso.

Mancando la possibilità di riferirsi al valore di una cosa, di solito la prestazione dell'assicuratore viene preventivamente delimitata con riferimento a un tetto massimo (*massimale*): se il danno da risarcire è superiore, l'eccedenza resta a carico dell'assicurato. In ogni caso, l'assicurazione non copre i casi di responsabilità per dolo dell'assicurato (art. 1917, co. 1).

Secondo il meccanismo tipico di questa assicurazione:

— l'assicurato responsabile paga al terzo danneggiato il risarcimento e poi si rivolge all'assicuratore per rivalersi di quanto pagato;
— l'assicuratore ha facoltà, previa comunicazione all'assicurato, di pagare l'indennità direttamente al terzo; ed è obbligato a farlo se l'assicurato lo richiede (art. 1917, co. 2).

Il crescente ricorso all'assicurazione della responsabilità civile si collega con i caratteri della società e dell'economia moderna, che moltiplicano le occasioni di danno e di responsabilità, e determinano un bisogno di sicurezza sempre più avvertito: sicurezza non solo del potenziale responsabile (di non dover sopportare risarcimenti rovinosi); ma soprattutto dei potenziali danneggiati (di essere effettivamente risarciti). In alcuni settori, dove il rischio di danni e il conseguente bisogno di sicurezza sono particolarmente forti, il legislatore impone a determinati soggetti l'obbligo di assicurarsi contro la responsabilità civile.

Il caso più importante è l'assicurazione obbligatoria per la responsabilità civile automobilistica, introdotta nel 1969, con l'obiettivo di proteggere l'interesse delle vittime di incidenti di circolazione:

— il danno risarcibile comprende sia il danno patrimoniale, sia il danno biologico e, all'interno di quest'ultimo, fra lesioni di entità lieve e non lieve (artt. 137 ss.);
— in base al cd. risarcimento diretto (artt. 143 ss.), quando l'incidente fra due auto causa solo danni materiali o lesioni personali lievi, il danneggiato chiede il risarcimento direttamente alla propria impresa di assicurazione; questa lo paga, come se fosse un'assicurazione danni, e poi recupera la somma dall'assicurazione dell'automobilista responsabile (ROPPO).

La L. 24/2017 prevede l'assicurazione obbligatoria delle strutture sanitarie pubbliche e private per i danni causati ai pazienti da errori medici.

38 L'assicurazione sulla vita

a) Nozione

A differenza dell'assicurazione contro i danni, l'assicurazione sulla vita ha carattere *previdenziale* e non indennitario. Con il contratto di assicurazione l'assicurato, attraverso il pagamento di un premio, mira a procurarsi una somma o una rendita al verificarsi di un evento attinente alla vita umana dello stipulante o di un terzo (art. 1919).

L'*ammontare della somma* o della rendita è rimessa alla determinazione dell'*assicurato,* e cioè dipende essenzialmente dalla previsione che egli fa dei bisogni futuri e dalle possibilità attuali. Qualora l'evento previsto si *verifichi,* l'assicuratore deve pagare la somma pattuita contrattualmente, e l'avente diritto non deve fornire alcuna prova di aver subito un danno.

Parti del contratto sono, da un lato, l'assicuratore (un ente pubblico o una società professionalmente qualificata e autorizzata all'esercizio dell'attività assicurativa) e, dall'altro, il contraente (il soggetto che stipula il contratto e su cui gravano le obbligazioni che ne discendono), l'assicurato (il soggetto la cui morte o la cui sopravvivenza rende attuale l'obbligo dell'assicuratore di corrispondere l'indennità o, comunque, incide sulla stessa) e il beneficiario (il soggetto a cui favore verrà devoluta l'indennità assicurativa).

L'assicurazione sulla vita è un contratto *consensuale, oneroso, sinallagmatico, di durata* (l'obbligo dell'assicuratore si protrae durante tutto il tempo in cui il contratto svolge i propri effetti) e *aleatorio* (il pagamento della somma assicurata è subordinato a un evento futuro e incerto).

b) Forme di assicurazione sulla vita

Le assicurazioni sulla vita possono distinguersi, in base alla natura del rischio, in:

a) *assicurazioni per il caso di morte (l'evento è costituito dalla morte dell'assicurato),* in cui l'assicuratore si obbliga a pagare una somma alla morte dell'assicurato, oppure ad un'epoca prestabilita, cessando però il pagamento del premio con la morte dell'assicurato;
b) *assicurazione per il caso di vita* (l'evento è rappresentato dalla permanenza in vita dell'assicurato a una certa data), in cui l'assicuratore si obbliga a pagare un capitale o una rendita ad un'epoca fissa, nel caso che l'assicurato sia ancora in vita;
c) *assicurazione mista (l'evento è costituito alternativamente dalla permanenza in vita dell'assicurato a una data stabilita o dalla sua morte, se intervenuta prima),* in cui l'assicuratore pagherà il capitale alla morte dell'assicurato o ad un'epoca fissa se, a tale data, l'assicurato sia ancora in vita.

Altre classificazioni sono le seguenti:

— in base ai **soggetti sulla cui vita** l'assicurazione è stipulata si distingue tra: *a)* assicurazione **sulla vita propria**; *b)* assicurazione **sulla vita altrui**; *c)* assicurazione **su due teste** (si tratta di assicurazione contratta sulla vita di due persone alternativamente, con copertura esclusiva del primo caso di morte che si verifichi);
— in base alla **persona a cui favore** l'assicurazione è contratta, si distingue tra: *a)* assicurazione **a favore proprio**; *b)* assicurazione **a favore di terzi**; l'assicurazione stipulata sulla vita del terzo è subordinata al consenso del terzo o del suo legale rappresentante. Il consenso legittima il contraente a stipulare sulla vita del terzo, rimuovendo il divieto legale all'esercizio del relativo potere; esso ha, pertanto, natura di *atto autorizzativo*;
— in base alla **durata del rapporto** si distingue tra: *a)* assicurazione **a tempo determinato** (assicurazione di sopravvivenza e assicurazione temporanea per il caso di morte); *b)* assicurazione **a vita intera** o a durata naturale di rischio;
— in base all'**oggetto delle prestazioni** delle parti si distingue tra: *a)* assicurazione a **premio unico**; *b)* assicurazione a **premio periodico**; *c)* assicurazione con prestazione di **capitale** (fisso o crescente, immediato o differito); *d)* assicurazione con prestazione di **rendita** (fissa o variabile, immediata o differita, vitalizia o temporanea).

c) Assicurazione sulla vita di un terzo

È valida e frequente l'***assicurazione sulla vita di un terzo***, che ricorre quando le parti assumono la morte o la sopravvivenza del terzo quale evento determinatore della sorte economica e giuridica del contratto (art. 1919).

La validità dell'assicurazione stipulata sulla vita del terzo è subordinata alla validità — limitatamente alle forme per il caso di morte — al consenso di esso terzo o del suo legale rappresentante.

Il contratto può essere stipulato nell'interesse dello stesso terzo e per suo conto (assicurazione per conto altrui) o nell'interesse dello stipulante o di altro terzo, a beneficio del primo o del secondo.

Secondo una parte della dottrina (BUTTARO) l'assicurazione sulla vita del terzo è configurabile in presenza di due requisiti:

- la stipula del contratto da parte di un soggetto diverso da quello sulla cui vita si contrae;
- la sussistenza, in capo al contraente, di un interesse al permanere in vita del terzo, distinto dall'interesse di ciascun individuo alla conservazione della propria vita. Pertanto, si ha sempre assicurazione sulla vita propria quando il soggetto sulla cui vita si contrae è il titolare dell'interesse assicurato.

È svincolata dal requisito del consenso l'*assicurazione per il caso di sopravvivenza del terzo*, poiché in tale forma assicurativa l'interesse del contraente al prolungamento della vita del terzo escluderebbe la pericolosità dell'operazione e, conseguentemente, l'esigenza di tutelare l'incolumità del terzo.

Invece, nell'***assicurazione sulla vita stipulata* a favore di terzo** il diritto all'indennità assicurativa spetta al terzo (beneficiario) (art. 1920).

Questa tipologia di contratto è compatibile con qualunque forma di assicurazione sulla vita e costituisce applicazione del generale principio della validità del contratto a favore di terzo, qualora lo stipulante vi abbia interesse (art. 1411).

L'art. 1920, tuttavia, fa discendere l'acquisto del diritto da parte del terzo non dalla stipula bensì dalla designazione e non richiede, ai fini della validità del negozio, la sussistenza di un interesse dello stipulante).

Qualunque soggetto diverso dal contraente può essere designato quale beneficiario, compreso l'assicurato.

L'esistenza del terzo beneficiario non è necessaria. La sua designazione può essere contestuale alla stipula del contratto di assicurazione (nella proposta o nella polizza il contraente indica, sia pure genericamente, il destinatario del definitivo vantaggio economico del contratto) o successiva, purché, in tale ultimo caso, anteriore alla verificazione dell'evento assicurato.

La stipulazione assicurativa a favore di terzo può essere *gratuita* od *onerosa*.

39 La riassicurazione

La riassicurazione è il contratto con cui *un assicuratore (riassicuratore) si obbliga nei confronti di altri assicuratori a coprire parzialmente o integralmente un rischio già assunto da questi*.

La riassicurazione è una specie dell'assicurazione per la responsabilità civile, caratterizzata dal soggetto assicurato (un'impresa assicuratrice) e dal rischio coperto (quello indicato poco sopra). In questo modo si ha un'ulteriore redistribuzione del rischio: l'assicurato scarica il suo rischio sull'assicuratore; e questi, a sua volta, lo scarica in parte sul riassicuratore.

La riassicurazione è soggetta alle regole comuni sul contratto di assicurazione, che disciplinano i rapporti fra assicuratore-riassicurato e riassicuratore. Invece non si creano rapporti fra assicurato e riassicuratore (art. 1929).

Si tratta di un settore strategico della finanza mondiale: basti pensare che uno degli uomini più ricchi del mondo è un riassicuratore e all'inizio del 2008 ha salvato i mercati mondiali, in piena crisi, riassicurando le società che assicurano i *bond* per ottocento miliardi di dollari.

L'art. 1930 stabilisce l'indipendenza del rapporto di riassicurazione rispetto ai singoli contratti di assicurazione cui si riferisce, poiché non sussiste alcuna relazione giuridica diretta tra gli assicurati originari e il riassicuratore.

La riassicurazione può avere effetti indiretti sull'assicurato, tra i quali l'impossibilità per l'assicurato finale di avere massimali troppo alti.

Gli assicurati non hanno nessuna azione diretta contro il riassicuratore per ottenere il pagamento diretto delle indennità o per costringerlo alla corresponsione delle indennità loro dovute all'assicuratore, ma non è esclusa l'esperibilità dell'azione surrogatoria (art. 2900) e di quella revocatoria (art. 2901).

La riassicurazione è disciplinata anche dal D.Lgs. 209/2005, che regola i requisiti che devono avere le compagnie di riassicurazione per poter garantire la copertura dei rischi delle compagnie di assicurazione. In particolare, prevede la preventiva autorizzazione dell'Isvap valida sia per l'Italia che per altri Stati dell'Unione europea, e l'iscrizione dell'impresa in un albo. Per ottenere l'autorizzazione è richiesta la forma societaria, in particolare di una società per azioni.

Alla riassicurazione possono applicarsi analogicamente alcune norme che disciplinano il contratto di assicurazione in ordine alle dichiarazioni sul rischio e alle sue variazioni (artt. 1892, 1893, 1897 e 1898).

40 La rendita

Il termine *rendita* indica qualsiasi prestazione a carattere *periodico* che abbia ad oggetto denaro o altra quantità di cose fungibili (grano etc.).

Il contratto di rendita ha in genere lo scopo di convertire in prestazioni periodiche un capitale o un bene. Infatti, la costituzione di una rendita si attua mediante la *corresponsione di un bene o di un capitale*: chi lo riceve deve eseguire prestazioni periodiche come *corrispettivo* di una cessione onerosa o come *onere* di un'attribuzione a titolo gratuito.

Si distinguono due specie di rendita.

La **rendita perpetua** è il contratto con cui una parte cede un immobile (rendita fondiaria) o un capitale (rendita semplice) all'altra parte, che in cambio le attribuisce il diritto di esigere in perpetuo la prestazione periodica di una somma di denaro o di una certa quantità di cose fungibili (art. 1861). Al debitore è riconosciuto un diritto di riscatto: egli può liberarsi dal suo obbligo di prestazione periodica, pagando la somma che risulta dalla capitalizzazione della rendita annua, sulla base dell'interesse legale (art. 1866). Tale diritto non può essere escluso per accordo delle parti (art. 1865, co. 1), stante l'ostilità del legislatore per i vincoli perpetui. Le parti, però, possono stabilire che il riscatto non si compia durante la vita del beneficiario, o prima di un certo termine (per il quale la legge fissa però un limite massimo: 10 anni nella rendita semplice, 30 anni nella rendita fondiaria: art. 1865, co. 2).

La **rendita vitalizia**, invece, è il contratto con cui una parte si obbliga a pagare una rendita al beneficiario, per tutta la vita del beneficiario stesso, ovvero di un terzo. Il beneficiario può essere la stessa controparte, o anche una persona diversa: in tal caso ricorre lo schema del contratto a favore di terzo. Normalmente è un contratto oneroso, poiché l'obbligazione viene assunta verso il corrispettivo della cessione di un bene mobile o immobile o di un capitale (art. 1872, co. 1), ma può costituirsi anche a titolo gratuito, con un contratto di donazione, oppure per testamento (art. 1872, co. 2).

È un contratto aleatorio perché l'entità della prestazione dipende da un fatto incerto, qual è la durata di una vita umana: se questa sarà breve se ne avvantaggerà la parte obbligata a pagare la rendita, se sarà lunga il vantaggio sarà del beneficiario. Pertanto, il debitore non può liberarsi dall'obbligo di pagare la rendita, anche se è diventato molto oneroso (art. 1879, co. 2) e non può liberarsene neppure restituendo il capitale e rinunciando alle rate già pagate (art. 1879, co. 1).

Sezione Ottava
I contratti diretti a dirimere controversie

41 La transazione

a) Nozione

La transazione è il contratto a prestazioni corrispettive a titolo oneroso col quale le parti, facendosi *reciproche concessioni,* pongono fine ad una lite già incominciata o prevengono una lite che può insorgere tra loro (art. 1965).

Essenziale alla transazione è l'esistenza di un'*incertezza soggettiva,* che si esprime in un conflitto attuale o potenziale tra le parti, qualificato da opposte pretese.

Perché ricorra la fattispecie in esame è necessario che le parti risolvano tale conflitto mediante *reciproche concessioni* (*aliquid dare* e *aliquid retinere*): se la concessione fosse unilaterale, se cioè una sola delle parti rinunziasse, totalmente o parzialmente, ai propri diritti o alle proprie pretese, non avremmo una transazione bensì una *rinuncia.*

Mediante le reciproche concessioni, le parti possono:
- incidere sul rapporto che è oggetto della lite, modificandolo (*transazione semplice*);
- sostituire integralmente la situazione preesistente (*transazione novativa*);
- creare, modificare o estinguere rapporti *diversi* da quello che ha formato oggetto della pretesa e della contestazione delle parti (*transazione mista*, art. 1965, co. 2).

b) Disciplina

- Non è ammessa transazione in materia di diritti sottratti alla disponibilità delle parti, come, ad es., quelli che attengono allo stato e alla capacità delle persone, o ai rapporti di famiglia (art. 1966, co. 2);
- è nulla la transazione relativa a un contratto illecito (art. 1972): l'illiceità del contratto determinerebbe infatti l'illiceità della transazione stessa;
- sono invalide le transazioni (e le rinunzie) che hanno per oggetto diritti del prestatore di lavoro derivanti da disposizioni inderogabili di legge o di contratti collettivi; l'impugnazione dev'essere però proposta, a pena di decadenza, entro sei mesi dalla data di cessazione del rapporto o dalla data della transazione o della rinunzia se queste sono posteriori alla cessazione stessa (art. 2113);
- la transazione richiede la forma scritta *ad probationem*; qualora, però, essa abbia per oggetto beni immobili, la forma scritta è richiesta *ad substantiam*;
- non è ammissibile l'impugnazione per *errore di diritto* (art. 1969), in quanto in contrasto con la funzione pratica della transazione, che è proprio quella di comporre o prevenire liti, basate per lo più sulla dubbia o erronea interpretazione delle norme di legge;
- non è ammissibile, inoltre, l'impugnazione *per lesione* (art. 1970), dato che l'atto ha lo scopo di sostituire la nuova situazione ad una situazione di dubbio valore.

c) Requisiti

Requisiti del negozio in esame sono:

a) la *lite* (*res litigiosa*), ossia il conflitto di interessi qualificato dalla pretesa di un soggetto e dalla resistenza dell'altro. La pretesa deve consistere nell'affermazione di un diritto e non nella mera affermazione di un interesse economicamente apprezzabile;
b) la *res dubia*, la lite cioè deve presentare anche un connotato di incertezza; ma, in realtà, la dottrina e la giurisprudenza prevalenti ritengono che la *res dubia* si identifichi con l'esistenza stessa della lite.

14
La responsabilità civile e le altre fonti di obbligazione

1 Obbligazioni nascenti da atti unilaterali

a) Le promesse unilaterali in generale (art. 1987)

La promessa unilaterale è un **negozio giuridico unilaterale** con il quale un soggetto si obbliga ad eseguire una determinata prestazione, a favore di un altro soggetto, indipendentemente dall'accettazione di questi.

La promessa si differenzia dal contratto in quanto mentre il *contratto è un negozio bilaterale (tipico o atipico) ed è fonte generale* di obbligazioni, la *promessa* è un *negozio unilaterale* e produce *effetti obbligatori* nei soli *casi previsti dalla legge* (art. 1987).

Tra le figure di promesse unilaterali previste dalla legge si ricordino: la *promessa di pagamento* (art. 1988); la *ricognizione (o riconoscimento) di debito* (art. 1988); la *promessa al pubblico* (art. 1989); i *titoli di credito* (artt. 1992-2027).

b) Promessa di pagamento e ricognizione di debito (art. 1988)

La **promessa di pagamento** è un *atto unilaterale* con il quale una persona *promette* il pagamento di una determinata somma nei confronti di un'altra.

La **ricognizione di debito**, invece, è un *atto unilaterale* con cui un soggetto *riconosce* l'esistenza di un *proprio debito* verso un altro soggetto.

c) La promessa al pubblico (art. 1989)

È la *promessa unilaterale*, rivolta ad un *destinatario indeterminato* («**in incertam personam**»), di effettuare una data prestazione a favore di chi si trovi in una determinata situazione (es.: prometto di dare cinquecento euro allo studente che riporterà la media più alta al termine dell'anno scolastico) o compia una data azione (es.: prometto una ricompensa a chi ritroverà un bassotto smarrito).

La promessa al pubblico diviene *vincolante* per il promittente appena è portata a *conoscenza del pubblico*.

La promessa è *revocabile purché* (art. 1990):

— la revoca avvenga per *giusta causa* e sia *resa pubblica* nella stessa forma della promessa;
— *non* si sia già verificata la *situazione* considerata o *non* sia stata già compiuta l'*azione* prevista.

2 Obbligazioni nascenti dalla legge

Si parla di **obbligazione legale**, quando manca una volontà intesa a creare l'obbligazione stessa. Si tratta di ipotesi in cui *l'ordinamento giuridico*, per esigenze di ordine sociale, fa ricadere sul soggetto un'obbligazione: o in quanto questi si trova in una *determinata situazione giuridica*; o perché si verificano *presupposti* ai quali l'ordinamento stesso ricollega la nascita di un'obbligazione, indipendentemente dalla volontà dell'obbligato. Esaminiamole brevemente.

a) La gestione di affari altrui (artt. 2028-2032)

Si ha gestione di affari, quando un soggetto (*gestore*) assume **spontaneamente**, cioè senza esservi obbligato e senza averne avuto incarico dall'interessato («*dominus*»), l'*amministrazione di uno o più affari patrimoniali altrui*. A tale fatto la legge, concorrendo alcuni requisiti, ricollega *il sorgere di obbligazioni sia a carico del gestore che a carico* del «*dominus*», cioè del soggetto a vantaggio del quale si è operato. La gestione di affari altrui è riconosciuta solo quando l'*interessato non sia in grado di provvedere da sé* (art. 2028).

Requisiti della gestione di affari altrui sono l'*utilità iniziale* della gestione (valutata obiettivamente), la *mancanza di divieto* da parte del «*dominus*», la *consapevolezza dell'alienità* dell'affare, la *liceità dello stesso* e la *capacità di agire* del gestore (art. 2029).

b) Il pagamento dell'indebito (artt. 2033-2040)

È l'*esecuzione di un pagamento non dovuto.*

Esso dà luogo ad un'*obbligazione di restituzione* con il correlativo diritto da parte di chi ha eseguito la prestazione non dovuta di *ripetere* (ossia di riottenere) quanto dato. La disciplina contemplata dagli artt. 2037 e ss. concerne l'ipotesi nella quale *indebitamente* sia stata ricevuta una «*cosa determinata*»; relativamente alle *prestazioni di fare,* indebitamente eseguite, manca una normativa «*ad hoc*». In tal caso, analogicamente, possono trovare applicazione, in quanto compatibili, le norme dell'istituto dell'«*arricchimento senza causa*».

Sussistono casi in cui il pagamento *non dovuto* non legittima colui che ha adempiuto alla restituzione; tali sono:

- l'adempimento di una *obbligazione naturale*;
- l'esecuzione di una prestazione contraria al *buon costume*: è il caso del cd. «*negozio immorale*» (art. 2035);
- l'adempimento di un debito prescritto (art. 2940).

c) L'ingiustificato arricchimento (artt. 2041-2042)

Si ha in tutti i casi in cui taluno *converte in proprio profitto* un bene altrui, o si *avvantaggia* di un'attività altrui senza alcuna ragione (*causa*) che giustifichi il profitto o il vantaggio.

L'effetto dell'arricchimento senza causa è costituito dalla *obbligazione di indennizzo* (nei *limiti dell'arricchimento*), a carico dell'arricchito, in favore del depauperato. A quest'ultimo è concessa una *speciale azione di ingiustificato arricchimento* (cd. *actio de in rem verso*).

Tale azione è proponibile solo se non spetti altra azione specifica: dunque, si tratta di un'**azione sussidiaria** (art. 2042).

3 Obbligazioni nascenti da atto illecito

a) L'illecito civile (art. 2043)

L'art. 2043 definisce *illecito* «*qualsiasi fatto* **doloso** o **colposo** *che cagioni ad altri un* **danno ingiusto**», sancendo l'*obbligo* per colui che lo ha commesso di **risarcire il danno**. Tale norma costituisce il cardine del sistema della **responsabilità extracontrattuale**.

Da ciò risulta che l'attività illecita è fonte di responsabilità civile (e quindi dell'obbligo di risarcimento) in quanto è causa di danno.

Atto o fatto illecito non è, tuttavia, ogni fatto dannoso bensì solo quello che cagiona un danno ingiusto.

Elementi della responsabilità civile (cd. *extracontrattuale o aquiliana*) sono:

- la **capacità di intendere e di volere**;
- **il fatto** (atto) commissivo o omissivo;
- la **colpa** o il **dolo**;
- il **danno**;
- l'**ingiustizia del danno**;
- il **nesso di causalità tra fatto e danno**.

b) La capacità di intendere e di volere

La responsabilità civile presuppone l'**imputabilità**: perché il fatto dannoso possa essere imputato all'agente, l'art. 2046 richiede che questi sia *capace di intendere e di volere al momento in cui lo ha commesso.*

L'art. 2046 precisa che l'*esclusione della responsabilità* dell'incapace di intendere e di volere *cessa* nell'ipotesi in cui il soggetto si sia trovato in tale stato psichico per *propria colpa* (es.: per essersi ubriacato) o per *averlo dolosamente* determinato (es.: allo scopo di procurarsi una scusa).

c) Il fatto, la colpa e il dolo

Il **fatto** è un comportamento umano che può consistere in un *atto positivo* (commissivo), dal quale il soggetto avrebbe dovuto astenersi, o in un *fatto omissivo*, cioè in un *non facere* che determinerà illecito solo se vi era un obbligo giuridico ad agire.

La **colpa**, invece, consiste nella *violazione* di un *dovere di diligenza, cautela* o *perizia*, nei confronti dei terzi: l'atto illecito è colposo quando l'*evento dannoso non è voluto* ma è cagionato per *negligenza, imprudenza o imperizia* (cd. *colpa generica*), ovvero per *inosservanza di leggi, regolamenti, ordini o discipline* (cd. *colpa specifica*).

Il **dolo**, invece, consiste nella *volontaria violazione del dovere giuridico*; l'atto illecito è doloso quando chi l'ha commesso ha agito con la *coscienza* e la *volontà* (*rectius*: con l'intenzione) di *cagionare l'evento dannoso*.

d) Il danno ingiusto e il nesso di causalità

Danno ingiusto è la lesione provocata ad un interesse altrui giuridicamente protetto. In altri termini il danno è ingiusto quando lede illegittimamente la sfera giuridica altrui.

Si distingue il *danno patrimoniale*, che si traduce direttamente o indirettamente in un pregiudizio al patrimonio, dal *danno non patrimoniale*, che consiste in un pregiudizio recato direttamente alla persona (art. 2059), senza colpire né il patrimonio di essa né la sua capacità produttiva.

Il *danno patrimoniale* ha *natura unitaria e onnicomprensiva*.

La natura **unitaria** del danno non patrimoniale, espressamente predicata da Cass. S.U. 26972/2008, significa che non v'è alcuna diversità nell'accertamento e nella liquidazione del danno causato dal *vulnus* di un diritto costituzionalmente protetto diverso da quello alla salute, sia esso rappresentato dalla lesione della reputazione, della libertà religiosa o sessuale, della riservatezza o del rapporto parentale.

Natura *onnicomprensiva* sta invece a significare che, nella liquidazione di qualsiasi pregiudizio non patrimoniale, il giudice di merito deve tener conto di tutte le conseguenze che sono derivate dall'evento di danno, nessuna esclusa, con il concorrente limite di evitare duplicazioni risarcitorie, attribuendo nomi diversi a pregiudizi identici e di non oltrepassare una soglia minima di apprezzabilità, onde evitare risarcimenti cd. bagattellari (Cass. 4379/2016).

Ciò non esclude che, a fini puramente descrittivi, il danno non patrimoniale possa essere suddiviso in sottovoci, per meglio inquadrare le specifiche tipologie di lesione e facilitare l'attività di liquidazione del danno da parte del giudice.

In questa prospettiva, il danno non patrimoniale è suddivisibile nelle seguenti sottocategorie:

- il **danno biologico**, definito, dagli artt. 138 e 139 Codice delle assicurazioni (D.Lgs. 209/2005), come «*lesione temporanea o permanente all'integrità psico-fisica della persona suscettibile di accertamento medico-legale che esplica un'incidenza negativa sulle attività quotidiane e sugli aspetti dinamico-relazionali della vita del danneggiato*»;
- il **danno esistenziale**, ossia il danno dinamico-relazionale, definito da Cass. S.U. 6572/2006 come «*pregiudizio di natura non meramente emotiva ed interiore, ma oggettivamente accertabile, provocato sul fare a-reddituale del soggetto, che alteri le sue abitudini di vita e gli assetti relazionali che gli erano propri, inducendolo a scelte di vita diverse quanto alla espressione e realizzazione della sua personalità nel mondo esterno*». In caso di danno biologico, rappresenta il pregiudizio alla sfera dinamico-relazionale del soggetto come conseguenza della lesione medicalmente accertabile. Così, mentre in caso di danno biologico costituirebbe una duplicazione risarcitoria il riconoscimento di un autonomo danno esistenziale, consistente proprio nel *vulnus* arrecato a tutti gli aspetti dinamico-relazionali della vita della persona conseguenti alla lesione della salute, quello stesso danno relazionale è predicabile in tutti i casi di lesione di altri diritti costituzionalmente tutelati. Il danno dinamico-relazionale, dunque, è conseguenza di qualsiasi lesione di un diritto a copertura costituzionale, sia esso il diritto alla salute, sia esso altro diritto tutelato dalla Costituzione;
- il **danno morale**, ossia la sofferenza interiore.

Danni diversi e perciò autonomamente risarcibili solo se provati caso per caso, con tutti i mezzi di prova previsti (tra cui il notorio, le massime di esperienza, le presunzioni) al di là di sommarie generalizzazioni.

In un'ottica ancora più semplificatrice si è affermato che tutti i pregiudizi riconducibili al *genus* del danno non patrimoniale possono essere ricompresi in **due sole *species***:

a) un patema d'animo, cd. «danno morale soggettivo», che attiene alla sfera interiore del soggetto;
b) un danno che attiene alla sfera esteriore del soggetto, che in tal senso può anche definirsi «**esistenziale**» (Cass. 901/2018).

Tra il fatto imputabile ed il danno deve intercorrere un *rapporto di causa ed effetto* (**nesso causale**). Non basta, però, che l'evento dannoso scaturisca da una causa, occorre che ne sia una *conseguenza immediata e diretta*. Il nesso causale sussiste allorché il danno si verifica, in dipendenza del fatto umano, *secondo l'ordine naturale delle cose* e non rappresenta il prodotto di circostanze eccezionali (principio della **causalità adeguata**).

e) L'effetto della responsabilità civile: il risarcimento del danno

Il *risarcimento* può essere corrisposto:

- **per equivalente**, con il versamento di una somma di danaro corrispondente alla perdita subìta e al mancato guadagno.
- **in forma specifica** che, invece, consiste nel ripristino della situazione anteriore al danno (art. 2058).

Quanto ai criteri di **liquidazione del danno non patrimoniale**, trattandosi di lesione di interessi privi di contenuto economico non potrà che avvenire in base a **valutazione equitativa** (artt. 1226 e 2056 c.c.). La valutazione del danno non patrimoniale, nei diversi aspetti di cui si compone (danno biologico, danno morale e danno esistenziale), deve essere effettuata con criteri che consentano la maggiore approssimazione possibile al risarcimento integrale, tenendo conto delle caratteristiche specifiche della lesione (*personalizzazione del danno*).

f) Ipotesi particolari di responsabilità

Responsabilità vuol dire essere chiamati a rispondere di un certo fatto e subirne le conseguenze; *normalmente* il criterio di imputazione del danno è costituito dalla *colpa* del *soggetto agente*.

Quella di cui abbiamo fin qui parlato è l'ipotesi normale di responsabilità, e cioè quella *dolosa* o *colposa* per *fatto proprio*.

Accanto ad essa, però, la legge prevede *ipotesi particolari* in cui si è tenuti a risarcire il danno anche se questo deriva dal comportamento di un *soggetto diverso* (cd. *responsabilità indiretta*) o dal *fatto commesso* senza dolo e senza colpa *in base alla sola sussistenza del rapporto di causalità* (cd. *responsabilità oggettiva*) (GALGANO).

In tale ultima evenienza, per liberarsi dalla responsabilità, occorre dimostrare la mancanza del rapporto di causalità fra la condotta e l'evento. Tra i principali casi di responsabilità oggettiva si ricordino la responsabilità per i danni prodotti dalla circolazione dei veicoli (art. 2054) e la responsabilità per l'esercizio di attività pericolose (art. 2050).

Non ogni fatto dannoso genera l'obbligo di risarcimento, ma solo il fatto che contrasta con un *dovere giuridico* (*contra ius*). Solo in questo caso il *danno* può ritenersi *ingiusto* e quindi meritevole di risarcimento.

Di regola, l'obbligo di risarcire il danno incombe su colui che ha commesso il fatto. Talvolta, però, allo scopo di rafforzare la tutela dei danneggiati, è prevista la responsabilità di un *soggetto diverso dall'autore del danno, accanto, eventualmente, alla responsabilità di quest'ultimo*.

Tra le forme di **responsabilità indiretta** ricordiamo:

a) la *responsabilità dei padroni e dei committenti* (art. 2049);
b) la *responsabilità del proprietario* per i danni cagionati dal veicolo (art. 2054 comma 3), qualora il proprietario sia persona diversa dal conducente;
c) *la responsabilità dei genitori per i danni cagionati dal fatto illecito dei figli minorenni che abitano con essi*; analoga responsabilità è prevista per i precettori e i maestri d'arte per i fatti illeciti dei loro allievi e apprendisti nel tempo in cui sono sotto la loro vigilanza (art. 2048).
La responsabilità è esclusa solo se gli interessati *provano* di *non aver potuto impedire il fatto* (cd. *prova liberatoria*).

g) Responsabilità contrattuale ed extracontrattuale a confronto

Si ha **responsabilità contrattuale** nel caso di *violazione* di un *dovere specifico*, e cioè di un *precedente rapporto obbligatorio*: l'art. 1218 precisa che, se il debitore non esegue esattamente la prestazione dovuta, è tenuto al *risarcimento del danno*.

Si ha, invece, **responsabilità extracontrattuale o aquiliana** nel caso di violazione del dovere generico del «*neminem laedere*», cioè del dovere di non ledere l'altrui sfera giuridica correlativo a interessi protetti in modo diretto ed immediato «*erga omnes*» (*diritti soggettivi*, siano essi *reali*, siano essi diritti della *personalità*, artt. 2043 e ss.).

Il rapporto tra le due forme di responsabilità, contrattuale/extracontrattuale, interessa modo particolare il personale sanitario. Il lungo dibattito sulla responsabilità medica ha determinato l'emanazione della **L. 8-3-2017, n. 24**, le cui diposizioni sono norme imperative ai sensi del codice civile. Il medico che per imperizia provochi un danno *non è punibile penalmente* nel caso in cui abbia rispettato le linee guida o le buone pratiche assistenziali. Riguardo alla **responsabilità civile**, secondo l'art. 7 della norma citata, per il fatto doloso o colposo dell'esercente la professione sanitaria (medico dipendente o non dipendente) risponde la **struttura sanitaria** a titolo di **responsabilità contrattuale** (artt. 1218, 1228). Il **medico** risponde ai sensi dell'art. 2043 c.c. (quindi, **responsabilità extracontrattuale**), *salvo che abbia agito nell'adempimento di una obbligazione contrattuale* assunta con il paziente. Per i *sostenitori della teoria del contatto sociale qualificato* sarà possibile provare l'esistenza dell'obbligazione contrattuale nel «contatto sociale qualificato», dal quale scaturiscono obblighi di protezione (per effetto della «presa in carico» del paziente da parte del sanitario operante presso la struttura) e la cui violazione comporta, appunto, una responsabilità di tipo contrattuale (Cass. 14188/2016). *Di contrario avviso* sono altri interpreti, secondo i quali la nuova norma rappresenta il superamento della teoria del contatto sociale in ambito sanitario, per cui la responsabilità del medico operante nella struttura sanitaria sarebbe sostanzialmente sempre extracontrattuale.

15
I beni in generale e i beni mobili registrati

1 Beni giuridici e cose

Gran parte dei rapporti giuridici hanno per oggetto beni.

L'art. 810 c.c. definisce i **beni** come *le cose che possono formare oggetto di diritti.* Più in generale, è *bene* tutto ciò che è capace di arrecare utilità agli uomini ed è suscettibile di appropriazione.

Da tale definizione si evince che la nozione di *bene* non coincide con quella di *cosa*:
- infatti, esistono **cose che non sono beni** e non possono pertanto formare oggetto di diritti; ad es.: l'aria, lo spazio, la luce del sole, il mare (le cd. *res communes omnium*);
- d'altro canto, vi sono beni che non sono cose (i cd. *beni immateriali* o *incorporali*), come le opere dell'ingegno.

Dall'art. 810 si ricava anche che le *cose (res)* si distinguono in due grandi categorie:
- *cose in senso non giuridico,* dette anche **res extra commercium**, che, in quanto non presentano alcun interesse economico, non possono formare oggetto di rapporti giuridici: tali sono le *res communes omnium,* come il sole, l'aria etc.;
- *cose in senso giuridico,* dette anche **res in commercio**, che, potendo formare *oggetto* di diritti e costituiscono, appunto, la categoria dei **beni**.

2 Classificazione dei beni

I beni giuridici possono essere classificati in base a vari criteri, che analizzeremo in questo paragrafo.

a) Beni corporali e beni incorporali

Rispetto alla loro struttura, i beni si distinguono in:
- *beni corporali*, che sono tutti i beni del mondo esterno dotati di materialità corporea (cose terreni, libri, auto etc.);
- *beni incorporali*, che sono, invece *quei beni privi di materialità, ma che, tuttavia, sono percepibili con i sensi o con l'intelligenza*; tali sono le opere dell'ingegno, le invenzioni etc.

b) Beni immobili e beni mobili

In base all'art. 812 c.c. sono **beni immobili** per **natura** il *suolo*, le *sorgenti* e i *corsi d'acqua*, gli *alberi*, le *case* e, in genere, tutto ciò che naturalmente o artificialmente è *incorporato al suolo.*

Sono reputati dalla legge immobili (anche se, per se stessi, non sarebbero da considerare «immobili») i *mulini*, i *bagni* e gli *altri edifici galleggianti* quando sono saldamente assicurati alla riva in modo permanente (cd. **beni immobili** per **determinazione di legge**).

Sono **beni mobili** tutti gli altri beni. In particolare, si considerano beni mobili, per l'art. 814 c.c., le *energie naturali* che hanno valore economico (es.: l'energia elettrica).

Alcuni beni mobili in considerazione della loro rilevanza sono dalla legge equiparati, quanto ad alcuni aspetti della disciplina giuridica *(forma ed onere di pubblicità, ipotecabilità),* ai beni immobili; tali beni sono chiamati **beni mobili registrati** e sono, in genere, i cd. *beni di locomozione e trasporto* come le navi, gli aeromobili, gli autoveicoli.

c) Cose specifiche e cose generiche

Sono **specifiche** le cose individuate mediante caratteri propri (es.: *il cavallo Ribot*); sono **generiche** quelle non individuate singolarmente, ma come appartenenti ad un *genere* senza ulteriore specificazione (es.: *un cavallo, un albero*).

Tale distinzione si fonda non su qualità intrinseche delle cose, ma piuttosto sul *modo* in cui esse sono prese in considerazione dalle parti come *oggetto di rapporti giuridici obbligatori*. Uno stesso bene può infatti interessare nella sua individualità ovvero in quanto appartenente ad un genere.

d) Cose fungibili e cose infungibili

Sono **fungibili** le cose che si *pesano*, si *contano*, si *misurano* e che, per ciò, possono essere sostituite con altre dello stesso genere (es.: denaro, grano, stoffa). *Infungibili* sono, invece, quelle cose che non possono essere indifferentemente sostituite con altre, in quanto identificate dalle parti nella loro individualità (una casa, un quadro d'autore, un terreno).

La fungibilità dipende non soltanto da *qualità intrinseche delle cose* (l'essere cioè equipollenti le une alle altre e quindi sostituibili), ma anche dalla *volontà dei soggetti*, i quali possono attribuire carattere infungibile ad un bene che — secondo la comune valutazione — dovrebbe essere considerato fungibile (es.: un libro ricevuto in dono da una persona cara).

e) Cose consumabili e inconsumabili

Cose *consumabili* sono quelle che non possono essere utilizzate senza essere consumate fisicamente (es.: il cibo o i combustibili) o economicamente (es.: il danaro è un bene consumabile perché il proprietario di una banconota nel momento in cui la spende non può più riusarla; il danaro cioè può essere usato dal suo proprietario una solta volta).

Cose *inconsumabili* sono, invece, quelle che si prestano ad una *utilizzazione continuata*, senza che restino distrutte o alterate (es.: un fondo) ed indipendentemente dal fatto che con l'uso si deteriorino (es.: i vestiti).

Per quanto riguarda le *cose deteriorabili* (che, poiché sono suscettibili di utilizzazione continuata, rientrano fra le cose inconsumabili), vale il principio che chi è tenuto a restituirle, dopo averle legittimamente usate, deve restituirle nello *stato in cui si trovano*, non rispondendo del loro deterioramento.

f) Cose divisibili ed indivisibili

Divisibili sono le cose che possono essere *frazionate* in modo omogeneo, senza che se ne alteri la destinazione economica, ed in modo che ciascuna delle parti uguali rappresenti una *porzione identica del tutto* (es.: il denaro, bene divisibile per eccellenza; un edificio diviso per piani, un fondo etc.); indivisibili sono tutte le altre (un'auto è un bene indivisibile perché se materialmente si può dividere in più parti — ruote, specchietti, motore etc. — le singole parti non conservano né il valore né la natura dell'auto).

L'indivisibilità di un bene può derivare: *dalla natura dello stesso* (es.: animale vivo), *dalla volontà delle parti*, o *dalla legge* (es.: sono indivisibili, *ex* art. 1119, le parti *comuni di un edificio in condominio*).

3 Segue: I beni mobili registrati

Accanto ai beni mobili e ai beni immobili si collocano i beni mobili registrati, iscritti nei pubblici registri mobiliari (registri automobilistico, navale e aeronautico, tenuti da organi statali per la registrazione delle principali vicende relative ai beni mobili registrati), i quali sono soggetti alle disposizioni che li riguardano e, in mancanza, alle disposizioni relative ai beni mobili (art. 815 c.c.). L'art. 815 c.c. ha **carattere suppletivo**, perché rinvia alle leggi speciali per quanto riguarda la disciplina relativa a tali beni ma afferma che, ad eccezione delle deroghe contenute in tali leggi, essi sono soggetti al regime generale dei beni mobili.

Espansione Web
Classificazione, destinazione e uso dei veicoli. Documenti di circolazione e immatricolazione

a) Nozione

Si tratta di beni che non hanno caratteristiche comuni sotto il profilo naturale, salvo un **potenziale elevato valore economico**, tale da determinare l'esigenza di sottoporre il loro sistema di circolazione a forme di pubblicità adeguata, per garantire la certezza dei traffici e il controllo amministrativo dei rapporti giuridici ad essi relativi.

I beni per i quali sussiste l'obbligo di registrazione sono le **navi** e i **galleggianti** (cui si applicano le norme speciali contenute nel codice della navigazione), gli **aeromobili** (disciplinati anche dal codice della navigazione), gli **autoveicoli** e le rendite nominative dello Stato.

b) Disciplina

La disciplina dei beni mobili registrati tende ad assoggettarli, relativamente ai criteri che ne disciplinano l'utilizzazione e la circolazione, a regole molto simili a quelle previste per i beni immobili, mentre sotto il profilo della tutela la disciplina coincide con quella che la legge riserva ai beni mobili.

In particolare:

a) i beni mobili registrati, a differenza dei beni mobili, possono formare oggetto di un diritto che, normalmente, può costituirsi esclusivamente su beni immobili, quale l'*ipoteca* (art. 2810, co. 2, c.c.);
b) le vicende relative alla proprietà e ad altri diritti reali di cui costituiscono oggetto sono assoggettate all'**onere della trascrizione** (art. 2683 c.c.).

L'art. 2683 c.c. dispone, infatti, che devono essere resi pubblici col mezzo della trascrizione, osservate le altre forme di pubblicità stabilite dalla legge, gli atti che riguardano:

- le **navi** e i **galleggianti** iscritti nei registri indicati dal codice della navigazione;
- gli **aeromobili** iscritti nei registri indicati dallo stesso codice;
- gli **autoveicoli** iscritti nel pubblico registro automobilistico.

La registrazione costituisce il criterio di identificazione dei beni stessi, dando luogo alla nascita del bene in senso giuridico: in mancanza di registrazione tali beni sono soggetti al regime giuridico dei beni mobili.

In proposito, è bene ricordare che la **trascrizione** è un mezzo di pubblicità relativo ai beni immobili e mobili registrati attraverso il quale si assicura la conoscibilità delle vicende relative a tali beni. Essa si realizza mediante l'inserimento degli atti in appositi registri.

L'art. 2643 c.c. elenca gli **atti soggetti a trascrizione** (ad es., contratti che trasferiscono la proprietà, acquisiti a causa di morte etc.). Tale elencazione non ha carattere tassativo, poiché l'art. 2645 c.c. prevede la trascrivibilità di ogni altro atto o provvedimento che produca taluno degli effetti degli atti menzionati nell'art. 2643 c.c. La trascrizione rende l'atto **opponibile a terzi** (*efficacia dichiarativa*, *ex* art. 2644 c.c.). Pertanto, chi non trascrive l'atto d'acquisto è titolare del diritto ma non può opporlo a terzi laddove, ad es., dovessero sorgere dei conflitti derivanti da una doppia alienazione. Inoltre, se un atto d'acquisto è soggetto a trascrizione, le successive trascrizioni o iscrizioni non producono effetto se non è stato trascritto l'atto anteriore di acquisto (**principio di continuità** delle trascrizioni: art. 2688 c.c.).

Per quanto riguarda i beni immobili, i registri sono tenuti presso la Conservatoria dei registri immobiliari e sono tenuti su *base personale*, nel senso che i beni sono considerati solo in relazione ai loro titolari (ad es., se voglio avere notizie su un appartamento situato a Tivoli in Vicolo dei Granai non cercherò il nome della strada, ma quello del proprietario, attuale o precedente).

Per i beni mobili registrati la legge prevede un regime analogo a quello dei beni immobili, ma i registri sono tenuti su **base reale**, cioè sono ordinati con riferimento ai beni (e non ai loro titolari), agevolmente identificabili perché inseriti nei registri di cui si è detto. La mancata iscrizione nei pubblici registri dei beni mobili per i quali è prevista la registrazione non impedisce la valida circolazione giuridica degli stessi, secondo la disciplina prevista per i beni mobili comuni. Infatti, la trascrizione nei pubblici registri degli atti relativi ai beni mobili registrati non costituisce un requisito di validità ed efficacia degli atti di trasferimento medesimi, ma configura soltanto un mezzo di pubblicità volto a risolvere gli eventuali conflitti tra più acquirenti dal medesimo soggetto (dante causa), facendo **prevalere l'acquirente che trascriva per primo il proprio atto di acquisto** rispetto agli altri acquirenti dal medesimo soggetto che trascrivano in un momento successivo i propri atti di acquisto del medesimo bene (art. 2644 c.c.).

Inoltre, posto che il legislatore ha previsto la trascrivibilità per i soli contratti preliminari indicati nei primi quattro numeri dell'art. 2643 c.c., ovvero quelli aventi ad oggetto il trasferimento della proprietà, la costituzione, il trasferimento o la modifica di diritti reali di godimento su beni immobili, *non sono trascrivibili i preliminari aventi ad oggetto beni mobili registrati.*

Il regime di pubblicità adottato, dunque, è costituito principalmente dall'**iscrizione del bene nei pubblici registri**, che ne consente l'individuazione e l'attribuzione a un titolare, nonché dalla **trascrizione delle vicende traslative** dello stesso *ex* art. 2683 c.c. A seguito dell'iscrizione i beni in esame sono sottratti alla disciplina dettata dagli artt. 1153 e 1155 c.c., mentre in difetto di registrazione essi circolano secondo le regole ordinarie previste per i beni mobili.

Ciò vuol dire che, nel caso di **acquisto a *non domino*** *(da chi non è proprietario) di un'autovettura non ancora iscritta nei pubblici registri,* ai sensi dell'art. 815 c.c. si applica l'art. 1153 e non l'art. 1156 del codice civile, ossia si applica a disciplina dei beni mobili comuni; pertanto, se colui al quale viene alienato tale bene — da chi appare legittimato — è in buona fede (presunta, *ex* art. 1147, e non esclusa dalla mancanza dei documenti necessari per utilizzarlo, ossia carta di circolazione di nuova vettura, non immatricolata), ne acquista la proprietà mediante il possesso (Cass. 15810/2002).

Colui che *acquista in buona fede da chi non è proprietario un bene mobile iscritto* in pubblici registri in forza di un titolo che sia idoneo a trasferire la proprietà e che sia stato debitamente trascritto, ne compie in suo favore l'*usucapione* col decorso di tre anni dalla data della trascrizione; se non concorrono le condizioni predette, l'usucapione si compie col decorso di dieci anni (art. 1162 c.c.)

Il regime speciale di cui i beni mobili registrati sono oggetto determina, come detto, un sistema di regole molto simile a quello previsto per i beni immobili, con riferimento alla pubblicità e alle garanzie reali, ma stabilisce all'interno di tale categoria notevoli differenze in materia di **forma negoziale**. Infatti, vige il criterio generale della **libertà di forma** per gli atti costitutivi estintivi o modificativi di diritti della proprietà o di altri diritti reali relativi agli autoveicoli, mentre è richiesta la forma scritta *ad substantiam* in materia di navi (art. 249 cod. nav.) o aeromobili (artt. 857 e 864 cod. nav.).

La vendita di *beni mobili* non richiede l'adozione di forme particolari, potendo essere validamente conclusa anche mediante **semplici manifestazioni verbali di consenso**, con la conseguenza che l'effetto traslativo ha luogo al momento dell'incontro dei consensi delle parti legittimamente manifestati. Al contrario, la vendita di *beni immobili* deve farsi, a pena di nullità, in forma scritta (atto pubblico o scrittura privata) (art. 1350, n. 1, c.c.), ed è soggetta a *trascrizione* (art. 2643, n. 1, c.c.). Anche la vendita dei ***beni mobili registrati*** (automobili, navi, aeromobili) è soggetta a trascrizione (artt. 2683 e 2684, n. 1, c.c.). Tuttavia, come si è detto, il trasferimento della proprietà di un veicolo si realizza per effetto del **consenso delle parti**, e la trascrizione dell'atto nell'ufficio del pubblico registro automobilistico (PRA) non costituisce un requisito di validità o di efficacia del trasferimento, ma soltanto un mezzo di pubblicità funzionale alla risoluzione di eventuali conflitti tra più aventi causa dal medesimo venditore, per cui le risultanze negative del PRA non rendono la vendita inopponibile, essendo superabili con ogni mezzo di prova. Più in generale, la mancata iscrizione nei pubblici registri dei beni mobili per i quali è prevista la registrazione non impedisce la circolazione giuridica degli stessi, secondo la disciplina prevista per i beni mobili non registrati. Ne consegue che, nel caso di vendite successive di un autoveicolo (cosiddette *vendite a catena*), la trascrizione nel PRA del passaggio di proprietà può essere eseguita anche solo a nome dell'ultimo acquirente, mentre la prova delle vendite intermedie dell'autoveicolo medesimo può essere data anche per mezzo di testimoni (Cass. 12-2-1981, n. 865; Cass. 15-6-1984, n. 3594; Cass. 12-6-1997, n. 5270). Così pure il terzo che si oppone all'esecuzione sui beni mobili pignorati presso la casa o l'azienda del debitore non può fondare il suo diritto di proprietà su di essi sulla trascrizione dei beni a suo favore — nella specie, l'iscrizione nel PRA. — perchè tale formalità, ai sensi degli artt. 2683 e 2684 cod. civ., non è costitutiva del trasferimento del diritto di proprietà — effetto reale del semplice consenso del venditore e del compratore — bensì ha la diversa finalità di risolvere il conflitto tra più acquirenti del medesimo bene dallo stesso venditore.

Dall'iscrizione degli autoveicoli nel Pubblico registro automobilistico (PRA) sorge, nei confronti dell'intestatario, una **presunzione relativa di proprietà** superabile con tutti i mezzi di prova consentiti dalla legge.

Il venditore di un bene mobile iscritto in pubblici registri è tenuto a consegnare al compratore i titoli ed i documenti relativi alla proprietà ed all'uso del bene venduto dei quali abbia il possesso ovvero è obbligato a recuperarli presso eventuali terzi detentori. La violazione di tale obbligo comporta la risoluzione del contratto in danno del venditore (Cass. 15-3-2000, n. 2989).

L'art. 1477, c. 3, c.c., applicabile anche alla vendita di autoveicoli, impone al venditore l'obbligo di consegnare al compratore insieme con la cosa venduta non solo il libretto di circolazione ed il foglio complementare ma altresì la dichiarazione di vendita autenticata. Nella vendita forzata, pur non essendo ravvisabile un incontro di consensi, si applicano le norme del contratto di vendita non incompatibili con la natura dell'espropriazione forzata, quale l'art. 1477 concernente l'obbligo di consegna della cosa da parte del venditore (Cass. 17-2-1995, n. 1730).

Secondo Cass. 15810/2002 i ***documenti di circolazione*** di un'autovettura, essendo preordinati a consentire l'utilizzazione ordinaria del bene, si pongono, rispetto a quest'ultimo, in rapporto di complementarietà funzionale, costituendone, per l'effetto, pertinenze che, ai sensi dell'art. 818 c.c., vengono *ipso facto* acquistate dal proprietario della cosa principale. Soluzione, questa, condivisibile nel suo esito finale ma meno nel richiamo al concetto di pertinenza, ostandovi in particolare l'art. 1477 c.c., nel distinguere tra accessori e pertinenze (e frutti) da un lato (co. 2), e titoli e documenti relativi alla proprietà e all'uso della cosa venduta dall'altro (co. 3), conferma la differenza tra gli uni e gli altri, poiché l'obbligazione di consegna dei secondi, a differenza di quella dei primi, non è subordinata alla clausola di salvezza della diversa volontà delle parti. Se ne deve dedurre che la cessione con la cosa principale anche degli accessori e delle pertinenze è un effetto naturale della vendita, mentre il trasferimento dei titoli e dei documenti relativi alla proprietà e all'uso della cosa ne è un effetto essenziale.

Ai sensi dell'art. 76, co. 6, d.lgs. 285/1992, recante il nuovo Codice della strada, per ciascun veicolo costruito conformemente al tipo omologato il costruttore rilascia all'acquirente la ***dichiarazione di conformità***. Tale dichiarazione attesta che il veicolo è conforme al tipo omologato, e di essa il costruttore assume la piena responsabilità ad ogni effetto di legge. Oltre a ciò, la dichiarazione di conformità sostituisce il certificato di origine del veicolo omologato in uno Stato membro dell'Unione europea (art. 76, co. 2, d.lgs. cit.). La dichiarazione di conformità è indispensabile per la stessa immatricolazione, poiché da essa si traggono i dati tecnici e fiscali del veicolo. Scopo di tale dichiarazione è agevolare la libera circolazione dei veicoli stessi all'interno dell'Unione europea. Dunque, la dichiarazione di conformità è necessaria alla circolazione sia giuridica sia materiale del mezzo e soddisfa il corrispondente interesse pubblico e privato a che essa avvenga legittimamente e in maniera conforme alla sicurezza dei terzi. Per contro, della dichiarazione di conformità non si può ipotizzare alcun diverso impiego lecito. Un'ipotetica *negoziabilità autonoma della* *dichiarazione di conformità* vanificherebbe la stessa vicenda acquisitiva a titolo originario, *ex* art. 1153 c.c., del bene principale, poiché *un'autovettura priva di tale documento non può circolare e, quindi, non può essere né goduta né ulteriormente trasferita*. Infine, l'analisi economica dimostra che a fronte di un valore d'uso e di scambio pressoché nullo di un'autovettura non accompagnata dal relativo certificato di conformità, l'intero valore si concentrerebbe su quest'ultimo documento. Se ne deve dedurre che il certificato di conformità scisso dal veicolo cui si riferisce non soddisfa alcun interesse, non è suscettibile di godimento e circolazione autonomi e non ha un proprio valore di scambio. Il certificato di conformità, pertanto, non è esso stesso un bene, ma un accessorio essenziale del veicolo. In ciò risiede la circolazione inscindibilmente congiunta del veicolo e del certificato, sicché *l'acquirente a titolo originario del primo può rivendicare il secondo nei confronti del possessore* (Cass. 27-9-2012, n. 16435).

4 I rapporti di connessione tra le cose

Oltre che nella loro individualità, le cose possono presentarsi come risultato dell'unione di più elementi o parti, ovvero in *rapporto con altre cose*.

Sotto questo profilo, pertanto, occorre distinguere:

a) **cose semplici**: sono quelle i cui elementi sono così fusi fra loro che non possono staccarsi senza distruggere o alterare la fisionomia del tutto: sono tali una pianta, un animale, un fiore;
b) **cose composte**: sono quelle, invece, in cui più cose *complementari* formano un nuovo bene, che viene ad avere funzione e valore economico diversi da quelli delle cose che lo compongono. Si pensi ad una casa (che è l'insieme di mattoni, travi, cemento etc.). Nella cosa composta le più cose semplici, che danno luogo al tutto, possono conservare la loro individualità ed essere separabili;
c) **cose connesse**: si ha connessione quando due o più cose (la cui *connessione non è necessaria*, né dà luogo a una nuova cosa, come è, invece, nelle cose composte) vengono poste in una determinata *relazione tra di esse*, per cui è possibile distinguere una cosa *principale ed una accessoria* (ad esempio la cosa incorporata in una nicchia).

a) Le pertinenze

Tra le figure di connessione rientrano le **pertinenze**.

L'art. 817 c.c. definisce le *pertinenze* come «le cose destinate in modo durevole al *servizio* o ad *ornamento* di un'altra cosa».

Legittimato a effettuare tale destinazione (ossia far diventare una cosa pertinenza di un'altra) è il proprietario della cosa principale o chi è titolare di un diritto reale sulla medesima.

Il rapporto della cosa accessoria (pertinenza) con la cosa principale può essere di *servizio* o di *ornamento*; nel primo caso la pertinenza è adibita all'utilità della cosa principale, nel secondo soltanto a bisogni voluttuari. In ogni caso, tuttavia, la *destinazione* deve essere *obiettiva*: la cosa accessoria, cioè, deve servire all'*utilità* o all'*ornamento* della cosa *principale* e non conferire un'utilità meramente personale al *dominus*; così non sono pertinenze di un edificio le suppellettili e gli arredi, salvo che l'edificio sia stato costruito o adattato per un dato fine, come ad esempio per albergo o cinematografo.

Esistono vari tipi di pertinenze.

In agricoltura, sono **pertinenze del fondo** gli animali mansueti addetti alla sua coltivazione; gli strumenti rurali, gli utensili, le sementi; il concime, il fieno e la paglia quando siano destinati alla coltivazione del fondo etc.

Quanto all'attività industriale, sono **pertinenze industriali** gli utensili necessari ai cantieri, alle fucine, ai mulini, alle fabbriche etc., le suppellettili dell'albergo, gli arredi dei cinematografi, le cabine, gli ombrelloni, le sedie di uno stabilimento balneare, le attrezzature di studi fotografici e cinematografici etc.

Infine, riguardo agli i*mmobili urbani* sono pertinenze le serrature e le chiavi, gli ascensori e i montacarichi, le pompe antincendio e i **parcheggi**.

b) Regime giuridico delle pertinenze

La pertinenza forma, con la cosa principale, un'**unità in senso economico**; ne consegue che essa è sottoposta allo *stesso regime giuridico della cosa principale*, senza, però, escludere che possa formare *oggetto di autonomi rapporti* (art. 818, commi 1 e 2 c.c.). Pertanto, la compravendita di un bene si riferisce anche alle pertinenze, pur se di queste non si fa cenno nel negozio, sempre che le parti non manifestino una diversa volontà.

Non è quindi necessario che la pertinenza appartenga al proprietario della cosa principale.

5 Le universalità

Accanto alle cose composte ed alle pertinenze è da considerare l'ipotesi delle cd. *universalità di mobili*: cioè di quel complesso di cose che appartengono alla stessa persona ed hanno una *destinazione unitaria* (come un *gregge* o una *biblioteca*) (art. 816 c.c.).

Le universalità si distinguono:

- dalle *cose composte*, perché *mancano* di quella *coesione fisica* tra loro, che è, invece, caratteristica delle cose composte;
- dalle *pertinenze*, in quanto non configurano quel rapporto di subordinazione (*ornamento o servizio*) tipico dei complessi pertinenziali.

Dalla formulazione dell'art. 816 c.c. si evincono gli elementi delle universalità:

- una **pluralità di cose mobili**;
- una **destinazione unitaria**;
- l'**appartenenza al medesimo soggetto**.

Le *singole cose* che compongono l'universalità *non perdono*, per effetto dell'unitarietà della destinazione, la loro *autonomia*, per cui possono formare oggetto di separati atti e rapporti giuridici (art. 816, comma 2 c.c.): cioè un libro di una biblioteca può sempre essere venduto separatamente.

In certi casi le universalità sono disciplinate come *cose immobili*, anche se le universalità di beni immobili devono qualificarsi *beni mobili*.

Quella che abbiamo trattato fin qui è la cosiddetta *universalità di fatto*.

Dalla figura dell'universalità di fatto occorre distinguere la cd. **universalità di diritto**, in cui una pluralità di *rapporti giuridici autonomi* è considerata come complesso unitario dalla legge. In pratica, nell'universalità di diritto è la legge (e non il titolare, come nell'universalità di fatto) che considera e regola unitariamente una serie di rapporti giuridici (non cose); esempio più importante di *universitas iuris* è l'*eredità*.

6 Il patrimonio

In diritto per **patrimonio** si intende un *insieme di rapporti giuridici attivi e passivi* (diritti, obblighi ed altre situazioni giuridiche soggettive) *facenti capo* ad una persona (cd. *titolare*) e *valutabili economicamente*. Tipico esempio di patrimonio è quello ereditario.

La nozione giuridica di patrimonio è quindi più vasta di quella comune: infatti, in senso giuridico è titolare di un patrimonio anche chi ha solo debiti, in quanto è soggetto passivo di rapporti giuridici.

7 I frutti

Per l'ordinamento giuridico sono **frutti** i *beni che provengono da un altro bene*.

I frutti si distinguono in due categorie:

— **frutti naturali**: sono quelli che provengono *direttamente* da un altro bene (i prodotti agricoli, la legna, i parti degli animali etc.). Essi diventano **beni autonomi** solo con la *separazione* del bene che li produce. Finché non avviene la separazione, infatti, essi formano parte dell'altro bene, ma il proprietario può disporne come di *cosa mobile futura* (un allevatore può cioè vendere a un terzo i vitelli che nasceranno dal suo allevamento prima ancora che questi nascano): in tal caso, l'efficacia dell'atto di disposizione è subordinata alla separazione.
Di regola i frutti naturali appartengono al proprietario della cosa che li produce (art. 821 c.c.); tuttavia la proprietà può essere attribuita ad altri dalla legge (ad esempio, all'usufruttuario: art. 984 c.c.) o in virtù di un atto negoziale. In tal caso la proprietà si acquista con la separazione;

— **frutti civili**: sono quelli che provengono *indirettamente* da altro bene e rappresentano il *corrispettivo* del godimento che altri ha su questo bene (ad esempio, i frutti prodotti dal denaro sono gli *interessi*). Essi si acquistano *giorno per giorno*, in ragione della durata del diritto (si pensi alla maturazione degli interessi corrisposti dalla banca).

8 I beni pubblici

A seconda dei soggetti cui appartengono, i beni giuridici si distinguono in **beni privati** (che appartengono a soggetti privati) e **beni pubblici** (che appartengono allo Stato o agli enti pubblici) e sono destinati a soddisfare interessi collettivi.

Sono beni pubblici i beni *demaniali*, i beni *patrimoniali indisponibili* e i beni *patrimoniali disponibili*. I beni pubblici sono soggetti alla disciplina del diritto amministrativo.

III Diritto penale, con riferimento ai reati contro la P.A.

Sommario Parte III

1
Concetti introduttivi

1 Il diritto penale

Il diritto penale è quel complesso di norme giuridiche con cui lo Stato, mediante la minaccia di una sanzione (*pena*), proibisce determinati comportamenti umani, considerati contrari ai fini che esso persegue (*reati*).

Fanno parte di questo ramo del diritto anche quelle norme giuridiche che stabiliscono specie, condizioni e modalità di applicazione della pena (artt. 17-37 e 132-240 della parte generale del codice penale).

Il diritto *penale* (detto pure *sostanziale*) si differenzia dal diritto *penale processuale* (comunemente definito *procedura penale*) che è quel ramo del diritto pubblico che disciplina lo svolgimento del processo penale.

Il diritto penale è costituito essenzialmente dalle norme contenute nel *codice penale* e nelle *leggi penali speciali* (es.: disposizioni in materia di armi, L. 2-10-1967, n. 895, L. 26-3-1999, n. 106 etc.).

Ulteriori disposizioni penali sono, inoltre, contenute nel *codice civile* (reati in materia societaria) e in *altri testi* legislativi (es.: nella legge sul fallimento sono previsti i reati fallimentari come la *bancarotta* e simili oppure il codice dei beni culturali e del paesaggio, D.Lgs. 22-1-2004, n. 42, che prevede anche fattispecie di reato).

2 La norma penale

Per norma penale si intende «ogni disposizione di legge che vieta un determinato comportamento, minacciando, in caso di trasgressione, la inflizione di una pena» (cd. *norma incriminatrice*) (PETROCELLI).

Gli elementi costitutivi della norma incriminatrice sono:

— il **precetto**: comando o divieto di compiere una determinata azione;
— la **sanzione**: conseguenza giuridica che deriva dalla inosservanza del precetto.

Esempio: la norma penale che prevede il delitto di omicidio dispone che «*chiunque cagiona la morte di un uomo è punito con la reclusione non inferiore ad anni ventuno*»; la prima parte della norma, che impone il divieto implicito di uccidere, è il *precetto*, mentre la seconda parte di essa, che prevede la pena che dovrà essere applicata nel caso di inosservanza del divieto, costituisce, invece, la *sanzione*.

3 Le fonti del diritto penale e il principio di legalità

In diritto penale il numero delle fonti è assai più limitato che negli altri rami del diritto: l'art. 25 Cost. pone al riguardo un'espressa *riserva di legge*. Il nostro legislatore, quindi, non soltanto ha riservato allo Stato ogni competenza normativa in materia penale (*principio della statualità*), ma ha disposto che fonti del diritto penale siano solo la legge ordinaria e gli atti ad essa equiparati (decreti legislativi e decreti legge) (*principio di legalità*).

Quanto alla consuetudine nel diritto penale, ha efficacia limitata. Trova, infatti, applicazione la sola consuetudine integratrice se opera in senso favorevole all'imputato.

Stabilisce l'art. 25 Cost., commi 2 e 3:

— «nessuno può essere punito se non in forza di una legge che sia entrata in vigore prima del fatto commesso»;
— «nessuno può essere sottoposto a misura di sicurezza se non nei casi previsti dalla legge».

Questi principi trovano applicazione negli artt. 1 e 199 c.p. Per l'art. 1 c.p. «*nessuno può essere punito per un fatto che non è espressamente preveduto come reato dalla legge, né con pene che non siano da esse stabilite*».

Infine, per l'art. 199 c.p. «*nessuno può essere sottoposto a misure di sicurezza che non siano espressamente stabilite dalla legge e fuori dei casi dalla legge stessa preveduti*».

Dall'esame combinato degli articoli prima esaminati derivano le seguenti conseguenze:

- un fatto non può considerarsi «reato», né il suo autore può essere sottoposto a pena o misura di sicurezza, se una «*legge*» (o atto equiparato di legislazione ordinaria) non lo preveda come tale (cd. *tipicità del reato*) nel momento della sua commissione (*principio di irretroattività*);
- le «*pene*» e le «*misure di sicurezza*» devono essere sempre espressamente stabilite dalla legge (cd. *riserva di legge*);
- quando un fatto non è previsto dalla legge come reato non è possibile applicare la disciplina prevista espressamente per un fatto analogo, dotato di eguale fondamento (cd. *divieto di analogia*).

4 Il codice penale

La fonte principale del diritto penale italiano è costituita dal codice penale, emanato con R.D. 19-10-1930, n. 1398, ed entrato in vigore l'1-7-1931, comunemente noto come «codice Rocco» da Alfredo Rocco, Ministro della Giustizia all'epoca della promulgazione.

Il codice penale si divide in *tre libri*:

- **libro I** - che concerne la parte generale comune a tutti i reati;
- **libro II** - che elenca partitamente i singoli delitti;
- **libro III** - che elenca le contravvenzioni.

2
Il reato: concetti generali

1 Il reato: definizione e soggetti

a) Definizione

Reato in senso *precettivo* è quel comportamento umano (azione od omissione) che il legislatore ritiene contrario ai fini dello Stato ed al quale ricollega, come conseguenza, l'applicazione di una pena criminale.

Reato in senso *fenomenico* è la violazione della norma incriminatrice.

Quindi, per «*reato*» può intendersi tanto la fattispecie astratta prevista in una norma incriminatrice, quanto quella concreta, costituita da un accadimento della vita di relazione e concretatasi, appunto, nella violazione della norma anzidetta.

È proprio il tipo di *sanzione* ad esso ricollegata che caratterizza il reato, e lo distingue da altri comportamenti umani parimenti illeciti, ma puniti con sanzioni diverse (es.: l'*illecito civile*, che comporta l'obbligo per il soggetto di risarcire il danno, e l'*illecito amministrativo*, sanzionato con pene disciplinari, fiscali e di polizia)[1].

b) Soggetto attivo

Il soggetto attivo del reato è colui (o coloro, nel caso di concorso) che pone in essere il comportamento vietato dalla norma incriminatrice.

In relazione al soggetto, distinguiamo:

- **reati comuni**: sono quelli che possono essere posti in essere da *qualunque soggetto*, indipendentemente da particolari caratteristiche soggettive (es.: l'omicidio);
- **reati propri**: possono essere posti in essere solo da *soggetti* che rivestano una *determinata qualità*, ovvero si trovino in una determinata situazione (così, solo un pubblico ufficiale o un incaricato di pubblico servizio possono commettere il delitto di peculato, art. 314; solo chi è testimone in un processo può commettere il reato di falsa testimonianza, art. 372 etc.).

c) Soggetto passivo

Il soggetto passivo del reato (nel codice si parla di «persona offesa dal reato») è il titolare del bene o dell'interesse che la norma giuridica tutela e che è pertanto leso dal comportamento umano costituente reato (es.: soggetto passivo del delitto di furto è il proprietario della cosa rubata).

Soggetto passivo può essere un *singolo individuo* ovvero una *persona giuridica*, ivi compreso lo Stato (ad esempio, nei reati contro la personalità dello Stato, nei reati contro l'amministrazione della giustizia etc.).

Quando un reato lede o pone in pericolo più beni-interessi, appartenenti a soggetti distinti, si dice *plurioffensivo* (es.: la calunnia offende nello stesso tempo lo Stato, nel suo interesse alla regolare amministrazione della giustizia, e la persona falsamente incolpata).

---

[1] Con riferimento a quest'ultimo, si osserva che è il legislatore che, di volta in volta, stabilisce se ad un determinato *comportamento* debba conseguire una *pena criminale* o una *sanzione amministrativa* (per lo più pecuniaria ma non di rado consistente in revoche di autorizzazioni o concessioni o decadenze). Con il mutare della coscienza sociale si procede alla depenalizzazione di alcuni comportamenti che non son opiù considerati «reati», ma illeciti amministrativi.

Distinto dal soggetto passivo è il **danneggiato del reato**, cioè colui che dal reato ha subito un danno civilmente risarcibile, pur senza essere titolare del bene giuridico protetto (es.: nell'omicidio, soggetto passivo è la vittima, mentre danneggiati sono i suoi congiunti).

2 Oggetto giuridico del reato e danno criminale

Qualunque norma penale *mira a proteggere un bene o interesse*. Tale bene o interesse, denominato «*bene giuridico*» proprio perché protetto dal diritto, è *l'oggetto giuridico del reato* (es.: nel delitto di omicidio l'oggetto giuridico è la *vita umana*, bene protetto dalla norma penale che punisce chiunque cagiona la morte di un uomo).

Il **danno criminale**, consiste nella offesa arrecata dal reato al bene giuridico tutelato; può assumere due forme:

a) *lesione*: se il bene tutelato è stato effettivamente violato (es.: l'*omicidio consumato*, in cui si è verificata la morte della vittima);
b) *messa in pericolo*: se il bene tutelato è stato soltanto minacciato (es.: l'*omicidio tentato*, in cui non si è verificata la morte).

Dal danno criminale va tenuto distinto il «**danno civile**» o «*danno risarcibile*» (materiale o morale), consistente nelle conseguenze negative di carattere patrimoniale derivanti dal reato, che obbligano il suo autore al risarcimento mediante il pagamento di una somma di danaro. Mentre quest'ultimo può anche mancare, potendo benissimo configurarsi reato senza danno civile, un reato privo di danno criminale è inconcepibile, essendo sempre insita in esso l'offesa del bene giuridico tutelato.

3 Delitti e contravvenzioni

I reati si distinguono in due grandi categorie: *delitti e contravvenzioni*.
Molto dibattuta è la distinzione fra tali categorie di reati.

È lo stesso codice penale che, all'art. 39, stabilisce il criterio di distinzione, indicandolo nel diverso tipo di sanzione per essi previsto (*criterio formale*):

— i **delitti** sono i reati puniti con le pene della reclusione e della multa;
— le **contravvenzioni** sono i reati puniti con le pene dell'arresto e dell'ammenda.

Non è possibile, viceversa, una precisa distinzione sul piano sostanziale, anche se in linea di massima può dirsi che i delitti sono fattispecie criminose obiettivamente *più gravi* delle contravvenzioni (taluni hanno infatti definito queste ultime «delitti nani»).

3
Il reato e la sua struttura

1 Elementi del reato

Nella struttura del reato si distinguono due specie di elementi:

a) **elementi essenziali**, indispensabili per la stessa esistenza del reato, e la cui mancanza, anche di uno solo di essi, esclude che il comportamento umano considerato abbia integrato il fatto previsto dalla norma incriminatrice;
b) **elementi accidentali**, la cui presenza non influisce sulla esistenza del reato, ma solo sulla entità della pena (circostanze aggravanti ad attenuanti: artt. 61 e 62 c.p.).

Gli *elementi essenziali generali*, cioè necessari per la esistenza di tutti i reati sono due: l'elemento oggettivo e quello soggettivo.

In ogni reato si riscontrano, infatti, un fatto materiale costituito da un comportamento umano, positivo o negativo, e dalle conseguenze da esso prodotte (elemento oggettivo) ed un atteggiamento della volontà del soggetto che ha posto in essere il fatto materiale (elemento soggettivo).

2 L'elemento oggettivo

L'elemento oggettivo del reato è dato da una *condotta umana*, da un *evento* che è il risultato di essa e dal *rapporto di causalità* che deve intercorrere fra l'uno e l'altro (art. 40, comma 1, c.p.).

Esso quindi comprende:

a) una **condotta umana** (azione in senso lato), cioè un comportamento dell'uomo che costituisce reato.

   La condotta può essere:

   1) *positiva* (**azione in senso stretto**), quando si concreta in una attività fisica del soggetto (esplodere un colpo di pistola; impossessarsi di un bene altrui);
   2) *negativa* quando si concreta in una **omissione** del soggetto. In tal caso, però, per aversi il reato, non è sufficiente la semplice inerzia da parte del soggetto, ma è necessario che egli ometta di compiere un'azione che per legge aveva l'obbligo di compiere (es.: colui che investe un pedone e, successivamente, omette di soccorrerlo è responsabile del reato di *omissione di soccorso* proprio perché la legge stabilisce l'obbligo per chi ha investito una persona di fermarsi e di prestare a questa l'assistenza necessaria; se mancasse la norma che prevede tale obbligo, l'omissione di soccorso non costituirebbe reato);

b) l'**evento**, cioè un effetto o risultato della condotta umana che il diritto prende in considerazione per ricollegare al suo verificarsi conseguenze giuridiche (es.: la morte di un uomo per effetto dell'azione altrui).

   L'evento non è sempre elemento essenziale in quanto esistono *reati di pura condotta*, cioè privi di evento, (es.: l'*evasione*); esistono, viceversa, reati con una *pluralità di eventi* (es.: rapina nel quale vi è la privazione di un bene e la violenza nei confronti del soggetto passivo); nonché *reati aggravati dall'evento*, nei quali si verifica un aumento di pena allorché si realizza un ulteriore evento, oltre quello richiesto per la loro esistenza (es.: la rissa è aggravata se taluno dei corrissanti riporta lesioni personali);

c) il **rapporto di causalità**, consistente nel legame che deve intercorrere tra il comportamento costituente reato e la conseguenza che esso produce, per cui può dirsi che la seconda (conseguenza) è effetto del primo (comportamento) (es.: la morte della vittima cagionata da un colpo di pistola esploso dal soggetto attivo).

   Affinché sussista il rapporto di causalità occorre:

   — che il *soggetto attivo* con la sua condotta abbia *posto in essere* una qualunque *condizione* dell'evento, senza la quale esso non si sarebbe verificato, per cui il concorso di altre cause esterne all'operato del soggetto (siano esse antecedenti, contemporanee o successive) non esclude il rapporto di causalità (art. 41, comma 1, c.p.);
   — che l'*evento* non sia dovuto al concorso di fattori *eccezionali* idonei da soli a determinarlo (art. 41, comma 2, c.p.) siano essi derivanti da un avvenimento naturale (es.: fulmine), dal fatto lecito o illecito di terzi (es.: il nesso di causalità è escluso se Tizio ferisce Caio che muore per incidente stradale lungo il tragitto per l'ospedale).

3 L'elemento soggettivo

L'elemento soggettivo del reato (cd. «*volontà colpevole*») consiste nella *partecipazione della volontà del soggetto attivo al fatto costituente reato*.

Esso consiste nella coscienza e volontà dell'azione od omissione (art. 42 c.p.) e può assumere due forme fondamentali: **dolo** o **colpa**.

Presupposto dell'esistenza di una volontà colpevole è *l'imputabilità*, cioè la *maturità* e la *sanità mentale* del reo. Ove manchi nel reo un sufficiente sviluppo intellettuale, ovvero questi sia infermo di mente non può parlarsi né di dolo, né di colpa.

a) Il dolo

È la forma tipica della volontà colpevole (art. 42, comma 2, c.p.).

Il delitto è *doloso*, o secondo l'intenzione, *quando l'evento dannoso o pericoloso*, che è il risultato dell'azione o dell'omissione e da cui la legge fa dipendere l'esistenza di un delitto, è *dall'agente preveduto e voluto come conseguenza della propria azione od omissione* (art. 43 c.p.) (es.: il soggetto vuole uccidere una persona ed esplode, quindi, a tale scopo, un colpo di pistola al suo indirizzo, conseguendo l'evento prefissatosi).

b) La colpa

È una forma meno grave di colpevolezza in quanto manca la volontà nel soggetto di cagionare l'evento.

Essa si ha in tutti i casi in cui il soggetto, pur potendo prevedere che dalla sua azione sarebbero potute derivare conseguenze dannose o pericolose, ha agito con scarsa attenzione o con leggerezza, senza cioè adottare quelle misure e quelle precauzioni che avrebbero impedito il verificarsi dell'evento. (Es.: l'automobilista che investe un pedone cagionandone la morte è responsabile del delitto di omicidio colposo se l'investimento è stata la conseguenza del suo imprudente comportamento di guida).

La colpa può essere:

a) **colpa generica**; può derivare da:
   1) *imprudenza*, consistente nell'aver agito là dove le regole cautelari lo sconsigliano (es.: accendere fuochi vicino a sostanze infiammabili);
   2) *negligenza*, consistente nell'aver agito senza l'accortezza e l'attenzione che sarebbero state necessarie (es.: il chirurgo che dimentica un tampone emostatico nel corpo del paziente operato);

3) *imperizia*, consistente nella inettitudine o nella scarsa preparazione professionale e quindi nella inosservanza di regole tecniche (es.: un medico generico che esegue un'operazione di alta specializzazione);

b) **colpa specifica**: deriva dalla inosservanza di leggi, regolamenti, ordini o discipline (es.: il codice della strada) cioè dalla violazione di norme che, imponendo determinate cautele, mirano a prevenire proprio eventi del tipo cagionato dal soggetto.

Qualora il soggetto abbia previsto l'evento senza, tuttavia, averlo voluto, si ha una ipotesi particolare di colpa detta «**colpa cosciente**».

In tal caso il soggetto ha agito con la sicura convinzione che l'evento, pur previsto, non si sarebbe verificato. Poiché il rimprovero che gli si può muovere è maggiore, è previsto per tale ipotesi un aumento di pena (es.: l'automobilista che violando la norma stradale ha previsto l'investimento del pedone ma era convinto di evitarlo grazie alla sua abilità). Mentre il dolo costituisce il normale criterio di imputazione (nessuno può essere punito per un fatto previsto dalla legge come reato se non l'ha commesso con dolo art. 42) la colpa opera solo nei casi espressamente previsti dalla legge.

In materia contravvenzionale per configurare l'elemento soggettivo è sufficiente la colpa.

La responsabilità oggettiva

In alcuni *casi eccezionali*, espressamente previsti dalla legge, il soggetto è chiamato a rispondere dei risultati della sua azione *anche se nessun rimprovero in ordine ad essi*, neppure di semplice leggerezza, può essergli mosso.

In tali casi l'evento è posto a carico del soggetto sulla base del solo rapporto di causalità, cioè per il solo fatto di aver posto in essere una condizione dell'evento.

Principali ipotesi del genere, dette di *responsabilità oggettiva*, sono:

a) **il delitto preterintenzionale**: si ha quando il soggetto cagiona un evento più grave di quello voluto. Unici casi di delitto preterintenzionale previsti dal nostro ordinamento sono l'*omicidio e l'aborto* (il soggetto vuole percuotere o ferire la vittima, che, invece, per effetto dei colpi ricevuti, muore o, rispettivamente, abortisce);

b) **i delitti aggravati dall'evento**, in cui l'ulteriore evento dannoso o pericoloso che deriva dalla condotta criminosa del soggetto è posto a carico dello stesso sulla base del solo rapporto di causalità.

In questi casi la dottrina più moderna, in aderenza al principio di responsabilità per fatto proprio colpevole sancito dall'art. 27 Cost., ritiene che si tratti di ipotesi di dolo misto a colpa: dolo per l'evento voluto, colpa per quello non voluto.

4 Cause di esclusione del reato

Per la esistenza di un reato non basta la sussistenza di un comportamento umano cosciente e volontario conforme alla norma incriminatrice. È *altresì necessario che non ricorrano cause soggettive od oggettive di esclusione del reato*, cioè, *dei fatti* (espressamente previsti dalla legge) *in presenza dei quali un fatto che normalmente costituisce reato, va esente da pena*.

Esaminiamole nei paragrafi che seguono.

5 Cause oggettive di esclusione del reato

Le *cause oggettive di esclusione del reato* sono comunemente denominate anche «*cause di giustificazione*» o «*scriminanti*».

L'esistenza di una causa di giustificazione esclude la antigiuridicità del fatto, cioè il contrasto del fatto con un precetto dell'ordinamento giuridico (in quanto appunto lo giustifica) e, quindi, esclude il reato.

Le cause di giustificazione previste dalla legge sono:

a) Il consenso dell'avente diritto (art. 50 c.p.)

Il consenso del titolare del bene o del diritto protetto dalla norma esclude la illiceità di un fatto che normalmente vi arrecherebbe offesa, in quanto viene *a priori* a cadere la possibilità di un danno privato.

b) L'esercizio di un diritto (art. 51 c.p.)

Il titolare di un diritto, nell'esercizio di esso, può compiere alcuni atti che normalmente costituiscono reato, rimanendo immune da pena.

Il fondamento di tale scriminante va rinvenuto nella logica considerazione che, se l'ordinamento ha attribuito ad un soggetto un diritto e quindi, la facoltà di agire nell'esercizio di esso in un certo modo, l'azione riconosciuta non potrà certamente integrare un fatto illecito (es.: il *giornalista* che riferisce obiettivamente fatti che ledono l'onore di una persona non commette il reato di diffamazione, perché esercita un diritto riconosciutogli dalla legge; *il genitore* che infligge una percossa a suo figlio al fine di educarlo non commette il reato di percosse agendo nell'esercizio della potestà parentale).

c) L'adempimento del dovere (art. 51 c.p.)

Nella ipotesi in esame il comportamento del soggetto non costituisce reato in quanto lo stesso non aveva alcuna facoltà di scelta, ma era costretto a porlo in essere dovendo adempiere ad un dovere; del fatto risponderà il superiore gerarchico che ha impartito l'ordine (art. 51, comma 2).

Il dovere deve essere imposto:

a) *da una* **norma giuridica** (ad esempio: il soldato che uccide in guerra non commette il delitto di omicidio);
b) *da un* **ordine legittimo** impartito da un superiore gerarchico nelle forme prescritte dalla legge.

L'uso legittimo delle armi

Un caso particolare di attività giustificata da una norma giuridica è quello dell'**uso legittimo delle armi**. L'**art. 53 c.p.** stabilisce, infatti, che: «*Non è punibile il pubblico ufficiale che, al fine di adempiere un dovere del proprio ufficio, fa uso ovvero ordina di far uso delle armi o di un altro mezzo di coazione fisica, quando vi è costretto dalla necessità di respingere una violenza o di vincere una resistenza all'Autorità o di impedire la consumazione dei delitti di strage, omicidio volontario, rapina a mano armata etc.*».

La indicata formulazione dell'art. 53 c.p. è quella risultante dalle modifiche introdotte dall'art. 14 della L. 152/1975 (cd. legge Reale). Possono invocare la scriminante i *pubblici ufficiali* e quei *soggetti che su legale richiesta del p.u. gli prestino assistenza.*

Le **condizioni** perché si possa invocare la scriminante sono le seguenti:

a) che il soggetto *sia determinato dal fine di adempiere un dovere* del proprio ufficio;
b) che il soggetto sia costretto a far uso delle armi *dalla necessità* (l'uso delle armi costituisce «*extrema ratio*») di respingere una violenza, vincere una resistenza, impedire la consumazione dei delitti di cui all'ultimo inciso dell'art. 53.

Quanto alla *resistenza* essa deve essere *attiva*: tale non è la cd. resistenza passiva, di chi si limita a non ottemperare all'ordine del p.u. (es.: dimostranti che bloccano il traffico ferroviario sedendosi sulle rotaie).

Quanto all'ultimo inciso (impedire la consumazione...) introdotto dalla *legge Reale*, si ritiene che l'uso delle armi sia legittimo per impedire la consumazione dei delitti indicati anche quando non vi è in atto né una violenza, né una resistenza, purché siano stati posti in essere atti idonei, diretti in modo non equivoco a commettere i detti reati.

L'art. 53, comma 3, c.p. richiama altri casi in cui la legge autorizza l'uso delle armi o di altri mezzi di coazione fisica. Sono quelli previsti per impedire i *passaggi abusivi di frontiera* (art. 158 T.U.L.P.S.) e *le evasioni dei detenuti* (art. 41, L. 26-7-1975, n. 354), nonché *per reprimere il contrabbando* (art. 1, L. 100/1958).

d) Legittima difesa (art. 52 c.p.)

Purché vi sia un *pericolo attuale* per il proprio od altrui diritto, derivante da una *aggressione ingiusta* da parte di un terzo, il soggetto può *reagire* compiendo in danno dell'aggressore una azione che normalmente costituisce reato, sempre che tale reazione sia assolutamente necessaria per salvare il diritto minacciato e sia proporzionata all'offesa (es.: il soggetto che uccide per difendersi da chi gli si sta scagliando contro armato di coltello e con evidente intenzione omicida).

La sussistenza del rapporto di proporzione fra offesa e reazione è, normalmente, oggetto di accertamento da parte del giudice. Tuttavia, a seguito dei correttivi effettuati sul testo dell'art. 52 c.p. ad opera della **L. 13 febbraio 2006, n. 59**, tale proporzione *è presunta per legge ove l'aggressione avvenga nel domicilio dell'aggredito o nel suo luogo di lavoro*, nei limiti ed alle condizioni di cui ai neointrodotti commi 2 e 3 dell'articolo 52. Nei luoghi indicati, in particolare, la norma giunge a consentire l'autotutela armata, ove finalizzata a difendere non solo la propria o altrui incolumità, ma anche i beni propri o altrui, nel caso in cui non vi sia desistenza da parte del reo e sussista un pericolo d'aggressione.

Inoltre, per effetto degli ulteriori correttivi alla norma in esame, dovuti alla legge recante *modifiche al codice penale in materia di* ***legittima difesa*** **(L. 26 aprile 2019, n. 36)**, si è stabilito che, in presenza dei presupposti applicativi per la cd. legittima difesa domiciliare, *agisce sempre in stato di legittima difesa colui che compie un atto per respingere l'intrusione posta in essere, con violenza o minaccia di uso di armi o di altri mezzi di coazione fisica, da parte di una o più persone.*

e) Stato di necessità (art. 54 c.p.)

Ricorrendo il pericolo attuale di un danno grave alla persona (es.: per il bene della vita o della incolumità personale) purché la situazione di pericolo non sia stata causata dallo stesso soggetto (con dolo o per colpa), il *soggetto può compiere in danno di un terzo un'azione che normalmente costituisce reato*, sempre che questa sia assolutamente necessaria per salvarsi e sia proporzionata al pericolo, e sempre che il soggetto non abbia un particolare dovere di esporsi al pericolo stesso (esempi tipici: l'alpinista che, per salvarsi, taglia la corda che lo lega al compagno sospeso nel vuoto e che rischia di trascinarlo con sé nel baratro; il naufrago che fa annegare un suo compagno in quanto la zattera su cui si trova non può sostenere il peso di più di una persona).

6 Cause soggettive di esclusione del reato

Sono le cd. «**scusanti**» che fanno venir meno la colpevolezza, cioè l'elemento soggettivo.

Il fatto materiale posto in essere dal soggetto rimane antigiuridico, ma, mancando l'elemento soggettivo (dolo o colpa), *non costituisce reato* e, quindi, non è punibile.

a) Determinano l'esclusione del nesso psichico (coscienza e volontà dell'azione *ex* art. 42 c.p.):
   1) **incoscienza indipendente dalla volontà**: si ha in tutti i casi in cui il soggetto pone in essere un fatto costituente reato *in stato di totale incoscienza* che non può farsi risalire alla sua volontà, neppure a titolo di colpa (es.: azioni che il soggetto compie agitandosi in preda al delirio di una malattia);
   2) **forza maggiore** (art. 45 c.p.): consiste in una forza esterna all'uomo che per il suo potere superiore determina *inevitabilmente il soggetto all'azione*, anche contro la sua volontà (es.: un operaio, intento a lavorare su un'impalcatura che, sbalzato al suolo da un violentissimo colpo di vento, cadendo cagiona la morte di un passante schiacciato dal peso del suo corpo);
   3) **costringimento fisico** (art. 46 c.p.): è un'ipotesi di forza maggiore in virtù della quale l'autore del reato è la *longa manus* di altro soggetto che è l'unico responsabile del reato (es.: chi è costretto con la forza a premere il grilletto di una pistola, uccidendo altra persona).

b) Determinano la mancanza di dolo o colpa:
   1) il **caso fortuito** (art. 45), allorché si *verifica* per effetto del comportamento dell'agente, *un evento da lui non voluto, né da lui causato per imprudenza o negligenza* (es.: un automobilista che procede nel pieno rispetto delle norme sulla circolazione stradale investe un ciclista che, colpito da un malore, gli taglia improvvisamente la strada senza che lui possa far niente per evitare l'investimento);
   2) l'**errore sul fatto costituente reato** (art. 47): consiste in una *inesatta percezione della realtà* del soggetto che, pertanto, ritenga di porre in essere *un fatto concreto diverso da quello vietato dalla norma penale*.

L'errore di fatto, per essere rilevante, deve essere:

a) **essenziale**, cioè deve cadere su uno o più degli elementi essenziali richiesti per la esistenza del reato (es.: colui che asporta una cosa altrui credendola propria);
b) **scusabile**, cioè tale che al soggetto non possa essere mosso alcun rimprovero, neppure di semplice leggerezza, per essere caduto in errore (es.: colui che apre una lettera indirizzata ad un suo omonimo).

Se l'errore di fatto è frutto di imprudenza o negligenza del soggetto, e quindi, poteva essere evitato usando le dovute precauzioni, il soggetto sarà *punibile a titolo di colpa* se il fatto è previsto dalla legge come delitto colposo (es.: il chirurgo che esegue l'autopsia su di un uomo che credeva morto sarà responsabile di omicidio colposo).

L'errore di diritto

L'errore sulla legge penale (*errore di diritto*), sia che si tratti di ignoranza della legge, sia di inesatta interpretazione, non esclude in via generale la responsabilità, in forza dell'art. 5, che avverte che «*nessuno può invocare a propria scusa l'ignoranza della legge penale*». La Corte Costituzionale (sent. 364/88), però, ha dichiarato la illegittimità della norma, nella parte in cui «non si esclude dalla inescusabilità della ignoranza della legge penale l'ignoranza inevitabile». Sarà questione di fatto, perciò, valutare se tale ignoranza era o meno inevitabile, sia sotto il *profilo oggettivo* (oscurità della legge, difformità di interpretazioni giudiziarie) che sotto quello *soggettivo* (chiaramente un avvocato sarà meno scusabile di un analfabeta).

4
Forme di manifestazione del reato

1 Reato consumato e reato tentato

a) Differenza tra le due figure

Il reato è **consumato** (o perfetto) quando l'agente ha realizzato un fatto concreto completamente conforme alla ipotesi astratta delineata dal legislatore nella norma incriminatrice (così l'*omicidio* si «consuma» con la morte della vittima).

Il delitto è **tentato** (art. 56 c.p.) quando la fattispecie criminosa è stata realizzata dal soggetto solo in parte, perché l'azione criminosa non è stata condotta a termine (tentativo *incompiuto*: è il caso del ladro che sorpreso mentre ruba si dà alla fuga) ovvero perché non si è verificato l'evento necessario per l'esistenza del reato (tentativo *compiuto*: Tizio spara contro Caio per ucciderlo, ma il colpo pur ledendo organi vitali non cagiona la morte di Caio).

Il reato *tentato*, se da un punto di vista obiettivo appare un *minus* rispetto al reato consumato, sotto il *profilo sostanziale* è certamente un reato perfetto, presentando di esso tutti gli elementi essenziali. Per questo motivo, il reato tentato è assoggettato a *pena* così come quello consumato, anche se per esso viene comminata una pena minore rispetto allo stesso reato che viene consumato.

b) Caratteri del tentativo

Perché si possa parlare di delitto tentato è necessario che il soggetto attivo abbia posto in essere «*atti idonei diretti in modo non equivoco a commettere un delitto*».

Gli atti sono **idonei** allorché l'azione, valutate tutte le circostanze del caso concreto che potevano essere conosciute dall'agente, sia adeguata (con riferimento al momento in cui è stata posta in essere) a raggiungere il risultato cui è diretta[1].

Gli atti sono **univoci** allorché l'azione in sé, per quella che è e per il modo in cui è compiuta, riveli l'intenzione dell'agente e abbia raggiunto un grado di sviluppo tale da lasciar prevedere come verosimile la realizzazione del delitto voluto.

La pena per il delitto tentato è quella prevista per il delitto consumato *diminuita da 1/3 a 2/3*.

2 Circostanze del reato

Le *circostanze sono elementi accidentali del reato* che non sono indispensabili per la sua esistenza, in quanto *esse possono indifferentemente esservi o mancare*.

La presenza di una o più circostanze — che comporta la trasformazione del reato da semplice a circostanziato — influisce soltanto sulla *gravità del reato* e, quindi, in definitiva, sulla misura della pena per esso prevista.

Le circostanze si distinguono in:

a) **aggravanti** ed **attenuanti**: le prime determinano una maggiore gravità del reato e, quindi, comportano un *aumento* di pena; le seconde una minore gravità di esso ed una *riduzione* di pena;

[1] La mancata riuscita del piano delittuoso per effetto della predisposizione di un servizio di polizia non esclude la idoneità degli atti ai fini della configurabilità del tentativo. Infatti la predisposizione di un servizio di polizia è un fatto accertabile *ex post* e di per sé sola non esclude l'adeguatezza dell'azione criminosa (che va valutata *ex ante*).

b) **comuni** e **speciali**: le prime sono applicabili a tutti i reati; le seconde sono previste soltanto con riferimento ad un reato o ad alcuni reati.

3 Concorso di persone nel reato

a) Nozione e tipi

Il reato, in quanto fatto umano, può essere commesso tanto da un solo soggetto quanto da una pluralità di soggetti: in quest'ultimo caso si ha l'ipotesi del «*concorso criminoso*» o «*concorso di persone nel reato*».

Il concorso può essere di due tipi:

— **concorso necessario**: ricorre per quei reati che, per loro natura, non possono essere commessi che da due o più persone (es.: la *rissa*);
— **concorso eventuale:** ricorre per i reati che possono indifferentemente essere commessi da una o più persone (es.: *omicidio, furto, peculato*).

Il concorso eventuale è disciplinato dall'*articolo* 110 *c.p.,* che dispone: «*Quando più persone concorrono nel medesimo reato, ciascuna di esse soggiace alla pena per questo stabilita*».

La norma in questione, nello stabilire l'applicazione di una *pena identica* per tutti i concorrenti, quale che sia l'entità della loro partecipazione, parte dal presupposto che il reato, anche se commesso da più persone, rimane *unico* ed *indivisibile* in quanto l'azione posta in essere da ciascuno dei concorrenti perde la propria individualità, confluendo nel risultato finale complessivo rappresentato dal reato.

b) Le aggravanti e le attenuanti

Gli artt. 112 e 114 c.p. prevedono *aggravanti* e *diminuenti* di pena (le prime da applicare obbligatoriamente, le seconde facoltative, cioè a discrezione del giudice) per alcuni dei concorrenti che si trovino in particolari situazioni.

Ai sensi dell'art. 112 c.p., oggetto di correttivi (evidenziati, di seguito, *in corsivo*) ad opera del cd. *pacchetto sicurezza* (**L. 15-7-2009, n. 94**), la pena è **obbligatoriamente aumentata**:

a) se il numero delle persone, che sono concorse nel reato, è di cinque o più, salvo che la legge disponga altrimenti;
b) per chi, anche fuori dei casi preveduti dalle due lettere seguenti, ha promosso od organizzato la cooperazione nel reato, ovvero diretto l'attività delle persone che sono concorse nel reato medesimo;
c) per chi, nell'esercizio della sua autorità, direzione o vigilanza, ha determinato a commettere il reato persone ad esso soggette;
d) per chi, fuori del caso preveduto dall'art. 111, ha determinato a commettere il reato un minore degli anni 18 o una persona in stato di infermità o di deficienza psichica, ovvero si è comunque avvalso degli stessi *o con gli stessi ha partecipato* nella commissione di un delitto per il quale è previsto l'arresto in flagranza.

La norma prosegue prevedendo un incremento sanzionatorio fino alla metà della pena per chi si è avvalso di persona non imputabile o non punibile, a cagione di una condizione o qualità personale, *o con la stessa ha partecipato* nella commissione di un delitto per il quale è previsto l'arresto in flagranza. Nel caso in cui chi abbia determinato altri a commettere il reato o si sia avvalso di altri *o con questi abbia partecipato* nella commissione del delitto ne sia il genitore esercente la responsabilità genitoriale, nel caso previsto dalla lettera d), la pena è aumentata fino alla metà e in quello previsto dal secondo comma la pena è aumentata fino a due terzi.

La previsione si chiude affermando che gli aggravamenti di pena stabiliti dalle lettere a), b) e c) si applicano anche se taluno dei partecipi al fatto non è imputabile o non è punibile.

Viceversa la pena **può essere diminuita**:

a) per coloro che hanno avuto *una parte minima nella preparazione ed esecuzione del reato*;
b) *per i minori degli anni 18 e gli infermi di mente*;
c) *per le persone determinate a commettere il reato da soggetti rispetto ai quali si trovano in stato di soggezione*.

4 Concorso di reati

Si ha il *concorso di reati* quando un soggetto viola più volte la legge penale e commette, quindi, più reati.

Il concorso può essere:

a) **materiale**: quando i vari reati sono realizzati con una *pluralità* di *azioni* od omissioni (es.: Tizio uccide la vittima, poi occulta il cadavere, poi ruba);
a) **formale**: quando i vari reati sono realizzati con una *sola azione* od omissione (es.: con una sola parola si ingiuriano più persone).

   Quest'ultimo, a sua volta, può essere:

   a) *eterogeneo*, quando con una sola azione od omissione si violano diverse disposizioni di legge (es.: con un colpo di pistola si uccide una persona e si rompe una vetrina);
   b) *omogeneo*, quando con una sola azione od omissione si compiono più violazioni della medesima disposizione di legge (es.: una parola che ingiuria contemporaneamente più persone).

Nel caso del *concorso materiale* si fa luogo al **cumulo materiale temperato** delle pene, nel senso che al responsabile vengono comminate tante pene, quante sono le infrazioni commesse con alcuni temperamenti circa la pena massima da infliggere (artt. 72-80 c.p.).

Nel caso del *concorso formale* si fa luogo, invece, al **cumulo giuridico**, nel senso che si applica la pena prevista per *reato più grave aumentata fino al triplo* (art. 81, comma 1, c.p.).

Si ha concorso apparente di norme e non concorso di reati quando più norme appaiono applicabili allo stesso fatto costituente reato, mentre solo una è applicabile.

L'articolo 15 stabilisce che «*quando più leggi penali o più disposizioni della medesima legge penale regolano la stessa materia, la legge o la disposizione di legge speciale deroga alla legge o disposizione di legge generale salvo che sia altrimenti stabilito*».

Per l'operatività del principio di specialità occorrono:

— una pluralità di norme che regolano la stessa materia;
— la presenza in una delle norme di elementi peculiari che valgono a differenziarla dalle altre; tali elementi sono da ritenere prevalenti rispetto a quelli delle norme concorrenti che restano quindi escluse o assorbite. Ad es.: è speciale il reato di rapina rispetto a quello di violenza privata.

5 Il reato continuato

Quando con una pluralità di azioni od omissioni, esecutive di uno stesso disegno criminoso, si commettono più violazioni della stessa o di diversa disposizione della legge penale, anche in tempi diversi, si ha la figura del **reato continuato** (art. 81, comma 2, c.p.).

L'inciso «*...di diversa disposizione di legge*» è stato introdotto dalla L. 7-6-1974, n. 220. Nella formulazione originaria del codice nel caso di più violazioni di diverse disposizioni di legge, seppur unificate dal medesimo disegno criminoso, si faceva luogo al cumulo materiale.

Requisiti del reato continuato sono:

a) *pluralità di azioni od omissioni*, anche intervallate da un lungo lasso di tempo;
b) *pluralità di violazioni della stessa o di diversa disposizione di legge* (le Sezioni Unite della Cassazione, con sentenza del 1984, hanno ammesso la continuazione anche fra delitti e contravvenzioni e, più di recente, con sentenza 19-1-2005, n. 1285, anche *tra contravvenzioni*, tuttavia solo se l'elemento soggettivo ad esse comune sia il dolo e non la colpa);
c) *identità di disegno criminoso*, che ricorre allorché il soggetto ha, fin dall'inizio, un progetto criminoso unitario, generico, ma delineato nelle sue linee essenziali.

Analogamente al concorso formale di reati, anche il reato continuato è punito con *la pena che dovrebbe infliggersi per la violazione più grave aumentata sino al triplo*, e, comunque, in misura mai superiore a quella che sarebbe applicabile in base al cumulo materiale delle sanzioni relative ai singoli reati avvinti dalla continuazione. Fermo restando tale limite massimo, la L. 5-12-2005, n. 251 (nota come legge «*ex Cirielli*»), con l'introdurre un ulteriore comma all'art. 81, ha espressamente disposto che se i reati in concorso formale o in continuazione con quello più grave sono commessi da soggetti ai quali sia stata applicata la recidiva prevista dall'articolo 99, quarto comma (cd. *recidiva reiterata*, configurabile nel caso in cui un soggetto recidivo commetta un altro delitto non colposo), *l'aumento della quantità di pena non può essere comunque inferiore ad un terzo della pena stabilita per il reato più grave*.

6 Il reato permanente ed il reato abituale

Sono **permanenti** quei reati nei quali l'*offesa al bene giuridico* tutelato dalla norma penale incriminatrice *si protrae nel tempo*, per effetto della *condotta volontariamente persistente dell'agente*.

Tra i reati permanenti rientrano: il sequestro di persona, l'associazione per delinquere, la riduzione in schiavitù, la renitenza di leva etc.

Per la sussistenza di tali reati occorrono 2 presupposti:

— che la situazione dannosa o pericolosa derivante dalla condotta del reo abbia carattere continuativo;
— che il protrarsi di essa sia dovuto alla condotta volontaria del soggetto che, quindi, può porvi fine in ogni momento.

Il reato permanente è unico. Esso si perfeziona non nel momento in cui si instaura la situazione offensiva, ma nel momento in cui si realizza il *minimum* di mantenimento di essa, necessario per la sussistenza del reato (es.: si ha sequestro di persona solo se la vittima è stata privata della libertà per un tempo apprezzabile).

La cessazione della permanenza può derivare dalla stessa condotta dell'agente, ovvero da fatto di terzi, o dello stesso soggetto passivo o da altre cause.

È **abituale** il reato che risulta dalla *reiterazione nel tempo* di più condotte *identiche ed omogenee*.

Invero, tali condotte prese *singolarmente* non costituiscono reato, ma si connotano d'illiceità proprio in virtù della loro *ripetizione* (es.: lo sfruttamento della prostituzione, laddove non costituisce reato il farsi consegnare una sola volta del denaro da una prostituta). Costituisce, invece, *reato abituale improprio* la ripetizione di condotte che già da sole configurano un reato (es.: ogni singolo episodio della relazione incestuosa è reato).

5
Il reo

1 L'imputabilità

a) Generalità

Il reo è l'autore di un fatto preveduto dalla legge come reato. Presupposto per la punibilità del reo *è la sussistenza, al momento della commissione del fatto, della* **capacità di intendere e di volere** (cd. «imputabilità» art. 85 c.p.).

Mancando l'imputabilità il soggetto non può essere assoggettato a pena (causa soggettiva di esenzione da pena; es.: il bambino o il pazzo che uccidono una persona, non sono punibili perché la legge li considera incapaci di rendersi conto di ciò che fanno).

La capacità di intendere è la capacità del soggetto di rendersi conto del *valore sociale* dell'atto che si compie e del fatto che esso sia in contrasto con le esigenze della vita comune.

La capacità di volere consiste nella idoneità della persona a *determinarsi in modo autonomo*, resistendo agli impulsi che gli derivano dal mondo esterno e dai moti del suo animo.

La legge prevede espressamente alcune cause che *escludono* o *diminuiscono* la imputabilità.

Per effetto delle *prime* la capacità di intendere e di volere risulta del tutto *esclusa*, mentre allorché ricorrono le *seconde*, essa, senza essere esclusa, *risulta grandemente diminuita*.

Si tratta di situazioni nelle quali l'agente non è punibile perché *immaturo* (i processi formativi dell'intelletto non si sono sviluppati completamente) ovvero perché affetto da *alterazioni* di *natura patologica* derivanti da infermità di mente, da malattia congenita, oppure da abuso di sostanze tossiche.

b) Casi

Distinguiamo i seguenti casi:

1) **La minore età (artt. 97 e 98 c.p.)**

Al riguardo, occorre distinguere due diverse fasce di età del minore:

— periodo che va fino ai *14 anni compiuti*, in cui si presume senza possibilità di prova contraria la incapacità di intendere e di volere da parte del minore che compie un reato;
— periodo che va dai *14 ai 18 anni*, in cui non vige alcuna presunzione di incapacità e l'imputabilità del minore deve essere accertata caso per caso dal giudice (se l'imputabilità sussiste, il minore è assoggettato a pena, ma questa è diminuita). Le disposizioni sul processo penale a carico di imputati minorenni, dettate con il D.P.R. 22-9-1988, n. 488 hanno accentuato notevolmente la funzione di prevenzione e rieducazione sociale che, peraltro, il processo penale relativo a minori già aveva all'interno del nostro sistema.

2) **Vizio di mente (artt. 88 e 89 c.p.)**

È tale lo stato di mente derivante da infermità che esclude o diminuisce la capacità di intendere e volere. Il concetto di infermità è più ampio di quello di malattia e comprende non solo l'infermità psichica ma anche quella fisica.

A seconda del suo grado, il vizio può essere:

— **totale**, se esclude la capacità (in tal caso il soggetto non è imputabile);
— **parziale**, se per effetto di essa la capacità è soltanto ridotta (in tal caso il soggetto fruirà di una diminuzione di pena).

Gli *stati emotivi e passionali*, invece, non escludono l'imputabilità (art. 90 c.p.).

3) **Il sordomutismo (art. 96 c.p.)**
È causa di esclusione o diminuzione della imputabilità quando, per effetto di tale anomalia, il soggetto non sia capace di intendere e di volere.

Tuttavia, poiché la scienza medica ha fatto notevoli progressi nella cura di questa malattia, il legislatore non ha adottato una soluzione definitiva ed escludendo una presunzione di incapacità ha lasciato tale soluzione all'accertamento caso per caso dell'esistenza o meno della capacità di intendere e volere. Pertanto:

— quando si riconosce che la capacità di intendere e volere è piena, il sordomuto viene considerato imputabile;
— se invece, si accerta che la capacità non sussiste, egli è parificato all'individuo affetto da vizio totale di mente;
— se si accerta, ancora, che essa è grandemente scemata è parificato all'individuo affetto da un vizio parziale di mente.

4) **Ubriachezza** (**artt. 91-94 c.p.**)
Essa, se è **accidentale**, e cioè non dipendente da colpa del soggetto, esclude la imputabilità (es.: colui che, lavorando in una distilleria, si ubriaca per i fumi dell'alcool che respira).
Se, invece, l'ubriachezza è **volontaria** (quando il soggetto si è ubriacato volontariamente o per imprudenza) o **preordinata** (quando il soggetto si è ubriacato proprio allo scopo di commettere il reato o per prepararsi una scusa), *l'imputabilità non* è esclusa né diminuita.
La stessa disciplina si applica per il fatto commesso sotto l'azione di sostanze stupefacenti.
L'ubriachezza abituale (consuetudinaria e frequente) disciplinata dall'art. 94 c.p. comporta un aumento di pena e l'applicazione della misura di sicurezza del ricovero in casa di cura e custodia.

5) **Intossicazione cronica da alcool o da sostanze stupefacenti (artt. 94 e 95 c.p.)**
Si verifica quando per effetto dell'abuso prolungato di droga o di sostanze alcoliche, si produce una alterazione psichica del soggetto tipica del vizio di mente.
Per la disciplina di tali ipotesi si applicano le norme degli artt. 88 e 89 c.p. (vizio totale o parziale di mente).

c) Conclusioni

Se l'incapacità di intendere o di volere è *totale* il soggetto è *esente da pena*, ma nel caso che essa dipenda da *infermità* è sottoposto alla misura di sicurezza dell'ospedale psichiatrico giudiziario, o ad altra misura di sicurezza, prevista dalla legge, idonea ad assicurare adeguate cure dell'infermo di mente e a far fronte alla sua pericolosità sociale.

Se l'incapacità è *parziale* il soggetto andrà condannato ad una *pena minore* di quella prevista dal codice per commesso reato.

Le norme sull'imputabilità non si applicano a chi si è messo in istato di incapacità di intendere e di volere al fine di commettere un reato o di prepararsi una scusa (incapacità preordinata o «*actio libera in causa*» art. 87 c.p.). Ne sono applicazioni l'ubriachezza preordinata (art. 92, comma 2) e l'uso preordinato di stupefacenti (art. 93).

2 La capacità a delinquere

Dispone l'art. 133 c.p. che, nella determinazione della pena da infliggere all'autore di un reato, il giudice deve tener conto oltre che della gravità del reato commesso, altresì della *capacità a delinquere del reo*.

Essa *consiste nella tendenza o inclinazione dell'individuo a commettere fatti in contrasto con la legge penale*.

3 La pericolosità criminale

Un grado particolarmente intenso di capacità a delinquere è la **pericolosità criminale**, cioè *la notevole probabilità che il soggetto commetterà altri reati.*

La pericolosità criminale influisce sulla misura della pena, preclude la concessione dei benefici della sospensione condizionale della pena e del perdono giudiziale, ed è il presupposto per l'applicazione di una misura di sicurezza.

Il codice penale prevede *quattro forme specifiche di pericolosità criminale* che delineano diverse figure di *autori* di reato:

— **recidivo**: è colui che dopo essere stato condannato, con sentenza definitiva, per un delitto non colposo, ne commette un altro;
— **delinquente abituale**: è colui che con la sua persistente attività criminosa, dimostra di aver acquistato una notevole attitudine a commettere reati;
— **delinquente professionale**: è colui che vive abitualmente, anche soltanto in parte, con il frutto dei proventi dei reati da lui commessi;
— **delinquente per tendenza**: è colui che, per la sua indole particolarmente malvagia, dimostra una speciale inclinazione al delitto.

Gli artt. 99-109 c.p. definiscono le predette forme di pericolosità criminale e le conseguenze giuridiche che derivano dal loro verificarsi.

Si segnala che, con L. 5-12-2005, n. 251 (nota come legge **«ex Cirielli»**) si è operato un rigoroso «giro di vite» repressivo a carico dei *recidivi*. Fra le novità disciplinari di maggior rilievo si segnalano un inasprimento degli incrementi sanzionatori connessi alla «qualifica» di recidivo, la previsione di ipotesi obbligatorie di recidiva (successivamente soppresse, per effetto della censura della Corte costituzionale, con sentenza 23-7-2015, n. 185), l'esclusione delle contravvenzioni e dei delitti colposi dal calcolo della recidiva, nonché talune conseguenze giuridiche derivanti dal fatto di essere recidivo (ad es. in tema di prescrizione del reato e di applicabilità delle attenuanti generiche).

6
La pena

1 Concetto di pena

a) Generalità

La *pena* (cd. pena criminale) è la **sanzione giuridica** che viene irrogata dallo Stato (Autorità giudiziaria) a carico di colui che ha violato un precetto della legge penale, mediante un particolare procedimento (processo penale).

Il carattere principale della pena è dato dalla «*afflittività*», in quanto essa mira ad infliggere al soggetto un vero e proprio castigo per il reato commesso; tuttavia, accanto alla *funzione retributiva*, il diritto attuale assegna alla pena anche una *funzione di emenda* del condannato, mirando ad agevolare il ravvedimento dello stesso ed il suo reinserimento nella società.

L'art. 27, comma 3, Cost. stabilisce infatti che «le pene non possono consistere in trattamenti contrari al senso di umanità e *devono tendere alla rieducazione del condannato*».

Le pene si distinguono in:

— **principali**, che vengono inflitte dal giudice con la sentenza di condanna;
— **pene sostitutive delle pene (principali) detentive** (categoria introdotta dalla legge n. 689 del 24-11-1981) che vengono inflitte, in presenza di determinate circostanze, in sostituzione delle pene detentive brevi;
— **accessorie**, che derivano automaticamente dalla condanna anche senza una espressa dichiarazione del giudice.

b) Pene principali

Le pene principali sono:

a) *Per i delitti*:
   1) **ergastolo**, consistente nella privazione della libertà personale per l'intera durata della vita del condannato;
   2) **reclusione**, consistente nella privazione della libertà personale per un periodo di tempo che va da 15 giorni a 24 anni;
   3) **multa**, consistente nel pagamento allo Stato di una somma di denaro *non inferiore a euro 50, né superiore a euro 50.000* (importi incrementati ad opera della **L. 15-7-2009, n. 94**, cd. *pacchetto sicurezza*; in precedenza i margini edittali oscillavano fra 5 e 5.164 euro)[1].

b) *Per le contravvenzioni*:
   1) **arresto**, pena detentiva che va da 5 giorni a 3 anni;
   2) **ammenda**, consistente nel pagamento allo Stato di una somma *non inferiore a euro 20, né superiore a euro 10.000* (anche tali importi sono stati incrementati dal cd. *pacchetto sicurezza*, **L. 94/2009**, elevando gli originari margini edittali compresi fra 2 e 1.032 euro)[2].

---

[1] Si noti che la multa e l'ammenda possono essere aumentate o diminuite fino al triplo, quando il giudice, per le condizioni economiche del reo, ritenga che la misura massima sia inefficace ovvero che la misura minima sia eccessivamente gravosa (art. 133bis, comma 2, c.p. introdotto dalla L. 689/1981).

[2] Vedi nota [1].

Strumenti applicabili dal giudice di pace

Al novero delle sanzioni penali, il D.Lgs. 28-8-2000, n. 274 ha aggiunto quelle previste per i reati (delitti e contravvenzioni) attribuiti alla competenza del giudice di pace:

1) l'**obbligo di permanenza domiciliare**, da eseguirsi nei giorni di sabato e domenica (salvo che, per riconosciute legittime esigenze del condannato ne sia consentita l'esecuzione in giorni diversi, o continuativamente, su richiesta dello stesso), per un periodo non inferiore a sei giorni né superiore a quarantacinque;
2) la prestazione di **lavoro di pubblica utilità**, non retribuito, in favore della collettività, nella provincia di residenza, con modalità e tempi non pregiudizievoli delle esigenze di lavoro, studio, famiglia e salute del condannato, per un periodo non inferiore a dieci giorni, né superiore a sei mesi.

c) Pene sostitutive

Le pene sostitutive delle pene detentive brevi sono:

1) la semidetenzione (art. 55, L. 689/1981);
2) la libertà controllata (art. 56, L. 689/1981);
3) la pena pecuniaria di specie corrispondente.

La **semidetenzione** comporta l'obbligo di trascorrere almeno 10 ore al giorno in uno degli appositi istituti in cui sono costretti i detenuti in regime di semilibertà, oltre a vari obblighi accessori (divieto di detenere armi, sospensione della patente di guida etc.).

La **libertà controllata** comporta l'obbligo di non allontanarsi dal Comune di residenza e quello di presentarsi una volta al giorno presso il locale ufficio di P.S. o, in mancanza, dei C.C., oltre a quelle conseguenze accessorie già previste per la semilibertà.

Condizioni per la sostituzione

a) Occorrono, in primo luogo, determinati **limiti quantitativi** nella pena detentiva da infliggere (art. 53, L. 689/1981 come modificato dalla L. 12-6-2003, n. 134) ed in particolare: 2 anni per far luogo alla semidetenzione; 1 anno per far luogo alla libertà controllata; *6 mesi* per applicare la pena pecuniaria (multa o ammenda) di specie corrispondente;
b) occorre che il colpevole si trovi in una particolare **condizione soggettiva** (disciplinata dall'art. 59, L. 689/1981).
   Deve comunque esservi fondato motivo per ritenere che il colpevole si astenga nel futuro dal commettere altri reati.

d) Pene accessorie

Le pene accessorie sono:

1) **interdizione dai pubblici uffici** (può essere perpetua o temporanea, da un minimo di un anno ad un massimo di 5 anni);
2) **interdizione da una professione o da un'arte**, per un periodo variante da un mese a 5 anni;
3) **interdizione legale**, conseguente ad una condanna a pena detentiva superiore ai 5 anni o all'ergastolo;
4) **interdizione dagli uffici direttivi delle persone giuridiche e delle imprese**, conseguente ad una condanna alla reclusione non inferiore a 6 mesi per delitti commessi con abuso dei poteri o violazione dei doveri inerenti all'ufficio (art. 32bis c.p.). È temporanea, con durata uguale alla pena principale (art. 37 c.p.);
5) **l'incapacità a contrattare con la P.A.** (artt. 32ter e 32quater c.p.), conseguente alla condanna per i delitti elencati nell'art. 32quater c.p., se commessi in danno o a vantaggio di un'attività imprenditoriale, o comunque in relazione ad essa. Può durare da 1 a 5 anni;
6) **l'estinzione del rapporto di lavoro o di impiego** nei confronti del dipendente di amministrazioni od enti pubblici ovvero di enti a prevalente partecipazione pubblica (art. 32quinquies c.p.) conseguente alla con-

danna per alcuni delitti dei P.U. contro la P.A. (peculato, concussione, corruzione, v. artt. 314, comma 1, 317, 318, 319, 319ter, 319quater, primo comma e 320) alla reclusione per un tempo non inferiore a anni 2;

7) **decadenza dalla responsabilità genitoriale** e **sospensione dal suo esercizio** (art. 34 c.p. come modificato dalle LL. 689/1981 e 19/1990, nonché dal D.Lgs. 154/2013), conseguono, la prima, alla condanna per alcuni delitti (violenza sessuale, incesto v. artt. 564 e 609nonies), la seconda, della durata doppia della pena inflitta, alla condanna per delitti commessi con abuso della responsabilità genitoriale;
8) **sospensione dall'esercizio di una professione o un'arte**, per un periodo variante da 15 giorni a 2 anni, conseguente ad ogni condanna per contravvenzione commessa con abuso della professione o arte per cui è prevista la pena dell'arresto non superiore ad un anno;
9) **sospensione dagli uffici direttivi delle persone giuridiche e delle imprese** (art. 35bis), conseguente alla condanna per contravvenzioni commesse con abuso dei poteri o violazione dei doveri inerenti all'ufficio e va da 15 giorni a 2 anni;
10) **pubblicazione della sentenza di condanna** (art. 36 c.p.). Ai sensi della citata previsione, come, da ultimo, modificata dal **D.L. 6-7-2011, n. 98, convertito in L. 15-7-2011, n. 111**, la sentenza di condanna all'ergastolo è pubblicata mediante affissione nel Comune ove è stata pronunciata, in quello ove il delitto fu commesso, e in quello ove il condannato aveva l'ultima residenza. La sentenza di condanna è inoltre pubblicata nel sito internet del Ministero della Giustizia, e la durata della pubblicazione nel sito è stabilita dal giudice in misura non superiore a trenta giorni (in mancanza, la durata è di quindici giorni). La pubblicazione è fatta per estratto, salvo che il giudice disponga la pubblicazione per intero ed è eseguita d'ufficio e a spese del condannato. La legge determina, poi, gli altri casi nei quali la sentenza di condanna deve essere pubblicata (pubblicazione da effettuarsi con le modalità anzidette). Alla luce del testo risultante dalle segnalate modifiche, dunque, *la pubblicazione della sentenza penale di condanna*, ferma restando la previsione del primo comma di tale articolo (inerente alle condanne all'ergastolo), *è effettuata esclusivamente mediante pubblicazione nel sito internet del Ministero della giustizia. Viene, dunque, soppressa la modalità di pubblicazione sui giornali* in favore dell'adempimento per via telematica.

Le *prime sette* pene accessorie sono per i soli delitti.

L'*ottava* e la *nona* sono pene accessorie per le sole contravvenzioni.

La pubblicazione della sentenza è pena accessoria, comune sia ai delitti, sia alle contravvenzioni.

L'applicazione delle pene accessorie consegue di diritto alla condanna penale come suo ulteriore effetto. Esse devono essere ordinate dal giudice solo nel caso in cui la legge rimetta alla sua discrezionalità la loro applicazione o durata.

Prima dell'entrata in vigore del nuovo codice di procedura penale l'art. 140 consentiva la possibilità di applicare provvisoriamente le pene accessorie prima della condanna.

L'art. 217 del D.Lgs. 28-7-1989, n. 271 ha espressamente abrogato l'art. 140 c.p.; tuttavia gli artt. 287-290 del nuovo codice di procedura penale consentono «quando si proceda per delitti per i quali la legge stabilisce le pene dell'ergastolo o della reclusione superiore nel massimo a tre anni», l'applicazione di **misure cautelari interdittive** che, in sostanza, equivalgono ad una applicazione provvisoria di alcune pene accessorie.

Le misure cautelari interdittive previste dal nuovo codice di procedura penale sono:

a) la sospensione dall'esercizio della potestà dei genitori;
b) la sospensione dall'esercizio di un pubblico ufficio o servizio;
c) il divieto temporaneo di esercitare determinate attività professionali od imprenditoriali.

Le pene pecuniarie in caso di insolvibilità del condannato si convertono secondo le modalità previste dall'art. 136 c.p. (*libertà controllata* o *lavoro sostitutivo*).

2 Determinazione della pena

Tranne qualche rarissima eccezione, di regola la pena per i singoli reati è indicata tra un *massimo* e un *minimo* e spetta al giudice, caso per caso, determinare *in concreto la pena da infliggere*, così godendo di un ampio potere discrezionale, pur se è tenuto ad indicare in motivazione le ragioni della sua concreta determinazione.

Tale discrezionalità non è tuttavia illimitata, dovendosi il giudice basare sui criteri previsti dall'*art. 133 c.p.*

In particolare, il giudice deve tener conto della gravità del reato e della capacità a delinquere del colpevole.

La **gravità del reato** va desunta:

1) *dalla natura, dalla specie, dai mezzi, dall'oggetto, dal tempo, dal luogo e da ogni altra modalità dell'azione*;
2) *dalla gravità del danno o del pericolo cagionato alla persona offesa dal reato*;
3) *dalla intensità del dolo o dal grado della colpa*.

La **capacità a delinquere** del colpevole, a sua volta, va desunta:

1) *dai motivi a delinquere e dal carattere del reo*;
2) *dai precedenti penali e giudiziari, e, in genere, dalla condotta e dalla vita del reo, antecedenti al reato*;
3) *dalla condotta contemporanea o susseguente al reato*;
4) *dalle condizioni di vita individuale, familiare e sociale del reo*.

3 La punibilità. Cause di estinzione

La *punibilità* si definisce come la *possibilità in concreto di irrogare la sanzione*. Presuppone la commissione di un fatto previsto dalla legge come reato, l'assenza di cause personali di esclusione della pena (immunità, incapacità di intendere o di volere o di altre cause di esclusione della pena; es.: non è punibile il furto contro i prossimi congiunti art. 649 c.p.) e la presenza di eventuali condizioni obiettive di punibilità.

La punibilità può estinguersi in virtù di cause speciali previste dalla legge, che il codice distingue in:

a) *cause di estinzione del reato*: estinguono la **punibilità in astratto**, cioè l'applicabilità della pena all'autore di una trasgressione, antecedentemente alla sentenza definitiva di condanna;
b) *cause di estinzione della pena*: estinguono la **punibilità in concreto**, cioè la pena da applicare nel caso concreto, per effetto di una sentenza definitiva di condanna.

Cause di estinzione della punibilità — in astratto e in concreto — sono:

a) **morte del reo**. Per il principio della assoluta personalità della responsabilità penale e della pena, con la morte del reo si determina l'*estinzione del reato* (se prima della condanna) o *della pena principale e accessoria* nonché gli *altri effetti penali della condanna* (se dopo la condanna) (artt. 150 e 171 c.p.);
b) **amnistia** (art. 151 c.p.) che consiste in un *atto di clemenza generale con cui lo Stato rinuncia all'applicazione della pena*. È concessa con legge (art. 79 Cost.). È rinunziabile dall'imputato.

   Può essere:

   1) *propria* per i reati per cui non sia ancora intervenuta la condanna: ha l'effetto di estinguere *il reato*;
   2) *impropria* interviene dopo la sentenza irrevocabile di condanna. *Estingue le pene principali* e quelle *accessorie*, ma non gli altri effetti penali della condanna;

c) **indulto** (art. 174 c.p.) consiste in un atto di *clemenza generale* che non opera sul reato ma solo *sulla pena principale* che è condonata in tutto o in parte. *Non estingue le pene accessorie*. È concesso con la stessa procedura dell'amnistia;
d) **grazia** (art. 174 c.p.) rappresenta un atto di *clemenza particolare* (perché individuale) che presuppone una sentenza irrevocabile di condanna ed è rimesso (art. 87 Cost.) al potere discrezionale del Presidente della Repubblica, opera solo sulla *pena principale* condonandola in tutto o in parte;

e) **prescrizione** che consiste nella *rinuncia* dello Stato a far valere la propria *pretesa punitiva* dopo il trascorrere di *un certo periodo di tempo* dal verificarsi del reato o dalla condanna;

Distinzioni

1) **Prescrizione del reato**: trascorso il tempo previsto dall'art. 157 dalla consumazione del reato senza che sia intervenuta sentenza irrevocabile di condanna il reato è definitivamente estinto. Gli artt. 159 e 160 c.p. prevedono cause di sospensione e di interruzione della prescrizione;
2) **prescrizione della pena**: trascorso il tempo previsto dagli artt. 172 e 173 c.p. senza che la condanna, comminata con sentenza irrevocabile, sia stata eseguita, la pena principale è estinta.

f) **oblazione** che consiste nel *pagamento*, a domanda dell'interessato, di una *somma di denaro* (così da degradare il reato in illecito amministrativo) prima dell'apertura del dibattimento o del decreto di condanna;

Distinzioni

1) **Oblazione nelle contravvenzioni punite con la sola ammenda** (*art. 162 c.p.*). È un diritto dell'imputato e consiste nel pagamento di una somma pari al terzo del massimo edittale;
2) **oblazione nelle contravvenzioni punite con pena alternativa** (*detentiva o pecuniaria art. 162bis c.p.*). È facoltativa a discrezione del giudice e consiste nel pagamento di una somma pari alla metà dell'ammenda.

g) **perdono giudiziale** (art. 169 c.p.) che consiste nella rinuncia dello Stato a condannare un *minore di anni diciotto*, mai condannato per delitto, che abbia commesso *un reato non grave* (deve essere applicabile in concreto una pena detentiva non maggiore di anni 2 di reclusione o una pecuniaria non superiore a 1.549 euro) per consentirne un più rapido recupero sociale.

Cause di estinzione del reato sono:

a) **sospensione condizionale della pena** (artt. 163 e ss. c.p.) che consiste nel *sospendere* l'esecuzione della pena inflitta a condizione che entro un certo *periodo di tempo il colpevole non commetta altri reati*. Se ciò non si verifica egli sconterà la vecchia e la nuova pena.
Le condizioni cui è sottoposta la concessione del beneficio e gli obblighi del condannato sono disciplinati dagli artt. 164, 165, 168 c.p.
Il beneficio sospende l'*esecuzione delle pene principali ed accessorie*. Se la condizione si verifica si estingue il reato, ma restano fermi gli altri effetti penali della condanna[3];
b) **libertà condizionale** (artt. 176-177 c.p.) che consiste nella concessione di un premio ad un condannato che durante il periodo della detenzione abbia dato prova di *buona condotta*. Sospende l'esecuzione della pena inflitta ancora da scontare;
c) **riabilitazione** (artt. 178 e ss. c.p.) che estingue le pene accessorie (salvo quanto previsto dall'ultimo comma dell'art. 179 c.p.) e gli altri effetti penali della condanna dopo che sia trascorso il periodo di almeno 3 anni (o almeno 8 anni nel caso di recidiva aggravata o reiterata) dal giorno in cui la *pena principale* sia stata *eseguita* o siasi *estinta*, se il condannato ha dato prova effettiva di buona condotta e ha eseguito le obbligazioni civili nascenti dal reato;
d) **non menzione della condanna** nel certificato del *Casellario giudiziario* (art. 175) che può essere concessa discrezionalmente dal giudice al condannato nel caso di prima condanna per reati non gravi (pena detentiva non superiore a due anni e, se pecuniaria, non superiore a 516 euro);
e) **patteggiamento** (artt. 444 e 445 c.p.p.). Il reato per cui è intervenuto il patteggiamento è estinto, ove sia stata irrogata una pena detentiva non superiore a due anni soli o congiunti a pena pecuniaria, se nel termine di cinque anni (quando la sentenza concerne un delitto)

[3] L'art. 57, L. 689/1981 consente la sospendibilità anche delle pene sostitutive.

ovvero di due anni (quando la sentenza concerne una contravvenzione) l'imputato non commette un delitto ovvero una contravvenzione della stessa indole;

f) **messa alla prova** (artt. 168bis e ss. c.p.) relativa ai procedimenti per specifici reati (trattasi, fra l'altro, di quelli puniti con la sola pena pecuniaria o con pena detentiva non superiore a quattro anni, sola, congiunta o alternativa alla pecuniaria), nei quali l'imputato può chiedere ed ottenere (non più di una volta) la sospensione del processo con messa alla prova, comportante condotte volte all'eliminazione delle conseguenze dannose o pericolose del reato, il risarcimento del danno (ove possibile), l'affidamento al servizio sociale, nonché la prestazione di lavoro di pubblica utilità. L'esito positivo della prova estingue il reato per cui si procede; in caso contrario (es. rifiuto del lavoro di pubblica utilità, commissione di un delitto non colposo o di un reato della stessa indole) la sospensione del procedimento è revocata.

A complemento di quanto finora esposto, si segnala, infine, una legge di amplissima portata precettiva (la **L. 23-6-2017, n. 103**), involgente la disciplina penale sostanziale (con modifiche di immediata rilevanza, come la **creazione di una nuova causa di estinzione del reato, correttivi alla disciplina della prescrizione e sostanziali incrementi sanzionatori in fattispecie di particolare allarme sociale**, come rapina, estorsione, furto in abitazione, scambio elettorale politico-mafioso, ed altre delegate, da realizzarsi mediante decreti legislativi attuativi) ma soprattutto processuale-penitenziaria (anche in tal caso con correttivi diretti e delegati) ed avente la funzione di predisporre una significativa risposta legislativa alla pressante esigenza di recuperare il **processo penale** ad una **durata ragionevole** che, oltre a essere oggetto di un diritto delle parti — peraltro anche di natura convenzionale (il riferimento è alla Convenzione europea per la salvaguardia dei diritti dell'uomo e delle libertà fondamentali del 1950, resa esecutiva con legge n. 848 del 1955) —, è condizione essenziale, di tipo oggettivo, perché possa dirsi attuato il **giusto processo**. In particolare, quanto alla nuova causa di estinzione del reato, viene disciplinata dal neointrodotto **art. 162ter**, rubricato «**Estinzione del reato per condotte riparatorie**», a norma del quale, nei casi di procedibilità a querela soggetta a remissione, il giudice dichiara estinto il reato, sentite le parti e la persona offesa, quando l'imputato ha riparato interamente, entro il termine massimo della dichiarazione di apertura del dibattimento di primo grado, il danno cagionato dal reato, mediante le restituzioni o il risarcimento, e ha eliminato, ove possibile, le conseguenze dannose o pericolose del reato. Deve segnalarsi, in proposito, che la legge di conversione del cd. *decreto fiscale 2018* (**L. 4-12-2017, n. 172**) ha introdotto un inedito ultimo comma alla disposizione in esame, attraverso cui si è espressamente esclusa l'applicabilità di tale causa di estinzione del reato nel caso in cui si proceda per il delitto di «atti persecutori» (cd. *stalking*).

4 Le misure di sicurezza

a) Definizione e caratteri

Le **misure di sicurezza** sono speciali provvedimenti di carattere educativo o curativo ovvero anche cautelativo, applicabili dall'Autorità giudiziaria nei confronti dell'autore di un reato ritenuto socialmente pericoloso, in via esclusiva, se costui non è imputabile; in aggiunta alla pena, se imputabile.

I **presupposti** per la loro applicazione sono:

— *la commissione di un fatto previsto dalla legge come reato*[4];
— *la pericolosità criminale del reo.*

Le **misure di sicurezza** si differenziano dalla **pena** in ordine ai seguenti aspetti:

a) *funzione*: la pena ha anche, e soprattutto, una funzione *retributiva*; la misura di sicurezza ha esclusivamente funzione di *emenda* del colpevole;

[4] In realtà, la misura di sicurezza può applicarsi, in due sole ipotesi, anche in mancanza di un reato: è il caso del *reato impossibile* (art. 49 c.p.), e dell'*istigazione* e dell'*accordo* a commettere un reato (art. 115 c.p.) (cd. «*quasi-reati*»).

b) *destinatari*: la pena si applica solo ai soggetti *imputabili*; la misura di sicurezza si applica anche ai *non imputabili*;
c) *durata*: la pena è *fissa*, avendo una durata determinata, stabilita nella sentenza di condanna; la misura di sicurezza ha una durata determinata nel minimo, ma *indeterminata* nel massimo, dovendo, per sua natura, cessare solo col venir meno dello stato di pericolosità del soggetto.

b) Tipi

Le misure di sicurezza si distinguono in:

a) **personali**, che limitano la libertà personale del soggetto;
b) **patrimoniali**, che incidono soltanto sul patrimonio del soggetto.

Le misure di *sicurezza personali* possono essere, a loro volta, **detentive** e **non detentive**.

Misure di sicurezza detentive sono:

1) *la assegnazione ad una colonia agricola o casa di lavoro* (per i delinquenti abituali, professionali o per tendenza);
2) *la assegnazione ad una casa di cura e di custodia* (per i condannati a pena diminuita per infermità psichica, intossicazione cronica da alcool o sostanze stupefacenti, e sordomutismo);
3) *il ricovero in un ospedale psichiatrico giudiziario* (per gli imputati prosciolti per le stesse cause di cui sopra, istituto, peraltro, soppresso, dal 31 marzo 2015, *ex* L. 17-2-2012, n. 9 e successive modificazioni);
4) *il riformatorio giudiziario* (per i minori non imputabili o condannati a pena diminuita).

Misure di sicurezza non detentive sono:

1) *la libertà vigilata*, consistente in una serie di limitazioni e di prescrizioni imposte per evitare nuove occasioni di reato (es.: l'obbligo di darsi una stabile attività lavorativa, l'obbligo di non ritirarsi la sera dopo una certa ora, l'obbligo di non accompagnarsi a pregiudicati etc.);
2) *il divieto di soggiorno*, consistente nell'obbligo di non soggiornare in uno o più Comuni ovvero in una o più Province;
3) *il divieto di frequentare osterie e pubblici spacci di bevande alcooliche*;
4) *la espulsione o l'allontanamento dello straniero dallo Stato*.

Misure di sicurezza patrimoniali sono:

1) la *cauzione di buona condotta*, consistente nel deposito di una somma di danaro presso la Cassa delle ammende, variabile da 103 euro a 2.065 euro, per la durata massima di 5 anni. Se il soggetto commette un nuovo reato punito con pena detentiva durante tale periodo, la somma viene incamerata; altrimenti, decorso il termine, essa viene restituita;
2) la *confisca*, consistente nell'espropriazione, a favore dello Stato, fra l'altro, di cose che servirono o furono destinate a commettere il reato, che ne sono il prodotto, il profitto o il prezzo, nonché di *beni e strumenti informatici o telematici* utilizzati per la commissione di taluni reati informatici (categoria di beni neointrodotta dalla **L. 15-2-2012, n. 12**); rispetto a tale categoria di crimini, per effetto del **D.Lgs. 29-10-2016, n. 202** si è estesa la portata della confisca obbligatoria ai beni che ne costituiscono il profitto o il prodotto ovvero alle somme di denaro, beni o altre utilità di cui il colpevole abbia la disponibilità per un valore corrispondente a tale profitto o prodotto, ove non sia possibile eseguire la confisca del profitto o del prodotto diretti;
3) la *confisca* allargata, prevista dall'art. 240bis c.p. (ipotesi neointrodotta dal **D.Lgs. 1-3-2018, n. 21**) secondo il quale, nei casi di condanna (anche se patteggiata) per taluno dei delitti previsti ed elencati puntualmente dalla norma (fra gli altri, peculato, corruzione, concussione, associazione per delinquere, estorsione) è sempre disposta la confisca del denaro, dei beni o delle altre utilità di cui il condannato non può giustificare la provenienza e di cui, anche per

interposta persona fisica o giuridica, risulta essere titolare o avere la disponibilità a qualsiasi titolo in valore sproporzionato al proprio reddito, dichiarato ai fini delle imposte sul reddito, o alla propria attività economica.

5 Le conseguenze civili del reato

a) Generalità

Oltre che illecito penale, un determinato fatto può anche costituire illecito di diversa natura (civile, amministrativo, disciplinare etc.) e, quindi, da esso possono derivare conseguenze giuridiche diverse ed ulteriori rispetto a quelle penali.

La maggior parte dei reati (ma sarebbe meglio precisare: dei delitti) costituisce generalmente anche un illecito civile ai sensi dell'articolo 2043 c.c., per cui da essi deriva anche una sanzione civile. In alcuni casi è la stessa norma civile che prevede la sanzione (civile) per un illecito penale; così:

a) gli eccessi, le sevizie, le minacce o le ingiurie gravi possono essere causa di separazione personale tra coniugi (art. 151 c.c.);
b) la condanna per determinati delitti può essere causa di divorzio (cfr. art. 3, L. 1-12-1970, n. 898);
c) l'omicidio, il tentato omicidio o la falsa denuncia del *de cuius* importa indegnità a succedere (cfr. art. 463 c.c.) nonché la revocazione della donazione per ingratitudine (cfr. art. 801 c.c.).

Le conseguenze di natura civile più importanti, sono previste nel titolo VII del libro I del codice penale, e sono le restituzioni, il risarcimento, l'obbligo del rimborso delle spese per il mantenimento del condannato allo Stato e l'obbligazione civile per l'ammenda. Esaminiamole singolarmente.

b) L'obbligo alle restituzioni

Per il primo comma dell'art. 185 c.p. «*ogni reato obbliga alle restituzioni, a norma delle leggi civili*».

La *restituzione* di cui parla la legge, comprende non soltanto la restituzione del maltolto, ma anche il ripristino della situazione di fatto preesistente al reato.

c) L'obbligo del risarcimento del danno

Per il secondo comma dell'art. 185 c.p. «*ogni reato, che abbia cagionato un danno patrimoniale o non patrimoniale, obbliga al risarcimento il colpevole e le persone che, a norma delle leggi civili, debbono rispondere per il fatto di lui*».

Danno patrimoniale è l'offesa di un interesse patrimoniale, nei suoi due aspetti di *danno emergente e di lucro cessante*.

Danno non patrimoniale è il perturbamento morale derivato dalla commissione del reato, perturbamento morale consistito non in un valutabile detrimento fisico o patrimoniale, bensì nell'offesa, nell'angoscia, nel dolore, nel risentimento etc. (così PANNAIN).

Tanto il danno patrimoniale che quello non patrimoniale per esser risarcibili debbono porsi in rapporto di immediatezza col reato, esser cioè legati ad esso da uno stretto rapporto di causa ad effetto (cfr. art. 1223 c.c.).

Soggetto tenuto al risarcimento del danno è il colpevole. In caso di concorso di persone nel reato tutti gli autori del fatto sono tenuti in *solido* al risarcimento (art. 187, comma 2 c.p.).

Oltre al colpevole, inoltre, è tenuto al risarcimento del danno, in solido con lui, il *responsabile civile*, ove vi sia.

Soggetto attivo (creditore) del rapporto obbligatorio di risarcimento del danno è il cd. *danneggiato*, che può esser persona diversa dal soggetto passivo del reato.

d) L'obbligo al rimborso delle spese di mantenimento del condannato

Per il disposto dell'art. 188 c.p., il condannato è obbligato a rimborsare all'erario dello Stato le spese per il suo mantenimento negli stabilimenti di pena, e risponde di tale obbligazione con tutti i suoi beni mobili ed immobili, presenti e futuri, a norma delle leggi civili.

Tale obbligazione non si estende alla persona civilmente obbligata per l'ammenda né agli eredi del condannato.

Per il disposto dell'art. 2 della legge 26 luglio 1975, n. 354, in materia di ordinamento penitenziario, il rimborso delle spese di mantenimento ha luogo per una quota non superiore ai due terzi del costo reale del mantenimento stesso.

e) L'obbligazione civile per le multe e le ammende inflitte a persona dipendente (artt. 196 e 197, modificati dalla legge 689/1981)

L'art. 196, in caso di insolvibilità del condannato a pena pecuniaria stabilisce l'obbligazione sussidiaria al pagamento di una somma pari all'ammontare della pena pecuniaria a carico della persona rivestita dell'autorità o incaricata della direzione o vigilanza del soggetto condannato.

Affinché sorga questa obbligazione occorre che si tratti di violazioni di una norma che la persona preposta doveva far osservare e, nello stesso tempo, occorre che la persona preposta non ne debba rispondere penalmente.

Del pari l'art. 197 stabilisce che gli enti forniti di personalità giuridica, eccettuato lo Stato, le Regioni, le Province ed i Comuni, qualora sia pronunciata condanna per reato contro chi ne abbia la rappresentanza o l'amministrazione, o sia con essi in rapporto di dipendenza, e si tratti di reato che costituisca violazione degli obblighi inerenti alla qualità rivestita dal colpevole, ovvero sia commesso nell'interesse della persona giuridica, sono obbligati al pagamento, in caso di insolvibilità del condannato, di una somma pari all'ammontare della multa o dell'ammenda inflitta.

Anche questa obbligazione nasce solo in caso di insolvibilità del condannato (e perciò ha carattere sussidiario) ed è stata estesa ai delitti della legge 689/1981.

In entrambi i casi se l'obbligazione non può essere adempiuta si applica l'art. 136 (conversione della pena pecuniaria).

f) Garanzie per le obbligazioni civili

Gli artt. 189-195 c.p. contengono una serie di disposizioni tese a garantire l'adempimento delle obbligazioni civili da parte dell'imputato.

Tali garanzie possono così sintetizzarsi:

a) **sequestro conservativo**;
b) **cauzione** prestata dall'imputato al fine di evitare il sequestro;
c) **azione revocatoria penale**.

7
I reati contro la pubblica amministrazione in generale

1 Oggetto giuridico dei reati contro la P.A.

Il titolo II del libro II del codice penale disciplina i delitti contro la pubblica amministrazione, che sono tutti quei fatti che impediscono, ostacolano o turbano il regolare svolgimento dell'attività amministrativa, legislativa e giudiziaria dello Stato, nonché dell'attività amministrativa degli altri enti pubblici.

Oggetto giuridico della tutela penale di tali delitti è pertanto, *il regolare funzionamento dello Stato e degli altri enti pubblici*, nonché il prestigio dei soggetti che li rappresentano.

2 Soggetto attivo e soggetto passivo

Mentre i delitti previsti dal capo II appartengono alla categoria dei *reati comuni* (nel senso che possono essere commessi da qualunque soggetto), quelli del capo I appartengono alla categoria dei *reati propri*, essendo richiesta per la configurazione del reato il possesso di una determinata qualità ovvero la sussistenza di una determinata posizione, giuridica o di fatto, del soggetto attivo (così per aversi il reato di *peculato* è necessario che soggetto attivo sia un *pubblico ufficiale o un incaricato di un pubblico servizio*, altrimenti, mancando tale qualità, il fatto commesso integrerà il diverso reato di appropriazione indebita).

Talvolta è altresì richiesta una determinata qualità da parte del soggetto passivo.

Il codice agli artt. 357, 358 e 359 distingue tre diverse figure giuridiche corrispondenti a tre diverse qualificazioni soggettive: *il pubblico ufficiale, l'incaricato di un pubblico servizio e l'esercente un servizio di pubblica necessità*.

a) Il pubblico ufficiale

Ai sensi dell'art. 357 c.p. «*Agli effetti della legge penale, sono pubblici ufficiali coloro i quali esercitano una pubblica funzione legislativa, giudiziaria o amministrativa.*

Agli stessi effetti è pubblica la funzione amministrativa disciplinata da norme di diritto pubblico e da atti autoritativi, e caratterizzata dalla formazione e dalla manifestazione della volontà della pubblica amministrazione a dal suo svolgersi per mezzo di poteri autoritativi o certificativi».

Alla stregua di tale definizione può, quindi, affermarsi che l'elemento che caratterizza la figura in questione, differenziandola dalle altre due, è l'*esercizio di una pubblica funzione*.

Tale qualifica può ritenersi spettante a tutti coloro che formano o concorrono a formare la volontà dell'ente pubblico ovvero che lo rappresentano di fronte agli estranei, nonché a tutti coloro che sono muniti di poteri autoritativi o di poteri di certificazione.

La Cassazione ha precisato che, ai fini della nozione di pubblico ufficiale, *non rileva il rapporto di dipendenza* del soggetto rispetto allo Stato o ad altro ente pubblico, ma è richiesto soltanto l'*esercizio effettivo di una pubblica funzione* (Cass. 5-3-1997, n. 2036).

In definitiva, dunque, devono considerarsi pubblici ufficiali tutti quei soggetti che, nell'ambito della organizzazione interna dell'ente pubblico, sono investiti di poteri il cui esercizio è destinato a ripercuotersi ed a produrre effetti nei confronti di soggetti estranei all'ente, e non a produrre effetti destinati ad esaurirsi in seno all'ente stesso (esempi: ufficiali ed agenti di P.S., carabinieri, guardie di finanza, agenti di custodia, e, in genere, tutti gli agenti della forza pubblica; i magistrati; gli insegnanti; l'ufficiale sanitario; i vigili urbani etc.).

b) L'incaricato di un pubblico servizio

A norma dell'art. 358 c.p. «*Agli effetti della legge penale, sono incaricati di un pubblico servizio coloro i quali, a qualunque titolo, prestano un pubblico servizio.*

Per pubblico servizio deve intendersi un'attività disciplinata nelle stesse forme della pubblica funzione, ma caratterizzata dalla mancanza dei poteri tipici di quest'ultima, e con esclusione dello svolgimento di semplici mansioni di ordine e della prestazione di opera meramente materiale».

Tale figura ha *carattere residuale*; sono incaricati di un pubblico servizio tutti coloro che non sono né pubblici ufficiali né esercenti un servizio di pubblica necessità.

Pertanto, la qualità in questione ricorre in tutti i casi in cui un soggetto che svolge un'attività pertinente allo Stato o ad un altro ente pubblico non è munito di alcuno dei poteri che caratterizzano la pubblica funzione e non svolge unicamente mansioni di carattere manuale o di fatica (esempi: gli impiegati tecnici degli istituti di credito di diritto pubblico; i dipendenti della RAI; gli impiegati dell'ACI; i tramvieri ed i fattorini delle aziende di trasporti pubblici, i custodi delle scuole comunali).

c) L'esercente un servizio di pubblica necessità

Ai sensi dell'art. 359 c.p., sono persone esercenti un servizio di pubblica necessità:

1) i privati che esercitano professioni forensi o sanitarie, o altre professioni il cui esercizio sia per legge vietato senza una speciale abilitazione dello Stato, quando dell'opera di essi il pubblico sia per legge obbligato a valersi;
2) i privati che, non esercitando una pubblica funzione né prestando un pubblico servizio, adempiono un servizio dichiarato di pubblica necessità mediante un atto della pubblica amministrazione.

3 La confisca dei beni che costituiscono il profitto o il prezzo dei reati previsti dagli artt. 314-320 (art. 322ter)

Dispone l'art. 322ter, introdotto dall'art. 3 della legge 29-9-2000, n. 300 che, nel caso di condanna, o di applicazione della pena su richiesta delle parti a norma dell'articolo 444 del codice di procedura penale, per uno dei delitti previsti dagli articoli da 314 a 320, anche se commessi dai soggetti indicati nell'articolo 322bis, comma 1, è sempre ordinata la confisca dei beni che ne costituiscono il profitto o il prezzo, salvo che appartengano a persona estranea al reato, ovvero, quando essa non è possibile, la confisca di beni, di cui il reo ha la disponibilità, per un valore corrispondente a tale prezzo o profitto.

Nel caso di condanna, o di applicazione della pena a norma dell'articolo 444 del codice di procedura penale, per il delitto previsto dall'articolo 321, anche se commesso ai sensi dell'articolo 322bis, secondo comma, è sempre ordinata la confisca dei beni che ne costituiscono il profitto salvo che appartengano a persona estranea al reato, ovvero, quando essa non è possibile, la confisca di beni, di cui il reo ha la disponibilità, per un valore corrispondente a quello di detto profitto e, comunque, non inferiore a quello del denaro o delle altre utilità date o promesse al pubblico ufficiale o all'incaricato di pubblico servizio o agli altri soggetti indicati nell'articolo 322bis, comma 2.

Il giudice, con la sentenza di condanna, determina le somme di denaro o individua i beni assoggettati a confisca in quanto costituenti il profitto a il prezzo del reato ovvero in quanto di valore corrispondente al profitto o al prezzo del reato.

Si noti, altresì, che l'art. 640quater c.p., introdotto dal medesimo provvedimento di cui si tratta, ha esteso l'applicabilità delle disposizioni dell'art. 322ter ai reati di truffa di cui agli artt. 640, comma 2, n. 1, 640bis e 640ter, comma 2, con esclusione dell'ipotesi in cui il fatto è commesso con abuso della qualità di operatore del sistema.

Infine si precisa che, a norma dell'art. 335bis, introdotto dalla L. 97/2001, salvo quanto previsto dall'articolo 322ter, nel caso di condanna per delitti previsti dal Capo primo del Titolo secondo (delitti dei pubblici ufficiali contro la P.A.) è comunque ordinata la confisca anche nelle ipotesi previste dall'articolo 240, comma 1, del codice penale.

4 Custodia giudiziale dei beni sequestrati (art. 322ter.1)

Si annovera fra le novità disciplinari dovute alla **L. 9-1-2019, n. 3** (c.d. ***legge spazzacorrotti***) anche l'istituto in esame. In particolare, ai sensi del neointrodotto art. 322ter.1 c.p., *i beni sequestrati nell'ambito dei procedimenti penali relativi ai delitti indicati all'articolo 322ter* (trattasi dei delitti previsti dagli articoli da 314 a 320 c.p.*), diversi dal denaro e dalle disponibilità finanziarie, possono essere affidati dall'autorità giudiziaria in custodia giudiziale agli organi della polizia giudiziaria che ne facciano richiesta per le proprie esigenze operative.* La nuova previsione è modellata su quella per la custodia dei beni sequestrati nei procedimenti per reati tributari (si veda l'art. 18bis, D.Lgs. 74/2000), norma che tuttavia fa riferimento alla possibilità che i beni vengano affidati dall'autorità giudiziaria, in custodia giudiziale, agli organi dell'amministrazione finanziaria (piuttosto che alla polizia giudiziaria) che ne facciano richiesta per le proprie esigenze operative.

5 Riparazione pecuniaria (art. 322quater)

Trattasi di istituto introdotto dalla *L. 27-5-2015, n. 69*, cd. *legge anticorruzione 2015*, e successivamente fatto oggetto di correttivi ad opera della **L. 9-1-2019, n. 3**, c.d. ***legge spazzacorrotti***. Dispone la citata previsione che, *con la sentenza di condanna per i reati previsti dagli articoli 314, 317, 318, 319, 319ter, 319quater, 320, 321 e 322bis, è sempre ordinato il pagamento di una somma equivalente al prezzo o al profitto del reato a titolo di riparazione pecuniaria in favore dell'amministrazione lesa dalla condotta del pubblico ufficiale o dell'incaricato di un pubblico servizio, restando impregiudicato il diritto al risarcimento del danno.*

Come accennato sopra, l'istituto è stato oggetto di correttivi ad opera del legislatore del 2019, con cui si è provveduto ad estendere l'obbligo del pagamento della somma a titolo di riparazione pecuniaria anche al privato corruttore (art. 321 c.p.), a sopprimere il riferimento a quanto indebitamente ricevuto dal pubblico ufficiale (o dall'incaricato di pubblico servizio), nonché a stabilire che la somma da pagare da parte del condannato sia quella equivalente al prezzo o al profitto del reato a titolo di riparazione pecuniaria in favore della P.A. lesa dalla condotta illecita.

Si ritiene, infine, che la condanna alla riparazione prescinda dalla dimostrazione di uno specifico danno subito dall'amministrazione, e addirittura sarebbe possibile anche nel caso in cui il reo abbia già provveduto a restituire il profitto del reato commesso. Rappresenterebbe, dunque, una risposta sanzionatoria di ineludibile applicazione.

6 Causa di non punibilità (art. 323ter)

Si segnala, infine, che fra le novità disciplinari dovute alla c.d. ***legge spazzacorrotti*** del 2019, vi è la creazione di una inedita causa di non punibilità, prevista dal neointrodotto art. 323ter c.p., ai sensi del quale non è punibile chi ha commesso taluno dei fatti previsti dagli articoli 318, 319, 319ter, 319quater, 320, 321, 322bis, limitatamente ai delitti di corruzione e di induzione indebita ivi indicati, 353, 353bis e 354 se, prima di avere notizia che nei suoi confronti sono svolte indagini in relazione a tali fatti e, comunque, *entro quattro mesi dalla commissione del fatto*, lo *denuncia volontariamente* e *fornisce indicazioni utili e concrete per assicurare la prova del reato e per individuare gli altri responsabili*. La non punibilità del denunciante è subordinata alla messa a disposizione dell'utilità dallo stesso percepita o, in caso di impossibilità, di una somma di denaro di valore equivalente, ovvero all'indicazione di elementi utili e concreti per individuarne il beneficiario effettivo, entro il medesimo termine anzidetto. Il beneficio non trova applicazione quando la denuncia di cui si è detto sopra sia preordinata rispetto alla commissione del reato denunciato. La causa di non punibilità non si applica, altresì, in favore dell'agente sotto copertura che abbia agito in violazione delle disposizioni dell'articolo 9 della legge 16 marzo 2006, n. 146.

8
Delitti dei pubblici ufficiali contro la P.A.

1 Peculato (art. 314 c.p.)

Commette tale reato il pubblico ufficiale o l'incaricato di un pubblico servizio che si appropri di denaro o di altra cosa mobile altrui dei quali abbia il possesso o la disponibilità per ragione del suo ufficio o servizio (esempi: il vigile urbano che si appropria delle somme di danaro riscosse in pagamento di contravvenzioni al codice della strada; l'esattore delle imposte che si appropria delle somme consegnategli dai contribuenti per il pagamento dei tributi).

Lo scopo di tale incriminazione è duplice: da un lato, tutelare l'interesse dello Stato alla probità ed alla correttezza dei suoi funzionari; dall'altro, tutelare gli interessi patrimoniali della P.A. ed evitare danni alla stessa.

Soggetto attivo di tale reato può essere solo il *pubblico ufficiale* o l'incaricato di un pubblico servizio.

Presupposto del reato è il *possesso* della cosa da parte del pubblico funzionario, cioè la possibilità dello stesso di disporre della cosa, al di fuori della sfera altrui di vigilanza, sia in virtù di una situazione di fatto sia in conseguenza della funzione esplicata nell'ambito della Amministrazione.

Oggetto materiale del reato è il danaro o altra cosa mobile.

Il *fatto materiale* consiste nella appropriazione della cosa da parte del pubblico funzionario.

Appropriarsi, in particolare, significa comportarsi nei confronti della cosa come il proprietario di essa (es.: distruggerla, venderla, consumarla).

Il *dolo* consiste nella coscienza e volontà di realizzare il fatto materiale con la consapevolezza che la cosa appartiene alla P.A., al fine di ricavarne un vantaggio (patrimoniale o anche puramente morale) per sé o per altri.

Pena: reclusione da 4 a 10 anni e sei mesi.

La condanna comporta — ai sensi dell'art. 317bis c.p., introdotto dalla citata legge 86/1990 — l'interdizione perpetua dai pubblici uffici.

L'interdizione, tuttavia, sarà *temporanea* qualora — per effetto dell'applicazione delle circostanze attenuanti — venga inflitta una pena inferiore a 3 anni.

L'arresto in flagranza è facoltativo.

2 Peculato d'uso (art. 314 comma 2, c.p.)

Tale reato è previsto dal comma 2 dell'art. 314 c.p., nel testo modificato dalla L. 26-4-1990, n. 86.

Soggetto attivo è il *pubblico ufficiale* o l'*incaricato di un pubblico servizio* che si sia appropriato della cosa altrui al solo scopo di farne un *uso momentaneo* e, successivamente a tale appropriazione, abbia provveduto a restituirla.

Presupposto del reato è la *distrazione temporanea della cosa* da parte del pubblico funzionario, ossia la sottrazione alla destinazione ad essa assegnata e la successiva restituzione della stessa (esempio: il pubblico funzionario che utilizzi per fini personali l'autovettura della P.A., distogliendola dal servizio cui era destinata).

Pena: reclusione da 6 mesi a 3 anni.
Sanzioni accessorie: interdizione dai pubblici uffici solo temporanea.
L'arresto in flagranza non è consentito.
Sono previste riduzioni della pena per fatti di particolari tenuità (art. 323bis).

3 Peculato mediante profitto dell'errore altrui (art. 316 c.p.)

Commette tale reato il pubblico ufficiale o l'incaricato di un pubblico servizio il quale, nell'esercizio delle funzioni o del servizio, giovandosi dell'errore altrui, riceve o ritiene indebitamente, per sé o per un terzo, denaro, od altra utilità (es.: l'esattore delle tasse che trattiene indebitamente per sé la somma eccedente quella risultante dal ruolo, consegnatagli dal contribuente).

La *ragione d'essere* di tale norma incriminatrice va ricercata nella *violazione dell'obbligo di correttezza da parte del pubblico funzionario*, che non restituisce le cose consegnategli per errore, pur essendosi reso conto della mancanza di un qualunque diritto a trattenerle.

L'*errore del privato deve essere spontaneo, ed il funzionario deve essere in buona fede* all'atto del ricevimento della cosa; se l'errore è provocato dolosamente da quest'ultimo ricorrerà, infatti, una diversa ipotesi criminosa, e cioè la *concussione* di cui all'art. 317 c.p.

Pena: reclusione da 6 mesi a 3 anni.
Pena accessoria: interdizione temporanea dei pubblici uffici.
L'arresto in flagranza è facoltativo. Il fermo non è consentito.
Sono previste riduzioni della pena per fatti di particolare tenuità (art. 323bis).

4 Malversazione a danno dello Stato (art. 316bis c.p.)

L'art. 316bis — introdotto dalla L. 86/1990 — configura la nuova ipotesi incriminatrice della *malversazione a danno dello Stato*.

Commette tale reato chiunque, estraneo alla P.A., distragga dalle finalità cui erano destinate somme di denaro (sovvenzioni, finanziamenti o contributi) ricevute dallo Stato o da altro ente pubblico o dalle Comunità Europee destinate a favorire iniziative per la realizzazione di opere o per lo svolgimento di attività di pubblico interesse.

La pena è la reclusione da 6 mesi a 4 anni.
Si procede d'ufficio. L'arresto in flagranza è facoltativo. Il fermo non è consentito.
Sono previste riduzioni della pena per fatti di particolare tenuità (art. 323bis).

5 Indebita percezione di erogazioni a danno dello Stato (art. 316ter c.p.)

L'art. 316ter, introdotto dall'art. 4 della *legge 29-9-2000, n. 300*, punisce, salvo che il fatto costituisca il reato previsto dall'articolo 640bis, *chiunque mediante l'utilizzo o la presentazione di dichiarazioni o di documenti falsi o attestanti cose non vere, ovvero mediante l'omissione di informazioni dovute, consegue indebitamente, per sé o per altri, contributi, finanziamenti, mutui agevolati o altre erogazioni dello stesso tipo, comunque denominate, concessi o erogati dallo Stato, da altri enti pubblici o dalle Comunità europee*.

Trattasi di *reato comune*, potendo essere realizzato da *chiunque*, ed a carattere *sussidiario* sussistendo solo se il fatto non costituisca il diverso reato di cui all'art. 640bis.

La *condotta* può consistere nell'*utilizzare* o nel *presentare dichiarazioni o documenti falsi o attestanti cose non vere*; in presenza di artifici o raggiri tesi ad ingannare l'autorità procedente, ricorrerà la diversa figura prevista dall'art. 640bis. Può trattarsi tanto di una falsità *materiale* (documento *non genuino*, perché *contraffatto* o *alterato*) quanto di una falsità *ideologica* (dichiarazione non corrispondente al vero o documento contenente un'affermazione non corrispondente al vero).

La seconda modalità esecutiva consiste nell'*omettere informazioni dovute*.

Il *dolo* richiesto è *specifico*, dovendo il fatto essere commesso al fine di conseguire l'erogazione.

L'errore sulla genuinità del documento o sulla veridicità delle dichiarazioni esclude il dolo.

Il delitto si *consuma* col conseguimento indebito del beneficio (contributo, finanziamento, mutuo agevolato o altra erogazione) semprechè lo stesso superi 3.999 euro e 96 centesimi.

Il tentativo è senz'altro configurabile.

Se la *somma indebitamente percepita è pari o inferiore a 3.999 euro e 96 centesimi* il fatto costituisce soltanto un *illecito amministrativo*.

Ai sensi dell'art. 323bis, anch'esso modificato dalla legge n. 300 del 2000, la pena è diminuita fino ad un terzo se il fatto è di *particolare tenuità*.

Infine, per effetto dei correttivi dovuti alla **L.9-1-2019, n. 3** (c.d. *legge spazzacorrotti*) si è introdotta un'ipotesi aggravata della fattispecie in esame, per il caso in cui *il fatto sia commesso da un pubblico ufficiale o da un incaricato di un pubblico servizio con abuso della sua qualità o dei suoi poteri*. Si ha *abuso della qualità* quando il pubblico ufficiale, pur senza essere competente in relazione ad un atto, fa pesare la sua qualità per ottenere la indebita prestazione. Si ha, invece, *abuso dei poteri* quando il pubblico ufficiale esercita i poteri dei quali è investito in maniera illegittima o per conseguire un fine illecito.

La pena è della reclusione da sei mesi a tre anni (la reclusione da uno a quattro anni per l'ipotesi aggravata).

Misure cautelari personali, arresto in flagranza e fermo non sono consentiti.

6 Concussione (art. 317 c.p.)

Ai sensi della citata disposizione, riformulata dalla **L. 190/2012**, nonché, da ultimo dalla **L. 69/2015**, cd. legge anticorruzione 2015, risponde penalmente *il pubblico ufficiale o l'incaricato di un pubblico servizio che, abusando della sua qualità o dei suoi poteri, costringe taluno a dare o a promettere indebitamente, a lui o a un terzo, denaro o altra utilità*. Prima della riforma del 2012, veniva punita dalla norma in esame sia la concussione **per costrizione** (nel senso che si dirà di seguito) che quella **per induzione** (per tale intendendosi una attività dialettica dell'agente che, avvalendosi della sua autorità e ricorrendo ad argomentazioni di indole varia, fondate su elementi non privi di obiettiva veridicità, riesce a convincere il soggetto passivo alla dazione o alla promessa). Il legislatore ha reso **autonoma la concussione per induzione**, creando una figura di reato *ad hoc* (prevista dall'**art. 319quater**, rubricato «*Induzione indebita a dare o promettere utilità*») dotata di talune peculiarità disciplinari rispetto alla figura-base.

Il reato è *plurioffensivo*, presentando due soggetti passivi:

— lo *Stato*, leso nel suo interesse alla onestà dei pubblici funzionari;
— il *privato*, danneggiato dall'abuso di potere del funzionario.

Quanto ai *soggetti attivi*, come detto principiando il presente paragrafo, la fattispecie è stata oggetto di correttivi ad opera della **L. 27 maggio 2015, n. 69**, c.d. **legge anticorruzione 2015**, in virtù dei quali *si è esteso il novero dei potenziali soggetti attivi del reato agli incaricati di pubblico servizio*, espressamente esclusi dalla riforma del 2012, per tal via ritornando all'opzione politico-criminale della riforma del '90. Sul piano oggettivo costituiscono elementi strutturali della fattispecie:

a) L'abuso della qualità o dei poteri da parte del pubblico ufficiale

Si ha l'*abuso della qualità* quando il pubblico ufficiale, pur senza essere competente in relazione all'atto, fa pesare la sua qualità per ottenere la indebita prestazione.

Si ha l'*abuso dei poteri* quando il pubblico ufficiale esercita i poteri dei quali è investito in maniera illegittima o per conseguire un fine illecito (es.: il finanziere che sequestra un carico di sigarette di contrabbando al solo scopo di costringere il contrabbandiere a consegnargli una somma di denaro per ottenerne l'immediato dissequestro).

b) Il costringimento della vittima all'indebita prestazione

Si ha il *costringimento* quando il pubblico ufficiale usa violenza o minaccia nei confronti del privato per ottenere da lui l'indebita prestazione (es.: l'agente di P.S. che ottiene la prestazione dal privato minacciando di denunciarlo).

c) La indebita consegna ovvero la indebita promessa da parte della vittima, di consegnare al pubblico ufficiale danaro o altra utilità, come effetto del costringimento

La *dazione* si concretizza nel passaggio di un bene dalla disponibilità di un soggetto a quella di un altro, e può assumere le forme più diverse.

La promessa, invece, consiste nella manifestazione di un impegno, apparentemente valido, ad effettuare in futuro una prestazione. Essa può essere fatta in qualsiasi modo e non richiede forme particolari.

Oggetto della dazione o della promessa può essere sia il «*denaro*» che ogni «*altra utilità*», con ciò potendosi intendere, per la dottrina prevalente, qualunque cosa che rappresenti un vantaggio per la persona, anche se non corrispondente ad un interesse economico. Essa può consistere in un «dare» o in un «fare». Si ritiene, di conseguenza, che anche i favori sessuali rientrano nella nozione in esame, in quanto rappresentano un vantaggio per il funzionario che ne ottenga la promessa o la effettiva prestazione.

La prestazione è infine «*indebita*» quando non è dovuta, per legge o per consuetudine, né al pubblico ufficiale o all'incaricato di pubblico servizio, né alla pubblica amministrazione.

L'*elemento soggettivo* esige la coscienza e volontà del soggetto attivo di tutti gli elementi suddetti, con la consapevolezza che la prestazione consegnatagli o promessagli non gli è dovuta.

Pena: reclusione da 6 a 12 anni (ante riforma 2012 da 4 a 12 anni).

L'arresto in flagranza è facoltativo. Il fermo è consentito.

Sono previste riduzioni della pena per fatti di particolare tenuità (art. 323bis).

7 Corruzione (artt. 318-321 c.p.)

La disciplina della corruzione è contemplata negli artt. 318-321 del codice penale. Tali disposizioni sono state oggetto di sostanziali correttivi ad opera della **L. 6 novembre 2012 , n. 190**, nota, appunto, come «*legge anticorruzione*».

In particolare, prima della riforma del 2012, il codice distingueva due tipi di corruzione:

a) la *corruzione propria*, prevista dall'art. 319 c.p. ed avente ad oggetto l'omissione o il ritardo di un atto d'ufficio, oppure il compimento di un *atto contrario ai doveri di ufficio*;
b) la *corruzione impropria*, disciplinata dall'art. 318 c.p., per la quale oggetto del mercimonio era il compimento di un *atto d'ufficio*.

Nell'ambito di ciascuna figura, poi, si distingueva tra:

a) *corruzione (propria o impropria) antecedente*, che si ha quando il fatto di corruzione si riferisce ad un *atto che il funzionario deve ancora compiere*;
b) *corruzione (propria o impropria) susseguente*, che si ha quando il fatto di corruzione si riferisce ad un *atto che il funzionario ha già compiuto*.

A seguito dei correttivi operati dalla L. 190/2012, l'art. 318 viene riformulato in modo da rendere più evidenti i confini tra le diverse forme di corruzione: da una parte, la corruzione propria di cui all'art. 319, che rimane ancorata alla prospettiva del compimento di un atto contrario ai doveri d'ufficio (come anche all'omissione o ritardo di un atto d'ufficio), nonché al distinguo fra corruzione antecedente e susseguente, dall'altra, l'accettazione di una utilità indebita (o della sua promessa), da parte del pubblico ufficiale o dell'incaricato di pubblico servizio, che **prescinde dall'adozione o dall'omissione di atti inerenti al proprio ufficio**, ma si finalizza esclusivamente a remunerare l'esercizio delle funzioni o dei poteri spettanti al pubblico ufficiale (la qual cosa ha fatto venir meno, nella nuova corruzione impropria, il previgente distinguo fra corruzione antecedente e susseguente, peraltro, anche diversamente sanzionata, mancando, come detto, il riferimento ad uno specifico atto d'ufficio compiuto o da compiersi, oggetto della corruzione).

Esaminiamo, dunque, le diverse figure di corruzione.

a) Corruzione per l'esercizio della funzione (corruzione impropria, art. 318 c.p.)

Ai sensi del riformulato art. 318 c.p., risponde penalmente il pubblico ufficiale che, per l'esercizio delle sue funzioni o dei suoi poteri, indebitamente riceve, per sé o per un terzo, denaro o altra utilità o ne accetta la promessa.

Come in precedenza anticipato, la norma è stata oggetto di correttivi ad opera della L. 190/2012, la quale, nel sostituire integralmente il previgente art. 318 (rubricato «**Corruzione per un atto d'ufficio**») ha legato la percezione o la promessa di indebita retribuzione all'esercizio delle funzioni o poteri del pubblico ufficiale nel senso voluto dal corruttore (dunque sganciandola dal compimento di uno specifico atto d'ufficio), con conseguente soppressione della corruzione susseguente, quale figura sanzionata più lievemente (con l'occasione, si è provveduto, altresì, ad inasprire l'unitaria risposta sanzionatoria concernente il delitto in esame).

Il bene-interesse protetto dalla norma incriminatrice è costituito dal buon andamento, dalla correttezza e dall'imparzialità della pubblica amministrazione.

Trattasi di reato «*proprio*», in quanto può essere commesso dal pubblico ufficiale al quale, peraltro, l'art. 320 parifica anche l'incaricato di un pubblico servizio (prima dei correttivi del 2012, poteva rispondere del delitto in esame solo l'incaricato di pubblico servizio che rivestisse la qualità di pubblico impiegato).

Deve evidenziarsi, infine, che sull'impianto sanzionatorio di tale riscritta fattispecie (la *reclusione da uno a cinque anni*) hanno inciso dapprima la c.d. *legge anticorruzione* del 2015 (L. 27-5-2015, n. 69), portando il *massimo edittale a sei anni*, e, successivamente, la c.d. ***legge spazzacorrotti*** (**L. 9-1-2019, n. 3**), la quale ha provveduto a sostituire il citato margine edittale detentivo con la *reclusione da tre a otto anni*. L'arresto in flagranza è facoltativo ed il fermo consentito.

b) Corruzione propria antecedente e susseguente (art. 319 c.p.)

Rispondono di tale reato il pubblico ufficiale o l'incaricato di pubblico servizio il quale riceve, per sé o per un terzo, denaro od altra utilità ovvero ne accetta la promessa:

— per omettere o ritardare un atto del suo ufficio, o per aver omesso o ritardato tale atto;
— per fare o per aver fatto un atto contrario ai doveri d'ufficio. Alla stessa pena soggiace colui che dà (o ha dato e promette o ha promesso) il denaro o altra utilità.

Per effetto dei correttivi dovuti alla **L. 27 maggio 2015, n. 69**, c.d. **legge anticorruzione 2015**, la pena è la reclusione da 6 a 10 anni (ante riforma era da 4 a 8 anni); per l'ipotesi commessa dal privato e dall'incaricato di un pubblico servizio è ridotta in misura non superiore a un terzo. Le sanzioni in parola si applicano anche a chi dà o promette al P.U. o all'incaricato di pubblico servizio del denaro o altra utilità (art. 321 c.p.).

Sono previste riduzioni della pena per fatti di particolare tenuità (323bis).

L'art. 319bis, introdotto dalla L. 86/1990, prevede circostanze aggravanti e conseguente aumento di pena a carico del P.U. colpevole del reato di cui all'art. 319 c.p. (corruzione propria), se il fatto ha per oggetto il conferimento di pubblici impieghi o stipendi o pensioni o la stipulazione di contratti nei quali sia interessata la P.A. alla quale il P.U. appartiene, *nonché il pagamento o il rimborso di tributi* (tale ultima ipotesi aggravata, evidenziata in corsivo, è stata introdotta dal **D.L. 31-5-2010, n. 78, conv. in L. 30-7-2010, n. 122**).

Tali aggravanti tornano applicabili anche a carico dell'incaricato del pubblico servizio o del corruttore.

Nell'ipotesi di reato previste negli articoli 319 e 319bis è previsto l'arresto in flagranza ed il fermo.

c) Corruzione in atti giudiziari (art. 319ter c.p.)

L'articolo in parola delinea in modo autonomo l'ipotesi di corruzione in atti giudiziari se i fatti di cui agli artt. 318 e 319 (corruzione propria e impropria) vengono commessi per favorire una parte in un processo civile, penale o amministrativo.

Per effetto dei correttivi dovuti alla **L. 27-5-2015, n. 69** (c.d. **legge anticorruzione 2015**), la pena è della reclusione da 6 a 12 anni (ante riforma, da 4 a 10 anni). Quanto alle ipotesi aggravate, se dal fatto deriva l'ingiusta condanna di taluno alla reclusione non superiore a cinque anni, la pena è della reclusione da 6 a 14 anni (ante riforma, da 5 a 12 anni); se deriva l'ingiusta condanna alla reclusione superiore a cinque anni o all'ergastolo, la pena è della reclusione da 8 a 20 anni (ante riforma, da 6 a 20 anni).

8 Istigazione alla corruzione (art. 322 c.p.)

L'art. 322 c.p. (anch'esso oggetto di correttivi ad opera della **L. 190/2012**, coerenti con la riformulazione dell'art. 318 c.p.) indica quattro forme alternative di istigazione alla corruzione:

a) l'offerta o la promessa di denaro o altra utilità non dovuti ad un pubblico ufficiale o a un incaricato di pubblico servizio, per l'esercizio delle sue funzioni o dei suoi poteri, qualora l'offerta o la promessa non sia accettata (**istigazione alla corruzione impropria attiva**);
b) l'offerta o la promessa fatte per indurre un pubblico ufficiale o un incaricato di pubblico servizio ad omettere o a ritardare un atto dell'ufficio o servizio, ovvero a fare un atto contrario ai propri doveri, qualora l'offerta o la promessa non sia accettata (**istigazione alla corruzione propria attiva**);
c) la richiesta della promessa o dazione di denaro o altra utilità, da parte di un pubblico ufficiale o da un incaricato di pubblico servizio, fatta ad un privato e da questi rifiutata, per l'esercizio delle sue funzioni o dei suoi poteri (**istigazione alla corruzione impropria passiva**);
d) la richiesta analoga, da parte di un pubblico ufficiale o un incaricato di pubblico servizio, per omettere o ritardare un atto dell'ufficio o servizio, ovvero per fare un atto contrario ai propri doveri di ufficio (**istigazione alla corruzione propria passiva**).

Sebbene non richiami l'art. 319ter c.p., si ritiene che il delitto in esame sia ammesso anche con riferimento alla **corruzione in atti giudiziari**.

La norma incriminatrice in esame, in altri termini, contempla delle ipotesi di tentativo di corruzione, considerandole come ipotesi autonome di reato, perché altrimenti il fatto — in quanto integra una ipotesi di **istigazione non accolta** — non potrebbe essere punito in base al principio di cui all'art. 115 c.p.

Per la consumazione del reato è sufficiente la semplice offerta o promessa, purché sia caratterizzata da adeguata serietà e sia in grado di turbare psicologicamente il pubblico ufficiale o l'incaricato di pubblico servizio, così che sorga il pericolo che egli accetti l'offerta o la promessa.

Per le ipotesi di cui alle lettere a) e c) si applica la pena della reclusione da 1 a 5 anni, ridotta di un terzo; per le ipotesi di cui alle lettere b) e d), la pena è la reclusione da 4 a 8 anni, ridotta di un terzo. L'arresto in flagranza è facoltativo, mentre il fermo non è consentito.

9 Induzione indebita a dare o promettere utilità (art. 319quater c.p.)

Ai sensi della citata previsione, neointrodotta dalla cd. *legge anticorruzione* (**L. 190/2012**), risponde penalmente il pubblico ufficiale o l'incaricato di pubblico servizio che, abusando della sua qualità o dei suoi poteri, induce taluno a dare o a promettere indebitamente, a lui o a un terzo, denaro o altra utilità.

Come sopra anticipato, la norma traduce l'intento del legislatore di estrapolare dal corpus dell'art. 317 c.p. la cd. **concussione per induzione**, trasformandola in *configurazione speciale rispetto all'ipotesi-base* (cd. concussione per costrizione, per il cui esame si rinvia al §6).

Con l'occasione, si è provveduto a differenziare le due tipologie rispetto a taluni peculiari profili disciplinari. Nello specifico, a differenza dell'ipotesi-madre di concussione (come anche di quella previgente), si è attribuito alla fattispecie che si esamina *carattere sussidiario* (essendo configurabile solo ove il fatto non costituisca più grave reato). Inoltre, riproducendo il previgente art. 317 (dunque l'opzione politico-criminale del legislatore del '90), si è esteso il novero dei potenziali soggetti attivi del reato all'*incaricato di pubblico servizio*. Ma ciò che realmente connota tale inedita previsione è la scelta di prevedere la *punibilità del concusso*.

Se dunque si eccettuano tali profili disciplinari, la struttura oggettiva del delitto in esame è sovrapponibile a quella della concussione, di cui al riformulato art. 317. È, dunque, possibile rinviare al relativo commento per un sintetico esame delle nozioni comuni (**abuso della qualità o dei poteri, dazione o promessa indebita di denaro o altra utilità**).

Resta da esaminare un ulteriore elemento specializzante, costituito dall'**induzione del concusso**. Questa si oggettiva in una attività dialettica dell'agente che, avvalendosi della sua autorità e ricorrendo ad argomentazioni di indole varia, fondate su elementi non privi di obiettiva veridicità, riesce a convincere il soggetto passivo alla dazione o alla promessa. La condotta non è vincolata a forme predeterminate e tassative, ma può estrinsecarsi in qualsiasi modo, a condizione che sia in concreto idonea ad influenzare l'intelletto e la volontà della vittima, convincendola della opportunità, per evitare il peggio, di aderire alla richiesta.

Per effetto dei correttivi dovuti alla **L. 27 maggio 2015, n. 69**, cd. **legge anticorruzione 2015**, la pena è la reclusione da 6 a 10 anni e 6 mesi (ante riforma era da 3 a 8 anni) per chi *induce mediante abuso*, mentre è la reclusione fino a 3 anni per chi, in conseguenza dell'induzione, *da o promette denaro o altra utilità*.

10 Abuso di ufficio (art. 323 c.p.)

Commette tale reato il *pubblico ufficiale o l'incaricato di un pubblico servizio che, nello svolgimento delle funzioni o del servizio, in violazione di norme di legge o di regolamento, ovvero omettendo di astenersi in presenza di un interesse proprio o di un prossimo congiunto o negli altri casi prescritti, intenzionalmente procura a sé o ad altri un ingiusto vantaggio patrimoniale ovvero arreca ad altri un danno ingiusto*.

Il reato di abuso di ufficio così formulato è frutto di modifiche introdotte dalla L. 234/1997 al fine di circoscrivere l'ambito di applicabilità dell'art. 323 c.p., attraverso una più puntuale precisazione della condotta incriminata.

Di fronte al dilagare delle incriminazioni per abuso di ufficio, dovuta ad una carenza di determinatezza del precetto, da più parti si invocava una modifica della fattispecie che ponesse un limite all'intervento penale, dando maggiore certezza all'azione amministrativa.

L'aspetto più significativo della nuova formulazione dell'art. 323 c.p. è rappresentato dal fatto che la configurabilità del reato è ancorata al verificarsi di un *evento di danno*, consistente nell'aver procurato a sé o ad altri un ingiusto vantaggio patrimoniale ovvero nell'aver arrecato ad altri un danno ingiusto. In tal modo il legislatore ha inteso individuare con maggiore precisione le **condotte** al fine di ridurre i margini di interpretazione affidata alla giurisprudenza.

Altro elemento di novità dell'articolo in esame riguarda la *necessità della violazione di norme di legge o di regolamento* realizzata dal pubblico ufficiale o dall'incaricato di pubblico servizio. Anche questo aspetto serve a circoscrivere la configurabilità del reato attraverso la individuazione delle norme la cui violazione (anche mediante una condotta omissiva) integra l'abuso.

La condotta punita può consistere anche nella *violazione dell'obbligo di astensione*, non solo quando sussista un interesse proprio o di un prossimo congiunto, ma anche «negli altri casi prescritti». Questa espressione generica pone problemi sia sotto il profilo della tassatività che sotto quello della riserva di legge.

L'*oggetto giuridico* del reato in esame è rappresentato dal *buon andamento e dall'imparzialità della P.A.* e **soggetto attivo** può essere il *pubblico ufficiale o l'incaricato di un pubblico servizio*: si tratta, dunque, di un *reato proprio*.

Per quanto riguarda l'*elemento soggettivo*, con la L. n. 234 del 1997, non rileva più il dolo specifico consistente nello scopo di avvantaggiare sé o altri ovvero di danneggiare taluno. Nella nuova formulazione, il delitto di abuso è punito a titolo di *dolo generico*: il legislatore ha, infatti, puntato sull'*intenzionalità* dell'ingiusto vantaggio patrimoniale o del danno ingiusto, perseguiti dall'agente come conseguenza della propria azione o omissione.

Ne consegue che, mentre l'abuso non patrimoniale assume rilevanza penale soltanto quando intenzionalmente venga arrecato un danno ad altri, risulta abrogata la fattispecie dell'abuso diretto a procurare un vantaggio non patrimoniale.

Ricorre, poi, una *circostanza aggravante speciale oggettiva* quando il vantaggio o il danno hanno carattere di rilevante gravità. Relativamente al rapporto con altre figure di reato va ricordato che la norma contiene una *clausola di sussidiarietà* rispetto a tutte le ipotesi in cui il fatto costituisca un più grave reato.

La pena è della reclusione da 1 a 4 anni (prima della L. 190/2012, c.d. legge anticorruzione, la pena era la reclusione da 6 mesi a 3 anni). L'arresto in flagranza è facoltativo, mentre il fermo non è consentito.

11 Rifiuto di atti di ufficio. Omissione (art. 328 c.p.)

a) Rifiuto

Il primo comma dell'articolo 328 disciplina in modo dettagliato l'ipotesi di rifiuto di atti d'ufficio: il reato viene commesso dal P.U. o dall'incaricato di pubblico servizio che indebitamente rifiuti un atto del suo ufficio che debba esser compiuto senza ritardo per motivi di «sicurezza pubblica, ordine pubblico, giustizia o igiene e sanità».

Il comportamento delittuoso consiste nell'espresso diniego di compiere uno specifico atto doveroso; in particolare il legislatore ha inteso precisare *quattro specifici campi* della P.A. nei quali il rifiuto si sostanzia in un comportamento delittuoso.

La pena prevista è della reclusione da 6 mesi a 2 anni.

Arresto in flagranza e fermo non sono previsti.

Esempio di tale reato è quello della guardia medica che, chiamata per visitare un malato grave, si rifiuti di prestare la propria opera.

b) Omissione

Al di là delle ipotesi di rifiuto sopra illustrate, il 2° comma dell'art. 328 prevede il caso dell'omissione di atti di ufficio.

Incorre in tale reato il P.U. o l'incaricato di un pubblico servizio che a seguito di esplicite richieste da parte del soggetto interessato, nei 30 gg. successivi a tale richiesta, non compia gli atti del suo ufficio né chiarisca le ragioni di tale ritardo.

La richiesta in parola deve essere formulata per iscritto ed il termine di 30 gg. decorre dalla data in cui il P.U. ha ricevuto la relativa istanza.

È prevista la pena alternativa della reclusione fino ad 1 anno o della multa fino a 1.032 euro.

Non è previsto né l'arresto in flagranza né il fermo.

12 Interruzione di un servizio pubblico o di pubblica necessità (art. 331 c.p.)

Risponde di tale reato *chi, esercitando imprese di servizio pubblico o di pubblica necessità, interrompe il servizio, ovvero sospende il lavoro nei suoi stabilimenti, uffici o aziende, in modo da turbare la regolarità del servizio.*

Interrompere il servizio significa romperne la continuità, in modo che non si svolga più regolarmente.

Sospendere il lavoro significa cessare temporaneamente l'attività.

Il turbamento della regolarità del servizio è l'evento del reato, per cui questo si consuma col verificarsi di tale turbamento.

La pena è della reclusione da 6 mesi ad 1 anno e della multa non inferiore a 516 euro.

9
Delitti dei privati contro la P.A.

In tale categoria rientrano tutti quei reati commessi in *danno della P.A.* da soggetti *estranei* al suo apparato organizzativo.
Di essi esaminiamo quelli principali nei paragrafi che seguono.

1 Violenza o minaccia a un pubblico ufficiale (art. 336 c.p.)

La norma punisce chiunque usa violenza o minaccia a un pubblico ufficiale o ad un incaricato di un pubblico servizio per costringerlo:

a) a fare un *atto contrario ai propri doveri* o ad omettere un atto dell'ufficio o del servizio (reclusione da 6 mesi a 5 anni);
b) a compiere *un atto del proprio ufficio* o servizio o per influire comunque su di esso (reclusione fino a 3 anni).

Con essa viene tutelato l'interesse a che la *volontà* dello Stato e di tutti gli altri enti pubblici possa formarsi *liberamente, senza* alcuna *interferenza* violenta o minacciosa proveniente da un soggetto ad essa *estraneo* e diretta ad orientarla in modo diverso (esempi: l'usare violenza nei confronti del Sindaco per costringerlo a rilasciare una licenza edilizia; il minacciare il funzionario che istruisce una pratica per costringerlo ad accelerare la definizione).

La *violenza* (impiego di forza fisica) e la *minaccia* (il prospettare alla vittima un male futuro in alternativa a quanto richiesto) devono essere posti in essere dal soggetto per costringere il pubblico funzionario a tenere un comportamento diverso da quello voluto.

2 Resistenza a un pubblico ufficiale (art. 337 c.p.)

Commette tale reato chiunque usa violenza o minaccia per opporsi a un pubblico ufficiale o ad un incaricato di un pubblico servizio, mentre compie un atto di ufficio o di servizio, o a coloro che, richiesti, gli prestano assistenza (esempi: colui che colpisce con un pugno l'agente di P.S. che lo ha invitato in Questura per accertamenti; il conducente di un autoveicolo che, invitato a fermarsi da un agente di polizia, gli dirige contro l'autoveicolo costringendolo a scansarsi; colui che compie manovre per causare una collisione con un automezzo della forza pubblica).

La norma mira a tutelare la *libertà di azione della P.A.* e ad assicurare che l'attuazione delle determinazioni volitive precedentemente adottate possa esplicarsi senza alcun ostacolo frapposto dai destinatari di esse.

L'*elemento oggettivo* richiede una violenza o minaccia esercitata contestualmente al compimento dell'atto d'ufficio da parte del pubblico ufficiale.

È, però, sempre necessaria una *resistenza attiva*, concretantesi in un *comportamento violento o minaccioso* avente ad oggetto *persone* (es.: pugno che colpisce il carabiniere che deve eseguire una perquisizione) o *cose* (es.: si distrugge un oggetto per impedirne la confisca).

La *cd. resistenza passiva* (es.: darsi alla fuga, buttarsi a terra a peso morto, rifiutarsi di obbedire agli ordini) *non integra il reato,* mancando in tale comportamento ogni atteggiamento di *violenza* o *minaccia.*

Pena: reclusione da 6 mesi a 5 anni.

L'arresto in flagranza è facoltativo. Il fermo non è consentito.

3 La reintroduzione dell'oltraggio a pubblico ufficiale ad opera del cd. «pacchetto sicurezza» (L. 94/2009)

Soppresso dalla L. 25-6-1999, n. 205, in occasione della predisposizione di una delega per un'ampia depenalizzazione di reati minori, l'oltraggio a pubblico ufficiale è stato reintrodotto dalla **L. 15-7-2009, n. 94** (nota come «*pacchetto sicurezza*»). Se la sua abolizione venne fondata sulla considerazione che trattatavasi di previsione frutto della concezione autoritaria e sacrale dei rapporti tra pubblici ufficiali e cittadini, tipica dell'epoca storica del codice Rocco e discendente dalla matrice ideologica allora dominante, i fautori della sua reintroduzione sostengono che le istituzioni e chi le rappresenta costituiscono un punto di riferimento importante per la vita dei cittadini, dunque non vanno trascurate o abbandonate e la loro immagine e il loro prestigio vanno difesi, per il ruolo e la funzione che essi svolgono per l'intera collettività.

Ciò detto in linea di principio, il neointrodotto art. 341bis sanziona penalmente *chiunque, in luogo pubblico o aperto al pubblico e in presenza di più persone, offende l'onore ed il prestigio di un pubblico ufficiale mentre compie un atto d'ufficio ed a causa o nell'esercizio delle sue funzioni.*

La *condotta* consiste, dunque, nell'offesa (la quale può manifestarsi in qualsiasi modo, anche con atti o in forma gestuale) all'onore (da intendersi in senso oggettivo, come il complesso delle qualità morali di una persona) ed al prestigio (inteso quale particolare forma di decoro determinata dalla posizione del soggetto passivo) del pubblico ufficiale, in presenza di più persone (in precedenza tale situazione determinava un aggravio sanzionatorio), oltre che in luogo pubblico o aperto al pubblico. Anche nella nuova formulazione della fattispecie, inoltre, è richiesta la presenza di una relazione causale o temporale tra l'offesa e la qualifica funzionale.

Come nella previgente formulazione, la fattispecie è *aggravata* se *l'offesa consiste nell'attribuzione di un fatto determinato.* Tuttavia, a differenza che in precedenza, se la verità del fatto è provata o se per esso l'ufficiale a cui il fatto è attribuito è condannato dopo l'attribuzione del fatto medesimo, l'autore dell'offesa non è punibile. Il legislatore del 2009 ha, altresì, predisposto una causa di estinzione del reato per il caso in cui l'imputato, prima del giudizio, abbia riparato interamente il danno, mediante risarcimento di esso sia nei confronti della persona offesa sia nei confronti dell'ente di appartenenza della medesima.

La pena è la reclusione fino a 3 anni, aumentata fino ad un terzo nell'ipotesi aggravata; l'arresto in flagranza ed il fermo non sono consentiti.

4 La codificazione della cd. reazione legittima ad atti arbitrari del pubblico ufficiale (art. 393bis c.p.)

Altra innovazione disciplinare introdotta dal cd. *pacchetto sicurezza* (**L. 94/2009**) e successivamente modificata dalla **L. 3-7-2017, n. 105** (a cui si deve il riferimento all'art. 339bis del codice penale) si traduce nella «codificazione» di una «vetusta» esimente, la cui previsione, contenuta nell'art. 4 del D.Lgs.Lgt. 14-9-1944, n. 288, nota come «*Reazione legittima agli atti arbitrari dei pubblici ufficiali*», è stata sostanzialmente riprodotta dal neoinserito art. 393bis c.p. (norma, peraltro, inopinatamente inserita fra i delitti contro l'amministrazione della giustizia). In particolare, ai sensi della citata previsione «*non si applicano le disposizioni degli articoli 336, 337, 338, 339, 339bis, 341bis, 342 e 343 quando il pubblico ufficiale o l'incaricato di un pubblico servizio ovvero il pubblico impiegato abbia dato causa al fatto preveduto negli stessi articoli, eccedendo con atti arbitrari i limiti delle sue attribuzioni*».

Costituisce «atto arbitrario» del funzionario qualsiasi comportamento posto in essere in esecuzione di pubbliche funzioni, di per sé legittime, ma connotato da difetto di congruenza tra le modalità impiegate e le finalità per le quali è attribuita la funzione stessa, a causa della violazione degli elementari doveri di correttezza e civiltà che devono caratterizzare l'agire dei pubblici ufficiali; è, quindi arbitrario quel comportamento che obiettivamente (non per mere valutazioni soggettive) manifesti o riveli un carattere di prepotenza o di sopruso, determinato dalla consapevole volontà dell'agente di perseguire fini, o usare mezzi, che non sono compatibili, in senso largo, col nostro ordinamento giuridico. La neointrodotta previsione codicistica (come già la previgente norma speciale) richiede espressamente che il pubblico ufficiale «ecceda i limiti delle sue attribuzioni», ponendo in essere un comportamento non consentito dall'ordinamento giuridico. Tale eccesso si può concretare in un eccesso di potere, in una incompetenza, in una violazione di legge o, anche, in un vizio di merito, e cioè nell'uso inopportuno di un potere discrezionale.

IV Lingua inglese

Sommario Parte IV

Per chi vuole approfondire lo studio della materia si consiglia il volume La Prova di Inglese per tutti i concorsi *(cod.* ***240/A****) edito da questa Casa Editrice.*

SCHEDA 1 Alfabeto, regole di pronuncia e segni d’interpunzione

Rispetto all’alfabeto italiano, formato da ventuno lettere, quello inglese ne contiene cinque in più: le tre consonanti ***j***, ***k***, ***x*** e le due semivocali ***w***, ***y***, per un totale, dunque, di ventisei lettere, di seguito elencate insieme con le rispettive trascrizioni fonetiche.

A	[ei]	**N**	[en]
B	[bi:]	**O**	[ou]
C	[si:]	**P**	[pi:]
D	[di:]	**Q**	[kju:]
E	[i:]	**R**	[a:ʳ]
F	[ef]	**S**	[es]
G	[dʒi:]	**T**	[ti:]
H	[eitʃ]	**U**	[ju:]
I	[ai]	**V**	[vi:]
J	[dʒei]	**W**	[‘dˆblju:]
K	[kei]	**X**	[eks]
L	[el]	**Y**	[wai]
M	[em]	**Z**	[zed]

In inglese la conoscenza dell’alfabeto è fondamentale per la *compitazione* dei vocaboli (cioè per poter leggere lentamente una parola, separando i singoli suoni o le sillabe che la compongono), ovvero per eseguire correttamente lo ***spelling*** (pronuncia distaccata delle singole lettere che compongono una parola), che può essere richiesto mediante una delle seguenti frasi: ***What’s the spelling of...? / How do you spell...?*** (Qual è la compitazione di...?).

Si ricordi che durante lo *spelling*:

- le lettere maiuscole si fanno precedere dalla parola ***capital*** (*John Smith* = *capital dʒei – ou – eitʃ – en; capital es – em – ai – ti: – eitʃ*);
- se in una parola si susseguono due lettere uguali, se ne pronuncerà una sola preceduta da ***double*** (*What’s the spelling of “book”? bi: – double ou – kei*).

L’ortografia inglese non è fonetica. La stessa lettera (o lo stesso gruppo di lettere) si può pronunciare in modo differente in parole diverse: *enough* (***gh*** = f); *eight* (***gh*** è muta); *ghost* (***gh*** = g).

Per fornire un aiuto ulteriore nella pronuncia delle parole inglesi molti dizionari riportano l’**alfabeto fonetico**, costituito da simboli che rappresentano i vari suoni.

CONSONANTI		
Suono inglese	**Esempi**	**Come in italiano...**
p	***p**en, ti**p***	**p**ane
b	***b**ut, we**b***	**b**ene
t	***t**wo, be**t***	**t**ipo
d	***d**o, o**dd***	**d**olce
tʃ	***ch**air, na**t**ure, tea**ch***	**c**inese
dʒ	***g**in, **j**oy, e**dg**e*	**gi**ardino
k	***c**at, **k**ill, **q**ueen, thi**ck***	**c**ambio
g	***g**o, **g**et, be**g***	**g**ara
f	***f**ool, enou**gh**, lea**f***	**f**aro
v	***v**oice, ha**v**e*	**v**ite
θ	***th**ing, wi**th***	**th** sonoro
ð	***th**is, brea**th**e*	**th** sordo
s	***s**ee, **c**ity, pa**ss**, li**s**ten*	**s**ole
z	***z**oo, ro**s**e*	re**s**o
ʃ	***sh**e, **s**ure, emo**ti**on, lea**sh***	**sc**irocco
ʒ	*plea**s**ure, bei**ge***	fr. **G**eor**g**e
h	***h**am, **h**ot*	**h** aspirata
m	***m**an, ha**m***	**m**usica
n	***n**o, ti**n***	**n**ave
ŋ	*si**ng**er, ri**ng***	fr. ci**n**q
l	***l**eft, fau**l**t*	**l**uce
r	***r**ipe, t**r**ue*	**r**iva
w	***w**e, **wh**ich*	**u**ovo
j	***y**es, be**y**ond*	**i**odio

VOCALI		
Suono inglese	**Esempi**	**Come in italiano...**
a:	*f**a**ther, st**a**rt*	**a** molto allungata
i:	*s**ee**, rec**ei**ve*	f**i**ne
i	*c**i**ty, pr**e**tty*	**i** molto breve
e	*b**e**d, s**ai**d*	b**e**llo
ə:	*b**i**rd, h**ea**rd*	fr. h**eu**re
æ	*l**a**d, c**a**t*	suono aperto tra la **a** e la **e**
ʌ	*r**u**n, en**ou**gh*	**a** molto breve
ɔ	*n**o**t, w**a**sp*	r**o**sa
ɔ:	*l**aw**, c**augh**t*	c**o**rso
u	*p**u**t, b**oo**k*	**u** molto breve
u:	*s**oo**n, thr**ough***	l**u**na
ə	***a**bout, col**our***	**a** quasi muta

(*Segue*)

DITTONGHI		
Suono inglese	**Esempi**	**Come in italiano...**
ei	*d**ay**, st**ea**k*	sc**ei**cco
ou	*c**o**ke, c**oa**t*	**o** chiusa con la **u** molto breve
ai	*m**y**, s**igh**t*	m**ai** con la **i** molto breve
ɔi	*b**oy**, ch**oi**ce*	p**oi** con la **i** molto breve
au	*n**ow**, d**ou**bt*	ci**ao**
iə	*n**ear**, h**ere***	sp**ia** con la **a** quasi muta
ɛə	*h**air**, th**ere***	r**ea**le con la **e** aperta
uə	*t**our**, s**ure***	t**ua** con la **a** quasi muta

SEGNI D'INTERPUNZIONE		
Punteggiatura	**In inglese**	**In italiano**
.	*full stop*	punto
,	*comma*	virgola
:	*colon*	due punti
;	*semicolon*	punto e virgola
?	*question mark*	punto interrogativo
!	*exclamation mark*	punto esclamativo
'	*apostrophe*	apostrofo
-	*hyphen*	trattino
—	*dash*	lineetta
()	*brackets / parenthesis*	parentesi tonde
[ ]	*square brackets*	parentesi quadre
...	*dots*	punti di sospensione
" "	*inverted commas / quotation mark*	virgolette
*****	*asterisk*	asterisco

SCHEDA 2 Plurale dei sostantivi, *count and non-count nouns*, gen. sassone

1 Come formare il plurale

Quasi tutti i sostantivi in inglese hanno sia la forma singolare che quella plurale. Il plurale di solito si forma aggiungendo il **suffisso "s"**. Esistono inoltre alcune forme irregolari.

PARTE FINALE DEL SOSTANTIVO	FORMAZIONE DEL PLURALE	ESEMPI
-s, -sh, -ch, -x, -z, -o	**si aggiunge *-es***	***tax - taxes*** ***boss - bosses***
consonante + *y*	**si cambia *y* in *i* e s'aggiunge *-es***	***fly - flies*** ***baby - babies***
maggior parte degli altri	**si aggiunge il suffisso -s**	***cat - cats*** ***day - days***

2 I plurali irregolari

Sebbene la maggior parte dei sostantivi formi il plurale regolarmente, altri hanno plurali insoliti o irregolari.

TIPO DI SOSTANTIVO	FORMAZIONE DEL PLURALE	ESEMPI
termina con *-fe*	**cambia *f* in *v* e poi s'aggiunge *-s***	***knife - knives*** ***life - lives***
termina con *-f*	**cambia *f* in *v* e poi s'aggiunge *-es***	***half - halves*** ***wolf - wolves***
termina con *-us*	**cambia *-us* in *-i***	***cactus - cacti*** ***nucleus - nuclei***
termina con *-is*	**cambia *-is* in *-es***	***analysis - analyses*** ***crisis - crises***
termina con *-on*	**cambia *-on* in *-a***	***phenomenon - phenomena***
altri tipi	**cambia la vocale o cambia la parola o s'aggiunge una finale differente**	***man-men*** ***foot-feet*** ***tooth-teeth*** ***child-children*** ***person-people***
non cambia	**singolare e plurale sono gli stessi**	***sheep*** ***deer***

3 Sostantivi numerabili e non numerabili

In inglese ci sono due tipi di sostantivi: sostantivi numerabili (***count nouns***) e non numerabili (***non-count nouns***). I non numerabili di solito non hanno il plurale.

Di seguito sono illustrate le differenze tra i due tipi:

COUNT NOUNS	**Sono sostantivi che possono essere numerati. Inoltre, quando un *count noun* è singolare viene spesso preceduto dall'articolo indeterminativo *a/an***	***There are two books on the table.*** ***There is an elephant in my car.***
NON-COUNT NOUNS	**Sono di solito sostantivi che non possono essere numerati, come *riso* (*rice*) o *acqua* (*water*). I sostantivi non numerabili hanno la sola forma singolare; quando non compaiono da soli sono preceduti dalle forme *some, any, no***	***Could I have some water, please?*** ***I'd like rice with my steak.***

I sostantivi numerabili sono di solito oggetti che possono essere numerati, mentre quelli non numerabili sono spesso sostanze, come cibi e bevande, che non possono essere facilmente contate (*sand* "sabbia", *water* "acqua", *bread* "pane") o sono idee astratte (come *nature* "natura", *space* "spazio" o *entertainment* "divertimento"). Ecco alcuni esempi:

- *COUNT NOUNS: pen, table, car, idea, answer, class, exam, shoe*
- *NON-COUNT NOUNS: education, intelligence, clothing, soap, air, cheese, grass, literature*

4 Come numerare i *non-count nouns*

Talvolta possiamo avere il bisogno di numerare i sostantivi non numerabili per indicare una quantità. A tale scopo si possono usare delle parole di misurazione o di conteggio, come ad esempio:

- ***a bar*** *of chocolate* — **una barra** di cioccolato
- ***two loaves*** *of bread* — **due pagnotte** di pane
- ***three slices*** *of meat* — **tre fettine** di carne

È utile conoscere alcune delle più comuni parole di misurazione o di conteggio e saperle usare. Eccone degli esempi:

PAROLA DI MISURAZIONE E CONTEGGIO		SOSTANTIVI USATI CON ESSA
bar	*of*	***chocolate soap***
cube		***sugar ice***
game		***tennis football cards***
glass		***wine beer water juice***
piece		***advice information clothing furniture machinery***

È necessario conoscere la differenza tra i sostantivi numerabili e non numerabili per adoperare correttamente:

- gli articoli (*the, a/an*)
- i plurali dei sostantivi
- le forme *much/many*

MUCH (molto/a/i/e) e *TOO MUCH* (troppo/a/i/e) si usano con i **sostantivi non numerabili**.

MANY (molti/e) e *TOO MANY* (troppi/e) si usano con i **sostantivi numerabili**.

5 Il genitivo sassone

Il GENITIVO SASSONE viene spesso usato in inglese per indicare il possesso, soprattutto quando il "possessore" è:

- **persona o animale**
  Es: *My brother's car is red* ("La macchina di mio fratello è rossa")
- **nazione o città**
  Es: *London's squares are large* ("Le piazze di Londra sono grandi")
- **avverbi di tempo**
  Es: *Today's match is at 4.00* ("La partita di oggi è alle 4")
- **espressione di distanza e peso**
  Es: *It's a 700 kilometers' journey* ("È un viaggio di 700 Km")
- **pronomi indefiniti**
  Es: *Everyone's body temperature is 37°C* ("La temperatura corporea di tutti è di 37°C")

Il GENITIVO SASSONE si costruisce secondo il seguente schema:

possessore + *'s* + persona/animale/cosa posseduta (senza articolo)

- Quando il possessore termina in *-s*, può essere seguito solo dall'apostrofo senza *s*:
  Es: *Is that the girls' room or the boys' room?* ("Quella è la stanza delle ragazze o la stanza dei ragazzi?")
- Quando vi sono più possessori:
  - si aggiunge *'s* solo all'ultimo possessore se il possesso è condiviso
    Es: *John and Mary's parents are in Sweden* ("I genitori di John e Mary sono in Svezia")
  - si aggiunge *'s* a ciascun possessore se il possesso è individuale
    Es: *John's and Mary's parents are in Sweden* ("I genitori di John e quelli di Mary sono in Svezia").

I seguenti sostantivi sono di solito omessi quando hanno la funzione di "cosa posseduta":

- ***house***
- ***restaurant***
- ***shop / store***
- ***hospital***
- ***church / cathedral***
- ***office***

Es: *She is going to Bob's* ("Lei sta andando a casa di Bob")
Es: *Where is the nearest chemist's?* ("Dov'è la farmacia più vicina?")
Es: *We visited St. Paul's* ("Abbiamo visitato la cattedrale di St. Paul")

SCHEDA 3 Pronomi personali, aggettivi e pronomi possessivi

L'inglese, come l'italiano, distingue nella forma i **pronomi personali** a seconda della funzione (di soggetto o di complemento) che hanno nella frase.

SUBJECT PRONOUNS **(PRONOMI PERSONALI SOGGETTO)**		***OBJECT PRONOUNS*** **(PRONOMI PERSONALI COMPLEMENTO)**	
I	*we*	*me*	*us*
you	*you*	*you*	*you*
he *she* *it*	*they*	*him* *her* *it*	*them*

I **pronomi riflessivi** in inglese vengono generalmente utilizzati come in italiano.

REFLEXIVE PRONOUNS **(PRONOMI RIFLESSIVI)**	
myself	*ourselves*
yourself	*yourselves*
himself *herself* *itself*	*themselves*

Per quanto concerne i **possessivi**, esistono forme distinte per i **pronomi** e per gli **aggettivi**.

POSSESSIVE ADJECTIVES **(AGGETTIVI POSSESSIVI)**		***POSSESSIVE PRONOUNS*** **(PRONOMI POSSESSIVI)**	
my	*our*	*mine*	*ours*
your	*your*	*yours*	*yours*
his *her* *its*	*their*	*his* *hers*	*theirs*

Mentre i possessivi italiani concordano per genere e numero con la cosa posseduta (*la mia chiave, le mie chiavi, il mio cappello, i miei cappelli*), i possessivi in inglese non concordano con il genere e il numero della cosa posseduta, ma con il genere e il numero del **possessore**:

Sayid's country → ***his country***

The others' intentions → ***their intentions***

singolare: ***my book*** → plurale: ***my books***

femminile: ***my daughter*** → maschile: ***my son***

SCHEDA 4 Le espressioni di quantità

Nella tabella seguente sono riportati i termini che l'inglese utilizza per esprimere la quantità.

CON I VERBI	ESEMPI
a lot	*I work a lot.*
not (very) much	*I don't work (very) much.*
a little (bit)	*I sometimes work a little (bit) in the evening.*

CON GLI AGGETTIVI E CON GLI AVVERBI	ESEMPI
very	*My car is very expensive.* *She speaks very slowly.*
not very	*My car isn't very expensive.* *She doesn't speak very slowly.*

CON GLI *UNCOUNTABLE NOUNS*	ESEMPI
a lot of, lots of, plenty of	*We have a lot of money.* *We have lots of money.* *We have plenty of money.*
not much	*We haven't got much money.*
(a) little	*We have a little money.* *We have very little money.*

CON I *COUNTABLE NOUNS*	ESEMPI
many, a lot of, lots of, plenty of	*He has many friends.* *He has a lot of friends* *He has lots of friends.* *He has plenty of friends*
not many	*He hasn't got many friends.*
(a) few	*He has a few good friends.* *He has very few good friends.*

SCHEDA 5 I numerali

1 Tabella dei numerali cardinali e ordinali

NUMERI	CARDINALI	ORDINALI	NUMERI	CARDINALI	ORDINALI
1	*one*	*the first*	**21**	*twenty-one*	*the twenty-first*
2	*two*	*the second*	**22**	*twenty-two*	*the twenty-second*
3	*three*	*the third*	**23**	*twenty-three*	*the twenty-third*
4	*four*	*the fourth*	**24**	*twenty-four*	*the twenty-fourth*
5	*five*	*the fifth*	**25**	*twenty-five*	*the twenty-fifth*
6	*six*	*the sixth*	**26**	*twenty-six*	*the twenty-sixth*
7	*seven*	*the seventh*	**27**	*twenty-seven*	*the twenty-seventh*
8	*eight*	*the eighth*	**28**	*twenty-eight*	*the twenty-eighth*
9	*nine*	*the ninth*	**29**	*twenty-nine*	*the twenty-ninth*
10	*ten*	*the tenth*	**30**	*thirty*	*the thirtieth*
11	*eleven*	*the eleventh*	**31**	*thirty-one*	*the thirty-first*
12	*twelve*	*the twelfth*	**40**	*forty*	*the fortieth*
13	*thirteen*	*the thirteenth*	**50**	*fifty*	*the fiftieth*
14	*fourteen*	*the fourteenth*	**60**	*sixty*	*the sixtieth*
15	*fifteen*	*the fifteenth*	**70**	*seventy*	*the seventieth*
16	*sixteen*	*the sixteenth*	**80**	*eighty*	*the eightieth*
17	*seventeen*	*the seventeenth*	**90**	*ninety*	*the ninetieth*
18	*eighteen*	*the eighteenth*	**100**	*a (one) hundred*	*the hundredth*
19	*nineteen*	*the nineteenth*	**1,000**	*a (one) thousand*	*the thousandth*
20	*twenty*	*the twentieth*	**1,000,000**	*a (one) million*	*the millionth*

2 I numeri cardinali

Di norma il **numero zero** si legge:

- ***nought*** in Gran Bretagna (0.56, *nought point five six*) e ***zero*** negli USA, in particolare nel conto alla rovescia (... 3, 2, 1, 0, ... *three, two, one, zero*);
- ***ou*** in numeri telefonici, prefissi, codici postali... (tel. 6204, *tel. six, two, ou, four*);
- ***nil*** nei risultati di partite sportive (Inter-Milan 2-0, *Inter-Milan two-nil*);
- ***love*** per i risultati delle partite di tennis (*forty-love*, quaranta a zero);
- ***zero*** come grado di temperatura (-5°C / 5 gradi sotto zero, *5 degrees below zero*).

I numeri di telefono e delle stanze d'albergo si leggono uno alla volta. Se il numero è doppio lo si fa precedere dalla parola ***double*** (38845, *three, double eight, four, five*).

Nei numeri da 21 a 99 le unità si uniscono alle decine con un **trattino** (54, *fifty-four*), mentre tra le centinaia e il resto del numero si inserisce ***and*** (375, *three hundred and seventy-five*), che però non si utilizza nell'inglese americano o *American English* (269, *two hundred sixty-nine*).

Si noti che in inglese i **decimali** sono separati da un punto (al posto della nostra virgola), che si legge ***point***, mentre le migliaia sono separate dalle centinaia da una virgola (al posto del nostro punto): 4,56 = *4.56* → quattro virgola cinquantasei, *four point five six*; 1.200 = *1,200* → milleduecento, *one thousand two hundred*.

Di regola ***dozen*, *hundred*, *thousand*** non prendono la *-s* del plurale, eccetto quando si usano come espressioni indefinite (*There were thousands of men and hundreds of women in the stadium*, Nello stadio c'erano migliaia di uomini e centinaia di donne).

Million resta invariato se è seguito da un altro numero o da un sostantivo (*two million men*, due milioni di uomini), mentre prende la *-s* del plurale se adoperato da solo (*two millions*, due milioni).

Dozen, *hundred*, *thousand* e *million*, impiegati da soli, possono essere preceduti sia da ***one*** (*one hundred people*, un centinaio di persone) che da ***a*** (*a dozen wounded*, una dozzina di feriti).

Nell'inglese britannico, o *British English*, ***a billion*** significa di solito "mille milioni", ossia "un miliardo", ma può anche significare "un milione di milioni", ovvero "mille miliardi".

Alcuni numeri possono essere confusi se non vengono pronunciati correttamente (ad esempio, 13 → *thirteen* e 30 → *thirty*): attenzione, quindi, all'accento e alla pronuncia!

3 I numeri ordinali

1st	*the **first***	10th	*the tenth*	20th	*the **twentieth***
2nd	*the **second***	11th	*the eleventh*	21st	*the **twenty-first***
3rd	*the **third***	12th	*the **twelfth***	22nd	*the **twenty-second***
4th	*the fourth*	13th	*the thirteenth*	23rd	*the **twenty-third***
5th	*the **fifth***	14th	*the fourteenth*	24th	*the twenty-fourth*
6th	*the sixth*	15th	*the fifteenth*		...
7th	*the seventh*	16th	*the sixteenth*	30th	*the **thirtieth***
8th	*the **eighth***	17th	*the seventeenth*	31st	*the **thirty-first***
9th	*the **ninth***		...		...

Nello schema proposto conviene memorizzare i numeri in grassetto, mentre gli altri si possono ricavare aggiungendo ai numeri cardinali il suffisso ***-th***.

Appare evidente che se il numero ordinale è costituito da cifre, queste devono essere seguite dalle ultime due lettere del numerale. Inoltre, nei numeri ordinali composti compresi fra venti e cento si usa il trattino come per i cardinali e si rende ordinale solo il secondo (*1st* → *the first*, primo; *2nd* → *the second*, secondo; *3rd* → *the third*, terzo; *4th* → *the fourth*, quarto; *24th* → *the twenty-fourth*, ventiquattresimo).

I numeri ordinali si usano anche nelle **date** e nei **nomi di sovrani** (*February 21* → *February the twenty-first*, il 21 febbraio; *Henry VIII* → *Henry the eighth*, Enrico VIII).

Si noti che l'articolo ***the*** viene sempre pronunciato, anche se non sempre scritto, davanti ai numerali ordinali, tranne i casi in cui sono usati come aggettivi (*second hand*, seconda mano; *third time lucky*, la terza è la volta buona).

Per quanto riguarda le **frazioni** e le **percentuali**, illustriamo come si esprimono ricorrendo a dei semplici esempi:

1/2 → un mezzo, *a / one half*; 2/2 → due mezzi, *two halves*; 1/3 → un terzo, *a / one third*; 2/4 → due quarti, *two quarters / fourths*; 3/8 → tre ottavi, *three eighths*; 1/9 → un nono, *a / one ninth*.

70% → settanta per cento, *seventy per cent*; 6.45% → sei virgola quarantacinque per cento, *six point four five per cent*; 20½% → venti e mezzo per cento, *twenty and a half per cent*.

SCHEDA 6 Le forme dei verbi *to be*, *to have* e *to do*

1 Il verbo *to be*

In inglese, come in italiano, esistono verbi che di norma vengono utilizzati assieme a un verbo ordinario per esprimere una vasta gamma di forme (i tempi verbali, l'interrogazione e la negazione, l'obbligo, la capacità...). In virtù di questa loro funzione, questi verbi sono definiti **ausiliari**. Tali sono, ad esempio: *be*, *have*, *do*, *will*, *must*, *can* (*will*, *must*, *can*... sono chiamati, in particolare, *ausiliari modali*).

Nella tabella che segue sono riassunte le voci di *to be* (essere), utilizzabile non solo come ausiliare, ma anche come **verbo ordinario** (tra parentesi sono indicate le *forme contratte*).

	FORMA AFFERMATIVA	FORMA NEGATIVA	FORMA INTERROGATIVA	FORMA INTERROGATIVO-NEGATIVA
PRESENTE				
I sing.	*I am (I'm)*	*I am not (I'm not)*	*am I?*	*am I not? (aren't I?)*
II sing.	*you are (you're)*	*you are not (you aren't)*	*are you?*	*are you not? (aren't you?)*
III sing.	*he/she/it is (he/she/it's)*	*he/she/it is not (he/she/it isn't)*	*is he/she/it?*	*is he/she/it not? (isn't he/she/it?)*
I plur.	*we are (we're)*	*we are not (we aren't)*	*are we?*	*are we not? (aren't we?)*
II plur.	*you are (you're)*	*you are not (you aren't)*	*are you?*	*are you not? (aren't you?)*
III plur.	*they are (they're)*	*they are not (they aren't)*	*are they?*	*are they not? (aren't they?)*
PASSATO				
I sing.	*I was*	*I was not (I wasn't)*	*was I?*	*was I not? (wasn't I?)*
II sing.	*you were*	*you were not (you weren't)*	*were you?*	*were you not? (weren't you?)*
III sing.	*he/she/it was*	*he/she/it was not (he/she/it wasn't)*	*was he/she/it?*	*was he/she/it not? (wasn't he/she/it?)*
I plur.	*we were*	*we were not (we weren't)*	*were we?*	*were we not? (weren't we?)*
II plur.	*you were*	*you were not (you weren't)*	*were you?*	*were you not? (weren't you?)*
III plur.	*they were*	*they were not (they weren't)*	*were they?*	*were they not? (weren't they?)*

Il participio passato di *to be* è *been*, cosicché il **paradigma** completo del verbo essere è: ***to be - was / were - been***. La forma contratta si usa maggiormente quando si parla, ma è possibile adoperarla anche quando si scrive in maniera informale.

2 Il verbo *to have*

Nella tabella che segue sono riassunte le forme di *to have* (avere), anch'esso utilizzabile, alla pari di *to be*, sia come **ausiliare** che come **verbo ordinario** (tra parentesi le *voci contratte*).

	FORMA AFFERMATIVA	FORMA NEGATIVA	FORMA INTERROGATIVA	FORMA INTERROGATIVO-NEGATIVA
PRESENTE				
I sing.	*I have* (*I've*)	*I have not* (*I haven't*)	*have I?*	*have I not?* (*haven't I?*)
II sing.	*you have* (*you've*)	*you have not* (*you haven't*)	*have you?*	*have you not?* (*haven't you?*)
III sing.	*he/she/it has* (*he/she/it's*)	*he/she/it has not* (*he/she/it hasn't*)	*has he/she/it?*	*has he/she/it not?* (*hasn't he/she/it?*)
I plur.	*we have* (*we've*)	*we have not* (*we haven't*)	*have we?*	*have we not?* (*haven't we?*)
II plur.	*you have* (*you've*)	*you have not* (*you haven't*)	*have you?*	*have you not?* (*haven't you?*)
III plur.	*they have* (*they've*)	*they have not* (*they haven't*)	*have they?*	*have they not?* (*haven't they?*)
PASSATO				
I sing.	*I had* (*I'd*)	*I had not* (*I hadn't*)	*had I?*	*had I not?* (*hadn't I?*)
II sing.	*you had* (*you'd*)	*you had not* (*you hadn't*)	*had you?*	*had you not?* (*hadn't you?*)
III sing.	*he/she/it had* (*he/she/it'd*)	*he/she/it had not* (*he/she/it hadn't*)	*had he/she/it?*	*had he/she/it not?* (*hadn't he/she/it?*)
I plur.	*we had* (*we'd*)	*we had not* (*we hadn't*)	*had we?*	*had we not?* (*hadn't we?*)
II plur.	*you had* (*you'd*)	*you had not* (*you hadn't*)	*had you?*	*had you not?* (*hadn't you?*)
III plur.	*they had* (*they'd*)	*they had not* (*they hadn't*)	*had they?*	*had they not?* (*hadn't they?*)

Il participio passato di *to have* è *had*, cosicché il **paradigma** completo del verbo avere è: ***to have - had - had***.

Nel *British English* il verbo *to have* è normalmente seguito, soprattutto nella lingua parlata, dal rafforzativo ***got***, e la sua coniugazione nelle forme negativa, interrogativa e interrogativo-negativa avviene come indicato nella succitata tabella. Si tenga presente, inoltre, che la voce contratta seguita dal rafforzativo *got* si usa specialmente nel linguaggio informale.

Have you got the ticket to Boston? — Hai il biglietto per Boston?

Yes, I have. But my friend hasn't got one. — Sì, ce l'ho. Ma il mio amico no.

Nell'*American English*, invece, la coniugazione di *to have* nelle forme negativa, interrogativa e interrogativo-negativa segue le regole dei verbi ordinari, utilizzando cioè il verbo ***to do*** come ausiliare.

Do you have the ticket to Miami? — Hai il biglietto per Miami?

Yes, I do. But my friend doesn't have one. — Sì, ce l'ho. Ma il mio amico no.

3 Il verbo *to do*

Anche *to do*, al pari di *to be* e di *to have*, può essere utilizzato sia come **ausiliare** che come **verbo ordinario**; in qualità di ausiliare ne riassumiamo le forme nella tabella che proponiamo (tra parentesi indichiamo le contrazioni).

	FORMA AFFERMATIVA	FORMA NEGATIVA	FORMA INTERROGATIVA	FORMA INTERROGATIVO-NEGATIVA
PRESENTE				
I sing.	*I do*	*I do not (I don't)*	*do I?*	*do I not? (don't I?)*
II sing.	*you do*	*you do not (you don't)*	*do you?*	*do you not? (don't you?)*
III sing.	*he/she/it does*	*he/she/it does not (he/she/it doesn't)*	*does he/she/it?*	*does he/she/it not? (doesn't he/she/it?)*
I plur.	*we do*	*we do not (we don't)*	*do we?*	*do we not? (don't we?)*
II plur.	*you do*	*you do not (you don't)*	*do you?*	*do you not? (don't you?)*
III plur.	*they do*	*they do not (they don't)*	*do they?*	*do they not? (don't they?)*
PASSATO				
I sing.	*I did*	*I did not (I didn't)*	*did I?*	*did I not? (didn't I?)*
II sing.	*you did*	*you did not (you didn't)*	*did you?*	*did you not? (didn't you?)*
III sing.	*he/she/it did*	*he/she/it did not (he/she/it didn't)*	*did he/she/it?*	*did he/she/it not? (didn't he/she/it?)*
I plur.	*we did*	*we did not (we didn't)*	*did we?*	*did we not? (didn't we?)*
II plur.	*you did*	*you did not (you didn't)*	*did you?*	*did you not? (didn't you?)*
III plur.	*they did*	*they did not (they didn't)*	*did they?*	*did they not? (didn't they?)*

In funzione di ausiliare *to do* non ha alcun significato, ma costituisce semplicemente una forma obbligatoria per la composizione sia delle frasi negative, interrogative e interrogativo-negative, sia delle *short answers* di tutti i verbi ordinari (esclusi, cioè, gli ausiliari e i modali).

What does this word mean?	Che vuol dire questa parola?
He didn't understand the problem.	Lui non ha capito il problema.
Didn't they tell you?	Non te l'hanno detto?

Inoltre viene adoperato come ausiliare nei seguenti casi:

- nell'imperativo negativo (*Don't come here. I'll come there*, Non venire qui. Verrò io lì);
- per non ripetere un verbo già espresso in precedenza nella frase (*I saw Paul in the street, but you didn't*, Ho visto Paul per strada, ma tu non l'hai visto).

SCHEDA 7 Tempi, modi e forme dei verbi

1 Verbi regolari e irregolari

I verbi inglesi si contraddistinguono per *tre voci principali*, che ne costituiscono il cosiddetto "**paradigma**": l'**infinito** (*infinitive*), il **passato** (*past tense*) e il **participio passato** (*past participle*).

A seconda di come formano questi ultimi due, i verbi si definiscono:

- **regolari**, se costruiscono il passato e il participio passato semplicemente **aggiungendo la desinenza *-ed* alla "forma base"**, cioè all'infinito senza il *to* (*to enjoy - enjoyed - enjoyed*, godere, gioire; *to listen - listened - listened*, ascoltare; *to watch - watched - watched*, guardare...);
- **irregolari**, se invece la composizione del passato e del participio passato presenta appunto delle "irregolarità" di vario genere, che bisogna conoscere e, purtroppo, imparare a memoria. A tal proposito, forniamo una **tabella** con i paradigmi e i significati dei più comuni *verbi irregolari*.

I VERBI IRREGOLARI			
INFINITIVE	***PAST TENSE***	***PAST PARTICIPLE***	***MEANING***
to be	*was*	*been*	essere
to become	*became*	*become*	divenire
to begin	*began*	*begun*	cominciare
to break	*broke*	*broken*	rompere
to bring	*brought*	*brought*	portare
to build	*built*	*built*	costruire
to buy	*bought*	*bought*	comprare
to catch	*caught*	*caught*	afferrare
to choose	*chose*	*chosen*	scegliere
to come	*came*	*come*	venire
to cost	*cost*	*cost*	costare
to cut	*cut*	*cut*	tagliare
to do	*did*	*done*	fare
to drink	*drank*	*drunk*	bere
to drive	*drove*	*driven*	guidare
to eat	*ate*	*eaten*	mangiare
to feel	*felt*	*felt*	sentire
to find	*found*	*found*	trovare
to fly	*flew*	*flown*	volare
to forget	*forgot*	*forgotten*	dimenticare
to forgive	*forgave*	*forgiven*	perdonare
to give	*gave*	*given*	dare
to go	*went*	*gone*	andare
to grow	*grew*	*grown*	crescere
to have	*had*	*had*	avere
to hear	*heard*	*heard*	udire
to hide	*hid*	*hidden*	nascondere
to hit	*hit*	*hit*	battere

(*Segue*)

to hold	*held*	*held*	tenere
to keep	*kept*	*kept*	mantenere
to know	*knew*	*known*	conoscere
to learn	*learnt / learned*	*learnt / learned*	imparare
to leave	*left*	*left*	lasciare
to let	*let*	*let*	permettere
to make	*made*	*made*	fare, creare
to mean	*meant*	*meant*	significare
to meet	*met*	*met*	incontrare
to pay	*paid*	*paid*	pagare
to put	*put*	*put*	mettere
to read	*read*	*read*	leggere
to ride	*rode*	*ridden*	cavalcare
to ring	*rang*	*rung*	suonare
to rise	*rose*	*risen*	sorgere
to run	*ran*	*run*	correre
to say	*said*	*said*	dire
to see	*saw*	*seen*	vedere
to sell	*sold*	*sold*	vendere
to send	*sent*	*sent*	mandare
to set	*set*	*set*	porre, mettere
to shoot	*shot*	*shot*	lanciare
to shut	*shut*	*shut*	chiudere
to sing	*sang*	*sung*	cantare
to sit	*sat*	*sat*	sedere
to sleep	*slept*	*slept*	dormire
to speak	*spoke*	*spoken*	parlare
to spell	*spelt*	*spelt*	compitare, sillabare
to spend	*spent*	*spent*	spendere, passare
to stand	*stood*	*stood*	stare in piedi
to swim	*swam*	*swum*	nuotare
to take	*took*	*taken*	prendere
to teach	*taught*	*taught*	insegnare
to tell	*told*	*told*	dire
to think	*thought*	*thought*	pensare
to understand	*understood*	*understood*	capire
to wear	*wore*	*worn*	indossare
to win	*won*	*won*	vincere
to write	*wrote*	*written*	scrivere

2 Il *simple present*

Il **presente semplice** (*simple present*) del modo indicativo di tutti i verbi, regolari e irregolari, si coniuga utilizzando la **forma base del verbo** (chiamata anche ***dictionary form***) per tutte le persone a eccezione della III singolare, alla quale viene aggiunta la desinenza ***-s***.

TO EAT	**MANGIARE**
I eat	io mangio
you eat	tu mangi
he / she / it eats	egli / ella / lui / lei / esso/a mangia
we eat	noi mangiamo
you eat	voi mangiate
they eat	essi/e / loro mangiano

L'aggiunta della desinenza *-s*, però, può provocare alcune modificazioni ortografiche, di seguito specificate.

- I verbi che terminano per ***-ss / -sh / -ch / -x / -o / -z*** aggiungono ***-es***.

to pass (passare) → *I / you / we / you / they pass* *he / she / it passes*
to push (spingere) → *I / you / we / you / they push* *he / she / it pushes*
to touch (toccare) → *I / you / we / you / they touch* *he / she / it touches*
to mix (mescolare) → *I / you / we / you / they mix* *he / she / it mixes*
to go (andare) → *I / you / we / you / they go* *he / she / it goes*
to buzz (ronzare) → *I / you / we / you / they buzz* *he / she / it buzzes*

- I verbi che terminano per ***-y*** preceduta da **consonante** cambiano la *-y* in ***-i*** e aggiungono ***-es***, mentre i verbi che terminano per ***-y*** preceduta da **vocale** aggiungono regolarmente ***-s***.

to try (provare) → *I / you / we / you / they try* *he / she / it tries*
to carry (trasportare) → *I / you / we / you / they carry* *he / she / it carries*

ma:

to pay (pagare) → *I / you / we / you / they pay* *he / she / it pays*
to play (giocare) → *I / you / we / you / they play* *he / she / it plays*

Le *forme negativa*, *interrogativa* e *interrogativo-negativa* del *simple present* si formano con l'ausiliare ***do*** (***does*** alla III persona singolare), secondo le costruzioni di seguito indicate.

Forma negativa:

soggetto + *do not (don't) / does not (doesn't)* + forma base del verbo

I / you / we / you / they do not (don't) want *he / she / it does not (doesn't) want*

Forma interrogativa:

***do / does* + soggetto + forma base del verbo**

do I / you / we / you / they want? *does he / she / it want?*

Forma interrogativo-negativa:

***don't / doesn't* + soggetto + forma base del verbo**

don't I / you / we / you / they want? *doesn't he / she / it want?*

Nella forma affermativa del *simple present* è da rimarcare l'**uso enfatico** di *do*, che dona una speciale forza alla frase, soprattutto quando l'interlocutore esprime un dubbio circa l'azione in oggetto (*You don't love me as before*, Non mi ami come prima → *I do love you as before*, Ti amo davvero come prima).

Si usa il *simple present*:

- per indicare un'**azione abituale** (*They play tennis three times a week*, Giocano a tennis tre volte alla settimana);
- per esprimere **verità generali** (*The sun rises in the East*, Il sole sorge a est);

- in riferimento a una **situazione permanente** (*Most people in London go to work by Tube*, La maggior parte delle persone a Londra va a lavoro con la metropolitana).

3 Il *present continuous*

Il **presente continuato** o **progressivo** (*present continuous*) equivale alla forma italiana “**io sto + gerundio**” e si costruisce con il:

presente indicativo di *to be* + *-ing form* del verbo da coniugare

La forma *-ing* traduce anche il **participio presente** e il **gerundio**.

Si ricordi, però, che **non sono coniugabili** nella *-ing form* i verbi di *percezione*, quelli indicanti *relazione* o *esistenza* e quelli che denotano *stati mentali* o *sentimenti*.

TABELLA DEI VERBI NON CONIUGABILI NELLA *-ING FORM*

Verbi di percezione

feel (toccare, sentire, percepire)	*hear* (sentire)	*see* (vedere)	*smell* (odorare)	*taste* (gustare)

Verbi indicanti relazione o esistenza

be	(essere)	*depend on*	(dipendere da)	*matter*	(importare)
belong to	(appartenere a)	*deserve*	(meritare)	*owe*	(dovere)
concern	(riguardare)	*equal*	(uguagliare)	*possess*	(possedere)
consist of	(consistere di)	*fit*	(adattare)	*remain*	(rimanere)
contain	(contenere)	*have*	(avere)	*require*	(richiedere)
cost	(costare)	*involve*	(avvolgere)	*resemble*	(assomigliare)

Verbi che denotano stati mentali o sentimenti

admire	(meravigliarsi)	*forget*	(dimenticare)	*realize*	(capire)
adore	(adorare)	*hate*	(odiare)	*recall*	(richiamare)
appreciate	(apprezzare)	*hope*	(sperare)	*recognize*	(riconoscere)
believe	(credere)	*imagine*	(immaginare)	*remember*	(ricordare)
care	(curarsi)	*know*	(conoscere)	*respect*	(rispettare)
desire	(desiderare)	*like*	(piacere)	*suppose*	(supporre)
detest	(detestare)	*love*	(amare)	*think / have an opinion*	(ritenere)
dislike	(non piacere)	*mean*	(significare)	*understand*	(capire)
doubt	(dubitare)	*mind*	(badare a)	*value*	(valutare)
fear	(temere)	*prefer*	(preferire)	*want*	(volere)

Le *forme negativa*, *interrogativa* e *interrogativo-negativa* del *present continuous* seguono le regole valide per *to be*. Ecco un esempio con il verbo *to walk*, “camminare” (tra parentesi indichiamo le *forme contratte*).

FORMA AFFERMATIVA	FORMA NEGATIVA
I am (I’m) walking	*I am not (I’m not) walking*
you are (you’re) walking	*you are not (you aren’t) walking*
he / she / it is (he / she / it’s) walking	*he / she / it is not (he / she / it isn’t) walking*
we are (we’re) walking	*we are not (we aren’t) walking*
you are (you’re) walking	*you are not (you aren’t) walking*
they are (they’re) walking	*they are not (they aren’t) walking*

(*Segue*)

FORMA INTERROGATIVA	FORMA INTERROGATIVO-NEGATIVA
am I walking?	*am I not* (*aren't I*) *walking?*
are you walking?	*are you not* (*aren't you*) *walking?*
is he / she / it walking?	*is he / she / it not* (*isn't he / she / it*) *walking?*
are we walking?	*are we not* (*aren't we*) *walking?*
are you walking?	*are you not* (*aren't you*) *walking?*
are they walking?	*are they not* (*aren't they*) *walking?*

Si utilizza il *present continuous*:

- per suggerire che **l'azione o lo stato espressi dal verbo continuano ancora "ora, nel presente"**, ovvero nel momento o nel periodo in cui se ne parla (*You are reading this sentence*, Stai leggendo questa frase; *Peter is driving to work this week*, Peter sta andando a lavorare con l'auto questa settimana);
- per esprimere **azioni di durata temporanea** (*I'm reading an interesting book*, Sto leggendo un libro interessante).

4 Il *simple past*

Il **passato semplice** (*simple past*) inglese traduce in italiano il **passato remoto**, l'**imperfetto**, il **passato prossimo** e il **congiuntivo imperfetto**.

Nei **verbi regolari** è **uguale per tutte le persone** e si forma aggiungendo la desinenza ***-ed*** alla forma base del verbo.

TO WORK	LAVORARE
I worked	io lavorai (lavoravo, ho lavorato), che io lavorassi
you worked	tu lavorasti (lavoravi, hai lavorato), che tu lavorassi
he / she / it worked	egli / ella / lui / lei / esso/a lavorò (lavorava, ha lavorato), che egli / ella / lui / lei / esso/a lavorasse
we worked	noi lavorammo (lavoravamo, abbiamo lavorato), che noi lavorassimo
you worked	voi lavoraste (lavoravate, avete lavorato), che voi lavoraste
they worked	essi/e / loro lavorarono (lavoravano, hanno lavorato), che essi/e / loro lavorassero

Proprio l'aggiunta della desinenza ***-ed*** può tuttavia provocare alcune variazioni ortografiche, di seguito specificate:

- se il verbo termina per **-e** muta, questa cade e si aggiunge ***-ed*** (*to create*, creare → *created*; *to move*, muovere → *moved*; *to agree*, accordarsi → *agreed*);
- se il verbo è **monosillabo** o **bisillabo** con l'accento sull'ultima sillaba e termina con una sola consonante preceduta da una sola vocale, la **consonante finale raddoppia** (*to drop*, cadere → *dropped*; *to permit*, permettere → *permitted*; *to prefer*, preferire → *preferred*);
- se il verbo termina per ***-l***, nel *British English* questa viene sempre raddoppiata (*to travel*, viaggiare → *travelled*), mentre nell'*American English* ciò non avviene (*to travel* → *traveled*);
- se il verbo termina per ***-y*** preceduta da **consonante**, la *-y* si trasforma in ***-i*** prima di aggiungere ***-ed***; se la ***-y***, viceversa, è preceduta da una **vocale**, rimane invariata e si aggiunge normalmente ***-ed*** (*to hurry*, affrettarsi → *hurried*; *to cry*, gridare → *cried*; **ma** *to stay*, stare → *stayed*; *to play*, giocare → *played*).

Nei **verbi irregolari**, invece, il *simple past* corrisponde alla **II voce del paradigma** ed è **uguale per tutte le persone**.

TO EAT - ***ATE*** - *EATEN*	**MANGIARE**
I ate	io mangiai (mangiavo, ho mangiato), che io mangiassi
you ate	tu mangiasti (mangiavi, hai mangiato), che tu mangiassi
he / she / it ate	egli / ella / lui / lei / esso/a mangiò (mangiava, ha mangiato), che egli / ella / lui / lei / esso/a mangiasse
we ate	noi mangiammo (mangiavamo, abbiamo mangiato), che noi mangiassimo
you ate	voi mangiaste (mangiavate, avete mangiato), che voi mangiaste
they ate	essi/e / loro mangiarono (mangiavano, hanno mangiato), che essi/e / loro mangiassero

Le *forme negativa, interrogativa* e *interrogativo-negativa* del *simple past* sono **uguali per tutti i verbi**, sia regolari che irregolari, e si formano con l'ausiliare ***did*** in base alle costruzioni di seguito indicate.

Forma negativa:

soggetto + *did not (didn't)* + forma base del verbo

I / you / he (she / it) / we / you / they did not (didn't) eat

Forma interrogativa:

***did* + soggetto + forma base del verbo**

did I / you / he (she / it) / we / you / they eat?

Forma interrogativo-negativa:

***didn't* + soggetto + forma base del verbo**

didn't I / you / he (she / it) / we / you / they eat?

Il *simple past* **si usa** per esprimere **azioni compiute e finite nel passato**, e che quindi non hanno più nessun rapporto con il presente (*Wellington defeated Napoleon at Waterloo*, Wellington sconfisse Napoleone a Waterloo), rispetto alle quali può essere adoperato per precisare o per chiedere quando sono accadute (*I went to Australia two years ago*, Andai in Australia due anni fa; *When did you write this letter?*, Quando hai scritto questa lettera?).

5 Il *past continuous*

Il **passato progressivo** o **continuato** (*past continuous*) dei verbi *regolari* e *irregolari* corrisponde alla forma italiana "**io stavo + gerundio**" e si costruisce con il:

passato di *to be* + *-ing form* del verbo da coniugare

Le *forme negativa, interrogativa* e *interrogativo-negativa* seguono le stesse regole valide per *to be*. Ecco un esempio delle varie forme con il verbo *to drink*, "bere" (tra parentesi mostriamo le *forme contratte*).

FORMA AFFERMATIVA	**FORMA NEGATIVA**
I was drinking	*I was not (I wasn't) drinking*
you were drinking	*you were not (you weren't) drinking*
he / she / it was drinking	*he / she / it was not (he / she / it wasn't) drinking*
we were drinking	*we were not (we weren't) drinking*
you were drinking	*you were not (you weren't) drinking*
they were drinking	*they were not (they weren't) drinking*

(*Segue*)

FORMA INTERROGATIVA	FORMA INTERROGATIVO-NEGATIVA
was I drinking?	*was I not* (*wasn't I*) *drinking?*
were you drinking?	*were you not* (*weren't you*) *drinking?*
was he / she / it drinking?	*was he / she / it not* (*wasn't he / she / it*) *drinking?*
were we drinking?	*were we not* (*weren't we*) *drinking?*
were you drinking?	*were you not* (*weren't you*) *drinking?*
were they drinking?	*were they not* (*weren't they*) *drinking?*

Il *past continuous* **si usa** per esprimere **azioni che erano in corso di svolgimento in un certo momento del passato**. Il tempo dell'azione, a sua volta, può essere specificato:

- da un'azione passata avvenuta in quello stesso momento (*I met them when I was going to the basket match*, Li ho incontrati quando stavo andando all'incontro di pallacanestro);
- da un tempo determinato del passato (*Between 4 and 5 p.m. I was washing the car and listening to music*, Fra le 4 e le 5 del pomeriggio stavo lavando l'auto e ascoltando musica).

SCHEDA 8 La forma passiva

1 Quando si usa

Il passivo si usa in diversi casi in inglese, generalmente quando siamo più interessati ad un'azione e al suo oggetto piuttosto che al soggetto (o agente). Osserviamo le seguenti frasi:

Attiva	*Mary typed the letter on a Macintosh computer.*
Passiva	*The letter was typed on a Macintosh computer.*

2 La formazione del passivo

Ad ogni forma passiva corrisponde una forma attiva e viceversa. Il passivo si forma usando l'ausiliare ***to be*** e il ***past participle***. La tabella in basso descrive i passaggi per trasformare una frase attiva in una frase passiva:

1. Prendere una frase attiva	***Someone opens the door.***
2. Identificare il tempo del verbo	***PRESENT SIMPLE***
3. Trasformare il complemento oggetto in soggetto	***The door...***
4. Aggiungere il *to be* coniugandolo allo stesso tempo del verbo identificato nella frase attiva	***The door is...***
5. Modificare il verbo principale, coniugandolo al past *participle*	***The door is opened.***

Ecco alcuni esempi di trasformazione usando anche gli ausiliari **modali**:

Someone is opening the door.	***The door is being opened.***
Someone opened the door.	***The door was opened.***
Someone was opening the door.	***The door was being opened.***
Someone has opened the door.	***The door has been opened.***
Someone should open the door.	***The door should be opened.***
Someone must have opened the door.	***The door must have been opened.***

3 Il complemento d'agente

È possibile anche includere il *complemento d'agente* (il soggetto della frase attiva) nella frase passiva, facendolo precedere dalla preposizione ***by***:

Mary typed the letter.	***The letter was typed* by *Mary.***
The instructor will mark your test.	***Your test will be marked* by *the instructor.***

4 I verbi che non possono essere passivi

Il passivo si forma trasformando un complemento oggetto in soggetto. Pertanto i verbi intransitivi (verbi che non reggono un complemento oggetto) non possono essere usati nella forma passiva, tranne talune eccezioni. Alcuni esempi di verbi intransitivi sono ***arrive, sleep, die, walk, rain, snow*** e ***smile***.

Nemmeno alcuni verbi di stato (verbi che descrivono uno stato o una condizione, e che non hanno le forme progressive) possono essere usati nella forma passiva. Alcuni esempi sono ***have, belong to, resemble, suit*** e ***fit***.

5 Gli errori comuni con il passivo

Il passivo è qualche volta confuso con altre due strutture: le forme ***perfect*** and ***continuous*** (progressivo). Queste sono le differenze tra loro:

Passivo: *be + past participle*	*The door **is closed**.*
Perfect: *have + past participle*	*Someone **has closed** the door.*
Continuous: *be + -ING*	*Someone **is closing** the door.*

6 Un esempio di coniugazione

Ecco un **esempio completo di coniugazione della forma passiva**, utilizzando il verbo *to praise* (lodare).

TABELLA RIASSUNTIVA DELLA FORMA PASSIVA		
TEMPO VERBALE	**FORMA ATTIVA**	**FORMA PASSIVA**
presente semplice	*praise / praises*	*am / are / is praised*
presente progressivo	*am / are / is praising*	*am / are / is being praised*
passato semplice	*praised*	*was / were praised*
passato progressivo	*was / were praising*	*was / were being praised*
passato prossimo	*have / has praised*	*have / has been praised*
trapassato prossimo	*had praised*	*had been praised*
futuro semplice	*will praise*	*will be praised*
futuro anteriore	*will have praised*	*will have been praised*
condizionale presente	*would praise*	*would be praised*
condizionale passato	*would have praised*	*would have been praised*
infinito presente	*to praise*	*to be praised*
infinito passato	*to have praised*	*to have been praised*
forma in *-ing*	*praising*	*being praised*
passato della forma in *-ing*	*having praised*	*having been praised*

Dopo i verbi modali la forma passiva si costruisce con ***be* + il *past participle*** (*Cars cannot be driven before you are 18 years old*, Non si può guidare la macchina prima dei 18 anni).

SCHEDA 9 Differenze tra British English e American English

***CLOTHES* (INDUMENTI)**		
BRITISH ENGLISH	**AMERICAN ENGLISH**	**TRADUZIONE ITALIANA**
braces	*suspenders*	bretelle
dressing gown	*bath robe*	accappatoio
jumper / pullover / sweater / jersey	*sweater*	maglione
***mac* (slang for *macintosh*)**	*rain coat*	impermeabile
nappy	*diaper*	pannolino
pants / underwear / knickers	*underwear / panties*	mutande
pinny / apron	*apron*	grembiule
polo neck	*turtle neck*	collo alto (di pullover)
swimming costume	*bathing suit*	costume da bagno
trousers	*pants*	pantaloni
vest	*undershirt*	canottiera
waistcoat	*vest*	gilè, panciotto
wellington boots / wellies	*galoshes*	stivali di plastica per la pioggia / galosce
***AT SCHOOL* (A SCUOLA)**		
BRITISH ENGLISH	**AMERICAN ENGLISH**	**TRADUZIONE ITALIANA**
drawing pins	*pushpins or thumbtacks*	puntine da disegno
friend / mate	*friend*	amico/a, compagno/a
glue	*gum*	colla
holiday	*vacation*	vacanza
maths	*math*	matematica
open day / open evening	*open house*	festa / evento di tipo informale aperto a tutti
play time / break time	*recess*	intervallo
public school	*private school*	liceo o scuola privata
rubber	*eraser*	gomma per cancellare
staff room	*teachers lounge*	sala docenti
state school	*public school*	scuola pubblica
***ON THE ROAD* (SULLA STRADA)**		
BRITISH ENGLISH	**AMERICAN ENGLISH**	**TRADUZIONE ITALIANA**
articulated lorry	*tractor trailer / trailer truck*	camion con rimorchio
car journey	*road trip*	viaggio in auto fatto assieme a più persone

(*Segue*)

car park	*parking lot*	parcheggio
fire engine	*fire truck*	autocarro dei vigili del fuoco
lorry	*truck*	camion
motorway	*freeway*	autostrada
pavement	*sidewalk*	marciapiede
petrol	*gas / gasoline*	benzina
petrol station	*gas station*	stazione di servizio
phone box	*telephone booth*	cabina telefonica
sleeping policeman	*speed bump*	dossi dissuasori di velocità
zebra crossing / pedestrian crossing	*cross walk*	strisce pedonali
***BUILDINGS* (EDIFICI) / *SHOPS* (NEGOZI)**		
BRITISH ENGLISH	**AMERICAN ENGLISH**	**TRADUZIONE ITALIANA**
bungalow	*house / one storey / ranch house*	bungalow / casa di campagna / casa di montagna
***cafe* (*not 24 hours*)**	*diner*	bar (dove si può anche mangiare)
chemist's shop	*drug store / pharmacy*	farmacia
flat / one storey	*apartment*	appartamento
semi-detached house	*duplex*	casa bifamiliare
terraced	*town house*	casa di città
***FOODS* (CIBI)**		
BRITISH ENGLISH	**AMERICAN ENGLISH**	**TRADUZIONE ITALIANA**
aubergine	*eggplant*	melanzana
***bill* (*at restaurant*)**	*check*	conto
biscuit	*cookie*	biscotto
chips / French fries	*French fries*	patatine fritte
courgette	*zucchini*	zucchina
crisps	*potato chips*	patatine fritte (croccanti)
eggy bread (fried)	*French toast*	fetta di pane bagnata nelle uova e nel latte e poi fritta, condita con zucchero, frutta o sciroppo
grill	*broil*	*barbecue*
jacket potato	*baked potato*	patate al forno
jam	*jelly*	marmellata
puddings / sweets	*dessert*	dolce
rasher	*a slice of bacon*	fetta di pancetta
runner beans	*green beans*	fagiolo rampicante
scone	*biscuit*	pasticceria (di crema e uova) al forno

(*Segue*)

starter	*appetizer*	stuzzichini serviti durante l'aperitivo
sweets	*candy*	caramelle
take-away	*take out*	da asporto
PARTS OF A CAR **(PARTI DI UN'AUTOMOBILE)**		
BRITISH ENGLISH	**AMERICAN ENGLISH**	**TRADUZIONE ITALIANA**
bonnet	*hood*	tettuccio
boot	*trunk*	bagagliaio
bumper	*fender*	paraurti
exhaust pipe	*tail pipe / muffler*	marmitta
reversing lights	*back-up lights*	luci posteriori
windscreen	*windshield*	parabrezza
IN AND AROUND THE HOUSE **(DENTRO E ATTORNO ALLA CASA)**		
BRITISH ENGLISH	**AMERICAN ENGLISH**	**TRADUZIONE ITALIANA**
bin / dust bin	*trash can*	cestino della spazzatura
cooker	*range / stove*	cucina
couch / sofa / settee	*sofa*	divano
garden	*backyard / yard*	giardino
hand basin / sink	*sink*	lavello da cucina
run the bath	*fill the tub*	riempire la vasca
tap	*faucet*	rubinetto
telly	*TV / television*	televisione
toilet / loo / wc	*bathroom / restroom*	toilette / bagno
wardrobe	*closet*	armadio
PEOPLE **(PERSONE)**		
BRITISH ENGLISH	**AMERICAN ENGLISH**	**TRADUZIONE ITALIANA**
boy / lad	*boy*	ragazzo
cashier	*teller*	cassiere
chemist	*druggist*	farmacista
dustman	*garbage man*	operatore ecologico
girl / lass	*girl*	ragazza
lady / woman	*lady*	donna
lollypop man	*crossing guard*	vigile che controlla l'attraversamento delle strisce pedonali
man / bloke / gentleman / guy / chap	*man / guy*	uomo / tizio
mum	*mom*	mamma
nutter	*crazy person*	pazzo / eccentrico

(*Segue*)

policeman / bobby / copper	*policeman / cop*	poliziotto
postman	*mailman*	postino
	SPORTS	
British English	**American English**	**Traduzione italiana**
***bat* (*in table tennis*)**	*paddle* (*in ping pong*)	racchetta da ping pong
football	*soccer*	calcio
rounders	*baseball*	baseball
	***OTHER WORDS* (altre parole)**	
British English	**American English**	**Traduzione italiana**
autumn	*fall*	autunno
bank holiday	*national holiday*	giorno festivo
cinema	*movie*	cinema
gaol	*jail*	carcere
lift	*elevator*	ascensore
luggage	*baggage*	bagaglio
off you go	*go ahead*	andare avanti
oueue	*stand in a line*	fare la fila
plaster	*band-aid*	cerotto
***quid* (slang for *pound*)**	*buck* (slang for *dollar*)	sterlina / dollaro
railway	*railroad*	ferrovia
surgery	*doctor's office*	studio medico
	BRITISH SPELLING VS. AMERICAN SPELLING	
British English	**American English**	**Traduzione italiana**
aeroplane	*airplane*	aeroplano
apologise	*apologize*	scusarsi
centre	*center*	centro
cheque	*check*	assegno
colour	*color*	colore
defence	*defense*	difesa
favourite	*favorite*	preferito
grey	*gray*	grigio
harbour	*harbor*	porto, rifugio
honour	*honor*	onore
labour	*labor*	lavoro
licence	*license*	patente
metre	*meter*	metro
neighbour	*neighbor*	vicino (di casa)

(*Segue*)

offence	*offense*	offesa
plough	*plow*	aratro
programme	*program*	programma
theatre	*theater*	teatro
tonight	*tonite*	stanotte
travelled	*traveled*	viaggiato
waggon	*wagon*	carro

SCHEDA 10 False Friends Inglese-Italiano

Parola inglese	Traduzione corretta in italiano	False friend in italiano	Traduzione corretta in inglese
accident	incidente	accidenti!, accidente	*damn!, shock / mishap*
actual	effettivo	attuale	*present / current*
annoyed	infastidito / seccato	annoiato	*bored*
ass	asino	asso	*ace*
(to) assist	aiutare	assistere	*to attend / to witness*
(to) attack	assalire	attaccare	*to stick / to fasten*
attitude	atteggiamento	attitudine	*aptitude / propensity*
barrister	avvocato	barista	*barman*
bell	campanello	bello	*beautiful*
brave	coraggioso	bravo	*good / clever*
camera	macchina fotografica	camera	*room*
canteen	mensa aziendale	cantina	*cellar / wine shop*
caramel	caramello	caramella	*candy (in general)*
case	scatoletta / valigetta	case	*houses*
casino	luogo di gioco d'azzardo	casino	*confusion*
cold	freddo	caldo	*hot*
confection	confetto	confezione	*wrapping*
conservatory	serra	conservatorio	*school of music*
consistent	coerente	consistente	*substantial / large*
constipated	stitico	costipato	*with a bad cold*
to control	comandare / dominare	controllare	*to check*
convenient	comodo	conveniente	*affordable*
cute	carino	cute	*skin*
disposable	usa e getta	disponibile	*available*
eventual	finale / conclusivo	eventuale	*possible*
eventually	alla fine / infine	eventualmente	*if necessary*
exhilarating	eccitante / stimolante	esilarante	*hilarious / very funny*
extenuating	attenuante	estenuante	*exhausting*
fame	celebrità	fame	*hunger*
familiar	ben conosciuto / noto	familiare	*related to family*
fare	prezzo del biglietto di un mezzo di trasporto	fare	*to do / to make*
fastidious	meticoloso / pignolo	fastidioso	*annoying*

(*Segue*)

firm	ditta	firma	*signature*
genial	cordiale / socievole	geniale	*brilliant / inspired*
genteel	signorile	gentile	*kind*
gymnasium	palestra	ginnasio	*high school*
implementation	realizzazione / attuazione	ampliamento	*enlargement*
nervous	pauroso / apprensivo	nervoso	*angry*
preoccupied	pensieroso / distratto	preoccupato	*worried*
remand	rimandare in carcere	rimandare	*postpone / put off*
sensible	sensato / ragionevole	sensibile	*sensitive*
trivial	insignificante / banale	triviale	*vulgar*

SCHEDA 11 Prospetto dei Phrasal / Prepositional Verbs

Verbo		Esempio	Significato	Traduzione in italiano
A	***to abide by***	*If you want to stay at this university, you must* ***abide by*** *the rules.*	*respect or obey (the law, a decision, a rule)*	rispettare, osservare
	to account for	*I hope you can* ***account for*** *all the money you spent!*	*explain, give a reason*	rispondere di
	to add up	*Their story just doesn't* ***add up****.*	*make sense, seem reasonable*	avere senso
	to agree with	*I totally* ***agree with*** *you on this subject.*	*have the same opinion as somebody else*	essere d'accordo
	to avail of	*When the company is privatized, you should* ***avail of*** *the opportunity and buy some shares.*	*take advantage of something (an opportunity)*	avvalersi

B	***to back down***	*Local authorities* ***backed down*** *on their plans to demolish his house.*	*withdraw, concede defeat*	recedere
	to back up	1) *If I tell the boss we've got too much work, will you* ***back*** *me* ***up****?* 2) *It is recommended to* ***back up*** *all files on a CD-ROM.*	1) *give support or encouragement* 2) *make a copy of (file, program)*	1) supportare, incoraggiare 2) fare una copia
	to blow up	1) *The terrorists said the bomb would* ***blow up*** *at 7 o'clock.* 2) *The coach* ***blew up****, but luckily there was nobody in it.*	1) *explode* 2) *be destroyed by an explosion*	1) esplodere 2) essere distrutto da un'esplosione
	to break down	1) *Albert's scooter* ***broke down****, so he had to take the bus.* 2) *Her mother* ***broke down*** *when she heard the bad news.*	1) *go out of order, cease to function* 2) *lose control of one's emotions*	1) rompersi 2) crollare, abbattersi

(*Segue*)

Verbo		Esempio	Significato	Traduzione in italiano
	to break into	*Burglars **broke into** the house around midnight.*	*enter by force*	irrompere
	to break out	*Rioting **broke out** as a result of the strike.*	*start suddenly*	scoppiare
	to break out of	*Five prisoners **broke out of** prison.*	*escape from a place by force*	scappare
	to break up	*After his marriage **broke up**, George went to live in London.*	*come to an end (marriage, relationship)*	finire
	to bring up	*My sister stopped working in order to **bring up** her children.*	*raise (a child)*	crescere, allevare
	to brush up on	*George had to **brush up on** her English before going to Australia.*	*improve, refresh one's knowledge of something*	dare una ripassata, una spolveratina
	to bump into	*Martha **bumped into** her Spanish teacher at the cinema.*	*meet by accident or unexpectedly*	imbattersi

C	***to call off***	*The meeting was **called off** because of the strike.*	*cancel*	cancellare
	to call on / upon / by	*I now **call upon** the general manager to address the assembly.*	*formally invite or request*	fare appello, invitare
	to carry on	*He **carried on** working in spite of the rain.*	*continue*	continuare
	to carry out	*1) The plan was **carried out** very well.* *2) Tests are **carried out** to determine the efficiency of a new product.*	*1) do something as specified* *2) perform or conduct (test, experiment)*	1) realizzare 2) espletare, compiere
	to check in	*For security reasons, you have to **check in** at least two hours before your flight.*	*register at a hotel or airport*	check-in (controllo in ingresso in albergo / in aeroporto)
	to check out	*Is Mrs Stuart still at the hotel? No, she **checked out** at 9.30.*	*pay one's bill and leave (a hotel)*	pagare il conto e partire (da un albergo)

(*Segue*)

Verbo		Esempio	Significato	Traduzione in italiano
	to clamp down on	*The government decided to **clamp down on** smoking in public areas.*	*act strictly to prevent something*	porre freni a
	to close down	*When the firm **closed down**, the employees lost their jobs.*	*stop operating (company, restaurant)*	chiudere
	to come across	*1) Mary **came across** some photographs of her grandmother in the attic.* *2) The candidate **came across** as an active person during the interview.*	*1) find by chance* *2) appear, seem, make an impression*	1) trovare per caso 2) apparire, sembrare, dare l'impressione
	to come forward	*The police have asked any witnesses to **come forward**.*	*present oneself*	farsi avanti, presentarsi
	to come up against	*The project **came up against** a lot of criticism.*	*be faced with or opposed by*	incontrare difficoltà, affrontare
	to cross out	*In some exercises, you are asked to **cross out** the incorrect word.*	*remove by drawing a line through*	cancellare
	to cut down on	*The doctor told him to **cut down on** cigarettes and alcohol.*	*reduce in number or size*	ridurre il numero

D	***to deal with***	*The manager is good at **dealing with** difficult clients.*	*handle, take care of (problem, situation)*	trattare, prendersi cura di
	to die down	*When the applause **died down**, he started to act.*	*calm down, become less strong*	diminuire, attenuare
	to do without	*The shops are closed, so we'll have to **do without** milk.*	*manage without*	fare a meno
	to draw up	*An agreement was **drawn up** and signed by the two parties.*	*write (contract, agreement, document)*	redigere
	to dress up	*1) Do people **dress up** to go to the theatre in your country?* *2) Children love to **dress up** at Carnival.*	*1) wear elegant clothes* *2) disguise oneself*	1) indossare vestiti eleganti 2) mascherarsi

(*Segue*)

Verbo		Esempio	Significato	Traduzione in italiano
	to drop in	*I sometimes* ***drop in*** *to see my parents on my way home from work.*	*visit (usually on the way to somewhere)*	fare una visita imprevista
	to drop out	*Tom decided to go back to school, then* ***dropped out*** *after the first term.*	*leave school without finishing*	ritirarsi da scuola
E	***to ease off***	*After Easter the workload generally* ***eases off****.*	*reduce, become less severe or slow down (pain, traffic, work)*	ridurre, rallentare
	to even out	*1) After a long discussion they managed to* ***even out*** *their differences.* *2) The road was* ***evened out*** *to make it safer.*	*1) eliminate differences of opinion* *2) become level or regular*	1) eliminare le differenze di opinione 2) pareggiare
F	***to figure out***	*We'll have to* ***figure out*** *a way to deliver our products faster.*	*understand, find a solution*	immaginare, trovare una soluzione
	to find out	*I'm going to call the theatre to* ***find out*** *what time the show starts.*	*discover or obtain information*	scoprire
	to focus on	*The advertising campaign will* ***focus on*** *the quality of the new products.*	*concentrate on something*	concentrarsi
G	***to get at***	*What exactly are they trying to* ***get at****?*	*imply*	avere accesso a
	to get away	*The burglars* ***got away*** *in a red car.*	*escape*	scappare
	to get by	*It's difficult to* ***get by*** *on a low income.*	*manage to cope or to survive*	farcela con quello che si ha
	to get in	*How did they* ***get in*** *without the key?*	*enter*	entrare
	to get off	*1) You should* ***get off*** *the bus at Hyde Park.* *2) Mary can't* ***get*** *the stain* ***off*** *her skirt.*	*1) leave (bus, train, plane)* *2) remove*	1) scendere, sbarcare 2) rimuovere
	to get on	*Sometimes you can pay when you* ***get on*** *the train.*	*board (bus, train)*	salire, montare

(*Segue*)

	Verbo	Esempio	Significato	Traduzione in italiano
	to get on with *(something)*	*Be quiet and **get on with** your homework.*	*continue to do, make progress*	continuare, fare progressi
	to get on *(well)* ***with*** *(somebody)*	*I **get on** very well **with** my classmates.*	*have a good relationship with*	avere una buona relazione
	to get out	*How did Albert **get out**?*	*leave*	uscire
	to get out of	*Some home mates manage to **get out of** doing any housework.*	*avoid doing something*	evitare di fare
	to get over	*My father had a heart attack, but luckily he **got over** it.*	*recover from (illness, disappointment)*	guarire, riprendersi
	to get rid of	*It's difficult to **get rid of** bad habits.*	*eliminate*	eliminare
	to get together	*Let's **get together** for dinner on day.*	*meet each other*	incontrarsi
	to get up	*I usually **get up** at 8.30 o'clock.*	*rise, leave bed*	alzarsi
	to give up	*Martha **gave up** smoking 10 years ago, when her mother died.*	*stop doing something*	smettere
	to go through	*Mary **went through** a lot of pain after the car accident.*	*experience*	vivere, attraversare
	to grow up	*She **grew up** in a small village at the seaside.*	*spend one's childhood, develop, become an adult*	crescere
H	***to hand in***	*All application forms must be **handed in** before the end of the year.*	*submit (report, homework)*	consegnare
	to hand out	*Samples will be **handed out** at the beginning of the demonstration.*	*distribute*	distribuire
	to hurry up	***Hurry up!** We'll miss the train.*	*be quick, act speedily*	sbrigarsi
I	***to iron out***	*The meeting tomorrow will be an opportunity to **iron out** problems.*	*resolve by discussion, eliminate differences*	risolvere attraverso la discussione, eliminare le differenze

(*Segue*)

Verbo		Esempio	Significato	Traduzione in italiano
J	***to jot down***	*I **jotted down** the phone number while listening to the radio.*	*take quick notes*	prendere appunti velocemente
K	***to keep on***	*She told her to be quiet, but she **kept on** making a lot of noises.*	*continue doing something*	continuare
	to keep up with	*Bob walks very fast; it's difficult to **keep up with** him.*	*stay at the same level as someone or something*	tenere il passo
L	***to leave out***	*My name was **left out** of the report.*	*omit, not mention*	omettere
	to look after	*A babysitter **looks after** her children when she goes to work.*	*take care of*	prendersi cura di
	to look ahead	*We have to forget the past and **look ahead**.*	*think of the future*	guardare avanti
	to look for	*Eveline went to the shops to **look for** a pair of boots.*	*try to find something*	cercare
	to look forward to	*I **look forward to** seeing you as soon as possible.*	*await or anticipate with pleasure*	in attesa di, non vedere l'ora di
	to look on	*Bob didn't take part in the discussion. He just **looked on**.*	*be a spectator at an event*	essere spettatore di un evento
M	***to make up***	*Some workers **make up** excuses when they arrive late for work.*	*invent (excuse, story)*	inventare (scuse, storie)
	to mix up	*I don't know my students' names yet. I keep **mixing** them **up**.*	*mistake one thing or person for another*	confondere, scambiare
	to move in	*You've bought a new flat? When are you **moving in**?*	*arrive in a new home or office*	trasferirsi, traslocare
	to move out	*My neighbour is leaving. She's **moving out** next Monday.*	*leave your home or office for another one.*	andarsene, sgombrare
N	***to nod off***	*My brother often **nods off** in front of the television.*	*fall asleep*	appisolarsi

(*Segue*)

Verbo		Esempio	Significato	Traduzione in italiano
	to note down	*I'll call the coach station and* ***note down*** *the departure times.*	*write something*	prendere nota
O	**to opt out**	*I enjoy tennis but I'm so busy I had to* ***opt out*** *of the tournament.*	*leave a system or decide not to participate*	rinunciare
	to own up	*My friend* ***owned up****. He said he kicked the ball through the window.*	*admit or confess something*	ammettere, confessare
P	**to pass away**	*The old man* ***passed away*** *peacefully.*	*die*	morire
	to pay back	*I'll lend you 50£ provided you* ***pay*** *me* ***back*** *before the end of the month.*	*reimburse*	rimborsare
	to pick up	*I'll* ***pick*** *you* ***up*** *at the airport when you arrive.*	*collect somebody*	andare a prendere
	to put off	*The meeting was* ***put off*** *because of the strike.*	*postpone, arrange a later date*	rimandare, procrastinare
	to put on	*Could you* ***put on*** *the radio please?*	*turn on, switch on*	accendere
	to put out	*It didn't take a long time to* ***put out*** *the fire.*	*extinguish*	spegnere
	to put up	*She can* ***put*** *you* ***up*** *if you'd like to come for a weekend.*	*accommodate, give somebody a bed*	dare alloggio
R	**to rely on**	*Don't worry. You can* ***rely on*** *me. I can keep a secret.*	*count on, depend on, trust*	fare affidamento
	to run away	*He* ***ran away*** *at the age of twelve.*	*escape from a place or suddenly leave*	scappare
	to run out of	*What a nuisance! We've* ***run out of*** *coffee and milk.*	*have no more of something*	terminare, finire
S	**to set off**	*Early Sunday morning we* ***set off*** *for the ski slopes.*	*start a journey*	avviarsi, partire

(*Segue*)

VERBO		ESEMPIO	SIGNIFICATO	TRADUZIONE IN ITALIANO
	to set up	*She **set up** her own company 25 years ago.*	*start a business*	costituire, fondare
	to show off	*There's brad **showing off** in his new sports car!*	*brag or want to be admired*	ostentare, fare sfoggio di
	to shut up	*Oh **shut up**, please!*	*be silent, stop talking*	stare zitti
	to sit down	*Please come in and **sit down**.*	*take a seat*	sedersi

T	**to take after**	*Jim really **takes after** his mother.*	*resemble (in appearance or character)*	assomigliare
	to take care of	*I'll **take care of** your garden while you're away.*	*look after*	prendersi cura
	to take off	*The plane **took off** at 10.30 a.m.*	*leave the ground*	decollare
	to take on	*Business is good, so the company is **taking on** extra personnel.*	*hire or engage staff*	prendere, accollarsi
	to try on	*Martha is not sure about the size. Can she **try** it **on**?*	*wear something to see if it suits or fits*	provare
	to turn down	*Bob can't **turn down** an offer like that!*	*refuse*	rifiutare

U	**to use up**	*The kids have **used up** all the shampoo.*	*finish a product (so that there's none left)*	finire / terminare un prodotto

V	**to vouch for**	*You can give the keys to Bob. I can **vouch for** him.*	*express confidence in or guarantee something*	esprimere fiducia, garantire

W	**to wear out**	*1) Mary **wore out** her shoes visiting the city.* *2) At the end of her holiday Mary was **worn out**.*	*1) become unusable* *2) become very tired*	1) consumare 2) essere sfinito, essere molto stanco
	to wipe off	*My teacher asked me to **wipe off** the board.*	*clean (board, table)*	pulire (lavagna, tavolo)
	to work out	*1) I **work out** twice a week at the gym club.* *2) It seems to be very expensive but I haven't **worked out** the exact cost yet.*	*1) do physical exercise* *2) find a solution or calculate something*	1) fare attività fisica, allenarsi 2) elaborare, risolvere

SCHEDA 12 Espressioni idiomatiche di uso comune

ESPRESSIONE	TRADUZIONE IN ITALIANO
a babe in the woods	un ingenuo
a bad penny	una persona inaffidabile
a bed of roses	un letto di rose (in senso fig.)
a bird in the hand is worth two in the bush	meglio un uovo oggi che una gallina domani
a chicken	fifone; vigliacco
a different kettle of fish; a horse of a different colour	un altro paio di maniche
a dog-eat-dog world	un mondo senza pietà
a friend in need is a friend indeed	un vero amico si riconosce nelle avversità
a penny saved is a penny earned	un euro risparmiato è un euro guadagnato
a picture is worth a thousand words	un'immagine vale mille parole
a piece of cake	(un compito) estremamente semplice
a pretty kettle of fish!	un bel pasticcio!
a red herring	un elemento fuorviante
a turkey [*American English*]	un insuccesso; un fiasco; un modello / un esemplare difettoso
a watched pot never boils	pentola guardata non bolle mai; il desiderio rende lunga l'attesa
a white elephant	una cattedrale nel deserto
a wild-goose chase	un'impresa inutile
a wink is as good as a nod (to a blind horse)	a buon intenditor poche parole [lett. "una strizzatina d'occhio vale quanto un cenno con il capo"]
a wolf in sheep's clothing	un lupo in veste d'agnello
absence makes the heart grow fonder	la lontananza fa intenerire il cuore
actions speak louder than words	le parole contano meno dei fatti; tra il dire e il fare c'è di mezzo il mare
all roads lead to Rome	tutte le strade portano a Roma
all that glitters (or "glistens") is not gold	non è tutt'oro ciò che luccica
all's fair in love and war	in amore e in guerra tutto è lecito
an apple a day keeps the doctor away	una mela al giorno leva il medico di torno
around the clock	ventiquattr'ore su ventiquattro
at the drop of a hat	subito
beauty is in the eye of the beholder	i gusti sono gusti; non è bello ciò che è bello ma è bello ciò che piace

(*Segue*)

ESPRESSIONE	TRADUZIONE IN ITALIANO
between (or "twixt") the devil and the deep blue sea	fra l'incudine e il martello
birds of a feather flock together	gente dello stesso stampo sta insieme; dimmi con chi vai e ti dirò chi sei
Bob's your uncle	sei a cavallo
by the skin of one's teeth	per un pelo
can the leopard change his spots?	il lupo perde il pelo ma non il vizio
crocodile tears	lacrime di coccodrillo
cup of tea	cavallo di battaglia; argomento prediletto
don't count your chickens before they hatch	non contare su ciò che non è ancora sicuro; mai dire gatto se non ce l'hai nel sacco
don't cross your bridges before you come to them	non fasciarti la testa prima di essertela rotta
easy come, easy go	ciò che si guadagna facilmente, si perde altrettanto facilmente
every cloud has a silver lining	non tutto il male viene per nuocere
every dog has his day	ognuno avrà il suo momento di gloria / di successo
every man has his price	non c'è nessuno che non possa essere comprato; ognuno ha il suo prezzo
faint heart never won fair lady	chi non risica non rosica
fair's fair	ciò che è giusto è giusto
fall on one's feet	trovarsi in una situazione fortunata
fight fire with fire	combattere con gli stessi metodi
first come, first served	chi prima arriva è servito per primo; chi tardi arriva male alloggia
forewarned is forearmed	uomo avvisato mezzo salvato
from the horse's mouth	dalla fonte più autorevole
full of beans	pieno di energie [*British English* e *Australian English*]; contaballe [*American English*]
he can't say boo to a goose	è timidissimo
he can't see the wood (or forest) for the trees	è troppo attento ai dettagli e ha perso la prospettiva [lett. "non vede la foresta a causa degli alberi"]
he who hesitates is lost	chi esita è perduto
he who laughs last, laughs loudest	ride bene chi ride ultimo
home and dry / hosed	aver raggiunto l'obiettivo [lett. "rincasato e asciugato / risciacquato"]
honesty is the best policy	l'onestà è la miglior linea di condotta
horses for courses	(si sceglie) il cavallo a seconda dell'ippodromo (cioè l'elemento, normalmente una persona, più idoneo alle circostanze)
I smell a rat!	gatta ci cova!

(*Segue*)

ESPRESSIONE	TRADUZIONE IN ITALIANO
in hot water	nei guai
in the doghouse	in disgrazia
it's an ill wind that blows nobody any good	non tutto il male vien per nuocere [lett. "deve essere un vento veramente cattivo che non torni utile a qualcuno"]
it's no skin off my nose	non mi riguarda; me ne frego
it's no use crying over spilt milk	non serve piangere sul latte versato
it's not my cup of tea	non è pane per i miei denti
it's six of one and half a dozen of the other	è praticamente la stessa cosa; se non è zuppa è pan bagnato
like looking for a needle in a haystack	come cercare un ago nel pagliaio
love all, trust no one	ama tutti, fidati di nessuno
necessity is the mother of invention	il bisogno aguzza l'ingegno
no pain, no gain	bisogna essere disposti a soffrire per raggiungere l'obiettivo; chi bello vuol sembrare, un pochino deve soffrire
nothing ventured, nothing gained	chi non risica non rosica
once bitten, twice shy	essendo stati morsi (danneggiati) una volta, la seconda si è più cauti; il gatto scottato teme l'acqua fredda
once in a blue moon	ogni morte di papa
one swallow does not make a summer	una rondine non fa primavera
out of sight, out of mind	lontano dagli occhi, lontano dal cuore
out of the frying-pan into the fire	dalla padella nella brace
patience is a virtue	dai tempo al tempo
red sky in the morning, the shepherd's warning; red sky at night, the shepherd's delight	rosso di mattina, brutto tempo s'avvicina; rosso di sera, bel tempo si spera
Rome was not built in a day	Roma non fu fatta in un giorno
rough and ready	approssimativo; basilare
slow and steady wins the race	chi va piano va sano e va lontano
the early bird catches the worm	chi dorme non piglia pesci
the last but not the least	l'ultimo ma non il meno importante
the pen is mightier than the sword	la penna è più forte della spada
the pot calls the kettle black!	senti chi parla!; senti da che pulpito viene la predica! [lett. "la pentola dà del nero al bollitore"]
there are no flies on him	è un tipo in gamba
there is none so deaf as he who will not hear	non c'è peggior sordo di chi non vuole sentire
time is money	il tempo è denaro
tip of the iceberg	la punta dell'iceberg

(*Segue*)

ESPRESSIONE	TRADUZIONE IN ITALIANO
to bark up the wrong tree	sbagliare obiettivo
to be all ears	essere tutt'orecchi
to be born with a silver spoon in one's mouth	essere di famiglia ricca
to be caught red-handed	essere colti con le mani nel sacco / in flagrante
to be on one's / its last legs	essere spacciato / consumato / agli sgoccioli
to bend over backwards (to help)	farsi in quattro (per aiutare)
to bite off more than one can chew	fare il passo più lungo della gamba
to bite the hand that feeds you	mostrarsi ingrato; mordere la mano che ti nutre
to blow one's top	arrabbiarsi (come l'esplosione di un vulcano)
to break the ice	rompere il ghiaccio
to bring home the bacon	portare a casa la pagnotta
to burn one's bridges	bruciarsi i ponti alle spalle
to bury one's head in the sand	chiudere gli occhi davanti alla realtà; fare come lo struzzo
to bury the hatchet; to smoke the pipe of peace	fare la pace
to cut off one's nose to spite one's face	danneggiare sé stessi pur di far male a un altro
to dig in one's heels	impuntarsi
to get cold feet	prendersi una bella paura
to get on one's high horse	darsi grandi arie; inalberarsi
to get out of the wrong side of bed	essere imbronciati
to get under someone's skin	irritare qualcuno
to give someone a piece of one's mind	dirne quattro a qualcuno
to give someone the boot / the sack	licenziare qualcuno
to give someone the cold shoulder	trattare qualcuno con freddezza
to go Dutch	fare alla "romana"; pagare ciascuno per sé
to go walkabout	andarsene a fare un giro (anche in senso fig.); come gli aborigeni australiani (nomadi)
to have a bee in one's bonnet (about...)	avere una fissazione (circa...)
to have a close shave	scamparla bella; cavarsela per un pelo
to have a soft spot for someone	avere un debole per qualcuno
to have green fingers	avere il pollice verde
to have one's head screwed on	avere la testa sulle spalle; avere il cervello a posto
to have the last laugh	ridere per ultimo
to hold one's tongue	stare zitto
to jump on the bandwagon	mettersi dalla parte del più forte; salire sul carro del vincitore
to keep a foot in both camps	tenere un piede in due staffe
to keep it under your hat!	acqua in bocca!

(*Segue*)

ESPRESSIONE	TRADUZIONE IN ITALIANO
to keep one's eyes peeled / skinned	tenere gli occhi ben aperti
to keep one's fingers crossed	incrociare le dita
to keep one's nose to the grindstone	lavorare sodo
to keep the wolf from the door	tenere lontana la miseria
to kick the bucket; to fall off one's perch; to turn up one's toes	tirare le cuoia; morire
to kill the goose that lays the golden eggs	uccidere la gallina dalle uova d'oro; sacrificare la fonte certa di un guadagno futuro
to kill two birds with (the) one stone	prendere due piccioni con una fava
to let the cat out of the bag; to spill the beans	svelare un segreto; vuotare il sacco
to look down one's nose at someone	guardare qualcuno dall'alto in basso
to make a cat laugh	far ridere i polli
to make someone's hair stand on end	far rizzare i capelli a qualcuno
to paint the town red	folleggiare
to pull someone's leg	prendere qualcuno in giro
to pull up one's socks	darci sotto
to put one's foot down	dire "ora basta!"
to put the cat among the pigeons	provocare trambusto
to put two and two together	tirare delle conclusioni
to roll up one's sleeves	rimboccarsi le maniche
to rub elbows with...	essere in confidenza con... (ad esempio, persone importanti)
to save for a rainy day	risparmiare per i tempi difficili; mettere fieno in saccoccia
to save someone's bacon	salvare qualcuno
to sell like hot cakes	andare a ruba
to spend a penny	andare al gabinetto (a pagamento, una volta); urinare
to split hairs	essere pignolo / cavilloso [lett. "spaccare i capelli"]
to start from scratch	cominciare da zero
to strike while the iron is hot	battere il ferro finché è caldo
to take a leaf out of someone's book	seguire l'esempio di qualcuno [lett. "togliere una pagina dal libro di qualcuno"]
to talk turkey with someone	parlare chiaro; parlare di cose serie
you scratch my back, and I'll scratch yours	una mano lava l'altra

SCHEDA 13 Elementi per affrontare il colloquio in lingua

THE JOB INTERVIEW

1. How to Approach an Interview Successfully

Whether you're looking for your first job or your fifth, whether you're after an entry level sales position or a top management spot, whether you're involved in the oral test of an open competition / public selection or in a selective trial of a private company, there are some universal rules to a successful interview. An interview is not a two way street! It is your job to sell yourself with a positive attitude and enthusiasm. Preparation for an interview should be a serious matter. Interviewers are looking at you not only as a candidate but as a performer in their organization.

Interviews are similar to first dates: intimate, intimidating, and generally uncomfortable. Even some of the most confident, smooth-talking people get sweaty palms and tongue-tied during interviews. Just like it's rude to put your elbows on the dinner table and swear in front of a lady, the same kind of etiquette should be followed during an interview.

In order to make the best possible impression and let your qualities shine through, you'll want to follow these seven interview **etiquette tips**.

1 Use a firm handshake

A handshake is commonplace before and after an interview. Shaking the hand of your interviewer is both polite and respectful, but it also shows confidence and openness to the interviewer. With that being said, a flimsy, weak handshake can send the wrong message and make you seem nervous or unprepared. If you're worried about the grip strength and overall feel of your handshake, practice beforehand with a friend or family member who can adjust your shake.

2 Dress accordingly

Dressing for an interview can be tricky if you don't know what the normal dress is for candidates and really depends on the company, occupation, type of competition / selection, and formality of the interview. To be on the safe side, it's advised that you wear semi-formal business attire because it's better to be a little overdressed than underdressed in an interview. In general, you shouldn't wear jeans, flip flops or any other casual wear to an interview. In addition, avoid distracting clothes, jewelry, hairstyles or makeup that will detract from you and your job qualities.

3 Turn off your cell phone

If your cell phone goes off in the middle of an interview, you can pretty much kiss the job goodbye. Not only is this incredibly rude, but it may ruin what could have been a good interview. Even if you say you're waiting on an emergency call and try to sugarcoat it, the interviewer may not approve and you could lose a potential job offer. When in doubt, always silence or turn off your cell phone — you can survive without it for 30 minutes.

4 Make good eye contact

Eye contact is one of the most basic and telling non-verbal communication signals that take place in an interview. Making good eye contact with the interviewer shows your attentiveness and interest in the conversation taking place. Whereas, wandering eyes or poor eye contact make you seem disinterested or uncomfortable in what is being talked about.

5 Tone down your nervous habits

You may pop your knuckles, twirl your hair and bite your nails when you're nervous, but these fidgety gestures can be overly distracting in an interview. You don't want the focus to be taken off of you and directed towards your bitten pen or shaking leg. To ease your nerves, take deep breaths and relax your body so you won't feel anxious and revert back to your bad habits. Be aware of your voice tone qualities. Don't be monotonous, yet don't let your voice tone vary to such extremes that you sound excited or nervous. One helpful tip is to take a deep breath before speaking.

6 Don't chew gum

Chewing gum during an interview is unprofessional and shouldn't be done. If you're chewing loudly, smacking your gum and blowing bubbles, that's all the interviewer will be able to focus on because it's incredibly distracting and bothersome in a serious scenario. If you need to freshen your breath, have a mint or use mouthwash before the interview.

7 Think before you speak

Even if the interview is relaxed and takes a humorous turn, don't slip up by telling jokes, talking about religion or politics or using profanity during an interview. You may be tempted to impress or say something memorable, but it's best to act professionally the entire time and think before you speak. You don't want an offensive joke to be the only thing they remember from your interview and risk losing a great job opportunity.

2. Prepare Yourself for the Initial Questions

Generally, every job interview / oral test starts with questions related to your education, hobbies, interests, or your previous job experience (if any).

Possible initial questions could be:

— What is your educational background?
— What is your previous job experience?
— Why are you looking for a change?
— Why do you want to join this "organization"?
— What is your salary expectation?

Wisely prepare the answers in advance. This will help you maintain the fluency while speaking: your communication skills are primarily judged.

3. Sharpen Your Professional Skills

In most of the job interviews / oral tests, your technical skills are checked in second round. Now, depending upon the type of profession, it can be written or oral. Nevertheless, you should be prepared to face it. For this, brush up your professional and technical skills.

To obtain the job description of the position being applied would be really helpful in preparing for a job interview. Read the job description very carefully. Check what has been asked from the candidate. Things with which you are not familiar must be taken at priority. After this, you can search for information on the company itself or on the specific type of competition / selection.

Like in what product the company deals in, what are the different clients, what are the subjects covered by the competition announcement, and so on. Based on that, try to find out various questions that can be asked from you.

4. The Most Common Questions in an Interview and Some Best Answer Tips

1 "Are you a team player?".
Say yes, and mention good examples that highlight your team player attitude.

2 "What are you looking for in a job?".
A good answer here would be: "A job where I can contribute, love the work and can't wait to get to it, and like the people I work with".

3 "Why did you leave your last job?".
Don't refer to a major problem with management and never speak negatively of the company, supervisors, or co-workers. You'll be the one looking bad if you do. Talk about searching for new opportunities, a new challenge, a chance to grow and do something special.

4 "Why should we hire you?".
Don't compare yourself to other candidates. Just mention how your assets can fill the company's / competition's needs.

5 "Tell me about your ability to work under pressure".
Give an example of when you succeeded under certain types of pressure.

6 "Are you willing to work overtime? Weekends?".
This is up to you. Be honest.

7 "Describe your work ethic".
Mention work qualities that will be beneficial to the organization or to the company, such as: your determination to get the job done, work hard but enjoy your work, your focus and concentration, your willingness to listen to suggestions, and ability to work with others.

8 "How long would you expect to work for us if hired?".
Don't be specific and say something like: "I'd like it to be for a long time, or for as long as we both feel I'm doing a good job". Or tell the interviewer that you are interested in a long term professional growth.

9 "What's your biggest weakness?".
Trick question. Do not reveal any personal areas of concern here. Let them do their own discovery.

10 "What are your salary requirements?".
In this situation it's better to say something like: "That's a tough question. Can you tell me the range for this position?". If the interviewer doesn't know or won't tell you, say something like: "It can depend on the details of the job". Then give a wide range. It's a good idea to do a market research about salary range for the position, so you can place a reasonable number in front of your interviewer.

11 "Do you have any questions?".
Have some questions prepared related to how you'll be an asset to the company / bank, such as: "What type of projects will I be able to assist on? How soon will I be able to be productive for your organization?".

12 "Are you applying for other jobs?".
Be honest but keep the focus on this job and what you can do for this company / bank.

5. Sample of an Interview Dialogue

Read through the responses of three applicants to the same questions asked them in an interview. Consider their answers carefully: the best answer is underlined.

1 "Good morning, my name is Ms Martin. You've applied for the banking sector job, right?".
A) "Yes".
B) <u>"Yes Ms Martin, I have".</u>
C) "Yes Ms Martin. When I saw it advertised, I thought it would really suit me".

2 "Can you tell me why you decided to take part in this competition / selection?".
A) <u>"Well, I've always enjoyed economics / management / organization / banking studies and felt that this position would offer me an opportunity to extend my skills in this area".</u>
B) "I... I'm not really sure... ah...".
C) "I think that I'd be really good at this kind of work. In fact, I learn so fast that I'd be looking for promotion very shortly".

3 "What sort of student do you regard yourself as... did you enjoy studying while you were at school?".
A) <u>"I suppose I'm a reasonable student. I passed all my tests and enjoyed studying subjects that interested me".</u>
B) "I wasn't the best student. I didn't really like study all that much, but I did it when I had to".
C) "I'm a really great student. I didn't have to study much because I always seemed to get by without worrying too much about it".

4 "What were your favourite subjects at school?".
A) "I liked Statistics — it was Ok... well, at least the bits I understood were Ok".
B) <u>"Maths and Economics were my favourite subjects at school. I also enjoyed doing History and Geography".</u>
C) "I'm afraid that I only liked the ones I was good at. The others were so boring that I found them to be a thorough waste of my time".

5 "Do you have any plans for further study?".
A) "I hadn't really thought much about it... I don't know what courses I could do".
B) "Well, if I had to do it, I suppose I would, but now I've finished school I'd much rather try to get my social life back into full swing again".
C) <u>"Well, I'm going to attend some specialization courses and improve my linguistic and computer skills. I think I would really benefit from doing that".</u>

6 "Suppose our company / bank wanted you to attend an institution to further your skills... How would you feel about this?".

A) "Attend a what?".
B) "If the course would help me improve my prospects for promotion and help me to be better at my job, I would definitely do it".
C) "Attend a course? When? I hope it would be in the day time? Would I get time off from work to attend it? I hope it's not at night — my social life would be ruined".

7 "Have you ever had a job before?".

A) "No I haven't. I've never really been game enough to get one".
B) "No. I've really been too busy, what with all the study I've had to do to get a good result...".
C) "Yes, more than one. Among the many, I privately taught to students of all ages and worked part-time as a financial planner from my home".

8 "We have a lot of other applicants for this position. Why do you think you deserve to get the job?".

A) "I can't think of any special reason — I suppose I'm no different from most other people".
B) "Well, I've found out a lot about this type of work and my research suggests that I would be quite capable of doing the work involved. I also think that I would be able to handle any training course reasonably well".
C) "I reckon I'd probably be the best applicant you're likely to get for the job".

9 "Now, do you have any questions you'd like to ask me about the position?".

A) "Yes, Ms Martin. I would like to receive some advice on what to do to be immediately pleasing to all organization / bank staff".
B) "No, thank you. I don't think it would be useful to ask for something".
C) "Yes... What's the pay like?".

10 "I think I have asked you everything I wanted to know. Thank you for coming along to the interview".

A) "Thank you Ms Martin. Goodbye".
B) "Oh, think nothing of it... Could I know when I'll be working?".
C) "Thank you. When will I know if I am successful?".

6. More Samples of Interview Questions and Answer Tips

1 "Tell me about yourself".

Be prepared to talk for two minutes about yourself. Be logical. Start anywhere, such as high school, college, or your first professional position. The interviewer is trying to evaluate your communication skills and linear thinking.

2 "Why are you leaving your current position?".

This is a very critical question. Don't bad mouth your previous employer or co-workers, or sound too opportunistic. It's fine to mention major problems, a buy-out or a shutdown.

3 "What do you consider your most significant accomplishment?".

A good answer to this question can get you the job. Prepare extensively — discuss hard work, long hours, pressure, and important company issues at stake.

4 "Why do you believe you are qualified for this position?".

Pick two or three main factors about the job and about yourself that are most relevant. You may mention a technical skill, a management skill, and / or a personal success story.

5 "What do you like / dislike most about your current or last position?".

The interviewer is trying to determine compatibility with the open position. Be careful; don't say you dislike overtime or the management. It's safe to say that you like challenges, pressure situations, opportunities to grow, or that you dislike bureaucracy and frustrating situations.

6 "The sign of a good employee / collaborator is the ability to take initiative. Can you describe a situation where you did this?".

The proactive, results-oriented person doesn't have to be told what to do. To convince the interviewer you possess this trait, give a series of short examples describing your self-motivation.

7 "Deadlines, frustrations, difficult people, and silly rules can make a job difficult. How do you handle these types of situations?".

Most companies, unfortunately, face these problems daily. If you can't deal with petty problems, you'll be seen as uncooperative. You may mention that to overcome these difficulties diplomacy, perseverance, and common sense are the key to success.

8 "How has your technical and methodological ability been important in accomplishing results?".

A potential employee / collaborator needs a strong level of competence. Most strong managers have good technical and methodological backgrounds. Describe specific examples of your abilities and how you resolved a difficult issue.

9 "What are your career goals? Where do you see yourself five or ten years from now?".

Be realistic! One or two management jumps in 3-5 years is a reasonable goal. If your track record indicates you're in line for senior management in 10 years, then mention it.

10 "Why should we hire you for this position? What kinds of contributions would you make?".

This is a good chance to summarize. Don't be arrogant: instead demonstrate a thoughtful, organized, and strong attitude.

7. Samples of Interview Questions and Answers for a 'Manager'

1 "What do you consider to be the most challenging aspect about being a 'manager' in business today?".

"There are a number of complex challenges that managers now face, including having access to fewer resources, managing more specialized and more diverse teams, and having to operate within a constantly changing and highly competitive environment".

2 "What are the most critical skills a 'manager' needs to succeed in today's business climate?".

"I think that the key behavioral competencies for a management position are planning, executing and cost-control abilities, developing and motivating employees, communication and managing changes".

3 "What important trends have you picked up in our industry?".

"I have appreciated your industry's trends towards technological challenges and opportunities, current economic conditions and demands, and growing competitiveness".

8. Samples of Interview Questions and Answers for a 'Computer Technician'

1 "What qualifications do you have as a 'computer technician'?".

"In terms of education, I possess a standard degree obtained from a Computer Programming Institute. In addition, I have significant knowledge and experience with hardware and software".

2 "What personal characteristics make you a valuable candidate for the position of a 'computer technician' with us?".

"In addition to a good knowledge of information technology maintenance, strong work ethics and integrity, I believe I can work well in different environments, from private homes to computerized corporations".

3 "How important are interpersonal skills to the 'computer technician'?".

"Technicians are supposed to be usually very good at quickly understanding any client, whether scientists or a laymen, and being able to communicate as effectively whatever the client needs to know about the problem and its solution".

4 "What clients or sectors have you worked with in the past?".

"I have started working in hardware stores and repair shops. I have also visited private homes to repair minor problems on the spot. Installing and maintaining software and hardware security in a company / bank was my last job".

5 "Do you have experience working with computer systems?".

"Unfortunately, I have no previous experience on this field. However, since larger companies usually have computer networks on their premises, I'm willing to upgrade my expertise on how to handle interconnected systems".

9. Samples of Interview Questions and Answers for a 'Bank Teller'

1 "What are some of the aspects that you like about the job?".

"I like to be able to practice my personal and professional skills which combine with the bank teller's job requirements, that is a lot of patience, a friendly attitude, and most importantly communication abilities".

2 "What are some of the aspects that you do not like about the job?".

"This is my first job application as a bank teller and, therefore, have no personal knowledge of any negative aspects of the job. I can only imagine that the constant direct contact with the clients may become difficult at times; however, I believe that, in such cases, *professionalism* should be the answer".

3 "What does our bank gain by hiring you?".

"The terms like loyal, scrupulous, detail-oriented, etc. are quite important for one to possess when working as a bank teller. I think I possess most of the qualities required of such a job. I'm more than willing to show my enthusiasm and good will".

V Informatica

Sommario Parte V

Per chi vuole approfondire lo studio della materia, si consiglia il volume Elementi di informatica per esami e concorsi (cod. ***240****) edito da questa Casa Editrice.*

SCHEDA 1 Struttura di un personal computer: componenti interni e periferiche

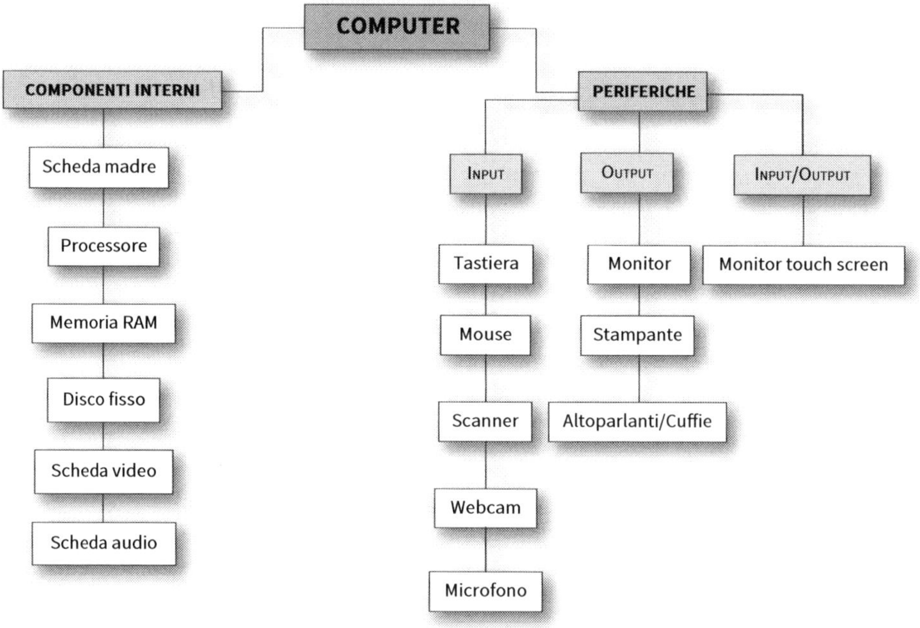

Scheda madre (motherboard o mainboard): contiene tutti i circuiti elettrici e i collegamenti tra i vari componenti interni del PC. Sulla scheda madre viene alloggiato il processore, i moduli di memoria RAM e le schede audio e video.

Processore: al suo interno avviene il processo di elaborazione dei dati secondo la logica fornita dalle istruzioni dei programmi.

Memoria RAM: al suo interno vengono immagazzinati temporaneamente i dati in corso di elaborazione. Quando si spegne il computer, il contenuto della RAM viene cancellato.

Disco fisso: permette la memorizzazione permanente dei dati. Ad esempio quando salviamo un file, questo viene "scritto" sul disco fisso.

Scheda video: permette la trasformazione dei bit in immagini che vengono visualizzate sul monitor.

Scheda audio: permette la trasformazione dei bit in suoni che possono essere ascoltati tramite gli altoparlanti e le cuffie.

Tastiera: periferica di input che permette l'immissione di testi e comandi.

Mouse: dispositivo che permette il dialogo dell'utente con l'interfaccia grafica del sistema operativo e dei programmi. Spostando il mouse, il puntatore sullo schermo segue il movimento. I comandi vengono gestiti mediante i cosiddetti "clic" e "doppio clic" dei tasti del mouse.

Scanner: permette la digitalizzazione di testi e immagini.

Webcam: telecamera che permette di trasmettere le immagini riprese, in forma digitale, attraverso un'interfaccia USB.

Microfono: può essere utilizzato per la comunicazione via Internet ma anche per impartire comandi al PC. Mediante particolari software, è possibile utilizzare un microfono per «dettare» testi ad un programma di videoscrittura.

Monitor: è uno schermo simile ad un televisore che serve a visualizzare i dati inviati al PC (ad esempio mediante la tastiera) e i risultati delle elaborazioni.

Stampante: serve a trasferire su carta il risultato di un'elaborazione sotto forma di testo o immagini.

Altoparlanti o cuffie: servono per ascoltare i suoni riprodotti da un computer (i suoni di sistema, un file mp3, l'audio di un film etc.) e vengono collegati al computer mediante dei connettori posti sulla parte posteriore della scheda audio.

Monitor touch screen: particolari monitor di ultima generazione mediante i quali è possibile impartire i comandi al computer mediante la pressione delle parti sensibili dello schermo. La tecnologia touch è largamente utilizzata anche per smartphone e tablet.

SCHEDA 2 L'interfaccia di Windows

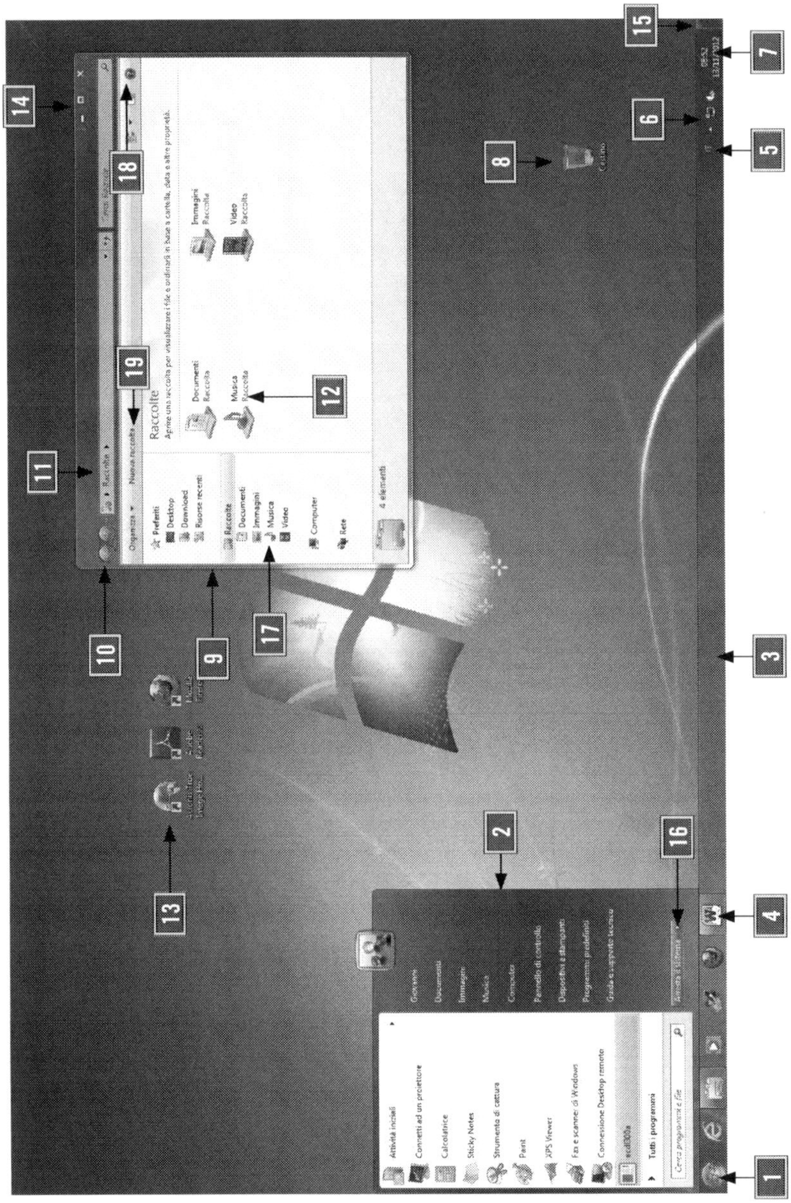

LEGENDA

Microsoft Windows è il sistema operativo più diffuso tra i PC, soprattutto in ambito scolastico.

1. **Pulsante Start o di Avvio**: cliccando su di esso si apre il menu Start o di Avvio.
2. **Menu Start o di Avvio**: mostra le applicazioni utilizzate di recente e presenta la voce **Tutti i programmi**, cliccando sulla quale è possibile accedere ai programmi installati sul PC che possono essere aperti con un semplice clic del mouse.
3. **Barra delle applicazioni**: mostra le icone di alcuni programmi, che possono essere aperti con un clic, e i pulsanti delle applicazioni aperte, che possono essere iconizzate o ingrandite con un clic sul pulsante medesimo.
4. **Applicazione aperta**: quando un'applicazione è aperta, viene mostrato un pulsante che la rappresenta sulla Barra delle applicazioni. Cliccando su questo pulsante è possibile iconizzare o ingrandire la finestra dell'applicazione.
5. **Barra della lingua**: mostra la lingua utilizzata nel sistema. Cliccando su di essa è possibile passare da una lingua all'altra.
6. **Area di notifica**: mostra le notifiche di sistema (ad esempio l'arrivo di una nuova mail, lo stato della rete, la presenza di problemi nel sistema etc.).
7. **Orologio e calendario**: mostra la data e l'ora. Cliccando su di esso è possibile modificare le impostazioni.
8. **Cestino**: nel cestino vengono spostati i file eliminati, che possono essere recuperati finché il cestino non viene svuotato.
9. **Finestra**: è l'elemento fondamentale dei sistemi Windows. Le cartelle, i programmi aperti etc. sono tutti rappresentati da finestre.
10. **Pulsanti Avanti e Indietro**: all'interno di una finestra, servono per andare avanti e indietro durante la navigazione nelle risorse del sistema.
11. **Barra dell'indirizzo**: all'interno di una finestra, mostra la posizione corrente all'interno dell'unità.
12. **Contenuto della cartella**: una cartella può contenere file o altre cartelle. Il contenuto viene mostrato all'interno della finestra della cartella correntemente aperta.
13. **Icone**: elemento fondamentale dei sistemi Windows: file, programmi e cartelle vengono tutti rappresentati da icone. Un doppio clic su un'icona apre il file, la cartella o il programma corrispondente.
14. **Pulsanti per la gestione della finestra**: da sinistra a destra, servono per iconizzare, ripristinare e chiudere una finestra.
15. **Pulsante Mostra desktop**: cliccando su questo pulsante, tutte le finestre vengono iconizzate e viene mostrato in primo piano il desktop.
16. **Pulsante di spegnimento**: serve per arrestare il sistema. Cliccando sulla freccetta vengono mostrate ulteriori icone per, ad esempio, riavviare il computer o cambiare utente.
17. **Collegamenti**: collegamenti predefiniti, e solitamente più utilizzati, per navigare comodamente all'interno delle unità di memorizzazione.
18. **Guida in linea**: questo pulsante apre la guida in linea, per la risoluzione di problemi o per approfondire determinati argomenti.
19. **Barra dei menu**: elemento fondamentale presente in tute le finestre di Windows. Il suo contenuto cambia a seconda del tipo di finestra aperta. Tramite la barra dei menu è possibile, ad esempio, creare nuove cartelle, cambiare la modalità di visualizzazione del contenuto di una cartella etc.

SCHEDA 3 L'interfaccia di Word

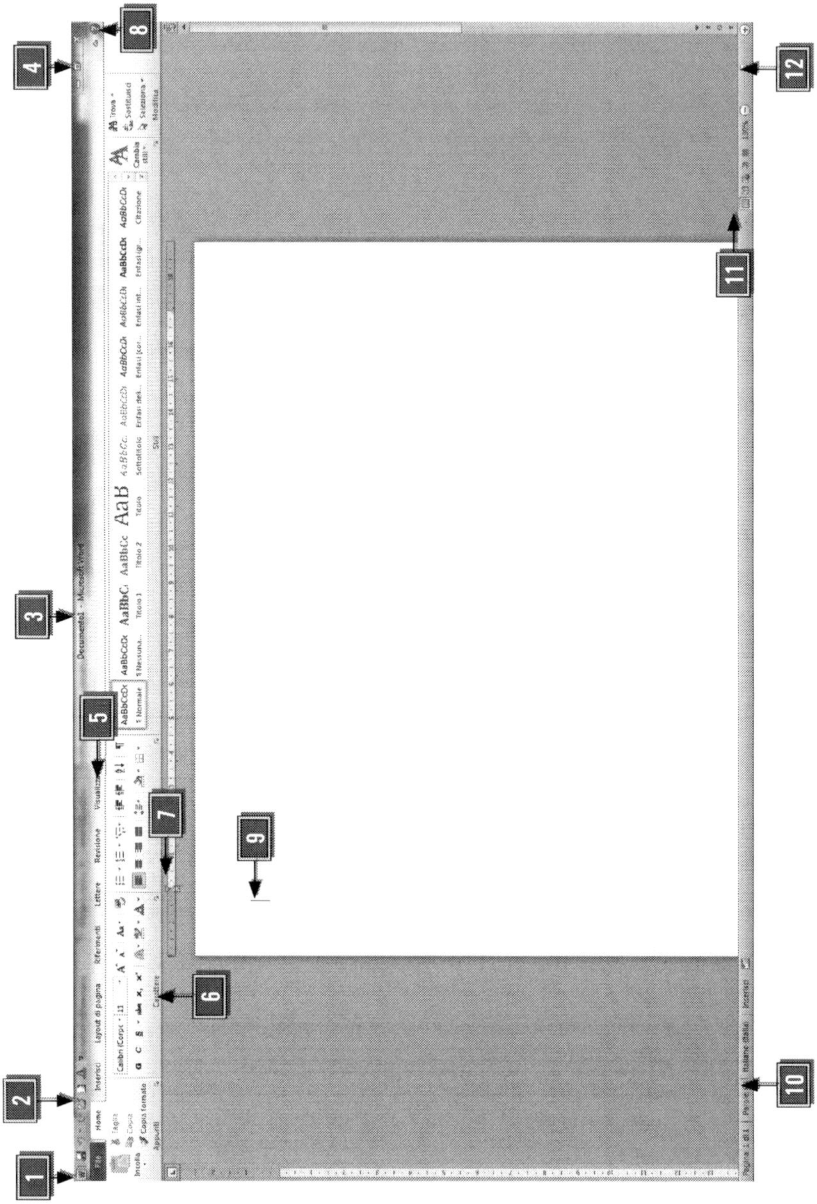

LEGENDA

Microsoft Word è il Word processor, ossia il programma di videoscrittura, più diffuso al mondo. È parte della suite di software Microsoft Office.

1. **Pulsante di controllo**: se cliccato, mostra i comandi di controllo della finestra: Ripristina, Sposta, Ridimensiona, Riduci a icona, Ingrandisci, Chiudi.
2. **Barra di accesso rapido**: contiene i comandi utilizzati più frequentemente. I comandi possono essere aggiunti o eliminati cliccando sulla freccia a destra della barra stessa.
3. **Barra del titolo**: mostra il nome del documento correntemente visualizzato seguito dal nome dell'applicazione.
4. **Pulsanti di controllo**: permettono, da sinistra a destra, di iconizzare, ripristinare e chiudere la finestra.
5. **Barra multifunzione**: è composta da schede, le quali raggruppano comandi omogeni per la gestione del documento (ad esempio la scheda Inserisci permette di inserire immagini, intestazioni e piè di pagina, simboli etc. all'interno di un documento).
6. **Gruppo**: ciascuna scheda è suddivisa in gruppi che, a loro volta, contengono i singoli comandi (ad esempio, il gruppo Carattere della scheda Home contiene tutti i comandi per la gestione del carattere: tipo, grandezza, colore, stile etc.).
7. **Righello**: consente di gestire i rientri del testo e le tabulazioni.
8. **Guida in linea**: se cliccato, questo pulsante mostra la Guida di Word, per la risoluzione di problemi o la migliore comprensione di alcuni aspetti del programma.
9. **Punto di inserimento**: è il punto a partire dal quale viene inserito il testo quando lo si digita dalla tastiera.
10. **Barra di stato**: mostra alcune informazioni quali numero di pagine del documento, numero di parole, presenza di errori ortografici etc. Può essere personalizzata cliccando su di essa con il tasto destro del mouse.
11. **Pulsanti di visualizzazione**: permettono di modificare la modalità di visualizzazione del documento. Le modalità sono cinque: Layout di stampa, Lettura a schermo intero, Layout web, Struttura, Bozza.
12. **Zoom**: permette di modificare lo zoom di visualizzazione del documento. È possibile fare ciò cliccando sui pulsanti + e – oppure agganciando con il mouse l'indicatore e trascinandolo verso destra o verso sinistra.

SCHEDA 4 L'interfaccia di Excel

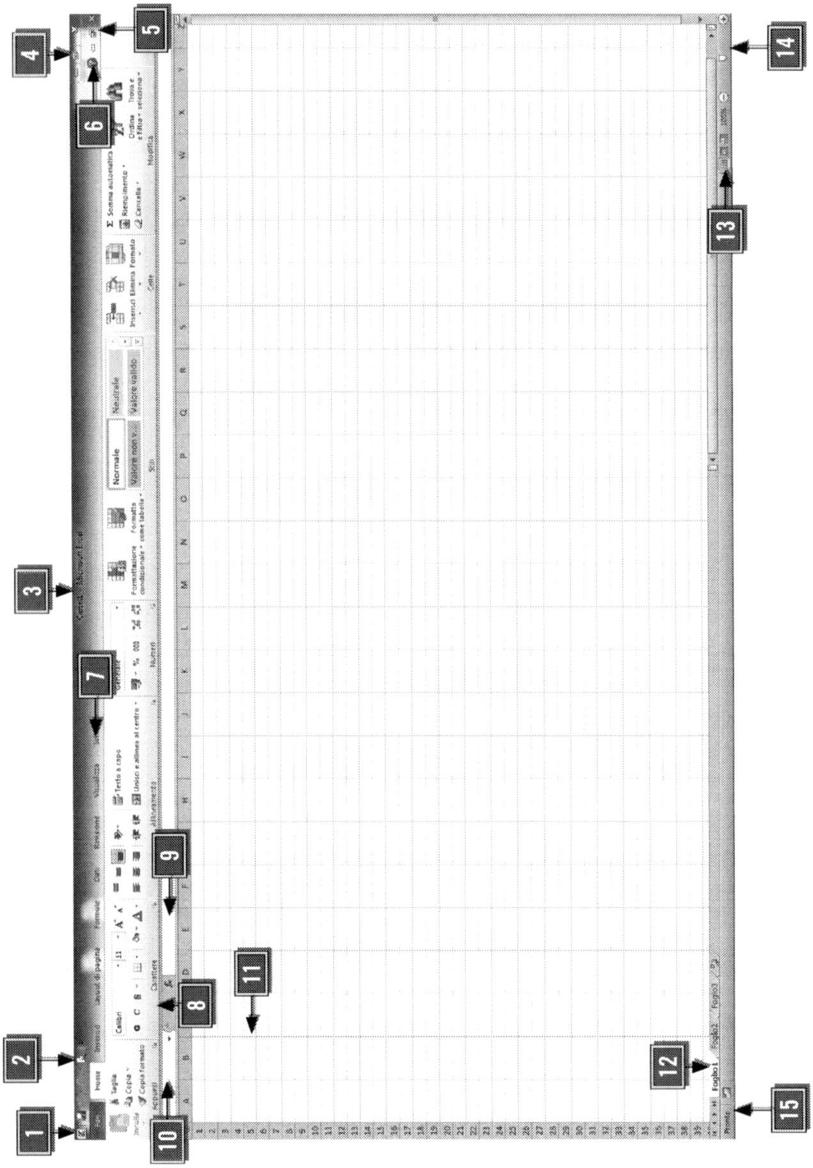

LEGENDA

Excel è il foglio elettronico della suite di Office ed è uno dei software più utilizzati al mondo. Il programma permette di fare calcoli e creare tabelle e grafici dalle funzionalità molto avanzate. Ogni foglio di lavoro è composto da un reticolo di celle che si ottengono con l'intersezione di colonne e righe.

1. **Pulsante di controllo**: se cliccato, mostra i comandi di controllo della finestra: Ripristina, Sposta, Ridimensiona, Riduci a icona, Ingrandisci, Chiudi.
2. **Barra di accesso rapido**: contiene i comandi utilizzati più frequentemente. I comandi possono essere aggiunti o eliminati cliccando sulla freccia a destra della barra stessa.
3. **Barra del titolo**: mostra il nome della cartella di lavoro correntemente visualizzata, seguito dal nome dell'applicazione.
4. **Pulsanti di controllo della finestra dell'applicazione**: permettono, da sinistra a destra, di iconizzare, ripristinare e chiudere la finestra.
5. **Pulsanti di controllo della cartella di lavoro**: permettono, da sinistra a destra, di iconizzare, ripristinare e chiudere la cartella correntemente visualizzata.
6. **Guida in linea**: se cliccato, questo pulsante mostra la Guida di Excel, per la risoluzione di problemi o la migliore comprensione di alcuni aspetti del programma.
7. **Barra multifunzione**: è composta da schede, le quali raggruppano comandi omogeni per la gestione della cartella di lavoro (ad esempio la scheda Formule permette la completa gestione di formule e funzioni).
8. **Gruppo**: ciascuna scheda è suddivisa in gruppi che, a loro volta, contengono i singoli comandi (ad esempio, il gruppo Carattere della scheda Home contiene tutti i comandi per la gestione del carattere: tipo, grandezza, colore, stile etc.).
9. **Barra della formula**: visualizza la formula o la funzione contenuta nella cella selezionata. È possibile digitare o modificare una formula o una funzione direttamente al suo interno.
10. **Casella del nome**: di default mostra il riferimento della cella correntemente selezionata. È possibile digitare una stringa al suo interno per assegnare un nome a una cella. Una volta assegnato un nome ad una cella, questo può essere utilizzato al posto del riferimento in una formula o in una funzione.
11. **Cella**: è l'elemento fondamentale di una cartella di lavoro di Excel. Una cella è individuata da un riferimento, composto dall'intersezione di una riga e di una colonna. Ad esempio la cella B5 è quella che si trova all'intersezione della colonna B con la riga 5.
12. **Fogli di lavoro**: ciascuna cartella è composta di default da tre fogli. È possibile aggiungerne altri o eliminarli. In una cartella di lavoro deve però essere presente almeno un foglio. Per passare da un foglio all'altro è sufficiente cliccare sulla linguetta che lo identifica.
13. **Pulsanti di visualizzazione**: permettono di modificare la modalità di visualizzazione della cartella di lavoro. Le modalità sono tre: Normale, Layout di pagina, Anteprima interruzioni di pagina.
14. **Zoom**: permette di modificare lo zoom di visualizzazione della cartella di lavoro. È possibile fare ciò cliccando sui pulsanti + e – oppure agganciando con il mouse l'indicatore e trascinandolo verso destra o verso sinistra.
15. **Barra di stato**: mostra informazioni sullo stato del foglio. Ad esempio, Pronto indica che la cella selezionata è pronta ad ospitare i dati che verranno digitati.

SCHEDA 5 L'interfaccia di Access

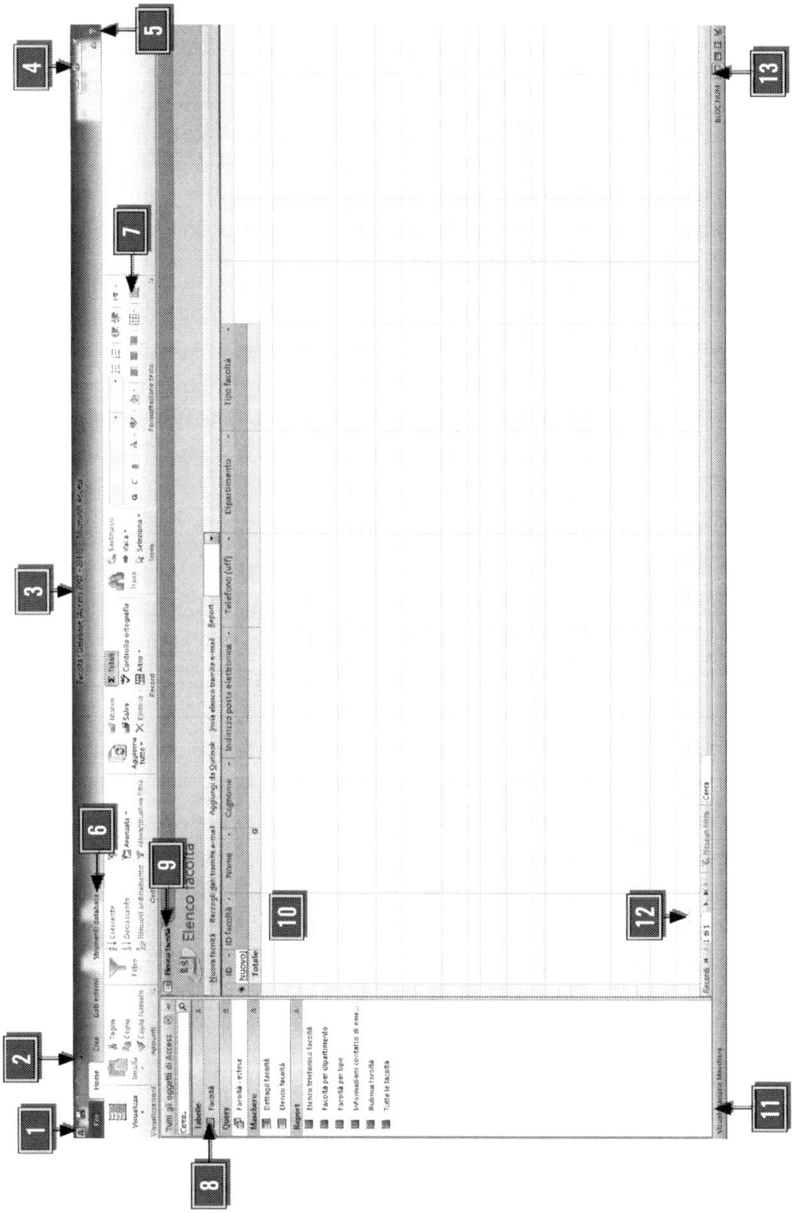

LEGENDA

Access è un software del pacchetto Office, creato per la realizzazione e la gestione di database. Consente di strutturare dati in tabelle, di metterli in relazione e di fare ricerche su di essi (query).

1. **Pulsante di controllo**: se cliccato, mostra i comandi di controllo della finestra: Ripristina, Sposta, Ridimensiona, Riduci a icona, Ingrandisci, Chiudi.
2. **Barra di accesso rapido**: contiene i comandi utilizzati più frequentemente. I comandi possono essere aggiunti o eliminati cliccando sulla freccia a destra della barra stessa.
3. **Barra del titolo**: mostra il nome del database correntemente aperto, seguito dal nome dell'applicazione.
4. **Pulsanti di controllo**: permettono, da sinistra a destra, di iconizzare, ripristinare e chiudere la finestra.
5. **Guida in linea**: se cliccato, questo pulsante mostra la Guida di Access, per la risoluzione di problemi o la migliore comprensione di alcuni aspetti del programma.
6. **Barra multifunzione**: è composta da schede, le quali raggruppano comandi omogeni per la gestione del database (ad esempio la scheda Crea permette di creare tabelle, maschere, query e report).
7. **Gruppo**: ciascuna scheda è suddivisa in gruppi che, a loro volta, contengono i singoli comandi (ad esempio, il gruppo Formattazione testo della scheda Home contiene tutti i comandi per la gestione del testo: tipo di carattere, grandezza, colore, stile etc.).
8. **Riquadro di spostamento**: visualizza tutti gli oggetti (tabelle, maschere, query, report) presenti nel database. Cliccando sulla freccia con la punta rivolta verso il basso in alto a destra del riquadro, è possibile modificare i criteri di visualizzazione.
9. **Etichetta**: quando abbiamo più oggetti aperti, uno è in primo piano e degli altri vengono mostrate solo le etichette. È possibile passare da un oggetto all'altro cliccando sulle etichette che li identificano.
10. **Finestra oggetto**: mostra l'oggetto correntemente aperto.
11. **Selettore dei record**: quando una maschera o una query è aperta, possiamo spostarci tra i record utilizzando questo selettore. È anche possibile operare ricerche all'interno dei record. Inoltre, mostra se sono stati applicati o meno dei filtri.
12. **Pulsanti di visualizzazione**: permettono di modificare la modalità di visualizzazione. Le modalità variano a seconda del tipo di oggetto sul quale stiamo lavorando. In linea di massima, comunque, da qui è possibile passare dalla visualizzazione "normale" (il primo pulsante a sinistra) alla visualizzazione "struttura" (ultimo pulsante a destra).

SCHEDA 6 L'interfaccia di PowerPoint

LEGENDA

PowerPoint consente di illustrare, con una presentazione a video, l'esposizione degli argomenti trattati, ad esempio, attraverso la LIM.

1. **Pulsante di controllo**: se cliccato, mostra i comandi di controllo della finestra: Ripristina, Sposta, Ridimensiona, Riduci a icona, Ingrandisci, Chiudi.
2. **Barra di accesso rapido**: contiene i comandi utilizzati più frequentemente. I comandi possono essere aggiunti o eliminati cliccando sulla freccia a destra della barra stessa.
3. **Barra del titolo**: mostra il nome della presentazione correntemente visualizzata seguito dal nome dell'applicazione.
4. **Pulsanti di controllo**: permettono, da sinistra a destra, di iconizzare, ripristinare e chiudere la finestra.
5. **Barra multifunzione**: è composta da schede, le quali raggruppano comandi omogeni per la gestione del documento (ad esempio la scheda Animazioni permette la gestione delle animazioni degli oggetti che fanno parte di una diapositiva).
6. **Gruppo**: ciascuna scheda è suddivisa in gruppi che, a loro volta, contengono i singoli comandi (ad esempio, il gruppo Diapositive contiene tutti i comandi per la gestione delle diapositive: inserimento di una nuova diapositiva, scelta del layout etc.).
7. **Guida in linea**: se cliccato, questo pulsante mostra la Guida di PowerPoint, per la risoluzione di problemi o la migliore comprensione di alcuni aspetti del programma.
8. **Scheda Diapositive**: mostra le miniature delle diapositive che fanno parte della presentazione. Cliccando sulla scheda Struttura viene mostrato il testo delle singole diapositive, e più in particolare la struttura del testo medesimo: titolo, elenchi puntati, numerati etc.
9. **Diapositiva attiva**: la parte principale dell'interfaccia è occupata dalla diapositiva attiva, cioè quella su cui si sta lavorando in un determinato momento.
10. **Barra di stato**: mostra alcune informazioni quali numero di diapositive della presentazione, il tema utilizzato, la lingua usata. Può essere personalizzata cliccando su di essa con il tasto destro del mouse.
11. **Pulsanti di visualizzazione**: permettono di modificare la modalità di visualizzazione del documento. Le modalità sono quattro: Visualizzazione normale, Sequenza diapositive, Visualizzazione di lettura, Presentazione.
12. **Zoom**: permette di modificare lo zoom di visualizzazione della diapositiva corrente. È possibile fare ciò cliccando sui pulsanti + e – oppure agganciando con il mouse l'indicatore e trascinandolo verso destra o verso sinistra.
13. **Riquadro delle note**: qui è possibile inserire delle note che il relatore potrà leggere durante la proiezione della presentazione. Le note non saranno visibili al pubblico.

SCHEDA 7 L'interfaccia di Internet Explorer

LEGENDA

Internet Explorer è il browser, ossia il software di navigazione internet del sistema windows. È sicuramente uno dei browser più diffusi al mondo.

1. **Pulsanti di controllo**: da sinistra a destra, iconizza, ripristina e chiude la finestra.
2. **Pulsanti Avanti e Indietro**: servono per navigare avanti e indietro tra le pagine visitate.
3. **Barra dell'indirizzo**: qui va digitato l'URL della pagina che si intende visitare. Una volta digitato l'indirizzo, per caricare la pagina battere Invio o cliccare sul pulsante Vai nella parte destra della barra.
4. **Schede**. Quando più pagine sono aperte, ciascuna pagina è aperta in una scheda. Per passare da una scheda all'altra è sufficiente cliccare sull'etichetta che la identifica.
5. **Pulsanti Pagina iniziale, Preferiti e Strumenti**: il pulsante Pagina iniziale porta alla pagina impostata (dall'utente o di default) come home page all'apertura del browser; il pulsante Preferiti apre il menu per la gestione dei segnalibri: il pulsante Strumenti apre il menu degli strumenti per la gestione del programma.
6. **Barra dei menu**: è composta da voci di menu, aprendo le quali è possibile impartire comandi al browser (ad esempio il menu Preferiti contiene tutti i comandi per la gestione dei segnalibri).
7. **Finestra principale**: mostra la pagina web aperta nella scheda correntemente visualizzata.
8. **Zoom**: permette di modificare lo zoom di visualizzazione della pagina. Per fare ciò cliccare su "100%" per impostare uno zoom predefinito o sulla freccetta a destra per personalizzare il livello di zoom.

SCHEDA 8 Il software

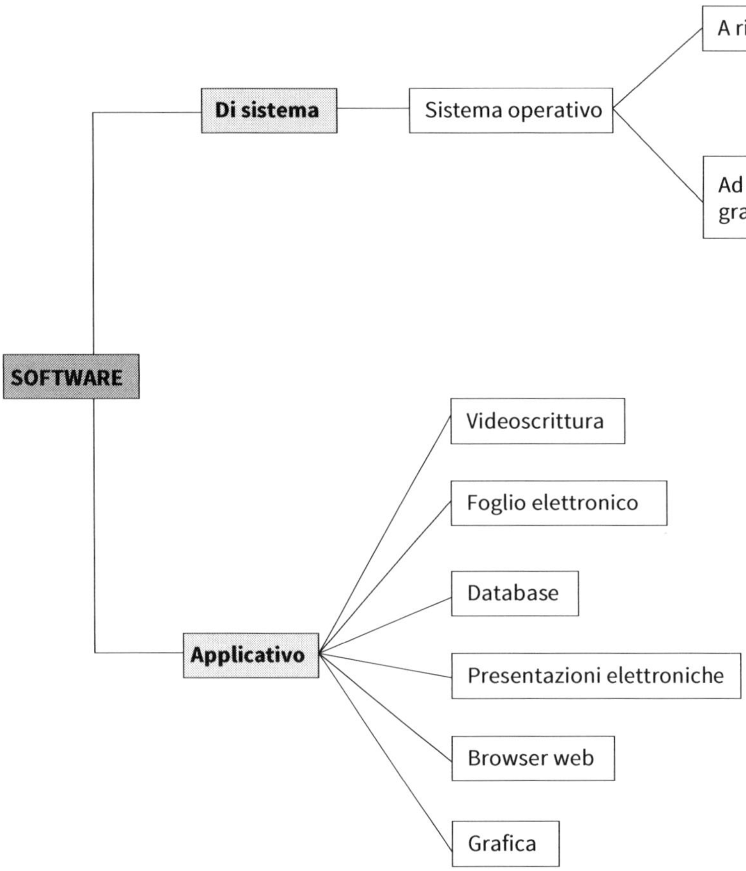

Il **software** può essere suddiviso in due grandi categorie: **software di sistema** e **software applicativo**.

Il **software di sistema** è necessario per l'avvio e il funzionamento del computer. Tipico esempio di software di sistema è il **sistema operativo**.

Il sistema operativo è un insieme di programmi che, da un lato, gestisce l'elaborazione dei dati e "coordina" il funzionamento del computer e, dall'altro, permette all'utente di interagire con il computer e di impartire i comandi. Quest'ultima azione è compiuta mediante l'**interfaccia**.

Inizialmente l'interfaccia dei sistemi operativi era **a riga di comando**: i comandi venivano materialmente digitati dall'utente il quale, quindi, doveva conoscere la sintassi utilizzata dal sistema. **MS-DOS** è un tipico esempio di sistema operativo a riga di comando.

I moderni sistemi operativi sono a **interfaccia grafica**: l'utente impartisce i comandi in modo intuitivo agendo su oggetti grafici presenti sullo schermo (icone, pulsanti etc.). **Windows** è un tipico esempio di sistema operativo a interfaccia grafica.

Il **software applicativo** è installato ed utilizzato dagli utenti per soddisfare precise esigenze. Non è dunque un software necessario per il funzionamento del PC.

Le tipologie di software applicativo più utilizzate sono le seguenti:

- **programmi di videoscrittura**, chiamati anche word processor. Permettono di utilizzare il computer per scrivere, modificare e stampare testi utilizzando una formattazione professionale (ad esempio Microsoft Word);
- **programmi di foglio elettronico**, permettono di automatizzare calcoli complessi mediante l'utilizzo di formule e funzioni e di realizzare e gestire grafici statistici (ad esempio Microsoft Excel);
- **programmi di archiviazione dati o database**, utili per la creazione e la gestione di archivi (ad esempio Microsoft Access);
- **software di presentazione**, utilizzati per creare presentazioni elettroniche composte da diapositive, che possono essere mostrate sul monitor o proiettate sullo schermo. Trovano applicazione in campo didattico, scientifico e commerciale (ad esempio Microsoft PowerPoint);
- **browser web**, permettono di visualizzare le pagine web e di navigare, interpretando il linguaggio con il quale le pagine stesse sono scritte (ad esempio l'HTML) e traducendolo in maniera comprensibile per l'utente (ad esempio Microsoft Internet Explorer);
- **programmi di grafica**. Servono per la visualizzazione, la modifica e la gestione di file grafici. Molto usati in campo fotografico, editoriale e pubblicitario (ad esempio Photoshop).

SCHEDA 9 Reti di computer

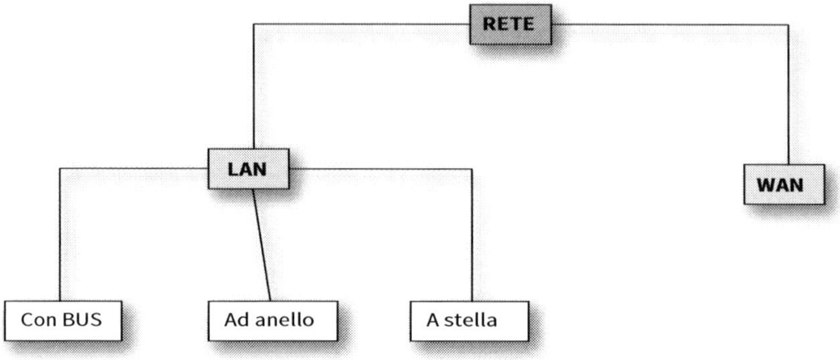

LAN (Local Area Network): rete locale che collega un numero limitato di computer in un'area abbastanza ristretta (al massimo pochi chilometri).

LAN con bus: tutti i computer sono collegati ad un unico cavo (bus). Le informazioni viaggiano sul bus, e può avvenire un solo collegamento alla volta tra qualsiasi coppia di computer. Un guasto sul bus divide la rete in due tronconi che possono continuare a funzionare autonomamente.

LAN ad anello: ogni PC è collegato ad altri due computer. Le informazioni viaggiano in una direzione predeterminata, oraria o antiorario. Un guasto ad un collegamento non impedisce il funzionamento della rete in quanto le informazioni possono viaggiare nella direzione opposta a quella predeterminata.

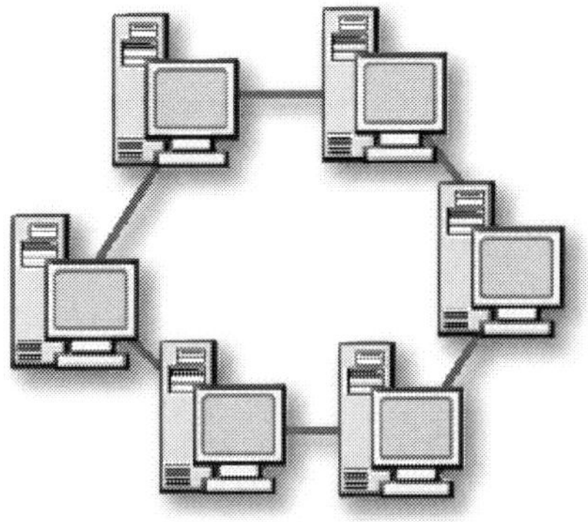

LAN a stella: tutti i computer sono collegati ad un dispositivo centrale (detto hub o concentratore) il cui compito è di coordinare i vari collegamenti che si instaurano tra i computer. In caso di guasto ad un collegamento, il resto della rete continua a funzionare normalmente, mentre il guasto del concentratore ne compromette il funzionamento.

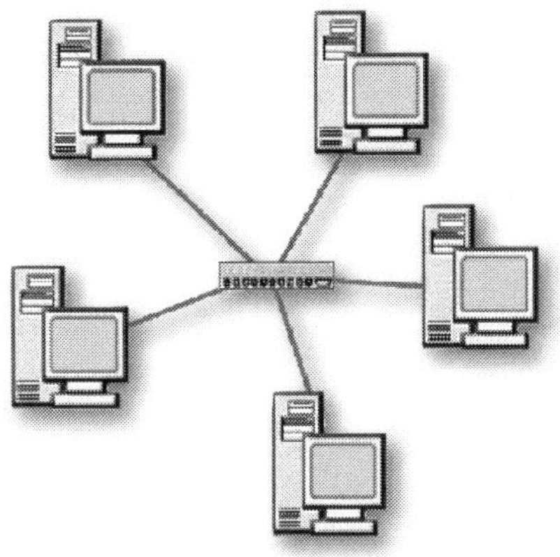

WAN (Wide Area Network): o reti geografiche, sfruttano i collegamenti di tipo telefonico per mettere in collegamento computer anche molto distanti. La gestione delle WAN è estremamente complessa e richiede la presenza di tecnici specializzati con competenze informatiche e telematiche.

Intranet ed Extranet: l'utilizzo combinato delle reti di computer e di Internet ha dato vita a due tipologie di rete molto utilizzate in ambito aziendale: Intranet ed Extranet. L'**Intranet** è una rete che utilizza gli stessi protocolli di Internet, ma mentre l'accesso alle risorse Internet è libero, l'accesso alla Intranet è riservato solo a coloro che dispongono delle opportune autorizzazioni (ad esempio i dipendenti di un'azienda). L'**Extranet** è una Intranet che permette l'accesso anche a determinati soggetti esterni (ad esempio i clienti di un'azienda).

SCHEDA 10 File, icone ed estensioni

Documento di testo. Estensione TXT. Programma di riferimento: Blocco Note di Windows.

Documento di testo. Estensione RTF. Programma di riferimento: WordPad di Windows.

Documento Word. Estensione DOC o DOCX. Programma di riferimento: Microsoft Word (pacchetto Office).

Foglio Excel. Estensione XLS o XLSX. Programma di riferimento: Microsoft Excel (pacchetto Office).

Database di Access. Estensione ACCDB. Programma di riferimento: Microsoft Access (pacchetto Office).

Presentazione di PowerPoint. Estensione PPT o PPTX. Programma di riferimento: Microsoft PowerPoint (pacchetto Office).

File grafico. Estensioni BMP, JPG, JPEG, GIF, TIFF. I programmi di riferimento sono i programmi di grafica (visualizzatore di immagini di Windows, Paint, Photoshop, GIMP etc.).

Cartella compressa. Estensione ZIP. Programma di riferimento: questo tipo di file viene gestito automaticamente dal sistema operativo Windows.

File compresso. Estensione ZIP. Programma di riferimento: WinZip.

File compresso. Estensione RAR. Programma di riferimento: WinRAR.

File video. Estensione AVI. Programma di riferimento: Windows Media Player (ma può essere aperto con qualsiasi programma che permette la visualizzazione dei video: ad esempio VLC).

File video. Estensione MPEG. Programma di riferimento: Windows Media Player (ma può essere aperto con qualsiasi programma che permette la visualizzazione dei video: ad esempio VLC).

File Portable Document Format, di rappresentazione di documenti. Estensione PDF. Programma di riferimento: Adobe Reader.

File musicale. Estensione WAV. Programma di riferimento: Windows Media Player (ma può essere aperto da qualsiasi programma che permette l'ascolto di file musicali, come ad esempio VLC).

File musicale. Estensione MP3. Programma di riferimento: Windows Media Player (ma può essere aperto da qualsiasi programma che permette l'ascolto di file musicali, come ad esempio VLC).

SCHEDA 11 Software e tipi di licenza

Licenza d'uso: quando si acquista un software in realtà non si stipula una vendita del software ma una licenza d'uso, cioè un contratto in cui in cui chi fornisce il programma fissa una serie di condizioni per il suo utilizzo. In altri termini, acquistare un programma non vuol dire diventarne proprietario, in quanto ciò che si acquista è la licenza di utilizzare quel determinato programma.

Software libero: il software è libero (free) quando il titolare dei diritti autorizza chiunque ad utilizzare il programma, riprodurlo e distribuirlo, in forma originale o anche dopo averlo modificato, sia gratuitamente che a pagamento. Affinché il software possa essere considerato libero è necessario che di esso sia messo a disposizione il codice sorgente.

Licenza freeware: si ha questo tipo di licenza quando il titolare dei diritti concede a chi lo richiede (ovvero automaticamente mettendolo a disposizione su Internet) un software, escludendo la possibilità di modifica.

Nell'ambito delle licenze freeware si distinguono tre sottoclassi:

- **cardware**: prevede in cambio dell'utilizzo del software che sia spedita una cartolina all'autore, con suggerimenti, ringraziamenti etc.;
- **greenware** e **careware**, che richiedono l'adempimento di obblighi di tipo sociale. Nella licenza greenware il fruitore viene invitato ad un comportamento corretto nei confronti dell'ambiente; nella licenza careware si richiede il rispetto generalizzato che ricopra, oltre i diritti morali, anche i rapporti con gli altri esseri umani.

Licenza shareware: si ha quando l'uso del software è concesso solo per un determinato periodo o con funzionalità ridotte. Per la rimozione dei suddetti limiti è previsto un pagamento. La licenza shareware è quindi funzionale all'acquisto del prodotto nella sua integrità.

Licenza trial version: con questa licenza il venditore mette a disposizione una versione provvisoria del programma.

Licenza open source: open source significa "sorgente (o codice) aperto", ossia libertà di utilizzo e di modifica del codice del software, con la finalità di rendere di pubblico dominio le risorse informatiche.

Le licenze open source possono essere di vario genere, tra cui:

- **licenza GPL** (General Public Licence) che disciplina il diritto di copia, di distribuzione e di modifica. Fondamentale l'indicazione, da parte di chi apporta modifiche, che si tratta di un programma modificato, nonché l'assenza di garanzia circa l'originalità della copia. Deve essere sempre indicato l'autore e le modifiche e la distribuzione sono ammesse solo se rispettano le condizioni della licenza;
- **licenze BSD e MIT**. Sono modelli di licenze precompilate da unire al software. Anche in questo caso è prevista l'indicazione dell'autore e l'avviso che la garanzia non viene assicurata;
- **licenza artistica**. Si tratta di una particolare licenza che fa riferimento alle modalità di copia del software affinché sia mantenuta l'artisticità delle soluzioni visive scelte dall'autore;
- **licenza Debian**. La distribuzione del free software Debian è regolata da un documento programmatico: le linee guida Debian (DFSG) che hanno fortemente influenzato la filosofia dell'open source.

SCHEDA 12 Tipologie di computer

Supercomputer: sono costituiti da elaboratori molto potenti per velocità di calcolo e capacità di memorizzazione. Sono composti da dispositivi molto costosi (sino a diversi milioni di euro) e richiedono procedure di gestione sofisticate messe in atto da personale specializzato. Questa categoria di computer è indicata per risolvere problemi particolarmente complessi (previsioni meteo, applicazioni di strategia militare, analisi dei sistemi nei campi dell'ingegneria molecolare o aerospaziale).

Mainframe: sono computer di grandi dimensioni presenti soprattutto negli ambienti gestionali delle grandi società (banche, assicurazioni, Ministeri etc.) nei quali da un lato è necessario elaborare dati immessi contemporaneamente da numerosissimi utenti e dall'altro bisogna comunicare in tempo reale i risultati.

Minicomputer: categoria di computer simile, per caratteristiche e architettura, al mainframe. È presente soprattutto nelle aziende di dimensioni medio-piccole ed è in grado di servire contemporaneamente diverse decine di utenti, sfruttando la memorizzazione di grandi quantità di dati su dischi e nastri magnetici. I costi sono nell'ordine delle decine di migliaia di euro.

Personal Computer (PC): è un elaboratore di piccole dimensioni, dal costo contenuto e utilizzato per scopi personali o professionali. Nato inizialmente per essere utilizzato in modo autonomo, non essendo collegato ad alcuna rete, oggi invece il PC è quasi sempre collegato ad altri dispositivi multimediali (TV, videoproiettori etc.) e ad altri computer: in tale ultimo caso si parla di rete di computer.

Notebook: detto anche laptop, è un tipo di personal computer che riduce in un unico corpo tastiera, monitor, unità centrale, memoria e modem in modo da essere facilmente trasportabile in una borsa da lavoro. Per questi motivi rende anche il nome di PC portatile.

Netbook: computer portatile con uno schermo ridottissimo (circa 10 pollici) utilizzato principalmente come agenda elettronica, per la navigazione web e per la gestione della posta elettronica.

Palmare (o PDA, Personal Digital Assistant): computer di dimensioni contenute che può essere portato sul palmo di una mano (da cui il nome) dotato di uno schermo tattile. Nasce come agenda elettronica, ma successivamente si è evoluto ed è stato arricchito di funzioni sempre più potenti ed avanzate.

Tablet: computer di dimensioni ridotte (di solito 10 pollici) che si caratterizza fondamentalmente per la mancanza di tastiera e per l'utilizzo della tecnologia touch screen: il dialogo tra macchina e utente avviene mediante la pressione delle dita sullo schermo. Esistono modelli ibridi che dispongono anche di tastiera utilizzabile all'occorrenza.

VI Statuto e regolamento di organizzazione ACI

Sommario Parte VI

1
L'Automobile Club d'Italia: storia, ruolo istituzionale, attribuzioni

1 L'ACI, Automobile Club d'Italia

L'Automobile Club d'Italia (ACI) è la **Federazione nazionale** che **associa gli Automobile Club costituiti a livello territoriale** e che, nell'ordinamento italiano, esplica una serie di attività e funzioni nel **settore dell'automobilismo nazionale ed internazionale**: dalla sicurezza e dall'educazione stradale fino allo sport, al turismo e ai servizi amministrativi svolti a favore di cittadini e pubbliche amministrazioni.

Si tratta, pertanto, di un **ente pubblico non economico** (su base associativa) avente il compito di rappresentare e tutelare gli interessi dell'automobilismo italiano sia a livello nazionale che sulla scena internazionale.

2 Un po' di storia

L'attuale Automobile Club d'Italia nasce come associazione di "simpatizzanti" del settore automobilistico a Torino, nel 1898, con la originaria denominazione di **Automobile Club di Torino**; nel 1904 prende il nome di Unione automobilistica italiana e assume il compito di favorire lo sviluppo dell'automobilismo in Italia, di riunire gli automobilisti (allora poco numerosi) e di organizzare soprattutto manifestazioni sportive. Solo nel **1905**, con la fusione dell'Unione con altri Automobile club di altre città italiane, esso diventa **associazione riconosciuta a livello nazionale,** assumendo la denominazione di Automobile Club di Italia.

In questa prima fase l'ACI era però un *ente di diritto privato*, con sede a *Torino* e con funzioni di rappresentanza dei vari AA.CC. regionali e locali, soprattutto nel settore dello *sport automobilistico*.

Il periodo tra le due guerre mondiali porta, in realtà, dopo un iniziale momento di sospensione delle relative attività sportive, ad una **notevole espansione** dell'ACI, con l'apertura di varie sedi a livello provinciale, l'aumento del numero dei soci e l'assunzione della natura di "ente morale", avente cioè una notevole importanza sociale: lo stesso Re Vittorio Emanuele III ne assume l'Alto Patronato — l'ente, infatti, in questo periodo viene chiamato *Reale Automobile Club d'Italia* ''RACI" — denominazione che conserva fino al **1950**, anno in cui viene approvato lo **Statuto** e l'ente riprende il nome di ACI, Automobile Club d'Italia, insieme al riconoscimento della natura di **ente pubblico non economico**, sancito in seguito e in via definitiva mediante la L. 20 marzo 1975, n. 70 (cd. legge del parastato).

Poco dopo anche gli Automobile Club provinciali assumono questa configurazione giuridica di natura "pubblicistica". Sempre nello stesso anno, l'ACI viene qualificata come *Federazione sportiva dell'automobilismo* dal **CONI.**

L'ascesa dell'ACI e la sempre maggiore importanza delle sue attribuzioni è direttamente proporzionale al boom dell'automobile, avutosi in Italia e in Europa dal dopoguerra in poi: il numero dei soci cresce in maniera vertiginosa e l'ente, accanto alle originarie competenze nel settore dello *sport automobilistico* (tuttora esistenti), comincia ad operare essenzialmente su due fronti, tra loro connessi: **a livello istituzionale**, nell'ambito della sicurezza stradale, della mobilità e del turismo, e, nella **sua qualità di amministrazione pubblica**, come *erogatrice di servizi pubblici* a favore dell'utenza (ad esempio, la *gestione del PRA*, Pubblico Registro Automobilistico e delle tasse automobilistiche regionali).

Accanto all'ACI e agli AC dislocati su base territoriale, in seguito, vengono fondate alcune **società di diritto privato collegate all'ACI e dallo stesso controllate**, operanti nei settori specifici della mobilità e delle assicurazioni (si pensi, ad esempio, ad ACI Global spa, sorta per fornire servizi specifici di assistenza agli automobilisti e di soccorso stradale: v. *infra*), dello sport (come ACI Sport, che promuove per l'Automobile Club d'Italia l'attività sportiva automobilistica nazionale con particolare riguardo alla logistica e alle aree comunicazione e immagine) e della informatica e della comunicazione digitale (ACI Informatica e ACI Progei).

ACI Global Spa: natura giuridica

ACI Global è l'erede della ACI 611 ed è una società istituita con il fine specifico di fornire assistenza e soccorso stradale agli automobilisti. La sua *mission*, pertanto, consiste nel raggiungimento di un compito di interesse pubblico. Inoltre, tale società riceve finanziamenti pubblici per il perseguimento delle sue attività di pubblico interesse e il suo capitale è interamente detenuto dall'Ente pubblico non economico Automobile Club d'Italia (ACI). Sulla base di tali considerazioni, la giurisprudenza ha ritenuto che non potesse dubitarsi della natura di **organismo di diritto pubblico** di tale società, con quanto ne consegue in termini di assoggettamento alle regole dell'evidenza pubblica e di radicamento della giurisdizione del Giudice amministrativo (**C.d.S., sez. V, 16-1-2017, n. 108).**

Il ruolo istituzionale dell'ACI è attualmente riconosciuto anche a **livello internazionale**: componente della FIA (*Federation Internationale de l'Automobile,* avente sede a Bruxelles) fin dal 1905, dal 1978 l'ACI è entrato a far parte anche dell'A.I.T. (*Alliance Internationale du tourisme*), ossia l'organizzazione mondiale che associa gli organismi nazionali operanti nel settore del turismo.

3 Il ruolo istituzionale

La **mission** dell'ACI «è quella di presidiare i *molteplici versanti della mobilità* e di *diffondere una nuova cultura dell'automobile*, rappresentando e tutelando gli interessi generali dell'automobilismo italiano, del quale promuove e favorisce lo sviluppo. **Presidiare i molteplici versanti della mobilità:** la mission di Aci segnala, in primo luogo, l'impegno istituzionale a rispondere con continuità e con capacità di innovazione ed adattamento alle esigenze e ai problemi del mondo automobilistico — in tutte le sue forme e sfaccettature, ambientali, sociali ed economiche — fornendo tutela, esperienza e professionalità ai cittadini nella difesa del diritto alla mobilità. Si tratta di una funzione coerente con l'assetto istituzionale di tipo federativo e con la qualificazione giuridica dell'ACI quale Ente pubblico non economico. **Diffondere una nuova cultura dell'automobile:** la mission dell'Automobile Club d'Italia evidenzia la volontà dell'Ente nel promuovere e nel diffondere un nuovo approccio alla mobilità, ovvero l'auto come mezzo per muoversi ma anche come fattore di costume, sociale, economico e sportivo. Una mobilità nuova che esalti le responsabilità di ciascuno e che spinga verso atteggiamenti etici e sostenibili del muoversi, a beneficio della società presente e futura. Si tratta di un ruolo che l'Ente assume con le proprie strutture associative interne, di tutta la collettività, delle istituzioni» (*fonte: sito ACI*).

Sulla base di ciò, esaminiamo nello specifico i diversi aspetti del *ruolo istituzionale* dell'ACI.

a) Educazione e sicurezza stradale

In quanto club di automobilisti, l'ACI trova una della sue più rilevanti esplicazioni proprio nel settore della mobilità e della sicurezza stradale.

Presupposto di tale sicurezza è la gestione di una **corretta educazione stradale**, ambito nel quale ACI opera sia attraverso la **concreta tutela delle persone in movimento** — mediante le sue società controllate, infatti, ACI offre assistenza 24 ore su 24 agli automobilisti in difficoltà — e la rappresentanza ai vari livelli istituzionali delle loro esigenze, sia attraverso l'articolazione di **studi, ricerche e specifiche attività di formazione** nei settori delle infrastrutture stradali e della mobilità sostenibile.

Alla formazione si affianca anche l'**informazione**: l'ACI, difatti, gestisce una serie di servizi informativi agli automobilisti sulla *mobilità stradale* in collaborazione con le amministrazioni locali (ad es. il servizio Luce Verde, sistema informativo pensato in alcuni Comuni, come Roma e Milano, per fornire aggiornamenti in tempo reale ed avvisi sulle condizioni del traffico e dei mezzi di trasporto locale).

b) Turismo

Il profilo della mobilità è strettamente correlato a quello del turismo, settore nel quale l'ACI fornisce assistenza a chi viaggia. In collaborazione con il Ministero degli Affari esteri, ACI, inoltre, gestisce il sito *Viaggiare Sicuri*.

c) Sport

ACI e le sue società collegate (si pensi, tra tutte, ad ACI Sport) **promuovono e disciplinano lo sport automobilistico in Italia**. Si tratta di una delle prime, "storiche" competenze di questo ente.

Attualmente ACI **è riconosciuta dal CONI** che, su delega della F.I.A. (*Fédération Internationale de l'Automobile*), rappresenta il potere sportivo automobilistico in Italia attraverso la **C.S.A.I.** (Commissione Sportiva Automobilistica Italiana) e si occupa della gestione e promozione di molte manifestazioni sportive (ad esempio, il Gran Premio di Monza).

4 ACI come amministrazione pubblica

In quanto ente pubblico non economico, è possibile considerare ACI quale **vera e propria amministrazione pubblica**, che, in tale veste, eroga una serie di servizi amministrativi sia ai cittadini che alle altre amministrazioni.

In questa prospettiva, la sua funzione principale è sicuramente la **gestione del PRA**, il *Pubblico Registro Automobilistico*.

Che cosa è il PRA? Si tratta di un *registro pubblico* — istituito con il R.D.L. n. 436 del 15 marzo 1927 ed affidato in gestione all'Automobile Club d'Italia — nel quale annotare tutti gli atti di compravendita dei veicoli a motore (che diventano beni mobili registrati) nonché gli eventuali atti successivi (si pensi, ad es. ad una ipoteca).

Nella sostanza, quindi, il PRA è un vero e proprio **archivio** (attualmente *digitale*: esso è infatti parte integrante dello **Sportello telematico dell'automobilista**), destinato ad accogliere ogni operazione che comporti cambiamenti nella proprietà di veicolo privato (prima immatricolazione, compravendite, leasing, ipoteche, sequestri, fermi amministrativi, pignoramenti, esportazione, demolizione, radiazione), per **motivi di natura fiscale ed amministrativa.** In pratica, esso funge da "anagrafe" dei veicoli circolanti, associando ogni targa ad un possessore e consentendo, così, a tutti i cittadini di conoscere le situazioni giuridiche connesse, proprio per la sua funzione di pubblicità legale.

In secondo luogo, spettano ad ACI anche altre funzioni di carattere amministrativo, tra cui ricordiamo la gestione delle *tasse automobilistiche regionali* (ad es: pagamento del bollo) e la gestione, per conto delle Province, dell'IPT, ossia l'*imposta provinciale di trascrizione*.

2
Lo Statuto ACI

1 Lo Statuto ACI: struttura

Lo Statuto dell'Automobile Club d'Italia (ACI) è stato adottato con **D.P.R. 8 settembre 1950, n. 881**.

Esso consta di 67 articoli e si suddivide in due parti:

Espansione Web
Lo Statuto ACI

— la **prima** è dedicata all'**ACI** quale **federazione nazionale** che associa gli Automobile Club regolarmente costituiti, e in particolare si occupa degli scopi dell'ente e della relativa struttura organica;
— la **seconda**, invece, contiene la disciplina degli **Automobile Club (AC) a livello territoriale**, quali *enti pubblici non economici* che riuniscono, nell'ambito della circoscrizione territoriale di competenza, le persone e gli Enti che, per ragioni di uso, di sport, di studio, di tecnica e di commercio, si occupano di automobilismo.

2 Costituzione e scopi dell'Automobile Club d'Italia

Lo Statuto (art. 1) si apre configurando l'ACI come:

— **federazione** che associa gli Automobile Club regolarmente costituiti. Della federazione fanno inoltre parte gli Enti ed Associazioni volontariamente aderenti a termini delle disposizioni dello Statuto. In tale veste ACI *rappresenta e tutela gli interessi generali dell'automobilismo italiano*, del quale promuove e favorisce lo sviluppo, ferme restando le specifiche attribuzioni già devolute ad altri Enti;
— **ente che rappresenta l'automobilismo italiano** presso la *Fédération Internationale de l'Automobile* - F.I.A e presso il CONI;
— **ente pubblico non economico** senza scopo di lucro avente sede in Roma.

Chi può aderire all'ACI? Hanno questa possibilità gli Enti nonchè le Associazioni a carattere nazionale non aventi scopo di lucro, che svolgono **attività direttamente riconducibili agli interessi generali dell'automobilismo interno e internazionale** (art. 3).

L'adesione deve essere richiesta mediante domanda all'ACI, corredata di una copia dell'Atto Costitutivo, dello Statuto e dell'elenco delle cariche sociali, oltre che della documentazione comprovante l'attività svolta e, per le Associazioni, l'effettività del carattere nazionale, attestata dalla presenza organizzata in almeno la metà delle Regioni e delle Province/Città metropolitane (art. 4). L'adesione — che ha validità triennale ed è automaticamente rinnovabile salvo disdetta — impegna gli Enti e le Associazioni aderenti alla osservanza delle disposizioni dello Statuto.

Per il conseguimento dei suoi **obiettivi**, ACI (art. 4):

a) studia i *problemi automobilistici*, formula proposte, dà pareri in tale materia su richiesta delle competenti Autorità ed opera affinché siano promossi e adottati provvedimenti idonei a favorire lo sviluppo dell'automobilismo;
b) presidia i *molteplici versanti della mobilità*, diffondendo una *cultura dell'auto* in linea con i principi della tutela ambientale e dello sviluppo sostenibile, della sicurezza e della valorizzazione del territorio;

c) nel quadro dell'assetto del territorio *collabora* con le Autorità e gli organismi competenti all'analisi, allo studio ed alla soluzione dei problemi relativi allo sviluppo ed alla organizzazione della mobilità delle persone e delle merci, nonché allo sviluppo ed al miglioramento della rete stradale, dell'attrezzatura segnaletica ed assistenziale, ai fini della regolarità e della sicurezza della circolazione;
d) promuove e favorisce lo *sviluppo del turismo* degli automobilisti interno ed internazionale, attuando tutte le iniziative di competenza all'uopo necessarie;
e) promuove, incoraggia ed organizza le *attività sportive automobilistiche*, esercitando i poteri sportivi che gli provengono dalla *Fédération Internationale de l'Automobile* - F.I.A.; assiste ed associa gli sportivi automobilistici; è la Federazione sportiva nazionale per lo sport automobilistico riconosciuta dalla F.I.A. e *componente del CONI*;
f) promuove *l'istruzione automobilistica* e *l'educazione dei conducenti* di autoveicoli allo scopo di migliorare la sicurezza stradale;
g) attua le forme di *assistenza tecnica, stradale, economica, legale, tributaria, assicurativa* ecc., dirette a facilitare l'uso degli autoveicoli;
h) svolge direttamente ed indirettamente ogni attività utile agli interessi generali dell'automobilismo, ivi compresa l'attività di mediazione anche mediante gestione del procedimento di mediazione facoltativa od obbligatoria finalizzata alla conciliazione delle controversie.

L'ACI, inoltre, **gestisce** con la propria organizzazione e con separata evidenza nel proprio bilancio, *ex* art. 5:

a) il **Pubblico Registro Automobilistico (P.R.A.)** istituito presso l'ACI con decreto 15 marzo 1927 n. 436, convertito in legge 19 febbraio 1928, n. 510;
b) i servizi in materia di **tasse automobilistiche** affidati all'ACI dalle Regioni e dalle Province Autonome;
c) tutti gli altri servizi che **potranno essere delegati** o affidati all'ACI dallo Stato, dalle Regioni o da altri Enti Pubblici.
   Per lo svolgimento di questi ultimi servizi, ACI si avvale degli Uffici degli Automobile Club.

3 Organi dell'ACI

Ai sensi dell'art. 6 dello Statuto, sono organi dell'ACI:

a) l'Assemblea;
b) il Consiglio Generale;
c) il Comitato Esecutivo;
d) il Presidente;
e) il Consiglio Sportivo Nazionale;
f) la Giunta Sportiva;
g) il Collegio dei Revisori dei Conti.

Ad eccezione dell'Assemblea, gli organi collegiali di amministrazione durano in carica **quattro anni**, in coincidenza con il quadriennio olimpico, e comunque sino alla conclusione del mandato del Presidente in carica, per qualunque ragione determinata.

Possono accedere alle cariche elettive degli Organi di indirizzo politico amministrativo dell'ACI i Soci dell'Automobile Club d'Italia che siano cittadini italiani e che abbiano raggiunto la maggiore età.

Sono **ineleggibili**:

a) coloro che comunque siano interessati in attività privata, industriale, commerciale o artigianale, effettuata per conto o in concorrenza con l'ACI e/o gli Automobile Club federati e loro strutture collegate e che costituisca fonte prevalente di reddito;

b) i dipendenti dell'ACI e degli Automobile Club federati, anche successivamente alla cessazione del rapporto di servizio per un periodo di 3 anni.

La mancanza iniziale, accertata dopo l'elezione, o il venir meno nel corso del mandato dei requisiti di cui al presente articolo, comporta la decadenza dalla carica.

a) L'Assemblea

L'Assemblea, in base all' art. 7 dello Statuto, è costituita:

a) dal Presidente dell'ACI;
b) dai Presidenti degli AC;
c) da un rappresentante dell'Amministrazione vigilante e da un rappresentante per ciascuno dei Ministeri dell'Interno, dell'Economia e delle Finanze, della Difesa, delle Infrastrutture e dei Trasporti;
d) da un rappresentante dell'A.N.A.S.;
e) da quattro rappresentanti delle Regioni, designati dalla Conferenza dei Presidenti delle Regioni e delle Province autonome;
f) da un rappresentante dell'Associazione Nazionale dei Comuni Italiani;
g) da un rappresentante dell'Unione Province Italiane;
h) da un rappresentante di ciascuno degli altri Enti e Associazioni aderenti.

L'Assemblea ha tutti i *poteri necessari* per conseguire gli **scopi sociali** ed in particolare, *ex* art. 8:

a) elegge a scrutinio segreto il Presidente dell'ACI;
b) approva il budget annuale e il bilancio d'esercizio dell'ACI;
c) decide sulle direttive dell'attività dell'ACI;
d) determina le prestazioni ed i servizi che l'ACI deve attuare nei confronti dei soci e degli AC ed i conseguenti obblighi degli Automobile Club;
e) determina la quota annuale di associazione all'ACI e l'ammontare del contributo annuale che gli Automobile Club devono corrispondere, per ogni loro socio, all'ACI;
f) delibera sugli argomenti dei quali, prima della convocazione dell'Assemblea, sia richiesta l'iscrizione all'ordine del giorno dal Consiglio Generale o da almeno dieci membri dell'Assemblea;
g) definisce i limiti per materia e per valore dei provvedimenti autorizzativi di cui agli artt. 15, lett. *p)*, 18 lett. *b)* e 19 comma 7;
h) approva il codice etico e ne delibera l'adozione;
i) nomina i Componenti del Collegio dei Probiviri ed approva il relativo regolamento di funzionamento;
l) adotta il regolamento per la elezione del Presidente dell'ACI;
m) approva il regolamento generale di organizzazione e funzionamento delle attività sportive, su proposta del Consiglio Sportivo Nazionale.

L'Assemblea è convocata dal Presidente dell'ACI **almeno due volte l'anno**, entro il mese di ottobre ed entro il mese di aprile, rispettivamente per l'approvazione del budget annuale e del bilancio d'esercizio. Il termine di convocazione per l'approvazione del bilancio d'esercizio può essere prorogato al 30 giugno, qualora ricorrano particolari e motivate esigenze. Può essere convocata, inoltre, in seduta straordinaria, allorché il Presidente lo ritenga opportuno o quando ne sia fatta richiesta scritta da almeno venti dei suoi membri o quando lo richieda il Consiglio Generale.

L'Assemblea viene convocata dal Presidente attraverso un avviso contenente l'indicazione del giorno, dell'ora e del luogo dell'adunanza e delle materie da trattare; l'avviso contiene anche l'indicazione del giorno, dell'ora e del luogo della seconda convocazione. L'avviso di convocazione è inviato mediante telegramma ovvero raccomandata a.r. o telefax o messaggio di posta elettronica almeno quindici giorni prima della data fissata per la riunione (art. 9).

L'Assemblea è regolarmente costituita in prima convocazione con la presenza di almeno la metà più uno dei suoi membri ed in seconda convocazione, a distanza di non meno di ventiquattro ore, qualunque sia il numero dei membri presenti. Per le deliberazioni è richiesta la maggioranza assoluta dei voti spettanti ai presenti (art. 10).

L'Assemblea nomina, al proprio interno, il suo Presidente, il Segretario e due scrutatori (art. 11). Ciascun membro dell'Assemblea dispone di un voto, salvo i Presidenti degli Automobile Club che hanno diritto ad un voto ogni cinquecento soci o frazione di cinquecento che siano stati acquisiti dal sistema informatico centrale dell'ACI, per l'AC da ciascuno di essi rappresentato, entro la fine del mese precedente alla data dell'avviso di convocazione. In caso di assenza o di impedimento i membri possono farsi rappresentare nell'Assemblea da un altro membro. Nessun membro può avere più di due deleghe. Nelle votazioni ciascun delegato ha tante schede quanti sono i voti di cui dispone.

b) Il Consiglio Generale

Il Consiglio Generale è l'**organo di esecuzione delle deliberazioni dell'Assemblea** e può deliberare su tutte le materie non riservate specificatamente alla competenza dell'Assemblea medesima (art. 15, comma 1, dello Statuto).

In particolare, il Consiglio Generale (art. 15, comma 3):

a) delibera circa l'indirizzo, lo svolgimento e l'estensione dell'attività dell'ACI e degli AC nei limiti dello Statuto e delle deliberazioni dell'Assemblea;
b) svolge l'azione di coordinamento e di controllo necessaria adottando i provvedimenti atti a garantirne l'efficacia;
c) approva i regolamenti di carattere generale emanati dai singoli AC;
d) dirime gli eventuali conflitti fra gli AC;
e) propone, per gravi motivi, all'Amministrazione vigilante lo scioglimento degli organi direttivi degli A.C.;
f) delibera sulle domande di adesione all'ACI degli Enti ed Associazioni e sulle domande di federazione all'ACI da parte di nuovi AC;
g) ratifica la composizione delle Commissioni di cui all'art. 25 ed approva i regolamenti di cui all'art. 26;
h) predispone il budget annuale, le rimodulazioni del budget annuale, il bilancio d'esercizio con le relazioni da sottoporre all'Assemblea;
i) delibera, ove ricorrano particolari e motivate esigenze, da segnalarsi nella relazione sulla gestione, la proroga al 30 giugno del termine di approvazione del bilancio d'esercizio;
l) procede alla nomina ed alla eventuale revoca del Segretario Generale e ne stabilisce il trattamento economico fondamentale ed accessorio secondo i criteri indicati nel regolamento di organizzazione. Il Segretario Generale può essere scelto anche all'infuori dei funzionari dell'Ente;
m) definisce i criteri generali di organizzazione dell'Ente, in coerenza alle esigenze di speditezza, efficienza ed efficacia dell'azione amministrativa, approva l'ordinamento dei servizi, la consistenza e le eventuali variazioni della dotazione organica dell'ACI e determina il numero degli Uffici dirigenziali. Le conseguenti deliberazioni sono immediatamente esecutive;
n) approva, anche in deroga alle vigenti disposizioni in materia di contabilità per gli Enti Pubblici non economici, regolamenti di contabilità ispirati a principi civilistici, da sottoporre all'approvazione dell'Amministrazione vigilante, di concerto con il Ministero dell'Economia e delle Finanze;
o) approva il regolamento di organizzazione dell'ACI ed il regolamento interno della Federazione;
p) assume i provvedimenti autorizzativi entro i limiti per materia e per valore stabiliti dall'Assemblea e delibera sugli altri provvedimenti ad esso demandati dal regolamento di organizzazione dell'ACI, dal regolamento interno della Federazione e dalle altre disposizioni organizzative interne.

Come si struttura il Consiglio? Esso è composto (art. 12):

a) dal Presidente dell'ACI (che presiede anche il Consiglio);
b) da un rappresentante dell'Amministrazione vigilante, e da un rappresentante per ciascuno dei Ministeri dell'Interno, dell'Economia e delle Finanze, della Difesa, delle Infrastrutture e dei Trasporti e da un rappresentante dell'A.N.A.S.;
c) dai quattro rappresentanti delle Regioni;
d) da venti membri eletti, uno per Regione, dai rispettivi Comitati Regionali;
e) da otto membri eletti dai Comitati Regionali;
f) da tre membri eletti dai rappresentanti degli Enti ed Associazioni aderenti.

Il Consiglio Generale dura in carica quattro anni.

In base all'art. 16, il Consiglio Generale si riunisce **almeno tre volte l'anno** su convocazione del Presidente e quando sia richiesto da almeno un terzo dei suoi componenti e per la validità delle adunanze occorre la presenza di oltre la metà dei componenti. Ciascun membro ha diritto ad un solo voto. Esso decide a maggioranza di voti; in caso di parità prevale il voto di chi presiede.

c) Il Comitato Esecutivo

Ai sensi degli artt. 17 e 18 dello Statuto, il Comitato Esecutivo — costituito dal Presidente dell'ACI, che lo presiede, dal rappresentante dell'Amministrazione vigilante e da otto membri designati mediante elezione dal Consiglio Generale ed in carica per 4 anni — ha le seguenti attribuzioni:

a) **delibera in via d'urgenza** sui provvedimenti di competenza del Consiglio Generale (salva ratifica di quest'ultimo);
b) assume i **provvedimenti autorizzativi** entro i limiti per materia e per valore stabiliti dall'Assemblea e delibera sugli altri provvedimenti, anche in materia di personale, ad esso demandati dal regolamento di organizzazione dell'ACI, dal regolamento interno della Federazione e dalle altre disposizioni organizzative interne;
c) **autorizza** il Presidente a promuovere giudizi;
d) approva i **budget annuali e i bilanci d'esercizio** degli AC;
e) istituisce **tessere associative pluriennali**.

Nel caso in cui un provvedimento o una deliberazione riceva lo stesso numero di voti favorevoli o contrari, il voto espresso dal Presidente vale doppio. Le riunioni del Comitato Esecutivo possono svolgersi in videoconferenza o audioconferenza previa indicazione nell'avviso di convocazione.

d) Il Presidente

Il Presidente dell'ACI, ai sensi dell'art. 19, viene eletto dall'Assemblea ed è nominato con decreto del Presidente della Repubblica, su proposta del Presidente del Consiglio dei Ministri, d'intesa col Ministro vigilante.

Fermo restando quanto stabilito dall'art. 6 dello Statuto, possono essere eletti alla carica di Presidente dell'ACI i Soci con un'anzianità di associazione di almeno 2 anni alla data dell'avviso di convocazione dell'Assemblea, che abbiano presentato formale candidatura, corredata dalla dichiarazione della insussistenza dei requisiti di ineleggibilità previsti dallo Statuto stesso e dal programma elettorale, secondo le modalità preventivamente disciplinate dall'Assemblea medesima con regolamento.

Il Presidente ha la **legale rappresentanza dell'ACI, è il Presidente della Federazione sportiva nazionale e rappresenta l'Ente presso il CONI e la FIA**.

Dura in carica *quattro anni*, coincidenti con il quadriennio olimpico, e può essere confermato.

Il Presidente, nell'ambito dell'azione di coordinamento della Federazione e di tutela del marchio ACI, sorveglia l'attività amministrativa degli AC, con facoltà di fare eseguire ispezioni e controlli da parte di funzionari dell'ACI.

Quando non è possibile la tempestiva convocazione del Comitato Esecutivo, il Presidente, con delibera motivata, può assumere in via d'urgenza determinati provvedimenti (previsti dall'art. 18 lettere b e c). Le relative deliberazioni sono sottoposte a ratifica del Comitato Esecutivo nella prima riunione utile.

Ferme restando le attribuzioni del Segretario Generale in ordine alla gestione ed ai relativi provvedimenti di autorizzazione alla spesa, il Presidente si intende munito di tutte le facoltà per il raggiungimento dei fini statutari, compresa quella di delegarne temporaneamente ad altri alcune determinate.

Assume inoltre tutti i provvedimenti autorizzativi entro i limiti per materia e per valore stabiliti dall'Assemblea e delibera sugli altri provvedimenti a lui demandati dal regolamento di organizzazione dell'ACI e dalle altre disposizioni organizzative interne. In assenza del Presidente i suoi poteri sono esercitati dal Vice Presidente da lui designato ovvero dal Vice Presidente più anziano di età.

e) I principi generali dell'attività sportiva: il Consiglio sportivo nazionale e la Giunta sportiva

L'art. 20 dello Statuto prevede l'istituzione del Consiglio Sportivo Nazionale e la Giunta Sportiva, quali **Organi di vertice del settore, titolari dell'esercizio e della gestione del potere sportivo**, in piena autonomia normativa, regolamentare e finanziaria, che agiscono nel rispetto dei principi di democrazia interna, di partecipazione all'attività sportiva da parte di chiunque, in armonia con l'ordinamento sportivo nazionale ed internazionale.

Non è un caso che in tali organi debba essere garantita la presenza, in misura non inferiore al 30% del totale dei loro componenti, ad atleti e tecnici sportivi in attività o che siano stati tesserati per almeno due anni negli ultimi 10 anni. Negli stessi Organi direttivi nazionali una quota del 30% deve essere riservata a rappresentanti degli Automobile Club Provinciali e Locali.

Il *Consiglio Sportivo Nazionale*, **organo di indirizzo della politica dello sport dell'automobile**, è composto (art. 21):

a) dal Presidente dell'ACI;
b) da dieci rappresentanti delle categorie dei titolari di licenze di atleta e tecnico sportivo;
c) da 10 rappresentanti degli Automobile Club Provinciali e locali, titolari di licenza di organizzatore;
d) da sei rappresentanti dei soggetti titolari di licenza di scuderia;
e) da tre rappresentanti degli Ufficiali di Gara;
f) da un rappresentante F.I.S.A.P.S;
g) da un rappresentante ANFIA;
h) da un rappresentante UNRAE.

Le sue competenze sono invece disciplinate nel Regolamento organizzativo delle attività sportive approvato dall'Assemblea.

La *Giunta Sportiva*, **organo di gestione ed attuazione degli indirizzi di politica dello sport dell'automobile deliberati dal Consiglio Sportivo Nazionale,** è composta (art. 22):

a) dal Presidente dell'ACI;
b) da tre rappresentanti delle categorie dei titolari di licenze di atleta e tecnico sportivo;
c) da tre rappresentanti degli Automobile Club Provinciali e locali, titolari di licenza di organizzatore;
d) da un rappresentante degli Ufficiali di Gara;
e) da un rappresentante dei soggetti titolari di licenza di scuderia.

Anch'essa è disciplinata nelle sue funzioni dal Regolamento delle attività sportive.

f) I Revisori dei conti

Il Collegio dei Revisori dei Conti, ai sensi dell'art. 23 dello Statuto, esercita il **controllo generale sull'Amministrazione dell'ACI.**

Tale organo è composto da *cinque revisori effettivi e due supplenti*, che durano in carica un quadriennio e possono essere riconfermati.

I revisori sono nominati: uno effettivo ed uno supplente dal Ministero dell'Economia e delle Finanze; quattro effettivi ed uno supplente dall'Assemblea, che li sceglie tra gli iscritti nel registro dei revisori contabili o tra persone in possesso di specifica professionalità. Il Presidente del Collegio è scelto tra i componenti effettivi ed è da questi eletto.

I revisori esercitano il loro incarico **secondo le norme del codice civile sui sindaci delle società commerciali**, in quanto applicabili all'ACI e ad essi non possono essere conferiti incarichi da parte dell'ACI.

g) Altri organi

Tra gli altri organi operanti nella struttura dell'ACI ricordiamo, infine, il **Collegio dei Probiviri** (art. 24) e le **Commissioni** (art. 25).

In primo luogo, il **Collegio dei Probiviri** (composto da 3 membri effettivi e un supplente) è chiamato ad esaminare e decidere in maniera imparziale:

- in funzione di collegio arbitrale, eventuali controversie tra l'ACI e gli AC; in tal caso il Collegio è integrato con la partecipazione di un arbitro nominato da ciascuna delle parti coinvolte nella controversia. Il Presidente del Collegio dei Probiviri è il Presidente del Collegio arbitrale;
- sul rispetto e sull'applicazione del codice etico da parte dei soci e dei componenti degli Organi dell'Ente e degli AC. In tali casi il Collegio procede ad istanza di parte. La decisione motivata del Collegio dei Probiviri è definitiva e deve essere resa entro 120 giorni dalla proposizione dell'istanza. Le parti possono farsi assistere da uno o più difensori;
- sui provvedimenti di radiazione sociale. In tal caso il provvedimento motivato emesso dal Collegio è definitivo.

In secondo luogo, occorre citare le **Commissioni permanenti**, che possono essere istituite per il più efficace conseguimento degli scopi dell'ACI da parte del Consiglio Generale:

- la Commissione Turistica;
- la Commissione Mobilità;
- la Commissione Giuridica;
- la Commissione Automobilismo Storico.

Le Commissioni hanno **funzioni consultive, con facoltà di iniziativa e di proposte**, da presentare al Presidente dell'ACI, per l'esame e per lo studio delle questioni che rientrano nella loro rispettiva competenza. I componenti delle Commissioni sono nominati dal Presidente, sentito il Comitato Esecutivo.

4 L'amministrazione dell'ACI

Abbiamo detto che ACI è un ente pubblico non economico: la sua natura di pubblica amministrazione si evince anche da quanto sancito in relazione alla relativa amministrazione, disciplinata agli artt. 27 e seguenti dello Statuto.

Infatti, il principio di base è che l'amministrazione dell'ACI si conforma, da un lato, ai criteri del **D.Lgs. 165/2001**, Testo Unico sul pubblico impiego, soprattutto per quanto concerne la *distinzione tra politica ed amministrazione*; dall'altro lato, ACI deve adeguare la propria gestione ad un sistema di *controlli interni* coerente con quanto sancito dal **D.Lgs. 286/1999** e successive modifiche.

La *complessiva gestione* dell'ACI è affidata ad un **Segretario generale**, cui compete l'attuazione degli obiettivi e dei programmi stabiliti dagli organi di governo.

Inoltre, in quanto vera e propria amministrazione pubblica, erogatrice di servizi di pubblico interesse, ACI deve interagire con una utenza vasta, ragione per cui esso deve disporre di **URP, uffici relazioni con il pubblico**, articolati in varie sedi dislocate sul territorio nazionale.

L'organizzazione dell'ACI quale ente pubblico è disciplinata nel dettaglio da un apposito **Regolamento**, al quale sarà dedicato il Capitolo successivo.

Per la sua amministrazione, l'ente dispone di un **proprio patrimonio**, costituito dai beni mobili ed immobili di cui è proprietario, per acquisti, lasciti o donazioni, e tutti gli altri valori di cui abbia piena disponibilità, a qualunque titolo (art. 28).

Le rendite patrimoniali, le quote annuali dei contributi dei soci, nonché i proventi comunque derivanti all'Ente dall'esercizio delle sue varie attività, costituiscono le entrate disponibili per provvedere al conseguimento dei fini dello stesso, in base ai predisposti budget annuali (art. 29). I fondi occorrenti per l'ordinaria gestione sono depositati in conto corrente presso uno o più Istituti di credito; le procedure di gestione del budget annuale, della tenuta della contabilità e di redazione del bilancio d'esercizio sono disciplinate da apposito *regolamento di contabilità* approvato dal Consiglio generale (art. 30).

L'esercizio di bilancio dell'ACI comincia il 1° gennaio e termina al 31 dicembre. Per la gestione sociale è compilato un apposito **budget annuale**, la cui durata **coincide con quella dell'esercizio di bilancio**. La gestione dei servizi delegati o affidati dallo Stato, dalle Regioni o da altri Enti pubblici forma oggetto di separata evidenza nel budget annuale e nel bilancio d'esercizio. I costi d'esercizio devono essere contenuti nei limiti delle previsioni del budget annuale (art. 31).

Le rimodulazioni del budget devono essere deliberate nei modi e con le procedure previste per il budget annuale (art. 32).

Il bilancio d'esercizio, *chiuso al 31 dicembre di ciascun anno*, unitamente alla relazione del Presidente e a quella dei Revisori dei conti, deve essere depositato presso la sede dell'ACI almeno venti giorni prima di quello fissato per l'Assemblea. I budget annuali e i bilanci d'esercizio debbono essere approvati dall'Assemblea rispettivamente non oltre il 31 ottobre e il 30 aprile, fatta salva la proroga prevista per il bilancio d'esercizio; essi poi devono essere trasmessi per l'approvazione all'Amministrazione vigilante entro dieci giorni dalla relativa delibera di approvazione ed entro lo stesso termine i suddetti documenti sono trasmessi al Ministero dell'Economia e delle Finanze (art. 33).

Scioglimento e liquidazione dell'ACI

Gli articoli 34 e 35 dello Statuto disciplinano l'ipotesi dello scioglimento dell'ACI. L'**Assemblea**, con deliberazione approvata da almeno i quattro quinti dei voti spettanti alla totalità dei suoi componenti, può infatti proporre al **Governo** lo scioglimento dell'ACI. In caso di scioglimento il Governo deve provvedere alla nomina del liquidatore e indicare la destinazione da dare al patrimonio dell'Ente.
I Revisori dei conti in carica al momento della messa in liquidazione esercitano le proprie funzioni fino al termine delle relative operazioni.

5 Gli Automobile Club

La parte II dello Statuto ACI è specificamente dedicata agli **Automobile Club associati alla federazione ACI.**

Gli Automobile Club — indicati in genere con la sigla *AC* seguita dall'indicazione della *località in cui hanno la propria sede* o la *propria circoscrizione territoriale* — sono **enti pubblici non economici a base associativa e senza scopo di lucro**, e riuniscono quegli enti che, in una determinata circoscrizione territoriale, si occupano di automobilismo per ragioni di sport, di uso, di tecnica e di commercio ed utilizzano il marchio ACI (art. 36 Statuto).

Gli AC sono tenuti a rispettare e a far rispettare ai propri soci lo Statuto e i regolamenti emanati dall'ACI; in particolare, essi:

— perseguono le finalità di **interesse generale automobilistico**;
— esplicano, nelle rispettive circoscrizioni e in armonia con le direttive ACI, le attività dell'ACI medesimo indicate dallo Statuto;
— attuano le particolari misure ritenute vantaggiose per i soci;
— gestiscono i servizi che possono essere loro affidati dallo Stato, dalle Regioni, dalle Province, dai Comuni o da altri Enti pubblici;

— svolgono direttamente e indirettamente ogni altra attività utile agli interessi generali dell'automobilismo, ivi compresa l'attività di mediazione anche mediante gestione del procedimento di mediazione facoltativa o obbligatoria finalizzata alla conciliazione delle controversie.

Gli AC svolgono anche **servizi pubblici a carattere turistico-ricreativo** nell'ambito delle norme regionali che li disciplinano.

Tutti gli Automobile Club, ancora, hanno un **patrimonio proprio**, distinto da quello dell'ACI, e godono, rispetto a quest'ultimo, di piena autonomia nei limiti dello Statuto; tale patrimonio è a sua volta costituito dai beni ed immobili di cui l'AC sia proprietario per acquisti, lasciti o donazioni, e da tutti gli altri valori, di cui abbia piena disponibilità, a qualunque titolo (artt. 37 e 38 Statuto).

In che modo si diventa soci degli AC? In base all'art. 39, chi aspira ad ottenere la qualità di socio deve presentare apposita domanda ed è tenuto a versare l'importo stabilito per la quota sociale.

La qualità di socio si acquista, a tutti gli effetti, dalle ore 24 del giorno di presentazione della domanda e del pagamento della quota. Entro tre mesi da tale data il Consiglio Direttivo può rigettare la domanda con provvedimento motivato. Il provvedimento non incide sulla legittimità delle deliberazioni assunte con il voto del socio la cui domanda sia stata rigettata e regola i rapporti nel frattempo intercorsi.

I soci hanno diritto alle prestazioni, ai benefici e ai servizi specificatamente previsti dal proprio AC e dall'ACI.

Con provvedimento del Consiglio Generale dell'ACI possono essere istituite tipologie speciali di soci con servizi e quote associative differenziate rispetto ai soci ordinari.

Gli AC possono, con deliberazione motivata del Consiglio Direttivo, assicurare in singoli casi le proprie prestazioni a non soci. In tali casi, le tessere attribuite non comportano né il diritto di voto, né i diritti elettorali.

I soci degli AC, in quanto tali, sono soci dell'ACI e hanno diritto alle prestazioni di quest'ultimo secondo le norme stabilite dal Comitato Esecutivo dell'AC (art. 40 Statuto).

6 Gli organi degli Automobile Club

Lo Statuto ACI regolamenta nel dettaglio anche la **struttura** interna degli Automobile Club, prevedendo all'art. 45 che sono organi:

a) l'Assemblea dei soci;
b) il Consiglio Direttivo;
c) il Presidente;
d) il Collegio dei Revisori dei conti.

In particolare:

— l'**Assemblea** è costituita da tutti i *soci maggiorenni dell'Automobile Club*, ciascuno dei quali dispone di un solo voto. Essa ha tutti i poteri per conseguire gli scopi sociali e in particolare: approva il bilancio d'esercizio; elegge i componenti del Consiglio Direttivo e due revisori dei conti effettivi; delibera sugli argomenti dei quali, prima della convocazione dell'Assemblea, sia richiesta l'iscrizione all'ordine del giorno dal Consiglio Direttivo o da almeno un decimo dei componenti l'Assemblea; delibera sugli altri argomenti espressamente demandati alla sua competenza dalle disposizioni del presente Statuto, dal Regolamento Interno della Federazione e dal Regolamento di Organizzazione dell'AC. L'Assemblea dei soci è presieduta dal Presidente dell'AC o, in sua assenza, dal Vice Presidente, o, in mancanza anche di questo, da uno dei propri componenti delegato dal Presidente. Il Presidente designa altresì ad esercitare le funzioni di segretario un socio od un funzionario dell'AC (artt. 46 ss.);

- il **Consiglio Direttivo** — composto da un numero di **membri non superiore a 9** che viene determinato dal Consiglio Direttivo uscente; l'Assemblea procede all'elezione dei membri del Consiglio, che durano in carica *quattro anni* e possono essere riconfermati — è l'organo di **esecuzione delle deliberazioni dell'Assemblea dei soci** e può deliberare su tutte le materie non riservate specificatamente alla competenza dell'Assemblea medesima, nonché su quelle ad esso demandate dal regolamento di organizzazione dell'AC, dal regolamento interno della Federazione e dalle altre disposizioni organizzative interne (artt. 51 ss.).

  In particolare, tale organo:

  - predispone regolamenti di carattere generale riguardanti lo svolgimento dei servizi dell'AC;
  - nomina i componenti le Commissioni permanenti istituite con deliberazioni dell'Assemblea e istituisce tutte le altre Commissioni permanenti ritenute utili per l'attuazione delle finalità dell'Ente;
  - delibera circa l'indirizzo, lo svolgimento e l'estensione dell'attività dell'AC, nei limiti dello Statuto e delle deliberazioni dell'Assemblea;
  - definisce i criteri generali di organizzazione dell'Ente, in coerenza alle esigenze di speditezza, efficienza ed efficacia dell'azione amministrativa, approva l'ordinamento dei servizi, la consistenza e le eventuali variazioni della dotazione organica dell'AC e determina il numero degli Uffici dirigenziali. Le conseguenti deliberazioni sono immediatamente esecutive;
  - delibera sui provvedimenti di assunzione e di licenziamento del personale stesso;
  - formula le proposte da sottoporre alla trattazione dell'Assemblea dei soci;
  - approva il budget annuale;
  - predispone il bilancio di esercizio da sottoporre all'Assemblea dei soci;
  - adotta, anche in deroga alle vigenti disposizioni in materia di contabilità per gli Enti pubblici non economici, regolamenti di contabilità ispirati a principi civilistici, da sottoporre all'approvazione dell'Amministrazione vigilante, di concerto con il Ministero dell'Economia e delle Finanze;
  - adotta i regolamenti organizzativi;
  - delibera, ove ricorrano particolari e motivate esigenze da segnalarsi nella relazione sulla gestione, la proroga al 30 giugno del termine di approvazione del bilancio d'esercizio;

- il **Presidente è** il **legale rappresentante dell'AC** (art. 55 Statuto). Ferme restando le attribuzioni del **Direttore dell'AC** (v. subito *infra*) in ordine alla gestione ed ai relativi provvedimenti di autorizzazione alla spesa, il Presidente si intende munito di tutte le facoltà per il raggiungimento di tutti i fini statutari, compresa quella di delegarne temporaneamente ad altri alcune determinate. In sua assenza i relativi poteri sono esercitati dal Vice Presidente ovvero dal Vice Presidente più anziano di età; inoltre, per esigenze di servizio, può conferire deleghe per speciali materie o funzioni a componenti del Consiglio Direttivo. In caso di necessità e di urgenza il Presidente può adottare alcuni provvedimenti di competenza del Consiglio; tali provvedimenti sono sottoposti alla ratifica del Consiglio Direttivo nella seduta immediatamente successiva, che deve comunque essere convocata entro trenta giorni dall'adozione dei provvedimenti stessi. Il Presidente, infine, ha anche il compito di predisporre le relazioni al budget annuale e al bilancio di esercizio;
- il **Collegio dei Revisori dei conti** (art. 56) esercita, infine, il controllo dell'amministrazione dell'AC ed è composto di tre revisori effettivi e da un supplente, che durano in carica un quadriennio e possono essere riconfermati.

Infine, occorre menzionare la figura del **Direttore AC**: ai sensi dell'art. 57 Statuto, l'incarico di Direttore dell'AC è conferito ai Dirigenti dell'ACI o, nei casi previsti dal regolamento di organizzazione, a funzionari dell'ACI stesso, sentito il Presidente dell'AC interessato.

Il Direttore **è responsabile della complessiva gestione dell'AC** e dell'attuazione degli **obiettivi** e dei **programmi** definiti dagli organi. In tale contesto dispone di autonomi poteri di spesa inerenti alla gestione e determina i limiti di spesa dei Dirigenti dell'AC.

I Comitati regionali

I Comitati regionali, istituiti presso l'Automobile Club del capoluogo di ciascuna Regione e composti dai Presidenti degli AC della Regione, sono incaricati dei **rapporti con la Regione e gli altri organismi regionali e coordinano le attività ed i servizi affidati agli AC dalla Regione** (art. 58).

In particolare, essi:

a) promuovono, coordinano e curano la realizzazione degli interventi e delle iniziative unitarie degli AC nei confronti delle istituzioni regionali e locali che abbiano valenza regionale;
b) propongono agli organi degli AC interventi di riassetto operativo e di riorganizzazione anche zonale degli stessi AC;
c) hanno competenza esclusiva e svolgono con la partecipazione degli AC del territorio della Regione tutte le attività e le iniziative di valenza regionale in materia di sicurezza ed educazione stradale, mobilità, trasporto pubblico locale, turismo e sport automobilistico;
d) promuovono lo sviluppo di sinergie fra gli AC e coordinano le attività ed i servizi offerti dagli stessi in ambito regionale;
e) formulano proposte all'ACI in materia di offerta associativa e di servizi ai soci;
f) promuovono la costituzione di organismi per la gestione coordinata dei servizi sia di scala regionale che di ambito interprovinciale. Agli stessi possono essere attribuiti compiti a carattere operativo su delega degli AC;
g) costituiscono le strutture di supporto delle società controllate da ACI per i rapporti e le relazioni con le Istituzioni pubbliche della Regione.

7 L'amministrazione degli Automobile Club

Come si articola l'amministrazione degli Automobile Club? In base agli artt. 59 ss. dello Statuto, le entrate disponibili al conseguimento dei fini degli AC, in base ai budget annuali, sono costituite dalle rendite patrimoniali, dalle quote annuali dei contributi dei soci nonché dai proventi comunque derivanti all'AC. Le procedure di gestione del budget annuale, della tenuta della contabilità e di redazione del bilancio d'esercizio sono disciplinate dal **regolamento di contabilità** adottati dal Consiglio direttivo.

Inoltre, anche l'amministrazione degli AC, al pari di quella dell'ACI, si conforma, pure mediante apposito regolamento di organizzazione approvato dal Consiglio Direttivo, al **principio della distinzione tra attività di indirizzo e controllo e attività di attuazione e gestione** di cui al Testo Unico pubblico impiego, D.Lgs. 165/2001: essa è informata al rispetto di criteri di equilibrio economico-patrimoniale e finanziario atti ad assicurare l'assolvimento delle funzioni istituzionali, secondo parametri e modalità annualmente definiti dal Consiglio Generale dell'ACI con propria deliberazione.

Gli AC, allo stesso modo dell'ACI, devono poi adeguare la propria gestione ad un sistema di **controlli interni** coerente con i principi del D.Lgs. 286/1999.

Per quanto concerne il **profilo del bilancio**, il relativo esercizio comincia il 1° gennaio e termina il 31 dicembre.

Per la gestione sociale è compilato un apposito budget annuale, la cui durata coincide con quella dell'esercizio di bilancio. Il budget annuale deve essere approvato non oltre il 31 ottobre e trasmesso entro 10 giorni dalla delibera del Consiglio Direttivo al Comitato Esecutivo dell'A.C.I. per l'approvazione; nello stesso termine esso viene trasmesso all'amministrazione vigilante e al MEF (art. 60).

Il bilancio d'esercizio va chiuso al 31 dicembre di ciascun anno, unitamente alla relazione del Presidente e a quella dei Revisori dei conti, e deve essere depositato presso la direzione dell'AC, a disposizione dei soci, non meno di venti giorni prima di quello fissato per la riunione dell'Assemblea nella quale questa è chiamata a deliberare sul bilancio stesso. Entro 10 giorni dalla delibera dell'Assemblea dei soci il bilancio d'esercizio deve essere trasmesso al Comitato Esecutivo dell'ACI per l'approvazione (art. 61).

Anche gli AC possono andare incontro a **scioglimento e liquidazione**: le relative ipotesi sono disciplinate dagli artt. 63 e seguenti dello Statuto.

Compete all'Assemblea dei soci dell'AC, con deliberazione approvata in prima convocazione con più della metà dei voti spettanti alla totalità dei suoi componenti, e in seconda convocazione con il voto favorevole dei quattro quinti dei presenti, la possibilità di proporre al Governo lo scioglimento dello stesso AC per gravi motivi. In caso di scioglimento si deve provvedere alla nomina del liquidatore e indicare la destinazione da darsi al patrimonio dell'Ente.

In presenza del mancato raggiungimento dei parametri di equilibrio economico-patrimoniale e finanziario, invece, il Consiglio Generale dell'ACI può proporre all'Amministrazione vigilante la **liquidazione coatta amministrativa** dell'Automobile Club interessato. I soci dell'Automobile Club oggetto del provvedimento sono provvisoriamente gestiti dall'A.C.I. per un periodo massimo di sei mesi, e quindi, con delibera del Comitato Esecutivo, sono attribuiti in via definitiva ad uno o più Club limitrofi.

I revisori dei conti in carica al momento della messa in liquidazione esercitano le proprie funzioni fino al termine delle operazioni relative.

Modifiche allo Statuto ACI

È possibile modificare lo Statuto dell'ACI? La relativa disciplina è contenuta nell'art. 66 dello Statuto medesimo, ai sensi del quale le proposte di modifica dello Statuto debbono essere formulate dal Consiglio Generale o da tanti rappresentanti degli AC e degli altri Enti ed Associazioni aderenti che rappresentino in complesso **un terzo dei voti spettanti alla totalità dei membri**. Le proposte di modifica devono essere inviate al Presidente dell'ACI il quale, entro trenta giorni, deve convocare l'Assemblea affinché deliberi sulle stesse.

Con l'avviso di convocazione del Consiglio Generale e dell'Assemblea vengono stabiliti i termini entro i quali possono essere presentati, da parte dei rispettivi componenti, emendamenti o integrazioni al testo delle proposte di modifica statutarie ad essi inviato, ferma restando la facoltà del Presidente dell'ACI di formulare proprie proposte anche successivamente a detti termini.

Per la validità delle deliberazioni dell'Assemblea occorre, in ogni caso, l'intervento di almeno tre quarti dei membri e tanti voti favorevoli che raggiungano almeno i due terzi di quelli spettanti alla totalità dei membri intervenuti o non alla riunione. Le deliberazioni anzidette non hanno corso se non sono approvate dall'Amministrazione vigilante.

3
Il regolamento di organizzazione ACI

1 Il regolamento di organizzazione dell'ACI

Come abbiamo anticipato al Capitolo precedente parlando delle disposizioni statutarie, l'ACI, quale ente pubblico, viene disciplinato nei suoi profili organizzativi da un **apposito regolamento**, approvato dal Consiglio generale, il quale deve ispirarsi ai principi che, in generale, regolano le amministrazioni pubbliche nonché a quelli concernenti il pubblico impiego di cui al D.Lgs. 165/2001, e in particolare al criterio della *separazione tra attività di indirizzo e attività di gestione*.

Il regolamento organizzativo, nello specifico, deve essere adottato in ossequio all'**art. 27** del citato **D.Lgs. 165/2001**, il quale prevede i criteri di adeguamento delle norme sulla dirigenza pubblica per le diverse amministrazioni pubbliche: con **specifico riferimento agli enti pubblici nazionali**, tale prescrizione stabilisce che questi ultimi si adeguino, anche in deroga alle speciali disposizioni di legge che li disciplinano, adottando appositi regolamenti di organizzazione.

E infatti, il regolamento ACI contiene le disposizioni per l'adeguamento dell'organizzazione dell'ente stesso ai principi del D.Lgs. 165/2001 e successive modificazioni e integrazioni, ai sensi dell'art. 27 dello stesso decreto, e si ispira ai seguenti **criteri direttivi** (art. 1):

- distinzione tra attività di indirizzo e controllo propria degli organi politici e attività di attuazione e gestione rimessa alla dirigenza;
- flessibilità e semplificazione dei processi decisionali ed operativi;
- integrazione e coordinamento delle attività delle strutture;
- trasparenza ed efficacia dell'azione amministrativa;
- considerazione delle peculiarità dell'ACI quale Ente pubblico a base associativa.

Come si articola questo Regolamento? Esso si compone dei seguenti titoli:

1. **Disposizioni generali;**
2. **Struttura organizzativa;**
3. **Organi di indirizzo politico-amministrativo e relative funzioni;**
4. **Segretario generale;**
5. **Dirigenza;**
6. **Responsabilità dirigenziale e responsabilità disciplinare dei dirigenti.**

Sono numerosi, è evidente, i riferimenti e i rinvii operati dal Regolamento ACI alla disciplina generale dell'organizzazione del lavoro pubblico di cui al Testo Unico del 2001, e in particolare al tema della dirigenza, alla cui trattazione specifica, pertanto, si rinvia.

Espansione Web
Il regolamento di organizzazione ACI

Il testo integrale del regolamento è riportato in espansione web.

2 La struttura organizzativa e i centri di responsabilità

Il Titolo 2 del regolamento ACI disciplina la **struttura organizzativa** dell'ente, definendo i relativi *centri di responsabilità* (art. 2):

a) le Direzioni e i Servizi centrali, nonché gli Uffici centrali non incardinati in Direzioni o Servizi;

b) le Direzioni Compartimentali;
c) le Aree metropolitane;
d) gli Uffici Territoriali;
e) gli Uffici e le unità di livello dirigenziale appositamente individuate con provvedimento del Comitato Esecutivo come centri di responsabilità.

I centri di responsabilità possono articolarsi in unità organizzative, centrali e/o periferiche, anche di livello non dirigenziale, preposte alla gestione delle risorse umane, finanziarie e strumentali, in relazione a specifici ambiti di attività, alle quali possono essere preposti anche Responsabili di Struttura.

I titolari dei centri di responsabilità sono responsabili della gestione e dei risultati derivanti dall'impiego delle risorse umane, finanziarie e strumentali loro assegnate.

È possibile costituire, da parte dei Comitato esecutivo, sia apposite unità di progetto di carattere temporaneo, sia apposite strutture di missione sempre temporanee, ad esempio in casi di progetti di particolare complessità o di rilevanza strategica o ancora in ipotesi di studi e ricerche: in tali casi, a ciascuna unità e a ciascuna struttura corrisponde un centro di responsabilità al quale viene assegnato anche un apposito budget.

3 Gli organi di indirizzo politico ed amministrativo

Il Titolo III del regolamento ACI è dedicato agli organi di indirizzo politico ed amministrativo dell'ente (artt. 3-5).

Questa parte del regolamento richiama lo Statuto ACI, definendo come organi di indirizzo: **l'Assemblea; il Consiglio Generale; il Comitato Esecutivo; il Presidente; il Consiglio Sportivo Nazionale e la Giunta Sportiva.**

I citati organi, sulla base delle disposizioni statutarie, normative e dei principali regolamenti di settore, sono titolari delle funzioni di **indirizzo strategico, di indirizzo amministrativo e di controllo** sulla gestione, in base alla disciplina generale del pubblico impiego; inoltre, essi si occupano di definire le politiche e le *linee guida strategiche*, le priorità, gli obiettivi di Ente, i piani e i programmi di attività, gli indirizzi generali per l'azione amministrativa e per la gestione, nonché di individuare le risorse umane, materiali ed economico-finanziarie da destinare alle diverse finalità (art. 4).

Vediamo nello specifico, riprendendo in parte quanto già sancito dallo Statuto, le competenze degli organi di indirizzo (art. 4 cit.):

- **competenze dell'Assemblea**: definizione delle linee guida e degli indirizzi strategici generali dell'Ente e della Federazione; adesione ad Istituzioni, Organismi ed Enti, anche di carattere internazionale, che svolgono attività strettamente correlate o connesse agli scopi istituzionali della Federazione;
- **competenze del Consiglio generale**: acquisizione, cessione e trasferimento di quote di partecipazione in società; regolamento interno in materia di spending review; sistema di misurazione e valutazione della performance; piano generale delle attività, obiettivi di Ente, piano della performance e relazione sulla performance; programma triennale per la trasparenza e l'integrità; piano triennale di prevenzione della corruzione e relativi regolamenti attuativi; regolamento di governance delle società controllate da ACI; regolamento per il conferimento di incarichi di collaborazione esterna; codice di comportamento di Ente; regolamento di accesso all'impiego e sulle modalità di svolgimento delle procedure selettive nell'ACI; regolamenti generali per l'erogazione di contributi e vantaggi economici, ad eccezione dei regolamenti per l'erogazione dei contributi sportivi, di competenza degli Organi sportivi; regolamenti attuativi della legge 7 agosto 1990, n. 241; carta dei servizi ACI; ulteriori regolamenti di carattere generale; deliberazioni su tutte le materie non riservate specificamente alla competenza dell'Assemblea. I provvedimenti di competenza del Consiglio Generale possono essere da questo delegati al Comitato Esecutivo, entro i limiti per valore stabiliti dall'Assemblea;

- **competenze del Comitato esecutivo**: bilancio sociale; piano annuale della comunicazione e degli eventi; indizione di procedure di selezione e reclutamento del personale e relativi bandi di concorso; piani di ristrutturazione finanziaria degli Automobile Club e ogni altro provvedimento ad esso delegato dal Consiglio Generale entro i limiti per valore stabiliti dall'Assemblea;
- **competenze del Presidente**: nomine e designazioni di rappresentanti dell'ACI in Enti, Istituzioni, Organismi, Commissioni e Comitati esterni; designazione dei rappresentanti dell'ACI nei consigli di amministrazione delle società partecipate; quote di adesione ed associazione ad Enti, Istituzioni ed Organismi esterni; autorizzazione a stare in giudizio nei giudizi passivi e conferimento di incarichi di assistenza e rappresentanza legale in sede giudiziale ed extragiudiziale.

Tra gli organi di indirizzo politico ed amministrativo il Regolamento include anche gli organi sportivi, ossia il **Consiglio sportivo nazionale** e la **Giunta sportiva**, titolari dell'esercizio e della gestione del potere sportivo e con piena autonomia normativa, regolamentare e finanziaria. Le specifiche attribuzioni degli Organi Sportivi sono disciplinate dal **regolamento generale di organizzazione e funzionamento delle attività sportive dell'ACI** adottato ai sensi dello Statuto, nonché da ogni altro regolamento o atto interno che preveda espressamente l'attribuzione di specifiche competenze agli stessi Organi sportivi.

Vi sono poi delle specifiche attribuzioni che *vedono coinvolti insieme Presidente, Comitato esecutivo e Consiglio di gestione*. Si tratta dei provvedimenti di **approvazione e autorizzazione** riguardanti: accordi, convenzioni e collaborazioni con gli Automobile Club e con Enti, Istituzioni ed Organismi ed altri soggetti terzi in materie riguardanti l'ACI o di interesse generale per la Federazione; accordi e convenzioni con le società controllate e relativi piani di attività e finanziamento; interventi sul patrimonio netto delle società partecipate; rilascio di fideiussioni, ipoteche, lettere di patronage e di altre garanzie comunque denominate; acquisto, vendita e permuta di immobili.

4 Il Segretario generale

Ai sensi delle norme contenute nel Titolo 4 del regolamento, il Segretario generale dell'ACI svolge un **ruolo di raccordo tra gli organi di indirizzo politico e la dirigenza**, avendo funzioni di indirizzo e coordinamento generale dell'attività di gestione, secondo le direttive degli organi stessi (art. 7).

Tale figura viene nominata con **delibera del Consiglio generale** (con il relativo atto di nomina viene anche stabilita la durata); l'incarico è conferito a dirigenti dell'ente o a persone non appartenenti ai ruoli dell'amministrazione aventi le specifiche qualità professionali richieste dal D.Lgs. 165/2001, T.U. pubblico impiego, in relazione agli incarichi dirigenziali (art. 6).

Ferme restando le attribuzioni allo stesso riservate dalle vigenti disposizioni di legge, dallo Statuto, dall'Ordinamento dei Servizi, dal Sistema di misurazione e valutazione della performance, dal Regolamento di amministrazione e contabilità e da altri regolamenti ed atti interni, il Segretario Generale, in particolare (art. 7 cit.):

a) **esercita i poteri necessari ad assicurare l'uniformità e la coerenza dell'attività dell'Ente** e dell'azione amministrativa degli uffici centrali e periferici;
b) in linea con gli indirizzi strategici e le direttive definite dagli Organi, **formula**, anche sulla base delle indicazioni fornite dai dirigenti degli uffici di livello dirigenziale generale, **proposte** agli stessi Organi **per la definizione di obiettivi generali, dei piani e dei programmi di attività** dell'Ente e della Federazione **e predispone il piano generale ed il relativo budget delle attività** dell'Ente sulla base delle proposte dei centri di responsabilità ai fini della sottoposizione all'approvazione degli Organi;
c) **coordina l'attuazione dei programmi e dei piani di attività da parte dei dirigenti degli uffici di livello dirigenziale generale**, verifica sistematicamente l'andamento di detti piani e programmi ed il conseguimento degli obiettivi prefissati, anche con riferimento ai relativi budget, e assicura al riguardo la necessaria informativa agli Organi, anche attraverso appositi report periodici;

d) **monitora**, attraverso l'azione di coordinamento dei direttori compartimentali, nonché tramite i direttori degli Automobile Club, **la coerenza dell'azione della Federazione a livello nazionale rispetto agli obiettivi ed ai programmi stabiliti dagli Organi**, segnalando loro il rilevamento di eventuali criticità;
e) **assegna ai titolari dei centri di responsabilità**, in coerenza con l'approvazione del budget da parte degli Organi e sulla base di motivate proposte formulate dagli stessi, **le risorse umane, strumentali ed economico-finanziarie che costituiscono il budget di gestione**, ai fini dell'attuazione dei programmi e degli obiettivi definiti dagli Organi, e stabilisce i criteri di massima cui i predetti titolari debbono conformarsi nella gestione del budget;
f) sulla base di apposite segnalazioni della Direzione Amministrazione e Finanza sugli equilibri di bilancio ed in particolare sullo stato di attuazione della spesa in funzione delle entrate, **adotta** o **propone** agli Organi **i necessari provvedimenti correttivi**. Avvalendosi dei report prodotti dalla competente struttura dell'Ente verifica l'andamento della gestione, riferendo agli Organi sui risultati del controllo di gestione;
g) **definisce**, nell'ambito dei budget assegnati ai titolari dei centri di responsabilità anche con riferimento ai progetti strategici, i **limiti per valore e per materia entro i quali i dirigenti centrali e periferici e i responsabili degli uffici territoriali esercitano le rispettive competenze di spesa**;
h) **adotta gli atti ed i provvedimenti, anche per l'acquisizione di beni e la fornitura di servizi e prestazioni, che comportano impegni di spesa superiori ai limiti** o non rientranti nelle materie definite con provvedimento di cui alla lettera g);
i) **rilascia**, nell'ambito degli indirizzi e dei programmi definiti dagli Organi, le **autorizzazioni** concernenti i contratti di locazione attiva e passiva di immobili;
j) **rilascia**, nei casi previsti dagli specifici regolamenti, **le autorizzazioni di cui all'art. 53 D.Lgs. 165/2001** (su incompatibilità, cumulo di impieghi e incarichi);
k) in caso di inerzia o ritardo nell'adozione di atti o provvedimenti, anche disciplinari, da parte dei titolari dei centri di responsabilità **può fissare un termine perentorio entro il quale gli atti o i provvedimenti debbono essere adottati**; ferme restando le eventuali responsabilità previste dalla normativa e rilevabili in capo ai medesimi, qualora l'inerzia permanga, può provvedere all'adozione degli stessi atti o provvedimenti.

5 I Dirigenti

Il Titolo 5 del regolamento si occupa della Dirigenza dell'ACI, ricalcando la disciplina dettata in materia dal D.Lgs. 165/2001, T.U. pubblico impiego (artt. 13 ss.), per la **generalità dei dirigenti pubblici**.

Vengono infatti regolamentati i diversi aspetti che connotano lo status e le funzioni del dirigente ACI, dal conferimento degli incarichi alle relative funzioni fino al trattamento economico, distinguendo tra i **dirigenti di livello generale e quelli di livello non generale**.

a) Ruolo dei dirigenti e accesso

Come avviene in generale nel lavoro pubblico, anche il ruolo dei dirigenti ACI è articolato in **due fasce** (la distinzione in fasce ha rilievo agli effetti del trattamento economico ed ai fini del conferimento degli incarichi di dirigenza generale):

— nella *prima fascia* sono inseriti i **dirigenti generali** in servizio alla data di entrata in vigore del regolamento e, successivamente, i dirigenti della seconda fascia che abbiano ricoperto incarichi di livello dirigenziale generale per un tempo pari ad almeno 5 anni, senza essere incorsi nelle misure previste dalle vigenti disposizioni di legge per le ipotesi di responsabilità dirigenziale;

— nella *seconda fascia*, invece, sono compresi gli **altri dirigenti in servizio** alla medesima data e, successivamente, i dirigenti reclutati ai sensi della normativa vigente (art. 9).

Premesso che alla qualifica di dirigente ACI si accede in ossequio alle procedure e alle modalità stabilite per la dirigenza dalla normativa di settore e dai contratti collettivi nazionali (CCNL) per le aree dirigenziali (art. 11), il regolamento opera la distinzione tra incarichi di livello generale ed incarichi di livello non generale (art. 12):

— sono **incarichi di livello dirigenziale generale** quelli relativi alle *strutture dirigenziali generali di sede centrale e delle strutture delle Direzioni Compartimentali* così come individuate dall'Ordinamento dei Servizi dell'ACI;
— sono **incarichi di livello dirigenziale non generale** quelli relativi *alle strutture dirigenziali non generali di sede centrale e delle strutture periferiche di livello dirigenziale non generale* (*Direzioni Territoriali ed Aree Metropolitane*) così come individuate dall'Ordinamento dei Servizi cit.

Nel provvedimento di conferimento dell'incarico di livello dirigenziale generale sono individuati **l'oggetto dell'incarico e le finalità di massima da conseguire**, con riferimento alle priorità, ai piani e ai programmi definiti dall'organo di vertice nei propri atti di indirizzo e alle eventuali modifiche degli stessi che intervengono nel corso del rapporto, nonché la durata dello stesso.

La durata degli incarichi **non può essere inferiore a tre anni e né eccedere i cinque anni**; tale durata però può essere inferiore a tre anni se, in caso di rinnovo, coincide con il conseguimento del limite di età per il collocamento a riposo dell'interessato.

Gli incarichi sono rinnovabili e possono essere revocati esclusivamente secondo l'art. 23 del regolamento ACI (responsabilità dirigenziale, di cui si dirà successivamente).

La procedura di conferimento degli incarichi dirigenziali è disciplinata dall'art. 14 del regolamento ACI mentre per quelli di posizione organizzativa (non dirigenziali) si fa riferimento al successivo art. 15.

È possibile conferire a termine incarichi dirigenziali? Ai sensi dell'art. 16 del regolamento, sì: infatti, si prevede che gli incarichi dirigenziali di *livello generale* possono essere conferiti **a tempo determinato** ai sensi dell'art. 19, comma 6, del D.Lgs. 165/2001, entro il limite **del 10%** della dotazione organica dei dirigenti appartenenti alla prima fascia del ruolo organico della dirigenza ACI, ferme restando le disposizioni in tema di accesso alla prima fascia. Gli incarichi dirigenziali di *livello non generale*, invece, possono essere conferiti a tempo determinato entro il limite **dell'8%** della dotazione organica dei dirigenti appartenenti alla seconda fascia, ferme restando le disposizioni in tema di accesso alla seconda fascia.

Tali incarichi a tempo determinato sono conferiti, esperito l'avvio delle procedure previste per l'accesso alla qualifica dirigenziale, fornendone esplicita motivazione, a persone di particolare e comprovata qualificazione professionale **non rinvenibile nei ruoli dell'amministrazione**, che abbiano svolto attività in organismi ed enti pubblici o privati ovvero aziende pubbliche o private con esperienza acquisita per almeno un quinquennio in funzioni dirigenziali, o che abbiano conseguito una particolare specializzazione professionale, culturale e scientifica desumibile dalla formazione universitaria e post universitaria, da pubblicazioni scientifiche, da concrete esperienze di lavoro maturate per almeno un quinquennio, anche presso amministrazioni statali.

b) Le funzioni dei dirigenti

Rifacendosi alla disciplina generale del D.Lgs. 165/2001, il regolamento ACI distingue tra le funzioni dei dirigenti generali e quelle dei dirigenti.

In particolare, ai sensi dell'art. 17, i **dirigenti degli uffici generali dell'ACI**:

a) curano l'attuazione dei piani e dei programmi per il perseguimento degli obiettivi definiti dagli Organi attraverso i budget relativi ai centri di responsabilità cui sono preposti. Attribuiscono ai dirigenti ed ai titolari delle unità organizzative gli incarichi e le responsabilità di specifici progetti e gestioni; definiscono gli obiettivi che i dirigenti devono perseguire ed attribuiscono le conseguenti risorse umane, finanziarie e materiali, nell'ambito del budget di gestione loro assegnato;

b) formulano proposte ed esprimono pareri al Segretario Generale nelle materie di rispettiva competenza;
c) adottano gli atti relativi all'organizzazione del proprio ufficio e fissano le linee generali di organizzazione degli uffici di livello dirigenziale non generale;
d) adottano, nei limiti del budget e secondo criteri di massima stabiliti dal Segretario Generale, gli atti ed i provvedimenti amministrativi ed esercitano i poteri di spesa e quelli di acquisizione delle entrate rientranti nella competenza dei propri uffici, anche delegandoli ai dirigenti, attraverso l'assegnazione a questi ultimi di specifici budget di gestione;
e) dirigono, coordinano e controllano l'attività dei dirigenti e dei responsabili dei procedimenti amministrativi, anche con potere sostitutivo in caso di inerzia, e propongono al Segretario Generale l'adozione, nei confronti dei dirigenti, delle misure previste nel successivo art. 23 (responsabilità dei dirigenti);
f) dirigono, coordinano e controllano l'attività delle risorse assegnate ai progetti strategici dei quali sono responsabili;
g) su delega degli Organi ed entro i limiti da questi stabiliti, possono promuovere e resistere alle liti ed hanno il potere di conciliare e transigere nei rispettivi ambiti di competenza, su conforme parere dell'Avvocatura dell'ACI;
h) svolgono, in coerenza con le politiche definite in materia dagli Organi, le attività di organizzazione e gestione del personale loro assegnato e di gestione dei rapporti sindacali e di lavoro, fatto salvo quanto previsto in materia dall'Ordinamento dei Servizi;
i) propongono le risorse e i profili professionali necessari allo svolgimento dei compiti dell'ufficio cui sono preposti anche al fine dell'elaborazione del documento di programmazione triennale del fabbisogno del personale di cui all'art. 6, commi 4 e 4bis del D.Lgs. 165/2001;
l) concorrono alla definizione di misure idonee a prevenire e contrastare i fenomeni di corruzione e a controllarne il rispetto da parte dei dipendenti dell'ufficio cui sono preposti;
m) decidono sui ricorsi gerarchici proposti contro gli atti e i provvedimenti amministrativi non definitivi dei dirigenti ad essi assegnati;
n) in qualità di titolari di centri di responsabilità, elaborano, sulla base degli indirizzi generali definiti dagli Organi, proposte di obiettivi, piani, programmi e progetti per la predisposizione del piano generale delle attività dell'ACI; quantificano, inoltre, attraverso le proposte di budget, le risorse finanziarie occorrenti per lo svolgimento delle attività pianificate.
Entro il mese di settembre di ogni anno, le proposte di piani di attività e progetti, unitamente alle proposte di budget finanziari per centro di responsabilità, vengono sottoposte al Segretario Generale ai fini della predisposizione del piano generale delle attività e del bilancio di previsione da sottoporre all'approvazione degli Organi. In corso d'anno, eventuali modifiche agli obiettivi, piani e progetti assegnati vengono sottoposte al Segretario Generale per le conseguenti variazioni, ove necessarie, al piano generale delle attività, al piano della performance e al budget di gestione da parte degli Organi;
o) formulano al Segretario Generale, nel corso dell'esercizio, in relazione all'andamento delle attività e dei programmi o a fronte di nuovi progetti definiti dagli Organi o a maggiori oneri di gestione delle attività e dei programmi in corso relativamente alla gestione del proprio centro di responsabilità, proposte di variazione al budget di rispettiva pertinenza. Le variazioni per nuove o maggiori spese, non derivanti dall'assegnazione di nuovi progetti, possono essere proposte dal dirigente soltanto se è assicurata la necessaria copertura finanziaria; le variazioni di bilancio conseguenti a richieste di variazione dei budget anche relative alla realizzazione

di nuovi progetti strategici o alla modifica di progetti già pianificati sono approvati dai competenti Organi;
p) conformemente a quanto stabilito dal regolamento di amministrazione e contabilità dell'Ente, curano, anche tramite i dirigenti di seconda fascia assegnati alle rispettive strutture o tramite altri sostituti, gli adempimenti connessi agli atti di impegno e di liquidazione delle spese che trovano copertura sul budget di gestione attribuito al centro di responsabilità cui sono preposti, anche in relazione a provvedimenti autorizzativi e di spesa direttamente assunti, a valere sugli stessi budget di competenza dei dirigenti generali, dagli Organi e dal Segretario Generale;
q) ai sensi dell'art. 16, comma 4 D.Lgs. 165/2001, gli atti e i provvedimenti adottati dai dirigenti di cui al presente articolo non sono suscettibili di ricorso gerarchico.

In base all'art. 18, invece, i **dirigenti dell'ACI**, nell'ambito delle funzioni ad essi riconosciute dalla vigente normativa e dall'Ordinamento dei Servizi dell'Ente, **esercitano** i **seguenti compiti** e **poteri**:

a) formulano proposte ed esprimono pareri ai dirigenti degli uffici dirigenziali generali;
b) curano l'attuazione dei progetti e delle gestioni ad essi assegnati dai dirigenti degli uffici dirigenziali generali, adottano i relativi atti e provvedimenti amministrativi ed esercitano i poteri di spesa e di acquisizione delle entrate, nei limiti del budget loro assegnato e secondo i criteri di massima stabiliti dal Segretario Generale;
c) svolgono tutti gli altri compiti ad essi delegati dai dirigenti degli uffici dirigenziali generali;
d) dirigono, coordinano e controllano le attività dell'ufficio che da essi dipende e dei responsabili dei procedimenti amministrativi, anche con poteri sostitutivi in caso di inerzia;
e) provvedono, in accordo con le linee guida e le politiche definite in materia dagli Organi, alla gestione del personale e delle risorse finanziarie e strumentali assegnate ai propri uffici;
f) concorrono all'individuazione delle risorse e dei profili professionali necessari allo svolgimento dei compiti dell'ufficio cui sono preposti, anche al fine dell'elaborazione del documento di programmazione triennale del fabbisogno del personale;
g) concorrono alla definizione di misure idonee a prevenire e contrastare i fenomeni di corruzione e a controllarne il rispetto da parte dei dipendenti dell'ufficio cui sono preposti;
h) effettuano la valutazione del personale assegnato ai propri uffici, nel rispetto del principio del merito, ai fini della progressione economica e tra le aree, nonché della corresponsione di indennità e premi incentivanti;
i) adottano gli atti relativi all'organizzazione dei propri uffici.

I dirigenti **preposti alle Aree Metropolitane e alle Direzioni Territoriali** dell'Ente, quali titolari dei centri di responsabilità, esercitano anche i seguenti compiti e poteri:

a) formulano ai dirigenti degli uffici dirigenziali generali competenti per funzione, proposte sui programmi di attività relativi al proprio ufficio, sull'organizzazione e sulla gestione delle risorse umane, finanziarie e strumentali;
b) definiscono i piani per realizzare i risultati di specifica responsabilità, e, a tal fine, gestiscono le risorse umane, finanziarie e strumentali assegnate attraverso il budget di competenza;
c) assicurano l'erogazione dei servizi e delle attività nel perseguimento degli obiettivi di massima efficienza, efficacia ed economicità dell'azione amministrativa e del pieno soddisfacimento delle esigenze dell'utenza (art. 18, comma 3).

L'art. 19, infine, contiene specifiche disposizioni per i **dirigenti preposti alla direzione degli Automobile Club**, i quali sono tenuti a garantire la corretta gestione tecnico-amministrativa degli stessi Automobile Club, in coerenza con le vigenti disposizioni normative e con l'Ordinamento dei Servizi dell'Ente, nonché con gli indirizzi ed i programmi definiti dagli Organi dell'ACI nella qualità di Federazione degli stessi Automobile Club.

Circa le competenze dei dirigenti, infine, si ricordi che spetta al Segretario generale e ai dirigenti, nell'ambito delle rispettive competenze, **rilasciare le autorizzazioni concernenti l'attività contrattuale** dell'ACI per l'acquisto di beni e la fornitura di servizi e prestazioni (art. 20).

6 Responsabilità dirigenziale e responsabilità disciplinare dei dirigenti

Il Titolo 6 del regolamento (artt. 23 ss.) si occupa della responsabilità dirigenziale e della responsabilità disciplinare dei dirigenti. Anche in questo settore sono evidenti gli echi del D.Lgs. 165/2001, cui il regolamento ACI si uniforma.

Il punto di partenza è, in ogni caso, capire la fondamentale distinzione tra le due fattispecie di responsabilità. Esse hanno entrambe come attori i dirigenti e da tutte e due discendono sanzioni, ma si differenziano quanto ai **presupposti per la relativa configurazione**:

— la **responsabilità dirigenziale** è, infatti, quella che discende dal **mancato raggiungimento degli obiettivi** assegnati ai dirigenti medesimi nonché dall'**inosservanza delle direttive** (nel pubblico impiego, la norma generale di riferimento è l'**art. 21 D.Lgs. 165/2001**);
— viceversa, la **responsabilità disciplinare** è quella che deriva dalla **violazione dei doveri d'ufficio** che il dirigente, al pari di tutti gli altri impiegati pubblici, è tenuto ad osservare e rispettare.

Pertanto, la responsabilità dirigenziale è tipicamente una responsabilità da "risultato", o meglio da *mancato raggiungimento di un risultato* (oltre che derivante dall'inosservanza di direttive che il dirigente era tenuto a rispettare) e quindi concerne questa specifica categoria di impiegato pubblico, mentre quella disciplinare, comune a tutte le categorie di pubblici dipendenti, attiene alla *violazione degli obblighi di comportamento* sanciti, di regola, dal codice di comportamento generale dei pubblici dipendenti e da quello di ogni singola pubblica amministrazione, dalla contrattazione collettiva nonchè dalla legge.

a) La responsabilità dirigenziale (art. 23)

Tenendo quindi presente la distinzione tra le due fattispecie, esaminiamo le ipotesi di responsabilità dirigenziale, legata, come detto, al configurarsi delle seguenti ipotesi:

— **mancato raggiungimento degli obiettivi** accertato secondo il sistema di misurazione valutazione della performance (che l'ACI, al pari della generalità delle P.A., è tenuto ad adottare);
— **inosservanza delle direttive imputabili al dirigente**.

L'accertamento della responsabilità dirigenziale — secondo le modalità e per gli effetti previsti dalla legge e dalla contrattazione collettiva — comporta **l'impossibilità di rinnovo dello stesso incarico** e, in relazione alla gravità dei casi, l'applicazione delle seguenti misure nei confronti del personale dirigenziale a tempo indeterminato:

a) affidamento di un incarico dirigenziale con valore di retribuzione di posizione inferiore;
b) revoca dell'incarico con sospensione da ogni incarico dirigenziale per un periodo massimo di due anni;
c) recesso dal rapporto di lavoro.

Qualora, invece, l'incarico dirigenziale sia stato conferito con **contratto a termine**, l'accertamento della «responsabilità dirigenziale» comporta l'applicazione delle seguenti misure nei confronti del dirigente interessato:

a) per i dipendenti dell'ACI o di altra amministrazione, la risoluzione del rapporto di lavoro dirigenziale con le conseguenze previste dalla contrattazione collettiva applicabile al personale dirigente;
b) per gli estranei alla pubblica amministrazione, la revoca dell'incarico e la risoluzione del rapporto di lavoro.

I provvedimenti conseguenti all'accertamento della responsabilità dirigenziale sono adottati sentito il **Comitato dei garanti**, nominato con delibera del Presidente dell'ACI e composto da un magistrato della Corte dei conti, che lo presiede, un dirigente della prima fascia del ruolo dei dirigenti ACI, eletto dai dirigenti del medesimo ruolo, ed un esperto scelto tra soggetti con specifica qualificazione ed esperienza in materia di organizzazione amministrativa e lavoro pubblico. Tale organo dura in carica tre anni e l'incarico non è rinnovabile.

b) La responsabilità disciplinare (artt. 24 e seguenti)

La responsabilità disciplinare dei dirigenti, come detto, attiene, al pari di tutti gli altri pubblici impiegati, alla violazione degli obblighi di comportamento, i cd. «**doveri d'ufficio**».

Quali sono, in particolare, gli obblighi del dirigente ACI?

L'art. 25 del regolamento, dopo aver esordito con il richiamo al rispetto dei principi generali della Costituzione, delle leggi in materia e del codice civile, sancisce che il comportamento dei dirigenti debba essere improntato al **perseguimento degli obiettivi di innovazione e di miglioramento** dell'organizzazione delle amministrazioni e di conseguimento di elevati standard di efficienza ed efficacia delle attività e dei servizi istituzionali, nella primaria considerazione delle esigenze dei cittadini utenti.

Ai dirigenti, in particolare, spetta **l'adozione degli atti e provvedimenti amministrativi**, compresi tutti gli atti che impegnano l'Ente verso l'esterno, nonché la **gestione finanziaria, tecnica e amministrativa** mediante autonomi poteri di spesa, di organizzazione delle risorse umane, strumentali e di controllo. Essi sono *responsabili in via esclusiva dell'attività amministrativa*, della gestione e dei relativi risultati, secondo quanto previsto dall'art. 4, comma 3, del D.Lgs. 165/2001.

In tale specifico contesto, tenuto conto dell'esigenza di garantire **la migliore qualità del servizio**, il dirigente deve in particolare:

a) assicurare il rispetto della legge, nonché l'osservanza delle direttive generali e di quelle impartite dall'Ente e perseguire direttamente l'interesse pubblico nell'espletamento dei propri compiti e nei comportamenti che sono posti in essere dando conto dei risultati conseguiti e degli obiettivi raggiunti;
b) non utilizzare a fini privati le informazioni di cui disponga per ragioni d'ufficio;
c) nello svolgimento della propria attività, stabilire un rapporto di fiducia e di collaborazione nei rapporti interpersonali con gli utenti, nonché all'interno dell'ente con gli altri dirigenti e con gli addetti alla struttura, mantenendo una condotta uniformata a principi di correttezza e astenendosi da comportamenti lesivi della dignità della persona o che, comunque, possono nuocere all'immagine dell'ACI;
d) nell'ambito della propria attività, mantenere un comportamento conforme al ruolo di dirigente pubblico, organizzando ed assicurando il tempo di lavoro e la presenza in servizio correlata alle esigenze della struttura ed all'espletamento dell'incarico affidato;
e) astenersi dal partecipare, nell'espletamento delle proprie funzioni, all'adozione di decisioni o ad attività che possano coinvolgere direttamente o indirettamente interessi finanziari o non finanziari propri, del coniuge, dei parenti e degli affini fino al quarto grado e dei conviventi;
f) sovrintendere, nell'esercizio del proprio potere direttivo, al corretto espletamento dell'attività del personale, anche di livello dirigenziale, assegnato alla struttura, nonché al rispetto delle norme del codice di comportamento e disciplinare, ivi compresa l'attivazione dell'azione disciplinare, secondo le disposizioni vigenti;
g) informare l'ACI di essere stato rinviato a giudizio o che nei suoi confronti è esercitata l'azione penale;
h) astenersi dal chiedere e dall'accettare omaggi o trattamenti di favore, se non nei limiti delle normali relazioni di cortesia e salvo quelli d'uso, purché di modico valore.

Il dirigente è tenuto comunque ad assicurare il rispetto delle norme vigenti in materia di segreto d'ufficio, riservatezza e protezione dei dati personali, trasparenza ed accesso all'attività amministrativa, informazione all'utenza, autocertificazione, nonché protezione dagli infortuni e sicurezza sul lavoro.

Se questi obblighi vengono violati, previo procedimento disciplinare, il dirigente è sottoposto alle seguenti sanzioni disciplinari, graduate in base alla gravità dell'infrazione stessa:

1. **sanzione pecuniaria da un minimo di € 200,00 ad un massimo di € 500,00;**
2. **sospensione dal servizio con privazione della retribuzione;**
3. **licenziamento con preavviso;**
4. **licenziamento senza preavviso**.

Ovviamente tali provvedimenti sanzionatori non sollevano il dirigente dalle eventuali responsabilità di altro genere nelle quali egli sia incorso, compresa la responsabilità dirigenziale, che verrà accertata nelle forme previste dal sistema di valutazione.

Facciamo qualche esempio di applicazione delle singole sanzioni, ricordando che esse sono collocate in ordine di gravità.

In primo luogo, la **sanzione disciplinare pecuniaria da un minimo di € 200,00 ad un massimo di € 500,00** si applica, tra l'altro, in caso di inosservanza delle direttive, dei provvedimenti e delle disposizioni di servizio; di condotta, negli ambienti di lavoro, non conforme ai principi di correttezza verso i componenti degli organi di vertice dell'Amministrazione, gli altri dirigenti, i dipendenti o nei confronti degli utenti o terzi; di alterchi negli ambienti di lavoro, anche con utenti o terzi; di violazione del segreto d'ufficio; di violazione delle norme in tema di sicurezza sul lavoro etc.

I dirigenti, in secondo luogo, potranno essere **sospesi dal servizio con privazione della retribuzione**. Questa privazione a sua volta si articola su diverse graduazioni:

— *privazione della retribuzione fino ad un massimo di quindici giorni* nel caso previsto dall'art. 55bis, comma 7, del D. Lgs. 165/2001 (ossia mancata collaborazione ad un procedimento disciplinare di un altro dipendente);
— *privazione della retribuzione fino ad un massimo di tre mesi*, nei casi previsti dall'art. 55sexies, comma 3 (mancato esercizio o decadenza dall'azione disciplinare), e dall'art. 55septies, comma 6, del D. Lgs.165/2001 (mancata osservanza delle norme sui controlli per malattia);
— *privazione della retribuzione da un minimo di tre giorni fino ad un massimo di tre mesi* nel caso previsto dall'art. 55sexies, comma 1, del D.Lgs. 165/2001 (articolo che prevede la violazione degli obblighi concernenti la prestazione lavorativa che abbia cagionato la condanna dell'amministrazione al risarcimento del danno);
— *privazione della retribuzione da un minimo di 3 giorni fino ad un massimo di sei mesi*, ad esempio, per minacce, ingiurie gravi, calunnie o diffamazioni verso il pubblico, altri dirigenti o dipendenti ovvero alterchi con vie di fatto negli ambienti di lavoro, anche con utenti; manifestazioni ingiuriose nei confronti dell'Ente; tolleranza di irregolarità in servizio, di atti di indisciplina, di contegno scorretto o di abusi di particolare gravità da parte del personale dipendente; assenza ingiustificata dal servizio o arbitrario abbandono dello stesso, violenza morale e psicologica nei confronti dei dipendenti o altri dirigenti etc.

Infine, vi è la sanzione del **licenziamento**, che si distingue se dotato o meno di preavviso:

— il licenziamento **con preavviso** viene applicato, ad es., nel caso di assenze ingiustificate, ingiustificato rifiuto del trasferimento disposto dall'amministrazione e in caso di recidiva plurima in altre mancanze già sanzionate;
— il licenziamento **senza preavviso**, invece, potrà essere applicato, tra l'altro, in ipotesi di commissione di gravi illeciti di rilevanza penale, gravi delitti commessi in servizio, molestie anche sessuali e recidiva plurima di sistematici e reiterati atti o comportamenti aggressivi, ostili e denigratori.

Quali sono i **soggetti competenti** (UPD) in materia di procedimenti disciplinari? Occorre distinguere tra personale dirigente e non dirigente:

— l'ufficio competente per i procedimenti disciplinari *nei confronti della dirigenza* è individuato dal Segretario Generale, nell'ambito delle Strutture centrali che ad esso riportano, nella Direzione centrale del Personale e del quale ufficio egli stesso fa parte (art. 34);
— l'ufficio competente per i procedimenti disciplinari *nei confronti del personale non dirigente*, ivi inclusi i "professionisti" dell'Ente, è individuato dal Direttore centrale delle Risorse Umane nell'ambito della relativa Direzione (art. 35).

La sospensione cautelare

La **sospensione cautelare** è una misura che permette al datore di lavoro di allontanare dal posto di lavoro il dipendente quando si debbano fare indagini e accertamenti in caso di commissione di un illecito disciplinare (mantenendogli comunque la retribuzione).

Per quanto concerne la disciplina dei dirigenti ACI, il regolamento (artt. 28 e 29) prevede che la sospensione cautelare del dirigente possa innanzitutto aversi in corso di procedimento disciplinare, qualora l'ACI ritenga opportuno porre in essere ulteriori accertamenti sui fatti contestati; in tal caso, la sospensione non può durare più di 30 giorni.

Invece, in caso di *procedimento penale*, l'ente è *obbligatoriamente tenuto* a sospendere il dirigente colpito da misura restrittiva della libertà personale, con sospensione dell'incarico e privazione della retribuzione per tutta la durata dello stato di restrizione della libertà. Il dirigente, invece, può essere sospeso dal servizio con privazione della retribuzione e con sospensione dell'incarico anche nel caso in cui sia sottoposto a procedimento penale, anche se non comporti la restrizione della libertà personale o questa sia comunque cessata, qualora l'Ente disponga, ai sensi dell'art. 55ter del D. Lgs. 165/2001, la sospensione del procedimento disciplinare fino a termine di quello penale.

Ma cosa accade se ci si rende conto che un dirigente è stato **illegittimamente licenziato**? Ai sensi dell'art. 31 del regolamento, l'ACI, a domanda, **è tenuto a reintegrare in servizio** il dirigente illegittimamente o ingiustificatamente licenziato dalla data della *sentenza che ne ha dichiarato l'illegittimità o la ingiustificatezza*, anche in soprannumero nella medesima sede o in altra su sua richiesta, con il conferimento allo stesso di un incarico di valore equivalente a quello posseduto all'atto del licenziamento. Al dirigente spetta, inoltre, il trattamento economico che sarebbe stato corrisposto nel periodo di licenziamento, anche con riferimento alla retribuzione di posizione in godimento all'atto del licenziamento.

In sostituzione della reintegrazione nel posto di lavoro, l'ente o il dirigente possono proporre all'altra parte il pagamento a favore del dirigente di un'indennità supplementare determinata, in relazione alla valutazione dei fatti e delle circostanze emerse, tra un minimo pari al corrispettivo del preavviso maturato, maggiorato dell'importo equivalente a due mensilità, ed un massimo pari al corrispettivo di ventiquattro mensilità.

Il dirigente che accetti l'indennità supplementare in luogo della reintegrazione non può successivamente adire l'autorità giudiziaria per ottenere la reintegrazione. In caso di pagamento dell'indennità supplementare, l'Ente non può assumere altro dirigente nel posto precedentemente coperto dal dirigente cessato, per un periodo corrispondente al numero delle mensilità riconosciute (art. 32).

L'autorità disciplinare competente ed il dirigente, in via conciliativa, infine, possono procedere alla **determinazione concordata della sanzione disciplinare** da applicare fuori dei casi per i quali la legge e il contratto collettivo prevedono la sanzione del licenziamento, con o senza preavviso.

La sanzione concordemente determinata in esito alla procedura conciliativa, come è la regola nel pubblico impiego, non può essere di specie diversa da quella prevista dalla legge o dal contratto collettivo per l'infrazione per la quale si procede e non è soggetta ad impugnazione (art. 33).

VII Questionari

Sommario Parte VII

1
Diritto amministrativo

1 **Il nostro ordinamento accoglie un sistema multilivello di fonti del diritto, dovuto alla pluralità delle stesse. Quali identificano le cd. fonti specifiche del diritto amministrativo?**

A) Le fonti primarie.
B) Le fonti secondarie.
C) La Costituzione e i principi costituzionali relativamente alle disposizioni dedicate alla Pubblica amministrazione.

2 **La funzione amministrativa consiste nella realizzazione dei fini pubblici individuati dal potere politico e affidati alla P.A. dal legislatore. Essa si esplica attraverso gli atti amministrativi, che si differenziano dagli atti politici perché:**

A) A differenza degli atti politici, gli atti amministrativi sono liberi nel fine da realizzare.
B) A differenza degli atti politici, gli atti amministrativi sono sindacabili in sede giurisdizionale.
C) A differenza degli atti politici, gli atti amministrativi non possono pregiudicare posizioni di terzi.

3 **Le norme interne della P.A. sono fonti del diritto?**

A) No, in quanto si tratta di disposizioni finalizzate a regolamentare il funzionamento degli uffici o le modalità di svolgimento dell'attività amministrativa.
B) Sì, in ogni caso stante la loro funzione di dettare regole.
C) Sì, perché, pur dettando regole per il funzionamento degli uffici e sulle modalità di svolgimento della attività amministrativa, costituiscono la regola che quegli uffici applicano nei rapporti con i terzi.

4 **Nel diritto amministrativo per «ordinanze» si intendono tutti quegli atti che creano obblighi o divieti imponendo «ordini». Quali fra i seguenti NON è un carattere proprio delle c.d. ordinanze di necessità ed urgenza o libere?**

A) Non necessitano di motivazione specifica, rinvenendo la stessa nella legge attributiva del potere.
B) Sono atipiche.
C) Devono essere pubblicizzate con mezzi idonei.

5 **Quale dei seguenti organi esercita, in ambito regionale, la potestà legislativa?**

A) Il Consiglio regionale.
B) La Giunta regionale.
C) Il Prefetto.

6 **Che cosa è la prassi amministrativa?**

A) Il comportamento costantemente tenuto da una pubblica amministrazione, con la convinzione della sua obbligatorietà.
B) L'insieme delle regole deontologiche che disciplinano l'attività amministrativa.
C) Il comportamento costantemente tenuto da una pubblica amministrazione, ma in difetto della convinzione della sua obbligatorietà.

7 Cos'è la discrezionalità della pubblica amministrazione?

A) La facoltà di scelta in base ai criteri di scienza e tecnica.
B) La facoltà di scelta in base alle regole di opportunità e convenienza amministrativa.
C) La facoltà di scelta tra più comportamenti leciti per il soddisfacimento dell'interesse pubblico.

8 L'interesse legittimo è correlato:

A) Ad una lesione della sfera giuridica di un soggetto da parte di una disposizione legislativa.
B) All'esercizio del potere amministrativo.
C) Ad una lesione della sfera giuridica di un soggetto da parte di un provvedimento giurisdizionale di rigetto.

9 Le Autorità amministrative indipendenti hanno:

A) Funzione di coordinamento tra i vari livelli di amministrazione.
B) Funzione tutoria di interessi costituzionali.
C) Funzione legislativa in determinate materie tassativamente previste dalla legge.

10 L'organo dell'ente pubblico è:

A) Un apparato organizzatorio di uomini e mezzi, aventi compiti strumentali e meramente interni dell'ente.
B) Un'entità distinta, avente funzioni di ausilio dell'ente.
C) La persona o il complesso di persone preposte ad un determinato centro di imputazione di competenza amministrativa.

11 Gli enti pubblici che agiscono in regime di diritto amministrativo e che sono qualificabili come «pubblica amministrazione» godono di un particolare regime giuridico. Quali sono le caratteristiche principali che contraddistinguono la loro azione?

A) Autarchia e autotutela.
B) Autotutela, autonomia e autogoverno.
C) Autarchia, autotutela, autonomia e autogoverno.

12 Cosa si intende per interessi collettivi?

A) Interessi pertinenti ad un ente esponenziale di un gruppo non occasionale.
B) Interessi comuni a tutti gli individui appartenenti ad una formazione sociale non organizzata.
C) Interessi diffusi nell'attuale società di cui si fa portatore un gruppo occasionalmente costituito.

13 I regolamenti sono autonomamente impugnabili da un privato?

A) No, in quanto le fonti del diritto non sono impugnabili.
B) No, perché, di norma, contengono proposizioni normative generali ed astratte, che non ledono direttamente la sfera soggettiva del privato.
C) Sì, sono impugnabili in ogni caso.

14 Nella struttura dell'ente pubblico, l'ufficio è:

A) Una parte costitutiva dell'ente, cui vengono attribuite alcune competenze esterne dello stesso.
B) Un'entità distinta rispetto all'ente, avente funzioni di ausilio nello svolgimento delle sue funzioni.
C) Un apparato organizzato di uomini e mezzi, aventi compiti strumentali e meramente interni all'ente.

15 **Quali fra i seguenti enti pubblici operano in regime di diritto privato?**

A) Enti pubblici istituzionali.
B) Enti pubblici economici.
C) Aziende autonome.

16 **Le conferenze di servizi sono dirette a:**

A) Snellire il procedimento amministrativo.
B) Consentire la partecipazione dei cittadini interessati al procedimento amministrativo.
C) Consentire l'accesso ai documenti dell'istruttoria procedimentale.

17 **Il rapporto di gerarchia intercorre solo tra:**

A) Organi individuali.
B) Organi collegiali.
C) Organi di diverse amministrazioni.

18 **L'acompetenza si realizza quando l'atto amministrativo è adottato:**

A) Da una P.A. in una materia riservata ad un altro potere dello Stato.
B) Da una P.A. in una materia di competenza di un altro organo della stessa amministrazione.
C) Da un soggetto che non riveste affatto la qualifica di organo di un ente pubblico.

19 **Che cosa si intende per rapporto di servizio?**

A) La relazione interna (organizzatoria) tra un organo o un ufficio e il soggetto preposto ad esso.
B) Il rapporto che sorge con l'atto amministrativo di assegnazione (o incardinazione) di un soggetto all'ufficio o all'organo.
C) La relazione esterna tra la persona fisica e l'ente che sorge a seguito dell'atto amministrativo di assunzione del soggetto.

20 **Il soggetto preposto ad un ufficio amministrativo o ad un organo può delegare ad altri le proprie attribuzioni?**

A) No, in nessun caso.
B) No, salvo che nei casi previsti specificamente dalla legge.
C) Sì, sempre.

21 **Un provvedimento amministrativo può essere redatto in forma semplificata?**

A) No, per espresso divieto del legislatore.
B) Sì, ma solo in presenza di una manifesta irrevocabilità, inammissibilità, improcedibilità o infondatezza della domanda.
C) Sì, ma solo con riferimento ad atti vincolati ovvero quando in relazione alla domanda non sono necessari adempimenti istruttori della P.A.

22 **Esiste un obbligo generale di motivazione per gli atti amministrativi?**

A) Sì, ma solo per i provvedimenti a carattere negativo.
B) No, in quanto la P.A. non è tenuta a motivare i suoi atti.
C) Sì, tale obbligo esiste per tutti gli atti amministrativi, con esclusione di quelli normativi e a contenuto generale.

23 **La P.A. può avere iniziativa procedimentale?**

A) Sì, ma solo per determinate tipologie di procedimenti individuati dal legislatore.
B) No, l'iniziativa spetta solo alla parte privata interessata.
C) Sì, spetta sia alla P.A. procedente che ad altra pubblica amministrazione.

24 **È ammessa un'azione collettiva nei confronti della P.A.?**

A) No, in quanto tale tipologia di azione è consentita solo nei confronti di soggetti di natura privatistica.
B) Sì, ma solo per fini risarcitori.
C) Sì, ma solo al fine di ripristinare il corretto svolgimento della funzione o la corretta erogazione di un servizio.

25 **Quale rilevanza ha il silenzio significativo della P.A. in diritto amministrativo?**

A) È manifestazione indiretta di volontà implicita in un comportamento materiale.
B) È un comportamento inerte della P.A. cui la legge attribuisce valore legale tipico di atto amministrativo.
C) Non ha nessuna rilevanza, in quanto non è previsto dalla legge.

26 **Il preavviso di rigetto è l'atto con il quale la P.A.:**

A) Comunica tempestivamente agli interessati i motivi ostativi all'accoglimento della domanda prima dell'adozione formale del provvedimento.
B) Comunica al privato i motivi del rigetto della istanza dopo l'adozione formale del provvedimento.
C) Motiva il rigetto della domanda alla chiusura del procedimento.

27 **Sono propri della fase istruttoria del procedimento amministrativo:**

A) Le attività di acquisizione dei fatti ovvero, le condizioni di ammissibilità, i requisiti di legittimazione, le circostanze di fatto etc.
B) Gli accordi sostitutivi.
C) Il visto.

28 **Il provvedimento adottato in violazione di norme sul procedimento amministrativo:**

A) È nullo, se si tratta di una violazione grave.
B) È inesistente, salvo il caso in cui l'amministrazione sani la violazione.
C) Non è annullabile qualora sia palese che il suo contenuto non avrebbe potuto essere diverso da quello adottato.

29 **A chi spetta, ai sensi della L. 241/1990, l'adozione del provvedimento finale del procedimento amministrativo?**

A) Al responsabile del procedimento che ne abbia la competenza ovvero all'organo competente per l'adozione.
B) Al responsabile del procedimento o ad un suo delegato.
C) Personalmente al responsabile del procedimento, trattandosi di attività non delegabile.

30 **Quali sono gli elementi accidentali dell'atto amministrativo?**

A) Intestazione e preambolo.
B) Luogo, data e sottoscrizione.
C) Termine, condizione, onere e riserva.

31 **Secondo la Costituzione, il Consiglio di Stato è un organo che svolge funzioni:**

A) Di consulenza giuridico-amministrativa e di tutela della giustizia nell'amministrazione.
B) Di controllo preventivo di legittimità sugli atti amministrativi.
C) Di controllo sulla gestione finanziaria delle amministrazioni dello Stato.

32 **Quale dei seguenti non rientra fra i vizi di legittimità dell'atto amministrativo?**

A) L'incompetenza.
B) L'eccesso di potere.
C) L'inopportunità.

33 **L'efficacia di un provvedimento amministrativo può essere sospesa?**

A) No, assolutamente.
B) Sì, ma solo per gravi ragioni e per il tempo strettamente necessario.
C) Sì, ma solo nei casi tassativamente indicati dalla legge.

34 **In quali ipotesi un atto amministrativo è nullo, ai sensi dell'art. 21septies, L. 241/1990?**

A) Quando manca degli elementi essenziali, quando è viziato da difetto assoluto di attribuzione oppure quando è stato adottato in violazione o elusione del giudicato.
B) Quando manca degli elementi essenziali, quando è viziato da difetto assoluto di attribuzione oppure quando è adottato in violazione di legge.
C) Quando manca degli elementi essenziali, quando è adottato in violazione di legge oppure da organo incompetente dell'amministrazione.

35 **Nel sistema dei Piani anticorruzione, quale piano è adottato dall'A.N.AC., ai sensi della L. 190/2012?**

A) Il Piano triennale di prevenzione della corruzione.
B) Il Programma per la trasparenza e l'integrità della Pubblica Amministrazione.
C) Il Piano nazionale anticorruzione.

36 **All'interno della pubblica amministrazione, da chi è adottato il Piano triennale per la prevenzione della corruzione?**

A) Dal Responsabile della prevenzione della corruzione e della trasparenza, che poi lo trasmette all'A.N.AC.
B) Dall'organo di indirizzo, su proposta del Responsabile della prevenzione della corruzione e della trasparenza, che ne cura la trasmissione all'A.N.AC.
C) Dall'organo di indirizzo, su proposta dell'A.N.AC.

37 **Secondo l'art. 17bis L. 241/1990, il silenzio serbato dall'amministrazione a fronte della richiesta di assensi, concerti o nulla-osta di altre pubbliche amministrazioni nel termine di 30 giorni dall'istanza comporta:**

A) La formazione del silenzio-assenso sulla richiesta.
B) Il rigetto dell'istanza.
C) La possibilità per l'amministrazione richiedente di riproporre l'istanza decorsi 15 giorni dalla scadenza del termine previsto per la risposta alla richiesta avanzata.

38 **In che modo opera la revoca, quale espressione della funzione di riesame della P.A.?**

A) Sospende temporaneamente l'efficacia dell'atto amministrativo di riesame.
B) Rimuove con efficacia *ex nunc* l'atto affetto da vizi di legittimità.
C) Rimuove con efficacia *ex nunc* l'atto affetto da vizi di merito.

39 L'atto col quale la P.A. conferisce ad un soggetto nuovi diritti si definisce:

A) Concessione.
B) Autorizzazione.
C) Ammissione.

40 L'autorizzazione è un provvedimento amministrativo con il quale:

A) Si attribuisce un diritto *ex novo.*
B) Si riconcede un diritto soppresso.
C) Si rimuove un limite legale all'esercizio di un diritto preesistente.

41 In caso di accesso civico, la relativa richiesta del privato necessita di specifica motivazione?

A) Sì, al pari di una qualunque richiesta di accesso ai documenti amministrativi, *ex* art. 25, L. 241/1990.
B) Sì, ma è sufficiente una motivazione semplificata con indicazione degli atti da visionare.
C) No, per espressa previsione legislativa.

42 In quali casi l'atto amministrativo è annullabile?

A) Quando presenta vizi di legittimità che incidono sugli elementi essenziali.
B) Quando è illecito.
C) Quando è ineseguibile.

43 Quali sono i soggetti che possono esercitare il diritto di accesso agli atti e ai documenti della pubblica amministrazione, ai sensi degli artt. 22 e seguenti L. 241/1990?

A) Tutti i soggetti privati, compresi i portatori di interessi pubblici e diffusi, che abbiano un interesse diretto, concreto ed attuale.
B) Tutti i soggetti pubblici che abbiano un interesse diretto, concreto ed attuale.
C) Tutti i soggetti, pubblici e privati, indipendentemente dall'esistenza di un interesse diretto, concreto ed attuale.

44 Il diritto di accesso ai documenti amministrativi configurato dalla legge sul procedimento amministrativo soddisfa i criteri di:

A) Celerità e lealtà.
B) Diligenza ed equità.
C) Imparzialità e trasparenza.

45 La Commissione per l'accesso ai documenti amministrativi attende, tra l'altro:

A) Alla emanazione di nuove norme in materia di accesso.
B) Alla decisione dei ricorsi gerarchici in tema di accesso.
C) Alla vigilanza sul rispetto del principio di piena conoscibilità dell'attività della P.A.

46 Le Regioni sono enti:

A) Territoriali, autarchici e ad appartenenza necessaria.
B) Autonomi, autarchici e ad appartenenza non necessaria.
C) Locali, autarchici e ad appartenenza necessaria.

47 Quali sono gli organi delle Regioni previsti dall'art. 121 della Costituzione?

A) Consiglio regionale, Presidente della Regione e corpo elettorale.
B) Consiglio regionale, Giunta regionale e suo Presidente.
C) Presidente della Regione, Giunta regionale e corpo elettorale.

48 Da chi viene eletto il Presidente del Consiglio regionale?

A) Dal Consiglio stesso, fra una rosa di candidati esterni.
B) Dal Consiglio stesso, fra i suoi componenti.
C) Dalla Giunta regionale fra i suoi componenti.

49 Lo scioglimento del Consiglio regionale può essere disposto:

A) Con decreto motivato del Presidente della Repubblica.
B) Con decreto motivato del Presidente della Giunta regionale.
C) Con decreto motivato del Presidente del Consiglio regionale.

50 L'omessa comunicazione dell'avvio del procedimento costituisce vizio di:

A) Violazione di legge.
B) Merito.
C) Eccesso di potere.

51 Secondo il Codice dell'amministrazione digitale, D.Lgs. 82/2005 e s.m.i., il «documento informatico» è:

A) Qualsiasi servizio di una amministrazione pubblica fruibile a distanza per via elettronica.
B) Un formato di dati reso pubblico, documentato esaustivamente e neutro rispetto agli strumenti tecnologici necessari per la fruizione dei dati stessi.
C) Il documento elettronico che contiene la rappresentazione informatica di atti, fatti o dati giuridicamente rilevanti.

52 Secondo la definizione del Codice dell'amministrazione digitale, D.Lgs. 82/2005 e s.m.i., il «documento analogico» è:

A) Il documento informatico avente contenuto identico a quello del documento analogico da cui è tratto.
B) Il documento informatico avente contenuto identico a quello del documento da cui è tratto su supporto informatico con diversa sequenza di valori binari.
C) La rappresentazione non informatica di atti, fatti o dati giuridicamente rilevanti.

53 Che cos'è «l'identità digitale» in base a quanto previsto dal Codice dell'amministrazione digitale?

A) La persona fisica cui è attribuita la firma elettronica e che ha accesso ai dispositivi per la sua creazione nonché alle applicazioni per la sua apposizione della firma elettronica.
B) La persona giuridica cui è attribuita la firma elettronica e che ha accesso ai dispositivi per la sua creazione nonché alle applicazioni per la sua apposizione della firma elettronica.
C) La rappresentazione informatica della corrispondenza tra un utente e i suoi attributi identificativi, verificata attraverso l'insieme dei dati raccolti e registrati in forma digitale.

54 Che cosa s'intende con il termine «bene pubblico»?

A) Un bene privato di cui tutti possono indistintamente godere.
B) Un bene di consumo appartenente allo Stato.
C) Un bene destinato a soddisfare un interesse pubblico e appartenente ad un ente pubblico.

55 I beni pubblici possono distinguersi in:

A) Beni dello Stato e beni appartenenti a privati.
B) Beni che soddisfano interessi pubblici e beni strumentali.
C) Beni demaniali e beni patrimoniali indisponibili.

56 **Qual è la caratteristica dei beni del demanio necessario?**

A) Non possono che appartenere allo Stato o, talvolta, alle Regioni.
B) Sono indispensabili per l'esistenza dello Stato.
C) Sono *res nullius*.

57 **La responsabilità della P.A. per fatto illecito del proprio dipendente a danno dei privati:**

A) È assolutamente inammissibile.
B) È ammessa solo nei casi in cui il fatto costituisce reato.
C) Sussiste ogni qualvolta si procuri a terzi un danno ingiusto, secondo i comuni principi di cui all'art. 2043 cod. civ.

58 **Che tipo di rapporto esiste tra la responsabilità civile diretta dell'agente e quella dell'amministrazione per fatto illecito nei confronti dei terzi?**

A) Nessun tipo di relazione.
B) Rapporto di solidarietà passiva con concorrenza alternativa.
C) Rapporto di sussidiarietà.

59 **Il Codice dell'amministrazione digitale, D.Lgs. 82/2005 e s.m.i., stabilisce che:**

A) Ogni atto pubblico redatto su documento informatico è sottoscritto dal pubblico ufficiale a pena di nullità con firma qualificata.
B) Ogni atto pubblico redatto su documento informatico è sottoscritto dal pubblico ufficiale a pena di nullità con firma qualificata o digitale.
C) Fatto salvo quanto previsto dal D.Lgs. 110/2010 ogni altro atto pubblico redatto su documento informatico è sottoscritto dal pubblico ufficiale a pena di nullità con firma qualificata o digitale.

60 **Quali indicazioni deve contenere il fascicolo informatico del procedimento amministrativo secondo quanto stabilito dal Codice dell'amministrazione digitale?**

A) a) amministrazione titolare del procedimento, che cura la costituzione e la gestione del fascicolo medesimo; b) responsabile del procedimento; c) oggetto del procedimento.
B) a) amministrazione titolare del procedimento, che cura la costituzione e la gestione del fascicolo medesimo; b) amministrazioni partecipanti; c) oggetto del procedimento; d) elenco dei documenti contenuti; e) identificativo del fascicolo medesimo.
C) a) amministrazione titolare del procedimento, che cura la costituzione e la gestione del fascicolo medesimo; b) amministrazioni partecipanti; c) responsabile del procedimento; d) oggetto del procedimento; e) elenco dei documenti contenuti; f) identificativo del fascicolo medesimo apposto con modalità idonee a consentirne l'indicizzazione e la ricerca attraverso il sistema pubblico di ricerca documentale nel rispetto delle linee guida.

61 **Nei rapporti tra privato e P.A., la dichiarazione sostitutiva dell'atto di notorietà, ai sensi del D.P.R. 445/2000, T.U. documentazione amministrativa:**

A) Sostituisce le certificazioni amministrative relative a fatti, stati e qualità risultanti da registri tenuti dalla P.A.
B) Comprova fatti, stati e qualità personali di cui l'interessato abbia diretta conoscenza.
C) Può essere utilizzata anche con riferimento a fatti, stati e qualità personali di cui l'interessato abbia avuto una conoscenza indiretta.

62 La mancata accettazione di una dichiarazione sostitutiva, redatta conformemente al D.P.R. 445/2000, da parte di un dipendente:

A) Costituisce violazione dei doveri d'ufficio.
B) Comporta il licenziamento immediato.
C) Può essere autorizzata solo da un superiore.

63 Ai sensi del D.P.R. 445/2000, l'apposizione o l'associazione all'originale del documento, in forma permanente non modificabile, delle informazioni riguardanti il documento stesso si definisce:

A) Numero di protocollo.
B) Firma digitale.
C) Segnatura di protocollo.

64 Ai sensi del D.P.R. 445/2000, la validità temporale delle dichiarazioni sostitutive è:

A) Sempre un anno.
B) Almeno sei mesi.
C) La stessa degli atti che sostituiscono.

65 Il Regolamento UE 2016/679 è un atto normativo:

A) Immediatamente applicabile negli ordinamenti nazionali.
B) Che lascia ampio margine di discrezionalità circa la sua applicazione.
C) Che non ha efficacia vincolante.

66 Quando un dato personale si può definire «trattato»?

A) Quando è sottoposto a qualsiasi operazione o insieme di operazioni, ma senza l'ausilio di processi automatizzati, applicate a dati personali o insiemi di dati personali.
B) Quando è sottoposto a qualsiasi operazione o insieme di operazioni, compiute esclusivamente con l'ausilio di processi automatizzati ed applicate a dati personali o insiemi di dati personali.
C) Quando è sottoposto a qualsiasi operazione o insieme di operazioni, compiute con o senza l'ausilio di processi automatizzati ed applicate a dati personali o insiemi di dati personali.

67 Il titolare del trattamento dei dati personali può essere una persona giuridica?

A) No, mai.
B) Sì, il titolare del trattamento può essere una persona fisica o una persona giuridica, un'autorità pubblica o un servizio.
C) Sì, ma solo nei casi previsti dalla legge.

68 Il titolare del trattamento:

A) Non può mai ricorrere ad un soggetto diverso che agisca per suo conto.
B) Non può ricorrere ad un soggetto diverso che agisca per suo conto, a meno che non si tratti di un'autorità pubblica.
C) Può ricorrere ad un soggetto diverso che agisca per suo conto.

69 Come viene definito nel GDPR il principio fondamentale di sicurezza del trattamento dei dati personali?

A) I dati devono essere trattati in maniera da garantire un'adeguata sicurezza dei dati personali, compresa la protezione, mediante misure tecniche e organizzative adeguate, da trattamenti non autorizzati o illeciti e dalla perdita, dalla distruzione o dal danno accidentali.

B) I dati devono essere trattati in maniera da garantire un'adeguata sicurezza dei dati personali, esclusa la protezione, mediante misure tecniche e organizzative adeguate, da trattamenti non autorizzati o illeciti e dalla perdita, dalla distruzione o dal danno accidentali.
C) I dati devono essere trattati in maniera da garantire un'adeguata sicurezza dei dati personali, compresa la protezione, indipendentemente da misure tecniche e organizzative adeguate, da trattamenti non autorizzati o illeciti e dalla perdita, dalla distruzione o dal danno accidentali.

70 **Il Regolamento 2016/679 ha introdotto la nuova figura del:**
A) Titolare del trattamento.
B) Responsabile del trattamento.
C) Responsabile della protezione dei dati (DPO).

71 **La designazione della figura del DPO è:**
A) Sempre obbligatoria.
B) Facoltativa.
C) Circoscritta a ipotesi determinate.

72 **Il responsabile della protezione dei dati (DPO) può essere:**
A) Solo un dipendente del titolare o del responsabile del trattamento.
B) Un dipendente del titolare, o del responsabile, o un consulente esterno che opera in base ad un contratto di servizi.
C) Sempre solo un consulente esterno.

73 **Il responsabile della protezione dei dati (DPO):**
A) Non deve ricevere dal titolare o dal responsabile del trattamento alcuna istruzione per l'esecuzione dei compiti affidatigli e non è soggetto a poteri sanzionatori o disciplinari.
B) Riceve istruzioni scritte per l'esecuzione dei suoi compiti.
C) Riceve istruzioni solo verbali dal titolare del trattamento.

74 **La valutazione di impatto del trattamento (D.P.I.A.) è un onere a carico:**
A) Del DPO.
B) Del titolare del trattamento.
C) Del responsabile del trattamento.

75 **L'art. 13 del Regolamento europeo in materia di protezione dei dati personali prevede che il titolare del trattamento fornisca all'interessato, nel momento in cui i dati sono ottenuti, una serie di informazioni. Quale, tra le seguenti è un'informazione non conforme alla previsione normativa?**
A) L'impossibilità di proporre reclamo all'autorità di controllo.
B) L'identità e i dati di contatto del titolare del trattamento.
C) I dati di contatto del DPO, ove applicabile.

76 **Per «consenso» al trattamento dei dati personali si intende:**
A) Qualsiasi manifestazione di volontà libera e specifica con la quale l'interessato manifesta il proprio assenso.
B) Qualsiasi manifestazione di volontà libera e inequivocabile, con la quale l'interessato manifesta il proprio assenso.
C) Qualsiasi manifestazione di volontà libera, specifica, informata e inequivocabile, con la quale l'interessato manifesta il proprio assenso.

77 Il diritto di revocare il consenso prestato:

A) Non può essere esercitato.
B) Può essere esercitato in qualsiasi momento e la revoca pregiudica la liceità del trattamento basata sul precedente consenso.
C) Può essere esercitato in qualsiasi momento, ma la revoca non pregiudica la liceità del trattamento basata sul precedente consenso.

78 In quali modalità va resa l'informativa?

A) Solo per iscritto.
B) Per iscritto o con altri mezzi, anche elettronici, oppure oralmente, se richiesto dall'interessato.
C) Solo oralmente.

79 In caso di opposizione al trattamento dei dati da parte dell'interessato, il titolare del trattamento:

A) Può continuare a trattare i dati personali.
B) Si astiene dal trattare ulteriormente i dati personali senza eccezioni.
C) Si astiene dal trattare ulteriormente i dati personali, salvo che egli dimostri l'esistenza di motivi legittimi cogenti per procedere che prevalgono sugli interessi, sui diritti e sulle libertà dell'interessato.

80 Il diritto alla portabilità dei dati si può esercitare:

A) In presenza di due precise condizioni: che il trattamento si basi sul consenso o su un contratto e sia effettuato con mezzi automatizzati.
B) Sempre, in ogni caso.
C) All'unica condizione che il trattamento venga effettuato con mezzi automatizzati.

81 Entro quale termine il destinatario di un provvedimento amministrativo deve proporre azione di annullamento innanzi al G.A.?

A) Entro 120 giorni dalla notificazione, comunicazione ovvero piena conoscenza dell'atto lesivo.
B) Entro 90 giorni dalla notificazione, comunicazione ovvero piena conoscenza dell'atto lesivo.
C) Entro 60 giorni dalla notificazione, comunicazione ovvero piena conoscenza dell'atto lesivo.

82 Nei giudizi di impugnazione come può essere rilevato il difetto di giurisdizione?

A) Dalla parte con un generico atto di appello avverso la pronuncia che, in modo implicito o esplicito, ha statuito sulla giurisdizione.
B) D'ufficio, da parte del giudice.
C) Dalla parte deducendolo con uno specifico motivo avverso il capo della pronuncia che, in modo implicito o esplicito ha statuito sulla giurisdizione.

83 Nella procedura per la decisione del ricorso straordinario al Presidente della Repubblica, il parere reso dal Consiglio di Stato ai fini della decisione è:

A) Facoltativo ma vincolante.
B) Obbligatorio e vincolante.
C) Obbligatorio ma non vincolante.

84 **Se la P.A. non decide il ricorso gerarchico nei 90 giorni stabiliti dal legislatore, si intende formato:**

A) Il silenzio assenso.
B) Il silenzio inadempimento.
C) Il silenzio rigetto.

85 **Il ricorrente può rinunciare al ricorso dopo l'instaurazione del giudizio?**

A) Sì, ma solo previa autorizzazione del giudice ed assenso della controparte.
B) No, perché instaurato il giudizio la causa procede automaticamente fino alla decisione.
C) Sì, è sempre possibile.

86 **A quale autorità è rivolto il ricorso in opposizione?**

A) All'amministrazione di vertice di altro ramo.
B) All'autorità gerarchicamente superiore.
C) Alla stessa autorità che ha emanato l'atto.

87 **In presenza di un atto amministrativo illegittimo, il giudice ordinario:**

A) Lo disapplica nella controversia sottoposta al suo esame.
B) Dichiara l'illegittimità e dispone l'annullamento.
C) Sospende il giudizio e rimette gli atti al giudice amministrativo competente per l'annullamento.

88 **È possibile esperire innanzi al G.A. azione di esatto adempimento?**

A) No, in quanto il giudice non può condannare la P.A. ad un *facere* specifico.
B) No, per espresso divieto legislativo.
C) Sì, ma non in via autonoma ed entro i limiti di cui all'art. 31 c.p.a.

89 **Gli atti o i provvedimenti emanati dal Governo nell'esercizio del potere politico sono impugnabili innanzi al giudice amministrativo?**

A) Sempre.
B) Non sono impugnabili.
C) Sono impugnabili innanzi al G.A. solo se lesivi di un diritto del privato.

90 **Al di fuori delle ipotesi di giurisdizione esclusiva, vi sono dei casi in cui il G.A. può conoscere di diritti soggettivi?**

A) No, perché conosce solo di interessi legittimi.
B) Sì, ma solo nei casi di questioni concernenti lo stato e la capacità delle persone fisiche e di questioni relative alla falsità di atti e documenti.
C) Sì, quando si tratta di questioni pregiudiziali o incidentali necessarie per la decisione della questione principale.

91 **Le misure cautelari *ante causam* possono essere concesse con decreto presidenziale quando:**

A) Vi sia un pregiudizio grave e irreparabile.
B) Sussistano ragioni di eccezionale gravità e urgenza.
C) Vi sia un pregiudizio grave.

92 **In ipotesi di giurisdizione di merito, quale peculiare potere spetta al G.A.?**

A) Di annullare il provvedimento impugnato.
B) Di sospendere l'efficacia del provvedimento impugnato.
C) Di sostituirsi all'amministrazione.

93 **Avverso le ordinanze cautelari è ammesso appello al Consiglio di Stato, da proporre nel termine di:**

A) 30 giorni dalla notificazione dell'ordinanza e 60 dalla sua pubblicazione.
B) 60 giorni dalla notificazione dell'ordinanza e 120 dalla sua pubblicazione.
C) 30 giorni della notificazione dell'ordinanza e 120 dalla sua pubblicazione.

94 **Nell'ambito del processo amministrativo, i motivi aggiunti:**

A) Sono vietati dal Codice del processo amministrativo.
B) Consentono al ricorrente di introdurre nel giudizio nuove domande purché connesse a quelle già proposte.
C) Consentono al ricorrente di aggiungere nuove ragioni a quelle già proposte ma non di presentare nuove domande.

95 **Il ricorso straordinario al Presidente della Repubblica:**

A) È ammesso anche per vizi di merito.
B) È ammesso unicamente per le controversie devolute alla giurisdizione amministrativa.
C) È proponibile solo contro atti amministrativi non definitivi.

96 **I Tribunali Amministrativi Regionali (T.A.R.) sono:**

A) Organi di giustizia amministrativa di primo grado.
B) Organi di controllo sugli atti delle Regioni.
C) Organi giurisdizionali di primo grado presenti solo nelle Regioni con più di 1 milione di abitanti.

97 **L'art. 73 del Codice del processo amministrativo ha previsto la facoltà per le parti di presentare repliche, nel giudizio di merito, fino a:**

A) 10 giorni liberi prima dell'udienza.
B) 30 giorni liberi prima dell'udienza.
C) 20 giorni liberi prima dell'udienza.

98 **Le regole tecnico-operative per l'attuazione del processo amministrativo telematico sono contenute nel:**

A) D.P.C.M. 40/2016.
B) D.Lgs. 104/2010.
C) D.Lgs. 82/2005.

99 **Quale elemento differenzia la giurisdizione del G.A. da quella del G.O., fondando il sistema della doppia giurisdizione?**

A) La situazione giuridica soggettiva che viene in rilievo.
B) La diversa tipologia di interessi legittimi fatta valere innanzi all'autorità giurisdizionale.
C) La diversa tipologia di diritti soggettivi fatta valere innanzi all'autorità giurisdizionale.

100 Cos'è il ricorso incidentale?

A) È un ricorso attraverso cui si chiede l'annullamento dell'atto ed è proponibile dal solo ricorrente.
B) È il ricorso che le parti resistenti o i controinteressati propongono avverso l'atto oggetto del ricorso principale per quella parte non impugnata dal ricorrente principale ed eventualmente anche per motivi diversi.
C) È uno strumento di impugnativa di un atto utilizzabile quando, per errore, è decorso il termine principale per impugnare lo stesso.

101 Qual è la differenza tra rapporto organico e rapporto di servizio?

A) Il rapporto organico non ha natura giuridica, il rapporto di servizio sì.
B) Il rapporto organico ha carattere coattivo, il rapporto di servizio ha carattere volontario.
C) Non esiste, in realtà, alcuna differenza.

102 Resta escluso dalla normativa di riforma del rapporto di pubblico impiego, tra gli altri, il:

A) Personale degli istituti e scuole di ogni ordine e grado.
B) Personale delle amministrazioni, aziende ed enti del Servizio sanitario nazionale.
C) Personale militare e delle Forze di Polizia.

103 Qual è il presupposto per attivare il procedimento di mobilità collettiva alla luce dell'art. 33 D.Lgs. 165/2001?

A) Un licenziamento collettivo per esigenze amministrative.
B) Una situazione di soprannumero o una eccedenza di personale.
C) Una decisione irrevocabile del Presidente del Consiglio.

104 La legge 20-5-1970, n. 300 (Statuto dei Lavoratori) si applica alle pubbliche amministrazioni?

A) Sì, ma solo ai dipendenti degli enti locali.
B) Sì, ma limitatamente alle amministrazioni con meno di 50 dipendenti.
C) Sì, e a prescindere dal numero dei dipendenti.

105 Nella disciplina del lavoro alle dipendenze delle pubbliche amministrazioni, a norma del decreto legislativo 30 marzo 2001, n. 165, per amministrazioni pubbliche si intendono, tra le altre:

A) Tutte le amministrazioni dello Stato, anche ad ordinamento autonomo, nonché le regioni, le province, i comuni e le comunità montane, i loro consorzi ed associazioni, con esclusione delle sole istituzioni universitarie.
B) Tutte le amministrazioni dello Stato, le aziende ed amministrazioni dello Stato ad ordinamento autonomo, le regioni, le province, i comuni, le comunità montane, e loro consorzi ed associazioni.
C) Tutte le amministrazioni dello Stato, le aziende ed amministrazioni dello Stato ad ordinamento autonomo, le regioni, le province, i comuni e le comunità montane, ma non i loro consorzi ed associazioni.

106 Quale, tra i seguenti, non è elemento costitutivo del rapporto di pubblico impiego?

A) La durata.
B) L'oggetto.
C) Il contenuto.

107 **Ai sensi del D.Lgs. 165/2001 si distingue, in genere, tra una funzione di gestione amministrativa riservata alla dirigenza e:**

A) Una funzione di gestione amministrativa riservata agli organi di governo.
B) Una funzione di indirizzo politico riservata agli organi di gestione.
C) Una funzione di indirizzo politico riservata agli organi di governo.

108 **Il rapporto di impiego alle dipendenze delle pubbliche amministrazioni si configura come rapporto:**

A) Volontario, personale, unilaterale e di subordinazione.
B) Autoritativo, personale, bilaterale e di subordinazione.
C) Volontario, personale, bilaterale e di subordinazione.

109 **L'istituto della vicedirigenza è stato:**

A) Abrogato dalla riforma Brunetta.
B) Abrogato dalla legge anticorruzione.
C) Abrogato dalla normativa di *spending review*.

110 **Ai sensi dell'art. 28 della Costituzione, i pubblici dipendenti:**

A) Sono tenuti a conformare la propria condotta ai principi di efficacia ed efficienza dell'azione amministrativa.
B) Sono direttamente responsabili degli atti compiuti in violazione dei diritti, secondo le leggi penali, civili e amministrative.
C) Sono perseguibili solo penalmente e disciplinarmente.

111 **Gli impiegati pubblici rispondono del proprio operato:**

A) Sul piano penale, civile, disciplinare e patrimoniale.
B) Sul piano civile e disciplinare, mai penale.
C) Solo nell'ipotesi di ritardo nella conclusione dei relativi procedimenti.

112 **In quali casi l'amministrazione non deve rinnovare un incarico dirigenziale?**

A) In nessun caso.
B) Appena si configuri una inosservanza di direttive impartite dall'organo competente.
C) Quando si verifichi una inosservanza di direttive o un mancato raggiungimento degli obiettivi, debitamente accertato.

113 **Al dirigente nei confronti del quale, ex art. 21 D.Lgs. 165/2001, sia stata accertata la colpevole violazione del dovere di vigilanza sul rispetto, da parte del personale assegnato ai propri uffici, degli standard quantitativi e qualitativi fissati dall'amministrazione, la retribuzione di risultato è decurtata, sentito il Comitato dei garanti:**

A) In maniera totale.
B) In relazione alla gravità della violazione di una quota fino all'80%.
C) Sempre fino all'80%.

114 **La responsabilità disciplinare del pubblico dipendente discende:**

A) Dalla violazione degli obblighi di condotta sanciti dalla legge, dalla contrattazione collettiva e dal codice di comportamento.
B) Dalla violazione dell'ordine giuridico generale.
C) Dalla inosservanza colposa degli obblighi di servizio, da cui è derivato un danno alla P.A.

115 **A quali sanzioni disciplinari può essere assoggettato il pubblico dipendente?**

A) Sia a sanzioni di tipo conservativo che espulsivo.
B) A nessuna sanzione.
C) Unicamente a sanzioni di tipo espulsivo.

116 **Si considera «giustificato motivo soggettivo di licenziamento», ai sensi dell'art. 3 della L. 604/1966:**

A) Un notevole inadempimento degli obblighi contrattuali del prestatore di lavoro.
B) Qualunque infrazione di tipo disciplinare commessa dal prestatore.
C) La «mancanza» del lavoratore, si sensi della contrattazione collettiva nazionale.

117 **Gli incarichi di funzione dirigenziale di livello generale sono conferiti, ai sensi del comma 4 dell'art. 19 D.Lgs. 165/2001:**

A) Con D.P.R.
B) Con legge ordinaria.
C) Con decreto del Presidente del Consiglio dei Ministri.

118 **Nel pubblico impiego, i rapporti individuali di lavoro sono regolati, ai sensi dell'art. 2 D.Lgs. 165/2001:**

A) Contrattualmente.
B) Consensualmente.
C) Unilateralmente.

119 **Ai sensi dell'art. 6 D.Lgs. 165/2001, come novellato dal D.Lgs. 75/2017, riforma Madia, allo scopo di ottimizzare l'impiego delle risorse pubbliche disponibili e perseguire obiettivi di performance organizzativa, efficienza, economicità e qualità dei servizi ai cittadini, le amministrazioni pubbliche devono adottare...:**

A) La pianta organica triennale dei fabbisogni di personale.
B) Il piano triennale dei fabbisogni di personale.
C) Il piano triennale della performance del personale.

120 **Gli Organismi indipendenti di valutazione, OIV:**

A) Sono stati introdotti dalla riforma Brunetta e poi ridisciplinati dalla riforma Madia 2017.
B) Sono stati introdotti dalla riforma Madia 2017.
C) Sono stati abrogati dalla riforma Madia 2017.

121 **L'assenza priva di valida giustificazione per un numero di giorni, anche non continuativi, superiore a tre nell'arco di un biennio, è punita:**

A) Con il licenziamento senza preavviso.
B) Con il rimprovero verbale.
C) Con il licenziamento con preavviso.

122 **Quando il licenziamento viene intimato per fatti inerenti all'attività produttiva, all'organizzazione del lavoro e al regolare funzionamento della stessa, si parla di:**

A) Licenziamento disciplinare.
B) Licenziamento per giusta causa.
C) Licenziamento per giustificato motivo oggettivo.

123 In base al Codice di comportamento dei pubblici dipendenti, se il dipendente viene a conoscenza di una situazione di illecito:

A) Deve segnalarla al proprio superiore gerarchico.
B) Deve segnalarla al proprio superiore gerarchico solo se è coinvolto direttamente nell'illecito.
C) Può segnalarla al proprio superiore gerarchico se la situazione riguarda terze persone.

124 Le norme del D.P.R. 62/2013, Codice di comportamento generale dei dipendenti pubblici, si applicano:

A) A tutti i dipendenti pubblici escluso i dirigenti.
B) Solo ai dirigenti.
C) A tutti i dipendenti pubblici nonché al personale delle categorie sottratte alla privatizzazione, in quanto compatibili con le disposizioni dei rispettivi ordinamenti.

125 Nel pubblico impiego cosa si intende per orario di servizio?

A) Il periodo di tempo giornaliero necessario per assicurare la funzionalità delle strutture degli uffici pubblici e l'erogazione dei servizi all'utenza.
B) Il periodo di tempo giornaliero durante il quale il dipendente assicura la propria prestazione lavorativa nell'ambito del rapporto di servizio.
C) La fascia oraria di accesso ai servizi da parte dell'utenza.

126 Nel Codice dei contratti pubblici, con quale atto l'organo competente della P.A. sceglie il contraente?

A) Proposta di aggiudicazione.
B) Aggiudicazione.
C) Avvalimento.

127 Ai sensi dell'art. 59 del Codice dei contratti pubblici, quali sono le procedure di scelta del contraente?

A) Licitazione privata, asta pubblica e trattativa privata.
B) Dialogo competitivo, accordo quadro e appalto concorso.
C) Procedure aperte, ristrette, competitive con negoziazione, negoziate senza bando, dialogo competitivo e partenariato per l'innovazione.

128 Nel sistema di formazione di un contratto pubblico, cosa è la delibera a contrarre (art. 32, comma 2, D.Lgs. 50/2016)?

A) È un atto da allegare al successivo contratto, in cui si descrivono analiticamente le prestazioni che il contraente deve eseguire.
B) È un negozio preliminare.
C) È l'atto con cui la P.A. manifesta la volontà di concludere un contratto.

129 Nel sistema dei contratti pubblici, il responsabile unico del procedimento (RUP) NON può (art. 31 D.Lgs. 50/2016):

A) Formulare proposte e fornire dati e informazioni al fine della predisposizione di ogni atto di programmazione di contratti pubblici di servizi e forniture.
B) Curare il corretto e razionale svolgimento delle procedure.
C) Esprimere pareri su questioni insorte nell'ambito di una procedura di gara.

130 **In base all'art. 32 del D.Lgs. 50/2016, nell'ambito di una procedura di affidamento di un contratto pubblico, ciascun concorrente:**

A) Può presentare anche più offerte.
B) Non può presentare più di un'offerta.
C) Può presentare solo due offerte.

131 **Ai sensi dell'art. 108, D.Lgs. 50/2016, le stazioni appaltanti possono risolvere un contratto pubblico durante il periodo di sua efficacia se una delle seguenti condizioni sono soddisfatte:**

A) Il contratto ha subito una modifica sostanziale che avrebbe richiesto una nuova procedura di appalto ai sensi dell'articolo 107.
B) Il contratto ha subito una modifica sostanziale che avrebbe richiesto una nuova procedura di appalto ai sensi dell'articolo 106.
C) Il contratto ha subito una modifica sostanziale che non avrebbe richiesto una nuova procedura di appalto ai sensi dell'articolo 106.

132 **Ai fini del Codice dei contratti pubblici s'intende per centrale di committenza (art. 3, D.Lgs. 50/2016):**

A) L'associazione tra due o più enti, finalizzata all'attuazione di un progetto o di una serie di progetti o di determinate intese di natura non commerciale o finanziaria.
B) L'attività di un singolo ente finalizzata all'attuazione di un progetto o di una serie di progetti o di determinate intese di natura commerciale o finanziaria.
C) Un'amministrazione aggiudicatrice o un ente aggiudicatore che forniscono attività di centralizzazione delle committenze e, se del caso, attività di committenza ausiliarie.

133 **Ai fini del Codice dei contratti pubblici si intende per procedure negoziate (art. 63):**

A) Le procedure di affidamento in cui le stazioni appaltanti senza consultare gli operatori economici negoziano con uno o più di essi le condizioni dell'appalto.
B) Le procedure di affidamento in cui le stazioni appaltanti consultano gli operatori economici da loro scelti e negoziano con uno o più di essi le condizioni dell'appalto.
C) Le procedure di affidamento in cui le stazioni appaltanti consultano tutti gli operatori economici del settore e negoziano con uno o più di essi le condizioni dell'appalto.

134 **In base all'art. 102 del D.Lgs. 50/2016 e successive modificazioni, per i lavori pubblici di importo pari o inferiore a 1 milione di euro:**

A) La stazione appaltante non può sostituire il certificato di collaudo con il certificato di regolare esecuzione.
B) La stazione appaltante ha sempre la facoltà di sostituire il certificato di collaudo con il certificato di regolare esecuzione rilasciato dal direttore dei lavori.
C) La stazione appaltante ha sempre la facoltà di sostituire il certificato di collaudo con il certificato di regolare esecuzione rilasciato dal responsabile unico del procedimento.

135 **Cessate le cause della sospensione (art. 107 del Codice dei contratti):**

A) Il direttore dei lavori dispone la ripresa dell'esecuzione e indica il nuovo termine contrattuale.
B) Il RUP dispone la ripresa dell'esecuzione e indica il nuovo termine contrattuale.
C) Il RUP dispone la ripresa dell'esecuzione e il direttore dei lavori indica un nuovo termine contrattuale.

136 Le soglie di rilevanza comunitaria (art. 35, D.Lgs. 50/2016):

A) Sono periodicamente rideterminate con provvedimento della Commissione europea, che non trova diretta applicazione alla data di entrata in vigore a seguito della pubblicazione nella Gazzetta ufficiale dell'Unione.
B) Sono periodicamente rideterminate con provvedimento della Commissione europea, che trova diretta applicazione alla data di entrata in vigore a seguito della pubblicazione nella Gazzetta ufficiale dell'Unione europea.
C) Sono annualmente rideterminate con provvedimento della Commissione europea, che trova diretta applicazione alla data di entrata in vigore a seguito della pubblicazione nella Gazzetta ufficiale dell'Unione.

137 Ai sensi dell'art. 23 del D.Lgs. 50/2016 e successive modifiche, per la progettazione di lavori di particolare rilevanza sotto il profilo architettonico, ambientale, paesaggistico, agronomico e forestale, storico-artistico, conservativo, nonché tecnologico, le stazioni:

A) Possono utilizzare la procedura del concorso di progettazione o del concorso di idee.
B) Possono ricorrere esclusivamente alle professionalità interne.
C) Possono utilizzare la procedura del concorso di idee solo nel caso in cui l'importo totale è inferiore a 200.000 euro.

138 Cosa comporta, ai sensi dell'art. 32, comma 9, del Codice dei contratti, la cd. clausola stand still?

A) L'impossibilità di approvare il contratto stipulato.
B) Il blocco temporaneo della stipulazione del contratto.
C) Il blocco definitivo della stipulazione del contratto.

139 Entro quanto tempo dalla conclusione della gara si deve, di norma, stipulare il contratto con la pubblica amministrazione (art. 32, comma 8, D.Lgs. 50/2016)?

A) Entro 60 giorni da quando è divenuta efficace l'aggiudicazione.
B) Entro 120 giorni da quando è divenuta efficace l'aggiudicazione.
C) La data precisa viene indicata nel bando in base alle disponibilità dell'ufficiale rogante.

140 Oltre alle norme del Codice dei contratti pubblici completano la disciplina in materia, in quanto applicabili (art. 30, comma 8, D.Lgs. 50/2016):

A) Le disposizioni della legge sul procedimento amministrativo.
B) Le disposizioni del codice di procedura civile.
C) Le disposizioni della legge sul procedimento amministrativo e quelle del codice civile.

141 Cosa si intende per Mercato Elettronico della Pubblica Amministrazione – M.E.P.A. (art. 3, comma 1, lett. *bbb)*, D.Lgs. 50/2016)?

A) È una procedura finalizzata alla fornitura di beni e servizi largamente utilizzati da tutte le amministrazioni per un tempo limitato.
B) È un mercato selettivo on line in cui l'incontro tra domanda ed offerta è mediato da una centrale di committenza.
C) È un mercato selettivo on line in cui i fornitori offrono direttamente in rete i propri beni e servizi e le amministrazioni emettono direttamente ordini di acquisto.

142 Una stazione appaltante che decida di utilizzare, quale criterio di aggiudicazione di una gara, il criterio del minor prezzo (art. 95, comma 5, D.Lgs. 50/2016):

A) Deve essere autorizzata dall'A.N.AC.
B) Deve dare adeguata motivazione e indicare nel bando il criterio applicato per selezionare la migliore offerta.
C) Deve indicare nel bando il criterio applicato per selezionare la migliore offerta ma non è tenuta a motivare.

143 Nell'ambito di una procedura di gara per l'aggiudicazione di un contratto, se nessuna offerta risulti conveniente in relazione all'oggetto del contratto, la stazione appaltante (art. 95, comma 12, D.Lgs. 50/2016):

A) Può decidere di non procedere all'aggiudicazione, ma solo se tale facoltà è stata indicata espressamente nel bando di gara o nella lettera di invito.
B) Può invitare gli operatori economici già partecipanti a presentare una nuova offerta.
C) Può sospendere la procedura di gara, riaprendo i termini per consentire la presentazione di offerte da parte di altri operatori economici.

144 Una stazione appaltante che non sia in possesso della necessaria qualificazione (art. 37, comma 3, D.Lgs. 50/2016):

A) Non può in alcun modo procedere all'acquisizione di forniture, servizi e lavori.
B) Può acquisire solo forniture, servizi e lavori che non incidono gravemente sul bilancio.
C) Procede all'acquisizione di forniture, servizi e lavori ricorrendo a una centrale di committenza ovvero mediante aggregazione con una o più stazioni appaltanti aventi la necessaria qualifica.

145 Ai sensi del Codice dei contratti, cosa si intende per contratti pubblici esclusi (art. 4, D.Lgs. 50/2016)?

A) Sono quei contratti pubblici che non hanno una disciplina normativa positiva, ma sono disciplinati da consuetudini internazionali.
B) Sono quei contratti stipulati tra due amministrazioni che, per la loro natura pubblica, ricevono solo una disciplina specifica e di dettaglio contenuta in leggi ordinarie ma sono ignorati dal Codice.
C) Sono quei contratti pubblici esclusi in tutto o in parte dall'applicazione del Codice dei contratti, che detta per essi principi generali.

146 Quali sono, ai sensi del Codice dei contratti pubblici, quegli istituti che possono incidere sulla normale produzione degli effetti del contratto stipulato (artt. 107-108, D.Lgs. 50/2016)?

A) Sospensione, rescissione e recesso.
B) Sospensione, risoluzione e recesso.
C) Rescissione, risoluzione e recesso.

147 Ai sensi dell'art. 106 del Codice dei contratti pubblici, la durata di un contratto di appalto in corso di esecuzione può essere prorogata rispetto alla sua naturale scadenza?

A) Mai.
B) Solo se la stazione appaltante ne ravvisi la necessità durante l'esecuzione.
C) Solo se è prevista un'opzione di proroga nel bando e nei documenti di gara.

148 Ai sensi dell'art. 32 del Codice dei contratti pubblici, le procedure di affidamento dei contratti devono aver luogo nel rispetto degli atti di programmazione delle stazioni appaltanti. Quali sono gli atti di programmazione cui si riferisce il legislatore?

A) Il programma biennale degli acquisti di beni e servizi e il programma triennale dei lavori pubblici.
B) Il programma triennale degli acquisti di beni e servizi e il programma biennale dei lavori pubblici.
C) Il programma annuale degli acquisti di beni e servizi e della realizzazione dei lavori pubblici.

149 Per l'affidamento di un appalto di lavori pubblici, secondo l'art. 59 del Codice, quale tipologia di progetto deve, di regola, essere posto a base di gara?

A) Quello che l'operatore economico ritiene più idoneo alla realizzazione dell'opera.
B) Il progetto definitivo.
C) Il progetto esecutivo.

150 Ai sensi dell'art. 80, comma 4, del Codice dei contratti, la violazione degli obblighi relativi al pagamento delle imposte e tasse o dei contributi previdenziali è causa di esclusione di un concorrente dalla gara?

A) Sì, solo se si tratta di violazioni gravi e definitivamente accertate.
B) No, in quanto sono violazioni irrilevanti per l'aggiudicazione di un contratto pubblico.
C) Sì, ma deve trattarsi di violazioni gravi anche se non definitivamente accertate.

151 Cosa si intende, ai sensi dell'art. 83, comma 8, del Codice dei contratti pubblici, per principio di tassatività delle cause di esclusione?

A) Che l'atto di indizione della gara non può contenere ulteriori prescrizioni a pena di esclusione rispetto a quelle previste dal codice penale.
B) Che l'atto di indizione della gara non può contenere ulteriori prescrizioni a pena di esclusione rispetto a quelle previste dalla Costituzione e dalle leggi speciali.
C) Che l'atto di indizione della gara non può contenere ulteriori prescrizioni a pena di esclusione rispetto a quelle previste dal Codice dei contratti e dalle altre disposizioni di legge vigenti.

152 A partire da quale importo i soggetti esecutori di lavori pubblici devono provare il possesso dei requisiti di qualificazione, di cui all'art. 83 del Codice, attraverso l'attestazioe SOA (art. 84, D.Lgs. 50/2016)

A) I soggetti esecutori a qualsiasi titolo di lavori pubblici di importo pari o superiore a 150.000 euro.
B) Qualsiasi operatore economico che partecipi ad una gara pubblica.
C) I soggetti esecutori a qualsiasi titolo di lavori pubblici di importo pari o superiore a 300.000 euro.

Risposte

1 **Risposta esatta:** B
2 **Risposta esatta:** B
3 **Risposta esatta:** A
4 **Risposta esatta:** A
5 **Risposta esatta:** A
6 **Risposta esatta:** C
7 **Risposta esatta:** C
8 **Risposta esatta:** B
9 **Risposta esatta:** B
10 **Risposta esatta:** C
11 **Risposta esatta:** C
12 **Risposta esatta:** A
13 **Risposta esatta:** B
14 **Risposta esatta:** C
15 **Risposta esatta:** B
16 **Risposta esatta:** A
17 **Risposta esatta:** A
18 **Risposta esatta:** C
19 **Risposta esatta:** C
20 **Risposta esatta:** B
21 **Risposta esatta:** B
22 **Risposta esatta:** C
23 **Risposta esatta:** C
24 **Risposta esatta:** C
25 **Risposta esatta:** B
26 **Risposta esatta:** A
27 **Risposta esatta:** A
28 **Risposta esatta:** C
29 **Risposta esatta:** A
30 **Risposta esatta:** C
31 **Risposta esatta:** A
32 **Risposta esatta:** C
33 **Risposta esatta:** B
34 **Risposta esatta:** A
35 **Risposta esatta:** C
36 **Risposta esatta:** B
37 **Risposta esatta:** A
38 **Risposta esatta:** C
39 **Risposta esatta:** A
40 **Risposta esatta:** C
41 **Risposta esatta:** C
42 **Risposta esatta:** A
43 **Risposta esatta:** A
44 **Risposta esatta:** C
45 **Risposta esatta:** C
46 **Risposta esatta:** A
47 **Risposta esatta:** B
48 **Risposta esatta:** B
49 **Risposta esatta:** A
50 **Risposta esatta:** A
51 **Risposta esatta:** C
52 **Risposta esatta:** C
53 **Risposta esatta:** C
54 **Risposta esatta:** C
55 **Risposta esatta:** C
56 **Risposta esatta:** A
57 **Risposta esatta:** C
58 **Risposta esatta:** B
59 **Risposta esatta:** C
60 **Risposta esatta:** C
61 **Risposta esatta:** B
62 **Risposta esatta:** A
63 **Risposta esatta:** C
64 **Risposta esatta:** C
65 **Risposta esatta:** A
66 **Risposta esatta:** C
67 **Risposta esatta:** B
68 **Risposta esatta:** C
69 **Risposta esatta:** A
70 **Risposta esatta:** C
71 **Risposta esatta:** C
72 **Risposta esatta:** B
73 **Risposta esatta:** A
74 **Risposta esatta:** B
75 **Risposta esatta:** A
76 **Risposta esatta:** C
77 **Risposta esatta:** C
78 **Risposta esatta:** B
79 **Risposta esatta:** C
80 **Risposta esatta:** A
81 **Risposta esatta:** C
82 **Risposta esatta:** C
83 **Risposta esatta:** B
84 **Risposta esatta:** C
85 **Risposta esatta:** C
86 **Risposta esatta:** C
87 **Risposta esatta:** A
88 **Risposta esatta:** C
89 **Risposta esatta:** B
90 **Risposta esatta:** C
91 **Risposta esatta:** B
92 **Risposta esatta:** C
93 **Risposta esatta:** A

94 **Risposta esatta:** B

95 **Risposta esatta:** B

96 **Risposta esatta:** A

97 **Risposta esatta:** C

98 **Risposta esatta:** A

99 **Risposta esatta:** A

100 **Risposta esatta:** B

101 **Risposta esatta:** A

102 **Risposta esatta:** C

103 **Risposta esatta:** B

104 **Risposta esatta:** C

105 **Risposta esatta:** B

106 **Risposta esatta:** A

107 **Risposta esatta:** C

108 **Risposta esatta:** C

109 **Risposta esatta:** C

110 **Risposta esatta:** B

111 **Risposta esatta:** A

112 **Risposta esatta:** C

113 **Risposta esatta:** B

114 **Risposta esatta:** A

115 **Risposta esatta:** A

116 **Risposta esatta:** A

117 **Risposta esatta:** C

118 **Risposta esatta:** A

119 **Risposta esatta:** B

120 **Risposta esatta:** A

121 **Risposta esatta:** C

122 **Risposta esatta:** C

123 **Risposta esatta:** A

124 **Risposta esatta:** C

125 **Risposta esatta:** A

126 **Risposta esatta:** B

127 **Risposta esatta:** C

128 **Risposta esatta:** C

129 **Risposta esatta:** C

130 **Risposta esatta:** B

131 **Risposta esatta:** B

132 **Risposta esatta:** C

133 **Risposta esatta:** B

134 **Risposta esatta:** B

135 **Risposta esatta:** B

136 **Risposta esatta:** B

137 **Risposta esatta:** A

138 **Risposta esatta:** B

139 **Risposta esatta:** A

140 **Risposta esatta:** C

141 **Risposta esatta:** C

142 **Risposta esatta:** B

143 **Risposta esatta:** A

144 **Risposta esatta:** C

145 **Risposta esatta:** C

146 **Risposta esatta:** B

147 **Risposta esatta:** C

148 **Risposta esatta:** A

149 **Risposta esatta:** C

150 **Risposta esatta:** A

151 **Risposta esatta:** C

152 **Risposta esatta:** A

2
Diritto civile

1 È consentito ai privati concludere negozi atipici?

A) Sì, se preventivamente autorizzati dal tribunale.
B) Sì, in ogni caso.
C) Sì, purché tali negozi siano finalizzati a realizzare uno scopo ritenuto meritevole dall'ordinamento.

2 Che cosa sono gli atti giuridici in senso stretto?

A) Gli atti compiuti per produrre effetti giuridici.
B) Gli atti leciti.
C) I comportamenti consapevoli e volontari i cui effetti sono predeterminati dalla legge.

3 Il «negozio giuridico» è:

A) Un atto giuridico per la cui validità è necessaria l'osservanza di una determinata forma.
B) Un atto giuridico posto in essere da due o più persone.
C) Un atto consapevole e volontario le cui conseguenze giuridiche sono volute e determinate dal soggetto agente.

4 È possibile stabilire in un negozio la prestazione di *cose future?*

A) Sì, salvo particolari divieti.
B) Sì, solo in alcuni casi stabiliti dalla legge.
C) No, mai.

5 Un negozio dissimulato produce effetti tra le parti?

A) No, può produrre effetti solo nei confronti dei creditori.
B) No, può produrre effetti solo nei confronti dei terzi.
C) Sì, se sussistono i requisiti di sostanza e di forma.

6 Per causa di un negozio si intende:

A) Il motivo per cui le parti hanno agito.
B) La norma giuridica che prevede la possibilità di concludere quel negozio.
C) La funzione economico-sociale che il negozio realizza.

7 Quando l'errore è causa di annullamento del negozio?

A) Quando è determinante.
B) Quando è essenziale e riconoscibile.
C) Quando non è scusabile.

8 Quale fra i seguenti non è un carattere tipico della nullità?

A) Rilevabilità d'ufficio.
B) Imprescrittibilità.
C) Efficacia irretroattiva della dichiarazione di nullità.

9 **È ammissibile la conversione di un negozio nullo per contrarietà ad una norma imperativa?**

A) No, la conversione è possibile solo per i negozi annullabili.
B) Sì, se avuto riguardo allo scopo perseguito dalle parti, può ritenersi che esse avrebbero voluto il negozio diverso se avessero conosciuto la nullità del negozio da esse posto in essere.
C) No, perché la nullità è inerente non già allo strumento negoziale utilizzato bensì all'intento pratico avuto di mira dalle parti.

10 **Quale di questi è un caso di conversione formale del negozio?**

A) Quando il negozio diretto a costituire un diritto di abitazione, produce invece gli effetti di una locazione.
B) Quando un atto pubblico vale come scrittura privata.
C) Quando il negozio diretto a costituire una servitù di passaggio crea un diritto personale di passaggio.

11 **La convalida è:**

A) Il negozio col quale il soggetto legittimato a proporre l'azione di annullamento dichiara di voler sanare il vizio del negozio stesso.
B) Il fenomeno per cui un negozio nullo può produrre gli effetti di un negozio diverso del quale contenga i requisiti di sostanza e di forma.
C) L'atto col quale l'interessato approva e fa proprio il negozio compiuto dal rappresentante senza potere.

12 **Quale elemento accidentale del negozio è contenuto nell'espressione «ti regalerò l'orologio quando ti sarai laureato»?**

A) Una condizione sospensiva.
B) Una condizione risolutiva.
C) Un termine.

13 **Nella rappresentanza diretta il rappresentante agisce:**

A) In nome proprio, ma nell'interesse del rappresentato.
B) In nome e nell'interesse del rappresentato.
C) In nome del rappresentato e nell'interesse proprio.

14 **In quale, fra questi negozi, è ammessa la rappresentanza:**

A) Nel testamento.
B) Nella donazione.
C) Nel contratto di vendita immobiliare.

15 **La rappresentanza volontaria è attribuita mediante:**

A) Mandato.
B) Procura.
C) Autorizzazione.

16 **Per l'attribuzione del potere di rappresentanza volontaria è necessaria la capacità di agire:**

A) Del solo rappresentante.
B) Del solo rappresentato.
C) Di nessuna delle parti.

17 **Il contratto concluso dal rappresentante abusando del proprio potere è:**

A) Nullo.
B) Annullabile.
C) Rescindibile.

18 **Il negozio concluso dal falso rappresentante può essere:**

A) Convalidato.
B) Ratificato.
C) Rettificato.

19 **Come si distingue l'obbligazione civile dall'obbligazione naturale?**

A) La fonte dell'obbligazione civile è un contratto.
B) Soltanto l'obbligazione civile è coercibile.
C) Soltanto l'obbligazione civile ha un contenuto patrimoniale.

20 **L'obbligazione alternativa è:**

A) L'obbligazione in cui è prevista una sola prestazione obbligatoria, ma il debitore può liberarsi effettuando una prestazione diversa.
B) L'obbligazione in cui sono previste due o più prestazioni, ma il debitore si libera eseguendone una sola.
C) L'obbligazione in cui il debitore può liberarsi effettuando la prestazione in tempi diversi.

21 **L'oggetto dell'obbligazione di mezzi è:**

A) Una prestazione di denaro.
B) Un comportamento diligente.
C) Una quantità di cose fungibili.

22 **Si ha obbligazione solidale:**

A) Quando l'obbligazione ha per contenuto un unico rapporto con due o più oggetti, ma il debitore si libera con la prestazione di uno solo.
B) Quando ci sono più creditori e ciascuno ha il diritto di pretendere la prestazione per l'intero; o quando ci sono più debitori e ciascuno ha l'obbligo di eseguire la prestazione per l'intero.
C) Quando ci sono più soggetti dell'obbligazione, ciascuno dei quali è portatore di un diritto o obbligo parziale, proporzionato alla sua partecipazione al vincolo obbligatorio.

23 **Quando l'impossibilità di adempiere l'obbligazione libera il debitore?**

A) Quando è soggettiva ed imprevedibile.
B) Quando è oggettiva ed imprevedibile.
C) Quando è oggettiva, sopravvenuta ed inevitabile.

24 **Tizio deve a Caio una somma di denaro da pagare entro la fine del mese al domicilio del creditore. Alla scadenza, Tizio è inadempiente. Quale atto deve compiere il creditore Caio per costituire Tizio in mora?**

A) Un'intimazione a pagare fatta per iscritto.
B) Un'intimazione a pagare fatta oralmente.
C) Nessuno, perché il debitore Caio è già in mora per il solo fatto del ritardo.

25 **Tizio deve a Caio 150 euro a *titolo di risarcimento del danno* e, poiché ha bisogno di danaro, conviene con il creditore che tratterrà tale somma, a *titolo di mutuo*, e la restituirà nel termine di un anno. Come si definisce l'accordo col quale i due soggetti stabiliscono il mutamento del titolo dell'obbligazione?**

A) Prestazione in luogo dell'adempimento.
B) Novazione.
C) Compensazione.

26 **Che cos'è la remissione del debito?**

A) La rinunzia del creditore al suo diritto.
B) L'esatto adempimento dell'obbligazione.
C) L'adempimento dell'obbligazione da parte di un terzo.

27 **Quando è efficace la cessione del credito nei riguardi del debitore ceduto?**

A) Quando il debitore l'ha accettata o gli è stata notificata.
B) Solo dopo che il cedente consegna al cessionario i documenti probatori del credito.
C) Solo quando il debitore ne è venuto a conoscenza.

28 **Parti del contratto di accollo sono:**

A) Il debitore e il terzo.
B) Il creditore e il terzo.
C) Il creditore, il debitore e il terzo.

29 **Caratteri dei diritti reali di garanzia sono:**

A) Immediatezza, assolutezza e diritto di sequela.
B) Relatività, assolutezza e diritto di sequela.
C) Immediatezza, relatività e diritto di sequela.

30 **Il pegno si costituisce con:**

A) Con un contratto o con la con la consegna al creditore della cosa.
B) Con l'offerta solenne al creditore della cosa.
C) Con un contratto e con la con la consegna al creditore della cosa.

31 **Il pegno irregolare è:**

A) Il pegno che ha ad oggetto una cosa infungibile.
B) Il pegno che ha ad oggetto una cosa fungibile.
C) Il pegno inefficace per mancanza dei requisiti di legge.

32 **I beni mobili registrati possono essere oggetto di pegno?**

A) No, solo di ipoteca.
B) No, di nessuna garanzia reale.
C) Sì, in quanto mobili.

33 **Il diritto di ipoteca si costituisce:**

A) con la consegna della cosa.
B) con l'iscrizione nell'apposito registro.
C) con la volontà delle parti, per legge o per sentenza.

34 L'ipoteca legale richiede il consenso del debitore?

A) Solo nei casi previsti dalla legge.
B) Sì, solo per gli immobili.
C) No.

35 Sono possibili ipoteche di uguale grado?

A) No, ogni ipoteca ha il suo grado.
B) Sì, in caso di iscrizione contemporanea.
C) Sì, con il consenso del creditore.

36 Il terzo datore di ipoteca:

A) È l'acquirente del bene ipotecato.
B) È l'acquirente del bene ipotecato, nei cui confronti è stata pattuita l'efficacia dell'ipoteca.
C) È colui che concede ipoteca sui propri beni.

37 La mancata iscrizione dei beni mobili registrati nei pubblici registri:

A) Ne impedisce il trasferimento.
B) Non ne impedisce il trasferimento secondo la disciplina dei beni mobili.
C) Non ne impedisce il trasferimento nei casi previsti dalla legge.

38 Cos'è il pegno?

A) Una garanzia personale.
B) Un diritto reale di godimento.
C) Un diritto reale di garanzia.

39 Quali fra questi beni non costituiscono oggetto di pegno?

A) I beni mobili.
B) I beni immobili.
C) I crediti.

40 Quali fra questi beni non possono costituire oggetto di ipoteca?

A) I beni immobili.
B) I beni mobili registrati.
C) Le universalità di mobili.

41 Quale, fra i seguenti atti, non è fonte di costituzione di ipoteca?

A) La legge.
B) La sentenza.
C) Il testamento.

42 Il privilegio è accordato dalla legge in considerazione:

A) Della causa del credito.
B) Del tempo in cui il credito è sorto.
C) Dell'ammontare del credito.

43 Il fideiussore, pagando al creditore, realizza:

A) Un atto di liberalità.
B) La liberazione sua e del debitore principale nei confronti del creditore.
C) Un adempimento da parte di terzo.

44 Che cos'è l'azione surrogatoria?

A) È l'azione mediante la quale il creditore rende inefficace un atto di disposizione del debitore effettuata in suo danno.
B) È l'azione mediante la quale si impedisce al debitore di disporre dei propri beni.
C) È l'azione mediante la quale il creditore si sostituisce al debitore nell'esercizio di singoli diritti o di azioni a lui spettanti.

45 Quale fra questi non è un presupposto dell'azione revocatoria?

A) Un atto di disposizione che incide sul patrimonio del debitore.
B) L'inerzia del debitore nell'esercitare i propri diritti, tale da arrecare pregiudizio al proprio patrimonio e, conseguentemente, ledere le legittime aspettative del creditore.
C) La diminuzione del patrimonio del debitore che si risolve in una sottrazione (dannosa) di taluni beni all'espropriazione del creditore.

46 Una differenza importante tra clausola penale e caparra confirmatoria sta nel fatto che:

A) La prima è una pattuizione accessoria, mentre la seconda si identifica con l'adempimento.
B) La sola clausola penale ha efficacia vincolante.
C) La sola clausola penale ha una funzione di liquidazione preventiva del danno.

47 Quale fra questi non costituisce un elemento essenziale del contratto?

A) L'accordo delle parti.
B) La causa.
C) Il termine.

48 Quale fra questi non è un requisito essenziale dell'oggetto del contratto?

A) La possibilità.
B) La liceità.
C) La materialità.

49 Si dicono contratti reali quelli che:

A) Costituiscono diritti reali.
B) Trasferiscono diritti reali.
C) Richiedono per la loro conclusione la consegna della cosa.

50 Il contratto con cui il debitore si obbliga a consegnare un immobile al creditore affinché questi ne percepisca i frutti si chiama:

A) Cessione immobiliare.
B) Usufrutto immobiliare.
C) Anticresi.

51 Quale fra questi non è un contratto a prestazioni corrispettive?

A) La locazione.
B) La permuta.
C) La donazione.

52 **La proposta contrattuale può essere revocata:**

A) In nessun caso.
B) Fino a quando essa non sia giunta a conoscenza del destinatario.
C) Fino a quando al proponente non sia giunta notizia dell'accettazione.

53 **L'accordo con il quale le parti si obbligano a stipulare un futuro contratto si definisce:**

A) Contratto preliminare.
B) Contratto di opzione.
C) Patto di prelazione.

54 **Le condizioni generali di contratto, ossia quelle predisposte dall'offerente, sono valide nei confronti dell'altro contraente?**

A) No, in nessun caso.
B) Solo se l'altro contraente le ha specificamente sottoscritte.
C) Sì, ma solo se l'altro contraente le ha conosciute o avrebbe dovuto conoscerle usando l'ordinaria diligenza.

55 **Quale fra queste *clausole*, anche se stabilite a favore di colui che le ha predisposte, non è una clausola vessatoria?**

A) Limitazione di responsabilità.
B) Facoltà di recedere dal contratto.
C) Facoltà di chiedere la risoluzione per eccessiva onerosità sopravvenuta.

56 **Il sig. Tizio intende acquistare una partita di cemento dal sig. Caio, imprenditore edile. I due stipulano un contratto di vendita; con esso il sig. Caio, in un'apposita clausola, si riserva il potere di aumentare il prezzo del bene alienato, senza che però il sig. Tizio possa recedere dal contratto. Ciò finanche se il prezzo finale sia enormemente superiore a quello originariamente convenuto. È valida una simile clausola, anche se non specificamente approvata dal sig. Tizio?**

A) Sì, ma solo se si dimostra che l'aderente (il sig. Tizio) la conosceva, o avrebbe dovuto conoscerla secondo l'ordinaria diligenza.
B) No, la clausola è sempre nulla e travolge l'intero contratto.
C) No, è nulla mentre il contratto resta valido.

57 **La consolidazione si ha:**

A) Nel caso di confusione che si verifica in relazione a diritti reali limitati.
B) Nel caso di compensazione giudiziale.
C) Nel caso di compensazione legale.

58 **La condizione impossibile rende nullo il contratto:**

A) Quando è sospensiva.
B) Quando è risolutiva.
C) Sempre.

59 **Il contratto concluso da chi è legalmente incapace di contrattare è:**

A) Nullo.
B) Annullabile.
C) Risolubile.

60 **Il contratto concluso da persona che, sebbene legalmente capace, si provi essere stata per qualsiasi causa, anche transitoria, incapace d'intendere o di volere al momento della stipulazione è annullabile:**

A) Sempre.
B) Mai.
C) Solo se risulta la malafede dell'altro contraente.

61 **In quanti anni si prescrive l'azione di annullamento del contratto?**

A) Dieci anni.
B) Cinque anni.
C) Due anni.

62 **Nei confronti dei terzi in buona fede, che abbiano acquistato a titolo oneroso diritti dipendenti dal contratto annullabile, l'annullamento opera retroattivamente (*ex tunc*):**

A) Sempre.
B) Mai.
C) Se l'annullamento è determinato dall'incapacità legale di una delle parti.

63 **Quale fra queste non è una causa di risoluzione del contratto?**

A) L'inadempimento.
B) L'impossibilità sopravvenuta della prestazione.
C) L'approfittamento dello stato di bisogno.

64 **In quanti anni si prescrive l'azione di rescissione del contratto?**

A) Un anno.
B) Due anni.
C) Cinque anni.

65 **La clausola con cui si conviene che, in caso di inadempimento o di ritardo nell'adempimento, uno dei contraenti è tenuto a una determinata prestazione con l'effetto di limitare il risarcimento alla prestazione promessa, se non è stata convenuta la risarcibilità del danno ulteriore, si definisce:**

A) Penale.
B) Caparra confirmatoria.
C) Caparra penitenziale.

66 **Nella vendita ad effetti traslativi immediati quale fra queste non è un'obbligazione del venditore?**

A) Consegnare la cosa al compratore.
B) Fare acquistare la proprietà della cosa al compratore.
C) Garantire il compratore dall'evizione.

67 **Il contratto di compravendita avente ad oggetto un bene immobile si perfeziona:**

A) Per fatti concludenti.
B) Con il semplice consenso in forma scritta.
C) Con l'atto pubblico o scrittura privata autenticata.

68 **Che cosa sono i beni mobili?**

A) Beni che possono essere sostituiti con altri.

B) Esclusivamente quei beni che rientrano nel patrimonio archivistico e documentale dello Stato, nonché i cd. beni librari.
C) Quei beni che si possono trasportare senza mutarne o alterarne la sostanza.

69 Quale fra i seguenti beni non rientra nella categoria dei «beni mobili registrati»?

A) Le navi.
B) Gli autoveicoli.
C) Le biblioteche.

70 Quale dei seguenti diritti non appartiene alla categoria dei diritti reali?

A) Il diritto di proprietà.
B) Il diritto di godimento.
C) Il diritto di credito.

71 Qual è una delle fondamentali differenze esistenti fra i diritti reali e quelli di obbligazione?

A) Nessuna perché si identificano.
B) I diritti reali sono diritti relativi, mentre i diritti di obbligazione sono diritti assoluti.
C) I diritti reali sono diritti assoluti, mentre i diritti di obbligazione sono diritti relativi.

72 Che cos'è la trascrizione?

A) Una causa di estinzione dei diritti legata al tempo.
B) Una causa di estinzione dei diritti reali.
C) Un mezzo di pubblicità.

73 Quale tra questi atti non è soggetto a trascrizione?

A) Il contratto di vendita di un bene immobile.
B) Il contratto di società con il quale si conferisce il godimento di beni immobili, quando la durata della società eccede i nove anni.
C) Il contratto di locazione di bene immobile con durata infranovennale.

74 Ai sensi dell'art. 1414 c.c., il contratto simulato produce effetti?

A) No. Non produce effetti tra le parti.
B) No, sia il contratto simulato sia il contratto dissimulato sono sempre nulli.
C) Produce effetti sia tra le parti sia nei confronti di terzi.

75 Per gli atti unilaterali la manifestazione di volontà (art. 1334 c.c.)

A) È efficace non appena espressa.
B) È efficace quando il destinatario ne viene a conoscenza.
C) È efficace non appena inviata all'altra parte.

76 Ai sensi dell'art. 1352 c.c., quando le parti convengono per iscritto di adottare una determinata forma per la futura conclusione di un contratto, si presume che tale forma sia voluta:

A) Per la validità del contratto.
B) Pena l'annullabilità del contratto.
C) Per la prova del contratto.

77 Dalla definizione data dall'art. 1353 c.c. risulta che quando l'efficacia del contratto è subordinata a un avvenimento futuro e incerto il contratto è sottoposto:

A) A termine.
B) A onere o *modus*.
C) A condizione sospensiva.

78 Ai sensi dell'art. 1424, un contratto nullo può produrre effetti?

A) Sì, se il contraente al quale spettava l'azione vi ha dato volontariamente esecuzione conoscendone la nullità.
B) Sì, purché i contraenti abbiano espressamente approvato una clausola in tal senso.
C) Sì, può produrre gli effetti di un contratto diverso, del quale contenga i requisiti di sostanza e di forma, qualora, avuto riguardo allo scopo perseguito dalle parti, debba ritenersi che esse lo avrebbero voluto se avessero conosciuto la nullità.

79 Cosa comporta, ai sensi dell'art. 1419 c.c., la nullità di singole clausole del contratto?

A) Comporta l'inefficacia del contratto fino a quando non siano ripristinate le condizioni previste dal codice.
B) Comporta in ogni caso la nullità del contratto.
C) Comporta la nullità dell'intero contratto, se risulta che i contraenti non lo avrebbero concluso senza quella parte del suo contenuto che è colpita dalla nullità.

80 Ai sensi dell'art. 1339 c.c., le clausole, i prezzi di beni o servizi imposti dalla legge sono inseriti nel contratto:

A) Anche dopo la stipulazione, ma solo se espressamente richiesto da una parte.
B) Di diritto, anche in sostituzione delle clausole difformi apposte dalle parti. Opera quindi la così detta inserzione automatica.
C) Solo se non in contrasto con le clausole inserite dalle parti.

81 Ai sensi dell'art. 1429 c.c. l'errore è essenziale, tra l'altro, quando:

A) Cade su una qualità dell'oggetto della prestazione che, secondo il comune apprezzamento o in relazione alle circostanze, deve ritenersi determinante del consenso.
B) Si tratta di errore di diritto, ancorché non abbia costituito la ragione unica o principale del contratto.
C) Cade sulla forma del contratto.

82 In quale caso il dolo costituisce causa di annullamento del contratto?

A) Quando i raggiri siano tali che, senza di essi, l'altra parte avrebbe contrattato a diverse condizioni.
B) Quando si estrinsechino in raggiri usati da una parte in danno dell'altra.
C) Quando i raggiri siano tali che, senza di essi, l'altra parte non avrebbe contrattato.

83 La violenza esercitata da un terzo è causa di nullità del contratto (c.c. art. 1434)?

A) Sì, in ogni caso.
B) No, è causa d'annullamento del contratto.
C) È causa di nullità solo se il terzo abbia agito d'intesa con una delle parti.

84 Ai sensi dell'art. 1438 c.c., la minaccia di far valere un diritto può essere causa di annullamento del contratto?

A) Sì, ma solo quando è tale da impressionare una persona sensata e da farle temere di esporre sé o i suoi beni a un male ingiusto e notevole.

B) Sì, ma solo quando è diretta a conseguire vantaggi ingiusti.
C) No, in nessun caso.

85 Indicare quale è l'affermazione corretta sui caratteri generali delle obbligazioni, posti in contrapposizione con quelli dei diritti reali.

A) Nelle prime si ha un rapporto immediato tra il titolare del diritto e la *res*, mentre nei secondi è preminente il rapporto tra i due soggetti.
B) Nelle prime prevale la signoria sulla cosa che ne è oggetto, mentre nei secondi prevale la pretesa verso una o più altre persone.
C) Nei secondi si ha un rapporto immediato tra il titolare del diritto e la *res*, mentre nelle prime è preminente il rapporto tra i due soggetti, creditore e debitore.

86 Nelle obbligazioni, la prestazione cui è tenuto il debitore deve essere suscettibile di valutazione economica (c.d. patrimonialità della prestazione) e rispondere ad un interesse del creditore. L'interesse del creditore alla prestazione deve possedere anch'esso il requisito della patrimonialità?

A) Sì, e non può mai consistere in una prestazione di cortesia.
B) Sì, l'interesse deve essere necessariamente economico o patrimoniale.
C) No, l'interesse può essere anche non patrimoniale.

87 Le fonti delle obbligazioni sono:

A) Il contratto, il fatto illecito e ogni altro atto o fatto idoneo a produrle in conformità dell'ordinamento giuridico.
B) La pubblicità.
C) La costituzione e i principi generali.

88 La prestazione che forma oggetto dell'obbligazione:

A) Deve essere insuscettibile di valutazione economica.
B) Non deve essere suscettibile di valutazione economica.
C) Deve essere suscettibile di valutazione economica.

89 L'obbligazione è in solido:

A) Quando è solidarietà tra creditore e debitore.
B) Quando ciascun debitore è obbligato ad adempiere soltanto per la sua quota.
C) Quando più debitori sono obbligati tutti per la medesima prestazione.

90 L'obbligazione può essere solidale sia dal lato attivo sia dal lato passivo. Ricorre il primo tipo di solidarietà quando:

A) L'obbligazione prevede due o più prestazioni diverse, ma il debitore si libera eseguendone solo una.
B) Ciascuno dei debitori del medesimo creditore può essere costretto da questo ad eseguire l'intera prestazione, con la conseguenza di liberare dall'obbligazione anche gli altri debitori.
C) Ciascuno dei creditori di un medesimo debitore può rivolgersi a questo ed esigere da lui l'intera prestazione, con la conseguenza che l'adempimento conseguito da uno dei creditori libera il debitore dall'obbligazione nei confronti di tutti i creditori.

91 **L'obbligazione può essere solidale sia dal lato attivo sia dal lato passivo. Ricorre il secondo tipo di solidarietà quando:**

A) Il debitore deve eseguire tutte le prestazioni derivate dall'obbligazione, con liberazione solo al momento in cui le abbia adempiute tutte.
B) Ciascuno dei debitori del medesimo creditore può essere costretto da questo ad eseguire l'intera prestazione, con la conseguenza di liberare dall'obbligazione anche gli altri debitori.
C) Ciascuno dei creditori di un medesimo debitore può rivolgersi a questo ed esigere da lui l'intera prestazione, con la conseguenza che l'adempimento conseguito da uno dei creditori libera il debitore.

92 **In caso di obbligazione alternativa:**

A) Il debitore si libera con l'esecuzione di una sola delle più prestazioni dedotte in obbligazione alternativa.
B) Il debitore si libera con l'esecuzione di tutte le prestazioni dedotte in obbligazione alternativa.
C) Il debitore non può scegliere quale delle prestazioni adempiere.

93 **L'anatocismo:**

A) È sempre vietato.
B) È un modo di estinzione dell'obbligazione.
C) Comporta la produzione di interessi sugli interessi.

94 **A norma delle disposizioni contenute all'art. 1197 c.c., il debitore che esegue una prestazione diversa da quella dovuta è liberato:**

A) Sì, in ogni caso.
B) Sì ma solo se vi è il consenso del creditore.
C) Sì ma solo se ciò sia consentito dagli usi.

95 **Un dovere morale o sociale giuridicamente non vincolante, non sanzionato dal diritto, ma il cui spontaneo adempimento determina l'inammissibilità della ripetizione della prestazione eseguita è:**

A) Un indebito oggettivo.
B) Un'obbligazione naturale.
C) Un arricchimento senza causa.

96 **Sono dette indivisibili le obbligazioni:**

A) Che hanno per oggetto una cosa o un fatto che non è suscettibile di divisione per sua natura o non lo è per il modo in cui è stato considerato dalle parti contraenti.
B) Che hanno ad oggetto una sola prestazione ma il debitore ha facoltà di liberarsi eseguendone un'altra.
C) Che hanno un solo creditore ma più debitori.

97 **Il pagamento può anche dar luogo alla sostituzione del creditore con altra persona; in tal caso, l'obbligo non si estingue, ma muta direzione, in quanto all'originario creditore si sostituisce un altro creditore. Tale vicenda si definisce:**

A) Surrogazione.
B) Compensazione.
C) Occupazione.

98 **Ai sensi del codice civile, le parti possono pattuire la incedibilità del credito?**

A) No, in alcun caso.
B) No, i casi di incedibilità del credito sono stabiliti dal c.c. e non possono essere pattuiti dalle parti.
C) Sì, ma il patto non è opponibile al cessionario, se non si prova che egli lo conosceva al tempo della cessione.

99 **Realizzano il mutamento nel lato passivo dell'obbligazione:**

A) La delegazione, l'espromissione e l'accollo.
B) La delegazione attiva, l'espromissione e la cessione del credito.
C) La cessione del credito, l'espromissione e il pagamento con surrogazione.

100 **A norma dell'art. 1176, co. 2, del c.c., la diligenza nell'adempimento delle obbligazioni inerenti all'esercizio di un'attività professionale deve valutarsi:**

A) Con riguardo ai mezzi impiegati.
B) Con riguardo alla natura dell'attività esercitata.
C) Con riguardo al risultato.

101 **Il creditore che riceve il pagamento di un'obbligazione deve, a norma dell'art. 1199 c.c., rilasciare quietanza?**

A) Sempre.
B) Solo se convenuto dalle parti.
C) A richiesta e spese del debitore.

102 **Si ha compensazione:**

A) Quando il creditore rimette il debito.
B) Quando due persone sono obbligate l'una verso l'altra e i due debiti si estinguono per le quantità corrispondenti.
C) In caso di espromissione.

103 **Si parla di confusione, ai sensi dell'art. 1253 c.c., quando:**

A) Un terzo estraneo al rapporto obbligatorio e senza delegazione del debitore assume il debito nei confronti del debitore.
B) Il creditore rifiuti senza legittimo motivo di ricevere il pagamento offertogli dal debitore.
C) Le qualità di creditore e debitore vengono a riunirsi in capo alla stessa persona e l'obbligazione si estingue.

104 **Il debitore inadempiente:**

A) Può liberarsi dalla responsabilità solo dimostrando che è stato nell'impossibilità soggettiva di adempiere.
B) In nessun caso può liberarsi dalla responsabilità che insorge *ex lege* a fronte di ogni inadempimento.
C) Può liberarsi dalla responsabilità solo dimostrando, tra l'altro, che è stato nell'impossibilità oggettiva di adempiere.

105 **L'impossibilità sopravvenuta della prestazione (c.c. art. 1256) estingue l'obbligazione:**

A) Sì sempre.
B) No, mai.
C) Sì, se la prestazione diventa impossibile per causa non imputabile al debitore.

106 **Nelle obbligazioni che hanno per oggetto una somma di danaro, sono dovuti dal giorno della mora gli interessi legali (art. 1224 c.c.). Al creditore che dimostri di aver subito un danno maggiore spetta un ulteriore risarcimento?**

A) Sì, nella misura aggiuntiva dell'1,2%.
B) No, in nessun caso.
C) Sì, salvo sia stata convenuta la misura degli interessi moratori.

107 **Ai sensi dell'art. 2036 c.c., chi ha pagato un debito altrui, credendosi debitore, può ripetere ciò che ha pagato?**

A) No, in ogni caso.
B) Sì, credendosi debitore in base ad un errore scusabile anche se il creditore si sia privato in buona fede del titolo o delle garanzie del credito.
C) Sì, credendosi debitore in base ad un errore scusabile e sempre che il creditore non si sia privato in buona fede del titolo o delle garanzie del credito.

108 **Un'accettazione non conforme alla proposta:**

A) Si ha come non data.
B) Comporta la mancata conclusione del contratto.
C) Equivale a nuova proposta.

109 **L'offerta al pubblico vale come proposta contrattuale?**

A) Sì, quando contiene gli elementi essenziali del contratto alla cui conclusione è diretta.
B) Sì, anche quando non contiene gli elementi essenziali del contratto alla cui conclusione è diretta.
C) No, mai.

110 **Il contratto preliminare deve essere concluso nella stessa forma che la legge prescrive per il definitivo?**

A) Sì, a pena di nullità.
B) Sì, a pena di annullabilità.
C) No, è a forma libera.

111 **Quando la causa del contratto è illecita?**

A) Quando è contraria a norme imperative.
B) Quando è contraria a norme imperative e all'ordine pubblico.
C) Quando è contraria a norme imperative, all'ordine pubblico o al buon costume.

112 **L'oggetto del contratto, stabilisce l'art. 1346 c.c.:**

A) Deve essere possibile anche se indeterminato.
B) Deve essere lecito e indeterminato.
C) Deve essere possibile, lecito, determinato o determinabile.

113 **È legittimo in un contratto a prestazioni corrispettive, che una parte sostituisca a sé un terzo, se le prestazioni non sono state ancora eseguite (art. 1406 c.c.)**

A) Sì sempre.
B) Sì purché l'altra parte vi consenta.
C) No, in alcun caso.

114 Ai sensi dell'art. 1362 c.c., nell'interpretazione del contratto:

A) Si deve indagare quale sia la comune intenzione delle parti, valutando solo il loro comportamento anteriore alla conclusione del contratto.
B) Si deve indagare quale sia la comune intenzione delle parti e non limitarsi al senso letterale delle parole.
C) Ci si deve attenere al senso letterale delle parole, salvo diverso accordo delle parti.

115 In quali casi il contratto può essere risolto?

A) Per inadempimento, per impossibilità sopravvenuta e per eccessiva onerosità.
B) Per inadempimento, per lesione, per impossibilità sopravvenuta e per eccessiva onerosità.
C) Per inadempimento e per eccessiva onerosità.

116 La risoluzione del contratto per inadempimento ha effetto retroattivo tra le parti?

A) No, salvo il giudice disponga diversamente.
B) Sì, in ogni caso.
C) Sì, salvo il caso di contratti ad esecuzione continuata o periodica.

117 L'azione di rescissione del contratto, a norma dell'art. 1449 c.c.:

A) Si prescrive in cinque anni dalla conclusione del contratto.
B) È imprescrittibile.
C) Si prescrive in un anno dalla conclusione del contratto salvo che il fatto costituisca reato.

118 La parte contro la quale è domandata la risoluzione per eccessiva onerosità di cui all'art. 1467 c.c., può evitarla?

A) No, anche offrendo di modificare le condizioni del contratto.
B) No, può opporre all'altra parte solo eccezioni personali.
C) Sì, offrendo di modificare equamente le condizioni del contratto.

119 Il contratto che ha per oggetto il trasferimento della proprietà, di una cosa, o di un altro diritto verso il corrispettivo del prezzo è:

A) Il mutuo.
B) La locazione.
C) La vendita.

120 Tra le obbligazioni principali del venditore sussiste quella di:

A) Consegnare la cosa al compratore.
B) Pagare il prezzo.
C) Prestare una fideiussione.

121 Nell'ambito di un contratto di vendita, il compratore è tenuto:

A) A custodire la cosa.
B) A consegnare la cosa.
C) A pagare il prezzo.

122 Nell'ambito di un contratto di vendita, in mancanza di usi diversi, il pagamento deve avvenire:

A) Entro dieci anni dalla consegna e nel luogo indicato dal compratore.
B) Entro due mesi dalla consegna e nel luogo dove questa si esegue.
C) Al momento della consegna e nel luogo dove questa si esegue.

123 Il contratto concluso dal rappresentante in nome e per conto del rappresentato:

A) Produce direttamente effetti in capo al rappresentato.
B) Produce effetti in capo al rappresentante.
C) È nullo.

124 Al momento della conclusione del contratto una parte può riservarsi la facoltà di nominare successivamente la persona che deve assumere gli obblighi ed acquistare i diritti scaturenti dal contratto stesso?

A) Sì, si tratta dell'istituto della rappresentanza.
B) Sì, si tratta del contratto per persona da nominare.
C) No, in nessun caso.

125 Le cose date a mutuo (c.c. art. 1814):

A) Passano in proprietà del mutuatario.
B) Passano in proprietà del mutuante.
C) Sono nel possesso del mutuatario finché dura il contratto.

126 Quale contratto è denominato anche prestito d'uso:

A) Anticresi (art. 1960 c.c.).
B) Comodato (art. 1803 c.c.).
C) Mutuo (art. 1813 c.c.).

127 Nel contratto di comodato di cui agli artt. 1803 e ss. c.c.:

A) Il comodatario che impiega la cosa per un uso diverso o per un tempo più lungo di quello a lui consentito, è sempre responsabile della perdita avvenuta, anche per causa a lui non imputabile.
B) Il comodatario può concedere a un terzo il godimento della cosa senza il consenso del comodante.
C) Se il comodatario non adempie gli obblighi contrattuali, il comodante può chiedere l'immediata restituzione della cosa, oltre al risarcimento del danno.

128 L'art. 1815 c.c. dispone che se in un contratto di mutuo sono convenuti interessi usurari:

A) La clausola è nulla e non sono dovuti interessi.
B) La clausola è nulla e gli interessi sono dovuti in misura doppia degli interessi legali.
C) La clausola è nulla e gli interessi sono dovuti nella misura legale.

129 Ai sensi dell'art. 1573 c.c. se la locazione è stipulata in perpetuo:

A) La durata della locazione è ridotta a 20 anni.
B) La durata della locazione è ridotta a 30 anni.
C) Il contratto è nullo.

130 Nel contratto d'appalto, ai sensi dell'art. 1674 c.c., quali conseguenze comporta la morte dell'appaltatore?

A) Il contratto di appalto non si scioglie, salvo che la considerazione della sua persona sia stato motivo determinante del contratto.
B) Il contratto d'appalto si scioglie, salvo gli eredi dell'appaltatore vogliano continuarlo.
C) Il contratto d'appalto non si scioglie, salvo si sia trattato di piccolo imprenditore.

131 **Nel contratto d'appalto, ai sensi dell'art. 1671 c.c., il committente può recedere dal contratto anche se è iniziata l'esecuzione dell'opera o la prestazione del servizio?**

A) No, qualora sia iniziata l'esecuzione dell'opera o la prestazione del servizio il recesso unilaterale dal contratto non è più consentito.
B) Sì, purché tenga indenne l'appaltatore delle spese sostenute, dei lavori eseguiti e del mancato guadagno.
C) Sì, purché tenga indenne l'appaltatore delle spese sostenute e dei lavori eseguiti.

132 **Ai sensi dell'art. 1973 c.c. che efficacia ha la transazione fatta, in tutto o in parte, sulla base di documenti che in seguito sono stati riconosciuti falsi?**

A) È annullabile.
B) È nulla.
C) La transazione è efficace a tutti gli effetti, fatte salve le azioni verso la persona che li ha prodotti.

133 **Il contratto può essere aleatorio per natura o per volontà delle parti. Appartiene al secondo tipo:**

A) Il gioco.
B) La scommessa.
C) La vendita di cosa sperata.

134 **Ai sensi dell'art. 1705 c.c., nel mandato senza rappresentanza il mandatario che agisce in nome proprio:**

A) Acquista i diritti e assume gli obblighi derivanti dagli atti compiuti con i terzi, solo se questi non hanno avuto conoscenza del mandato.
B) Acquista i diritti e assume gli obblighi derivanti dagli atti compiuti con i terzi, solo se questi hanno avuto conoscenza del mandato.
C) Acquista i diritti e assume gli obblighi derivanti dagli atti compiuti con i terzi, anche se questi hanno avuto conoscenza del mandato.

135 **Nei confronti dei terzi, i contratti che trasferiscono la proprietà di beni immobili:**

A) Per essere resi opponibili devono essere resi pubblici col mezzo della trascrizione.
B) Sono sempre opponibili dal momento della conclusione.
C) Sono sempre opponibili se sono trascorsi due mesi dalla conclusione del contratto.

136 **Nell'ambito delle obbligazioni pecuniarie, il principio nominalistico:**

A) È quello secondo cui il debitore pecuniario si libera dal proprio debito anche con il pagamento in moneta estera.
B) È quello secondo cui il debitore pecuniario si libera dal proprio debito con il pagamento della moneta avente corso legale nello Stato.
C) È quello secondo cui il debitore pecuniario può liberarsi dal proprio debito con la moneta che preferisce purché di valore analogo al debito.

137 **Nel debito di valuta:**

A) L'oggetto della prestazione non è un'obbligazione di genere.
B) L'oggetto della prestazione è una cosa infungibile.
C) L'oggetto della prestazione è di per sé una somma di denaro.

138 Il debito risarcitorio:

A) È un debito di valore.
B) È un diritto assoluto.
C) È sempre assistito da ipoteca giudiziale.

139 Si ha surrogazione legale, ai sensi dell'art. 1203 c.c.:

A) A vantaggio di chi, essendo creditore, ancora chirografario, paga un altro creditore che ha diritto di essergli preferito in ragione dei suoi privilegi, del suo pegno e delle sue ipoteche.
B) A vantaggio del conduttore di un immobile che, fino alla concorrenza del canone capitalizzato, paga uno o più creditori a favore dei quali l'immobile è ipotecato.
C) Solo a vantaggio dell'unico erede puro e semplice, che paga con denaro proprio i debiti ereditari.

140 Il debitore che esegue il pagamento a chi appare, in base a circostanze oggettive ed univoche, legittimato a ricevere (c.d. creditore apparente – c.c. art. 1189) è liberato dall'obbligazione?

A) Sì se prova di essere stato in buona fede.
B) Sì, sempre perché è compito del creditore accertare al momento della scadenza che il pagamento avvenga nelle sue mani.
C) No, in nessun caso, il pagamento deve avvenire sempre nelle mani del creditore.

141 Se il luogo dell'adempimento di un'obbligazione non è determinato dalla convenzione o dagli usi, né è desumibile dalla natura della prestazione o da altre circostanze, dove deve essere adempiuta, ai sensi dell'art. 1182 c.c., l'obbligazione avente per oggetto la consegna di una cosa certa e determinata?

A) Al domicilio che il creditore ha al tempo della scadenza.
B) Nel luogo in cui si trovava la cosa quando l'obbligazione è sorta.
C) Al domicilio del debitore, al momento della scadenza.

142 Caio è creditore di Tizio per una certa somma di denaro e, a garanzia del credito, è stata iscritta ipoteca su un immobile di Tizio. La rinunzia da parte di Caio alla garanzia ipotecaria prima dell'adempimento fa presumere la remissione del debito?

A) Sì, perché si tratta si garanzia ipotecaria.
B) Sì, la rinuncia alle garanzie fa sempre presumere la remissione.
C) No, la rinuncia alle garanzie non fa presumere la remissione.

143 In caso di inadempimento di obbligazioni negative:

A) Ogni fatto compiuto in violazione di queste costituisce di per sé inadempimento.
B) Si applicano le disposizioni sulla mora del debitore.
C) Non sussiste l'obbligo di risarcire il danno subito dal debitore.

144 Nella mora credendi, ai sensi dell'art. 1207 c.c., primo comma:

A) È a carico del creditore l'impossibilità della prestazione sopravvenuta per causa non imputabile al debitore.
B) Resta comunque a carico del debitore l'onere dell'impossibilità della prestazione sopravvenuta per causa a lui non imputabile.
C) Il creditore non è tenuto a risarcire i danni derivati dalla sua mora, ma sostiene le spese per la custodia e la conservazione della cosa dovuta.

145 **Quale delle seguenti affermazioni è conforme alla norma generale stabilita dall'art. 1385 c.c. rubricato "caparra confirmatoria"?**

A) Se la parte che ha dato la caparra è inadempiente, l'altra può recedere dal contratto, ritenendo la caparra.
B) Se è inadempiente la parte che ha ricevuto la caparra, l'altra può chiedere l'applicazione del contratto ed esigere inoltre il doppio della caparra a titolo di risarcimento dei danni.
C) Se la parte che ha dato la caparra è inadempiente , l'altra può recedere dal contratto, chiedendo il doppio della caparra.

146 **Ai sensi dell'art. 1382 del c.c., la clausola penale con cui si conviene che, in caso di inadempimento o di ritardo nell'adempimento, uno dei contraenti è tenuto ad una determinata prestazione, ha:**

A) L'effetto di limitare il risarcimento alla somma che sceglierà il creditore.
B) L'effetto di limitare il risarcimento alla somma che sceglierà il debitore.
C) L'effetto di limitare il risarcimento alla prestazione promessa, se non è stata convenuta la risarcibilità del danno ulteriore.

147 **Qualora sia stata convenuta la clausola penale, il creditore può cumulare la prestazione principale e la penale?**

A) No, salvo che la penale sia stata stipulata per il semplice ritardo.
B) Sì, escluso il caso in cui la penale sia stata stipulata per il semplice ritardo.
C) No, mai.

148 **La ricognizione di debito:**

A) È una promessa unilaterale.
B) È un contratto bilaterale.
C) È un contratto con obbligazioni di una sola parte.

149 **Ai sensi dell'art. 1363 c.c., le clausole contrattuali si interpretano:**

A) Le une a mezzo delle altre, attribuendo a ciascuna il senso che risulta dal complesso dell'atto.
B) Analizzandole singolarmente, nel loro significato autonomo ed indipendente.
C) Le une a mezzo delle altre, attribuendo a ciascuna il senso che le è proprio.

150 **Nei contratti ad esecuzione continuata o periodica, se la prestazione è divenuta eccessivamente onerosa, la parte può chiedere la risoluzione?**

A) No, mai.
B) Sì, in ogni caso.
C) Sì, qualora l'eccessiva onerosità sia dovuta al verificarsi di avvenimenti straordinari ed imprevedibili.

151 **Dalla data della domanda di risoluzione per inadempimento l'inadempiente:**

A) Non può più adempiere la propria obbligazione.
B) Può continuare ad adempiere la propria obbligazione.
C) Può chiedere all'autorità amministrativa di adempiere.

152 Ai sensi dell'art. 1338 c.c., la parte che, conoscendo o dovendo conoscere l'esistenza di una causa di invalidità del contratto, non ne ha dato notizia all'altra:

A) È tenuta a risarcire il danno da questa risentito per aver confidato, senza sua colpa, nella validità del contratto.
B) È tenuta a corrisponderle un'indennità, per aver confidato, senza sua colpa, nella validità del contratto.
C) È tenuta a risarcire il danno da questa risentito per aver confidato, anche per sua colpa, nella validità del contratto.

153 Il contratto col quale una parte si obbliga a far godere all'altra una cosa mobile o immobile per un dato tempo, verso un determinato corrispettivo, è un contratto di:

A) Trasporto (art. 1678 c.c.).
B) Commissione (art. 1731 c.c.).
C) Locazione (art. 1571 c.c.).

154 In caso di trasporto di cose, dispone l'art. 1700 c.c., che nei trasporti che sono assunti cumulativamente da più vettori successivi con un unico contratto:

A) Per l'esecuzione del contratto risponde sempre il vettore che ha trasportato le cose al luogo di destinazione, salvo rivalersi sugli altri.
B) Per l'esecuzione del contratto risponde ciascun vettore in proporzione alla lunghezza della tratta su cui ha effettuato il trasporto.
C) I vettori rispondono in solido per l'esecuzione del contratto dal luogo originario di partenza fino al luogo di destinazione.

155 Ai sensi della disciplina del codice civile, se il compratore, quando ha concluso il contratto, ignorava che la cosa non era di proprietà del venditore:

A) Il compratore può chiedere la risoluzione del contratto, se il venditore nel frattempo non gli ha fatto acquistare la proprietà.
B) Il compratore può in ogni caso chiedere la risoluzione del contratto.
C) Il compratore non può chiedere la risoluzione del contratto.

156 Nel caso di vendita che ha per oggetto una cosa futura, ai sensi dell'art. 1472 c.c., qualora le parti non abbiano voluto concludere un contratto aleatorio, se la cosa non viene ad esistenza:

A) La vendita è annullabile.
B) La vendita è nulla.
C) La vendita è rescindibile.

157 Ai sensi dell'art. 1473 c.c. nel contratto di vendita è consentito alle parti di affidare la determinazione del prezzo a un terzo da eleggere posteriormente al contratto stesso?

A) No, il terzo deve essere necessariamente eletto nel contratto.
B) Sì, ma solo nel caso in cui la vendita abbia ad oggetto beni fungibili.
C) Sì.

158 Il contratto col quale una parte assume, con organizzazione dei mezzi necessari e con gestione a proprio rischio, il compimento di un'opera o di un servizio verso un corrispettivo in danaro, è un contratto di:

A) Locazione (art. 1571 c.c.).
B) Permuta (art. 1552 c.c.).
C) Appalto (art. 1655 c.c.).

159 Il contratto con il quale una parte assume stabilmente l'incarico di promuovere, per conto dell'altra, verso retribuzione, la conclusione di contratti in una zona determinata, è un contratto di:

A) Vendita (art. 1470 c.c.).
B) Agenzia (art. 1742 c.c.).
C) Commissione (art. 1731 c.c.).

160 Ai sensi dell'art. 1744 c.c., nel contratto di agenzia:

A) L'agente ha diritto al rimborso delle spese di agenzia.
B) L'agente in ogni caso non ha diritto alla provvigione sugli affari conclusi dopo la data di scioglimento del contratto.
C) Se all'agente è stata attribuita facoltà di riscuotere i crediti, non può concedere sconti o dilazioni senza speciale autorizzazione.

161 È conforme al contenuto dell'art. 1753 c.c. affermare che:

A) La disciplina del c.c. relativa al contratto di mandato potrà essere applicata anche al contratto di agenzia di assicurazione (in quanto non derogata dagli usi e compatibile con la natura dell'attività assicurativa).
B) La disciplina del c.c. relativa al contratto di agenzia potrà essere applicata anche al contratto di agenzia di assicurazione (in quanto non derogata dagli usi e compatibile con la natura dell'attività assicurativa).
C) Le disposizioni del Libro IV, Titolo III, Capo X del contatto di agenzia non sono applicabili anche agli agenti di assicurazione.

162 Il contratto che ha per oggetto il reciproco trasferimento della proprietà di cose, o di altri diritti, da un contraente all'altro, è un contratto di:

A) Somministrazione (art. 1559 c.c.).
B) Locazione (art. 1571 c.c.).
C) Permuta (art. 1552 c.c.).

163 Il contratto con il quale una parte consegna una o più cose mobili all'altra e questa si obbliga a pagare il prezzo, salvo che restituisca le cose nel termine stabilito, è un contratto:

A) Estimatorio (art. 1556 c.c.).
B) Di vendita (art. 1470 c.c.).
C) Di permuta (art. 1552 c.c.).

164 Il contratto col quale una parte consegna all'altra una determinata quantità di denaro o di altre cose fungibili, e l'altra si obbliga a restituire altrettante cose della stessa specie e qualità, è un contratto di:

A) Mutuo (art. 1813 c.c.).
B) Commissione (art. 1731 c.c.).
C) Vendita (art. 1470 c.c.).

165 Il contratto con il quale una parte si obbliga personalmente verso il creditore garantendo l'adempimento di un'obbligazione altrui, è un contratto di:

A) Fideiussione (art. 1936 c.c.).
B) Anticresi (art. 1960 c.c.).
C) Mutuo (art. 1813 c.c.).

166 **L'art. 1946 del c.c. dispone che se più persone hanno prestato fideiussione per un medesimo debitore e a garanzia di un medesimo debito:**

A) Ciascuna di esse è obbligata per l'intero debito salvo che sia stato pattuito il beneficio della divisione.
B) Ciascuna di esse è di norma obbligata solo per un terzo del debito.
C) Ciascuna di esse è obbligata per la quota del debito a meno che gli altri fideiussori divengano insolventi.

167 **Ai sensi dell'art. 1736 c.c. il commissario che in virtù di patto o di uso è tenuto allo "star del credere":**

A) Non risponde nei confronti del committente per l'esecuzione dell'affare, salvo il caso di dolo o colpa grave.
B) Risponde nei confronti del committente per l'esecuzione dell'affare ma non ha diritto a una maggiore provvigione.
C) Risponde nei confronti del committente per l'esecuzione dell'affare e, in tal caso, ha diritto, oltre che alla provvigione, a un compenso o a una maggiore provvigione.

168 **La somministrazione è definita dall'art. 1559 c.c. ed è il contratto:**

A) Che ha per oggetto il reciproco trasferimento della proprietà di cose, o di altri diritti, da un contraente all'altro.
B) Con il quale una parte consegna una o più cose mobili all'altra e questa si obbliga a pagare il prezzo, salvo che restituisca le cose nel termine stabilito.
C) Con il quale una parte si obbliga, verso corrispettivo di un prezzo, a eseguire, a favore dell'altra, prestazioni periodiche o continuative di cose.

169 **Se, ai sensi dell'art. 1757 c.c., l'attività del mediatore porta alla conclusione di un contratto sottoposto a condizione, il diritto alla provvigione:**

A) Non sussiste.
B) Viene meno con il verificarsi della condizione, se il contratto è sottoposto a condizione risolutiva.
C) Sorge nel momento in cui si verifica la condizione, se il contratto è sottoposto a condizione sospensiva.

Risposte

1 **Risposta esatta:** C
2 **Risposta esatta:** C
3 **Risposta esatta:** C
4 **Risposta esatta:** A
5 **Risposta esatta:** C
6 **Risposta esatta:** C
7 **Risposta esatta:** B
8 **Risposta esatta:** C
9 **Risposta esatta:** C
10 **Risposta esatta:** B
11 **Risposta esatta:** A
12 **Risposta esatta:** A
13 **Risposta esatta:** B
14 **Risposta esatta:** C
15 **Risposta esatta:** B
16 **Risposta esatta:** B
17 **Risposta esatta:** B
18 **Risposta esatta:** B
19 **Risposta esatta:** B
20 **Risposta esatta:** B
21 **Risposta esatta:** B
22 **Risposta esatta:** B
23 **Risposta esatta:** C
24 **Risposta esatta:** C
25 **Risposta esatta:** B
26 **Risposta esatta:** A
27 **Risposta esatta:** A
28 **Risposta esatta:** A
29 **Risposta esatta:** A
30 **Risposta esatta:** C
31 **Risposta esatta:** B
32 **Risposta esatta:** A
33 **Risposta esatta:** B
34 **Risposta esatta:** C
35 **Risposta esatta:** B
36 **Risposta esatta:** C
37 **Risposta esatta:** B
38 **Risposta esatta:** C
39 **Risposta esatta:** B
40 **Risposta esatta:** C
41 **Risposta esatta:** C
42 **Risposta esatta:** A
43 **Risposta esatta:** B
44 **Risposta esatta:** C
45 **Risposta esatta:** B
46 **Risposta esatta:** C
47 **Risposta esatta:** C
48 **Risposta esatta:** C
49 **Risposta esatta:** C
50 **Risposta esatta:** C
51 **Risposta esatta:** C
52 **Risposta esatta:** C
53 **Risposta esatta:** A
54 **Risposta esatta:** C
55 **Risposta esatta:** C
56 **Risposta esatta:** C
57 **Risposta esatta:** A
58 **Risposta esatta:** A
59 **Risposta esatta:** B
60 **Risposta esatta:** C
61 **Risposta esatta:** B
62 **Risposta esatta:** C
63 **Risposta esatta:** C
64 **Risposta esatta:** B
65 **Risposta esatta:** A
66 **Risposta esatta:** B
67 **Risposta esatta:** B
68 **Risposta esatta:** C
69 **Risposta esatta:** C
70 **Risposta esatta:** C
71 **Risposta esatta:** C
72 **Risposta esatta:** C
73 **Risposta esatta:** C
74 **Risposta esatta:** A
75 **Risposta esatta:** B
76 **Risposta esatta:** A
77 **Risposta esatta:** C
78 **Risposta esatta:** C
79 **Risposta esatta:** C
80 **Risposta esatta:** B
81 **Risposta esatta:** A
82 **Risposta esatta:** C
83 **Risposta esatta:** B
84 **Risposta esatta:** B
85 **Risposta esatta:** C
86 **Risposta esatta:** C
87 **Risposta esatta:** A
88 **Risposta esatta:** C
89 **Risposta esatta:** C
90 **Risposta esatta:** C
91 **Risposta esatta:** B
92 **Risposta esatta:** A
93 **Risposta esatta:** C

94 **Risposta esatta:** B
95 **Risposta esatta:** B
96 **Risposta esatta:** A
97 **Risposta esatta:** A
98 **Risposta esatta:** C
99 **Risposta esatta:** A
100 **Risposta esatta:** B
101 **Risposta esatta:** C
102 **Risposta esatta:** B
103 **Risposta esatta:** C
104 **Risposta esatta:** C
105 **Risposta esatta:** C
106 **Risposta esatta:** C
107 **Risposta esatta:** C
108 **Risposta esatta:** C
109 **Risposta esatta:** A
110 **Risposta esatta:** A
111 **Risposta esatta:** C
112 **Risposta esatta:** C
113 **Risposta esatta:** B
114 **Risposta esatta:** B
115 **Risposta esatta:** A
116 **Risposta esatta:** C
117 **Risposta esatta:** C
118 **Risposta esatta:** C
119 **Risposta esatta:** C
120 **Risposta esatta:** A
121 **Risposta esatta:** C
122 **Risposta esatta:** C
123 **Risposta esatta:** A
124 **Risposta esatta:** B
125 **Risposta esatta:** A
126 **Risposta esatta:** B
127 **Risposta esatta:** C
128 **Risposta esatta:** A
129 **Risposta esatta:** B
130 **Risposta esatta:** A
131 **Risposta esatta:** B
132 **Risposta esatta:** A
133 **Risposta esatta:** C
134 **Risposta esatta:** C
135 **Risposta esatta:** A
136 **Risposta esatta:** B
137 **Risposta esatta:** C
138 **Risposta esatta:** A
139 **Risposta esatta:** A
140 **Risposta esatta:** A
141 **Risposta esatta:** B
142 **Risposta esatta:** C
143 **Risposta esatta:** A
144 **Risposta esatta:** A
145 **Risposta esatta:** A
146 **Risposta esatta:** C
147 **Risposta esatta:** A
148 **Risposta esatta:** A
149 **Risposta esatta:** A
150 **Risposta esatta:** C
151 **Risposta esatta:** A
152 **Risposta esatta:** A
153 **Risposta esatta:** C
154 **Risposta esatta:** C
155 **Risposta esatta:** A
156 **Risposta esatta:** B
157 **Risposta esatta:** C
158 **Risposta esatta:** C
159 **Risposta esatta:** B
160 **Risposta esatta:** C
161 **Risposta esatta:** B
162 **Risposta esatta:** C
163 **Risposta esatta:** A
164 **Risposta esatta:** A
165 **Risposta esatta:** A
166 **Risposta esatta:** A
167 **Risposta esatta:** C
168 **Risposta esatta:** C
169 **Risposta esatta:** C

3
Elementi di diritto penale con riferimento ai reati contro la P.A.

1 **Quali, tra le seguenti, non sono fonti del diritto penale?**

A) Leggi ordinarie.
B) Decreti legge.
C) Ordinanze d'urgenza.

2 **In cosa si traduce il principio della riserva di codice nella materia penale?**

A) Nuove figure criminose possono essere introdotte nell'ordinamento solo se modificano il codice penale.
B) Nuove figure criminose possono essere introdotte nell'ordinamento solo se inserite in leggi che disciplinano in modo organico la materia.
C) Nuove disposizioni che prevedono reati possono essere introdotte nell'ordinamento solo se modificano il codice penale ovvero sono inserite in leggi che disciplinano in modo organico la materia.

3 **Che cosa si intende per norme penali in bianco?**

A) Leggi emanate dal Parlamento, in situazioni di pericolo pubblico, per attribuire al Governo poteri coercitivi eccezionali.
B) Norme di legge che, determinata la condotta criminosa, attribuiscono al Governo il potere di individuare, tra un ventaglio di sanzioni predeterminato dal legislatore, quella applicabile nel caso concreto.
C) Norme di legge che stabiliscono espressamente soltanto la sanzione, mentre per l'esatta individuazione del comportamento punito fanno riferimento ad un atto normativo di grado inferiore.

4 **Cosa distingue i delitti dalle contravvenzioni?**

A) La diversa specie delle pene previste.
B) I delitti producono lesioni giuridiche, le contravvenzioni costituiscono solo un pericolo per la pubblica utilità.
C) La dannosità del fatto costituente reato.

5 **Quale, tra i seguenti, è un elemento essenziale del reato?**

A) Imputabilità.
B) Querela.
C) Coscienza e volontà del fatto.

6 **Che cosa sono le cause di giustificazione?**

A) Cause che escludono la punibilità perché il soggetto attivo ha agito senza dolo o colpa.
B) Cause in presenza delle quali un fatto, altrimenti costituente reato, tale non è perché la legge lo consente o lo impone.
C) Cause che non escludono il reato, ma in presenza delle quali non si applica, per ragioni di opportunità, alcuna pena.

7 Quali sono i requisiti ai quali l'art. 52 c.p. subordina l'efficacia scriminante della legittima difesa?

A) Esistenza di un ordine legittimo.
B) Necessità di respingere un danno grave alla persona.
C) Aggressione ingiusta e reazione legittima.

8 È punibile chi lede il diritto alla integrità personale col consenso dell'interessato?

A) No.
B) Sì.
C) Solo nel caso in cui ciò cagioni una diminuzione permanente della stessa o sia contrario alla legge, all'ordine pubblico o al buon costume.

9 Quando un delitto può definirsi doloso?

A) Quando l'evento dannoso o pericoloso è dall'agente preveduto e voluto come conseguenza della propria azione o omissione.
B) Quando l'evento dannoso o pericoloso non è voluto dall'agente e si verifica per negligenza, imprudenza o imperizia.
C) Quando dall'azione od omissione deriva un evento dannoso o pericoloso più grave di quello voluto dall'agente.

10 Si ha «colpa specifica» quando:

A) Il soggetto ha agito violando le comuni regole di diligenza, prudenza o perizia.
B) Il soggetto ha agito nonostante la previsione dell'evento.
C) Il soggetto ha agito violando leggi, regolamenti, ordini o discipline.

11 L'errore sulla legge penale, il cd. errore di diritto, esclude la responsabilità?

A) Sempre.
B) Mai.
C) Solo se si dimostra che l'ignoranza era inevitabile.

12 Il reato è preterintenzionale quando dall'azione od omissione dell'agente deriva:

A) Un evento più grave di quello voluto dall'agente.
B) Un evento meno grave di quello voluto dall'agente.
C) Nessun evento.

13 L'errore sul fatto costituente reato esclude la punibilità dell'agente?

A) Sempre.
B) Mai.
C) Solo se si è in presenza di errore essenziale e scusabile.

14 Un individuo crede di rubare una cosa altrui, senza accorgersi che tale cosa in realtà gli appartiene. È un'ipotesi di:

A) Reato impossibile.
B) Reato putativo.
C) Tentativo.

15 **Quando un delitto si dice tentato?**

A) Quando si compiono atti idonei diretti in modo non equivoco a commettere un delitto ma l'azione non si compie o l'evento non si verifica per cause indipendenti dalla volontà dell'autore.
B) Quando l'agente, dopo aver iniziato l'esecuzione del delitto, muta proposito ed interrompe la sua attività criminosa.
C) Quando il colpevole ha condotto a termine l'attività esecutiva e desiderando, per riflessioni o fatto sopraggiunto, evitare il verificarsi dell'evento, agisce per impedirlo.

16 **Che cosa si intende per reato permanente?**

A) Reato in cui l'offesa al bene giuridico consiste nella sua irreversibile distruzione (ad es. omicidio).
B) Reato rispetto al quale non è configurabile il *tentativo*.
C) Reato nel quale l'offesa al bene giuridico si protrae nel tempo.

17 **Quando un reato si definisce aberrante?**

A) Quando il soggetto agente realizza per errore, nella fase esecutiva, un reato diverso da quello voluto, o nei confronti di una persona diversa da quella che voleva colpire.
B) Quando il reato è aggravato dall'aver agito per motivi abbietti o futili.
C) Quando il reato è aggravato dall'aver agito con crudeltà verso le persone.

18 **L'aver reagito in stato d'ira determinato da un fatto ingiusto altrui dà luogo ad:**

A) Un aumento di pena.
B) Una diminuzione di pena.
C) È irrilevante ai fini della determinazione della pena.

19 **Quali sono le pene principali per i delitti?**

A) Ergastolo, reclusione, multa.
B) Ergastolo, arresto, ammenda.
C) Reclusione, arresto, multa.

20 **Quali sono le pene principali previste per le contravvenzioni?**

A) Arresto e multa.
B) Reclusione e multa.
C) Arresto e ammenda.

21 **Quando ricorre l'ipotesi di recesso attivo?**

A) Quando l'agente interrompe l'esecuzione dell'attività criminosa.
B) Quando l'agente, dopo aver portato a termine l'azione, impedisce il verificarsi dell'evento delittuoso.
C) Quando l'agente pone in essere atti idonei, diretti in modo non equivoco a commettere un delitto, e l'azione non si compie o l'evento non si verifica per cause che non dipendono dalla volontà dell'agente.

22 **Il violare con più azioni od omissioni la stessa disposizione o diverse disposizioni di legge dà luogo alla figura del:**

A) Concorso formale di reati.
B) Reato continuato.
C) Concorso materiale di reati.

23 **L'avere commesso un fatto di reato in occasione o a causa di manifestazioni sportive o durante i trasferimenti da o verso i luoghi in cui si svolgono dette manifestazioni costituisce:**

A) Una figura circostanziale aggravante comune.
B) Una circostanza aggravante ad effetto speciale.
C) Una circostanza speciale indipendente.

24 **La condizione personale di chi ha la capacità d'intendere e di volere e quindi di rispondere dei propri atti prende il nome di:**

A) Punibilità.
B) Capacità criminale.
C) Imputabilità.

25 **È imputabile chi si è volutamente messo in stato d'incapacità di intendere o di volere (es.: ubriacandosi) per commettere un reato o per prepararsi una scusa?**

A) Sempre.
B) Mai.
C) Solo se il giudice lo ritiene tale.

26 **Quando la legge considera elementi costitutivi o circostanze aggravanti di un solo reato fatti che costituirebbero per se stessi reato, si parla di:**

A) Reato complesso.
B) Reato continuato.
C) Reato progressivo.

27 **La pronuncia della sentenza di primo grado determina:**

A) L'interruzione del corso della prescrizione.
B) La sospensione del corso della prescrizione.
C) L'inizio di decorrenza della prescrizione.

28 **La c.d. confisca allargata, *ex* art. 240bis, ha natura:**

A) Obbligatoria.
B) Obbligatoria, ma non per equivalente.
C) Obbligatoria, anche per equivalente.

29 **I provvedimenti predisposti dal giudice per la prevenzione dei reati nei confronti di persone che si sono dimostrate socialmente pericolose, indipendentemente dalla commissione di un delitto, prendono il nome di:**

A) Misure di sicurezza.
B) Misure cautelari.
C) Misure di prevenzione.

30 **Quale, tra le seguenti, è una misura di sicurezza personale non detentiva?**

A) Assegnazione ad una casa di lavoro.
B) Libertà vigilata.
C) Ricovero in un ospedale psichiatrico giudiziario.

31 **La diffusione non consentita di immagini o video sessualmente espliciti, commessa dal coniuge divorziato, *ex* art. 612ter c.p.:**

A) Non riveste rilievo penale.
B) Costituisce ipotesi aggravata della figura-base di reato.
C) Costituisce configurazione attenuata.

32 **Di quale reato risponde colui che, comunicando con più persone, offende la reputazione di un pubblico impiegato assente?**

A) Ingiuria.
B) Diffamazione.
C) Oltraggio a un pubblico impiegato.

33 **Quale condotta integra gli estremi del reato di abusivo esercizio di una professione?**

A) La condotta di chi usurpa una funzione pubblica o le attribuzioni inerenti ad un pubblico impiego.
B) La condotta di chiunque abusivamente esercita una professione per la quale è richiesta una speciale abilitazione dello Stato.
C) Il comportamento di chi riceve o fa dare o promette a sé o ad altri denaro o altra utilità col pretesto di dovere comprare il favore di un pubblico ufficiale o impiegato.

34 **Chi commette il delitto di favoreggiamento personale?**

A) Colui che aiuta il reo ad assicurarsi il profitto del reato.
B) Colui che aiuta il reo a sottrarsi alle ricerche dell'autorità.
C) Colui che aiuta il reo a trasportare la refurtiva.

35 **In che cosa consiste l'elemento psicologico del delitto di calunnia?**

A) Nella certezza dell'innocenza di colui che viene incolpato del reato.
B) Nel dubbio sulla consapevolezza di chi è accusato del reato.
C) Nella volontà di scagionare se stesso dal reato accusando un'altra persona.

36 **Il sequestro di persona a scopo di coazione costituisce:**

A) Una ipotesi aggravata di sequestro estorsivo.
B) Una ipotesi aggravata di sequestro comune.
C) Una ipotesi autonoma di reato.

37 **Ai sensi dell'art. 648quater c.p., la condanna per riciclaggio comporta:**

A) La confisca obbligatoria dei beni che ne costituiscono il prodotto o il profitto, salvo che appartengano a persone estranee al reato, ma non quella per equivalente.
B) La confisca facoltativa dei beni che ne costituiscono il prodotto o il profitto, salvo che appartengano a persone estranee al reato, ma non quella per equivalente.
C) La confisca obbligatoria, anche per equivalente, dei beni che costituiscono il prodotto o il profitto del reato, salvo che appartengano a persone estranee al reato.

38 **Quale dei seguenti non è un elemento essenziale del delitto di truffa?**

A) Induzione in errore della vittima.
B) Artifici o raggiri.
C) Impossessamento e sottrazione della cosa mobile altrui.

39 **Commette reato il dirigente un pubblico servizio che, in occasione della sua interruzione, omette di adoperarsi per assicurarne la regolare continuazione?**

A) Sì, punibile con la multa fino a 516 €.
B) Sì, punibile con la multa fino a 1.549 €.
C) No, tale fattispecie di reato è stata abrogata.

40 **Che configurazione assume l'elemento psicologico nel furto?**

A) Coscienza e volontà di impossessarsi della cosa mobile altrui.
B) Coscienza e volontà della condotta con il fine specifico di trarre profitto dalla cosa per sé o per altri.
C) Dolo generico.

41 **Quando la lesione personale si dice gravissima:**

A) Quando mette in pericolo la vita della persona.
B) Quando provoca l'indebolimento permanente di un senso o di un organo.
C) Quando determina la perdita della capacità di procreare.

42 **Cosa ha introdotto nel delitto di indebita percezione di erogazioni a danno dello Stato, di cui all'art. 316ter c.p., la c.d. «legge spazzacorrotti» (L. 3/2019)?**

A) Una ipotesi aggravata.
B) Una scriminante.
C) Una configurazione attenuata.

43 **Rientra nel novero delle condotte tipizzate dall'art. 322 c.p. quella del pubblico ufficiale che sollecita una promessa o dazione di denaro per l'esercizio delle sue funzioni?**

A) Sì, è ipotesi espressamente tipizzata.
B) No, la norma comprende esclusivamente le ipotesi di corruzione propria.
C) Sì, ma solo per l'ipotesi di corruzione impropria antecedente.

44 **In relazione alla riscritta corruzione impropria, sussiste ancora il distinguo fra corruzione antecedente e susseguente?**

A) Sì, ma solo per i fatti commessi dal pubblico ufficiale.
B) Sì, ma solo per i fatti commessi dall'incaricato di un pubblico servizio.
C) No, tale distinguo è venuto meno.

45 **Nel delitto di corruzione per l'esercizio della funzione, assume rilevanza aggravante il fatto che la medesima abbia ad oggetto la stipulazione di contratti nei quali sia interessata l'amministrazione alla quale il pubblico ufficiale appartiene?**

A) Sì, rientra fra le ipotesi tipizzate dall'aggravante.
B) No non rientra fra le ipotesi aggravanti.
C) Sì, ma solo nella configurazione antecedente del reato.

46 **Qual è l'elemento che differenzia la simulazione di reato dalla calunnia?**

A) Mancanza dell'accusa a carico di taluno.
B) Innocenza dell'incolpato.
C) Nessuna.

47 **A che titolo giuridico rileva attualmente l'ingiuria?**

A) A titolo di delitto.
B) A titolo contravvenzionale.
C) A titolo di illecito civile.

48 **Nell'ipotesi in cui il responsabile del delitto di usura ponga in essere una minaccia per ottenere il pagamento degli interessi, quale reato si configura?**

A) Esercizio arbitrario delle proprie ragioni.
B) Estorsione.
C) Violenza privata.

49 **Nel delitto di incendio di cosa propria il legislatore richiede la sussistenza del pericolo per la pubblica incolumità, configurandolo:**

A) Come condizione obiettiva di punibilità.
B) Come elemento qualificatore della condotta incriminata.
C) Come elemento soggettivo.

50 **Fra le novità disciplinari introdotte dalla c.d. legge spazzacorrotti (L. 3/2019), vi è l'inedito art. 323ter del codice penale. Quale tipologia di istituto configura?**

A) Una attenuante ad effetto speciale.
B) Una ipotesi di confisca obbligatoria.
C) Una causa di non punibilità.

Risposte

1 **Risposta esatta:** C
2 **Risposta esatta:** C
3 **Risposta esatta:** C
4 **Risposta esatta:** A
5 **Risposta esatta:** C
6 **Risposta esatta:** B
7 **Risposta esatta:** C
8 **Risposta esatta:** C
9 **Risposta esatta:** A
10 **Risposta esatta:** C
11 **Risposta esatta:** C
12 **Risposta esatta:** A
13 **Risposta esatta:** C
14 **Risposta esatta:** B
15 **Risposta esatta:** A
16 **Risposta esatta:** C
17 **Risposta esatta:** A
18 **Risposta esatta:** B
19 **Risposta esatta:** A
20 **Risposta esatta:** C
21 **Risposta esatta:** B
22 **Risposta esatta:** C
23 **Risposta esatta:** A
24 **Risposta esatta:** C
25 **Risposta esatta:** A
26 **Risposta esatta:** A
27 **Risposta esatta:** B
28 **Risposta esatta:** C
29 **Risposta esatta:** C
30 **Risposta esatta:** B
31 **Risposta esatta:** B
32 **Risposta esatta:** B
33 **Risposta esatta:** B
34 **Risposta esatta:** B
35 **Risposta esatta:** A
36 **Risposta esatta:** C
37 **Risposta esatta:** C
38 **Risposta esatta:** C
39 **Risposta esatta:** C
40 **Risposta esatta:** B
41 **Risposta esatta:** C
42 **Risposta esatta:** A
43 **Risposta esatta:** A
44 **Risposta esatta:** C
45 **Risposta esatta:** B
46 **Risposta esatta:** A
47 **Risposta esatta:** C
48 **Risposta esatta:** B
49 **Risposta esatta:** A
50 **Risposta esatta:** C

4
Lingua Inglese

Test 1 - Quesiti grammaticali

Choose the correct verb form to complete the following sentences (1 to 18)

1 **If I ... a cake, will you bring some wine?**

A) will make
B) make
C) had made
D) would be making

2 **Would you like a coffee before ... back to work?**

A) you go
B) to go
C) you had gone
D) you will go

3 **The bank usually ... at 8.20.**

A) opens
B) open
C) opening
D) is opening

4 **By this time next week we ... the new computer system.**

A) will have installed
B) have installed
C) will have been installing
D) will installing

5 **The notebook ... in the office yesterday evening, but now it's gone!**

A) is
B) was
C) were
D) be

6 **Where did they all ... after the party?**

A) go
B) went
C) gone
D) going

7 **Whatever job you have, for your first days at work try to wear something clean, smart and simple. You need to look as if you ... an effort, even if the actual job entails getting your hands and face dirty, or wearing overalls.**

A) are done
B) are made
C) have done
D) have made

8 **In the era of the European Union and of the single currency, ... it still make sense to maintain national boundaries?**

A) has
B) does
C) do
D) is

9 **Last year, 3.8 billion people ... the Live8 concert.**

A) watched
B) were viewed
C) looked
D) seen

10 **The employees were told that they would receive a pay rise when the new budget ...**

A) was being approved
B) will be approved
C) had been approved
D) would be approved

11 **Leading historian Robert Bryan called for an investigation into the contamination of the National Archives, after the *Daily Mirror* reported that forged documents ... in.**

A) had been smuggled
B) were smuggling
C) to be smuggled
D) will have been smuggled

12 **... last week that the Prime Minister had ordered the Home Secretary to limit the cost of the new identity cards.**

A) It has been revealed
B) It had revealed
C) It was revealed
D) They revealed it

13 **Are these men really ... for a single group?**

A) work
B) worked
C) works
D) working

14 **If the accounts department ... the error, we would have found ourselves in a difficult situation.**

A) wouldn't have noticed
B) wouldn't notice
C) hadn't noticed
D) didn't notice

15 **He ... in his office when the fire alarm went off.**

A) had worked
B) has been working
C) was working
D) worked

16 **I really like ... to foreign countries.**

A) visit
B) going
C) seeing
D) travel

17 **It may be necessary to ... taxes some time next year.**

A) raise
B) hire
C) rise
D) heighten

18 **They ... us with stationery for the last ten years.**

A) supply
B) could supply
C) are supplying
D) have been supplying

Choose the correct alternative to complete the following sentences (19 to 30)

19 **... do you like your job?**

A) What
B) Where
C) Why
D) Who

20 **I am no longer satisfied with my job, and I would really like to find something more ...**

A) attracting
B) exhausting
C) suited
D) challenging

21 **The insurance pays ... the medical bills.**

A) every
B) to
C) your
D) all

22 Are there ... CDs in stock?

A) a
B) this
C) of
D) any

23 If the goods are faulty on arrival, you are entitled to receive a ...

A) reimburse
B) repay
C) refund
D) return

24 The Government's ... priority is the improvement of public services.

A) large
B) most
C) top
D) mainly

25 Door-to-door ... will involve a 10% surcharge on the price of the purchased goods.

A) delivery
B) invoice
C) expedition
D) posting

26 You can invest your money in stocks and ...

A) bears
B) hedges
C) shares
D) dividends

27 For tax purposes, declared annual ... should also include interest on investments and revenue from rented properties.

A) yield
B) salary
C) income
D) wage

28 There will soon be wireless computers in ... office.

A) every
B) all
C) both
D) whole

29 Daniel writes for a ... newspaper.

A) France
B) Dutch
C) Sweden
D) Germany

30 The department ... he works for will soon be closed.

A) it
B) that
C) where
D) what

Choose the right phrase to complete the following sentences (31 to 45)

31 ... a scanner in the office?

A) Are there
B) There are
C) Is here
D) Is there

32 I've been trying ... with him all week, but he's never in the office and his mobile always seems to be busy.

A) contacting
B) to answer
C) to get in touch
D) getting hold

33 The office ... open on Saturdays.

A) is not
B) aren't
C) it isn't
D) do not

34 I work ... Ministry of Foreign Affairs.

A) at the
B) to the
C) in
D) at

35 Visiting Poland ... a visa, but now it's no longer necessary.

A) used requiring
B) are used to requiring
C) were used to require
D) used to require

36 By 1999 the FBI had doubled their personnel and tripled their budget, but they knew it was not ...

A) nearly enough
B) well enough
C) enough big
D) enough of them

37 When she lived in the centre, she ... the bus to work.

A) was often taking
B) often was taking
C) would often take
D) used take often

38 On Fridays, public offices ... early.

A) usually close
B) is usually closing
C) usually are closing
D) closes usually

39 I am not familiar with this technology yet, so I am going to ... research on it.

A) do some
B) make a
C) make
D) do any

40 I like ...

A) play volleyball
B) to play the volleyball
C) the playing volleyball
D) playing volleyball

41 The report of the Intergovernmental Panel on Climate Change concludes that global warming over the past five decades ... by natural variations alone.

A) cannot be due
B) cannot have caused
C) cannot explain it
D) cannot be accounted for

42 On September 11, 2001, Al-Qaeda ... to bypass the U.S. counterterrorism structure.

A) is capable
B) could
C) can
D) was able

43 The Prime Minister returned to Scotland ...

A) last night
B) the evening of yesterday
C) last afternoon
D) tomorrow morning

44 Her beauty owes more to ...

A) art than the nature
B) the art than the nature
C) art than nature
D) art then nature

45 Egypt is the most exciting country ...

A) I ever been
B) I have ever visited
C) I never went
D) I have never gone

Choose the correct word or phrase to complete the following sentences (46 to 53)

46 John and Mary are away this week; ... at a conference in Paris.

A) they're
B) theirs
C) there's
D) there are

47 Ian McNabb is a Scottish writer; ... from Glasgow.

A) is
B) come
C) he's
D) he come

48 I love Munich. It's a really lively and exciting place, and the people ... friendly.

A) are very
B) they are more
C) is really
D) are much

49 Their children don't get any exercise. They just watch television ...

A) ever
B) a habit
C) all day
D) each time

50 We have allowed our competitors to get the upper hand for too long; it's time we ... hitting back with a really good advertising campaign.

A) started
B) will start
C) start
D) can start

51 Your purse? ... in your office?

A) Haven't you
B) Isn't it
C) Aren't
D) Isn't

52 That isn't your desk. It's ...

A) your
B) he's
C) hers
D) my

53 I can't work with Paul! If you ask ... to do something, he always refuses.

A) to him
B) that he
C) for him
D) him

Which of the following alternatives CANNOT be used to complete these sentences? (54 to 72)

54 My manager ... about the deadline for the report.

A) discussed
B) spoke
C) told me
D) informed me

55 Apart from three months when I went travelling in my early 20's, I have never lived ... from home.

A) abroad
B) far
C) away
D) apart

56 They asked for additional … so that they could finish the report.

A) new
B) information
C) feedback
D) data

57 The Germans … the most beer.

A) do
B) make
C) drink
D) produce

58 If we knew more about the problem, we … solve it.

A) could
B) would be able to
C) might be able to
D) can

59 I'm tired because I've been working …

A) hardly
B) hard
C) too much
D) deeply

60 Mark isn't at work today, so I think he … be ill.

A) can
B) might
C) may
D) must

61 I arrived at the meeting really late yesterday … in a traffic jam on the outskirts of Milan for hours.

A) after having been stuck
B) after to be stuck
C) after getting stuck
D) because I got stuck

62 All MPs … think carefully about their words, today of all days.

A) ought to
B) need
C) should
D) must

63 I've … an appointment with the dentist next week, because I'm really worried about the state of my teeth.

A) made
B) fixed
C) done
D) arranged

64 Don't forget to … the lights before you leave the office.

A) knock out
B) turn off
C) switch off
D) put out

65 He suggested … more staff.

A) hiring
B) to hire
C) that we hired
D) that we should hire

66 Professor Brown's plane … at 22.00 tomorrow evening.

A) will arrive
B) arrives
C) arrive
D) is arriving

67 Why is the USA … in Africa?

A) intending
B) investing
C) interested
D) involved

68 **The NATO phonetic alphabet ... about 1955 and is approved by the International Telecommunication Union.**

A) dates from
B) was created in
C) goes back to
D) is old

69 **We must try to ... them from taking us to court.**

A) deter
B) avoid
C) prevent
D) stop

70 **I always have a ... in the morning before I go to work.**

A) breakfast
B) bath
C) cup of coffee
D) shower

71 **She works ...**

A) quite hard
B) enough hard
C) very hard
D) too hard

72 **The view from the mountain top was ...**

A) amazing
B) very impressive
C) surprised
D) magnificent

Which underlined option is NOT correct in these contexts? (73 to 84)

73 **Did you notice that the supermarket on the corner is offering MP3 players at very reasonably prices?**

A) players
B) reasonably
C) notice
D) corner

74 **"Did you find the film moving?". "No, I'm afraid I didn't. I thought it was so slow and annoyed that I nearly fell asleep".**

A) asleep
B) moving
C) nearly
D) annoyed

75 **The matter of my talk today will be "How to avoid social injustice in the workplace".**

A) workplace
B) talk
C) avoid
D) matter

76 **He was involved in a minor car incident last week and has broken his leg in three places.**

A) incident
B) broken
C) involved
D) places

77 **Their house in the country is in ruins. It has obviously been inhabited for a very long time.**

A) country
B) obviously
C) inhabited
D) ruins

78 I went to the library to buy Adam's birthday present, but I couldn't find the novel I wanted to give him.

A) library
B) find
C) novel
D) present

79 Professional male, tall, slim, and with athletic build seeks outgoing female partner in her twenties who enjoys communicating and has varied interests. A pretentious sense of humour is required.

A) varied
B) pretentious
C) twenties
D) build

80 Accommodation offered on lovely old-fashioned country farm with extravagant views and excellent facilities. Prices range from £50 to £100 per night.

A) range
B) extravagant
C) old-fashioned
D) facilities

81 I read an advice on the front door about not smoking anywhere on the premises.

A) front door
B) premises
C) anywhere
D) advice

82 Six Persian kittens looking for a home. Beautiful, five-week-old, grey and tabby kittens, with very morbid fur. Highly affectionate and loving. Please ring.

A) affectionate
B) grey
C) morbid
D) highly

83 This phrase is nearly six lines long. I suggest that you shorten it or split it into two.

A) phrase
B) shorten
C) split
D) nearly

84 I'm not inviting Bob to our house again. He spilt his coffee all over the pavement and I just couldn't get the marks off the carpet.

A) carpet
B) spilt
C) pavement
D) marks

Choose the correct answer for these questions (85 to 94)

85 What do you do?

A) I like playing football
B) I'm fine, thanks
C) I'm an engineer
D) I'm working

86 Did you get the job?

A) Yes, I get it
B) Yes, I have got
C) Yes, I did
D) Yes, I got

87 How old is this theatre?

A) It's got 40 years
B) It's 40 years old
C) Yes, it's old
D) It's 40 year

88 Are you ready?

A) Yes, I am
B) Yes, I ready
C) Yes, I do
D) No, I not

89 Do your parents live in Spain?

A) No, he doesn't
B) No, they don't
C) Yes, they are
D) Yes, we do

90 When do you play squash?

A) Last Friday afternoon
B) On the afternoons of Friday
C) On Friday afternoons
D) Friday the afternoon

91 When did you come back from lunch?

A) It's the hour
B) An hour ago
C) For an hour
D) Since an hour

92 Can I speak to the director, please?

A) Certainly, sir. Just a moment
B) Certainly, sir. Please, moment
C) Certainly, sir. Don't mention it
D) Certainly, sir, if I can

93 Where is the next candidate?

A) He waits in the corridor
B) He's waiting in the corridor
C) He can wait in the corridor
D) He's waited in the corridor

94 What's the weather like in August?

A) It's always hot and sunny
B) Yes, it's very nice
C) No, it isn't cold
D) It's nice and rainy

Which underlined element is NOT correctly used in the following contexts? (95 to 104)

95 Located on a peninsula among the Pacific Ocean and the wonderful Bay, the city of San Francisco is very compact, hilly, and scenic.

A) the city of
B) among
C) hilly
D) on

96 In Zimbabwe, many civil servants, especially teachers taking up new posts in rural areas, have recently received security vetting forms designed to control if they have any criminal record.

A) any
B) taking up
C) vetting
D) control

97 The people at head office are always frantic busy, drawing up reports and flow charts, and making appointments to confer with one another.

A) another
B) frantic
C) always
D) drawing up

98 Generations of my family have lived in this house since three centuries.

A) of
B) since
C) have lived
D) this

99 **A small tourist port called Portofino, on the north-west coast of Italy, was at the news recently.**

A) of
B) recently
C) called
D) at

100 ***The Long Walk* by Stephen King is definitely the better of all his books.**

A) definitely
B) better
C) by
D) all

101 **In Venice, the nine-hundred-years-old St. Mark's Basilica presides over a giant public square that has changed little since the days of Casanova and Vivaldi.**

A) over
B) since
C) years-old
D) that

102 **The Health and Safety at Work Act is the statute which has the widest impact on working conditions, its aim being to secure the healthy, safety and welfare of all workers wherever they may be employed.**

A) healthy
B) welfare
C) its aim being
D) may

103 **Given modern informatic technology, it is not necessary for the administrative part of the Civil Service, as opposed to its policy-making sections, to be located in London, within easy distance of its political master.**

A) as opposed to
B) policy-making
C) to be located
D) informatic

104 **Rose switched off the lights, put on her coat, went out from the house, and got in her car.**

A) from
B) off
C) on
D) her

Choose the correct question for these answers (105 to 108)

105 **I'm fine, thanks.**

A) Where are you?
B) Who are you?
C) What are you?
D) How are you?

106 **She's a film director.**

A) What does your sister do?
B) What job your sister does?
C) What job does your sister?
D) What does your sister work?

107 **No thanks. I'm on a diet.**

A) Have you liked some chocolate?
B) Are you like some chocolate?
C) Do you like some chocolate?
D) Would you like some chocolate?

108 **He's tall and thin, with glasses and a moustache.**

A) What is he like as a person?
B) How is he?
C) What does he like doing?
D) What does he look like?

Which is the right answer for these questions? (109 to 112)

109 What's your sister like?

A) She's very friendly
B) She likes reading
C) She looks like me
D) She likes me

110 Where's the nearest drugstore?

A) Opposite the cinema
B) Next the cinema
C) Close the cinema
D) In front the cinema

111 How was your trip?

A) We did a good flight
B) We had a good flight
C) We flew well
D) We made a good flight

112 Will computers take over the world?

A) They had
B) They do
C) They might
D) They are going

Choose the correct alternative to complete these questions (113 to 122)

113 Where ... you born?

A) do
B) are
C) did
D) were

114 ... do Bono Vox and Michael Stipe have in common?

A) How
B) Where
C) What
D) When

115 ... you like to come to China with me next month?

A) Did
B) Do
C) Will
D) Would

116 I'm sorry. I didn't understand your name. Can you ... your surname please?

A) tell
B) writing
C) spell
D) syllable

117 What is the name of the first bridge ... the River Thames?

A) along
B) across
C) among
D) through

118 Is there ... airport in Mantova?

A) some
B) the
C) a
D) an

119 What is your book ...?

A) by
B) about
C) matter
D) subject

120 Why don't you tell ... what happened next?

A) we
B) to us
C) us
D) our

121 Have you ever ... a poem?

A) write
B) wrote
C) writ
D) written

122 Would it be ... for you to see me tomorrow?

A) possible
B) fit
C) successful
D) available

Choose the correct reply to these statements (123 to 125)

123 George has got a new hairstyle!

A) Yes, his hair are horrible!
B) Yes, his hairs are horrible!
C) Yes, his hair is horrible!
D) Yes, his hairs is horrible!

124 I can't find my white cat anywhere.

A) It never sleeps on the bed
B) There is it under the bed
C) Neither I can
D) It's sleeping under the bed

125 I ate too much at breakfast.

A) So I do
B) Neither I did
C) Neither did I
D) So did I

Choose the correct sentences (126 to 136)

126

A) Who does play squash with Carol?
B) Who plays squash with Carol?
C) Who play squash with Carol?
D) Who Carol plays squash with?

127

A) Don't leave children in the house on their own
B) Don't leave children in the house on theirs own
C) Don't leave children in the house on themselves
D) Don't leave children in the house on them own

128

A) Good friends help each other
B) Good friends help them other
C) Good friends help themselves
D) Good friends help their others

129

A) James is meeting his boss after lunch
B) James meet his boss after lunch
C) James meets his boss after lunch
D) James has a meeting his boss after lunch

130

A) Why do you not coming with me to the concert?
B) Why don't you come with me to the concert?
C) Why do you not stay with me to the concert?
D) Why you not come with me to the concert?

131

A) What do you did last summer?
B) What you did last summer?
C) What did you last summer?
D) What did you do last summer?

132

A) Where you did grow up?
B) Where did you grow up?
C) Where did grow up you?
D) Where you grew up?

133

A) Have you ever studied history?
B) Had you ever been studying history?
C) Have you ever been studying history?
D) Did you ever study history?

134

A) How long is it since it has rained?
B) How long time has it rained?
C) For how long has it rained?
D) How long has it been raining?

135

A) Andrew told us he have sold his stereo
B) Andrew said us that he had sold his stereo
C) Andrew told us that he had sold his stereo
D) Andrew told to us that he had sold his stereo

136

A) Whose are we waiting for?
B) Who we are waiting for?
C) For who are we waiting?
D) Who are we waiting for?

Complete the sentences correctly (137 to 155)

137 I don't think ... on this Website is correct.

A) the informations
B) the information
C) an information
D) information

138 My sister and ... are ... holiday.

A) me - at
B) me - in
C) I - in
D) I - on

139 All the rooms are fully equipped ... business meetings.

A) to
B) for
C) at
D) with

140 Do you know ... who can speak Chinese?

A) if someone
B) if anyone
C) anyone
D) there is someone

141 Mark and Joe ... badminton together two or three times a week.

A) are playing
B) played
C) were playing
D) play

142 I'm quite lazy, so I ... much at weekends.

A) wasn't doing
B) 'm not doing
C) can do
D) don't do

143 Bryan ... very cooperative at the moment.

A) not be
B) not is
C) isn't being
D) won't be

144 I wonder who ...; do you know that man?

A) is Margie talking to
B) Margie is talking
C) is talking Margie
D) Margie is talking to

145 Why ... some furniture for our flat?

A) we not get
B) don't we get
C) don't get we
D) we don't get

146 Don't eat all the cherries, ...?

A) do you
B) will you
C) shall you
D) don't you

147 There are ... things I like more than staying in bed late on weekends.

A) few
B) a few
C) some
D) no

148 I regret ... you that the bill is now overdue.

A) that I inform
B) to inform
C) informing
D) I inform

149 We ... our hotel room. Can we change it?

A) are not liking
B) didn't like
C) don't like
D) not like

150 Bob ... me this week.

A) hasn't phoned
B) hadn't phoned
C) didn't phone
D) hasn't been phoning

151 ... swimming when you were little?

A) Were you going
B) Did you used to go
C) Did you use to go
D) Were you used to going

152 Frank ... in Glasgow for over a year now.

A) had been working
B) works
C) is working
D) has been working

153 ... Anne at the airport tomorrow?

A) Will somebody meet
B) Is anybody meeting
C) Shall nobody meet
D) Does anybody meet

154 **Liz ... be 35. She looks much younger than that.**

A) needn't
B) mustn't
C) can't
D) doesn't have to

155 **It's time ...**

A) they should leave
B) that they leave
C) they leave
D) they left

Test 2 - Comprensione brani

First read the passages, then complete the sentences or answer the questions that follow on the basis of what is explicitly stated in the text rather than on the basis of the knowledge you may have of the issue

Text n. 1

Globo is Brazil's largest broadcast network and the country's most powerful company. It started in Rio de Janeiro with a newspaper, *O Globo*, in 1925, and was built by a visionary and long-lived media titan, Roberto Marinho, who died in 2003 at the age of 98. As it grew in the television age, Globo has arguably done as much as any politician to unite a vast and diverse country, from the Amazonian jungle to the heart of coffee-growing country, from wretched *favelas* on the urban periphery to the fancy boutiques of downtown Rio and São Paulo. Today, it is controlled by Mr Marinho's three sons and towers over Brazil, like Rio's Christ the Redeemer statue. It is the largest media company in Latin America, with revenues that reached 14.6 billion reais ($6.3 billion) in 2013, having climbed impressively over the past decade.

Globo counts pay-TV stations, magazines, radio, film production and newspapers as part of its empire, but most of its profits come from its broadcast network, which airs salacious *telenovelas*, or soap operas, that are always the talk of Brazil. In richer countries, the habit of "appointment viewing" has declined with the spread of digital video recorders, but Brazilians still tune in devoutly for the three *telenovelas* that run each evening, six days a week.

Globo airs Brazil's snazziest and freshest shows, yet its business model feels decidedly old-fashioned. Its programmes are filmed on its own vast studio lot, called Projac, nestled among forested mountains on the edge of Rio. Actors and writers are on contract, just as they were in the early days of Hollywood. Workers stitch lavish costumes and build intricate sets on site. The *telenovela* format can be adapted to audience feedback, and plots can be changed on the fly depending on what viewers like.

Not everyone is comfortable with Globo's good fortune. Critics are unsettled by the firm's share of advertising and audience. It controls everything from Brazilians' access to news to the market rates for journalists' salaries. Even entertainment shows can be remarkably influential. "Salve Jorge", a recent soap set in Turkey, prompted hordes of Brazilians to take holidays there. Its programmes also shape the national culture. This year it aired what it believes was the first gay kiss on a broadcast network. [...]

Internet use has taken off in Brazil and will alter consumers' viewing habits over time. Today, Brazil has more mobile phones than people and penetration of pay-television has slowly crept up to around 28% of households. In April, Brazilians spent around 12.5 hours a week on online social networks from their desktop computers, more than double the global average, according to comScore. For the first time in Globo's history, it is facing serious competition for advertisers and audience. Increasingly, Brazil's advertising market will be a contest between the two Gs: Globo and Google.

1 Which of the following statements is 'correct'?

A) Globo is now interested in pay-television and social networks
B) Globo produces soap operas and tv shows, but not films
C) Globo underwent a remarkable growth over the last ten years
D) Brazilians' taste for *telenovelas* is declining as people discover the Internet. However, it will take some time before the Web takes over

2 Which of the following is NOT a branch of Globo's business?

A) newspapers
B) a broadcast network
C) advertising
D) radio stations

3 What has declined in richer countries with the spread of digital video recorders?

A) the habit of meeting with friends or family to watch a tv series
B) the habit of watching a TV series at a set day and time
C) the habit of watching soap operas
D) the habit of talking about TV series

4 According to the author, why do some criticise Globo?

A) their share of audience and advertising is too large, and their influence on Brazilian culture and the news sector is too great
B) their shows are fresh and snazzy, but their production model is very old-fashion
C) they haven't been able to keep up with the latest technologies, and Google is now gaining more and more market shares in terms of advertising
D) they haven't been able to understand that watching habits are changing

5 Why is Globo's business model said to be old-fashioned?

A) at Globo they rely on free TV rather than on pay-TV, which is doing much better everywhere else
B) they still shoot their *telenovelas* outside town, wasting a lot of money on sets
C) the *telenovela* format, which can be adapted to viewers' feedback, is very old-fashioned
D) Globo owns the studios but actors and writers are on contract, while large amounts of money are spent on costumes and sets

Text n. 2

According to a report by the W.W.F., something serious is happening to the world's wildlife population. From kangaroos in Australia, to seals and polar bears in Antarctica, there has been a dramatic fall in the number of wild animals in recent years. But what is causing this problem? Is it global warming? Is it because of droughts and floods?
No, it's the disastrous effect of man. Poachers are responsible for the uncontrolled killing of wildlife. The population of African elephants has fallen by 50 per cent during the last 10 years, because poachers value their tusks. If this sounds shocking, according to the report it's about the same as the population drop of kangaroos in Australia and reindeer in Northern America. Poachers kill for sport or money and they use modern weapons to kill as many animals as possible. "Although the killing of animals in the wild is banned by most governments around the world, poachers generally ignore the rules", said Mr. George Medley, director of W.W.F. "The ivory trade

is especially worrying. One elephant is killed every ten minutes because an average size ivory tusk is worth over 600 pounds". What can be done about this tragic problem?
When it comes to protecting wildlife, most government schemes are useless. Wild animals are difficult to protect even though there are large game reserves for them. "Most people like animals, but only a few worry about this problem", said Mr. Medley. "People's attitudes have to be changed... seals are killed because of their coats, elephants because people want ivory ornaments and jewellery". W.W.F. hopes to change people's opinion by making a series of TV documentaries about poaching and its effect on the environment. "We want to get through to people that it is criminal to sacrifice animals because of money. If we don't, soon there may not be any wild animals left to protect".

1 According to the article, how many elephants are killed in one hour?

A) six
B) one
C) ten
D) six hundred

2 The passage talks about a campaign that the W.W.F. is planning. What is it about?

A) a series of documentaries aimed at raising governments' awareness of the disastrous effects of poaching on the environment
B) a series of TV documentaries about the dramatic fall in the number of wild animals in recent years
C) a two-step campaign, including a TV series of documentaries, aimed at obtaining more effective laws against poaching and more game reserves
D) a series of TV documentaries about poaching and the threats it poses to the environment

3 What does "to get through to" (last paragraph) mean?

A) to disillude
B) to show, to demonstrate
C) to reach as many people as possible to spread a concept or idea
D) to make someone understand

4 According to the author of the passage, in terms of protecting wildlife, governments:

A) are often unable to tackle the issue in an effective way
B) should create more game reserves for wild animals
C) tend to ban the killing of wild animals, but should think of more effective kinds of punishment for poachers
D) are scarcely interested and only produce useless schemes

5 What trade is especially worrying?

A) the ivory trade
B) the coat trade
C) the animal trade
D) the wood trade

Text n. 3

In the long run a government will always encroach upon freedom, to the extent to which it has the power to do so; this is almost a natural law of politics, since, whatever the intentions of the men who exercise political power, the seer momentum of government leads to a constant pressure upon the liberties of the citizen. But in many countries society has responded by throwing up its own defenses in the shape of social classes or organised corporations with enjoying economic power and popular support, and it has been able to set limits to the scope of action of the executive. Such, for example, in England, was the origin of all our liberties — won from the government through the stand first of the feudal nobility, then of churches and political parties, and later of trade unions, commercial organisations, and the societies for promoting various causes. Even in European lands which were arbitrarily ruled, the powers of the monarchy, though absolute in theory, were in their exercise checked in a similar fashion. Indeed the fascist dictatorships of today are the first truly tyrannical governments which western Europe has known for centuries, and they have been made possible only because, on coming to power, they destroyed all forms of social organisation which were in any way rivals to the State.

1 Which of the following sentences can be inferred from the passage?

A) corporations can replace the State
B) Fascism destroyed people's organisations
C) England and the rest of Europe faced the same destiny
D) every goverment is fascist

2 The main idea of the passage is best expressed as:

A) limited powers of monarchies
B) ruthless ways of dictators
C) safeguard of individual liberty
D) the need to fight against dictatorships

3 According to the author, which was the first origin of liberties in England?

A) the monarchy
B) the Church
C) the fight of trade unions, commercial organisations, and the societies against government
D) the stand of the feudal nobility

4 The writer maintains that there is a natural tendency for governments to:

A) become more democratic
B) become fascist
C) put pressure upon the liberties of the citizen
D) increase individual liberties

5 What is the "scope of action", towards the middle of the passage?

A) the willingness to do as many things as possible
B) the purpose of an action
C) the extent of the area covered by an activity
D) the authoritarian nature of an action

Text n. 4

It is a phrase familiar to many cyclists who have come a cropper on our roads and retained the ability to hear the words: "Sorry mate, I just didn't see you." But how could you not see a big lump of human right in front of your eyes? The answer: a fault in our brains that means, sometimes, even when there is eye contact, the image of a cyclist does not materialise before it's too late.
Crawford Hollingworth, an expert in behavioural psychology, is more used to devising smart ways for companies to sell us stuff. But as a cyclist, who — touch wood — has escaped serious

injury on his daily commute across London, he had a lightbulb moment that set him down a different path.

"I was about to cross Hyde Park Corner, one of the junctions in the city that scares me most, and noticed the little bike on the special set of traffic lights," he says. "I suddenly thought, there it is, a symbol that everybody knows that could have the power to unlock the brain."

Two years later, Hollingworth has launched a set of bike lights he believes represent a breakthrough in road safety. They are startlingly simple and, in all ways but one, like any other bike lights — white at the front, red at the rear. The difference: a black stencil turns the super-bright LED light each device emits into an image of a person on a bike.

"It means a driver does not have to decide what a light or shape belongs to, because their brain gets that information milliseconds faster, hopefully giving them time to adjust their behaviour," Hollingworth explains. Brainy Bike Lights are designed to trigger the same associations during the day as well as the night, although they will be most effective in the dark. To develop them, Hollingworth drew on his own work, as well as that of academics, to reveal the importance of understanding our cognitive flaws and the power of familiar, human symbols to overcome them.

"There's a thing called priming," says Hollingworth, the co-founder of Behavioural Architects, a consultancy obsessed with the way consumers think. "For example, if you read literature embedded with words associated with ageing, such as 'tired' or 'achy', it subconsciously influences your behaviour — you might walk a bit slower. In the same way, a symbol of a bike with a human on it very quickly triggers associations with vulnerability."

"Our brains work on a subconscious level," Hollingworth adds. "We travel on autopilot, which is why we often have no memory of large parts of our journeys."

Inventors have applied similar psychology to other products. Children are more likely to brush their teeth properly when the toothbrush features a smiley face. Shoppers, meanwhile, have been shown to buy more cereal when a character on the box makes eye contact. "We've learned more about our brains in the past five years [than in] I don't know how long," Hollingworth says. "And any innovation has to be good if it also helps to save lives."

1 **What is a "breakthrough" (paragraph 4)?**

- A) a technological device that can be used on the road
- B) a novelty
- C) an oddity
- D) a major achievement that permits further progress

2 **What does the author mean when he says that Crawford Hollingworth "had a lightbulb moment"?**

- A) he suddenly thought of a light bulb and had the idea that led to Brainy Bike Lights
- B) he had a sudden flash of inspiration
- C) he survived an accident and decided to invent something to help cyclists
- D) he felt extremely relieved after escaping serious injury

3 **What does Crawford Hollingworth do for a living?**

- A) he is a psychologist and also campaigns for cyclists' safety
- B) he invents market strategies for companies basing himself on his knowledge of consumers' way of thinking
- C) he is an academic behavioural psychologist who researches into consumers' brains
- D) he is an expert in behavioural psychology and semiotics, and works as a consultant for both academics and companies

4 Mr Hollingworth's bike lights are based on the notion that:

A) human symbols can be used to overcome cognitive flaws
B) cyclists are less visible at night and therefore need a special device for their night rides
C) any innovation is good only if it helps to save lives
D) a smiley face helps us switch the autopilot off

5 What do Brainy Bike Lights look like?

A) they are a couple of super-bright LED lights that blink to indicate that a person on a bike is ahead or behind your car
B) they are a couple of LED bike lights — a red one at the front and a white one at the rear — displaying the image of a person on a bike thanks to a black stencil
C) they are just a couple of super-bright LED lights — a red one and a white one — in the shape of a human figure on a bike
D) they are a couple of LED bike lights — a white one at the front and a red one at the rear — displaying the image of a person on a bike thanks to a black stencil

Text n. 5

Anyone who reads a daily paper could be forgiven for wondering how carbs, alcohol, fats — a whole host of things, really — can be reported as healthy one day and unhealthy the next. Of the conflicted bunch, however, alcohol just might be most enduringly confusing: scientific studies proclaim that it protects against heart attack and stroke, while others suggest it promotes violent tendencies or destroys the liver. Why the mixed messages? A new study demonstrates what can go wrong.

The latest in a long line of research on alcohol's benefits — sure to cause a stir — is a paper by geriatrics researchers at the University of Bari in Italy, appearing in the May 22 issue of Neurology, revealing that the progression of dementia may be slower in people who drink moderately than in teetotallers. A survey of elderly Italians — 1,445 of whom had no cognitive impairment and 121 who suffered mild cognitive impairment (MCI) — found that, over 3.5 years, those with MCI who drank less than one drink a day progressed to dementia at a rate 85% slower than those who drank nothing. Drinking more did not seem to be better than drinking nothing. Expect big headlines to follow: "Booze boosts the brain"; "A drink a day keeps dementia away".

The problem is, of course, that that's not what the Bari scientists actually wrote in their paper. They said only that a drink a day may keep dementia away. Like so many studies of this kind, where researchers follow a large group without making any interventions of their own, it can be hard to distinguish the effects of alcohol from the effects of other lifestyle factors. As the Neurology article plainly states: "It is... possible that moderate lifestyles in general, which obviously vary according to different cultural environments, protect from cognitive impairment. Thus, it may not be the direct effect of alcohol or specific substances in alcoholic drinks that provide the protection".

In other words, common sense and your own personal experience might explain just as much of the association between drinking and delayed mental decay as can be explained by neurology. Seventy-year-olds who have a regular glass of wine, for example, might well be moderate drinkers precisely because they are still physically fit, eat reasonably well, are in good enough health that don't take serious medications that prevent them from drinking, and lead active social lives — all factors that, like moderate drinking, have been linked to staying mentally sharp. Researchers who study the effects of any one of these factors will, of course, try to separate it from the others. But when it comes right down to it, that's not always easy. There are some ethical problems that get in the way of researchers force-feeding patients pre-determined quantities of alcohol. Without that kind of control over study subjects, however, scientists are limited in what they can measure. To be fair, the scientists and journal publishers are almost never the ones who claim unambiguous relationships between alcohol — or anything else — and good health. But journal articles generally assume readers understand that correlation is not causation, a subtlety that may be lost on the layperson. And subtlety is often what's needed to present these studies fairly. Alcohol could offer some protection against cognitive decline, after all. Moderate alcohol consumption has been linked with reduced risk of vascular disease, and good vascular health could slow the progression of dementia. The study authors note that some experiments show that ethanol encourages the release of a brain chemical that could be responsible for improved memory; that alcohol is associated with high levels of HDL cholesterol, linked to better coronary health; and that anti-oxidants in wine, the main source of the elderly Italians' alcohol intake, might also boost cognitive performance. Or there could be an entirely different mechanism at play.

The simple thing to note is that the researchers behind this study weren't claiming to show any of these things. The paper is still valuable: it is the first to identify a relationship between alcohol consumption and the rate of progression from mild cognitive impairment to dementia, according to the study authors. It also appears consistent with other papers that suggest, over a longer time period, that moderate alcohol consumption might be linked to reduced risk of dementia. That's all a bit complicated for a headline. But on reports like this one, it's usually worth reading the fine print.

1 In the context of the article, the first paragraph:

A) shows how mass media share the same stereotypes on food
B) gives proof that the same piece of information can be divergently interpreted by different readers
C) points to the contradictory nature of information about food and health in newspapers
D) blames readers for paying lip service to warnings in daily newspapers about unhealthy food habits

2 In the context of the article, "to cause a stir" (second paragraph) means:

A) to originate a lively debate
B) to cause heavy damage
C) to change the direction of current research
D) to bring about a complete U turn in the direction of scientific research

3 In the context of the article, "teetotallers" (second paragraph) are:

A) people unstable standing on their feet or in their walk
B) heavy drinkers
C) people totally addicted to drugs or alcohol
D) people who completely refrain from drinking alcohol

4 According to the article, which one of the following statements is 'true'?

A) Drinking even moderate quantities of alcohol increases the probability of developing dementia
B) There is no correlation between vascular disease and the risk of progression of dementia
C) Geriatrics researchers at the University of Bari describe force-feeding patients pre-determined quantities of alcohol
D) Geriatrics researchers at the University of Bari said that a drink a day may keep dementia away

5 According to the article and to the opinion of its author, which one of the following statements is 'false'?

A) Articles from scientific journals are often too confused and are much better understood when translated into the simpler headlines of daily newspapers
B) Newspapers often turn scientific articles into big headlines
C) Some experiments show that alcohol could be responsible for improved memory
D) High levels of HDL cholesterol, usually associated with alcohol, are good for coronary health

Text n. 6

Imagine if tire manufacturers lobbied against filling potholes so they could sell more tires. Or if private emergency services got local agencies to cut funding for fire departments so people would end up calling private services first. And what if private schools pushed to reduce public school money so more families would flee the public system? Or what if taxicab companies managed to get a rail line placed just far enough from an airport to make public transportation prohibitively inconvenient? Pick your favorite of these outrages, and take note of how it makes you feel. You'll experience it again when you read the next story and this one, unfortunately, is quite true.

In 2005, the state of California conducted an experiment. Hoping to make paying taxes easier, it launched a pilot program for people who were likely to file "simple returns." The state already had the payroll information some taxpayers needed to file their returns, so it filled out 50,000 of those forms for them. Way in advance of the filing deadline, the state mailed the taxpayers their completed ReadyReturns. Like a Visa statement, the ReadyReturn itemized the taxes due, making the process easier for the taxpayer and more accurate for the government. People could either file the ReadyReturn or use the information to fill out forms on their own. Of taxpayers who hadn't yet filed, 30 percent used the return; more than 95 percent of that group said they would do so again. Praise for the program was generally over-the-top.

Soon after ReadyReturn was launched, lobbyists from the tax-preparation industry began to pressure California lawmakers to abandon the innovation. Their opposition was not surprising: if figuring out your taxes were easy, why would anyone bother to hire H&R Block? If the government sends you a completed form, why buy TurboTax?

But what is surprising is that their "arguments" are having an effect. In February, the California Republican caucus released a report highlighting its "concerns" about the program — for example, that an effort to make taxes more efficient "violates the proper role of government." Soon thereafter, a Republican state senator introduced a bill to stop the ReadyReturn program.

Inefficiency has become a virtue in government — and not just in California. Last year, the US Senate passed a funding bill with an amendment prohibiting the IRS from developing its own "income tax electronic filing or preparation products or services."

I'm no Republican (though I was the youngest member of the Pennsylvania delegation to the 1980 GOP convention). But I don't expect the Democrats would behave much differently if they were in power; the corrupting influence of money in government is equal-opportunity. If those in power are to resist that corruption, they need to adhere to a set of ideals. The GOP (at least, as it was rising to dominate American politics) defined its ideals as pro-market policies that promote competition and efficiency. Yet increasingly, the party — as conservative columnist Bruce Bartlett says of George Bush in his book, Impostor — is "incapable of telling the difference between being pro-business and being for the free market." It favors specific competitors rather than favoring competition. What's good for the US is more and more often translated into what's good for powerful friends. Or so policy in America could be summarized today.

Such pro-business and anti-efficiency policies will continue to prevail until someone in our political system begins to articulate principles on the other side. And given the way money talks in capitals around the country, this is a stance only those out of power can afford to take.
Free markets aren't pro-business — they don't favor incumbent companies if upstarts do the job better.
Competition is good wherever it comes from — even the government — so long as it lowers social costs and increases wealth. And efficiency is good regardless of who it might hurt; it is especially good if it hurts those who feed off inefficiency. Thus, lawyers are good, but a world that needed fewer of them would be much better. Doctors are great, but that's no argument against better health. And TurboTax is fantastic, but it shouldn't prevent the government from making paying taxes easier.

1 In the context of the article, the first paragraph:

A) is a true picture of what is usual in the U.S.A.
B) is a list of what the author of the article would like to happen
C) is a description of how Europeans see the American free market
D) is a list of paradoxical examples

2 In the context of the article, "simple returns" (second paragraph) are:

A) pre-paid tax deductible train or bus tickets
B) pre-paid envelopes used to return tax forms in California
C) simplified tax forms
D) simplified forms used to pay taxes by charging to a Visa credit card

3 What does "*their*" in "their arguments" (paragraph 4, line 1) refer to?

A) taxpayers
B) lobbyists
C) lawmakers
D) the Republicans

4 According to the article, which one of the following statements is 'true'?

A) Only a small minority of the taxpayers who experimented ReadyReturn were satisfied with it
B) Being pro-business is often erroneously taken to be equivalent to being for the free market
C) The sales of the software package TurboTax skyrocketed after the launch of ReadyReturn
D) The US Senate passed an amendment funding the development of income tax electronic filing products by the Internal Revenue Service itself

5 According to the article and to the opinion of its author, which one of the following statements is 'false'?

A) The government should refrain from any initiatives restraining incumbent companies
B) The Californian ReadyReturn experiment brought competition into the tax-preparation industry
C) The Republican Party (GOP) favours specific competitors rather than favouring competition
D) Even the government can enter competition, so long as it lowers social costs

Text n. 7

Music is a universal language which pervades young culture all over the world: it is a dream at high volume, which stirs emotions, increases desires, and expands fantasies. Music in its infinite variations is the soundtrack of adolescence and from one generation to the next marks an age, an era, a style of living, of suffering and of loving. Nowadays, music is no longer limited to particular moments: it can be found anywhere and at any time. The young live immersed in a sea of sounds which beat out the rhythm of their lives like a permanent leitmotiv. They listen to music when they're alone, when they're with their partners, in groups, or when they're with tens of thousands of others; in their bedrooms, on the streets, in the underground, at concerts, at discos, and at pubs; while they study, read, think, talk, and argue.

Apart from representing a cultural phenomenon of incredibly vast proportions, for the young, music acquires deep meanings which adults often can't understand. The language of music is increasingly multiethnic and full of messages, which bring together the young of every race and culture, and represents an anthem of belonging to a group: a language with which they all identify and which expresses the feelings they share.

Through a multitude of sounds to the beat of lyrics, which are often provocative, scandalous and extreme, the music that adolescents love speaks on their behalf and expresses something which is not only difficult to say, but even to think: the search for oneself, for personal identity, the meaning of existence, love, and sex; the desire for rebellion, violence, death, and hope.

Although music can seem overwhelming and pervasive, in reality both its sounds and lyrics can have great calming effects: it allows the listener to attribute symbolic meaning to feelings, emotions, and anxieties, which could otherwise get out of control. This is why listening to music on your own creates an atmosphere which helps you to concentrate: there is, therefore, no need to be surprised or worried if kids listen to music while studying. The rhythm and vibrations of music do not distract them from learning; on the contrary, they create a barrier which protects them not only from outside interference, but also from their own anxieties.

According to psychoanalyst Franco Fornari, on a deeper, unconscious level, music has the power to evoke the "sea of sounds", which we each experienced before birth, while in the womb, when time was measured by the rhythm of our mother's heartbeat: another world, lost forever. Rhythm, vibrations, and sound cause these memories to resurface, like mysterious music deep within, with a meaning we cannot totally grasp. This consoles and pacifies us, and reduces tension.

1 **From the information given in the passage, we can conclude the following:**

A) at times, music is used in psychotherapy, as it helps people recall their early childhood experiences
B) music plays an important role in the difficult adolescent task of defining oneself and building personal identity
C) music speaks a universal language, whose meaning is understood and shared by all
D) young people, who regularly listen to music, are friendlier, more sensible, and more sensitive than those of the same age who don't

2 **In which particular context is the subject of music discussed in the passage?**

A) the context of adolescent life
B) the context of the way humans live in general
C) the context of globalization
D) the context of the theory of learning

3 The passage states that music:

A) can help to interpret life in the womb
B) can help to increase a sense of belonging to a group
C) is increasingly limited to particular moments
D) increases desires only if heard at high volume

4 In which sense does the author state that music has great calming effects?

A) in the sense that music, through its sounds and lyrics, always has a relaxing effect which helps concentration
B) in the sense that it makes possible to transform feelings, emotions, and anxieties into symbols, thereby helping to remove them
C) in the sense that, according to research involving a significant number of schoolchildren, school performances improve if pupils listen to music while studying
D) in the sense that it makes it possible to give symbolic meaning to both positive and negative energies, and thus control them

5 The author of the passage is probably:

A) a journalist
B) a psychologist
C) a music critic
D) a professional musician

Text n. 8

I was born in 1927, the only child of middle-class parents. I was sent to a public school, I wasted two years doing my national service, I went to Oxford; and there I began to discover I was not the person I wanted to be.

I had long before made the discovery that I lacked the parents and ancestors I needed. My father was, through being the right age at the right time rather than through any great professional talent, a senior army officer; and my mother was the very model of a would-be major-general's wife. That is, she never argued with him and always behaved as if he were listening in the next room, even when he was thousands of miles away.

Like all men not really up to their job, he was a stickler for externals and petty quotidian things; and in lieu of an intellect he had accumulated an armory of capitalized key-words like 'discipline', 'tradition', and 'responsibility'. If I ever dared — I seldom did — to argue with him, he would produce one of these totem words and cosh me with it as no doubt in similar circumstances he coshed his subordinates. If one still refused to lie down and die, he lost, or loosed, his temper. His temper was like a violent red dog, and he always had it close to hand.

During my last years at school, I realized that what was really wrong with my parents was that they had nothing but a blanket contempt for the sort of life I wanted to lead. I was 'good' at English — I had poems printed pseudonymously in the school magazine. I thought D.H. Lawrence the greatest human being of the century. My parents had certainly never read Lawrence, and probably never heard of him. There were things, a certain emotional gentleness in my mother, an occasional euphoric jolliness in my father, I could have borne more of; but always I liked in them the things they didn't want to be liked for. By the time I was eighteen, they had become mere providers, for whom I couldn't feel much else.

I led two lives. At school I got a small reputation as a wartime aesthete and cynic. But I had to join the 'regiment-tradition' and 'sacrifice' press-ganged me into that. I insisted, and luckily the headmaster of my school backed me, that I wanted to go to university after the army.

1 The author says:

A) he was happy with his parents and ancestors
B) he had known for a long time he didn't have the ancestors he wanted
C) he didn't have ancestors
D) he had recently realized he respected his parents

2 The author's father:

A) had been lucky in his career
B) had an unsuccessful career
C) was married to a major-general's daughter
D) was married to a woman who never left her husband's side

3 The author's father:

A) was an intelligent man
B) was very capable in his job
C) never lost his temper
D) believed strongly in discipline

4 The author's parents:

A) had much in common with the author
B) were slightly dubious of the author's proposed life style
C) completely rejected the author's proposed life style
D) were both very unhappy people

5 The author:

A) refused to join the army
B) was obliged to join the army
C) had a headmaster who helped him join the army
D) believed in traditional ideals at school

Text n. 9

Of all the accessories and adornments to garments, one perhaps pays least of all attention to 'buttons'. Functional and often unexciting, replaced by zip fasteners or hooks and eyes, there is, one would think, nothing much to be said about the humble button.
Yet it is very probable that buttons started life as ornaments; certainly it is not known that they had any practical function until the 13th century. By the 14th century, buttons were once again ornamental, often lavishly so, to such an extent that it was by no means uncommon for a person of wealth and consequence to have as many as 300 buttons on a single article of dress. Unimaginable as it seems today, sewing superfluous buttons on clothes became a craze — not one that seems harmful to us, though some Italians took a different view and a law against buttons was enforced in Florence. No buttons were to be worn on the upper arms; penalty for disobedience — a sound whipping (how often this had to be carried out, history does not relate!).
Most of the buttons on modern clothes, which could be called 'decorative', once did in fact serve a useful purpose. Buttons on boots are one good example. Sleeve buttons on men's coats are a reminder of the days when the fashion was for wearing shirts with frilly lace cuffs.
On the tails of a modern tail coat there are, indeed, buttons which are purely ornamental, but in earlier days horsemen used these buttons to keep the tails out of harm's way.
With regard to the side on which clothes are buttoned, originally both male and female dress was buttoned on the left hand side. Changes came when men had to have access to their swords.
So, perhaps, it is worth taking a look at buttons.

1 Buttons are:

A) the only accessories and adornments one pays little attention to
B) one of the accessories and adornments which receive least attention
C) one of the best adornments to any garment
D) a very useful accessory

2 Buttons have been used as 'ornaments':

A) on and off throughout their history
B) before the 13th century
C) since the 14th century
D) only in Modern Times

3 Rich people in the 14th century:

A) often had three hundred dresses
B) might have had three hundred buttons on each of their dresses
C) had as many buttons as they liked
D) might have had three hundred buttons on one dress alone

4 In the Italian city of Florence:

A) all buttons were banned because they were a craze
B) buttons were considered harmful as they drove men crazy
C) buttons were forbidden to be worn on the upper arms
D) superfluous buttons were only sewn on single articles of dress

5 '*Sound*' (line 11) means:

A) thorough
B) healthy
C) noisy
D) well-intentioned

Text n. 10

Psychologists tell us that there are four basic stages that human beings pass through when they enter and live in a new culture. This process, which helps us to deal with culture shock, is the way our brain and our personality react to the strange new things we encounter when we move from one culture to another. If our culture involves bowing when we greet someone, we may feel very uncomfortable in a culture that does not involve bowing. If the language we use, when talking to someone in our own culture, is influenced by levels of formality based on the other person's age and status, it may be difficult for us to feel comfortable communicating with people in the new culture.
Culture begins with the 'honeymoon stage'. This is the period of time when we first arrive, in which everything about the new culture is strange and exciting. We may be suffering from 'jet lag', but we are thrilled to be in the new environment, seeing new sights, hearing new sounds and language, and eating new kinds of food. This honeymoon stage can last for quite a long time because we feel we are involved in some kind of great adventure.
Unfortunately, the second stage of culture shock can be more difficult. After we have settled down into our new life, working or studying, buying groceries, doing laundry, or living with a home-stay family, we can become very tired and begin to miss our homeland and our family, girlfriend / boyfriend, pets, etc. All the little problems that everybody in life has seem to be much bigger and more disturbing when you face them in a foreign culture. This period of cultural adjustment can be very difficult and lead to the new arrival rejecting or pulling away from the

new culture. This 'rejection stage' can be quite dangerous because the visitor may develop unhealthy habits (smoking and drinking too much, being too concerned over food or contact with people from the new culture). This can, unfortunately, lead to the person getting sick, or developing skin infections or rashes, which then makes the person feel even more scared, confused and helpless. This stage is considered a crisis in the process of cultural adjustment and many people choose to go back to their homeland or spend all their time with people from their own culture, speaking their native language.
The third stage of culture shock is called the 'adjustment stage'. This is when you begin to realize that things are not so bad in the host culture. Your sense of humour usually becomes stronger and you realize that you are becoming stronger by learning to take care of yourself in the new place. Things are still difficult, but you are now a survivor!
The fourth stage can be called 'at ease at last'. Now you feel quite comfortable in your new surroundings. You can cope with most problems that occur. You may still have problems with the language, but you know you are strong enough to deal with them. If you meet someone from your country who has just arrived, you can be the expert on life in the new culture and help him / her to deal with his / her culture shock.
There is a fifth stage of culture shock, which many people don't know about. This is called 'reverse culture shock'. Surprisingly, this occurs when you go back to your native culture and find that you have changed, and that things there have changed while you have been away. Now you feel a little uncomfortable back home. Life is a struggle!

1 **When does 'culture shock' happen?**

A) when you move to a big city
B) when you meet foreign people for the first time
C) when you go to live in a foreign culture
D) when you go back to your native culture

2 **How do you feel during the 'first stage' of culture shock?**

A) lonely and depressed
B) happy and excited
C) bored and homesick
D) angry and frustrated

3 **How do you feel during the 'second stage'?**

A) homesick and afraid
B) interested
C) stressed, but positive
D) you have no particular feelings

4 **How could the 'third stage' be described?**

A) rejection
B) adjustment
C) enthusiasm
D) anger

5 **How do you feel during the 'fourth stage' of culture shock?**

A) tense, but positive
B) negative and stressed
C) relaxed
D) afraid

6 **Why might 'reverse culture shock' be a problem?**

A) it is extremely stressful
B) it hardly ever happens
C) most people do not expect it
D) it only happens to young people

7 **The 'four basic stages' of culture shock are:**

A) honeymoon, rehearsal, memorization, and return
B) honeymoon, rehearsal, rejection, and at ease at last

C) honeymoon, rejection, reverse, and at ease at last
D) honeymoon, rejection, adjustment, and at ease at last

8 **What is the mysterious 'fifth stage' of culture shock called?**

A) rehearsal culture shock
B) foreign culture shock
C) reverse culture shock
D) unknown culture shock

9 **Why would people in the 'second stage' of culture shock choose to spend all their time with people from their homeland?**

A) because they are afraid to risk, being uncomfortable with strangers, and it is easier to stay with people from their own culture
B) because they are afraid of skin diseases and want to hide from contact with foreigners
C) because they feel that they can learn the new language by themselves and don't need contact with people from the new culture
D) because they are very tired of hearing people speaking a foreign language

10 **'*To cope with*' (par. 5, line 2) means:**

A) to overcome
B) to avoid problems
C) to solve problems
D) to deal successfully with

Risposte

Test 1

1 **Risposta esatta:** B
2 **Risposta esatta:** A
3 **Risposta esatta:** A
4 **Risposta esatta:** A
5 **Risposta esatta:** B
6 **Risposta esatta:** A
7 **Risposta esatta:** D
8 **Risposta esatta:** B
9 **Risposta esatta:** A
10 **Risposta esatta:** C
11 **Risposta esatta:** A
12 **Risposta esatta:** C
13 **Risposta esatta:** D
14 **Risposta esatta:** C
15 **Risposta esatta:** C
16 **Risposta esatta:** B
17 **Risposta esatta:** A
18 **Risposta esatta:** D
19 **Risposta esatta:** C
20 **Risposta esatta:** D
21 **Risposta esatta:** D
22 **Risposta esatta:** D
23 **Risposta esatta:** C
24 **Risposta esatta:** C
25 **Risposta esatta:** A
26 **Risposta esatta:** C
27 **Risposta esatta:** C
28 **Risposta esatta:** A
29 **Risposta esatta:** B
30 **Risposta esatta:** B
31 **Risposta esatta:** D
32 **Risposta esatta:** C
33 **Risposta esatta:** A
34 **Risposta esatta:** A
35 **Risposta esatta:** D
36 **Risposta esatta:** A
37 **Risposta esatta:** C
38 **Risposta esatta:** A
39 **Risposta esatta:** A
40 **Risposta esatta:** D
41 **Risposta esatta:** D
42 **Risposta esatta:** D
43 **Risposta esatta:** A
44 **Risposta esatta:** C
45 **Risposta esatta:** B
46 **Risposta esatta:** A
47 **Risposta esatta:** C
48 **Risposta esatta:** A
49 **Risposta esatta:** C
50 **Risposta esatta:** A
51 **Risposta esatta:** B
52 **Risposta esatta:** C
53 **Risposta esatta:** D
54 **Risposta esatta:** A
55 **Risposta esatta:** A
56 **Risposta esatta:** A
57 **Risposta esatta:** A
58 **Risposta esatta:** D
59 **Risposta esatta:** A
60 **Risposta esatta:** A
61 **Risposta esatta:** B
62 **Risposta esatta:** B
63 **Risposta esatta:** C
64 **Risposta esatta:** A
65 **Risposta esatta:** B
66 **Risposta esatta:** C
67 **Risposta esatta:** A
68 **Risposta esatta:** D
69 **Risposta esatta:** B
70 **Risposta esatta:** A
71 **Risposta esatta:** B
72 **Risposta esatta:** C
73 **Risposta esatta:** B
74 **Risposta esatta:** D
75 **Risposta esatta:** D
76 **Risposta esatta:** A
77 **Risposta esatta:** C
78 **Risposta esatta:** A
79 **Risposta esatta:** B
80 **Risposta esatta:** B
81 **Risposta esatta:** D
82 **Risposta esatta:** C
83 **Risposta esatta:** A
84 **Risposta esatta:** C
85 **Risposta esatta:** C
86 **Risposta esatta:** C
87 **Risposta esatta:** B
88 **Risposta esatta:** A
89 **Risposta esatta:** B
90 **Risposta esatta:** C
91 **Risposta esatta:** B
92 **Risposta esatta:** A
93 **Risposta esatta:** B
94 **Risposta esatta:** A
95 **Risposta esatta:** B
96 **Risposta esatta:** D
97 **Risposta esatta:** B
98 **Risposta esatta:** B
99 **Risposta esatta:** D
100 **Risposta esatta:** B
101 **Risposta esatta:** C
102 **Risposta esatta:** A
103 **Risposta esatta:** D
104 **Risposta esatta:** A
105 **Risposta esatta:** D
106 **Risposta esatta:** A
107 **Risposta esatta:** D
108 **Risposta esatta:** D

109 **Risposta esatta:** A
110 **Risposta esatta:** A
111 **Risposta esatta:** B
112 **Risposta esatta:** C
113 **Risposta esatta:** D
114 **Risposta esatta:** C
115 **Risposta esatta:** D
116 **Risposta esatta:** C
117 **Risposta esatta:** B
118 **Risposta esatta:** D
119 **Risposta esatta:** B
120 **Risposta esatta:** C
121 **Risposta esatta:** D
122 **Risposta esatta:** A
123 **Risposta esatta:** C
124 **Risposta esatta:** D
125 **Risposta esatta:** D
126 **Risposta esatta:** B
127 **Risposta esatta:** A
128 **Risposta esatta:** A
129 **Risposta esatta:** A
130 **Risposta esatta:** B
131 **Risposta esatta:** D
132 **Risposta esatta:** B
133 **Risposta esatta:** A
134 **Risposta esatta:** D
135 **Risposta esatta:** C
136 **Risposta esatta:** D
137 **Risposta esatta:** B
138 **Risposta esatta:** D
139 **Risposta esatta:** B
140 **Risposta esatta:** C
141 **Risposta esatta:** D
142 **Risposta esatta:** D
143 **Risposta esatta:** C
144 **Risposta esatta:** D
145 **Risposta esatta:** B
146 **Risposta esatta:** B
147 **Risposta esatta:** A
148 **Risposta esatta:** B
149 **Risposta esatta:** C
150 **Risposta esatta:** A
151 **Risposta esatta:** C
152 **Risposta esatta:** D
153 **Risposta esatta:** B
154 **Risposta esatta:** C
155 **Risposta esatta:** D

Test 2

Text n. 1

1 C **2** C **3** B **4** A **5** D

Text n. 2

1 A **2** D **3** D **4** A **5** A

Text n. 3

1 B **2** C **3** D **4** C **5** C

Text n. 4

1 D **2** B **3** B **4** A **5** D

Text n. 5

1 C **2** A **3** D **4** D **5** A

Text n. 6

1 D **2** C **3** B **4** B **5** A

Text n. 7

1 B **2** A **3** B **4** D **5** B

Text n. 8

1 B **2** A **3** D **4** C **5** B

Text n. 9

1 B **2** A **3** D **4** C **5** A

Text n. 10

1 C **2** B **3** A **4** B **5** C **6** A **7** D **8** C **9** A **10** D

5
Informatica

1 Quale dei seguenti indirizzi Internet contiene un errore di forma?

A) ftp://ftp.tennis.ed
B) http://www.alberghi;trestelle.it/index.html
C) http://www.giangiacomo.it

2 In un PC, dove si trova la cache di primo livello?

A) Nel BIOS.
B) Nel microprocessore.
C) In una particolare zona della RAM.

3 Quale unità della macchina di von Neumann contiene dati e programmi?

A) Il bus.
B) L'ALU.
C) La memoria centrale.

4 La combinazione di tasti "CTRL+ESC" in Windows provoca:

A) L'uscita dal programma che si sta utilizzando.
B) Lo spegnimento del computer.
C) La visualizzazione del menù avvio.

5 Per connettere in rete locale due o più PC è necessario:

A) Che tutti i PC abbiano un modem collegato.
B) Che sia installata una scheda di rete su ogni PC.
C) Che sia installato il mouse almeno sul PC che sarà definito Server.

6 Qual è una delle estensioni principali per i file dedicati alle immagini?

A) .rar
B) .jpg
C) .zip

7 In merito alla posta elettronica, cosa sono gli allegati?

A) Sono i file che si possono associare ad un messaggio Email.
B) Sono le stampe dei messaggi Email.
C) Sono dei fascicoli elettronici.

8 Si può migliorare la qualità di un sito web scrivendo le pagine secondo:

A) Le AOL guidelines.
B) Le WAI guidelines.
C) Le W3C guidelines.

9 Per configurare correttamente un indirizzo email in Outlook quali parametri bisogna avere a disposizione?

A) Nome utente e password dell'indirizzo + Server Pop3 e Smtp per inviare e ricevere la posta.
B) Solo Server Pop3 e Server Smtp.
C) Solo nome utente e password.

10 **Il modem è un'apparecchiatura che converte i dati digitali interpretabili dall'elaboratore in:**

A) Dati numerici.
B) Informazioni.
C) Dati analogici.

11 **Un "trojan horse" è:**

A) Uno spyware.
B) Un malware.
C) Un worm.

12 **Come si chiama l'insieme di regole della rete o galateo della rete?**

A) netiquette
B) fortè Agent
C) incrediMail

13 **Gli allegati di un messaggio di posta elettronica possono essere:**

A) Solo file di archiviazione dati.
B) Generalmente file di qualunque tipo.
C) Esclusivamente file compressi ed eseguibili.

14 **In un elaboratore, la scrittura di una locazione di memoria è un'operazione:**

A) Distruttiva.
B) Semidistruttiva.
C) Non distruttiva.

15 **Gli slot PCMCIA sono utilizzati generalmente:**

A) Sui computer IBM.
B) Sui computer Laptop.
C) Sui computer Desktop.

16 **In ambiente MS-DOS, per creare un directory di nome PROVA il comando da digitare è:**

A) md PROVA
B) rd PROVA
C) cd PROVA

17 **In MS PowerPoint, per includere un testo in una forma chiusa, disegnata con gli strumenti "Forme":**

A) È necessario selezionare lo strumento "Testo" e poi la forma in cui si desidera scrivere.
B) È sufficiente selezionare la forma e digitare il testo.
C) Occorre digitare il testo separatamente e poi trascinarlo sulla forma disegnata.

18 **Il codice ASCII è:**

A) Un codice di accesso al BIOS.
B) Un sistema di codifica numerica di tutti i simboli riconosciuti dal calcolatore.
C) Un sistema per la codifica dei simboli presenti sulla tastiera.

19 **Cosa è un server SMTP?**

A) Un server SMTP è un servizio che consente la ricezione della posta elettronica.

B) Un server SMTP è un particlare tipo di programma Office.
C) Un server SMTP è un servizio che consente l'invio della posta elettronica.

20 In Microsoft Word premendo contemporaneamente i tasti Ctrl+INVIO si inserisce:

A) Un'interruzione di pagina.
B) Un grafico Microsoft Excel.
C) Una sottolineatura.

21 Cosa è la notazione binaria?

A) La notazione con cui vengono rappresentati i messaggi di errore dei microprocessori.
B) Un formato compresso di memorizzazione delle immagini.
C) La rappresentazione di un numero utilizzando la base 2 e cioè utilizzando "0" e "1".

22 La memoria cache è utilizzata:

A) Per sincronizzare le periferiche tra loro.
B) Per ridurre il tempo d'attesa tra la memoria centrale e la CPU.
C) Per trasferire il contenuto del BIOS nella RAM.

23 Nelle reti a "stella":

A) La velocità massima di trasmissione dati è di 10 Mbs.
B) Un cavo singolo connette tutte le stazioni di lavoro della rete.
C) Tutte le stazioni di lavoro della rete sono collegate ad un sistema di controllo centrale.

24 Quali dei seguenti elementi non può essere considerato hardware?

A) La RAM.
B) Il sistema operativo.
C) La tastiera.

25 Con il termine Intranet si intende:

A) Una rete aziendale basata sulle tecnologie Internet.
B) La possibilità di collegarsi via ISDN con più utenti contemporaneamente.
C) La parte di Internet gestita dalle autorità governative americane.

26 Effettuando una ricerca su Internet utilizzando un motore di ricerca, quale operatore logico si deve utilizzare se si vuole trovare una pagina che contenga tutte le parole inserite nella stringa di ricerca?

A) AND
B) XOR
C) OR

27 Che cosa si deve scrivere su un Web browser per collegarsi in modalità TELNET al computer "hopper.unh.edu"?

A) telnet:hopper.unh.edu
B) telnet://hopper.unh.edu
C) telnet:hopper.unh.edu

28 L'utilizzo di un gruppo di continuità, permette di:

A) Poter avere una connessione permanente ad Internet.
B) Poter chiudere correttamente il computer in caso di black-out dell'energia elettrica.
C) Stampare più file contemporaneamente.

29 Un sistema operativo è:

A) Utile ma non indispensabile per utilizzare un computer.
B) Utile esclusivamente per la videoscrittura.
C) Indispensabile per utilizzare un computer.

30 Quale dei seguenti protocolli è tipicamente utilizzato da un mail server?

A) FTP
B) POP
C) http

31 Rispetto al PC, uno scanner è:

A) Esclusivamente un dispositivo di input.
B) Esclusivamente un dispositivo di output.
C) Un dispositivo di input/output.

32 Quale dei seguenti tipi di memoria è una memoria volatile?

A) Hard Disk.
B) ROM.
C) RAM.

33 Con il termine "spamming" si intende:

A) Il nome di un pericolosissimo virus.
B) L'invio indiscriminato di mail generalmente pubblicitarie e/o a scopo di lucro.
C) Un'applicazione per aumentare la velocità del computer.

34 Il termine "algoritmo":

A) Designa una procedura che non termina necessariamente.
B) Designa una procedura che esegue una sequenza finita di operazioni.
C) È sinonimo di "programma".

35 Qual è l'estensione standard dei file generati con Microsoft Word 2003?

A) .rtf
B) .doc
C) .txt

36 Perché sta diventando sempre più comune l'utilizzo della tecnologia VoIP?

A) Perché consente di effettuare telefonate anche intercontinentali al costo della semplice connessione al proprio service provider.
B) Perché è più comodo telefonare dal proprio computer.
C) Perché la qualità della voce è migliore delle telefonate standard.

37 In MS-EXCEL, quando si inserisce una formula in una cella è necessario:

A) Farla precedere dal segno "=" (uguale).
B) Farla precedere dalla lettera F.
C) Farla seguire dal segno "=" (uguale).

38 In MS-Word è possibile visualizzare contemporaneamente sullo schermo due distinti documenti?

A) Sì, è possibile aiutandosi con software di terze parti.

B) Sì, è sempre possibile visualizzare contemporaneamente sullo schermo due distinti documenti.
C) No, è possibile visualizzare sullo schermo un documento per volta.

39 In una LAN con topologia a stella, il controllo è sostanzialmente:

A) Decentralizzato.
B) Centralizzato.
C) Distribuito.

40 In una tabella di Access:

A) Ogni record è costituito da campi.
B) Ogni campo è costituito da record.
C) Ogni record è costituito da più righe.

41 Con il termine "browser" si intende:

A) Un programma che consente la visualizzazione dei documenti ipertestuali presenti sul World Wide Web.
B) Un sistema di trasmissione dell'informazione da uno a molti.
C) Un linguaggio di formattazione per creare documenti ipertestuali.

42 Gli elaboratori digitali sono basati su un sistema di numerazione:

A) Binario.
B) Esadecimale.
C) Decimale.

43 Nell'interfaccia grafica di un computer, drag and drop vuol dire:

A) Spostare "trascinando" uno o più file tra due cartelle.
B) Effettuare l'operazione di "copia e incolla" di un file.
C) Effettuare l'operazione di "taglia e incolla" di un file.

44 Cosa è il Fortran?

A) Un linguaggio di programmazione.
B) Un programma di contabilità.
C) Una periferica di input.

45 Quale tra i seguenti elementi di un PC contiene l'unità aritmetico-logica (ALU)?

A) La RAM.
B) L'Hard Disk.
C) La CPU.

46 Un'immagine raster:

A) È ottenuta con una particolare periferica del computer nota come "rasterizzatore".
B) È un'immagine i cui elementi sono codificati in formato vettoriale.
C) Contiene elementi in formato "pixel".

47 Premendo il tasto F8 all'avvio di Windows si può:

A) Bloccare la stampa in corso.
B) Avviare i programmi di diagnostica dello stato dell'hard disk.
C) Avviare il computer in modalità provvisoria.

48 La sigla HTTP è l’acronimo di:

A) High-level Terminal Text Protocol.
B) Hard Technical Treatment Procedure.
C) Hyper-Text Transport Protocol.

49 Quale tra questi programmi mi consente di “navigare” tra le pagine del Web (World Wide Web)?

A) Microsoft Word.
B) Internet Explorer.
C) Outlook Express.

50 Per copia di backup si intende:

A) Una copia di utilità.
B) Una copia di sicurezza.
C) Una copia di comodo.

51 Qual è lo scopo principale di MS PowerPoint?

A) Elaborare dati numerici ed archiviare informazioni.
B) Progettare e realizzare presentazioni.
C) Gestire e manipolare file di tipo immagine ad alta risoluzione.

52 Per verificare la presenza di eventuali errori nei file e nelle cartelle del disco rigido, in Windows si può utilizzare:

A) ScanDisk.
B) DriveSpace.
C) L’utilità di backup.

53 Comprimere un file significa:

A) Utilizzare un programma che consente di diminuire lo spazio occupato dal file.
B) Aumentare la capacità di un floppy disk.
C) Togliere dal file le parti di testo non indispensabili.

54 In uno schermo a 17 pollici:

A) L’altezza dello schermo è di 17 pollici.
B) La diagonale dello schermo misura 17 pollici.
C) L’area dello schermo è di 17 pollici quadrati.

55 Cosa succede quando si formatta un disco?

A) Il disco viene predisposto al ricevimento dei dati tramite la suddivisione in tracce e settori.
B) Il disco viene copiato nella memoria RAM.
C) Il contenuto del disco viene stampato.

56 Quale tra questi software non è un sistema operativo?

A) Unix.
B) Windows XP.
C) Office.

57 L’istruzuione “<img src=”testata.jpg” width=”760” height=”90” >” rispetta le linee guide per l’accesibilità?

A) No, manca il tag ALT.

B) Sì, rispetta le linee guide per l'accesibilità.
C) No, manca il tag TITLE.

58 **L'acronimo SVGA indica:**

A) Uno standard riguardante video e schede video.
B) Un tipo di tastiera italiana.
C) Uno standard per la costruzione di dischi rigidi.

59 **Nei programmi di videoscrittura, quale ad esempio Word, l'allineamento del paragrafo è una procedura che permette di:**

A) Posizionare il testo all'interno della pagina rispetto ai margini della stessa.
B) Individuare tutti gli a capo, e quindi i paragrafi del testo.
C) Impostare la spaziatura tra una riga del paragrafo e quella successiva.

60 **La memoria speciale nella quale sono memorizzate le routine di base del PC è detta:**

A) CD ROM.
B) RAM.
C) BIOS.

61 **Qual è la combinazione di tasti che attiva il comando "Incolla" in Excel?**

A) Ctrl + O
B) Ctrl + E
C) Ctrl + V

62 **Una stampante laser, a parità di dpi, ha una qualità di stampa:**

A) Uguale a quella di una stampante Ink-Jet.
B) Peggiore di una stampante Bubble-Jet.
C) Migliore di una stampante Ink-Jet.

63 **Quale dei seguenti può essere un indirizzo Ethernet corretto?**

A) 07:01:02:01:2C:4B:2C
B) 01:02:01:2C:4B
C) 07:01:02:01:2C:4B

64 **In un documento Microsoft Word, può essere inserita una tabella?**

A) Sì, utilizzando il pulsante "Inserisci tabella".
B) Sì, purché il documento venga salvato in formato "xls".
C) Sì, ma solo se collegata ad un documento Microsoft Excel.

65 **In ambito informatico, cosa sono i cosiddetti oggetti MIME?**

A) Sono file .doc.
B) Sono oggetti multimediali.
C) Sono semplici immagini.

66 **Facendo doppio clic su una parola, in Microsoft Word:**

A) Sì seleziona la riga.
B) Sì seleziona la parola e la si "copia" negli appunti.
C) Sì seleziona la parola intera.

67 Quale è la prima etichetta (tag) HTML che deve comparire in un documento HTML?

A) <html>
B) <head>
C) <title>

68 In un sistema operativo i profili utente permettono di:

A) Personalizzare il Desktop e le impostazioni per ciascun utente registrato.
B) Accedere ad Internet.
C) Impostare le connessioni per l'accesso ad altri computer tramite LAN.
D) Nessuna delle altre risposte è corretta.

69 Nei nomi dei file, l'estensione ha lo scopo di:

A) Associare al file il programma che lo debba elaborare.
B) Distinguere le diverse versioni di quello stesso file.
C) Nessuna delle altre risposte è corretta.
D) Consentire una più facile ricerca di quel file.

70 In un foglio elettronico i testi possono essere contenuti:

A) Nessuna delle altre risposte è corretta.
B) Solo nelle note.
C) In qualsiasi cella del foglio di lavoro.
D) Nella barra della formula.

71 Qual è l'estensione dedicata tipicamente alla gestione dei file di testo semplice?

A) Nessuna delle altre risposte è corretta.
B) .rtf
C) .exe
D) .txt

72 Quale tra questi software non è un sistema operativo?

A) Unix.
B) Ubuntu.
C) Nessuna delle altre risposte è corretta.
D) Chrome.

73 In informatica cosa si intende con il termine "driver"?

A) Un programma che permette il colloquio tra un computer ed una particolare periferica
B) Una programma per l'avvio del sistema operativo
C) Nessuna delle altre risposte è corretta
D) Un programma di Guida in linea

74 Delle seguenti stringhe di simboli e lettere una sola può rappresentare un indirizzo Internet. Quale?

A) http://www.studioinglese.it
B) http:/www.alvise.it
C) nessuna delle altre risposte è corretta
D) http://www.lavoro,studio,svago.it/index.html

75 Normalmente su una penna USB, che tipo di files possiamo copiare?

A) Solo files di dati compressi.
B) Qualsiasi tipo di files.
C) Nessuna delle altre risposte è corretta.
D) Solo files di dati formattati.

76 Indica, tra le seguenti affermazioni, quale risulta vera:

A) Il salvataggio dei file su un'unità online non è possibile.
B) Nessuna delle altre risposte è corretta.
C) Il salvataggio dei file su un'unità online offre il vantaggio di potervi successivamente accedere anche da un altro computer connesso in rete.
D) Il salvataggio dei file su un'unità online è molto costoso.

77 Per digitare i numeri utilizzando il tastierino numerico come bisogna procedere?

A) Si digitano i numeri senza nessuna procedura.
B) Nessuna delle altre risposte è corretta.
C) Attivare, se non lo è già, il tasto CAPS LOCK.
D) Attivare, se non lo è già, il tasto BLOC NUM.

78 Che tipo di software è Ubuntu?

A) Nessuna delle altre risposte è corretta.
B) Applicativo.
C) Linguaggio di programmazione.
D) Sistema operativo.

79 Utilizzando il programma di videoscrittura è possibile:

A) Stampare un documento orientando il foglio "A4" sia in senso orizzontale che verticale.
B) Stampare un documento orientando il foglio "A4" solo in senso orizzontale
C) Nessuna delle altre risposte è corretta
D) Stampare un documento orientando il foglio "A4" solo in senso verticale

80 Nell'intestazione di un messaggio e-mail compare: From: pippo@italiano.it To: topolino@topolinia.com Bcc: paperino@paperopoli.net Quale delle seguenti affermazioni è corretta?

A) L'utente "pippo" è il destinatario nascosto.
B) L'utente "topolino" è il destinatario.
C) Nessuna delle altre risposte è corretta.
D) L'utente "topolino" è il mittente.

81 È possibile cambiare la pagina che un browser carica al suo avvio?

A) Nessuna delle altre risposte è corretta.
B) No, in nessun caso.
C) Sì, se il provider di accesso a Internet lo consente.
D) Sì, è possibile.

82 L'antivirus è:

A) Un programma.
B) Nessuna delle altre risposte è corretta.
C) Un dispositivo hardware.
D) Una banca dati contenente l'elenco dei nomi di tutti i virus noti.

83 Nei più diffusi programmi di videoscrittura è possibile modificare i margini di un documento?

A) No, i margini sono dati dal programma, pertanto immodificabili.
B) Nessuna delle altre risposte è corretta.
C) Sì, attivando l'opzione di impostazione di pagina.
D) Sì, modificando la lunghezza dei paragrafi.

84 L'antivirus può essere utilizzato:

A) Nessuna delle altre risposte è corretta.
B) Esclusivamente per prevenire un virus.
C) Per prevenire, eliminare e segnalare un virus.
D) Esclusivamente per eliminare un virus.

85 In un personal computer con interfaccia grafica quando si clicca una sola volta su un'icona cosa avviene?

A) Viene selezionata l'icona.
B) Nessuna delle altre risposte è corretta.
C) Viene eseguito il controllo antivirus sul programma associato a quell'icona.
D) Viene visualizzato il suo contenuto.

86 Quali tipi di software sono identificati con il termine spreadsheet?

A) I programmi realizzati per permettere la stesura e la modifica di file di testo.
B) Nessuna delle altre risposte è corretta.
C) I programmi che permettono di gestire le risorse di un computer (hard disks, file, directory, stampanti...).
D) I programmi per la gestione e il calcolo di tabelle di dati.

87 Nel sistema operativo di un personal computer è possibile recuperare i file eliminati per errore?

A) Sì, si cerca in un applicativo si selezionano dati recenti.
B) No, serve un'unità di backup.
C) Sì, si cerca nel cestino e si ripristinano i file.
D) Nessuna delle altre risposte è corretta.

88 Qual è lo scopo del tasto "Reload" sulla finestra principale di un software per la navigazione in Internet?

A) Nessuna delle altre risposte è corretta.
B) Permette di ricaricare la pagina visualizzata.
C) Stampa il documento visualizzato.
D) Permette di ricaricare una stringa di testo all'interno della pagina visualizzata.

89 Quale di questi modi di cestinare un file o un oggetto è errato?

A) Selezionare l'oggetto con il tasto destro del mouse e nel menu che appare fare clic sulla voce Elimina.
B) Fare doppio clic sull'oggetto o file e premere CTRL + invio.
C) Nessuna delle altre risposte è corretta.
D) Selezionare l'oggetto e premere il tasto Canc.

90 **In Informatica, a cosa serve la sequenza di comandi "Taglia" + "Incolla"?**

A) A tagliare tutti i file di testo non utilizzati da molto tempo.
B) A spostare parti di documento da un punto ad un altro del testo.
C) A cancellare file per fare spazio su disco.

91 **Quale delle seguenti asserzioni riguardo lo Screen Saver è vera?**

A) Lo Screen Saver è un programma per il ritocco delle immagini.
B) Lo Screen Saver è un programma per la gestione delle cartelle sul disco fisso.
C) Lo Screen Saver è un'immagine o un'animazione che viene visualizzata sullo schermo quando il PC resta inattivo per un determinato periodo.

92 **In Windows, dove può essere creata una nuova cartella?**

A) In qualsiasi posizione del disco.
B) Soltanto all'interno di Risorse del computer.
C) Soltanto sul desktop.

93 **Il mouse è un dispositivo di:**

A) Immissione di dati.
B) Puntamento e selezione.
C) Visualizzazione di dati.

94 **Possono esistere in Internet due indirizzi di posta elettronica identici?**

A) Sì, purché abbiano una password differente.
B) Sì, purché sia differente il nome del proprietario.
C) No, in nessun caso.

95 **In un terminale self service lo schermo sensibile al tatto può sostituire:**

A) Esclusivamente la tastiera.
B) Esclusivamente il mouse.
C) Il mouse e la tastiera.

96 **In ambito informatico, l'altoparlante è:**

A) Un'unità di input per registrare la voce.
B) Un'unità di output per riprodurre i suoni ricevuti dal computer.
C) Un'unità di input e di output per le applicazioni multimediali.

97 **Un indirizzo di posta elettronica:**

A) Può contenere spazi.
B) Contiene necessariamente il carattere "@".
C) Non può contenere cifre.

98 **In Internet, il sito "Bing" ha prevalentemente la funzione di:**

A) Provider.
B) Motore di ricerca.
C) Server di posta elettronica.

99 **Perchè la memoria RAM (Random Access Memory) si chiama così?**

A) Perchè il disco è flessibile.
B) Perchè l'accesso è casuale.
C) Perché la memoria è di massa.

100 **Quale dei seguenti elementi è indispensabile in un computer?**

A) Il mouse.
B) L'alimentatore.
C) Il modem.

101 **Con il termine notebook, si intende:**

A) Un computer multimediale.
B) Un computer portatile.
C) Un'agenda elettronica.

102 **Le celle, che formano i fogli di lavoro di un foglio elettronico, sono:**

A) Etichette di riga e di colonna.
B) Cornici di contorno di grafici, creati con i dati del foglio.
C) Intersezioni tra righe e colonne.

103 **Cosa mostra la barra del titolo di Excel?**

A) Solo il nome del file.
B) Il nome del programma e il nome del file aperto.
C) Solo il nome del programma.

104 **Quale delle seguenti affermazioni relative a Windows è errata?**

A) Word Pad è un'applicazione di Windows per la scrittura di documenti.
B) Il blocco note di Windows è un'applicazione per la creazione di database.
C) L'immagine di sfondo del desktop di Windows è sostituibile.

105 **Quali caratteristiche di un grafico, presente in un foglio di lavoro Excel, possono essere modificate tramite i quadratini di ridimensionamento?**

A) La larghezza, l'altezza e le proporzioni.
B) Solo l'altezza.
C) Soltanto le proporzioni.

106 **Utilizzando il comando "copia" di Windows, dove si trovano i dati copiati?**

A) Negli appunti.
B) Nel desktop.
C) Nella cartella documenti.

107 **Cosa si intende per impostazioni di default?**

A) Le impostazioni di partenza di un pc o di un software.
B) Le impostazioni per la segnalazione degli errori.
C) Particolari impostazioni delle schede di rete.

108 **In Excel, quale tra le seguenti affermazioni è corretta?**

A) Per selezionare contemporaneamente diversi fogli di lavoro, tra loro non contigui, premi il tasto MAIUSC e tenendolo premuto, procedi con la selezione utilizzando il clic del mouse.
B) L'eliminazione di un foglio di lavoro è un comando che non può essere annullato.
C) Non è possibile eliminare un foglio di lavoro.

109 **In che cosa consiste la formattazione di una cella in un foglio di calcolo come Excel per Windows?**

A) Nella correzione ortografica del contenuto della cella.
B) Nella specificazione delle caratteristiche di forma di ciò che è contenuto nella cella.
C) Nella copia del contenuto di una cella in un'altra.

110 **Da quali programmi principali è composta la versione BASIC di Microsoft Office?**

A) Word, Eudora, Outlook e Power Point.
B) Word, Excel e Outlook.
C) Word, Excel, Firefox.

111 **Cosa si intende per "CASE" di un computer desktop?**

A) Il contenitore in cui sono installati e connessi tutti i componenti dell'unità centrale del computer.
B) Un'unità hardware per la lettura dei Compact Disc.
C) Una scheda di espansione in grado di convertire i dati digitali in segnali audio (analogici e/o digitali) e viceversa.

112 **È possibile copiare i file contenuti in un CD-ROM su un Hard disk?**

A) Solo se il CD-ROM è di tipo riscrivibile.
B) Sì, sempre.
C) No, mai.

113 **Quale dei seguenti tasti non fa parte dei tre che, se premuti contemporaneamente, provocano l'apertura della finestra del Task Manager?**

A) CTRL
B) SHIFT
C) CANC

114 **In Windows, quale tasto è necessario premere per selezionare più file contigui?**

A) Ctrl
B) Maiusc
C) Tab

115 **Come si accede al comando Chiudi sessione?**

A) Tramite il pulsante Start.
B) Tramite l'apposita icona presente sul desktop.
C) Attraverso il menu dei Programmi.

116 **Quale dei seguenti comandi permette di salvare e assegnare un nome differente al documento che si sta modificando?**

A) File | Salva con nome
B) Modifica | Salva con nome
C) File | Salva

117 **In Word, per correggere un errore soltanto nel punto in cui è stato segnalato dal controllo ortografico e grammaticale, quale opzione occorre utilizzare?**

A) Cambia opzioni
B) Cambia
C) Cambia tutto

118 Su una tastiera estesa per PC il tasto denominato "Caps Lock" ha la funzione di:

A) Far sì che le lettere siano riprodotte in maiuscolo.
B) Bloccare la tastiera in modo che non possa essere utilizzata da estranei.
C) Simulare la continua pressione del tasto "Shift" (Maiuscolo) per tutti i tasti della tastiera.

119 Nel normale utilizzo di un computer quale operazione tra le seguenti è consigliabile fare periodicamente per evitare ogni rischio di perdita di dati?

A) Memorizzare i dati in una particolare area del disco fisso.
B) Effettuare una copia su carta di tutti i dati presenti sul disco fisso.
C) Effettuare una copia di backup dei dati su cui si lavora.

120 In Word, in quale scheda si trova il comando Interlinea che consente di modificare l'interlinea del documento?

A) Nel menù Formato, gruppo Paragrafo.
B) Nella menù Revisione, gruppo Spaziature.
C) Nella scheda Lettere, gruppo Spaziature.

121 A cosa serve il simbolo slash "/" in Excel?

A) Serve a formattare una tabella.
B) Serve per nascondere un foglio elettronico.
C) Indica la divisione nelle formule.

122 Per ridimensionare contemporaneamente una finestra in altezza e larghezza si agisce con il mouse:

A) Sul bordo inferiore.
B) Sugli angoli.
C) Sul bordo superiore.

123 Utilizzando MS Word è possibile cambiare il colore del testo?

A) Sì, sempre.
B) Sì, ma solo una volta.
C) No, mai.

124 Cos'è il quadratino di riempimento automatico in Excel?

A) È il punto interrogativo nella barra dei menu.
B) È l'incrocio delle righe e delle colonne in alto a sinistra.
C) È l'angolo in basso a destra della cella o delle celle selezionate.

125 A cosa serve l'asterisco "*" in Excel?

A) Indica la moltiplicazione nelle formule.
B) Serve a chiudere il programma.
C) Serve a salvare una cartella di lavoro.

126 In Word, attraverso quale tecnica si può selezionare velocemente un paragrafo?

A) Non è possibile selezionare direttamente un paragrafo.
B) Con un clic nello stesso, tenendo premuto il tasto MAIUSC
C) Con un clic nello stesso, tenendo premuto il tasto CTRL

127 Quando si scarica un file da Internet:

A) Si sta effettuando un "routing".

B) Si sta effettuando un “upload”.
C) Si sta effettuando un “download”.

128 Comprimere i file prima di spedirli via Internet:

A) garantisce la riservatezza dei dati inviati
B) può rendere i file incompatibili con la rete
C) può ridurre i tempi di trasmissione

129 La RAM:

A) È un tipo di memoria permanente.
B) È un tipo di memoria volatile.
C) È un tipo di scheda video.

130 È possibile copiare dei file da un floppy disk a un CD-R?

A) Sì, purché il computer sia provvisto di masterizzatore.
B) No, mai.
C) Sì, solo se il floppy disk non sia al massimo della capienza.

131 In Windows cosa indica il termine “cartella”?

A) Un “contenitore” di file.
B) Un elemento fisico del computer.
C) Un collegamento ad un’altra utenza.

132 In Microsoft Word, il controllo grammaticale è in grado di:

A) Segnalare le frasi di maggior rilevanza nel documento.
B) Modificare automaticamente tutte le parole del documento che non sono presenti nel dizionario del programma.
C) Individuare le frasi che contengano potenziali errori grammaticali o stilistici.

133 In Ms Word, quando è possibile salvare un documento?

A) In ogni momento.
B) Solo a documento finito.
C) Solo a fine giornata.

134 In Windows, quale tipo di visualizzazione dei file contenuti in una cartella consente di ottenere maggiori informazioni sui file e le cartelle?

A) Dettagli.
B) Icone grandi.
C) Icone piccole.

135 In Word esiste un sistema di controllo ortografico durante la digitazione?

A) Sì, esiste. Normalmente è attivo ma si può anche disattivare.
B) No, perché in Office c’è un programma specifico per il controllo ortografico dei documenti.
C) No, non esiste e non è possibile installarlo come componente aggiuntivo.

136 Quale delle seguenti affermazioni, in ambiente Ms-Windows, è vera?

A) un file con estensione “.exe” è un file eseguibile.
B) un file con estensione “.exe” è un file di testo.
C) un file con estensione “.exe” è un file di sistema.

137 Microsoft Word è in grado di gestire e generare anche pagine web Internet?

A) no, in nessun caso.
B) sì, ma solo se si usano componenti hardware dedicati.
C) sì, è in grado di gestire e generare anche pagine web internet.

138 Un normale CD-ROM ha una capacità di:

A) circa 700 MB.
B) circa 4,5 GB.
C) circa 1,44 TB.

139 In Windows, quale sequenza di combinazioni di tasti consente di realizzare lo spostamento di un file precedentemente selezionato?

A) SHIFT+X e SHIFT+V
B) CTRL+X e CTRL+V
C) CTRL+C e CTRL+X

140 In Excel, quale è la corretta sintassi per calcolare la Media dei valori contenuti nelle tre celle A1, A2 e A3?

A) MEDIA(A1;A3).
B) =MEDIA(A1:A3).
C) =MEDIA(A1+A3).

141 In ambito informatico, formattare un testo significa:

A) Conteggiare le parole contenute in un testo.
B) Copiare una porzione di testo da un documento all'altro.
C) Modificare le caratteristiche grafiche del testo stesso.

142 In un PC con sistema operativo Windows XP, la pressione contemporanea dei tasti Ctrl, Alt e Canc, ha l'effetto di:

A) Chiudere l'editor del DOS.
B) Avviare il Task Manager, attraverso il quale è anche possibile arrestare il pc.
C) Cancellare tutto il contenuto del Hard Disk.

143 In Word, quale dei seguenti comandi permette di annullare l'ultima operazione eseguita?

A) Alt + F4
B) Un clic su scheda Strumenti | Annulla
C) Un clic sul pulsante Modifica - Annulla presente sulla Barra degli strumenti di accesso rapido

144 Dovendo realizzare una tabella dove vengono indicati gli stipendi dei dipendenti di una ditta, quale tra i seguenti software è più indicato?

A) Windows.
B) Excel.
C) Autocad.

145 Dove può essere alloggiato l'hard disk?

A) Nel case.
B) Nella cpu.
C) Nell'uce.

146 Le periferiche di un pc possono essere:

A) Esclusivamente unità di output.
B) Unità di input; unità di output; unità di input/output.
C) Esclusivamente unità di input.

147 In Microsoft Word, se si preme il tasto INS:

A) Il testo selezionato viene eliminato.
B) Il testo selezionato viene duplicato.
C) Si attiva/disattiva la modalità di sovrascrittura.

148 In Word, cos'è la stampa unione?

A) Una procedura per abbinare ad un testo costante una serie di dati variabili.
B) Una procedura per stampare un documento insieme a tutte le proprietà del relativo file.
C) Una procedura per stampare in una sola volta più documenti diversi.

149 In ambito informatico, l'unità di input è:

A) Un'interfaccia software per immettere i dati nel computer.
B) Un sistema di registrazione dei dati.
C) Un dispositivo hardware per immettere dati nel computer.

150 In un computer, quale di queste unità ha simile funzione del touch pad?

A) Il plotter.
B) Lo scanner.
C) Il mouse.

Risposte

1 **Risposta esatta:** B
2 **Risposta esatta:** B
3 **Risposta esatta:** C
4 **Risposta esatta:** C
5 **Risposta esatta:** B
6 **Risposta esatta:** B
7 **Risposta esatta:** A
8 **Risposta esatta:** B
9 **Risposta esatta:** A
10 **Risposta esatta:** C
11 **Risposta esatta:** B
12 **Risposta esatta:** A
13 **Risposta esatta:** B
14 **Risposta esatta:** A
15 **Risposta esatta:** B
16 **Risposta esatta:** A
17 **Risposta esatta:** B
18 **Risposta esatta:** B
19 **Risposta esatta:** C
20 **Risposta esatta:** A
21 **Risposta esatta:** C
22 **Risposta esatta:** B
23 **Risposta esatta:** C
24 **Risposta esatta:** B
25 **Risposta esatta:** A
26 **Risposta esatta:** A
27 **Risposta esatta:** B
28 **Risposta esatta:** B
29 **Risposta esatta:** C
30 **Risposta esatta:** B
31 **Risposta esatta:** A
32 **Risposta esatta:** C
33 **Risposta esatta:** B
34 **Risposta esatta:** B
35 **Risposta esatta:** B
36 **Risposta esatta:** A
37 **Risposta esatta:** A
38 **Risposta esatta:** B
39 **Risposta esatta:** B
40 **Risposta esatta:** A
41 **Risposta esatta:** A
42 **Risposta esatta:** A
43 **Risposta esatta:** A
44 **Risposta esatta:** A
45 **Risposta esatta:** C
46 **Risposta esatta:** C
47 **Risposta esatta:** C
48 **Risposta esatta:** C
49 **Risposta esatta:** B
50 **Risposta esatta:** B
51 **Risposta esatta:** B
52 **Risposta esatta:** A
53 **Risposta esatta:** A
54 **Risposta esatta:** B
55 **Risposta esatta:** A
56 **Risposta esatta:** C
57 **Risposta esatta:** A
58 **Risposta esatta:** A
59 **Risposta esatta:** A
60 **Risposta esatta:** C
61 **Risposta esatta:** C
62 **Risposta esatta:** C
63 **Risposta esatta:** C
64 **Risposta esatta:** A
65 **Risposta esatta:** B
66 **Risposta esatta:** C
67 **Risposta esatta:** A
68 **Risposta esatta:** A
69 **Risposta esatta:** A
70 **Risposta esatta:** C
71 **Risposta esatta:** D
72 **Risposta esatta:** D
73 **Risposta esatta:** A
74 **Risposta esatta:** A
75 **Risposta esatta:** B
76 **Risposta esatta:** C
77 **Risposta esatta:** D
78 **Risposta esatta:** D
79 **Risposta esatta:** A
80 **Risposta esatta:** B
81 **Risposta esatta:** D
82 **Risposta esatta:** A
83 **Risposta esatta:** C
84 **Risposta esatta:** C
85 **Risposta esatta:** A
86 **Risposta esatta:** D
87 **Risposta esatta:** C
88 **Risposta esatta:** B
89 **Risposta esatta:** B
90 **Risposta esatta:** B
91 **Risposta esatta:** C
92 **Risposta esatta:** A
93 **Risposta esatta:** B

94 **Risposta esatta:** C

95 **Risposta esatta:** C

96 **Risposta esatta:** B

97 **Risposta esatta:** B

98 **Risposta esatta:** B

99 **Risposta esatta:** B

100 **Risposta esatta:** B

101 **Risposta esatta:** B

102 **Risposta esatta:** C

103 **Risposta esatta:** B

104 **Risposta esatta:** B

105 **Risposta esatta:** A

106 **Risposta esatta:** A

107 **Risposta esatta:** A

108 **Risposta esatta:** B

109 **Risposta esatta:** B

110 **Risposta esatta:** B

111 **Risposta esatta:** A

112 **Risposta esatta:** B

113 **Risposta esatta:** B

114 **Risposta esatta:** B

115 **Risposta esatta:** A

116 **Risposta esatta:** A

117 **Risposta esatta:** B

118 **Risposta esatta:** A

119 **Risposta esatta:** C

120 **Risposta esatta:** A

121 **Risposta esatta:** C

122 **Risposta esatta:** B

123 **Risposta esatta:** A

124 **Risposta esatta:** C

125 **Risposta esatta:** A

126 **Risposta esatta:** C

127 **Risposta esatta:** C

128 **Risposta esatta:** C

129 **Risposta esatta:** B

130 **Risposta esatta:** A

131 **Risposta esatta:** A

132 **Risposta esatta:** C

133 **Risposta esatta:** A

134 **Risposta esatta:** A

135 **Risposta esatta:** A

136 **Risposta esatta:** A

137 **Risposta esatta:** C

138 **Risposta esatta:** A

139 **Risposta esatta:** B

140 **Risposta esatta:** B

141 **Risposta esatta:** C

142 **Risposta esatta:** B

143 **Risposta esatta:** C

144 **Risposta esatta:** B

145 **Risposta esatta:** A

146 **Risposta esatta:** B

147 **Risposta esatta:** C

148 **Risposta esatta:** A

149 **Risposta esatta:** C

150 **Risposta esatta:** C

6
Stauto e regolamento di organizzazione ACI

1 **L'Automobile Club d'Italia (ACI) è:**

A) Un ente pubblico economico.
B) Un ente pubblico non economico.
C) Un ente locale.

2 **Lo Statuto dell'Automobile Club d'Italia (ACI) è stato adottato con:**

A) D.P.R. 8 settembre 1950, n. 881.
B) R.D.L. 15 marzo 1927, n. 436.
C) L. 20 marzo 1975, n. 70.

3 **In base al regolamento di organizzazione ACI, il ruolo di raccordo tra organi di indirizzo politico-amministrativo e la dirigenza è svolto:**

A) Dal Consiglio generale.
B) Dal Consiglio sportivo nazionale.
C) Dal Segretario generale.

4 **Il mancato raggiungimento degli obiettivi da parte del dirigente ACI, accertato secondo il sistema di misurazione della performance, configura specifica ipotesi di:**

A) Responsabilità contabile.
B) Responsabilità disciplinare.
C) Responsabilità dirigenziale.

5 **Ai sensi dell'art. 6 dello Statuto ACI, quanto durano in carica gli organi collegiali di amministrazione?**

A) Tutti 4 anni tranne l'Assemblea.
B) Tutti 4 anni.
C) Tutti 3 anni tranne il Comitato esecutivo.

6 **A quale dei seguenti organi dell'ACI compete, in ossequio alle prescrizioni statutarie, l'approvazione del regolamento generale di organizzazione e funzionamento delle attività sportive?**

A) Alla Giunta sportiva.
B) All'Assemblea.
C) Al Presidente.

7 **A quale dei seguenti organi dell'ACI compete, in ossequio alle prescrizioni statutarie, approvare i budget annuali e i bilanci di esercizio degli Automobile Club (AC)?**

A) Al Comitato esecutivo.
B) Al Consiglio generale.
C) All'Assemblea.

8 **In base allo Statuto e al regolamento di organizzazione, nell'ambito della struttura organizzativa dell'ente quale tra i seguenti è un "centro di responsabilità"?**

A) Il Consiglio sportivo.

B) Il segretario generale.
C) una Direzione compartimentale.

9 **In base a quanto disposto dal regolamento ACI, gli incarichi dirigenziali di livello non generale possono essere conferiti a tempo determinato?**

A) No.
B) Sì, entro il limite dell'8% della dotazione organica dei dirigenti appartenenti alla seconda fascia.
C) Sì, entro il limite del 10% della dotazione organica dei dirigenti appartenenti alla prima fascia del ruolo organico della dirigenza ACI.

10 **L'attuazione dei piani e dei programmi per il perseguimento degli obiettivi definiti dagli Organi di indirizzo attraverso i budget relativi ai centri di responsabilità cui sono preposti è, in base al regolamento di organizzazione dell'ACI, una competenza propria:**

A) Dei dirigenti generali.
B) Del Segretario generale.
C) Dei dirigenti .

11 **Ai sensi dello Statuto ACI, il Consiglio generale è:**

A) L'organo che autorizza il Presidente a promuovere giudizi.
B) L'organo che esercita il controllo generale sull'Amministrazione dell'ACI..
C) L'organo di esecuzione delle deliberazioni dell'Assemblea.

12 **Quale tra le seguenti sanzioni disciplinari viene comminata ad un dirigente ACI che si rende colpevole di molestie, anche di natura sessuale?**

A) Licenziamento con preavviso.
B) Licenziamento senza preavviso.
C) Sospensione dal servizio con privazione della retribuzione da un minimo di 3 giorni fino ad un massimo di sei mesi.

13 **Quale tra le seguenti funzioni, in ossequio alle prescrizioni statutarie, rientra nelle attribuzioni del Consiglio direttivo degli Automobile Club (AC)?**

A) L'esecuzione delle deliberazioni dell'Assemblea.
B) La legale rappresentanza dell'AC.
C) La formulazione di proposte all'ACI in materia di offerta associativa e di servizi ai soci.

14 **Il dirigente dell'ACI che viola le norme sul segreto d'ufficio è passibile, previo procedimento disciplinare, di quale sanzione tra le seguenti?**

A) Licenziamento.
B) Sanzione disciplinare pecuniaria da un minimo di € 200,00 ad un massimo di € 500,00.
C) Sospensione dal servizio con privazione della retribuzione.

15 **Quale tra i seguenti organi dell'ACI ha il compito di rappresentare l'ente presso il CONI e la FIA?**

A) Il Presidente.
B) Il Segretario generale.
C) Il Consiglio sportivo nazionale.

16 Il Consiglio Generale dura in carica:

A) Quattro anni.
B) Tre anni.
C) Cinque anni.

17 L'organo di indirizzo della politica dello sport dell'automobile, in base allo Statuto ACI, è:

A) La Giunta sportiva.
B) Il Consiglio sportivo.
C) Il CONI.

18 A quale dei seguenti organi dell'ACI compete, in ossequio alle prescrizioni statutarie, nominare i Componenti del Collegio dei Probiviri ed approvare il relativo regolamento di funzionamento?

A) All'Assemblea .
B) Al Consiglio generale.
C) Al Comitato di gestione.

19 L'approvazione del regolamento di organizzazione dell'ACI spetta:

A) Al Segretario generale.
B) Al Presidente dell'ACI.
C) Al Consiglio generale.

20 La durata degli incarichi dei dirigenti ACI:

A) Non può essere inferiore a tre anni e né eccedere i cinque anni.
B) È di quattro anni.
C) Non può essere inferiore a tre anni e né eccedere i sei anni.

Risposte

1 **Risposta esatta:** B

2 **Risposta esatta:** A

3 **Risposta esatta:** C

4 **Risposta esatta:** C

5 **Risposta esatta:** A

6 **Risposta esatta:** B

7 **Risposta esatta:** A

8 **Risposta esatta:** C

9 **Risposta esatta:** B

10 **Risposta esatta:** A

11 **Risposta esatta:** C

12 **Risposta esatta:** B

13 **Risposta esatta:** A

14 **Risposta esatta:** B

15 **Risposta esatta:** A

16 **Risposta esatta:** A

17 **Risposta esatta:** B

18 **Risposta esatta:** A

19 **Risposta esatta:** C

20 **Risposta esatta:** A

Indice

Parte I Diritto amministrativo

Capitolo 1 Il diritto amministrativo: nozione e fonti

Capitolo 2 Le situazioni giuridiche soggettive del diritto amministrativo

Capitolo 3 L'amministrazione statale e le autonomie territoriali

Capitolo 4 Gli enti pubblici

Sezione Terza - **I contratti per la produzione di beni o l'esecuzione di servizi**

Sezione Quarta - **I contratti per il compimento o per la promozione di affari**

Sezione Quinta - **I contratti di prestito**

Parte III Diritto penale, con riferimento ai reati contro la P.A.

Capitolo 1 Concetti introduttivi

Capitolo 2 Il reato: concetti generali

Capitolo 3 Il reato e la sua struttura

Capitolo 4 Forme di manifestazione del reato

Capitolo 5 Il reo

Capitolo 6 La pena

Capitolo 7 I reati contro la pubblica amministrazione in generale

Capitolo 8 Delitti dei pubblici ufficiali contro la P.A.

Parte V Informatica

Parte VI Statuto e regolamento di organizzazione ACI

Capitolo 1 L'automobile club d'Italia: storia, ruolo istituzionale, attribuzioni

Capitolo 2 Lo statuto ACI

Printed by Amazon Italia Logistica S.r.l.
Torrazza Piemonte (TO), Italy

26536454R00405